特色小镇文库

中国特色小镇年鉴

2017

YEARBOOK OF THE CHARACTERISTIC TOWNS IN CHINA 2017

李京文 主编

经济管理出版社
ECONOMY & MANAGEMENT PUBLISHING HOUSE

图书在版编目（CIP）数据

中国特色小镇年鉴 2017/李京文主编. —北京：经济管理出版社，2017.12
ISBN 978-7-5096-5554-2

Ⅰ. ①中…　Ⅱ. ①李…　Ⅲ. ①城镇—中国—2017—年鉴　Ⅳ. ①K928.5-54

中国版本图书馆 CIP 数据核字（2017）第 321120 号

组稿编辑：《中国特色小镇年鉴》编辑部
责任编辑：丁慧敏　杨　雪　赵喜勤　张莉琼
责任印制：司东翔
责任校对：陈　颖

出版发行：经济管理出版社
（北京市海淀区北蜂窝 8 号中雅大厦 A 座 11 层　100038）
网　　址：www. E-mp. com. cn
电　　话：(010) 51915602
印　　刷：三河市延风印装有限公司
经　　销：新华书店
开　　本：880mm × 1230mm/16
印　　张：49.5
字　　数：1083 千字
版　　次：2018 年 9 月第 1 版　2018 年 9 月第 1 次印刷
书　　号：ISBN 978-7-5096-5554-2
定　　价：980.00 元

编辑委员会

编 写 说 明

中国特色小镇建设是落实党中央、国务院确立的重大发展战略的新实践，在特色建设过程中一定要杜绝低水平重复建设，不要再走城市化模仿道路，杜绝缺乏创新、简单、变向的房地产开发等没有文化内涵和产业支持的现象，这就需要深度挖掘理论思想，敏锐洞察各地资源优势，透彻研究中国的特色小镇建设问题。如果把特色小镇建设放在中国几千年的历史长河中和新中国成立近 70 年的经济建设中考察，我们会发现，中国的特色小镇建设将是中华民族伟大复兴的重大举措，是中国全面建成小康社会的重要战略举措。特色小镇建设是一项系统工程，涉及方方面面：既有国家层面的政策制定，又有地方层面的政策执行；既有整体规划的布局，又有具体的行动方案；既有法律法规的涉及，也有案例经验借鉴。

经济管理出版社为了全面系统地从多角度记录中国特色小镇的建设和发展历程，全面展示全国特色小镇建设的成就并形成一个完整的记录，特组织专家学者编纂了《中国特色小镇年鉴》。《年鉴》旨在对我国开展特色小镇建设情况做总体介绍，为各省（市、区）的特色小镇建设提供参考和借鉴。

本《年鉴》特点如下：①权威性。由来自政府部门、高校、企业的行业专家、学者共同编纂，《年鉴》成立专门的学术委员会和年鉴编辑部。②全面性。《年鉴》包括政策汇编篇、理论研究篇、实践探索篇、大事记等部分，全方位概括当年特色小镇的建设情况。③实用性。《年鉴》不仅汇集了当年各地特色小镇建设的政策法规，而且结合特色小镇建设的典型案例，介绍各地特色小镇建设的经验，因此具有很强的实践指导意义。

本《年鉴》主要包含以下内容：第一篇——中国特色小镇政策汇编，包括国务院办公厅、发展和改革委、住房和城乡建设部、农业部等颁布的关于特色小镇方面的政策法规；第二篇——中国特色小镇理论研究，包括十余篇国内专家关于特色小镇方面具有较高学术水平的研究成果；第三篇——中国特色小镇实践探索，自 2015 年浙江省全面推行特色小镇建设以来，全国各地对特色小镇实践进行了有意义的探索，我们从综述、小镇介绍和典型案例三方面对这些探索成果进行总结；最后，为了突出《年鉴》的资料性和全面性，我们整理了中国特色小镇大事记和参考文献，以供读者查阅。

《中国特色小镇年鉴》编辑部

（代序）

首届中国特色小镇发展论坛实录

2017 年 8 月 21 日，首届中国特色小镇发展论坛在北京召开。本次论坛以“特色小镇产业选择与运营模式”为主题，重点围绕中国目前在特色小镇建设的产业选择、商业模式的定位、投融资模式的确定、资金及人才的引进、特色小镇政策方面的法律解读、严防特色小镇的房地产化等方面展开深入研讨。会议由经济管理出版社、中国社会科学院雄安发展研究智库和中国区域经济学会共同主办，由《中国特色小镇年鉴》编辑部承办，由南京工业大学经济与管理学院、中国企业管理研究会、《战略管理》杂志以及北京产城融合技术研究院协办，来自中国社会科学院、国家发展和改革委员会、首都经济贸易大学、南京工业大学、山西财经大学等有关单位代表百余人参加了本届论坛。南京工业大学经济与管理学院院长赵顺龙，经济管理出版社社长兼总编杨世伟等分别致辞。论坛开幕式由中国社会科学院工业经济研究所研究员、中国区域经济学会副会长张世贤主持。

在本次会议中，中国社会科学院学部委员、中国区域经济学会会长金碚，中国社会科学院工业经济研究所所长黄群慧，中国社会科学院数量经济与技术经济研究所所长李平，中国社会科学院西部发展研究中心副主任、秘书长陈耀，首都经济贸易大学副校长、中国区域经济学会副会长杨开忠，国家发改委城市和小城镇改革发展中心学术委员会秘书长冯奎以及山西财经大学党委副书记顾昭明分别做了主题演讲。

一、金碚：特色小镇的生命力在于特色

对中国经济发展来讲，“小”镇是个“大”问题。关于小镇可以谈的话题很多，今天我谈其中一个观点，叫作“特色小镇的生命力在于特色”。

新中国刚成立时人口大概是 6 亿人，现在是 13 亿多。中国现在是世界上人口最多的国家，经济发展起来之后，这些人都在哪儿？我记得有一本关于区域经济的书，名字叫作《城市的胜利》，它的中心意思就是说人口或者产业在布局的时候，城市会战胜农村，最后的趋势是人到城市去，所以在工业化过程中有一个并行的概念叫“城市化”。不过，城市化到了中国之后遇到问题，比如：“光城市化吗？”“城市到底建多大？”等，于是，“城市化”的概念在中国变成“城镇化”，就是在城市和农村之间还有一个镇。总而言之，其根本就是人在哪儿、该往哪儿去的问题。

新中国成立初期，当时的大城市如北京、南京并没有产业支撑，是消费型城市，人们普遍认为这种城市发展不起来，消费型城市要转变成生产型城市才有前途。所以在 20 世纪 50 年代中央提出“三面红旗”，即“大跃进”、总路线、人民公社。“大跃进”就是搞工业，就是消费城市变成工业城市。但是，由于当时大量人口涌入城市，当时的城市承载能力有限，部分人口又回流到农村，所以人民公社在当时还起到固定农村人口、减少流动的作用。

所以，“三面红旗”和后来的知识青年

下乡，都是面临着人都应该到城市、还是到农村的问题，这在中国是个大问题。

改革开放以后，这个趋势比较明显了，就是人往城里走了。而且中国的城镇、城市有一个最大的特点，就是在中央集权的等级制体制下，中国的城市都是有级别的，而且城市越大，级别越高，吸收资源的能力就越强，所以改革开放四十年以来，中国空间布局基本的态势就是大量的农村人进入城市，特别是大城市、特大城市，这是一个基本的趋势。

刚才提到的《城市的胜利》这本书，真的是城市的胜利，尤其是大城市的胜利。如今中国的状况，大部分的省（我观察过）大概只有一两个或两三个城市的人口在增加，除此之外的中小城市、小城镇的人口不增反降。从区域的角度看，很多城市在搞城市群。不过，即使在城市群里面，依然是人都往大城市走，行政级别越高的城市，吸纳能力越强。例如京津冀，北京的吸引力明显更强。众所周知，人口集聚的大城市有“城市病”。不过，从区域竞争的角度来讲，区域竞争就是人口竞争，人口减少带来增长乏力是必然的，例如东北地区的人口就在减少。所以，在工业化、全球化、城镇化的背景下，中国下一步的经济发展，空间的布局到底如何？这是个大问题。

按照上述逻辑，小城镇是竞争不过大城市的，所以，建设特色小镇并且让小镇保持生命力，让优秀的资源到小镇去，最关键的是让小城镇有一个有特色的发展模式。因为按照一般性的发展模式的话，小城镇最后会被大城市给吞掉或者成为大城市的一部分，小城镇竞争不过大城市，所以小城镇发展的特殊模式就是保持特色。以同里、乌镇、周庄为例，它们的特色可能是历史上多年积淀下来的特色。它们找到了特色，就有了生命力。

从经济学的理论上看，如果某个区域没有差异化，没有特色，竞争的结果是经济利润为零，没有利润，没有附加值。所以某个区域要获得生命力，获得附加价值，就必须要有特色。但是小城镇要找到特色也不是件容易的事，很容易习惯性地走上城镇发展的道路，搞园区、招商引资，然后房地产开发这一套，基本上是跟香港人学来的，土地增值，以土地增值的方式来获得资金，然后通过一些廉价的优势招商引资，吸引产业进来。产业追求做大，比如以引进500强企业为荣耀。如果大家都是这样一个思路，就没有特色，最终所有的事情都回到了原点。

所以，到底特色小镇怎么发展？我也没有任何结论，就是提出问题，在理论上和机理上跟原来的城市化没有差别。落实到每一个小镇的发展，它的特色来自于什么地方？是文化上的特色，还是历史上的特色的延伸，还是你抓到了发展的一个机会？所谓风口，你抓到这个机会就算抓住特色吗？像乌镇一样，抓到互联网算一个特色吗？有待大家探讨。

二、黄群慧：从工业园区到特色小镇

很高兴有机会来谈特色小镇的问题，这是一个有重要意义的问题。因为我们做工业的经常谈的是工业园区（现在扩展到产业园区），到底工业园区和特色小镇之间应该是一个什么样的关系？我今天想展开谈一谈这个简单的问题。

一般按我们国家现代化的进程，工业园区至少给我们指明两条路，一个叫工业化，另一个叫城市化，也就是说，其实经济学里所揭示的东西无非就是两条发展路径——工业化和城市化。

产业园区一般被认为是资源高度集聚

的工业化的载体。从改革开放到现在的四十年里，中国经历了快速的工业化进程，如今我们已经到了工业化后期。中国的工业化进程速度很快，一个国家能以如此快的速度推进工业化，在人类历史上是前无古人、后无来者的。这种快速推进对产业园区的发展起到了非常重要的作用。一般认为，工业园区、产业园区是基于现代产业分类的一个分工生产协作的区域，它能把有效的生产要素都集聚在一起，这种方式的集约水平和效率都很高，能突出一些产业的特色。

我们在这里先谈产业园区，其实是想将来特色小镇也可能会有这样的发展历程。从最初的深圳蛇口工业园，到大连的经济技术开发区，一直到20世纪90年代中期，基本上所谓的工业园区是遍地开花，全国各地有数千个不同类型、规模的工业园区，后来又有国家高新技术产业化的示范区等，国家的不同部委都来管，包括国家发展与改革委员会、科技部等，例如“中国制造2025”，现在又在做“中国制造2025”的示范区等。到了“十二五”之后，工业园区的发展到了一个新阶段，即转型升级阶段。从全国来看，基本上有一半的工业产值都来自于工业园区，甚至有些城市80%~90%的工业产值都来自于工业园区。现在工业园区的类型越来越多，比如经济特区、国家级新区、自由贸易区、配套改革实验区、金融综合改革实验区、经济技术开发区、高新技术开发区等，现在国家级新区也在逐渐增加，例如最近的雄安新区等。同时，这些工业园区在发展过程中确实取得了很多成功的经验，包括引导产业向工业园区集聚，工业园区的建设、管理体制等，像工业园区的管委会等，都值得我们借鉴。

现阶段的产业升级和特色小镇政策密切相关。一方面，园区发展对工业化进程推进的意义，和遵循工业化的产业结构演进规律、引导产业结构发展紧密相连。另一方面，园区发展至今面临很多问题，我们的园区往往过于强调产业，而忽视了产业和城市的融合，强调硬件而忽视软件，所谓的工业发展挺好，但是服务业和产业间的配套跟不上。如今产业园区的规模越来越大，有的产业园区甚至达到了城市化的规模，但是上述问题依然存在，并且不断凸显。

不过这些问题在我们思考特色小镇时，恰好是一个弥补。我们现在谈的特色小镇，一般是基于一个特色产业或者有特色的环境因素，包括文化、地域等，所做的具有产业定位、文化内涵、旅游特征并有一定社区功能的综合开发体或者旅游景区、消费产业集聚区，也可以说是新型城镇化发展区，这种模式又称为产城化一体化、产城乡一体化，或者新型城镇化，当然这只是一种理论上的表述，目前理论界对特色小镇应该是什么样，特色产业和旅游产业之间到底是什么关系等，仍然存在很大的分歧。

对于特色小镇的定义，特别是官方主导的特色小镇，我们强调政府引导、企业作为主体进行市场化运营，一些特色产业，比如旅游业，我们单独从产业中拿出来，加上其他产业、文化、社区，以一种独特的小城镇风貌，以一种错落的结构体现出来，这就是特色小镇的基本概念。不过，这个概念也有分歧，有人认为高科技产业小镇，包括大学城也可以算作特色小镇。

单纯从产业角度来看，特色小镇应有三方面的定位：一是主攻当地的特色产业，一镇一业。如果从联合国工业分类或者产业分类的角度看，特色小镇也就几百种就够了，但是我们的特色小镇远不止这些数量，所以我们所说的特色一定要有一个区域的概念，是指在一个什么区域里你是有特色的？你的产业，你的特色，你的产业，是基于什么产品？还是到一个什么层面，你是有特色的？这都是我们建设特色小镇时需要深入思考的问题。二是要差异化，保持核心竞争力。真正的核心竞争力是有价值并且不可复制的，比如乌镇。和企业的核心竞争力一样，保持差异化和不可复制的竞争力，不是每个小镇都能做到的，极富挑战性。三是融合。这是特色小镇区别于工业园区的根本点。特色小镇的产业、文化、旅游和社区功能应融合起来；社区或者旅游功能，一定是从当地的特色产业中延伸或者挖掘出来的，最后服务于特色小镇的这些功能。

刚才我们讨论的产业园区存在的问题，恰好可以作为特色小镇发展的一个借鉴。产业园区开发模式比较单一，重生产、轻生活，重发展，轻配套，缺乏产业创新等。为了解决这些问题，特色小镇的发展要强调产业、生活、生态的综合发展。产业园区和特色小镇这两种发展方式可以相互参照，互为借鉴。

从产业角度来看，特色小镇建设可以从产业园区来引导，而借助特色小镇反过来可以推进产业园区升级。这里有两种思路。一种思路是针对传统的产业园区，如果对社区发展重视不够，存在重生产、轻生活，重发展、轻配套等问题，就可以借助特色小镇建设来对产业进行梳理，明确产业发展思路，促进园区的转型升级，即现在常说的“腾笼换鸟”。不过，政府在这个过程中不能干涉过多，应该注意保护产业的生存生态，让企业逐渐适应环境的变化，促进企业和园区一起转型升级。另一种思路是园区在规划之初，就留出一些专门的空间去做特色小镇，仿照产业的特色去集中开发一些规划建设，这样特色小镇的生态就融入大的园区之中。这样园区的各项配套很完善，规避了产业园区存在的一些缺陷，实现了产业园区和社区的转变。例如最近规划设立的雄安新区等。

产业园区在我们最初的工业化进程推进中起到了十分重要的作用，甚至现在国外学者学习中国的工业化经验时，第一个就是谈的工业园区，拉美现在都在学中国的产业园区实践经验。同样地，我认为特色小镇的提出在中国的城镇化建设中也具有重要意义，如果未来有人研究中国特色的新型城镇化道路，特色小镇将占据很重要的地位。

三、李平：特色小镇应把生产、生活、生态结合起来发展

我讲三个问题：

第一点，中国特色小镇的建设和发展，这是中国经济结构性改革非常重要的举措。从总量上看，目前我国是世界第二经济强国，发展的速度不可想象。2010 年时我国的经济总量排在世界第五位，到 2015 年时排在第二位。从全球的结构性来看，排在第三、第四、第五、第六，也就是日、德、英、法四个国家的经济总量加起来跟现在中国的经济总量差不多。2015 年中国的经济总量刚刚超过日本，但是现在已经是日本的两倍多。虽然中国经济发展如此之快，但是反过来我们也看到中国经济进入一个新常态——从未有过的经济单边快速下滑。GDP 增长率 2010 年是 10.5%，到了“十二五”期间，从 2011 年、2012 年、2013 年、2014 年、2015 年的 9.5%、7.9%、7.9%、7.3%、6.9%到 2016 年的 6.7%，单边快速下滑，而且 2017 年我们（中国社会科学院）预测是 6.5%，所以这个增长的前景面临巨大的挑战。

从分量上看，GDP的“三架马车”：投资从原来的20%以上的增长，到2016年刚到8%。“十二五”的时候我们还在讨论，中国经济的高投资、高增长会不会是常态？如今投资增长率8%已经和GDP的增长率相差无几；消费是一个复杂的概念，消费增长率如今已经到10%左右；进出口以前引领中国经济的改革发展，但2015年、2016年的进出口增长率均为-7%，都为负的贡献率。从整个工业经济的发展状况来看，在工业化快速增长时期，工业增长率是高于GDP增长率两到三个百分点的，比如说GDP 增长率为10%，那么工业增长率基本上在12%~13%，现在工业增长率已经降到GDP增长率以下，在6%左右。

在这样的背景下，大家都在寻找新的增长动力。新的动力是什么？中央提出了供给侧的结构性改革，我想中国特色小镇就是供给侧结构性改革非常重要的手段和抓手，这是第一点。

第二点，要坚定不移地推动中国特色城镇化的发展。中国的城镇化发展很快。中国的城镇化率以前远远低于世界平均水平，现在为56%~57%，已经超过世界平均水平。有人诟病中国的城镇化带来污染、拥挤、“大城市病”，但是我认为中国的城镇化是世界上最成功的城镇化。我们知道，从工业革命开始到城镇化加速以后，没有任何一个国家能够绕过贫民窟的现象，但中国没有，有人说中国有城中村，但是它们和国外的平民窟相比是“小巫见大巫”。比如孟买的平民窟，连片的建筑都是无框架结构，就是几根柱子加上塑料布搭起来的棚。大家所说的城镇化的问题，是两种规律之间的矛盾。农村人对城市很向往，并迫不及待地要走向城市，但是城市要素的供给是有限的，所以人们对城镇的无限需求和经济的有限供给之间产生矛盾。这种矛盾永远存在，无法解决，我们只能延缓它、控制它、协调它。从另一个角度看，中央提出供给侧结构性改革，培育新的增长动力，但是供给侧结构性改革是什么？什么是动能？抓什么？我们对整个中国经济增长的全要素生产力做过分解，它包括六大要素：城镇化劳动力的转移；引进外资的技术溢出；科技进步的贡献；人力资本；市场化；其他的因素。我们总结中国经济将近40年的发展，从全要素的角度、从创新的角度看，贡献最大的就是城镇化和劳动力转型，而且这个过程远远没有结束，会从数量转向质量。所以我们应该紧紧抓住城镇化这个着力点，实现要素的有效配置，来进一步地从“量”和“质”两个方面来推动城镇化。因为城镇化是一个综合的要素配置过程，它不仅是产业的发展，而是人民生活聚集梦想的最终归属。

第三点，中国特色小镇的发展和建设要尊重产业和城市发展的规律。现在中国一方面存在沿海地区的“大城市病”、疏解北京非首都功能等现象，另一方面有中西部地区城镇的“空心化”问题，两者都在发生。特色小镇从2015年开始各个省、市、区都在行动，中央从2016年开始出台了一系列的规划，但是我们必须尊重产业城镇的发展规律，不能一方面将巨大的投资投入城市，另一方面不顾这些沉淀的投资又发展一系列的小镇。另外，中国现在面临严重的产能过剩问题，什么是产能过剩？产能过剩是我国几十年来经济增长和投资拉动的结果。2015年年初我们1单位GDP需要4单位投资来拉动，到现在我们1单位GDP需要12单位投资来拉动，投资效率下降引发产能过剩问题。这引发我们的思考：特色小镇要“特”，所有的产业都在过剩，产业要“特”什么？我认为特色小镇就是把原来已经聚集好的产业再拉到一个新的地方，重新起家，所以特色小镇的发展一定要尊重产业发展的规律，也要尊重城市发展的规律。城市发展的规律是什么？我认为这个要素无法用金钱和成本来衡量，它是对整个人类聚集多样化的需求，这是一个城市的核心命脉，是一个城市聚集的核心。

所以，综合来看，特色小镇不是行政区，又不是产业园，它最后可能还是一个镇，是一个要把生产、生活和生态结合起来的镇，它的发展尊重着城市发展布局、空间布局这一系列的规律，同时又完善着整个新的产业业态的发展规律。要建设这样的小镇，我们将面临巨大的挑战。

四、陈耀：特色小镇建设如何把握“产”与“城”的融合度

陈耀：刚才听了各位的发言很受启发。最近我还专门去了一个特色小镇，这个地方是福建莆田仙游县。仙游县一直是农业县，该县没有突出的产业，北面是山，中间是平原，南边靠海。就是这样一个格局，该县在很短的时间内成长起来一个很有特色的产业——红木家具产业。仙游县本地不产红木，而是从东南亚进口红木，如今红木产业非常大，仙游县做的红木家具叫“仙作”，和“北作”“广作”“上作”齐名。仙游县家具主要是艺术类的，整条街的上千家企业形成非常庞大的产业集群。为了配合住建部的全国特色小镇申报，这些红木产业特色小镇改名“仙作公益小镇”。如今仙游县批复了多个两三千亩的地块规划特色小镇建设。

在特色小镇的规划中我们强调产城融合，它具体有何含义？我看到有些小镇的规划中，仅仅30%用地用于产业，其他的大部分都是搞商业地产、住宅地产，甚至有一些写字楼，并且部分所谓的产城融合试点竟然离中心城市很近（比如只有5公里），像这样的特色小镇规划，是变相的房地产开发。

具体而言，究竟什么是特色小镇？到目前为止，从国家所有的文件里来看，并没有给出一个非常一致的概念。我们知道浙江从2014年开始搞特色小镇建设，它其实更多的是强调非建制镇，而不是我们现在讲的中心镇。但是我们知道现在国家关于特色小镇有几个最重要的规划，一个是国家新型城镇化建设，2014年的规划；另一个是2016年国务院专门出台的关于深入推进新型城镇化的若干意见，这两个重大的规划里面都没有讲“特色小镇”这个概念，都是讲的“特色小城镇”，讲的“小城镇”。直到2016年7月份住建部、发改委、财政部专门下发了一个关于开展特色小镇培育工作的通知，这才在政府层面有了一个专门的通知明确提到“特色小镇”，这个“特色小镇”我们从文件里面的培育工作去看，它有五个培育要求，还有一些原则，包括“四个防止”：防止千镇一面、防止一哄而上、防止大包大揽、防止盲目建镇等，还有几个要求，其中讲的“特色小镇”原则上是建制镇，非常明确的是建制镇。我们可以看到，以住建部为主导的这个意见，实际上又把特色小镇拉回到城镇化建设这样一个体系里头来了。

按照我的理解，起初浙江省搞的特色小镇，很多都是在城乡结合部，也就是大概三个平方（的面积），一个不大的规模。所以我觉得特色小镇非镇非区，不是园区，又不是镇，这个概念现在实际上在国家层面也没有非常明确。但有一点是肯定的，就是“什么是特色小镇”？我把它归结为是一个产城融合的微中心，之所以是“微”，就是小，它不是这种大、中、小城市，而是微小的一个中心。这个“中心”是什么

含义？它是一个综合的功能，后面我再讲。实际上，“微中心”概念是借用我们京津冀协同发展规划纲要里头国家要疏解北京非首都功能，讲到要集中承载地和建设微中心，我觉得这个“微中心”比较适合特色小镇的定义，这就是我想讲的“什么是特色小镇”。这种产城融合的微中心为什么有它的必要性？实际上，我们过去从80年代开始讲的“大中小并举”，其实对“小”根本不重视，讲到“小城镇，大战略”，从那时提出来到现在为止，人口、资源、产业都是往大城市集中，为什么会发生这种情况？刚才金所长讲的那个概念，实际上核心是体制的问题，我们的优质要素都是往上发展，小镇根本不可能吸引到优质要素到这里面来发展。比如，现在有一家大企业到小镇里去，光贷款银行就没有，即使有，也不会给你相应的额度，这种体制形成（优质要素）往上发展，所以小镇的发展一直得不到重视。另外，我看到住建部的一个数据，就是我国现在除去县城城关镇以外的建制镇有1800个，这里面居住的人口仅占全国总人口的12%，就是1/10多一点。对比德国，德国居住在2万人以下的城镇的人口占70%，也就是说大部分人口是居住在小镇里边的，所以我们今后要把一部分的人口、产业拉到小城镇中来，这就需要有一个“大中小并举”的合理城镇体系结构。

我觉得今后特色小镇除了产城融合，它的理想模式应该是五大要素的融合。首先是产、城、人；现在有一些地方又加了文、文化，特别是对历史遗产的挖掘、保护，跟我们的旅游业更好地结合起来的这种文；景就是特色小镇一定是跟自然和谐共处的，顺应山水的布局来规划的，符合高度、密度都宜居的这样一个理想的模式。我觉得现在很多人对特色小镇热情很高，其实热情最高的首先是房地产商，其次是地方政府，还有一些城市规划咨询部门。不过，实际上很多人对产城融合这样一个核心的理念并没有太多重视，很多事实际上是从地产开发这方面去讲的，对于如何培育产业最核心的、最难点方面关注不够。

最后我就想提一点，我们要重视小镇经济这种空间尺度最小的区域经济形态的研究。特色小镇实际上落脚的还是一个城镇化的体系。2015年习总书记在对浙江特色小镇批示里面有这么一句话，就是浙江着眼于供给侧培育小镇经济的思路，对于做好新常态下经济工作有启发，从这个批示中我们可以看出，其实总书记在特色小镇里也看到了，特色小镇经济一方面是推进新型城镇化的一个抓手、一个措施；另一方面也是促进我国经济转型、推进供给侧结构改革、寻找经济新动能、培育经济新动能的一个具体抓手。所以我觉得，现在研究区域经济特别重视大都市圈，从北边的京津冀经济圈到南边的粤港澳大都市圈，但同时我们也要关注小的，尤其是我们的小镇经济，小镇经济如何能够保持可持续发展，对它的产业定位、区位定位、区位要求、城市发展，应该有一个系统的思考，我们不能把小镇仅仅作为一个承载人口的载体，而应该同时把它作为培育新动能、促进经济可持续发展的一个抓手。

五、杨开忠：特色小镇在哪里

现在大家对特色小镇众说纷纭，让我觉得认识上特别混乱，今天我讲的题目是“特色小镇在哪里”？准确地说应该是“特色小镇的发展之道”，它的道在什么地方？我想讲四个观点：

第一，特色小镇的竞争力在什么地方？一个城市、一个区域、一个地方要生存，要发展，一定要获取竞争优势。获取竞争优势的途径有三种：第一种是低成本，依靠提供廉价的产品和服务来吸引居民、人才、旅游者、企业、投资者，甚至高层政府对它们的重视；第二种是扩大规模，以降低我们提供产品或服务的成本，或者提高它的效率；第三种是通过打造与众不同的产品或服务来吸引居民、人才、旅游者、投资者或企业。如今要素价格上升很快，要素的成本红利基本消失，产能过剩，我们获取竞争优势的途径集中在第三种。

特色小镇，因为小，所以不可能通过规模去获取优势，所以要通过提供特色产品、服务区获取优势，它没有别的道路，这是它的立身之本，所以 2014 年以来，打造特色小镇成为一种潮流。需要特别指出的是，特色小镇可以是生产性的，也可以是生活性、生态性的，我甚至认为特色小镇的根本特色是生活性、生态性的，生产性都是派生的、次生的。特色小镇不应该拘泥于特色产业，特别是不应该拘泥于制造业或者高科技产业，特色小镇可能是生活性的，如教育、旅游等。比如甘肃有些小镇以开发铜矿、镍矿为主业，从产业的角度看是特色，但是不符合我们所说的特色小镇的概念。我们介绍的特色小镇应该是人才驱动的，或者旅游者驱动的，它强调生产、生活、生态的相对分工，但三方共赢。

第二，特色小镇获取竞争力的关键在哪儿？我认为关键在地方品质。在高度互联互通的时代，无论我们身处全球任何一个地方，几乎都可以无差别地获取来自于不同地方的可贸易的产品或服务。那么在这样的时代，人，特别是人才到哪里去居住，人到哪里去旅游，我认为决定于贸易产品或服务的独特性和质量。而贸易产品或服务的独特性和质量，决定于地方品质。人才掌握着知识和创造性，掌握着创意性资本，所以人才的区位决定知识密集型、创意密集型的高端活动的区位，因此在创新驱动的时代，地方品质是我们获取竞争力的关键。对于没有集聚优势的小镇而言，更是如此。

所以，小镇要获得竞争优势，关键是打造卓越的地方品质。这意味着特色小镇首先是消费中心，消费是第一性的，生产是第二性的，因为有一个好的环境和地方品质，人才才会被吸引，才能带来知识密集型、创意密集型的产业；地方品质高，旅游者才会来，才能推动旅游业和相关产业的发展。从这种意义上讲，我们强调今天所讲的特色小镇并不包括那些以特定矿产资源为基础的资源型小城镇。对于地方品质，它由四类不可贸易的产品和服务来决定：一是优质的个人消费服务；二是优质的社会服务，包括教育、文化、卫生、体育等；三是高品质的建筑环境和优美宜人的生态环境；四是便捷型。所以我们建设特色小镇，应当从这四个方面全方位提升地方品质。

第三个观点是特色小镇最优的区位在哪儿？我个人认为，特色小镇主要产生于、诞生于两类地点或区域：一是都市圈的边缘区域，因为这类区域一方面可以有效地分享都市中心区的集聚经济；另一方面可以摆脱都市中心区的集聚不经济，享受边缘地区的自然宁静的生活。从这种意义上来讲，在一定的交通条件下，特色小镇处在城市的集聚力和分散力对决的平衡点，是城市化和我们当今正在兴起的逆城市化的空间均衡点，不同城市的高速公路等轨道交通的发展，为特色小镇发展提供了重要的基础，也必将拓展特色小镇发展的空间。这类特色小镇，也就是都市圈边缘特色小镇，无论在生产上还是在生活上对都市中心区都具有高度的依赖性。这类特色小镇可以是生产性的，也可以是生活性的。

二是都市圈以外的偏远地区。由于自然、历史原因，这类地区往往具有区域性或全国性、甚至国际性的吸引力，这类小镇具有独特的自然或人文吸引物，会形成以此为基础的不可复制的特色小镇。与第一类小镇不同，这类地区的特色小镇是独立的，并不依赖于特定大都市的地方性影响，在功能上这些特色小镇通常是文化的、生态的，特别是旅游的。

第四个观点是特色小镇规划之道在何方？特色小镇的规划指向是什么？我的回答是规划一定要以营销为导向。特色小镇可能是政府主导的，也可能是企业主导的，但无论是政府还是企业主导的特色小镇，其规划方向都不能以政府官员或者企业高管的个人偏好为主导。因为我们正处在一个消费者时代，旅游者、居民，特别是人才，在全球各个地方已经可以高度地、自由地流动，成为各个地方发展争夺的对象，而小城镇在我国尤其得多，它们之间的竞争非常激烈，在这种消费时代、流动时代、充分竞争环境下，特色小镇要取得竞争优势，其规划一定要以营销为导向。

与传统的规划不同，特色小镇以营销为导向的规划需要做好三方面的工作：①规划时要把特色小镇的未来发展视为产品，针对目标市场进行设计、包装和营销。需要注意的是，这里的“产品”可不仅仅是通常意义上的工业产品，一个地方本身就是产品。②规划前要深入分析。首先要明确我们的目标市场，这是特色小镇规划的首要问题。要分析吸引到的人才、居民、旅游者、投资者、企业或部分的外部需求市场，将它们分析透彻。只有分析透彻了，才能知道谁是我们的敌人，谁是我们的朋友。③深入分析所规划的特色小镇可能的替代者、竞争者，只有“知己知彼”，才能更有针对性地提出比替代者、竞争者更加有效地满足目标消费者的措施。需要强调的是，传统的城市规划是难以胜任特色小镇规划的，发展特色小镇需要规划变革，当然也必然带来规划的变革，这是不以人的意志为转移的。

六、冯奎：特色小镇发展的七个政策相关问题

其实如刚才杨开忠老师所讲，特色小镇现在很混乱，原因是一些概念、定义尚不清楚，高水平的经济学家的研究有利于下一步工作的推进。鉴于特色小镇这个概念本身有很多交叉、模糊的地方，我讲的主题是特色小镇发展中政府的角色。包括三方面内容：一是特色小镇发展的四个阶段；二是在浙江实践当中，政府的若干政策重点；三是简要归纳一下政府的角色职能。

第一方面，特色小镇的发展过程。其实 2015 年总书记在中央财经工作领导小组办公室报送的特色小镇调研报告上做了个批示，他强调抓特色小镇，小城镇建设大有可为，对经济转型升级、新型城镇化建设都具有重要意义。大家注意，在这个批示中讲了两个概念，一个叫“特色小镇”，另一个叫“小城镇”，这是非常清晰的，它们一个是讲新经济，就是经济转型；另一个是讲新型城镇化。如今回到这个重要的指示精神上来看，我们不能以为“特色小镇”这样一个概念里边包含了很多特色“小城镇”的内容，就认为是可以将它们分清楚的，其实当我们讲特色小镇发展意义的时候，我们既讲了特色小镇在经济上的意义，也讲了特色小镇在城镇化方面的意义，这个观点有利于我们理顺很多问题的思路。

回到浙江模式来看，浙江模式是这一轮特色小镇的典型模式。浙江模式的发展

经历了很长一个阶段，从主线来看，早些年有“一村一品”，后来发展到特色产业和小城镇，再后来又发展到所谓的“三架马车”，即产业集群加上一个小城镇，再加上一个专业化大市场。如今浙江模式发展到一个新的阶段，在产业集群、小城镇、专业化市场的基础之上，又增加了很多新的内容，包括文化的内容、旅游的功能等。

需要解释的是，以往解释浙江的发展模式的时候，很多人用的是产业经济学里面的产业集聚、产业集群的理论。不过，按照现在城市经济学家的观点，我们解释一些经济现象的时候，不能单纯地说是产业集聚或产业集群现象，更多的是以人的活动为中心组织起来的一些经济形势。城市学家的观点的核心是，以前讲的产业集聚、产业集群，更多的是同种类型的产业活动在一个地方集中，比如大家都做袜子、领带，但是现在集聚的不一定是一种产业，而是很多看起来不相关的东西、围绕着人的活动关联起来。这样一种现象比较吻合我们现在探索的小镇经济，或者叫特色小镇经济。所以从这个角度来讲，以浙江模式为代表的特色小镇经济有基础、有基因，未来有巨大的发展空间。

第二方面，回到浙江模式上来看，在这当中政府做了哪些方面的工作？我总结了七点。

第一，从导向上来看，非常强调创新和绿色发展。

第二，在一个很小的面积上集聚很多创新的要素，即创新的浓度非常的高。为什么我们一直强调不能简单地把这种发展模式推广到其他小城镇或更大的区域，因为这背离了浙江探索特色小镇经历的一个初衷，因为它一定要是小而强，小而精，小而活，小而优，它一定把“小”放在一个重要的条件上。在这之后，它非常强调创新的集中性，创新的浓度。如果把这样一种条件给泛化，就会导致创新的浓度急剧下降，这种特色小镇就起不到它应有的作用。现在很多地方大规模地去推特色小镇，实际上是一种非常浪费、非常粗放的发展道路，因为从根本上说它跟特色小镇完全就是两码事。

从政策的组合上来看，浙江模式的成功归因于它有非常完整严密的体系。大家从浙江特色的经济发展、特色的区域发展模式当中可以看到，它有很长的历史沿革，它非常强调在一个小的区块上面不断地去寻找新的发展道路，也因此在这个过程中积累了很多的政策经验。从特色小镇本身来讲，它的政策既包括省的，也包括市的；既讲发展，也讲改革；既涉及经济发展的要素方面的政策，如人才、资金、土地等，也强调产业方面的政策。从政策的目标上来看，它对于推动产、城、人、文、景的融合发挥了很重要的作用。因此，我们要提醒大家，当我们看到如同浙江模式一样的成功案例时，我们要问问自己是否也有这么多政策体系，或者说这样一些政策探索是否完备。不能看到一个地方的小镇发展起来了，回来以后就认为那个东西好，“撸起袖子加油干”，结果往往会适得其反。

第三，政策支持的前提条件是看得见和行得通的。“行得通”是指特色小镇在发展过程中，符合我们讲的“过去有基因，现在有条件，未来有空间”，符合产业转移的规律，符合产业区位选择的规律，符合融合发展的规律。“看得见”是指许许多多的产业在浙江（编者加：对于其他特色小镇而言，是指当地）都能找到根，都能找到延续很多年前发展的那种基因、那种基础，而不是盲目照搬他人的政策。比如别人搞机器人小镇，你也搞机器人小镇；别人搞电商物流，你也搞电商物流；别人搞基金小镇，你也搞基金小镇，这些只是简单的平移，实际上是没有看见浙江特色小镇发展中的很多前提条件。

第四，政策实施的策略是执行严格的后评估，倒逼创建过程。这与现在从上到下，或者很多地方政府简单的挂牌制不同。挂牌制相对简单，是一层一层地把一个指标分解掉，在某个行业或区域内，大家按照一定的数量去创建。浙江模式的特色小镇政策实施策略不是这样一个牌子的工程，而是一种过程管理，是一种后评估过程，通过后评估来倒逼特色小镇发展过程当中要素的集聚、方法的改变、规划手法的改变、发展模式的改变、运营模式的改变，这一点值得我们去借鉴学习。

第五，政策支持的主要对象是中小企业。现在很多地方政府将政策支持的重点放在“大块头”身上，不过，很多“大块头”企业得到了很多优惠政策以后抽身而去，结果留下一个空摊子。其实，要想唤醒一个区域的活力，就要把这个区域内很多的创新主体、创业主体的活力调动起来，由此使得这个地方以后的发展更加具有黏性，所以浙江模式支持中小企业的政策也值得我们借鉴。

第六，政策支持的突破口是先行先试、大胆改革。尤其是在各类制度创新、体制机制创新方面，我们需要做很多工作，这样才能拓展特色小镇发展的空间。特色小镇固然很小，“小”是指它的物理空间很小，但它的创新空间并不小，它的改革空间并不小，比如云溪小镇，2016 年举办了云溪大会，参加的人数有 4 万人，在线观众 700 多万人，报名参加的人来自 58 个国家，由此成为世界上最大规模的会议之一，这在中国其他城市很难办到。正是因为有地方政府的政策支持，有创新空间和改革空间，云溪小镇的企业运用产品市场、金融市场的巨大穿透力，辐射范围远远超过小的地理边界的限制，实现巨大突破。

第七，政策的延展性是持续的制度改变。抓住很多原有的问题，同时发现现实存在的新问题，政策不断地进行改变。即便是浙江这种地方，也对很多创建给予了“摘牌子”处理，某个小镇本来被列入了创建的过程，但是后面由于工作没做好，被降级，甚至有条件地收回等，这就是持续的政策供给。

最后简要归纳一下，通过以上对政策重点内容的分析，我们发现浙江模式当中政府充当什么角色？——新理念的倡导者。政府倡导绿色发展，倡导创新发展，倡导小而优、小而强，倡导在都市圈、城市群背景下的发展模式，它的方向是非常明确的。另外，政府需要不断地进行政策改革和制度供给。

第三方面，政府自身也要参与改革、创新的实践。例如浙江模式中，很多特色小镇在发展过程中有了自己真正意义上、实质意义上、灵活意义上的镇长，这些镇长是在市场中产生的，他们有可能是大科学家，有可能是大企业家，而具有行政职位的政府部门的官员充当了店小二的角色，也就是说，这个店小二和真正意义上的企业，这些起决定作用的市场化的力量一起推动了特色小镇的发展。这就是地方政府的角色定位，一定要理顺，摆正，这样才有利于特色小镇未来健康的发展。

七、顾昭明：深度贫困地区特色小镇建设的思考

上午听了各位专家的发言很受启发。如果大家讲的是锦上添花的事，那我这个是雪中送炭的内容。2017 年的扶贫攻坚是习总书记特别关心的事，先后四次深入贫困地区主持会议，7 月 21 日、23 日视察山

西的时候，又主持了深度贫困地区扶贫开发的座谈会。应该说十八大以后，习总书记用足迹走遍了11个深度贫困地区。今天我还有一个职务，任山西武乡县扶贫工作大队长，前段时间我又考察了好几个地方，深受启发。

首先我介绍一下深度贫困地区的现状。我国的深度贫困地区大致包括三类：①连片的深度贫困地区。西藏和四省藏区、新疆的南疆四地州、四川凉山、云南怒江、甘肃临夏等地区，生存环境恶劣，基础设施和公共服务缺口大。②深度贫困县。全国有189个，分布在14个省区。③贫困村。全国约有12.8万个建档立卡贫困村，居住着60%的贫困人口，基础设施和公共服务严重滞后，村两委班子能力不强，无合作经济组织，无集体经济，无人管事、无人干事、无钱办事现象突出。

深度贫困地区的特征可以概括为四个方面。①两高：贫困人口占比高、贫困发生率高。②一低：人均可支配收入低。③一差：基础设施和住房差，即村内道路、入户路、危房需要维修和重建。④三重：低保、五保贫困人口脱贫任务重，因病致贫、返贫人口脱贫任务重，贫困老人脱贫任务重。

深度贫困地区的成因包括五个方面：①集革命老区、民族地区、边疆地区于一体。189个深度贫困县中，有革命老区55个、少数民族县113个，自然地理、经济社会、民族宗教、国防安全等问题交织在一起。②基础设施和社会事业发展滞后。生存条件比较恶劣，自然灾害多发，地理位置偏远，地广人稀，资源贫乏。西南缺土，西北缺水，青藏高原缺积温。③社会发育滞后，社会文明程度低。许多深度贫困地区长期封闭，与外界脱节，人口出生率偏高，生病不就医、难就医、乱就医，很多人不学汉语、不识汉字，文明法治意识淡薄，家族宗教势力影响很大。④生态环境脆弱、自然灾害频发。深度贫困地区往往处于全国重要生态功能区，生态保护同经济发展之间的矛盾比较突出。一些地方地质灾害频发，“十年一大灾，五年一中灾，年年有小灾”。⑤经济发展滞后，人穷村也穷。

其次我想谈谈自己对贫困地区特色小镇建设的思考。习近平总书记最关注的工作之一就是贫困人口的脱贫。十八大以来，习近平总书记用脚步丈量了全国11个集中连片特困地区，体现了为人民服务的宗旨意识和心系群众的民生情怀。2017年6月23日习总书记在山西召开了深度贫困地区脱贫攻坚座谈会，并发表了重要讲话，提出了脱贫攻坚的八项措施，这是深度贫困地区特色小镇建设的根本指导思想。

我认为，深度贫困地区特色小镇建设应当：①整体设计，连片规划。②移民搬迁，相对聚居。对于整村搬迁，习总书记提出要解决好7个问题，即人、钱、地、房、树、村、稳。③农业为基础，特色产业为支撑。④生态保护，绿色发展。秉承创新、协调、绿色、开放、共享的发展理念，利用自身块状经济、山水资源和历史人文等独特优势，将特色小镇打造成“产、城、人、文”四位一体有机结合的重要功能平台。小镇建设要注重产业生态、自然生态、政务生态和社会生态的融合发展。⑤改善基础设施，发展公共事业。房、路、水、电、气、暖等方面要跟进，教育、医疗、卫生、学校、养老等方面也很重要。⑥政府主导，政策兜底。社会保障要“政策兜底”，不让一人在小康路上掉队，构筑健康、社保、教育扶贫等多重防线，破解“支出型贫困”问题。

注：“首届中国特色小镇发展论坛实录”由录音整理，未经本人审阅。

目　录

第一篇　中国特色小镇政策汇编

中共中央　国务院关于实施乡村振兴战略的意见

(2018年1月2日) …… 003

国务院办公厅关于促进全域旅游发展的指导意见

国办发〔2018〕15号 …… 016

国务院办公厅　关于印发兴边富民行动“十三五”规划的通知

国办发〔2017〕50号 …… 022

国务院办公厅关于县域创新驱动发展的若干意见

国办发〔2017〕43号 …… 041

中国国民经济和社会发展第十三个五年规划纲要（节选） …… 044

国务院关于深入推进实施新一轮东北振兴战略加快推动东北地区经济企稳向好若干重要举措的意见（节选）

国发〔2016〕62号 …… 046

国务院办公厅　关于印发《东北地区与东部地区部分省市对口合作工作方案》的通知（节选）

国办发〔2017〕22号 …… 047

国务院　关于深入推进新型城镇化建设的若干意见

国发〔2016〕8号 …… 048

中共中央　国务院关于印发《国家新型城镇化规划（2014~2020年）》的通知（节选）

(2014年3月12日　中发〔2014〕4号) …… 055

国家发展改革委　国土资源部　环境保护部　住房城乡建设部　关于规范推进特色小镇和特色小城镇建设的若干意见 …… 056

国家发展改革委　国家开发银行关于开发性金融支持特色小（城）镇建设促进脱贫攻坚的意见

发改规划〔2017〕102号 …… 059

国家发展改革委　工业和信息化部　财政部人力资源社会保障部　国土资源部　住房城乡建设部　交通运输部　农业部　商务部　人民银行关于同意河北省阜城县等116个县（市、区）结合新型城镇化开展支持农民工等人员返乡创业试点的通知

发改就业〔2016〕2640号 …… 062

国家发展改革委　国家开发银行　中国光大银行中国企业联合会　中国企业家协会　中国城镇化促进会关于实施“千企千镇工程”推进美丽特色小（城）镇建设的通知

发改规划〔2016〕2604号 …… 064

国家发展改革委　关于加快美丽特色小（城）镇建设的指导意见
发改规划〔2016〕2125 号 …… 066
国家发展改革委印发《关于推动积极发挥新消费引领作用　加快培育形成新供给新动力重点任务落实的分工方案》的通知
发改规划〔2016〕1553 号 …… 070
农业部关于大力实施乡村振兴战略加快推进农业转型升级的意见 …… 079
农业部办公厅关于开展农业特色互联网小镇建设试点的指导意见
农办市〔2017〕27 号 …… 087
农业部办公厅关于开展中国美丽休闲乡村推介工作的通知
农办加〔2017〕10 号 …… 091
农业部　关于印发《全国农产品加工业与农村一二三产业融合发展规划（2016~2020 年）》
农加发〔2016〕5 号 …… 093
农业部　关于大力发展休闲农业的指导意见
农加发〔2016〕3 号 …… 108
住房城乡建设部办公厅　关于做好第二批全国特色小镇推荐工作的通知
建办村函〔2017〕357 号 …… 113
住房城乡建设部　关于公布第二批全国特色小镇名单的通知
建村〔2017〕178 号 …… 115
住房城乡建设部关于保持和彰显特色小镇特色若干问题的通知
建村〔2017〕144 号 …… 134
住房城乡建设部　中国建设银行关于推进商业金融支持小城镇建设的通知
建村〔2017〕81 号 …… 135
住房城乡建设部　国家开发银行关于推进开发性金融支持小城镇建设的通知
建村〔2017〕27 号 …… 137
住房城乡建设部关于公布第一批中国特色小镇名单的通知
建村〔2016〕221 号 …… 139
住房城乡建设部　中国农业发展银行关于推进政策性金融支持小城镇建设的通知
建村〔2016〕220 号 …… 142
住房城乡建设部办公厅　关于开展 2016 年美丽宜居小镇、美丽宜居村庄示范工作的通知
建办村函〔2016〕827 号 …… 144
住房城乡建设部　国家发展改革委　财政部关于开展特色小镇培育工作的通知
建村〔2016〕147 号 …… 148
住房城乡建设部村镇建设司关于做好 2016 年特色小镇推荐工作的通知
建村建函〔2016〕71 号 …… 150
住房城乡建设部　中国农业发展银行关于推进政策性金融支持小城镇建设的通知
建村〔2016〕220 号 …… 152
住房城乡建设部办公厅关于公布第四批美丽宜居小镇、美丽宜居村庄示范名单的通知
建办村〔2016〕71 号 …… 154

住房城乡建设部　关于公布第三批美丽宜居小镇、美丽宜居村庄示范名单的通知
建村〔2016〕13号 …… 163
住房城乡建设部　国家旅游局关于公布第三批全国特色景观旅游名镇名村示范名单的通知
建村〔2015〕106号 …… 166
国家林业局办公室关于开展森林特色小镇建设试点工作的通知
办场字〔2017〕110号 …… 172
体育总局办公厅关于推动运动休闲特色小镇建设工作的通知
体群字〔2017〕73号 …… 175
北京市"十三五"时期城乡一体化发展规划（节选）
京政发〔2016〕23号 …… 179
上海市发展改革委关于开展上海市特色小（城）镇培育与2017年申报工作的通知
沪发改地区〔2016〕20号 …… 181
天津市特镇办关于公布第一批市级特色小镇创建和培育名单的通知
津特镇办〔2016〕6号 …… 184
天津市特镇办　关于印发《天津市加快特色小镇规划建设指导意见》的通知 …… 186
天津市特镇办　关于开展特色小镇创建申报工作的通知 …… 189
重庆市人民政府办公厅关于做好特色小镇（街区）示范点创建工作的通知
渝府办发〔2016〕250号 …… 190
重庆市人民政府办公厅　关于培育发展特色小镇的指导意见
渝府办发〔2016〕111号 …… 194
福建省推进新型城镇化工作联席会议办公室关于组织申报福建省第一批特色小镇名单的通知
闽发改规划〔2016〕463号 …… 201
福建省推进新型城镇化工作联席会议办公室关于印发《福建省特色小镇创建指南》的通知
闽发改规划〔2016〕462号 …… 201
福建省人民政府　关于开展特色小镇规划建设的指导意见
闽政〔2016〕23号 …… 204
甘肃省人民政府办公厅关于推进特色小镇建设的指导意见
甘政办发〔2016〕114号 …… 207
广东省发展改革委关于印发广东省特色小镇创建导则的通知
粤发改区域〔2018〕262号 …… 211
广东省发展改革委　广东省科技厅　广东省住房城乡建设厅关于印发《加快特色小（城）镇建设的指导意见》的通知
粤发改区域〔2017〕438号 …… 218
广东省发展改革委关于建立省特色小镇建设工作联席会议制度的通知
粤发改区域函〔2016〕3417号 …… 224
广西壮族自治区人民政府关于公布2016年度广西特色名镇名村的通知
桂政发〔2017〕8号 …… 225

广西壮族自治区人民政府关于公布第三批广西特色旅游名县的通知
桂政发〔2017〕7 号 …… 226
广西壮族自治区人民政府关于公布第二批广西特色旅游名县的通知
桂政发〔2016〕3 号 …… 227
广西壮族自治区人民政府关于印发《加快创建广西特色旅游名县的若干支持和激励政策》的通知
桂政发〔2014〕49 号 …… 227
贵州省人民政府办公厅关于公布全省第一批整县推进小城镇建设发展试点县名单的通知
黔府办函〔2016〕180 号 …… 229
贵州省人民政府办公厅关于印发《贵州省 100 个示范小城镇建设 2013 年工作方案》的通知
黔府办发〔2013〕10 号 …… 231
海南省人民政府办公厅　关于建立海南省特色产业小镇产业发展和建设工作联席会议制度的通知
琼府办〔2015〕219 号 …… 273
海南省人民政府关于印发《海南省百个特色产业小镇建设工作方案》的通知
琼府〔2015〕88 号 …… 275
海南省住房和城乡建设厅关于印发《海南省特色风情小镇建设指导意见》的通知
琼建村〔2014〕53 号 …… 278
河北省特色小镇规划建设工作联席会议办公室关于公布河北省第一批特色小镇创建类和培育类名单的通知
冀特镇联办〔2017〕1 号 …… 282
河北省委　省人民政府关于建设特色小镇的指导意见
冀发〔2016〕30 号 …… 285
河北省特色小镇规划建设联席会议办公室关于印发《河北省特色小镇创建导则》的通知
冀特镇联办〔2016〕1 号 …… 289
湖北省住房和城乡建设厅关于做好 2017 年特色小（城）镇申报工作的通知
鄂建办〔2017〕25 号 …… 291
湖北省人民政府关于加快特色小（城）镇规划建设的指导意见
鄂政发〔2016〕78 号 …… 293
江西省人民政府关于印发《江西省特色小镇建设工作方案》的通知
赣府字〔2016〕100 号 …… 297
江苏省人民政府关于培育创建江苏特色小镇的指导意见
苏政发〔2016〕176 号 …… 301
云南省人民政府　关于加快特色小镇发展的意见
云政发〔2017〕20 号 …… 304
内蒙古自治区人民政府办公厅关于特色小镇建设工作的指导意见
内政办发〔2016〕128 号 …… 309

山东省人民政府办公厅关于印发《山东省创建特色小镇实施方案》的通知
鲁政办字〔2016〕149号 …… 312
陕西省发展和改革委员会关于加快发展特色小镇的实施意见
陕发改规划〔2017〕232号 …… 315
陕西省住建厅 关于报送2015年度省级重点示范镇、文化旅游名镇（街区）建设目标任务及考核指标的通知
陕建发〔2014〕358号 …… 318
陕西省住建厅 陕西省财政厅关于做好2015年省级重点示范镇和文化旅游名镇（街区）专项资金申报工作的通知
陕建发〔2014〕297号 …… 323
中共四川省委 四川省人民政府关于《深化拓展“百镇建设行动”、培育创建特色镇的意见(代拟稿)》征求意见 …… 324
西藏自治区人民政府办公厅关于印发《西藏自治区特色小城镇示范点建设工作实施方案》的通知
藏政办发〔2015〕29号 …… 329
浙江省人民政府办公厅关于旅游风情小镇创建工作的指导意见
浙政办发〔2016〕144号 …… 337
浙江省科学技术厅关于发挥科技创新作用推进浙江特色小镇建设的意见
浙科发高〔2016〕90号 …… 339
浙江省人民政府 关于加快特色小镇规划建设的指导意见
浙政发〔2015〕8号 …… 341
浙江省人民政府办公厅关于高质量加快推进特色小镇建设的通知
浙政办发〔2016〕30号 …… 343
浙江省质量技术监督局 浙江省发展和改革委员会关于发挥质量技术基础作用服务特色小镇建设的意见
浙质联发〔2016〕11号 …… 344
浙江省文化厅关于加快推进特色小镇文化建设的若干意见
浙文法〔2016〕7号 …… 346
浙江省林业厅关于推进森林特色小镇和森林人家建设的指导意见
浙林产〔2015〕66号 …… 354
浙江省工商局关于发挥职能作用支持省级特色小镇加快建设的若干意见
浙工商企〔2015〕8号 …… 356
杭州市人民政府关于加快特色小镇规划建设的实施意见
杭政函〔2015〕136号 …… 358
宁波市人民政府关于加快特色小镇规划建设的实施意见
甬政发〔2015〕148号 …… 361
中共青岛市委办公厅 青岛市人民政府办公厅关于加快特色小镇规划建设的实施意见（会签稿） …… 365

厦门市人民政府关于开展特色小镇规划建设的意见
厦府〔2016〕309 号 …… 368

第二篇　中国特色小镇理论研究

高质量推进特色小镇建设 …… 375
特色小镇特在哪 …… 381
创新政府公共政策供给的重大举措
——基于特色小镇规划建设的理论分析 …… 390
特色小镇引领乡村振兴机理研究 …… 395
实施乡村振兴战略的关键路径是特色小镇建设由外驱向内驱发展 …… 402
特色小镇的风向、风口与风险 …… 407
特色小镇发展机制探讨
——基于中国国情的理论与实践分析 …… 410
特色小镇及其建设原则、方法研究综述 …… 418
我国特色小镇发展进路探析 …… 425
中国特色小镇功能定位与路径选择 …… 434
精准治理视角下的特色小镇及其创建路径 …… 445
特色小镇发展的四要素分析 …… 451
从典型案例看国外特色小镇建设经验 …… 454
特色小镇与全域旅游融合发展探讨 …… 458
特色小镇发展水平指标体系与评估方法 …… 463
特色小镇核心竞争力及其评估模型构建 …… 471
特色小镇与生产力空间布局 …… 478
特色小镇众创平台运营创新研究 …… 486
“特色小镇”建设热中的冷思考
——“特色小镇”建设中的文化汲取与传承 …… 495
聚焦特色小镇融资 …… 505
“互联网 +”助力新型城镇化建设研究 …… 510

第三篇　中国特色小镇实践探索

第一部分　中国特色小镇综述 …… 517
一、特色小镇的兴起 …… 517
二、特色小镇发展现状 …… 519
三、特色小镇发展模式 …… 520
四、特色小镇目前存在的问题及改善建议 …… 528
五、未来特色小镇发展方向 …… 533
第二部分　中国特色小镇介绍 …… 534
一、浙江省 …… 534

二、福　建 …… 544
三、重　庆 …… 550
四、河　南 …… 555
五、江　西 …… 560
六、天　津 …… 565
七、内蒙古自治区 …… 567
八、云　南 …… 571
九、辽宁省 …… 577
十、吉林省 …… 584
十一、黑龙江省 …… 588
十二、湖北省 …… 592
十三、贵州省 …… 600
十四、西藏自治区 …… 606
十五、青海省 …… 608
十六、新疆维吾尔自治区 …… 610
十七、上海市 …… 615
十八、江苏省 …… 620
十九、山东省 …… 634
二十、四川省 …… 646
二十一、甘肃省 …… 656
二十二、宁夏回族自治区 …… 660
二十三、广东省 …… 664
二十四、广西壮族自治区 …… 672
二十五、海南省 …… 678
二十六、河北省 …… 681
二十七、湖南省 …… 685
二十八、陕西省 …… 692
二十九、安徽省 …… 697
三十、北京市 …… 703
三十一、山西省 …… 706
第三部分　中国特色小镇典型案例 …… 711
一、南湖基金小镇 …… 711
二、嘉善归谷智造小镇 …… 713
三、桐乡毛衫时尚小镇 …… 714
四、秀洲光伏小镇 …… 715
五、马鞍山钢铁小镇 …… 716
六、平阴玫瑰小镇 …… 717
七、梧州长洲岛生态特色小镇 …… 718

八、海盐时尚家居小镇 …… 718
九、江南药镇 …… 719
十、远洋渔业小镇 …… 722
十一、热河草莓公社小镇 …… 724
十二、青瓷小镇 …… 726
十三、黄岩智能模具小镇 …… 728
十四、唐山丰登坞钢铁物流小镇 …… 730
十五、成都菁蓉创客小镇 …… 732
十六、贵州安顺西秀区旧州镇 …… 733
十七、大连瓦房店将军石体育休闲特色小镇 …… 736
十八、杭州云栖小镇 …… 737
十九、嘉善巧克力甜蜜小镇 …… 739
二十、五金小镇寿安镇 …… 741
二十一、保利音乐小镇 …… 742
二十二、玉皇山南基金小镇 …… 745
二十三、余杭梦想小镇 …… 745
二十四、余杭艺尚小镇 …… 746
二十五、杭州云栖小镇 …… 746
二十六、西湖龙坞茶镇 …… 747
二十七、天子岭静脉小镇 …… 747
二十八、文成森林氧吧小镇 …… 748
二十九、平阳宠物小镇 …… 748
第四部分　大事记 …… 749
参考文献 …… 757
后　记 …… 763

第一篇

中国特色小镇政策汇编

中共中央　国务院关于实施乡村振兴战略的意见

（2018 年 1 月 2 日）

实施乡村振兴战略，是党的十九大作出的重大决策部署，是决胜全面建成小康社会、全面建设社会主义现代化国家的重大历史任务，是新时代“三农”工作的总抓手。现就实施乡村振兴战略提出如下意见。

一、新时代实施乡村振兴战略的重大意义

党的十八大以来，在以习近平同志为核心的党中央坚强领导下，我们坚持把解决好“三农”问题作为全党工作重中之重，持续加大强农惠农富农政策力度，扎实推进农业现代化和新农村建设，全面深化农村改革，农业农村发展取得了历史性成就，为党和国家事业全面开创新局面提供了重要支撑。5 年来，粮食生产能力跨上新台阶，农业供给侧结构性改革迈出新步伐，农民收入持续增长，农村民生全面改善，脱贫攻坚战取得决定性进展，农村生态文明建设显著加强，农民获得感显著提升，农村社会稳定和谐。农业农村发展取得的重大成就和“三农”工作积累的丰富经验，为实施乡村振兴战略奠定了良好基础。

农业农村农民问题是关系国计民生的根本性问题。没有农业农村的现代化，就没有国家的现代化。当前，我国发展不平衡不充分问题在乡村最为突出，主要表现在：农产品阶段性供过于求和供给不足并存，农业供给质量亟待提高；农民适应生产力发展和市场竞争的能力不足，新型职业农民队伍建设亟须加强；农村基础设施和民生领域欠账较多，农村环境和生态问题比较突出，乡村发展整体水平亟待提升；国家支农体系相对薄弱，农村金融改革任务繁重，城乡之间要素合理流动机制亟待健全；农村基层党建存在薄弱环节，乡村治理体系和治理能力亟待强化。实施乡村振兴战略，是解决人民日益增长的美好生活需要和不平衡不充分的发展之间矛盾的必然要求，是实现“两个一百年”奋斗目标的必然要求，是实现全体人民共同富裕的必然要求。

在中国特色社会主义新时代，乡村是一个可以大有作为的广阔天地，迎来了难得的发展机遇。我们有党的领导的政治优势，有社会主义的制度优势，有亿万农民的创造精神，有强大的经济实力支撑，有历史悠久的农耕文明，有旺盛的市场需求，完全有条件有能力实施乡村振兴战略。必须立足国情农情，顺势而为，切实增强责任感使命感紧迫感，举全党全国全社会之力，以更大的决心、更明确的目标、更有力的举措，推动农业全面升级、农村全面进步、农民全面发展，谱写新时代乡村全面振兴新篇章。

二、实施乡村振兴战略的总体要求

（一）指导思想。全面贯彻党的十九大精神，以习近平新时代中国特色社会主义思想为指导，加强党对“三农”工作的领导，坚持稳中求进工作总基调，牢固树立新发展理念，落实高质量发展的要求，紧紧围绕统筹推进“五位一体”总体布局和协调推进“四个全面”战略布局，坚持把解决好“三农”问题作为全党工作重中之重，坚持农业农村优先发展，按照产业兴旺、生态宜居、乡风文明、治理有效、生活富裕的总要求，建立健全城乡融合发展体制机制和政策体系，统筹推进农村经济建设、政治建设、文化建设、社会建设、生态文明建设和党的建设，加快推进乡村治理体系和治理能力现代化，加快推进农业农村现代化，走中国特色社会主义乡村振兴道路，让农业成为有奔头的产业，让农民成为有吸引力的职业，让农村成为安居乐业的美丽家园。

（二）目标任务。按照党的十九大提出的决胜全面建成小康社会、分两个阶段实现第二个百年奋斗目标的战略安排，实施乡村振兴战略的目标任务是：

到2020年，乡村振兴取得重要进展，制度框架和政策体系基本形成。农业综合生产能力稳步提升，农业供给体系质量明显提高，农村一二三产业融合发展水平进一步提升；农民增收渠道进一步拓宽，城乡居民生活水平差距持续缩小；现行标准下农村贫困人口实现脱贫，贫困县全部摘帽，解决区域性整体贫困；农村基础设施建设深入推进，农村人居环境明显改善，美丽宜居乡村建设扎实推进；城乡基本公共服务均等化水平进一步提高，城乡融合发展体制机制初步建立；农村对人才吸引力逐步增强；农村生态环境明显好转，农业生态服务能力进一步提高；以党组织为核心的农村基层组织建设进一步加强，乡村治理体系进一步完善；党的农村工作领导体制机制进一步健全；各地区各部门推进乡村振兴的思路举措得以确立。

到2035年，乡村振兴取得决定性进展，农业农村现代化基本实现。农业结构得到根本性改善，农民就业质量显著提高，相对贫困进一步缓解，共同富裕迈出坚实步伐；城乡基本公共服务均等化基本实现，城乡融合发展体制机制更加完善；乡风文明达到新高度，乡村治理体系更加完善；农村生态环境根本好转，美丽宜居乡村基本实现。

到2050年，乡村全面振兴，农业强、农村美、农民富全面实现。

（三）基本原则

——坚持党管农村工作。毫不动摇地坚持和加强党对农村工作的领导，健全党管农村工作领导体制机制和党内法规，确保党在农村工作中始终总揽全局、协调各方，为乡村振兴提供坚强有力的政治保障。

——坚持农业农村优先发展。把实现乡村振兴作为全党的共同意志、共同行动，做到认识统一、步调一致，在干部配备上优先考虑，在要素配置上优先满足，在资金投入上优先保障，在公共服务上优先安排，加快补齐农业农村短板。

——坚持农民主体地位。充分尊重农民意愿，切实发挥农民在乡村振兴中的主体作用，调动亿万农民的积极性、主动性、创造性，把维护农民群众根本利益、促进农民共同富裕作为出发点和落脚点，促进农民持续增收，不断提升农民的获得感、幸福感、安全感。

——坚持乡村全面振兴。准确把握乡村振兴的科学内涵，挖掘乡村多种功能和价值，统筹谋划农村经济建设、政治建设、文化建设、社会建设、生态文明建设和党的建设，注重协同性、关联性，整体部署，协调推进。

——坚持城乡融合发展。坚决破除体制机制弊端，使市场在资源配置中起决定性作用，更好发挥政府作用，推动城乡要素自由流动、平等交换，推动新型工业化、信息化、城镇化、农业现代化同步发展，加快形成工农互促、城乡互补、全面融合、共同繁荣的新型工农城乡关系。

——坚持人与自然和谐共生。牢固树立和践行绿水青山就是金山银山的理念，落实节约优先、保护优先、自然恢复为主的方针，统筹山水林田湖草系统治理，严守生态保护红线，以绿色发展引领乡村振兴。

——坚持因地制宜、循序渐进。科学把握乡村的差异性和发展走势分化特征，做好顶层设计，注重规划先行、突出重点、分类施策、典型引路。既尽力而为，又量力而行，不搞层层加码，不搞一刀切，不搞形式主义，久久为功，扎实推进。

三、提升农业发展质量，培育乡村发展新动能

乡村振兴，产业兴旺是重点。必须坚持质量兴农、绿色兴农，以农业供给侧结构性改革为主线，加快构建现代农业产业体系、生产体系、经营体系，提高农业创新力、竞争力和全要素生产率，加快实现由农业大国向农业强国转变。

（一）夯实农业生产能力基础。深入实施藏粮于地、藏粮于技战略，严守耕地红线，确保国家粮食安全，把中国人的饭碗牢牢端在自己手中。全面落实永久基本农田特殊保护制度，加快划定和建设粮食生产功能区、重要农产品生产保护区，完善支持政策。大规模推进农村土地整治和高标准农田建设，稳步提升耕地质量，强化监督考核和地方政府责任。加强农田水利建设，提高抗旱防洪除涝能力。实施国家农业节水行动，加快灌区续建配套与现代化改造，推进小型农田水利设施达标提质，建设一批重大高效节水灌溉工程。加快建设国家农业科技创新体系，加强面向全行业的科技创新基地建设。深化农业科技成果转化和推广应用改革。加快发展现代农作物、畜禽、水产、林木种业，提升自主创新能力。高标准建设国家南繁育种基地。推进我国农机装备产业转型升级，加强科研机构、设备制造企业联合攻关，进一步提高大宗农作物机械国产化水平，加快研发经济作物、养殖业、丘陵山区农林机械，发展高端农机装备制造。优化农业从业者结构，加快建设知识型、技能型、创新型农业经营者队伍。大力发展数字农业，实施智慧农业林业水利工程，推进物联网试验示范和遥感技术应用。

（二）实施质量兴农战略。制定和实施国家质量兴农战略规划，建立健全质量兴农评价体系、政策体系、工作体系和考核体系。深入推进农业绿色化、优质化、特色化、品牌化，调整优化农业生产力布局，推动农业由增产导向转向提质导向。推进特色农产品优势区创建，建设现代农业产业园、农业科技园。实施产业兴村强县行动，推行标准化生产，培育农产品品牌，保护地理标志农产品，打造一村一品、一县一业发展新格局。加快发展现代高效林业，实施兴林富民行动，推进森林生态标志产品建设工程。加强植物病虫害、动物疫病防控体系建设。优化养殖业空间布局，大力发展绿色生态健康养殖，做大做强民族奶业。统筹海洋渔业资源开发，科学布局近远海养殖和远洋渔业，建设现代化海洋牧场。建立产学研融合的农业科技创新

联盟，加强农业绿色生态、提质增效技术研发应用。切实发挥农垦在质量兴农中的带动引领作用。实施食品安全战略，完善农产品质量和食品安全标准体系，加强农业投入品和农产品质量安全追溯体系建设，健全农产品质量和食品安全监管体制，重点提高基层监管能力。

（三）构建农村一二三产业融合发展体系。大力开发农业多种功能，延长产业链、提升价值链、完善利益链，通过保底分红、股份合作、利润返还等多种形式，让农民合理分享全产业链增值收益。实施农产品加工业提升行动，鼓励企业兼并重组，淘汰落后产能，支持主产区农产品就地加工转化增值。重点解决农产品销售中的突出问题，加强农产品产后分级、包装、营销，建设现代化农产品冷链仓储物流体系，打造农产品销售公共服务平台，支持供销、邮政及各类企业把服务网点延伸到乡村，健全农产品产销稳定衔接机制，大力建设具有广泛性的促进农村电子商务发展的基础设施，鼓励支持各类市场主体创新发展基于互联网的新型农业产业模式，深入实施电子商务进农村综合示范，加快推进农村流通现代化。实施休闲农业和乡村旅游精品工程，建设一批设施完备、功能多样的休闲观光园区、森林人家、康养基地、乡村民宿、特色小镇。对利用闲置农房发展民宿、养老等项目，研究出台消防、特种行业经营等领域便利市场准入、加强事中事后监管的管理办法。发展乡村共享经济、创意农业、特色文化产业。

（四）构建农业对外开放新格局。优化资源配置，着力节本增效，提高我国农产品国际竞争力。实施特色优势农产品出口提升行动，扩大高附加值农产品出口。建立健全我国农业贸易政策体系。深化与“一带一路”沿线国家和地区农产品贸易关系。积极支持农业走出去，培育具有国际竞争力的大粮商和农业企业集团。积极参与全球粮食安全治理和农业贸易规则制定，促进形成更加公平合理的农业国际贸易秩序。进一步加大农产品反走私综合治理力度。

（五）促进小农户和现代农业发展有机衔接。统筹兼顾培育新型农业经营主体和扶持小农户，采取有针对性的措施，把小农生产引入现代农业发展轨道。培育各类专业化市场化服务组织，推进农业生产全程社会化服务，帮助小农户节本增效。发展多样化的联合与合作，提升小农户组织化程度。注重发挥新型农业经营主体带动作用，打造区域公用品牌，开展农超对接、农社对接，帮助小农户对接市场。扶持小农户发展生态农业、设施农业、体验农业、定制农业，提高产品档次和附加值，拓展增收空间。改善小农户生产设施条件，提升小农户抗风险能力。研究制定扶持小农生产的政策意见。

四、推进乡村绿色发展，打造人与自然和谐共生发展新格局

乡村振兴，生态宜居是关键。良好生态环境是农村最大优势和宝贵财富。必须尊重自然、顺应自然、保护自然，推动乡村自然资本加快增值，实现百姓富、生态美的统一。

（一）统筹山水林田湖草系统治理。把山水林田湖草作为一个生命共同体，进行统一保护、统一修复。实施重要生态系统保护和修复工程。健全耕地草原森林河流湖泊休养生息制度，分类有序退出超载的边际产能。扩大耕地轮作休耕制度试点。科学划定江河湖海限捕、禁捕区域，健全水生生态保护修复制度。实行水资源消耗总量和强度双控行动。开展河湖水系连通

和农村河塘清淤整治，全面推行河长制、湖长制。加大农业水价综合改革工作力度。开展国土绿化行动，推进荒漠化、石漠化、水土流失综合治理。强化湿地保护和恢复，继续开展退耕还湿。完善天然林保护制度，把所有天然林都纳入保护范围。扩大退耕还林还草、退牧还草，建立成果巩固长效机制。继续实施三北防护林体系建设等林业重点工程，实施森林质量精准提升工程。继续实施草原生态保护补助奖励政策。实施生物多样性保护重大工程，有效防范外来生物入侵。

（二）加强农村突出环境问题综合治理。加强农业面源污染防治，开展农业绿色发展行动，实现投入品减量化、生产清洁化、废弃物资源化、产业模式生态化。推进有机肥替代化肥、畜禽粪污处理、农作物秸秆综合利用、废弃农膜回收、病虫害绿色防控。加强农村水环境治理和农村饮用水水源保护，实施农村生态清洁小流域建设。扩大华北地下水超采区综合治理范围。推进重金属污染耕地防控和修复，开展土壤污染治理与修复技术应用试点，加大东北黑土地保护力度。实施流域环境和近岸海域综合治理。严禁工业和城镇污染向农业农村转移。加强农村环境监管能力建设，落实县乡两级农村环境保护主体责任。

（三）建立市场化多元化生态补偿机制。落实农业功能区制度，加大重点生态功能区转移支付力度，完善生态保护成效与资金分配挂钩的激励约束机制。鼓励地方在重点生态区位推行商品林赎买制度。健全地区间、流域上下游之间横向生态保护补偿机制，探索建立生态产品购买、森林碳汇等市场化补偿制度。建立长江流域重点水域禁捕补偿制度。推行生态建设和保护以工代赈做法，提供更多生态公益岗位。

（四）增加农业生态产品和服务供给。正确处理开发与保护的关系，运用现代科技和管理手段，将乡村生态优势转化为发展生态经济的优势，提供更多更好的绿色生态产品和服务，促进生态和经济良性循环。加快发展森林草原旅游、河湖湿地观光、冰雪海上运动、野生动物驯养观赏等产业，积极开发观光农业、游憩休闲、健康养生、生态教育等服务。创建一批特色生态旅游示范村镇和精品线路，打造绿色生态环保的乡村生态旅游产业链。

五、繁荣兴盛农村文化，焕发乡风文明新气象

乡村振兴，乡风文明是保障。必须坚持物质文明和精神文明一起抓，提升农民精神风貌，培育文明乡风、良好家风、淳朴民风，不断提高乡村社会文明程度。

（一）加强农村思想道德建设。以社会主义核心价值观为引领，坚持教育引导、实践养成、制度保障三管齐下，采取符合农村特点的有效方式，深化中国特色社会主义和中国梦宣传教育，大力弘扬民族精神和时代精神。加强爱国主义、集体主义、社会主义教育，深化民族团结进步教育，加强农村思想文化阵地建设。深入实施公民道德建设工程，挖掘农村传统道德教育资源，推进社会公德、职业道德、家庭美德、个人品德建设。推进诚信建设，强化农民的社会责任意识、规则意识、集体意识、主人翁意识。

（二）传承发展提升农村优秀传统文化。立足乡村文明，吸取城市文明及外来文化优秀成果，在保护传承的基础上，创造性转化、创新性发展，不断赋予时代内涵、丰富表现形式。切实保护好优秀农耕文化遗产，推动优秀农耕文化遗产合理适

度利用。深入挖掘农耕文化蕴含的优秀思想观念、人文精神、道德规范，充分发挥其在凝聚人心、教化群众、淳化民风中的重要作用。划定乡村建设的历史文化保护线，保护好文物古迹、传统村落、民族村寨、传统建筑、农业遗迹、灌溉工程遗产。支持农村地区优秀戏曲曲艺、少数民族文化、民间文化等传承发展。

（三）加强农村公共文化建设。按照有标准、有网络、有内容、有人才的要求，健全乡村公共文化服务体系。发挥县级公共文化机构辐射作用，推进基层综合性文化服务中心建设，实现乡村两级公共文化服务全覆盖，提升服务效能。深入推进文化惠民，公共文化资源要重点向乡村倾斜，提供更多更好的农村公共文化产品和服务。支持“三农”题材文艺创作生产，鼓励文艺工作者不断推出反映农民生产生活尤其是乡村振兴实践的优秀文艺作品，充分展示新时代农村农民的精神面貌。培育挖掘乡土文化本土人才，开展文化结对帮扶，引导社会各界人士投身乡村文化建设。活跃繁荣农村文化市场，丰富农村文化业态，加强农村文化市场监管。

（四）开展移风易俗行动。广泛开展文明村镇、星级文明户、文明家庭等群众性精神文明创建活动。遏制大操大办、厚葬薄养、人情攀比等陈规陋习。加强无神论宣传教育，丰富农民群众精神文化生活，抵制封建迷信活动。深化农村殡葬改革。加强农村科普工作，提高农民科学文化素养。

六、加强农村基层基础工作，构建乡村治理新体系

乡村振兴，治理有效是基础。必须把夯实基层基础作为固本之策，建立健全党委领导、政府负责、社会协同、公众参与、法治保障的现代乡村社会治理体制，坚持自治、法治、德治相结合，确保乡村社会充满活力、和谐有序。

（一）加强农村基层党组织建设。扎实推进抓党建促乡村振兴，突出政治功能，提升组织力，抓乡促村，把农村基层党组织建成坚强战斗堡垒。强化农村基层党组织领导核心地位，创新组织设置和活动方式，持续整顿软弱涣散村党组织，稳妥有序开展不合格党员处置工作，着力引导农村党员发挥先锋模范作用。建立选派第一书记工作长效机制，全面向贫困村、软弱涣散村和集体经济薄弱村党组织派出第一书记。实施农村带头人队伍整体优化提升行动，注重吸引高校毕业生、农民工、机关企事业单位优秀党员干部到村任职，选优配强村党组织书记。健全从优秀村党组织书记中选拔乡镇领导干部、考录乡镇机关公务员、招聘乡镇事业编制人员制度。加大在优秀青年农民中发展党员力度。建立农村党员定期培训制度。全面落实村级组织运转经费保障政策。推行村级小微权力清单制度，加大基层小微权力腐败惩处力度。严厉整治惠农补贴、集体资产管理、土地征收等领域侵害农民利益的不正之风和腐败问题。

（二）深化村民自治实践。坚持自治为基，加强农村群众性自治组织建设，健全和创新村党组织领导的充满活力的村民自治机制。推动村党组织书记通过选举担任村委会主任。发挥自治章程、村规民约的积极作用。全面建立健全村务监督委员会，推行村级事务阳光工程。依托村民会议、村民代表会议、村民议事会、村民理事会、村民监事会等，形成民事民议、民事民办、民事民管的多层次基层协商格局。积极发挥新乡贤作用。推动乡村治理重心下移，尽可能把资源、服务、管理下放到基层。

继续开展以村民小组或自然村为基本单元的村民自治试点工作。加强农村社区治理创新。创新基层管理体制机制，整合优化公共服务和行政审批职责，打造“一门式办理”、“一站式服务”的综合服务平台。在村庄普遍建立网上服务站点，逐步形成完善的乡村便民服务体系。大力培育服务性、公益性、互助性农村社会组织，积极发展农村社会工作和志愿服务。集中清理上级对村级组织考核评比多、创建达标多、检查督查多等突出问题。维护村民委员会、农村集体经济组织、农村合作经济组织的特别法人地位和权利。

（三）建设法治乡村。坚持法治为本，树立依法治理理念，强化法律在维护农民权益、规范市场运行、农业支持保护、生态环境治理、化解农村社会矛盾等方面的权威地位。增强基层干部法治观念、法治为民意识，将政府涉农各项工作纳入法治化轨道。深入推进综合行政执法改革向基层延伸，创新监管方式，推动执法队伍整合、执法力量下沉，提高执法能力和水平。建立健全乡村调解、县市仲裁、司法保障的农村土地承包经营纠纷调处机制。加大农村普法力度，提高农民法治素养，引导广大农民增强尊法学法守法用法意识。健全农村公共法律服务体系，加强对农民的法律援助和司法救助。

（四）提升乡村德治水平。深入挖掘乡村熟人社会蕴含的道德规范，结合时代要求进行创新，强化道德教化作用，引导农民向上向善、孝老爱亲、重义守信、勤俭持家。建立道德激励约束机制，引导农民自我管理、自我教育、自我服务、自我提高，实现家庭和睦、邻里和谐、干群融洽。广泛开展好媳妇、好儿女、好公婆等评选表彰活动，开展寻找最美乡村教师、医生、村官、家庭等活动。深入宣传道德模范、身边好人的典型事迹，弘扬真善美，传播正能量。

（五）建设平安乡村。健全落实社会治安综合治理领导责任制，大力推进农村社会治安防控体系建设，推动社会治安防控力量下沉。深入开展扫黑除恶专项斗争，严厉打击农村黑恶势力、宗族恶势力，严厉打击黄赌毒盗拐骗等违法犯罪。依法加大对农村非法宗教活动和境外渗透活动打击力度，依法制止利用宗教干预农村公共事务，继续整治农村乱建庙宇、滥塑宗教造像。完善县乡村三级综治中心功能和运行机制。健全农村公共安全体系，持续开展农村安全隐患治理。加强农村警务、消防、安全生产工作，坚决遏制重特大安全事故。探索以网格化管理为抓手、以现代信息技术为支撑，实现基层服务和管理精细化精准化。推进农村“雪亮工程”建设。

七、提高农村民生保障水平，塑造美丽乡村新风貌

乡村振兴，生活富裕是根本。要坚持人人尽责、人人享有，按照抓重点、补短板、强弱项的要求，围绕农民群众最关心最直接最现实的利益问题，一件事情接着一件事情办，一年接着一年干，把乡村建设成为幸福美丽新家园。

（一）优先发展农村教育事业。高度重视发展农村义务教育，推动建立以城带乡、整体推进、城乡一体、均衡发展的义务教育发展机制。全面改善薄弱学校基本办学条件，加强寄宿制学校建设。实施农村义务教育学生营养改善计划。发展农村学前教育。推进农村普及高中阶段教育，支持教育基础薄弱县普通高中建设，加强职业教育，逐步分类推进中等职业教育免除学杂费。健全学生资助制度，使绝大多数农村新增劳动力接受高中阶段教育、更多接

受高等教育。把农村需要的人群纳入特殊教育体系。以市县为单位，推动优质学校辐射农村薄弱学校常态化。统筹配置城乡师资，并向乡村倾斜，建好建强乡村教师队伍。

（二）促进农村劳动力转移就业和农民增收。健全覆盖城乡的公共就业服务体系，大规模开展职业技能培训，促进农民工多渠道转移就业，提高就业质量。深化户籍制度改革，促进有条件、有意愿、在城镇有稳定就业和住所的农业转移人口在城镇有序落户，依法平等享受城镇公共服务。加强扶持引导服务，实施乡村就业创业促进行动，大力发展文化、科技、旅游、生态等乡村特色产业，振兴传统工艺。培育一批家庭工场、手工作坊、乡村车间，鼓励在乡村地区兴办环境友好型企业，实现乡村经济多元化，提供更多就业岗位。拓宽农民增收渠道，鼓励农民勤劳守法致富，增加农村低收入者收入，扩大农村中等收入群体，保持农村居民收入增速快于城镇居民。

（三）推动农村基础设施提挡升级。继续把基础设施建设重点放在农村，加快农村公路、供水、供气、环保、电网、物流、信息、广播电视等基础设施建设，推动城乡基础设施互联互通。以示范县为载体全面推进“四好农村路”建设，加快实施通村组硬化路建设。加大成品油消费税转移支付资金用于农村公路养护力度。推进节水供水重大水利工程，实施农村饮水安全巩固提升工程。加快新一轮农村电网改造升级，制定农村通动力电规划，推进农村可再生能源开发利用。实施数字乡村战略，做好整体规划设计，加快农村地区宽带网络和第四代移动通信网络覆盖步伐，开发适应“三农”特点的信息技术、产品、应用和服务，推动远程医疗、远程教育等应用普及，弥合城乡数字鸿沟。提升气象为农服务能力。加强农村防灾减灾救灾能力建设。抓紧研究提出深化农村公共基础设施管护体制改革指导意见。

（四）加强农村社会保障体系建设。完善统一的城乡居民基本医疗保险制度和大病保险制度，做好农民重特大疾病救助工作。巩固城乡居民医保全国异地就医联网直接结算。完善城乡居民基本养老保险制度，建立城乡居民基本养老保险待遇确定和基础养老金标准正常调整机制。统筹城乡社会救助体系，完善最低生活保障制度，做好农村社会救助兜底工作。将进城落户农业转移人口全部纳入城镇住房保障体系。构建多层次农村养老保障体系，创新多元化照料服务模式。健全农村留守儿童和妇女、老年人以及困境儿童关爱服务体系。加强和改善农村残疾人服务。

（五）推进健康乡村建设。强化农村公共卫生服务，加强慢性病综合防控，大力推进农村地区精神卫生、职业病和重大传染病防治。完善基本公共卫生服务项目补助政策，加强基层医疗卫生服务体系建设，支持乡镇卫生院和村卫生室改善条件。加强乡村中医药服务。开展和规范家庭医生签约服务，加强妇幼、老人、残疾人等重点人群健康服务。倡导优生优育。深入开展乡村爱国卫生运动。

（六）持续改善农村人居环境。实施农村人居环境整治三年行动计划，以农村垃圾、污水治理和村容村貌提升为主攻方向，整合各种资源，强化各种举措，稳步有序推进农村人居环境突出问题治理。坚持不懈推进农村“厕所革命”，大力开展农村户用卫生厕所建设和改造，同步实施粪污治理，加快实现农村无害化卫生厕所全覆盖，努力补齐影响农民群众生活品质的短板。总结推广适用不同地区的农村污水治理模式，加强技术支撑和指导。深入推进农村环境综合整治。推进北方地区农村散煤替代，有条件的地方有序推进煤改气、煤改电和新能源利用。逐步建立农村低收入群体安全住房保障机制。强化新建农房规划管控，加强“空心村”服务管理和改造。保护保留乡村风貌，开展田园建筑示范，培养乡村传统建筑名匠。实施乡村绿化行动，全面保护古树名木。持续推进宜居宜业的美丽乡村建设。

八、打好精准脱贫攻坚战，增强贫困群众获得感

乡村振兴，摆脱贫困是前提。必须坚持精准扶贫、精准脱贫，把提高脱贫质量放在首位，既不降低扶贫标准，也不吊高胃口，采取更加有力的举措、更加集中的支持、更加精细的工作，坚决打好精准脱贫这场对全面建成小康社会具有决定性意义的攻坚战。

（一）瞄准贫困人口精准帮扶。对有劳动能力的贫困人口，强化产业和就业扶持，着力做好产销衔接、劳务对接，实现稳定脱贫。有序推进易地扶贫搬迁，让搬迁群众搬得出、稳得住、能致富。对完全或部分丧失劳动能力的特殊贫困人口，综合实施保障性扶贫政策，确保病有所医、残有所助、生活有兜底。做好农村最低生活保障工作的动态化精细化管理，把符合条件的贫困人口全部纳入保障范围。

（二）聚焦深度贫困地区集中发力。全面改善贫困地区生产生活条件，确保实现贫困地区基本公共服务主要指标接近全国平均水平。以解决突出制约问题为重点，以重大扶贫工程和到村到户帮扶为抓手，加大政策倾斜和扶贫资金整合力度，着力改善深度贫困地区发展条件，增强贫困农户发展能力，重点攻克深度贫困地区脱贫任务。新增脱贫攻坚资金项目主要投向深度贫困地区，增加金融投入对深度贫困地区的支持，新增建设用地指标优先保障深度贫困地区发展用地需要。

（三）激发贫困人口内生动力。把扶贫同扶志、扶智结合起来，把救急纾困和内生脱贫结合起来，提升贫困群众发展生产和务工经商的基本技能，实现可持续稳固脱贫。引导贫困群众克服等靠要思想，逐步消除精神贫困。要打破贫困均衡，促进形成自强自立、争先脱贫的精神风貌。改进帮扶方式方法，更多采用生产奖补、劳务补助、以工代赈等机制，推动贫困群众通过自己的辛勤劳动脱贫致富。

（四）强化脱贫攻坚责任和监督。坚持中央统筹省负总责市县抓落实的工作机制，强化党政一把手负总责的责任制。强化县级党委作为全县脱贫攻坚总指挥部的关键作用，脱贫攻坚期内贫困县县级党政正职要保持稳定。开展扶贫领域腐败和作风问题专项治理，切实加强扶贫资金管理，对挪用和贪污扶贫款项的行为严惩不贷。将2018年作为脱贫攻坚作风建设年，集中力量解决突出作风问题。科学确定脱贫摘帽时间，对弄虚作假、搞数字脱贫的严肃查处。完善扶贫督查巡查、考核评估办法，除党中央、国务院统一部署外，各部门一律不准再组织其他检查考评。严格控制各地开展增加一线扶贫干部负担的各类检查考评，切实给基层减轻工作负担。关心爱护战斗在扶贫第一线的基层干部，制定激励政策，为他们工作生活排忧解难，保护和调动他们的工作积极性。做好实施乡村振兴战略与打好精准脱贫攻坚战的有机衔接。制定坚决打好精准脱贫攻坚战三年行动指导意见。研究提出持续减贫的意见。

九、推进体制机制创新，强化乡村振兴制度性供给

实施乡村振兴战略，必须把制度建设贯穿其中。要以完善产权制度和要素市场化配置为重点，激活主体、激活要素、激活市场，着力增强改革的系统性、整体性、协同性。

（一）巩固和完善农村基本经营制度。落实农村土地承包关系稳定并长久不变政策，衔接落实好第二轮土地承包到期后再延长30年的政策，让农民吃上长效“定心丸”。全面完成土地承包经营权确权登记颁证工作，实现承包土地信息联通共享。完善农村承包地“三权分置”制度，在依法保护集体土地所有权和农户承包权前提下，平等保护土地经营权。农村承包土地经营权可以依法向金融机构融资担保、入股从事农业产业化经营。实施新型农业经营主体培育工程，培育发展家庭农场、合作社、龙头企业、社会化服务组织和农业产业化联合体，发展多种形式适度规模经营。

（二）深化农村土地制度改革。系统总结农村土地征收、集体经营性建设用地入市、宅基地制度改革试点经验，逐步扩大试点，加快土地管理法修改，完善农村土地利用管理政策体系。扎实推进房地一体的农村集体建设用地和宅基地使用权确权登记颁证。完善农民闲置宅基地和闲置农房政策，探索宅基地所有权、资格权、使用权“三权分置”，落实宅基地集体所有权，保障宅基地农户资格权和农民房屋财产权，适度放活宅基地和农民房屋使用权，不得违规违法买卖宅基地，严格实行土地用途管制，严格禁止下乡利用农村宅基地建设别墅大院和私人会馆。在符合土地利用总体规划前提下，允许县级政府通过村土地利用规划，调整优化村庄用地布局，有效利用农村零星分散的存量建设用地；预留部分规划建设用地指标用于单独选址的农业设施和休闲旅游设施等建设。对利用收储农村闲置建设用地发展农村新产业新业态的，给予新增建设用地指标奖励。进一步完善设施农用地政策。

（三）深入推进农村集体产权制度改革。全面开展农村集体资产清产核资、集体成员身份确认，加快推进集体经营性资产股份合作制改革。推动资源变资产、资金变股金、农民变股东，探索农村集体经济新的实现形式和运行机制。坚持农村集体产权制度改革正确方向，发挥村党组织对集体经济组织的领导核心作用，防止内部少数人控制和外部资本侵占集体资产。维护进城落户农民土地承包权、宅基地使用权、集体收益分配权，引导进城落户农民依法自愿有偿转让上述权益。研究制定农村集体经济组织法，充实农村集体产权权能。全面深化供销合作社综合改革，深入推进集体林权、水利设施产权等领域改革，做好农村综合改革、农村改革试验区等工作。

（四）完善农业支持保护制度。以提升农业质量效益和竞争力为目标，强化绿色生态导向，创新完善政策工具和手段，扩大“绿箱”政策的实施范围和规模，加快建立新型农业支持保护政策体系。深化农产品收储制度和价格形成机制改革，加快培育多元市场购销主体，改革完善中央储备粮管理体制。通过完善拍卖机制、定向销售、包干销售等，加快消化政策性粮食库存。落实和完善对农民直接补贴制度，提高补贴效能。健全粮食主产区利益补偿机制。探索开展稻谷、小麦、玉米三大粮食作物完全成本保险和收入保险试点，加快建立多层次农业保险体系。

十、汇聚全社会力量，强化乡村振兴人才支撑

实施乡村振兴战略，必须破解人才瓶颈制约。要把人力资本开发放在首要位置，畅通智力、技术、管理下乡通道，造就更多乡土人才，聚天下人才而用之。

（一）大力培育新型职业农民。全面建立职业农民制度，完善配套政策体系。实施新型职业农民培育工程。支持新型职业农民通过弹性学制参加中高等农业职业教育。创新培训机制，支持农民专业合作社、专业技术协会、龙头企业等主体承担培训。引导符合条件的新型职业农民参加城镇职工养老、医疗等社会保障制度。鼓励各地开展职业农民职称评定试点。

（二）加强农村专业人才队伍建设。建立县域专业人才统筹使用制度，提高农村专业人才服务保障能力。推动人才管理职能部门简政放权，保障和落实基层用人主体自主权。推行乡村教师“县管校聘”。实施好边远贫困地区、边疆民族地区和革命老区人才支持计划，继续实施“三支一扶”、特岗教师计划等，组织实施高校毕业生基层成长计划。支持地方高等学校、职业院校综合利用教育培训资源，灵活设置专业（方向），创新人才培养模式，为乡村振兴培养专业化人才。扶持培养一批农业职业经理人、经纪人、乡村工匠、文化能人、非遗传承人等。

（三）发挥科技人才支撑作用。全面建立高等院校、科研院所等事业单位专业技术人员到乡村和企业挂职、兼职和离岗创新创业制度，保障其在职称评定、工资福利、社会保障等方面的权益。深入实施农业科研杰出人才计划和杰出青年农业科学家项目。健全种业等领域科研人员以知识产权明晰为基础、以知识价值为导向的分配政策。探索公益性和经营性农技推广融合发展机制，允许农技人员通过提供增值服务合理取酬。全面实施农技推广服务特聘计划。

（四）鼓励社会各界投身乡村建设。建立有效激励机制，以乡情乡愁为纽带，吸引支持企业家、党政干部、专家学者、医生教师、规划师、建筑师、律师、技能人才等，通过下乡担任志愿者、投资兴业、包村包项目、行医办学、捐资捐物、法律服务等方式服务乡村振兴事业。研究制定管理办法，允许符合要求的公职人员回乡任职。吸引更多人才投身现代农业，培养造就新农民。加快制定鼓励引导工商资本参与乡村振兴的指导意见，落实和完善融资贷款、配套设施建设补助、税费减免、用地等扶持政策，明确政策边界，保护好农民利益。发挥工会、共青团、妇联、科协、残联等群团组织的优势和力量，发挥各民主党派、工商联、无党派人士等积极作用，支持农村产业发展、生态环境保护、乡风文明建设、农村弱势群体关爱等。实施乡村振兴“巾帼行动”。加强对下乡组织和人员的管理服务，使之成为乡村振兴的建设性力量。

（五）创新乡村人才培育引进使用机制。建立自主培养与人才引进相结合，学历教育、技能培训、实践锻炼等多种方式并举的人力资源开发机制。建立城乡、区域、校地之间人才培养合作与交流机制。全面建立城市医生教师、科技文化人员等定期服务乡村机制。研究制定鼓励城市专业人才参与乡村振兴的政策。

十一、开拓投融资渠道，强化乡村振兴投入保障

实施乡村振兴战略，必须解决钱从哪里来的问题。要健全投入保障制度，创新

投融资机制，加快形成财政优先保障、金融重点倾斜、社会积极参与的多元投入格局，确保投入力度不断增强、总量持续增加。

（一）确保财政投入持续增长。建立健全实施乡村振兴战略财政投入保障制度，公共财政更大力度向“三农”倾斜，确保财政投入与乡村振兴目标任务相适应。优化财政供给结构，推进行业内资金整合与行业间资金统筹相互衔接配合，增加地方自主统筹空间，加快建立涉农资金统筹整合长效机制。充分发挥财政资金的引导作用，撬动金融和社会资本更多投向乡村振兴。切实发挥全国农业信贷担保体系作用，通过财政担保费率补助和以奖代补等，加大对新型农业经营主体支持力度。加快设立国家融资担保基金，强化担保融资增信功能，引导更多金融资源支持乡村振兴。支持地方政府发行一般债券用于支持乡村振兴、脱贫攻坚领域的公益性项目。稳步推进地方政府专项债券管理改革，鼓励地方政府试点发行项目融资和收益自平衡的专项债券，支持符合条件、有一定收益的乡村公益性项目建设。规范地方政府举债融资行为，不得借乡村振兴之名违法违规变相举债。

（二）拓宽资金筹集渠道。调整完善土地出让收入使用范围，进一步提高农业农村投入比例。严格控制未利用地开垦，集中力量推进高标准农田建设。改进耕地占补平衡管理办法，建立高标准农田建设等新增耕地指标和城乡建设用地增减挂钩节余指标跨省域调剂机制，将所得收益通过支出预算全部用于巩固脱贫攻坚成果和支持实施乡村振兴战略。推广一事一议、以奖代补等方式，鼓励农民对直接受益的乡村基础设施建设投工投劳，让农民更多参与建设管护。

（三）提高金融服务水平。坚持农村金融改革发展的正确方向，健全适合农业农村特点的农村金融体系，推动农村金融机构回归本源，把更多金融资源配置到农村经济社会发展的重点领域和薄弱环节，更好满足乡村振兴多样化金融需求。要强化金融服务方式创新，防止脱实向虚倾向，严格管控风险，提高金融服务乡村振兴能力和水平。抓紧出台金融服务乡村振兴的指导意见。加大中国农业银行、中国邮政储蓄银行“三农”金融事业部对乡村振兴支持力度。明确国家开发银行、中国农业发展银行在乡村振兴中的职责定位，强化金融服务方式创新，加大对乡村振兴中长期信贷支持。推动农村信用社省联社改革，保持农村信用社县域法人地位和数量总体稳定，完善村镇银行准入条件，地方法人金融机构要服务好乡村振兴。普惠金融重点要放在乡村。推动出台非存款类放贷组织条例。制定金融机构服务乡村振兴考核评估办法。支持符合条件的涉农企业发行上市、新三板挂牌和融资、并购重组，深入推进农产品期货期权市场建设，稳步扩大“保险+期货”试点，探索“订单农业+保险+期货（权）”试点。改进农村金融差异化监管体系，强化地方政府金融风险防范处置责任。

十二、坚持和完善党对“三农”工作的领导

实施乡村振兴战略是党和国家的重大决策部署，各级党委和政府要提高对实施乡村振兴战略重大意义的认识，真正把实施乡村振兴战略摆在优先位置，把党管农村工作的要求落到实处。

（一）完善党的农村工作领导体制机制。各级党委和政府要坚持工业农业一起抓、城市农村一起抓，把农业农村优先发

展原则体现到各个方面。健全党委统一领导、政府负责、党委农村工作部门统筹协调的农村工作领导体制。建立实施乡村振兴战略领导责任制，实行中央统筹省负总责市县抓落实的工作机制。党政一把手是第一责任人，五级书记抓乡村振兴。县委书记要下大气力抓好“三农”工作，当好乡村振兴“一线总指挥”。各部门要按照职责，加强工作指导，强化资源要素支持和制度供给，做好协同配合，形成乡村振兴工作合力。切实加强各级党委农村工作部门建设，按照《中国共产党工作机关条例（试行）》有关规定，做好党的农村工作机构设置和人员配置工作，充分发挥决策参谋、统筹协调、政策指导、推动落实、督导检查等职能。各省（自治区、直辖市）党委和政府每年要向党中央、国务院报告推进实施乡村振兴战略进展情况。建立市县党政领导班子和领导干部推进乡村振兴战略的实绩考核制度，将考核结果作为选拔任用领导干部的重要依据。

（二）研究制定中国共产党农村工作条例。根据坚持党对一切工作的领导的要求和新时代“三农”工作新形势新任务新要求，研究制定中国共产党农村工作条例，把党领导农村工作的传统、要求、政策等以党内法规形式确定下来，明确加强对农村工作领导的指导思想、原则要求、工作范围和对象、主要任务、机构职责、队伍建设等，完善领导体制和工作机制，确保乡村振兴战略有效实施。

（三）加强“三农”工作队伍建设。把懂农业、爱农村、爱农民作为基本要求，加强“三农”工作干部队伍培养、配备、管理、使用。各级党委和政府主要领导干部要懂“三农”工作、会抓“三农”工作，分管领导要真正成为“三农”工作行家里手。制定并实施培训计划，全面提升“三农”干部队伍能力和水平。拓宽县级“三农”工作部门和乡镇干部来源渠道。把到农村一线工作锻炼作为培养干部的重要途径，注重提拔使用实绩优秀的干部，形成人才向农村基层一线流动的用人导向。

（四）强化乡村振兴规划引领。制定国家乡村振兴战略规划（2018~2022 年），分别明确至 2020 年全面建成小康社会和 2022 年召开党的二十大时的目标任务，细化实化工作重点和政策措施，部署若干重大工程、重大计划、重大行动。各地区各部门要编制乡村振兴地方规划和专项规划或方案。加强各类规划的统筹管理和系统衔接，形成城乡融合、区域一体、多规合一的规划体系。根据发展现状和需要分类有序推进乡村振兴，对具备条件的村庄，要加快推进城镇基础设施和公共服务向农村延伸；对自然历史文化资源丰富的村庄，要统筹兼顾保护与发展；对生存条件恶劣、生态环境脆弱的村庄，要加大力度实施生态移民搬迁。

（五）强化乡村振兴法治保障。抓紧研究制定乡村振兴法的有关工作，把行之有效的乡村振兴政策法定化，充分发挥立法在乡村振兴中的保障和推动作用。及时修改和废止不适应的法律法规。推进粮食安全保障立法。各地可以从本地乡村发展实际需要出发，制定促进乡村振兴的地方性法规、地方政府规章。加强乡村统计工作和数据开发应用。

（六）营造乡村振兴良好氛围。凝聚全党全国全社会振兴乡村强大合力，宣传党的乡村振兴方针政策和各地丰富实践，振奋基层干部群众精神。建立乡村振兴专家决策咨询制度，组织智库加强理论研究。促进乡村振兴国际交流合作，讲好乡村振兴中国故事，为世界贡献中国智慧和中国方案。

国务院办公厅关于促进全域旅游发展的指导意见

国办发〔2018〕15号

各省、自治区、直辖市人民政府，国务院各部委、各直属机构：

旅游是发展经济、增加就业和满足人民日益增长的美好生活需要的有效手段，旅游业是提高人民生活水平的重要产业。近年来，我国旅游经济快速增长，产业格局日趋完善，市场规模品质同步提升，旅游业已成为国民经济的战略性支柱产业。但是，随着大众旅游时代到来，我国旅游有效供给不足、市场秩序不规范、体制机制不完善等问题日益凸显。发展全域旅游，将一定区域作为完整旅游目的地，以旅游业为优势产业，统一规划布局、优化公共服务、推进产业融合、加强综合管理、实施系统营销，有利于不断提升旅游业现代化、集约化、品质化、国际化水平，更好满足旅游消费需求。为指导各地促进全域旅游发展，经国务院同意，现提出以下意见。

一、总体要求

（一）指导思想。全面贯彻党的十九大精神，以习近平新时代中国特色社会主义思想为指导，认真落实党中央、国务院决策部署，统筹推进“五位一体”总体布局和协调推进“四个全面”战略布局，牢固树立和贯彻落实新发展理念，加快旅游供给侧结构性改革，着力推动旅游业从门票经济向产业经济转变，从粗放低效方式向精细高效方式转变，从封闭的旅游自循环向开放的“旅游+”转变，从企业单打独享向社会共建共享转变，从景区内部管理向全面依法治理转变，从部门行为向政府统筹推进转变，从单一景点景区建设向综合目的地服务转变。

（二）基本原则。统筹协调，融合发展。把促进全域旅游发展作为推动经济社会发展的重要抓手，从区域发展全局出发，统一规划，整合资源，凝聚全域旅游发展新合力。大力推进“旅游+”，促进产业融合、产城融合，全面增强旅游发展新功能，使发展成果惠及各方，构建全域旅游共建共享新格局。

因地制宜，绿色发展。注重产品、设施与项目的特色，不搞一个模式，防止千城一面、千村一面、千景一面，推行各具特色、差异化推进的全域旅游发展新方式。牢固树立绿水青山就是金山银山理念，坚持保护优先，合理有序开发，防止破坏环境，摒弃盲目开发，实现经济效益、社会效益、生态效益相互促进、共同提升。

改革创新，示范引导。突出目标导向和问题导向，努力破除制约旅游发展的瓶颈与障碍，不断完善全域旅游发展的体制机制、政策措施、产业体系。开展全域旅游示范区创建工作，打造全域旅游发展典型，形成可借鉴可推广的经验，树立全域旅游发展新标杆。

（三）主要目标。旅游发展全域化。推进全域统筹规划、全域合理布局、全域服务提升、全域系统营销，构建良好自然生态环境、人文社会环境和放心旅游消费环境，实现全域宜居宜业宜游。

旅游供给品质化。加大旅游产业融合开放力度，提升科技水平、文化内涵、绿色含量，增加创意产品、体验产品、定制产品，发展融合新业态，提供更多精细化、差异化旅游产品和更加舒心、放心的旅游服务，增加有效供给。

旅游治理规范化。加强组织领导，增强全社会参与意识，建立各部门联动、全社会参与的旅游综合协调机制。坚持依法治旅，创新管理机制，提升治理效能，形成综合产业综合抓的局面。

旅游效益最大化。把旅游业作为经济社会发展的重要支撑，发挥旅游“一业兴百业”的带动作用，促进传统产业提档升级，孵化一批新产业、新业态，不断提高旅游对经济和就业的综合贡献水平。

二、推进融合发展，创新产品供给

（四）推动旅游与城镇化、工业化和商贸业融合发展。建设美丽宜居村庄、旅游小镇、风情县城以及城市绿道、慢行系统，支持旅游综合体、主题功能区、中央游憩区等建设。依托风景名胜区、历史文化名城名镇名村、特色景观旅游名镇、传统村落，探索名胜名城名镇名村“四名一体”全域旅游发展模式。利用工业园区、工业展示区、工业历史遗迹等开展工业旅游，发展旅游用品、户外休闲用品和旅游装备制造业。积极发展商务会展旅游，完善城市商业区旅游服务功能，开发具有自主知识产权和鲜明地方特色的时尚性、实用性、便携性旅游商品，增加旅游购物收入。

（五）推动旅游与农业、林业、水利融合发展。大力发展观光农业、休闲农业，培育田园艺术景观、阳台农艺等创意农业，鼓励发展具备旅游功能的定制农业、会展农业、众筹农业、家庭农场、家庭牧场等新型农业业态，打造一二三产业融合发展的美丽休闲乡村。积极建设森林公园、湿地公园、沙漠公园、海洋公园，发展“森林人家”、“森林小镇”。科学合理利用水域和水利工程，发展观光、游憩、休闲度假等水利旅游。

（六）推动旅游与交通、环保、国土、海洋、气象融合发展。加快建设自驾车房车旅游营地，推广精品自驾游线路，打造旅游风景道和铁路遗产、大型交通工程等特色交通旅游产品，积极发展邮轮游艇旅游、低空旅游。开发建设生态旅游区、天然氧吧、地质公园、矿山公园、气象公园以及山地旅游、海洋海岛旅游等产品，大力开发避暑避寒旅游产品，推动建设一批避暑避寒度假目的地。

（七）推动旅游与科技、教育、文化、卫生、体育融合发展。充分利用科技工程、科普场馆、科研设施等发展科技旅游。以弘扬社会主义核心价值观为主线发展红色旅游，积极开发爱国主义和革命传统教育、国情教育等研学旅游产品。科学利用传统村落、文物遗迹及博物馆、纪念馆、美术馆、艺术馆、世界文化遗产、非物质文化遗产展示馆等文化场所开展文化、文物旅游，推动剧场、演艺、游乐、动漫等产业与旅游业融合开展文化体验旅游。加快开发高端医疗、中医药特色、康复疗养、休闲养生等健康旅游。大力发展冰雪运动、山地户外运动、水上运动、汽车摩托车运动、航空运动、健身气功养生等体育旅游，将城市大型商场、有条件景区、开发区闲置空间、体育场馆、运动休闲特色小镇、连片美丽乡村打造成体育旅游综合体。

（八）提升旅游产品品质。深入挖掘历史文化、地域特色文化、民族民俗文化、传统农耕文化等，实施中国传统工艺振兴计划，提升传统工艺产品品质和旅游产品文化含量。积极利用新能源、新材料和新科技装备，提高旅游产品科技含量。推广资源循环利用、生态修复、无害化处理等生态技术，加强环境综合治理，提高旅游开发生态含量。

（九）培育壮大市场主体。大力推进旅游领域大众创业、万众创新，开展旅游创客行动，建设旅游创客示范基地，加强政策引导和专业培训，促进旅游领域创业和就业。鼓励各类市场主体通过资源整合、改革重组、收购兼并、线上线下融合等投资旅游业，促进旅游投资主体多元化。培育和引进有竞争力的旅游骨干企业和大型旅游集团，促进规模化、品牌化、网络化经营。落实中小旅游企业扶持政策，引导其向专业、精品、特色、创新方向发展，形成以旅游骨干企业为龙头、大中小旅游企业协调发展的格局。

三、加强旅游服务，提升满意指数

（十）以标准化提升服务品质。完善服务标准，加强涉旅行业从业人员培训，规范服务礼仪与服务流程，增强服务意识与服务能力，塑造规范专业、热情主动的旅游服务形象。

（十一）以品牌化提高满意度。按照个性化需求，实施旅游服务质量标杆引领计划和服务承诺制度，建立优质旅游服务商名录，推出优质旅游服务品牌，开展以游客评价为主的旅游目的地评价，不断提高游客满意度。

（十二）推进服务智能化。涉旅场所实现免费 Wi-Fi、通信信号、视频监控全覆盖，主要旅游消费场所实现在线预订、网上支付，主要旅游区实现智能导游、电子讲解、实时信息推送，开发建设咨询、导览、导游、导购、导航和分享评价等智能化旅游服务系统。

（十三）推行旅游志愿服务。建立旅游志愿服务工作站，制定管理激励制度，开展志愿服务公益行动，提供文明引导、游览讲解、信息咨询和应急救援等服务，打造旅游志愿服务品牌。

（十四）提升导游服务质量。加强导游队伍建设和权益保护，指导督促用人单位依法与导游签订劳动合同，落实导游薪酬和社会保险制度，明确用人单位与导游的权利义务，构建和谐稳定的劳动关系，为持续提升导游服务质量奠定坚实基础。全面开展导游培训，组织导游服务技能竞赛，建设导游服务网络平台，切实提高导游服务水平。

四、加强基础配套，提升公共服务

（十五）扎实推进“厕所革命”。加强规划引导、科学布局和配套设施建设，提高城乡公厕管理维护水平，因地制宜推进农村“厕所革命”。加大中央预算内资金、旅游发展基金和地方各级政府投资对“厕所革命”的支持力度，加强厕所技术攻关和科技支撑，全面开展文明用厕宣传教育。在重要旅游活动场所设置第三卫生间，做到主要旅游景区、旅游线路以及客运列车、车站等场所厕所数量充足、干净卫生、实用免费、管理有效。

（十六）构建畅达便捷交通网络。完善综合交通运输体系，加快新建或改建支线机场和通用机场，优化旅游旺季以及通重点客源地与目的地的航班配置。改善公路通达条件，提高旅游景区可进入性，推进干线公路与重要景区连接，强化旅游客运、城市公交对旅游景区、景点的服务保障，推进城市绿道、骑行专线、登山步道、慢行系统、交通驿站等旅游休闲设施建设，打造具有通达、游憩、体验、运动、健身、文化、教育等复合功能的主题旅游线路。鼓励在国省干线公路和通景区公路沿线增设观景台、自驾车房车营地和公路服务区等设施，推动高速公路服务区向集交通、旅游、生态等服务于一体的复合型服务场所转型升级。

（十七）完善集散咨询服务体系。继续建设提升景区服务中心，加快建设全域旅游集散中心，在商业街区、交通枢纽、景点景区等游客集聚区设立旅游咨询服务中心，有效提供景区、线路、交通、气象、海洋、安全、医疗急救等信息与服务。

（十八）规范完善旅游引导标识系统。建立位置科学、布局合理、指向清晰的旅游引导标识体系，重点涉旅场所规范使用符合国家标准的公共信息图形符号。

五、加强环境保护，推进共建共享

（十九）加强资源环境保护。强化对自然生态、田园风光、传统村落、历史文化、民族文化等资源的保护，依法保护名胜名城名镇名村的真实性和完整性，严格规划建设管控，保持传统村镇原有肌理，延续传统空间格局，注重文化挖掘和传承，构筑具有地域特征、民族特色的城乡建筑风貌。倡导绿色旅游消费，实施旅游能效提升计划，降低资源消耗，推广使用节水节能产品和技术，推进节水节能型景区、酒店和旅游村镇建设。

（二十）推进全域环境整治。积极开展主要旅游线路沿线风貌集中整治，在路边、水边、山边、村边开展净化、绿化、美化行动，在重点旅游村镇实行改厨、改厕、改客房、整理院落和垃圾污水无害化、生态化处理，全面优化旅游环境。

（二十一）强化旅游安全保障。组织开展旅游风险评估，加强旅游安全制度建设，按照职责分工强化各有关部门安全监管责任。强化安全警示、宣传、引导，完善各项应急预案，定期组织开展应急培训和应急演练，建立政府救助与商业救援相结合的旅游救援体系。加强景点景区最大承载量警示、重点时段游客量调控和应急管理工作，提高景区灾害风险管理能力，强化对客运索道、大型游乐设施、玻璃栈道等设施设备和旅游客运、旅游道路、旅游节庆活动等重点领域及环节的监管，落实旅行社、饭店、景区安全规范。完善旅游保险产品，扩大旅游保险覆盖面，提高保险理赔服务水平。

（二十二）大力推进旅游扶贫和旅游富民。大力实施乡村旅游扶贫富民工程，通过资源整合积极发展旅游产业，健全完善“景区带村、能人带户”的旅游扶贫模式。通过民宿改造提升、安排就业、定点采购、输送客源、培训指导以及建立农副土特产品销售区、乡村旅游后备厢基地等方式，增加贫困村集体收入和建档立卡贫困人口人均收入。加强对深度贫困地区旅游资源普查，完善旅游扶贫规划，指导和帮助深度贫困地区设计、推广跨区域自驾游等精品旅游线路，提高旅游扶贫的精准性，真正让贫困地区、贫困人口受益。

（二十三）营造良好社会环境。树立“处处都是旅游环境，人人都是旅游形象”理念，面向目的地居民开展旅游知识宣传教育，强化居民旅游参与意识、形象意识和责任意识。加强旅游惠民便民服务，推动博物馆、纪念馆、全国爱国主义教育示范基地、美术馆、公共图书馆、文化馆、科技馆等免费开放。加强对老年人、残疾人等特殊群体的旅游服务。

六、实施系统营销，塑造品牌形象

（二十四）制定营销规划。把营销工作纳入全域旅游发展大局，坚持以需求为导向，树立系统营销和全面营销理念，明确市场开发和营销战略，加强市场推广部门与生产供给部门的协调沟通，实现产品开发与市场开发无缝对接。制定客源市场开发规划和工作计划，切实做好入境旅游营销。

（二十五）丰富营销内容。进一步提高景点景区、饭店宾馆等旅游宣传推广水平，深入挖掘和展示地区特色，做好商贸活动、科技产业、文化节庆、体育赛事、特色企业、知名院校、城乡社区、乡风民俗、优良生态等旅游宣传推介，提升旅游整体吸引力。

（二十六）实施品牌战略。着力塑造特色鲜明的旅游目的地形象，打造主题突出、传播广泛、社会认可度高的旅游目的地品牌，建立多层次、全产业链的品牌体系，提升区域内各类旅游品牌影响力。

（二十七）完善营销机制。建立政府、行业、媒体、公众等共同参与的整体营销机制，整合利用各类宣传营销资源和渠道，建立推广联盟等合作平台，形成上下结合、横向联动、多方参与的全域旅游营销格局。

（二十八）创新营销方式。有效运用高层营销、网络营销、公众营销、节庆营销等多种方式，借助大数据分析加强市场调研，充分运用现代新媒体、新技术和新手段，提高营销精准度。

七、加强规划工作，实施科学发展

（二十九）加强旅游规划统筹协调。将旅游发展作为重要内容纳入经济社会发展规划和城乡建设、土地利用、海洋主体功能区和海洋功能区划、基础设施建设、生态环境保护等相关规划中，由当地人民政府编制旅游发展规划并依法开展环境影响评价。

（三十）完善旅游规划体系。编制旅游产品指导目录，制定旅游公共服务、营销推广、市场治理、人力资源开发等专项规划或行动方案，形成层次分明、相互衔接、规范有效的规划体系。

（三十一）做好旅游规划实施工作。全域旅游发展总体规划、重要专项规划及重点项目规划应制定实施分工方案与细则，建立规划评估与实施督导机制，提升旅游规划实施效果。

八、创新体制机制，完善治理体系

（三十二）推进旅游管理体制改革。加强旅游业发展统筹协调和部门联动，各级旅游部门要切实承担起旅游资源整合与开发、旅游规划与产业促进、旅游监督管理与综合执法、旅游营销推广与形象提升、旅游公共服务与资金管理、旅游数据统计与综合考核等职责。发挥旅游行业协会自律作用，完善旅游监管服务平台，健全旅游诚信体系。

（三十三）加强旅游综合执法。建立健全旅游部门与相关部门联合执法机制，强化涉旅领域执法检查。加强旅游执法领域行政执法与刑事执法衔接，促进旅游部门与有关监管部门协调配合，形成工作合力。加强旅游质监执法工作，组织开展旅游执法人员培训，提高旅游执法专业化和人性化水平。

（三十四）创新旅游协调参与机制。强化全域旅游组织领导，加强部门联动，建立健全旅游联席会议、旅游投融资、旅游标准化建设和考核激励等工作机制。

（三十五）加强旅游投诉举报处理。建立统一受理旅游投诉举报机制，积极运用“12301”智慧旅游服务平台、“12345”政府服务热线以及手机 APP、微信公众号、咨询中心等多种手段，形成线上线下联动、高效便捷畅通的旅游投诉举报受理、处理、反馈机制，做到及时公正，规范有效。

（三十六）推进文明旅游。加强文明旅游宣传引导，全面推行文明旅游公约，树立文明旅游典型，建立旅游不文明行为记录制度和部门间信息通报机制，促进文明旅游工作制度化、常态化。

九、强化政策支持，认真组织实施

（三十七）加大财政金融支持力度。通过现有资金渠道，加大旅游基础设施和公共服务设施建设投入力度，鼓励地方统筹相关资金支持全域旅游发展。创新旅游投融资机制，鼓励有条件的地方设立旅游产业促进基金并实行市场化运作，充分依托已有平台促进旅游资源资产交易，促进旅游资源市场化配置，加强监管、防范风险，积极引导私募股权、创业投资基金等投资各类旅游项目。

（三十八）强化旅游用地用海保障。将旅游发展所需用地纳入土地利用总体规划、城乡规划统筹安排，年度土地利用计划适当向旅游领域倾斜，适度扩大旅游产业用地供给，优先保障旅游重点项目和乡村旅游扶贫项目用地。鼓励通过开展城乡建设用地增减挂钩和工矿废弃地复垦利用试点的方式建设旅游项目。农村集体经济组织可依法使用建设用地自办或以土地使用权入股、联营等方式开办旅游企业。城乡居民可以利用自有住宅依法从事民宿等旅游经营。在不改变用地主体、规划条件的前提下，市场主体利用旧厂房、仓库提供符合全域旅游发展需要的旅游休闲服务的，可执行在五年内继续按原用途和土地权利类型使用土地的过渡期政策。在符合管控要求的前提下，合理有序安排旅游产业用海需求。

（三十九）加强旅游人才保障。实施“人才强旅、科教兴旅”战略，将旅游人才队伍建设纳入重点人才支持计划。大力发展旅游职业教育，深化校企合作，加快培养适应全域旅游发展要求的技术技能人才，有条件的县市应积极推进涉旅行业全员培训。鼓励规划、建筑、设计、艺术等各类专业人才通过到基层挂职等方式帮扶指导旅游发展。

（四十）加强旅游专业支持。推进旅游基础理论、应用研究和学科体系建设，优化专业设置。推动旅游科研单位、旅游规划单位与国土、交通、住建等相关规划研究机构服务全域旅游建设。强化全域旅游宣传教育，营造全社会支持旅游业发展的环境氛围。增强科学技术对旅游产业发展的支撑作用，加快推进旅游业现代化、信息化建设。

各地区、各部门要充分认识发展全域旅游的重大意义，统一思想、勇于创新，积极作为、狠抓落实，确保全域旅游发展工作取得实效。国务院旅游行政部门要组织开展好全域旅游示范区创建工作，会同有关部门对全域旅游发展情况进行监督检查和跟踪评估，重要情况及时报告国务院。

国务院办公厅

2018 年 3 月 9 日

国务院办公厅 关于印发兴边富民行动“十三五”规划的通知

国办发〔2017〕50号

各省、自治区、直辖市人民政府，国务院各部委、各直属机构：

《兴边富民行动“十三五”规划》已经国务院同意，现印发给你们，请认真贯彻实施。

国务院办公厅

2017年5月28日

兴边富民行动“十三五”规划

实施兴边富民行动，对于推动边境地区经济社会快速发展，提高各族群众生活水平，加强民族团结，巩固祖国边防，维护国家统一，增进中外睦邻友好具有特殊重要意义。“十三五”时期是我国全面深化改革的关键时期，也是边境地区同步全面建成小康社会的决胜阶段。为贯彻落实党中央、国务院关于进一步推进兴边富民行动的决策部署，根据《中共中央 国务院关于加强和改进新形势下民族工作的意见》、《中华人民共和国国民经济和社会发展第十三个五年规划纲要》，编制本规划。

本规划实施范围为我国陆地边境地区，包括内蒙古、辽宁、吉林、黑龙江、广西、云南、西藏、甘肃、新疆9个省区的140个陆地边境县（市、区、旗）和新疆生产建设兵团的58个边境团场（以下统称边境县）。参照“十二五”期间做法，海南省6个民族自治县继续比照享受兴边富民行动相关政策。

一、规划背景

我国陆地与14个国家接壤，陆地边境线长2.2万公里，其中1.9万公里在民族地区。边境地区国土面积197万平方公里，人口2300多万，其中少数民族人口近一半，有30多个民族与周边国家同一民族毗邻而居。边境地区地处我国对外开放的前沿，是确保国土安全和生态安全的重要屏障，在全国改革发展稳定大局中具有重要战略地位。为推动边境地区加快发展，扶持边境各族人民尽快致富奔小康，党中央、国务院作出了实施兴边富民行动的战略决策。在各有关地方和部门共同努力下，兴边富民行动持续推进，取得显著成效，特别是通过实施兴边富民行动“十一五”、“十二五”规划，边境地区综合经济实力明显增强，基础设施和基本公共服务体系不断健全，边民生产生活条件大幅改善，对外开放水平持续提高，民族团结和边防巩固效果突出，各族群众凝聚力和向心力显著增强，为边境地区全面建成小康社会奠定了坚实基础。

由于特殊的历史、自然、地理和复杂的周边环境等多方面因素影响，同其他地区相比，边境地区经济社会发展仍然相对滞后，基本建设欠账多，发展投入总体不足，基础设施相对落后，新型工业化、信息化、城镇化、农业现代化发展水平较低，贫困问题依然突出，保障和改善民生任务艰巨，各类人才严重匮乏，对外开放层次和水平亟待提升，部分地区反分裂斗争和维稳形势复杂严峻。总体上看，边境地区作为全面建成小康社会的特殊短板和薄弱环节，面临的压力和挑战不容低估。

随着我国全面建成小康社会进入决胜阶段，“一带一路”建设加快推进，区域协调发展不断深化，脱贫攻坚全面展开，国家对边境地区全方位扶持力度不断加大，我国与周边国家关系的发展进入新阶段，深入推进兴边富民行动面临难得的机遇。各有关地方和部门要充分认识加快边境地区发展在党和国家工作全局中的重大意义，把深入推进兴边富民行动摆在更加重要位置，增强责任意识、忧患意识，准确把握战略机遇期，进一步加大工作力度，坚持改革创新，坚持以人为本，坚持维护团结稳定和国家安全，不断推动边境地区经济社会发展迈上新台阶。

二、总体要求

（一）指导思想。

高举中国特色社会主义伟大旗帜，以马克思列宁主义、毛泽东思想、邓小平理论、“三个代表”重要思想、科学发展观为指导，全面贯彻党的十八大和十八届三中、四中、五中、六中全会精神，深入贯彻习近平总书记系列重要讲话精神和治国理政新理念新思想新战略，紧紧围绕统筹推进“五位一体”总体布局和协调推进“四个全面”战略布局，牢固树立和贯彻落实创新、协调、绿色、开放、共享的发展理念，坚持“中华民族一家亲，同心共筑中国梦”共同目标，坚持“富民、兴边、强国、睦邻”宗旨任务，坚持捍卫国家主权和领土完整，以保基本、补短板为重点，着力实施强基固边、民生安边、产业兴边、开放睦边、生态护边、团结稳边，建设繁荣稳定和谐边境，巩固祖国边防，确保边境地区与全国同步全面建成小康社会，为实现“两个一百年”奋斗目标、实现中华民族伟大复兴中国梦作出贡献。

（二）基本原则。

——边民为本，改善民生。采取特殊政策措施着力保障和改善民生，解决好边民最关心、最直接、最现实的生活问题，兜住民生底线，帮助贫困边民实现脱贫，推进基本公共服务均等化，确保各族群众共享改革发展成果。

——因地制宜，分类指导。紧密围绕国家总体外交和国防边防需要，根据边境各地边民需求、自然生态条件、发展水平及毗邻国家情况，分别研究确定主要任务和重点工程，加强分类指导和政策支持，重点解决特殊困难和突出问题。

——统筹兼顾，突出重点。统筹规划边境地区发展路径，兼顾当前和长远，考虑需要和可能，以沿边境乡镇为重点梯次推进，同时将边境市（地、州、盟）和新疆生产建设兵团边境师（以下统称边境市）作为规划联动区，增强对边境地区建设发展的支撑保障能力，形成边境地区夯实前沿、以边带面、从线到片的空间格局。

——改革创新，活边富民。深化重点领域和关键环节改革，消除制约边境地区发展的体制机制障碍，推动相关新政策、新举措在有条件的边境地区先行先试，推进经济转型升级和大众创业、万众创新，进一步提升边境地区开放水平、产业发展水平，使市场在资源配置中起决定性作用，更好发挥政府作用，带动边民增收致富。

——军民融合，共建共享。以基础设施共建共享、社会服务保障统筹、军地公共安全合作、边防民防融合建设为重点，坚持平战结合、防管一体、深度融合，补齐短板弱项，增强对经济建设和国防建设的支撑能力。

——促进团结，固边睦邻。全面正确贯彻落实党的民族宗教政策，不断巩固平等、团结、互助、和谐的社会主义民族关系，维护边境地区社会稳定，增强兴边富民辐射作用，增进睦邻友好，为边境地区发展营造良好内外环境。

（三）发展目标。

到 2020 年，边境地区同步全面建成小康社会，基础设施进一步完善，服务发展和保障边防能力全面提升；民生保障水平进一步提高，边民安居守边条件全面改善；特色优势产业较快发展，支撑群众居边致富作用全面增强；深度融入“一带一路”建设，沿边开发开放水平显著提高；生态环境保护取得明显成效，经济社会与生态环境实现协调发展；民族团结基础进一步夯实，边境地区安定和谐局面更加巩固。

——综合经济实力显著增强。边境地区生产总值、城乡居民人均收入年均增速高于全国平均水平。人民生活显著改善，新型城镇化持续推进，科技创新能力明显增强，生态环境质量持续好转。

——基础设施条件全面强化。沿边铁路、公路、机场建设全面推进，边境地区区际交通网络初步形成。具备条件的沿边境乡镇、建制村通硬化路和客车，自然村道路交通条件明显改善。农田水利设施基本完善。农村饮水安全保障水平明显提高。用电问题全面解决。清洁能源普及率明显提高。信息基础设施全面加强。

——民生保障水平不断提高。边境地区基本公共服务主要领域指标达到或接近全国平均水平，农村贫困人口全部脱贫，贫困县全部摘帽。城乡居民住房、交通条件得到改善，边民上学难、看病难问题基本解决，劳动年龄人口平均受教育年限明显增加，就业规模不断扩大，边民文化需求基本得到满足，总体实现基本公共服务均等化。

——特色优势产业较快发展。边境地区产业结构进一步调整，产业布局更趋合理，特色优势产业体系更加健全，初步建成一批能源资源、生物资源、民族文化资源、农产品加工基地和区域性国际商贸物流中心及旅游集散中心，自我发展能力进一步增强。

——沿边开放水平显著提高。对外开放平台更加完善，国际经济合作成效显著，口岸功能与设施更加完备，边境货物贸易稳步发展，服务贸易增长明显加快，边境经济合作区、跨境经济合作区等开发开放平台的辐射和示范作用增强，合作层次和水平进一步提升。

——实现生态良好绿色发展。绿色低碳循环的生产生活方式在边境地区深入人心，跨区域生态建设和环境保护联动机制建立健全，森林、草原、河湖、湿地等自然生态系统稳定性和生态服务功能全面提升，边境地区经济与资源环境协调发展态势明显。

——确保边防安全边疆稳固。军民融合发展全面加强，民族团结进步和爱民固边系列创建活动深入推进，边民国家意识、国民意识、国防意识进一步增强。社会治安立体防控体系基本建成，维稳控边能力进一步增强。与周边国家友好往来更加密切。

三、主要任务和重点工程

（一）围绕强基固边推进边境地区基础设施建设。

1. 加强边境地区综合交通运输体系建设。

结合国家开放战略和区域发展规划，打通边境地区对内对外联系大通道，实现通江达海出境。深入实施军民融合发展战略，推进沿边区际铁路交通网络、公路交通网络、航空网络和航运网络建设，提升口岸、沿边公路等级，提高国家边防交通保障能力，加强经济中心、人口集聚区、口岸、港口等之间的交通联系。

推动边境地区铁路通道建设。重点推进“一带一路”国际通道、区际干线和沿边铁路建设，扩大路网覆盖面，逐步形成依托国内铁路网、连接周边国家的对外铁路通道网络。加快建设泛亚铁路、第二亚欧大陆桥铁路、东北亚陆海联运铁路，研究推进中朝边境铁路建设。加强边境地区与内地的铁路通道建设，推进川藏通道建设，增强西南、西北、东北地区与内地的通道联系能力。大力实施进出疆、藏工程。

推动边境地区公路通道建设。以国家高速公路网待贯通路段为重点，稳步推进与周边国家互联互通、与内地交通运输联系的大通道项目建设。加快与周边国家的国际公路运输通道建设，基本实现与重点毗邻国家相连的重要公路通道高等级化，提升重点口岸公路通行能力和服务水平。完善边境地区公路网布局，有序推进以通县公路为重点的国省干线公路改造，加强中印、中朝、中缅、中俄、中蒙方向沿边公路和边防公路建设。

加强边境地区航空航运建设。加快发展区域枢纽机场，合理发展支线机场和通用机场。加强跨界河流的航道治理，加强澜沧江—湄公河等国际水运通道建设。积极推进界河跨境桥梁建设，保障和拓宽对外通道。

大力改善边境农村交通状况。继续实施沿边地区特别是边境建制村农村公路通达工程和通畅工程，支持一定人口规模的自然村通硬化路建设，优先解决撤并建制村通硬化路。加强危桥改造、安保工程、县乡公路改造、窄路基路面公路拓宽改造、县级客运站、乡镇客运站、渡口改造等重点工程建设。

（国家发展改革委、交通运输部、铁路总公司、国家铁路局、中国民航局按职责分工分别负责，下同）

2. 加强边境地区水利能源基础设施建设。

推进边境地区水利建设。支持边境地区开展农村饮水安全巩固提升工程、农田水利工程、防洪抗旱减灾工程、水资源开发利用工程、水资源保护工程、水土保持和农村水电工程等民生水利工程建设。继续实施并加快推进一批重点水源工程，不断提高边境地区水资源调蓄能力和供水保障能力。在边境地区优先完成大中型灌区续建配套与节水改造，重点支持农田高效节水灌溉工程，加快实施区域规模化高效节水灌溉工程，以田间渠系配套、“五小水利”工程、农村河塘清淤整治为重点，加强小型农田水利设施建设。安排和支持边境地区中小河流治理、病险水库水闸除险加固等水利建设项目，科学有序推进跨国界河流治理工程建设。加强边境地区山洪灾害防治力度，完善山洪灾害监测预警系统，开展重点山洪沟防洪治理。

加快边境地区能源建设步伐。大力推进油气战略通道建设，稳步推进边境地区与周边国家的电力基础设施合作。在保护生态前提下，积极稳妥开发建设水电，因地制宜发展太阳能光伏发电和风力发电，支持离网缺电贫困地区小水电开发，研究建立水电开发边民共享利益机制。以边境地区小城镇、中心村为重点，深入实施新一轮农村电网改造升级工程，提升边境地区电力普遍服务水平。力争到2020年，电网覆盖全部边境县并达到小康电水平。

（水利部、国家能源局、国家发展改革委、外交部）

3. 加强边境地区信息基础设施建设。

加快完善边境政务信息网络平台，支持电子政务、电子商务、远程教育、远程医疗、网络安全、社会信用体系等重大信息化工程和网络与信息安全设施建设，加快城市光纤宽带接入，完善农村综合信息服务体系，加快推进信息进村入户，实现行政村通宽带、20户以上自然村和重要交通沿线通信信号覆盖、边境地区农村广播电视和信息网络全覆盖。加强边境地区无线电管理技术设施建设，强化与周边国家通信互联互通和无线电频率协调，加快推进边境地区信息网络设施建设，加强边境地区网络与信息安全管理和网络与信息安全技术手段建设，强化信息网络安全与应急保障能力。继续推进兴边富民行动测绘地理信息保障工程，加强边境地区基础性和专题性地理国情监测，为兴边富民行动提供决策依据，为相关重大工程实施提供监管手段。

（国家发展改革委、工业和信息化部、新闻出版广电总局、国家网信办、国家测绘地信局）

4. 因地制宜推进边境地区城镇化建设。

强力推进沿边城镇建设。按照沿边集聚、合理布局、集约发展和适度超前原则，以边境市为引领，构建以边境重要节点城市和小城镇为支撑、临边集镇为节点、抵边村寨为支点，沿边境线辐射延伸的城镇带。加强与周边城市的统筹规划与功能配套，有序推进边境重点镇建设，切实完善基础设施和公共服务，因地制宜发展特色鲜明、产城融合、城乡统筹、充满魅力的边境小城镇，将具有特色资源、区位优势的重点镇培育成为休闲旅游、商贸物流、现代制造、教育科技等特色小镇，发展成为服务农村、带动周边的综合性小城镇。保护边境地区历史文化名城名镇名村，推进传统村落保护和特色景观旅游村镇建设。加强少数民族特色村镇保护与发展，建设边境少数民族特色村镇廊带。

（国家发展改革委、住房城乡建设部、国家旅游局、国家民委）

专栏1　强基固边工程

（1）沿边公共服务设施建设工程。在沿边界线重要节点建设较高水平和标准的学校、医院、国际旅行卫生保健中心、文化广场、公共体育服务设施、市场等，全面提升基础设施建设水平，提高公共服务辐射周边能力，展示国家形象，增强边民凝聚力、向心力和自豪感。（国家发展改革委、教育部、住房城乡建设部、国家卫生计生委、文化部、体育总局、商务部、海关总署、质检总局）

（2）边境交通脱贫攻坚工程。重点建好边境地区康庄大道路、幸福小康路、平安放心路、特色致富路，全力加快边境地区国家高速公路、普通国省道、农村公路、县级客运站、乡镇客运站、渡改桥等重点工程建设。（国家发展改革委、交通运输部、铁路总公司、国家铁路局）

（3）“一带一路”国际铁路通道建设工程。规划建设克拉玛依—塔城（巴克图）铁路，研究建设中吉乌、中巴等铁路。规划建设防城港—东兴等铁路，研究建设临沧—清水河、日喀则—吉隆铁路，推进芒市—猴桥铁路前期工作。（国家发展改革委、交通运输部、铁路总公司、国家铁路局）

（4）沿边铁路、沿边公路贯通工程。研究建设孙吴—逊克—乌伊岭铁路，推进韩家园—黑河、鹤岗—富锦、创业—饶河—东方红、东宁—珲春等东北沿边铁路，芒市—临沧—文山—靖西—防城港等西南沿边铁路的前期工作，逐步推进沿边铁路建设。有序推进 G219 线（喀纳斯至东兴）东兴—峒中、丙中洛—贡山—福贡—泸水、吉木乃—和布克赛尔、萨嘎县—朗县金东乡等公路建设，G331 线（丹东至阿勒泰）阿勒泰—青河、鸣沙山—塔克什肯口岸、二连浩特口岸—满都拉图、北银根—甜水井、新华—英安等公路建设，逐步贯通我国沿边公路。（国家发展改革委、交通运输部、铁路总公司、国家铁路局）

（5）兴地睦边土地整治重大工程。重点对边境地区田、水、路、林、村等进行综合整治，加强农田基础设施建设，改善区域农业生产环境，提高农业综合生产能力。（国土资源部、财政部）

（6）边境农村饮水安全巩固提升工程。加快在边境农村建设一批集中供水工程。对分散性供水和水质不达标的，实行提质增效改造。推进净水设施改造和消毒设备配套工程、水源保护和信息化建设，提升边境村寨自来水普及率、供水保证率、水质达标率，全面解决边境地区群众饮水问题。（水利部、国家发展改革委）

（7）边境地区信息安全基础工程。实施宽带乡村和边境地区中小城市基础网络完善工程。加强农村邮政、电信和互联网基础设施建设。完善边防边控通信设施，加快网络信息安全、无线电监测系统建设。支持边防覆盖和应急通信工程。（工业和信息化部、国家发展改革委、国家邮政局、国家网信办、公安部）

（8）沿边重点城镇建设工程。选择具有一定产业基础、人口规模和发展潜力较大、区位优势较为突出的沿边境重点城镇，完善发展规划、拓展城镇功能、提高管理服务水平，增强人口集聚能力，打造边境地区统筹发展的重要节点。（国家发展改革委、住房城乡建设部、国土资源部、工业和信息化部、公安部、商务部）

（9）边境地区少数民族特色村镇工程。选择一批民族特色突出、地域优势明显的村镇，通过加强民族文化保护、传承和发展，保护完善村落设施，推动特色村镇建设与旅游资源开发、环境保护、特色优势产业发展相结合，建设一批少数民族特色村寨和特色小镇。（国家民委、住房城乡建设部、国土资源部、环境保护部、文化部、国家文物局、国家旅游局、国家发展改革委）

（二）围绕民生安边全力保障和改善边境地区民生。

1. 精准推进边境贫困人口居边脱贫。

实施边境地区就地就近脱贫专项行动。围绕守边固土、居边脱贫致富目标，按照“六个精准”的要求，坚持边境地区扶贫开发与富裕边民、巩固边防相结合，制定精准支持边民就地就近脱贫致富的有力措施。采取相关优惠政策，加大扶持力度，因地制宜支持沿边境建档立卡贫困村发展。对居住在沿边境特殊区域的建档立卡贫困户，综合采取经济扶持、金融支持、生活保障、优化服务等措施，彻底解决其生产生活后顾之忧，引导其增强国家认同感和自豪感，安心生活、定心守边。

坚决打赢边境地区脱贫攻坚战。坚持精准扶贫与区域发展相结合，精准到人、扶持到户与整村推进、整乡推进、整县推进相结合，国家各项扶贫政策向边境地区倾斜。全力推进产业扶贫、就业扶贫、教育扶贫、科技扶贫、健康扶贫、生态保护扶贫、残疾人脱贫和兜底保障，提升贫困边民生产生活水平。强力推进边境贫困地区特色产业扶贫，重点支持建档立卡贫困村、贫困户因地制宜发展种养业、传统手工业、农产品加工业和乡村旅游实现脱贫。实施“互联网+”产业扶贫、科技助力精准扶贫、电商扶贫、光伏扶贫、乡村旅游扶贫工程，拓宽边民增收致富渠道。结合国家退耕还林还草、天然林保护、退牧还草等生态工程，提高贫困人口参与度和受益水平。稳步实施教育脱贫攻坚“十三五”规划，实现建档立卡贫困人口教育基本公共服务全覆盖，保障各教育阶段从入学到毕业的全程全部资助。实施边境地区健康扶贫工程，保障贫困人口享有基本医疗卫生服务，努力防止因病致贫、因病返贫。加大各类金融机构特别是政策性金融机构对边境地区扶贫开发的支持力度，拓宽金融扶贫的资金来源渠道，降低扶贫开发融资成本。完善农村最低生活保障制度，对部分或完全丧失劳动能力且无法依靠产业扶持和就业帮助脱贫的家庭实行政策性保障兜底。现行标准下农村贫困人口实现脱贫，贫困县全部摘帽，解决边境地区区域性整体贫困。

（国务院扶贫办、国家发展改革委、农业部、住房城乡建设部、民政部、环境保护部、教育部、科技部、中国科协、人力资源社会保障部、国土资源部、工业和信息化部、国家卫生计生委、国家林业局、国家旅游局、人民银行、中国残联、财政部、国家民委）

2. 全面改善边民居住生活条件。

着力推进沿边村庄建设。综合考虑守土固边需要和具备发展条件两方面因素，整合政策资源，科学规划边境村镇建设、村落分布、农田保护、生态涵养等空间布局，因地制宜制定沿边村庄标准，继续实施以工代赈工程，重点支持边境贫困地区基本农田建设、农田水利建设、乡村道路建设、小流域治理、片区综合开发、草场建设、村容村貌整治等中小型公益性基础设施项目建设。全面改善边民居住条件，全力加强村庄设施建设，推进村庄人居环境综合整治，沿边境线建设一批村美民富、民族团结、睦邻友好、边防稳固、人民幸福的村庄。

着力改善边民生产生活条件。鼓励和扶持边境地区常住居民抵边居住生产，结合各地实际，完善边民补贴机制，适时提高边民补助标准，对护边员、边境联防队员等边境群防组织建设予以倾斜。加快推进边境地区城镇保障性安居工程、农村危房改造、农垦危房改造和游牧民定居工程建设，合理确定补助标准，加大边境地区公立医疗卫生机构医务人员、乡镇干部、乡村学校教师周转房及配套设施建设支持力度，保障边民居住安全。

（国家发展改革委、住房城乡建设部、民政部、环境保护部、农业部、教育部、公安部、国家民委、财政部）

3. 大力推进边境地区社会保障体系建设。

加大边境地区社会保障体系建设支持力度。实施边境地区全民参保计划，加快完善覆盖城乡居民的社会保险体系和社会救助体系。以基本养老、基本医疗、最低生活保障为重点，完善覆盖城乡、制度健全、管理规范的多层次社会保障体系。推进城乡居民养老保险全民参保，为城乡居民提供规范高效便捷服务。整合城乡居民医疗保险制度，全面实施城乡居民大病保险制度，全面推进重特大疾病医疗救助工作，健全医疗救助与基本医疗保险、城乡居民大病保险及相关保障制度的衔接机制。全面高效实施临时救助制度，解决城乡困难群众突发性、紧迫性、临时性基本生活困难。健全特困人员救助供养制度，支持边境地区供养服务机构建设，优先集中供养完全或部分丧失生活自理能力的特困人员。支持边境地区养老服务体系建设。支持区域性救灾减灾指挥中心和救灾物资储备库、应急避难场所建设。

（国家发展改革委、人力资源社会保障部、民政部、国家卫生计生委、财政部）

4. 优先发展边境地区教育事业。

推动边境地区教育事业全面发展。加快完善边境地区学前教育公共服务体系，加大对边境地区农村学前教育的支持力度，鼓励普惠性幼儿园发展。推动县域内城乡义务教育一体化改革发展，全面推进边境地区义务教育学校标准化建设，改善边境地区义务教育阶段基本办学条件，加强边境农村寄宿制学校建设，科学布局、办好村小学和教学点，提升边境学校教育质量，切实保障守土固边边民家庭学龄儿童就近就便有学上、上好学。实施高中阶段教育普及攻坚计划，继续支持边境地区教育基础薄弱县普通高中建设。积极发展符合边境地区实际的职业教育，落实好中等职业教育免学费制度。科学稳妥推行双语教育，坚定不移推行国家通用语言文字教育，尊重和保障少数民族使用本民族语言文字接受教育的权利，加强双语科普资源开发。继续加大对边境地区家庭困难学生的贷款支持力度。加大教育对口支援力度，加强边境地区师资特别是科学教师和科技辅导员培训，选派优秀教师驻边支教，支持当地教师队伍建设。加大教育对外开放力度，支持边境城市与国际知名院校开展合作办学。

（教育部、中国科协、国家民委、国家发展改革委、财政部）

5. 强力推进边境地区卫生事业发展。

全面提升边民身体健康素质。加强边境地区农村三级医疗卫生服务网络和公共卫生体系建设，实施边境地区县级医院、乡镇卫生院、村卫生室标准化建设，进一步加大医疗卫生基础设施建设支持力度，将边境地区尚未达标的县级医院全部纳入中央支持范围。大力推进边境地区远程医疗。以边境市、边境县、边境乡镇、边境口岸、交通沿线城镇为重点，加大对边境基层医疗卫生服务机构的对口支援力度，加大东部医院对西部医院的支持力度。选派国家医疗队加强对边境地区巡回医疗工作，在边境地区部署国家区域卫生应急支队。完善边境地区疾病防控监测体系，强化紧急医学救援能力，与周边国家在人员培训、联合应急演练、专家互访等方面加强合作，共同组织开展传染病、地方病等防治工作。

（国家卫生计生委、质检总局、国家发展改革委、财政部、国家民委）

6. 大力促进边民就业创业。

全力推动边民就地就近就业创业。实施更加积极的就业政策，大力发展吸纳就业能力强的产业和企业，鼓励各类企业或产业园区吸纳边民就业，努力实现边民充分就业。统筹推进重点群体就业，提供就业服务。加强对灵活就业、新就业形态的扶持，促进边民自主就业。加强就业援助，对就业困难边民实行分类帮扶，做好零就业家庭帮扶工作。促进已转移农村贫困劳动力在动态中稳定就业。推进政府购买培训服务，大力推行订单式培训、定岗培训、定向培训等与就业紧密联系的培训模式，提升职业培训质量。深入推行科技特派员制度。加大对乡土人才和创业队伍的培养力度，因地制宜建设一批众创空间、“星创天地”。开展边境地区贫困家庭子女、未升学初高中毕业生、农民工、失业人员、转岗职工、退役军人、残疾人免费接受职业培训行动。将部分有劳动能力的边民转为当地护林员等生态保护人员。鼓励边境省区在沿边一线设立护林护草、沿边乡村道路和界江船只协管等岗位，推进边民就业护边。进一步探索边防工作与解决边民就业问题有机结合的新模式。

（人力资源社会保障部、科技部、工业和信息化部、农业部、国务院扶贫办、中国残联、公安部、环境保护部、国家林业局、财政部）

7. 全面提升边境地区公共文化科技服务能力。

大力推进文化强边。提升公共文化设施建设和管理水平，推动边境地区县级公共图书馆、博物馆按建设标准改扩建。加强边境地区公共文化服务体系建设，进一步加大边境地区公共文化资源供给，加强优秀文化作品的创作、译制和传播，推进基层公共数字文化一站式服务和移动服务。强化边境地区宣传文化阵地建设与管控，维护国家文化安全。加强边境地区文化遗产保护，推动边境地区传统工艺振兴，支持边境地区非物质文化遗产传承人参加非遗传承人群研修研习培训计划，支持非物质文化遗产生产性保护和合理展示。大力支持边境地区特色文化产业发展，加大边境地区文化人才培养，支持边境地区对外文化交流和对外文化产业合作，继续实施“边疆万里数字文化长廊”、“春雨工程”等，鼓励边境省区配置“流动博物馆”。

加强边境地区新闻出版广播电视基础设施建设。促进全民阅读，推动数字阅读，统筹建设城乡阅报栏（屏）、社区阅读中心、数字（卫星）农家书屋、数字（卫星）阅读终端等设施。推进新闻出版广播影视公共服务协调发展，扶持边境县和边境口岸新华书店、国门书屋等实体书店建设，继续推动农家书屋提档升级、送书下乡，加强边境地区数字电影院线建设。全面提升边境地区新闻出版发行网点建设水平和广播电视节目传输覆盖能力，提高新闻出版广播影视内容生产和译制能力，加强少数民族广播影视节目译制和制作，加快推进广播电视村村通向户户通升级。加强基层应急广播建设。依托“东风工程”、“丝路书香工程”、“经典中国国际出版工程”等平台和资源，加快边境地区新闻出版广播影视“走出去”步伐。加强边境地区文化交流和信息服务，探索打造边境文化睦邻综合性服务中心。

提升科技创新能力。加强科技基础条件建设，加快建立以企业为主体、市场为导向、产学研用相结合的技术创新体系。在边境地区深入开展科技服务和科普活动，大力推动“科普中国”落地应用，增强边境地区科普服务能力，继续开展“科技列车行”、“科普大篷车”、边境民族地区双语科普试点等科技服务。

（文化部、国家文物局、新闻出版广电总局、科技部、中国科协、国家民委）

专栏 2　民生安边工程

（1）护边脱贫工程。围绕维护边境安全，实施边境生态公益岗位脱贫行动，优先支持边境地区建档立卡贫困人口担任边境护林员、草管员、护渔员，在边境贫困县中的国家森林公园、国家湿地公园、国家沙漠公园、沙化土地封禁保护区和国家级自然保护区，安排建档立卡贫困人口从事森林管护、防火、旅游接待服务，增加其劳务收入。（环境保护部、国家林业局、农业部、国务院扶贫办）

（2）兴边富民整村推进工程。推动边境村庄实现“八通八有”目标。“八通”包括通路、通客车、通电、通安全饮用水、通清洁能源、通广播电视、通信息、通邮政。“八有”包括有合格村级组织活动场所、有文化活动场所和设备、有合格卫生室和村医、有宜居生活环境、有安全住房、有高稳产农田地（草牧场）、有增收致富产业、有规范的农民专业合作组织。（国家发展改革委、农业部、水利部、国家能源局、交通运输部、住房城乡建设部、工业和信息化部、国家邮政局、新闻出版广电总局、环境保护部、文化部、国家卫生计生委、国家民委、国务院扶贫办、财政部）

（3）安居守边工程。分期分批推进农村危房改造，统筹开展农房抗震改造，优先安排沿边境行政村危房改造任务，适当提高政府补助标准。（住房城乡建设部、财政部）

（4）边民就业创业工程。发展劳务经济，促进边境地区农业富余劳动力就地就近转移就业，提高居民就业质量和收入水平。降低创业创新门槛，推进大众创业、万众创新。支持设立返乡创业示范基地。建设区域性公共实训基地。对边民有针对性地开展职业技能和创业培训，对符合条件人员按规定给予职业培训补贴和职业技能鉴定补贴。（人力资源社会保障部、国家发展改革委、财政部、农业部、国家林业局）

（5）边民健康工程。加强卫生计生机构和口岸卫生检疫基础设施建设、乡镇卫生院标准化建设、村卫生室建设、疾病防控体系建设以及口岸公共卫生体系建设，继续实施“万名医生支援农村卫生工程”和县级医院骨干医师培训项目，加强对周边国家传染病疫情的监测和预警。建立与周边国家疾病防治技术交流及突发卫生事件应急信息沟通和联防联控工作机制。（国家卫生计生委、食品药品监管总局、质检总局、国家发展改革委、财政部、国务院扶贫办）

（6）边境地区文化建设工程。加强县、乡、村级文化设施网络建设，统筹无线、有线、卫星三种技术方式，实现数字广播电视户户通。实施广播电视无线发射台基础设施建设工程，完善应急广播体系。实施边境民族文化精品工程、网络文化固边兴边工程。（文化部、新闻出版广电总局、国家网信办、财政部）

（7）边境地区教育建设工程。实施学前教育行动计划，加强普惠性幼儿园建设。全面推进边境地区义务教育学校标准化建设。实施高中阶段教育普及攻坚计划，继续支持边境地区教育基础薄弱县普通高中建设。加强双语教师培养培训，建设一批双语教师培养培训基地。继续实施“国培计划”，支持中西部乡村教师校长培训，选派优秀教师驻边支教。（教育部、国家民委、国家发展改革委、财政部）

（三）围绕产业兴边大力发展边境地区特色优势产业。

1. 推进边境地区特色优势农业发展。

立足边境地区绿色农业、特色农业发展基础，打造沿边生态高效安全农业经济带。加快转变边境地区农业发展方式，着力构建沿边现代农业产业体系和生产经营体系，提高农业致富边民能力。充分依托边境地区绿色农牧业资源，优化发展特色种植业，积极发展草牧业，有序发展健康水产养殖，大力发展特色林业产业。指导边境地区加快农业产业化发展，发挥龙头企业作用，延伸产业链、打造供应链，形成全产业链，推进一二三产业融合发展，大力发展休闲观光农业、农村电商、农产品定制等新产业新业态。支持边境地区实施“一村一品”强村富民工程、家庭农场建设工程、中药材规范化生产基地建设工程、“互联网+”现代农业行动、农产品产区“快递下乡”工程、新型职业农民培育工程，加快边境地区专业村、专业乡镇建设，大力支持专业村镇特色农产品品牌打造，推进农民合作社创新规范发展，促进边民就业增收。支持边境地区开展农业国际合作项目。强化边境地区农产品地理标志登记保护。推进特色农产品供应基地建设和国家级出口食品农产品质量安全示范区建设。

（农业部、国家林业局、国家发展改革委、财政部、国土资源部、工业和信息化部、科技部、商务部、质检总局、国家邮政局、国家中医药局、食品药品监管总局）

2. 推进边境地区特色加工制造业发展。

大力扶持边境地区发展特色优势加工业，培育规模大、产值高、带动力强、受益面广的增收致富产业。促进新型工业化产业示范基地建设，引导产业集约集聚发展。引进和培育龙头企业，实现产业延伸与发展，把资源优势转化为经济优势。发展外向型优势制造业，因地制宜培育一批轻工、纺织服装、五金建材、装备制造、机电产品、电子信息、能源和原材料等产业基地，形成一批有竞争力的特色产业集群。实施边境地区“互联网+”行动，推动互联网与创业创新、益民服务、高效物流、电子商务、便捷交通、绿色生态、文化旅游等结合，不断拓展融合领域。鼓励少数民族特需商品生产企业技术改造和大型商品市场转型升级，扶持民族特色手工艺品开发和生产。

（工业和信息化部、交通运输部、文化部、人民银行、商务部、国家旅游局、国家民委）

3. 推进边境地区特色服务业发展。

以重点口岸城市为节点，建设一批内外贸一体化的特色商贸市场、商品交易市场，鼓励和支持发展国际商贸物流产业。推动边境地区电子商务发展，建设一批“边境仓”。大力发展服务外包、中医药服务、会展服务、金融服务等服务贸易，推动有条件的地方建设沿边服务外包合作区。依托民族文化资源，大力发展民族文化产业，打造边境民族文化品牌。在项目、资金和政策上对边境地区旅游业予以倾斜支持，大力发展“多彩边境”旅游和跨境特色旅游，积极扶持一批对脱贫致富带动力强的重点景区。推动建设边境旅游试验区、跨境旅游合作区和全域旅游示范区，开发具有边境地域特色、民族特色的旅游项目、主题酒店和特色餐饮，办好民族风情节。支持边境地区特色文化产业和旅游业融合发展，开发高品质特色旅游产品，提升文化旅游层次和水平。打造丝绸之路、茶马古道、环喜马拉雅等国际精品旅游线路，加强重点旅游城市和景点建设。

（商务部、海关总署、外交部、国家旅游局、国家林业局、国家发展改革委、公安部、交通运输部、质检总局、国家民委）

4. 推进边境地区产业园区发展。

根据边境地区资源禀赋、区位优势、产业基础、生态条件以及与周边国家毗邻地区的互补性，建设能源资源加工产业基地、出口加工园区、区域性国际商贸物流中心，进一步健全市场体系，吸引资金、技术和人才等资源要素集聚，大力推进产业园区发展。打造一批国家级特色产业园区和基地，推动边境地区与内地合作共建产业园区，探索发展飞地经济。

（工业和信息化部、商务部、国土资源部、国家发展改革委）

专栏3　产业兴边工程

（1）边境地区特色优势农业培育工程。加快发展绿色有机农业和现代特色农业，建设沿边地区特色优势农业生产基地、加工基地、农技推广示范基地和农业对外开放合作试验区。支持边境地区新型经营主体发展加工流通、直供直销、休闲农业和乡村旅游，支持企业、合作社与农户联合建设原料基地、营销平台，促进一二三产业融合。强力推进“一村一品”专业示范村镇建设，打造一批特色鲜明、附加值高、主导产业突出、农民增收效果显著的专业村镇。（农业部、国家发展改革委、财政部、质检总局、国家中医药局、食品药品监管总局）

（2）边境地区特色林业富民工程。大力推进边境地区实施特色林果、木本油料、木本粮食、国家储备林、林下经济、林木种苗、花卉、竹藤等扶持工程，因地制宜发展林果、林草、林菌、林药、林禽、林畜、林菜、林蜂等富民产业，打造一批特色示范基地。（国家林业局、农业部、国家发展改革委、财政部）

（3）多彩边境旅游工程。按照提高层级、打造平台、完善机制的原则，深化与周边国家的旅游合作，支持有条件的地区研究设立跨境旅游合作区。依托边境城市，强化政策集成和制度创新，研究设立边境旅游试验区。大力培育开发具有边境特色的重点旅游景区和国际精品旅游线路，建设一批边境特色旅游区、民族特色旅游村镇。（国家旅游局、国家发展改革委、住房城乡建设部、国家林业局、公安部、外交部、交通运输部、海关总署、质检总局、国家民委）

（4）民贸民品和少数民族特色手工艺品发展工程。给予边境地区民贸企业、民族特需商品定点生产企业、民族特色传统手工业和龙头企业特殊扶持，帮助各族群众就地就业、增收致富。（国家民委、财政部、人民银行、商务部、国家发展改革委）

（5）边境产业园区建设工程。在边境县、边境市布局建设一批综合服务功能完善、充满活力的产业集聚区，促进劳动力就地就近就业。在有条件的地方建设华侨产业园。建设一批区域性商品物流集散中心，因地制宜推进农产品专业批发市场、文化产业园区、口岸物流基地、国际商贸物流中心建设，加快打造国际物流通道。（工业和信息化部、农业部、国家发展改革委、国务院侨办、商务部、文化部、国土资源部、交通运输部、质检总局）

（6）边境创新品牌行动工程。围绕具有民族特色的农产品、医药、食品等搭建创新品牌培育平台，以电子商务、各类品牌博览会为载体，打造一批竞争力强、带动面广、市场前景好、促进群众增收致富的知名品牌，培育品牌竞争力，走出一条品牌引领、科技支撑、产业升级、经济跨越的创新驱动发展之路。（科技部、国家民委、商务部、质检总局）

（7）扩大食品农产品出口工程。通过建设特色出口食品农产品质量安全示范区（基地），支持边境地区大力发展农林特色产业，努力扩大出口，引导结构调整、产业层次提升和产品质量提高。（质检总局、国家民委、国务院扶贫办、农业部、国家林业局）

（四）围绕开放睦边着力提升沿边开发开放水平。

1. 推动边境地区深度融入“一带一路”建设。

依托区位优势，充分发挥对外开放窗口作用，加快推动边境地区融入“一带一路”建设，在加强与周边国家的政策沟通、设施联通、贸易畅通、资金融通、民心相通方面发挥前沿作用。完善边境地区地方政府对外合作机制。发展一批边境中心城市，推动沿边重点地区加快发展，强化对毗邻地区产业的辐射带动能力。在具备条件的地方推广云南、广西沿边金融综合改革试验区政策。依托上海合作组织、中国—东盟自由贸易区、澜沧江—湄公河合作、中亚区域经济合作、大图们倡议、中巴经济走廊、孟中印缅经济走廊、中蒙俄经济走廊等合作平台，促进边境地区与周边国家和地区的经贸、文化、科技交流与合作。

（国家发展改革委、商务部、外交部、海关总署、工业和信息化部、质检总局）

2. 大力推动边境地区对外贸易发展方式转变。

支持对外贸易转型升级，有序发展边境贸易，完善边贸政策，支持边境小额贸易向综合性多元化贸易转变，探索发展离岸贸易。加强边民互市点建设，修订《边民互市贸易管理办法》和《边民互市进口商品不予免税清单》，严格落实国家规定范围内的免征进口关税和进口环节增值税政策。支持沿边重点地区创建出口商品质量安全示范区，推广电子商务运用，结合区位优势和特色产业做大做强旅游、运输、建筑等传统服务贸易。推进沿边重点地区金融、教育、文化、医疗等服务业领域有序开放，逐步实现高水平对内对外开放。

（商务部、公安部、交通运输部、财政部、海关总署、税务总局、质检总局、人民银行、国家外汇局、工业和信息化部）

3. 提升沿边开放便利化水平。

加大沿边口岸开放力度，推进边境口岸对等设立和扩大开放。切实提高对沿边重要口岸的监管能力，创新口岸监管模式，优化查验机制，在沿边重点地区有条件的海关特殊监管区域深化“一线放开”、“二线安全高效管住”的监管服务改革。加强沿边、内陆、沿海通关协作，依托地方电子口岸平台，推进沿边口岸国际贸易“单一窗口”建设。支持具备条件的沿边重点地区借鉴上海等自由贸易试验区经验，在投资、贸易、金融、创新创业、事中事后监管等方面探索与国际高标准接轨。加强与周边国家在出入境管理、检验检疫和边防检查领域的合作，推进人员往来便利化。

（海关总署、商务部、公安部、质检总局、国家旅游局、外交部）

4. 加强边境地区开发开放平台建设。

加快推进广西东兴、凭祥，云南瑞丽、勐腊（磨憨），内蒙古满洲里、二连浩特，黑龙江绥芬河—东宁等重点开发开放试验区建设，改革创新试验区体制机制，优化区内产业结构，加快建设国际贸易基地、国际物流中心、进出口加工基地、国际人文交流中心等，打造网络化连接、立体式交通、生态型发展的现代化国际口岸城市。加大对边境经济合作区和跨境经济合作区的支持力度。推动边境经济合作区与东部地区国家级经济技术开发区等各类园区一对一合作，鼓励有条件的边境经济合作区与周边国家开展产业合作，积极有序承接境内外产业转移，推动边境经济合作区加工制造、边境贸易、商贸物流、休闲旅游等特色产业和相关新兴产业发展。稳步建设跨境经济合作区，充分发挥其在促进互联互通和探索国际经贸合作新模式等方面的优势，便利贸易投资和人员往来，推进产业合作，带动与相邻国家边境地区经济往来。发挥好周边境外经贸合作区的带动作用。突出生态保护、休闲旅游、口岸通道等功能，建设黑瞎子岛中俄国际合作示范区。

（国家发展改革委、商务部、人民银行、国家旅游局、外交部、公安部、工业和信息化部、质检总局、海关总署）

专栏 4　开放睦边工程

（1）边境口岸建设工程。加强口岸统筹规划，优化边境口岸布局。加强边境口岸基础设施及其检查检验检疫配套设施建设，合理配备口岸管理和进出境检查检验检疫设备，提高口岸运行效率，提升通行能力和水平。加快同周边国家和区域基础设施互联互通建设，增强服务能力，发展口岸经济。（海关总署、质检总局、公安部、交通运输部、外交部、国家发展改革委）

（2）边境口岸产业培育工程。依托边境经济合作区、出口加工园区等合作平台，大力发展出口加工业并引进一批合作企业，允许沿边重点口岸、边境城市、边境经济合作区在人才交流、加工物流、旅游等方面实行特殊方式和政策，形成以加工物流、商贸流通、边境旅游为主的优势产业。（工业和信息化部、农业部、财政部、国家发展改革委、商务部、文化部、交通运输部、质检总局）

（3）边民互市贸易点建设工程。优化边民互市点布局，完善基础设施和配套条件，提高管理和服务水平，促进边民互市贸易发展和转型升级。（国家发展改革委、商务部、财政部、海关总署、质检总局）

（4）边境人员往来便利化工程。充分利用因公出访毗邻国家（地区）相关政策，为沿边重点开发开放试验区因公赴毗邻国家（地区）执行任务提供便利。加强与毗邻国家合作，推动允许两国边境居民持双方认可的有效证件依法在两国边境许可范围内自由通行，对常驻边境市从事商贸活动的非边境地区居民实行与边境居民相同的出入境政策。对周边国家合作项目项下人员出入境给予通关便利。（外交部、公安部、国家旅游局、海关总署、质检总局）

（五）围绕生态护边加强边境地区生态文明建设。

1. 筑牢国家生态安全屏障。

加快实施以青藏高原生态屏障、黄土高原—川滇生态屏障、东北森林带、北方防沙带等为主体的生态安全战略。大力推进重大生态工程建设，加强重点区域、流域生态建设和环境保护，构筑以草原和天然林为主体、生态系统良性循环、人与自然和谐相处的国家生态安全屏障。加强国门生物安全体系建设，健全国门生物安全查验机制，严防动植物疫病疫情传入。

（国家发展改革委、国家林业局、环境保护部、国土资源部、水利部、农业部、质检总局）

2. 加强边境地区生态建设。

加强重点防护林体系建设，加强水土保持和农田生态保护，继续实施退耕还林还草、退牧还草、石漠化治理、天然林资源保护等工程。构建生态廊道和生物多样性保护网络，实施生物多样性保护行动计划，加大生物多样性保护和自然保护区建设力度。加强边境地区动植物疫病疫情防控，有效防范跨境传播风险。防范物种资源丧失和外来物种入侵。推进水质良好湖泊生态环境保护和生态修复工程。统筹考虑将符合条件的边境县优先纳入国家重点生态功能区。建立生态保护补偿机制。

（国家发展改革委、财政部、农业部、国家林业局、质检总局、水利部、环境保护部）

3. 推进边境地区环境污染治理。

实行最严格的环境保护制度，形成政府、企业、公众共治的环境治理体系。对开发建设类规划，基于资源环境承载能力监测预警评价，依法开展环境影响评价工作，以生态环境质量改善为目标，严把环境准入关，优化区域发展布局与规模。推进多污染物综合防治和环境治理，实行联防联控和流域共治。深入实施大气污染防治行动计划，继续落实水污染防治行动计划和土壤污染防治行动计划，净化农产品产地和农村居民生活环境。加强城乡环境综合整治，普遍推行垃圾分类制度，全面推进农村垃圾治理。进一步强化边境地区环境监管能力建设。严格执行节能减排考核。

（环境保护部、国家发展改革委、国土资源部、水利部、农业部、国家林业局）

专栏 5　生态护边工程

（1）边境生态安全保障工程。对生态区域重要、森林草原病虫鼠害和森林草原火灾多发的地区，加大支持力度，尽快建立森林草原病虫鼠害防治和森林草原防火体系。科学划定并严守生态保护红线。健全山水林田湖一体治理机制，加强国土绿化和草原生态修复。（国家发展改革委、国家林业局、环境保护部、水利部、农业部）

（2）人居环境综合整治工程。着力开展农村人居环境综合整治行动，结合美丽乡村和新农村建设加快农村污水治理。加强排污管（沟）、污水处理设施、垃圾无害化处理设施等建设。把发展庭院经济与村寨绿化亮化美化结合起来，建设绿色村庄，充分挖掘和弘扬人与自然和谐相处的传统文化，完善村规民约，健全各项管理制度，把沿边村寨建设成为卫生整洁、生态优良、留得住乡愁的美丽村寨。（住房城乡建设部、环境保护部、水利部、工业和信息化部、农业部、国家林业局、国土资源部、国家发展改革委）

（3）边境地区动植物疫病防控工程。完善进出境动植物疫病疫情联防联控周边合作机制，探索建立边境动物疫病控制区，防范动植物疫病疫情跨境传播。强化外来入侵物种监测预警，建立入侵生物阻截带，防治外来物种入侵。（质检总局、国家林业局、农业部）

（六）围绕团结稳边通力维护民族团结和边防稳固。

1. 加强边境地区基层治理能力建设。

贯彻落实全面从严治党要求，着力强化党的政治、思想、制度和作风引领，全面增强基层党组织战斗力，全面提升基层政权建设水平，提升乡镇（街道）服务能力与治理水平，推进基层治理体系和治理能力现代化。加强边境地区基层党组织建设，抓好以村级党组织为核心的村级组织建设，充分发挥基层政权阵地功能，提升基层党组织和党员维护稳定、推动发展、服务群众、凝聚人心、保护生态、促进和谐、巩固边防的能力和水平。加强城乡社区建设，建立健全党组织领导下的基层群众自治机制，实现政府治理和社会调节、居民自治良性互动。

（中央组织部、国家民委、人力资源社会保障部、民政部）

2. 不断巩固和发展民族团结进步事业。

深入开展爱国主义和民族团结宣传教育，牢固树立“三个离不开”思想，培育中华民族共同体意识和国家意识，不断增强对伟大祖国、中华民族、中华文化、中国共产党、中国特色社会主义的认同，树立正确的国家观、民族观、宗教观、历史观、文化观，不断增强维护民族团结和国家统一、反对民族分裂的自觉性、主动性、坚定性，传递民族团结的正能量。促进各民族交往交流交融，依法妥善处理涉及民族因素的问题，坚决依法打击破坏民族团结和分裂祖国的违法犯罪活动。广泛深入开展民族团结进步创建活动，扎实推进民族团结进步示范区（单位）建设。

（国家民委、中央宣传部、中央统战部、教育部、文化部、新闻出版广电总局、国家发展改革委、公安部、共青团中央、国家宗教局）

3. 推进军民深度融合发展。

在边境地区广泛开展爱国守边教育，大力宣传人民边防为人民、人民边防靠人民，筑牢人民边防的铜墙铁壁。在边境建设中贯彻国防巩固要求，同时合理兼顾民用需要。坚持军地资源优化配置、合理共享、平战结合、沿边沿线衔接，加强军地在基础设施和社会服务等领域的统筹发展。实施军民融合发展工程，增强基础设施军民共用的协调性。加强边防基础设施建设。巩固军政军民团结，党政军警民合力强边固防，提高边境综合防卫管控能力，维护边境地区安全稳定。

（公安部、中央军委国防动员部、国家发展改革委、工业和信息化部、财政部、国家民委）

4. 通力共建和谐边疆。

完善边境地区治理协调机制，制定边境地区突发事件应急预案，规范信息报告制度，加强跨部门、跨区域应急联动，提升联合处置能力。深化边防对外交往合作，及时协商处理边境事务，密切睦邻友好关系。推进边境地区治安防控体系建设，深入开展社会治安专项整治，严厉打击走私、贩毒、贩枪、偷越国（边）境、非法出入境等各类违法犯罪活动。扎实推进爱民固边模范村（社区）、乡镇、县市创建。支持边境地区公安机关与周边国家地方警务、边检（移民）、禁毒、边防等执法部门建立对口合作机制，共同维护边境地区安全稳定。加强文化执法合作，打击非法文化产品流入，构筑边境地区文化安全屏障。全面正确贯彻党的宗教工作基本方针，引导宗教界人士和信教群众为稳边固边和边境地区发展服务。继续开展和谐寺观教堂创建活动。

（公安部、国家发展改革委、财政部、外交部、海关总署、质检总局、新闻出版广电总局、国家民委、国家宗教局、中央军委国防动员部）

专栏6　团结稳边工程

（1）民族团结进步创建工程。开展民族团结进步示范典型创建活动，建设一批民族团结进步示范市、县、乡（镇）、村（社区）、学校、企事业单位、连队等，建立一批民族团结进步教育基地，使之成为维护民族团结、巩固祖国边防的战斗堡垒。（国家民委、教育部、文化部、公安部、新闻出版广电总局、人力资源社会保障部、国务院国资委、共青团中央）

（2）兴边富民行动示范工程。开展

兴边富民行动示范创建活动，命名一批兴边富民示范县、示范乡（镇）、示范村（社区），表彰一批兴边富民模范单位和模范个人，以示范带动引领，推动兴边富民行动深入开展。（国家民委、国家发展改革委、财政部）

（3）爱民固边模范村创建工程。结合社会主义新农村建设，推动开展“维护治安、民族和谐、经济合作、服务民生”等特色爱民固边模范村创建活动，维护民族团结和边疆稳定。（公安部）

（4）边境地区平安建设工程。创新边境地区社会治安立体防控体系，建立健全党政军警民“五位一体”边境安全管控机制，提高军警民联防、联动、联勤、联合处置能力。加强边境地区突发事件预警和评估，完善重大情况应对预案。加大边境地区人防、物防、技防等基础设施建设力度，加大边境地区反恐、禁毒、打击非法出入境和走私力度。（公安部、中央军委国防动员部、国家发展改革委、财政部、海关总署、国家民委、国家林业局、国家宗教局）

四、政策措施

针对边境地区的重要战略地位和特殊性，国家优先支持边境地区改革创新和加快发展，出台差别化政策予以支持，进一步加大相关优惠政策对边境地区的倾斜力度。国家综合配套改革试验区优先支持一部分边境县市。做好与边境农场、林场等相关政策的衔接。

（一）边民扶持政策。

省级人民政府根据实际情况建立动态的边民补助机制，中央财政通过一般性转移支付给予支持，鼓励边境地区群众抵边居住和贴边生产生活。降低边民创业创新门槛，对边民自主创业实行“零成本”注册，引导鼓励符合条件的边民按规定申请10万元以下的创业担保贷款。加大对边境回迁村的扶持力度。各部门安排的各项惠民政策、项目和工程，最大限度地向边境地区尤其是边境贫困地区、贫困村、贫困人口倾斜。加大对边境地区建档立卡贫困户脱贫奔小康的支持力度。

对于在边境地区党政机关、群团组织、国有企事业单位工作满20年以上且无不良记录的工作人员，所在地省级人民政府可探索在其退休时按照国家规定给予表彰。边境地区县乡机关招录公务员时，可以拿出一定数量的职位招考本市县户籍或在本市县长期生活的人员。落实国家对在边境地区工作的公职人员工资、福利、住房等方面待遇政策。出台优惠政策，鼓励优秀复转军人就地安置。

（国务院扶贫办、财政部、国家发展改革委、住房城乡建设部、民政部、人力资源社会保障部、国土资源部、农业部、国家民委）

（二）财政政策。

充分考虑边境地区特殊需要，加大对边境地区转移支付力度，推进地区间基本公共服务均等化。国家退耕还林还草、天然林保护、防护林建设、石漠化治理、防沙治沙、湿地保护与恢复、退牧还草、水生态治理等重大生态工程的项目和资金安排进一步向边境贫困地区倾斜。

加大对边境地区基础设施、城镇建设、产业发展、民生保障等方面的支持力度，研究提高对边境地区铁路、民航、能源、信息等建设项目投资补助标准或资本金注入比例。国家发展改革委继续设立兴边富民行动专项，重点支持基础设施、基本公共服务设施、生态环境保护和人居环境整治、民族文化传承等领域项目建设。国家外经贸发展专项资金、旅游发展基金等专项扶持资金向边境地区倾斜。民族自治地方的边境县和兵团边境团场享受民族贸易县的优惠政策。由地方统筹对民族贸易和民族特需商品生产实行优惠政策。

（财政部、国家发展改革委、国务院扶贫办、民政部、环境保护部、农业部、商务部、国家林业局、国家旅游局、国家民委）

（三）金融政策。

鼓励和引导商业性、政策性、开发性、合作性等各类金融机构加大对边境地区的支持。支持商业性金融机构积极探索开发适合边境地区的金融产品和服务模式，合理调剂和引导信贷资源，加大对边境地区基础设施、改善民生和特色优势产业的支持。在遵循商业原则及风险可控前提下，对边境地区商业性金融分支机构适度调整授信审批权限，鼓励将更多资源用于服务当地经济社会发展。对边境贫困地区符合条件的金融机构加大扶贫再贷款支持力度。在边境试点地区稳妥开展农村承包土地的经营权和农民住房财产权抵押贷款试点，探索拓宽农村抵押担保物范围。创新金融政策工具，向政策性和开发性金融机构提供长期、低成本资金，用于支持边境地区发展。发挥政策性、开发性金融的功能和作用，大力支持边境地区的建档立卡贫困村、贫困户和贫困人口所在区域基础设施建设、特色产业发展和教育医疗发展。协调亚洲基础设施投资银行、金砖国家新开发银行支持边境地区发展。支持边境地区农村支付服务环境建设。积极发挥双边本币结算协定的作用，扩大边境地区跨境贸易投资中人民币的结算和使用。

培育发展多层次资本市场，支持符合条件的边境地区企业在全国中小企业股份转让系统挂牌。规范发展服务中小微企业的区域性股权市场。鼓励和引导在边境地区设立产业投资基金投资区域性创新创业企业。进一步加大非金融企业债券融资工具推广。支持期货交易所研究在沿边重点地区设立商品期货交割仓库。

（人民银行、银监会、证监会、保监会、国家发展改革委、财政部）

（四）土地政策。

坚持最严格的耕地保护制度和最严格的节约用地制度。边境地区国家重点基础设施建设项目新增建设用地计划指标由国土资源部直接安排，保障兴边富民用地需要。分解下达城乡建设用地增减挂钩指标向边境地区倾斜，边境地区国家扶贫开发工作重点县增减挂钩指标可以在省域范围内调剂使用，增减挂钩收益按规定全额缴入国库后，通过支出预算统筹安排用于改善边民生产生活条件和生态移民搬迁。中央和省级在分配高标准农田建设任务、土地整治与高标准农田建设资金时，重点向边境地区倾斜，进一步加大对边境贫困地区的支持力度。在有条件的边境地区，优先安排国土资源管理制度改革试点，支持开展历史遗留工矿废弃地复垦利用试点。

（国土资源部、财政部、国务院扶贫办、农业部、环境保护部）

（五）社会保障政策。

加大对边境地区居民基本社保体系的支持力度，合理提高城乡居民基本医疗保险政府补助标准，合理确定最低生活保障标准。对于符合条件的沿边境行政村困难边民参加新农合的个人缴费部分，通过城乡医疗救助给予补助。全面实施城乡居民大病保险，鼓励探索向边境地区贫困人口倾斜的具体办法，合理提高报销比例，切实提高大病保障水平。加大边境地区农村危房改造支持力度。落实好中等职业学校免学费和国家助学金政策。

（人力资源社会保障部、民政部、教育

部、国家卫生计生委、财政部、国家民委）

（六）资源开发与生态保护补偿政策。

合理扩大边境地区光伏、风电等优势能源资源开发规模。探索在边境地区率先实行自然资源资产收益扶持机制。在边境地区率先探索建立多元化生态保护补偿机制，扩大补偿范围，合理提高补偿标准。逐步建立地区间横向生态保护补偿机制，引导受益地区与提供生态产品的边境地区之间通过资金补助、产业转移、人才培训、共建园区等方式实施补偿。完善并继续实施草原生态保护补助奖励政策，对实施禁牧和草畜平衡的牧民实行补贴和奖励，支持草原畜牧业转型发展。开展边境贫困地区生态综合补偿试点，健全公益林补偿标准动态调整机制。加大边境贫困地区生态保护修复力度。

（国家能源局、环境保护部、农业部、工业和信息化部、国土资源部、财政部、国家发展改革委）

（七）对口支援政策。

依托东西部扶贫协作和对口支援机制，有关东部省份和对口援疆援藏省份，加大对内蒙古、广西、云南、西藏、甘肃、新疆等省区边境地区的帮扶力度，在产业合作、劳务协作、人才支援、资金支持等方面向边境地区倾斜，鼓励、组织民营企业、社会组织、公民个人积极参与边境地区建设。鼓励经济较发达省份、大中城市、国有大中型企业采取多种形式积极参与东北边境地区建设，支持辽宁、吉林、黑龙江等省开展省内扶贫协作和对口支援，推动边境地区加快发展。继续实施中央和国家机关及企事业单位等定点扶贫和对口支援。继续推动中央企业与边境地区开展各类经济技术交流活动。

（国家发展改革委、国务院国资委、中央组织部、人力资源社会保障部、科技部、国家民委、中央统战部、国务院扶贫办）

五、组织实施

（一）加强组织领导。

按照“国家支持、省负总责、市级联动、县级落实”的方针，加强组织领导，落实任务责任，密切协调合作，确保如期完成本规划确定的发展目标、主要任务和重点工程。充分发挥兴边富民行动协调小组作用，统筹协调兴边富民行动重大问题，研究部署兴边富民行动重点工作和重点任务，推动规划有效实施。

（二）明确责任分工。

国家民委、国家发展改革委、财政部具体负责指导边境各省区因地制宜、突出重点推进兴边富民行动，会同有关部门和边境省区进一步加强对接，研究确定各地兴边富民行动的重点方向、重点措施、重点工程。各有关部门要按照要求，将规划主要任务和重点工程与本部门“十三五”专项规划、年度计划相衔接。边境各省区人民政府要加强组织领导，全面负责本省区的规划组织实施工作，制定配套规划或实施意见，明确责任分工，确保规划落到实处。

（三）加强监督检查。

国家民委、国家发展改革委、财政部要加强对规划实施情况的监督检查，协调解决规划实施过程中的问题，有关部门和边境省区人民政府要配合做好相关工作。加强规划实施监测，建立综合评价指标体系，推进统计信息库建设，组织开展规划实施情况评估，定期向国务院报告。

国务院办公厅关于县域创新驱动发展的若干意见

国办发〔2017〕43号

各省、自治区、直辖市人民政府，国务院各部委、各直属机构：

实施创新驱动发展战略，基础在县域，活力在县域，难点也在县域。新形势下，支持县域开展以科技创新为核心的全面创新，推动大众创业、万众创新，加快实现创新驱动发展，是打造发展新引擎、培育发展新动能的重要举措，对于推动县域经济社会协调发展、确保如期实现全面建成小康社会奋斗目标具有重要意义。经过多年努力，我国县域科技创新取得了长足进步，对县域经济社会发展的支撑作用显著增强，但总体仍然比较薄弱，区域发展不平衡等现象突出。为贯彻落实全国科技创新大会精神，全面实施《国家创新驱动发展战略纲要》，推动实现县域创新驱动发展，现提出以下意见。

一、总体要求

（一）指导思想。

全面贯彻党的十八大和十八届三中、四中、五中、六中全会精神，深入贯彻习近平总书记系列重要讲话精神和治国理政新理念、新思想、新战略，按照党中央、国务院决策部署，统筹推进“五位一体”总体布局和协调推进“四个全面”战略布局，牢固树立和贯彻落实新发展理念，发挥科技创新在县域供给侧结构性改革中的支撑引领作用，强化科技与县域经济社会发展有效对接，打通从科技强、产业强到经济社会发展强的通道。以建设创新型县（市）和创新型乡镇为抓手，深入推动大众创业、万众创新，整合优化县域创新创业资源，构建多层次、多元化县域创新创业格局，推动形成县域创新创业新热潮，以创业带动就业，培育新动能、发展新经济，促进实现县域创新驱动发展。

（二）基本原则。

——创新驱动。坚持创新是引领发展的第一动力，加强创新资源共享，完善创业培育服务，激发全社会创新创业活力，推动大众创业、万众创新向更大范围、更高层次、更深程度发展，加快形成具有县域特色的创新驱动发展路径。

——人才为先。坚持把人才作为支撑县域创新发展的第一资源，实施更加积极的创新创业激励和人才吸引政策，优化县域人才环境，加快培育集聚创新创业人才队伍。

——需求导向。紧扣县域经济社会发展内在需求，提高科技创新供给质量和效率，集聚各类创新资源，促进产学研用结合，加快先进适用科技成果向县域转移转化，做大做强县域特色产业。

——差异发展。坚持分类指导、精准施策，结合县域经济社会发展水平和定位，因地制宜确定县域创新驱动发展的目标和任务，加快经济发展方式转变和社会转型，推动实现县域差异化、可持续发展。

（三）主要目标。

到 2020 年，县域创新驱动发展环境显著改善，创新驱动发展能力明显增强，全社会科技投入进一步提高，公民科学素质整体提升，大众创业、万众创新的氛围更加浓厚，形成经济社会协调发展的新格局，为我国建成创新型国家奠定基础。

到 2030 年，县域创新驱动发展环境进一步优化，创新驱动发展能力大幅提升，创新创业活力有效释放，产业竞争力明显增强，城乡居民收入显著提高，生态环境更加友好，为跻身创新型国家前列提供有力支撑。

二、重点任务

（四）加快产业转型升级。

落实区域发展总体战略和主体功能区规划，支持城镇化地区整合各类创新资源，推动制造、加工等传统产业改造升级，加大新一代信息网络、智能绿色制造等产业关键技术推广应用，培育具有核心竞争力的产业集群。支持农产品主产区加快发展农业高新技术产业，促进农业与旅游休闲、教育文化、健康养生等产业深度融合，发展观光农业、体验农业、创意农业、电子商务、物流等新业态，推动商业模式创新，走产出高效、产品安全、资源节约、环境友好的现代农业发展道路，带动农民增收致富。实施农业产业竞争力提升科技行动，建设国家现代农业产业科技创新中心。支持重点生态功能区以保护自然生态为前提、以资源承载能力和环境容量为基础，科学有度有序开发，促进人口、经济、资源环境均衡发展。结合地方资源禀赋和发展基础，发展知识产权密集型产业，促进县域特色主导产业绿色化、品牌化、高端化、集群化发展。

（五）培育壮大创新型企业。

找准县域创新驱动发展的着力点，加强企业技术创新平台和环境建设，在有条件的县（市）培育一批具有较强自主创新能力和国际竞争力的高新技术企业。加快实施《促进科技成果转移转化行动方案》，指导县域内企业加强与高等学校、科研院所的产学研合作，支持有条件的县（市）加强基础研究成果转化和产业化。引导金融机构支持县域科技创新，提升县域科技资源配置和使用效率。支持符合条件的高成长性科技企业上市，引导企业有效利用主板、中小板、创业板、新三板、区域性股权交易市场等多层次资本市场融资。鼓励有条件的县（市）设立科技成果转化基金、创业投资引导基金等，引导社会资本投资初创期、种子期科技型中小企业。鼓励有条件的县（市）采取科技创新券等科技经费后补助措施，支持小微企业应用新技术、新工艺、新材料，发展新服务、新模式、新业态，培育一批掌握行业“专精特新”技术的科技“小巨人”企业。

（六）集聚创新创业人才。

发挥企业家在县域创新驱动发展中的关键作用，营造有利于创新型企业家发展的良好环境，支持企业家整合技术、资金、人才等资源，加快企业创新发展。深入推进科技特派员制度，支持科技领军人才、高技能人才、专业技术人才等到县域开展创业服务，引导高校毕业生到县域就业创业，推进农村大众创业、万众创新。推广“科技镇长团”、“博士服务团”等模式，发挥乡土人才等农村实用人才作用，提升县域人才集聚和创新管理服务能力。落实《中华人民共和国促进科技成果转化法》、《实施〈中华人民共和国促进科技成果转化法〉若干规定》，通过股权期权激励等措施，让创新人才在科技成果转移转化过程中得到合理回报，激发各类人才的创新创业活力。加强农民就业创业培训，培育新型职业农民，推动农村劳动力转移就业。

（七）加强创新创业载体建设。

科学编制县城总体规划，支持有条件的县（市）高起点规划、高标准建设高新技术产业开发区、农业科技园区、火炬特色产业基地等创新创业平台，并将相关园区纳入县城总体规划统一管理，引领县域创新驱动发展。推动符合条件的科技园区升级为国家高新技术产业开发区，建设若干国家农业高新技术产业开发区。在有条件的县（市）建设创新型县（市）、创新型乡镇。结合县域需求实际，依托科技园区、高等学校、科研院所等，加快发展“互联网+”创业网络体系，建设一批低成本、便利化、全要素、开放式的众创空间、“星创天地”，降低创业门槛，促进创业与创新、创业与就业、线上与线下相结合。鼓励国家（重点）实验室、国家工程（技术）研究中心、高等学校新农村发展研究院等各类创新平台在县域开展应用示范，实现开放共享，为大众创业、万众创新提供有力支撑。推动县域生产力促进中心建设，提升知识产权代理、交易、咨询、评估等服务水平。

（八）促进县域社会事业发展。

加大大气污染防治、土壤治理、水环境保护、资源高效利用等领域核心关键技术转化应用力度，强化重点地区生态保护与修复。围绕重大慢性病防控、人口老龄化应对等人口健康重大问题，加强疾病防治技术普及推广，加快临床医学研究中心协同创新网络向县域发展，推进健康中国建设。开展集生产生活、文化娱乐、科技教育、医疗卫生等多种服务功能于一体的社区综合技术集成与应用，推动科技成果更多惠及民生改善。加快实施“雪亮工程”，推进县域公共安全视频监控建设和联网应用，加强县乡村三级综合治理信息化建设，提高县域社会治安综合治理科技化水平，建设平安中国。充分发挥市场主体作用，结合地方特色产业基础和发展潜力，加大对经济发达镇、特色小镇、专业小镇、技术创新专业镇等的支持力度，建设美丽乡村。

（九）创新驱动精准扶贫、精准脱贫。

实施科技扶贫行动，强化科技创新对精准扶贫、精准脱贫的支撑引领作用，瞄准县域脱贫攻坚中存在的科技和人才短板，动员全社会科技资源投身脱贫攻坚，提升县域发展的内生动力。精准对接贫困地区发展的科技需求，加强先进、成熟、适用技术的应用推广和集成示范，支持发展优势特色产业。推进创业式扶贫，激发贫困地区的创新创业热情，提高农民技能素质，以创业式扶贫带动产业发展，帮助建档立卡贫困户脱贫致富。

（十）加大科学普及力度。

把县域科学普及摆在与科技创新同等重要的位置，深入开展农业科技教育培训和农村科普活动，切实提高农民科学素质。以社会主义核心价值观为引领，着重在县域普及科学知识、弘扬科学精神、传播科学思想、倡导科学方法，推动形成讲科学、爱科学、学科学、用科学的良好氛围。充分发挥县级学会、企业科协、农技协开展农村科普的独特优势和科技社团促进科技成果转移转化的纽带作用，面向县域有针对性地开展科学普及和信息服务。提高县域中小学科普教育质量，为青少年提供更多参加科普活动的机会。

（十一）抓好科技创新政策落地。

加强国家与地方科技创新政策衔接，加大普惠性科技创新政策落实力度，落实企业研发费用税前加计扣除、高新技术企业所得税优惠等创新政策。加大创新产品和服务采购力度，鼓励采用首购、订购等方式支持县域企业发展。面向县域企业等创新主体加强政策培训解读，建立县域科技创新政策落实督查机制，帮助企业更好享受优惠政策。

三、保障措施

（十二）加强组织领导。

推动部省市县联动，建立适应县域创新驱动发展的组织领导体制和工作推进体系，科学谋划创新发展工作格局。强化县（市）科技管理队伍建设，提高县（市）科技部门管理和服务能力，加强对乡镇科技工作的指导。支持有条件的县（市）制定创新发展规划，在科技管理、知识产权运用和保护、人才吸引等方面探索先行先试改革措施。

（十三）加大支持力度。

国务院各有关部门要加强对县域创新驱动发展的政策扶持，通过技术创新引导专项（基金）、人才支持计划等，支持县域开展科技创新创业。各地要积极支持县域开展科技创新活动，确保一定比例的科技创新项目、一定数量的科技创新平台和载体在县域落地。

（十四）开展监测评价。

实施国家创新调查制度，开展县（市）创新能力监测，加强县（市）创新驱动发展战略研究，优化区域创新布局。指导有条件的地方参照国家创新调查制度开展各具特色的区域创新调查工作。

（十五）做好宣传总结。

在推动县域创新驱动发展中及时发现新典型、总结新模式、探索新机制，按照国家有关规定对先进单位、先进个人进行奖励和表彰。宣传推广各地成功经验和做法，形成全社会支持县域创新驱动发展的良好局面。

国务院办公厅

2017 年 5 月 11 日

中国国民经济和社会发展第十三个五年规划纲要（节选）

第八篇　推进新型城镇化

坚持以人的城镇化为核心、以城市群为主体形态、以城市综合承载能力为支撑、以体制机制创新为保障，加快新型城镇化步伐，提高社会主义新农村建设水平，努力缩小城乡发展差距，推进城乡发展一体化。

第三十三章　优化城镇化布局和形态

加快构建以陆桥通道、沿长江通道为横轴，以沿海、京哈京广、包昆通道为纵轴，大中小城市和小城镇合理分布、协调发展的“两横三纵”城市化战略格局。

第三节　加快发展中小城市和特色镇

以提升质量、增加数量为方向，加快发展中小城市。引导产业项目在中小城市和县城布局，完善市政基础设施和公共服务设施，推动优质教育、医疗等公共服务资源向中小城市和小城镇配置。加快拓展特大镇功能，赋予镇区人口 10 万以上的特大镇部分县级管理权限，完善设市设区标准，符合条件的县和特大镇可有序改市。因地制宜发展特色鲜明、产城融合、充满魅力的小城镇。提升边境口岸城镇功能。

第三十四章　建设和谐宜居城市

转变城市发展方式，提高城市治理能力，加大“城市病”防治力度，不断提升城市环境质量、居民生活质量和城市竞争力，努力打造和谐宜居、富有活力、各具特色的城市。

第一节　加快新型城市建设

根据资源环境承载力调节城市规模，实行绿色规划、设计、施工标准，实施生态廊道建设和生态系统修复工程，建设绿色城市。加强现代信息基础设施建设，推进大数据和物联网发展，建设智慧城市。发挥城市创新资源密集优势，打造创业乐园和创新摇篮，建设创新城市。提高城市开放度和包容性，加强文化和自然遗产保护，延续历史文脉，建设人文城市。加强城市空间开发利用管制，建设密度较高、功能融合、公交导向的紧凑城市。

第三十六章　推动城乡协调发展

推动新型城镇化和新农村建设协调发展，提升县域经济支撑辐射能力，促进公共资源在城乡间均衡配置，拓展农村广阔发展空间，形成城乡共同发展新格局。

第一节　发展特色县域经济

培育发展充满活力、特色化、专业化的县域经济，提升承接城市功能转移和辐射带动乡村发展能力。依托优势资源，促进农产品精深加工、农村服务业及劳动密集型产业发展，积极探索承接产业转移新模式，融入区域性产业链和生产网络。引导农村二三产业向县城、重点乡镇及产业园区集中。扩大县域发展自主权，提高县级基本财力保障水平。

第二节　加快建设美丽宜居乡村

推进农村改革和制度创新，增强集体经济组织服务功能，激发农村发展活力。全面改善农村生产生活条件。科学规划村镇建设、农田保护、村落分布、生态涵养等空间布局。加快农村宽带、公路、危房、饮水、照明、环卫、消防等设施改造。开展新一轮农网改造升级，农网供电可靠率达到99.8%。实施农村饮水安全巩固提升工程。改善农村办学条件和教师工作生活条件，加强基层医疗卫生机构和乡村医生队伍建设。建立健全农村留守儿童和妇女、老人关爱服务体系。加强和改善农村社会治理，完善农村治安防控体系，深入推进平安乡村建设。加强农村文化建设，深入开展“星级文明户”、“五好文明家庭”等创建活动，培育文明乡风、优良家风、新乡贤文化。开展农村不良风气专项治理，整治农村非法宗教活动等突出问题。开展生态文明示范村镇建设行动和农村人居环境综合整治行动，加大传统村落和民居、民族特色村镇保护力度，传承乡村文明，建设田园牧歌、秀山丽水、和谐幸福的美丽宜居乡村。

国务院关于深入推进实施新一轮东北振兴战略加快推动东北地区经济企稳向好若干重要举措的意见（节选）

国发〔2016〕62号

各省、自治区、直辖市人民政府，国务院各部委、各直属机构：

为深入推进实施党中央、国务院关于全面振兴东北地区等老工业基地的战略部署，按照立足当前、着眼长远、标本兼治、分类施策的原则，现就积极应对东北地区经济下行压力、推动东北地区经济企稳向好提出以下意见。

二、推进创新转型，培育发展动力

（五）支持资源枯竭、产业衰退地区转型。加快推进黑龙江龙煤集团、吉林省煤业集团、阜新矿业集团等重点煤炭企业深化改革，有序退出过剩产能，在专项奖补资金安排等方面给予重点支持。（三省人民政府负责，国家发展改革委、财政部、工业和信息化部指导支持）以黑龙江省鸡西、鹤岗、双鸭山、七台河四大煤城为重点，实施资源型城市产业转型攻坚行动计划，研究通过发展新产业转岗就业、易地安置转移等方式统筹安排富余人员。（黑龙江省人民政府负责，国家发展改革委、财政部、人力资源社会保障部等部门指导支持）将东北地区国有林区全部纳入国家重点生态功能区，支持开展生态综合补偿和生态移民试点，尽快落实停止天然林商业性采伐相关支持政策。支持林区发展林下经济。结合林场布局优化调整，建设一批特色宜居小镇。全面推进城区老工业区和独立工矿区搬迁改造，支持开展城镇低效用地再开发试点和工矿废弃地治理。中央预算内投资设立采煤沉陷区综合治理专项。（国家发展改革委、财政部、国土资源部、国家林业局按职责分工负责，三省一区人民政府组织实施）

加快推动东北地区经济企稳向好，对于促进区域协调发展、维护全国经济社会大局稳定，意义十分重大。各有关方面要切实增强责任意识和忧患意识，充分调动中央和地方的积极性，拿出更有力措施，打一场攻坚战，闯出一条新形势下老工业基地振兴发展新路，努力使东北地区在改革开放中重振雄风。

国务院

2016年11月1日

国务院办公厅
关于印发《东北地区与东部地区部分省市对口合作工作方案》的通知（节选）

国办发〔2017〕22号

各省、自治区、直辖市人民政府，国务院各部委、各直属机构：

《东北地区与东部地区部分省市对口合作工作方案》已经国务院同意，现印发给你们，请认真贯彻执行。

国务院办公厅

2017年3月7日

东北地区与东部地区部分省市对口合作工作方案（节选）

组织东北地区与东部地区部分省市建立对口合作机制，是《国务院关于深入推进实施新一轮东北振兴战略加快推动东北地区经济企稳向好若干重要举措的意见》（国发〔2016〕62号）中的明确要求，是实施新一轮东北地区等老工业基地振兴战略的重要举措，是推进东北振兴与“三大战略”对接融合的有效途径，也是发挥我国制度优势促进跨区域合作的创新举措，对于充分发挥中央和地方两个积极性，形成共同推进东北地区实现全面振兴的合力具有重要意义。为稳步推进东北地区与东部地区部分省市对口合作，制定以下工作方案。

一、总体要求

（三）主要目标。到2020年，东北地区与东部地区部分省市对口合作取得重要实质性成果，建立起横向联动、纵向衔接、定期会商、运转高效的工作机制，构建政府、企业、研究机构和其他社会力量广泛参与的多层次、宽范围、广领域的合作体系，形成常态化干部交流和人才培训机制，在东北地区加快复制推广一批东部地区行之有效的改革创新举措，共建一批产业合作园区等重大合作平台，实施一批标志性跨区域合作项目，形成一套相对完整的对口合作政策体系和保障措施。

二、对口合作关系

在鼓励支持东北地区与东部地区开展全方位合作的基础上，综合考虑相关省市资源禀赋、产业基础、发展水平以及合作现状等因素，明确以下对口合作关系：

——东北三省与东部三省：辽宁省与江苏省，吉林省与浙江省，黑龙江省与广东省。

——东北四市与东部四市：沈阳市与北京市，大连市与上海市，长春市与天津市，哈尔滨市与深圳市。

支持内蒙古自治区主动对接东部省市，探索建立相应合作机制。鼓励中西部老工业城市和资源型城市主动学习东部地区先进经验做法。

三、重点任务

（四）搭建合作平台载体，探索共赢发展新路。

3. 重点城市合作。鼓励东北地区与东部地区在对口合作框架下，加强重点城市间合作，在推进新型城镇化和城市群协调发展，解决“大城市病”，建设宜居、智慧、低碳城市，以及加强城市规划建设管理等方面学习互鉴，引导东北地区学习东部地区在老工业基地调整改造、资源型城市转型、棚户区改造、产城融合发展和特色小镇建设、城镇行政区划优化设置等方面的先进经验做法。

国务院　关于深入推进新型城镇化建设的若干意见

国发〔2016〕8 号

各省、自治区、直辖市人民政府，国务院各部委、各直属机构：

新型城镇化是现代化的必由之路，是最大的内需潜力所在，是经济发展的重要动力，也是一项重要的民生工程。《国家新型城镇化规划（2014~2020 年）》发布实施以来，各地区、各部门抓紧行动、改革探索，新型城镇化各项工作取得了积极进展，但仍然存在农业转移人口市民化进展缓慢、城镇化质量不高、对扩大内需的主动力作用没有得到充分发挥等问题。为总结推广各地区行之有效的经验，深入推进新型城镇化建设，现提出如下意见。

一、总体要求

全面贯彻党的十八大和十八届二中、三中、四中、五中全会以及中央经济工作会议、中央城镇化工作会议、中央城市工作会议、中央扶贫开发工作会议、中央农村工作会议精神，按照“五位一体”总体布局和“四个全面”战略布局，牢固树立创新、协调、绿色、开放、共享的发展理念，坚持走以人为本、四化同步、优化布局、生态文明、文化传承的中国特色新型城镇化道路，以人的城镇化为核心，以提高质量为关键，以体制机制改革为动力，紧紧围绕新型城镇化目标任务，加快推进户籍制度改革，提升城市综合承载能力，制定完善土地、财政、投融资等配套政策，充分释放新型城镇化蕴藏的巨大内需潜力，为经济持续健康发展提供持久强劲动力。

坚持点面结合、统筹推进。统筹规划、总体布局，促进大中小城市和小城镇协调发展，着力解决好“三个 1 亿人”城镇化问题，全面提高城镇化质量。充分发挥国家新型城镇化综合试点作用，及时总结提炼可复制经验，带动全国新型城镇化体制机制创新。

坚持纵横联动、协同推进。加强部门间政策制定和实施的协调配合，推动户籍、土地、财政、住房等相关政策和改革举措形成合力。加强部门与地方政策联动，推动地方加快出台一批配套政策，确保改革举措和政策落地生根。

坚持补齐短板、重点突破。加快实施“一融双新”工程，以促进农民工融入城镇为核心，以加快新生中小城市培育发展和新型城市建设为重点，瞄准短板，加快突破，优化政策组合，弥补供需缺口，促进新型城镇化健康有序发展。

二、积极推进农业转移人口市民化

（一）加快落实户籍制度改革政策。围绕加快提高户籍人口城镇化率，深化户籍制度改革，促进有能力在城镇稳定就业和生活的农业转移人口举家进城落户，并与城镇居民享有同等权利、履行同等义务。鼓励各地区进一步放宽落户条件，除极少数超大城市外，允许农业转移人口在就业地落户，优先解决农村学生升学和参军进入城镇的人口、在城镇就业居住5年以上和举家迁徙的农业转移人口以及新生代农民工落户问题，全面放开对高校毕业生、技术工人、职业院校毕业生、留学归国人员的落户限制，加快制定公开透明的落户标准和切实可行的落户目标。除超大城市和特大城市外，其他城市不得采取要求购买房屋、投资纳税、积分制等方式设置落户限制。加快调整完善超大城市和特大城市落户政策，根据城市综合承载能力和功能定位，区分主城区、郊区、新区等区域，分类制定落户政策；以具有合法稳定就业和合法稳定住所（含租赁）、参加城镇社会保险年限、连续居住年限等为主要指标，建立完善积分落户制度，重点解决符合条件的普通劳动者的落户问题。加快制定实施推动1亿非户籍人口在城市落户方案，强化地方政府主体责任，确保如期完成。

（二）全面实行居住证制度。推进居住证制度覆盖全部未落户城镇常住人口，保障居住证持有人在居住地享有义务教育、基本公共就业服务、基本公共卫生服务和计划生育服务、公共文化体育服务、法律援助和法律服务以及国家规定的其他基本公共服务；同时，在居住地享有按照国家有关规定办理出入境证件、换领补领居民身份证、机动车登记、申领机动车驾驶证、报名参加职业资格考试和申请授予职业资格以及其他便利。鼓励地方各级人民政府根据本地承载能力不断扩大对居住证持有人的公共服务范围并提高服务标准，缩小与户籍人口基本公共服务的差距。推动居住证持有人享有与当地户籍人口同等的住房保障权利，将符合条件的农业转移人口纳入当地住房保障范围。各城市要根据《居住证暂行条例》，加快制定实施具体管理办法，防止居住证与基本公共服务脱钩。

（三）推进城镇基本公共服务常住人口全覆盖。保障农民工随迁子女以流入地公办学校为主接受义务教育，以公办幼儿园和普惠性民办幼儿园为主接受学前教育。实施义务教育“两免一补”和生均公用经费基准定额资金随学生流动可携带政策，统筹人口流入地与流出地教师编制。组织实施农民工职业技能提升计划，每年培训2000万人次以上。允许在农村参加的养老保险和医疗保险规范接入城镇社保体系，加快建立基本医疗保险异地就医医疗费用结算制度。

（四）加快建立农业转移人口市民化激励机制。切实维护进城落户农民在农村的合法权益。实施财政转移支付同农业转移人口市民化挂钩政策，实施城镇建设用地增加规模与吸纳农业转移人口落户数量挂钩政策，中央预算内投资安排向吸纳农业转移人口落户数量较多的城镇倾斜。各省级人民政府要出台相应配套政策，加快推进农业转移人口市民化进程。

三、全面提升城市功能

（五）加快城镇棚户区、城中村和危房改造。围绕实现约1亿人居住的城镇棚户区、城中村和危房改造目标，实施棚户区改造行动计划和城镇旧房改造工程，推动棚户区改造与名城保护、城市更新相结合，加快推进城市棚户区和城中村改造，有序推进旧住宅小区综合整治、危旧住房和非成套住房（包括无上下水、北方地区无供热设施等的住房）改造，将棚户区改造政策支持范围扩大到全国重点镇。加强棚户区改造工程质量监督，严格实施质量责任终身追究制度。

（六）加快城市综合交通网络建设。优化街区路网结构，建设快速路、主次干路和支路级配合理的路网系统，提升城市道路网络密度，优先发展公共交通。大城市要统筹公共汽车、轻轨、地铁等协同发展，推进城市轨道交通系统和自行车等慢行交通系统建设，在有条件的地区规划建设市郊铁路，提高道路的通达性。畅通进出城市通道，加快换乘枢纽、停车场等设施建设，推进充电站、充电桩等新能源汽车充电设施建设，将其纳入城市旧城改造和新城建设规划同步实施。

（七）实施城市地下管网改造工程。统筹城市地上地下设施规划建设，加强城市地下基础设施建设和改造，合理布局电力、通信、广电、给排水、热力、燃气等地下管网，加快实施既有路面城市电网、通信网络架空线入地工程。推动城市新区、各类园区、成片开发区的新建道路同步建设地下综合管廊，老城区要结合地铁建设、河道治理、道路整治、旧城更新、棚户区改造等逐步推进地下综合管廊建设，鼓励社会资本投资运营地下综合管廊。加快城市易涝点改造，推进雨污分流管网改造与排水和防洪排涝设施建设。加强供水管网改造，降低供水管网漏损率。

（八）推进海绵城市建设。在城市新区、各类园区、成片开发区全面推进海绵城市建设。在老城区结合棚户区、危房改造和老旧小区有机更新，妥善解决城市防洪安全、雨水收集利用、黑臭水体治理等问题。加强海绵型建筑与小区、海绵型道路与广场、海绵型公园与绿地、绿色蓄排与净化利用设施等建设。加强自然水系保护与生态修复，切实保护良好水体和饮用水源。

（九）推动新型城市建设。坚持适用、经济、绿色、美观方针，提升规划水平，增强城市规划的科学性和权威性，促进“多规合一”，全面开展城市设计，加快建设绿色城市、智慧城市、人文城市等新型城市，全面提升城市内在品质。实施“宽带中国”战略和“互联网+”城市计划，加速光纤入户，促进宽带网络提速降费，发展智能交通、智能电网、智能水务、智能管网、智能园区。推动分布式太阳能、风能、生物质能、地热能多元化规模化应用和工业余热供暖，推进既有建筑供热计量和节能改造，对大型公共建筑和政府投资的各类建筑全面执行绿色建筑标准和认证，积极推广应用绿色新型建材、装配式建筑和钢结构建筑。加强垃圾处理设施建设，基本建立建筑垃圾、餐厨废弃物、园林废弃物等回收和再生利用体系，建设循环型城市。划定永久基本农田、生态保护红线和城市开发边界，实施城市生态廊道建设和生态系统修复工程。制定实施城市空气质量达标时间表，努力提高优良天数比例，大幅减少重污染天数。落实最严格水资源管理制度，推广节水新技术和新工艺，积极推进中水回用，全面建设节水型城市。促进国家级新区健康发展，推动符合条件的开发区向城市功能区转型，引导工业集聚区规范发展。

（十）提升城市公共服务水平。根据城镇常住人口增长趋势，加大财政对接收农民工随迁子女较多的城镇中小学校、幼儿园建设的投入力度，吸引企业和社会力量投资建学办学，增加中小学校和幼儿园学位供给。统筹新老城区公共服务资源均衡配置。加强医疗卫生机构、文化设施、体育健身场所设施、公园绿地等公共服务设施以及社区服务综合信息平台规划建设。优化社区生活设施布局，打造包括物流配送、便民超市、银行网点、零售药店、家庭服务中心等在内的便捷生活服务圈。建设以居家为基础、社区为依托、机构为补充的多层次养老服务体系，推动生活照料、康复护理、精神慰藉、紧急援助等服务全覆盖。加快推进住宅、公共建筑等的适老化改造。加强城镇公用设施使用安全管理，健全城市抗震、防洪、排涝、消防、应对地质灾害应急指挥体系，完善城市生命通道系统，加强城市防灾避难场所建设，增强抵御自然灾害、处置突发事件和危机管理能力。

四、加快培育中小城市和特色小城镇

（十一）提升县城和重点镇基础设施水平。加强县城和重点镇公共供水、道路交通、燃气供热、信息网络、分布式能源等市政设施和教育、医疗、文化等公共服务设施建设。推进城镇生活污水垃圾处理设施全覆盖和稳定运行，提高县城垃圾资源化、无害化处理能力，加快重点镇垃圾收集和转运设施建设，利用水泥窑协同处理生活垃圾及污泥。推进北方县城和重点镇集中供热全覆盖。加大对中西部地区发展潜力大、吸纳人口多的县城和重点镇的支持力度。

（十二）加快拓展特大镇功能。开展特大镇功能设置试点，以下放事权、扩大财权、改革人事权及强化用地指标保障等为重点，赋予镇区人口10万以上的特大镇部分县级管理权限，允许其按照相同人口规模城市市政设施标准进行建设发展。同步推进特大镇行政管理体制改革和设市模式创新改革试点，减少行政管理层级、推行大部门制，降低行政成本、提高行政效率。

（十三）加快特色镇发展。因地制宜、突出特色、创新机制，充分发挥市场主体作用，推动小城镇发展与疏解大城市中心城区功能相结合、与特色产业发展相结合、与服务“三农”相结合。发展具有特色优势的休闲旅游、商贸物流、信息产业、先进制造、民俗文化传承、科技教育等魅力小镇，带动农业现代化和农民就近城镇化。提升边境口岸城镇功能，在人员往来、加工物流、旅游等方面实行差别化政策，提高投资贸易便利化水平和人流物流便利化程度。

（十四）培育发展一批中小城市。完善设市标准和市辖区设置标准，规范审核审批程序，加快启动相关工作，将具备条件的县和特大镇有序设置为市。适当放宽中西部地区中小城市设置标准，加强产业和公共资源布局引导，适度增加中西部地区中小城市数量。

（十五）加快城市群建设。编制实施一批城市群发展规划，优化提升京津冀、长三角、珠三角三大城市群，推动形成东北地区、中原地区、长江中游、成渝地区、关中平原等城市群。推进城市群基础设施一体化建设，构建核心城市 1 小时通勤圈，完善城市群之间快速高效互联互通交通网络，建设以高速铁路、城际铁路、高速公路为骨干的城市群内部交通网络，统筹规划建设高速联通、服务便捷的信息网络，统筹推进重大能源基础设施和能源市场一体化建设，共同建设安全可靠的水利和供水系统。做好城镇发展规划与安全生产规划的统筹衔接。

五、辐射带动新农村建设

（十六）推动基础设施和公共服务向农村延伸。推动水电路等基础设施城乡联网。推进城乡配电网建设改造，加快信息进村入户，尽快实现行政村通硬化路、通班车、通邮、通快递，推动有条件地区燃气向农村覆盖。开展农村人居环境整治行动，加强农村垃圾和污水收集处理设施以及防洪排涝设施建设，强化河湖水系整治，加大对传统村落民居和历史文化名村名镇的保护力度，建设美丽宜居乡村。加快农村教育、医疗卫生、文化等事业发展，推进城乡基本公共服务均等化。深化农村社区建设试点。

（十七）带动农村一二三产业融合发展。以县级行政区为基础，以建制镇为支点，搭建多层次、宽领域、广覆盖的农村一二三产业融合发展服务平台，完善利益联结机制，促进农业产业链延伸，推进农业与旅游、教育、文化、健康养老等产业深度融合，大力发展农业新型业态。强化农民合作社和家庭农场基础作用，支持龙头企业引领示范，鼓励社会资本投入，培育多元化农业产业融合主体。推动返乡创业集聚发展。

（十八）带动农村电子商务发展。加快农村宽带网络和快递网络建设，加快农村电子商务发展和“快递下乡”。支持适应乡村特点的电子商务服务平台、商品集散平台和物流中心建设，鼓励电子商务第三方交易平台渠道下沉，带动农村特色产业发展，推进农产品进城、农业生产资料下乡。完善有利于中小网商发展的政策措施，在风险可控、商业可持续的前提下支持发展面向中小网商的融资贷款业务。

（十九）推进易地扶贫搬迁与新型城镇化结合。坚持尊重群众意愿，注重因地制宜，搞好科学规划，在县城、小城镇或工业园区附近建设移民集中安置区，推进转移就业贫困人口在城镇落户。坚持加大中央财政支持和多渠道筹集资金相结合，坚持搬迁和发展两手抓，妥善解决搬迁群众的居住、看病、上学等问题，统筹谋划安置区产业发展与群众就业创业，确保搬迁群众生活有改善、发展有前景。

六、完善土地利用机制

（二十）规范推进城乡建设用地增减挂钩。总结完善并推广有关经验模式，全面实行城镇建设用地增加与农村建设用地减少相挂钩的政策。高标准、高质量推进村庄整治，在规范管理、规范操作、规范运行的基础上，扩大城乡建设用地增减挂钩规模和范围。运用现代信息技术手段加强土地利用变更情况监测监管。

（二十一）建立城镇低效用地再开发激励机制。允许存量土地使用权人在不违反法律法规、符合相关规划的前提下，按照有关规定经批准后对土地进行再开发。完善城镇存量土地再开发过程中的供应方式，鼓励原土地使用权人自行改造，涉及原划拨土地使用权转让需补办出让手续的，经依法批准，可采取规定方式办理并按市场价缴纳土地出让价款。在国家、改造者、土地权利人之间合理分配“三旧”（旧城镇、旧厂房、旧村庄）改造的土地收益。

（二十二）因地制宜推进低丘缓坡地开发。在坚持最严格的耕地保护制度、确保生态安全、切实做好地质灾害防治的前提下，在资源环境承载力适宜地区开展低丘缓坡地开发试点。通过创新规划计划方式、开展整体整治、土地分批供应等政策措施，合理确定低丘缓坡地开发用途、规模、布局和项目用地准入门槛。

（二十三）完善土地经营权和宅基地使用权流转机制。加快推进农村土地确权登记颁证工作，鼓励地方建立健全农村产权流转市场体系，探索农户对土地承包权、宅基地使用权、集体收益分配权的自愿有偿退出机制，支持引导其依法自愿有偿转让上述权益，提高资源利用效率，防止闲置和浪费。深入推进农村土地征收、集体经营性建设用地入市、宅基地制度改革试点，稳步开展农村承包土地的经营权和农民住房财产权抵押贷款试点。

七、创新投融资机制

（二十四）深化政府和社会资本合作。进一步放宽准入条件，健全价格调整机制和政府补贴、监管机制，广泛吸引社会资本参与城市基础设施和市政公用设施建设和运营。根据经营性、准经营性和非经营性项目的不同特点，采取更具针对性的政府和社会资本合作模式，加快城市基础设施和公共服务设施建设。

（二十五）加大政府投入力度。优化政府投资结构，安排专项资金重点支持农业转移人口市民化相关配套设施建设。编制公开透明的政府资产负债表，允许有条件的地区通过发行地方政府债券等多种方式拓宽城市建设融资渠道。省级政府举债使用方向要向新型城镇化倾斜。

（二十六）强化金融支持。专项建设基金要扩大支持新型城镇化建设的覆盖面，安排专门资金定向支持城市基础设施和公共服务设施建设、特色小城镇功能提升等。鼓励开发银行、农业发展银行创新信贷模式和产品，针对新型城镇化项目设计差别化融资模式与偿债机制。鼓励商业银行开发面向新型城镇化的金融服务和产品。鼓励公共基金、保险资金等参与具有稳定收益的城市基础设施项目建设和运营。鼓励地方利用财政资金和社会资金设立城镇化发展基金，鼓励地方整合政府投资平台设立城镇化投资平台。支持城市政府推行基础设施和租赁房资产证券化，提高城市基础设施项目直接融资比重。

八、完善城镇住房制度

（二十七）建立购租并举的城镇住房制度。以满足新市民的住房需求为主要出发点，建立购房与租房并举、市场配置与政府保障相结合的住房制度，健全以市场为主满足多层次需求、以政府为主提供基本保障的住房供应体系。对具备购房能力的常住人口，支持其购买商品住房。对不具备购房能力或没有购房意愿的常住人口，支持其通过住房租赁市场租房居住。对符合条件的低收入住房困难家庭，通过提供公共租赁住房或发放租赁补贴保障其基本住房需求。

（二十八）完善城镇住房保障体系。住房保障采取实物与租赁补贴相结合并逐步转向租赁补贴为主。加快推广租赁补贴制度，采取市场提供房源、政府发放补贴的方式，支持符合条件的农业转移人口通过住房租赁市场租房居住。归并实物住房保障种类。完善住房保障申请、审核、公示、轮候、复核制度，严格保障性住房分配和使用管理，健全退出机制，确保住房保障体系公平、公正和健康运行。

（二十九）加快发展专业化住房租赁市

场。通过实施土地、规划、金融、税收等相关支持政策，培育专业化市场主体，引导企业投资购房用于租赁经营，支持房地产企业调整资产配置持有住房用于租赁经营，引导住房租赁企业和房地产开发企业经营新建租赁住房。支持专业企业、物业服务企业等通过租赁或购买社会闲置住房开展租赁经营，落实鼓励居民出租住房的税收优惠政策，激活存量住房租赁市场。鼓励商业银行开发适合住房租赁业务发展需要的信贷产品，在风险可控、商业可持续的原则下，对购买商品住房开展租赁业务的企业提供购房信贷支持。

（三十）健全房地产市场调控机制。调整完善差别化住房信贷政策，发展个人住房贷款保险业务，提高对农民工等中低收入群体的住房金融服务水平。完善住房用地供应制度，优化住房供应结构。加强商品房预售管理，推行商品房买卖合同在线签订和备案制度，完善商品房交易资金监管机制。进一步提高城镇棚户区改造以及其他房屋征收项目货币化安置比例。鼓励引导农民在中小城市就近购房。

九、加快推进新型城镇化综合试点

（三十一）深化试点内容。在建立农业转移人口市民化成本分担机制、建立多元化可持续城镇化投融资机制、改革完善农村宅基地制度、建立创新行政管理和降低行政成本的设市设区模式等方面加大探索力度，实现重点突破。鼓励试点地区有序建立进城落户农民农村土地承包权、宅基地使用权、集体收益分配权依法自愿有偿退出机制。有可能突破现行法规和政策的改革探索，在履行必要程序后，赋予试点地区相应权限。

（三十二）扩大试点范围。按照向中西部和东北地区倾斜、向中小城市和小城镇倾斜的原则，组织开展第二批国家新型城镇化综合试点。有关部门在组织开展城镇化相关领域的试点时，要向国家新型城镇化综合试点地区倾斜，以形成改革合力。

（三十三）加大支持力度。地方各级人民政府要营造宽松包容环境，支持试点地区发挥首创精神，推动顶层设计与基层探索良性互动、有机结合。国务院有关部门和省级人民政府要强化对试点地区的指导和支持，推动相关改革举措在试点地区先行先试，及时总结推广试点经验。各试点地区要制定实施年度推进计划，明确年度任务，建立健全试点绩效考核评价机制。

十、健全新型城镇化工作推进机制

（三十四）强化政策协调。国家发展改革委要依托推进新型城镇化工作部际联席会

议制度，加强政策统筹协调，推动相关政策尽快出台实施，强化对地方新型城镇化工作的指导。各地区要进一步完善城镇化工作机制，各级发展改革部门要统筹推进本地区新型城镇化工作，其他部门要积极主动配合，共同推动新型城镇化取得更大成效。

（三十五）加强监督检查。有关部门要对各地区新型城镇化建设进展情况进行跟踪监测和监督检查，对相关配套政策实施效果进行跟踪分析和总结评估，确保政策举措落地生根。

（三十六）强化宣传引导。各地区、各部门要广泛宣传推进新型城镇化的新理念、新政策、新举措，及时报道典型经验和做法，强化示范效应，凝聚社会共识，为推进新型城镇化营造良好的社会环境和舆论氛围。

国务院

2016 年 2 月 2 日

中共中央 国务院关于印发《国家新型城镇化规划（2014~2020年）》的通知（节选）

（2014年3月12日 中发〔2014〕4号）

国家新型城镇化规划（2014~2020年）

第十二章 促进各类城市协调发展

第三节 有重点地发展小城镇

按照控制数量、提高质量、节约用地、体现特色的要求，推动小城镇发展与疏解大城市中心城区功能相结合、与特色产业发展相结合、与服务“三农”相结合。大城市周边的重点镇，要加强与城市发展的统筹规划与功能配套，逐步发展成为卫星城。具有特色资源、区位优势的小城镇，要通过规划引导、市场运作，培育成为文化旅游、商贸物流、资源加工、交通枢纽等专业特色镇。远离中心城市的小城镇和林场、农场等，要完善基础设施和公共服务，发展成为服务农村、带动周边的综合性小城镇。对吸纳人口多、经济实力强的镇，可赋予同人口和经济规模相适应的管理权。

第十四章 强化城市产业就业支撑

第一节 优化城市产业结构

根据城市资源环境承载能力、要素禀赋和比较优势，培育发展各具特色的城市产业体系。改造提升传统产业，淘汰落后产能，壮大先进制造业和节能环保、新一代信息技术、生物、新能源、新材料、新能源汽车等战略性新兴产业。适应制造业转型升级要求，推动生产性服务业专业化、市场化、社会化发展，引导生产性服务业在中心城市、制造业密集区域集聚；适应居民消费需求多样化，提升生活性服务业水平，扩大服务供给，提高服务质量，推动特大城市和大城市形成以服务经济为主的产业结构。强化城市间专业化分工协作，增强中小城市产业承接能力，构建大中小城市和小城镇特色鲜明、优势互补的产业发展格局。推进城市污染企业治理改造和环保搬迁。支持资源枯竭城市发展接续替代产业。

国家发展改革委　国土资源部　环境保护部　住房城乡建设部　关于规范推进特色小镇和特色小城镇建设的若干意见

各省、自治区、直辖市人民政府，新疆生产建设兵团：

特色小镇是在几平方公里土地上集聚特色产业、生产生活生态空间相融合、不同于行政建制镇和产业园区的创新创业平台。特色小城镇是拥有几十平方公里以上土地和一定人口经济规模、特色产业鲜明的行政建制镇。近年来，各地区各有关部门认真贯彻落实党中央国务院决策部署，积极稳妥推进特色小镇和小城镇建设，取得了一些进展，积累了一些经验，涌现出一批产业特色鲜明、要素集聚、宜居宜业、富有活力的特色小镇。但在推进过程中，也出现了概念不清、定位不准、急于求成、盲目发展以及市场化不足等问题，有些地区甚至存在政府债务风险加剧和房地产化的苗头。为深入贯彻落实党中央国务院领导同志重要批示指示精神，现就规范推进各地区特色小镇和小城镇建设提出以下意见。

一、总体要求

（一）指导思想。深入学习贯彻党的十九大精神，以习近平新时代中国特色社会主义思想为指导，坚持以人民为中心，坚持贯彻新发展理念，把特色小镇和小城镇建设作为供给侧结构性改革的重要平台，因地制宜、改革创新，发展产业特色鲜明、服务便捷高效、文化浓郁深厚、环境美丽宜人、体制机制灵活的特色小镇和小城镇，促进新型城镇化建设和经济转型升级。

（二）基本原则。

坚持创新探索。创新工作思路、方法和机制，着力培育供给侧小镇经济，努力走出一条特色鲜明、产城融合、惠及群众的新路子，防止“新瓶装旧酒”“穿新鞋走老路”。

坚持因地制宜。从各地区实际出发，遵循客观规律，实事求是、量力而行、控制数量、提高质量，体现区域差异性，提倡形态多样性，不搞区域平衡、产业平衡、数量要求和政绩考核，防止盲目发展、一哄而上。

坚持产业建镇。立足各地区要素禀赋和比较优势，挖掘最有基础、最具潜力、最能成长的特色产业，做精做强主导特色产业，打造具有核心竞争力和可持续发展特征的独特产业生态，防止千镇一面和房地产化。

坚持以人为本。围绕人的城镇化，统筹生产生活生态空间布局，提升服务功能、环境质量、文化内涵和发展品质，打造宜居宜业环境，提高人民获得感和幸福感，防止政绩工程和形象工程。

坚持市场主导。按照政府引导、企业主体、市场化运作的要求，创新建设模式、管理方式和服务手段，推动多元化主体同心同向、共建共享，发挥政府制定规划政策、搭建发展平台等作用，防止政府大包大揽和加剧债务风险。

二、重点任务

（三）准确把握特色小镇内涵。各地区要准确理解特色小镇内涵特质，立足产业“特而强”、功能“聚而合”、形态“小而美”、机制“新而活”，推动创新性供给与个性化需求有效对接，打造创新创业发展平台和新型城镇化有效载体。不能把特色小镇当成筐、什么都往里装，不能盲目把产业园区、旅游景区、体育基地、美丽乡村、田园综合体以及行政建制镇戴上特色小镇“帽子”。各地区可结合产业空间布局优化和产城融合，循序渐进发展“市郊镇”“市中镇”“园中镇”“镇中镇”等不同类型特色小镇；依托大城市周边的重点镇培育发展卫星城，依托有特色资源的重点镇培育发展专业特色小城镇。

（四）遵循城镇化发展规律。浙江特色小镇是经济发展到一定阶段的产物，具备相应的要素和产业基础。各地区发展很不平衡，要按规律办事，树立正确政绩观和功成不必在我的理念，科学把握浙江经验的可复制和不可复制内容，合理借鉴其理念方法、精神实质和创新精神，追求慢工出细活出精品，避免脱离实际照搬照抄。特别是中西部地区要从实际出发，科学推进特色小镇和小城镇建设布局，走少而特、少而精、少而专的发展之路，避免盲目发展、过度追求数量目标和投资规模。

（五）注重打造鲜明特色。各地区在推进特色小镇和小城镇建设过程中，要立足区位条件、资源禀赋、产业积淀和地域特征，以特色产业为核心，兼顾特色文化、特色功能和特色建筑，找准特色、凸显特色、放大特色，防止内容重复、形态雷同、特色不鲜明和同质化竞争。聚焦高端产业和产业高端方向，着力发展优势主导特色产业，延伸产业链、提升价值链、创新供应链，吸引人才、技术、资金等高端要素集聚，打造特色产业集群。

（六）有效推进“三生融合”。各地区要立足以人为本，科学规划特色小镇的生产、生活、生态空间，促进产城人文融合发展，营造宜居宜业环境，提高集聚人口能力和人民群众获得感。留存原住居民生活空间，防止将原住居民整体迁出。增强生活服务功能，构建便捷“生活圈”、完善“服务圈”和繁荣“商业圈”。提炼文化经典元素和标志性符号，合理应用于建设运营及公共空间。保护特色景观资源，将美丽资源转化为“美丽经济”。

（七）厘清政府与市场边界。各地区要以企业为特色小镇和小城镇建设主力军，引导企业有效投资、对标一流、扩大高端供给，激发企业家创造力和人民消费需求。鼓励大中型企业独立或牵头打造特色小镇，培育特色小镇投资运营商，避免项目简单堆砌和碎片化开发。发挥政府强化规划引导、营造制度环境、提供设施服务等作用，顺势而为、因势利导，不要过度干预。鼓励利用财政资金联合社会资本，共同发起特色小镇建设基金。

（八）实行创建达标制度。各地区要控制特色小镇和小城镇建设数量，避免分解指标、层层加码。统一实行宽进严定、动态淘汰的创建达标制度，取消一次性命名制，避免各地区只管前期申报、不管后期发展。

（九）严防政府债务风险。各地区要注重引入央企、国企和大中型民企等作为特色小镇主要投资运营商，尽可能避免政府举债建设进而加重债务包袱。县级政府综合债务率超过100%的风险预警地区，不得通过融资平台公司变相举债立项建设。统筹考虑综合债务率、现有财力、资金筹措和还款来源，稳妥把握配套设施建设节奏。

（十）严控房地产化倾向。各地区要综合考虑特色小镇和小城镇吸纳就业和常住人口规模，从严控制房地产开发，合理确定住宅用地比例，并结合所在市县商品住房库存消化周期确定供应时序。适度提高产业及商业用地比例，鼓励优先发展产业。科学论证企业创建特色小镇规划，对产业内容、盈利模式和后期运营方案进行重点把关，防范“假小镇真地产”项目。

（十一）严格节约集约用地。各地区要落实最严格的耕地保护制度和最严格的节约用地制度，在符合土地利用总体规划和城乡规划的前提下，划定特色小镇和小城镇发展边界，避免另起炉灶、大拆大建。鼓励盘活存量和低效建设用地，严控新增建设用地规模，全面实行建设用地增减挂钩政策，不得占用永久基本农田。合理控制特色小镇四至范围，规划用地面积控制在 3 平方公里左右，其中建设用地面积控制在 1 平方公里左右，旅游、体育和农业类特色小镇可适当放宽。

（十二）严守生态保护红线。各地区要按照《关于划定并严守生态保护红线的若干意见》要求，依据应划尽划、应保尽保原则完成生态保护红线划定工作。严禁以特色小镇和小城镇建设名义破坏生态，严格保护自然保护区、文化自然遗产、风景名胜区、森林公园和地质公园等区域，严禁挖山填湖、破坏山水田园。严把特色小镇和小城镇产业准入关，防止引入高污染高耗能产业，加强环境治理设施建设。

三、组织实施

（十三）提高思想认识。各地区要深刻认识特色小镇和小城镇建设的重要意义，将其作为深入推进供给侧结构性改革的重要平台，以及推进经济转型升级和新型城镇化建设的重要抓手，切实抓好组织实施。

（十四）压实省级责任。各省级人民政府要强化主体责任意识，按照本意见要求，整合各方力量，及时规范纠偏，调整优化实施方案、创建数量和配套政策，加强统计监测。

（十五）加强部门统筹。充分发挥推进新型城镇化工作部际联席会议机制的作用，由国家发展改革委牵头，会同国土资源、环境保护、住房城乡建设等有关部门，共同推进特色小镇和小城镇建设工作，加强对各地区的监督检查评估。国务院有关部门对已公布的两批 403 个全国特色小城镇、96 个全国运动休闲特色小镇等，开展定期测评和优胜劣汰。

（十六）做好宣传引导。发挥主流媒体舆论宣传作用，持续跟踪报道建设进展，发现新短板新问题，总结好样板好案例，形成全社会关注关心的良好氛围。

国家发展改革委
国土资源部
环境保护部
住房城乡建设部
2017 年 12 月 4 日

国家发展改革委　国家开发银行关于开发性金融支持特色小（城）镇建设促进脱贫攻坚的意见

发改规划〔2017〕102号

各省、自治区、直辖市及计划单列市发展改革委，新疆生产建设兵团发展改革委，国家开发银行各分行：

建设特色小（城）镇是推进供给侧结构性改革的重要平台，是深入推进新型城镇化、辐射带动新农村建设的重要抓手。全力实施脱贫攻坚、坚决打赢脱贫攻坚战是“十三五”时期的重大战略任务。在贫困地区推进特色小（城）镇建设，有利于为特色产业脱贫搭建平台，为转移就业脱贫拓展空间，为易地扶贫搬迁脱贫提供载体。为深入推进特色小（城）镇建设与脱贫攻坚战略相结合，加快脱贫攻坚致富步伐，现就开发性金融支持贫困地区特色小（城）镇建设提出以下意见。

一、总体要求

全面贯彻党的十八大和十八届三中、四中、五中、六中全会精神，统筹推进“五位一体”总体布局和协调推进“四个全面”战略布局，牢固树立和贯彻落实新发展理念，按照扶贫开发与经济社会发展相结合的要求，充分发挥开发性金融作用，推动金融扶贫与产业扶贫紧密衔接，夯实城镇产业基础，完善城镇服务功能，推动城乡一体化发展，通过特色小（城）镇建设带动区域性脱贫，实现特色小（城）镇持续健康发展和农村贫困人口脱贫双重目标，坚决打赢脱贫攻坚战。

——坚持因地制宜、稳妥推进。从各地实际出发，遵循客观规律，加强统筹协调，科学规范引导特色小（城）镇开发建设与脱贫攻坚有机结合，防止盲目建设、浪费资源、破坏环境。

——坚持协同共进、一体发展。统筹谋划脱贫攻坚与特色小（城）镇建设，促进特色产业发展、农民转移就业、易地扶贫搬迁与特色小（城）镇建设相结合，确保群众就业有保障、生活有改善、发展有前景。

——坚持规划引领、金融支持。根据各地发展实际，精准定位、规划先行，科学布局特色小（城）镇生产、生活、生态空间。通过配套系统性融资规划，合理配置金融资源，为特色小（城）镇建设提供金融支持，着力增强贫困地区自我发展能力，推动区域持续健康发展。

——坚持主体多元、合力推进。发挥政府在脱贫攻坚战中的主导作用和在特色小（城）镇建设中的引导作用，充分利用开发性金融融资、融智优势，聚集各类资源，整合优势力量，激发市场主体活力，共同支持贫困地区特色小（城）镇建设。

——坚持改革创新、务求实效。用改

革的办法和创新的精神推进特色小（城）镇建设，完善建设模式、管理方式和服务手段，加强金融组织创新、产品创新和服务创新，使金融资源切实服务小（城）镇发展，有效支持脱贫攻坚。

二、主要任务

1. 加强规划引导

加强对特色小（城）镇发展的指导，推动地方政府结合经济社会发展规划，编制特色小（城）镇发展专项规划，明确发展目标、建设任务和工作进度。开发银行各分行积极参与特色小（城）镇规划编制工作，统筹考虑财税、金融、市场资金等方面因素，做好系统性融资规划和融资顾问工作，明确支持重点、融资方案和融资渠道，推动规划落地实施。各级发展改革部门要加强与开发银行各分行、特色小（城）镇所在地方政府的沟通联系，积极支持系统性融资规划编制工作。

2. 支持发展特色产业

一是各级发展改革部门和开发银行各分行要加强协调配合，根据地方资源禀赋和产业优势，探索符合当地实际的农村产业融合发展道路，不断延伸农业产业链、提升价值链、拓展农业多种功能，推进多种形式的产城融合，实现农业现代化与新型城镇化协同发展。二是开发银行各分行要运用“四台一会”（管理平台、借款平台、担保平台、公示平台和信用协会）贷款模式，推动建立风险分担和补偿机制，以批发的方式融资支持龙头企业、中小微企业、农民合作组织以及返乡农民工等各类创业者发展特色优势产业，带动周边广大农户，特别是贫困户全面融入产业发展。三是在特色小（城）镇产业发展中积极推动开展土地、资金等多种形式的股份合作，在有条件的地区，探索将“三资”（农村集体资金、资产和资源）、承包土地经营权、农民住房财产权和集体收益分配权资本化，建立和完善利益联结机制，保障贫困人口在产业发展中获得合理、稳定的收益，并实现城乡劳动力、土地、资本和创新要素高效配置。

3. 补齐特色小（城）镇发展短板

一是支持基础设施、公共服务设施和生态环境建设，包括但不限于土地及房屋的征收、拆迁和补偿；安置房建设或货币化安置；水网、电网、路网、信息网、供气、供热、地下综合管廊等公共基础设施建设；污水处理、垃圾处理、园林绿化、水体生态系统与水环境治理等环境设施建设以及生态修复工程；科技馆、学校、文化馆、医院、体育馆等科教文卫设施建设；小型集贸市场、农产品交易市场、生活超市等便民商业设施建设；其他基础设施、公共服务设施以及环境设施建设。二是支持各类产业发展的配套设施建设，包括但不限于标准厂房、孵化园、众创空间等生产平台；旅游休闲、商贸物流、人才公寓等服务平台建设；其他促进特色产业发展的配套基础设施建设。

4. 积极开展试点示范

结合贫困地区发展实际，因地制宜开展特色小（城）镇助力脱贫攻坚建设试点。对试点单位优先编制融资规划，优先安排贷款规模，优先给予政策、资金等方面的支持，鼓励各地先行先试，着力打造一批资源禀赋丰富、区位环境良好、历史文化浓厚、产业集聚发达、脱贫攻坚效果好的特色小（城）镇，为其他地区提供经验借鉴。

5. 加大金融支持力度

开发银行加大对特许经营、政府购买服务等模式的信贷支持力度，特别是通过探索多种类型的 PPP 模式，引入大型企业参与投资，引导社会资本广泛参与。发挥开发银行“投资、贷款、债券、租赁、证券、基金”综合服务功能和作用，在设立基金、发行债券、资产证券化等方面提供财务顾问服务。发挥资本市场在脱贫攻坚中的积极作用，盘活贫困地区特色资产资源，为特色小（城）镇建设提供多元化金融支持。各级发展改革部门和开发银行各分行要共同推动地方政府完善担保体系，建立风险补偿机制，改善当地金融生态环境。

6. 强化人才支撑

加大对贫困地区特色小（城）镇建设的智力支持力度，开发银行扶贫金融专员要把特色小（城）镇作为金融服务的重要内容，帮助派驻地（市、州）以及对口贫困县区域内的特色小（城）镇引智、引商、引技、引资，着力解决缺人才、缺技术、缺资金等突出问题。以“开发性金融支持脱贫攻坚地方干部培训班”为平台，为贫困地区干部开展特色小（城）镇专题培训，帮助正确把握政策内涵，增强运用开发性金融手段推动特色小（城）镇建设、促进脱贫攻坚的能力。

7. 建立长效合作机制

国家发展改革委和开发银行围绕特色小（城）镇建设进一步深化合作，建立定期会商机制，加大工作推动力度。各级发展改革部门和开发银行各分行要密切沟通，共同研究制定当地特色小（城）镇建设工作方案，确定重点支持领域，设计融资模式；建立特色小（城）镇重点项目批量开发推荐机制，形成项目储备库；协调解决特色小（城）镇建设过程中的困难和问题，将合作落到实处。

各级发展改革部门和开发银行各分行要支持贫困地区特色小（城）镇建设促进脱贫攻坚，加强合作机制创新、工作制度创新和发展模式创新，积极探索、勇于实践，确保特色小（城）镇建设取得新成效，打赢脱贫攻坚战。

国家发展改革委

国家开发银行

2017 年 1 月 13 日

国家发展改革委　工业和信息化部　财政部　人力资源社会保障部　国土资源部　住房城乡建设部　交通运输部　农业部　商务部　人民银行关于同意河北省阜城县等 116 个县（市、区）结合新型城镇化开展支持农民工等人员返乡创业试点的通知

发改就业〔2016〕2640 号

各省、自治区、直辖市发展改革委、工业和信息化（中小企业）主管部门、财政厅（局）、人力资源社会保障厅（局）、国土资源主管部门、住房城乡建设厅（委）、交通运输厅（委）、农业（农牧、农村经济）厅（委、局）、商务主管部门，中国人民银行上海总部、各分行、营业管理部、省会（首府）城市中心支行：

为贯彻落实《国家新型城镇化规划（2014~2020 年）》《国务院关于进一步做好新形势下就业创业工作的意见》（国发〔2015〕23 号）和《国务院办公厅关于支持农民工等人员返乡创业的意见》（国办发〔2015〕47 号）精神，按照《关于结合新型城镇化开展支持农民工等人员返乡创业试点工作的通知》（发改就业〔2015〕2811 号）和《国家发展改革委办公厅关于做好第二批结合新型城镇化开展支持农民工等人员返乡创业试点地区申报工作的通知》（发改办就业〔2016〕1869 号）要求，经评审，同意河北省阜城县等 116 个县（市、区）（以下简称试点地区）结合新型城镇化开展支持农民工等人员返乡创业试点。现就试点工作有关事项通知如下：

一、明确主要任务

各试点地区要按照《国务院办公厅关于支持农民工等人员返乡创业的意见》《关于结合新型城镇化开展支持农民工等人员返乡创业试点工作的通知》和《国家发展改革委办公厅关于做好第二批结合新型城镇化开展支持农民工等人员返乡创业试点地区申报工作的通知》的要求，积极探索优化鼓励返乡创业的体制机制环境，打造良好创业生态系统。围绕农民工等人员返乡创业面临的场地短缺、基础设施不完善、公共服务不配套以及融资难融资贵、证照办理环节多等突出问题，重点做好园区资源整合、服务平台和服务能力建设等工作。同时，结合本地实际，加快发展农村电商，培育特色产业集群，在以返乡创业促扶贫发展、转型脱困、化解产能、产城融合、特色小镇和重点镇建设等方面，积极探索新路径。积极与电子商务龙头企业等市场

资源、公益性培训机构等社会资源加强对接。

二、健全组织保障

各试点地区要成立主要领导牵头的结合新型城镇化开展支持农民工等人员返乡创业试点工作领导小组，全面负责试点工作的推进实施，建立健全“主要领导亲自抓、分管领导具体抓、职能部门抓落实”的工作机制。各省级发展改革部门要会同有关部门做好指导工作，协助解决好试点工作中的困难问题。

三、强化工作落实

各试点地区要做好年度计划，细化分解年度任务，明确责任分工，倒排时间节点，确保试点工作扎实有序推进。年度计划要报省级发展改革部门备案，经省级发展改革部门会同有关部门审核同意后，通过适当形式向社会公开。

四、做好经验总结

各试点地区要及时总结试点工作进展情况、采取的主要做法、取得的成果经验、遇到的矛盾困难和下一步工作建议，形成半年度和年度总结报告报送省级发展改革部门，省级发展改革部门将各试点地区总结报告汇总后连同本省（区、市）试点工作情况报国家发展改革委。

五、开展创业就业监测

在返乡创业试点过程中，各试点地区要加强对创业就业的监测，及时掌握返乡创业就业等相关情况（包括创办的企业、所在行业、增加的岗位、创业人员及数量、吸纳就业人数、收入变化等信息），形成监测报告于每季度结束后10个工作日内报送省级发展改革部门，省级发展改革部门汇总后报送国家发展改革委。

六、注重宣传引导

各省（区、市）和试点地区要广泛宣传试点工作的理念要求、目标任务和政策措施，及时总结并宣传本地支持农民工等人员返乡创业的好经验、好做法和典型案例，提高试点工作的知晓率和参与率，形成全社会广泛参与的良好氛围。

七、加强监督考核

各省级发展改革部门要会同有关部门加强对各试点地区试点工作的监督考核和指导，及时向国家发展改革委反馈有关情况。国家发展改革委将会同有关部门加强评估考核，确保试点工作取得实效。

为更好地推动试点工作中的上下联动和沟通协作，保障工作顺畅高效开展，请各省级发展改革部门及各试点地区确定试点工作相关负责人和工作联系人员，各省级发展改革部门按照附件2汇总后于12月29日前报国家发展改革委。

附件：1. 第二批结合新型城镇化开展支持农民工等人员返乡创业试点地区名单（略）

2. 结合新型城镇化开展支持农民工等人员返乡创业试点工作联系人员信息表（略）

国家发展改革委
工业和信息化部
财政部
人力资源社会保障部
国土资源部
住房城乡建设部
交通运输部
农业部
商务部
人民银行
2016年12月13日

国家发展改革委　国家开发银行　中国光大银行中国企业联合会　中国企业家协会中国城镇化促进会关于实施“千企千镇工程”推进美丽特色小（城）镇建设的通知

发改规划〔2016〕2604号

各省、自治区、直辖市及计划单列市发展改革委、企业联合会、企业家协会，国家开发银行、中国光大银行各分行，新疆生产建设兵团发展改革委：

为深入贯彻落实习近平总书记、李克强总理等党中央、国务院领导同志关于加强特色小镇、小城镇建设的重要批示指示精神，按照《国家发展改革委关于加快美丽特色小（城）镇建设的指导意见》要求，在总结近年来企业参与城镇建设运营行之有效的经验基础上，国家发展改革委、国家开发银行、中国光大银行、中国企业联合会、中国企业家协会、中国城镇化促进会拟组织实施美丽特色小（城）镇建设“千企千镇工程”。有关事项通知如下：

一、主要目的

“千企千镇工程”是指根据“政府引导、企业主体、市场化运作”的新型小（城）镇创建模式，搭建小（城）镇与企业主体有效对接平台，引导社会资本参与美丽特色小（城）镇建设，促进镇企融合发展、共同成长。

实施“千企千镇工程”，有利于充分发挥优质企业与特色小（城）镇的双重资源优势，开拓企业成长空间，树立城镇特色品牌，实现镇企互利共赢；有利于培育供给侧小镇经济，有效对接新消费新需求，增强小（城）镇可持续发展能力和竞争力；有利于创新小（城）镇建设管理运营模式，充分发挥市场配置资源的决定性作用，更好发挥政府规划引导和提供公共服务等作用，防止政府大包大揽。

二、主要内容

牢固树立和贯彻落实创新、协调、绿色、开放、共享的发展理念，深入推进供给侧结构性改革，以建设特色鲜明、产城融合、充满魅力的美丽特色小（城）镇为目标，以探索形成政府引导、市场主导、多元主体参与的特色小（城）镇建设运营模式为方向，加强政企银合作，拓宽城镇建设投融资渠道，加快城镇功能提升。坚持自主自愿、互利互惠，不搞“拉郎配”，不搞目标责任制，通过搭建平台更多依靠市场力量引导企业等市场主体参与特色小（城）镇建设。

（一）聚焦重点领域。围绕产业发展和城镇功能提升两个重点，深化镇企合作。引导企业从区域要素禀赋和比较优势出发，培育壮大休闲旅游、商贸物流、信息产业、智能制造、科技教育、民俗文化传承等特色优势主导产业，扩大就业，集聚人口。推动“产、城、人、文”融合发展，完善基础设施，扩大公共服务，挖掘文化内涵，促进绿色发展，打造宜居宜业的环境，提高人民群众获得感和幸福感。

（二）建立信息服务平台。运用云计算、大数据等信息技术手段，建设“千企千镇服务网”，开发企业产业转移及转型升级数据库和全国特色小（城）镇数据库，为推动企业等社会资本与特色小（城）镇对接提供基础支撑。

（三）搭建镇企合作平台。定期举办“中国特色小（城）镇发展论坛”，召开多形式的特色小（城）镇建设交流研讨会、项目推介会等，加强企业等社会资本和特色小（城）镇的沟通合作与互动交流。

（四）镇企结对树品牌。依托信息服务平台和镇企合作平台，企业根据自身经营方向，优选最佳合作城镇，城镇发挥资源优势，吸引企业落户，实现供需对接、双向选择，共同打造镇企合作品牌。

（五）推广典型经验。每年推出一批企业等社会资本与特色小（城）镇成功合作的典型案例，总结提炼可复制、可推广的经验，供各地区参考借鉴。

三、组织实施

（一）强化协同推进。“千企千镇工程”由国家发展改革委、国家开发银行、中国光大银行、中国企业联合会、中国企业家协会、中国城镇化促进会等单位共同组织实施。中国城镇化促进会要充分发挥在平台搭建、信息交流、经验总结等方面的积极作用，承担工程实施的具体工作。

（二）完善支持政策。“千企千镇工程”的典型地区和企业，可优先享受有关部门关于特色小（城）镇建设的各项支持政策，优先纳入有关部门开展的新型城镇化领域试点示范。国家开发银行、中国光大银行将通过多元化金融产品及模式对典型地区和企业给予融资支持，鼓励引导其他金融机构积极参与。政府有关部门和行业协会等社会组织将加强服务和指导，帮助解决“千企千镇工程”实施中的重点难点问题。

（三）积极宣传引导。充分发挥主流媒体、自媒体等舆论引导作用，持续跟踪报道“千企千镇工程”实施情况，总结好经验、好做法，发现新情况、新问题，形成全社会关心、关注、支持特色小（城）镇发展的良好氛围。

四、工作要求

（一）各地发展改革部门要强化对特色小（城）镇建设工作的指导和推进力度，积极组织引导特色小（城）镇参与结对工程建设，做好本地区镇企对接统筹协调。

（二）国家开发银行、中国光大银行各地分行要把特色小（城）镇建设作为推进新型城镇化建设的突破口，对带头实施“千企千镇工程”的企业等市场主体和特色小（城）镇重点帮扶，优先支持。

（三）各地企业联合会、企业家协会要充分发挥社会组织的作用，动员和组织本地企业与特色小（城）镇结对，以市场为导向，以产城融合为目标，把企业转型升级与特色小（城）镇建设有机结合起来。

联系人及电话：中国城镇化促进会 杨子健（010–68518601）

国家发展改革委
国家开发银行
中国光大银行
中国企业联合会
中国企业家协会
中国城镇化促进会
2016 年 12 月 12 日

国家发展改革委 关于加快美丽特色小（城）镇建设的指导意见

发改规划〔2016〕2125 号

各省、自治区、直辖市、计划单列市发展改革委，新疆生产建设兵团发展改革委：

特色小（城）镇包括特色小镇、小城镇两种形态。特色小镇主要指聚焦特色产业和新兴产业，集聚发展要素，不同于行政建制镇和产业园区的创新创业平台。特色小城镇是指以传统行政区划为单元，特色产业鲜明、具有一定人口和经济规模的建制镇。特色小镇和小城镇相得益彰、互为支撑。发展美丽特色小（城）镇是推进供给侧结构性改革的重要平台，是深入推进新型城镇化的重要抓手，有利于推动经济转型升级和发展动能转换，有利于促进大中小城市和小城镇协调发展，有利于充分发挥城镇化对新农村建设的辐射带动作用。为深入贯彻落实习近平总书记、李克强总理等党中央、国务院领导同志关于特色小镇、小城镇建设的重要批示指示精神，现就加快美丽特色小（城）镇建设提出如下意见。

一、总体要求

全面贯彻党的十八大和十八届三中、四中、五中全会精神，深入学习贯彻习近平总书记系列重要讲话精神，牢固树立和贯彻落实创新、协调、绿色、开放、共享的发展理念，按照党中央、国务院的部署，深入推进供给侧结构性改革，以人为本、因地制宜、突出特色、创新机制，夯实城镇产业基础，完善城镇服务功能，优化城镇生态环境，提升城镇发展品质，建设美丽特色新型小（城）镇，有机对接美丽乡村建设，促进城乡发展一体化。

——坚持创新探索。创新美丽特色小（城）镇的思路、方法、机制，着力培育供给侧小镇经济，防止“新瓶装旧酒”、“穿新鞋走老路”，努力走出一条特色鲜明、产城融合、惠及群众的新型小城镇之路。

——坚持因地制宜。从各地实际出发，遵循客观规律，挖掘特色优势，体现区域差异性，提倡形态多样性，彰显小（城）镇独特魅力，防止照搬照抄、“东施效颦”、一哄而上。

——坚持产业建镇。根据区域要素禀赋和比较优势，挖掘本地最有基础、最具潜力、最能成长的特色产业，做精做强主导特色产业，打造具有持续竞争力和可持续发展特征的独特产业生态，防止千镇一面。

——坚持以人为本。围绕人的城镇化，统筹生产、生活、生态空间布局，完善城镇功能，补齐城镇基础设施、公共服务、生态环境短板，打造宜居宜业环境，提高人民群众获得感和幸福感，防止形象工程。

——坚持市场主导。按照政府引导、企业主体、市场化运作的要求，创新建设模式、管理方式和服务手段，提高多元化主体共同推动美丽特色小（城）镇发展的积极性。发挥好政府制定规划政策、提供公共服务等作用，防止大包大揽。

二、分类施策，探索城镇发展新路径

总结推广浙江等地特色小镇发展模式，立足产业“特而强”、功能“聚而合”、形态“小而美”、机制“新而活”，将创新性供给与个性化需求有效对接，打造创新创业发展平台和新型城镇化有效载体。

按照控制数量、提高质量，节约用地、体现特色的要求，推动小（城）镇发展与疏解大城市中心城区功能相结合、与特色产业发展相结合、与服务“三农”相结合。大城市周边的重点镇，要加强与城市发展的统筹规划与功能配套，逐步发展成为卫星城。具有特色资源、区位优势的小城镇，要通过规划引导、市场运作，培育成为休闲旅游、商贸物流、智能制造、科技教育、民俗文化传承的专业特色镇。远离中心城市的小城镇，要完善基础设施和公共服务，发展成为服务农村、带动周边的综合性小城镇。

统筹地域、功能、特色三大重点，以镇区常住人口5万以上的特大镇、镇区常住人口3万以上的专业特色镇为重点，兼顾多类型多形态的特色小镇，因地制宜建设美丽特色小（城）镇。

三、突出特色，打造产业发展新平台

产业是小城镇发展的生命力，特色是产业发展的竞争力。要立足资源禀赋、区位环境、历史文化、产业集聚等特色，加快发展特色优势主导产业，延伸产业链、提升价值链，促进产业跨界融合发展，在差异定位和领域细分中构建小镇大产业，扩大就业，集聚人口，实现特色产业立镇、强镇、富镇。

有条件的小城镇特别是中心城市和都市圈周边的小城镇，要积极吸引高端要素集聚，发展先进制造业和现代服务业。鼓励外出农民工回乡创业定居。强化校企合作、产研融合、产教融合，积极依托职业院校、成人教育学院、继续教育学院等院校建设就业技能培训基地，培育特色产业发展所需各类人才。

四、创业创新，培育经济发展新动能

创新是小城镇持续健康发展的根本动力。要发挥小城镇创业创新成本低、进入门槛低、各项束缚少、生态环境好的优势，打造大众创业、万众创新的有效平台和载体。鼓励特色小（城）镇发展面向大众、服务小微企业的低成本、便利化、开放式服务平台，构建富有活力的创业创新生态圈，集聚创业者、风投资本、孵化器等高端要素，促进产业链、创新链、人才链的耦合；依托互联网拓宽市场资源、社会需求与创业创新对接通道，推进专业空间、网络平台和企业内部众创，推动新技术、新产业、新业态蓬勃发展。

营造吸引各类人才、激发企业家活力的创新环境，为初创期、中小微企业和创业者提供便利、完善的“双创”服务；鼓励企业家构筑创新平台、集聚创新资源；深化投资便利化、商事仲裁、负面清单管理等改革创新，打造有利于创新创业的营商环境，推动形成一批集聚高端要素、新兴产业和现代服务业特色鲜明、富有活力和竞争力的新型小城镇。

五、完善功能，强化基础设施新支撑

便捷完善的基础设施是小城镇集聚产业的基础条件。要按照适度超前、综合配套、集约利用的原则，加强小城镇道路、供水、供电、通信、污水垃圾处理、物流等基础设施建设。建设高速通畅、质优价廉、服务便捷的宽带网络基础设施和服务设施，以人为本推动信息惠民，加强小城镇信息基础设施建设，加速光纤入户进程，建设智慧小镇。加强步行和自行车等慢行交通设施建设，做好慢行交通系统与公共交通系统的衔接。

强化城镇与交通干线、交通枢纽城市的连接，提高公路技术等级和通行能力，改善交通条件，提升服务水平。推进大城市市域（郊）铁路发展，形成多层次轨道交通骨干网络，高效衔接大中小城市和小城镇，促进互联互通。鼓励综合开发，形成集交通、商业、休闲等为一体的开放式小城镇功能区。推进公共停车场建设。鼓励建设开放式住宅小区，提升微循环能力。鼓励有条件的小城镇开发利用地下空间，提高土地利用效率。

六、提升质量，增加公共服务新供给

完善的公共服务特别是较高质量的教育医疗资源供给是增强小城镇人口集聚能力的重要因素。要推动公共服务从按行政等级配置向按常住人口规模配置转变，根据城镇常住人口增长趋势和空间分布，统筹布局建设学校、医疗卫生机构、文化体育场所等公共服务设施，大力提高教育卫生等公共服务的质量和水平，使群众在特色小（城）镇能够享受更有质量的教育、医疗等公共服务。要聚焦居民日常需求，提升社区服务功能，加快构建便捷“生活圈”、完善“服务圈”和繁荣“商业圈”。

镇区人口10万以上的特大镇要按同等城市标准配置教育和医疗资源，其他城镇要不断缩小与城市基本公共服务差距。实施医疗卫生服务能力提升计划，参照县级医院水平提高硬件设施和诊疗水平，鼓励在有条件的小城镇布局三级医院。大力提高教育质量，加快推进义务教育学校标准化建设，推动市县知名中小学和城镇中小学联合办学，扩大优质教育资源覆盖面。

七、绿色引领，建设美丽宜居新城镇

优美宜居的生态环境是人民群众对城镇生活的新期待。要牢固树立“绿水青山就是金山银山”的发展理念，保护城镇特色景观资源，加强环境综合整治，构建生态网络。深入开展大气污染、水污染、土壤污染防治行动，溯源倒逼、系统治理，带动城镇生态环境质量全面改善。有机协调城镇内外绿地、河湖、林地、耕地，推动生态保护与旅游发展互促共融、新型城镇化与旅游业有机结合，打造宜居宜业宜游的优美环境。鼓励有条件的小城镇按照不低于3A级景区的标准规划建设特色旅游景区，将美丽资源转化为“美丽经济”。

加强历史文化名城名镇名村、历史文化街区、民族风情小镇等的保护，保护独特风貌，挖掘文化内涵，彰显乡愁特色，建设有历史记忆、文化脉络、地域风貌、民族特点的美丽小（城）镇。

八、主体多元，打造共建共享新模式

创新社会治理模式是建设美丽特色小（城）镇的重要内容。要统筹政府、社会、市民三大主体积极性，推动政府、社会、市民同心同向行动。充分发挥社会力量作用，最大限度激发市场主体活力和企业家创造力，鼓励企业、其他社会组织和市民积极参与城镇投资、建设、运营和管理，成为美丽特色小（城）镇建设的主力军。积极调动市民参与美丽特色小（城）镇建设热情，促进其致富增收，让发展成果惠及广大群众。逐步形成多方主体参与、良性互动的现代城镇治理模式。

政府主要负责提供美丽特色小（城）镇制度供给、设施配套、要素保障、生态环境保护、安全生产监管等管理和服务，营造更加公平、开放的市场环境，深化“放管服”改革，简化审批环节，减少行政干预。

九、城乡联动，拓展要素配置新通道

美丽特色小（城）镇是辐射带动新农村的重要载体。要统筹规划城乡基础设施网络，健全农村基础设施投入长效机制，促进水电路气信等基础设施城乡联网、生态环保设施城乡统一布局建设。推进城乡配电网建设改造，加快农村宽带网络和快递网络建设，以美丽特色小（城）镇为节点，推进农村电商发展和“快递下乡”。推动城镇公共服务向农村延伸，逐步实现城乡基本公共服务制度并轨、标准统一。

搭建农村一二三产业融合发展服务平台，推进农业与旅游、教育、文化、健康养老等产业深度融合，大力发展农业新型业态。依托优势资源，积极探索承接产业转移新模式，引导城镇资金、信息、人才、管理等要素向农村流动，推动城乡产业链双向延伸对接。促进城乡劳动力、土地、资本和创新要素高效配置。

十、创新机制，激发城镇发展新活力

释放美丽特色小（城）镇的内生动力关键要靠体制机制创新。要全面放开小城镇落户限制，全面落实居住证制度，不断拓展公共服务范围。积极盘活存量土地，建立低效用地再开发激励机制。建立健全进城落户农民农村土地承包权、宅基地使用权、集体收益分配权自愿有偿流转和退出机制。创新特色小（城）镇建设投融资机制，大力推进政府和社会资本合作，鼓励利用财政资金撬动社会资金，共同发起设立美丽特色小（城）镇建设基金。研究设立国家新型城镇化建设基金，倾斜支持美丽特色小（城）镇开发建设。鼓励开发银行、农业发展银行、农业银行和其他金融机构加大金融支持力度。鼓励有条件的小城镇通过发行债券等多种方式拓宽融资渠道。

按照“小政府、大服务”模式，推行大部门制，降低行政成本，提高行政效率。深入推进强镇扩权，赋予镇区人口10万以上的特大镇县级管理职能和权限，强化事权、财权、人事权和用地指标等保障。推动具备条件的特大镇有序设市。

各级发展改革部门要把加快建设美丽特色小（城）镇作为落实新型城镇化战略部署和推进供给侧结构性改革的重要抓手，坚持用改革的思路、创新的举措发挥统筹协调作用，借鉴浙江等地采取创建制培育特色小镇的经验，整合各方面力量，加强分类指导，结合地方实际研究出台配套政策，努力打造一批新兴产业集聚、传统产业升级、体制机制灵活、人文气息浓厚、生态环境优美的美丽特色小（城）镇。国家发展改革委将加强统筹协调，加大项目、资金、政策等的支持力度，及时总结推广各地典型经验，推动美丽特色小（城）镇持续健康发展。

国家发展改革委

2016年10月8日

国家发展改革委印发《关于推动积极发挥新消费引领作用　加快培育形成新供给新动力重点任务落实的分工方案》的通知

发改规划〔2016〕1553 号

国务院各有关部门、直属机构，各省、自治区、直辖市及计划单列市、副省级省会城市，新疆生产建设兵团发展改革委：

去年 11 月，国务院出台《关于积极发挥新消费引领作用　加快培育形成新供给新动力的指导意见》（国发〔2015〕66 号，以下简称《指导意见》），围绕释放新消费、创造新供给、形成新动力明确了总体要求、基本原则和政策措施。为把《指导意见》提出的各项任务落到实处，我们会同有关部门研究起草了《关于推动积极发挥新消费引领作用　加快培育形成新供给新动力重点任务落实的分工方案》，现印发给你们，请结合实际认真贯彻执行。我委将做好跟踪分析、统筹协调、督促检查等工作，重大问题及时向国务院报告。

附件：关于推动积极发挥新消费引领作用　加快培育形成新供给新动力重点任务落实的分工方案

国家发展改革委

2016 年 7 月 13 日

抄送：各省、自治区、直辖市及计划单列市、副省级省会城市

人民政府办公厅，新疆生产建设兵团办公厅

附件：关于推动积极发挥新消费引领作用加快培育形成新供给新动力重点任务落实的分工方案

国务院出台《关于积极发挥新消费引领作用　加快培育形成新供给新动力的指导意见》（以下简称《指导意见》），围绕释放新消费、创造新供给、形成新动力明确了总体要求、基本原则和政策措施。这是贯彻落实党的十八届五中全会精神、推进供给侧结构性改革的重大举措，是在经济发展新常态下充分发挥新消费引领作用、满足居民消费需求、提高人民生活质量的一个全面、系统的政策性文件。为把《指导意见》提出的各项任务落到实处，现就有关部门贯彻落实《指导意见》重要措施提出如下分工方案。

一、重要措施及分工

1. 促进以消费新热点、消费新模式为主要内容的消费升级，引领相关产业、基础设施和公共服务投资迅速成长。

牵头单位：发展改革委

参加单位：有关部门根据职能分工做好相关工作

2. 围绕职业技能培训、文化艺术培训等教育培训消费，健康管理、体育健身、高端医疗、生物医药等健康消费，家政服务和老年用品、照料护理等养老产业及适老化改造，动漫游戏、创意设计、网络文化、数字内容等新兴文化产业及传统文化消费升级，推动乡村旅游、自驾车房车旅游、邮轮旅游、工业旅游及配套设施建设，以及集多种服务于一体的城乡社区服务平台、大型服务综合体等平台建设。

牵头单位：发展改革委

参加单位：教育部、公安部、民政部、工业和信息化部、人力资源社会保障部、交通运输部、商务部、文化部、卫生计生委、新闻广电出版总局、体育总局、旅游局等

3. 建设云计算、大数据、物联网等基础设施，发展可穿戴设备、智能家居等智能终端相关技术和产品服务。

牵头单位：发展改革委、工业和信息化部、科技部

参加单位：有关部门根据职能分工做好相关工作

4. 推动循环经济、生态经济、低碳经济蓬勃发展，促进生态农业、新能源、节能节水、资源综合利用、环境保护与污染治理、生态保护与修复等领域技术研发、生产服务能力提升和基础设施建设。

牵头单位：发展改革委、环境保护部、科技部、住房城乡建设部、水利部、能源局、林业局

参加单位：有关部门根据职能分工做好相关工作

5. 推动与消费者体验、个性化设计、柔性制造等相关的产业加速发展。促进通用航空、邮轮等相关基础设施建设。

牵头单位：发展改革委、工业和信息化部、交通运输部、能源局、民航局

参加单位：有关部门根据职能分工做好相关工作

6. 推动传统产业改造提升和产品升级换代。

牵头单位：工业和信息化部、发展改革委、质检总局

参加单位：有关部门根据职能分工做好相关工作

7. 拓展农村交通通信、文化娱乐、绿色环保、家电类耐用消费品和家用轿车等方面消费空间，促进适宜农村地区的分布式能源、农业废弃物资源化综合利用和垃圾污水处理设施、农村水电路气信息等基础设施建设改造投资。

牵头单位：发展改革委、工业和信息化部、农业部、商务部、住房城乡建设部、文化部、水利部、能源局

参加单位：有关部门根据职能分工做好相关工作

8. 健全公平开放透明的市场规则，建立公平竞争审查制度，实现商品和要素自由流动、各类市场主体公平有序竞争。系统清理地方保护和部门分割政策，消除跨部门、跨行业、跨地区销售商品、提供服务、发展产业的制度障碍，严禁对外地企业、产品和服务设定歧视性准入条件。消除各种显性和隐性行政性垄断，加强反垄断执法，制定保障各类市场主体依法平等进入自然垄断、特许经营领域的具体办法，规范网络型自然垄断领域的产品和服务。

牵头单位：发展改革委、商务部、工商总局

参加单位：工业和信息化部、法制办、财政部

9. 创新公共服务供给方式，合理区分

基本与非基本公共服务，政府重在保基本，扩大向社会购买基本公共服务的范围和比重，非基本公共服务主要由市场提供，鼓励社会资本提供个性化多样化服务。全面放宽民间资本市场准入，降低准入门槛，取消各种不合理前置审批事项。积极扩大服务业对外开放，对外资实行准入前国民待遇加负面清单管理模式，分领域逐步减少、放宽、放开对外资的限制。

牵头单位：发展改革委、商务部、财政部

参加单位：有关部门根据职能分工做好相关工作

10. 按照服务性质而不是所有制性质制定服务业发展政策，保障民办与公办机构在资格准入、职称评定、土地供给、财政支持、政府采购、监督管理等方面公平发展。

牵头单位：发展改革委

参加单位：教育部、财政部、人力资源社会保障部、国土资源部、卫生计生委

11. 全面推进“三网融合”。

牵头单位：工业和信息化部、新闻出版广电总局

参加单位：发展改革委、国家标准委等

12. 调整完善有利于新技术应用、个性化生产方式发展、智能微电网等新基础设施建设、“互联网+”广泛拓展、使用权短期租赁等分享经济模式成长的配套制度。

牵头单位：发展改革委、工业和信息化部、能源局

参加单位：有关部门根据职能分工做好相关工作

13. 在新兴领域避免出台事前干预性或限制性政策，建立企业从设立到退出全过程的规范化管理制度以及适应从业人员就业灵活、企业运营服务虚拟化等特点的管理服务方式，最大限度地简化审批程序。

牵头单位：发展改革委、工业和信息化部

参加单位：有关部门根据职能分工做好相关工作

14. 加快户籍制度改革，释放农业转移人口消费潜力。督促各地区抓紧出台具体可操作的户籍制度改革措施，鼓励各地区放宽落户条件，逐步消除城乡区域间户籍壁垒。省会及以下城市要放开对吸收高校毕业生落户的限制，加快取消地级及以下城市对农业转移人口及其家属落户的限制。

牵头单位：公安部

参加单位：发展改革委、财政部、农业部、国土资源部、人力资源社会保障部、民政部

15. 加快推进城镇基本公共服务向常住人口全覆盖，完善社保关系转移接续制度和随迁子女就学保障机制。鼓励中小城市采取措施，支持农业转移人口自用住房消费。

牵头单位：住房城乡建设部

参加单位：发展改革委、教育部、财政部、人力资源社会保障部、卫生计生委、人民银行

16. 加快完善标准体系和信用体系，加强质量监管，规范消费市场秩序，强化企业责任意识和主体责任，健全消费者权益保护机制，完善消费基础设施网络，打造面向全球的国际消费市场，营造安全、便利、诚信的良好消费环境。

牵头单位：质检总局、发展改革委、人民银行、工商总局、国家标准委

参加单位：商务部、海关总署

17. 健全标准体系，加快制定和完善重点领域及新兴业态的相关标准，强化农产品、食品、药品、家政、养老、健康、体育、文化、旅游、现代物流等领域关键标

准制修订，加强新一代信息技术、生物技术、智能制造、节能环保等新兴产业关键标准研究制定。提高国内标准与国际标准水平一致性程度。

牵头单位：质检总局

参加单位：发展改革委、工业和信息化部、农业部、林业局、民政部、环境保护部、商务部、文化部、交通运输部、新闻出版广电总局、卫生计生委、体育总局、食品药品监管总局、旅游局、国家标准委、邮政局等

18. 建立企业产品和服务标准自我声明公开和监督制度。整合优化全国标准信息网络平台。加强检验检测和认证认可能力建设。

牵头单位：质检总局

参加单位：发展改革委、工业和信息化部、国家标准委、国家认监委

19. 建立健全预防为主、防范在先的质量监管体系，全面提升监管能力、效率和精准度。在食品药品、儿童用品、日用品等领域建立全过程质量安全追溯体系。大力推广随机抽查机制，完善产品质量监督抽查和服务质量监督检查制度，广泛运用大数据开展监测分析，建立健全产品质量风险监控和产品伤害监测体系。

牵头单位：质检总局、工商总局

参加单位：工业和信息化部、商务部、食品药品监管总局、卫生计生委、海关总署

20. 实行企业产品质量监督检查结果公开制度，健全质量安全事故强制报告、缺陷产品强制召回、严重失信企业强制退出机制。完善商会、行业协会、征信机构、保险金融机构等专门机构和中介服务组织以及消费者、消费者组织、新闻媒体参与的监督机制。

牵头单位：质检总局、工商总局

参加单位：有关部门根据职能分工做好相关工作

21. 推动建立健全信用法律法规和标准体系，充分利用全国统一的信用信息共享交换平台，加强违法失信行为信息的在线披露和共享。加快构建守信激励和失信惩戒机制，实施企业经营异常名录、失信企业“黑名单”、强制退出等制度，推进跨地区、跨部门信用奖惩联动。引导行业组织开展诚信自律等行业信用建设。全面推行明码标价、明码实价，依法严惩价格欺诈、质价不符等价格失信行为。

牵头单位：发展改革委、人民银行

参加单位：商务部、工商总局、质检总局、法制办、国家标准委等

22. 推动完善商品和服务质量相关法律法规，推动修订现行法律法规中不利于保护消费者权益的条款。强化消费者权益司法保护，扩大适用举证责任倒置的商品和服务范围。完善落实消费领域诉讼调解对接机制，探索构建消费纠纷独立非诉第三方调解组织。健全公益诉讼制度，适当扩大公益诉讼主体范围。加快建立跨境消费消费者权益保护机制。完善和强化消费领域惩罚性赔偿制度，加大对侵权行为的惩处力度。严厉打击制售假冒伪劣商品、虚假宣传、侵害消费者个人信息安全等违法行为。充分发挥消费者协会等社会组织在维护消费者权益方面的作用。建设全国统一的消费者维权服务网络信息平台，加强对消费者进行金融等专业知识普及工作。

牵头单位：工商总局

参加单位：司法部、法制办、商务部(全国打击侵权假冒工作领导小组办公室)、质检总局、人民银行、银监会、证监会、保监会

23. 适应消费结构、消费模式和消费形态变化，系统构建和完善基础设施体系。

加快新一代信息基础设施网络建设，提升互联网协议第 6 版（IPv6）用户普及率和网络接入覆盖率，加快网络提速降费。

牵头单位：工业和信息化部、发展改革委

参加单位：有关部门根据职能分工做好相关工作

24. 推动跨地区、跨行业、跨所有制的物流信息平台建设，在城市社区和村镇布局建设共同配送末端网点，提高“最后一公里”的物流配送效率。

牵头单位：发展改革委、商务部

参加单位：交通运输部、邮政局

25. 加快旅游咨询中心和集散中心、自驾车房车营地、旅游厕所、停车场等旅游基础设施建设，大力发展智能交通，推动从机场、车站、客运码头到主要景区交通零距离换乘和无缝化衔接，开辟跨区域旅游新路线和大通道。

牵头单位：发展改革委、旅游局

参加单位：交通运输部、财政部、民航局、体育总局

26. 对各类居住公共服务设施实行最低配置规模限制。

牵头单位：住房城乡建设部

参加单位：有关部门根据职能分工做好相关工作

27. 加快电动汽车充电设施、城市停车场的布局和建设。合理规划建设通用机场、邮轮游艇码头等设施。

牵头单位：发展改革委、工业和信息化部、能源局

参加单位：交通运输部、民航局、住房城乡建设部

28. 统筹规划城乡基础设施网络，加大农村地区和小城镇水电路气基础设施升级改造力度，加快信息、环保基础设施建设，完善养老服务和文化体育设施。加快县级公路货运枢纽站场和乡镇综合运输服务站建设。

牵头单位：住房城乡建设部、发展改革委、商务部

参加单位：工业和信息化部、民政部、环境保护部、水利部、交通运输部、文化部、新闻广电出版总局、体育总局、能源局

29. 完善农产品冷链物流设施，健全覆盖农产品采收、产地处理、贮藏、加工、运输、销售等环节的冷链物流体系。

牵头单位：发展改革委

参加单位：商务部、农业部、林业局

30. 支持各类社会资本参与涉农电商平台建设，促进线下产业发展平台和线上电商交易平台结合。

牵头单位：商务部

参加单位：工业和信息化部、发展改革委、农业部、林业局

31. 发挥小城镇连接城乡、辐射农村的作用，提升产业、文化、旅游和社区服务功能，增强商品和要素集散能力。鼓励有条件的地区规划建设特色小镇。

牵头单位：住房城乡建设部、发展改革委

参加单位：商务部、文化部、旅游局

32. 依托中心城市和重要旅游目的地，培育面向全球旅游消费者的国际消费中心。鼓励有条件的城市运用市场手段以购物节、旅游节、影视节、动漫节、读书季、时装周等为载体，提升各类国际文化体育会展活动的质量和水平，鼓励与周边国家（地区）联合开发国际旅游线路，带动文化娱乐、旅游和体育等相关消费。

牵头单位：旅游局

参加单位：发展改革委、商务部、文化部、新闻出版广电总局、体育总局

33. 畅通商品进口渠道，稳步发展进口

商品直销等新型商业模式。加快出台增设口岸进境免税店的操作办法。扩大72小时过境免签政策范围，完善和落实境外旅客购物离境退税政策。

牵头单位：财政部

参加单位：发展改革委、商务部、海关总署、税务总局、旅游局

34. 加快推动轻工、纺织、食品加工等产业转型升级，瞄准国际标准和细分市场需求，从提高产品功效、性能、适用性、可靠性和外观设计水平入手，全方位提高消费品质量。实施企业技术改造提升行动计划，鼓励传统产业设施装备智能化改造，推动生产方式向数字化、精细化、柔性化转变；推进传统制造业绿色化改造，推行生态设计，加强产品全生命周期绿色管理。支持制造业由生产型向生产服务型转变，引导制造企业延伸产业链条、增加服务环节。实施工业强基工程，重点突破核心基础零部件（元器件）、先进基础工艺、关键基础材料、产业技术基础等瓶颈。加强计量技术基础建设，提升量传溯源、产业计量服务能力。健全国产首台（套）重大技术装备市场应用机制，支持企业研发和推广应用重大创新产品。

牵头单位：工业和信息化部、发展改革委、科技部

参加单位：有关部门根据职能分工做好相关工作

35. 培育壮大战略性新兴产业。顺应新一轮科技革命和产业变革趋势，加快构建现代产业技术体系，高度重视颠覆性技术创新与应用，以技术创新推动产品创新，更好满足智能化、个性化、时尚化消费需求，引领、创造和拓展新需求。培育壮大节能环保、新一代信息技术、新能源汽车等战略性新兴产业。推动三维（3D）打印、机器人、基因工程等产业加快发展，开拓消费新领域。支持可穿戴设备、智能家居、数字媒体等市场前景广阔的新兴消费品发展。完善战略性新兴产业发展政策支持体系。

牵头单位：发展改革委、科技部、工业和信息化部

参加单位：财政部、新闻出版广电总局

36. 以产业转型升级需求为导向，着力发展工业设计、节能环保服务、检验检测认证、电子商务、现代流通、市场营销和售后服务等产业，积极培育新型服务业态，促进生产性服务业专业化发展、向价值链高端延伸，为制造业升级提供支撑。顺应生活消费方式向发展型、现代型、服务型转变的趋势，重点发展居民和家庭服务、健康养老服务等贴近人民群众生活、需求潜力大、带动力强的生活性服务业，着力丰富服务内容、创新服务方式，推动生活性服务业便利化、精细化、品质化发展。支持有条件的服务业企业跨业融合发展和集团化网络化经营。

牵头单位：发展改革委

参加单位：工业和信息化部、民政部、环境保护部、商务部

37. 推动大众创业、万众创新蓬勃发展。加强政策系统集成，完善创业创新服务链条，加快构建有利于创业创新的良好生态，鼓励和支持各类市场主体创新发展。依托国家创新型城市、国家自主创新示范区、战略性新兴产业集聚区等创业创新资源密集区域，构建产业链、创新链与服务链协同发展支持体系，打造若干具有世界影响力的创业创新中心。加快建设大型共用实验装置以及数据资源、生物资源、知识和专利信息服务等科技服务平台。发展众创、众包、众扶、众筹等新模式，支持发展创新工场和虚拟创新社区等新型孵化

器，积极打造孵化与创业投资结合、线上与线下结合的开放式服务载体，为新产品、新业态、新模式成长提供支撑。健全知识、技术、管理、技能等创新要素按贡献参与分配的机制。发展知识产权交易市场，严格知识产权保护，加大侵权惩处力度，建立知识产权跨境维权救援机制。

牵头单位：发展改革委、科技部、知识产权局

参加单位：林业局、工商总局、证监会等

38. 引导企业更加积极主动适应市场需求变化，支持企业通过提高产品质量、维护良好信誉、打造知名品牌，培育提升核心竞争力。支持企业应用新技术、新工艺、新材料，加快产品升级换代、延长产业链条。支持企业运用新平台、新模式，提高消费便利性和市场占有率。鼓励企业提升市场分析研判、产品研发设计、市场营销拓展、参与全球竞争等能力。优化产业组织结构，培育一批核心竞争力强的企业集团和专业化中小企业。激发和保护企业家精神，鼓励勇于创新、追求卓越。

牵头单位：工业和信息化部

参加单位：有关部门根据职能分工做好相关工作

39. 健全进口管理体制，完善先进技术和设备进口免税政策，积极扩大新技术引进和关键设备、零部件进口；降低部分日用消费品进口关税，研究调整化妆品等品目消费税征收范围，适度增加适应消费升级需求的日用消费品进口。积极解决电子商务在境内外发展的技术、政策等问题，加强标准、支付、物流、通关、计量检测、检验检疫、税收等方面的国际协调，创新跨境电子商务合作方式。

牵头单位：财政部、发展改革委

参加单位：工业和信息化部、商务部、海关总署、税务总局

40. 鼓励企业加强质量品牌建设。实施质量强国战略，大力推动中国质量、中国品牌建设。推行企业产品质量承诺和优质服务承诺标志与管理制度，在教育、旅游、文化、产品“三包”、网络消费等重点领域开展服务业质量提升专项行动。实施品牌价值提升工程，加大“中国精品”培育力度，丰富品牌文化内涵，积极培育发展地理标志商标和知名品牌。保护和传承中华老字号，振兴中国传统手工艺。完善品牌维权与争端解决机制。引导企业健全商标品牌管理体系，鼓励品牌培育和运营专业服务机构发展，培育一批能够展示“中国制造”和“中国服务”优质形象的品牌与企业。

牵头单位：质检总局、工业和信息化部、工商总局

参加单位：发展改革委、教育部、商务部、文化部、海关总署、新闻出版广电总局、旅游局

41. 加大对新消费相关领域的财政支持力度，更好发挥财政政策对地方政府和市场主体行为的导向作用。完善地方税体系，逐步提高直接税比重，激励地方政府营造良好生活消费环境、重视服务业发展。落实小微企业、创新型企业税收优惠政策和研发费用加计扣除政策。适时推进医疗、养老等行业营业税改征增值税改革试点，扩大增值税抵扣范围。严格落实公益性捐赠所得税税前扣除政策，进一步简化公益性捐赠所得税税前扣除流程。按照有利于拉动国内消费、促进公平竞争的原则，推进消费税改革，研究完善主要适应企业对企业（B2B）交易的跨境电子商务零售进口税收政策，进一步完善行邮税政策及征管措施。

牵头单位：财政部、税务总局、海关

总署

参加单位：有关部门根据职能分工做好相关工作

42. 健全政府采购政策体系，逐步扩大政府购买服务范围，支持民办社会事业、创新产品和服务、绿色产品等发展。完善消费补贴政策，推动由补供方转为补需方，并重点用于具有市场培育效应和能够创造新需求的领域。

牵头单位：财政部

参加单位：发展改革委、工业和信息化部、林业局

43. 完善金融服务体系，鼓励金融产品创新，促进金融服务与消费升级、产业升级融合创新。发挥金融创新对技术创新的助推作用，健全覆盖从实验研究、中试到生产全过程的科技创新融资模式，更好发挥政府投资和国家新兴产业创业投资引导基金的杠杆作用，提高信贷支持创新的灵活性和便利性。鼓励商业银行发展创新型非抵押类贷款模式，发展融资担保机构。规范发展多层次资本市场，支持实体经济转型升级。支持发展消费信贷，鼓励符合条件的市场主体成立消费金融公司，将消费金融公司试点范围推广至全国。鼓励保险机构开发更多适合医疗、养老、文化、旅游等行业和小微企业特点的保险险种，在产品“三包”、特种设备、重点消费品等领域大力实施产品质量安全责任保险制度。

牵头单位：人民银行

参加单位：发展改革委、工业和信息化部、工商总局、质检总局、银监会、证监会、保监会

44. 聚焦提供适应新消费新投资发展需要的基础设施和公共服务，创新投资方式，更好发挥政府投资的引领、撬动和催化作用。加大政府对教育、医疗、养老等基础设施，以及农村地区和中西部地区基础设施和公共服务领域的投资力度。加强适应新消费和新产业、新业态、新模式发展需要的基础设施和公共平台建设，强化对科技含量高、辐射带动作用强、有望形成新增长点的重大科技工程项目的支持，充分发挥政府投资对创新创业、技术改造、质量品牌建设等的带动作用。推动健全政府和社会资本合作（PPP）法律法规体系，创新政府投资与市场投资的合作方式，明确并规范政府和社会资本的权责利关系，鼓励和吸引社会资本参与新消费相关基础设施和公共服务领域投资。

牵头单位：发展改革委、财政部

参加单位：有关部门根据职能分工做好相关工作

45. 按照优化用地结构、提升利用效率的要求，创新建设用地供给方式，更好满足新消费新投资项目用地需求。优化新增建设用地结构，加快实施有利于新产业新业态发展和大众创业、万众创新的用地政策，重点保障新消费新投资发展需要的公共服务设施、交通基础设施、市政公用设施等用地，适当扩大战略性新兴产业、生产性和生活性服务业、科研机构及科技企业孵化机构发展用地，多途径保障电动汽车充电设施、移动通信基站等小型配套基础设施用地。优化存量建设用地结构，积极盘活低效利用建设用地。推广在建城市公交站场、大型批发市场、会展和文体中心地上地下立体开发及综合利用。鼓励原用地企业利用存量房产和土地发展研发设计、创业孵化、节能环保、文化创意、健康养老等服务业。依法盘活农村建设用地存量，重点保障农村养老、文化及社区综合服务设施建设用地，合理规划现代农业设施建设用地。

牵头单位：国土资源部、住房城乡建设部

参加单位：有关部门根据职能分工做好相关工作

46. 加大人才培养和引进力度，促进人才流动，为消费升级、产业升级、创新发展提供人才保障。培养适应产业转型升级和新兴产业发展需要的人才队伍，扩大家政、健康、养老等生活性服务业专业人才规模，加强信息、教育、医疗、文化、旅游、环保等领域高技能人才和专业技术人才队伍建设。培养更多既懂农业生产又懂电子商务的新型农民。推动医疗、教育、科技等领域人才以多种形式充分流动。

牵头单位：教育部

参加单位：发展改革委、科技部、卫生计生委、人力资源社会保障部、外专局

47. 完善医疗、养老服务护理人员职业培训补贴等政策。

牵头单位：人力资源社会保障部

参加单位：卫生计生委、民政部、财政部

48. 通过完善永久居留权、创造宽松便利条件等措施加大对国际优秀人才的吸引力度。

牵头单位：公安部

参加单位：人力资源社会保障部、外专局

49. 健全环境政策体系。建立严格的生态环境保护政策体系，强化节约环保意识，以健康节约绿色消费方式引导生产方式变革。完善统一的绿色产品标准、标识、认证等体系，开展绿色产品评价，政府采购优先购买节能环保产品。鼓励购买节能环保产品和服务，支持绿色技术、产品研发和推广应用。鼓励发展绿色建筑、绿色制造、绿色交通、绿色能源，支持循环园区、低碳城市、生态旅游目的地建设。建立绿色金融体系，发展绿色信贷、绿色债券和绿色基金。推行垃圾分类回收和循环利用，推动生产和生活系统的循环链接。

牵头单位：发展改革委、质检总局、财政部、工业和信息化部

参加单位：环境保护部、住房城乡建设部、水利部、农业部、交通运输部、人民银行、银监会、证监会、林业局、能源局、国家标准委、国家认监委

50. 推进生态产品市场化，建立完善节能量、碳排放权、排污权、水权交易制度。大力推行合同能源管理和环境污染第三方治理。

牵头单位：发展改革委

参加单位：工业和信息化部、财政部、国土资源部、环境保护部、住房城乡建设部、水利部、林业局、能源局、民航局、证监会

二、工作要求

各地区、各部门要高度重视并主动顺应消费升级大趋势，积极发挥新消费引领作用，加快培育形成新供给新动力，推动经济实现有质量、有效益、可持续发展。要加强组织领导和统筹协调，强化部门协同和上下联动，推动系统清理并修订或废止不适应新消费、新投资、新产业、新业态发展的法律法规和政策，加快研究制定具体实施方案和配套措施，明确责任主体、时间表和路线图，形成政策合力。要完善政策实施评估体系，综合运用第三方评估、社会监督评价等多种方式，科学评估实施效果。加大督查力度，确保积极发挥新消费引领作用、加快培育形成新供给新动力各项任务措施落到实处。

同一项工作涉及多个部门的，牵头部门要加强协调，有关部门要密切协作；落实分工需要增加参与单位的，由牵头单位商有关单位确定。发展改革委要做好跟踪分析、统筹协调、督促检查等工作，重大问题及时向国务院报告。

农业部关于大力实施乡村振兴战略加快推进农业转型升级的意见

各省、自治区、直辖市及计划单列市农业（农牧、农村经济）、农机、畜牧、兽医、农垦、农产品加工、渔业厅（局、委、办），新疆生产建设兵团农业局：

为深入贯彻党的十九大精神，落实中央经济工作会议、中央农村工作会议和《中共中央　国务院关于实施乡村振兴战略的意见》决策部署，现就大力实施乡村振兴战略、加快推进农业转型升级、扎实做好2018年农业农村经济工作提出以下意见，请结合实际，认真抓好落实。

2017年，各级农业部门坚决贯彻党中央、国务院决策部署，牢固树立新发展理念，坚持稳中求进总基调，扎实推进农业供给侧结构性改革，粮食总产达到12358亿斤，农民可支配收入达到13432元，巩固发展了农业农村经济好形势。党的十八大以来，粮食产能迈上新台阶，现代农业建设迈出新步伐，农业绿色发展开拓新局面，农村改革展开新布局，农民收入实现新提升，农业农村发展取得了历史性成就、发生了历史性变革，为党和国家事业全面开创新局面提供了有力支撑。这些成绩的取得，最根本的是有以习近平同志为核心的党中央的坚强领导，有习近平新时代中国特色社会主义思想的科学指引。

党的十九大明确提出实施乡村振兴战略，并作为七大战略之一写入党章。中央经济工作会议、中央农村工作会议对实施乡村振兴战略作出了全面部署，强调，要落实高质量发展的要求，坚持农业农村优先发展，坚持质量兴农、绿色兴农，加快推进农业由增产导向转向提质导向，加快推进农业农村现代化，走中国特色社会主义乡村振兴道路，让农业成为有奔头的产业，让农民成为有吸引力的职业，让农村成为安居乐业的美丽家园。各级农业部门要深入贯彻落实党中央、国务院决策部署，以实施乡村振兴战略为总抓手，履职尽责抓落实，不断开创农业农村经济发展新局面。

2018年是贯彻党的十九大精神、实施乡村振兴战略的开局之年，是以农村改革为发端的改革开放40周年，是决胜全面建成小康社会、实施“十三五”规划承上启下的关键一年。做好2018年和今后一个时期农业农村经济工作总的要求是：全面贯彻党的十九大精神，以习近平新时代中国特色社会主义思想为指导，坚持稳中求进工作总基调，践行新发展理念，按照高质量发展的要求，以实施乡村振兴战略为总抓手，以推进农业供给侧结构性改革为主线，以优化农业产能和增加农民收入为目标，以保护粮食生产能力为底线，坚持质量兴农、绿色兴农、效益优先，加快转变农业生产方式，推进改革创新、科技创新、工作创新，大力构建现代农业产业体系、生产体系、经营体系，大力发展新主体、新产业、新业态，大力推进质量变革、效率变革、动力变革，加快农业农村现代化步伐，朝着决胜全面建成小康社会的目标继续前进。

落实这一总体要求，关键是实现工作导向的重大转变和工作重心的重大调整。当前，我国农业进入高质量发展阶段，要按照高质量发展的要求，推动农业尽快由总量扩张向质量提升转变，唱响质量兴农、绿色兴农、品牌强农主旋律，加快推进农业转型升级。

一、坚持质量第一，推进质量兴农、品牌强农

坚持抓产业必须抓质量，抓质量必须树品牌，坚定不移推进质量兴农、品牌强农，提高农业绿色化、优质化、特色化、品牌化水平。将 2018 年确定为“农业质量年”，制定和实施国家质量兴农战略规划。

1. 大力推进农业标准化。加快标准制修订，新制修订农药残留标准 1000 项、兽药残留标准 100 项、其他行业标准 200 项。加强农业标准宣传推广和使用指导，大力宣传农兽药、饲料添加剂使用规范，严格落实安全间隔期休药期规定，从源头上减少非法添加、滥用乱用现象。推进规模经营主体按标准规范生产，建立生产记录台账，并将其作为政策支持的重要条件，通过 2~3 年努力，在大城市郊区、“菜篮子”主产县基本实现农业生产标准化、可追溯。

2. 加强农产品质量安全执法监管。严格投入品使用监管，建好用好农兽药基础数据平台，加快追溯体系建设。落实新修订的农药管理条例，全面实施农药生产二维码追溯制度，2018 年底实现兽药经营企业入网全覆盖。严格兽用抗菌药物管理，不批准人用重要抗菌药物等作为兽药生产使用，逐步退出促生长用抗菌药物，2018 年再禁用 3 种。加快国家农产品质量安全追溯平台推广应用，将农产品追溯与项目安排、品牌评定等挂钩，率先将绿色、有机、品牌农产品纳入追溯管理，选择 10 个省份开展追溯示范试点。建立农产品质量安全信用档案和“黑名单”制度，将新型经营主体全部纳入监管名录。再命名 200 个国家农产品质量安全县，鼓励有条件的地方以省（市）为单位整建制创建。开展质量安全乡村万里行活动。

3. 实施品牌提升行动。将品牌打造与粮食生产功能区、重要农产品生产保护区、特色农产品优势区建设，绿色、有机等产品认证紧密结合，打造一批国家级农产品区域公用品牌、全国知名企业品牌、大宗农产品品牌和特色农产品品牌，保护地理标志农产品。实施产业兴村强县行动，推进一村一品、一县一业发展。强化品牌质量管控，建立农业品牌目录制度，实行动态管理。办好中国国际农产品交易会、中国国际茶叶博览会等展会。开展绿色食品进超市、进社区、进学校活动。建立健全品牌创建激励保护机制，鼓励媒体宣传推介优质品牌。

4. 推进现代种业提档升级。实施现代种业提升工程，建立以企业为主体的商业化育种创新体系，提升农作物、畜禽、水产良种质量。强化绿色育种导向，深化玉米、水稻、小麦、大豆良种联合攻关，选育一批节水节肥节药新品种。启动特色作物良种攻关，建立一批区域性特色良种繁育基地。继续实施制种大县奖励，高标准建设国家南繁育种基地，推进国家种质库、甘肃玉米和四川杂交水稻良种繁育基地等重大工程建设。完善国家农作物、地方畜禽遗传资源和海洋渔业种质资源保护体系。探索建立实质性派生品种保护制度，严厉打击种子套牌侵权行为和非法转基因种子生产销售。加快建设种业大数据平台和国家综合性检验测试设施。鼓励企业在国外申请品种权和专利。继续实施转基因生物新品种培育重大专项。

5. 提高设施农业发展水平。实施园艺产品提质增效工程，推动设施装备升级，优良品种推广，技术集成创新。加强设施蔬菜连作障碍综合治理，推广轮作倒茬、深翻改土、高温闷棚、增施有机肥等技术，改善产地环境。引导优势区加快老果茶园改造，集成推广优质果树无病毒良种苗木和茶树无性系良种苗木。集中打造一批设施标准、管理规范、特色鲜明的中药材生产基地。加快实施马铃薯主食开发，完善主食产品配方及工艺流程。

6. 加强动物疫病净化防控。继续抓好重大动物疫病和人畜共患病防控。启动动物疫病净化工作，逐步推动全国规模养殖场率先净化。强化动物疫病区域化管理，有序推动东北4省区无疫区建设，鼓励具备条件的省份建设无疫区和无疫小区。探索建立动物移动监管制度，降低动物疫病传播风险。强化屠宰行业管理，加大生猪屠宰资格审核清理力度，组织开展屠宰专项整治行动，严厉打击屠宰环节违法违规行为。持续推进病死畜禽无害化处理体系建设，提升集中处理比例。推进执业兽医队伍建设，加强官方兽医培训，引导和扶持兽医社会化服务组织发展。

二、坚持效益优先，促进农业竞争力不断提升和农民收入稳定增长

效益决定收入，效益决定投入，效益决定竞争力。建设现代农业，要把提升效益放在优先位置，通过降低生产成本、促进一二三产业融合发展、拓展农业功能、推进适度规模经营等多种途径提高农业效益、增加农民收入。

7. 加快推进农业机械化。推动制定出台加快农业机械化和农机装备产业转型升级的文件，推进“机器换人”。深入实施粮棉油糖等9大主要作物生产全程机械化推进行动，加快选育适于机械化作业、轻简化栽培的新品种，着力破解玉米、油菜机收，甘蔗机播机收，棉花机采等瓶颈制约，再创建100个率先基本实现全程机械化示范县，支持引导基础较好地区整市整省推进。开展果菜茶、养殖业、农产品初加工、特色优势产品等关键机械化技术试点示范，加强丘陵山区农机装备供给，推动全面机械化。优先保证粮食等主要农产品生产所需机具和畜禽粪污资源化利用等支持农业绿色发展机具的补贴需要。

8. 实施农产品加工业提升行动。加快修订发布农产品初加工目录，制定出台促进农产品精深加工的意见，推进农产品加工技术集成科研基地建设，推动科企对接、银企对接。支持合作社等新型经营主体发展保鲜、储藏、分级、包装等初加工设施，推动初加工、精深加工、主食加工和综合利用加工协调发展，鼓励企业兼并重组，淘汰落后产能，支持主产区农产品就地就近加工转化增值。加强规划和政策引导，推动农产品加工产能向主产区、“三区三园”聚集发展，推进农村一二三产业融合发展，建设一批农产品精深加工示范基地，创建100个产值超50亿元的农产品加工示范园区、10个产值超100亿元的国际农产品加工园区，打造一批产业融合发展先导区、示范园。引导和促进农产品及加工副产物资源化循环高值梯次利用。

9. 实施休闲农业和乡村旅游精品工程。大力发展休闲农业，支持盘活闲置农房等农村闲置资产资源发展乡村旅游，加强公共服务设施建设，推进农业与旅游、文化、教育、康养、体育等深度融合，建设一批设施完备、功能多样的休闲观光园区、康养基地、乡村民宿等，推动农村厕所革命。积极推进农民体育健身事业发展。培育一批美丽休闲乡村，开展休闲农业和乡村旅

游精品发布推介，鼓励各地因地制宜开展农业嘉年华、休闲农业特色村镇、农事节庆等形式多样的品牌创建和推介活动，办好第二届全国休闲农业和乡村旅游大会。开展第五批中国重要农业文化遗产发掘保护工作。

10. 大力推进农村创业创新。推动落实金融服务、财政税收、用地用电等扶持政策。实施乡村就业创业促进行动，大力发展文化、科技、旅游、生态等乡村特色产业，振兴传统工艺，高标准创建100个农村双创示范园区（基地），开展农垦特色农场创建。鼓励支持各类返乡下乡人员到农村发展分享农场、共享农庄、创意农业、特色文化产业，培育一批家庭工厂、手工作坊、乡村车间。

11. 实施新型经营主体培育工程，促进多种形式适度规模经营发展。实施新型经营主体培育工程，培育发展示范家庭农场、合作社、龙头企业、社会化服务组织和农业产业化联合体，加快建设知识型、技能型、创新型农业经营者队伍。全面推广应用新型农业经营主体信息直报系统。鼓励新型经营主体通过土地流转、土地互换、土地入股等形式，扩大经营规模；支持各类服务组织开展土地托管、联耕联种、代耕代种、统防统治等直接面向农户的农业生产托管，扩大服务规模，集中连片推广绿色高效农业生产方式。推进农业生产托管服务标准建设，规范服务行为和服务市场。贯彻落实新修订的农民专业合作社法，开展国家农民合作社示范社评定。

12. 促进小农户与现代农业发展有机衔接。统筹兼顾培育新型农业经营主体和扶持小农户，研究创设支持小农户发展的政策。把对新型经营主体的政策扶持力度与其带动小农户数量挂钩，鼓励将政府补贴量化到小农户、折股到合作社，支持合作社通过统一服务带动小农户应用先进品种技术，引导推动龙头企业等与合作社、小农户建立紧密利益联结关系，通过保底分红、股份合作、利润返还等方式，实现农民分享农业全产业链增值收益，大力提升生产性服务业对小农户的服务覆盖率。发展多样化的联合与合作，提升小农户组织化程度，扶持小农户发展生态农业、设施农业、体验农业、定制农业，改善小农户生产设施条件，提升小农户抗风险能力。

13. 切实抓好农业产业扶贫。加强规划指导、技术服务、经验推广，引导贫困地区确立、发展好主导产业。推动各类支农措施向“三区三州”等深度贫困地区倾斜，重点支持西藏及四省藏区建设高原特色农产品基地，大力发展青稞、牦牛、藏羊等特色产业；支持南疆地区发展节水农业、设施农业；支持四川凉山、云南怒江、甘肃临夏发展蔬菜、水果、中药材等产业，以及休闲农业和乡村旅游。落实定点扶贫帮扶责任，持续打造环京津农业扶贫“百村示范”，统筹推进大兴安岭南麓片区扶贫、援疆、援藏及支持革命老区、民族地区、边境地区等工作，开展好对口支援。深入实施定点扶贫和联系地区产业发展带头人轮训计划。

三、坚持绿色导向，提高农业可持续发展水平

大力推行农业绿色生产方式，开展农业绿色发展行动，发展资源节约型、环境友好型农业，实现投入品减量化、生产清洁化、废弃物资源化、产业模式生态化，逐步把农业资源环境压力降下来，把农业面源污染加重的趋势缓下来。

14. 持续推进农业投入品减量。深入实施化肥、农药使用量零增长行动，加快高效缓释肥料、水溶肥料、低毒低残留农药

推广运用。选择100个果菜茶生产大县大市开展有机肥替代化肥试点，集中连片、整体推进，积极探索有机肥大面积推广使用的有效途径。选择150个县开展果菜茶病虫全程绿色防控试点，推广绿色防控技术，力争主要农作物病虫绿色防控覆盖率提高2个百分点左右。组织开展兽用抗菌药减量使用示范创建。通过政府购买服务等形式，支持新型经营主体、社会化服务组织、国有农场开展化肥统配统施、病虫统防统治等服务。

15. 加快推进农业废弃物资源化利用。开展畜牧业绿色发展示范县和现代化示范牧场创建活动，合理布局畜禽养殖，推进种养结合、农牧循环发展。支持200个生猪、奶牛、肉牛养殖大县整建制推进畜禽粪污资源化利用。推动落实沼气发电上网、生物天然气并网政策，推进沼渣沼液有机肥利用，打通种养循环通道。以东北、华北地区为重点，在150个县开展秸秆综合利用试点，推广"秸秆农用十大模式"和秸秆打捆直燃集中供热等技术。以西北、西南地区为重点开展农膜回收，建设100个地膜治理示范县，加快推进加厚地膜推广应用，对生产和使用不符合标准的地膜，政策上不予支持。

16. 加强农业资源保护。大力实施耕地质量保护与提升行动，将优质的黑土耕地划为永久基本农田，选择一批重点县开展黑土地保护整建制推进试点。强化土壤污染管控和修复，开展耕地土壤环境质量类别划分试点，划定农产品禁止生产区，继续实施湖南重金属污染耕地修复治理试点。轮作休耕试点规模扩大到2400万亩。深松深耕整地面积达到1.5亿亩以上。深入开展大美草原守护行动，组织实施新一轮草原资源清查，落实和完善草原生态保护补助奖励政策，推进退牧还草、退耕还林还草等重大生态工程建设，严厉打击破坏草原的违法行为。以华北西北地区为重点，推广节水小麦品种和水肥一体化等高效节水技术。做好第二次全国农业污染源普查，建立完善耕地等重要农业资源台账制度。

17. 大力开展以长江为重点的水生生物保护行动。科学划定江河湖海禁捕、限捕区域。长江流域水生生物保护区实行全面禁捕，实施中华鲟、长江江豚拯救行动计划，实施珍稀濒危物种关键栖息地生态修复工程，修复水域生态环境。完善海洋伏季休渔制度，启动实施黄河禁渔期制度。全面实施海洋渔业资源总量管理制度，进一步压减内陆水域捕捞，加快捕捞渔民减船转产，实现捕捞产量负增长。持续开展"绝户网"清理整治和涉渔"三无"船舶取缔行动，严厉打击电鱼行为。推进现代化海洋牧场建设，合理规划空间布局，新创建国家级海洋牧场示范区20个以上。加快实施国家海洋渔业生物种质资源库、3000吨级渔业资源调查船等重大工程。

四、坚持市场导向，着力调整优化农业结构

以满足市场需求为导向，以提高农业供给体系的质量效益为主攻方向，深入推进结构调整，优化生产力布局，不断提升产品质量和产业水平，使农业供需关系在更高水平上实现新的平衡。

18. 巩固粮食综合生产能力。深入实施藏粮于地、藏粮于技战略；严守耕地红线，严格落实高标准农田建设等新增耕地指标和城乡建设用地增减挂钩节余指标跨省调剂政策，加强补充耕地质量验收，防止占优补劣，以次充好；充分调动农民务农种粮和地方政府重农抓粮的积极性，确保国家粮食安全，把中国人的饭碗牢牢端在自己手中。划定9亿亩粮食生产功能区，全

面落实永久基本农田特殊保护制度，继续推进高标准农田建设，确保粮食面积稳定、产能稳定，做到结构调整和粮食生产“两手抓两手硬”。

19. 以控水稻、增大豆、粮改饲为重点推进种植业结构调整。巩固玉米调减成果，继续推动“镰刀弯”等非优势产区玉米调减。适当调减水稻面积，在东北地区以黑龙江寒地井灌稻为重点调减粳稻生产，在长江流域双季稻产区以湖南重金属污染区为重点压减籼稻生产。继续扩大粮豆轮作试点，增加大豆、杂粮杂豆、优质饲草料等品种，粮改饲面积扩大到1200万亩。重点发展优质稻米、强筋弱筋小麦、优质蛋白大豆、双低油菜、高产高糖甘蔗等大宗优质农产品。

20. 以调生猪、提奶业为重点推进畜牧业结构调整。继续推进生猪规模化标准化养殖，优化生产布局，引导产能向粮食主产区、环境容量大的地区转移。推进生猪屠宰标准化创建，加强冷鲜保藏、检验检疫设施建设。持续推进民族奶业振兴，实施振兴奶业苜蓿发展行动，通过优化养殖方式、乳品结构、养加关系，打造一批优质奶源基地。继续举办中国奶业20强企业峰会，推进奶酪校园推广行动，提升中国奶业品牌影响力，引导扩大乳品消费。加强畜禽规模养殖场直连直报平台建设，推广应用畜牧业生产经营单位代码。

21. 以提质减量、改善养殖生态环境为重点推进渔业结构调整。加快实施绿色水产养殖行动，优化养殖区域布局，编制发布养殖水域滩涂规划，年底基本完成禁养区、限养区、养殖区划定。压减水库、湖泊、近海网箱密度，稳定基本养殖水域。继续开展健康养殖示范创建，新认定健康养殖示范场500个以上、渔业健康养殖示范县10个以上。在内陆推广池塘、工厂化、大水面生态养殖、稻渔综合种养、盐碱水养殖，在近海推广贝藻间养、立体生态养殖，在深远海推广深水网箱、大型智能平台养殖。开展循环水养殖和零用药等养殖技术示范。开展水产苗种产地检疫试点，强化水生动物疫病防控。大力发展休闲渔业，建设美丽渔村。加强现代渔港和渔港经济区建设，强化渔业安全生产监管，提高远洋渔业发展质量。

22. 加快推进产业向“三区三园”集聚。加快推进农业产能向粮食生产功能区、重要农产品生产保护区转移集聚，加强“两区”高标准农田建设，集中打造粮食和大豆、棉花、油菜籽、糖料蔗、天然橡胶等产业，完善“两区”支持政策体系。加强特色农产品优势区建设，再创建认定一批国家级特优区，加大特优区建设政策支持力度。发挥国家现代农业产业园引领作用，推动建立国家、省、市、县建设体系，继续创建和认定一批国家现代农业产业园，加强业务指导、绩效考核、总结宣传。发挥好国家农业创业园、科技园平台作用。

23. 加强农产品市场体系建设。加强国家级农产品市场体系建设，与特优区建设相结合，坚持更高标准、更具特色，成熟一个认定一个，继续认定一批专业市场，建立退出机制，确保真正发挥作用。加强市场流通条件建设，重点支持合作社等新型经营主体建设田头预冷、烘干、分拣包装、净化、物流、冷链等设施设备，加快拍卖、电子结算等新交易方式推广应用。实施农产品电子商务出村工程，鼓励大型电商集团进入农村带动新型经营主体开展网络销售。加快田头市场、专业化电子交易市场建设。健全农业市场信息发布制度。

24. 加快推进农业信息化建设。强化农业大数据应用，构建农业农村数据资源体系，建好用好重要农产品市场信息平台等，加快推进全球农业数据调查分析系统，加快推进政务信息资源整合共享。全面实施信息进村入户工程，新增5个省开展整省推进示范，建成15万个益农信息社，强化村级信息员选聘培育。大力发展数字农业，编制中长期发展规划，开展建设试点，实施智慧农业工程，推进物联网试验示范和遥感技术应用。开展农民手机应用技能培训，继续举办培训周活动，办好全国新农民新技术创业创新博览会。

25. 大力推进农业走出去。深化与“一带一路”沿线国家和地区农产品贸易、农业投资关系。实施特色优势农产品出口提升行动，扩大茶叶、水果、蔬菜、水产品等高附加值的优势农产品出口，鼓励企业申请国际认证认可、参与国际知名展会等。实施农业走出去支撑工程，遴选20家实力强、信誉好的农业龙头企业重点支持，着力培育跨国农业企业集团。加强境外农业合作示范区和农业对外开放合作试验区建设，支持农机、种子、农药、化肥和农产品加工等优势产能国际合作。积极参与多边和双边主场外交活动，为全球粮食安全治理和农业贸易投资规则制定作出新贡献。

五、坚持改革创新，加快培育农业农村发展新动能

推进农业转型升级，实现高质量发展，需要不断深化农村改革，强化农业科技创新，释放改革红利，增强发展活力，提高生产效率。组织开展农村改革40周年纪念活动。

26. 全面完成农村承包地确权登记颁证。加快工作进度，确保2018年底完成确权登记颁证工作。做好确权数据收集、质量检查工作，按照成熟一批汇交一批的原则，确保2017年已报告基本完成的省份的县级行政区数据完整准确入库。加快国家级确权登记数据库和农村土地承包经营权信息应用平台建设，实现平台试运行。推进确权成果应用，为适度规模经营、发放涉农补贴、土地经营权抵押贷款等提供支撑。

27. 推进农村承包地“三权分置”。保持农村土地承包关系稳定并长久不变，研究制定落实土地承包期再延长30年的政策，配合加快修订农村土地承包法。完善农村承包地“三权分置”制度，在依法保护集体土地所有权和农户承包权前提下，平等保护土地经营权。推动落实农村承包土地经营权可以依法向金融机构融资担保、入股发展农业产业化经营政策。加强土地经营权流转交易市场规范建设，研究建立土地经营权流转合同网签备案制度。建立健全工商企业等社会资本流转土地经营权的资格审查、项目审核和风险防范制度。加强农村土地承包调解仲裁体系建设，完善纠纷调处机制。维护进城落户农民土地承包权，引导其依法自愿有偿转让。

28. 深化农村集体产权制度改革。全面实施农村集体资产清产核资，摸清资源性资产和经营性资产家底。建立健全集体资产登记、保管、使用、处置等制度，加快农村集体资产监督管理平台建设。将农村集体产权制度改革试点扩到300个，选择50个地市开展整市试点，条件成熟的开展整省试点。加快推进集体经营性资产股份合作制改革，确认集体成员身份，在资产折股量化、股权设置管理、收益合理分配，以及股份有偿退出、抵押担保、继承等方面积极探索。发展壮大集体经济，开展农村集体经济组织登记，启动集体经济组织登记赋码工作，探索农村集体经济新的实现形式和运行机制。

29. 加大推进农垦改革工作力度。坚持垦区集团化、农场企业化改革主线，不断

完善以资本为纽带的母子公司管理体制和现代企业制度，积极组建区域性农业企业集团和专业化农业产业公司。推进办社会职能改革，将国有农场承担的社会管理和公共服务职能纳入地方政府统一管理，妥善解决机构、人员、资产、债务等问题，确保 2018 年底前基本完成。推进农垦土地确权，争取 2018 年底确权发证率达到 90% 以上。加快推进中央直属垦区改革，制定落实直属垦区管理办法。探索建立职业经理人制度，加大农垦人才培养力度。切实发挥农垦在质量兴农中的带动引领作用。

30. 大力推进农业科技创新与体制改革。实施乡村振兴科技支撑行动，加快调整农业科技创新方向、重点和布局，重点研发节本增效、优质安全、绿色生态等技术。建立产学研融合的农业科技创新联盟，开展东北黑土地保护、南方重金属污染治理、玉米秸秆综合利用、华北地区节水、畜禽粪污资源化利用等重大问题联合攻关。强化现代农业产业技术体系建设。建设一批现代农业产业科技创新中心，支持建设一批国家农业科学观测实验站。推进科技体制改革，放活科技人员和科技成果，健全种业等领域科研人员以知识产权明晰为基础、以知识价值为导向的分配政策。深化基层农技推广体系改革，推进公益性农技推广机构与经营性服务组织融合发展，探索提供技术增值服务合理取酬机制。全面实施农技推广服务特聘计划，强化农科教协同推广。

31. 实施新型职业农民培育工程，加强农业农村人才队伍建设。全面建立职业农民制度，实施新型职业农民培育工程，每年培训 100 万人次；支持以新型职业农民为主体的农村实用人才通过弹性学制参加中高等农业职业教育；鼓励各地开展职业农民职称评定试点。探索建立农业职业技能等级认定制度，推进农业系列职称制度改革。创新培训机制，支持农民专业合作社、专业技术协会、龙头企业等主体承担培训。深入实施农业科研杰出人才计划和杰出青年农业科学家项目。加大农村实用人才带头人示范培训力度。

32. 创新完善农业支持保护制度。加快建立以绿色生态为导向的农业补贴制度。推动完善玉米、大豆生产者补贴制度和主产区利益补偿机制，探索对粮食生产功能区和重要农产品生产保护区实行差异化补贴。健全全国农业信贷担保体系，2018 年底覆盖主要农业县，通过财政担保费率补助和以奖代补等，加大对新型农业经营主体的支持力度。推动制定下发加快农业保险发展的文件。深入实施农业大灾保险试点，探索开展稻谷、小麦、玉米三大粮食作物和天然橡胶完全成本保险和收入保险试点，启动制种保险试点。推动出台优势特色农产品农业保险财政奖补政策。加快中国农垦产业基金组建运营，扩展现代种业基金投资范围。强化农业法治保障，推进土地承包、生猪屠宰、农作物病虫害防治、植物新品种保护等法律法规制修订工作，推进粮食安全保障立法。

33. 深入推进各类试验示范区建设。推动农村改革试验区向多领域综合改革转变，将城乡融合发展、乡村治理、小农户与现代农业发展衔接等纳入改革试验内容。深入推进国家现代农业示范区建设。推进农业可持续发展试验示范区、农业绿色发展先行区建设，以优化空间布局、节约利用资源、保护产地环境、提升生态服务功能为重点，总结一批绿色发展模式和制度规范。

各级农业部门要全面贯彻落实党的十九大精神，深入学习贯彻习近平新时代中国特色社会主义思想，坚持用习近平新时代中国特色社会主义思想中关于“三农”工作的新理念新思想新战略指导新时代农业农村经济工作。要不断提升政治素养，始终把政治建设摆在首位，牢固树立“四个意识”，严格遵守政治纪律和政治规矩，坚决维护以习近平同志为核心的党中央权威，坚决服从党中央集中统一领导，坚决贯彻落实党中央国务院关于“三农”工作的决策部署。要创新工作本领，加强政策理论和业务知识学习，掌握市场经济条件下、农业转型升级背景下，指导推动工作的新本领，在制度设计、政策创新、指导服务上想办法、求突破。要持续改进工作作风，进一步巩固拓展落实中央八项规定精神成果，持续整治“四风”问题特别是形式主义、官僚主义新表现，培养造就一支懂农业、爱农村、爱农民的“三农”工作队伍，巩固发展农业农村经济好形势，为实施乡村振兴战略、加快农业农村现代化作出新的更大贡献。

农业部

2018 年 1 月 18 日

农业部办公厅关于开展农业特色互联网小镇建设试点的指导意见

农办市〔2017〕27号

为深入贯彻落实 2017 年中央 1 号文件和中央城镇化工作会议精神，加快推动农业现代化与新型工业化、信息化、城镇化同步发展，统筹推进“互联网+”现代农业行动和特色小城镇建设，前期，我部对农业特色互联网小镇建设试点作出了初步安排。为进一步规范农业特色互联网小镇建设，厘清建设的总体思路、融资模式、重点任务和机制路径，现就开展农业特色互联网小镇建设试点提出如下指导意见，请认真贯彻落实党中央、国务院决策部署并结合当地实际，按照本文件要求扎实推进农业特色互联网小镇建设。各省、自治区、直辖市及计划单列市农业（农牧、农村经济）、农机、畜牧、兽医、农垦、农产品加工、渔业厅（局、委、办），新疆生产建设兵团农业局：

一、农业特色互联网小镇建设的基本形势

（一）“互联网+”现代农业行动为农业特色互联网小镇建设提供了基础条件。党的十八大以来，党中央、国务院高度重视农业农村信息化工作，大力推进现代信息技术向农业农村渗透融合，农村信息基础设施支撑能力明显增强，宽带网络建设显著加速，农业生产智能化、经营网络化、管理数字化、服务在线化水平大幅提升，农民信息化应用能力明显增强。物联网、大数据、空间信息等技术在农业生产的在线监测、精准作业、数字化管理等方面得到不同程度应用。农业农村电子商务快速发展，2017 年上半年农村网络零售额为 5376.2 亿元，同比增长 38.1%，增速高出城市 4.9 个百分点，农产品电商增速远高

于电子商务整体增速，农产品电商正在实现由“客厅”向“厨房”的变革。信息进村入户工程从局部试点进入全面实施阶段，并在10个省市开展整省推进示范。目前全国共建成运营近7万个益农信息社，累计为农民和新型农业经营主体提供公益服务1360万人次，开展便民服务1.85亿人次，实现电子商务交易额135亿元。各地积极探索农业特色互联网小镇建设，并取得初步成效。海南省自2015年以来，以“互联网+”为支撑，与信息进村入户工程实施紧密结合，以现代农业建设为依托，因地制宜，率先探索建设了10个互联网农业小镇。

（二）农业特色互联网小镇建设顺应了农业农村信息化发展趋势。新一轮科技革命和产业变革正在兴起，现代信息技术不断向农业农村生产生活各领域各环节深入渗透融合。农业特色互联网小镇建设就是顺应信息革命发展大势，以信息流带动技术流、资金流、人才流、物资流向农村地区集聚，让农村共享数字经济红利，为打破城乡二元结构、以信息化带动新型城镇化、推动城乡一体化发展带来了历史机遇。

（三）农业特色互联网小镇建设为农业农村经济社会发展提供了强大内生动力。信息化是农业现代化的制高点。农业特色互联网小镇利用互联网的理念和思维，将现代信息技术与农业生产、农民生活、农村生态的各个方面相融合，以农业电子商务、农产品加工、乡村旅游、休闲农业、运动养生等特色产业为发展载体，是将产业、文化、旅游和社区等功能融为一体的创业创新平台。建设农业特色互联网小镇，为农村经济社会发展提供了新的内生动力，有利于开发特色农业资源，促进产业集聚、创新和转型升级，推进农业供给侧结构性改革；有利于城乡协调发展，促进城乡公共服务均等化、资源配置合理化，推动农村大众创业万众创新；有利于推动自然生态、历史人文、民族特色、传统工艺与农业产业和信息技术融合发展，丰富特色产业内涵，助推脱贫攻坚。

二、总体要求

（一）指导思想。全面贯彻党的十八大和十八届三中、四中、五中、六中全会精神，牢固树立和贯彻落实创新、协调、绿色、开放、共享的发展理念，以农村资源禀赋和特色产业为基础，以“互联网+”为手段，充分发挥市场主体作用，创新制度机制，高起点、高标准、高水平培育一批特点鲜明、产业发展、绿色生态、美丽宜居的农业特色互联网小镇。

（二）基本原则。坚持政府引导、市场主体。加强政策引导和规划指导，按照公平、公开、公正的原则，组织开展银企对接、投资对接等活动，切实防范可能出现的社会风险、市场风险和法律风险；充分发挥市场配置资源的决定性作用，大力推进政府和社会资本合作，鼓励企业等市场主体投入资金并组织开展小镇建设、运营和管理等工作。

坚持创新驱动。在试点过程中，把体制机制创新和信息技术应用创新摆在小镇建设的核心位置，大胆探索创新促进小镇建设的体制机制和信息技术应用，让农民群众有更多的获得感和幸福感。

坚持绿色发展。贯彻落实绿水青山就是金山银山的发展理念，以绿色惠民为小镇建设的出发点和落脚点。因地制宜，严格按照当地生态环境的承载能力，利用信息技术，积极推动农业生产与加工、文化、旅游、康养等产业融合发展。

坚持合作共赢。运用互联网理念和思维，实现小镇共建共享和包容性发展。调动政府、市场、农民的积极性，探索建立多元主体参与、成果共享的可持续发展机制，让当地农民参与发展，共享发展成果，促进增收致富。

坚持试点先行。在省级农业部门积极组织开展试点建设与探索的基础上，优先选择政府支持力度大、企业建设积极性高、主导产业定位准确、对农民增收带动明显、持续运营能力强的小镇作为全国性试点，逐步示范推广、稳步推进。

（三）建设目标。力争到2020年，在全国范围内试点建设、认定一批产业支撑好、体制机制灵活、人文气息浓厚、生态环境优美、信息化程度高、多种功能叠加、具有持续运营能力的农业特色互联网小镇。

三、试点任务

（一）建设一批农业特色互联网小镇。各地要将农业特色互联网小镇建设与特色农产品优势区、全国"一村一品"示范乡镇等相结合，建设一批产业"特而强"、功能"聚而合"、形态"小而美"、机制"新而活"的农业特色互联网小镇，推动设施农业、畜禽水产养殖、农产品流通加工、休闲农业等领域的创业创新。加强资源共建共享和互联互通，全面推进信息进村入户工程，加快水电路、信息通信、物流、污水垃圾处理等基础设施建设，加大农村资源、生态、环境监测和保护力度，建设和完善农村公共服务云平台，提升教育、医疗、文化、体育等公共服务供给能力，推动电信、银行、保险、供销、交通、邮政、医院、水电气等便民服务上线，深度挖掘小镇产业价值、生态价值和文化价值，实现农业特色产业推介、文化历史展示、食宿预定、土特产网购、移动支付等资源和服务的在线化。

（二）探索一批农业农村数字经济发展的新业态新模式。数字经济是驱动农业特色互联网小镇建设的新引擎。各地要因地制宜运用互联网等现代信息技术，融合生产、生活和生态，结合文化、产业和旅游，探索适合农业特色互联网小镇建设的新产业、新业态和新模式，最大限度挖掘和释放数字经济潜力，实现对传统农业的数字化改造，培育农业农村经济发展新动能。支持返乡下乡人员利用大数据、物联网、云计算、移动互联网等信息技术开展创业创新，培育一批具有互联网思维、能够熟练运用信息技术的新型农业经营主体。构建天空地一体化的农业物联网测控体系，在大田种植、设施农业、畜禽水产养殖等领域加大物联网技术应用。大力发展农业电子商务，加强网络、加工、包装、物流、冷链、仓储、支付等基础设施建设，完善农产品分等分级、包装配送、品牌创建、文创摄影、冷链物流等支撑体系建设，结合农产品电商出村试点，打造农产品电商供应链，加强农产品、农业生产资料和消费品的在线销售。加强农业农村大数据创新应用，完善数据采集、传输、共享基础设施，建立数据采集、处理、应用、服务体系，提升农村社会治理能力和公共服务供给水平。加快发展生产性和生活性信息服务业，与信息进村入户工程统筹推进，构建新型农业信息综合服务体系，加强农业金融、农机作业、田间管理等领域的社会化服务。大力发展社区支持农业、体验经济、分享经济等多种业态，促进一二三产业融合发展。

（三）培育一批绿色生态优质安全的农业品牌。农业品牌是农业特色互联网小镇建设的重要抓手。依托特色农产品优势区建设，突出农业产业特色，聚焦优势品种，建立农业品牌培育、发展、监管、保护以及诚信管理制度，重点打造一批区域特色明显、产品品质优良、质量安全体系较为健全、生产方式绿色生态、市场竞争力强、适合网络营销的农业品牌，带动传统农业产业结构优化升级，提高质量、效益和竞争力。利用物联网、大数据等信息技术加强农产品质量安全监管，增强农业全产业上下游追溯体系业务协调和信息共建共享，强化产地环境监测、生产资料监控、动物疫病与卫生监督，增加消费者信任度，提升标准化程度。鼓励农业产业化龙头企业充分利用互联网技术、工具，发展农业电子商务，拓展农产品网络销售路径，打造网络品牌，实现优质优价。用互联网打造小镇对外窗口和农产品产销对接平台，利用新媒体等网络传播手段，加大小镇特色产业、产品宣传推介力度，实现生产和消费需求的精准对接。

（四）建立一套可持续发展机制。可持续发展机制是农业特色互联网小镇建设的重要保障。完善农业特色互联网小镇建设的政策体系，探索“政府引导、市场主体”的建设模式，构建小镇共建共享的可持续发展机制。创新投融资机制，拓展融资渠道，鼓励利用财政资金撬动社会资本，鼓励银行和其他金融机构加大金融支持力度。深化便利投资、商事仲裁、负面清单管理等改革创新，构建项目选择、项目孵化、资金投入和金融服务的市场化机制。完善利益分享机制，实现政府得民心、企业得效益、农村得发展、农民得实惠的综合效果。

四、有关安排和要求

（一）各级农业部门要进一步提高认识，将农业特色互联网小镇建设作为深入推进“互联网+”现代农业行动、加快推进农业农村信息化的重要任务来抓。

（二）各级农业部门要推动当地把农业特色互联网小镇建设试点纳入本辖区内特色小城镇建设规划，坚持规划先行，不以面积为主要参考，突出特色，避免“千镇一面”。

（三）各级农业部门要加强监督管理和市场主体资质审查，确保资金使用合理合法和运营规范有序；鼓励有条件的地方设立政策性的引导资金，与市场主体开展合作，创新小镇建设的投融资方式，努力营造公平公正的营商环境。

（四）各级农业部门在结合本地实际加强机制创新的同时，要严格遵守国家相关规定，及时总结提炼试点中的经验、做法、模式和案例，并研究解决遇到的困难和问题。农业部将根据试点情况、进展成效，适时组织开展农业特色互联网小镇认定工作。

农业部办公厅

2017 年 10 月 10 日

农业部办公厅关于开展中国美丽休闲乡村推介工作的通知

农办加〔2017〕10号

为深入贯彻党中央国务院部署要求和中央一号文件精神，总结各地休闲农业发展和美丽乡村建设经验，树立一批可学习可借鉴的典型，深入推动乡村休闲旅游产业发展，培育农业农村经济发展新动能，农业部决定继续开展中国美丽休闲乡村推介工作。现就有关事项通知如下。

一、目标要求

牢固树立并切实贯彻创新、协调、绿色、开放、共享的新发展理念，按照“政府指导、农民主体、多方参与、共建共享”的原则，以建设美丽宜居乡村为目标，以推进生态文明、实现人与自然和谐发展为核心，以传承农耕文明、展示民俗文化、保护传统民居、建设美丽田园、发展休闲农业为重点，加强组织领导，完善政策措施，加大公共服务，带动农民创建，实行动态管理，打造一批天蓝、地绿、水净，安居、乐业、增收的美丽休闲乡村，积极推动农业供给侧结构性改革，培育经济发展新动能，促进新型城镇化和城乡一体化发展，推进社会主义新农村和美丽中国建设。

二、基本条件

中国美丽休闲乡村推介活动以村为主体单位，包括历史古村、特色民居村、现代新村、特色民俗村等类型，集中连片发展较好的、以休闲农业和乡村旅游为主要产业的特色小镇也可推荐申报。参加推介的村应以农业为基础、农民为主体、乡村为单元，依托悠久的村落建筑、独特的民居风貌、厚重的农耕文明、浓郁的乡村文化、多彩的民俗风情、良好的生态资源，因地制宜发展休闲农业和乡村旅游，功能特色突出，文化内涵丰富，品牌知名度高，农民利益联结机制完善，具有较强的示范辐射和带动作用。被我部认定过中国最有魅力休闲乡村和中国最美休闲乡村的村不纳入此次推介范围。具体条件为：

（一）优美的生态环境。能够贯彻落实中央保护环境的要求，制定具体有效的环境保护措施，自觉推动绿色发展、循环发展和低碳发展，形成山水林田湖有机生命综合体以及资源节约型空间格局、产业结构、生产方式和生活方式。

（二）多元的产业功能。农业功能得到充分拓展，农耕文明、田园风貌、民俗文化得到传承，农业生产功能与休闲功能有机结合，一二三产业有机融合，休闲农业发展充分，就地吸纳农民创业就业容量大，带动农民增收能力强。

（三）独特的村容景致。乡土民俗文化内涵丰富，村落民居原生状态保持完整，基础设施功能齐全，乡村各要素统一协调，传统文化与现代文明交相辉映，浑然一体，村容景致令人流连忘返。

（四）良好的精神风貌。基层组织健

全，管理民主，社会和谐；村民尊老爱幼，邻里相互关爱，村民生活怡然自得；民风淳朴，热情好客，诚实守信。

三、推荐程序

申报推介的组织工作由各省、自治区、直辖市及计划单列市、新疆生产建设兵团农业主管部门负责。此次推介为政府公益工作，不收取任何费用。

（一）乡村申报。各村在对照推介条件进行自我评估的基础上，填写《中国美丽休闲乡村申报表》，向县级农业主管部门提出申请，并附本村综合情况材料。

（二）县级审核。县级农业主管部门负责对本县的申报乡村进行审核，符合条件的向省级农业主管部门推荐，并登录中国休闲农业网（www.crr.gov.cn）填写相关材料的电子申报文档。

（三）省级推荐。省级农业主管部门初审后择优申报。每省（自治区、直辖市）最多申报 6 个村，计划单列市和新疆生产建设兵团最多申报 3 个村。请省级农业主管部门将确定推荐的村排好序，经盖章后，正式报送纸质推荐文件。同时登录中国休闲农业网（www.crr.gov.cn）将拟申报的村进行提交（注：各县和各省确定的村的申报材料只通过网络提交，不需报纸质材料）。

（四）申报时间。2017 年度的申报截止时间为 2017 年 7 月 30 日。

四、认定管理

（一）专家审核。我部把各地的申报材料提交休闲农业专家委员会进行审核，筛选出一批中国美丽休闲乡村。

（二）网上公示。经我部审定后，对拟认定的中国美丽休闲乡村在中国农业信息网和中国休闲农业网上进行公示。

（三）正式认定。网上公示无异议的村，由我部认定为中国美丽休闲乡村并授牌。

（四）动态管理。农业部对认定的中国美丽休闲乡村加强考核、实行动态管理，违反国家法律法规、侵害消费者权益、危害农民利益、发生重大安全事故，不按时整改的，取消资格。

五、组织实施

（一）加强组织领导。各级农业主管部门要精心组织安排，创新遴选机制，注重遴选过程，按照标准从优筛选，从严控制申报数量，确保推荐的村具有示范带动作用。由于此次申报采取电子文档形式，请各级农业部门做好工作部署安排。

（二）强化政策扶持。各地要以推介工作为契机，进一步增强服务意识，完善服务体系，拓展服务领域，与中国传统村落保护和美丽宜居乡村建设等项目有机结合，加大政府投入和扶持力度，促进美丽宜居乡村建设。

（三）搞好宣传推介。各地要加大宣传力度，让中国美丽休闲乡村推介成为农民的内在需求和自觉行动。通过推介活动，树立一批典型，打造一批品牌，富裕一方农民，营造美丽乡村和美丽中国建设的良好氛围。

联系方式：

农业部农产品加工局（乡镇企业局）休闲农业处

联系人：辛欣　曹宇

电话：010-59192271　59192797

通讯地址：北京市朝阳区农展馆南里 11 号

邮编：100125

附件：2017 年中国美丽休闲乡村申报表（略）

农业部办公厅

2017 年 4 月 28 日

农业部　关于印发《全国农产品加工业与农村一二三产业融合发展规划（2016~2020 年）》

农加发〔2016〕5 号

各省、自治区、直辖市及计划单列市农业（农牧、农村经济）、农机、畜牧兽医、农垦、农产品加工、渔业厅（局、委），新疆生产建设兵团农业局，农业部有关司局、直属事业单位：

为贯彻落实党中央、国务院有关决策部署，发挥农产品加工业引领带动作用，推进农村一二三产业融合发展，根据《国民经济和社会发展第十三个五年规划纲要》有关部署要求，我部研究编制了《全国农产品加工业与农村一二三产业融合发展规划（2016~2020 年）》。现印发你们，请结合实际，认真贯彻执行。

农业部

2016 年 11 月 14 日

全国农产品加工业与农村一二三产业融合发展规划（2016~2020 年）

“十三五”时期，是我国全面建成小康社会的决战决胜阶段，也是推进新型工业化、信息化、城镇化和农业现代化同步发展的关键时期。加快推进农业供给侧结构性改革，充分发挥农产品加工业引领带动作用，大力发展休闲农业和乡村旅游，促进农村一二三产业融合发展，是拓展农民增收渠道、构建现代农业产业体系、生产体系和经营体系的重要举措，是转变农业发展方式、探索中国特色农业现代化道路的必然要求，是实现“四化同步”、推动城乡协调发展的战略选择。为促进农产品加工业与农村一二三产业融合发展（农村一二三产业融合简称“产业融合”），根据《国务院办公厅关于推进农村一二三产业融合发展的指导意见》和《全国农业现代化规划（2016~2020 年）》，制定本规划。

一、环境条件

农产品加工业连接工农、沟通城乡，行业覆盖面宽、产业关联度高、带动农民就业增收作用强，是产业融合的必然选择，已经成为农业现代化的重要标志、国民经济的重要支柱、建设健康中国保障群众营养健康的重要民生产业。“十二五”时期，我国农业农村经济形势持续向好，农产品加工业快速发展，产业融合新主体、新业态、新模式大量涌现，为“十三五”发展打下扎实基础。

（一）发展基础

1. 农业农村经济形势持续向好，奠定了产业融合的坚实基础。2015 年，我国粮食总产量 62145 万吨，棉油糖、肉蛋奶、果蔬茶、水产品生产水平不断迈上新台阶。

农民人均纯收入超过 11000 元，“十二五”年均增长 10%。物质技术装备条件建设取得新发展，农业科技进步贡献率、农作物耕种收综合机械化率分别达到 56% 和 63%。农村改革深入推进，家庭经营、合作经营、集体经营、企业经营等多种经营方式共同发展的格局初步形成。

2. 农产品加工业快速发展，成为了产业融合的重要力量。规模水平提高，2015 年全国规模以上农产品加工企业 7.8 万家，完成主营业务收入近 20 万亿元，“十二五”年均增长超过 10%，农产品加工业与农业总产值比由 1.7:1 提高到约 2.2:1，农产品加工转化率达到 65%。创新步伐加快，初步构建起国家农产品加工技术研发体系框架，突破了一批共性关键技术，示范推广了一批成熟适用技术。产业加速集聚，初步形成了东北地区和长江流域水稻加工、黄淮海地区优质专用小麦加工、东北地区玉米和大豆加工、长江流域优质油菜籽加工、中原地区牛羊肉加工、西北和环渤海地区苹果加工、沿海和长江流域水产品加工等产业聚集区。带动能力增强，建设了一大批标准化、专业化、规模化的原料基地，辐射带动 1 亿多农户。

3. 新型经营主体蓬勃发展，构筑了产业融合的重要支撑。到 2015 年底，家庭农场、农民合作社、农业产业化龙头企业等新型经营主体超过 250 万个，新型农业经营主体队伍不断壮大。各类新型农业经营主体通过入股入社、订单合同、托管联耕等多种形式开展联合与合作，融合机制不断健全，融合发展能力不断增强，在大宗农产品生产供给、产前、产中及产后服务和带动农民进入市场等方面提供了重要支撑。

4. 新业态新模式不断涌现，拓展了产业融合的新领域。2015 年全国有各类涉农电商超过 3 万家，农产品电子商务交易额达到 1500 多亿元。随着互联网技术的引入，涉农电商、物联网、大数据、云计算、众筹等亮点频出，农产品市场流通、物流配送等服务体系日趋完善，农业生产租赁业务、农商直供、产地直销、食物短链、社区支农、会员配送等新型经营模式不断涌现。休闲农业和乡村旅游呈暴发增长态势，2015 年全国年接待人数达 22 亿人次，经营收入达 4400 亿元，“十二五”期间年均增速超过 10%；从业人员 790 万，其中农民从业人员 630 万，带动 550 万户农民受益。

（二）重要机遇

1. 一系列“三农”政策为农产品加工业和产业融合营造了良好的发展环境。党的十八届五中全会提出了创新、协调、绿色、开放、共享的五大发展理念，强调“促进农产品精深加工和农村服务业发展，拓展农民增收渠道”“种养加一体、一二三产业融合发展”；2016 年中央一号文件提出加强农业供给侧结构性改革，实现农业调结构、提品质、去库存；国务院办公厅下发了推进产业融合发展的指导意见，以及农业降成本、补短板等一系列改革举措，对农产品加工业发挥引领带动作用，培育新产业，推动产业融合营造了更为有利的发展环境。

2. 新型城镇化和全面深化农村改革为农产品加工业和产业融合提供了难得的发展机遇。“十三五”时期，新型城镇化加速发展，促进约 1 亿农业转移人口落户城镇，改造约 1 亿人居住的城镇棚户区和城中村，引导约 1 亿人在中西部地区就近城镇化，对强化产业支撑，引导农村二三产业向城镇集聚发展提出了明确要求。农村改革全面深化，土地承包经营权确权颁证加快推进，农村宅基地、集体建设用地和集体产权制度改革不断深化，农村资源要素市场进一步完善，城乡一体化发展体制机制更加健全，为农产品加工业和产业融合提供了难得的发展机遇。

3. 消费结构升级为农产品加工业和产业融合创造了巨大的发展空间。2015 年，我国人均 GDP 约 8000 美元，城乡居民的生活方式和消费结构正在发生新的重大阶段性变化，对农产品加工产品的消费需求快速扩张，对食品、农产品质量安全和品牌农产品消费的重视程度明显提高，市场细分、市场分层对农业发展的影响不断深化；农产品消费日益呈现功能化、多样化、便捷化的趋势，个性化、体验化、高端化日益成为农产品消费需求增长的重点；对新型流通配送、食物供给社会化、休闲农业和乡村旅游等服务消费不断扩大，均为推进农产品加工业和产业融合创造了巨大的发展空间。

4. 信息技术等高新技术的不断变革为农产品加工业和产业融合注入了不竭的发展动力。移动互联网、大数据、云计算、物联网等新一代信息技术发展迅猛，以农产品电商、农资电商、农村互联网金融为代表的“互联网+”农业服务产业迅速兴起。绿色制造、食品科学、材料科学加速创新应用。高新技术的飞速发展，延伸了农业产业链条，重构了产业主体之间的利益联结机制，创新了城乡居民的消费方式，为农产品加工业和产业融合注入了不竭的发展动力。

（三）面临挑战

1. 农业产业体系不完善，产加销发展不够协调。农村产业之间互联互通性差，融合程度还比较低。农业生产面临越来越多的挑战，如土地、水等资源约束加剧，劳动力成本不断提高，生态环境压力加大，食品安全和消费者信心问题日益突出。农业市场化发育程度还处于初级阶段，农业的产前、产中和产后环节被人为地分割在城乡工农之间不同的领域、地域，导致农业成本高、效益低。

2. 农产品加工业转型升级滞后，带动能力不够突出。与农业生产规模不协调、不匹配，农产品加工业与农业总产值比 2.2:1，明显低于发达国家的 3~4:1。技术装备水平不高，比发达国家落后 15~20 年。精深加工及综合利用不足，一般性、资源性的传统产品多，高技术、高附加值的产品少。加工专用品种选育和原料生产滞后，农产品产地普遍缺少储藏、保鲜等加工设施，产后损耗大、品质难保障。融资难、融资贵、生产和流通成本高等外部环境制约依然突出。

3. 股份合作数量较少，利益联结关系不够紧密。农业集约化和农民组织化程度偏低，农民与企业之间订单交易普遍缺乏法律约束力，有些合同不够规范，履约率不高，双方利益都得不到有效保障。受风险防范和法律制度等方面的制约，合作、股份合作等紧密型利益联结方式数量不多。

4. 国际竞争不断加剧，国内产业融合不够充分。国内大宗农产品普遍缺乏国际竞争力，同类产品的国内外价格差不断扩大，进口压力不断加大，产品市场受到挤压。中美中欧农业投资协定正在加快谈判，国内企业发展粗放、产业链条短、融合度低，销售渠道和品牌效应与外资竞争面临更大压力。

二、总体要求

（一）指导思想

全面贯彻党的十八大和十八届三中、四中、五中、六中全会精神，认真落实党中央国务院决策部署，牢固树立创新、协调、绿色、开放、共享的发展理念，主动适应经济发展新常态，以坚持农民主体地位，增进农民福祉为出发点和落脚点，按照“基在农业、利在农民、惠在农村”的要求，以市场需求为导向，以促进农业提质增效、农民就业增收和激活农村发展活力为目标，以新型农业经营主体为支撑，以完善利益联结机制和保障农民分享二三产业增值收益为核心，以制度、技术和商业模式创新为动力，强化农产品加工业等供给侧结构性改革，着力推进全产业链和全价值链建设，开发农业多种功能，推动要素集聚优化，大力推进农产品加工业与农村产业交叉融合互动发展，为转变农业发展方式、促进农业现代化、形成城乡一体化发展的新格局，为农业强起来、农村美起来、农民富起来和全面建成小康社会提供有力支撑。

（二）基本原则

1. 坚持创新驱动，激发融合活力。把创新作为引领产业融合发展的第一动力，着力实施创新驱动战略。树立“大食物、大农业、大资源、大生态”观念，深入开展产业融合理论创新；大力发展合作制、股份合作制和股份制，逐步推进产业融合制度创新；积极应用互联网、智能制造、绿色制造等现代技术，切实加大产业融合科技创新。

2. 坚持协调发展，优化产业布局。把协调作为产业融合发展的内在要求，着力推进产业交叉融合。要增强发展的协调性，以市场需求为导向，充分发挥市场机制和市场主体的作用，推动农业产前产中产后和农产品初加工、精深加工及综合利用加工协调发展，引导优化产业布局，拓宽发展空间，促进城乡、区域、产业间的协调发展。

3. 坚持绿色生态，促进持续发展。把绿色作为产业融合发展的基本遵循，着力促进可持续发展。牢固树立节约集约循环利用的资源观，通过绿色加工、综合利用，实现节能降耗、环境友好，形成“资源—加工—产品—资源”模式，发展营养安全、绿色生态、美味健康、方便实惠的食品产业；遵循生产生活生态并重，发展培育新业态；坚持绿色富国、绿色惠民，推动形成产业融合的绿色发展方式。

4. 坚持开放合作，拓展融合空间。把开放作为产业融合发展的必由之路，着力推动产业“走出去”和国际产能合作。鼓励引导农产品加工、流通等涉农企业参与双向开放，充分利用好国内国外两种资源、两个市场，搭建区域间、国际间投资贸易合作平台，加强国际交流合作，推动产品、技术、标准、服务走出去。

5. 坚持利益共享，增进人民福祉。把共享作为产业融合发展的本质要求，着力促进农民增收。坚持以人民为中心的发展思想，坚持人民主体地位，产业发展为增进人民福祉服务，拓展产业功能，通过支持政策与带动农民分享利益挂钩，激励企业承担社会责任，大力发展农民共享产业，多渠道促进农民增收；完善企农利益联结机制，形成利益共同体、命运共同体和责任共同体，使农民有体面的就业，有尊严的生活，在共建共享发展中有更多获得感与幸福感。

（三）发展目标

到2020年，产业融合发展总体水平明显提升，产业链条完整、功能多样、业态丰富、利益联结更加稳定的新格局基本形成，农业生产结构更加优化，农产品加工业引领带动作用显著增强，新业态新模式加快发展，产业融合机制进一步完善，主要经济指标比较协调、企业效益有所上升、产业逐步迈向中高端水平，带动农业竞争力明显提高，促进农民增收和精准扶贫、精准脱贫作用持续增强。

——农产品加工业引领带动作用显著增强。农产品加工业产业布局进一步优化，产业集聚程度明显提高，科技创新能力不断增强，质量品牌建设迈上新台阶，节能减排成效显著。到2020年，力争规模以上农产品加工业主营业务收入达到26万亿元，年均增长6%左右，农产品加工业与农业总产值比达到2.4:1。主要农产品加工转化率达到68%左右，其中粮食、水果、蔬菜、肉类、水产品分别达到88%、23%、13%、17%、38%；农产品精深加工和副产物综合利用水平明显提高。规模以上食用农产品加工企业自建基地拥有率达到50%，专用原料生产水平明显提高。

——新业态新模式发展更加活跃。农业生产性服务业快速发展，“互联网+”对产业融合的支撑作用不断增强，拓展农业多功能取得新进展，休闲农业和乡村旅游等产业融合新业态新模式发展更加活跃。到2020年，力争农林牧渔服务业产值达到5500亿元，年均增速保持在9.5%左右；企业电商销售普及率达到80%；农产品电子商务交易额达到8000亿元，年均增速保持在40%左右；休闲农业营业收入达到7000亿元，年均增长10%左右，接待游客突破33亿人次。

——产业融合机制进一步完善。农业产加销衔接更加紧密，产业融合深度显著提升，产业链更加完整，价值链明显提升。

主要指标

类别	指标		2015年	2020年	年均增长
农产品加工业	规模以上农产品加工业主营业务收入（万亿元）		19.4	26	6%
	农产品加工业与农业总产值比①		2.2:1	2.4:1	[0.2]
	主要农产品加工转化率（%）	总体	65	68	[3]
		其中：粮食	85	88	[3]
		水果	20	23	[3]
		蔬菜	10	13	[3]
		肉类	16	17	[1]
		水产品	35	38	[3]
	加工企业自建基地拥有率②（%）		25	50	[25]
新业态	农林牧渔服务业产值（亿元）		4300	5500	9.5%
	加工企业电商销售普及率③（%）		50	80	[30]
	农产品电子商务交易额（亿元）		1500	8000	40%
	休闲农业年接待旅游人次（亿人次）		22	33	8.4%
	休闲农业年营业收入（亿元）		4400	7000	10%

注：[　　] 为五年累计增加数。

①农产品加工业与农业总产值之比=农产品加工业总产值/农业总产值，其中农产品加工业总产值以农产品加工业主营业务收入数据为基础计算。

②加工企业自建基地拥有率=规模以上食用农产品加工企业中拥有自建基地的企业数量/规模以上食用农产品加工企业总数量。

③加工企业电商销售普及率=规模以上食用农产品加工企业开展电子商务交易的企业数量/规模以上食用农产品加工企业总数量。

产业融合主体明显增加，农村资源要素充分激活，股份合作等利益联结方式更加多元，农民共享产业融合发展增值收益不断增加。城乡之间要素良性互动，公共服务均等化水平明显改善，产业融合体系更加健全，培育形成一批融合发展先导区。

三、主要任务

（一）做优农村第一产业，夯实产业融合发展基础

1. 发展绿色循环农业。立足实际，从时间和空间上合理布局，科学引导不同类型区域农业生产，促进粮食、经济作物、饲草料三元种植结构协调发展。大力发展种养结合循环农业，加快构建粮经饲统筹、农牧结合、种养加一体、一二三产业融合的现代农业产业体系。积极发展渔业和林下经济，推进农渔、农林复合经营。围绕适合精深加工、休闲采摘的特色农产品，发展优势特色产业，形成产加销结合的产业结构。

2. 推进优质农产品生产。以农产品加工业为引领，稳步发展农业生产。在优势农产品产区，组织科研单位开展农产品加工特性研究，筛选推广一批加工专用优良品种和技术，促进农产品加工专用原料生产。引导鼓励农产品加工企业及新型农业经营主体通过直接投资、参股经营、签订长期合同等方式，带动建设一批标准化、专业化、规模化原料生产基地。推进无公害农产品、绿色食品、有机农产品和农产品地理标志产品生产，加强农业标准体系建设，严格生产全过程管理，建立从农田到餐桌的农产品质量安全监管体系，提高标准化生产和监管水平。

3. 优化农业发展设施条件。推进高标准农田建设，不断提高农产品加工专用原料生产能力。加强农产品仓储物流设施建设，不断健全以县、乡、村三级物流节点为支撑的农村物流网络体系。支持农村公共设施和人居环境改善，不断完善休闲农业和乡村旅游道路、供电、供水、停车场、观景台、游客接待中心等配套设施建设。将产业融合发展与新型城镇化建设有机结合，引导农村二三产业向县城、重点乡镇及产业园区等集中，培育农产品加工、商贸物流等专业特色小城镇，促进城乡基础设施互联互通、共建共享。加强产业融合发展与城乡总体规划、土地利用总体规划有效衔接，完善县域产业空间布局和功能定位。通过农村闲置宅基地整理、土地整治等新增的耕地和建设用地，优先用于产业融合发展。

（二）做强农产品加工业，提升产业融合发展带动能力

1. 大力支持发展农产品产地初加工。以粮食、果蔬、茶叶等主要及特色农产品的干燥、储藏保鲜等初加工设施建设为重点，扩大农产品产地初加工补助政策实施区域、品种范围及资金规模。鼓励各地根据农业生产实际，加强初加工各环节设施的优化配套；积极推动初加工设施综合利用，建设粮食烘储加工中心、果蔬茶加工中心等；推进初加工全链条水平提升，加快农产品冷链物流发展，实现生产、加工、流通、消费有效衔接。

2. 全面提升农产品精深加工整体水平。支持粮食主产区发展粮食特别是玉米深加工，去库存、促消费。培育主食加工产业集群，研制生产一批营养、安全、美味、健康、方便、实惠的传统面米、马铃薯及薯类、杂粮、预制菜肴等多元化主食产品。加强与健康、养生、养老、旅游等产业融合对接，开发功能性及特殊人群膳食相关产品。加快新型非热加工、新型杀菌、高效分离、绿色节能干燥和传统食品工业化

关键技术升级与集成应用，开展酶工程、细胞工程、发酵工程及蛋白质工程等生物制造技术研究与装备研发，开展信息化、智能化、成套化、大型化精深加工装备研制，逐步实现关键精深加工装备国产化。

3. 努力推动农产品及加工副产物综合利用。重点开展秸秆、稻壳、米糠、麦麸、饼粕、果蔬皮渣、畜禽骨血、水产品皮骨内脏等副产物梯次加工和全值高值利用，建立副产物综合利用技术体系，研制一批新技术、新产品、新设备。坚持资源化、减量化、可循环发展方向，促进综合利用企业与农民合作社等新型经营主体有机结合，调整种养业主体生产方式，使副产物更加符合循环利用要求和加工标准；鼓励中小企业建立副产物收集、处理和运输的绿色通道，实现加工副产物的有效供应。

（三）做活农村第三产业，拓宽产业融合发展途径

1. 大力发展各类专业流通服务。健全农产品产地营销体系，推广农超、农社（区）、农企、农校、农军等形式的产销对接，鼓励新型农业经营主体在城市社区或郊区设立鲜活农产品直销网点。鼓励各类服务主体把服务网点延伸到农村社区，向全方位城乡社区服务拓展。配合有关部门落实在各省（区、市）年度建设用地指标中单列一定比例，专门用于新型农业经营主体进行农产品加工、仓储物流、产地批发市场等辅助设施建设。继续实施农产品批发市场、农贸市场房产税、城镇土地使用税优惠政策。培育大型农产品加工、流通企业，支持开展托管服务、专项服务、连锁服务、个性化服务等多元服务。

2. 积极发展电子商务等新业态新模式。推进大数据、物联网、云计算、移动互联网等新一代信息技术向农业生产、经营、加工、流通、服务领域的渗透和应用，促进农业与互联网的深度融合。支持流通方式和业态创新，开展电子商务试点，推进新型农业经营主体对接全国性和区域性农业电子商务平台，鼓励和引导大型电商企业开展农产品电子商务业务。积极协调有关部门完善农村物流、金融、仓储体系，充分利用信息技术逐步创建最快速度、最短距离、最少环节的新型农产品流通方式。积极探索农业物联网应用主攻方向、重点领域、发展模式及推进路径，稳步开展成功经验模式在国家级、省级、县级等层面推广应用。

3. 加快发展休闲农业和乡村旅游。拓展农业多种功能，推进农业与休闲旅游、教育文化、健康养生等深度融合，发展观光农业、体验农业、创意农业等新业态，促进休闲农业和乡村旅游多样化发展。优化布局，在大中城市周边、名胜景区周边、特色景观旅游名镇名村周边、依山傍水逐草自然生态区、少数民族地区、传统特色农区，支持发展农（林、牧、渔）家乐、休闲农庄、休闲农园、休闲农业产业融合聚集村等。改善设施，加快休闲农业经营场所的公共基础设施建设，兴建垃圾污水无害化处理等设施，改善休闲农业基地的种养条件，鼓励因地制宜兴建特色农产品加工、民俗手工艺品制作和餐饮、住宿、购物、娱乐等配套服务设施。规范管理，加大休闲农业行业标准的制定和宣贯，加强品牌培育和宣传推介，提升社会影响力和知名度。

（四）创新融合机制，激发产业融合发展内生动力

1. 培育多元化产业融合主体。强化家庭农场、农民合作社的基础作用，促进农民合作社规范发展，引导大中专毕业生、新型职业农民、务工经商返乡人员以及各类农业服务主体兴办家庭农场、农民合作

社，发展农业生产、农产品加工、流通、销售，开展休闲农业和乡村旅游等经营活动。培育壮大农业产业化龙头企业，引导其发挥引领示范作用，重点发展农产品加工流通、电子商务和社会化服务，建设标准化和规模化的原料生产基地，带动农户和农民合作社发展适度规模经营。鼓励和支持工商资本投资现代农业，促进农商联盟等新型经营模式发展。

打造产业融合领军型企业。鼓励一批在经济规模、科技含量和社会影响力方面具有引领优势的企业突出主业，大力发展农产品精深加工、流通服务、休闲旅游、电子商务等，推进产业化经营，增进融合，带动产业链前延后伸，挖掘各环节潜力，创新多种业态，增强核心竞争能力和辐射带动能力，充分发挥在农村产业融合发展中的领军作用。

2. 发展多类型产业融合方式。延伸农业产业链，积极鼓励家庭农场、农民合作社等主体向生产性服务业、农产品加工流通和休闲农业延伸；积极支持企业前延后伸建设标准化原料生产基地、发展精深加工、物流配送和市场营销体系，探索推广“龙头企业+合作社+基地+农户”的组织模式。引导产业集聚发展，创建现代农业示范区、农业产业化示范基地和农产品加工产业园区，培育产业集群，完善配套服务体系。积极打造产业融合先导区，推动产业融合、产村融合、产城融合，加快先导区内主体间的资产融合、技术融合、利益融合，整合各类资金，引导集中连片发展，推动加工专用原料基地、加工园区、仓储物流基地、休闲农业园区有机衔接。大力发展农村电子商务，推广“互联网+”发展模式，支持各类产业融合主体借力互联网积极打造农产品、加工产品、农业休闲旅游商品及服务的网上营销平台。

3. 建立多形式利益联结机制。创新发展订单农业，引导支持企业在平等互利基础上，与农户、家庭农场、农民合作社签订购销合同、提供贷款担保、资助农户参加农业保险，鼓励农产品产销合作，建立技术开发、生产标准和质量追溯体系，打造联合品牌，实现利益共享。鼓励发展农民股份合作，加快推进将集体经营性资产折股量化到农户，探索不同区域的农用地基准地价评估，为农户土地入股或流转提供依据，探索形成以农民土地经营权入股的利润分配机制。强化企业社会责任，鼓励引导从事产业融合的工商企业优先聘用流转出土地的农民，提供技能培训、就业岗位和社会保障，辐射带动农户扩大生产经营规模、提高管理水平，强化龙头企业联农带农激励机制。健全风险防范机制，规范工商资本租赁农地行为，建立土地流转、订单农业等风险保障金制度，鼓励制定适合农村特点的信用评级方法体系，制定和推行涉农合同示范文本，加强土地流转、订单等合同履约监督。

四、重点布局

根据各地资源禀赋和区域布局，因地制宜推进融合发展。依托自然和区位优势，大力发展优质原料基地和加工专用品种生产，积极推动科技研发、电子商务等平台建设，培育优势产业集群。依托重点加工产业，合理布局初加工、精深加工、副产物综合利用以及传统食品加工业，推进冷链物流、智能物流等设施建设，大力发展新型商业营销模式。依托各地特色农业农村资源和农业文化遗产，发展美丽休闲乡村，培育特色小镇，打造休闲农业品牌体系。依托重点产业和优势产业集群，推动产业融合试点示范，培育一批集专用品种、原料基地、加工转化、现代物流、便捷营销为一体的农产品加工园区和产业融合先导区，不断提升产业融合发展水平。

（一）融合发展区域功能定位

1. 粮油生产核心区。在粮食生产核心区，大力发展优质原料基地及加工专用品种生产，积极推动大宗粮食作物产地初加工、传统加工技术升级与装备创制。在东北、长江中下游等稻谷主产区，黄淮海、长江中下游等小麦主产区，东北、华北等玉米主产区，东北、华北、西北和西南等马铃薯主产区，东北和黄淮海等大豆主产区，长江流域和北方等油菜主产区，东北农牧交错区及沿黄河花生主产区，重点开展优质原料基地建设。在东北、华北、长江中下游、大宗粮油作物生产核心区形成初加工产业带，引导生产合作组织、创新联盟发挥更大作用，建立更加专业、便捷的粮油生产仓储、物流、金融、信贷平台与服务网络，打造自然生态与传统文化结合的休闲农业发展模式。

2. 经济作物生产优势区。在经济作物生产优势区，加强加工专用原料基地建设，加快电子商务平台建设，积极推动经济作物产地初加工、精深加工和综合利用技术升级与装备创制，大力促进休闲农业发展。在渤海湾和西北黄土高原地区发展苹果原料基地；在长江上中游、浙闽粤和赣南湘南桂北、鄂西湘西发展柑橘原料基地；在华南与西南热区、长江流域、黄土高原、云贵高原、北部高纬度、黄淮海与环渤海等地发展蔬菜原料基地；在长江流域、东南沿海、西南地区发展绿茶、乌龙茶等茶专用原料基地，在华南、西南热区发展热带水果原料基地。在东南沿海、环渤海等地以及西部地区分别建设速冻果蔬、果蔬浆及果蔬干制等初加工产业带；在热带、亚热带、东北地区建设果蔬制汁制罐及副产物高值化加工产业带；在河北、山西、山东、福建、浙江、广东、广西、江苏、新疆等地建设果蔬干制及营养健康食品加工产业带；在中原、西北、贵州及江浙闽地区等建设茶饮料及速溶茶加工产业带。在新疆、长江及黄河流域等棉花主产区和广西、云南等糖料主产区，发展优质原料基地及加工产业带。推动果蔬茶原料企业电子商务平台及物流体系建设，积极拓展“农产品生产+精深加工+休闲旅游”的融合模式，大力发展休闲农业。

3. 养殖产品优势区。在养殖产品优势区，进一步加强加工原料基地建设，大力发展产地初加工和高值化综合利用，物流体系和信息网络共享平台。稳步推进养殖标准化和适度规模养殖，在东北、中部、西南的生猪主产区，在中原、东北、西北、西南的肉牛主产区，在中原、中东部、西北、西南的肉羊主产区，在东北、内蒙古、华北、西北、南方和大城市郊区奶业主产区，在华北、长江中下游、华南、西南、东北等肉禽优势产区，在华东、华北、华中、华南、西南禽蛋主产区，分别建设肉、奶、蛋制品优质原料生产基地。在沿海地区积极保护滩涂生态环境，鼓励发展生态养殖、深水抗风浪网箱养殖和工厂化循环水养殖，开展海洋牧场建设，拓展外海养殖空间，打造生态“海上粮仓”，提供优质海产品食材。在内陆地区稳定宜养区域养殖规模，充分利用稻田、低洼地和盐碱地资源，积极发展生态健康养殖，建设优质淡水产品生产基地。在沿海和长江中下游地区建设优质水产品加工产业带。推动产学研结合，大力推进技术创新与先进装备研发与推广，建立市场导向、资源聚集的加工产业集群。在原料主产区建立初加工和高值化综合利用产业带。

4. 大中城市郊区及都市农业区。在京津冀、长三角、珠三角、东南沿海、长江经济带等大中城市郊区及都市农业发展区建立主食加工、方便食品加工、休闲食品加工产业带以及农产品精深加工与综合利用产业带，培育一批大型农产品加工企业、产业园区，形成具有国际竞争优势的产业带。结合大中城市郊区及都市农业区农业资源及农产品加工产业带，创新农业文化、农耕（渔事）体验、教育科普、生态观光、人文创意、饮食文化、生活服务、餐饮服务等休闲农业和乡村旅游发展模式，鼓励建设中央主食厨房、休闲农园、农产品及加工品的仓储物流设施及配送体系、网上营销等设施平台，满足城乡居民多元化、个性化的消费需求。

5. 贫困地区。实施精准扶贫、精准脱贫，立足当地资源优势，因地制宜发展农产品加工、休闲农业和乡村旅游，探索支持贫困地区、革命老区、民族地区、边疆地区和生态涵养地区的产业扶贫新模式，加快农村贫困劳动力向加工业、休闲农业及服务业的转移。以农民合作社、企业等新型经营主体为龙头，立足当地资源，与农户建立稳固的利益联结机制，发展农产品生产、加工、储藏保鲜、销售及休闲、服务等融合经营，确保贫困人口精准受益。适当集中布局，培育重点产品，以县为单元建设特色产业基地，以村（乡）为基础培植特色拳头产品，实现就地脱贫，提高扶贫实效。

（二）融合发展重点产业结构

1. 粮棉油糖加工业。依托我国粮棉油糖资源与产业优势，着力建设优质粮棉油糖原料基地，大力培育推广粮油加工专用品种；健全粮棉油糖加工科技创新体系，积极推动粮棉油糖产地初加工、精深加工、副产物综合利用以及传统食品工业化，提升粮棉油糖加工企业节能降耗、提质增效的水平与能力；适应市场消费需求，丰富粮棉油糖加工产品种类，改善供给产品结构与质量；建立粮油加工产品信息平台、交易市场，发展新型商业营销模式；推行低温储粮、散粮流通的粮食贮运模式，借助互联网、物联网等信息技术，大力推进智能仓储、智能物流。

2. 果蔬茶加工业。依托我国原料资源优势和气候特点，加强不同地区果蔬茶加工专用原料基地建设，提升果蔬茶加工冷链技术及设施装备水平。积极发展果蔬鲜榨汁、浓缩果浆和新型罐头加工；发展节能提质果蔬干制、速冻果蔬、鲜切果蔬、食用菌等加工和果酒酿造、果蔬副产物综合利用技术；调整茶叶加工产品结构，加大精深加工产品比重，开发茶饮料、功能性茶产品，加强茶资源高效利用。

3. 畜禽加工业。加快推进畜禽适度规模养殖，建设优质原料生产基地，提高主要畜产品自给水平和产品质量。大力推进畜禽屠宰工艺升级，淘汰落后产能；强化减损降耗、分等分级，中式肉制品加工技术革新与工业化装备研制与推广，着重开展骨、血、脏器和皮毛羽等畜禽副产物的综合利用；发展适合不同消费者需求的特色乳制品和功能性产品；重点推广洁蛋加工技术，开发专用蛋液、蛋粉等系列产品。结合物联网、移动互联网、云计算等信息化技术，完善仓储（冷链）物流建设，提高产品可追溯性，保障食品安全。

4. 水产品加工业。培育组织化、标准化、品牌化、优质化、信息化水产品产业链。开展传统水产品加工产业的升级改造；开发标准配方预制食品、预包装食品、方便食品、休闲食品、功能性食品等现代水产食品，提高淡、海水产品精深加工和高效利用产品的比例；实现水产品加工的自动化、智能化、信息化、品牌化。发展种类齐全、功能完备、技术先进的水产品现代冷链物流体系。

5. 休闲农业和乡村旅游。依托农村绿水青山、田园风光、乡土文化等资源，有规划地开发休闲农庄、乡村酒店、特色民宿、自驾车房车营地、户外运动等乡村休闲度假产品，大力发展休闲度假、旅游观光、养生养老、创意农业、农耕体验、乡村手工艺等，促进休闲农业的多样化、个性化发展。依托农业文化遗产、传统村落、传统民居，发展具有历史记忆、地域特点、民族风情的特色小镇，建设一村一品、一村一景、一村一韵的美丽村庄和宜游宜养的森林景区。整合优化、重点打造点线面结合的休闲农业品牌体系。

（三）农产品加工园区和产业融合先导区建设

1. 农产品加工园区。结合优势特色农产品区域和现代农业示范区布局规划，对农产品加工业整体以及加工园区进行科学合理的布局，引导产业向重点功能区和产业园区集聚。坚持集聚发展和融合互动，打造集专用品种、原料基地、加工转化、现代物流、便捷营销为一体的农产品加工园区，培育标准化原料基地、集约化加工园区、体系化物流配送和营销网络“三位一体”、有机衔接、相互配套、功能互补、联系紧密的农产品加工产业集群，以资产为纽带，以创新为动力，通过产业间相互渗透、交叉重组、前后联动、要素聚集、机制完善和跨界配置，实现园区内部产业有机整合、紧密相连、一体推进，形成新技术、新业态、新商业模式，带动资源、要素、技术、市场需求在农村的整合集成和优化重组，最终实现产业链条和价值链条延伸、产业范围扩大、产业功能拓展和农民就业增收，努力提升农产品加工园区建设水平，为农产品加工业创新发展和转型升级提供有力支撑。

2. 产业融合先导区。以农产品加工园区、现代农业示范区、都市现代农业样板区、农业产业化示范基地、休闲农业和乡村旅游示范县为载体，推动产业融合试点示范。组织实施试点示范项目，在粮食主产区、特色优势农产品产区、老少边穷地区、加工业优势区，优先培育一批产业融合先导区。在标准化原料基地、集约化加工园区和体系化物流配送及市场营销网络等开展产业融合先行先试，促进各有关产业和环节交叉融合、相互配套、功能互补、联系紧密，促进城（镇）区、加工园区、原料产区互动发展，吸引人口聚集和公共设施建设。重点支持新型农业经营主体发展加工流通和直供直销，建设原料基地和营销设施、休闲农业及电子商务公共服务设施、农产品及加工副产物综合利用设施。通过培育示范，探索路径、总结经验，不断提升产业融合发展总体水平，逐步形成产业链条完整、功能多样、业态丰富、利益联结紧密、产城融合更加协调的新格局。

五、重大工程

认真组织实施专用原料基地建设、农产品加工业转型升级、休闲农业和乡村旅游提升、产业融合试点示范等重大工程，为促进农业提质增效、农民就业增收、农业现代化和农村繁荣稳定提供有力支撑。

（一）专用原料基地建设工程

组织实施专用原料基地建设工程，在确保谷物基本自给、口粮绝对安全的前提下，与市场需求相适应、与资源禀赋相匹配，为农产品加工业、休闲农业和乡村旅游等产后环节提供优质农产品。重点开展专用品种、原料基地、农产品生产标准化等建设。工程内容详见专栏1。

专栏 1　专用原料基地建设工程

1. 培育专用品种，发展原料基地。加强基础设施条件建设，开展农产品加工特性研究，推进良种重大科研联合攻关，培育和推广一批适应机械化生产、优质高产多抗广适、适合精深加工、休闲采摘的新品种。加大投入力度，整合建设资金，创新投融资方式，支持企业与农户多种形式合作，鼓励社会资本发展适合企业化经营的现代种养业，建设一批专用原料基地。

2. 推进农产品标准化生产。推进农业标准化示范区、园艺作物标准园、标准化规模养殖场（小区）、水产健康养殖示范县（场）建设，发展无公害农产品、绿色食品、有机农产品和农产品地理标志产品，加快健全从农田到餐桌的农产品质量和食品安全监管体系，实现农产品生产标准化、专业化、规模化，为农产品加工、流通提供质量安全的原料来源。

（二）农产品加工业转型升级工程

组织实施农产品加工业转型升级工程，促进农产品加工业与农村产业交叉融合发展。以转变发展方式、调整优化结构、提高质量效益为主线，推动规模扩张向质量提升、要素驱动向创新驱动、分散布局向集聚发展转变，更加注重发展质量和效益、供给侧结构性改革、促进绿色生产方式、消费方式、资源环境和集约发展，构建政策扶持、科技创新、人才支撑、公共服务、组织管理等体系，在初加工、精深加工技术集成、副产物综合利用、主食加工、质量品牌提升、加工园区建设等重点领域取得新突破、新进展、新成效。工程内容详见专栏 2。

专栏 2　农产品加工业转型升级工程

1. 农产品产地初加工设施建设。通过实施农产品产地初加工补助政策，引导各地在农产品优势产区，集中连片建设一批农产品产地初加工设施，促进当地农产品减损提质、农民就业增收、农产品市场稳定供应、农业产业链延伸和产业融合发展。力争到“十三五”末，进一步扩大补助资金规模和实施区域，新增果蔬贮藏能力800 万吨、果蔬烘干能力 260 万吨，实现“减损增供、农民增收、农业增效、品质提升”的目标。

2. 主食加工业能力建设。以促进粮食等主要农产品的加工转化、满足城乡居民食物消费升级的多样化需求为目标，加快发展主食加工业，鼓励发展农产品生产、保鲜及食品加工、直销配送或餐饮服务一体化经营，在农产品产地和大中城市郊区培育主食加工产业集群，建设一批技术水平高、带动力强的主食加工示范企业和主食加工产业集聚区，实现相关产业融合发展。力争通过 5 年努力，在大中城市郊区，发展 1000 个为城乡居民生活配套的中央厨房；在县级区域，发展 2000 个为县域居民生活配套的传统面米等谷物类主食加工生产线；在优势农产品产地，发展 300 个预制菜肴加工项目。

3. 质量品牌提升。实施农产品加工业质量品牌提升行动。大力提升标准化生产能力，制定和完善相关标准，引导企业严格执行强制性标准，积极采用先进标准，推行标准化生产。大力提升全程化质量控制能力，鼓励企业开展先进的质量管理、食品安全控制等体系认证，逐步建立全员、全过程、全方位的质量管理制度，实现全程质量管理和控制。大力提升技术装备创新能力，加强企业原始创新和引进吸收再创新。大力提升品牌培育创建能力，加快培育一批能够展示“中国制造”和“中国服务”优质形象的品牌。

4. 农产品加工技术集成基地建设。面向农产品主产区农产品加工转化和县域发展农产品精深加工，以解决粮油、果蔬茶、畜产品和水产品等农产品加工产后损失严重、综合利用率低、水耗能耗高、自动化程度低、风味与营养成分损失严重等技术难题为重点，有效整合全国农产品加工科技资源，依托国家农产品加工技术研发体系及具有较强研究基础的科研机构，通过中央投资为主的方式建设农产品加工技术集成基地，开展共性关键技术工程化研究和核心装备创制，孵化形成一批“集成度高、系统化强、能应用、可复制”的农产品加工成套技术装备，提升农产品加工集成创新与熟化应用的科研能力，满足农产品加工企业共性关键技术需求。到2020年，力争建成40个农产品加工技术集成基地。

5. 农产品加工综合利用试点示范。以农产品及加工副产物综合利用试点县、试点园区、试点企业为重点，以财政贴息和税收减免为杠杆，撬动金融资本和社会资本投入，引导和促进副产物的产地资源化利用。着力开展秸秆、粮油薯、果蔬、畜禽、水产品加工副产物的循环利用、全值利用和梯次利用，集成、示范和推广一批综合利用成熟技术设备，通过工程、设备和工艺的组装物化，对秸秆微生物腐化有机肥及过腹还田、稻壳米糠等外果及皮渣、畜禽骨血、水产品皮骨内脏等进行综合利用试点推广，完善产品标准、方法标准、管理标准及相关技术操作规程等。

（三）休闲农业和乡村旅游提升工程

组织实施休闲农业和乡村旅游提升工程，拓展农业多功能。以建设美丽乡村美丽中国为目标，依托农村绿水青山、田园风光、乡土文化等资源，强化规划引导，注重规范管理、内涵提升、公共服务、文化发掘和宣传推介，积极扶持农民发展休闲农业专业合作社，引导和支持社会资本开发农民参与度高、受益面广的休闲旅游项目，推动休闲农业和乡村旅游提档升级。重点抓好文化遗产保护、培育特色品牌，推进基础设施、接待配套设施、展示场所等建设改造，让广大城乡居民养眼养胃、养肺、养心、养脑，为其提供看得见山、望得见水、记得住乡愁的高品质休闲旅游体验，促进美丽中国和健康中国建设。工程内容详见专栏3。

专栏3　休闲农业和乡村旅游提升工程

1. 推动休闲农业基础和配套服务设施改造。引导各地采取以奖代补、先建后补、财政贴息、设立产业投资基金等方式，在城市周边、景区周边、沿海沿江、传统特色农区、扶贫攻坚地区，扶持建设一批功能完备、特色突出、服务优良的休闲农业聚集村和休闲农业园。着力改善休闲旅游重点村进村道路、宽带、停车场、厕所、垃圾污水处理等基础和配套服务设施。实现特色农业加速发展、村容环境净化美化和休闲服务能力同步提升。

2. 加大休闲农业和乡村旅游品牌培育。重点打造“3+1+×”的休闲农业和乡村旅游品牌体系。“3”是，在面上，继续开展全国休闲农业和乡村旅游示范县（市、区）创建，着力培育一批生态环境优、产业优势大、发展势头好、示范带动能力强的休闲农业与乡村旅游集聚区；在点上，继续开展中国美丽休闲乡村推介活动，在全国打造一批天蓝、地绿、水净，安居、乐业、增收的美丽休闲乡村（镇）；在线上，重点开展休闲农业和乡村旅游精品景点线路推介，吸引城乡居民到乡村休闲消费。“1”是，着力培育好农业文化遗产品牌，推动遗产地经济社会可持续发展。“×”是，鼓励各地因地制宜开展农业嘉年华、休闲农业特色村镇、星级户、精品线路、农业主题公园等形式多样的创建与推介活动，培育地方品牌。

3. 加强中国重要农业文化遗产保护。按照“中央支持、地方配套、农民参与”的思路，以保护、修复为核心，以能力提升为重点，通过遗产资源普查与评估、动态监测、核心区保护设施建设和基础条件改善、传统农业优良技术的挖掘保护、宣传推介、品牌培育和遗产地自我发展能力提升等工作，确保农业文化遗产的长久传承和可持续发展，构建重要农业文化遗产动态保护与传承机制。

（四）产业融合试点示范工程

组织实施产业融合试点示范工程，促进农村产业深度融合发展。以培育融合发展载体、探索融合发展模式、完善融合发展机制为主要任务，通过规划引导、政策扶持、项目支持、营造氛围等有力措施，积极开展产业融合示范点和先导区建设，加快形成产业融合发展的新技术、新业态、新模式。工程内容详见专栏4。

专栏4　产业融合试点示范工程

1. 推动产业融合试点示范。采取政府引导、市场运作、多方参与的方式，鼓励和支持农业产业化龙头企业、农民合作社、家庭农场和物流企业、农产品电商平台、专业协会等积极开展种养加结合型、农产品加工业引领型、休闲农业带动型、“互联网+”支撑型、产业园区整合型等多种产业融合模式的试点示范，完善利益联结机制，让农民从产业链增值中获取更多利益，合理分享初级产品进入加工销售领域后的增值利润。“十三五”期间，总结推广一批产业融合典型模式，推动形成一批产业融合新型业态，选择适合融合、有基础、有优势、成规模的重点产业和区域进行试点示范。

2. 实施产业融合百县千乡万村试点工程。配合有关部门共同推进试点工程实施，建设100个示范县、1000个示范乡、10000个示范村，实现各类规模种养区、加工区、物流区、流通区无缝对接融合，农业综合效益明显高于一般地区。

3. 创建产业融合先导区。结合实施产业融合百县千乡万村试点工程和新型城镇化，依托农产品加工业园区、休闲农业园区、现代农业示范区和农业产业化示范基地等平台，示范创建一批产业融合先导区。鼓励和支持产业融合先导区进行体制机制创新，开展宅基地入股等试点，改革集体经济经营管理体制，探索产业融合政策扶持措施。鼓励和支持产业融合先导区以市场需求为导向，大力发展特色种养业、农产品加工业、农村服务业，形成一村一品、一乡（县）一业。鼓励和支持产业融合先导区积极利用“大数据”和“互联网+”等先进信息技术，大力发展网络营销、在线租赁托管、食品短链、社区支农、电子商务、体验经济等多种新型业态。

4. 支持优势特色产区和贫困地区产业融合发展。采用先建后补、以奖代补、贷款贴息和产业基金等方式，以能够让农民分享增值收益的新型经营主体为扶持对象，重点支持鼓励主产区和贫困地区农民合作社兴办加工流通、加工流通企业与农民股份合作建设标准化原料基地、休闲农业公共设施建设、电子商务企业建设配送体系等。

六、保障措施

（一）加强组织领导

各级农业部门要站在经济社会发展全局的高度，充分认识发展农产品加工业和产业融合的重要性和紧迫性，把加快发展农产品加工业，促进产业融合发展摆上重要议事日程，作为现代农业建设的重要任务、作为全面建成小康社会的重大举措、作为推进城乡发展一体化的突破口，给予高度重视，纳入当地国民经济发展规划和农业农村经济发展规划。要按照中央的要求，统一思想，加强领导，理顺部门分工，密切协作配合，转变工作方式，调动社会力量，确保各项任务落实到位，切实推进农产品加工业和产业融合健康发展。

（二）完善产业扶持政策

设立产业融合发展引导专项资金，重点支持农民、农民合作社开展农产品产地加工、产品直销和农家乐，支持农业产业化龙头企业与农户建立紧密的利益联结机制。扩大农村产业融合试点示范资金规模和专项投资产业基金规模。扩大农产品产地初加工政策的资金规模，拓展支持内容和范围，初加工用电享受农用电政策，鼓励地方将农产品初加工产品列入绿色通道。国家农业综合开发资金、现代农业生产发展资金、扶贫开发资金等涉农项目，要将产业融合发展作为重点内容，给予支持。加大粮棉油糖等重要农产品初加工机械农机购置补贴力度。进一步完善《享受企业所得税优惠政策的农产品初加工范围》。逐步扩大农产品加工企业进项税额核定扣除试点行业范围，尽快统一农产品加工进销项增值税税率，解决农产品加工业增值税高征低扣问题。加快构建覆盖全国的农业信贷担保体系，重点支持新型农业经营主体发展农产品生产、加工、流通和服务、休闲农业和乡村旅游，促进产业融合发展。在严格保护耕地的前提下，对各类新型农业经营主体建设产后流通、加工配套、休闲农业和乡村旅游设施用地，出台专门政策，解决用地难问题。

（三）深化体制机制改革

深化农村改革，完善要素市场，充分发挥市场在资源配置中的决定性作用。加快农村承包土地确权颁证，完善土地所有权、承包权和经营权分置办法，健全土地经营权流转市场。深化农村集体建设用地制度改革，加快形成城乡一体的土地市场。注意加强对工商资本租赁农户承包地的准入、监管和风险防范。加快农村金融体制改革，引导和鼓励商业性金融机构支持农产品加工业和流通服务业发展，探索加大长期资金投入。健全农业政策性保险，构建农业风险防范体系，降低自然风险和市场风险对农业生产和产后加工、流通环节的影响。积极发展行业协会、技术创新或产业联盟，发挥各类社会组织的桥梁纽带作用，促进经济、技术等要素的深度融合，推动跨领域跨行业协同创新、协调发展。深化农产品加工业行业管理体制改革，加强部门、行业、地区之间的协作配合，形成推动产业融合发展的合力。

（四）强化公共服务体系建设

各级主管部门要积极搭建各类公共服务平台，为发展农产品加工业和产业融合创造有利条件。加快全国农产品加工技术研发体系建设，开展协同攻关，研发推广农产品加工共性关键技术。搭建农产品加工对接平台，为农产品加工企业提供专用原料、技术改造、产品开发、市场营销、融资贷款、参股并购等配套服务。搭建农民创业创新平台，建设农民创业创新园，培育产业融合主体，为农民创业提供场地、技术支持和学习实践基地，开展创业展示、创业辅导、创业培训、创业大赛等活动。搭建行业运行分析和监测预警平台，建立专家队伍，完善数据库，加强信息发布，指导行业和企业发展。依托各类农业科研、推广项目和农业高等教育、农民职业教育、人才培训工程等平台，加强农产品加工业和产业融合人才培养，建设一支熟悉行业情况、充满农业情怀、具备现代市场管理素质的专业技术和经营管理等复合型人才队伍，为产业融合发展提供人才保障。

（五）激发农民创业创新活力

加大对农民创业创新扶持力度，实施农民创业创新行动计划、农村青年创业富民行动、农民工等人员返乡创业行动计划，大力培养新型职业农民，为农产品加工业与产业融合发展提供可靠保障。积极落实和创新政策，确保定向减税和普遍性降费政策的落实，促进强农惠农富农及“三农”金融支持的一系列政策措施向返乡创业创新群体重点倾斜；培育一批创业创新带头人和辅导师，认定一批为返乡创业人员提供实习和实训服务的见习基地，树立一批农民创业创新典型，选拔一批有思想、有文化，敢闯敢干、勤于耕耘、敢为人先的农民创业创新带头人，示范带动农民创业创新。

（六）营造产业融合发展良好社会环境

加强分类指导，因地制宜，探索产业融合发展好经验、好典型、好模式。围绕规划目标任务，制定分工落实方案，强化责任考核，开展动态监测，加大督促检查，加强绩效评价和监督考核。通过传统媒体和新媒体加强宣传，深入贯彻各项强农惠农政策和本规划主要内容，宣传产业融合发展的重要作用，引导社会各方面提高对产业融合发展的认同，积极引导社会舆论，营造全社会共同关注、协力支持产业融合发展的良好氛围，努力把规划确定的目标任务落到实处。

农业部　关于大力发展休闲农业的指导意见

农加发〔2016〕3号

发展休闲农业是发展现代农业、增加农民收入、建设社会主义新农村的重要举措，是促进城乡居民消费升级、发展新经济、培育新动能的必然选择。为深入贯彻落实中央1号文件精神，进一步改善休闲农业的基础设施，提升服务质量，优化政策措施，推动产业持续健康发展，现提出如下意见。

一、重要意义

休闲农业是现代农业的新型产业形态、现代旅游的新型消费业态，为农林牧渔等多领域带来了新的增长点。“十二五”以来，全国休闲农业取得了长足发展，呈现出“发展加快、布局优化、质量提升、领域拓展”的良好态势，已成为经济社会发展的新亮点。“十三五”时期，随着城乡居民生活水平的提高、闲暇时间的增多和消费需求的升级，休闲农业仍有旺盛的需求，仍将处于黄金发展期。目前，休闲农业发展现状与爆发式增长的市场需求还不相适应，发展方式还比较粗放，存在思想准备不足、基础设施滞后、文化内涵挖掘不够、产品类型不够丰富、服务质量有待提高等问题，亟须提档升级。

大力发展休闲农业，有利于推动农业和旅游供给侧结构性改革，促进农村一二三产业融合发展，是带动农民就业增收和产业脱贫的重要渠道，是推进全域化旅游和促进城乡一体化发展的重要载体。各地要充分认识休闲农业消费对增长的积极作用，进一步提高思想认识，完善政策措施，加大工作力度，切实推动休闲农业产品由低水平供需平衡向高水平供需平衡跃升，为促进农业强起来、农村美起来、农民富起来做出新贡献。

二、总体要求

（一）指导思想。深入贯彻党的十八大和十八届三中、四中、五中全会精神，牢固树立“创新、协调、绿色、开放、共享”的发展理念，紧紧围绕发展现代农业、增加农民收入、建设社会主义新农村三大任务，以促进农民就业增收、满足居民休闲消费需求、建设美丽宜居乡村为目标，以激发消费活力、促进产业升级、实施产业脱贫为着力点，坚持农耕文化为魂，美丽田园为韵，生态农业为基，传统村落为形，创新创造为径，加强统筹规划，强化规范管理，创新工作机制，优化发展政策，加大公共服务，整合项目资源，推进农业与旅游、教育、文化、健康养老等产业深度融合，大力提升休闲农业发展水平，着力将休闲农业产业培育成为繁荣农村、富裕农民的新兴支柱产业，为城乡居民提供望得见山、看得见水、记得住乡愁的高品质休闲旅游体验。

（二）基本原则。一是以农为本、促进增收。坚持以农业为基础，农民为主体，农村为场所，加强规划引导，科学构建利益分享机制，增强农民自主发展意识，激发农民创业创新活力。二是多方融合、相互促进。加强与农耕文化传承、创意农业发展、乡村旅游、传统村落传统民居保护、精准扶贫、林下经济开发、森林旅游、水利风景区和古水利工程旅游、美丽乡村建设的有机融合，推动城乡一体化发展。三是因地制宜、特色发展。要结合资源禀赋、人文历史、交通区位和产业特色，在适宜区域，因地制宜、突出特色、适度发展，避免低水平重复建设。四是政府引导、多方参与。强化政府在政策扶持、规范管理、公共服务、营造环境等方面的作用，发挥市场配置资源的决定性作用，引导和支持社会资本开发农民参与度高、受益面广的休闲旅游项目，鼓励妇女积极参与休闲农业发展。五是保护环境、持续发展。遵循开发与保护并举、生产与生态并重的观念，统筹考虑资源和环境承载能力，加大生态环境保护力度，走生产发展、生活富裕、生态良好的文明发展道路。

（三）主要目标。到 2020 年，产业规模进一步扩大，接待人次达 33 亿人次，营业收入超过 7000 亿元；布局优化、类型丰富、功能完善、特色明显的格局基本形成；社会效益明显提高，从事休闲农业的农民收入较快增长；发展质量明显提高，服务水平较大提升，可持续发展能力进一步增强，成为拓展农业、繁荣农村、富裕农民的新兴支柱产业。

三、主要任务

（一）加强规划引导。按照生产生活生态统一、一二三产业融合的总体要求，围绕农业生产过程、农民劳动生活和农村风情风貌，遵循乡村自身发展规律，因地制宜科学编制发展规划，调整产业结构，优化发展布局，补农村短板，扬农村长处，注意乡土味道，保留乡村风貌，留住田园乡愁，形成串点成线、连片成带、集群成圈的发展格局。要挖掘农业文明，注重参与体验，突出文化特色，加大资源整合力度，形成集农业生产、农耕体验、文化娱乐、教育展示、水族观赏、休闲垂钓、产品加工销售于一体的休闲农业点（村、园），打造生产标准化、经营集约化、服务规范化、功能多样化的休闲农业产业带和产业群。积极推进“多规合一”，注重休闲农业专项规划与当地经济社会发展规划、城乡规划、土地利用规划、异地扶贫搬迁规划等的有效衔接。依托休闲农业点（村、园）、乡村旅游区建设搬迁安置区，着力解决异地扶贫搬迁群众的就业脱贫问题。

（二）丰富产品业态。鼓励各地依托农村绿水青山、田园风光、乡土文化等资源，有规划地开发休闲农庄、乡村酒店、特色民宿、自驾车房车营地、户外运动等乡村休闲度假产品，大力发展休闲度假、旅游观光、养生养老、创意农业、农耕体验、乡村手工艺等，促进休闲农业的多样化、个性化发展。支持农民发展农（林、牧、渔）家乐，积极扶持农民发展休闲农业合作社，鼓励发展以休闲农业为核心的一二三产业融合发展聚集村；加强乡村生态环境和文化遗存保护，发展具有历史记忆、地域特点、民族风情的特色小镇，建设一村一品、一村一景、一村一韵的美丽村庄和宜游宜养的森林景区。引导和支持社会资本开发农民参与度高、受益面广的休闲旅游项目。鼓励各地探索农业主题公园、农业嘉年华、教育农园、摄影基地、特色小镇、渔人码头、运动垂钓示范基地等，提高产业融合的综合效益。

（三）改善基础设施。实施休闲农业和乡村旅游提升工程，扶持建设一批功能完备、特色突出、服务优良的休闲农业聚集村、休闲农业园、休闲农业合作社，着力改善开展休闲农业村庄的道路、供水设施、宽带、停车场、厕所、垃圾污水处理、游客综合服务中心、餐饮住宿的洗涤消毒设施、农事景观观光道路、休闲辅助设施、乡村民俗展览馆和演艺场所等基础服务设施，改善休闲农业基地的种养条件，实现特色农业加速发展、村容环境净化美化和休闲服务能力同步提升。鼓励因地制宜兴建特色餐饮、特色民宿、购物、娱乐等配套服务设施，满足消费者多样化的需求。

（四）推动产业扶贫。对资源禀赋有优势的贫困地区，要优先支持农民，特别是建档立卡贫困户发展休闲农业合作社、农家乐和小型采摘园等，重点实施建档立卡贫困村“一村一品”产业推进行动，带动贫困地区传统种养产业转型升级，促进贫困地区脱贫致富。要探索社会资本参与贫困地区发展休闲农业的利益分享机制，引导和支持社会资本开发农民参与度高、受益面广的项目，着力推动精准脱贫。要通过休闲农业，推动贫困地区优质农副土特产品的加工和销售。积极培树创办领办休闲农业致富带头人，注重培树巾帼创办领办休闲农业致富带头人。

（五）弘扬优秀农耕文化。做好农业文化遗产普查工作，准确掌握全国农业生产系统的发布状况和濒危程度。按照“在发掘中保护、在利用中传承”的思路，加大对农业文化遗产价值的发掘，加强对已认定的农业文化遗产的动态监督管理，加大挖掘、保护、传承和利用力度，推动遗产地经济社会可持续发展。要合理开发农业文化遗产，大力推进优秀农耕文化教育进校园，加强大中小学生的国情乡情教育，统筹利用现有资源建设农业教育、社会实践和研学旅游示范基地，实施中国传统工艺振兴计划，支持发展妇女手工艺特色产业项目。

（六）保护传统村落。不断加强传统村落、传统民居的保护力度，按照保持传统村落完整性、真实性、延续性要求，保护村落文化遗产，改善基础设施和公共服务设施。建立保护管理机制，做好中国传统村落保护项目实施和监督。注重农村文化资源挖掘，强化休闲农业经营场所的创意设计，推进农业与文化、科技、生态、旅游的融合，提升休闲农业的文化软实力。发展主客共享的美丽休闲乡村，加快乡土民俗文化的推广、保护和延续。

（七）培育知名品牌。在整合优化的基础上，重点打造点线面结合的休闲农业品牌体系。在面上，继续开展全国休闲农业示范县（市、区）创建，着力培育一批示范带动能力强的休闲农业集聚区。在点上，继续开展中国美丽休闲乡村推介活动，在全国打造一批天蓝、地绿、水净，安居、乐业、增收的美丽休闲乡村（镇）。在线上，重点开展休闲农业精品景点线路推介，吸引城乡居民到乡村休闲消费。鼓励各地因地制宜开展多种形式的品牌创建与推介活动，培育地方品牌。

四、保障措施

（一）强化政策落实创设。支持有条件的地方通过盘活农村闲置房屋、集体建设用地、开展城乡建设用地增减挂钩试点、“四荒地”、可用林场和水面、边远海岛等资产资源发展休闲农业。鼓励各地将休闲农业和乡村旅游项目建设用地纳入土地利用总体规划和年度计划合理安排。在符合相关规划的前提下，农村集体经济组织可以依法使用建设用地自办或以土地使用权入股、联营等方式与其他单位和个人共同举办住宿、餐饮、停车场等休闲旅游接待服务企业。鼓励各地将中央有关乡村建设资金适当向休闲农业集聚区倾斜。鼓励各地采取以奖代补、先建后补、财政贴息、设立产业投资基金等方式加大财政扶持力度。金融机构要创新担保机制和信贷模式，扩大对休闲农业和乡村旅游经营主体的信贷支持。鼓励社会资本依法合规利用 PPP 模式、众筹模式、“互联网+”模式、发行债券等新型融资模式投资休闲农业。国家推动重要农业文化遗产的保护、传承和利用。各地要加大投资力度，组织实施休闲农业和乡村旅游提升工程，推动休闲农业和乡村旅游的提档升级。

（二）加大公共服务。依托职业院校、行业协会和产业基地，分类、分层开展休闲农业管理和服务人员培训，提高从业人员素质。加强科技支撑，依托科研教学单位建立一批设计研究中心、规划中心、创意中心，为产业发展提供智力支撑。鼓励社会资本参与休闲农业宣传推介平台建设，加快构建网络营销、网络预订和网上支付等公共服务平台，增强线上线下营销能力。强化行业运行监测分析，构建完善的休闲农业和乡村旅游监测统计制度。

（三）加强规范管理。加大休闲农业行

业标准的制定和宣贯力度，逐步推进管理规范化和服务标准化。鼓励各地根据实际情况制定地方行业标准，推动本地休闲农业和乡村旅游规范有序发展。加大对认定的全国休闲农业和乡村旅游示范县示范点、中国美丽休闲乡村、全国休闲农业星级企业、特色景观旅游名镇名村示范等景点的动态管理，确保服务质量和水平。加强行业组织服务，加快形成自我管理、自我监督、自我服务的社会化服务体系。强化安全意识，提倡文明出行和诚信经营。

（四）强化宣传推介。按照“统筹谋划、系统部署、上下联动、均衡有序、重点推进”的思路，在重大节假日前和重要农事节庆节点，充分利用网络、电视、报纸、微信等，以图文并茂的形式，有组织、有计划地开展全国性的休闲农业精品景点宣传推介，吸引城乡居民到乡村休闲消费。鼓励各地通过传统媒体和互联网等新兴媒体宣传推介精品线路和精品景点，扩大休闲农业和乡村旅游产业的影响力。鼓励各地举办特色鲜明、影响力大、公益性强的农事节庆活动，努力营造发展的良好氛围。

五、组织领导

（一）加强组织实施。各地要从战略和全局的高度深化对发展休闲农业的认识，将休闲农业纳入当地国民经济和社会发展规划，出台具体的政策措施，支持休闲农业和乡村旅游发展。要充实工作力量，加强人才队伍建设，建立高效的管理体系。要认真履行规划指导、监督管理、协调服务的职责，组织拟定发展战略、政策、规划、计划并指导实施，切实提高推动休闲农业科学发展的能力。

（二）明确任务分工。各相关部门要结合实际情况，支持休闲农业的发展。农业部门负责牵头落实本地休闲农业发展工作，指导产业的整体发展，并做好宣传推广工作。发展改革部门负责统筹利用现有渠道资金完善休闲农业的基础设施建设工作，将休闲农业和乡村旅游作为农村一二三产业融合“百县千乡万村”试点示范工程的重要内容予以支持。工业和信息化部门负责指导休闲农业和乡村旅游电子商务平台搭建。财政部门负责落实财税支持政策，通过现有资金渠道对重要农业文化遗产保护项目予以支持。国土部门负责落实休闲农业和乡村旅游用地政策。住房和城乡建设部门负责指导村庄的规划建设、传统村落和民居保护等工作。水利部门负责指导相关供水设施建设管理、河湖管理保护和水利风景区建设发展。文化部门和文物部门负责指导乡村文化和文物的挖掘保护和传承利用工作。人民银行等金融管理部门负责指导金融机构落实金融政策。林业部门负责指导森林、湿地等自然资源的保护与开发利用。旅游部门负责指导乡村旅游发展工作，推动乡村旅游与休闲农业融合发展。扶贫部门负责协调使用扶贫等专项资金，支持建档立卡贫困户因地制宜发展带动建档立卡贫困户的休闲农业和乡村旅游。妇联负责指导妇女发展休闲农业和乡村旅游，充分发挥“半边天”作用。

（三）形成工作合力。各相关部门要结合职能，将休闲农业发展的有关工作纳入各自工作体系，并予以重点支持。鼓励各地成立由农业部门牵头，有关部门共同参与的工作协调机制，共同推进有关工作落实。各地要将休闲农业纳入当地国民经济和社会发展规划，列入当地经济发展统计指标体系，出台具体的政策措施，整合资金，集中力量，支持休闲农业重点区域的发展。同时，广泛吸引社会力量参与休闲农业的发展，鼓励企业、院校、协会和社会组织发挥积极作用。

农业部
2016 年 7 月 8 日

住房城乡建设部办公厅　关于做好第二批全国特色小镇推荐工作的通知

建办村函〔2017〕357 号

各省（区、市）住房城乡建设厅（建委）、北京市农委、上海市规划和国土资源局：

为落实《住房城乡建设部　国家发展改革委　财政部关于开展特色小镇培育工作的通知》（建村〔2016〕147 号）精神，做好第二批全国特色小镇推荐工作，经商财政部，现将有关事项通知如下：

一、推荐要求

各地推荐的特色小镇应符合建村〔2016〕147 号文件规定的培育要求，具备特色鲜明的产业形态、和谐宜居的美丽环境、彰显特色的传统文化、便捷完善的设施服务和充满活力的体制机制，并满足以下条件：

（一）具备良好的发展基础、区位优势和特色资源，能较快发展起来。

（二）实施并储备了一批质量高、带动效应强的产业项目。

（三）镇规划编制工作抓得紧，已编制的总体规划、详细规划或专项规划达到了定位准确、目标可行、规模适宜、管控有效 4 项要求。现有规划未达到定位准确等 4 项要求的已启动规划修编工作。

（四）制定并实施了支持特色小镇发展的政策措施，营造了市场主导、政企合作等良好政策氛围。

（五）实施了老镇区整治提升和发展利用工程，做到设施完善、风貌协调和环境优美。

（六）引入的旅游、文化等大型项目符合当地实际，建设的道路、公园等设施符合群众需求。

对存在以房地产为单一产业，镇规划未达到有关要求、脱离实际，盲目立项、盲目建设，政府大包大揽或过度举债，打着特色小镇名义搞圈地开发，项目或设施建设规模过大导致资源浪费等问题的建制镇不得推荐。县政府驻地镇不推荐。以旅游文化产业为主导的特色小镇推荐比例不超过 1/3。

二、推荐程序

我部根据各省（区、市）建制镇数量、规划编制与实施情况、特色小镇培育工作进展、地方组织推进小城镇建设力度等因素，确定了 2017 年各省（区、市）特色小镇推荐名额（附件 1）。请各省（区、市）按照分配名额组织好特色小镇推荐工作。

按照自愿申报、择优推荐的原则，由县（市、区）住房城乡建设部门做好特色小镇信息填报等工作，经县（市、区）人民政府审核后，于 2017 年 6 月 15 日前将有关材料报省级住房城乡建设部门。省级住房城乡建设部门要严格按照建村〔2016〕147号文件要求，组织专家对上报的有关材料进行初审、评估并实地考核，确定本省（区、市）特色小镇推荐名单和排序，于2017年6月30日前将推荐名单和推荐材料报我部村镇建设司。我部将以现场答辩形式审查推荐的特色小镇，会同财政等部门认定并公布第二批全国特色小镇名单。现场答辩的有关安排另行通知。

三、材料要求

各省级住房城乡建设部门上报的推荐材料应包括特色小镇推荐信息表（附件2）、特色小镇培育说明材料、相关视频（可选）和有关规划。推荐信息表1式2份并加盖单位公章，相关信息录入特色小镇培育网（www.charmingtown.cn）。培育说明材料应逐项用文字、照片和图纸进行说明，以PPT格式提交（说明材料模板及示例可从特色小镇培育网下载）。视频材料时长为5~10分钟，文件格式不限。有关规划包括总体规划、详细规划和专项规划，提交电子版。推荐材料可通过光盘或U盘方式提交。

联系人：李亚楠　王德清　白　琳

电　话：010-58934518

58934818（传真）

电子邮箱：czsghc@163.com

附件：1. 各省（区、市）特色小镇推荐名额分配表

2. 特色小镇推荐信息表（略）

中华人民共和国住房和城乡建设部办公厅

2017年5月26日

附件1　各省（区、市）特色小镇推荐名额分配表

编号	省（区、市）	推荐数量
1	北京市	5
2	天津市	5
3	河北省	11
4	山西省	10
5	内蒙古自治区	10
6	辽宁省	10
7	吉林省	8
8	黑龙江省	8
9	上海市	6
10	江苏省	15
11	浙江省	15
12	安徽省	11
13	福建省	11
14	江西省	10
15	山东省	15
16	河南省	11
17	湖北省	11
18	湖南省	11
19	广东省	15
20	广西壮族自治区	10
21	海南省	6
22	重庆市	9
23	四川省	13
24	贵州省	11
25	云南省	11
26	西藏自治区	5
27	陕西省	11
28	甘肃省	6
29	青海省	5
30	宁夏回族自治区	5
31	新疆维吾尔自治区	7
32	新疆生产建设兵团	3
合计		300

住房城乡建设部
关于公布第二批全国特色小镇名单的通知

建村〔2017〕178号

各省、自治区住房城乡建设厅，北京市住房城乡建设委、规划国土委、农委，天津市建委、规划局，上海市住房城乡建设管委、规划国土局，重庆市城乡建设委：

为贯彻落实党中央、国务院关于推进特色小镇建设的部署，按照《住房城乡建设部关于保持和彰显特色小镇特色若干问题的通知》（建村〔2017〕144号）和《住房城乡建设部办公厅关于做好第二批全国特色小镇推荐工作的通知》（建办村函〔2017〕357号）要求，在各地择优推荐的基础上，经组织现场答辩、专家评审和公示，认定北京市怀柔区雁栖镇等276个镇（名单见附件1）为第二批全国特色小镇，现予以公布。

各省（区、市）住房城乡建设部门要做好特色小镇建设工作的指导、支持和监督，进一步保持和彰显特色小镇特色，同时，督促检查第二批特色小镇按照专家评审意见（见附件2）予以整改。我部将联合财政部等有关部门对已认定特色小镇工作推进情况进行检查。

附件：1. 第二批全国特色小镇名单（略）

2. 专家组对第二批全国特色小镇的评审意见

中华人民共和国住房和城乡建设部

2017年8月22日

附件2　专家组对第二批全国特色小镇的评审意见

序号	省（市、区）	特色小镇	评审意见
1	北京市	怀柔区雁栖镇	1. 突出特色产业的集聚效应，扩大会展业对经济的拉动作用。 2. 控制镇区房地产项目的比例。 3. 加强镇区特色风貌塑造。 4. 完善镇域基础设施配套。
		大兴区魏善庄镇	1. 注重把特色产业做大做强，发挥产业带动效应。 2. 加强产镇融合发展，将小镇打造成为区域城镇化的重要节点。 3. 提升规划编制质量。
		顺义区龙湾屯镇	1. 结合该镇自然生态环境条件和文化基础，打造红色文化旅游基地。 2. 重新研究小镇新发展区域的选址，新建区域应充分利用原有基础，实现新老镇区协调发展。 3. 提升老镇区的人居环境质量。

续表

序号	省（市、区）	特色小镇	评审意见
1	北京市	延庆区康庄镇	1. 进一步挖掘、强化镇区特色产业，实现产业与镇区的联动发展。 2. 提升规划编制质量，提升镇区特色风貌。 3. 创新体制机制，落实有关支持政策。
2	天津市	津南区葛沽镇	1. 尽快编制特色小镇规划，从产业策划、空间格局、风貌设计、项目建设等方面，加强小镇特色打造。 2. 创新体制机制，采取有效的管理措施。
		蓟州区下营镇	1. 加大特色产业对其他产业的带动作用，形成一二三产业融合发展，增强内生动力。 2. 科学规划镇区街区尺度、建筑风貌、服务设施等，提升编制质量。
		武清区大王古庄镇	1. 编制特色小镇规划，科学指导镇区建设。 2. 促进特色产业与镇区人居环境改善协调发展。
3	河北省	衡水市枣强县大营镇	1. 研究皮革行业的发展，延伸产业链，提升产业发展水平。 2. 科学确定规划用地规模，集约节约利用土地资源。 3. 加强对老镇区的环境整治。
		石家庄市鹿泉区铜冶镇	1. 开展规划修编，提升编制质量。 2. 开展老镇区整治和提升工作，实现产镇融合发展。 3. 加强镇域村庄环境整治，改善农村人居环境。
		保定市曲阳县羊平镇	1. 丰富雕刻产业的内涵与外延，可通过展览展示、文化传播、教育、体验等方式延伸产业链。 2. 将雕刻艺术较好地应用于小镇建设中，塑造突出产业特色的建筑风貌，建设贴近生活、贴近工作的绿地等公共空间。 3. 加强对镇域生态环境的修复，可将雕刻艺术运用于采石场的山体修复，打造巨型“雕刻墙”。
		邢台市柏乡县龙华镇	1. 加强产业研究，用好外来企业的产业发展经验。 2. 尽快修编规划，提升编制质量。 3. 整治镇区环境，提升整体风貌。
		承德市宽城满族自治县化皮溜子镇	1. 合理确定文旅项目规模和运营模式，确保集约节约利用土地，并有效带动周边的乡村旅游发展。 2. 尽快修编规划，提升编制质量。 3. 加强老镇区的功能提升和环境整治。
		邢台市清河县王官庄镇	1. 发挥特色产业的带动作用，促进产镇融合发展。 2. 完善公共服务设施配套，加大生态基础设施建设。 3. 尽快修编规划，提升编制质量。
		邯郸市肥乡区天台山镇	1. 合理确定养生养老产业的服务对象，严禁房地产化。 2. 创新体制机制，探索特色小镇的专业化运营模式。 3. 尽快修编规划，提升编制质量。
		保定市徐水区大王店镇	1. 处理好镇区与园区的关系，实现服务设施共享，避免新老镇区各自为政。 2. 镇区建设要保持宜人的空间尺度，防止照搬城市修宽路、建高楼的做法。 3. 尽快修编规划，提升编制质量。
4	山西省	运城市稷山县翟店镇	提升小镇规划质量，进一步保持和彰显小镇特色。
		晋中市灵石县静升镇	1. 发挥王家大院等资源优势，加大特色产业的多元化发展力度，带动乡村旅游发展。 2. 尽快修编规划，提升编制质量。

续表

序号	省（市、区）	特色小镇	评审意见
4	山西省	晋城市高平市神农镇	1. 注重产业链的延伸，形成稳固可持续的特色产业。 2. 整治镇区环境，提升整体风貌。 3. 尽快修编规划，提升编制质量。
		晋城市泽州县巴公镇	1. 加强环境保护，控制镇区内的钢铁产业规模，逐步淘汰落后产能。 2. 尽快修编规划，避免分散布局，注重集约节约利用土地。
		朔州市怀仁县金沙滩镇	1. 提高陶瓷产品和产业的艺术性、科技含量及附加值，增强竞争优势和可持续发展能力，加强陶瓷生产的环保措施。 2. 进一步提炼陶瓷文化和金沙滩文化，彰显小镇文化特征。 3. 提升规划编制质量，结合陶瓷产业发展预测人口规模，合理控制建设用地规模，统筹安排镇区环境综合整治和产业布局。
		朔州市右玉县右卫镇	1. 加强传统文化保护，打造特色文化的空间载体。 2. 整治镇区环境，提升整体风貌。 3. 提高规划编制质量，优化镇区用地布局。
		吕梁市汾阳市贾家庄镇	1. 明确特色农业的发展方向和主导产品，延伸产业链，实现绿色农业生产、加工、销售、观光和体验的一体化发展。 2. 加强创新型示范基地的示范作用，带动周边更多乡村的发展。 3. 优化镇区规划方案，强化特色设计和风貌管控。
		临汾市曲沃县曲村镇	1. 加强特色产业培育，促进产业提质增效，加大对周边乡村的带动作用。 2. 尽快修编规划，加强用地布局与特色产业发展的衔接。
		吕梁市离石区信义镇	1. 加强特色产业对周边区域的带动作用。 2. 提高规划编制质量，优化镇区用地布局，集约节约利用土地。
5	内蒙古自治区	赤峰市敖汉旗下洼镇	1. 尽快修编规划，控制镇区建设用地规模，集约节约利用土地。 2. 新建设区域应注重与现状镇区的紧密衔接，避免各自为政。
		鄂尔多斯市东胜区罕台镇	1. 加强特色产业培育，促进产业提质增效，提升对镇域发展的带动作用。 2. 整治镇区环境，提升整体风貌。 3. 尽快修编规划，科学指导特色小镇发展。
		乌兰察布市凉城县岱海镇	1. 丰富以鸿茅药酒为核心的特色产业内涵，带动一二三产联动发展。 2. 尽快修编规划，提升编制质量。
		鄂尔多斯市鄂托克前旗城川镇	1. 整治镇区环境，提升整体风貌。 2. 尽快修编规划，科学指导小镇建设和管控整体风貌。
		兴安盟阿尔山市白狼镇	1. 保护好生态环境，利用好湿地、水等资源，整合矿泉水生产、文旅等产业，形成合力，提升附加值。 2. 提高规划编制质量，塑造镇区特色风貌。
		呼伦贝尔市扎兰屯市柴河镇	1. 加强交通设施建设。 2. 加强对老镇区空间格局和风貌的保护，新建建筑风貌应与老建筑协调。
		乌兰察布市察哈尔右翼后旗土牧尔台镇	1. 要根据自身经济实力确定产业项目的规模和实施计划，避免贪大求快。 2. 尽快修编规划，科学指导小镇建设，加强整体风貌管控。
		通辽市开鲁县东风镇	1. 注重打造红干椒的品牌，延伸产业链，形成红干椒的种植、加工、销售、体验和观光的一体化发展。 2. 完善镇区周边基础设施，加大人居环境改善力度。 3. 尽快修编规划，提升编制质量。
		赤峰市林西县新城子镇	1. 加强内蒙古野果品牌打造和宣传，做大做强特色产业，切实推进小镇经济发展，带动农民增收致富。 2. 尽快修编规划，提升小镇空间和风貌特色。

续表

序号	省（市、区）	特色小镇	评审意见
6	辽宁省	沈阳市法库县十间房镇	1. 进一步延伸航空产业的链条，促进产业可持续发展。 2. 提升镇区的建设风貌和建筑设计水平，切实体现地方特色。 3. 尽快修编规划，提升编制质量。
		营口市鲅鱼圈区熊岳镇	1. 丰富特色产业内涵，落实产业项目。 2. 加强镇区风貌整治，管控新建区域的空间和风貌，突出小镇宜人的空间尺度。 3. 尽快修编规划，提升编制质量。
		阜新市阜蒙县十家子镇	1. 注重文化创意和“互联网+”的结合，并落实到近期建设项目中。 2. 加强镇区风貌整治和空间管控，打造精品小镇。 3. 尽快修编规划，合理控制建设用地规模，避免盲目扩张。
		辽阳市灯塔市佟二堡镇	1. 坚持绿色发展理念，充分利用现代技术加强对传统产业的改造升级，培育小镇品牌，可以适度发展工业旅游。 2. 尽快修编规划，加强对镇区环境的综合整治，提升建筑风貌。
		锦州市北镇市沟帮子镇	1. 结合当前消费升级的趋势，加快传统产业的改造升级，提升技术含量和健康品质，对食品加工的各环节进行严格把控。 2. 尽快修编规划，加强对镇区环境的综合整治和建筑风貌的营造，充分体现尺度宜人的空间特色。 3. 依据产业发展和居住需求，合理布局住宅、商业、公共设施等，避免过度房地产化。
		大连市庄河市王家镇	1. 完善对自然灾害、海产养殖病害等风险事项的预防机制，提升产业发展质量。控制养殖范围，避免影响海洋生态。 2. 尽快修编规划，突出宜人的空间尺度和海岛特色。
		盘锦市盘山县胡家镇	1. 统筹周边村庄的稻蟹种植、养殖，打造“稻蟹小镇”的品牌。 2. 尽快修编规划，加强对镇区环境的综合整治，提升建筑风貌。
		本溪市桓仁县二棚甸子镇	1. 延伸野山参的产业链，提升产品品质，完善产品研发和销售环节，可适度发展文化、旅游等相关产业，加大示范带动作用。 2. 尽快修编规划，加强对镇区环境的综合整治和建筑风貌的营造，充分体现尺度宜人的空间特色。
		鞍山市海城市西柳镇	1. 推进传统特色产业的改造升级，加大自主品牌培育力度。 2. 尽快修编规划，加强镇区环境和建筑风貌综合整治，营造尺度宜人的特色空间。
7	吉林省	延边州安图县二道白河镇	1. 总结、提炼特色旅游产业，注重与长白山其他镇的错位发展，避免同质化竞争。 2. 尽快修编规划，提升编制质量。
		长春市绿园区合心镇	1. 加强机车特色产业的培育，提升示范带动作用。 2. 完善基础设施建设，整治镇区环境。 3. 尽快修编规划，提升编制质量。
		白山市抚松县松江河镇	1. 加强服务长白山旅游的相关产业发展。 2. 尽快修编规划，提升镇区风貌。
		四平市铁东区叶赫满族镇	1. 聚焦特色产业业态，突出产业特色。 2. 完善基础设施建设，整治镇区环境。 3. 尽快修编规划，提升镇区风貌，打造尺度宜人的特色空间。

续表

序号	省（市、区）	特色小镇	评审意见
7	吉林省	吉林市龙潭区乌拉街满族镇	1. 整合镇域旅游资源，打造旅游产业品牌。 2. 完善基础设施建设，整治镇区环境。 3. 尽快修编规划，统筹布局产业发展、小镇建设，实现产镇融合发展，提升镇区风貌。
		通化市集安市清河镇	1. 注重特色产业可持续发展，提升品质，打造品牌。 2. 针对外来人口较多情况，加强小镇管理，提高服务水平。 3. 尽快修编规划，提升镇区风貌，体现尺度宜人的空间特色。
8	黑龙江省	绥芬河市阜宁镇	1. 做大做强对外贸易，加强文化交流，打造成贸易交流和文化交融的示范区。 2. 尽快修编规划，提升镇区风貌，彰显地域特色和文化特色。
		黑河市五大连池市五大连池镇	1. 保护好、利用好自然资源，加强特色产业的可持续发展。 2. 整治镇区环境，形成自然与人文融合的特色风貌。 3. 提高规划编制质量，避免照搬城市模式。
		牡丹江市穆棱市下城子镇	1. 进一步凝练产业特色，重点以木家具加工带动相关产业发展。 2. 尽快修编规划，提升镇区风貌，体现尺度宜人的空间特色。
		佳木斯市汤原县香兰镇	1. 继续加大农业+商贸产业发展力度，拓展休闲农业、创意农业、观光农业、休闲农业等，不断提升农业附加值。 2. 尽快修编规划，提升镇区风貌，体现尺度宜人的空间特色。
		哈尔滨市尚志市一面坡镇	1. 处理好产业多元与打造好核心产业的关系。旅游产业上，应吸引更多游客在小镇停留。体育产业上，应注重与周边地区差异化竞争。食品产业需引入有实力的业内龙头企业。 2. 加强规划引导，提升镇区风貌，体现尺度宜人的空间特色。在打造中东路时，应注重保持自身传统风貌。
		鹤岗市萝北县名山镇	1. 优化产业结构，促进口岸业务与本地特色资源和产业相结合，延长产业链，增加附加值。 2. 尽快修编规划，提升镇区风貌。
		大庆市肇源县新站镇	1. 完善基础设施建设，提升服务水平。 2. 整治镇区环境，塑造自然与人文相融的特色风貌。
		黑河市北安市赵光镇	1. 进一步提升农业实力，结合农垦农场发展，打造特色农业。 2. 尽快修编规划，提升镇区风貌，塑造尺度宜人的空间特色。
9	上海市	浦东新区新场镇	1. 严格控制房地产开发比例，避免过度房地产化。 2. 保护好小镇古建筑群原始风貌。
		闵行区吴泾镇	加强大都市周边特色小镇发展模式的探索，加大引领示范作用。
		崇明区东平镇	1. 加大生态环境保护力度，严禁挖山填湖、破坏水系。 2. 加强规划引导，提升小镇空间特色和整体风貌。
		嘉定区安亭镇	1. 注重传统文化保护和传承，弘扬中国文化和江南水乡文化。 2. 加大镇域内村庄的人居环境改善力度，加强规划建设管理。 3. 完善公共服务设施建设，创新管理体制。
		宝山区罗泾镇	1. 提高规划质量，优化镇区规划功能布局。 2. 充分结合当地历史、文化特色，整治镇区环境，保护和延续现状风貌。
		奉贤区庄行镇	1. 加强以农业为基础的特色产业打造。 2. 尽快修编规划，提升镇区风貌，体现尺度宜人的空间特色。

续表

序号	省（市、区）	特色小镇	评审意见
10	江苏省	无锡市江阴市新桥镇	1. 推进传统产业转型升级，提升特色产业的科技含量。 2. 加大对传统工业园区的管控。
		徐州市邳州市铁富镇	1. 拓展银杏旅游产业链，发挥更大效益和带动作用。 2. 尽快修编规划，提升镇区风貌，保持尺度宜人的空间特色。
		扬州市广陵区杭集镇	1. 聚焦特色产业门类，避免过大过全。 2. 加强老镇区的保护，促进新老镇区协调发展。 3. 提升规划编制质量。
		苏州市昆山市陆家镇	1. 加强生态环境保护，尽快改善水环境。 2. 注重行业标准的参与和起草，提升产业发展水平。 3. 加强规划设计，将“童趣”应用到城镇风貌塑造中。
		镇江市扬中市新坝镇	1. 整治镇区环境，打造风貌特色鲜明，尺度宜人的特色小镇。 2. 加强规划引导，打造宜居宜业的小镇示范。
		盐城市盐都区大纵湖镇	1. 加强传统产业的提升，提高涂装设备产业的科技含量，提升科研创新能力。 2. 发展工业旅游业，以丰富特色产业的内容，延长特色产业链。 3. 整治镇区环境，塑造特色风貌。
		苏州市常熟市海虞镇	1. 围绕无忧小镇的主题进一步聚焦特色产业，并在产业发展中突出地域文化特色。 2. 加强规划引导，整治镇区环境，塑造特色风貌。 3. 加大生态环境保护力度。
		无锡市惠山区阳山镇	1. 逐步转型升级现有的加工企业，促进一二三产业的融合发展。 2. 加强规划引导，建设镇区特色空间，塑造尺度宜人、特色鲜明的小镇风貌。
		南通市如东县栟茶镇	1. 加大美业挖掘力度，促进产业、文化、生态相结合，扩大产业内涵，增强产业生命力。 2. 加强对产业的培养扶持，打造知名品牌，提升产品品质和技术含量，增强国际竞争力。 3. 整治镇区环境，进一步提升整体风貌特色。
		泰州市兴化市戴南镇	1. 鉴于产业周期性明显、企业数量较多，应进一步提高产业抗风险能力。 2. 优化提升特色产业，增加科技含量，提高智能化水平。 3. 加强规划引导，传承镇区风貌，保持良好的镇域风貌。
		泰州市泰兴市黄桥镇	1. 注重特色产业的集聚效应，新入驻镇区的企业应为与乐器制造相关的企业。 2. 新镇区建设应保持和彰显江南水乡特色，注重与老镇区的协调发展。
		常州市新北区孟河镇	1. 逐步改造升级原有的汽车摩托车配件产业，引入的中医健康产业应注重优化规划和项目投资。 2. 开展镇区环境整治，提升整体风貌。
		南通市如皋市搬经镇	1. 做实长寿的有关产业，不能停留于概念，要作出核心产品和品牌。 2. 丰富长寿产业内涵，不局限于农业，可打造长寿的系列产业，实现多点突破。 3. 提供高规划质量，提升镇区风貌特色。
		无锡市锡山区东港镇	1. 挖掘红豆杉的产业附加值，加大研发能力，提高产品品质。 2. 促进新老镇区的协调发展。 3. 保护历史文化资源，不要拆除老房子、砍伐老树以及破坏具有历史印记的地物。

续表

序号	省（市、区）	特色小镇	评审意见
10	江苏省	苏州市吴江区七都镇	1. 加大特色产业的培育力度，妥善处理现有主导产业与特色产业发展的关系。 2. 加大加快引进和落地与特色产业有关的大项目。
11	浙江省	嘉兴市嘉善县西塘镇	继续加强规划建设管理，保持和彰显小镇特色。
		宁波市江北区慈城镇	1. 提升规划质量，合理控制规划用地规模。 2. 加强镇区环境整治，重点提升老镇区风貌。 3. 未来三年项目较多，需进一步加强组织实施，确保项目资金落实。
		湖州市安吉县孝丰镇	1. 加强镇区环境整治，提升整体风貌特色，在小镇空间塑造中加入孝文化元素。 2. 尽快修编规划，提升编制质量。
		绍兴市越城区东浦镇	1. 处理好小镇发展与越城区的关系，明确小镇定位。 2. 尽快编制小镇规划。
		宁波市宁海县西店镇	1. 加强规划设计，结合当地历史文化和自然地貌设计、塑造小镇风貌。 2. 加强镇区环境整治，提升公共服务水平。
		宁波市余姚市梁弄镇	1. 加大特色产业培育。 2. 尽快修编小镇规划，统筹规划产业发展和小镇建设。
		金华市义乌市佛堂镇	1. 进一步明确主导产业发展方向。 2. 新建区域的高层建筑偏多，应加强规划引导，避免建设与整体环境不协调的高层或大体量建筑，促进新建风貌与传统风貌的协调。
		衢州市衢江区莲花镇	1. 提升规划编制质量，保持和延续小镇肌理，彰显特色文化和风貌特色。 2. 加强镇区环境整治，提升公共服务水平。
		杭州市桐庐县富春江镇	1. 提升规划质量，注重保护、利用地形地貌和河流水系。 2. 加强镇区环境整治，提升建筑风貌。
		嘉兴市秀洲区王店镇	1. 优化规划方案，增加小镇格局和风貌管控要求。 2. 近期实施项目较多，应完善实施保障措施。
		金华市浦江县郑宅镇	1. 加强二产与三产的融合发展。 2. 落实好近期建设项目。
		杭州市建德市寿昌镇	1. 延伸和扩展通航产业，创新、实践投融资平衡的商业模式。 2. 小镇风貌塑造应与当地环境和文化特色相衔接。
		台州市仙居县白塔镇	1. 镇区与景区相对脱离，应加强镇区与景区的融合发展，加强镇区的旅游服务功能。 2. 小城镇建设应保持尺度宜人的空间，避免盲目照搬城市模式。
		衢州市江山市廿八都镇	1. 建筑风格应保持和延续本土文化传统，不盲目搬袭外来文化。 2. 新建住区应延续传统肌理，避免照搬城市居住小区模式。
		台州市三门县健跳镇	1. 落地小镇项目都是国家重大项目，要妥善处理好大项目与本镇发展的关系。 2. 制定岸线设计和古城保护发展的有关专项规划。
12	安徽省	六安市金安区毛坦厂镇	1. 加强教育配套设施建设。 2. 建议在规划中适度减少工业用地。 3. 加强规划实施管理，提升社会管理水平。

续表

序号	省（市、区）	特色小镇	评审意见
12	安徽省	芜湖市繁昌县孙村镇	1. 逐步转型升级特色产业。 2. 坚持紧凑发展，避免盲目扩张。 3. 加强传统风貌传承，探索时尚风格。
		合肥市肥西县三河镇	1. 完善特色产业的综合培育，加强产业之间的关联性。 2. 优化城镇空间格局，提升居住品质。
		马鞍山市当涂县黄池镇	1. 充分利用优美的自然环境，加大退二进三，打造水镇交融的空间格局和风貌特色。 2. 将食品加工提升至美食推介，并以此为切入点融入周边旅游线。
		安庆市怀宁县石牌镇	1. 尽快修编规划，提升规划质量。 2. 加强镇区环境整治，提升整体风貌。
		滁州市来安县汊河镇	1. 妥善处理镇区与周边县、区的发展关系，找准小镇定位。 2. 建筑风貌应体现地域文化。 3. 严格控制房地产开发比例，避免过度房地产化。
		铜陵市义安区钟鸣镇	1. 明确以休闲养生为特色产业的发展方向，避免跟风发展。 2. 处理好金桥园区、镇区和高铁站区的发展关系，优化高铁站区产业形态和空间布局。 3. 尽快修编规划，提升规划质量。
		阜阳市界首市光武镇	1. 产业发展应与小镇建设目标紧密结合，实现产镇融合发展。 2. 利用较好的经济基础加大对小镇传统文化的保护和传承，提升公共服务水平。 3. 尽快修编规划，提升规划质量。
		宣城市宁国市港口镇	1. 改造升级传统产业，向三产延伸，可利用景观陶瓷业发展文化旅游产业。 2. 延续老镇区肌理，进一步强化风貌特色。 3. 保持小镇宜居尺度，不盲目盖高楼。
		黄山市休宁县齐云山镇	1. 丰富特色旅游产业内涵，增加竞争力。 2. 加强镇区环境整治，提升整体风貌。 3. 控制建设用地规模，避免过度房地产化。
13	福建省	泉州市石狮市蚶江镇	1. 进一步明确特色产业门类，提升带动示范作用。 2. 突出小镇宜人尺度，加强建筑风貌的整体管控。
		福州市福清市龙田镇	1. 规划的建设用地规模偏大，要减小规模并把握建设节奏。 2. 尽快修编规划，提升镇区风貌，体现尺度宜人的空间特色。
		泉州市晋江市金井镇	1. 尽快修编规划，加强规划实施和管理。 2. 加大镇区环境整治力度，提升镇区风貌。
		莆田市涵江区三江口镇	1. 妥善处理好小镇发展与滨海新区建设的关系。 2. 尽快实施、运营啤酒文化园、商业街等项目。 3. 加大镇区环境整治力度，提升镇区风貌。
		龙岩市永定区湖坑镇	1. 拓宽拓长产业链，实现三产融合发展。 2. 尽快修编规划，加强规划实施和管理。 3. 加大镇区环境整治力度，加强农村人居环境改善。
		宁德市福鼎市点头镇	1. 加强特色产业培育，延伸产业链，促进三次产业融合发展。 2. 尽快修编规划，提升镇区风貌。
		漳州市南靖县书洋镇	1. 处理好居民居住和旅游发展的关系，避免采取将现有居民整体迁出的开发模式。 2. 延伸旅游产业链，增强内生动力。

续表

序号	省（市、区）	特色小镇	评审意见
13	福建省	南平市武夷山市五夫镇	1. 延伸特色产业链，积极引进社会资本参与小镇建设和运营。 2. 尽快修编规划， 提升镇区风貌。
		宁德市福安市穆阳镇	1. 聚焦特色产业，避免出现“多而不强”的现象。 2. 尽快修编规划，加强规划实施和管理。 3. 加强镇区环境整治，提升整体风貌。
14	江西省	赣州市全南县南迳镇	1. 立足区位优势，发展民俗、民宿及深度游，特色小镇不仅要环境美，更要产业特色鲜明。 2. 尽快修编规划，完善镇域规划内容。
		吉安市吉安县永和镇	1. 丰富陶瓷产业内涵，拓展文化创意、陶艺等产业。 2. 提升规划编制质量，优化镇区布局，避免职住分离。
		抚州市广昌县驿前镇	1. 打造特色产业的龙头企业，引入优质企业。提升经营能力。 2. 旅游产业方面仍需深度挖掘，打响知名度。 3. 尽快修编规划，提升镇区风貌。
		景德镇市浮梁县瑶里镇	1. 进一步突出“瓷荣小镇”产业特色，加强瓷荣产业与旅游的有机结合。 2. 完善镇区规划内容，加强新建区域的空间、风貌管控。 3. 加强体制机制创新。
		赣州市宁都县小布镇	1. 应从生产、旅游、健康、创意等方面延长产业链，丰富特色产业内容，提升茶香小镇产业支撑。 2. 深化规划内容，指导具体项目建设。
		九江市庐山市海会镇	1. 提升规划质量，要与庐山风景区规划相协调。 2. 创新投融资机制体制，探索小镇运营模式。
		南昌市湾里区太平镇	1. 加强产业支撑，统筹产业空间布局。加快近郊游发展，深度挖掘品牌价值。 2. 加强规划设计，做好项目落地。
		宜春市樟树市阁山镇	1. 中医药镇打造要与全镇整体产业发展相匹配，增强特色产业的可持续性。 2. 尽快开展镇区环境整治，提升镇区风貌。 3. 加快体质机制改革，提升公共服务水平。
15	山东省	聊城市东阿县陈集镇	1. 改变过去产业园模式，促进生产、生活相融合，实现产镇融合发展。 2. 优化小镇规划，管控小镇风貌，不要建假古建、假古村。
		滨州市博兴县吕艺镇	1. 加强农业与城镇生活结合，做好农业体验、农业观光等产业，提高农业附加值。 2. 提高小镇规划质量，控制小镇风貌，体现地方文化特色。 3. 控制镇区建设规模，避免过度房地产化。
		菏泽市郓城县张营镇	1. 在音乐活动组织中应注重突出主题、主线。 2. 镇区建设应加强特色空间营造。
		烟台市招远市玲珑镇	1. 探索黄金产业与镇区发展有效结合方式，提高特色产业的带动发展作用。 2. 尽快修编规划，提升镇区风貌。
		济宁市曲阜市尼山镇	1. 建议以原来的尼山乡孔子湖为依托，发展基于孔圣人、国学相关的特色产业，并把握好商业和学问之间的关系，培育浓郁的治学、求学氛围。 2. 尽快修编规划，提升镇区风貌。
		泰安市岱岳区满庄镇	1. 利用靠近泰山的优势，引入人流、资金流，打造旅游等配套产业，形成多元化发展。 2. 尽快修编规划，提升镇区风貌。

续表

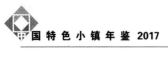

序号	省（市、区）	特色小镇	评审意见
15	山东省	济南市商河县玉皇庙镇	1. 加强创意设计和科技研发的投入力度，促进部分产品的转型与升级，提高附加值，并促进产业发展与镇区建设的结合。 2. 挖掘地方特色与玻璃文化，突出小镇的文化特色。 3. 尽快修编规划，提升镇区风貌。
		青岛市平度市南村镇	1. 利用好建制镇示范试点的成果，带动周边乡村共同发展。 2. 加强体制机制创新，提高公共服务能力。
		德州市庆云县尚堂镇	1. 加强市场调研和培育，促进特色产业的可持续发展。 2. 加强农民利益共享机制建设，带动农民增收致富。
		淄博市桓台县起凤镇	1. 加强对正骨及康复功能的研究，并将其与现有旅游设施和乡村资源进行有效衔接，带动相关产业的协同发展。 2. 加强现有水网与小镇整体格局的结合，营造尺度宜人的空间特色。 3. 尽快修编规划，加强镇区环境整治，提升镇区风貌。
		日照市岚山区巨峰镇	1. 延伸茶叶产业链，除种植、加工、经销外，要加大茶食品、茶文化产品等的研发。 2. 尽快修编规划，提升镇区风貌。
		威海市荣成市虎山镇	1. 优化规划设计，加大建设项目与现状资源和场地有机结合。 2. 尽快修编规划，提升镇区风貌，体现尺度宜人的空间特色。
		莱芜市莱城区雪野镇	1. 妥善处理机场净空限制与相邻建设项目建设高度的关系。 2. 适度减少环湖用地安排，集约节约利用土地。
		临沂市蒙阴县岱崮镇	1. 进一步深究“红色”特色核心，把革命老区、军工文化做深做透。 2. 尽快修编规划，控制整体规模，不要贪大，保持原有的风貌，形成地域特色。
		枣庄市滕州市西岗镇	1. 优化园区与镇区的关系，促进产镇融合发展。 2. 保护和利用好河道，优化公共空间，体现水系特色。 3. 尽快修编规划，突出产业文化特色，提升镇区风貌。
16	河南省	汝州市蟒川镇	1. 延长创新汝瓷产业链，丰富汝瓷小镇内容。 2. 提升规划编制质量，保持小镇的空间格局，营造尺度宜人的空间环境。
		南阳市镇平县石佛寺镇	1. 尽快修编规划，注重集约节约利用土地。 2. 开展镇域内村庄人居环境整治，发挥小镇带动作用。
		洛阳市孟津县朝阳镇	1. 加强唐三彩文化研究，将唐三彩文化与小镇建设充分结合，打造富有特色的小镇空间形态。 2. 严格控制房地产规模。
		濮阳市华龙区岳村镇	1. 加强杂技文化研究，将杂技文化融入小镇建设。 2. 加强房地产管控，避免因靠近都市带来的快速房地产化倾向。 3. 尽快修编规划，提升镇区风貌。
		周口市商水县邓城镇	1. 拓展特色产业链，发挥特色产业对小镇及其周边区域的带动作用。 2. 整治镇区环境，提升综合服务能力。 3. 尽快修编规划，控制小镇用地规模，避免盲目扩张。
		巩义市竹林镇	1. 明确特色产业发展思路，创新运营模式。 2. 加强生态环境保护，创建宜居、生态的小镇。 3. 开展镇区环境整治，提升整体风貌。
		长垣县恼里镇	1. 将小镇的孔子文化资源、湿地资源融入小镇建设，提升小镇风貌和品质。 2. 尽快修编规划，统筹布局产业、居住和服务设施，促进产镇融合发展。

续表

序号	省（市、区）	特色小镇	评审意见
16	河南省	安阳市林州市石板岩镇	1. 加大写生、住宿等的配套设施建设，满足不同人群的需求。 2. 防止过度房地产化，严控乡镇债务。 3. 提升规划质量，保持原生态、原汁原味的小镇空间和风貌。
		永城市芒山镇	1. 重点深化拓展“汉文化”体验，由游览式向民宿、文化传承等方向发展，拓宽产业链条。 2. 将汉文化融入小镇建设，注重保护“地下文化”，传承和创新“地上文化”。 3. 尽快修编规划，提升规划质量。
		三门峡市灵宝市函谷关镇	1. 将优秀的传统文化融入镇区建设，提升镇区风貌。 2. 尽快修编规划，严控建设用地规模，避免过快扩张。
		邓州市穰东镇	1. 促进传统产业提升和特色产业自身品牌的培育，落实特色产业项目。 2. 加强镇区和乡村环境整治，营造尺度宜人的小镇空间环境和美丽宜居的乡村环境。 3. 尽快修编规划，提升规划质量。 4. 加强体制机制创新。
17	湖北省	荆州市松滋市沲水镇	1. 要依据当地经济基础、财力水平安排投资，防止政府过度负债。 2. 降低房地产开发比例，避免破坏小镇风貌。
		宜昌市兴山县昭君镇	1. 拓展特色产业培育，不能局限在昭君别院一个旅游项目上。 2. 开展镇区环境整治，提升整体风貌。 3. 尽快修编规划，提升规划质量。
		潜江市熊口镇	1. 以龙虾产业为基础，结合地方民俗文化，组织好吃住游等活动。 2. 开展镇区环境整治，提升整体风貌。 3. 尽快修编规划，提升规划质量。
		仙桃市彭场镇	1. 提升镇区的环境质量和公共服务水平。 2. 开展镇区环境整治，加强空间格局和建筑风貌的管控。 3. 提升规划质量。
		襄阳市老河口市仙人渡镇	1. 促进产业发展和镇区建设相协调。 2. 加强污染隔离带的控制，保护生态环境。 3. 尽快修编规划，提升规划质量。
		十堰市竹溪县汇湾镇	1. 加强特色产业培育和基础设施支撑。 2. 尽快修编规划，结合地形地貌统筹规划空间布局。 3. 加强镇区环境整治，提升整体风貌。
		咸宁市嘉鱼县官桥镇	1. 加强生态环境保护。 2. 开展镇区环境整治，提升整体风貌。 3. 尽快修编规划，提升规划质量。
		神农架林区红坪镇	1. 做好旅游产业的业态设计，避免过度房地产化。 2. 引入更多产业项目投入，加强建设项目落地管理。 3. 注入当地文化要素，完善体制机制。
		武汉市蔡甸区玉贤镇	1. 提高园林产业的文化、艺术特色，并将其融入镇区建设中，提升镇区风貌。 2. 尽快修编规划，提升规划质量。
		天门市岳口镇	1. 利用当地经济基础加强特色农业培育，加大带动周边乡村发展的作用。 2. 尽快修编规划，提升镇区风貌。 3. 加强体制机制创新。

续表

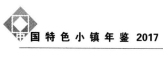

序号	省（市、区）	特色小镇	评审意见
17	湖北省	恩施州利川市谋道镇	1. 加大土家族传统文化特色挖掘力度。 2. 开展镇区环境整治，提升整体风貌。 3. 尽快修编规划，提升规划质量。
18	湖南省	常德市临澧县新安镇	1. 控制高层建筑数量，新建住宅应为低层、多层。 2. 开展镇区环境整治，提升整体风貌。 3. 尽快修编规划，提升规划质量。
		邵阳市邵阳县下花桥镇	1. 蓝印花布等非遗的传承应与文化创意和“互联网+”相结合，向传统特色产业注入新的活力。 2. 镇区规划建设要保持好地域特色，新镇区应保持适宜尺度的空间格局，做到新、老镇区协调统一。
		娄底市冷水江市禾青镇	1. 凝练发展特色，逐步优化产业结构，凸显发展特色。 2. 加强小镇风貌特色塑造和生态环境保护。 3. 尽快修编规划，提升镇区风貌。
		长沙市望城区乔口镇	1. 妥善处理好发展与保护生态环境、建设与保持风貌特色之间的关系。 2. 凝练和突出产业和城镇发展的特色。 3. 尽快修编规划，开展镇区环境整治，提升整体风貌。
		湘西土家族苗族自治州龙山县里耶镇	1. 明晰主导产业，凝练农业特色，可以依托文旅加快种植业和土家医药的转型升级。 2. 开展镇区环境整治，提升整体风貌。
		永州市宁远县湾井镇	1. 加强舜帝文化的挖掘提升，充分发挥产业特色，带动群众走向富裕。 2. 麻将文化发展中要始终坚持社会主义核心价值观。 3. 提高规划质量，整治镇区环境，提升整体风貌。
		株洲市攸县皇图岭镇	1. 开展镇区环境整治，提升整体风貌。 2. 尽快修编规划，提升规划质量。
		湘潭市湘潭县花石镇	1. 提升湘莲产业水平，挖掘文化内涵，借莲发展相关产业，提高特色产业的可持续性。 2. 整治镇区环境，提升基础设施水平。 3. 尽快修编规划，提升镇区风貌。
		岳阳市华容县东山镇	1. 在用好外来投资的基础上，积极培育当地的特色产业。 2. 加强环境保护力度。
		长沙市宁乡县灰汤镇	1. 打造温泉品牌，力争在众多温泉小镇中脱颖而出。 2. 加强产镇融合发展，提高产业的可持续性和带动作用。 3. 严格控制房地产项目，防止过度房地产化。
		衡阳市珠晖区茶山坳镇	1. 进一步凝练和强化产业特色。 2. 开展镇区环境整治，提升整体风貌。 3. 尽快修编规划，提升规划质量。
19	广东省	佛山市南海区西樵镇	1. 完善支持特色产业发展的配套政策和考核机制。 2. 开展镇区环境整治，提升整体风貌。 3. 尽快修编规划，提升规划质量。
		广州市番禺区沙湾镇	1. 保护和传承传统文化，提升公共开放空间、文化活动场所等文化载体的质量。 2. 加强产业与文化的结合。 3. 尽快修编规划，提升镇区风貌。
		佛山市顺德区乐从镇	1. 提高规划编制质量，控制镇区建设规模。 2. 挖掘地方文化元素，保护和传承传统建筑风貌。

续表

序号	省（市、区）	特色小镇	评审意见
19	广东省	珠海市斗门区斗门镇	1. 落实“产镇融合”的发展策略，培育专业的小城镇运营主体。 2. 整治镇区环境，提升镇区风貌。 3. 尽快修编规划，提升规划质量。
		江门市蓬江区棠下镇	1. 以电子信息、精密机械等主导产业的业态不够鲜明，应进一步理清发展方向。 2. 整治镇区环境，提升镇区风貌水平。
		梅州市丰顺县留隍镇	提升小镇规划质量，进一步保持和彰显小镇特色。
		揭阳市揭东区埔田镇	1. 整治镇区环境，塑造风貌特色。 2. 加强循环经济、绿色生活和特色空间营造。 3. 提升小镇规划质量。
		中山市大涌镇	1. 提高规划编制质量，加强产业发展与镇区建设风貌、文化融合。 2. 挖掘地方传统文化元素，塑造镇区风貌特色。
		茂名市电白区沙琅镇	1. 整治镇区环境，塑造风貌特色。 2. 尽快修编规划，提升规划质量。
		汕头市潮阳区海门镇	1. 协调好镇区与工业园区、渔业、旅游以及新兴产业（如汽车产业）之间的关系。 2. 加强自然生态环境、人文环境的保护，管控整体建筑风貌，避免镇区大拆大建。 3. 尽快修编规划，提升规划质量。
		湛江市廉江市安铺镇	1. 加强地方特色与产业融合发展。 2. 整治镇区环境，塑造整体风貌特色。 3. 加快修编规划，保持小镇宜居尺度。
		肇庆市鼎湖区凤凰镇	1. 完善公共设施和公共空间等镇区建设，避免将养心长寿小镇建设成房地产项目。 2. 整治镇区环境，塑造整体风貌特色。 3. 重视自然生态资源保护及历史文化传承。
		潮州市湘桥区意溪镇	1. 加大研发投入，探索木雕手工业与规模生产的结合方式，做优做强特色产业。 2. 整治镇区环境，塑造整体风貌特色。
		清远市英德市连江口镇	1. 整治镇区环境，提升整体风貌。 2. 完善基础设施和公共服务设施。 3. 提高规划质量，挖掘传统文化特色。
20	广西壮族自治区	河池市宜州市刘三姐镇	1. 发挥产业发展对乡村的带动作用，在桑蚕养殖基础上导入相关产业，提高农业附加值。 2. 加强沿江的生态保护和景观建设，提高镇区建设品质。 3. 尽快修编规划，提升规划质量。
		贵港市港南区桥圩镇	1. 整治镇区环境，塑造整体风貌特色。 2. 尽快修编规划，提升规划质量。
		贵港市桂平市木乐镇	1. 提升产业层次，增加附加值，注重品牌培育。 2. 加强镇区环境整治，提升整体风貌。 3. 尽快修编规划，重视历史文化传承和民居保护。
		南宁市横县校椅镇	1. 加大茉莉花产品的研发力度，提高附加值，延伸并融合文化、旅游等相关产业，促进产业复合化发展，带动乡村发展。 2. 提炼茉莉花的文化特征，突出小镇的文化特色。 3. 尽快修编规划，提升规划质量。

续表

序号	省（市、区）	特色小镇	评审意见
20	广西壮族自治区	北海市银海区侨港镇	1. 加强特色产业培育。 2. 加强镇区环境整治，提升整体风貌品质。 3. 尽快修编规划，提升规划质量。
		桂林市兴安县溶江镇	1. 延伸米酒产业链，提升产业竞争力。 2. 提高规划设计水平，彰显水环境特色。
		崇左市江州区新和镇	1. 加大特色产业培育投入，延伸产业链。 2. 加强镇区环境整治，提升整体风貌。
		贺州市昭平县黄姚镇	1. 注重新镇区建设与古镇协调发展。 2. 加强历史文化遗产资源的活态传承。
		梧州市苍梧县六堡镇	1. 加大特色产业的支持力度。 2. 加强镇区环境整治，提升整体风貌。
		钦州市灵山县陆屋镇	1. 合理控制产业类型，聚焦特色产业，重点探索机电、卫浴产业的发展模式。 2. 妥善处理好产业园区与镇区发展的关系，合理控制镇区建设用地规模。 3. 尽快修编规划，提升镇区风貌，体现尺度宜人的空间特色。
21	海南省	澄迈县福山镇	1. 拓展主导产业，可向养生文化及相关产业延伸。 2. 镇区风貌整治应延续传统风格。
		琼海市博鳌镇	1. 理清特色小镇发展与会展等大型项目的关系，提升服务水平。 2. 提升规划质量，做好镇区风貌管控。
		海口市石山镇	1. 理清特色小镇发展与大型项目的关系，加大特色产业培育投入。 2. 提升规划质量，做好镇区风貌管控。
		琼海市中原镇	1. 进一步聚焦特色产业。 2. 整治镇区环境，传承地方文化，塑造镇区特色。 3. 提升规划编制质量。
		文昌市会文镇	1. 拓展特色产业，形成上下游结合的产业链。 2. 整治镇区环境，挖掘传统文化，塑造镇区特色。 3. 加强镇域美丽乡村建设。 4. 尽快修编规划，提升规划质量。
22	重庆市	铜梁区安居镇	1. 挖掘传统文化内涵，形成多元文化产业。 2. 整治镇区环境，塑造镇区特色。 3. 提升规划编制质量。
		江津区白沙镇	1. 做深做透小镇特色，加强产业培育，吸引更多游客在镇上停留。 2. 提升规划质量，继续做好古镇保护，加强镇区风貌管控。
		合川区涞滩镇	1. 按照“镇区、景区、村庄”联动的方式发展特色产业，合理引导消费进乡村，促进镇景村联动发展。 2. 尽快修编规划，优化镇区规划方案，按照“镇区景区化”目标进行规划和建设，突出镇区与自然地貌的融合，加强与渠江的联系。 3. 严格控制镇区规模，避免照搬城市模式。
		南川区大观镇	1. 创新体制机制，提升产业发展能力。 2. 提高规划质量，控制建设用地规模，防止违背农民意愿大规模拆并村庄。 3. 整治镇区、村庄环境，提升整体风貌。
		长寿区长寿湖镇	1. 加强特色产业培育力度，延伸产业链，吸引更多客流聚集。 2. 整治镇区环境，完善基础设施，提升整体承载力。

续表

序号	省（市、区）	特色小镇	评审意见
22	重庆市	永川区朱沱镇	1. 加强生态环境保护力度。 2. 积极利用港口优势，提升纸制品产业的质量和竞争力。 3. 尽快修编规划，提升规划质量。
		垫江县高安镇	1. 控制镇区建设规模。 2. 开展镇区环境整治，提升整体风貌。 3. 尽快修编规划，提升规划质量。
		酉阳县龙潭镇	1. 加强特色产业培育。 2. 开展镇区环境整治，提升整体风貌。 3. 尽快修编规划，提升规划质量。
		大足区龙水镇	1. 妥善处理镇区与南斋双桥区的发展关系。 2. 开展镇区、工业园区环境整治，提升整体风貌。 3. 尽快修编规划，提升规划质量。
23	四川省	成都市郫都区三道堰镇	提升规划质量，保持和彰显小镇特色。
		自贡市自流井区仲权镇	1. 打造彩灯的全产业链，培育相关产业，提升小镇就业岗位和聚集效应。 2. 开展镇区环境整治，提升整体风貌。
		广元市昭化区昭化镇	1. 开展镇区环境整治，提升整体风貌。 2. 继续创新体制机制，拓展农民参与民宿经营的渠道。
		成都市龙泉驿区洛带镇	1. 充分发掘古镇历史文化和客家文化要素，打造区别于其他古镇的旅游发展特色。 2. 挖掘地方特色，注重原有古镇风貌保护。 3. 创新体制机制，处理好原有古镇居民与古镇运营企业的关系。
		眉山市洪雅县柳江镇	1. 加强特色产业与当地的“雅”文化的结合，拓展旅游体验等产业培育。 2. 开展镇区环境整治，提升整体风貌。
		甘孜州稻城县香格里拉镇	1. 适当开展多元化旅游项目，弱化旅游季节性的影响。 2. 开展镇区环境整治，提升整体风貌。
		绵阳市江油市青莲镇	1. 进一步加大特色产业培育力度。 2. 整治老镇区环境，提升居住品质。
		雅安市雨城区多营镇	1. 保护小镇整体空间格局和传统风貌，避免过大、过密的建设。 2. 整治镇区环境，提升环境质量。
		阿坝州汶川县水磨镇	1. 充分研究和慎重确定产业方向。 2. 新增建设项目要充分体现地域文化和风貌特色。
		遂宁市安居区拦江镇	1. 增加特色产业的就业岗位，促进农民就地就近城镇化。 2. 整治镇区环境，提升环境质量。 3. 合理控制镇区规划建设用地规模，避免盲目扩张。
		德阳市罗江县金山镇	1. 充分发掘当地独特的民俗及传统文化。 2. 严格控制建设规模，避免大拆大建。 3. 整治镇区环境，塑造有特色的小镇风貌。
		资阳市安岳县龙台镇	1. 研发产品深加工技术，增强产品附加值，优化产业结构，提升产品质量。 2. 开展镇区环境整治，提升整体风貌。
		巴中市平昌县驷马镇	1. 保持生态环境和自然资源优势，审慎引进工业项目。 2. 发挥已有的文化创意优势，以绘画和农创产品的基础，吸引名家聚集，形成规模效应。 3. 整治镇区环境，提升环境质量。

续表

序号	省（市、区）	特色小镇	评审意见
24	贵州省	黔西南州贞丰县者相镇	1. 加强户外运动、康体旅游的配套设施建设。 2. 严格控制建设用地规模，集约节约利用土地，并明确近期集中开发区域。
		黔东南州黎平县肇兴镇	1. 注重传统文化保护，建立传统文化保护机制。 2. 抓紧制定历史建筑、传统风貌建筑保护管理方法。 3. 提升规划质量，引领特色小镇建设。
		贵安新区高峰镇	1. 妥善处理小镇与贵安新区的关系，明确小镇定位。 2. 提高农业附加值，可与相关文创产业结合发展。 3. 提高镇区对农业、农村的带动作用。 4. 加强对镇区规模和形态的研究，突出特色风貌，注重高铁过境区域的形象。
		六盘水市水城县玉舍镇	1. 进一步加大特色产业培育力度。 2. 做好特色风貌保护，塑造和传承地方文化。
		安顺市镇宁县黄果树镇	1. 拓展旅游业的产业链，丰富旅游产业要素。 2. 提高镇区建设品质和旅游接待能力，提升游客留宿率。
		铜仁市万山区万山镇	1. 加快朱砂产业改造升级，通过强化创意和设计提高产品的附加值。 2. 镇区规划建设应注重生态修复，注重顺应自然山体，注重展现产业特色。 3. 严格保护不同时期的建筑特色，避免整治方法简单粗暴。
		贵阳市开阳县龙岗镇	1. 拓展硒的相关产业链。 2. 统筹安排年度建设项目，避免项目过多过大。 3. 合理控制新增建设用地，至 2020 年镇区建设用地增量宜控制在 100 公顷以内。 4. 开展镇区环境整治，提升整体风貌。
		遵义市播州区鸭溪镇	1. 保护生态环境，开展水治理等工作。 2. 开展镇区环境整治，提升整体风貌。 3. 保护好传统村寨。
		遵义市湄潭县永兴镇	1. 进一步聚焦特色产业，延伸产业链。 2. 创新机制，引导社会资本参与小镇建设。
		黔南州瓮安县猴场镇	1. 明确主导产业，避免选择过多产业。 2. 重点打造历史文化和红色文化，防止文化特色过泛。 3. 优化小镇规划，合理布局旅游服务设施用地，加强用地规模控制，打造特色风貌。
25	云南省	楚雄州姚安县光禄镇	1. 加强历史文化保护。 2. 尽快修编规划，提升镇区风貌。
		大理州剑川县沙溪镇	1. 创新体制机制，促进特色产业和传统文化可持续发展。 2. 加快引进民间资本促进小镇产业运营发展。 3. 尽快修编规划，提升规划质量。
		玉溪市新平县戛洒镇	1. 细化产业方向，明确旅游产业的业态和经营模式。 2. 注重项目实施的体制机制创新。
		西双版纳州勐腊县勐仑镇	1. 引入专业的运营企业，打造有特色的科普产业。 2. 尽快修编规划，提升规划质量。
		保山市隆阳区潞江镇	1. 处理好新建区域与地域风貌的关系。 2. 加强镇区与咖啡种植、加工的功能联系。 3. 尽快修编规划，提升规划质量。

续表

序号	省（市、区）	特色小镇	评审意见
25	云南省	临沧市双江县勐库镇	1. 结合现有优势产业，配套交通基础设施及物流设施建设。 2. 发挥普洱茶品牌的龙头优势，引导、带动全镇居民参与产业发展。 3. 整治镇区环境，塑造特色风貌。
		昭通市彝良县小草坝镇	1. 提升规划质量，统筹新建产业园区、新镇区与老镇区的关系。 2. 加强公共设施、基础设施建设，提升人居环境质量和公共服务水平。 3. 保护好生态环境。
		保山市腾冲市和顺镇	1. 彰显主导产业特色。 2. 梳理小镇建设项目，确保项目顺利实施。 3. 建立景区和小镇的协作发展机制。
		昆明市嵩明县杨林镇	1. 提高规划质量，处理好体育小镇与老镇区、经济开发区的关系，加强功能联系，提升整体风貌。 2. 新增建设项目应与地域文化、地形地貌相结合。
		普洱市孟连县勐马镇	1. 处理好边贸小镇与老镇区的功能、风貌的关系，实现协调发展。 2. 加强边贸小镇建设应彰显地域文化特色。
26	西藏自治区	阿里地区普兰县巴嘎乡	1. 整合支持资金，打造藏传佛教的国际旅游目的地。 2. 加快基础设施建设，提升接待能力，彰显地域特色和民族特色。
		昌都市芒康县曲孜卡乡	1. 保护好田园风光，防止地质灾害，延续现有的建筑风貌。 2. 合理控制建设用地规模，避免盲目扩张。
		日喀则市吉隆县吉隆镇	1. 加大特色产业培育力度，加大边贸交易额。 2. 有机整合边贸、气候、环境、历史文化等资源，进一步凸显地方特色。
		拉萨市当雄县羊八井镇	1. 编制小城镇规划，整治镇区环境，提升整体风貌。 2. 深度挖掘地热资源，延伸产业链，促进与三产的结合，并惠及当地农牧民的生产生活。
		山南市贡嘎县杰德秀镇	1. 聚焦手工艺加工产业，扩大产业规模。 2. 加强基础设施建设，注重整体风貌塑造。 3. 统筹考虑旅游集散地建设，避免简易化。
27	陕西省	汉中市勉县武侯镇	1. 小镇建设应与乡村建设相互融合，注意保持和塑造乡村风貌和民居特色。 2. 镇区建设要保护和传承传统文化，实施微更新，不能简单“复古”。 3. 尽快修改规划，提升编制质量。
		安康市平利县长安镇	1. 加强镇区与镇域产业联动发展，强化产业升级发展，增强小城镇发展活力。 2. 提升规划编制水平，加强镇区风貌管控。
		商洛市山阳县漫川关镇	1. 加强河道整治、传统民居保护和新建建筑的风貌管控。 2. 发挥秦楚文化的核心作用，丰富文化产业，强化特色，形成品牌，打造边贸文娱小镇。
		咸阳市长武县亭口镇	1. 保持和突出城镇特色风貌，加强与自然山水融合，加大文化保护和传承力度。 2. 及时修改规划，提升编制水平。
		宝鸡市扶风县法门镇	1. 发挥佛文化等优势资源，拓展文旅、制造等强经济的产业，发展全域旅游，切实带动周边乡村发展。 2. 规划建设应注重传统文化与现代文化融合发展，可适度引入现代化的优秀建筑。 3. 合理控制建设用地规模，塑造小镇宜人尺度。

续表

序号	省（市、区）	特色小镇	评审意见
27	陕西省	宝鸡市凤翔县柳林镇	1. 注重产业结构优化和提升，加强产业与文化的融合发展。 2. 及时修改规划，提升编制水平。 3. 加强城镇风貌特色营造与管控。
		商洛市镇安县云盖寺镇	1. 加强镇村融合发展，重视乡村的传统民居保护。 2. 小镇特色要进一步聚焦，可考虑打造“红豆杉小镇”的品牌。 3. 充分利用周边自然环境，营造“林在镇中”、“镇在林中”的整体格局。
		延安市黄陵县店头镇	1. 加大特色产业对周边乡村的带动作用。 2. 加强对文化的挖掘和利用，开展城镇风貌整治，塑造特色空间。
		延安市延川县文安驿镇	1. 发挥小镇已有的名人效应，拓展文旅产业资源和产品，营造留得住人的旅游氛围。 2. 规划建设的希腊风情酒店与当地传统风貌差异大，应及时做出调整，不盲目搬袭外来文化。
28	甘肃省	庆阳市华池县南梁镇	1. 整合镇域内红色旅游资源，形成系统的产业链。 2. 强化镇区的服务功能，提升设施建设水平和服务质量。 3. 尽快修编规划，提升规划质量。
		天水市麦积区甘泉镇	1. 产业培育中应兼顾高端化与大众化，注重传统文化与现代文化的结合，扩大知名度。 2. 结合文创特点，打造宜居宜业的公共空间。 3. 尽快修编规划，提升规划质量。
		兰州市永登县苦水镇	1. 突出规划先行的作用，提高规划编制质量。 2. 小镇建设应坚持量力而行的原则，稳步推进，不宜大规模扩张。
		嘉峪关市峪泉镇	1. 加强新的旅游产品开发，形成品牌效应。 2. 及时修改规划，注重改造和提升镇区风貌。
		定西市陇西县首阳镇	1. 提高规划编制水平，不宜在高速公路出入口布置仓储用地，并严控高速公路的生态隔离带。 2. 加强老镇区环境综合整治，注重保持和彰显小镇风貌特色。
29	青海省	海西州德令哈市柯鲁柯镇	1. 加强基础设施建设，提高镇区的服务能力。 2. 提高规划质量，塑造镇区特色。
		海南州共和县龙羊峡镇	1. 进一步提炼产业特色，控制养殖规模。 2. 加强空间格局与自然环境结合，强化城镇风貌特色塑造。 3. 挖掘传统文化内涵，做好传承。
		西宁市湟源县日月乡	1. 结合实际提升经济活力，发展特色产业。 2. 加强现有产业与就业的联系，突出地方资源与文化特色。
		海东市民和县官亭镇	1. 进一步挖掘土族特色，强化民族风情。 2. 建设风格不宜完全复古，应结合时代要素。 3. 应提升新开发建筑和老街区保护的理念。
30	宁夏回族自治区	银川市兴庆区掌政镇	1. 加强艺术产业对本镇居民就业的带动作用。 2. 整治镇区环境，提升整体风貌。
		银川市永宁县闽宁镇	1. 注重打造老镇区地域风貌，不要简单模仿外省的建筑风格。 2. 加强规划引导，处理好小镇与县城发展的关系。
		吴忠市利通区金银滩镇	1. 加强生态景观建设。 2. 做好人才引进的配套设施建设。 3. 发掘并充分利用特色汽车行业独特资源，培育特色文化产业。

续表

序号	省（市、区）	特色小镇	评审意见
30	宁夏回族自治区	石嘴山市惠农区红果子镇	1. 提高规划质量，严格控制规划建设用地规模。 2. 建筑风貌要体现地域特色和时代特色。 3. 公园、建筑要保持宜人尺度，避免照搬城市模式。
		吴忠市同心县韦州镇	1. 合理引导阿语发展，加强地方产业培育。 2. 尽快修编规划，引入高水平的设计团队，建筑风格应体现时代性和地域性特色。 3. 文化发展应更加多元。
31	新疆维吾尔自治区	克拉玛依市乌尔禾区乌尔禾镇	1. 引入成熟运营机构，确保产业项目落实和良性运行，进一步发挥主导产业引领作用。 2. 加大规划管理力度，加强整体风貌管控。
		吐鲁番市高昌区亚尔镇	在街区风貌改造时注重保持地域特色和传承历史文化。
		伊犁州新源县那拉提镇	加强对主导产业培育以及运营模式等方面的研究，进一步发挥特色小镇的引领带动作用。
		博州精河县托里镇	1. 注重特色产业链的延伸，并积极培育相关产业。 2. 尽快修编规划，提升规划质量。
		巴州焉耆县七个星镇	1. 结合葡萄产业优势，重新编制更符合实际、可实施的规划。 2. 加强镇区设施建设，保持具有地域特色和民族特色的城镇风貌。
		昌吉州吉木萨尔县北庭镇	1. 深入挖掘历史文化资源，将主导产业由教育主题提升为文化主题。 2. 注重保护和传承历史文化遗产，集约节约利用土地，并加强建筑风貌管控。
		阿克苏地区沙雅县古勒巴格镇	1. 要充分尊重基础条件和历史发展阶段，开展小镇规划编制，注重保持民族地区特色。 2. 梳理小镇产业优势，明确主导产业，并做好二三产业融合工作。
32	新疆生产建设兵团	阿拉尔市沙河镇	1. 充分尊重现状，提升规划编制水平。规划应表达高速公路和铁路。 2. 加强小微企业创业基地建设的研究，提高培育项目可实施性。 3. 注重产业和公共设施建设。
		图木舒克市草湖镇	1. 应更加重视城镇建筑风貌的管控。 2. 生活型道路的高宽比宜为 1:1~2:1，新建住宅应为低层、多层。
		铁门关市博古其镇	1. 加快规划编制、提高设计水平。 2. 凝练、保持和突出兵团的风貌特色。

住房城乡建设部关于保持和彰显特色小镇特色若干问题的通知

建村〔2017〕144 号

各省、自治区住房城乡建设厅，北京市住房城乡建设委、规划国土委、农委，天津市建委、规划局，上海市住房城乡建设管委、规划国土局，重庆市城乡建设委：

党中央、国务院作出了关于推进特色小镇建设的部署，对推进新发展理念、全面建成小康社会和促进国家可持续发展具有十分重要的战略意义。保持和彰显小镇特色是落实新发展理念，加快推进绿色发展和生态文明建设的重要内容。目前，特色小镇培育尚处于起步阶段，部分地方存在不注重特色的问题。各地要坚持按照绿色发展的要求，有序推进特色小镇的规划建设发展。现就有关事项通知如下。

一、尊重小镇现有格局、不盲目拆老街区

（一）顺应地形地貌。小镇规划要与地形地貌有机结合，融入山水林田湖等自然要素，彰显优美的山水格局和高低错落的天际线。严禁挖山填湖、破坏水系、破坏生态环境。

（二）保持现状肌理。尊重小镇现有路网、空间格局和生产生活方式，在此基础上，下细致功夫解决老街区功能不完善、环境脏乱差等风貌特色缺乏问题。严禁盲目拉直道路，严禁对老街区进行大拆大建或简单粗暴地推倒重建，避免采取将现有居民整体迁出的开发模式。

（三）延续传统风貌。统筹小镇建筑布局、协调景观风貌、体现地域特征、民族特色和时代风貌。新建区域应延续老街区的肌理和文脉特征，形成有机的整体。新建建筑的风格、色彩、材质等应传承传统风貌，雕塑、小品等构筑物应体现优秀传统文化。严禁建设“大、洋、怪”的建筑。

二、保持小镇宜居尺度、不盲目盖高楼

（一）建设小尺度开放式街坊住区。应以开放式街坊住区为主，尺度宜为 100~150 米，延续小镇居民原有的邻里关系，避免照搬城市居住小区模式。

（二）营造宜人街巷空间。保持和修复传统街区的街巷空间，新建生活型道路的高宽比宜为 1:1~2:1，绿地以建设贴近生活、贴近工作的街头绿地为主，充分营造小镇居民易于交往的空间。严禁建设不便民、造价高、图形象的宽马路、大广场、大公园。

（三）适宜的建筑高度和体量。新建住宅应为低层、多层，建筑高度一般不宜超过 20 米，单体建筑面宽不宜超过 40 米，避免建设与整体环境不协调的高层或大体量建筑。

三、传承小镇传统文化、不盲目搬袭外来文化

（一）保护历史文化遗产。保护小镇传统格局、历史风貌，保护不可移动文物，及时修缮历史建筑。不要拆除老房子、砍伐老树以及破坏具有历史印记的地物。

（二）活化非物质文化遗产。充分挖掘利用非物质文化遗产价值，建设一批生产、传承和展示场所，培养一批文化传承人和工匠，避免将非物质文化遗产低俗化、过度商业化。

（三）体现文化与内涵。保护与传承本地优秀传统文化，培育独特文化标识和小镇精神，增加文化自信，避免盲目崇洋媚外，严禁乱起洋名。

各地要按照本通知要求，加强特色小镇规划建设的指导和检查。我部已将是否保持和体现特色作为特色小镇重要认定标准，将定期对已认定特色小镇有关情况进行检查。

中华人民共和国住房和城乡建设部

2017年7月7日

住房城乡建设部　中国建设银行
关于推进商业金融支持小城镇建设的通知

建村〔2017〕81号

各省、自治区、直辖市住房城乡建设厅（建委），北京市农委、规划和国土资源管理委，上海市规划和国土资源管理局，新疆生产建设兵团建设局，中国建设银行各省、自治区、直辖市分行，总行直属分行，苏州分行：

为贯彻落实党中央、国务院关于推进小城镇建设的工作部署，大力推进商业金融支持小城镇建设，现就有关工作通知如下。

一、充分认识商业金融支持小城镇建设的重要意义

小城镇是经济转型升级、新型城镇化建设的重要载体，在推进供给侧结构性改革、生态文明建设、城乡协调发展等方面发挥着重要作用。小城镇建设任务重、项目多、资金缺口大，迫切需要发挥市场主体作用，加大商业金融的支持力度，积极引导社会资本进入小城镇。各级住房城乡建设部门、建设银行各分行要充分认识商业金融支持小城镇建设的重要意义，坚持用新发展理念统筹指导小城镇建设，加强组织协作，创新投融资体制，加大金融支持力度，确保项目资金落地，全面提升小城镇建设水平和发展质量。

二、支持范围和内容

（一）支持范围。

落实《住房城乡建设部　国家发展改革委　财政部关于开展特色小镇培育工作的通知》（建村〔2016〕147号）、《住房城乡建设部等部门关于公布全国重点镇名单

的通知》(建村〔2014〕107 号)等文件要求,支持特色小镇、重点镇和一般镇建设。优先支持《住房城乡建设部关于公布第一批中国特色小镇名单的通知》(建村〔2016〕221 号)确定的 127 个特色小镇和各省(区、市)人民政府认定的特色小镇。

(二)支持内容。

1. 支持改善小城镇功能、提升发展质量的基础设施建设。主要包括:道路、供水、电力、燃气、热力等基础设施建设;企业厂房、仓库、孵化基地等生产设施建设;学校、医院、体育场馆、公园、小镇客厅等公共设施建设;居民拆迁安置、园林绿化等居住环境改善设施建设;河湖水系治理、建筑节能改造、新能源利用、污水和垃圾处理等生态环境保护设施建设。

2. 支持促进小城镇特色发展的工程建设。主要包括:街巷空间、建筑风貌等综合环境整治工程建设;传统街区保护和修缮、非物质遗产活化等传统文化保护工程建设;双创平台、展览展示、服务平台、人才交流等促进特色产业发展的配套工程建设。

3. 支持小城镇运营管理融资。主要包括:基础设施改扩建、运营维护融资;运营管理企业的经营周转融资;优质企业生产投资、经营周转、并购重组等融资。

三、实施项目储备制度

(一)建立项目储备库。

各县(市、区)住房城乡建设(规划)部门要加快推进本地区小城镇总体规划编制或修编,制定近期建设项目库和年度建设计划,统筹建设项目,确定融资方式和融资规模,完成有关审批手续。

(二)推荐备选项目。

各县(市、区)住房城乡建设(规划)部门要组织做好本地区建设项目与中国建设银行地市级分行的对接和推荐,填写小城镇建设项目储备表(详见附件),并报送至省级住房城乡建设部门。省级住房城乡建设部门要联合中国建设银行省级分行对本地区上报项目进行审核,并于 2017 年 5 月底前将通过审核的项目信息录入全国小城镇建设项目储备库(http://www.charmingtown.cn)。住房城乡建设部将会同中国建设银行总行对纳入全国小城镇建设项目储备库的项目进行评估,确定优先推荐项目。

四、发挥中国建设银行综合金融服务优势

(一)加大信贷支持力度。

中国建设银行将统筹安排年度信贷投放总量,加大对小城镇建设的信贷支持力度。对纳入全国小城镇建设项目储备库的推荐项目,予以优先受理、优先评审和优先投放贷款。

(二)做好综合融资服务。

充分发挥中国建设银行集团全牌照优势,帮助小城镇所在县(市)人民政府、参与建设的企业做好融资规划,提供小城镇专项贷款产品。根据小城镇建设投资主体和项目特点,因地制宜提供债券融资、股权投资、基金、信托、融资租赁、保险资金等综合融资服务。

(三)创新金融服务模式。

中国建设银行将在现有政策法规内积极开展金融创新。探索开展特许经营权、景区门票收费权、知识产权、碳排放权质押等新型贷款抵质押方式。探索与创业投资基金、股权基金等开展投贷联动,支持创业型企业发展。

五、建立工作保障机制

住房城乡建设部与中国建设银行总行签署《共同推进小城镇建设战略合作框架

协议》，建立部行工作会商制度。省级住房城乡建设部门、中国建设银行省级分行要参照部行合作模式尽快建立定期沟通机制和工作协作机制，及时共享小城镇建设信息，共同协调解决项目融资、建设中存在的问题，做好风险防控，为小城镇建设创造良好的政策环境和融资环境。执行过程中如有问题和建议，请及时与住房城乡建设部和中国建设银行总行联系。

联系人及联系方式：

住房城乡建设部村镇建设司　郭志伟　张　雁

联系电话：010-58934518　58934818（传真）

中国建设银行公司业务部　张朋非　邓　云

联系电话：010-67595899　66275880（传真）

附件：小城镇建设项目储备表（略）

中华人民共和国住房和城乡建设部

中国建设银行股份有限公司

2017 年 4 月 1 日

住房城乡建设部　国家开发银行关于推进开发性金融支持小城镇建设的通知

建村〔2017〕27 号

各省、自治区、直辖市住房城乡建设厅（建委），北京市农委、规划和国土资源管理委，上海市规划和国土资源管理局，新疆生产建设兵团建设局，国家开发银行各省（区、市）分行、企业局：

为贯彻落实党中央、国务院关于推进小城镇建设的精神，大力推进开发性金融支持小城镇建设，现就有关工作通知如下。

一、充分认识开发性金融支持小城镇建设的重要意义

小城镇是新型城镇化建设的重要载体，是促进城乡协调发展最直接最有效的途径，在推进经济转型升级、绿色低碳发展和生态环境保护等方面发挥着重要作用。小城镇建设任务艰巨，资金需求量大，迫切需要综合运用财政、金融政策，引导金融机构加大支持力度。开发性金融支持是推动小城镇建设的重要手段，是落实供给侧结构性改革的重要举措。各级住房城乡建设部门、国家开发银行各分行要充分认识开发性金融支持小城镇建设的重要意义，加强部行协作，强化资金保障，全面提升小城镇的建设水平和发展质量。

二、主要工作目标

（一）落实《住房城乡建设部　国家发展改革委　财政部关于开展特色小镇培育工作的通知》（建村〔2016〕147 号），加快培育 1000 个左右各具特色、富有活力的休闲旅游、商贸物流、现代制造、教育科技、传统文化、美丽宜居的特色小镇。优先支持《住房城乡建设部关于公布第一批中国特色小镇名单的通知》（建村〔2016〕221 号）确定的 127 个特色小镇。

（二）落实《住房城乡建设部等部门关

于公布全国重点镇名单的通知》（建村〔2014〕107 号），大力支持 3675 个重点镇建设，提升发展质量，逐步完善一般小城镇的功能，将一批产业基础较好、基础设施水平较高的小城镇打造成特色小镇。

（三）着力推进大别山等集中连片贫困地区的脱贫攻坚，优先支持贫困地区基本人居卫生条件改善和建档立卡贫困户的危房改造。

（四）探索创新小城镇建设运营及投融资模式，充分发挥市场主体作用，打造一批具有示范意义的小城镇建设项目。

三、重点支持内容

（一）支持以农村人口就地城镇化、提升小城镇公共服务水平和提高承载能力为目的的设施建设。主要包括：土地及房屋的征收、拆迁和补偿；供水、供气、供热、供电、通信、道路等基础设施建设；学校、医院、邻里中心、博物馆、体育馆、图书馆等公共服务设施建设；防洪、排涝、消防等各类防灾设施建设。重点支持小城镇污水处理、垃圾处理、水环境治理等设施建设。

（二）支持促进小城镇产业发展的配套设施建设。主要包括：标准厂房、众创空间、产品交易等生产平台建设；展示馆、科技馆、文化交流中心、民俗传承基地等展示平台建设；旅游休闲、商贸物流、人才公寓等服务平台建设，以及促进特色产业发展的配套设施建设。

（三）支持促进小城镇宜居环境塑造和传统文化传承的工程建设。主要包括：镇村街巷整治、园林绿地建设等风貌提升工程；田园风光塑造、生态环境修复、湿地保护等生态保护工程；传统街区修缮、传统村落保护、非物质文化遗产活化等文化保护工程。

四、建立项目储备制度

（一）建立项目储备库。各县（市、区）住房城乡建设（规划）部门要加快推进本地区小城镇总体规划编制或修编，制定近期建设项目库和年度建设计划，统筹建设项目，确定融资方式和融资规模，完成有关审批手续。

（二）推荐备选项目。各县（市、区）住房城乡建设（规划）部门要组织做好本地区项目与国家开发银行各分行的项目对接和推荐，填写小城镇建设项目入库申报表（详见附件），报省级住房城乡建设部门。省级住房城乡建设部门应汇总项目申报表，于 2017 年 3 月底前报住房城乡建设部，并将项目信息录入全国小城镇建设项目储备库（http：//www.charmingtown.cn）。

今后，应在每年 11 月底前报送下一年度项目申报表，并完成项目录入工作。住房城乡建设部将会同国家开发银行对各地上报项目进行评估，将评估结果好的项目作为优先推荐项目。

五、加大开发性金融支持力度

（一）做好融资规划。国家开发银行将依据小城镇总体规划，适时编制相应的融资规划，做好项目融资安排，针对具体项目的融资需求，统筹安排融资方式和融资总量。

（二）加强信贷支持。国家开发银行各分行要会同各地住房城乡建设（规划）部门，确定小城镇建设的投资主体、投融资模式等，共同做好项目前期准备工作。对纳入全国小城镇建设项目储备库的优先推荐项目，在符合贷款条件的情况下，优先提供中长期信贷支持。

（三）创新融资模式，提供综合性金融服务。国家开发银行将积极发挥“投、贷、债、租、证”的协同作用，为小城镇建设提供综合金融服务。根据项目情况，采用政府和社会资本合作（PPP）、政府购买服务、机制评审等模式，推动项目落地；鼓励大型央企、优质民企以市场化模式支持小城镇建设。在风险可控、商业可持续的前提下，积极开展小城镇建设项目涉及的特许经营权、收费权和购买服务协议下的应收账款质押等担保类贷款业务。

六、建立工作协调机制

住房城乡建设部和国家开发银行签署《共同推进小城镇建设战略合作框架协议》，建立部行工作会商制度。省级住房城乡建设部门、国家开发银行省级分行要参照部行合作模式建立工作协调机制，加强沟通、密切合作，及时共享小城镇建设信息，协调解决项目融资、建设中存在的问题和困难；要及时将各地项目进展情况、存在问题及有关建议分别报住房城乡建设部和国家开发银行总行。

联系人：

住房城乡建设部村镇建设司　郭志伟　张　雁

联系电话：010-58934518　58934818（传真）

国家开发银行评审二局　赵晋文　史长虹

联系电话：010-88309352　68306847（传真）

附件：小城镇建设项目入库申报表（略）

中华人民共和国住房和城乡建设部

国家开发银行股份有限公司

2017 年 1 月 24日

住房城乡建设部关于公布第一批中国特色小镇名单的通知

建村〔2016〕221 号

各省、自治区、直辖市住房城乡建设厅（建委）、北京市农委、上海市规划和国土资源管理局：

根据《住房城乡建设部　国家发展改革委　财政部关于开展特色小镇培育工作的通知》（建村〔2016〕147 号）（以下简称《通知》）精神和相关规定，在各地推荐的基础上，经专家复核，会签国家发展改革委、财政部，认定北京市房山区长沟镇等 127 个镇（名单见附件）为第一批中国特色小镇，现予以公布。

附件：第一批中国特色小镇名单

中华人民共和国住房和城乡建设部

2016 年 10月 11 日

附件：第一批中国特色小镇名单

一、北京市（3个）

房山区长沟镇
昌平区小汤山镇
密云区古北口镇

二、天津市（2个）

武清区崔黄口镇
滨海新区中塘镇

三、河北省（4个）

秦皇岛市卢龙县石门镇
邢台市隆尧县莲子镇
保定市高阳县庞口镇
衡水市武强县周窝镇

四、山西省（3个）

晋城市阳城县润城镇
晋中市昔阳县大寨镇
吕梁市汾阳市杏花村镇

五、内蒙古自治区（3个）

赤峰市宁城县八里罕镇
通辽市科尔沁左翼中旗舍伯吐镇
呼伦贝尔市额尔古纳市莫尔道嘎镇

六、辽宁省（4个）

大连市瓦房店市谢屯镇
丹东市东港市孤山镇
辽阳市弓长岭区汤河镇
盘锦市大洼区赵圈河镇

七、吉林省（3个）

辽源市东辽县辽河源镇
通化市辉南县金川镇
延边朝鲜族自治州龙井市东盛涌镇

八、黑龙江省（3个）

齐齐哈尔市甘南县兴十四镇
牡丹江市宁安市渤海镇
大兴安岭地区漠河县北极镇

九、上海市（3个）

金山区枫泾镇
松江区车墩镇
青浦区朱家角镇

十、江苏省（7个）

南京市高淳区桠溪镇
无锡市宜兴市丁蜀镇
徐州市邳州市碾庄镇
苏州市吴中区甪直镇
苏州市吴江区震泽镇
盐城市东台市安丰镇
泰州市姜堰区溱潼镇

十一、浙江省（8个）

杭州市桐庐县分水镇
温州市乐清市柳市镇
嘉兴市桐乡市濮院镇
湖州市德清县莫干山镇
绍兴市诸暨市大唐镇
金华市东阳市横店镇
丽水市莲都区大港头镇
丽水市龙泉市上垟镇

十二、安徽省（5个）

铜陵市郊区大通镇

安庆市岳西县温泉镇
黄山市黟县宏村镇
六安市裕安区独山镇
宣城市旌德县白地镇

十三、福建省（5个）

福州市永泰县嵩口镇
厦门市同安区汀溪镇
泉州市安溪县湖头镇
南平市邵武市和平镇
龙岩市上杭县古田镇

十四、江西省（4个）

南昌市进贤县文港镇
鹰潭市龙虎山风景名胜区上清镇
宜春市明月山温泉风景名胜区温汤镇
上饶市婺源县江湾镇

十五、山东省（7个）

青岛市胶州市李哥庄镇
淄博市淄川区昆仑镇
烟台市蓬莱市刘家沟镇
潍坊市寿光市羊口镇
泰安市新泰市西张庄镇
威海市经济技术开发区崮山镇
临沂市费县探沂镇

十六、河南省（4个）

焦作市温县赵堡镇
许昌市禹州市神垕镇
南阳市西峡县太平镇
驻马店市确山县竹沟镇

十七、湖北省（5个）

宜昌市夷陵区龙泉镇
襄阳市枣阳市吴店镇
荆门市东宝区漳河镇
黄冈市红安县七里坪镇
随州市随县长岗镇

十八、湖南省（5个）

长沙市浏阳市大瑶镇
邵阳市邵东县廉桥镇
郴州市汝城县热水镇
娄底市双峰县荷叶镇
湘西土家族苗族自治州花垣县边城镇

十九、广东省（6个）

佛山市顺德区北滘镇
江门市开平市赤坎镇
肇庆市高要区回龙镇
梅州市梅县区雁洋镇
河源市江东新区古竹镇
中山市古镇镇

二十、广西壮族自治区（4个）

柳州市鹿寨县中渡镇
桂林市恭城瑶族自治县莲花镇
北海市铁山港区南康镇
贺州市八步区贺街镇

二十一、海南省（2个）

海口市云龙镇
琼海市潭门镇

二十二、重庆市（4个）

万州区武陵镇
涪陵区蔺市镇
黔江区濯水镇
潼南区双江镇

二十三、四川省（7个）

成都市郫县德源镇
成都市大邑县安仁镇
攀枝花市盐边县红格镇
泸州市纳溪区大渡口镇

南充市西充县多扶镇
宜宾市翠屏区李庄镇
达州市宣汉县南坝镇

二十四、贵州省（5个）

贵阳市花溪区青岩镇
六盘水市六枝特区郎岱镇
遵义市仁怀市茅台镇
安顺市西秀区旧州镇
黔东南州雷山县西江镇

二十五、云南省（3个）

红河州建水县西庄镇
大理州大理市喜洲镇
德宏州瑞丽市畹町镇

二十六、西藏自治区（2个）

拉萨市尼木县吞巴乡
山南市扎囊县桑耶镇

二十七、陕西省（5个）

西安市蓝田县汤峪镇
铜川市耀州区照金镇
宝鸡市眉县汤峪镇
汉中市宁强县青木川镇
杨陵区五泉镇

二十八、甘肃省（3个）

兰州市榆中县青城镇
武威市凉州区清源镇
临夏州和政县松鸣镇

二十九、青海省（2个）

海东市化隆回族自治县群科镇
海西蒙古族藏族自治州乌兰县茶卡镇

三十、宁夏回族自治区（2个）

银川市西夏区镇北堡镇
固原市泾源县泾河源镇

三十一、新疆维吾尔自治区（3个）

喀什地区巴楚县色力布亚镇
塔城地区沙湾县乌兰乌苏镇
阿勒泰地区富蕴县可可托海镇

三十二、新疆生产建设兵团（1个）

第八师石河子市北泉镇

住房城乡建设部　中国农业发展银行关于推进政策性金融支持小城镇建设的通知

建村〔2016〕220号

各省、自治区、直辖市住房城乡建设厅（建委）、北京市农委、上海市规划和国土资源管理局，中国农业发展银行各省、自治区、直辖市分行，总行营业部：

为贯彻落实党中央、国务院关于推进特色小镇、小城镇建设的精神，切实推进政策性金融资金支持特色小镇、小城镇建设，现就相关事项通知如下：

一、充分发挥政策性金融的作用

小城镇是新型城镇化的重要载体，是促进城乡协调发展最直接最有效的途径。各地要充分认识培育特色小镇和推动小城镇建设工作的重要意义，发挥政策性信贷资金对小城镇建设发展的重要作用，做好中长期政策性贷款的申请和使用，不断加大小城镇建设的信贷支持力度，切实利用政策性金融支持，全面推动小城镇建设发展。

二、明确支持范围

（一）支持范围。

1. 支持以转移农业人口、提升小城镇公共服务水平和提高承载能力为目的的基础设施和公共服务设施建设。主要包括：土地及房屋的征收、拆迁和补偿；安置房建设或货币化安置；水网、电网、路网、信息网、供气、供热、地下综合管廊等公共基础设施建设；污水处理、垃圾处理、园林绿化、水体生态系统与水环境治理等环境设施建设；学校、医院、体育馆等文化教育卫生设施建设；小型集贸市场、农产品交易市场、生活超市等便民商业设施建设；其他基础设施和公共服务设施建设。

2. 为促进小城镇特色产业发展提供平台支撑的配套设施建设。主要包括：标准厂房、孵化园、众创空间等生产平台建设；博物馆、展览馆、科技馆、文化交流中心、民俗传承基地等展示平台建设；旅游休闲、商贸物流、人才公寓等服务平台建设；其他促进特色产业发展的配套基础设施建设。

（二）优先支持贫困地区。

中国农业发展银行要将小城镇建设作为信贷支持的重点领域，以贫困地区小城镇建设作为优先支持对象，统筹调配信贷规模，保障融资需求。开辟办贷绿色通道，对相关项目优先受理、优先审批，在符合贷款条件的情况下，优先给予贷款支持。

三、建立贷款项目库

地方各级住房城乡建设部门要加快推进小城镇建设项目培育工作，积极与中国农业发展银行各级机构对接，共同研究融资方案，落实建设承贷主体。申请政策性金融支持的小城镇需要编制小城镇近期建设规划和建设项目实施方案，经县级人民政府批准后，向中国农业发展银行相应分支机构提出建设项目和资金需求。各省级住房城乡建设部门、中国农业发展银行省级分行应编制本省（区、市）本年度已支持情况和下一年度申请报告（包括项目清单），并于每年 12 月底前提交住房城乡建设部、中国农业发展银行总行，同时将相关信息录入小城镇建设贷款项目库（http://www.czjs.mohurd.gov.cn）。

四、加强项目管理

住房城乡建设部负责组织、推动全国小城镇政策性金融支持工作，建立项目库，开展指导和检查。中国农业发展银行将进一步争取国家优惠政策，提供中长期、低成本的信贷资金。

省级住房城乡建设部门、中国农业发展银行省级分行要建立沟通协调机制，协调县（市）申请中国农业银行政策性贷款，解决相关问题。县级住房城乡建设部门要切实掌握政策性信贷资金申请、使用等相关规定，组织协调小城镇政策性贷款申请工作，并确保资金使用规范。

中国农业发展银行各分行要积极配合各级住房城乡建设部门工作，普及政策性贷款知识，加大宣传力度。各分行要积极运用政府购买服务和采购、政府和社会资本合作（PPP）等融资模式，为小城镇建设提供综合性金融服务，并联合其他银行、保险公司等金融机构以银团贷款、委托贷款等方式，努力拓宽小城镇建设的融资渠道。对符合条件的小城镇建设实施主体提供重点项目建设基金，用于补充项目资本金不足部分。在风险可控、商业可持续的前提下，小城镇建设项目涉及的特许经营权、收费权和政府购买服务协议预期收益等可作为中国农业发展银行贷款的质押担保。

通知执行过程中如有问题和建议，请及时与住房城乡建设部和中国农业发展银行总行联系。

住房城乡建设部村镇建设司　林岚岚　贾一石

联系电话：010-58934431

中国农业发展银行基础设施部　周斌　傅卫华

联系电话：010-68082275

中华人民共和国住房和城乡建设部

中国农业发展银行

2016 年 10 月 10 日

住房城乡建设部办公厅　关于开展 2016 年美丽宜居小镇、美丽宜居村庄示范工作的通知

建办村函〔2016〕827 号

各省、自治区住房城乡建设厅，北京市农村工作委员会，天津市城乡建设委员会，上海市规划和国土资源管理局，重庆市城乡建设委员会，新疆生产建设兵团建设局：

为贯彻落实中央有关农村工作精神和《国民经济和社会发展第十三个五年规划纲要》关于加快建设美丽宜居乡村的要求，依据《关于开展美丽宜居小镇、美丽宜居村庄示范工作的通知》（建村〔2013〕40 号），现就开展 2016 年美丽宜居小镇、美丽宜居村庄（以下简称美丽宜居村镇）示范有关工作通知如下：

一、基本要求

各地要按照美丽宜居村镇示范指导性要求，选择自然景观和田园风光美丽宜人、村镇风貌和基本格局特色鲜明、居住环境和公共设施配套完善、传统文化和乡村要素保护良好、经济发展水平较高且当地居民（村民）安居乐业的村庄和镇作为示范候选对象，并积极探索符合本地实际的美丽宜居村镇建设目标、模式和管理制度，科学有序推进美丽宜居村镇建设。

二、推荐程序

省（区、市）住房城乡建设（城乡规划、农业）部门要按照自愿申报、择优选择的原则，对照美丽宜居村镇指导性要求，对申报村镇进行初审，并组织实地调查和问卷调查等工作，确保村镇推荐材料的真实性、全面性和示范性。按每省（区、市）推荐美丽宜居小镇不超过 5 个、美丽宜居村庄不超过 20 个的要求，确定本省（区、市）美丽宜居村镇推荐名单和排序，并于 2016 年 10 月 15 日前将推荐名单、美丽宜居村镇推荐材料报我部。

我部将组织专家审查和实地调查，审核后公布2016年美丽宜居小镇、美丽宜居村庄示范名单。

三、推荐材料要求

各地上报的2016年美丽宜居村镇示范推荐材料包括推荐表（附后）、推荐说明和有关视频（可选）。推荐表按照附件1、附件2填报，一式三份，以纸质材料提交。说明材料按照附件3、附件4要求，逐项以文字、照片和图纸进行说明，以PPT格式提交。有关视频材料时长为3~5分钟，文件格式不限。推荐材料中的文字说明时间截至2015年底，选取照片时间应从2015年初至今。说明材料模板及示范PPT可到村镇建设管理平台http：//czjs.mohurd.gov.cn下载。推荐说明和视频文件应视情况提供光盘或U盘。

联系人：李亚楠、宋世明、郭志伟

电　话：010-58934518

58934818（传真）

电子邮箱：csus_tv@126.com

附件：1. 美丽宜居小镇示范推荐表（略）

2. 美丽宜居村庄示范推荐表（略）

3. 美丽宜居小镇示范指导性要求和说明材料要求

4. 美丽宜居村庄示范指导性要求和说明材料要求

中华人民共和国住房和城乡建设部办公厅

2016年9月7日

附件3　美丽宜居小镇示范指导性要求和说明材料要求

示范要点		指导性要求	说明材料要求
基本情况	基本情况	镇域基本情况介绍，包括镇域面积、镇区面积、常住人口、户籍人口、主要产业和所获称号等。	提供基本情况文字说明，以及镇域现状图、卫星影像图或现状图、镇区规划图。
	收入水平	居民人均可支配收入、镇财政收入在所属地级市各镇中名列前茅。	提供居民人均可支配收入、镇财政收入数据及在所属地级市各镇排名或文字说明。
	就业保障	居民就业率、医疗养老参保率在所属地级市各镇中名列前茅，孤寡老残救助工作较好，低保能及时足额支付。	提供相关数据和文字说明。
山水田园	自然景观	保护好镇域内的地形地貌、河湖水系、森林植被、动物栖息地等自然景观。 景区景点档案完整，划定保护红线。 慎砍树、禁挖山、不填湖。	提供镇域自然景观和重点景区景点照片各不少于3张，附文字说明。
	田园风光	镇域内的农田、牧场、林场、鱼塘、沟渠等田园风光整治利用充分。 防止因环境污染、过度开发，对田园风光破坏性冲击。	提供反映田园风光的照片不少于3张，附文字说明。
	村庄风貌	村庄乡村特色风貌保持较好，与周边环境相得益彰，村景交融。 防止村庄无序建设，乱拆乱建。	提供镇域内3张以上村庄整体风貌照片，各村庄不少于1张。
整体形态	整体风貌	镇区整体形态、风貌与周边环境和谐统一，体现地域特色。 防止外来建筑风格对原有风貌的破坏。	提供镇区不同角度整体鸟瞰照片不少于3张，照片应能反映镇区整体风貌、天际线、镇区空间布置。

续表

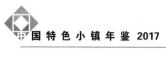

示范要点		指导性要求	说明材料要求
整体形态	格局特色	格局走向尊重山形水势，契合地貌，布局上要因地制宜，建设规模尺度宜人，主要建筑层数不宜超过6层。 防止破坏山形地貌，建筑尺度过大，路网形式简单方正、不依山就势。	提供镇区道路格局与地势地貌关系的照片不少于1张，附文字说明。
街巷建筑	街巷空间	街巷空间错落有致，风貌要体现地域性小城镇特色。 小镇出入口、广场、重要交叉口等重要节点设置合理，尺度宜人。 防止街巷空间尺度过大，特色缺失。	提供不少于3条重要街巷和3个重要空间节点照片，附文字说明。
	建筑住房	建筑风格、规模、尺度体现小城镇特色，住房功能齐全、风貌协调。 防止建筑风貌、体量不协调，简单套用城市建筑形式。	提供5个典型住宅或院落照片，附文字说明。
环境景观	园林绿地	借景山水、巧用田园、治理沟渠，多使用本地树种，灵活布置街头绿地。 防止大规模绿地、大草坪，防止过于人工化、过度硬质铺装。	提供园林绿地照片不少于6张，附文字说明。
	景观设施	景观设施优美实用、种类丰富，反映小城镇特色，具有地域文化、民族传统或时代特色。 避免景观设施尺度过大，简单克隆城市景观。	提供景观小品照片不少于5张，附文字说明。
传统文化	历史遗产	建档保护历史遗产，明确保护范围和要求，编撰村镇历史相关文献。 防止建设性破坏与保护性破坏。	提供主要历史遗产照片不少于3张，附保护措施等文字说明。
	民族风俗	挖掘地域文化，传统风俗，传承传统文化，丰富现代文化，活动广场、文体设施等文化场所空间合理完善。防止文化同质化、庸俗化，避免配置大广场。	提供各类民族风俗、文化活动照片各不少于3张，附文字说明。
公共服务	公共服务	公共建筑体现地域特征和文化传承，建筑功能复合。教育、医疗、养老等公共设施规模适宜，服务半径合理，能满足居民需求。	提供重要公共建筑（教育、医疗、文化、养老等）照片不少于3张，附文字说明。
	商业服务	规模适宜，服务半径合理，能满足居民需求。	提供商业建筑照片不少于3张，附文字说明。
基础设施	供水设施	饮用水水质100%达标。	提供供水设施照片，附水质检测达标证明材料照片或文字说明。
	污水治理	污水处理率达到80%以上，因地制宜确定治理方案。	提供污水处理设施照片，附污水治理率达标的证明材料照片或文字说明。
	垃圾治理	垃圾收集处理率较高，垃圾处理率在所属地级市各镇中名列前茅。垃圾处理设施和工作机制完善。	提供垃圾处理设施照片，附工作机制说明。
	公厕设施	服务半径合理，能满足居民需求。	提供公厕照片，附文字说明。
交通路网	道路设施	过境公路不干扰小镇生活。 镇区道路宽度适宜，交通畅达，合理设置停车场，交通标识齐全，步行道路铺装体现地方特色。 避免道路过宽，破坏小城镇特色。	提供对外联系道路照片、交通设施照片各不少于3张，并对主干道宽度进行说明。
综合管理	建设管理	建设规划管理机构健全，人员齐备。 镇容管理制度健全有效。	提供各类镇容管理、规划建设管理和人员配备情况文字说明，附相关照片。

续表

示范要点		指导性要求	说明材料要求
综合管理	安全防灾	防火、防汛、防涝、防震、抗旱等相关设施齐全。 道路交通、火灾事故等突发安全事故率低于所属地级市镇平均水平。	提供防灾设施照片，附文字说明。
	生态低碳	环境保护良好，破坏的得到有效修复。 土地利用节约集约，节约用水，注重可再生能源利用，推广绿色交通、绿色建筑，开展既有建筑节能改造。	提供镇域环境保护的介绍，提供可再生能源使用、绿色建筑文字说明和照片。

附件4　美丽宜居村庄示范指导性要求和说明材料要求

示范要点		指导性要求	说明材料要求
基本情况	基本情况	村庄基本情况介绍，包括地理位置、村域面积、常住人口、户籍人口数、所获称号等。	提供基本情况文字说明，村域总平面和村庄总平面图。
	居民收入	村民人均纯收入在所属地级市各村中名列前茅。	提供村民人均纯收入数据及在所属地级市各村排名或文字说明。
	医疗保障	医疗卫生设施能基本满足需求，医疗养老保险覆盖率95%以上。	提供医疗卫生设施照片，附医疗养老保险覆盖率达标的证明材料照片或文字说明。
山水田园	自然风光	保护好村域内地形地貌、河湖水系、森林植被、动物栖息地等自然景观。 慎砍树、禁挖山、不填湖。	提供主要自然景观照片不少于3张，附文字说明。
	田园景观	村域内的农田、牧场、林场、鱼塘、沟渠等田园景观整治利用充分。 防止环境污染，避免对田园景观破坏性开发和过度改造。	提供主要田园风光的照片不少于3张，附文字说明。
村庄风貌	整体特色	村庄整体形态与周边环境相得益彰，村景交融，整体风貌和谐统一，体现地域特色。 空间布局尊重山形水势，契合地貌。 防止村庄建设破坏山形地貌，尺度过大，路网形式简单方正、不依山就势。	提供村庄不同角度的整体鸟瞰照片不少于3张，附文字说明。
建筑住房	公共建筑	公共建筑体现地域特征和文化传承，建筑功能复合。教育、医疗等公共设施规模适宜，服务半径合理，能满足居民需求。 入托上学方便，入学率与巩固率在所属地级市各村中名列前茅。	提供3张公共建筑照片，附文字说明。
	农房院落	农房建筑风格、规模、尺度体现乡村特色，功能齐全。 多使用本地材料和建造技艺，鼓励使用节能经济的新材料新技术。 注重庭院的景观与经济价值，建筑层数不宜超过两层。 防止盲目采用外来建筑风格，防止简单套用城市住宅形式。	提供5个典型农村居民住宅或院落照片，附文字说明。
乡村要素	历史遗存	挖掘和保护历史遗存，防止建设性破坏和保护性破坏，避免拆旧建新、盲目造假、张冠李戴等现象。	提供主要历史遗存照片不少于3张，附保护措施等文字说明。

续表

示范要点		指导性要求	说明材料要求
乡村要素	乡村景观	保护好村庄的井泉沟渠、壕沟寨墙、堤坝桥涵、石阶铺地等乡村景观，保护古树名木，体现村庄地域文化特点。 防止大规模人工化、硬质化景观，破坏乡村风貌。	提供乡村景观要素照片不少于 3 张，附文字说明。
	民族风俗	挖掘地域文化，传统风俗，保护和传承当地民俗及传统文化。 文体场所设施完善，有经常性文体活动。	提供能反映当地民俗与传统文化特色的照片不少于 3 张，附文字说明。
公共设施	基础设施	基础设施齐全，管理维护良好。饮用水水质 100%达标。 污水处理、垃圾治理设施完善。 电讯电力设施有保障。	提供水质检测达标证明材料照片或文字说明，附设施照片。污水处理、垃圾治理、电讯电力等设施照片各不少于 2 张，附文字说明。
公共设施	道路设施	村庄道路基本硬化、通达性好、宽度适宜、有公共照明。 公交通达，村民出行及购物方便。	提供对外联系道路和村内主要道路照片不少于 3 张。
	环境卫生	农户卫生厕所覆盖率达 90%以上，人畜粪便得到有效处理与利用。 村容整洁，有村庄环境维护机制。 避免乱丢垃圾、乱泼脏水、恶臭等现象。	提供农户卫生厕所的数量、类型、效果情况照片，附文字说明。
综合管理	安全防灾	防火、防汛、防涝、防震、抗旱等相关设施齐全。	提供各类安全设施照片，附文字说明，应包括设施设置原因、措施和效果。
	乡风文明	乡风淳朴、邻里和谐、文明礼貌、诚实守信、遵纪守法。 党支部、村委会组织健全，村领导班子工作有力，村规民约有效。	提供各类村容建设、治安、社会风气建设等村规民约的照片，附文字说明。

住房城乡建设部　国家发展改革委　财政部 关于开展特色小镇培育工作的通知

建村〔2016〕147 号

各省、自治区、直辖市住房城乡建设厅（建委）、发展改革委、财政厅，北京市农委、上海市规划和国土资源管理局：

为贯彻党中央、国务院关于推进特色小镇、小城镇建设的精神，落实《国民经济和社会发展第十三个五年规划纲要》关于加快发展特色镇的要求，住房城乡建设部、国家发展改革委、财政部（以下简称三部委）决定在全国范围开展特色小镇培育工作，现通知如下。

一、指导思想、原则和目标

（一）指导思想

全面贯彻党的十八大和十八届三中、四中、五中全会精神，牢固树立和贯彻落实创新、协调、绿色、开放、共享的发展理念，因地制宜、突出特色，充分发挥市场主体作用，创新建设理念，转变发展方式，通过培育特色鲜明、产业发展、绿色生态、美丽宜居的特色小镇，探索小镇建设健康发展之路，促进经济转型升级，推动新型城镇化和新农村建设。

（二）基本原则

——坚持突出特色。从当地经济社会发展实际出发，发展特色产业，传承传统文化，注重生态环境保护，完善市政基础设施和公共服务设施，防止千镇一面。依据特色资源优势和发展潜力，科学确定培育对象，防止一哄而上。

——坚持市场主导。尊重市场规律，充分发挥市场主体作用，政府重在搭建平台、提供服务，防止大包大揽。以产业发展为重点，依据产业发展确定建设规模，防止盲目造镇。

——坚持深化改革。加大体制机制改革力度，创新发展理念，创新发展模式，创新规划建设管理，创新社会服务管理。推动传统产业改造升级，培育壮大新兴产业，打造创业创新新平台，发展新经济。

（三）目标

到2020年，培育1000个左右各具特色、富有活力的休闲旅游、商贸物流、现代制造、教育科技、传统文化、美丽宜居等特色小镇，引领带动全国小城镇建设，不断提高建设水平和发展质量。

二、培育要求

（一）特色鲜明的产业形态

产业定位精准，特色鲜明，战略新兴产业、传统产业、现代农业等发展良好、前景可观。产业向做特、做精、做强发展，新兴产业成长快，传统产业改造升级效果明显，充分利用“互联网+”等新兴手段，推动产业链向研发、营销延伸。产业发展环境良好，产业、投资、人才、服务等要素集聚度较高。通过产业发展，小镇吸纳周边农村剩余劳动力就业的能力明显增强，带动农村发展效果明显。

（二）和谐宜居的美丽环境

空间布局与周边自然环境相协调，整体格局和风貌具有典型特征，路网合理，建设高度和密度适宜。居住区开放融合，提倡街坊式布局，住房舒适美观。建筑彰显传统文化和地域特色。公园绿地贴近生活、贴近工作。店铺布局有管控。镇区环境优美，干净整洁。土地利用集约节约，小镇建设与产业发展同步协调。美丽乡村建设成效突出。

（三）彰显特色的传统文化

传统文化得到充分挖掘、整理、记录，历史文化遗存得到良好保护和利用，非物质文化遗产活态传承。形成独特的文化标识，与产业融合发展。优秀传统文化在经济发展和社会管理中得到充分弘扬。公共文化传播方式方法丰富有效。居民思想道德和文化素质较高。

（四）便捷完善的设施服务

基础设施完善，自来水符合卫生标准，生活污水全面收集并达标排放，垃圾无害化处理，道路交通停车设施完善便捷，绿化覆盖率较高，防洪、排涝、消防等各类防灾设施符合标准。公共服务设施完善，服务质量较高，教育、医疗、文化、商业等服务覆盖农村地区。

（五）充满活力的体制机制

发展理念有创新，经济发展模式有创新。规划建设管理有创新，鼓励多规协调，建设规划与土地利用规划合一，社会管理服务有创新。省、市、县支持政策有创新。镇村融合发展有创新。体制机制建设促进小镇健康发展，激发内生动力。

三、组织领导和支持政策

三部委负责组织开展全国特色小镇培育工作，明确培育要求，制定政策措施，开展指导检查，公布特色小镇名单。省级住房城乡建设、发展改革、财政部门负责组织开展本地区特色小镇培育工作，制定本地区指导意见和支持政策，开展监督检查，组织推荐。县级人民政府是培育特色小镇的责任主体，制定支持政策和保障措施，整合落实资金，完善体制机制，统筹项目安排并组织推进。镇人民政府负责做好实施工作。

国家发展改革委等有关部门支持符合条件的特色小镇建设项目申请专项建设基金，中央财政对工作开展较好的特色小镇给予适当奖励。

三部委依据各省小城镇建设和特色小镇培育工作情况，逐年确定各省推荐数量。省级住房城乡建设部、发展改革委、财政部门按推荐数量，于每年 8 月底前将达到培育要求的镇向三部委推荐。特色小镇原则上为建制镇（县城关镇除外），优先选择全国重点镇。

2016 年各省（区、市）特色小镇推荐数量及有关要求另行通知。

联系单位：住房城乡建设部村镇建设司

联系人：林岚岚　贾一石

电　话：010-58934432　58934431

传　真：010-58933123

中华人民共和国住房和城乡建设部

中华人民共和国国家发展和改革委员会

中华人民共和国财政部

2016 年 7 月 1 日

住房城乡建设部村镇建设司关于做好 2016 年特色小镇推荐工作的通知

建村建函〔2016〕71 号

各省（区、市）住房城乡建设厅（建委）、北京市农委、上海市规划和国土资源管理局：

根据《住房城乡建设部、国家发展改革委、财政部关于开展特色小镇培育工作的通知》（建村〔2016〕147 号）（以下简称《通知》）的要求，为做好 2016 年特色小镇推荐上报工作，现将有关事项通知如下。

一、推荐数量

根据各省（区、市）经济规模、建制镇数量、近年来小城镇建设工作及省级支持政策情况，确定 2016 年各省推荐数量（见附件 1）。

二、推荐材料

推荐特色小镇应提供下列资料：

（一）小城镇基本信息表（见附件 2）。各项信息要客观真实。

（二）小城镇建设工作情况报告及 PPT（编写提纲见附件 3）。报告要紧紧围绕《通知》中 5 项培育要求编写。同时按编写提纲提供能直观、全面反映小城镇培育情况的 PPT。有条件的地方可提供不超过 15 分钟的视频材料。

（三）镇总体规划。符合特色小镇培育要求、能够有效指导小城镇建设的规划成果。

（四）相关政策支持文件。被推荐镇列为省、市、县支持对象的证明资料及县级以上支持政策文件。

以上材料均需提供电子版，基本信息表还需提供纸质盖章文件。

三、推荐程序

各省（区、市）要认真组织相关县级人民政府做好推荐填报工作，组织专家评估把关并实地考核，填写专家意见和实地考核意见，将优秀的候选特色小镇报我司。候选特色小镇近5年应无重大安全生产事故、重大环境污染、重大生态破坏、重大群体性社会事件、历史文化遗存破坏现象。我司将会同国家发展改革委规划司、财政部农业司组织专家对各地推荐上报的候选特色小镇进行复核，并现场抽查，认定公布特色小镇名单。

各省（区、市）村镇建设相关部门严格按照推荐数量上报，并于2016年8月30日前将候选特色小镇材料及电子版上报我司，同时完成在我部网站（网址：http://czjs.mohurd.gov.cn）上的信息填报。

联系人：林岚岚　陈　玲　贾一石

电　话：010-58934431　58934432

传　真：010-58933123

地　址：北京市海淀区三里河路9号

邮　编：100835

邮　箱：qgtsxz2016@126.com

附　件：1. 各省（区、市）特色小镇推荐数量分配表

2. 小城镇基本信息表（略）

3. 小城镇建设工作情况报告编写提纲

中华人民共和国住房和城乡建设部

村镇建设司

2016年8月3日

附件1　各省（区、市）特色小镇推荐数量分配表

编号	省（区、市）	数量	编号	省（区、市）	数量
1	北京市	4	17	湖北省	6
2	天津市	3	18	湖南省	6
3	河北省	5	19	广东省	8
4	山西省	4	20	广西壮族自治区	5
5	内蒙古自治区	4	21	海南省	3
6	辽宁省	5	22	重庆市	5
7	吉林省	3	23	四川省	8
8	黑龙江省	4	24	贵州省	6
9	上海市	4	25	云南省	4
10	江苏省	8	26	西藏自治区	3
11	浙江省	10	27	陕西省	6
12	安徽省	6	28	甘肃省	3
13	福建省	6	29	青海省	3
14	江西省	5	30	宁夏回族自治区	3
15	山东省	8	31	新疆维吾尔自治区	4
16	河南省	5	32	新疆生产建设兵团	2
合　计			159		

（字数不超过500字）

附件3 小城镇建设工作情况报告编写提纲

（字数不超过500字）

一、近3年小城镇建设工作情况

要求：简述小城镇区位、交通、人口、经济水平、产业基础等社会经济发展基本情况。简述近3年小城镇建设情况，主要实施项目，特色化方面开展的工作情况。

二、小城镇建设培育工作评估

要求：按照建村〔2016〕147号文中培育要求，简述本镇在“产业发展、小镇环境、传统文化、设施服务、体制机制”五个方面的情况，逐项评估。

（一）特色鲜明的产业形态

从产业特色、带动作用、发展环境三个方面阐述小城镇的产业发展特色。

（二）和谐宜居的美丽环境

从城镇风貌、镇区环境、美丽乡村三个方面阐述小城镇的环境风貌特色。

（三）彰显特色的传统文化

从文化传承、文化传播两个方面阐述小城镇的文化特色。

（四）便捷完善的设施服务

从道路交通、公用设施、公共服务三个方面阐述小城镇服务设施的便捷性。

（五）充满活力的体制机制

从理念模式、规划建设、社会管理、体制机制等方面阐述小城镇的体制机制活力。

三、当前小城镇培育面临的困难和问题

四、发展目标及政策措施

（一）到2020年总体发展目标及年度目标

（二）近期工作安排

从产业培育、环境整治、文化传承、基础设施建设、体制机制建设等方面阐述2017年、2018年工作安排。

（三）县级支持政策

住房城乡建设部 中国农业发展银行关于推进政策性金融支持小城镇建设的通知

建村〔2016〕220号

各省、自治区、直辖市住房城乡建设厅（建委），北京市农委，上海市规划和国土资源管理局，中国农业发展银行各省、自治区、直辖市分行，总行营业部：

为贯彻落实党中央、国务院关于推进特色小镇、小城镇建设的精神，切实推进政策性金融资金支持特色小镇、小城镇建设，现就相关事项通知如下：

一、充分发挥政策性金融的作用

小城镇是新型城镇化的重要载体，是促进城乡协调发展最直接最有效的途径。各地要充分认识培育特色小镇和推动小城镇建设工作的重要意义，发挥政策性信贷资金对小城镇建设发展的重要作用，做好中长期政策性贷款的申请和使用，不断加大小城镇建设的信贷支持力度，切实利用政策性金融支持，全面推动小城镇建设发展。

二、明确支持范围

（一）支持范围

1. 支持以转移农业人口、提升小城镇公共服务水平和提高承载能力为目的的基础设施和公共服务设施建设。主要包括：土地及房屋的征收、拆迁和补偿；安置房建设或货币化安置；水网、电网、路网、信息网、供气、供热、地下综合管廊等公共基础设施建设；污水处理、垃圾处理、园林绿化、水体生态系统与水环境治理等环境设施建设；学校、医院、体育馆等文化教育卫生设施建设；小型集贸市场、农产品交易市场、生活超市等便民商业设施建设；其他基础设施和公共服务设施建设。

2. 为促进小城镇特色产业发展提供平台支撑的配套设施建设。主要包括：标准厂房、孵化园、众创空间等生产平台建设；博物馆、展览馆、科技馆、文化交流中心、民俗传承基地等展示平台建设；旅游休闲、商贸物流、人才公寓等服务平台建设；其他促进特色产业发展的配套基础设施建设。

（二）优先支持贫困地区

中国农业发展银行要将小城镇建设作为信贷支持的重点领域，以贫困地区小城镇建设作为优先支持对象，统筹调配信贷规模，保障融资需求。开辟办贷绿色通道，对相关项目优先受理、优先审批，在符合贷款条件的情况下，优先给予贷款支持。

三、建立贷款项目库

地方各级住房城乡建设部门要加快推进小城镇建设项目培育工作，积极与中国农业发展银行各级机构对接，共同研究融资方案，落实建设承贷主体。申请政策性金融支持的小城镇需要编制小城镇近期建设规划和建设项目实施方案，经县级人民政府批准后，向中国农业发展银行相应分支机构提出建设项目和资金需求。各省级住房城乡建设部门、中国农业发展银行省级分行应编制本省（区、市）本年度已支持情况和下一年度申请报告（包括项目清单），并于每年 12 月底前提交住房城乡建设部、中国农业发展银行总行，同时将相关信息录入小城镇建设贷款项目库（http://www.czjs.mohurd.gov.cn）。

四、加强项目管理

住房城乡建设部负责组织、推动全国小城镇政策性金融支持工作，建立项目库，开展指导和检查。中国农业发展银行将进一步争取国家优惠政策，提供中长期、低成本的信贷资金。

省级住房城乡建设部门、中国农业发展银行省级分行要建立沟通协调机制，协调县（市）申请中国农业银行政策性贷款，解决相关问题。县级住房城乡建设部门要切实掌握政策性信贷资金申请、使用等相关规定，组织协调小城镇政策性贷款申请工作，并确保资金使用规范。

中国农业发展银行各分行要积极配合各级住房城乡建设部门工作，普及政策性贷款知识，加大宣传力度。各分行要积极运用政府购买服务和采购、政府和社会资本合作（PPP）等融资模式，为小城镇建设提供综合性金融服务，并联合其他银行、保险公司等金融机构以银团贷款、委托贷款等方式，努力拓宽小城镇建设的融资渠道。对符合条件的小城镇建设实施主体提供重点项目建设基金，用于补充项目资本金不足部分。在风险可控、商业可持续的前提下，小城镇建设项目涉及的特许经营权、收费权和政府购买服务协议预期收益等可作为中国农业发展银行贷款的质押担保。

通知执行过程中如有问题和建议，请及时与住房城乡建设部和中国农业发展银行总行联系。

住房城乡建设部村镇建设司　林岚岚　贾一石

联系电话：010-58934431

中国农业发展银行基础设施部　周　斌　傅卫华

联系电话：010-68082275

中华人民共和国住房和城乡建设部

中国农业发展银行

2016 年 10 月 10 日

住房城乡建设部办公厅关于公布第四批美丽宜居小镇、美丽宜居村庄示范名单的通知

建办村〔2016〕71 号

各省、自治区住房城乡建设厅，直辖市建委，北京市农委，上海市规划和国土资源管理局，新疆生产建设兵团建设局：

根据《住房城乡建设部办公厅关于开展 2016 年美丽宜居小镇、美丽宜居村庄示范工作的通知》（建办村函〔2016〕827 号），在各地自愿申报、省级住房城乡建设部门（农委）择优推荐的基础上，经组织专家审查，确定江苏省苏州市昆山市陆家镇等 95 个镇为美丽宜居小镇示范，贵州省遵义市湄潭县兴隆镇龙凤村等 413 个村为美丽宜居村庄示范，现予以公布。

我部将编制美丽宜居小镇、美丽宜居村庄示范案例集，并通过互联网等形式予以宣传展示。各地要认真做好示范经验的总结，大力开展宣传和推广工作，引导美丽宜居小镇、美丽宜居村庄建设工作。

附件：第四批美丽宜居小镇、美丽宜居村庄示范名单

中华人民共和国住房和城乡建设部办公厅

2016 年 12 月 28 日

附件：第四批美丽宜居小镇、美丽宜居村庄示范名单

美丽宜居小镇示范（95 个）

北京市怀柔区雁栖镇

北京市门头沟区妙峰山镇

北京市延庆区八达岭镇

天津市蓟州区下营镇

天津市宝坻区林亭口镇

河北省石家庄市平山县西柏坡镇

河北省承德市兴隆县半壁山镇

内蒙古自治区鄂尔多斯市伊金霍洛旗伊金霍洛镇

内蒙古自治区包头市土右旗萨拉齐镇

内蒙古自治区赤峰市克什克腾旗同兴镇

辽宁省丹东市凤城市刘家河镇

辽宁省营口市鲅鱼圈区熊岳镇

辽宁省盘锦市盘山县甜水镇

辽宁省鞍山市海城市腾鳌镇

吉林省长春市双阳区鹿乡镇

吉林省通化市梅河口市曙光镇

吉林省辽源市东辽县金州乡

黑龙江省佳木斯市同江市街津口赫哲族乡

黑龙江省牡丹江市穆棱市下城子镇

黑龙江省绥化市安达市卧里屯镇

上海市金山区张堰镇

上海市松江区佘山镇

上海市崇明区横沙乡

江苏省苏州市昆山市陆家镇

江苏省徐州市邳州市官湖镇

江苏省常州市武进区嘉泽镇

江苏省无锡市惠山区阳山镇

江苏省连云港市海州区浦南镇

浙江省丽水市龙泉市上垟镇

浙江省金华市义乌市佛堂镇

浙江省湖州市安吉县孝丰镇

浙江省绍兴市柯桥区平水镇

浙江省杭州市桐庐县富春江镇

安徽省合肥市庐江县汤池镇

安徽省黄山市休宁县齐云山镇

安徽省安庆市潜山县水吼镇

福建省福州市永泰县嵩口镇

福建省宁德市蕉城区赤溪镇

福建省龙岩市永定区湖坑镇

江西省景德镇市浮梁县瑶里镇

江西省鹰潭市龙虎山风景名胜区上清镇

江西省南昌市湾里区太平镇

山东省烟台市莱州市金城镇

山东省济宁市邹城市城前镇

山东省临沂市沂南县铜井镇

河南省南阳市西峡县二郎坪镇

河南省洛阳市栾川县陶湾镇

河南省安阳市林州市茶店镇

湖北省黄石市大冶市还地桥镇

湖北省神农架林区红坪镇

湖南省怀化市溆浦县思蒙镇

湖南省郴州市苏仙区飞天山镇

湖南省长沙市宁乡县沩山乡

湖南省永州市宁远县湾井镇

广东省东莞市麻涌镇

广东省佛山市顺德区北滘镇

广东省广州市从化区温泉镇

广西壮族自治区贺州市八步区贺街镇

广西壮族自治区桂林市兴安县界首镇

海南省琼海市塔洋镇

重庆市荣昌区万灵镇

重庆市江津区塘河镇

重庆市九龙坡区金凤镇

重庆市巴南区东温泉镇

重庆市南川区大观镇

四川省成都市温江区万春镇

四川省德阳市罗江县白马关镇

四川省眉山市洪雅县柳江镇

四川省泸州市纳溪区大渡口镇

四川省绵阳市安州区桑枣镇

贵州省遵义市仁怀市茅台镇

贵州省黔东南苗族侗族自治州黄平县旧州镇

贵州省黔南布依族苗族自治州瓮安县猴场镇

贵州省安顺市普定县白岩镇

云南省楚雄彝族自治州禄丰县黑井镇

云南省大理白族自治州洱源县凤羽镇

云南省红河哈尼族彝族自治州建水县西庄镇

云南省普洱市江城哈尼族彝族自治县整董镇

陕西省铜川市耀州区照金镇

陕西省商洛市山阳县漫川关镇

陕西省汉中市宁强县青木川镇

陕西省西安市蓝田县汤峪镇

甘肃省武威市天祝藏族自治县天堂镇

甘肃省庆阳市华池县南梁镇

甘肃省金昌市金川区双湾镇

青海省海西蒙古族藏族自治州乌兰县茶卡镇

青海省海北藏族自治州祁连县八宝镇

宁夏回族自治区中卫市沙坡头区迎水桥镇

宁夏回族自治区石嘴山市惠农区红果子镇

新疆维吾尔自治区吐鲁番地区吐鲁番市高昌区亚尔镇

新疆维吾尔自治区博尔塔拉蒙古自治州博乐市小营盘镇

新疆维吾尔自治区阿勒泰地区布尔津县冲乎尔镇

新疆生产建设兵团第五师八十四团

新疆生产建设兵团第二师二十四团

新疆生产建设兵团第一师十团

美丽宜居村庄示范（413 个）

北京市海淀区苏家坨镇车耳营村

北京市平谷区大华山镇挂甲峪村

北京市平谷区镇罗营镇张家台村

北京市怀柔区渤海镇田仙峪村

北京市房山区周口店镇黄山店村

北京市顺义区马坡镇庙卷村

北京市延庆区大庄科乡铁炉村

北京市延庆区旧县镇盆窑村

北京市顺义区高丽营镇一村

北京市顺义区马坡镇石家营村

北京市房山区青龙湖镇南观村

北京市怀柔区宝山镇超梁子村

北京市大兴区庞各庄镇梨花村

北京市门头沟区斋堂镇法城村

北京市门头沟区清水镇西达摩村

北京市大兴区长子营镇朱庄村

北京市怀柔区喇叭沟门满族乡中榆树店村

北京市大兴区北臧村镇巴园子村

天津市蓟州区下营镇常州村

天津市宝坻区林亭口镇小靳庄村

天津市静海区双塘镇西双塘村

天津市蓟州区下营镇东山村

天津市宝坻区周良街道樊庄子村

天津市宁河区大北涧沽镇辛庄村

天津市静海区陈官屯镇西钓台村

天津市武清区大孟庄镇后幼庄村

天津市武清区南蔡村镇三里浅村

天津市静海区陈官屯镇吕官屯村

天津市宝坻区大口屯镇庞家湾村

天津市武清区梅厂镇小雷庄村

天津市武清区梅厂镇灰锅口村

河北省邯郸市馆陶县寿山寺乡寿东村

河北省石家庄市平山县岗南镇李家庄村

河北省邢台市邢台县路罗镇英谈村

河北省邢台市沙河市白塔镇栾卸村

河北省邢台市内丘县南赛乡神头村

河北省邢台市宁晋县贾家口镇小河庄村

河北省邯郸市武安市大同镇兰村

河北省邯郸市武安市淑村镇白沙村

河北省邯郸市大名县大街乡邓台村

河北省秦皇岛市北戴河区戴河镇西古城村

河北省石家庄市晋州市周家庄乡北捏盘村

河北省石家庄市平山县西柏坡镇梁家沟村

河北省邢台市桥西区李村镇西北留村

山西省忻州市五台县东冶镇南大兴村

山西省朔州市朔城区南榆林乡青钟村

山西省运城市永济市城西街道水峪口村

内蒙古自治区鄂尔多斯市准格尔旗大路镇小滩子村

内蒙古自治区呼伦贝尔市阿荣旗向阳峪镇松塔沟村

内蒙古自治区鄂尔多斯市鄂托克前旗城川镇大沟湾村

内蒙古自治区呼伦贝尔市扎兰屯市蘑菇气镇野马河村

内蒙古自治区鄂尔多斯市伊金霍洛旗伊金霍洛镇龙活音扎巴村

内蒙古自治区乌海市海南区巴音陶亥镇赛汗乌素村

内蒙古自治区赤峰市翁牛特旗乌丹镇赛沁塔拉嘎查

内蒙古自治区巴彦淖尔市五原县胜丰镇美丰一社

内蒙古自治区乌兰察布市化德县白音特拉乡农场村

辽宁省营口市盖州市万福镇贵子沟村

辽宁省盘锦市大洼区田家街道大堡子村

辽宁省鞍山市千山区大孤山镇对桩石村

辽宁省沈阳市浑南区闫家村

辽宁省朝阳市朝阳县胜利镇三家子村

辽宁省营口市大石桥市建一镇黄丫口村

辽宁省本溪市桓仁县向阳乡和平村

辽宁省沈阳市辽中区养士堡镇养前村

辽宁省鞍山市台安县富家镇城子村

辽宁省丹东市宽甸县硼海镇三道湾村

辽宁省盘锦市大洼区向海街道石庙子村

辽宁省抚顺市抚顺县马圈子乡太平村

辽宁省葫芦岛市兴城市高家岭镇汤上村

辽宁省营口市大石桥市旗口镇莲花泡村

辽宁省盘锦市盘山县得胜镇得胜村

辽宁省鞍山市海城市西柳镇古树村

辽宁省抚顺市抚顺县石文镇八家子村

辽宁省阜新市阜蒙县东梁镇吐呼鲁村

辽宁省锦州市凌海市安屯镇龙王村

辽宁省葫芦岛市南票区金星镇于家村

吉林省通化市梅河口市曙光镇罗家村

吉林省通化市通化县兴林镇曲柳川村

吉林省通化市通化县东来乡鹿圈子村

吉林省延边朝鲜族自治州龙井市东盛涌镇仁化村

黑龙江省牡丹江市东宁县道河镇洞庭村

黑龙江省佳木斯市同江市八岔乡八岔村

黑龙江省绥化市青冈县德胜镇英贤村

黑龙江省大庆市肇源县大兴乡联结村

黑龙江省绥化市青冈县中和镇四排六村

黑龙江省大庆市肇源县和平乡和平村

黑龙江省双鸭山市宝清县龙头镇红山村

黑龙江省双鸭山市宝清县宝清镇庄园村

上海市松江区新浜镇南杨村

上海市浦东新区书院镇塘北村

上海市浦东新区航头镇牌楼村

上海市奉贤区庄行镇潘垫村

上海市松江区石湖荡镇东夏村

上海市金山区山阳镇渔业村

上海市崇明区庙镇合中村

上海市松江区泖港镇黄桥村

上海市奉贤区庄行镇新叶村

江苏省苏州市昆山市千灯镇歇马桥村

江苏省苏州市昆山市张浦镇金华村

江苏省苏州市张家港市凤凰镇恬庄村

江苏省南京市溧水区洪蓝镇傅家边村

江苏省苏州市常熟市支塘镇蒋巷村

江苏省南京市高淳区固城镇蒋山村

江苏省常州市武进区雪堰镇城西回民村

江苏省镇江市扬中市新坝镇新治村

江苏省南通市通州区兴东街道孙李桥村

江苏省常州市溧阳市上黄镇浒西村

江苏省盐城市东台市五烈镇甘港村

江苏省泰州市高港区许庄街道乔杨村

江苏省徐州市邳州市炮车镇四王村

江苏省连云港市连云区高公岛街道黄窝村

江苏省常州市新北区西夏墅镇梅林村

江苏省泰州市姜堰区兴泰镇西陈庄村

江苏省泰州市海陵区城东街道唐甸村

江苏省连云港市海州区浦南镇江浦村

江苏省淮安市淮阴区码头镇太山村

江苏省连云港市灌云县四队镇隆兴村

浙江省湖州市安吉县天荒坪镇余村

浙江省丽水市龙泉市宝溪乡溪头村

浙江省台州市天台县街头镇后岸村

浙江省衢州市开化县芹阳办事处桃溪村

浙江省绍兴市上虞区岭南乡东澄村

浙江省杭州市富阳区洞桥镇文村

浙江省绍兴市柯桥区漓渚镇棠棣村

浙江省温州市泰顺县罗阳镇村尾村

浙江省湖州市安吉县灵峰街道横山坞村

浙江省湖州市吴兴区织里镇义皋村

浙江省舟山市普陀区展茅街道干施岙村

浙江省宁波市海曙区章水镇李家坑村

浙江省舟山市定海区干览镇新建村

浙江省丽水市莲都区联城街道港口村

浙江省杭州市建德市三都镇三江口村

浙江省台州市玉环县龙溪镇山里村

浙江省金华市浦江县虞宅乡新光村

浙江省衢州市柯城区沟溪乡余东村

浙江省嘉兴市平湖市曹桥街道马厩村

浙江省金华市婺城区安地镇喻斯村

安徽省铜陵市义安区东联乡合兴村

安徽省六安市金寨县吴家店镇古堂村

安徽省黄山市休宁县汪村镇田里村

安徽省安庆市岳西县菖蒲镇水畈村

安徽省宣城市宁国市港口镇山门村

安徽省安庆市宜秀区五横乡杨亭村

安徽省芜湖市三山区峨桥镇响水涧村

安徽省滁州市天长市汉涧镇长山村

安徽省淮北市烈山区烈山镇榴园村

安徽省合肥市庐江县汤池镇果树村

安徽省宿州市灵璧县大庙乡马庄村

安徽省池州市青阳县朱备镇将军村

安徽省马鞍山市当涂县大青山李白文化旅游区桃花村

安徽省淮南市凤台县丁集镇前元村

安徽省黄山市休宁县板桥乡徐源村

安徽省池州市青阳县陵阳镇杨梅村

福建省龙岩市永定县下洋镇初溪村

福建省龙岩市上杭县古田镇吴地村

福建省漳州市南靖县书洋镇塔下村

福建省漳州市南靖县梅林镇坎下村

福建省龙岩市长汀县童坊镇彭坊村

福建省泉州市德化县国宝乡佛岭村

福建省龙岩市连城县宣和乡培田村

福建省宁德市古田县泮洋乡凤竹村

福建省宁德市周宁县礼门乡陈峭村

福建省宁德市柘荣县黄柏乡上黄柏村

福建省宁德市古田县大甲镇林峰村

福建省龙岩市新罗区小池镇培斜村

福建省莆田市仙游县龙华镇金溪村
福建省泉州市晋江市深沪镇运伙村
福建省漳州市漳浦县佛昙镇轧内村
福建省泉州市德化县盖德镇有济村
福建省泉州市安溪县城厢镇经兜村
福建省三明市泰宁县上青乡崇际村
福建省三明市清流县赖坊镇南山村
江西省抚州市金溪县双塘镇竹桥村
江西省景德镇市浮梁县蛟潭镇礼芳村
江西省鹰潭市贵溪市樟坪畲族乡樟坪畲族村
江西省九江市武宁县罗坪镇长水村
江西省宜春市奉新县仰山乡西源村
江西省新余市分宜县分宜镇芦塘村
江西省赣州市石城县琴江镇大畲村
江西省赣州市全南县龙源坝镇雅溪村
江西省鹰潭市贵溪市罗河镇陈家村
江西省鹰潭市龙虎山风景名胜区鱼塘村
江西省景德镇市浮梁县勒功乡沧溪村
江西省九江市彭泽县马当镇船形村
江西省抚州市金溪县秀谷镇徐坊村
江西省南昌市安义县石鼻镇罗田村
江西省南昌市进贤县下埠镇赤路岗村
江西省景德镇市昌江区鲇鱼山镇新柳村
山东省济南市章丘区文祖街道三德范村
山东省枣庄市山亭区北庄镇洪门村
山东省泰安市肥城市潮泉镇柳沟村
山东省青岛市黄岛区海青镇后河东村
山东省淄博市淄川区双杨镇藏梓村
山东省滨州市邹平县韩店镇西王村
山东省潍坊市临朐县九山镇牛寨村
山东省威海市环翠区张村镇王家疃村
山东省日照市五莲县叩官镇小榆林村
山东省菏泽市东明县武胜桥镇玉皇新村
山东省菏泽市成武县开发区刘庄村
山东省聊城市冠县北馆陶镇魏庄村
山东省临沂市沂水县院东头镇四门洞村
山东省东营市垦利区黄河口镇万尔村
山东省莱芜市雪野旅游区大王庄镇竹园子村
山东省济宁市汶上县军屯乡马山村
山东省济宁市兖州区新驿镇何村
山东省临沂市费县大田庄乡周家庄村
河南省南阳市西峡县太平镇东坪村
河南省信阳市光山县静居寺名胜管理区胡楼村
河南省信阳市平桥区明港镇新集村
河南省信阳市光山县晏河乡帅洼村
河南省焦作市孟州市西虢镇莫沟村
河南省信阳市光山县槐店乡晏岗村
河南省南阳市淅川县丹阳镇丹阳村
河南省南阳市桐柏县月河镇徐寨村
河南省汝州市骑岭乡安庄村
河南省郑州市登封市徐庄镇刘沟村
河南省许昌市禹州市磨街乡大涧村
河南省洛阳市孟津县会盟镇李庄村
河南省济源市大峪镇东沟村
河南省许昌市禹州市磨街乡孙庄村
河南省新乡市辉县市孟庄镇段屯村
河南省商丘市夏邑县太平镇龙河湾新村
河南省南阳市桐柏县淮源镇陈庄村
湖北省鄂州市梁子湖区涂家垴镇万秀村
湖北省襄阳市谷城县五山镇堰河村
湖北省黄石市大冶市灵乡镇坳头村
湖北省宜昌市长阳县龙舟坪镇郑家榜村
湖北省黄冈市浠水县兰溪镇袁坻村
湖北省黄冈市蕲春县刘河镇汤冲村
湖北省随州市随县长岗镇黄木淌村
湖北省武汉市江夏区五里界街童周

岭村

湖北省十堰市郧阳区安阳镇安阳山村

湖北省咸宁市通山县九宫山中港村

湖北省宜昌市兴山县昭君镇陈家湾村

湖北省天门市岳口镇健康村

湖北省咸宁市通山县洪港镇西坑村

湖北省孝感市大悟县四姑镇北山村

湖北省神农架林区新华镇石屋头村

湖北省荆州市洪湖市螺山镇中原村

湖北省恩施州鹤峰县太平镇龙潭村

湖北省宜昌市当阳市玉阳办事处三里港村

湖北省潜江市王场镇王场村

湖南省郴州市苏仙区塘溪乡和平村

湖南省长沙市宁乡县金洲镇关山村

湖南省邵阳市邵东县堡面前乡大羊村

湖南省长沙市长沙县果园镇浔龙河村

湖南省怀化市靖州县寨牙乡岩脚村

湖南省郴州市北湖区保和乡小埠村

湖南省怀化市溆浦县北斗溪乡坪溪村

湖南省张家界市永定区王家坪镇马头溪村

湖南省常德市津市金鱼岭街道大关山村

湖南省怀化市靖州县三锹乡地笋村

湖南省怀化市洪江区桂花园乡茅头园村

湖南省湘西土家族苗族自治州凤凰县山江镇老家寨村

湖南省株洲市攸县网岭镇罗家坪村

湖南省湘潭市湘乡市壶天镇壶天村

湖南省岳阳市汨罗市黄柏镇神鼎山村

湖南省娄底市新化县天门乡土坪村

湖南省湘潭市湘潭县乌石镇乌石村

广东省梅州市梅县区南口镇侨乡村

广东省广州市南沙区东涌镇大稳村

广东省佛山市顺德区杏坛镇逢简村

广东省清远市英德市九龙镇活石水村

广东省广州市从化区吕田镇莲麻村

广东省广州市增城区增江街道大埔围村

广东省河源市连平县忠信镇司前村

广东省云浮市罗定市船步镇船北村

广东省汕头市潮南区陇田镇东华村

广东省珠海市金湾区红旗镇三板村

广东省佛山市禅城区南庄镇紫南村

广西壮族自治区桂林市龙胜各族自治县乐江乡宝赠村

广西壮族自治区贺州市富川瑶族自治县柳家乡下湾村

广西壮族自治区桂林市荔浦县修仁镇柘村

广西壮族自治区贵港市港南区湛江镇平江村

广西壮族自治区贺州市八步区贺街镇西南村新兴寨

广西壮族自治区河池市宜州区刘三姐镇小龙村

广西壮族自治区河池都安瑶族自治县地苏镇大定村

广西壮族自治区贺州市钟山县燕塘镇玉坡村

海南省琼海市嘉积镇北仍村

海南省琼海市博鳌镇朝烈村

海南省陵水县本号镇大里地区小妹村、什坡村

海南省文昌市东路镇葫芦村

海南省琼海市塔洋镇鱼良村

海南省乐东县佛罗镇丹村

海南省澄迈县福山镇敦茶村

海南省文昌市潭牛镇天赐村

海南省澄迈县金江镇大美村

海南省琼中县湾岭镇鸭坡村

重庆市酉阳土家族苗族自治县西水河镇河湾村

重庆市梁平县合兴镇龙滩村

重庆市大足区棠香街道和平村
重庆市潼南区太安镇罐坝村
重庆市九龙坡区金凤镇海兰村
重庆市南岸区南山街道双龙村
重庆市永川区南大街街道黄瓜山村
重庆市南川区大观镇中江村
重庆市开州区满月乡马营村
重庆市綦江区永城镇中华村
重庆市沙坪坝区中梁镇龙泉村
重庆市万州区太安镇凤凰村
重庆市铜梁区南城街道黄门村
重庆市忠县新立镇桂花村
重庆市巫溪县凤凰镇木龙村
重庆市武隆县羊角镇永隆村
重庆市彭水苗族土家族自治县润溪乡樱桃村
重庆市黔江区濯水镇三门村
重庆市县酉阳土家族苗族自治县苍岭镇大河口村
重庆市奉节县兴隆镇六垭村
四川省成都市新都区新繁镇高院村
四川省泸州市古蔺县太平镇平丰村
四川省绵阳市游仙区白蝉镇王家寨子村
四川省达州市万源市白沙镇青龙嘴村
四川省广安市武胜县白坪镇高洞村
四川省南充市西充县莲池镇观音堂村
四川省成都市新津县永商镇烽火村
四川省绵阳市游仙区街子镇岳家村
四川省成都市新津县兴义镇张河村
四川省达州市开江县普安镇宝塔坝村
四川省眉山市洪雅县瓦屋山镇复兴村
四川省德阳市旌阳区东湖乡镇高槐村
四川省资阳市雁江区保和镇晏家坝村
四川省德阳市罗江县白马关镇凤雏村
四川省泸州市龙马潭区双加镇大冲头村
四川省绵阳市游仙区新桥镇玉泉村
四川省眉山市东坡区三苏乡望苏村
四川省宜宾市宜宾县高场镇大明村
四川省成都市新津县安西镇月花村
四川省泸州市泸县玉蟾街道龙华村
贵州省遵义市湄潭县兴隆镇龙凤村
贵州省贵阳市花溪区青岩镇龙井村
贵州省黔南布依族苗族自治州贵定县盘江镇音寨村
贵州省遵义市湄潭县鱼泉街道办事处新石村
贵州省黔东南苗族侗族自治州三穗县台烈镇颇洞村
贵州省毕节市黔西县林泉镇海子村
贵州省黔西南布依族苗族自治州贞丰县者相镇纳孔村
贵州省黔西南布依族苗族自治州兴义市万峰林街道办事处下纳灰村
贵州省黔西南布依族苗族自治州安龙县钱相街道办事处打凼村
贵州省贵阳市开阳县南江布依族苗族乡龙广村
贵州省铜仁市江口县太平镇云舍村
贵州省六盘水市水城县玉舍镇海坪村
贵州省黔南布依族苗族自治州平塘县平舟镇京舟村
贵州省遵义市仁怀市坛厂街道办事处枇杷村
贵州省黔南布依族苗族自治州福泉县金山街道办事处双谷村
贵州省毕节地区织金县三甲街道办事处龙潭村
贵州省六盘水市六枝特区岩脚镇太和村
贵州省六盘水市盘县乌蒙镇坡上村
云南省大理白族自治州大理市喜洲镇桃源村
云南省红河哈尼族彝族自治州弥勒市西三镇可邑村

云南省保山市腾冲市固东镇江东社区银杏村

云南省红河哈尼族彝族自治州蒙自市新安所镇新安所村

云南省西双版纳傣族自治州景洪市景讷乡曼老老寨

云南省普洱市江城哈尼族彝族自治县整董镇整董村

云南省红河哈尼族彝族自治州石屏县哨冲镇慕善村

云南省曲靖市沾益区花山镇遵花铺社区喜厦村

云南省昆明市晋宁县六街镇大营村

云南省大理白族自治州洱源县右所镇团结村

云南省楚雄彝族自治州武定县狮山镇狮山村

云南省曲靖市马龙县马鸣乡咨卡村

云南省玉溪市通海县里山乡平坝村

云南省普洱市宁洱哈尼族彝族自治县同心镇那柯里村

云南省玉溪市澄江县路居镇明星村

云南省德宏傣族景颇族自治州陇川县勐约乡温泉村

云南省楚雄彝族自治州武定县插甸镇插甸村

陕西省西安市蓝田县曳湖镇簸箕掌村

陕西省西安市户县草堂镇李家岩村

陕西省商洛市丹凤县棣花镇万湾村

陕西省咸阳市礼泉县西张堡镇白村

陕西省商洛市山阳县法官镇法官庙村

陕西省延安市洛川县旧县镇洛阳村

陕西省延安市宝塔区南泥湾镇桃宝峪村

陕西省咸阳市礼泉县烟霞镇官厅村

陕西省渭南市韩城市西庄镇郭庄村

陕西省榆林市榆阳区古塔镇赵家峁村

陕西省铜川市耀州区石柱镇马咀村

陕西省宝鸡市扶风县法门镇美阳村

陕西省榆林市绥德县张家砭镇郝家桥村

陕西省榆林市神木县神木镇四卜树村

陕西省咸阳市西咸新区泾阳新城茯茶镇双赵村

甘肃省兰州市西固区河口镇河口村

甘肃省陇南市康县长坝镇花桥村

甘肃省张掖市甘州区碱滩镇古城村

甘肃省天水市麦积区新阳镇胡家大庄村

甘肃省金昌市永昌县河西堡镇西庄子村

甘肃省兰州市榆中县定远镇猪咀岭村

甘肃省兰州市榆中县连搭镇麻家寺村

青海省海北藏族自治州门源回族自治县珠固乡东旭村

青海省黄南藏族自治州同仁县扎毛乡立仓村

青海省玉树藏族自治州称多县拉布乡拉司通村

宁夏回族自治区银川市贺兰县常信乡谭渠村

宁夏回族自治区中卫市沙坡头区迎水桥镇沙坡头村

宁夏回族自治区中卫市中宁县余丁乡金沙村

宁夏回族自治区银川市灵武市临河镇二道沟村

宁夏回族自治区固原市西吉县吉强镇龙王坝村

宁夏回族自治区中卫市中宁县余丁乡黄羊村

宁夏回族自治区银川市贺兰县立岗镇永兴村

宁夏回族自治区石嘴山市平罗县陶乐镇庙庙湖村

宁夏回族自治区银川市灵武市白土岗

乡火城子村

新疆维吾尔自治区克拉玛依市乌尔禾区乌尔禾镇查干草村

新疆维吾尔自治区克拉玛依市克拉玛依区小拐镇小拐村

新疆维吾尔自治区博尔塔拉蒙古自治州博乐市贝林哈日莫墩乡决肯村

新疆维吾尔自治区阿克苏地区阿克苏市拜什吐格曼乡尤喀克兰干村

新疆维吾尔自治区昌吉回族自治州木垒县西吉尔镇水磨沟村

新疆维吾尔自治区阿勒泰地区布尔津县窝依莫克乡也拉曼村

新疆维吾尔自治区吐鲁番市托克逊县夏乡南湖村

新疆维吾尔自治区昌吉回族自治州奇台县半截沟镇腰站子村

新疆维吾尔自治区博尔塔拉蒙古自治州精河县茫丁乡北地村

新疆生产建设兵团第一师十三团红桥中心连队居住区

新疆生产建设兵团第十师一八一团克木齐中心连队居住区

新疆生产建设兵团第二师二十七团六连居住区

新疆生产建设兵团第一师五团三连居住区

新疆生产建设兵团第四师七十一团七连居住区

新疆生产建设兵团第四师六十八团二连居住区

新疆生产建设兵团第七师一三七团阿吾斯奇牧场中心连队居住区

住房城乡建设部　关于公布第三批美丽宜居小镇、美丽宜居村庄示范名单的通知

建村〔2016〕13 号

各省、自治区住房城乡建设厅，直辖市建委，北京市农委，新疆生产建设兵团建设局：

根据《住房城乡建设部关于 2015 年美丽宜居小镇、美丽宜居村庄示范工作的通知》（建村〔2015〕76 号），在各地自愿申报、省级住房城乡建设部门（农委）择优推荐的基础上，经组织专家审查，确定江苏省苏州市吴江区震泽镇等 42 个镇为美丽宜居小镇示范，贵州省安顺市西秀区旧州镇浪塘村等 79 个村为美丽宜居村庄示范，现予以公布。

我部将编制美丽宜居小镇、美丽宜居村庄示范案例集，并通过互联网等形式予以宣传展示。各地要认真做好示范经验的总结，大力开展宣传和推广工作，引导美丽宜居小镇、美丽宜居村庄建设工作。

附件：第三批美丽宜居小镇、美丽宜居村庄示范名单

中华人民共和国住房和城乡建设部

2016 年 1 月 12 日

附件：第三批美丽宜居小镇、美丽宜居村庄示范名单

美丽宜居小镇示范（42 个）

北京市延庆区千家店镇
天津市蓟县穿芳峪镇
内蒙古自治区阿拉善盟阿拉善右旗巴丹吉林镇
辽宁省盘锦市大洼县赵圈河镇
吉林省通化市辉南县金川镇
黑龙江省牡丹江市东宁县道河镇
上海市奉贤区庄行镇
上海市浦东新区唐镇
江苏省苏州市吴江区震泽镇
江苏省盐城市东台市安丰镇
江苏省淮安市洪泽县老子山镇
浙江省嘉兴市桐乡市乌镇
浙江省湖州市德清县莫干山镇
浙江省衢州市江山市廿八都镇
安徽省宣城市泾县桃花潭镇
安徽省黄山市歙县深渡镇
安徽省池州市石台县七都镇
福建省泉州市永春县岵山镇
江西省宜春市袁州区温汤镇
江西省宜春市高安市华林山镇
山东省威海市乳山市海阳所镇
山东省青岛市胶州市李哥庄镇
河南省南阳市方城县拐河镇
湖北省黄冈市罗田县九资河镇
湖北省随州市随县长岗镇
湖南省郴州市资兴市黄草镇
湖南省衡阳市珠晖区茶山坳镇
湖南省长沙市望城区乔口镇
广东省广州市增城区派潭镇
广西壮族自治区崇左市大新县硕龙镇
广西壮族自治区桂林市龙胜各族自治县龙脊镇
海南省琼海市万泉镇
重庆市涪陵区武陵山乡
四川省绵阳市三台县芦溪镇
四川省广元市朝天区羊木镇
贵州省安顺市西秀区旧州镇
云南省保山市隆阳区潞江镇
陕西省汉中市洋县华阳镇
陕西省汉中市镇巴县杨家河镇
陕西省延安市宝塔区枣园镇
青海省海南藏族自治州贵德县河阴镇
新疆维吾尔自治区伊犁哈萨克自治州伊宁市巴彦岱镇

美丽宜居村庄示范（79 个）

北京市门头沟区妙峰山镇炭厂村
北京市顺义区龙湾屯镇柳庄户村
天津市蓟县下营镇郭家沟村
天津市宁河县岳龙镇小闫村
天津市宝坻区八门城镇欢喜庄村
天津市蓟县穿芳峪镇小穿芳峪村
天津市宝坻区八门城镇东走线窝村
天津市宝坻区黄庄镇小辛码头村
河北省唐山市迁安市大五里乡山叶口村
河北省石家庄市栾城区柳林屯乡柳林屯村
山西省晋城市高平市石末乡侯庄村
内蒙古自治区通辽市科尔沁左翼中旗花吐古拉镇浩日彦艾勒嘎查
辽宁省朝阳市建平县万寿街道小平房村
辽宁省本溪市桓仁满族自治县雅河乡湾湾川村

辽宁省鞍山市立山区大孤山镇上石桥村

吉林省白城市镇赉县坦途镇特力村

黑龙江省牡丹江市宁安市渤海镇梁家村

黑龙江省绥化市安达市青肯泡乡农义村

上海市青浦区朱家角镇张马村

江苏省南京市江宁区江宁街道牌坊村

江苏省苏州市常熟市虞山镇梦兰村

江苏省无锡市宜兴市湖㳇镇张阳村

江苏省常州市溧阳市溧城镇八字桥村

江苏省镇江市丹阳市开发区建山村

浙江省杭州市余杭区径山镇径山村

浙江省湖州市安吉县昌硕街道双一村

浙江省湖州市南浔区和孚镇荻港村

浙江省绍兴市新昌县镜岭镇外婆坑村

浙江省杭州市桐庐县分水镇新龙村

浙江省衢州市江山市大陈乡大陈村

安徽省铜陵市铜陵县胥坝乡群心村

安徽省芜湖市繁昌县孙村镇中分村

安徽省芜湖市芜湖县陶辛镇后沙村

福建省泉州市永春县岵山镇茂霞村

福建省宁德市福安市溪潭镇廉村

福建省宁德市蕉城区霍童镇邑坂村

福建省三明市永安市曹远镇霞鹤村

江西省新余市渝水区良山镇下保村

江西省吉安市青原区富田镇匡家村

江西省抚州市黎川县华山场洲湖村

江西省南昌市南昌县三江镇三江前后万村

山东省济南市历城区西营镇藕池村

河南省开封市金明区水稻乡孙庄村

湖北省黄石市大冶市金湖街道办事处上冯村

湖北省随州市广水市武胜关镇桃源村

湖北省宜昌市远安县嫘祖镇金桥村

湖北省孝感市汉川市马鞍乡黄龙村

湖南省湘西土家族苗族自治州花垣县排碧乡十八洞村

湖南省长沙市望城区白箬铺镇光明村

湖南省怀化市芷江侗族自治县水宽乡拾担村

湖南省怀化市会同县高椅乡高椅村

湖南省娄底市新化县水车镇正龙村

广东省清远市佛冈县龙山镇上岳村

广东省惠州市惠城区三栋镇鹿颈村

广西壮族自治区桂林市恭城瑶族自治县莲花镇竹山村

广西壮族自治区桂林市平乐县沙子镇渡河村

广西壮族自治区贺州市富川瑶族自治县福利镇茅厂屋村

广西壮族自治区南宁市西乡塘区石埠街道忠良村

广西壮族自治区桂林市龙胜各族自治县泗水乡周家村

重庆市城口县东安镇兴田村

重庆市永川区何埂镇丰乐村

四川省甘孜藏族自治州丹巴县聂呷乡甲居一村

四川省阿坝藏族羌族自治州理县桃坪乡桃坪村

四川省凉山彝族自治州冕宁县复兴镇建设村

贵州省安顺市西秀区旧州镇浪塘村

贵州省黔南布依族苗族自治州三都水族自治县都江镇怎雷村

贵州省黔东南苗族侗族自治州黎平县茅贡乡地扪村

贵州省安顺市西秀区七眼桥镇云山屯村

云南省大理白族自治州漾濞县苍山西镇光明村

云南省丽江市永胜县期纳镇清水村

陕西省商洛市柞水县营盘镇朱家湾村

陕西省榆林市佳县坑镇赤牛坬村

陕西省安康市平利县城关镇龙头村

陕西省汉中市西乡县沙河镇枣园村

青海省海南藏族自治州贵德县河阴镇杏花村

青海省黄南藏族自治州同仁县扎毛乡扎毛村

新疆维吾尔自治区吐鲁番市高昌区亚尔镇亚尔村

新疆维吾尔自治区伊犁哈萨克自治州尼勒克县乌拉斯台乡乌拉斯台村

新疆维吾尔自治区巴音郭楞蒙古自治州焉耆县七个星镇霍拉山村

住房城乡建设部 国家旅游局关于公布第三批全国特色景观旅游名镇名村示范名单的通知

建村〔2015〕106 号

各省、自治区、直辖市住房城乡建设厅（建委），旅游委（局），北京、天津市农委：

按照《住房城乡建设部办公厅关于做好2013 年全国特色景观旅游名镇名村示范工作的通知》（建办村函〔2013〕313 号）要求，在各地推荐的基础上，经组织专家评审，住房城乡建设部、国家旅游局决定将北京市门头沟区潭柘寺镇、天津市西青区辛口镇水高庄村等 337 个镇、村（名单见附件）列为第三批全国特色景观旅游名镇名村示范，并予以公布。

请各地加强对全国特色景观旅游名镇名村示范核心景观资源保护工作，进一步推动示范镇、村乡村人居环境改善和旅游业发展，提升其综合服务能力。

附件：第三批全国特色景观旅游名镇名村示范名单

中华人民共和国住房和城乡建设部

中华人民共和国国家旅游局

2015 年 7 月 13 日

附件 第三批全国特色景观旅游名镇名村示范名单（共 337 个）

一、北京市（6 个）

门头沟区潭柘寺镇

房山区韩村河镇

昌平区南口镇

怀柔区九渡河镇

密云县古北口镇

延庆县千家店镇

二、天津市（11 个）

津南区小站镇

宁河县七里海镇

蓟县官庄镇

蓟县下营镇

西青区辛口镇水高庄村

西青区精武镇小南河村

北辰区双街镇沙庄村
静海县双塘镇西双塘村
蓟县下营镇常州村
蓟县下营镇郭家沟村
蓟县穿芳峪镇毛家峪村

三、河北省（11个）

唐山市滦县滦州镇
唐山市滦县响嘡镇
唐山市滦县王店子镇
张家口市张北县张北镇
廊坊市霸州市胜芳镇
衡水市武强县周窝镇
唐山市滦县滦州镇滦州古城
秦皇岛市昌黎县十里铺乡西山场村
邢台市邢台县路罗镇英谈村
邢台市内丘县南寨乡神头村
保定市易县西陵镇凤凰台村

四、山西省（1个）

忻州市原平市崞阳镇

五、内蒙古自治区（32个）

呼和浩特市清水河县城关镇
赤峰市喀喇沁旗美林镇
赤峰市喀喇沁旗王爷府镇
赤峰市宁城县黑里河镇
通辽市科尔沁左翼中旗花吐古拉镇
通辽市科尔沁左翼后旗阿古拉镇
通辽市库伦旗库伦镇
鄂尔多斯市准格尔旗龙口镇
鄂尔多斯市准格尔旗布尔陶亥苏木
鄂尔多斯市鄂托克前旗上海庙镇
鄂尔多斯市鄂托克前旗城川镇
鄂尔多斯市鄂托克旗乌兰镇
鄂尔多斯市乌审旗无定河镇
呼伦贝尔市阿荣旗那吉镇
呼伦贝尔市陈巴尔虎旗巴彦库仁镇
呼伦贝尔市扎兰屯市成吉思汗镇
呼伦贝尔市扎兰屯市柴河镇
呼伦贝尔市额尔古纳市莫尔道嘎镇
呼伦贝尔市额尔古纳市黑山头镇
呼伦贝尔市额尔古纳市蒙兀室韦苏木
呼伦贝尔市额尔古纳市恩和俄罗斯族民族乡
呼伦贝尔市额尔古纳市奇乾乡
呼伦贝尔市根河市敖鲁古雅鄂温克族乡
乌兰察布市察哈尔右翼中旗科布尔镇
乌兰察布市四子王旗乌兰花镇
阿拉善盟阿拉善右旗巴丹吉林镇
阿拉善盟额济纳旗达来呼布镇
赤峰市松山区城子乡瓦房村
赤峰市敖汉旗四道湾子镇白斯朗营子村
鄂尔多斯市准格尔旗纳日松镇松树焉村
鄂尔多斯市准格尔旗十二连城乡兴胜店村
呼伦贝尔市阿荣旗新发朝鲜民族乡东光村

六、辽宁省（10个）

大连市长海县广鹿乡
大连市普兰店市安波镇
鞍山市海城市牛庄镇
丹东市宽甸满族自治县青山沟镇
丹东市东港市孤山镇
盘锦市大洼县赵圈河镇
本溪市本溪满族自治县东营坊乡东营坊村
丹东市凤城市凤山街道大梨树村
盘锦市大洼县西安镇上口子村
葫芦岛市建昌县石佛乡灰窑子村

七、吉林省（11个）

长春市南关区玉潭镇
长春市双阳区山河镇
长春市九台市土们岭镇
吉林市龙潭区乌拉街满族镇
四平市伊通满族自治县伊通镇
通化市辉南县庆阳镇
白山市浑江区三道沟镇
延边朝鲜族自治州图们市月晴镇
白山市长白朝鲜族自治县十四道沟镇望天鹅新村
白山市长白朝鲜族自治县马鹿沟镇果园村
延边朝鲜族自治州安图县万宝镇红旗村

八、黑龙江省（7个）

哈尔滨市尚志市帽儿山镇
鹤岗市萝北县名山镇
牡丹江市东宁县三岔口镇
牡丹江市东宁县道河镇
绥化市绥棱县四海店镇
齐齐哈尔市梅里斯达斡尔族区雅尔塞镇哈拉新村
齐齐哈尔市甘南县兴十四镇兴十四村

九、上海市（4个）

嘉定区南翔镇
金山区廊下镇中华村
金山区山阳镇金山嘴渔村
崇明县陈家镇瀛东村

十、江苏省（10个）

南京市六合区竹镇镇
无锡市惠山区阳山镇
苏州市吴江区震泽镇
苏州市常熟市梅李镇
苏州市太仓市沙溪镇
淮安市淮阴区码头镇
南京市高淳区桠溪镇蓝溪村
苏州市常熟市碧溪街道李袁村
南通市通州区五接镇开沙村
镇江市句容市天王镇戴庄村

十一、浙江省（18个）

宁波市鄞州区龙观乡
宁波市象山县石浦镇
嘉兴市嘉善县西塘镇
湖州市德清县新市镇
绍兴市新昌县镜岭镇
绍兴市诸暨市山下湖镇
衢州市江山市廿八都镇
台州市仙居县白塔镇
宁波市镇海区澥浦镇十七房村
宁波市余姚市大岚镇柿林村
温州市永嘉县岩头镇苍坡村
温州市永嘉县岩坦镇屿北村
嘉兴市秀洲区王店镇建林村
湖州市南浔区和孚镇荻港村
绍兴市诸暨市东白湖镇斯宅村
金华市磐安县盘峰乡榉溪村
衢州市柯城区七里乡大头村
台州市天台县街头镇后岸村

十二、安徽省（18个）

马鞍山市当涂县太白镇
安庆市枞阳县浮山镇
安庆市潜山县天柱山镇
安庆市宿松县趾凤乡
黄山市歙县雄村乡
阜阳市颍上县八里河镇
六安市金寨县天堂寨镇
宣城市泾县桃花潭镇
合肥市巢湖市黄麓镇洪疃村
淮北市烈山区烈山镇榴园村

安庆市潜山县官庄镇官庄村
黄山市黄山区甘棠镇庄里村
黄山市黟县宏村镇卢村
滁州市凤阳县小溪河镇小岗村
宿州市萧县白土镇费村
池州市贵池区梅村镇霄坑村
宣城市绩溪县上庄镇上庄村
宣城市宁国市云梯畲族乡千秋畲族村

十三、福建省（9个）

福州市永泰县嵩口镇
泉州市惠安县崇武镇
龙岩市上杭县才溪镇
宁德市福安市晓阳镇
宁德市福鼎市嵛山镇
福州市长乐市航城街道琴江村
三明市尤溪县洋中镇桂峰村
泉州市晋江市金井镇围头村
龙岩市武平县城厢镇云礤村

十四、江西省（8个）

南昌市湾里区太平镇
宜春市靖安县宝峰镇
赣州市南康区坪市乡谭邦村
赣州市赣县湖江镇夏浒村
赣州市赣县白鹭乡白鹭村
赣州市宁都县田埠乡东龙村
赣州市石城县琴江镇大畲村
上饶市婺源县江湾镇篁岭村

十五、山东省（14个）

济南市历城区柳埠镇
枣庄市山亭区店子镇
枣庄市山亭区北庄镇
潍坊市青州市庙子镇
潍坊市安丘市辉渠镇
济宁市微山县南阳镇
济宁市邹城市峄山镇
泰安市岱岳区满庄镇
泰安市东平县银山镇
威海市乳山市海阳所镇
日照市五莲县松柏镇
临沂市沂水县院东头镇
菏泽市单县浮岗镇
烟台市栖霞市桃村镇国路夼村

十六、河南省（16个）

郑州市登封县告成镇
洛阳市栾川县石庙镇
洛阳市汝阳县付店镇
平顶山市郏县姚庄回族乡
平顶山市舞钢市尹集镇
安阳市林州市石板岩乡
焦作市修武县岸上乡
南阳市南召县乔瑞镇
南阳市方城县二郎庙乡
信阳市新县田铺乡
济源市五龙口镇
驻马店市驿城区蚁蜂镇
洛阳市栾川县石庙镇杨树坪村
洛阳市栾川县栾川乡养子沟村
信阳市平桥区五里店街道郝堂村
信阳市罗山县涩港镇灵山村

十七、湖北省（14个）

宜昌市五峰土家族自治县长乐坪镇
鄂州市梁子湖区梁子镇
荆门市钟祥市客店镇
孝感市大悟县宣化店镇
黄冈市罗田区九资河镇
咸宁市赤壁市赤壁镇
随州市随县长岗镇
神农架林区大九湖镇
宜昌市兴山县水月寺镇高岚村
孝感市安陆市王义贞镇钱冲村
荆州市荆州区川店镇张新场村

咸宁市嘉鱼县官桥镇官桥村
随州市曾都区三里岗镇吉祥寺村
恩施土家族苗族自治州建始县花坪镇小西湖村

十八、湖南省（13 个）

长沙市望城区铜官镇
长沙市宁乡县花明楼镇
长沙市浏阳市大围山镇
湘潭市湘乡市壶天镇
邵阳市城步苗族自治县南山镇
郴州市汝城县热水镇
郴州市资兴市黄草镇
长沙市望城区白箬铺镇光明村
长沙市长沙县白沙镇双冲村
邵阳市邵东县堡面前乡大羊村
岳阳市岳阳县张谷英镇张谷英村
常德市石门县罗坪乡长梯隘村
益阳市安化县江南镇高城村

十九、广东省（15 个）

广州市增城区派潭镇
汕头市潮阳区海门镇
佛山市南海区西樵镇
梅州市大埔县百侯镇
梅州市丰顺县八乡山镇
东莞市清溪镇
广州市番禺区石楼镇大岭村
珠海市香洲区万山镇万山村
佛山市南海区西樵镇上金瓯松塘村
江门市新会区会城镇新会陈皮村（茶坑村）
江门市开平市塘口镇自力村
惠州市博罗县龙华镇旭日村
河源市和平县林寨镇林寨古村（兴井村）
清远市连南瑶族自治县三排镇南岗古排
云浮市郁南县连滩镇兰寨村

二十、广西壮族自治区（11 个）

河池市宜州市刘三姐乡
崇左市大新县硕龙镇
柳州市融水苗族自治县香粉乡雨卜村
桂林市兴安县华江瑶族乡高寨村
桂林市灌阳县新圩乡小龙村
桂林市恭城瑶族自治县平安乡社山村
梧州市岑溪市南渡镇吉太社区三江口自然村
防城港市港口区企沙镇簕山村
百色市乐业县同乐镇火卖村
来宾市武宣县东乡镇下莲塘村
来宾市金秀瑶族自治县长垌乡古占民俗旅游村

二十一、海南省（5 个）

琼海市中原镇
琼海市博鳌镇
琼海市潭门镇
保亭黎族苗族自治县三道镇什进村
琼中黎族苗族自治县红毛镇什寒村

二十二、重庆市（12 个）

万州区甘宁镇
涪陵区武陵山乡
九龙坡区白市驿镇
綦江区黑山镇
巴南区东温泉镇
长寿区长寿湖镇
武隆县仙女山镇
万州区太安镇凤凰村
綦江区永新镇石坪村
渝北区统景镇印盒村
巫溪县文峰镇红池村
彭水苗族土家族自治县绍庆街道阿依河村

二十三、四川省（9个）

泸州市纳溪区天仙镇
泸州市古蔺县太平镇
德阳市绵竹市九龙镇
广元市剑阁县剑门关镇
内江市隆昌县云顶镇
南充市西充县青龙乡
乐山市沐川县沐溪镇三溪村
眉山市丹棱县顺龙乡幸福村
阿坝藏族羌族自治州小金县沃日乡官寨村

二十四、贵州省（18个）

贵阳市花溪区青岩镇
六盘水市盘县城关镇
安顺市西秀区旧州镇
安顺市平坝县天龙镇
毕节市大方县普底彝族苗族白族乡
毕节市威宁彝族回族苗族自治县板底乡
黔西南布依族苗族自治州普安县龙吟镇
黔东南苗族侗族自治州黄平县旧州镇
六盘水市盘县石桥镇妥乐村
六盘水市盘县四格彝族乡坡上村
毕节市威宁彝族回族苗族自治县石门乡石门坎村
铜仁市碧江区漾头镇九龙村
铜仁市江口县太平镇云舍村
铜仁市松桃苗族自治县乌罗镇桃花源村
黔东南苗族侗族自治州从江县丙妹镇岜沙村
黔南布依族苗族自治州三都水族自治县三合镇姑鲁村
黔南布依族苗族自治州三都水族自治县都江镇怎雷村
黔南布依族苗族自治州三都水族自治县九阡镇水各村

二十五、云南省（9个）

丽江市玉龙纳西族自治县石鼓镇
普洱市镇沅彝族哈尼族拉祜族自治县九甲镇
楚雄彝族自治州大姚县石羊镇
红河哈尼族彝族自治州红河县迤萨镇
普洱市宁洱哈尼族彝族自治县同心镇那柯里村
临沧市沧源佤族自治县勐角傣族彝族拉祜族乡翁丁村
文山壮族苗族自治州广南县坝美镇者歪村委会坝美村小组
大理白族自治州宾川县平川镇朱苦拉村
大理白族自治州鹤庆县草海镇新华村

二十六、西藏自治区（1个）

拉萨市尼木县吞巴乡吞达村

二十七、陕西省（6个）

咸阳市永寿县永平镇
咸阳市彬县太峪镇
咸阳市武功县武功镇
榆林市绥德县名州镇
安康市岚皋县花里镇
安康市旬阳县蜀河镇

二十八、甘肃省（9个）

兰州市皋兰县什川镇
武威市天祝藏族自治县天堂镇
平凉市崆峒区崆峒镇
平凉市华亭县西华镇
平凉市庄浪县韩店镇
酒泉市肃州区果园乡
酒泉市瓜州县锁阳城镇

酒泉市敦煌市月牙泉镇
平凉市灵台县独店镇张鳌坡村

二十九、青海省（9个）

西宁市大通回族土族自治县桥头镇
海东市互助土族自治县加定镇
海北藏族自治州祁连县八宝镇
海南藏族自治州贵德县河阴镇
西宁市湟源县东峡乡下脖项村
海东市循化撒拉族自治县街子镇三兰巴海村
黄南藏族自治州尖扎县坎布拉镇直岗拉卡村
果洛藏族自治州班玛县灯塔乡班前村
玉树藏族自治州称多县拉布乡拉司通村

三十、宁夏回族自治区（11个）

银川市兴庆区掌政镇
银川市西夏区镇北堡镇
吴忠市青铜峡市青铜峡镇
吴忠市青铜峡市峡口镇
固原市泾源县泾河源镇
固原市泾源县六盘山镇
中卫市沙坡头区迎水桥镇
吴忠市利通区东塔寺乡穆民新村
固原市隆德县城关镇杨店村
中卫市沙坡头区迎水桥镇北长滩村
中卫市沙坡头区香山乡南长滩村

三十一、新疆维吾尔自治区（3个）

昌吉州木垒县西吉尔镇
阿勒泰地区布尔津县冲乎尔镇
阿勒泰地区布尔津县禾木哈纳斯蒙古民族乡禾木村

三十二、新疆生产建设兵团（6个）

第五师八十四团托里镇
第八师石河子市一百五十团西古城镇
第十师北屯市一百八十七团丰庆镇
第十二师西山农场烽火台小镇
第六师五家渠市一百〇三团蔡家湖镇
第十三师黄田农场庙尔沟镇

国家林业局办公室关于开展森林特色小镇建设试点工作的通知

办场字〔2017〕110号

各省、自治区、直辖市林业厅（局），内蒙古、吉林、黑龙江、大兴安岭森工（林业）集团公司，新疆生产建设兵团林业局：

为贯彻落实中发〔2015〕6号文件精神，深入推进国有林场和国有林区改革及林业供给侧结构性改革，推动林业发展模式由利用森林获取经济利益为主向保护森林提供生态服务为主转变，提高森林观光游览、休闲度假、运动养生等生态产品供给能力和服务水平，不断满足人民群众日益迫切的生态福祉需求，大力提升林业在国民经济发展中的战略地位，我局决定在国有林场和国有林区开展森林特色小镇建设试点工作，为全面推进森林特色小镇建设探索路子、总结经验。现将有关事项通知如下：

一、建设目的

森林特色小镇是指在森林资源丰富、生态环境良好的国有林场和国有林区林业局的场部、局址、工区等适宜地点，重点利用老旧场址工区、场房民居，通过科学规划设计、合理布局，建设接待设施齐全、基础设施完备、服务功能完善，以提供森林观光游览、休闲度假、运动养生等生态产品与生态服务为主要特色的，融合产业、文化、旅游、社区功能的创新发展平台。

开展森林特色小镇建设，有利于提高国有林场和国有林区吸引和配置林业特色产业要素的能力，推动资源整合、产业融合，促进产业集聚、创新和转型升级；有利于深化国有林场和国有林区改革，助推林场林区转型发展，改善国有林场和国有林区生产生活条件、增加职工收入，增强发展后劲；有利于促进林业供给侧结构性改革，提高生态产品和服务供给能力和质量，不断满足广大人民群众日益增长的生态福祉需求；有利于保护生态和改善民生，促进国有林场和国有林区经济发展、林农增收，助推脱贫攻坚，着力践行习近平总书记提出的“绿水青山就是金山银山”等新发展理念。

二、试点原则

（一）坚持生态导向、保护优先。要以保护好当地森林资源、原生生态环境和原生生态景观为森林特色小镇建设的立足点和出发点，在确保森林资源总量增加、森林质量提高、生态功能增强的前提下，采用环境友好型、资源节约型等建设模式和方式，实现生态环境、生态文化、森林景观和服务设施有机融合，充分发挥森林生态多种功能，为社会提供更多的生态产品和更优良的生态服务。

（二）坚持科学规划、有序发展。要与国有林场和国有林区发展规划、森林经营方案相结合，坚持规划先行，科学设计，立足实际，深入挖掘特色，找准发展方向。要严格按照当地生态环境的承载量，科学规划，经过严格的科学评估论证，按照程序批准后严格执行。

（三）坚持试点先行、稳步推进。要优先选择发展基础好、政府支持力度大、建设积极性高的国有林场和国有林区林业局作为建设试点。在及时总结试点成功经验和模式的基础上，逐步示范推广、稳步推进。

（四）坚持政府引导、林场主导、多元化运作。各级林业主管部门要积极协调有关部门在基础设施建设、项目立项和资金投入、易地搬迁、土地使用审批以及投融资政策等方面予以倾斜，不断优化政策和投融资环境，大力支持小镇建设；国有林场和国有林区林业局是森林特色小镇建设的主体，要创造条件，推进小镇与企业、金融机构有效对接，促进场镇企融合发展、共同成长。

三、试点内容

（一）范围和规模。在全国国有林场和国有林区林业局范围内选择30个左右作为首批国家建设试点。

（二）建设方式。在稳定和充分保障国有林场和国有林区森林资源权益的基础上，可采取使用权与经营权分离的方式，放活经营权。可采取自建、合资合作和PPP合作建设等模式推进小镇建设，实现场镇企有效对接、互利共赢，融合发展。小镇建设要坚持改造利用、提档升级为主，原则上不搞新建，确需新建的要从严控制、严格把关。重点通过对国有林场和国有林区林业局的老旧场（局）址工区、场房住房等的改造，将其建设成地方特色鲜明，又与原生态景观风貌紧密融合的特色民居、森林小屋等接待设施。要注重与生态扶贫、林场棚户区改造、移民搬迁和场部搬迁重建，以及森林公园、湿地公园等工程项目建设相结合，相互促进，融合发展。

（三）建设条件。

1. 具有一定规模。一般应选择在森林分布集中，森林覆盖率一般应在 60%以上，森林景观优美、周边生态环境良好，具备较好文化底蕴、无重大污染源，规模较大的国有林场或国有林区林业局建设。

2. 建设积极性高。国有林场和国有林区林业局建设积极性较高，当地政府重视森林特色小镇建设工作，在小镇项目建设投入、招商引资、土地优惠以及基础设施建设等方面政策扶持力度大。

3. 主导产业定位准确。主要依托森林资源和生态优势，重点发展森林观光游览、休闲度假、运动养生，以及森林食品、森林药材等林产品培育、采集和初加工的绿色产业。

4. 基础设施较完备。国有林场和国有林区林业局水电路讯等基础设施较完善，建设地点原则上要选择在距机场或高铁站 50~100 公里范围内。

（四）建设主要内容。

1. 改善接待条件。通过对国有林场和国有林区林业局老旧场（局）址工区、场房民居等的改造，建设成地方特色鲜明，又与小镇森林特色生态景观风貌紧密融合的特色民居、森林小屋等，努力提升食宿接待能力和服务水平。

2. 完善基础设施。建设水、电、路、讯、生态环境监测等基础设施和森林步道等相应的观光游览、休闲养生服务设施，为开展游憩、度假、疗养、保健、养老等休闲养生服务提供保障，不断提升小镇公共服务能力、水平和质量。

3. 培育产业新业态。充分发掘利用当地的自然景观、森林环境、休闲养生等资源，积极引入森林康养、休闲养生产业发展先进理念和模式，大力探索培育发展森林观光游览、休闲养生新业态，拓展国有林场和国有林区发展空间，促进生态经济对小镇经济的提质升级，提升小镇独特竞争力。

（五）工作程序。

1. 摸清家底。各省（含自治区、直辖市、森工集团、新疆兵团，下同）要尽快组织力量对本省国有林场和国有林区森林特色小镇建设情况和潜力进行调查摸底，填写森林特色小镇资源情况调查统计表（见附件 1）。

2. 推荐上报。各省组织国有林场和国有林区林业局开展森林特色小镇建设试点申报工作，根据当地实际情况，推荐 2~3 个国有林场或国有林区林业局作为国家建设试点，填写试点申报表（见附件 2）。

3. 确定试点。我局将在各省推荐的基础上，统筹考虑区域布局、建设特点、发展特色等因素，确定全国森林特色小镇建设试点单位，并予以公布。

四、有关要求

各地要及时对森林特色小镇建设试点工作进行安排部署，做好摸底调查和试点申报工作。认真填写森林特色小镇资源情况调查统计表，确保各项信息的客观、真实、准确。推荐为试点单位的要提供 3000 字左右的文字材料和小镇概念性规划，有条件的可同时提供 10~15 分钟的视频材料。

文字材料应包括建设基本情况，建设目标、建设任务、建设方式、建设路径措施等主要内容；概念性规划应包括小镇区域产业规划、功能布局、配套设施建设、文化底蕴研究等。

请于2017年9月30日前将文字材料和电子版报送我局。

联系人：国家林业局场圃总站　张　静　刘　鹏

电　话：010-84238813

84239854（传真）

邮　箱：806@forestry.gov.cn

特此通知。

附件：1. 森林特色小镇资源情况调查统计表（略）

2. 森林特色小镇建设试点申报表（略）

国家林业局办公室

2017年7月4日

体育总局办公厅关于推动运动休闲特色小镇建设工作的通知

体群字〔2017〕73号

各省、自治区、直辖市、新疆生产建设兵团体育局，体育总局各运动项目管理中心，中国足球协会：

运动休闲特色小镇是在全面建成小康社会进程中，助力新型城镇化和健康中国建设，促进脱贫攻坚工作，以运动休闲为主题打造的具有独特体育文化内涵、良好体育产业基础，运动休闲、文化、健康、旅游、养老、教育培训等多种功能于一体的空间区域、全民健身发展平台和体育产业基地。

为贯彻党中央和国务院关于推进特色小镇建设、加大脱贫攻坚工作力度的精神，充分发挥体育在脱贫攻坚工作中的潜在优势作用，更好地为基层经济社会事业、全民健身与健康事业、体育产业发展服务，引导推动运动休闲特色小镇实现可持续发展，体育总局决定组织开展运动休闲特色小镇建设、促进脱贫攻坚工作。现将有关事宜通知如下。

一、重要意义

建设运动休闲特色小镇，是满足群众日益高涨的运动休闲需求的重要举措，是推进体育供给侧结构性改革、加快贫困落后地区经济社会发展、落实新型城镇化战略的重要抓手，也是促进基层全民健身事业发展、推动全面小康和健康中国建设的重要探索。建设运动休闲特色小镇，能够搭建体育运动新平台、树立体育特色新品牌、引领运动休闲新风尚，增加适应群众需求的运动休闲产品和服务供给；有利于培育体育产业市场、吸引长效投资，促进镇域运动休闲、旅游、健康等现代服务业良性互动发展，推动产业集聚并形成辐射带动效应，为城镇经济社会发展增添新动能；能够有效促进以乡镇为重点的基本公共体育服务均等化，促进乡镇全民健身事业和健康事业实现深度融合与协调发展。

二、总体要求

（一）指导思想

认真贯彻落实习近平总书记系列重要讲话精神和治国理政新理念、新思想、新战略，落实总书记关于体育工作重要论述，落实党的十八大和十八届三中、四中、五中、六中全会精神，统筹推进“五位一体”总体布局，协调推进“四个全面”战略布局，牢固树立和践行新发展理念，加快推动体育领域供给侧结构性改革。将运动休闲特色小镇建设和脱贫攻坚任务紧密结合起来，多措并举、综合施策、循序渐进、以点带面，促进体育与健康、旅游、文化等产业实现融合协调发展，带动区域经济社会各项事业全面发展。

（二）基本原则

——因地制宜，突出特色。从各地实际出发，依托各地传统体育文化、运动休闲项目和体育赛事活动等特色资源，结合当地经济社会发展和基础设施条件，依据产业基础和发展潜力科学规划、量力而行、有序推进，形成体育产业创新平台。

——政府引导，市场主导。强化政府在政策引导、平台搭建、公共服务等方面的保障作用；充分发挥市场在资源配置中的决定性作用，鼓励、引导和支持企业、社会力量参与运动休闲特色小镇建设并发挥重要作用。

——改革创新，融合发展。鼓励各地创新发展理念、发展模式，大胆探索、先行先试。促进运动休闲产业与体育用品制造、体育场地设施建设等其他体育产业门类，旅游、健康、文化等其他相关产业互通互融和协调发展。

——以人为本，分类指导。以人民为中心，充分发挥体育在引导形成健康生活方式、提高人民健康水平、促进经济社会发展等方面的综合作用。鼓励东部地区多出经验和示范，政策和资金支持向中西部贫困地区倾斜。

三、主要任务

到2020年，在全国扶持建设一批体育特征鲜明、文化气息浓厚、产业集聚融合、生态环境良好、惠及人民健康的运动休闲特色小镇；带动小镇所在区域体育、健康及相关产业发展，打造各具特色的运动休闲产业集聚区，形成与当地经济社会相适应、良性互动的运动休闲产业和全民健身发展格局；推动中西部贫困落后地区在整体上提升公共体育服务供给和经济社会发展水平，增加就业岗位和居民收入，推进脱贫攻坚工作。运动休闲特色小镇要形成以下特色：

——特色鲜明的运动休闲业态。聚焦运动休闲、体育健康等主题，形成体育竞赛表演、体育健身休闲、体育场馆服务、体育培训与教育、体育传媒与信息服务、体育用品制造等产业形态。

——深厚浓郁的体育文化氛围。具备成熟的体育赛事组织运营经验，经常开展具有特色的品牌全民健身赛事和活动，以独具特色的运动项目文化或民族民间民俗传统体育文化为引领，形成运动休闲特色名片。

——与旅游等相关产业融合发展。实现体育旅游、体育传媒、体育会展、体育广告、体育影视等相关业态共享发展，运动休闲与旅游、文化、养老、教育、健康、农业、林业、水利、通用航空、交通运输等业态融合发展，打造旅游目的地。

——脱贫成效明显。通过当地体育特色产业的发展吸纳就业，创造增收门路，促进当地特色农产品销售，在体育脱贫攻坚中树立示范。

——禀赋资源的合理有效利用。自然资源丰富的小镇依托自然地理优势发展冰雪、山地户外、水上、汽车摩托车、航空等运动项目；民族文化资源丰富的小镇依托人文资源发展民族民俗体育文化。大城市周边重点镇加强与城市发展的统筹规划与体育健身功能配套；远离中心城市的小镇完善基础设施和公共体育服务，服务农村。

四、组织实施

运动休闲特色小镇的建设由地方各级政府及其体育等相关部门根据当地实际进行，充分发挥社会力量和市场机制的作用，避免盲目跟风。各省（区、市）体育局、体育总局有关运动项目管理中心分别根据当地和运动项目实际向体育总局推荐小镇项目、进行业务指导。体育总局主要以组织开展运动休闲特色小镇示范试点、制定完善政策的方式加强行业管理和引导。

（一）项目报送

1. 报送程序

坚持地方自愿申报和省（区、市）体育局、体育总局运动项目管理中心（项目协会）推荐相结合，按年度分批报送。县级体育行政部门根据实际情况，将辖区内符合条件的项目上报省（区、市）体育局，省（区、市）体育局进行审核后推荐上报体育总局。体育总局各运动项目管理中心（项目协会）可直接推荐项目。

2. 基本条件

申报和推荐的小镇应具备以下基本条件：

（1）交通便利，自然生态和人文环境好；

（2）体育工作基础扎实，在运动休闲方面特色鲜明；

（3）近5年无重大安全生产事故、重大环境污染、重大生态破坏、重大群体性社会事件、历史文化遗存破坏现象；

（4）小镇所在县（区、市）政府高度重视体育工作，能对发展运动休闲特色小镇提供政策保障；

（5）运动休闲特色小镇建设对当地推进脱贫攻坚工作具有特殊意义。

3. 推荐数量（2017年度）

（1）京津冀三省（市）各推荐3个，其他省（区、市）各推荐1~2个；

（2）体育总局有关运动项目管理中心各推荐1个。

（二）政策支持

对所推荐的第一批小镇项目，体育总局将组织专家对规划进行评审，筛选出一批基础扎实、条件良好、具备优势、特色鲜明的运动休闲小镇进行试点示范，并会同有关部门给予引导和支持。

对纳入试点的小镇，一次性给予一定的经费资助，用于建设完善运动休闲设施，组织开展群众身边的体育健身赛事和活动。体育总局各运动项目管理中心（项目协会）将向各小镇提供体育设施标准化设计样式，配置各类赛事资源。

体育总局将会同中央有关部门制定完善运动休闲特色小镇建设有关政策、细化工作方案，推动此项工作持续健康发展，成为脱贫攻坚工作的助力项目。

（三）有关要求

各省（区、市）体育局和体育总局运动项目管理中心要认真组织，做好运动休闲特色小镇遴选和推荐工作，坚持优中选优、宁缺毋滥，把好关口，保证推荐上报的材料真实准确。

请组织填报《2017年度运动休闲特色小镇推荐表》（附件1），按附件2的提纲格式报送《运动休闲特色小镇建设工作汇报材料》（含电子版），提供运动休闲特色小镇建设总体规划，于 2017 年 6 月 20 日前一并报送体育总局。

联系人：体育总局群体司健身设施处赵爱国

附件：

1. 2017 年度运动休闲特色小镇推荐表（略）

2. 运动休闲特色小镇建设工作汇报材料（提纲）

体育总局办公厅

2017 年 5 月 9 日

附件 2：运动休闲特色小镇建设工作汇报材料（提纲）

（不超过 5000 字）

一、基本情况

要求：简述小镇区域面积、人口、交通、体育产业、经济社会发展等方面的基本情况

二、运动休闲特色小镇建设评估

要求：围绕以下五个方面，从成绩与经验、困难与问题两个角度进行阐述。

（一）自然与生态

从镇区风貌、镇区自然环境、镇区生态等方面阐述。

（二）基础设施和公共服务

从道路交通、公共设施、公共体育服务三方面进行阐述。贫困落后地区应增加脱贫攻坚方面的内容。

（三）体育工作

从体育健身设施、体育赛事和活动、群众体育组织机构、群众体育管理架构、科学健身指导等方面进行阐述。

（四）运动休闲业态

从运动休闲产业发展、运动休闲文化传承、运动休闲文化氛围营造等方面阐述，包括冰雪运动、山地户外运动、水上运动、航空运动、汽车摩托车运动等项目。

（五）体制机制

从发展理念、规划建设、社会管理、体制机制等方面进行阐述。

三、发展目标及政策措施

（一）到 2020 年的总体发展目标及年度目标

（二）近期工作安排

（三）支持政策

要求：阐述县（市、区）级以上政府及其部门关于支持运动休闲特色小镇建设的政策举措。

北京市“十三五”时期城乡一体化发展规划（节选）

京政发〔2016〕23号

各区人民政府，市政府各委、办、局，各市属机构：

现将《北京市“十三五”时期城乡一体化发展规划》印发给你们，请认真贯彻执行。

附件：北京市“十三五”时期城乡一体化发展规划

北京市人民政府
2016年6月27日

附件　北京市“十三五”时期城乡一体化发展规划（节选）

二、指导思想、基本原则和主要目标

（三）主要目标

1. 新型城镇化和新农村建设取得新成效。新型城镇化试点工作稳步推进，城区郊区发展更加协调，郊区在城市功能疏解和产业结构调整中的作用得到充分发挥。城乡结合部建设取得明显成效，重点新城建设综合服务功能进一步提升，建成一批功能性特色小城镇，新型农村社区试点建设继续推进，建设1500个美丽乡村，山区发展取得新突破。进一步推进农转非工作，提高户籍人口城镇化率。

三、重点任务

（一）加快推进新型城镇化和新农村建设

坚持协调发展理念，坚持走新型城镇化道路，进一步完善中心城—新城—小城镇—新型农村社区的城镇体系。充分发挥郊区在京津冀协同发展中的作用，进一步优化城市空间和产业布局。做好通州、房山、大兴新型城镇化试点工作。继续推进农转非工作，提高户籍人口城镇化率。

1. 推进城乡结合部建设。按照“一绿建成、全面实现城市化，二绿建好、加快城乡一体化”的总体目标，抓好绿化隔离地区改革，积极推进城乡结合部建设。以乡（镇）域为基本规划实施单元，分批分期全面启动“一绿”地区城市化建设，每一实施单元用3~5年的时间，拆迁建设全部完成、农民身份全部转变、规划绿地全部实现。认真落实《北京市城乡结合部建设三年行动计划（2015~2017）》，编制城乡结合部专项规划，优先推进生态建设、基础设施建设、社会公共服务设施建设、集体产业结构调整，促进人口调减、用地集约、产业升级、环境改善和农民增收。编制覆盖“一绿”和“二绿”区域的中心城区城乡结合部专项规划。基本完成“一绿”

地区城市化建设朝阳区试点任务和海淀区四季青镇整建制转居试点任务，推进“二绿”地区“五区六镇”统筹利用集体经营性建设用地试点，总结试点经验做法，择机将试点经验推广到其他地区。探索城镇集中建设区与周边城乡结合部改造捆绑实施政策，建立健全以基本规划实施单元进行区域统筹的机制，实施新增建设用地与现状低效用地盘活减量挂钩，完善农民转居、就业安置、基础设施建设等政策。

2. 加快新城建设。坚持以人为本、产城融合、职住平衡的发展理念，推进通州区、房山区、大兴区国家级新型城镇化试点建设，加快其他新城建设。积极发挥新城建设的带动作用，实现周边地区的城镇化和城乡一体化发展。加快建设北京城市副中心，着力推进通州区基础设施、水生态廊道和大尺度生态空间建设，加快配置教育、医疗、文化等公共服务设施，强化市级政务承载功能。确保到2017年市属行政事业单位整体或部分搬入取得实质性进展，带动其他行政事业单位及公共服务功能转移。加快新机场建设，发展临空经济，完善配套设施，带动城市南部地区发展。推进2019年世园会、2022年冬奥会、2020年世界休闲大会的筹备工作，带动所在区域城镇化和产业升级。

3. 分类推进建设小城镇。充分利用北京非首都功能疏解的重大机遇，调整重点镇规划布局，明确功能定位，突出特色功能，提升小城镇基础设施和公共服务水平，提高小城镇承载力，引导符合首都城市战略定位的功能性项目、特色文化活动、品牌企业落户小城镇，打造功能性特色小城镇。平原地区的乡镇，位于京津冀协同发展的“中部核心功能区”，积极承接中心城和新城疏解的生产性服务业、医疗、教育等产业项目，打造一批大学镇、总部镇、高端产业镇，带动本地农民就地就近实现城镇化。西北部山区的乡镇，位于京津冀协同发展的“西北部生态涵养区”，重点发挥生态保障、水源涵养、旅游休闲、绿色产品供给等功能，打造一批各具特色的健康养老镇、休闲度假镇，带动农民增收。指导和支持重点小城镇加快淘汰低端产业，建立“承接目标对象清单”，积极对接从核心区疏解、符合首都城市战略定位需要的产业或者其他符合小城镇功能定位的项目。以下放事权、扩大财权、改革人事权及强化用地指标保障等为重点，开展镇区人口10万以上的特大镇功能设置试点，同步推进特大镇行政管理体制改革试点。

4. 推进美丽乡村建设。以新型农村社区、传统村落、美丽乡村为重点，努力建设留得住青山绿水、记得住乡愁的美丽乡村和农民幸福家园。研究制定新型农村社区建设内容和基本标准，基本完成48个新型农村社区试点工作，择机推出新一轮试点。加强历史文化名镇名村建设和传统村落保护，编制相关保护和发展规划，启动传统村落修缮保护改造试点。开展节水型村庄创建活动。支持民族乡村经济发展。启动新一轮农宅抗震节能改造工程。“十三五”期间，全市再建设1500个美丽乡村。

5. 加快山区发展。重点发挥山区生态保护、水源涵养、旅游休闲、绿色产品供给功能，提升山区生态建设水平。加强退耕还林、生态清洁小流域综合治理。建立山区生态林生态效益补偿增长机制。培育山区特色林果、林下经济、大美山水田园和休闲健康等生态友好型产业，发展生态服务型沟域经济，以抓完善、上水平、创品牌为目标，高标准建设多条生态环境优良、基础设施完善、产业特色鲜明，服务市民、富裕农民的山区沟域。探索推进门头沟、房山、怀柔、平谷、密云等郊区与河北协同打造跨区域的沟域经济带。继续推进山区搬迁工程，加大政策集成力度，完善相关配套政策，到2017年底全面完成第三轮山区搬迁计划。按照“搬得出、稳得住、能致富”的要求，启动新一轮山区搬迁计划的编制和实施工作。充分发挥财政资金的引导和杠杆作用，鼓励社会资本参与山区建设，探索建立山区可持续发展基金。到2020年，建成一批山区特色精品小镇和山区特色生态村。

上海市发展改革委关于开展上海市特色小（城）镇培育与2017年申报工作的通知

沪发改地区〔2016〕20号

浦东新区、宝山区、闵行区、嘉定区、金山区、松江区、青浦区、奉贤区、崇明县人民政府：

为贯彻党中央、国务院关于推进特色小镇、小城镇建设的精神，落实市委、市政府关于“协同推进新型城镇化和新农村建设，加快推动本市城乡发展一体化”的总体部署，按照住房城乡建设部、国家发展改革委、财政部《关于开展特色小镇培育工作的通知》（建村〔2016〕147号）和国家发展改革委《关于加快美丽特色小（城）镇建设的指导意见》（发改规划〔2016〕2125号）的要求，现就开展上海市特色小（城）镇培育工作具体通知如下：

一、总体要求

全面贯彻党的十八大和十八届三中、四中、五中、六中全会精神，牢固树立和贯彻落实创新、协调、绿色、开放、共享的发展理念，因地制宜、突出特色，充分发挥市场主体作用，创新建设理念，转变发展方式，通过培育特色鲜明、产业发展、绿色生态、美丽宜居的特色小（城）镇，探索本市小（城）镇建设健康发展之路，建立市级特色小（城）镇梯队培养机制，为积极申报国家级特色小镇做好储备，推动新型城镇化和新农村建设。

——坚持创新探索。创新美丽特色小（城）镇的思路、方法、机制，着力培育供给侧小镇经济，防止“新瓶装旧酒”、“穿新鞋走老路”，努力走出一条特色鲜明、产城融合、惠及群众的新型小城镇之路。

——坚持因地制宜。从各地实际出发，遵循客观规律，挖掘特色优势，体现区域差异性，提倡形态多样性，彰显小（城）镇独特魅力，防止照搬照抄、“东施效颦”、一哄而上。

——坚持产业建镇。根据区域要素禀赋和比较优势，挖掘本地最有基础、最具潜力、最能成长的特色产业，做精做强主导特色产业，打造具有持续竞争力和可持续发展特征的独特产业生态，防止千镇一面。

——坚持以人为本。围绕人的城镇化，统筹生产、生活、生态空间布局，完善城镇功能，补齐城镇基础设施、公共服务、生态环境短板，打造宜居宜业环境，提高人民群众获得感和幸福感，防止形象工程。

——坚持市场主导。按照政府引导、企业主体、市场化运作的要求，创新建设模式、管理方式和服务手段，提高多元化主体共同推动美丽特色小（城）镇发展的积极性。发挥好政府制定规划政策、提供公共服务等作用，防止大包大揽。

二、培育条件

根据国家发展改革委《关于加快美丽特色小（城）镇建设的指导意见》（发改规划〔2016〕2125 号），特色小（城）镇包括特色小镇、小城镇两种形态。特色小镇主要指聚焦特色产业和新兴产业，集聚发展要素，不同于行政建制镇和产业园区的创新创业平台。特色小城镇是指以传统行政区划为单元，特色产业鲜明、具有一定人口和经济规模的建制镇。按照国家要求，结合上海实际，本市特色小（城）镇申报和培育以建制镇为单位，鼓励引导在镇域内相对集中地区发展打造特色产业、特色文化和特色环境。具体条件包括：

（一）特色鲜明的产业形态

产业定位精准，特色鲜明，并向做特、做精、做强发展，新兴产业成长快，传统产业改造升级效果明显，充分利用“互联网+”等新兴手段，推动产业链向研发、营销延伸。产业发展环境良好，产业、投资、人才、服务等要素聚集。产业带动周边农村地区发展效果明显。

（二）和谐宜居的美丽环境

空间布局与周边自然环境相协调，整体格局和风貌具有典型特征，路网合理，建设高度和密度适宜。居住区开放融合、建筑彰显传统文化和地域特色、公园绿地贴近工作生活、店铺布局有管控、镇区环境优美。土地利用集约节约，小镇建设与产业发展同步协调。美丽乡村建设成效突出。

（三）彰显特色的传统文化

传统文化得到充分挖掘、整理、记录，历史文化遗存得到良好保护和利用，非物质文化遗产活态传承。形成独特的文化标识，与产业融合发展。优秀传统文化在经济发展和社会管理中得到充分弘扬。公共文化传播方式方法丰富有效。居民思想道德和文化素质较高。

（四）便捷完善的设施服务

基础设施完善，自来水符合卫生标准，生活污水全面收集并达标排放，垃圾无害化处理，道路交通停车设施完善便捷，绿化覆盖率较高，防洪、排涝、消防等各类防灾设施符合标准。公共服务设施完善、服务质量较高，教育、医疗、文化、商业等服务覆盖农村地区。

（五）充满活力的体制机制

发展理念有创新，经济发展模式有创新；规划建设管理有创新，鼓励多规协调，建设规划与土地利用规划合一，社会管理服务有创新；区级支持政策有创新；镇村融合发展有创新。体制机制建设促进小镇健康发展，激发内生动力。

三、推进机制

市、区、镇三级形成合力，共同做好本市特色小（城）镇建设培育工作。市发展改革委、市规划国土资源局、市住房城乡建管委、市财政局、市农委、市经济信息化委等部门建立市级特色小（城）镇工作小组，负责组织开展本市特色小（城）镇培育工作，明确培育要求，进行指导检查，确定市级特色小镇名单，做好国家级特色小镇的申报推荐工作。区县级人民政府是培育特色小镇的责任主体，负责制定支持政策和保障措施，整合落实资金，完善体制机制，统筹项目安排并组织推进。镇人民政府负责做好实施工作。

同时，按照市领导对本市特色小（城）镇建设工作的指示要求，市级特色小（城）镇工作小组建立“一镇一方案”的工作机制，对列入中国特色小镇和上海市特色小（城）镇名单的镇，根据其具体类型、实际问题和政策诉求，研究制定有针对性的支持政策和解决方案，因地制宜推进本市特色小（城）镇建设。对列入市级特色小（城）镇名单，经“一镇一方案”政策扶持后发展成效较为明显的镇，优先推荐申报国家级特色小镇。

四、2017 年申报工作

2016 年是国家开展特色小镇培育工作的第一年，上海有三个镇被评为第一批中国特色小镇。为加快推进本市特色小（城）镇培育工作，为申报 2017 年中国特色小镇做好储备，现开展 2017 年上海市级特色小镇推荐申报工作，请各郊区县积极参与。具体要求如下：

（一）推荐数量

各郊区县申报 2017 年市级特色小镇数量控制在两个以内。

（二）推荐材料

推荐市级特色小镇应提供下列资料：

1. 小城镇基本信息表（见附件 1）。

2. 小城镇建设工作情况报告及 PPT（编写提纲见附件 2）。报告要紧紧围绕本通知中培育要求的 5 项要点编写。同时按编写提纲提供能直观、全面反映小城镇培育情况的 PPT。

3. 镇总体规划。符合特色小镇培育要求、能够有效指导小城镇建设的规划成果。

4. 相关政策支持文件。被推荐镇列为本区支持对象的证明资料和支持政策文件。

以上材料均需提供电子版，基本信息表还需提供区级人民政府盖章的纸质文件。

（三）截止时间和联系方式

请各区于 2017 年 2 月 15 日（周三）下班前提交推荐材料。请将反馈材料电子文件夹（包括各镇基本信息表、工作情况报告、PPT 说明材料等）发送到电子邮箱。纸质盖章文件（各镇信息表）、有关电子材料（请以光盘形式）寄送到下面联系地址。

联系人：傅俊　23112889

18018880291

姜紫莹　63193188-09065

18521598916

联系地址：人民大道 200 号 909 室市发展改革委地区处

电子邮箱：fujun@shdrc.gov.cn

附件：1. 小城镇基本信息表（略）

2. 小城镇建设工作情况报告编写提纲

上海市发展和改革委员会

上海市规划和国土资源管理局

2016 年 12 月 12 日

附件 2　小城镇建设工作情况报告编写提纲

（字数不超过 5000 字）

一、近 3 年小城镇建设工作情况

要求：简述小城镇区位、交通、人口、经济水平、产业基础等社会经济发展基本情况。简述近 3 年小城镇建设情况、主要实施项目、特色化方面开展的工作情况。

二、小城镇建设培育工作评估

简述本镇在“产业发展、小镇环境、传统文化、设施服务、体制机制”5 个方面的情况，逐项评估。

（一）特色鲜明的产业形态

从产业特色、带动作用、发展环境三方面阐述小城镇的产业发展特色。

（二）和谐宜居的美丽环境

从城镇风貌、镇区环境、美丽乡村三方面阐述小城镇的环境风貌特色。

（三）彰显特色的传统文化

从文化传承、文化传播两方面阐述小城镇的文化特色。

（四）便捷完善的设施服务

从道路交通、公用设施、公共服务三方面阐述小城镇服务设施的便捷性。

（五）充满活力的体制机制

从理念模式、规划建设、社会管理、体制机制等方面阐述小城镇的体制机制活力。

三、当前小城镇培育面临的困难和问题

四、发展目标及政策措施

（一）到 2020 年总体发展目标及年度目标

（二）近期工作安排

从产业培育、环境整治、文化传承、基础设施建设、体制机制建设等方面阐述 2017 年、2018 年工作安排。

（三）区（县）级支持政策

天津市特镇办关于公布第一批市级特色小镇创建和培育名单的通知

津特镇办〔2016〕6 号

各涉农区人民政府、市相关单位：

按照《天津市人民政府办公厅关于转发市发展改革委拟定的天津市特色小镇规划建设工作推动方案的通知》（津政办发〔2016〕58 号）和《天津市加快特色小镇规划建设指导意见》（津特镇办〔2016〕1 号）文件要求，经特镇办汇总筛选审查，并报请市领导同意，现公布我市第一批市级特色小镇创建和培育名单。在今后的工作中，我们将分批公布市级特色小镇创建名单，并对创建工作进行评比考核，实施动态管理，优胜劣汰，形成全市上下联动和竞相发展的特色小镇创建格局。各区人民政府申报的区级特色小镇试点、未入选市级特色小镇创建和培育名单的作为各区储备对象，由各区自主先行打造和组织推动。

各相关区人民政府要加强领导，精心组织，尽快开展创建和培育工作。市各相关部门要研究支持政策，加强服务和强化专业指导，进一步推进我市特色小镇规划建设工作又好又快发展。同时，市级特色小镇创建和培育试点需按月报送工作进展情况。市级培育试点可享受“两行一基金”贷款融资政策，暂不评比考核。

附件：1. 市级特色小镇创建名单

2. 市级特色小镇培育名单

天津市特色小镇规划建设工作联席会议办公室

（天津市发展和改革委员会代章）

2016 年 12 月 27 日

附件1　市级特色小镇创建名单（14个）

一、市级实力小镇（4个）

东丽区：

1. 华明智能制造小镇，产业发展方向：智能制造。

津南区：

2. 八里台智慧实力小镇，产业发展方向：电子信息。

西青区：

3. 中北运河商务小镇，产业发展方向：汽车及汽车零部件、机械制造和商贸旅游。

武清区：

4. 崔黄口电商小镇，产业发展方向：电子商务、互联网科技。

二、市级特色小镇（10个）

滨海新区：

1. 中塘汽车橡塑小镇，产业发展方向：汽车橡塑。

2. 茶淀葡香小镇，产业发展方向：葡萄种植、深加工、文化体验。

津南区：

3. 葛沽民俗文化小镇，产业发展方向：民俗文化。

西青区：

4. 杨柳青文化旅游小镇，产业发展方向：民俗和民间艺术、旅游。

北辰区：

5. 北辰经济开发区长荣印特智汇小镇，产业发展方向：印刷新型装备研发及制造。

武清区：

6. 东浦洼欧式风情小镇，产业发展方向：商贸旅游、商务会展。

静海区：

7. 团泊休闲特色小镇，产业发展方向：观光旅游和健康养老。

宁河区：

8. 潘庄齐心亲子蘑法小镇，产业发展方向：休闲农业、蘑菇产业和人文旅游。

宝坻区：

9. 京津新城温泉小镇，产业发展方向：温泉疗养、旅游度假。

蓟州区：

10. 下营山野运动休闲旅游小镇，产业发展方向：乡村旅游。

附件2　市级特色小镇培育名单（17个）

滨海新区：

1. 新城镇，产业发展方向：温泉旅游、都市农业、高新技术。

2. 寨上街，产业发展方向：特色渔业发展、盐渔文化传承和休闲旅游。

3. 汉沽街，产业发展方向：科技型农业和设施农业、创意农业。

东丽区：

4. 金钟街，产业发展方向：生态旅游。

5. 航空商务区，产业发展方向：电子商务、科技研发、航空物流。

6. 东丽湖街，产业发展方向：休闲度假、旅游观光、高端农业。

北辰区：

7. 双街镇，产业发展方向：装备制造、新能源新材料、电子商务。

武清区：

8. 大王古庄镇，产业发展方向：电子信息、新材料、智能制造。

9. 北运河休闲生态旅游小镇，产业发展方向：生态旅游。

静海区：

10. 大邱庄镇，产业发展方向：高端金属材料及新型复合材料。

11. 静海镇，产业发展方向：商贸、异国特色商品城及电商基地。

12. 双塘镇，产业发展方向：文化旅游、养生养老、高科技农业。

宁河区：

13. 苗庄镇，产业发展方向：现代农业、休闲养老。

宝坻区：

14. 牛道口街，产业发展方向：健康养老和旅游。

15. 口东街，产业发展方向：环保产业。

蓟州区：

16. 邦均镇，产业发展方向：苗木花卉、旅游。

17. 上仓镇，产业发展方向：科技服务、生态旅游。

天津市特镇办 关于印发《天津市加快特色小镇规划建设指导意见》的通知

有农业的区人民政府，有关委、局，有关单位：

市发展改革委拟定的《天津市特色小镇规划建设指导意见》已经市人民政府同意，现印发给你们，请照此执行。

天津市特色小镇规划建设工作联席会议办公室

（天津市发展和改革委员会代章）

2016 年 10 月 20 日

在示范小城镇建设基础上，加快建设一批实力小镇、特色小镇、花园小镇，是市委、市人民政府结合供给侧改革，贯彻新的发展理念，从推动城乡统筹发展大局出发，实施的一项重要举措，有利于全面提升全市小城镇生产生活生态功能，增强小城镇核心竞争力和人口吸附能力，使我市小城镇更具实力、更具活力、更具特色，造福于民。为做好相关工作，特制定如下意见。

一、总体要求

（一）重要意义。多年来，我市以示范小城镇为龙头，推进农民居住社区、示范工业园区、农业设施园区发展，农村“三区”建设已经成为经济社会发展的新支撑；实施创新驱动战略，大项目、小巨人、楼宇经济、万企转型、众创空间以及建设创新型城市和产业创新中心等一系列创新举措，成为我市经济发展的新生动力。在示范小城镇基础上开展特色小镇建设，有利于实现人、地、钱、房各种资源要素的优化配置，在全市范围内共建共有共享；有利于盘活现有资产、资源、资金，开放现有政策环境；有利于科技创新引领产业转型升级，从传统动力向新生动力驱动转变；从而促进我市城乡各类资源合理流动均衡发展，缩小城乡差异，实现一体化发展。

（二）目标要求。力争到2020年，创建10个实力小镇，20个市级特色小镇，上述30个小镇达到花园小镇建设标准，每个区因地制宜自主创建2~3个区级特色小镇。实力小镇以整建制街镇辖域范围进行考核，GDP要超200亿元、全口径财政收入要超40亿元；特色小镇可以考虑以特色街区为考核单位，一个特色小镇可以有几个特色街区，规划面积一般控制在3平方公里左右，建设面积一般控制在1平方公里左右，固定资产投资完成50亿元以上（商品住宅和商业综合体除外），信息经济、金融、旅游和历史传统产业的特色小镇总投资额可放宽到不低于30亿元，特色产业投资占比不低于70%，旅游特色小镇应参照结合国家A级旅游景区和全域旅游示范区标准有关内容进行建设；花园小镇要实行城镇全面精细化网格化管理，有条件的街镇要建立智慧共享平台，成为智慧小镇，以风景美、街区美、功能美、生态美、生活美、风尚美为建设内容，居住社区城市绿化覆盖率要达到40%以上，生活垃圾无害化处理率和污水处理率要达到100%，主要道路绿化普及率要达到100%。

（三）产业定位。特色小镇产业，要结合我市建设创新型城市的产业发展方向，立足打造十大先进制造产业集群，围绕高端装备、航空航天、新一代信息技术、生物医药、新能源新材料等战略性新兴产业，以及我市特色文化产业和历史经典产业为导向，聚焦互联网智能制造、信息经济、生态农业、节能环保、民俗文化、电子商务、高端旅游、食品安全、健康养老等民生领域的优势产业、新兴产业，充分利用“互联网+”、大数据、云计算，重点培育一批产业特色鲜明、生态环境优美、人文气息浓厚、体制机制灵活、兼具旅游与社区功能的专业特色小镇。

（四）规划引领。实力小镇要以推进产业集聚、高端高质、市场连接、历史传承等方面为发展重点，经济实力要强、功能集成完善、示范效应明显，具有独特发展魅力；特色小镇要在现代产业、民俗文化、生态旅游、商业贸易、自主创新等多方面谋划发展，形成一镇一韵、一镇一品、一镇一特色；花园小镇要以城镇精细化、精致化、智能化管理为抓手，搭建智慧城镇共享平台，努力打造绿树环绕、花草覆盖、干净整洁、管理有序、清新亮丽的美丽小镇。

（五）运作方式。特色小镇建设要坚持政府引导、企业主体、市场运作、开放共享的原则，积极引入市场机制，突出企业主体地位，充分发挥市场在资源配置中的决定性作用，特别是在深入挖掘传统文化内涵、历史传承、生态环境保护、促进经济社会可持续发展等方面发挥重要作用；同时，政府要在建设规划编制、基础设施配套、资源要素保障、政策环境开放，调动社会一切积极因素，实现共建、共有、共享的目标上，提供服务保障。每个特色小镇要明确投资建设主体，由企业为主体推进项目建设。

二、创建申报

（一）组织申报。各区按照天津市特色小镇规划建设的总体要求，结合本地实际，提出本区域内拟培育的市级特色小镇名单，组织编制特色小镇创建方案和概念规划、环境规划，根据土地利用总体规划确定土地利用结构和布局，明确四至范围和产业定位、落实投资主体和投资项目、分解三年或五年建设计划。

（二）分批审核。各区人民政府选择有资质高水平的规划设计团队进行规划编制；市规划局初步审查各区特色小镇规划方案，择优选出市级特色镇创建对象后，报市特色小镇规划建设联席会议审定同意后予以公布；同时，由市特色小镇规划建设联席会议办公室会同相关区人民政府重点推荐市级特色小镇培育对象名单。

（三）培育建设。各区人民政府根据市级特色小镇的创建要求，组织相关建设主体按照创建方案和建设计划有序推进各项建设任务。市特色小镇规划建设联席会议办公室每季度对各地特色小镇规划建设情况进行通报，并定期组织现场会，交流培育建设经验。

（四）年度考核。市级特色小镇年度建设任务纳入市人民政府对各区年度目标考核体系。对未完成年度目标考核任务的特色小镇，实行退出机制，下一年度起不再享受市级特色小镇扶持政策。

（五）验收命名。市级特色小镇完成各项目标任务的，由市发展改革委组织相关部门进行评估验收，验收合格的报市人民政府同意后，可命名为天津市特色小镇。

三、政策措施

（一）土地政策。特色小镇规划建设要按照节约集约用地的原则，充分利用存量建设用地，确需新增建设用地的，由各区带项目申请办理农用地转用土地征收手续。凡属特色产业聚集程度高、辐射带动作用强，具有高端高质的行业龙头企业集群的项目，经认定，土地利用计划指标予以安排；对如期完成年度规划目标任务的，市里给予一定土地利用年度计划指标奖励。

（二）人才政策。对支持特色小镇建设的以成建制形式整体迁入我市的企业、研发机构，在办理首批人员调津过程中，凭相关资料，在保证调津人员中有50%以上符合我市引才条件的前提下，对其余虽不具备我市引才要求的学历、职称条件，但原已在该单位工作，且迁入我市后单位仍然急需的管理、专业技术及技能型人才，可同时予以调入，配偶及18周岁以下子女可办理随迁手续。

（三）财政政策。设立市级特色小镇专项补助资金，一是对经市人民政府批准同意的特色小镇基础设施建设投入，从2016年起，按照一年期6%贷款利率，对每个实力小镇基础设施贷款给予总额不超过2000万元的贴息扶持，对每个特色小镇基础设施贷款给予总额不超过1000万元的贴息扶持，其中：市、区两级财政各承担50%；二是对验收达标的特色小镇，市级财政给予一次性奖励资金500万元，专项用于特色小镇发展建设。

（四）其他政策。列入市级特色小镇创建范围的基础设施建设项目，均可享受“两行一基金”贷款融资政策，列为市发展改革委申请国家专项建设基金范围。

市级有关部门和各区人民政府要积极研究制定具体政策措施，整合优化政策资源，给予特色小镇规划建设强有力的政策支持。大项目、小巨人、楼宇经济、众创空间、万企转型升级项目在特色小镇生根开花的，为实力小镇、特色小镇、花园小镇发挥重大作用的，各部门可优先考虑给予重点扶持奖励政策；市乡村公路、四清一绿政策安排向特色小镇集中倾斜。

四、组织保障

（一）统筹协调推动。借助天津市特色小镇规划建设工作联席会议制度，定期对工作中出现的重大事项和问题进行会商，统筹指导、综合协调、上下联动，全力推进特色小镇规划建设工作。

（二）推进责任落实。各区是特色小镇培育创建的责任主体，要建立实施推进工作机制，搞好规划建设，加强组织协调，确保各项工作按照时间节点和计划要求规范有序推进，不断取得实效。

（三）加强动态监测。各区要按季度向市特色小镇规划建设工作联席会议办公室报送纳入市重点培育名单的特色小镇创建工作进展和形象进度情况，市里在一定范围内进行通报。

天津市特镇办 关于开展特色小镇创建申报工作的通知

各涉农区人民政府：

为加快推进我市特色小镇规划建设工作，按照全市特色小镇规划建设工作现场推动会精神，拟在全市形成“培育一批、创建一批、验收命名一批”的特色小镇建设格局，助力我市经济转型发展，建设创新型城市和产业创新中心，促进城乡一体化发展，经市政府研究，决定开展第一批市级特色小镇创建名单的申报工作。现将有关事项通知如下：

一、申报条件

（一）发展要求：实力小镇以整建制街镇辖域范围进行申报，3~5 年内 GDP 要超 200 亿元、全口径财政收入要超 40 亿元；特色小镇可以考虑以特色街区为考核单位，一个特色小镇可以有几个特色街区，每个街区规划面积一般控制在 3 平方公里左右，建设面积一般控制在 1 平方公里左右，3~5 年，固定资产投资完成 50 亿元以上（商品住宅和商业综合体除外），信息经济、金融、旅游和历史传统产业的特色小镇总投资额可放宽到不低于 30 亿元，特色产业投资占比不低于 70%。花园小镇要实行城镇全面精细化网格化管理，有条件的街镇要建立智慧共享平台，成为智慧小镇，以风景美、街区美、功能美、生态美、生活美、风尚美为建设内容，居住社区城市绿化覆盖率要达到 40%以上，生活垃圾无害化处理率和污水处理率要达到 100%，主要道路绿化普及率要达到 100%。

（二）产业定位：特色小镇产业，要结合我市建设创新型城市的产业发展方向，立足打造十大先进制造产业集群，围绕高端装备、航空航天、新一代信息技术、生物医药、新能源新材料等战略性新兴产业，以及我市特色文化产业和历史经典产业为导向，聚焦互联网智能制造、信息经济、生态农业、节能环保、民俗文化、电子商务、高端旅游、食品安全、健康养老等民生领域的优势产业、新兴产业。

（三）规划重点：实力小镇要以推进产业集聚、高端高质、市场连接、历史传承等方面为发展重点，经济实力要强、功能集成完善、示范效应明显，具有独特发展魅力；特色小镇要在现代产业、民俗文化、生态旅游、商业贸易、自主创新等多方面谋划发展，形成一镇一韵、一镇一品、一镇一特色；花园小镇要以城镇精细化精致化智能化管理为抓手，搭建智慧城镇共享平台，努力打造绿树环绕、花草覆盖、干净整洁、管理有序、清新亮丽的美丽小镇。

（四）运作方式：要有明确的建设主体，以企业为主推进项目建设，体现政府引导、企业主体、市场化运作。

（五）综合效益：建成后有大量的新增税收、新增就业岗位产生，集聚一大批工商户、中小企业、中高级人才，加快形成新业态，培育在全国乃至全世界具有核心竞争力的特色产业和品牌。

二、申报材料

（一）申报文件：特色小镇所在区人民政府，以文件形式向特色小镇规划建设联席会议办公室提出申请，包含市级特色小镇创建名单和区级特色小镇培育名单、特色小镇所在区人民政府支持特色小镇创建对象的政策措施。

（二）规划编制计划：委托规划设计单位出具规划编制计划，说明规划编制内容、时间进度安排、人员团队组织等相关情况。

（三）小城镇基本情况和建设计划：申报特色小镇的基本信息，有分年度的投资建设计划，明确每个建设项目的投资主体、投资额、投资计划、用地计划、建设规模、项目建成后产生的效益，以及相应的年度推进计划，以表格形式进行汇总。（见附件1和附件2）

三、申报要求

（一）申报范围：所有符合基本条件的特色小镇。

（二）申报数量：原则上每个区申报1个实力小镇，2个特色小镇。

（三）申报时间：2016年10月21日前。

联系人：市发改委李睿、李李

联系电话：58536832

市规划院：王永阳

联系电话：58536835

附件：1. 小城镇基本情况表（略）

2. 小城镇建设投资计划表（略）

天津市特色小镇规划建设
工作联席会议办公室
（天津市发展和改革委员会代章）
2016年10月11日

重庆市人民政府办公厅关于做好特色小镇（街区）示范点创建工作的通知

渝府办发〔2016〕250号

各区县（自治县）人民政府，市政府有关部门，有关单位：

特色小镇（街区）示范点是推进新型城镇化工作的载体和平台，是完善城镇体系、促进产业发展和创新创业的重要抓手。集中资源、突出重点培育一批具有特色和充满活力的特色小镇（街区），有利于加快推动全市城乡统筹发展。经市政府同意，现就做好特色小镇（街区）示范点创建工作通知如下：

一、明确创建目标

特色小镇（街区）示范点要以“特色、集聚”为目标开展创建工作。特色产业要突出主导产业和主题元素，形成“一镇（街）一业”的发展格局；特色风貌要强化建筑风格的地域特色或产业特色，统筹整体平面和立体空间；特色功能要叠加融合基础设施、公共服务功能与产业配套、文化体验等专业特色功能；空间集聚要锁定核心建设区域，发展空间向规划确定的城镇建设用地范围集聚；产业集聚要围绕主导产业引导相关配套产业集聚发展、集群发展。要围绕人的城镇化，统筹生产、生活、生态空间布局，完善城镇功能，补齐城镇基础设施、公共服务、生态环境短板，推动小镇（街区）发展与疏解大城市中心城区功能相结合、与特色产业发展相结合、与服务“三农”相结合。

二、完善创建机制

坚持探索示范、稳妥推进的原则，特色小镇（街区）示范点采用“宽进严定”的创建制，按照“自愿申报、分批审核、年度考核、验收命名”程序推进规划建设。市政府每年确定一批市级特色小镇（街区）示范点创建名单，每年组织考核验收，2017 年底验收命名首批市级特色小镇（街区）示范点。建立特色小镇（街区）示范点退出机制，对创建名单进行动态调整，验收不合格的退出创建名单，由创建效果明显的区县（自治县）申报补充。市新型城镇化工作联席会议办公室牵头制定考核验收办法并组织考核验收。

三、落实各方责任

市政府有关部门要加强协调，密切配合，注重政策衔接互补，形成合力，进一步细化政策措施，提出具体工作举措，由市新型城镇化工作联席会议办公室汇总后上报市政府审定。各区县（自治县）人民政府是特色小镇（街区）示范点培育创建的责任主体，要建立实施推进工作机制，搞好规划建设，做好项目策划、储备和滚动实施；加强组织协调，确保各项工作按照时间节点和计划要求规范有序推进，并按季度向市新型城镇化工作联席会议办公室报送特色小镇（街区）示范点创建工作进展情况。

（一）编制特色小镇（街区）示范点建设规划，支持推进“多规合一”。（牵头部门：市发展改革委、市国土房管局、市环保局、市规划局）

（二）统筹特色小镇（街区）示范点土地利用总体规划、城乡规划等现行规划，编制各专项规划，实现资源的合理配置、高效利用。（牵头部门：市国土房管局、市规划局；配合部门：市发展改革委）

（三）新型城镇化专项建设基金、少数民族特色小镇专项建设基金原则上用于特色小镇（街区）示范点建设，其他专项基金优先安排特色小镇（街区）示范点。（牵头部门：市发展改革委；配合部门：市财政局、市民族宗教委）

（四）利用国际金融组织（世界银行、亚洲银行等）贷款优先支持特色小镇（街区）示范点建设。（牵头部门：市发展改革委；配合部门：市财政局）

（五）加强信贷政策指导，引导银行业金融机构结合新型城镇化建设金融需求特点，创新金融产品和服务，加大对特色小镇（街区）示范点建设的信贷支持。积极利用再贷款、再贴现等货币政策供给，加大定向支持力度，扩大金融机构新型城镇化建设信贷资金来源。（牵头部门：人民银行重庆营管部；配合部门：市金融办）

（六）支持募投项目用于特色小镇（街区）示范点建设的债券发行。（牵头部门：市金融办；配合部门：市发展改革委、人民银行重庆营管部、重庆证监局）

（七）鼓励产业引导股权投资基金、基础设施PPP项目投资基金等支持特色小镇（街区）示范点建设。（牵头部门：市发展改革委、市财政局）

（八）加大市级小城镇建设专项资金投入，调整优化市级中心镇专项建设资金，重点支持特色小镇（街区）示范点建设。（牵头部门：市财政局、市城乡建委）

（九）对特色小镇（街区）示范点建设较好的区县（自治县）加大财政转移支付力度。（牵头部门：市财政局）

（十）旅游、扶贫、文化、农业、商贸、工业、市政、城乡建设、水利、科技、环保等市级行业主管部门将特色小镇（街区）示范点经济社会发展纳入专项资金支持范围。（牵头部门：市经济信息委、市农委、市科委、市城乡建委、市商务委、市水利局、市政委、市环保局、市文化委、市旅游局、市扶贫办）

（十一）按照规划、建设时序，市级专项下达特色小镇（街区）示范点建设用地计划指标。综合运用增减挂钩周转指标、地票等政策，充分保障特色小镇（街区）示范点建设。（牵头部门：市国土房管局）

（十二）支持有条件的特色小镇（街区）示范点开展农村土地承包经营权、农村宅基地使用权、林地承包经营权、集体收益分配权自愿退出机制探索，盘活农村土地资源。（牵头部门：市农委；配合部门：市国土房管局、市林业局）

（十三）市内转移人口和在特色小镇（街区）示范点创业投资和稳定就业的市外来渝人员，在城市发展新区、渝东北生态涵养发展区和渝东南生态保护发展区特色小镇（街区）示范点落户不受务工经商年限限制。（牵头部门：市公安局）

（十四）市新型城镇化工作联席会议成员单位和特色小镇（街区）示范点互派干部交流锻炼。（牵头部门：市委组织部；配合部门：市新型城镇化工作联席会议成员单位）

（十五）针对主导产业开展分类创业就业培训，将特色小镇（街区）示范点就业人员纳入农民工培训计划。（牵头部门：市人力社保局）

（十六）支持特色小镇（街区）示范点参照国家新型城镇化综合试点地区享受市级部门相关政策。（牵头部门：市发展改革委；配合部门：市新型城镇化工作联席会议成员单位）

（十七）国家1000个特色小镇、建制镇示范试点、国家投融资模式创新小城镇试点原则上在特色小镇（街区）示范点中选取。（牵头部门：市发展改革委、市财政局、市城乡建委）

（十八）特色小镇（街区）示范点建设项目打捆纳入市级重点项目，享受相关支持政策。（牵头部门：市发展改革委；配合部门：市城乡建委）

四、营造良好氛围

各区县（自治县）人民政府、市政府有关部门和有关单位要加强宣传，总结推广特色小镇（街区）示范点创建工作的新思路、新理念、新举措，努力提高特色小镇（街区）示范点的群众获得感和社会美誉度。

附件：重庆市特色小镇（街区）示范点创建名单

重庆市人民政府办公厅

2016年11月29日

附件　重庆市特色小镇（街区）示范点创建名单

一、都市功能核心区

渝中区化龙桥特色街区：重点发展国际商务业，打造化龙桥国际商务街区。

渝中区湖广会馆及东水门特色街区：修缮保护传统历史风貌，打造湖广会馆及东水门历史文化街区。

渝中区十八梯特色街区：修缮保护传统历史风貌，打造十八梯传统风貌街区。

大渡口区九宫庙特色街区：依托工业博物馆及文创产业园、工业遗址公园等，打造文商旅有机融合的工业遗址街区。

江北区观音桥特色街区：以集合书店为核心，将重庆纺织仓库遗址改造为“城市书仓”，打造北仓文创街区。

九龙坡区黄桷坪特色街区：以油画、雕塑、陶艺、工业设计等原创艺术为主，延伸发展艺术培训、艺术品展览交易等业态，打造黄桷坪艺术街区。

南岸区花园路特色街区：重点发展物联网产业，打造物联网创新创业街区。

南岸区慈云寺—米市街—龙门浩特色街区：修缮保护传统历史风貌，打造慈云寺—米市街—龙门浩历史文化街区。

二、都市功能拓展区

江北区五宝镇：以“慢生活”为主题打造主城后花园。

沙坪坝区中梁镇：发展富硒服务业全产业链，建设都市区养生养心目的地。

沙坪坝区虎溪特色街区：依托四川美术学院虎溪校区，发展文化艺术创意产业，打造虎溪艺术街区。

沙坪坝区磁器口特色街区：依托磁器口古镇，打造磁器口历史文化街区。

九龙坡区金凤镇：重点发展检验检测、认证认可、研发、咨询等科技服务产业。

南岸区迎龙镇：依托朝天门批发市场等重点发展现代商贸产业。

北碚区金刀峡镇：依托金刀峡景区、偏岩古镇发展休闲度假旅游。

渝北区统景镇：以温泉养身为主题发展休闲度假旅游。

渝北区仙桃特色街区：重点发展大数据产业，打造国际数据谷街区。

巴南区东温泉镇：突出山水特色，以温泉度假为主导发展养生养老产业。

巴南区丰盛镇：修缮保护传统历史风貌，打造丰盛传统风貌小镇。

巴南区木洞镇：修缮保护传统历史风貌，打造木洞传统风貌小镇。

三、城市发展新区

涪陵区蔺市镇：以龙头企业带动返乡农民工创业。

长寿区长寿湖镇：依托长寿湖发展生态滨湖度假旅游。

江津区白沙镇：重点发展富硒产业集群。

合川区涞滩镇：以禅宗文化为主题，发展健康养老休闲产业。

永川区朱沱镇：重点发展临港产业。

南川区大观镇：围绕现代农业重点发展体验、观光、休闲等产业。

綦江区东溪镇：围绕版画促进二三产业融合发展。

大足区万古镇：重点发展智能、环保装备制造产业。

璧山区福禄镇：围绕橘文化发展文创产业。

铜梁区安居镇：围绕安居古城建设推动文旅融合发展。

潼南区双江镇：依托杨尚昆故里发展红色文化旅游。

荣昌区安富街道：以安陶古镇的陶文化产业为主导，实现产城、文旅融合发展。

万盛经开区黑山镇：重点发展避暑休闲度假旅游。

四、渝东北生态涵养发展区

万州区甘宁镇：依托万州大瀑布发展全域旅游。

开州区铁桥镇：以雪梨为主导产业促进一二三产业融合发展。

梁平县金带镇：依托双桂堂促进文旅融合发展。

城口县东安镇：围绕优美闲适的乡村田园和古朴原真的民风民俗，发展观光旅游、避暑养生、健康疗养。

丰都县高家镇：重点打造肉牛全产业链及产业集群。

垫江县新民镇：以“五彩田园”为主题促进一三产业融合发展。

忠县新立镇：重点打造柑橘全产业链及产业集群。

云阳县清水乡：依托龙缸地质公园推动旅游业发展。

奉节县白帝镇：围绕白帝城景区促进农旅、文旅融合发展，打造长江三峡首峡旅游目的地。

巫山县大昌镇：围绕大昌古镇推动全域旅游发展。

巫溪县文峰镇：依托红池坝景区，突出云中花海秀美景色，重点发展旅游休闲养生产业。

五、渝东南生态保护发展区

黔江区濯水镇：围绕苗族土家族少数民族风情推动商旅融合发展。

武隆县仙女山镇：依托天生三硚世界自然遗产和仙女山森林公园等景区，创新发展“旅游+”全产业链。

石柱县黄水镇：突出休闲避暑功能，发展健康养生产业。

秀山县洪安镇：依托边城发展休闲娱乐旅游。

酉阳县龙潭镇：挖掘古镇文化、抗战文化、移民文化元素，推动文旅融合发展。

彭水县郁山镇：突出盐文化、丹文化促进文旅融合发展。

重庆市人民政府办公厅　关于培育发展特色小镇的指导意见

渝府办发〔2016〕111 号

各区县（自治县）人民政府，市政府有关部门，有关单位：

特色小镇是指具有特色资源、特色产业、特色风貌，文化底蕴深厚、综合服务功能较为完善、生产生活生态融合发展的小城镇，是深入推进新型城镇化的又一载体和平台，是城乡联动的重要纽带。根据《中共重庆市委　重庆市人民政府关于深化拓展五大功能区域发展战略的实施意见》（渝委发〔2016〕16号）精神，市政府决定在具有较好城镇化基础和潜力的地区培育和发展一批特色小镇。经市政府同意，现提出如下指导意见。

一、总体要求

（一）重要意义。

在全市培育和发展一批特色小镇，发挥示范、辐射、带动效应，实现小空间大集聚、小平台大纽带、小载体大创新，有利于突出重点、精准发力，促进各优其优、优优与共，各美其美、美美与共；有利于发挥城乡联动的纽带功能，推动城乡要素自由流动、资源优化配置，促进城乡统筹发展的国家中心城市建设；有利于激发小城镇发展活力和潜力，疏解核心城区功能，完善市域城镇体系，优化城镇空间布局；有利于深入挖掘历史文化资源，提炼文化内涵，传承历史文脉，弘扬优秀传统文化；有利于适应消费新需求，培育有效供给，形成有效投资，更好地适应、把握和引领经济发展新常态，促进经济平稳健康发展。

（二）指导思想。

全面贯彻落实党的十八大和十八届三中、四中、五中全会精神，按照“五位一体”总体布局和“四个全面”战略布局，牢固树立创新、协调、绿色、开放、共享的发展理念，贯彻落实深化拓展五大功能区域发展战略部署要求，以产业发展为核心，以人口集聚为基础，强化改革创新支撑，抓好试点示范突破，着力提升供给效率水平，坚持集聚发展、差异发展，培育一批特色小镇，充分释放小城镇蕴藏的发展活力和潜力，为深入推进新型城镇化提供有力支撑。

（三）发展目标。

按照“三特色、三集聚”目标，力争在“十三五”期间建成30个左右在全国具有一定影响力的特色小镇示范点，推动形成一批产城融合、集约紧凑、生态良好、功能完善、管理高效的特色小镇。

——“三特色”。特色产业，基本形成“一镇一业”发展格局，主导产业特色鲜明、集群式发展，生产方式较为高效，是小镇地区生产总值、税收、投资、就业保持稳定增长的主要支撑。特色风貌，小镇建设实现整体平面和立体空间的统筹，地域文化特色浓郁，建筑风貌与自然环境相融合，建筑色彩与建筑形态相协调。特色功能，形成较为完善的基础设施和公共服务功能，具备与区县城综合服务功能错位补充的产业配套、休闲娱乐、度假旅游、文化体验等专业特色功能。

——“三集聚”。空间集聚，核心建设区域范围明确，主要发展空间向镇总体规划确定的城镇建设用地范围集聚，资源要素向核心建设区域集聚，单位面积产出效率较高。旅游小镇可根据功能适当调整空间范围。产业集聚，围绕主导产业全链式延伸，集聚发展相关配套产业及相关服务产业，形成具有一定规模、跨界融合的产业集群。人口集聚，就业岗位稳步增加，吸引与区域功能定位、主导产业发展方向、资源环境承载能力相适应的人口集聚，成为融合发展的典范。

（四）发展原则。

——功能错位、突出重点。按照各功能区功能定位要求，与区县城作为人口集聚主战场的功能错位，不搞“遍地开花”，重点选择一批具有自然、建筑、产业、人文等特色资源的小镇，因地制宜培育成为特色小镇，成为区县城城市功能的有益补充，优化完善市域城镇体系。

——市级示范、区县推动。市级集中筛选确定一批特色小镇示范点，给予相关政策支持，发挥引领示范作用，尽快形成可供推广的经验模式。各区县（自治县）人民政府要充分发挥主动性和积极性，因地制宜培育发展一批特色小镇。

——市场主导、政府引导。充分发挥市场在资源配置中的决定性作用，坚持市场化运作，凸显企业在项目投资、运营、管理等方面的主体地位。更好发挥政府的作用，在规划编制、基础设施配套、资源要素保障、公共服务设施完善、文化内涵挖掘传承、生态环境保护、宣传推广等方面统筹推进。

——产城融合、城乡联动。特色小镇发展要坚持依托产业集聚相应规模的人口就业、居住、旅游，不搞“空心镇”，避免“大建设”，要成为生态优美、风貌独特、宜居宜业的风情小镇。注重发挥好在区县城和农村人口及要素流动之间的承接传递作用，要成为城乡联动的重要纽带。

（五）发展导向。

立足各功能区功能定位，遵循“产业跟着功能定位走，人口跟着产业走，建设用地跟着产业和人口走”思路，合理配置资源要素，突出发展重点，形成“一镇一景、一镇一业、一镇一韵”的差异化发展格局。

——重点领域。依托历史人文资源和自然景观资源，结合地理区位特点，培育发展一批历史文化传承、民俗风情展示、健康养老养生、休闲度假、观光体验类特色旅游小镇；围绕特色农副产品加工、零部件加工制造、轻工纺织等劳动密集型产业培育发展一批特色产业小镇；围绕电子商务、文化创意、创新创业、商贸农贸等培育发展一批特色服务小镇。

——区域导向。立足于城乡联动的重要纽带功能，特色小镇原则上不布局在都市功能核心区和都市功能拓展区二环以内的区域。都市功能拓展区二环以外区域，以补充完善都市区功能为导向，培育若干旅游小镇和服务小镇；城市发展新区，以补充完善新型工业化、新型城镇化主战场功能为导向，重点发展一批产业小镇、旅游小镇和服务小镇；渝东北生态涵养发展区和渝东南生态保护发展区，充分利用自然生态风光和特色资源，突出民族民俗民风等文化特色，适度发展一批旅游小镇、产业小镇和服务小镇。建设用地空间制约明显的巫山县、巫溪县、城口县、奉节县、彭水县、酉阳县等县（自治县），可重点支持结合县城建设培育发展若干特色街区。

二、主要任务

（一）统筹兼顾推动“多规合一”。坚持规划先行，科学编制特色小镇全域规划，合理确定建设规模和功能定位，把以人为本、尊重自然、传承历史、绿色低碳等理念融入规划过程，切实提升规划的前瞻性、科学性和可操作性。统筹考虑人口分布、生产力布局、国土空间利用和生态环境保护，合理确定生产、生活、生态空间，推动小镇发展规划、城乡规划、土地利用规划等“多规合一”，实现以规划“定空间、定产业、定项目”。立足于特色小镇自然资源、文化底蕴、特色产业等，坚持系统规划、整体打造、做靓品牌，统筹规范特色小镇的标志标识、风格塑造、建筑风貌、市场营销等。强化小镇建筑风格的个性设计，制定《重庆市特色小镇城镇建设导则》，明确小镇建筑标准，规范统一建筑形体、色彩、体量、高度等。

（二）打造特色鲜明的主导产业。特色小镇要融入所在区县（自治县）乃至全市的重点产业格局，结合当地实际，突出本地资源优势，差异定位、细分领域、错位发展，明确产业发展定位，锁定产业主攻方向，做好“一镇一业”文章。围绕主导产业，发挥龙头骨干企业的示范带动效应，提升小微企业协作和配套能力，加速“点”上集聚、“链”式拓展，在“一镇一业”上实现集群化、集约化、规模化。切实改变传统镇域产业粗放型发展模式，积极主动适应绿色、生态、安全、个性化的消费升级需求，加快产业提档升级，改进完善生产工艺，严格产品质量标准，坚持做“精”、做“细”、做“绿”，彰显“个性”和“特色”。切实改变传统镇域产业“高消耗、高排放、低效率”的生产模式，鼓励引导发展循环经济，推动产业绿色低碳发展。切实改变传统镇域产业发展“空心化”、“园区化”的现象，积极吸纳小镇农业转移人口就近就业、落户定居，鼓励扶持小镇人员创新创业，构建以产业促就业、产城融合发展的良好格局。

（三）营造优美宜居的人居环境。提升特色小镇基础设施建设水平，统筹推进公共供水、道路交通、燃气供热、信息网络、分布式能源建设，推进生活污水垃圾处理设施全覆盖和稳定运行，完善垃圾收集转运、公共厕所等设施。加大环境综合整治力度，实施绿化美化工程和生态环境提升工程，突出与自然景观融合发展，强化独特文化风貌展示，努力打造一批环境优美、文化浓郁、生态宜居的特色小镇。提升特色小镇公共服务便利化水平，合理确定公共服务设施建设标准，加强商业服务、社区服务、教育卫生、公共交通、文化娱乐、休闲健身等公共服务设施建设，形成以村级设施为基础，区县、乡镇级设施衔接配套的公共服务设施网络体系。

（四）创新特色小镇发展体制机制。特色小镇要坚持把改革创新作为发展的根本动力，探索形成符合特色小镇发展的体制机制，尽快形成可复制、可推广的经验和模式。探索扩权增能，着力降低行政成本、提高行政效率，根据实际需要，依法赋予特色小镇部分区县级经济社会管理权限。建立更加高效的特色小镇建设管理模式，制定分年度的项目投资计划，以项目为载体引导各类政策、资金、要素集聚。提升特色小镇公共服务的水平和质量，推进政府向社会力量购买公共服务，推动社区网格化管理，利用“互联网+”推动公共服务更加便捷普惠。探索创新土地流转经营、土地功能调整、用地保障等体制机制，推动特色小镇集约节约建设。

三、支持政策

有序引导特色小镇发展，充分发挥条件较好的特色小镇示范引领作用，市级层面集中规划、金融、财政、用地、人力资源等相关政策支持发展若干特色小镇示范点，根据特色小镇示范点推进建设情况适时扩大覆盖范围。

（一）规划。编制特色小镇示范点建设规划，支持推进“多规合一”。统筹特色小镇示范点土地利用总体规划、城乡规划等现行规划，编制各专项规划，实现资源的合理配置，有效利用。

（二）金融。新型城镇化专项建设基金、少数民族特色小镇专项建设基金原则上用于特色小镇示范点建设，其他专项基金优先安排特色小镇示范点。利用国际金融组织（世界银行、亚洲银行等）贷款优先支持特色小镇示范点建设。加强信贷政策指导，引导银行业金融机构结合新型城镇化建设金融需求特点，创新金融产品和服务，加大对特色小镇示范点建设的信贷支持，积极利用再贷款、再贴现等货币政策供给，加大定向支持力度，扩大金融机构新型城镇化建设信贷资金来源。支持募投项目用于特色小镇示范点建设的债券发行。鼓励产业引导股权投资基金、基础设施 PPP 项目投资基金等支持特色小镇示范点建设。

（三）财政。加大市级小城镇建设专项资金投入，调整优化市级中心镇专项建设资金，重点支持特色小镇示范点建设。对特色小镇示范点建设较好的区县（自治县）加大财政转移支付力度。旅游、扶贫、文化、农业、商贸、工业、市政、城乡建设、水利、科技、环保等市级行业主管部门将特色小镇示范点经济社会发展纳入专项资金支持范围。

（四）用地。按照规划、建设时序，市级专项下达特色小镇示范点建设用地计划指标。综合运用增减挂钩周转指标、地票等政策，充分保障特色小镇示范点建设。支持有条件的特色小镇示范点开展农村土地承包经营权、农村宅基地使用权、林地承包经营权、集体收益分配权自愿退出机制探索，盘活农村土地资源。

（五）人力资源。市内转移人口和市外来渝在特色小镇示范点创业投资和稳定就业人员，在城市发展新区、渝东北生态涵养发展区和渝东南生态保护发展区特色小镇示范点落户不受务工经商年限限制。重庆市新型城镇化工作联席会议（以下简称市联席会议）成员单位和特色小镇示范点互派干部交流锻炼。针对主导产业开展分类创业就业培训，将特色小镇示范点就业人员纳入农民工培训计划。

（六）其他。支持特色小镇示范点参照国家新型城镇化综合试点地区享受市级部门相关政策，国家 1000 个特色小镇、建制镇示范试点、国家投融资模式创新小城镇试点原则上在特色小镇示范点中选取。特色小镇示范点建设项目打捆纳入市级重点项目，享受相关支持政策。特色小镇示范点名单在市级主流媒体公布。

四、组织保障

（一）建立协调机制。加强对特色小镇规划建设工作的组织领导和统筹协调，建立全市特色小镇建设工作推进机制，由市政府分管领导同志负责，市联席会议办公室牵头推进相关工作，市政府有关部门各司其职，密切配合，形成合力。市联席会议成员单位定点联系指导特色小镇建设。

（二）推进责任落实。有关区县（自治县）人民政府是特色小镇建设的责任主体，要加强组织协调，确保特色小镇示范点建设有序推进；及时总结示范经验，稳步推进区域内其他特色小镇建设。市政府督查室、市发展改革委、市城乡建委要加强督促检查和指导，并通报相关情况。市城乡建委要会同市政府有关部门尽快制订《重庆市特色小镇城镇建设导则》，确保特色小镇城镇建设有章可循。市政府有关部门要强化科学指导，制定支持特色小镇建设相关政策的实施细则。

（三）加强动态监测。结合新型城镇化工作，市统计局要会同市政府有关部门建立健全特色小镇统计指标体系，准确反映特色小镇推进情况。各区县（自治县）人民政府要按季度向市联席会议办公室报送特色小镇示范点工作进展情况。

（四）强化宣传推广。充分发挥舆论引导作用，凝聚社会共识，营造良好社会环境和舆论氛围。各区县（自治县）人民政府、市政府有关部门要对特色小镇示范点的新思路、新理念、新举措进行广泛宣传，提高特色小镇示范点的美誉度和认同感。对特色小镇示范点建设的典型经验和做法进行认真总结和归纳提炼，形成示范带动效应。

附件：重庆市特色小镇示范点申报规程

重庆市人民政府办公厅
2016 年 6 月 17 日

附件　重庆市特色小镇示范点申报规程

第一条　总则

根据《重庆市人民政府办公厅关于培育发展特色小镇的指导意见》，为启动特色小镇示范点（以下简称示范点）申报工作，加快形成示范带动效应，特制订本规程。

第二条　申报基本条件

依托全国重点镇、全国特色景观旅游名镇、中国历史文化名镇、市级中心镇进行建设，资源优势和发展基础突出的建制镇可纳入申报范围。

（一）产业特色突出。产业发展符合各功能区功能定位要求，原则上一个小镇确定一个主导产业。都市功能拓展区二环以外区域，以补充完善都市区功能为导向，培育若干旅游小镇和服务小镇；城市发展新区，以补充完善新型工业化、新型城镇化主战场功能为导向，重点发展一批产业小镇、旅游小镇和服务小镇；渝东北生态涵养发展区和渝东南生态保护发展区，充分利用自然生态风光和特色资源，突出民族民俗民风等文化特色，适度发展一批旅游小镇、产业小镇和服务小镇。

（二）建设空间集聚。具有明确的核心建设区域，主要发展空间向镇总体规划确定的城镇建设用地范围集聚，资源要素向核心建设区域集聚，单位面积产出效率较高。旅游小镇可根据功能定位适当调整空间范围。

（三）综合效益良好。具备良好的外部交通条件和较为完善的城镇基础设施、公共服务设施，具备一定的产业基础和人口规模，具备较强的资源环境承载力和优化提升空间。规划新增投资、产值、就业、常住人口、税收等指标排名靠前。此外，旅游小镇规划区 5 公里半径范围内应有国家 3A 级及以上旅游景区支撑。

（四）风貌协调优美。改造升级和有机更新实施有序、衔接互补。历史建筑和文物保护有力、利用合理，基础设施和公共服务设施布局科学，建筑形体、风貌、体量、色彩与环境协调融合，小镇风貌优美、景观特色鲜明。

（五）组织保障有力。区县（自治县）人民政府负责推进示范点建设，在不单设专门机构、不增加人员编制的前提下，落实经费、人员和相关配套支持政策，统筹做好规划编制、基础设施配套、公共服务设施完善、资源要素保障、文化内涵挖掘传承、生态环境保护、宣传推广等方面工作。

第三条　申报材料

各区县（自治县）人民政府要依据本地“十三五”经济社会发展规划、土地利用总体规划、城乡规划、环境保护规划，编制特色小镇示范点建设方案。主要内容包括：

（一）小镇名称。有突出小镇产业定位、体现特色的小镇名称，小镇名称应具有不可复制性。

（二）基础条件。重点突出特色和优势。具体包括小镇全域范围、面积、人口、资源优势、历史文化、发展基础等，核心建设区的范围、面积、人口、产业现状，与城镇建设用地规划叠加情况等，旅游小镇应有旅游资源、历史渊源、民俗文化等方面的简介。

（三）发展目标。发展目标要围绕“三特色、三集聚”制定，重点突出特色产业、特色风貌、特色功能。具体在明确特色小镇全域发展目标的基础上，制定小镇核心区三年发展目标，包括产业发展、吸纳就业、旅游接待、项目建设及投资等经济方面目标，市政建设、建筑风貌、规划管理等“规建管”方面目标，公共服务、社会治理等社会发展方面目标。

（四）重点任务。围绕统筹兼顾推动“多规合一”、打造特色鲜明的主导产业、营造优美宜居的人居环境、创新特色小镇发展体制机制等方面重点，结合本地实际，提出具体任务安排，要明确工作举措，有具体的时间表、线路图。

（五）创新举措。立足小镇特色，围绕重点任务，提出建设示范点的创新举措，特别是在改革创新体制机制方面的考虑。

（六）重点项目及建设计划。核心建设区域内的重点项目库，以项目库为依据，制定投融资方案、分年度建设计划，明确建设主体、投资金额、资金来源、形象进度和预期效益。

（七）相关图示。按照“多规合一”的方向性要求，明确“三生”（生产、生活、生态）空间布局、重点功能布局、重点项目布局等示意图。

第四条　申报程序

（一）区县申报。区县（自治县）人民政府做好特色小镇示范点优选和储备工作，向市联席会议办公室报送申请材料，每个区县（自治县）申报数量控制在 2 个以内。市联席会议办公室另文通知申报时间。

（二）专家评审。市联席会议办公室组织评审专家组（专家组人数为不少于 9 人的奇数）对区县（自治县）人民政府申报特色小镇名单进行初审，采用现场答辩与资料申报相结合，对规划内容、产业特色、基础设施、产出效益、组织保障、配套政策等综合评定打分排名，名次靠前的纳入特色小镇示范点初审名单。

（三）政府审定。市联席会议单位对特色小镇示范点初审名单进行复审，重点评估特色产业的发展现状和潜力，推选出特色小镇示范点备选名单，提请市政府确定为特色小镇示范点。

第五条　动态管理

特色小镇示范点建设以 3 年为周期，建立退出机制，实施动态管理。具体管理细则由市联席会议办公室牵头制定实施。

（一）定期监测。市统计局会同市联席会议办公室建立特色小镇示范点统计指标体系，重点就投资、产出、就业、人口等指标开展监测，定期发布监测结果。

（二）年度考评。市联席会议办公室牵头对特色小镇示范点开展年度考评，重点考评项目建设计划完成情况，投资、产出、就业等主要经济指标完成情况，城镇建设管理是否达到年度进度预期，以及社会知名度、行业公认度等情况。考评采取实地检查、委托第三方评估等方式开展。

（三）考核结果。市联席会议办公室根据年度考核情况形成特色小镇示范点年度优秀、合格、不合格建议，报市联席会议审定通过后公布。年度考核结果作为建设周期期满后验收的重要依据。

（四）退出和增补。3 年期满后，由市联席会议办公室牵头组织验收。验收通过且需要继续扶持的纳入新一轮特色小镇示范点建设名单；验收未通过或有两次年度考核结果为不合格的退出特色小镇示范点建设名单；验收通过且已经成熟定型不再需要扶持的退出特色小镇示范点建设名单，重点宣传推广其经验模式。3 年期满后，市联席会议办公室会同市政府有关部门启动新一轮特色小镇示范点申报工作。

福建省推进新型城镇化工作联席会议办公室关于组织申报福建省第一批特色小镇名单的通知

闽发改规划〔2016〕463 号

各设区市人民政府，平潭综合实验区管委会，省教育厅、国资委：

为落实《福建省人民政府关于开展特色小镇规划建设的指导意见》（闽政〔2016〕23 号），请你们结合本地区、部门实际，按照《福建省特色小镇创建指南》（闽发改规划〔2016〕462 号）的具体要求，抓紧做好第一批特色小镇的遴选、申报工作，每个设区市、部门申报数量原则上不超过5个，并于7月31日前将申报材料（含电子资料）一式十份报送福建省推进新型城镇化工作联席会议办公室。

联系人：黄　洵

电话：87063517

传真：87063079

电子邮箱：fgwczhb@fujian.gov.cn

邮寄地址：福州市湖东路78号省发展和改革委员会规划处（城镇化办）

邮政编码：350003

福建省推进新型城镇化工作
联席会议办公室
（福建省发展和改革委员会代章）
2016 年 6 月 21 日

福建省推进新型城镇化工作联席会议办公室关于印发《福建省特色小镇创建指南》的通知

闽发改规划〔2016〕462 号

各市、县（区）人民政府，平潭综合实验区管委会，省人民政府各部门、各直属机构：

《福建省特色小镇创建指南》已经省政府同意，现印发给你们，请认真贯彻落实。

福建省推进新型城镇化工作
联席会议办公室
（福建省发展和改革委员会代章）
2016 年 6 月 21 日

福建省特色小镇创建指南

为加快推进特色小镇规划建设工作，助力我省产业转型升级，推动大众创业万众创新和城乡统筹发展，制订本指南。

第一条　申报条件

（一）产业定位：特色小镇产业定位应结合所在城市的产业、人才和资源优势，聚焦新一代信息技术、高端装备制造、新材料、生物与新医药、节能环保、海洋高新、旅游、互联网经济等新兴产业，兼顾工艺美术（木雕、石雕、陶瓷等）、纺织鞋服、茶叶、食品等传统特色产业。特色小镇产业发展规划必须符合生态环境保护的要求。

（二）空间形态：特色小镇规划区域面积一般控制在 3 平方公里左右（旅游类特色小镇可适当放宽）。其中，建设用地规模一般控制在 1 平方公里左右，原则上不超过规划面积的 50%。特色小镇要建设 3A 级以上景区，旅游产业类特色小镇按 5A 级景区标准建设。

（三）建设投资：新建类特色小镇原则上 3 年内完成固定资产投资 30 亿元以上（商品住宅项目和商业综合体除外），改造提升类 18 亿元以上，23 个扶贫开发工作重点县可分别放宽至 20 亿元以上和 10 亿元以上，其中特色产业投资占比不低于 70%。互联网经济、旅游和传统特色产业类特色小镇的总投资额可适当放宽至上述标准的 80%。

（四）建设内涵：以集聚人才、资本、技术等高端要素为核心，通过运用新技术、构筑新平台、催生新业态、应用新模式，推进特色产业转型发展、迈向中高端，实现“产、城、人、文”四位一体有机结合。在投资便利化、商事仲裁、负面清单管理等方面改革创新，最大限度集聚人才、技术、资本等高端要素，打造更有效率的政务生态系统、更有活力的产业生态系统、更有激情的创业生态系统和更有魅力的自然生态系统，建设产城融合发展的现代化开放型特色小镇。

（五）运行方式：坚持企业主体、政府引导、市场化运作。特色小镇要明确投资建设主体，鼓励以社会资本为主推进项目建设。地方政府负责做好规划引导、基础设施配套、资源要素保障、文化内涵挖掘、生态环境保护、投资环境改善等。

（六）建设进度：原则上 3 年内完成投资，其中第一年完成投资不少于 5 亿元，互联网经济、旅游和传统特色产业的特色小镇不低于 3 亿元。

（七）综合效益：建成后有大量的新增税收、新增就业岗位产生，集聚一大批工商户、中小企业、中高级人才，加快形成新业态，培育具有核心竞争力的特色产业和品牌。

第二条　申报材料

（一）规划方案：有符合土地利用总体规划、城乡规划、环境功能区规划的特色小镇概念性规划，包括空间布局图、功能布局图、项目示意图，如已经开工的要有实景图。

（二）建设计划：有分年度的投资建设计划，明确每个建设项目的投资主体、投资额、投资计划、用地计划、建设规模、项目建成后产生的效益，以及相应的年度推进计划。以表格形式进行汇总。

（三）业主情况：简要介绍特色小镇建

设主体的公司名称、实力、资金筹措计划等。可附上已建成运营项目案例。

（四）扶持举措：特色小镇所在县（市、区）政府支持申报省级特色小镇创建对象的服务扶持举措或政策意见。

（五）基本情况：如实、完整地填写《特色小镇基本情况表》（略）。

第三条　申报程序

（一）申报范围：所有符合基本条件的特色小镇。

（二）申报时间：由省城镇化办根据各地特色小镇规划建设情况发文通知，原则上每年于3月、9月分两批集中申报。

（三）申报数量：坚持上不封顶、下不保底，为明确重点、分期推进，每个设区市每批申报数量不超过5个。

（四）申报方式：县（市、区）规划的特色小镇，由县（市、区）政府向设区市政府上报申报材料，经设区市筛选后由设区市政府统一报省城镇化办；规划范围跨行政区域以及设区市直管的产业集聚区和经济开发区规划的特色小镇，由设区市政府向省城镇化办上报申请材料；省属企事业和高等院校单位规划的特色小镇，由省属企事业单位和高等院校向省城镇化办上报申请材料。如申报对象超过1个，需排序上报。

第四条　监管和调整

（一）定期监测：采取季度通报和年度考核的办法，对省级特色小镇创建对象开展统一监测。省统计局会同省发改委建立省特色小镇统计指标体系，有关市、县（区）按季度向省城镇化办报送特色小镇创建工作进展和形象进度情况。

（二）动态管理：省里分批公布省级特色小镇创建名单。以年度统计数据为依据，公布年度达标小镇。对连续两年没有完成年度目标考核任务的，实行退出机制，下一年度起不再享受特色小镇相关扶持政策。

（三）联动指导：相关行业主管部门具体负责对本行业领域特色小镇规划建设的前期辅导、协调指导、日常督查和政策扶持。各设区市要加强对所辖县（市、区）特色小镇规划、申报、创建等工作的指导和服务。各县（市、区）要明确责任、分工合作，形成省、市、县联动推进的工作机制。

第五条　验收命名

（一）验收条件：如期完成各项建设目标，主体企业、主体产业或主体产品的经济产出要占到小镇一半以上份额，符合特色小镇的内涵特征，社会上有较大的知名度，在行业内有一定的公认度。

（二）验收程序：由省级特色小镇创建对象所在县（市、区）向省城镇化办行文，提交要求验收命名的申请报告和所在县（市、区）政府提供的初验报告。省城镇化办组成专家组，经实地踏勘、专家打分形成一致意见后，报省推进新型城镇化工作联席会议评估验收，验收合格的报省政府审定命名为福建省特色小镇。对于首次验收不通过的，一年内可申请一次复验。

（三）命名公布：省政府审定省推进新型城镇化工作联席会议提出的建议命名的特色小镇名单后，以省政府名义发文公布。

本办法自发文之日起实施，具体由省城镇化办负责解释。

附件：福建省特色小镇申报材料说明

附件　福建省特色小镇申报材料说明

一、基本情况介绍

1. 特色小镇简介，2500 字左右。

明确产业定位。每个特色小镇都要把一个产业确定为主导产业，围绕该产业谋划布局。

明确投资主体、规模及相关指标。明确 2016~2018 年特色小镇投资主体、规模、建设周期、建设用地指标。

预测今后产出。预测 2016~2018 年特色小镇的产值、税收和旅游人数指标。

预排投资项目及相关指标。明确 2016~2018 年特色小镇每一个特色小镇建设项目的投资规模、建设周期、建设用地指标，并预测每一个项目 2016~2018 年的产值和税收。

2. 精简版简介，字数在 500 字左右。

3. 填写基本情况表，内容包括：产业定位、投资主体、项目概况、效益测算、主要项目。

4. 以上两个材料均要求 Word 版本。

二、概念规划图

1. 总图一张（主要是 1 平方公里核心区的概念规划），特色小镇核心区规划布局尽量集中，不能过于分散。

2. 电子稿为图片格式（即 jpg 格式）。

福建省人民政府　关于开展特色小镇规划建设的指导意见

闽政〔2016〕23 号

各市、县（区）人民政府，平潭综合实验区管委会，省人民政府各部门、各直属机构，各大企业，各高等院校：

特色小镇区别于建制镇和产业园区，是具有明确产业定位、文化内涵、兼具旅游和社区功能的发展空间平台。加快规划建设一批特色小镇是经济新常态下推进供给侧结构性改革和新型城镇化的战略选择，也是推动大众创业万众创新和加快区域创新发展的有效路径，有利于加快高端要素集聚、产业转型升级和历史文化传承。为加快推进特色小镇规划建设工作，现提出如下意见：

一、总体要求

（一）特色为本。特色小镇是集产业链、投资链、创新链、人才链、服务链于一体的创新创业生态系统，是新型工业化、城镇化、信息化和绿色化融合发展的新形式，要按照创新、协调、绿色、开放、共享发展理念，结合自身特质，找准产业定位，制定各具特色的发展规划，挖掘产业特色、人文底蕴和生态禀赋，形成“产、城、人、文”四位一体有机结合的重要功能平台。

（二）产业为根。特色小镇应聚焦新一代信息技术、高端装备制造、新材料、生物与新医药、节能环保、海洋高新、旅游、互联网经济等新兴产业，兼顾工艺美术（木雕、石雕、陶瓷等）、纺织鞋服、茶叶、食品等传统特色产业，选择一个具有当地特色和比较优势的细分产业作为主攻方向，力争培育为支撑特色小镇未来发展的大产业。每个细分产业原则上只规划建设一个特色小镇。

（三）精致宜居。特色小镇要坚持精而美，按照节约集约发展、“多规融合”的要求，充分利用现有区块的环境优势和存量资源，合理规划生产、生活、生态等空间布局，规划区域面积一般控制在3平方公里左右（旅游类特色小镇可适当放宽）。其中，建设用地规模一般控制在1平方公里左右，原则上不超过规划面积的50%。特色小镇要建设3A级以上景区，旅游产业类特色小镇按5A级景区标准建设。

（四）双创载体。特色小镇要把人才引进作为首要任务，把为企业家构筑创新平台、集聚创新资源作为重要工作，在平台构筑、文化培育、社区建设等方面鼓励小镇内企业、社会组织、从业者等充分参与，培育小镇自治，不设专门机构，不新增人员编制；在投资便利化、商事仲裁、负面清单管理等方面改革创新，努力打造有利于创新创业的营商环境，最大限度集聚人才、技术、资本等高端要素，建设创新创业样板，助推产业转型升级。

（五）项目带动。发挥项目带动支撑作用，夯实特色小镇发展基础。新建类特色小镇原则上3年内完成固定资产投资30亿元以上（商品住宅项目和商业综合体除外），改造提升类18亿元以上，23个省级扶贫开发工作重点县可分别放宽至20亿元以上和10亿元以上，其中特色产业投资占比不低于70%。互联网经济、旅游和传统特色产业类特色小镇的总投资额可适当放宽至上述标准的80%。

（六）企业主体。特色小镇建设要坚持企业主体、政府引导、市场化运作的模式，鼓励以社会资本为主投资建设。每个特色小镇要明确投资建设主体，可以是国有投资公司、民营企业或混合所有制企业。地方政府重点做好规划引导、基础设施配套、资源要素保障、文化内涵挖掘传承、生态环境保护、投资环境改善等工作。

二、创建程序

务实、分批推进特色小镇规划建设，力争通过3~5年的培育创建，建成一批产业特色鲜明、体制机制灵活、人文气息浓厚、创业创新活力迸发、生态环境优美、多种功能融合的特色小镇。

（一）自愿申报。由各设区市人民政府、平潭综合实验区管委会及省属企事业单位和高等院校向省推进新型城镇化工作联席会议办公室（挂靠省发改委，以下简称省城镇化办）报送创建特色小镇书面申报材料，应包含创建方案，明确特色小镇的四至范围、产业定位、投资主体、投资规模、建设计划，并附概念性规划。

（二）确定创建名单。根据申报创建特色小镇的具体产业定位，坚持统分结合、分批审核，先分别由省级相关职能部门牵头进行初审，再由省城镇化办组织联审并报省推进新型城镇化工作联席会议审定后由省政府分批公布创建名单。对各地申报创建特色小镇不平均分配名额，凡符合特色小镇内涵和质量要求的，纳入特色小镇创建名单，对产业选择处于全省同类产业领先地位的优先考虑。

（三）年度考核。对纳入省级创建名单的特色小镇，建立年度考核制度，由省城镇化办牵头制定考核办法。对连续两年未完成年度目标考核任务的特色小镇，实行退出机制，下一年度起不再享受特色小镇相关扶持政策。

（四）验收命名。纳入省级创建名单的特色小镇完成规划建设目标、达到特色小镇标准要求的，由省城镇化办组织有关部门进行评估验收，验收合格的报省政府审定命名为福建省特色小镇。

三、政策措施

（一）要素保障。各地要结合土地利用总体规划调整完善工作，统筹安排特色小镇建设用地，优化特色小镇建设用地布局。特色小镇建设要按照节约集约用地的要求，充分利用低丘缓坡地、存量建设用地等。省国土厅对每个特色小镇各安排 100 亩用地指标，新增建设用地计划予以倾斜支持。

在符合相关规划的前提下，经市、县（区）人民政府批准，利用现有房屋和土地，兴办文化创意、科研、健康养老、工业旅游、众创空间、现代服务业、“互联网+”等新业态的，可实行继续按原用途和土地权益类型使用土地的过渡期政策，过渡期为 5 年。过渡期满后需按新用途办理用地手续，若符合划拨用地目录的，可依法划拨供地。在符合相关规划和不改变现有工业用地用途的前提下，对工矿厂房、仓储用房进行改建及利用地下空间，提高容积率的，可不再补缴土地价款差额。

在纳入省级创建名单的特色小镇内，符合条件的建设项目优先列入省重点建设项目。

（二）资金支持。对纳入省级创建名单的特色小镇，在创建期间及验收命名后累计 5 年，其规划空间范围内新增的县级财政收入，县级财政可以安排一定比例的资金用于特色小镇建设；有关市、县（区）在省财政下达的政府债务限额内，倾斜安排一定数额债券资金用于支持特色小镇建设；支持特色小镇组建产业投资发展基金和产业风险投资基金，支持特色小镇发行城投债和战略性新兴产业、养老服务业、双创孵化、城市停车场、城市地下综合管廊、配电网建设改造、绿色债券等专项债券。2016~2018 年，新发行企业债券用于特色小镇公用设施项目建设的，按债券当年发行规模给予发债企业 1%的贴息，贴息资金由省级财政和项目所在地财政各承担 50%，省级财政分担部分由省发改委和省财政厅各承担 50%。特色小镇完成规划设计后，省级财政采取以奖代补的方式给予 50 万元规划设计补助，省发改委、省财政厅各承担 25 万元。

特色小镇范围内符合条件的项目，优先申报国家专项建设基金和相关专项资金，优先享受省级产业转型升级、服务业发展、互联网经济、电子商务、旅游、文化产业、创业创新等相关专项资金补助或扶持政策。优先支持特色小镇向国家开发银行、中国农业发展银行等政策性银行争取长期低息的融资贷款。鼓励特色小镇完善生活污水处理设施和生活垃圾处理收运设施建设，省级财政给予“以奖代补”资金倾斜支持。

（三）人才扶持。推广中关村等国家自主创新示范区税收试点政策，在特色小镇内实行促进高层次人才加大科研投入、吸引人才加盟、吸收股权投资、发展离岸业务等方面的税收激励办法。对特色小镇内企业以股份或出资比例等股权形式给予企业高端人才和紧缺人才的奖励，执行我省自贸试验区人才激励个人所得税管理办法和中关村国家自主创新示范区股权激励个人所得税政策。各级政府主导的担保公司要加大对特色小镇内高层次人才运营项目的担保支持力度，省再担保公司对小镇内高层次人才运营项目可适当提高再担保代偿比例。

（四）改革创新。列入省级创建名单的特色小镇，优先上报国家相关改革试点；优先实施国家和省里先行先试的相关改革试点政策；允许先行先试符合法律法规要求的改革。

四、组织领导

（一）建立协调机制。各级各有关部门要强化工作联动和协调，合力推动特色小镇创建工作的有力开展。依托现有的省推进新型城镇化工作联席会议制度，推进特色小镇创建工作。各设区市人民政府、平潭综合实验区管委会参照建立相应联席会议制度。

（二）实行重点扶持。各设区市人民政府、平潭综合实验区管委会要根据省特色小镇创建遴选标准和任务，制定培育计划，研究制定具体政策措施，加强宣传推介，实行领导挂钩、重点培育、重点发展。省直部门出台的各类扶持政策要对特色小镇给予倾斜支持。

（三）推进责任落实。县（市、区）要建立实施推进工作机制，搞好规划建设，加强组织协调，确保各项工作按照时间节点和计划要求规范有序推进，确保取得实效。

（四）加强动态监测。有关市、县（区）按季度向省城镇化办报送特色小镇创建工作进展和形象进度情况，省里在一定范围内进行通报。

福建省人民政府

2016年6月3日

甘肃省人民政府办公厅关于推进特色小镇建设的指导意见

甘政办发〔2016〕114号

各市、自治州人民政府，兰州新区管委会，省政府有关部门，中央在甘有关单位，省属有关企业：

为统筹城乡经济社会协调发展，提高城乡居民收入水平，实现到2020年与全国一道全面建成小康社会目标，省委、省政府决定在全省开展创建特色小镇工作，现提出如下指导意见。

一、重要意义

特色小镇是按照创新、协调、绿色、开放、共享发展理念，以打造特色业态为主导，产业定位明确、市场要素集聚、管理机制创新、生产生活生态统筹布局的综合性发展平台，是引领经济发展新常态的积极探索和有益实践，对于推动政府与市场互动、激发创新创业活力、推进供给侧结构性改革、促进经济结构调整、加快经济社会发展具有重要意义。

开展特色小镇建设，是省委、省政府深入贯彻落实习近平总书记、李克强总理等中央领导同志关于特色小镇建设重要批示精神，从全省经济社会发展大局出发作出的一项重大决策，是破解小城镇经济发展瓶颈、创新发展动能、加快产业转型升级、有力改善人居环境、实现精准扶贫精准脱贫的重要抓手。在全省创建特色小镇，有利于推动各地积极谋划项目，扩大有效投资，推动资源整合、项目组合、产城融合；有利于集聚人才、技术、资本等高端要素，实现小空间大集聚、小平台大产业、小载体大创新；有利于加快推进产业创新和产业升级，形成新的经济增长点；有利于深入挖掘华夏文明传承创新区建设内涵，充分发挥我省文化资源优势，打造文化品牌，使特色小镇成为记住陇原乡愁、唤醒历史记忆、弘扬历史文化的有效载体，从而带动经济社会持续健康发展，实现与全国一道全面建成小康社会的目标。

二、目标步骤

（一）建设目标。坚持产业、文化、旅游“三位一体”，生产、生活、生态“三生融合”，工业化、信息化、城镇化、农业现代化“四化驱动”，项目、资金、人才、管理“四方落实”的要求，坚持以人为本、公平共享，科学规划、产业集聚，生态文明、绿色低碳，文化传承、彰显特色，政府引导、市场运作，统筹协调、分类指导的原则，围绕不同区域的产业发展、自然风貌、文化风俗和资源禀赋，按照“一镇一业”、“一镇一品”的要求，切实做好创建工作，力争通过3年的努力，在全省范围内初步建成一批特色鲜明、绿色低碳、功能完善、产业集聚、开放包容、机制灵活、示范效应明显的特色小镇。

特色小镇均要建设成为3A级以上旅游景区，其中旅游产业类特色小镇要按5A级旅游景区标准建设。支持各地以特色小镇理念改造提升产业集聚区和各类开发区（园区）的特色产业。

（二）实施步骤。全省推进特色小镇建设工作从2016年7月至2018年底，用3年时间分4个阶段进行：

第一阶段（2016年7月）：调研论证，确定名单。在县市区政府自愿申报、各行业主管部门和市州政府充分调研论证的基础上，确定重点特色小镇创建名单（详见附件）。各市州政府可结合当地实际，确定市州特色小镇创建名单先行培育。

第二阶段（2016年8~10月）：制定方案，编制规划。纳入重点特色小镇创建名单的县市区政府负责制定特色小镇建设实施方案，编制特色小镇建设规划，明确特色小镇的规划建设范围、产业定位、投资主体、投资规模、项目建设计划，以及规划范围约3平方公里的控制性详细规划和核心区约1平方公里的城市设计。

第三阶段（2016年11月~2018年9月）：分类指导，分步实施。根据每个特色小镇功能定位，统筹衔接各类规划，突出规划引领作用，落实建设项目，培育特色产业，以优质项目的实施推动产业转型升级，着力打造集产业链、投资链、创新链、人才链、服务链等要素支撑的特色小镇。

第四阶段（2018年10~12月）：总结验收，交流提升。各地全面总结特色小镇建设与管理等方面的做法和经验，探索建立特色小镇建设与监管的长效机制。组织力量对重点建设的特色小镇进行综合评定，交流推广创建工作经验。

三、创建要求

（一）绿色低碳，生态良好。围绕绿色、循环、低碳发展理念，确定特色小镇绿色发展战略，因地制宜开发应用清洁能源和可再生能源，大力发展绿色建筑和低碳、便捷的交通体系，划定绿化建设用地，控制绿色指标，提高供排水、供热、供气、环境保护、智能化管理的基础设施建设水平，促进特色小镇绿色、低碳、集约、智能、可持续发展。

（二）风貌优美，功能完善。在尊重小镇自然生态、历史文化遗存的基础上，按照城市设计的理念和方法，对特色小镇的风貌特色、产业发展、空间布局进行科学规划。坚持人与自然和谐共生，注重借景山水、巧用田园、就地取材，体现淳朴的乡村特色。坚持地域人文特色，把传统文化和风土人情融入“山、水、村”中，真正体现出“望得见山，看得见水，记得住乡愁”的小镇魅力。坚持科学管控，规划创新，塑造出特色鲜明、色彩协调、风貌优美的小镇形象。坚持合理配套，做到基础设施、公共服务、旅游交通、产业发展、生态环境等布局完善，教育养老、医疗卫生、住房就业等各项保障措施到位，提升特色小镇综合服务功能。

（三）产业集聚，特色鲜明。以特色产业的提升发展为核心，结合资源禀赋和发展基础，根据不同发展阶段、地域特征、资源优势，找准特色、凸显特色、放大特色、做足特色，紧扣适合当地实际的特色富民产业，注重聚焦旅游、文化、生态、健康、现代服务五大产业和中药材、民俗风情、特色农产品加工等传统产业，着力培育建设特色产业集群，推动产业向特色小镇集聚，形成具有市场竞争力和可持续发展产业体系的特色小镇。

（四）机制高效，体制创新。坚持政府引导、企业主体、市场化运作的方式，创新投资支持机制、健全高效管理机制、规范完善激励机制，着力打造集产业链、投资链、创新链、人才链、服务链等要素支撑的众创生态系统。通过政策扶持、品牌创新、人才支撑，全力推进产业科学集聚、资源有效整合，走出一条创新发展之路、人才创业之路，从而促进大众创业万众创新，使特色小镇成为农村有志之士施展才华的广阔舞台。

四、保障措施

（一）加强组织领导。特色小镇创建工作纳入全省新型城镇化试点工作范围，在全省推进新型城镇化试点工作领导小组领导下开展工作，并增补省供销合作社、省城乡发展投资集团为成员单位。各成员单位要充分发挥职能作用，加强工作指导，加大支持力度，全力推进特色小镇创建工作。市州政府负责指导督促本地特色小镇的创建工作，县市区政府为特色小镇创建的责任主体，镇政府为特色小镇创建的实施主体。各级要切实加强组织领导，制定特色小镇实施方案，抓紧编制规划，明确职责任务，确保特色小镇建设工作有序开展。

（二）加强规划统筹。特色小镇在创建初期要重视特色产业的科学定位，按照“多规合一”的理念统筹编制特色小镇建设规划，充分衔接产业、生态、空间、文化、旅游等专项规划内容，合理确定特色小镇的产业发展及空间布局、建设用地规模、基础设施和公共服务设施配置等重要内容，做到定位科学、目标清晰、特色鲜明、布局合理、功能完善。

（三）加强用地保障。各地要结合土地利用总体规划调整特色小镇建设用地指标，加大特色小镇土地节约集约利用水平，把特色小镇的用地纳入城镇建设用地指标范围。要加快农村土地流转力度，探索农村宅基地自愿有偿退出机制，推行特色小镇土地管理创新，突出保障特色小镇建设用地指标。

（四）加强财政支持。省级财政采取整

合部门资金的办法对特色小镇建设给予支持。同时采取“以奖代补”的方式，对按期完成任务，通过考评验收的特色小镇给予一定的奖补资金。特色小镇所在县级政府要将特色小镇建设用地的租赁收入以及小城镇基础设施配套费等资金，专项用于特色小镇基础设施建设。各地要积极研究制订具体政策措施，整合优化资源，对特色小镇规划建设给予支持。

（五）加强金融支持。充分发挥信贷和投融资平台作用，引导金融机构大力支持特色小镇建设，鼓励省、市、县各级投融资平台创新融资方式，多渠道筹集特色小镇建设资金。建立市场化运作机制，采取TOT（转让经营权）、BOT（建设—经营—转交）等PPP（政府与社会资本合作）项目融资模式，引导社会资本在更大范围参与特色小镇建设。

（六）加强资源整合。充分发挥政府投资的引领带动作用，多方整合资金，创新投入方式，对特色小镇建设的重点项目给予支持。省新型城镇化试点工作领导小组各成员单位，按照职责分工，围绕特色小镇创建工作目标，每年在编制部门专项资金预算时，重点向特色小镇倾斜。对涉及特色小镇建设的文化、旅游、产业、基础设施、小镇风貌等项目，充分利用新型城镇化试点、华夏文明传承创新区建设、丝绸之路经济带建设、生态环境建设与发展循环经济、精准扶贫和易地搬迁、改善农村人居环境和美丽乡村建设的成果，编制特色小镇建设项目清单，优先对列入特色小镇建设的项目给予重点支持。

（七）加强舆论宣传。各地要大力宣传特色小镇建设中的好经验、好典型和新思路、新举措，强化示范带动效应，凝聚社会共识，使特色小镇建设成为全社会高度重视、广泛参与的共同行动，为特色小镇建设工作营造良好氛围。省政府每年召开一次全省特色小镇工作经验交流会，及时总结推广经验，充分发挥典型的示范带动作用，推动全省特色小镇建设不断向纵深发展。

（八）加强考核考评。按照分级负责的原则，建立健全特色小镇建设工作考核评价机制。各市州要切实加强对特色小镇创建工作的监督检查指导，纳入创建名单的各县市区和乡镇要切实加强组织实施工作，及时了解工作进展情况，研究解决存在问题，确保特色小镇建设工作正常开展。省推进新型城镇化试点工作领导小组定期对特色小镇建设的进展情况开展督查，每年对特色小镇创建工作进行一次综合考评。考评实行政府绩效第三方评估机制，评估结果作为省级财政以奖代补的重要依据。

附件：重点特色小镇创建名单

甘肃省人民政府办公厅

2016 年 7 月 27 日

附件　重点特色小镇创建名单

1. 定西市通渭县平襄书画小镇
2. 临夏州和政县松鸣冰雪运动小镇
3. 武威市凉州区清源葡萄酒小镇
4. 天水市麦积区甘泉民俗风情小镇
5. 张掖市临泽县倪家营七彩丹霞小镇
6. 定西市临洮县洮阳马家窑洮砚小镇
7. 兰州市西固区河口黄河风情小镇
8. 平凉市崆峒区崆峒养生休闲小镇
9. 酒泉市肃州区酒泉玉文化小镇
10. 兰州市榆中县青城历史文化小镇

11. 定西市陇西县首阳中药材小镇
12. 陇南市康县阳坝生态度假小镇
13. 白银市景泰县黄河石林小镇
14. 陇南市成县西狭颂文化养生小镇
15. 兰州市皋兰县什川梨园小镇
16. 庆阳市华池县南梁红色旅游小镇
17. 甘南州夏河县拉卜楞民族风情小镇
18. 金昌市金川区双湾香草小镇

广东省发展改革委关于印发广东省特色小镇创建导则的通知

粤发改区域〔2018〕262 号

各地级以上市人民政府，省政府各部门、各直属机构：

经省人民政府同意，现将《广东省特色小镇创建导则》印发给你们，请按有关要求做好特色小镇建设工作。

根据《广东省发展改革委 广东省科技厅广东省住房城乡建设厅 关于印发加快特色小（城）镇建设指导意见的通知》（粤发改区域〔2017〕438 号），到 2020 年全省要建设 100 个左右省级特色小镇。为指导各地、各部门开展特色小镇创建工作，现制定本导则。

一、申报要求

申报的特色小镇应符合基础条件良好、目标科学合理，创建实施方案可行的要求，符合“产业链、创新链、资金链、人才链、服务链”五链融合的发展理念，促进“产、城、人、文、旅”有机结合，实现“宜创、宜业、宜居、宜游、宜享”发展目标，走出一条具有广东特色的特色小镇建设之路，努力为“四个走在全国前列”作出贡献。具体要求如下：

（一）产业“特而强”。

——产业特色鲜明。每个小镇要根据资源禀赋和区位特点，明确一个最有基础、最有优势、最具特色的产业作为主攻方向，突出“一镇一主业”。以新兴产业作为特色主导产业的特色小镇，要拥有该产业在国内的龙头企业和具有一定知名度的相关机构，能形成高端产业链。

——高端要素集聚。聚焦前沿技术、新兴业态和高端服务，着力推动互联网、物联网技术与特色产业深度融合发展，着重构建科技研发、商务会展、知识产权、质量检测、工艺设计、品牌策划、市场营销、金融服务、法律服务等综合服务平台和服务体系，延伸产业链、提升价值链、创新供应链，打造特色产业集群，促进产业发展向微笑曲线两端延伸，不断提升小镇价值链。

——创新创业活跃。特色产业类和科技创新类特色小镇应具有较强产业创新能力和企业创新创业活力，着力培育众创空间或孵化器、加速器等创新创业平台。历史文化类（综合文旅类）特色小镇应有文化中心或博物馆、艺术馆等公共服务设施，以及文化创意、工艺美术、文化旅游主题衍生等综合服务和创业创新平台，建立旅游促进机构，完善文化旅游专业服务体系。

与省内外高校、科研机构或专业服务机构开展合作，吸引高端人才和创业者进驻。引入一批天使、风投、创投等基金投资。

（二）功能“聚而合”。

——功能融合完备。特色小镇要有科学的发展规划，在城市（城镇）总体规划、土地利用总体规划等基础上，按照“产、城、人、文、旅”五位一体有机结合的要求，突出产业、景观、文化、生态等特色，深挖、延伸、融合产业、旅游和社区功能，促进各种功能产生叠加效应、融合发展。基础设施和公共服务设施建设，要适应创新创业与新兴产业发展需求，社区服务功能完善且富有特色。

——文化相互融合。文化基因要植入产业发展，实现创新文化、历史文化、农耕文化、山水文化与产业文化相互融合，产业、文化、旅游、生态、城镇整体化发展。

——设施互联互通。小镇基础设施要与大中城市互联互通。强化小镇与交通干线、交通枢纽的连接，构建发达的小镇公共交通体系，规划建设慢行系统，积极发展共享交通、共享停车，按照智慧小镇的要求建设智慧园区、景区、社区，鼓励片区综合开发、共建共享。统筹布局小镇医疗、教育、文化、体育等公共服务设施，构建便捷的“生活圈”，完善的“服务圈”和繁荣的“商业圈”。

（三）形态“小而美”。

——建设范围适中。合理控制特色小镇四至范围，规划用地面积控制在3平方公里左右，其中建设用地面积控制在1平方公里左右，旅游、体育和农业类特色小镇可适当放宽。

——小镇风貌独特。注重系统规划小镇的品牌打造、市场营销和形象塑造，突出体现特色小镇区域、民俗或民族文化特色，传统与现代、历史与时尚、自然与人文完美结合，独特的自然风光之美、错落的空间结构之美、多元的功能融合之美、多彩的历史人文之美有机统一于特色小镇的形态之中。特色小镇总体规划空间布局要与周边自然环境相协调，整体格局和风貌具有典型特征。建筑彰显传统文化和地域特色，建设高度和密度适宜。社区开放融合，住房舒适美观，公园绿地贴近生活、贴近工作，社交空间多元化，学习环境触手可及。

——生态环境优美。生态建设和环境保护良好，建立多层次生态系统，合理控制开发强度，有条件的地方创建农业公园、森林小镇、生态乡镇。城镇形态和建设项目符合生态环保要求。特色产业类和科技创新类小镇参考AAA级及以上旅游景区标准规划建设，历史文化类（综合文旅类）参考AAAA级及以上旅游景区标准规划建设，具有浓郁地方文化特色。

（四）体制“新而活”。

——政企各司所长。坚持政府引导、市场运作、企业推进。特色小镇要有明确的投资建设和运营主体，积极引入具有实力的企业为主负责项目投资运营，尽可能避免政府举债建设进而加重债务包袱。特色小镇所在县（市、区）政府做好规划编制、基础设施配套、资源要素保障、文化内涵挖掘传承、生态环境保护、项目监管、统计数据审核上报等工作。完善与特色小镇事权相匹配的管理职能和管理权限，依法依规下放部分经济管理权限。

——要素配置合理。统筹规划城乡基础设施和服务网络，促进城乡要素合理配置，推动城乡产业融合发展。引导资金、信息、人才、资源等要素在城乡之间双向流动，城乡土地、劳动力、资本等要素高效配置。

（五）效益“显而优”。

——示范效益显著。每个小镇建成后有大量的新增税收、新增就业岗位产生，小镇主导产业产值年均增速应达到10%以上，年接待游客或客商接近或超过30万人次，集聚一大批工商企业、中高级人才，特色小镇在全国具有一定知名度和影响力，小镇特色产业在全国乃至国际具有核心竞争力。

——有效投资显增。三年创建期内，珠三角地区的特色小镇必须完成固定资产投资30亿元以上（商品住宅项目除外），历史文化类特色小镇的总投资额可放宽到不低于20亿元，特色产业投资占比不低于70%；粤东西北的特色小镇完成固定资产投资15亿元以上（商品住宅项目除外），历史文化类特色小镇的总投资额可放宽到不低于10亿元，特色产业投资占比不低于50%。

发展基础良好、产业特色鲜明、投资项目落实、示范效应显著的特色小镇创建工作示范点，符合上述条件并通过审核的，优先列为省级特色小镇创建对象。

二、申报材料

创建主体负责编制申报材料。报送材料包括：特色小镇创建方案（附件1）、特色小镇发展规划、概念性设计及相关支撑性文件（包括城市〈城镇〉总体规划、土地利用总体规划、相关专项规划及政策性支持文件等）和图集等。

（一）创建方案。创建方案是特色小镇创建理念和创建路径的集中体现。创建方案应阐述特色小镇建设的必要性，明确特色小镇的范围和面积，确定小镇战略定位、发展目标、空间布局、特色产业、功能设施和体制机制，落实投资主体、投资规模和建设计划，明确重点任务和相关保障措施等。

（二）发展规划。特色小镇发展规划是对创建方案和思路的深化细化，是城市（城镇、园区）规划、土地利用总体规划与产业规划的综合体现，是特色小镇建设和考核评价的重要依据。特色小镇创建主体应按照“多规融合、产城融合”要求，编制特色小镇发展规划，主要内容包括：发展基础、战略定位、发展目标、总体布局、特色产业发展、基础设施建设、生态环境保护、公共服务和社会管理，以及机制体制创新、开发时序安排、近期建设计划和实施保障措施等。

（三）概念性设计。特色小镇的重要公共基础设施、公共服务设施和重大产业投资项目，要按照“产、城、人、文、旅”有机结合的要求，进行概念性设计。概念性设计要体现特色小镇功能“聚而合”和形态“小而美”的独特风貌，并加强景观设计、风貌特色塑造，做好与产业规划、城市（城镇）总体规划、土地利用总体规划、环保规划等专项规划衔接。需要修改相关规划的应按法定程序办理。

三、创建程序

按照自愿申报、宽进严定的创建方式，经过创建主体自愿申报、地方审核上报、省直部门审查、联席会议审核、审定公布等程序确定特色小镇创建名单。

（一）地方申报。所有符合创建条件的特色小镇均可以申报成为创建对象。其中，优先考虑省级特色小镇创建工作示范点，省级新区起步区、中心镇、专业镇、历史文化名镇、旅游特色景观名镇、生态乡镇和新型城镇化试点等区域重大发展平台，以及有竞争优势和产业发展潜力的其他小镇。

特色小镇创建主体自愿向所在县（市、

区）发展改革部门提出申请，经地级以上市政府审核同意后，由市发展改革局（委）向省发展改革委统一报送创建特色小镇书面申报材料。省级特色小镇创建对象集中申报时间以省发展改革委通知为准。

（二）材料审查。省发展改革委收到各地申报材料后，委托有关机构或组织专家进行初审。初审中可要求有关镇（区）对申报材料及规划予以说明和补充。经初审材料完备的，由省发展改革委征求省级相关职能部门意见。

（三）实地核查。省发展改革委根据各地申报材料初审情况和部门反馈意见，组织有关专家赴相关候选特色小镇进行实地核查评价，并结合书面材料审查和实地核查情况进行综合评分，综合评价结果作为会议审核的基础。

（四）联席会议审核。省发展改革委汇总各部门和专家审查意见，结合年度计划安排、区域分布、产业特色等情况进行综合排序，提出分批次特色小镇创建的建议名单，并提交省特色小（城）镇建设工作联席会议审核。

（五）审定公布创建名单。省发展改革委根据省特色小（城）镇建设工作联席会议审核结果，将特色小镇创建名单报请省政府审定后公布。进入省级特色小镇创建名单且符合条件的，优先推荐申报国家特色小镇及历史文化名镇等。

对基本条件与省级特色小镇存在一定差距，但产业有特色、发展有潜力的小镇，可作为省级特色小镇的培育预备点，由市县政府自行制定扶持政策，作为市县级特色小镇进行培育，待逐步发展壮大后，再视情况按程序申请认定为省级特色小镇。

四、验收命名

（一）验收条件。特色小镇创建期一般为三年。列入创建名单的特色小镇，应按有关要求完善规划设计，组织开展城市设计，编制或修改完善控制性详细规划，落实建设条件，抓紧组织实施。如期完成规划建设目标，达到特色小镇建设标准的，可申请验收。

（二）验收程序。由特色小镇所在地级以上市发展改革部门向省发展改革委提交验收命名的申请报告。省发展改革委组织有关专家评审和实地核查，并征求省直部门意见，提交省特色小（城）镇建设工作联席会议审议。对于首次验收不通过的，一年内可申请一次复验。提前达到创建目标的特色小镇可提前验收命名。创建期限内未实现规划目标的，可申请延期一次（不超过 2 年）验收，期满仍不能实现目标的，不再列为省级特色小镇创建对象。

（三）命名公布。经省特色小（城）镇建设工作联席会议审议通过的特色小镇，由省发展改革委报省政府审定后公布。

五、监测评估

省发展改革委会同省统计局建立省级特色小镇统计指标体系（附件 2），对省级特色小镇及创建对象开展监测和评估，实行动态淘汰管理。

（一）年度监测。省发展改革委会同省统计局每年汇总全省各地特色小镇年度统计数据，就年度全省特色小镇的建设情况进行监测评价，对有关小镇创建经验进行梳理和总结，并发布全省特色小镇发展年度报告。

（二）中期评估。从进入创建名单满两年后，省发展改革委会同有关部门针对各特色小镇申请时提出的创建目标进行中期评估，评估结果作为特色小镇创建期满后验收命名的主要依据。

（三）综合评估。特色小镇创建后，省

发展改革委会同有关部门对特色小镇的发展和建设效益进行综合评估，根据评估情况对特色小镇实施动态管理，对“重申报、轻发展”，效益质量下滑的特色小镇按程序予以淘汰，并报省政府确定特色小镇下一阶段工作目标和行动计划。

六、工作保障

充分发挥省特色小（城）镇建设工作联席会议制度作用，各成员单位要按照各自职责要求，加强对特色小镇的政策支持。其中，省发展改革委会同省住房城乡建设厅、科技厅等省有关单位加强对特色小镇规划创建的前期辅导、协调指导、日常督查，对省级特色小镇进行宣传推广。各地级以上市要加强对县（市、区）特色小镇规划、申报、创建等工作的组织领导和指导协调。各地级以上市、县（市、区）要参照省的工作机制，建立特色小（城）镇建设工作联席会议，明确部门职责分工，加强政策支持，形成省、市、县联动推进的工作机制。

附件1　特色小镇创建方案参考大纲

一、总体概况

概述特色小镇的名称、所在地、四至范围、产业特色、发展目标、形态特征、投资计划和机制体制等基本情况。

二、基础条件

从交通区位、产业发展、基础设施、公共服务、生态环境、历史文化、营商环境等方面，整体分析特色小镇发展建设的基础条件，为制定有针对性的规划建设方案提供依据。

三、建设特色小镇的必要性

分析特色小镇所在镇（区）发展中面临的挑战和问题，阐述建设特色小镇的必要性和重要意义。

四、发展定位与目标

遵循“宜创、宜业、宜居、宜游”四位一体的总体要求，按照产业“特而强”、功能“聚而合”、形态“精而美”、体制“活而新”、效益“显而优”的目标任务，明确特色小镇的总体发展定位、主导产业战略定位和未来发展方向等，针对创建标准明确三年、五年和远期建设目标。突出拟建特色小镇的“特色”和亮点。

五、总体空间布局

按照“产、城、人、文、旅”有机结合的要求，提出特色小镇科学合理的空间布局。深挖、延伸、融合产业功能、旅游功能和社区功能，促进各种功能产业融合发展。特色小镇发展建设规划要符合“多规融合”理念，与土地利用总体规划、城市总体规划等相关规划衔接。对已经明确的重要建设项目提出概念性设计方案。

六、特色产业发展

按照产业链、资金链、创新链、人才链、服务链融于一体的理念，制定特色产业发展战略和产业转型升级方案，明确特色产业发展导向和产业链布局，提出特色产业高端化发展平台建设方案，促进产业链向微笑曲线两端延伸，并注重促进产业、文化、社区、旅游的融合发展。

七、基础设施建设

按照统一规划、合理布局、适度超前的要求，以公交城市、智慧城市、低碳城市、海绵城市、综合管廊等新型城市建设理念为导向，提出特色小镇交通、信息、环保、科创等基础设施建设规划思路及重点项目。

八、宜居环境营造

深度发掘和利用特色小镇自然生态资源，强化生态、文化和旅游功能，完善公园体系和亲水空间，打造自然城景交融的宜游环境；突出地方文化特色，合理保护和利用历史人文资源，延续地域环境、城镇风貌、建筑形态等特色。注重营造多元化社交空间和触手可及的学习环境。

九、体制机制创新

提出特色小镇建设工作组织管理体制、投资建设及运营机制、特色小镇营商环境建设、创新创业服务机制等创新举措，以及所在市（县、区）政府支持申报省级特色小镇的扶持政策措施等。要健全和完善符合特色小镇建设、发展规律的行政管理架构和体系。

十、项目投资和建设计划

明确重点建设项目的投资主体、投资额、投资计划、用地计划、建设规模、项目建成后产生的效益，以及相应的年度推进计划。需要融资的项目应根据项目属性（基础设施、公共服务、创新创业等），分别提出投融资方案和运营模式。

附件包括：特色小镇发展规划、概念性设计、规划设计支撑文件（包括所在区域城市〈城镇〉总体规划、土地利用总体规划及相关专项规划等）和图集，以及各地支持性政策措施。

附件2：特色小镇评价指标体系

考量指标		具体要求	分值	评分标准	评分（分）
一	成果齐全（15分）	创建方案	5	成果内容和形式符合《通知》要求。	
		发展总体规划	5		
		概念性城市设计	5		
二	建设基础（以所在镇或区为对象）（15分）	发展基础良好	10	1. 交通区位条件优越； 2. 产业发展基础良好； 3. 功能融合完备； 4. 自然生态环境良好、地方文化特色浓郁； 5. 机制体制灵活。	
		获得省级以上称号*	5	每个称号得1分，满分5分。	
三	规划设计内容（50分）	创建理念先进	5	1. 符合新型城镇化和供给侧结构改革发展方向； 2. 符合产业链、资金链、创新链、人才链、服务链融于一体的理念要求； 3. 符合"宜创、宜业、宜居、宜游、宜享"新型发展空间要求； 4. 符合"产、城、人、文、旅"五位一体有机结合要求。	

续表

考量指标		具体要求	分值	评分标准	评分（分）
三	规划设计内容（50 分）	目标定位清晰	5	1. 发展定位合理，能深入挖掘和谋划特色小镇在区域中的地位和作用； 2. 发展愿景清晰，目标任务明确，对于特色小镇创建工作有明确的三年、五年、远期目标，任务具体。	
		产业特色鲜明	10	1. 主导产业形成一定规模（以新兴产业作为特色主导产业的特色小镇，要拥有该产业在国内具有一定知名度和影响力的龙头企业和相关机构，能在特色小镇形成高端产业链）； 2. 有龙头企业带动或企业集群发展； 3. 有完善的产业链和产业生态圈布局； 4. 有高效的服务平台或建设计划，与高校、科研机构、专业服务机构有合作； 5. 特色产业在全国有一定知名度和影响力； 6. 主导产业产值年均增速达到 10%以上。	
		空间布局合理	5	1. 规模适度（新创建的小镇规划面积控制在 3 平方公里左右，建设面积控制在 1 平方公里左右）； 2. 规划意向富有特色，能够体现小镇的产业和文化特色； 3. 空间布局科学合理，体现生产、生活、生态“三生”融合的理念； 4. 用地功能复合，配置合理。	
		生态环境良好	5	1. 生态环境基础设施合理； 2. 公园和绿道网络布局合理。	
		环境宜居便民（公共服务）	5	1. 公共服务中心体系完善，布局合理； 2. 公共文化、教育、体育、医疗等设施齐全。	
		人文底蕴深厚	5	1. 公共文化活动和服务丰富多样； 2. 小镇风貌体现本地文化和产业文化特色； 3. 传统文化得到良好传承和发展。	
		旅游条件优越	5	1. 旅游产品、旅游线路、节庆等策划丰富多样； 2. 景区建设标准高（特色产业类和科技创新类特色小镇参考 AAA 级旅游景区标准规划建设，历史文化类（综合文旅类）特色小镇参考 AAAA 级以上旅游景区标准规划建设）； 3. 旅游服务体系完善。	
		基础设施配套完善	5	1. 绿色交通体系健全； 2. 信息基础设施完备； 3. 市政设施合理配套。	
四	体制机制（10 分）	政策和保障机制健全	10	1. 组织协调机制完善； 2. 投资运营管理方案合理； 3. 营商环境良好； 4. 地方政府政策支持力度较大。	
五	投资计划（10 分）	投资主体及资金来源明确	5	1. 投资主体落实； 2. 资金来源明确。	
		投资强度符合要求	5	珠三角特色小镇年均有效投资应超过 10 亿元（不包括商品住宅）；粤东西北特色小镇年均有效投资应超过 5 亿元（不包括商品住宅）。	
合计（分）			100		

*注：省级以上称号包括国家重点镇、省中心镇、国家和省级新型城镇化或其他试点，国家、省级重大区域发展平台，国家级特色小镇，省专业镇、历史文化名镇、旅游名镇或生态乡镇，省级双创示范基地，“互联网+”小镇，森林小镇等。

广东省发展改革委　广东省科技厅　广东省住房城乡建设厅关于印发《加快特色小（城）镇建设的指导意见》的通知

粤发改区域〔2017〕438号

各地级以上市人民政府，各县（市、区）人民政府，省政府各部门、各直属机构：

《关于加快特色小（城）镇建设的指导意见》已经省人民政府同意，现印发给你们，请结合实际认真组织实施。实施中遇到的问题，请径向省发展改革委、省科技厅、省住房城乡建设厅反映。

广东省发展改革委

广东省科技厅

广东省住房城乡建设厅

2017年6月12日

关于加快特色小（城）镇建设的指导意见

特色小（城）镇包括特色小城镇和特色小镇两种形态。特色小城镇是指以传统行政区划为单元，特色产业鲜明、具有一定人口和经济规模的建制镇。特色小镇是指聚焦特色产业和新兴产业，集聚发展要素，融合产业、文化、旅游、生活和生态等功能，不同于行政建制镇和产业园区的创新创业平台。特色小城镇和特色小镇相得益彰、互为支撑。规划建设一批符合我省实际的特色小（城）镇，有利于推动经济转型升级和发展动能转换，有利于促进大中小城市和小城镇协调发展，有利于从供给侧培育小镇经济，发展新产业、新业态、新模式，推动形成新的经济增长点。为贯彻落实《国务院关于深入推进新型城镇化建设的若干意见》（国发〔2016〕8号），根据国家发展改革委等部委关于加快特色小（城）镇建设的有关要求，为加快我省特色小（城）镇建设，经省人民政府同意，现提出如下意见。

一、总体要求

（一）指导思想。全面贯彻落实党的十八大和十八届三中、四中、五中、六中全会精神，深入学习贯彻习近平总书记系列重要讲话精神，牢固树立和贯彻落实创新、协调、绿色、开放、共享的新发展理念，以推进供给侧结构性改革为主线，坚持规划引领、以人为本、突出特色、创新驱动，做精做强主导产业，转换增强发展动能，完善综合服务功能，全面优化生态环境，建设一批独具岭南魅力、产业特色鲜明、生态环境优美、形态多式多样的美丽特色小（城）镇，为经济持续健康发展提供新动力。

（二）基本原则。

——坚持创新探索、融合发展。创新特色小（城）镇规划建设的理念、方法和机制，促进“产、城、人、文”有机结合，推动新型工业化、城镇化、信息化和农业现代化融合发展，努力走出一条特色鲜明、产城融合、惠及群众的新型小（城）镇之路。

——坚持产业兴镇、特色发展。从实际出发，发挥特色优势，体现区域差异性，提倡形态多样性。挖掘本地最具发展基础、发展潜力和成长性的特色产业，做精做强主导特色产业，打造具有持续竞争力和可持续发展特征的独特产业生态，防止千镇一面。

——坚持以人为本、科学发展。围绕人的城镇化，统筹生产、生活、生态空间布局，完善城镇功能，补齐城镇基础设施、公共服务、生态环境、文化传承和保护短板，打造宜居宜业环境，提高人民群众获得感和幸福感。

——坚持市场主导、政府引导。创新建设模式、管理方式和服务手段，提高多元化市场主体的积极性，共同推动美丽特色小（城）镇发展。发挥好政府制定规划政策、提供公共服务等方面的支持作用，为特色小（城）镇提供良好发展环境。

（三）分类指导。

——积极建设美丽特色小城镇。鼓励重点镇、专业镇、中心镇、生态乡镇、历史文化名镇等建制镇，优化提升特色产业，着力完善城镇功能，彰显地方特色文化，积极创新体制机制，切实改善生态环境，建设美丽特色小城镇。到2020年，全省建成100个左右产业集聚发展、生态环境优美、人文气息浓厚、城镇功能完善的美丽特色小城镇。

——科学规划建设特色小镇。支持具备条件的地方结合实际规划建设特色小镇，按照集产业链、创新链、资金链、人才链、服务链于一体的理念，培育新产业、新业态、新模式，促进产业、文化、社区和旅游融合发展，实现小空间大战略、小平台大产业、小载体大创新。特色小镇可分为特色产业类、科技创新类、历史文化类（综合文旅类）三种主要类型。每个特色小镇突出发展一个最有基础、最有优势、最具特色的主导产业。到2020年，全省建成100个左右产业“特而强”、功能“聚而合”、形态“精而美”、机制“活而新”的省级特色小镇，成为我省新的经济增长点。

二、重点任务

（一）打造产业发展新平台。立足资源禀赋、区位环境、历史文化、产业集聚等特色，做精做强特色小（城）镇主导产业，促进产业跨界融合发展，推动互联网、物联网技术与特色产业深度融合发展，构建小镇大产业，扩大就业和集聚人口，促进特色产业提质增效和转型升级，实现特色产业立镇、强镇、富镇。支持有条件的小城镇特别是中心城市和都市圈周边的小城镇，发展先进制造业和现代服务业，积极发展物联网、大数据、云计算、电子商务等产业。推进专业镇协同创新，通过区域分工合作，推进形成一批产业专业合作区。着力构建特色小镇高端要素集聚平台，支持特色小镇建设孵化器、加速器、工业设计中心、专门化总部基地等新型载体，促进产业发展向微笑曲线两端延伸。建立知识产权、质量检测、工艺设计、品牌策划、市场营销、金融服务、文化创意、文化体验等综合服务平台，促进纺织、服装、珠宝、陶瓷、家居、灯饰、红木、玩具等传统产业转型升级。深化产教融合、校企合作，积极依托高等学校、中等职业学校（含技工院校）建设就业技能培训基地，培养特色产业发展所需各类人才。

（二）培育经济发展新动能。坚持创新驱动发展战略，充分发挥特色小（城）镇创业创新成本低、进入门槛低、各项束缚少、生态环境好的优势，打造大众创业、万众创新的有效平台和载体，促进特色小（城）镇发展动能转换。鼓励特色小（城）镇建设众创、众包、众扶、众筹等低成本、便利化、开放式服务平台，构建富有活力的创业创新生态圈。集聚创业者、风投资本、孵化器等高端要素，吸引大学、科研院所、国家和省工程技术中心、重点实验室、科技交流论坛等科技资源，聚焦研发、设计、营销等高端环节，促进产业链、创新链、人才链的耦合。依托互联网拓宽市场资源、社会需求与创业创新对接通道。营造集聚高端要素、吸引各类人才、激发企业家活力的创新环境，推动形成一批特色鲜明、富有活力和竞争力的新型特色小镇。

（三）强化基础设施新支撑。按照适度超前、综合配套、集约利用的原则，加强特色小（城）镇交通、能源、信息、市政等基础设施建设，提升基础设施支撑发展能力。强化特色小（城）镇与交通干线、交通枢纽城市的连接，提高公路技术等级和通行能力。加强大城市及城际轨道交通在特色小（城）镇的站点（场）设置，高效衔接大中小城市和小（城）镇，促进互联互通。优先发展公共交通，提高公共交通线网密度和站点覆盖率。加强步行和自行车等慢行交通设施建设，积极发展共享交通，推进公共停车场建设，建立微公交系统。积极探索各类新能源技术的应用，在具备条件的地方建设分布式能源和区域供冷设施。鼓励规模化发展绿色建筑。支持在特色小（城）镇建设智慧园区、智慧社区、智慧景区。鼓励综合开发形成集交通、商业、休闲等于一体的开放式小（城）镇功能区。积极推进海绵城市建设，推广建设人工湿地、下凹式绿地、雨水花园、透水性广场和可渗透路面。完善排水防涝、防洪设施，加强污水、垃圾处理等基础设施建设，推进地下综合管廊建设。加强燃气、消防等设施保障。鼓励有条件的特色小（城）镇开发利用地下空间，提高土地利用效率。

（四）增加公共服务新供给。按照统筹规划布局、促进资源共享的原则，健全公共服务设施，推进城乡基本公共服务均等化，增强特色小（城）镇人口集聚能力。根据城镇常住人口增长趋势和空间分布，统筹布局建设学校、医疗卫生机构、文化体育场所等公共服务设施，使居民在特色小（城）镇能够享受高质量的教育、医疗等公共服务。镇区人口10万以上的特大镇按同等城市标准配置教育和医疗等公共资源。实施医疗卫生服务能力提升计划，在条件成熟、人口集中的小（城）镇建设具有县级水平的医院；鼓励在有条件的特色小（城）镇布局建设三级医院。推动省市县知名中小学和特色小（城）镇中小学联合办学。推进土地集约混合使用，增加商业商务、休闲娱乐、创业创新、高端服务等城市功能。推动“一门一网式”政务服务向特色小（城）镇覆盖。加快构建便捷的“生活圈”、完善的“服务圈”和繁荣的“商业圈”，吸引高层次人才到特色小（城）镇就业、创业、生活。

（五）建设美丽宜居新城镇。坚持绿色发展理念，保护特色小（城）镇特色景观资源，加强环境综合整治，统筹规划生产、生活、生态空间，建立多层次生态系统，彰显传统文化和地域特色，打造宜居宜业宜游的优美环境。强化大气污染、水污染、土壤污染及海洋污染防治，促进小（城）镇生态环境质量全面改善。优化产业用地与居住用地、公共用地的配比，控制土地开发强度和围填海规模，将自然山体、河湖湿地、农林草地融入到特色小（城）镇建设之中。在有条件的地方创建国家公园、农业公园、森林小镇、海岛特色小镇和渔港风情小镇，推动生态保护与旅游发展互促共融。加强历史文化名城名镇名村、历史文化街区、民族风情小镇等的保护，推进历史文化资源的活化利用，建设有历史记忆、文化脉络、地域风貌、民族特点的美丽小（城）镇。吸收继承岭南传统建筑的风格和元素，探索采取本土材料、新工艺，培育岭南建筑精品。支持特色小（城）镇将特色产业文化融入城镇空间景观与建筑形态，建设历史底蕴丰厚、时代特色鲜明的人文空间，实现“产、城、人、文、景”融合发展。

（六）打造共建共享新模式。坚持协调和共享发展理念，推动政府、社会、市民同心同向行动，逐步形成多方主体参与、区域良性互动的特色小（城）镇建设、治理模式。加强政府规划、政策引导，为特色小（城）镇提供制度供给、设施配套、要素保障、生态环境保护、安全监管等管理和服务，营造更加公平、开放的市场环境。发挥政府资金的引导作用，大力推广运用PPP模式，与社会资本共建基础设施和公共服务项目。充分发挥社会力量作用，最大限度激发市场主体活力和企业家创造力，鼓励企业、社会组织和市民积极参与特色小（城）镇投资、建设、运营和管理。创新特色小镇市场化开发建设运营机制，推行特色小镇开发、建设、运营一体化管理。鼓励和支持企业参与特色小镇土地开发、招商引资，探索成片开发、定制开发、组合开发等多种开发模式。积极调动市民参与特色小（城）镇建设热情，让发展成果惠及广大群众。

（七）拓展要素配置新通道。统筹规划城乡基础设施和服务网络，促进城乡要素合理配置，搭建农村一二三产业融合发展服务平台，推动城乡产业链双向延伸对接，把特色小（城）镇打造成为辐射带动新农村建设的重要载体。健全城乡基础设施建设投入的长效机制，促进水电路气信等基础设施城乡联网、生态环保设施城乡统一布局建设。加快农村宽带网络和快递网络建设，以特色小（城）镇为节点，推进农村电商发展和“快递下乡”。推动城镇公共服务向农村延伸，逐步实现城乡基本公共服务制度并轨、标准统一。推进农业与旅游、教育、文化、健康养老等产业深度融合。引导资金、信息、人才、管理等要素在城乡之间双向流动，促进城乡土地、劳动力、资本等要素高效配置。建立健全进城落户农民农村土地承包权、宅基地使用权、集体收益分配权自愿有偿流转和退出机制。完善城乡劳动力就业市场和人才交流市场。全面放开小城镇落户限制，全面落实居住证制度。健全特色小（城）镇金融服务体系，促进城乡存贷款的合理匹配。

（八）激发城镇发展新活力。加快体制机制创新，建立与特色小（城）镇规划建设相适应的公共服务和行政管理机制，营造扶商、安商、惠商和有利于创新的良好环境。鼓励特色小（城）镇根据国家和省的有关部署先行先试、积极探索，依法推进各项改革试点工作。完善与特色小（城）镇事权相匹配的管理职能和管理权限。深入推进强镇扩权，赋予镇区人口10万以上的特大镇县级管理职能和权限，强化事权、财权、人事权和用地指标等保障，推动具备条件的特大镇有序设市。根据特色小

（城）镇工作实际，因地制宜构建简约精干的组织架构，不断创新服务管理方式。允许特色小镇入驻企业实行集群化住所登记，放宽特色小镇内新兴主体名称、经营范围核定条件。深化特色小（城）镇规划体制改革，积极推进“多规融合”或“多规合一”，加快建设基于“一张蓝图”管理的特色小（城）镇空间信息平台。探索建立特色小（城）镇总规划师制度，建立特色小（城）镇规划实施的评估和调整机制。建立规划审批“一站式”电子政务服务平台，试行全程电子化办理。

三、政策支持

（一）产业扶持。积极引导一批有重大示范带动效应的项目落户特色小（城）镇。支持特色小（城）镇建设公共服务平台，带动特色产业转型升级。优先支持特色小（城）镇按规定申报建设省战略性新兴产业基地，支持符合条件的镇内企业申报国家和省工程技术中心、重点实验室。优先支持符合条件的特色小（城）镇申报国家特色小（城）镇以及历史文化名镇（街区）、旅游特色名镇、3A 级或以上旅游景区。定期举办特色小镇发展论坛，召开形式多样的特色小（城）镇建设交流研讨会、项目推介会等，加强政、企、银、社的沟通合作与互动交流。

（二）财政支持。特色小镇在创建期间及验收命名后，其发展建设规划空间范围内的新增财税收入，由各级财政通过适当增加转移支付予以支持，专项用于特色小镇的基础设施和公共服务建设。各类财政专项资金和政府性基金在符合投向的情况下，向特色小（城）镇的产业发展及基础设施建设等项目倾斜。大力支持符合条件的特色小（城）镇建设项目申请中央预算内投资、专项建设基金、产业投资基金、创业投资基金等。

（三）土地保障。充分利用国家赋予我省的“三旧”改造和城乡建设用地增减挂钩等土地政策，保障特色小（城）镇建设用地。对符合条件的特色小（城）镇内重点项目，优先保障其用地指标。对现有规划建设用地总规模不足的特色小镇，可结合土地利用总体规划的调整工作予以重点保障。对集约节约用地工作成绩较为突出的特色小（城）镇，由市、县在统筹安排建设用地指标时予以倾斜支持。支持特色小（城）镇使用符合规划的农村建设用地，需要转为国有建设用地的，优先办理相关手续，并适当减免省级税费。鼓励特色小镇统筹工业用地和商业、住宅用地规模，实行合理的用地价费政策。

（四）金融支持。鼓励社会资本根据市场需要、按照市场化方式发起设立特色小（城）镇建设基金。支持金融机构创新特色小（城）镇金融产品和服务。支持有条件的小（城）镇投资运营主体通过发行企业债券等多种方式拓宽融资渠道。对特色小（城）镇范围内符合条件的政府和社会资本合作项目，优先纳入政府投资计划和贴息贷款计划。鼓励金融机构与风险投资、天使投资机构开展合作，支持特色小（城）镇的企业创新创业。支持特色小（城）镇相关企业通过改制上市、到新三板和区域性股权交易中心挂牌等方式融资。特色小（城）镇的企业参与“一带一路”建设的，优先纳入省丝路基金扶持范围。

（五）人才支撑。加强特色小（城）镇专业技术人才队伍建设，重点在岗位设置、工资待遇、专项培养等方面给予特殊政策。鼓励和支持特色小（城）镇与高等学校、中等职业学校（含技工院校）、科研院所深入合作，探索建立产学研紧密结合的人才培养、培训体系。加大相关职业工种标准和职业鉴定管理，并按规定将符合条件的职业工种纳入省级劳动力培训转移就业补助目录。完善政府奖励、用人单位奖励和社会奖励互为补充的多层次奖励体系，对具有较大潜力的人才的学习深造、国际交流等给予奖励或资助。健全人才引进制度，将特色小（城）镇专业技术拔尖人才纳入有关人才引进计划或项目。对引进特色小（城）镇急需的高端人才、特殊人才，实行“一人一议”。

四、加强组织领导

（一）加强统筹协调。各地、各有关部门要加强对特色小（城）镇规划建设的组织领导和统筹协调，积极研究制订支持特色小（城）镇的具体政策措施，整合优化政策资源，给予特色小（城）镇规划建设强有力的政策支持。省发展改革委负责制订规划和政策，做好顶层设计，牵头会同省有关部门建立全省特色小（城）镇建设工作联席会议制度，加强指导协调，及时研究解决特色小（城）镇建设中的重大问题。

（二）精心组织实施。由省住房城乡建设厅会同省发展改革委、科技厅等部门研究制定特色小城镇创建导则，省发展改革委牵头会同有关部门研究制定特色小镇创建导则，省科技厅会同省发展改革委等部门研究制定科技创新类特色小镇建设实施方案。在具体实施过程中，特色小城镇建设由省住房城乡建设厅牵头负责，科技创新类特色小镇建设由省科技厅牵头负责，其他类特色小镇建设由省发展改革委牵头负责。其他省直部门要按照职责分工做好特色小（城）镇建设指导协调和相关实施工作。省有关部门向国家有关部委推荐的全国特色小（城）镇从省级特色小（城）镇中择优选取。

（三）落实责任主体。各地级以上市是推进特色小（城）镇建设的责任主体，要根据本地实际建立实施工作机制，以规划为指引，整合各项要素资源，出台相关扶持政策，安排专项资金，配备规划师等必要的专业技术人才，营造良好环境，将特色小（城）镇规划建设任务落到实处。要加强上下联动，确保各项工作按要求规范有序推进，不断取得实效。

（四）加强检查监督。建立特色小（城）镇综合评价制度和督导机制。各地应及时向省特色小（城）镇联席会议报送特色小（城）镇建设进展情况。对于按要求完成规划建设任务的特色小（城）镇予以支持奖补；对于不能按时按质完成任务的要加强督促整改。

（五）加强宣传推介。省有关部门和各地政府要及时总结推广各地典型经验，积极向企业、社会和公众宣传推广特色小（城）镇。鼓励各地通过电视、电台、报纸、网络、移动传媒等渠道，组织开展问卷调查、现场咨询、公众论坛等活动，增进公众对特色小（城）镇的认识。要通过举办特色小（城）镇论坛和策划相关的主题活动，扩大我省特色小（城）镇的国内国际知名度和影响力，形成全社会关心、支持、参与特色小（城）镇建设的良好氛围。

广东省发展改革委关于建立省特色小镇建设工作联席会议制度的通知

粤发改区域函〔2016〕3417 号

省编办、经济和信息化委、科技厅、财政厅、国土资源厅、环境保护厅、住房城乡建设厅、交通运输厅、农业厅、文化厅、统计局、旅游局、金融办：

经省人民政府同意，现将《广东省特色小镇建设工作联席会议制度》印发给你们，请认真贯彻执行。

广东省发展改革委

2016 年 7 月 21 日

广东省特色小镇建设工作联席会议制度

为切实推动我省特色小镇建设，加强特色小镇建设的统筹协调，经省人民政府同意，建立广东省特色小镇建设工作联席会议（以下简称联席会议）制度。

一、主要职责

（一）贯彻落实国家、省关于推进新型城镇化的工作部署，统筹协调全省特色小镇建设工作，指导各地、各有关部门推进特色小镇创建工作。

（二）研究出台促进特色小镇建设的重大政策措施，审议全省特色小镇规划建设指导意见、创建导则等重要文件。

（三）审议候选特色小镇的发展规划、政策措施、重大项目布局，以及其他重要事项，研究提出拟公布的全省特色小镇名单报省政府审定。

（四）建立特色小镇规划建设协调机制、考核评价机制与动态调整机制，加强对特色小镇建设工作的指导、监督、评估和考核，协调解决特色小镇规划建设过程中遇到的重大问题。

（五）组织召开特色小镇创建现场会和专题工作会议，总结推广特色小镇规划建设经验，及时向省委、省政府报告有关工作进展情况。

（六）完成省委、省政府交办的其他事项。

二、组成人员

召集人：

何宁卡　省发展改革委主任

成　员：

陈雄贵　省编办副主任

余云州　省发展改革委副主任

邹　生　省经信委巡视员

刘　炜　省科技厅副厅长

叶梅芬　省财政厅副厅长

杨俊波　省国土资源厅副厅长

黄文沐　省环保厅副厅长

杜　挺　省住房城乡建设厅副厅长
杨细平　省交通运输厅副厅长
顾幸伟　省农业厅副厅长
龙家有　省文物局局长
陈　新　省统计局副巡视员
梅其洁　省旅游局副局长
倪全宏　省金融办副主任

联席会议日常工作由省发展改革委承担。联席会议成员因工作变动需要调整的，由所在单位提出，联席会议确定。

三、工作规则

联席会议根据工作需要定期或不定期召开会议，由召集人主持或由召集人委托有关负责人主持。联席会议可根据工作需要，邀请非联席会议成员单位参加会议。联席会议以会议纪要形式明确会议议定事项，经与会成员同意并由召集人签发后印发。重大事项及时向省委、省政府报告。

四、工作要求

各成员单位要按照职责分工，互通信息、密切配合、相互支持、形成合力，认真落实联席会议议定事项，充分发挥联席会议的作用。要积极研究制订各领域推进特色小镇建设的具体支持政策和实施细则，及时指导和帮助解决特色小镇建设中的相关问题。

广西壮族自治区人民政府关于公布2016 年度广西特色名镇名村的通知

桂政发〔2017〕8 号

各市、县人民政府，自治区人民政府各组成部门，各直属机构：

2016 年以来，崇左市江州区新和镇等 18 个镇村扎实推进广西特色名镇名村建设，村容镇貌明显改观，基础设施和公共服务进一步完善，特色产业发展迅速，达到预期成效。经组织验收，同意将崇左市江州区新和镇等 18 个镇村列为 2016 年度广西特色名镇名村。名单如下：

广西特色工贸名镇（1 个）：崇左市江州区新和镇。

广西特色生态（农业）名村（1 个）：桂林市资源县中峰镇康家村。

广西特色旅游名村（9 个）：南宁市上林县大丰镇下水源村、柳州市融水苗族自治县融水镇长赖屯、桂林市雁山区草坪回族乡草坪村、桂林市恭城瑶族自治县龙虎乡龙虎村、梧州市蒙山县长坪瑶族乡长坪村、河池市罗城仫佬族自治县小长安镇崖宜村、河池市天峨县六排镇云榜村、河池市东兰县三石镇弄英村、河池市巴马瑶族自治县甲篆镇达勒屯。

广西特色文化名村（7 个）：南宁市宾阳县大桥镇两岸村、柳州市柳城县大埔镇知青城、桂林市灵川县九屋镇江头村、桂林市灌阳县新街镇江口村、梧州市龙圩区大坡镇料神村、百色市西林县那劳镇那劳村、贺州市八步区莲塘镇仁冲村。

希望各地进一步完善特色名镇名村基础设施和公共服务设施建设，大力发展特色产业，促进群众增产增收；全区各级各有关部门认真学习特色名镇名村的建设做法和经验，加快推动我区村镇结构调整和经济发展，促进乡村建设整体水平提升。

广西壮族自治区人民政府

2017 年 1 月 17 日

广西壮族自治区人民政府关于公布第三批广西特色旅游名县的通知

桂政发〔2017〕7 号

各市、县人民政府，自治区人民政府各组成部门、各直属机构：

自 2013 年开展创建广西特色旅游名县工作以来，全区各地积极行动，强化领导与统筹，按照“六个抓好”（抓好规划、抓好特色、抓好项目、抓好环境、抓好品牌、抓好营销）的要求，加大旅游投入，着力挖掘打造旅游特色，加快旅游基础设施和公共服务设施以及旅游重大项目建设，在完善县域旅游发展要素上下功夫，旅游新业态不断涌现，旅游产品不断丰富，特色旅游品牌逐步形成，旅游经济综合效益增长明显，第一、二批广西特色旅游名县的示范带动作用充分发挥，闯出了特色旅游发展的新路子，全域旅游得到创新发展。

2016 年，全区先后有 12 个广西特色旅游名县创建县提交验收评定申请。经组织验收，上林县、钦州市钦南区、容县、大新县、巴马瑶族自治县、三江侗族自治县和宜州市均达到广西特色旅游名县评定标准。根据《广西特色旅游名县创建工作管理办法》，同意评定上林县、钦州市钦南区、容县、大新县、巴马瑶族自治县、三江侗族自治县和宜州市为第三批广西特色旅游名县。

希望全区各级各有关部门特别是广西特色旅游名县创建县，认真学习广西特色旅游名县的先进做法和经验，进一步解放思想、改革创新、突出特色、优化服务，扎实推进广西特色旅游名县建设工作，为加快实现旅游强区和“两个建成”奋斗目标作出积极贡献！

广西壮族自治区人民政府

2017 年 1 月 17 日

广西壮族自治区人民政府关于公布第二批广西特色旅游名县的通知

桂政发〔2016〕3号

各市、县人民政府，自治区人民政府各组成部门、各直属机构：

我区开展创建广西特色旅游名县工作以来，全区各地积极行动起来，认真对照自身不足，继续扎实推进创建工作，采取有效措施，加大资金投入，狠抓各项工作落实，促进了当地旅游环境、秩序、质量和效益不断优化和提高，特色旅游建设发展取得了明显成效。经组织验收，龙胜各族自治县、金秀瑶族自治县和凭祥市达到了广西特色旅游名县评定标准。经研究，同意龙胜各族自治县、金秀瑶族自治县和凭祥市为第二批广西特色旅游名县。

希望全区各级各有关部门特别是其他广西特色旅游名县创建县（市、区），认真学习广西特色旅游名县的先进做法和经验，进一步解放思想、改革创新、突出特色、优化服务，扎实推进广西特色旅游名县建设，为加快我区旅游业跨越发展、实现“两个建成”目标作出新的更大贡献！

广西壮族自治区人民政府

2016年2月3日

广西壮族自治区人民政府关于印发《加快创建广西特色旅游名县的若干支持和激励政策》的通知

桂政发〔2014〕49号

各市、县人民政府，自治区农垦局，自治区人民政府各组成部门、各直属机构：

现将《加快创建广西特色旅游名县的若干支持和激励政策》印发给你们，请认真贯彻执行。

广西壮族自治区人民政府

2014年7月30日

加快创建广西特色旅游名县的若干支持和激励政策

为贯彻落实《中共广西壮族自治区委员会　广西壮族自治区人民政府关于加快旅游业跨越发展的决定》(桂发〔2013〕9号)，推进广西特色旅游名县创建工作，全面加快旅游业跨越发展，特制定如下支持和激励政策。

一、2014年至2017年，自治区每年安排广西特色旅游名县创建县（市、区，以下简称创建县）各1000万元左右的旅游发展专项资金，主要用于支持创建县的旅游公共服务设施和重点旅游项目建设。根据项目安排资金，对优质项目的资金支持可适当增加。各市、各创建县也要相应加大对创建工作的资金投入。

二、自治区对经考核验收合格并获得广西特色旅游名县称号的县（市、区），通过自治区旅游发展专项资金一次性给予2000万元的奖励，用于进一步完善和提升地方特色旅游产业。各广西特色旅游名县继续享受创建期间的各项优惠政策。

三、自治区对创建县的关键性旅游项目予以重点支持，优先将关键性项目纳入《广西壮族自治区重大旅游项目表》、《自治区领导联系推进的重大项目（事项）》项目库。对符合《自治区重大项目暂行管理办法》条件的关键性旅游项目优先列入自治区层面统筹推进的重大项目，享受自治区有关重大项目建设的若干政策，并在林地使用、海域使用等推进要素方面给予保障。

列入自治区层面统筹推进重大项目的旅游项目，自治区、市级国土资源部门按照立项权限分别保障用地指标。各创建县旅游项目的土地利用规划可根据需要优先按程序调整。优先支持创建县开展整县推进高标准基本农田土地整治重大工程。各创建县可享受桂林旅游产业用地改革试点政策。

四、各级各部门向国家和自治区申报项目和资金，在符合申报条件的前提下，对创建县的交通运输、环境保护（含垃圾污水处理）、水利等重大基础设施建设项目，予以优先支持。

优先支持各创建县通3A级以上旅游景区公路和通建制村沥青（水泥）路建设。优先支持各高铁站点和重要交通节点建设游客集散中心，并开通至各创建县重要景区的旅游专线车。

优先安排创建县旅游景区（点）以及开展农家乐旅游的村（屯）农村环境综合整治项目，优先安排创建县开展生态县、生态乡镇、生态村及生态旅游示范区的创建工作。

重点支持创建县开展水库、河湖、灌区、湿地、森林、自然保护区旅游观光休闲活动。优先安排创建县开展河流生态环境整治项目建设。

五、国家和自治区与旅游相关的产业结构调整、新农村建设、新型城镇化、城乡风貌改造、农村环境综合整治等改革措施在创建县先行先试。进一步整合科教文卫体等社会事业资源、涉农资金项目向创建县倾斜。

对各创建县的特色民族民俗文化挖掘、全国和自治区级文物保护单位保护、博物馆建设等方面优先予以支持和倾斜。

对创建县申报的“森林人家”旅游品牌试点示范建设给予优先安排、重点支持。

优先在创建县开展中国传统村落保护

利用工作和乡村规划工作。优先支持创建县申报广西特色名镇名村。

优先支持创建县开展年度改厕项目建设、卫生应急体系建设，大力发展中医药民族医药健康养生旅游产业。

每年安排专项旅游扶贫资金用于创建县旅游扶贫示范项目。

六、自治区对创建县的关键性旅游项目实施财政贴息贷款扶持。自治区安排旅游项目担保风险补偿资金，用于对为各创建县中小型旅游企业银行贷款提供担保的机构进行风险补偿。优先支持金融机构在各创建县开展"金融支持乡村旅游示范工程"。鼓励支持自治区投融资平台加大旅游投入，广西旅游发展集团重点在各创建县投资建设旅游项目。

七、优先安排创建县的人才培训，重点培养各创建县的旅游管理人才和旅游从业人员，包括对各创建县领导和管理部门组织专项考察培训。对具有旅游类专业办学基础的创建县，优先安排旅游服务实训基地建设项目，优先安排资金支持创建县的旅游专业技术技能人才培养和开展旅游从业人员职业技能培训。

八、各级各部门要利用各自平台，进一步加强各创建县旅游形象宣传，全面利用各种媒体大力宣传，拓展国内外旅游市场。自治区旅游主管部门优先将各创建县的特色旅游产品纳入全区的精品旅游线路和重点营销计划。

贵州省人民政府办公厅关于公布全省第一批整县推进小城镇建设发展试点县名单的通知

黔府办函〔2016〕180号

各市、自治州人民政府，贵安新区管委会，各县（市、区、特区）人民政府，省政府各部门、各直属机构：

为抢抓国家批复我省设立贵州山地特色新型城镇化示范区的重大机遇，贯彻落实《住房城乡建设部　国家发展改革委　财政部关于开展特色小镇培育工作的通知》（建村〔2016〕147号，以下简称《通知》）和《关于打造贵州省特色小城镇升级版的实施意见》（黔镇联办通〔2016〕4号，以下简称《实施意见》）精神，决定在全省开展以县为单位整县推进小城镇建设发展试点工作。经申报、遴选、审议等程序，并经省人民政府同意，确定贵阳市的开阳县、修文县，遵义市的播州区、仁怀市、湄潭县，六盘水市的六枝特区、盘县，安顺市的西秀区、平坝区，毕节市的七星关区、金沙县，铜仁市的玉屏县、石阡县，黔东南州的凯里市、台江县，黔南州的贵定县、龙里县、福泉市，黔西南州的安龙县、兴仁县，共20个县（市、区）（排名不分先后）为全省第一批整县推进小城镇建设发展试点县。现将有关事宜通知如下。

一、制定工作方案。各试点县要根据《实施意见》有关"十大提升工程"的要求，按照定路线图、定工作量、定时间表、定责任人，集中人力、财力、物力的"四定三集中"原则，及时认真制定整县推进小城镇建设发展工作方案，明确目标任务、工作内容、完成时限、保障措施、工作机制等，于2016年9月30日前报省100个示范小城镇建设工作联席会议办公室（省住房城乡建设厅）。

二、加大支持力度。各试点县要积极主动对接上级有关部门，进一步争取各级各部门支持力度。省直有关部门、各金融机构、各融资平台要根据各自职责和各试点县实际工作需要，加强业务指导、项目扶持和技术支持，研究出台支持各试点县开展整县推进小城镇建设发展的实施方案或工作计划，明确支持内容、项目清单、支持措施等，在安排专项资金、基金信贷业务、项目融资时，要优先向试点县倾斜支持。相关实施方案或工作计划，于2016年9月30日前送省100个示范小城镇建设工作联席会议办公室。

三、优化提升规划。各试点县要在县城（城市）总体规划工作中，进一步优化提升县域城镇体系规划，科学确定各小城镇的发展性质、功能定位、主导产业，统筹考虑区域内小城镇功能配套需求、基础设施布局、产业发展指引。各小城镇要按照“小而精、小而美、小而富、小而特”的要求，融入“多规融合”理念，认真修改完善小城镇总体规划，及时编制完善“8+X”项目布局图，扎实推进小城镇全域规划的实施，努力实现重要地段控制性详细规划全覆盖。

四、注重特色发展。各试点县要按照《通知》要求，引导小城镇形成特色鲜明的产业形态、和谐宜居的美丽环境、彰显特色的传统文化、便捷全面的设施服务、健全完善的体制机制。要依托我省大扶贫、大数据两大战略行动，充分发挥大数据、大旅游、大生态“三块长板”优势，充分挖掘自然生态优良、民族文化浓厚、旅游资源丰富、现代山地高效农业、中药资源独特等优势，合理布局特色主导产业，强化产、城、景、文、农、旅融合发展，以特色主导产业为引领，培育一批各具特色、富有活力的特色小镇，带动周边多个乡镇联动连片发展。

五、加快设施建设。各试点县要根据小城镇总体规划，以基础设施、公共服务、民生保障、特色产业项目为重点，建立项目库，制定“8+X”项目清单和建设时序表，落实近期建设项目计划，抓紧开展项目建设前期工作，具备开工条件的项目要及时启动建设，力争实现区域内小城镇建设发展“三年见成效，五年大变样”。要以污水垃圾处理为重点突破口，按照“以城带乡、城镇打捆、政府主导、市场运作”的原则，整县推进小城镇污水处理设施建设；按照“户分类、村收集、镇转运、县处理”的原则，整县推进城乡垃圾收运处置设施建设。

六、推进镇村联动。各试点县要按照“精准扶贫、精准脱贫”，“以镇带村、以村促镇”要求，全面实施“1+N”镇村联动，推进1个“特色小镇”带动多个“美丽乡村”建设；整合“四在农家·美丽乡村”六项行动计划，建立美丽乡村建设“6+X”项目库，整村整镇连片推进项目建设，全面改善农村人居环境。要充分利用扶贫政策，整合资源实施镇村基础设施联动、公共服务联动、产业发展联动、绿色廊道联动，实现镇村联动、联建、联美、联富、联强。

七、加强资金筹措。各市（州）、试点县要加大本级财政对小城镇建设发展的支持力度，在年度财政预算时要安排小城镇建设发展专项资金，集中用于支持试点县小城镇建设发展。各试点县要加大向上争取各级各部门补助资金的力度，充分发挥各级各部门补助资金的撬动作用和各级融资平台的融资放大效应，促成金融机构加大信贷投入；鼓励采用政府与社会资本合作（PPP）的模式，采取“财政补助、信贷支持、社会投入”的方式多方筹集建设资金，吸纳社会资本积极投入，整合资源共同开展小城镇建设发展。

八、强化督促考核。各试点县人民政府是整县推进小城镇建设发展的责任主体，要建立主要领导亲自抓、分管领导负责抓、主管部门具体抓、相关部门协力抓的工作机制。省100个示范小城镇建设工作联席会议办公室要牵头及时研究建立整县推进小城镇建设发展试点县竞争遴选机制、激励奖惩机制、考核退出机制，对工作推进有力、成效明显的试点县，进一步加大项目、资金和政策支持力度；对工作推进不力、进度明显滞后、未达到既定目标的试点县，根据年度考核情况及时启动退出机制，切实形成比学赶超、争先创优的浓厚氛围。

贵州省人民政府办公厅

2016年8月11日

贵州省人民政府办公厅关于印发《贵州省100个示范小城镇建设2013年工作方案》的通知

黔府办发〔2013〕10号

各市、自治州人民政府，贵安新区管委会，各县（市、区、特区）人民政府，省政府各部门、各直属机构：

《贵州省100个示范小城镇建设2013年工作方案》已经省人民政府同意，现印发给你们，请认真组织实施。

贵州省人民政府办公厅

2013年3月1日

贵州省100个示范小城镇建设2013年工作方案

2012年9月，省委、省政府下发《关于加快推进小城镇建设的意见》（黔党发〔2012〕25号），要求把小城镇培育成为县域经济发展的新载体，重点扶持100个示范小城镇，以点带面加快推进全省小城镇建设，到2015年，建成100个交通枢纽型、旅游景观型、绿色产业型、工矿园区型、商贸集散型、移民安置型等各具特色的示范小城镇。通过示范小城镇的带动作用，到2017年，每个县（市、区、特区）建成3~5个特色小城镇，全省新增小城镇人口120万左右，带动全省城镇化水平提升3个百分点左右。30个省级示范小城镇到2017年率先实现小康目标。省委十一届二次全会提出推进“5个100工程”重点平台建设，其中包括100个示范小城镇建设。为做好2013年度100个示范小城镇建设工作，特制定本工作方案。

一、工作要求

进一步完善总体规划和专项规划，合理确定建设规模和发展定位。加快建设一批基础设施项目、产业项目和民生项目，提升小城镇综合承载能力。注重特色发展，彰显自然景观、建筑风格、民族风情和文化品位特色，建设“小而精、小而美、小而富、小而特”城镇。坚持多元投入，整合各类资金，统筹推进小城镇机构改革、户籍制度改革和公共服务体系建设。落实省直部门工作责任，推动30个省级示范小城镇率先出形象、出效益。

二、工作目标

——规划工作目标。提升优化100个示范小城镇总体规划，完成100个示范小城镇详细规划，合理确定建设内容和建设规模，统筹安排基础设施建设项目、产业项目和民生项目。

——建设工作目标。重点完善示范小城镇基础设施和公共服务设施，建立健全项目库。实施70个市（州）级示范小城镇“8个1”工程：每个示范小城镇建设或完善1个路网、1个标准卫生院、1个社区服务中心、1个农贸市场、1个市民广场或公园、启动1个污水处理设施或垃圾处理设施项目、建设1个敬老院、建设1项城镇保障性安居工程。实施30个省级示范小城镇“8+3”工程，即在“8个1”的基础上，力争建设1个体育场、1个产业园区、1个有机农产品生产基地（具体工作安排见附表1）。鼓励和引导有条件的示范小城镇建设城镇综合体。

——特色发展目标。按照“四小”的要求，打造“小而精、小而美、小而富、小而特”示范小城镇。30个省级示范小城镇编制“四小”发展规划，70个市（州）级示范小城镇根据自身发展情况适时编制。结合“六型”示范小城镇特点，打造宜工则工、宜农则农、宜商则商、宜贸则贸、宜游则游的小城镇。

——经济社会发展目标。社会生产总值比上年增加19%以上，固定资产投资比上年增加35%以上，财政收入比上年增加20%以上，城镇居民人均可支配收入比上年增加19%以上，农村居民人均可支配收入比上年增加21%以上；100个示范小城镇新增城镇人口2万~3万。100个示范小城镇完成政府投资13亿元以上，拉动社会投资130亿元；100个示范小城镇培育100个主导产业，创办300个小微型企业，建设100个无公害、绿色、有机农产品生产基地。建立健全100个村镇规划建设管理机构。

——绿色生态目标。30个省级示范小城镇按国家绿色低碳重点小城镇标准进行创建，70个市（州）级示范小城镇按省级绿色小城镇要求进行创建。力争茅台镇、旧州镇列入国家绿色低碳重点小城镇名录，培育6个省级绿色小城镇。

三、工作原则

（一）规划先行，特色发展。以规划为龙头，结合交通区位、自然资源、产业构成、历史文化、民族风情等实际，实行分类指导和建设，着力提升示范小城镇特色和品位。

（二）项目推进，有序发展。以项目为抓手，强化基础设施项目、产业项目、民生项目建设，提高城镇综合承载力，引导和推动农村更多人口向示范小城镇有序转移。

（三）多元投入，统筹发展。以政府投入为引导，强化招商引资，吸纳金融支持，通过多元化筹资，积极支持和推动示范小城镇协调发展。

四、重点任务

2013年，按照“四定三集中”的原则，确保完成重点任务。即定路线图：优化规划，完善设施，培育产业，强化管理；定工作量：完成政府投资13亿元，拉动投资130亿元；定时间表：第一季度重点完成规划优化，第二季度重点抓重大项目确立和落实，第三季度重点抓全面实施，第四季度重点抓督查考核；定责任人：省级联席会议决策部署，省有关部门对应落实，帮扶单位承担“包干责任”、“一包到底”，市（州）政府推进落实，县（市、区、特区）政府组织实施，县（市、区、特区）、镇（乡）政府承担第一责任。集中人力：建立联席会议、部门对口帮扶、吸纳专家智慧、依托基层力量；集中物力：争取中央项目支持、省级和联席会议成员单位项目倾斜、县（市、区、特区）政府整合项目统筹安排；集中财力：政府加大投入、帮扶单位专项资金帮扶、整合资金捆绑使用、金融优先支持、推进招商引资。

（一）完善小城镇建设技术标准和有关制度。出台《贵州省小城镇总体规划编制技术导则》、《贵州省乡镇污水处理设施建设技术指南》；编制《贵州省小城镇建设指导图册》、《贵州省100个示范小城镇建设监测指标体系》、《贵州省100个示范小城镇分布图》；制定《贵州省小城镇建设资金管理办法》；建立贵州省100个示范小城镇基本情况信息库。

责任单位：各县（市、区、特区）政府和镇（乡）政府，各市（州）政府，示范小城镇帮扶单位，省住房城乡建设厅。

（二）建立示范小城镇工作台账。规范“一镇一档”制度，建立示范小城镇规划建设现状和经济社会发展工作台账，动态收集完善相关文本、图片、指标等资料，在100个示范小城镇率先推行信息化管理，健全基础数据信息库，逐步在全省推开。

责任单位：各县（市、区、特区）政府和镇（乡）政府，各市（州）政府，示范小城镇帮扶单位，省住房城乡建设厅。

（三）提升优化100个示范小城镇规划。结合示范小城镇自身发展实际，按照“小而精、小而美、小而富、小而特”的要求和“六型”小城镇的特点，提升优化总体规划，3月底前组织对总体规划（含“四小”专章）进行审查，4月底前完成镇区重点地段、主要路网（街道）、居住小区、工业园区及中心镇区详细规划，合理确定建设规模和发展定位，统筹安排基础设施、公共服务设施，明确人口聚集措施和人口预测指标。

责任单位：各县（市、区、特区）政府和镇（乡）政府，各市（州）政府，示范小城镇帮扶单位，省住房城乡建设厅。

（四）加快项目建设进度。一是加快建设一批基础设施项目。完善小城镇对外交通路网体系，新建、改建、扩建城镇道路，对镇区主次干道进行升级改造。建设和完善小城镇供水管网系统，新建、改建、扩建供水设施，提高供水能力，确保供水安全。建设和完善小城镇雨污分流系统，确保排水畅通；因地制宜建设污水处理设施，实现污水基本达标排放；完善垃圾清运系统，逐步提高垃圾机械化清运率，因地制宜建设垃圾无害化处理设施。电力、通信、广播电视等线路架设规范有序。

责任单位：各县（市、区、特区）政府和镇（乡）政府，各市（州）政府，示范小城镇帮扶单位，省发展改革委、省经济和信息化委、省财政厅、省国土资源厅、省环境保护厅、省住房城乡建设厅、省交通运输厅、省水利厅、省广电局、贵州电网公司。

二是加快建设一批产业项目。根据资源、地缘和产业基础，打造优势产业，大力发展适合小城镇的资源型、劳动密集型等有传统优势的项目。引导企业向园区集中，培育主导产业，延长产业链，引导制造产业和生产性服务业聚集、配套。支持示范小城镇发展农业特色优势产业，注重主导产业带动，支持示范小城镇农业产业化龙头企业申报建设特色优势产业类农业项目，结合农业示范园区建设，加快建设无公害、绿色、有机农产品生产基地。加快推进新农村现代流通服务体系建设。扶持、引进和培育流通企业，设置农村配送中心。

责任单位：各县（市、区、特区）政府和镇（乡）政府，各市（州）政府，示范小城镇帮扶单位，省发展改革委、省经济和信息化委、省财政厅、省农委、省商务厅、省工商局、省扶贫办。

三是建设一批民生项目。用足用活保障性住房政策，加大乡镇廉租住房、公共租赁住房、经济适用住房、棚户区改造等保障性住房项目建设力度。加快卫生院、计生服务站、社区综合服务站、敬老院等公共服务设施建设。加快镇区多功能文化娱乐活动中心（站、馆）、健身场馆、科技活动室、图书馆等文化体育科技设施建设，完善小城镇功能。

责任单位：各县（市、区、特区）政府和镇（乡）政府，各市（州）政府，示范小城镇帮扶单位，省科技厅、省民政厅、省文化厅、省卫生厅、省人口计生委、省体育局。

（五）注重特色发展。按照“小而精、小而美、小而富、小而特”的要求，结合“六型”小城镇特点，走贵州山区小城镇特色发展之路。结合交通区位、自然资源、历史文化、民族风情等方面的实际，突出贵州特色，着力提升小城镇建设品位。从山区城镇的特殊性和山地特有的自然条件入手，利用我省生态优势，创造人与自然和谐相处的美好环境；对核心街区、重点建筑物，要按照传承和发展地方文化和建筑特色的要求，精心规划、精心设计、精心施工，突出个性，防止千镇一面、万街雷同；要充分挖掘和保护民族传统、民间艺术、民俗文化，塑造小城镇魅力。因地制宜发展“精致小镇、美丽小镇、富裕小镇、特色小镇”。

责任单位：各县（市、区、特区）政府和镇（乡）政府，各市（州）政府，示范小城镇帮扶单位，省发展改革委、省民委、省财政厅、省住房城乡建设厅、省文化厅。茅台镇作为全省小城镇的龙头，在区位、产业、人文、生态环境等方面具有打造成为示范名镇的明显优势。要围绕省委、省政府将茅台镇打造成为“贵州第一、全国一流、世界知名”示范名镇的决策部署和目标要求，依托优势，主动作为，高起点、大手笔优化提升修建性详规，积极实施产业壮大、环境整治、交通疏解、旅游开发工程，集中人力、物力、财力加快茅台镇规划建设，打造茅台镇文化旅游综合体，建设宜游、宜业、宜居的示范名镇。

责任单位：遵义市政府、仁怀市政府、茅台镇政府，贵州茅台酒厂（集团）有限公司，省发展改革委、省经济和信息化委、省财政厅、省环境保护厅、省住房城乡建设厅、省交通运输厅、省水利厅、省旅游局。

（六）多渠道筹集建设资金。按照“政、银、企、社”多元投入、多方合作的融资模式，“用好”本地财政资金，“用足”上级扶持资金，“用活”金融机构资金，“用巧”经营城镇资金，“用够”社会民间资金，加快推进小城镇建设发展。

责任单位：各县（市、区、特区）政府和镇（乡）政府，各市（州）政府，示范小城镇帮扶单位，省发展改革委、省财政厅等省有关部门，国家开发银行贵州省分行、省农信社等金融机构。

（七）创新社会管理。创新城镇管理机制，围绕宜居、宜业、宜游和建设新型社区的要求，加强社会管理，提高公共服务，着力建设和谐小城镇。建立健全村镇规划建设管理机构。积极推进教育、文化、卫生、计生、体育等社会事业发展。逐步实现公共服务均等化，农民成为城镇居民后，在就业、医疗、入学等社会保障和公共服务等方面享受当地居民同等待遇，与医保、低保、住房、就学等社会保障有机衔接。切实加强社会治安综合治理，不断丰富居民精神文化生活，促进社会文明程度不断提高。加大户籍制度改革力度，配套相关措施，促进人口聚集。

责任单位：各县（市、区、特区）政府和镇（乡）政府，各市（州）政府，示范小城镇帮扶单位，省教育厅、省公安厅、省人力资源社会保障厅、省住房城乡建设厅、省文化厅、省卫生厅、省人口计生委、省体育局、省文明办。

（八）筹备办好小城镇建设发展大会。做好全省第二届小城镇建设发展大会筹备工作，按照公开、公平、择优的原则，确定大会承办地，指导承办地办好全省小城镇建设发展大会，强力推动全省小城镇建设。省、市（州）两级分别制作示范小城镇建设宣传片，展示建设成效。

责任单位：各市（州）政府，省住房城乡建设厅。

五、保障措施

（一）加强组织领导。建立以省政府分管领导为召集人，省住房城乡建设厅牵头、省有关部门为成员的贵州省100个示范小城镇建设工作联席会议制度，负责示范小城镇综合协调、规划编制、城镇建设、产业发展、政策研究、督促检查等工作，协调解决工作中的困难和问题。各级政府要建立相应的工作机制，制定详细的工作推进方案，对小城镇建设工作定期调度，协调解决小城镇建设中遇到的困难和问题，高效、有序推进100个示范小城镇建设工作。

（二）明确工作责任。县（市、区、特区）、镇（乡）政府作为第一责任人，要强化自身发展能力，扎扎实实地推进各项工作。市（州）政府作为主要责任人，负责组织实施、推进落实。省有关部门要根据自身职责，出台配套措施，从政策、资金、项目等方面对示范小城镇给予倾斜和支持。强化帮扶单位责任，帮扶单位要结合示范小城镇实际，进一步从城乡规划编制、市政公用基础设施建设、公共服务设施建设、镇容镇貌整治、特色产业发展、社会管理等方面完善帮扶方案，明确帮扶内容，提出帮扶目标，细化帮扶措施，对示范小城镇履行“包干”责任，在规划、建设、管理、发展、生态等各个方面“一包到底”。帮扶单位要以对口帮扶示范小城镇发展为己任，选派得力人员，驻镇开展帮扶工作；各市（州）、县（市、区、特区）要建立相应的对口帮扶机制，落实帮扶任务，建立联系制度，明确责任人、联系人。

（三）整合部门资源。省财政2013年安排3亿元用于30个示范小城镇基础设施项目建设，其中省小城镇建设引导专项资金2亿元，整合资金1亿元（其中整合省住房城乡建设厅建设资金0.5亿元），并视财力逐年增加。各市（州）、县（市、区）也要建立小城镇建设专项资金。县级政府要本着“渠道不乱、投向不变、统筹安排、捆绑使用、各记其功”的原则，加大整合统筹力度。发展改革、财政、住房城乡建设、交通运输、农委、水利等省有关部门申请中央项目和资金以及下达省级补助资金时要向100个示范小城镇倾斜。各级金融机构要在同等条件下优先满足示范小城镇项目建设贷款资金需求，积极鼓励各类社会资金参与示范小城镇项目建设。财政部门要加强对小城镇建设专项引导资金的管理，会同住房城乡建设部门制定小城镇建设专项引导资金管理办法。财政、监察、审计部门建立健全监管制度，确保资金使用规范、安全、有效。

(四) 保障土地供应。按照山区城镇化特点和要求，有序推进低丘缓坡土地综合开发利用试点，将未利用地开发为小城镇建设用地。开展城乡建设用地增减挂钩试点，增减挂钩项目区的建新留用区重点布局在小城镇。节余的用地指标主要用于小城镇建设。盘活小城镇存量建设用地，节约集约用地。加大项目投资强度，提高土地利用效率。

(五) 加强督促检查。建立100个示范小城镇建设跟踪、监控评估和动态管理制度，实行“月调度、季检查、半年通报、年度考核”。按照100个示范小城镇2013年建设任务表（见附表2)，定期对示范小城镇建设情况进行跟踪评估，每季度向省政府常务会议汇报工作推进情况。对工作推进不力的，予以通报批评、责令限期整改，对整改不力的，按年度对项目资金进行动态调整，并对相关单位负责人、责任人进行约谈。

(六) 鼓励扶持典型。出台支持小城镇建设发展大会承办地有关政策，引导各地示范小城镇建设“比学赶超”。探索推进小城镇建设的有效途径，树立一批有特色、有成效、有影响的典型示范小城镇。通过以奖代补方式，对年度考核优秀的示范小城镇予以奖励，并在次年下达资金和项目时予以倾斜。

(七) 加强技术指导和人员培训。出台示范小城镇建设文件资料汇编和示范小城镇建设指导图集，组织省有关部门、帮扶单位及各类专业技术人员组成专家咨询小组，对示范小城镇规划、建设、管理、发展、生态等各项内容进行技术指导。依托党校、高校、科研院所等机构，编制小城镇建设管理人员培训教材，每年组织开展全省小城镇尤其是示范小城镇领导干部和管理人员专题培训。

附表 1

一、100个示范小城镇“8个1”工程项目推进表

序号	工程内容	启动时间	完成时间	责任单位
1	建设或完善1个路网	2013年4月	2013年9月	1. 县（市、区、特区)、镇（乡）政府 2. 市（州）政府 3. 各帮扶单位 4. 省交通运输厅 5. 省住房城乡建设厅

续表

序号	工程内容	启动时间	完成时间	责任单位
2	建设或完善1个标准卫生院	2013年4月	2013年11月	1. 县（市、区、特区）、镇（乡）政府 2. 市（州）政府 3. 各帮扶单位 4. 省卫生厅
3	建设或完善1个社区服务中心	2013年4月	2013年11月	1. 县（市、区、特区）、镇（乡）政府 2. 市（州）政府 3. 各帮扶单位 4. 省民政厅
4	建设或完善1个农贸市场	2013年4月	2013年11月	1. 县（市、区、特区）、镇（乡）政府 2. 市（州）政府 3. 各帮扶单位 4. 省农委
5	建设或完善1个市民广场或公园	2013年4月	2013年11月	1. 县（市、区、特区）、镇（乡）政府 2. 市（州）政府 3. 各帮扶单位 4. 省住房城乡建设厅
6	启动1个污水处理设施或垃圾处理实施项目	2013年4月	12个月内	1. 县（市、区、特区）、镇（乡）政府 2. 市（州）政府 3. 各帮扶单位 4. 省发展改革委 5. 省环境保护厅 6. 省住房城乡建设厅
7	建设或完善1个敬老院	2013年4月	2013年11月	1. 县（市、区、特区）、镇（乡）政府 2. 市（州）政府 3. 各帮扶单位 4. 省民政厅
8	建设1项城镇保障性安居工程	2013年3月	12个月内	1. 县（市、区、特区）、镇（乡）政府 2. 市（州）政府 3. 各帮扶单位 4. 省发展改革委 5. 省财政厅 6. 省住房城乡建设厅

二、30个省级示范小城镇“8+3”项目

序号	工程内容	启动时间	完成时间	责任单位
1	建设或完善1个体育场	2013年内	2年内	1. 县（市、区、特区）、镇（乡）政府 2. 市（州）政府 3. 各帮扶单位 4. 省体育局
2	建设或完善1个产业园区	2013年内	3年内	1. 县（市、区、特区）、镇（乡）政府 2. 市（州）政府 3. 各帮扶单位 4. 省农委 5. 省商务厅
3	建设或完善1个有机农产品生产基地	2013年内	3年内	1. 县（市、区、特区）、镇（乡）政府 2. 市（州）政府 3. 各帮扶单位 4. 省农委 5. 省扶贫办

附表 2　100 个示范小城镇 2013 年建设任务表

一、30 个省级示范小城镇

序号	示范镇名称	总体规划编制情况	启动项目名称	项目规模	项目总投资（万元）	完成时限	责任人
				贵阳市			
1	开阳县龙岗镇	2013 年 3 月 13 日评审	1. 镇区供排水规划	3.42km^2	9.00	2013 年	1. 龙岗镇党委书记黄启兆 2. 帮扶单位：中石油贵州公司党委书记张文荣
			2. 镇区消防规划	3.42km^2	12.00	2013 年	
			3. 镇区环境综合整治	占地面积 3000m^2	166.10	2013 年	
			4. 公厕	和平路和南大街各一座，占地面积各 60m^2	29.10	2013 年	
			5. 镇区取水配套设施工程	取水配套设施	80.00	2013 年	
			6. 大石板河道改造工程	新建污水排放沟	400.00	2013 年	
			7. 水口寄宿制小学建设项目	占地面积 12922m^2	668.00	2013 年	
			8. 外环路改造工程	沥青道路路面改造长 2200m、宽 6.5m	168.00	2013 年	
			9. 西大街房屋外立面整治	立面面积 6798m^2	53.85	2013 年	
			10. 西大街绿化改造	1260m × 1.5m × 2m	30.96	2013 年	
			11. 西大街人行道改造	1200m × 5m × 2m	73.99	2013 年	
			小计		1691.00		
2	清镇市站街镇	2013 年 3 月 13 日评审	1. 站马线（站街镇新区市政干道）	2km	9000.00	2014 年	1. 站街镇镇长廖磊 2. 帮扶单位：省商务厅厅长申晓庆
			2. 卫生院	8000m^2	1350.00	2014 年	
			3. 生态移民搬迁	广铝 1km 范围搬迁	16000.00	2013 年	
			小计		26350.00		
3	修文县扎佐镇	已完成	1. 龙扎线城市干道建设及沿线土地开发	长 12.3km、宽 22 ~ 44m	160000.00	2014 年	1. 扎佐镇党委书记田江涛 2. 帮扶单位：省教育厅副厅级督学邹联克
			2. 贵钢大道延伸段建设	长 3.17km、宽 27m	9900.00	2013 年	
			小计		169900.00		
4	息烽县小寨坝镇	已完成	1. 行政中心道路硬化	10000m^2	900.00	2013 年	1. 小寨坝镇党委书记陈才忠 2. 帮扶单位：贵州开磷（集团）有限责任公司息烽基地党委书记吴兴荣
			2. 交通标识	5300m^2	300.00	2013 年	
			3. 路灯检修车	1 辆	20.00	2013 年	
			4. 路灯安装花篮	424 盏	10.00	2013 年	
			5. 农贸市场改造	5000m^2	300.00	2013 年	

续表

序号	示范镇名称	总体规划编制情况	启动项目名称	项目规模	项目总投资（万元）	完成时限	责任人
4	息烽县小寨坝镇	已完成	6. 竹文化园改造	40000m^2	1000.00	2013 年	1. 小寨坝镇党委书记陈才忠 2. 帮扶单位：贵州开磷（集团）有限责任公司息烽基地党委书记吴兴荣
			7. 诚信路改造	长 1500m、宽 13m	1500.00	2014 年	
			8. 磷城大道改造	长 1200m、宽 12m	1200.00	2014 年	
			9. 磷城南路、复兴路改造	长 1200m、宽 17m	1000.00	2014 年	
			10. 楚楚街改造	长 1000m、宽 12m	1000.00	2014 年	
			11. 输水管道改造工程	20km	1000.00	2014 年	
			12. 新建供水厂	10000m^3	2000.00	2013 年	
			13. 污水排放工程	配套管网及日处理污水 5000m^3	1500.00	2013 年	
			14. 救灾减灾物资储备仓库	占地 600m^2	200.00	2014 年	
			15. 卫生院改造工程	占地面积 3000m^2	800.00	2013 年	
			16. 公厕	6 座	120.00	2013 年	
			17. 封闭式垃圾箱	70 个	56.00	2013 年	
			18. 自卸式挂壁车	4 辆	40.00	2013 年	
			19. 综合执法车	1 辆	10.00	2013 年	
			20. 垃圾中转站改造	2000m^2	30.00	2013 年	
			21. 城镇节能路灯改造工程	300 盏	270.00	2013 年	
			22. 沿街立面整治	50000m^2	1500.00	2013 年	
			23. 集镇绿化工程	40000m^2	1300.00	2013 年	
			24. 沿街门头匾改造	2000 个门面	500.00	2013 年	
			25. 寄宿制小学扩建	占地 2000m^2	800.00	2014 年	
			26. 黑神庙中学扩建	占地 3000m^2	1200.00	2014 年	
			27. 精神文明活动中心	占地面积 1000m^2	200.00	2014 年	
			28. 标准图书馆	占地 800m^2	400.00	2014 年	
			29. 社会停车场	5000m^2	500.00	2014 年	
			30. 农贸市场改造	5000m^2	150.00	2013 年	
			31. 公租房及廉租房附属设施建设	50000m^2	9000.00	2013 年	
			小计		28806.00		
遵义市							
5	桐梓县新站镇	2013 年 2 月下旬评审	1. 1:500 地形图测绘	5.19km^2	20.00	2013 年	1. 新站镇党委书记杨道喜 2. 帮扶单位：中国电信贵州分公司总经理张新
			2. 总规划修编	6km^2	18.00	2013 年	
			3. 控制性详细规划	1.4km^2	24.00	2013 年	

续表

序号	示范镇名称	总体规划编制情况	启动项目名称	项目规模	项目总投资（万元）	完成时限	责任人
5	桐梓县新站镇	2013 年 2 月下旬评审	4. 老集镇区亮化工程	0.75km² 的亮化工程	12.00	2013 年	1. 新站镇党委书记杨道喜 2. 帮扶单位：中国电信贵州分公司总经理张新
			5. 天网工程	老集镇区 0.75km²，预留新区开发 0.65km²	250.00	2013 年	
			6. 老集镇区道路改造工程	长 1.2km、宽 8m	80.00	2013 年	
			7. 电信，广电管线入地	0.75km² 的集镇管线入地工程	300.00	2013 年	
			8. 集镇河道整治工程	1.25km 河道	386.00	2013 年	
			小计		1090.00		
6	仁怀市茅台镇	已完成	1. 环茅南路，河滨大道“白改黑”工程	道路 4.36km，面积 46000m²	1460.00	2013 年	1. 茅台镇党委书记陈酌 2. 帮扶单位：贵州茅台酒厂（集团）有限公司副总经理张家齐
			2. 岩滩车行便桥建设工程	全长 120m、7m 宽跨河便桥		2013 年	
			3. 茅台镇入口景观牌坊建设工程	共建设 3 个	7000.00	2014 年	
			4. 省道 S208 线的改造工程		42000.00	2014 年	
			5. 野猫沟组团改造工程		5000.00	2015 年	
			6. 川剧院组团改造工程		5000.00	2015 年	
			7. 街道房屋改造工程	长 7800m、宽 3~7m	10000.00	2014 年	
			8. 二桥建设工程	全长 160m、宽 12m	5000.00	2014 年	
			9. 茅台至坛厂快速通道建设工程	征用土地 1800 亩，拆迁房屋 128 户		2014 年	
			10. 绕城公路拓宽改造工程			2014 年	
			小计		75460.00		
7	遵义县尚稽镇	2013 年 3 月中旬评审	1. 迎宾大道	长 700m、宽 20m	1000.00	2013 年	1. 尚嵇镇镇长高朝伟 2. 帮扶单位：省经信委中小企业局副局长王庆祝
			2. 桂花大道	长 892m、宽 32m	4000.00	2013 年	
			3. 香樟大道	长 796.728m、宽 32m	3000.00	2013 年	
			4. 高坪路	长 751m、宽 11m	158.61	2013 年	
			5. 文粮路	长 792m、宽 11m	375.00	2013 年	
			6. 东方红广场	9968m²	1200.00	2013 年	
			7. 万象城旧城改造项目	12 万 m²	18000.00	2015 年	
			8. 尚嵇中学片区旧城改造项目	11 万 m²	10000.00	2015 年	
			9. 铝业新城开发	3.6 万 m²	8000.00	2014 年	
			10. 氧化铝厂安置小区	22 万 m²	12300.00	2015 年	
			11. 茶山关栈道	长 5.5m、宽 1.5m	150.00	2013 年	
			小计		58183.61		

续表

序号	示范镇名称	总体规划编制情况	启动项目名称	项目规模	项目总投资（万元）	完成时限	责任人
8	湄潭县永兴镇	2013年3月底评审	1. 农贸街人行道青石板铺装	长1500m，平均宽5m，共计7500m²	150.00	2013年	1. 永兴镇镇长杨继琴 2. 帮扶单位：省林业厅厅长金小麒
			2. 农贸街绿化亮化工程	行道树200株路灯宫灯安装389盏（个）	100.00	2013年	
			3. 农贸街“白改黑”工程	长750m、宽8m	210.00	2013年	
			4. 食品通道古镇风貌立面改造	立面面积14000m²	90.00	2013年	
			小计		550.00		
六盘水市							
9	六枝特区郎岱镇	已完成	1. 郎岱卫生院住院楼	占地3.891亩，建设面积1550m²	246.60	2013年	1. 郎岱镇镇长周合平 2. 帮扶单位：中国移动贵州分公司副总经理刘国锋
			2. 党群活动中心	1600m²	320.00	2013年	
			3. 夜郎大街	2800m²	2100.00	2013年	
			4. 污水处理厂	日处理3000m³	2756.00	2013年	
			小计		5422.60		
10	水城县玉舍镇	已完成	1. 彝族风情一条街	450×20m	3000.00	2013年	1. 玉舍镇镇长王敏 2. 帮扶单位：省农委主任刘福成
			2. 河堤改造	2.6km	1000.00	2013年	
			3. 索玛大道	5500m	7000.00	2013年	
			4. 医院住院大楼	4000m²	5000.00	2014年	
			5. 太阳广场	30亩	4000.00	2014年	
			6. 立面改造	60000m	24800.00	2013年	
			7. 太阳广场公路	长713m、宽18m	4000.00	2013年	
			8. 星级酒店	3500m²	3000.00	2015年	
			9. 综合市场	10000m²	3000.00	2014年	
			10. 步行街长	550m、宽20m	500.00	2015年	
			11. 排污管网工程			2014年	
			小计		35300.00		
11	盘县柏果镇	已完成	1. “四在农家”房屋改造	7000户	5600.00	2013年	1. 柏果镇镇长任向广 2. 帮扶单位：盘江煤电集团责任公司董事长张仕和
			2. 柏果镇二中教学楼及学生宿舍	28818m	26000.00	2013年	
			3. 柏果镇污水处理厂	6500吨/日	6000.00	2014年	
			4. 柏果镇木棕片区城镇道路工程	13200m²	2600.00	2014年	
			5. 柏果第一幼儿园	6000m²	800.00	2013年	
			6. 柏果镇垃圾填埋场占地	120亩	4000.00	2013年	
			7. 柏果镇中心区河道景观工程	2.3km	5000.00	2013年	
			8. 中心区休闲广场	15000m²		2013年	

序号	示范镇名称	总体规划编制情况	启动项目名称	项目规模	项目总投资（万元）	完成时限	责任人
11	盘县柏果镇	已完成	9. 柏果镇标准化农贸市场工程	6000m^2	700.00	2013 年	1. 柏果镇镇长任向广 2. 帮扶单位：盘江煤电集团责任公司董事长张仕和
			10. 环城公路建设	10.32km	29618.00	2015 年	
			11. 六盘水盘北医院	13883m^2	4000.00	2014 年	
			12. 中心区道路绿化美化改造工程		800.00	2013 年	
			小计		65118.00		
安顺市							
12	平坝县夏云镇	已完成	1. 毛栗园安置小区	占地 250.35 亩	2349.44	2015 年	1. 夏云镇镇长陈德国 2. 帮扶单位：省工商局局长杨正国
			2. 节溪安置小区	占地 75 亩	1010.78	2015 年	
			3. 污水处理厂	占地 16 亩	3081.00	2014 年	
			4. 公办幼儿园	占地 3333.2m^2	360.00	2013 年	
			5. 卫生院扩建	建筑面积 3335.2m^2	200.00	2014 年	
			小计		7001.22		
13	西秀区旧州镇	2013 年 3 月初评审	1. 总规修编	4km^2		2013 年	1. 旧州镇镇长马文东 2. 帮扶单位：省住房城乡建设厅厅长张鹏
			2. 东环路	1.7km	3000.00	2013 年	
			3. 新南街	418.85m	400.00	2013 年	
			4. 东街至文昌阁道路改造	210m	40.00	2013 年	
			5. 古民居修缮	88 户，5 户示范性民居	200.00	2013 年	
			6. 鲁氏老宅修缮	规划修缮面积 1200m^2	300.00	2014 年	
			7. 污水处理厂		1800.00	2014 年	
			8. 农民新村	占地 120 亩	3000.00	2015 年	
			9. 公租房	120 套，7200m^2	1080.00	2014 年	
			小计		9820.00		
14	普定县白岩镇	2013 年 2 月底评审	1. 居民点建设	占地 67 亩，98 户建房	800.00	2013 年	1. 白岩镇党委书记徐启才 2. 帮扶单位：省水利厅厅长黎平
			2. 韭黄大道	长 2000m、宽 18m	3800.00	2014 年	
			3. 福达汽车交易中心	占地 320 亩	34000.00	2015 年	
			4. 白富街	长 495m、宽 18m	800.00	2013 年	
			小计		39400.00		
毕节市							
15	威宁县迤那镇	已完成	1. 城镇道路路网	5km	6000.00	2013 年	1. 迤那镇党委书记马祥鸿 2. 帮扶单位：省发展改革委总规划师张美钧
			2. 城镇供水管网	12km	500.00	2013 年	
			3. 城镇排污，排水管网	7km	500.00	2013 年	
			4. 河道治理	1.2km	300.00	2013 年	
			5. 火车站站前广场	20 亩	450.00	2013 年	

续表

序号	示范镇名称	总体规划编制情况	启动项目名称	项目规模	项目总投资（万元）	完成时限	责任人
15	威宁县迤那镇	已完成	6. 污水处理厂	700 吨/日	1229.00	2014 年	1. 迤那镇党委书记马祥鸿 2. 帮扶单位：省发展改革委总规划师张美钧
			7. 垃圾填埋场	38 吨/日	2700.00	2014 年	
			8. 公租房	76 套	260.00	2014 年	
			9. 物流仓储基地	80 亩	2000.00	2014 年	
			10. 城镇强弱电入地	5km	4200.00	2014 年	
			11. 客运站	50 亩	200.00	2014 年	
			12. 卫生院	1500m²	270.00	2014 年	
			13. 返乡农民工创业园	100 亩	10000.00	2015 年	
			14. 老城镇路灯安装	70 盏	49.00	2013 年	
			15. 农贸市场	1100m²	210.00	2013 年	
			16. 幼儿园	700m²	290.00	2013 年	
			17. 教师周转房	2000m²	210.00	2013 年	
			18. 第二中学	120 亩	7000.00	2014 年	
			19. 办公区绿化	5 亩	50.00	2013 年	
			20. 老城镇风貌改造	175 户	1800.00	2013 年	
			21. 敬老院	2500m²	171.00	2013 年	
			22. 老年活动中心	300m²	33.00	2013 年	
			23. 牲畜交易市场	40 亩	150.00	2013 年	
			24. 老城镇公厕	4 个	60.00	2013 年	
			小计		38632.00		
16	大方县六龙镇	2013 年 2 月下旬评审	1. 丫口田牌楼建设工程	1 座，宽 12m、高 10.5m	40.00	2013 年	1. 六龙镇党委书记汪石 2. 帮扶单位：省交通运输厅厅长陈志刚
			2. 青石板铺设建设工程	6500m²	190.00	2013 年	
			3. 污水管网铺设建设工程	1060m（万顺路 460m、马匙街 600m）	30.00	2013 年	
			4. 电力电信线网隐藏工程	电力线 1000m、通讯线 1000m	250.00	2013 年	
			5. 绿化工程	1 米以上高植物 400 盆、竹子 400 株、小花 10000 株	50.00	2013 年	
			6. 房屋立面改造工程	40 户	200.00	2013 年	
			7. 游客接待中心建设工程	2500m²	100.00	2013 年	
			8. 灯带灯笼安装亮化工程	灯笼 1000 个，灯带 4000m	100.00	2013 年	
			9. 商铺招牌、门联、指示牌	招牌 80 块、门联 16 对、指示牌 4 个	20.00	2013 年	

续表

序号	示范镇名称	总体规划编制情况	启动项目名称	项目规模	项目总投资（万元）	完成时限	责任人
16	大方县六龙镇	2013年2月下旬评审	10. 返乡创业园区	标准化厂房两栋	3000.00	2013年	1. 六龙镇党委书记汪石 2. 帮扶单位：省交通运输厅厅长陈志刚
			11. 荆州小区广场、道路及展示厅建设工程	广场占地 $6000m^2$，展示厅占地 $120m^2$	800.00	2014年	
			小计		4780.00		
17	赫章县六曲河镇	2013年2月下旬评审	1. 房屋住宅建设		600.00	2014年	1. 六曲河镇党委书记黄佑军 2. 帮扶单位：中烟公司贵州公司党组书记白云峰
			2. 集镇，园区路网工程	2.5km	7000.00	2014年	
			3. 防洪工程	1km	900.00	2013年	
			4. 农产品交易中心	$10000m^2$	960.00	2014年	
			5. 幼儿园		260.00	2013年	
			6. 广场	$8800m^2$	420.00	2013年	
			7. 标准化厂房建设		400.00	2014年	
			8. 周边山头、办公区、街道绿化等		200.00	2013年	
			小计		10740.00		
18	纳雍县王家寨镇	已完成	1. 华阳支路建设	1.4km	2500.00	2013年	1. 王家寨镇镇长胡卫华 2. 帮扶单位：国家开发银行贵州分行行长王永进
			2. 老街改建	2.15km	630.00	2013年	
			3. 特色民居建设	350栋	1200.00	2013年	
			4. 路灯安装	80盏	48.00	2013年	
			5. 小公园建设	1个 $2400m^2$	400.00	2013年	
			6. 小广场建设	1个 $3000m^2$	950.00	2013年	
			7. 污水管道安装	1920m	200.00	2013年	
			8. 路尾坝休闲度假村建设	1个	55759.00	2015年	
			小计		61687.00		
铜仁市							
19	德江县煎茶镇	2013年2月底评审	1. 煎茶社区文化广场	$40000m^2$	5600.00	2013年	1. 煎茶镇镇长陈东 2. 帮扶单位：省农信社理事长王术君
			2. 沙沱电站移民煎茶镇金三角安置点	安置移民268户，1250人	7000.00	2014年	
			3. 污水管网建设	7020m	496.00	2013年	
			4. 第二幼儿园	$3000m^2$	205.00	2014年	
			5. 人社中心办公楼	$381m^2$	38.00	2013年	
			6. 医疗救助中心	$520m^2$	2660.00	2013年	
			7. 财税分局办公楼	$300m^2$	43.00	2013年	
			小计		16042.00		

续表

序号	示范镇名称	总体规划编制情况	启动项目名称	项目规模	项目总投资（万元）	完成时限	责任人
20	大龙开发区大龙镇	已完成	1. 1号主干道（二期）工程（BT）	8.4km×36m	41869.00	2015年	1. 大龙镇党委书记黎滨江 2. 帮扶单位：省民政厅厅长丁治学
			2. 2号主干道工程（BT）	6.226km×45m	45409.00	2015年	
			3. 4号主干道工程（BT）	1.736km×36m	11551.00	2014年	
			4. 5号干道工程（BT）	2.55km×36m	20000.00	2015年	
			5. 大龙车坝河自来水工程	1万吨/日	3500.00	2015年	
			6. 新320国道大龙段	11km×30m	55000.00	2014年	
			7. 2013年廉租房建设项目	800套	5120.00	2013年	
			8. 2013年公租房建设项目	2084套	15738.00	2013年	
			9. 2013年城市棚户区改造项目	改造2035户	16000.00	2014年	
			10. 污水处理工程	0.8万吨/日	4069.00	2014年	
			11. 生态移民工程	130户500人	600.00	2013年	
			12. 汽车站保障性安置住房建设项目	61.58公顷		2015年	
			13. 垃圾填埋场	1个垃圾填埋场，50吨/日	2500.00	2014年	
			小计		221356.00		
21	印江县木黄镇	2013年2月下旬评审	1. 总规，控规，修规编制		69.00	2013年	1. 木黄镇党委书记严振亚 2. 帮扶单位：中石化贵州分公司总经理何建新
			2. 木黄会师纪念牌基础设施配套工程	2个亭子、12个牌、2个公厕和步行道建设	93.75	2013年	
			3.会师广场及风雨桥建设、停车场建设	规划用地总面积37385m²，其中：广场用地面积13859m²，停车场23526m²；建筑占地面积1432m²，建筑面积1931m²，绿地面积13964m²。征收、拆迁补偿安置房屋5栋	2750.00	2013年	
			4. 滨江大道路、桥建设	木黄滨江大道一期工程：城市次干道，全长1.92km，路基宽25m，双向四车道；4m×20m空心板桥一座，桥长90m，桥宽20m。木黄滨江大道二期工程：主线二级公路，全长2.08km，路基宽12m；支线四级公路，全长285m，路基宽6.5m，4m×20m空心板桥一座，桥梁全长90m，桥宽10m	11623.00	2013年	

续表

序号	示范镇名称	总体规划编制情况	启动项目名称	项目规模	项目总投资（万元）	完成时限	责任人
21	印江县木黄镇	2013年2月下旬评审	5. 防洪堤建设	新建防洪堤4.119km	1950.00	2013年	1. 木黄镇党委书记严振亚 2. 帮扶单位：中石化贵州分公司总经理何建新
			6. 道路路面整治、人行道铺装，绿化、亮化建设工程	整治面积共22587.27m²,其中：会师大道4357.59m²、长征路6765.45m²、中心街3142.54m²、兴木街607.93m²、鱼泉街3436.03m²、文化街1511.98m²，官迁岩路段2765.75m²；道路绿化、亮化和部分道路人行道铺装	810.00	2013年	
			7. 农贸市场建设	规划用地总面积33亩	3000.00	2014年	
			8. 鱼泉河风貌整治改造	鱼泉河两岸108栋住房的征收拆迁、补偿安置；鱼泉河两岸景观建设	2850.00	2013年	
			9. 污水处理建设项目	日处理污水1000吨的处理厂1座，管网7972m	1083.00	2014年	
			10. 旧城区房屋外立面改造	会师路、长征路、中心街、兴木街、鱼泉街、建设街等两侧房屋外立面改造。改造总面积共计8.74万m²，涉及居民587户	2190.00	2013年	
			11. 饮水安全工程	新建水源工程1处，调节池12口容积1650m³，输供水管网34855m，水处理厂1座，80m³/h一体化处理设备1台	800.00	2013年	
			12. 区域性中心卫生院建设	土地及房建工程	4200.00	2013年	
			13. 敬老院建设	规划用地面积7亩，床位120张	360.00	2013年	
			14. 廉租房	400套	2600.00	2013年	
			15. 公租房	20套	91.00	2013年	
			16. 法庭办公楼建设	建设用地3000m²	100.00	2013年	
			17. 会师广场小区建设工程	占地面积24670m²	10000.00	2013年	
			18. 老寨小区建设工程	206套	4500.00	2014年	
			小计		49069.75		

续表

序号	示范镇名称	总体规划编制情况	启动项目名称	项目规模	项目总投资（万元）	完成时限	责任人
黔东南州							
22	雷山县丹江镇	已完成	1. 街区风貌整治及亮化工程	工程总面积约23414m²。其中，62栋私人住宅房屋包装面积约19206.8m²，7栋行政企事业单位办公楼包装面积约4207.2m²	1009.56	2013年	1. 丹江镇镇长余德利 2. 帮扶单位：贵州电网公司计划发展部部长魏国军
			2. 小郎当至陶尧园区路网建设项目	建设道路总长约4100m、宽46m（其中：道路24m，河道22m）	40000.00	2015年	
			3. 红屯堡扶贫生态移民安置及轻工业小区工程	项目总占地面积23.4公顷（344亩）	3258.00	2015年	
			4. 乌开绿色工业小区建设	工业小区规划面积为29公顷	8000.00	2014年	
			5. 实施县城游客服务中心建设项目	总占地面积5369m²，建筑总面积为7000m²，其中建筑占地面积为2000m²，停车场1800m²，1569m²为绿化和其他设施用地	2000.00	2014年	
			6. 污水收集管网二期工程	铺设管网涉及产业园区、羊排至水电南部新区及部分老城区，核定工程铺设HDPE双壁波纹管19237m，配套建设预留检查井591座	1478.00	2013年	
			7. 排水（雨水）一期工程项目	核定建设DN300－DN800雨水管长46890m	3457.64	2014年	
			8. 郎当河口城市综合体规划建设项目	项目总用地面积312060m²	20000.00	2015年	
			9. 县城西出口安置房及基础设施（一期工程）建设项目	工程总占地面积121220m²。拟建安置房建筑面积91560m²，可安置218户（每户暂按3.5层）	17793.31	2014年	
			小计		96996.51		
23	台江县施洞镇	2013年3月10日评审	小城镇建设用地征地	270亩	0.00	2013年	1. 施洞镇党委书记陈贵严 2. 帮扶单位：省旅游局局长傅迎春
			小计		0.00		

续表

序号	示范镇名称	总体规划编制情况	启动项目名称	项目规模	项目总投资（万元）	完成时限	责任人
24	黎平县肇兴乡	2013年3月20日评审	1. 下香洞至务广对公路维修	全长14km	160.00	2013年	1. 肇兴乡乡长林世华 2. 帮扶单位：省民委主任吴军
			2. 新小学进校桥梁建设工程	①新建钢筋混凝土平板桥 ②桥身桥面装饰处理	40.00	2013年	
			3. 污水处理厂建设工程	日处理能力500m^3	200.00	2013年	
			4. 西寨门搬迁工程	拆除老寨门后搬到西凹口安装	20.00	2013年	
			5. 小流域治理清水防洪工程建设	①清水系卵石防洪堤建设 ②绿化配景工程	500.00	2013年	
			6. 纪堂侗寨游览步道		50.00	2013年	
			7. 广播电视乡联网及线路暗敷及下埋工程	①白色线路暗敷30000m ②主要路段及部分路段下埋5000m ③广播电视线路3500m	60.00	2013年	
			8. 山塘及水塘建设工程	①山塘水库5处 ②水塘建设3300m^2	396.00	2013年	
			9. 洛香—皮林—肇兴—堂安破损公路维修	全长共29km	1450.00	2014年	
			10. 洛香—肇兴二级油路	全长4.7km（含驿站建设）	5090.00	2013年	
			11. 排污系统工程	①主排污沟6650m ②小排污沟9686m ③15000m塑料PVC管	980.00	2013年	
			12. 主街路面铺装工程	①路基建设工程 ②路面特色地材拼花铺面7975m^2	279.00	2013年	
			13. 寨内供水管建设工程（全部下埋）	①主管网6104m ②次管网9686m^2	216.00	2013年	
			14. 寨内消防供水管网建设工程	①主管网6104m ②次管网9687m	286.00	2013年	
			15. 雨水收集系统	①雨水沟建设 ②沟面美化处理	216.00	2014年	
			16. 侗寨危房整治工程	①就危房部分改造修缮 ②对新木作面作旧处理	150.00	2014年	
			17. 安置地基础设施建设	①地基整理及道路建设 ②水、电、通信建设	200.00	2014年	
			18. 水利站、电信等办公楼砖混建筑物拆除	①原砖混建筑拆除 ②电信等企业办公楼建设	185.00	2013年	

续表

序号	示范镇名称	总体规划编制情况	启动项目名称	项目规模	项目总投资（万元）	完成时限	责任人
24	黎平县肇兴乡	2013年3月20日评审	19. 临街临河建筑立面整治	①对现代用材整治 ②新建建筑绛色处理 ③增加文化元素	500.00	2013年	1. 肇兴乡乡长林世华 2. 帮扶单位：省民委主任吴军
			20. 新建居民接待点及公厕	①新建居民接待点 ②新建公厕两座	266.00	2013年	
			21. 屋面小天锅整治	①拆除屋面小天锅400户 ②拆除外露白色线路	12.00	2013年	
			22. 屋面太阳能整治	①拆除屋面太阳能 ②建立长效机制	5.00	2013年	
			23. 小街小巷建筑立面整治	①对小街小巷不符合景观要求的建筑立面进行整治 ②建立长效管理机制	180.00	2014年	
			24. 停车场建设	①建50亩大型停车场一个，电瓶车场1500m^{2}一个 ②挖方小山坡30万m^3 ③绿化配景工程建设	1000.00	2013年	
			25. 肇兴核心区和归枸服务区，外围交通工程征拆	征地拆迁350亩（归枸和1.3km旅游服务区、南北环线及肇兴至归枸公路沿线）	1100.00	2013年	
			26. 电力线路暗敷及下埋工程	①小街巷线路暗敷 ②部分主要地段下埋 ③10kV电力架空线1090m，10kV电力线3510m，1kV电力线6092m	800.00	2014年	
			27. 移动通讯光缆下埋	①线路下埋 ②修检井建设 ③主要移动通讯光缆1511m	20.00	2013年	
			28. 电信通讯线路暗敷及下埋工程	①白色线路暗敷 ②主要路段及部分路段下埋 ③电信通讯线路4533m	50.00	2013年	
			29. 商业步行街	①修建游览步道16383m^2 ②路面特色地材拼花铺面	267.00	2013年	
			30. 新建安置户地基整理	地基整理200户	200.00	2013年	
			小计		14878.00		

续表

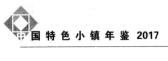

序号	示范镇名称	总体规划编制情况	启动项目名称	项目规模	项目总投资（万元）	完成时限	责任人
黔南州							
25	贵定县昌明镇	已完成	1. 开发区四号道路	宽 1.5km，宽 24m	4980.00	2014 年	1. 昌明镇党委书记姜同辉 2. 帮扶单位：省财政厅副厅长赵翰飞
			2. 客货运汽车站	2 级站	800.00	2014 年	
			3. 农贸市场	占地约 10000m²	1200.00	2014 年	
			4. 移民安置小区	规划 500 套安置住房，先期建设 158 户 916 人移民安置	1519.13	2014 年	
			5. 九百户村农民文化活动广场	8600m²	600.00	2013 年	
			6. 中心卫生院住院部升级	1280m²	192.00	2013 年	
			7. 行政服务中心	1500m²	300.00	2014 年	
			8. 新安河（集镇段）河道治理	2.4km 河道治理	883.00	2014 年	
			9. 开发区园区主干道	Ⅰ号大道长 1.44km、宽 45m；Ⅱ号大道长 786m、宽 30m；Ⅲ号大道长 1.534km、宽 20m	5816.00	2013 年	
					4697.00	2013 年	
					3850.00	2013 年	
			10. 法庭办公楼建设	1651.5m²	429.00	2013 年	
			11. 中心敬老院	100 个床位	200.00	2013 年	
			12. 城市水网改造升级	0.3 万吨/日，供水管网 0.675km	97.00	2013 年	
			13. 镇中心城区主街路灯改造	77 盏路灯改造	36.00	2013 年	
			14. 中心小学明德教学楼、学生宿舍	明德教学楼 1200m²；男、女学生宿舍 1300m²	290.00	2013 年	
			小计		25889.13		
26	独山县麻尾镇	已完成	迎宾大道	将加油站至收费站路段路面改扩建至 24m，完善路灯、绿化设施，建设街心公园	600.00	2013 年	1. 麻尾镇党委书记黎鳌开 2. 帮扶单位：瓮福（集团）有限责任公司副总经理黄进
			小计		600.00		
27	平塘县卡蒲毛南族乡	已完成	1. 小城镇建设征地	征地 154 亩及房屋拆迁	500.00	2013 年	1. 卡蒲毛南族乡党委书记石仕洪 2. 帮扶单位：贵州高速公路开发总公司董事长耿黔生
			2. 新区大道建设	长 640m、宽 12m	120.00	2013 年	
			3. 山体公园建设	土建及园林绿化	120.00	2013 年	
			4. 集镇整治	24 户居民毛包装	80.00	2013 年	
			5. 集散街道整治	长 800m、宽 2m	20.00	2013 年	
			小计		840.00		

续表

序号	示范镇名称	总体规划编制情况	启动项目名称	项目规模	项目总投资（万元）	完成时限	责任人
黔西南州							
28	兴仁县雨樟镇	2013 年 2 月下旬评审	1. 卫生院		99.00	2013 年	1. 雨樟镇镇长江旭 2. 帮扶单位：省国资委主任韩先平
			2. 民居改造		1000.00	2013 年	
			3. 便民服务中心		185.00	2013 年	
			4. 雨府路“白改黑”		74.00	2013 年	
			5.公租房		183.00	2013 年	
			6.财政所		15.00	2013 年	
			小计		1556.00		
29	贞丰县者相镇	2013 年 2 月下旬评审	1. 花陇旗主街道建设	修建长 1km、宽 24m 大道	2000.00	2014 年	1. 者相镇镇长左晟 2. 帮扶单位：省卫生厅副厅长杨克勤
			2. 星级敬老院建设	占地面积 10.36 亩，建筑面积 1500m²	250.00	2013 年	
			3. 示范街建设	立面改造 25000m²，路面改造 1km	2600.00	2014 年	
			4. 标准化镇级卫生院建设	新增 1140m² 业务用房	215.00	2014 年	
			5. 2013 年者相镇扶贫生态移民工程	155 户 756 人搬迁规模	1494.62	2014 年	
			6.总体规划修编	8km² 总体规划修编	160.00	2013 年	
			小计		6719.62		
30	普安县青山镇	已完成	1. 青山工业园区青石路	长 5.1km、宽 40m	1300.00	2013 年	1. 青山镇镇长王天河 2. 帮扶单位：省国土资源厅厅长朱立军
			2. 青山城镇建设（百合小区）	百合小区绿化、给排水建设	350.00	2013 年	
			小计		1650.00		

二、70 个市（州）级示范小城镇

序号	示范镇名称	总体规划编制情况	启动项目名称	项目规模	项目总投资（万元）	完成时限	责任人
贵阳市							
31	乌当区羊昌镇	2013 年 3 月 12 日评审	1. 房屋立面改造	700 户	1200.00	2013 年	乌当区副区长谢秩刚
			2. 路灯安装	300 盏	210.00	2013 年	
			3. 栽种行道树		75.00	2013 年	
			4. 果皮箱安装		15.00	2013 年	
			5. 新建排污沟		300.00	2013 年	
			6. 街道油路工程		400.00	2013 年	
			7. 垃圾收集站		2.00	2013 年	
			8. 更换排污沟盖板		75.00	2013 年	
			小计		2277.00		

续表

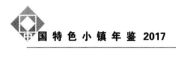

序号	示范镇名称	总体规划编制情况	启动项目名称	项目规模	项目总投资（万元）	完成时限	责任人
32	白云区牛场乡	已完成	1.体育路建设	长 380m、宽 14m	180.00	2013 年	白云区副区长宋夕升
			2.小坝山桥梁工程	长 40m、宽 12m	400.00	2013 年	
			3.垃圾转运站	2 个	400.00	2013 年	
			4.牛场、平山污水处理（湿地）	100 吨/日×22	10000.00	2014 年	
			5.平山排污管道	400m	39.00	2013 年	
			6.平山人行道	长 800m、宽 6~7m	120.00	2013 年	
			7.平山广场	1800m^2	40.00	2013 年	
			8.绿化	展示园主路两侧及集镇道路两侧	2000.00	2013 年	
			9.蓬莱村庄整治	420 户	2520.00	2014 年	
			10.阿所村庄整治	300 户	1800.00	2014 年	
			11. 垃圾收集	12 个垃圾斗、2 辆垃圾车、50 个果皮箱	120.00	2013 年	
			12. 平山进寨路	长 700m、宽 3.5m，长 500m、宽 5m	150.00	2013 年	
			13. 阿所至展示园门口道路工程	长 1.4km、宽 12m	2800.00	2014 年	
			小计		20569.00		
33	花溪区青岩镇	2013 年 3 月 12 日评审	1. 青岩中学搬迁工程	新建教学楼、办公楼及环境绿化工程等	7560.00	2013 年	花溪区副区长张建军
			2. 青岩小学搬迁工程	新建教学楼、办公楼及环境绿化工程等	6460.00	2013 年	
			3. 农贸市场搬迁工程	新建农贸市场及道路、停车场等	1900.00	2013 年	
			4. 敬老院搬迁工程	新建 100 个床位敬老院及相关配套设施	680.00	2013 年	
			5. 青燕线	青岩至龙井道路，宽 30m、长 4km	20000.00	2014 年	
			6. 污水处理厂及配套管网	新建污水处理厂，完善排污管网	6500.00	2014 年	
			7. 寿佛寺广场项目	占地面积 3500m^2	400.00	2013 年	
			8.《青岩镇控制性详细规划》编制	编制范围 10km^2	160.00	2013 年	
			9.《青岩镇空间发展概念性规划》编制	编制范围 21km^2	90.00	2013 年	
			小计		43750.00		

续表

序号	示范镇名称	总体规划编制情况	启动项目名称	项目规模	项目总投资（万元）	完成时限	责任人
34	开阳县南江乡	已完成	1. 总规修编	6.8km^2	50.00	2013 年	开阳县副县长杨仁忠
			2. 政府庭院绿化、房屋亮化工程	8000m^2	130.00	2013 年	
			3. 特色小城镇规划	0.25 公顷	20.00	2013 年	
			4. 南江大街房屋亮化工程	363 户	1089.00	2013 年	
			5. 烟叶站点建设工程	2623m^2	530.00	2013 年	
			6. 公厕 2 座	200m^2	50.00	2013 年	
			7. 安装垃圾桶	100 个	10.00	2013 年	
			8. 路灯安装	100 盏	50.00	2013 年	
			9. 6 号路（富民路）	长 800m、宽 12m	780.00	2013 年	
			10. 南江乡老街道改造人行道及排污沟工程	长 3000m、宽 9m	550.00	2013 年	
			11. 养老中心建设	6600m^2 及配套设施建设	2500.00	2013 年	
			12. 生态移民安置工程	196 户 806 人安置及配套设施建设	2300.00	2013 年	
			小计		8059.00		
35	清镇市卫城镇	2013 年 3 月 13 日评审	和平路改造（精品街打造），包含卫城南门建设	改造道路全长 1426m，其中：A 段长 311m、宽 6m；B 段长 713m、宽 7m；C 段长 328m、宽 6m；D 段长 29m、宽 4m；E 段长 43m、宽 4m。建设内容包括道路工程及相关附属配套工程	1206.10	2013 年	清镇市副市长罗杨
			小计		1206.00		
36	修文县六广镇	2013 年 3 月 12 日评审	阳明古渡旅游接待区建设	接待用房 300 个标准间，总占地约 120 亩	15000.00	2014 年	修文县副县长汤建祥
			小计		15000.00		
37	息烽县九庄镇	2013 年 3 月 12 日评审	1. 新大街商铺门面门匾改造	360m	90.00	2013 年	息烽县副县长胡勇
			2. 新大街人行道改造	2100m	65.00	2013 年	
			3. 镇区市政照明工程	267 盏	115.00	2013 年	
			4. 房屋立面整治、道路硬化、房前绿化		215.00	2013 年	
			5. 休闲娱乐广场绿化、器械更新	12 亩	15.00	2013 年	

续表

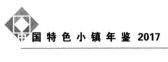

序号	示范镇名称	总体规划编制情况	启动项目名称	项目规模	项目总投资（万元）	完成时限	责任人
37	息烽县九庄镇	2013年3月12日评审	6. 镇区垃圾收集转运车2辆、垃圾桶80个、垃圾池（封闭）		50.00	2013年	息烽县副县长胡勇
			7. 铺装、硬化镇区道路	3.5km	150.00	2013年	
			8. 镇区街道美化规范性图书馆及社区服务中心建设		40.00	2013年	
			9. 河道畅通工程及公厕改造		45.00	2013年	
			10. 镇区道路“白改黑”	9000m	800.00	2013年	
			11. 乌江复旦中心22m宽大道改建	500m	300.00	2013年	
			12. 河景观河道治理	3500m	1800.00	2014年	
			13. 污水处理厂及配套管网工程	处理能力0.1万吨/天	2000.00	2014年	
			14. 镇区周边新农村美化工程	416户	800.00	2013年	
			15. 农贸市场升级改造	3500m^2	80.00	2013年	
			小计		6565.00		
遵义市							
38	凤冈县永安镇	已完成	1.老街排污沟改造	1500m	35.00	2013年	凤冈县副县长肖光强
			2.老街居民房屋改造	150户，40000m^2	4000.00	2013年	
			3. 扩容生态移民安置点建设	移民住房建筑面积13000m^{2}以上，街道1000m，临街排污沟2000m，给水管网2000m，输电线路2.5km，变压器一台，人行道路灯80盏，栽植行道树500株，同时配套建设文体、广电、娱乐等相关设施	930.00	2013年	
			4. 扩容茶文化小区建设	新建街道500m，新建广场3000m^2，改造河道300m、配套景观设施，小区商品房建设12万m^2	15000.00	2015年	
			5. 河滨茶旅风情街建设	新建街道1500m，改造河道700m、配套景观设施	1000.00	2014年	
			6. 综合农贸市场	6000m^2	350.00	2013年	
			7. 镇中心幼儿园	5566m^2	400.00	2013年	

续表

序号	示范镇名称	总体规划编制情况	启动项目名称	项目规模	项目总投资（万元）	完成时限	责任人
38	凤冈县永安镇	已完成	8. 镇中心敬老院	1880m²	250.00	2013年	凤冈县副县长肖光强
			9. 锌硒茶道（集镇外环路）	新建3.5km、宽10m油路	1400.00	2013年	
			小计		23365.00		
39	习水县土城镇	2013年3月下旬评审	1. 总规，分区规划		400.00	2013年	习水县副县长冯俊峰
			2. 古镇立面修复	修复古镇及镇区沿街立面	1000.00	2013年	
			3. 镇区道路改造	实施镇区道路“白改黑”工程，道路两侧人行道铺设石板砖	600.00	2014年	
			4. 遵义华润希望小镇	项目涉及333户1510人，覆盖3个自然村寨，占地133.26公顷	10000.00	2015年	
			5. 新区开发（一期）	占地220亩	32000.00	2015年	
			6. 河滨大道	长3.2km、宽15m	7000.00	2013年	
			7. 河滨大道西侧北段	长3.2km、宽15m	7000.00	2013年	
			8. 河滨大道东侧	长3.2km、宽15m	7000.00	2013年	
			小计		65000.00		
40	务川县镇南镇	2013年3月底评审	1. 官二河移民新街	870m	870.00	2013年	务川县副县长江波
			2. 官二河安置点统建还房工程	9000m²	9000.00	2013年	
			3. 燕子箐安置点	240m	240.00	2013年	
			4. 官二河生态河堤建设工程	560m	560.00	2013年	
			5. 政府办公楼建设	500m²	500.00	2013年	
			6. 集镇老街改造工程	180m	180.00	2013年	
			7. 卫生院二期建设	240m	240.00	2013年	
			8. 污水处理厂	2000m²	2000.00	2014年	
			9. 新街亮化工程	80盏	80.00	2013年	
			10. 污水管网工程	500m	500.00	2014年	
			小计		14170.00		
41	余庆县敖溪镇	2013年3月下旬评审	1. 敖龙大道	修建道路2100m长、40m宽	6000.00	2014年	余庆县副县长易贤
			2. 江北敬老院	综合楼、附属楼各1栋，建筑面积3000m²	500.00	2014年	
			3. 丧事办理中心、精神文明事务中心	9000m²	1560.00	2014年	

续表

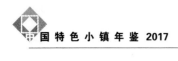

序号	示范镇名称	总体规划编制情况	启动项目名称	项目规模	项目总投资（万元）	完成时限	责任人
41	余庆县敖溪镇	2013 年 3 月下旬评审	4. 敖溪医院搬迁及新建	占地面积 20000m²	2000.00	2014 年	余庆县副县长易贤
			5. 风雨桥建设及凉桥、狮子桥的改造		500.00	2013 年	
			6. 河滨路立面改造		2000.00	2013 年	
			7. 中心小学搬迁及新建	占地面积 33333m²、1 栋教师周转房、1 栋教学综合楼、2 栋学生宿舍、1 栋学生食堂	3000.00	2014 年	
			8. 敖溪幼儿园	占地面积 5784.5m²，教学楼、宿舍、食堂各 1 栋	550.00	2013 年	
			9. 中石化加油站	占地面积 3400m²	500.00	2014 年	
			10. 计生服务站办公楼	占地面积 500m²，修建办公楼 1 栋	500.00	2014 年	
			11. 老街绿化亮化工程	人行道两侧绿化、房屋立面亮化、线网改造	500.00	2013 年	
			12. 江北物流中心	修建仓库、办公楼、停车场	500.00	2014 年	
			13. 停车场、公厕建设	修建停车场 5 个、公厕 5 座	600.00	2013 年	
			14. 五金建材市场	占地面积 5500m²、修建钢架棚	1800.00	2014 年	
			15. 中坝别墅新村	占地面积 4000m²	1000.00	2015 年	
			16. 民族文化宫	占地面积 4000m²、修建办公楼及配套设施建设	1000.00	2015 年	
			17. 土司旅游度假村		3000.00	2015 年	
			18. 人工湖建设	占地面积 130000m²	1500.00	2015 年	
			19. 敖溪河水上娱乐项目		2000.00	2015 年	
			20.体育馆	占地面积 3500m²	800.00	2015 年	
			21.基础设施建设	道路白改黑、线网天改地、红绿灯及下水道修建、人行道板安装	4500.00	2014 年	
			22. 江北刑侦中队办公楼	占地面积 700m²	200.00	2014 年	
			23. 飞龙湖工商分局办公楼	占地面积 299m²	150.00	2014 年	
			24. 石材加工园	修建厂房及办经营手续	2000.00	2014 年	

续表

序号	示范镇名称	总体规划编制情况	启动项目名称	项目规模	项目总投资（万元）	完成时限	责任人
41	余庆县敖溪镇	2013年3月下旬评审	25. 恢复敖溪酒厂	修建厂房及办经营手续	5000.00	2015年	余庆县副县长易贤
			26. 梅园		500.00	2014年	
			27. 三星级宾馆建设项目	修建宾馆1幢、道路及别墅住房等	5000.00	2015年	
			28. 老政府片区开发工程	1栋25层电梯房、1栋信用办公大楼、2栋步梯房	15000.00	2015年	
			29. “鳌翔馨城”商住楼	修建14幢144套商品房，建筑面积$9000m^2$	9500.00	2015年	
			30. 客运站	占地面积$8000m^2$、车站站房一幢及附属设施	1000.00	2015年	
			31. 滨河东路古街道建设	建设长约1km的道路，私人建房149户	9000.00	2014年	
			32. 中坝新村建设（含道路）	道路、绿化、广场和河道等建设工程	2000.00	2014年	
			33. 银杏园新村	道路、绿化、广场等建设工程	2000.00	2014年	
			34. 东岸步行街	修建土老式370m的步行街	1500.00	2014年	
			35. 地税办公楼建设	地税办公楼建设	200.00	2014年	
			小计		87360.00		
42	遵义县鸭溪镇	2013年3月底评审	1. 鸭溪镇市政广场	$9000m^2$	500.00	2014年	遵义县副县长杨劲松
			2. 黎明路北段	长220m、宽24m	300.00	2013年	
			3. 酒业大道	长2800m、宽36m	28000.00	2015年	
			4. 商业步行街	长328m、宽18m	600.00	2014年	
			5. 大岚路	长724m、宽24m	900.00	2014年	
			6. 河滨大道西侧北段	长210m、宽15m	450.00	2013年	
			7. 河滨大道东侧	长400m、宽15m	600.00	2014年	
			8. 长征路	长500m、宽24m	700.00	2014年	
			9. 鸭中路	长545m、宽24m	600.00	2015年	
			10. 财溪路、小康路、金钟路“白改黑”	约$30000m^2$	480.00	2014年	
			11. 鸭溪敬老院	$3275m^2$	350.00	2014年	
			12. 溪城名苑2期	$48000m^2$	8000.00	2015年	
			13. 北部新城A区	$45000m^2$	7000.00	2015年	

续表

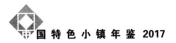

序号	示范镇名称	总体规划编制情况	启动项目名称	项目规模	项目总投资（万元）	完成时限	责任人
42	遵义县鸭溪镇	2013年3月底评审	14. 达锦园	25000m^2	4500.00	2014年	遵遵义县副县长杨劲松
			15.龙泉银座	17663m^2	3000.00	2014年	
			16.金钟苑	10200m^2	1800.00	2014年	
			17.莲花山公园	27000m^2	3000.00	2015年	
			小计		60780.00		
43	赤水市官渡镇	2013年3月底评审	1. 和平路防洪堤	长530m	567.00	2013年	赤水市副市长刘晓庆
			2. 污水处理厂		1075.00	2013年	
			3. 官渡大道B区商住楼	5700m^2	855.00	2013年	
			4. 新建街商住楼	2500m^2	375.00	2013年	
			5. 官渡林场职工房除险加固	44户	88.00	2013年	
			6. 保障性住房	600m^2	60.00	2013年	
			7. 农民自建房	25000m^2	3980.00	2013年	
			8. 酒业基地房屋搬迁工程		2000.00	2013年	
			9. 官渡大道建设	320m	2000.00	2013年	
			小计		11000.00		
44	正安县安场镇	已完成	1. 正安二中扩建	扩大40个班	6170.00	2013年	正安县县长孟喜副
			2. 政府片区开发一期建设	200亩	56000.00	2015年	
			3. 农民工创业城建设	85亩	23800.00	2015年	
			4. 小米庄村庄建设	100套	2000.00	2014年	
			5. 卫生院周转房	20套	200.00	2013年	
			6. 二中、五中、安一小、安二小、教师周转房	420套	4200.00	2015年	
			小计		92370.00		
45	绥阳县风华镇	已完成	1. 小城镇建设	2km^2	30000.00	2015年	绥阳县政府党组成员付光涛
			2. 城镇建设总规及详规		45.00	2013年	
			3. 路网建设		15.00	2013年	
			小计		30060.00		
六盘水市							
46	六枝特区岩脚镇	2013年3月底评审	1. 温泉度假村	42500m^2	18800.00	2013年	六枝特区副区长王赟
			2. 一中、二中学生宿舍	5100m^2	788.00	2013年	
			3. 2011年廉租房配套基础设施项目	道路建设78496.16m^2	3521.40	2013年	
			4. 六枝特区岩脚镇廉租房	200套	1100.00	2013年	
			小计		24209.40		

续表

序号	示范镇名称	总体规划编制情况	启动项目名称	项目规模	项目总投资（万元）	完成时限	责任人
47	六枝特区木岗镇	已完成	1. 木岗工业大道	3000m	12000.00	2013 年	六枝特区副区长王赟
			2. 小木岗安置点道路	2000m	850.00	2013 年	
			3. 木岗中学教学楼	4191m²	480.00	2013 年	
			4. 木岗中心幼儿园	2160m²	368.00	2013 年	
			5. 廉租房	1600 套	8800.00	2013 年	
			6. 2011 年廉租房配套基础设施投资项目	道路建设 69200m²	3281.00	2013 年	
			小计		25779.00		
48	盘县石桥镇	已完成	1. “四在农家”建设	3388 户	5100.00	2013 年	盘县常务副县长王成刚
			2. “四在农家”村寨道路硬化	219994m²	2700.00	2013 年	
			3. 妥乐风景名胜区建设	600 亩	21000.00	2014 年	
			4. 古银杏开发办公楼及广场	9900m²	2500.00	2014 年	
			5. 其他特色建设项目	7.2km 亮化	8700.00	2013 年	
			小计		40000.00		
49	水城县发耳镇	2013 年 3 月底评审	1. 敬老院建设	建筑面积 1213m²	170.00	2013 年	水城县副县长李仕强
			2. 发耳二中	占地 60 亩	2500.00	2014 年	
			3. 发耳安置区场地硬化	场地 10000m²	105.00	2013 年	
			4. 发耳文化休闲广场	占地 50 亩	3000.00	2014 年	
			5. 发耳主大街建设工程	长 2.97km、宽 64m	3500.00	2015 年	
			小计		9275.00		
50	钟山区大湾镇	已完成	1. 大湾农贸市场	12905m²	199.00	2013 年	钟山区副区长胡宝刚
			2. 政务大厅装修	495m²	30.80	2013 年	
			3. 垃圾池	15 个	6.75	2013 年	
			小计		236.55		
安顺市							
51	平坝县天龙镇	已完成	1. 樱花园项目	占地 35 亩	300.00	2013 年	平坝县副县长钟德崇
			2. 天龙屯堡大明城	占地 150 亩	3000.00	2014 年	
			3. 竹林新村生态搬迁	176 户	1112.00	2013 年	
			4. 双硐新村土地收储	占地 21 亩	72.00	2013 年	
			5. 芦车坝村庄整治	100 万元	100.00	2013 年	
			6. 天台村村庄整治	45 万元	45.00	2013 年	
			小计		4629.00		

续表

序号	示范镇名称	总体规划编制情况	启动项目名称	项目规模	项目总投资（万元）	完成时限	责任人
52	西秀区七眼桥镇	已完成	1. 规划编制	5.2km^2	25.00	2013 年	西秀区副区长冯文刚
			2. 路网、行政办公中心、安置房	用地 80 亩		2014 年	
			3. 计生大楼	1448m^2		2014 年	
			小计		25.00		
53	西秀区轿子山镇	已完成	1. 规划编制	405km^2	65.00	2013 年	西秀区副区长冯文刚
			2. 市政道路	长 600m、宽 28m	900.00	2013 年	
			3. 活动广场	7500m^2	500.00	2013 年	
			4. 农贸市场	3000m^2	200.00	2013 年	
			小计		1665.00		
54	普定县马官镇	已完成	1. 微型企业园区	占地 67 亩，98 户建房	500.00	2013 年	普定县副县长胡永国
			2. 天兴大道	长 2000m、宽 18m	12000.00	2014 年	
			3. 滨河大道	长 1100m、宽 24m	2000.00	2013 年	
			4. 群众文化广场	6400m^2	800.00	2014 年	
			5. 瑞金大道后续工程	长 1km、宽 24m	600.00	2013 年	
			6. 污水处理系统		1500.00	2014 年	
			7. 金荷大道	长 6800m、宽 10m	2530.00	2013 年	
			8. 荷包新村建设	占地 171.3 亩	860.00	2013 年	
			9. 大兴集贸市场建设	占地 51 亩	700.00	2013 年	
			10. 总规修编		51.00	2013 年	
			小计		21541.00		
55	镇宁县江龙镇	已完成	1. 总体规划编制	2.5km^2	20.00	2013 年	镇宁县县委副书记、副县长廖正海
			2. 村庄整治规划	26 个	130.00	2013 年	
			3. 活动场地建设	2000m^2	50.00	2013 年	
			4. 主、次干道建设改造	6km	650.00	2014 年	
			5. 路灯安装	50 盏	25.00	2013 年	
			6. 公交车站建设	2500m^2	300.00	2013 年	
			小计		1175.00		
56	紫云县水塘镇	2013 年 3 月初评审	1. 羊场农贸市场修建		100.00	2013 年	紫云县副县长骆建光
			2. 引水工程		498.00	2014 年	
			3. 垃圾清运系统建设		200.00	2013 年	
			4. 羊场村庄整治		180.00	2013 年	
			5. 格 # 整村推进项目		70.00	2013 年	
			6. 格 # 四在农家建设项目		5.00	2013 年	
			小计		1053.00		

续表

序号	示范镇名称	总体规划编制情况	启动项目名称	项目规模	项目总投资（万元）	完成时限	责任人
57	关岭县永宁镇	已完成	1. 永宁镇生态移民搬迁	9280m^{2}以及附属设施	1335.80	2014 年	关岭县副县长肖彩虹
			2. 垃圾填埋场	占地 80 亩	1000.00	2014 年	
			3. 排洪隧道建设	长 680m	600.00	2013 年	
			小计		2935.80		
毕节市							
58	七星关区清水铺镇	已完成	1. 连心路	0.25km	480.00	2013 年	七星关区委副书记聂忠志
			2. 返乡农民工创业园	标准厂房 7000m^2，解决 500 人就业	800.00	2014 年	
			3. 新建中心幼儿园	10000m^2	200.00	2013 年	
			小计		1480.00		
59	七星关区青场镇	已完成	1. 客运站	5000m^2	200.00	2013 年	七星关区常务副区长胡书龙
			2. 返乡农民工创业园	4000m^2	800.00	2014 年	
			3. 沿街商住楼	300 栋	15000.00	2015 年	
			4. 卫生院	3500m^2	500.00	2014 年	
			5. 幼儿园	1600m^2	200.00	2013 年	
			6. 青场春晖宾馆	3000m^2	3000.00	2015 年	
			7. 新区供水	500 吨	500.00	2014 年	
			8. 污水处理厂	1300 吨/日	900.00	2014 年	
			9. 新区电缆入地	2000m	200.00	2013 年	
			10. 周边山头绿化	2000 亩	100.00	2013 年	
			11. 中学桥	长 24m、宽 9m	130.00	2013 年	
			12.老街路灯安装	70 盏	35.00	2013 年	
			小计		21565.00		
60	大方县黄泥塘镇	2013 年 2 月下旬评审	1. 黄泥塘镇总体规划修编	总体规划修编	30.00	2013 年	大方县县委副书记吴雁俊
			2. 文化广场	广场 15000m^2	600.00	2014 年	
			3. 山体公园	公园占地 200 亩	400.00	2014 年	
			4. 镇区街面“白改黑”工程	15000m^2	140.00	2013 年	
			5. 黄织路（镇区段）提升改造工程	黄织路 1500m 街面提升改造	1100.00	2013 年	
			6. 新景观大道建设工程	景观大道长 2000m、宽 36m	8800.00	2014 年	
			7. 房屋立面提升改造工程（玻璃门及门头改造）	共 400 户玻璃门及门头改造	300.00	2013 年	
			8. 强弱电隐蔽工程	镇区电力电信管网隐蔽	350.00	2013 年	

续表

序号	示范镇名称	总体规划编制情况	启动项目名称	项目规模	项目总投资（万元）	完成时限	责任人
60	大方县黄泥塘镇	2013年2月下旬评审	9. 绿化、美化、路灯改造提升工程	对镇区实施绿化、美化、亮化工程	300.00	2013年	大方县县委副书记吴雁俊
			10. 黄泥塘镇返乡农民工创业园	20000m² 的标准化厂房及基础设施建设	3000.00	2014年	
			11. 黄泥塘大酒店	11层高，建筑面积7886m²	3000.00	2014年	
			12. 公租房建设	修建17层高楼2栋224套，每套60m²	4320.00	2014年	
			小计		22340.00		
61	黔西县素朴镇	2013年2月下旬评审	1. 环境整治	旅游文化标识、街面花卉、沿线美化、绿化、道路交通标示	260.00	2013年	黔西县常委副县长喻祖常
			2. 牌坊周围打造	拆迁房屋12户、建2000m² 接待中心及休闲广场	800.00	2013年	
			3.收费站道路两侧美化、绿化、亮化	生态家园39户72个门面、行道树种植100棵、路灯安装35盏、路面硬化8000m²	350.00	2013年	
			4. 打造收费站山体公园	50000m²	200.00	2014年	
			5. 完善新街立面	81户	250.00	2013年	
			6. 饮水工程	高位水池、管道铺设	750.00	2013年	
			7. 强弱电入地	3.1km	300.00	2013年	
			8. 新街门面木质广告牌	450户	72.00	2013年	
			9. 素兴大道路面整洁	人行道及路面整治、排污管网清理	800.00	2013年	
			10. 车站搬迁重建	3500m²	350.00	2014年	
			11. 返乡农民工创业园	30亩土地	1250.00	2014年	
			12. 30米大街	24m宽、840m长的迎宾路的修建及配套设施的完善	2500.00	2014年	
			13. 象祠旅游公路	5km	600.00	2013年	
			小计		8482.00		
62	金沙县沙土镇	已完成	1. “白改黑”及道路改扩建	长9000m，宽8m、12m	1692.00	2014年	金沙县委副书记何植林
			2. 供水系统改造		1700.00	2014年	
			3. 污水管网	3000m	150.00	2013年	
			4. 垃圾清运及附属设施		200.00	2013年	

续表

序号	示范镇名称	总体规划编制情况	启动项目名称	项目规模	项目总投资（万元）	完成时限	责任人
62	金沙县沙土镇	已完成	5. 水冲式公厕	100m²	18.00	2013 年	金沙县委副书记何植林
			6. 新建农贸市场	占地 30 亩	2000.00	2013 年	
			7. 公共停车场		100.00	2013 年	
			8. 健身广场		30.00	2013 年	
			9. 街道绿化	4000m	120.00	2013 年	
			10. 公园	占地 30 亩	250.00	2014 年	
			11. 街道亮化	新安路灯 60 盏	80.00	2013 年	
			12. 人行道铺装	长 4000m、宽 3m	200.00	2013 年	
			小计		6540.00		
63	织金县官寨乡	2013 年 2 月下旬评审	1. 南大街建设	780m，达吉安置小区道路建设 680m	2500.00	2014 年	织金县常务副县长熊朝云
			2. 彝族特色民居建设	184 户，每户 4 万元	736.00	2013 年	
			3. 彝族风格大门	3 个大门	270.00	2013 年	
			4. 农家乐	5 户	150.00	2013 年	
			小计		3656.00		
64	威宁县东风镇	已完成	1. 房屋住宅建设	45000m²	9500.00	2013 年	威宁县委副书记冯兴忠
			2. 商业小区路网	1.1km	900.00	2013 年	
			3. 集镇中心路网	3km	1800.00	2013 年	
			4. 城镇供水网	4.2km	150.00	2013 年	
			5. 污水处理厂	1000 吨/日	1055.00	2014 年	
			6. 污水管网	3km	320.00	2013 年	
			7. 水冲式公厕	4 个（600m²）	250.00	2013 年	
			8. 集镇供电网	1.8km	180.00	2013 年	
			9. 集贸市场	4500m²	350.00	2013 年	
			10. 老街道排水沟	4km	150.00	2013 年	
			11. 返乡农民工创业园	30 亩	1850.00	2014 年	
			12. 元木村肉鸽养殖	50000 羽	200.00	2013 年	
			13. 阿蒙也酒厂	年产 25 吨	150.00	2013 年	
			14. 街道河堤堡坎	3km	1360.00	2013 年	
			15. 幼儿园	1 所（1232.8m²）	250.00	2013 年	
			16. 客运站	2000m²	160.00	2013 年	
			17. 卫生院	4600m²	2000.00	2013 年	
			18. 敬老院	1140m²	220.00	2013 年	
			19. 休闲广场	3 个（1300m²）	650.00	2013 年	

续表

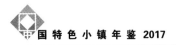

序号	示范镇名称	总体规划编制情况	启动项目名称	项目规模	项目总投资（万元）	完成时限	责任人
64	威宁县东风镇	已完成	20. 街道绿化	16000m^2	380.00	2013 年	威宁县委副书记冯兴忠
			21. 路灯安装	400 盏	240.00	2013 年	
			22. 灯带安装	700m	25.00	2013 年	
			23. 桥梁	4 座	760.00	2013 年	
			24. 梯田村耀康矿泉水	年产 3 万桶	220.00	2013 年	
			小计		23120.00		
65	纳雍县龙场镇	2013 年 2 月下旬评审	1. 人行道	6700m^2	165.00	2013 年	纳雍县常委、副县长黄开华
			2. 排污管道	2000m	50.00	2013 年	
			3. 路灯安装	76 盏	22.80	2013 年	
			4. 绿化靓化	235 万	71.10	2013 年	
			5. 道牙安装	2000m	35.00	2013 年	
			6. 农民工返乡创业园	30 亩	450.00	2013 年	
			7. 集镇中心广场	2650m^2	200.00	2013 年	
			小计		993.90		
铜仁市							
66	碧江区坝黄镇	2013 年 2 月下旬评审	1. 公办幼儿园	590m^2	200.00	2013 年	碧江区副区长杨通国
			2. 中学教师周转房	1000m^2	120.00	2013 年	
			小计		320.00		
67	江口县太平镇	已完成	1. 镇区规划	规划面积 2.62km^2	72.00	2013 年	江口县副县长徐建福
			2. 城镇主干道	长 7928m、宽 16m	9513.60	2014 年	
			3. 城市次干道	长 7879m、宽 12m	7091.10	2014 年	
			4. 社区级支路	长 3498m、宽 9m	2046.33	2014 年	
			5. 市政广场	占地面积 0.37 公顷和 0.49 公顷各一个	1200.00	2013 年	
			6. 垃圾中转站	地埋压缩式垃圾中转站 4 座	500.00	2014 年	
			7. 污水处理场	日处理污水 0.48 万 m^3，18360m 污水管网	3800.00	2014 年	
			8. 给水工程	自来水厂 1 座，18360m 给水管网，11377m 消防供水管网	5600.00	2014 年	
			9. 新区绿化工程		2200.00	2013 年	
			10. 新区亮化工程		3200.00	2013 年	
			11. 农贸市场	占地 1.2 公顷	2100.00	2013 年	
			12. 湿地公园	占地 130 亩	3346.00	2014 年	

续表

序号	示范镇名称	总体规划编制情况	启动项目名称	项目规模	项目总投资（万元）	完成时限	责任人
67	江口县太平镇	已完成	13. 供电工程	新增变电站1座，地埋式供电系统	3600.00	2014年	江口县副县长徐建福
			14. 新区生态防洪堤	长2950m	1500.00	2014年	
			15. 公厕	新建公厕11所	250.00	2013年	
			16. 太平中学整体搬迁	新建教学楼、实验室3栋，宿舍及其他附属建筑5栋	3000.00	2014年	
			17. 太平小学整体搬迁	新建教学楼2栋,宿舍及其他附属建筑3栋	2000.00	2014年	
			18. 太平中心幼儿园	新建教学楼1栋、宿舍1栋、食堂1栋	600.00	2014年	
			小计		51619.03		
68	松桃县寨英镇	2013年2月下旬评审	1. 焦溪宝边新农村建设	160000m²	3500.00	2014年	松桃县副县长黄啸
			2. 小城镇核心区建设	170000m²	53600.00	2015年	
			小计		57100.00		
69	石阡县中坝镇	已完成	街道硬化	主街道长158m、宽0.3m。附属实施消防通道。排污沟，盖板长300m、宽2m	210.00	2013年	石阡县副县长龙晓成
			小计		210.00		
70	思南县塘头镇	已完成	1. 人民医院	二级医院	5600.00	2014年	思南县副县长张延高
			2. 甲秀大道项目	2.58km	25000.00	2014年	
			3. 借宿制小学	103亩	8000.00	2014年	
			4. 甲秀广场	10680m²	2000.00	2013年	
			5.污水处理厂	日处理2000吨/天	1170.00	2014年	
			6. 第二幼儿园	10亩	200.00	2013年	
			7. 塘头客运站	6000m²	700.00	2013年	
			小计		42670.00		
71	玉屏县田坪镇	已完成	农产品综合交易市场	4m×8m门面房100个，摊位800个	3000.00	2013年	玉屏县副县长胡有志
			小计		3000.00		
72	沿河县官舟镇	2013年2月下旬评审	1. 牛羊肉食品加工厂扩建项目	厂房及配套设施	3000.00	2013年	沿河县副县长秦智坤
			2. 官舟防洪堤工程	基础设施	250.00	2013年	
			3. 车站建设项目	厂房及配套设施	2000.00	2013年	
			4. 旧城改造步行街工程建设项目	新建房产及基础设施	999.00	2013年	

续表

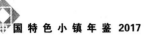

序号	示范镇名称	总体规划编制情况	启动项目名称	项目规模	项目总投资（万元）	完成时限	责任人
72	沿河县官舟镇	2013 年 2 月下旬评审	5. 四松二级综合医院建设项目	新建房产及基础设施	20000.00	2014 年	沿河县副县长秦智坤
			6. 官舟花炮厂技改扩能项目	厂房及配套设施	7000.00	2013 年	
			7. 诚信引火线厂	厂房及配套设施	10000.00	2013 年	
			小计		43249.00		
黔东南州							
73	凯里市龙场镇	2013 年 2 月下旬评审	1. 主干道	长 530m、宽 20m	705.00	2013 年	凯里市政府党组成员王华
			2. 办公楼	建筑面积 2500m^2	380.00	2013 年	
			3. 虎庄农贸市场	78 个摊位，10 间门面	35.00	2013 年	
			小计		1120.00		
74	丹寨县兴仁镇	2013 年 2 月下旬评审	1. 1 号道路	340m	204.00	2013 年	丹寨县副县长吴鹏
			2. 2 号道路	800m	480.00	2013 年	
			3. 兴仁镇小学至林业站旧城区道路改造	1000m	250.00	2014 年	
			4. 黄泥塘片区小城镇建设规划	0.78km^2	27.30	2013 年	
			5. 黄泥塘至蓝莓基地城市道路建设	691.03m	172.80	2014 年	
			6. 廉租房建设	100 套	800.00	2013 年	
			7. 生态移民建设	51 户	765.00	2013 年	
			8. 烧茶片区工业园建设	0.7km^2	2625.00	2014 年	
			9. 兴仁镇沿湖景区建设	350m	350.00	2014 年	
			10. 农贸市场升级改造	0.43km^2		2014 年	
			小计		5674.10		
75	麻江县宣威镇	已完成	社区办公用房		60.00	2013 年	麻江县常务副县长李文禹
			小计		60.00		
76	黄平县旧州镇	2013 年 3 月初评审	1. 且兰大道	道路长 2.4km、宽 45m	7900.00	2014 年	黄平县副县长王锐崛
			2. 风貌整治	共整治房屋 386 栋	7760.00	2013 年	
			小计		15660.00		
77	施秉县牛大场镇	已完成	药城大道			2015 年	施秉县副县长彭峰
			小计		0.00		
78	镇远县青溪镇	已完成	1. 青溪镇污水厂项目	日处理 4000m^3 污水处理厂一座，收集管网 18km，泵站 2 座	2800.00	2015 年	镇远县副县长杨和

续表

序号	示范镇名称	总体规划编制情况	启动项目名称	项目规模	项目总投资（万元）	完成时限	责任人
78	镇远县青溪镇	已完成	2. 农贸市场	4800m²	1000.00	2013 年	镇远县副县长杨和
			小计		3800.00		
79	三穗县台烈镇	已完成	1. 台烈村防洪堤项目	堤长 1120m，标准 5 年一遇	104.00	2014 年	三穗县副县长刘永禄
			2. 上坪村土地整理项目	平整滩涂 4 处，建防洪堤 3 处，田间道 1 处等	499.00	2013 年	
			3. 寨头民族旅游村寨建设	新农村建设，建设4A 级民族旅游村寨。建设道路、给排水、垃圾处理、停车场、蚩尤庙等	29800.00	2014 年	
			小计		30403.00		
80	锦屏县敦寨镇	已完成	1. 锦屏工业园区基础设施建设项目（次干道一期工程）	敦新大道 3.84km	22500.00	2013 年	锦屏县副县长范修文
			2. 廉租房建设	200 套 × 50m²	1400.00	2013 年	
			小计		23900.00		
81	剑河县岑松镇	已完成	1. 供水工程	日供水量 1000 吨/日	440.00	2014 年	剑河县副县长龙运俊
			2. 供电项目	新建岑松镇 220kV 变电站	2500.00	2014 年	
			3. 中心卫生院扩建工程	扩建面积 2500m²	350.00	2014 年	
			4. 农贸市场项目	建设面积 2000m²	40.00	2013 年	
			5. 排水工程	新建集镇排水沟 5000m，安装排污管 5500m。其中，2013 年新建集镇排水沟 2000m，安装排污管 2500m；2014 年新建集镇排水沟 3000m，安装排污管 3500m	772.00	2014 年	
			小计		4102.00		
82	从江县下江镇	已完成	1. 亮化工程	120 盏	56.00	2013 年	从江县常务副县长肖金城
			2. 下江跨江大桥	长 250m、宽 10m	4000.00	2015 年	
			3. 绿化工程	2600m²	60.00	2013 年	
			小计		4116.00		
83	榕江县忠诚镇	2013 年 3 月 20 日评审	1. 镇区地形现状图测绘		15.00	2013 年	榕江县常务副县长黄金鼎
			2. 总体规划	6 万 km²	16.00	2013 年	
			3. 控制性详细规划	6 万 km²	16.00	2013 年	

续表

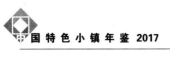

序号	示范镇名称	总体规划编制情况	启动项目名称	项目规模	项目总投资（万元）	完成时限	责任人
83	榕江县忠诚镇	2013 年 3 月 20 日评审	4. 拟建忠城镇二环路	全长约 3327m、道路宽度 48m	120000.00	2015 年	榕江县常务副县长黄金鼎
			5. 拟建农贸市场	用地面积 1 万 m^2	2000.00	2014 年	
			6. 拟建垃圾填埋场	用地面积 3 万 m^2	3000.00	2015 年	
			7. 拟建中心文化广场	用地面积 5000m^2	2000.00	2015 年	
			8. 新建滨河休闲广场	用地面积 2000m^2	50.00	2015 年	
			9. 拟建敬老院	用地面积 1000m^2	800.00	2014 年	
			10. 新建防洪堤工程	全长 1000m^2	500.00	2015 年	
			11. 拟建忠城滨河路	全长约 3000m、道路宽 20m	7000.00	2015 年	
			12. 主大街改造	全长约 2000m、宽 14m	800.00	2015 年	
			13. 西环路改造	全长约 2000m、宽 20m	1200.00	2015 年	
			14. 主大街建筑立面风貌整治	全长约 2000m	4000.00	2015 年	
			15.西环路建筑立面风貌整治	全长约 200m	4000.00	2015 年	
			小计		145397.00		
黔南州							
84	三都县周覃镇	2013 年 3 月底评审	1. 垃圾转运站及配备环卫作业工具	占 60m^2	100.00	2013 年	三都县委常委潘仕进
			2. 街道硬化工程和排水沟建设工程	街道硬化 66000m^2，排水沟总长 3300m	1800.00	2013 年	
			3. 生活垃圾填埋场	日处理 68.2 吨（服务范围为九阡镇、扬拱乡、中和镇、三洞乡、恒丰乡、廷牌镇）	6000.00	2014 年	
			4. 现代农业示范区道路建设	5000m 机耕道	200.00	2013 年	
			5. 新合至新荣集镇区外环路建设工程	长 2000m、宽 30m	4000.00	2014 年	
			6. 教化坡新区开发建设工程	区间道 200m、民族特色一条街 100m 及配套设施等	4000.00	2014 年	
			小计		16100.00		
85	长顺县广顺镇	已完成	1. 廉租房一期	114 套	1100.00	2013 年	长顺县常务副县长郭兴文
			2. 外环大道电网改造	6km	760.00	2013 年	

续表

序号	示范镇名称	总体规划编制情况	启动项目名称	项目规模	项目总投资（万元）	完成时限	责任人
85	长顺县广顺镇	已完成	3. 顺邑溪府、复兴广场	20000m^2	8000.00	2014 年	长顺县常务副县长郭兴文
			4. 但明伦博物馆	2400m^2	1500.00	2013 年	
			小计		11360.00		
86	瓮安县猴场镇	已完成	1. 恢复古戏楼内阁中书策	6000m^2	8000.00	2013 年	瓮安县常务副县长犹永凯
			2. 停车场	3000m^2	400.00	2013 年	
			3. 瓮水长歌广场	10000m^2	2000.00	2013 年	
			4. 公租房和廉租房建设	建设 80 套公租房	1200.00	2013 年	
			5. 镇幼儿园教学楼建设项目	10000m^2	500.00	2014 年	
			小计		12100.00		
87	都匀市墨冲镇	已完成	1. 农贸市场续建工程项目	占地面积 12000m^2	400.00	2013 年	都匀市副市长张仁德
			2. 河西大道	长 1.5km、宽 18m	540.00	2014 年	
			3. 环城路建设	长约 2.8km	15000.00	2015 年	
			小计		15940.00		
88	龙里县醒狮镇	已完成	1. 示范小城镇建设项目	建设镇区 6.5km 道路、配套建设路网、管网、绿化、照明、电力线缆等设施	3500.00	2014 年	龙里县副县长王明友
			2. 污水处理工程	日处理污水 1500m^3	1800.00	2014 年	
			3. 供水项目	日供水 2000m^3 自来水厂及水源工程	3000.00	2014 年	
			4. 幼儿园	建设幼儿园校舍 1700m^2 及相关配套设施	250.00	2013 年	
			5. 根雕和奇石展厅中心	250m^2 展示大厅，展品共计 100 余件	200.00	2013 年	
			6. 特色养殖项目	养殖绿壳蛋鸡 5000 羽，香猪 30 头	60.00	2013 年	
			7. 汉湟房地产项目	修建商品住房 76000m^2，农贸市场 9000m^2	7400.00	2015 年	
			小计		16210.00		
89	荔波县甲良镇	已完成	1. 旧城改造项目	总建筑面积 2 万 m^2	3000.00	2015 年	荔波县副县长莫春继
			2. 保障性住房	建 920 套，9.46 万 m^2	4600.00	2014 年	
			3. 市政路改造项目	3000m	2000.00	2014 年	
			4. 阁龙古镇	旅游度假酒店、旅游休闲等项目	25000.00	2015 年	

续表

序号	示范镇名称	总体规划编制情况	启动项目名称	项目规模	项目总投资（万元）	完成时限	责任人
89	荔波县甲良镇	已完成	5. 移民建设项目	960 户，4032 人	4838.40	2013 年	荔波县副县长莫春继
			6. 排污工程建设项目	长 2000m、宽 3.5m	650.00	2014 年	
			7. 污水处理建设项目	长 2500m、宽 0.8m	750.00	2014 年	
			8. 垃圾填埋场建设项目	$8000m^2$、$1000m^3$	1500.00	2014 年	
			9. 绿化及亮化项目	绿化 4 万 m^2，亮化 2.5km	550.00	2013 年	
			10. 农产品交易市场建设项目	钢架棚三个 $2500m^2$	250.00	2013 年	
			11. 五塘洞河流防洪堤建设项目	长 15m、宽 3m	250.00	2013 年	
			12. 五塘洞河流蓄水坝建设项目	长 15m、宽 3m	100.00	2013 年	
			13. 斗牛场建设项目	①场地建设面积 $3500m^2$ ②观众席 5000 座 ③道路硬化面积 $8000m^2$	500.00	2014 年	
			14. 文化广场建设项目	$2500m^2$	100.00	2014 年	
			15. 体育运动场建设项目	$40000m^2$	500.00	2014 年	
			16. 旅游公厕建设项目	3 个公厕，每个 $50m^2$	200.00	2013 年	
			17. 旅游停车场建设项目	$10000m^2$	200.00	2014 年	
			18. 旅游购物休闲区建设项目		800.00	2014 年	
			19. 民族风情度假村建设		2000.00	2015 年	
			20. 文化展览馆建设项目		450.00	2014 年	
			21. 山地跑马场建设项目		1000.00	2015 年	
			小计		49238.40		
90	惠水县好花红乡	已完成	好花红布依民居	$2.4km^2$	200000.00	2014 年	惠水县副县长罗国江
			小计		200000.00		
91	福泉市牛场镇	2013 年 3 月 13 日评审	1. 新区道路建设	道路长 1610m、宽 26m	3600.00	2014 年	福泉市副市长刘建春
			2. 临街房屋立面改造	3.5km	5000.00	2014 年	
			3. 磷康大道路灯节能改造	改造节能路灯 150 盏	160.00	2014 年	
			4. 汽车站门口破损道路改造	$1200m^2$	70.00	2013 年	
			5. 老镇区排污系统改造	3km	200.00	2013 年	
			小计		9030.00		

续表

序号	示范镇名称	总体规划编制情况	启动项目名称	项目规模	项目总投资（万元）	完成时限	责任人
92	罗甸县边阳镇	已完成	黄泥坳、打讲、罗木三个村无公害蔬菜基地配套设施工程	新建100亩农业产业示范区（含冷库及200亩育苗大棚）；9000m长、4m宽机耕道；提灌站3座；9000m长，内空50cm×50cm灌溉渠道；3000m长排行沟			罗甸县副县长黄元智
黔西南州							
93	兴义市清水河镇	2013年3月底评审	1. 综合服务区路网工程	园区道路建设，属城镇次干道三级，全长4587.65m	4500.00	2013年	兴义市副市长胡正军
			2. 清水河初级中学	项目分两期建设，一期为教学楼，学生宿舍，校区道路及绿化，学生食堂。二期为科技楼，图书馆，操场等建设	3500.00	2014年	
			3. 邮政所	邮政所办公区	46.00	2013年	
			4. 路网绿化工程	综合服务区路网绿化	1650.00	2013年	
			小计		9696.00		
94	兴义市泥凼镇	已完成	1. 民居改造	围绕何应钦故居建筑风格进行立面改造	2500.00	2013年	兴义市副市长胡正军
			2. 农贸市场建设	在镇区新建农贸市场（达到集市不占用镇区街道经营的传统；扩大市场）	2000.00	2013年	
			3. 镇区街道照明，景观灯安装	在镇区街道安装太阳能路灯、景观灯100盏	47.90	2013年	
			4. 扶贫移民搬迁工程	在镇区规划范围内，在孟家凼子设立安置点	2500.00	2013年	
			5. 养老院建设项目	在规划区内，新田组修建养老院	180.00	2013年	
			6. 中、小学，幼儿园建设	修建教师周转房、新建小学、中学扩建、幼儿园完善基础设施	700.00	2013年	
			小计		7927.90		
95	兴仁县巴铃镇	正委托设计单位	1. 农贸市场	10000m^2	2500.00	2015年	兴仁县副县长王尧忠
			2. 政府路、东街路改造	600m	500.00	2015年	
			小计		3000.00		

续表

序号	示范镇名称	总体规划编制情况	启动项目名称	项目规模	项目总投资（万元）	完成时限	责任人
96	贞丰县白层镇	2013年3月底评审	1. 卫生院建设	建筑面积1200m²	239.00	2014年	贞丰县副县长梁启超
			2. 幼儿园建设	2000m²	320.00	2013年	
			3. 风情街打造	房屋装饰110户，街面改造690m	700.00	2013年	
			小计		1259.00		
97	安龙县龙广镇	已完成	1. 贵州省金源投资有限公司60万吨铁合金工程	367392m²	300000.00	2015年	安龙县副县长查世海
			2. 历史文化古街一期工程	31028.84m²	417.12	2013年	
			3. 龙归园公墓	200100m²	63.35	2013年	
			4. 中心小学改建	29444.715m²	118.96	2014年	
			5. 村庄整治		260.30	2013年	
			6. 便民利民服务中心综合办公楼	970.3m²	811.82	2014年	
			7. 祥龙花园商住小区	19343m²	4270.08	2014年	
			8. 集贸市场	27686.46m²	500.00	2014年	
			9.历史文化街二期工程	500250m²	1812.30	2015年	
			小计		308253.93		
98	晴隆县沙子镇	2013年3月底评审	1. 客运站建设	600m²	65.00	2013年	晴隆县副县长刘华
			2. 镇区控制性规划	2km²	44.00	2013年	
			3. 镇区1:500地形图测绘	3km²	12.00	2013年	
			小计		121.00		
99	册亨县坡妹镇	2013年3月底评审	1. 规划修编	2km²	11.00	2013年	册亨县副县长徐炼
			2. 特色小城镇建设规划	3km²	200.00	2013年	
			3. 2012年易地扶贫搬迁项目	162户，700人	435.00	2013年	
			4. 集贸市场建设	10000m²	300.00	2014年	
			5. 路灯安装项目	104盏	50.00	2013年	
			6. 2013年易地扶贫搬迁项目	191户753人		2014年	
			小计		996.00		
100	望谟县蔗香乡	已完成	1. 街道排水沟	修建排洪沟380m	78.00	2013年	望谟县副县长郑梦英
			2. 新建文化大道	修建310大道	90.00	2013年	
			小计		168.00		

海南省人民政府办公厅 关于建立海南省特色产业小镇产业发展和建设工作联席会议制度的通知

琼府办〔2015〕219号

各市、县、自治县人民政府，省政府直属各单位：

为贯彻落实《海南省人民政府关于印发全省百个特色产业小镇建设工作方案的通知》（琼府〔2015〕88号）精神，加强部门间统筹协调，形成合力，加快推进百个特色产业小镇建设，经六届省政府45次常务会议审议通过，决定建立海南省特色产业小镇产业发展和建设工作联席会议制度。现将有关事项通知如下：

一、组成人员

召集人：毛超峰（省委常委、省政府常务副省长）

成　员：林　涛（省政府副秘书长）

林回福（省发展改革委主任）

陈铁军（省旅游委副主任）

王晓桥（省农业厅副厅长）

符传智（省工业和信息化厅副巡视员）

王惠平（省财政厅副厅长）

杨毅光（省文化广电出版体育厅副厅长）

曹　江（省卫生计生委副巡视员）

张信芳（省国土资源厅总工程师）

岳　平（省生态环保厅副厅长）

陈孝京（省住房城乡建设厅副厅长）

刘保锋（省交通运输厅副厅长）

王克强（省商务厅副厅长）

赵庆慧（省科技厅副厅长）

潘建纲（省海洋与渔业厅副巡视员）

沈仲韬（省水务厅副厅长）

周亚东（省林业厅总工程师）

王任飞（省农垦总局副局长）

周诗铜（省统计局副局长）

林继军（省政府金融办副主任）

联席会议成员因工作变动需要调整的，由所在单位提出，联席会议确定。

联席会议办公室设在省发展改革委，承担联席会议日常工作，由省发展改革委副主任王长仁担任办公室主任。主要负责收集联席会议议题，起草联席会议通知，组织安排联席会议，印发联席会议纪要，协调督促落实联席会议决定等。

二、主要任务

（一）贯彻落实党中央、国务院和省委、省政府有关产业小镇建设发展工作的决策部署。

（二）研究制定推进百个特色产业小镇建设与发展的政策措施。

（三）统筹审定百个特色产业小镇建设与发展规划，研究提出产业小镇建设与发展年度工作计划，协调解决百个特色产业小镇建设与发展过程中的重大问题，督促落实产业小镇建设与发展工作任务。

（四）研究制定百个特色产业小镇建设与发展年度考核体系和考核办法，组织实施特色产业小镇建设与发展年度考核。

（五）研究制定产业小镇建设与发展验收办法，组织验收特色产业小镇建设与发展成果，审核认定特色产业小镇命名。

（六）承办省委、省政府交办的其他事项。

三、工作规则

联席会议原则上每季度召开一次，一般安排在每个季度初，总结交流上季度工作情况，研究部署本季度工作任务，根据工作需要可临时召开。联席会议由召集人或召集人委托的相关部门负责人主持，议题由联席会议办公室负责收集，经召集人审定后提交会议。联席会议以会议纪要形式明确议定事项，印发给各成员单位和有关方面贯彻落实。

四、成员单位工作分工

省发展改革委：承担联席会议办公室日常工作。具体负责全省特色产业小镇的规划布局，整合本部门资源，牵头指导和强力推进全省特色产业小镇加快规划建设。

省旅游委：负责指导旅游特色产业小镇的规划建设，整合本部门资源，支持特色产业小镇强化旅游功能。

省农业厅：负责牵头指导农业产业特色小镇的规划建设，整合本部门资源，支持特色产业小镇打造特色农业。

省工业和信息化厅：具体负责指导全省特色产业小镇的产业转型升级工作。整合本部门资源，支持特色产业小镇加快产业发展。牵头指导互联网产业小镇的规划建设。

省财政厅：负责做好享受财政扶持政策特色产业小镇的审核和兑现工作，引导各地安排资金支持特色产业小镇加快规划建设。

省文化广电出版体育厅：具体负责全省特色产业小镇的宣传工作以及特色产业小镇文化内涵的挖掘和打造。整合本部门资源，支持特色产业小镇强化文化功能建设。

省卫生计生委：具体负责指导全省特色产业小镇的卫生事业发展工作。

省国土资源厅：负责做好享受用地扶持政策特色小镇的审核和兑现工作，指导各地强化特色小镇用地保障，创新节约集约用地机制。

省生态环保厅：负责指导全省特色产业小镇的生态建设工作。

省住房城乡建设厅：负责指导全省特色小镇的建设规划和功能完善，指导全省特色小镇工程建设实施工作。

省交通运输厅：负责指导全省特色产业小镇的交通和物流体系建设。

省商务厅：负责指导全省特色小镇电子商务的提升和涉外业务发展。

省科技厅：负责指导全省特色小镇的科技创新工作，整合本部门资源，支持特色小镇加快科技创新。

省海洋与渔业厅：负责牵头指导渔业产业特色小镇的规划建设。

省水务厅：负责指导全省特色产业小镇的水利建设工作。

省林业厅：负责指导和支持全省特色产业小镇的林业经济发展。

省农垦总局：负责牵头指导农垦总局所属特色产业小镇的规划建设。

省统计局：负责建立全省特色小镇创建工作的数据平台，收集汇总相关数据，研究提出年度考核指标体系。

省政府金融办：负责创新全省特色小

镇的投融资机制，整合本部门资源，支持特色小镇创建工作。

五、工作要求

各成员单位要按照职责分工，主动研究特色产业小镇建设与发展工作推进中的有关问题，及时向联席会议办公室提出需联席会议讨论的议题，按要求参加联席会议，认真落实联席会议确定的工作任务和议定事项；要加强沟通，密切配合，相互支持，形成合力，充分发挥联席会议作用，形成高效运行的工作机制。

海南省人民政府办公厅

2015 年 11 月 10 日

海南省人民政府关于印发《海南省百个特色产业小镇建设工作方案》的通知

琼府〔2015〕88 号

各市、县、自治县人民政府，省政府直属各单位：

《海南省百个特色产业小镇建设工作方案》已经省政府同意，现印发给你们，请认真贯彻落实。

海南省人民政府

2015 年 10 月 19 日

海南省百个特色产业小镇建设工作方案

根据省政府工作部署，全省在“多规合一”中先行选择 100 个特色产业小镇进行规划建设。为加快推进百个特色产业小镇建设工作，落实好省委、省政府推动全省经济转型升级、统筹城乡发展的一系列重大决策，结合实际，制定本方案。

一、总体要求

（一）重要意义。特色产业小镇是相对独立于市区（县城），具有明确产业定位、文化内涵和一定社区功能的发展空间平台，可以区别于行政区划单元规划。规划建设一批特色产业小镇，是各市县“多规合一”的重要内容，是推进就地城镇化的重要突破口，是带动农民群众脱贫致富奔小康的重要抓手。加快全省百个特色产业小镇建设发展，有利于推动各市县积极谋划产业发展，找准建设项目，扩大有效投资；有利于利用好当地自然、文化资源，加强产业培育，推动资源整合；有利于促进县域尤其是农村经济发展，增加农民收入，促进农村贫困人口脱贫；有利于加快推进产业融合、产业集聚、产业创新和产业升级，形成新的经济增长点。

（二）产业定位。从实际出发，结合当地资源、产业条件，以热带特色高效农业、旅游、互联网、医疗健康、渔业、民族文化等产业为发展重点。坚持产业的带动性，产业的发展要带动当地居民脱贫致富并能长期受益；坚持产业的成长性，对具有良好市场前景能带来高收益的项目，即使属于成长期，也给予支持和扶持；坚持产业的生态性，无论是农业的种养加工还是旅游、医疗保健，都以不破坏生态环境为基本准则；根据每个特色产业小镇功能定位实行分类指导，努力做到产业、文化、旅游“三位一体”。

（三）建设目标。力争用 3 年时间，百个特色产业小镇的产业发展全面提速，一批立足本地资源的产业形成并壮大，全省县域经济的活力、竞争力和可持续性全面加强。通过特色产业小镇的产业发展，全省产业结构得到优化调整，产业融合度有效提升，新的经济增长点逐步形成，居民收入尤其是农村居民收入明显提高。新型城镇化全面推进，产城融合进一步深化，生产、生活、生态相融合得到强化，一批新的独具风格的风情小镇得以形成。

二、主要任务

（一）明确建设思路。考虑到我省镇（乡）绝大多数以农业为主体，产业化发展滞后，人均收入少，消费水平低，镇区建设落后，特色产业小镇按照以下原则进行建设：一是以产兴镇，即针对现状比较落后，暂时还不具备对镇区进行大规模投资建设但具有优势产业的小镇，以培育优势产业为主。在产业的发展中，居民增加收入、企业壮大实力、镇（乡）财政增收。经过一个阶段的发展后，再开展镇区建设。二是以镇促产，对于产业基础、区位条件好的小镇，创造条件进行镇域局部或全面改造，通过镇区等改造促进旅游等相关产业发展，提高就地城镇化水平。（省发展改革委、省住房城乡建设厅、省国土资源厅、省财政厅、各市县政府负责，排第一位者为牵头负责部门，其他部门及市县政府按照职责分工负责或者配合，下同）

坚持政府引导、企业主体、市场化运作。政府加强引导和服务保障，在规划编制、基础设施配套、资源要素保障、文化内涵挖掘传承、生态环境保护等方面更好发挥作用。企业（合作社）作为特色产业小镇项目的主要投资建设主体，负责推进项目建设。（各市县政府负责）

（二）落实“六个一”目标和工作机制。具体如下：

一个发展目标，每个小镇都要确立明确的、切合实际的产业发展目标。（各市县政府负责，2015 年 10 月 31 日前完成）

一个产业规划定位，明确产业方向、定位、项目工程安排。抓紧组织编制特色产业小镇产业发展及建设规划，将特色产业小镇和 12 个重点产业发展相衔接，明确每个小镇的产业目标、方向和重点项目，并纳入到“多规合一”当中。（各市县政府负责，2015 年 11 月 30 日前完成）

一个议事协调机构，省及各市县要建立特色产业小镇发展的议事协调机构。（省发展改革委、各市县政府负责，2015 年 10 月 31 日前完成）

一个具体机构，省、市县、各产业小镇要设立产业小镇发展的办事机构。（省发展改革委、各市县政府负责，2015 年 10 月 31 日前完成）

一批扶持资金，一是设立产业小镇产业发展引导基金，重点用于产业小镇的产业培育；二是各方面的财政专项资金（基金）在符合投向的情况下，要向产业小镇的产业发展及相关基础设施建设等项目倾斜；三是多渠道解决小镇产业发展的融资问题。（省发展改革委、省财政厅、省政府金融办、国家开发银行海南省分行、中国农业发展银行海南省分行、省农村信用社

联合社负责，2015年11月31日前完成）

一套支持政策措施，系统完善特色产业小镇的产业、建设等政策措施，加强产业、住房城乡建设、国土和环保等方面在小镇上的“多规合一”，为小镇发展提供政策支持。（省发展改革委、省财政厅、省住房城乡建设厅、省国土资源厅、省生态环保厅、省工业和信息化厅、省国税局、省地税局、省统计局负责，2015年10月31日前完成）

（三）完善创建程序。

1. 规划审核。由各市县组织编制特色产业小镇产业发展及建设规划。规划先分别由省政府相关职能部门进行初审，再由省特色产业小镇产业发展和建设工作联席会议办公室组织联审，报省特色产业小镇产业发展和建设工作联席会议审定。（省发展改革委、省国土资源厅、省住房城乡建设厅、省生态环保厅、省林业厅、省海洋与渔业厅、省水务厅负责，2015年10月31日前完成）

2. 年度考核。对确定的省重点培育的特色产业小镇，建立年度考核制度，考核结果纳入各市、县政府目标考核体系。（省统计局、省发展改革委、省财政厅、省国土资源厅、省住房城乡建设厅、省生态环保厅、省林业厅、省海洋与渔业厅、省水务厅负责）

3. 验收命名。对实现规划建设目标、达到特色产业小镇标准要求的，由省特色产业小镇产业发展和建设工作联席会议组织验收，通过验收的予以认定。（省发展改革委、省财政厅、省国土资源厅、省住房城乡建设厅、省生态环保厅、省林业厅、省海洋与渔业厅、省水务厅、省统计局负责）

三、政策措施

（一）土地要素保障。各市县特色产业小镇产业发展及建设规划经审核批准后，纳入规划的项目建设用地要纳入各市县“多规合一”中予以保障。特色产业小镇项目建设要按照节约集约用地要求，首先着眼于盘活存量建设用地。具体的保障办法及奖惩措施由省国土资源厅牵头提出，报省特色产业小镇产业发展和建设工作联席会议审定。（省国土资源厅、省生态环保厅、省住房城乡建设厅、省发展改革委负责，2015年10月31日前完成）

（二）财政支持。特色产业小镇在创建期间及验收命名后，其规划范围内的新增财政收入部分，省财政可考虑给予一定返还，具体政策由省财政厅牵头提出，报省特色产业小镇产业发展和建设工作联席会议审定。（省财政厅、省国税局、省地税局、省国土资源厅、省生态环保厅、省住房城乡建设厅、省发展改革委负责，2015年11月31日前完成）

（三）金融支持。通过多渠道、多形式解决特色产业小镇规划项目融资问题。由省发展改革委会同省政府金融办，联合有关开发性金融机构，研究制定支持百个产业小镇重点工程建设的指导意见，报省特色产业小镇产业发展和建设工作联席会议审定。（省发展改革委、省财政厅、省政府金融办、国家开发银行海南省分行、中国农业发展银行海南省分行、省农村信用社联合社负责，2015年10月31日前完成）

（四）政策整合。各地和省级有关部门要积极研究制订具体政策措施，整合优化政策资源，简化审批程序，加强沟通协调和具体服务，给予特色产业小镇规划建设强有力的政策支持。（省发展改革委、省财政厅、省住房城乡建设厅、省国土资源厅、省生态环保厅、省林业厅、省海洋与渔业厅、省水务厅、省国税局、省地税局、省统计局负责，2015年12月31日前完成）

四、组织领导

（一）建立协调机制。省政府设立省特色产业小镇产业发展和建设工作联席会议制度，由常务副省长担任召集人，省发展改革委、省旅游委、省农业厅、省工业和信息化厅、省财政厅、省文化广电出版体育厅、省卫生计生委、省国土资源厅、省住房城乡建设厅、省生态环保厅、省交通运输厅、省商务厅、省科技厅、省海洋与渔业厅、省水务厅、省林业厅、省农垦总局、省统计局、省政府金融办等单位负责人为成员。联席会议办公室设在省发展改革委，承担联席会议日常工作。（省发展改革委、省编办负责，2015 年 10 月 31 日前完成）

（二）推进责任落实。各市县是特色产业小镇培育创建的责任主体，要建立实施推进工作机制，加强组织协调，搞好规划建设，确保各项工作落实。（各市县政府负责）

（三）加强动态监测。各市县要按季度报送特色产业小镇创建工作进展和形象进度情况，省里在一定范围内进行通报。（省发展改革委、各市县政府负责）

海南省住房和城乡建设厅关于印发《海南省特色风情小镇建设指导意见》的通知

琼建村〔2014〕53 号

各市县住建（规划）局、洋浦规划建设土地局，海口市龙华区、美兰区、琼山区、秀英区住建局：

为了进一步贯彻落实省委、省政府关于推动海南特色城镇化的战略部署，加快推进我省特色风情小镇建设步伐，现将《海南省特色风情小镇建设指导意见》印发给你们，请结合实际，认真贯彻执行。

附件：海南省特色风情小镇建设指导意见

海南省住房和城乡建设厅

2014 年 4 月 9 日

附件　海南省特色风情小镇建设指导意见

为了进一步贯彻落实省委、省政府关于推动海南特色城镇化的战略部署，加快推进我省特色风情小镇建设步伐，提升国际旅游岛建设品位，根据《海南省人民政府关于加强村镇规划建设管理工作的意见》（琼府〔2011〕53 号）、《海南省社会主义新农村总体规划》（2010~2020）和《海南省村镇规划建设管理条例》等法规，结合我省实际，制定本指导意见。

一、指导思想

全面贯彻落实党的十八大、十八届三

中全会和习近平总书记重要讲话精神，按照省六次党代会的战略部署，以科学发展观为指导，遵循科学规划先行，基础设施配套，特色产业支撑，公共服务保障，特色文化包装，绿色田园环抱，社会多元投资，打造营销品牌，吸引外来消费，农民当地就业的总要求，因地制宜建设一批资源节约、环境友好的特色风情小镇，推动海南新型城镇化和城乡一体化发展，谱写美丽中国海南篇章。

二、建设原则

（一）规划先行。以规划统筹各种要素，优化资源配置，合理谋划空间布局，注重发挥优势和突出特色，处理好生产、生活、休闲、交通四大要素关系，明确功能定位。

（二）产业支撑。依托地方资源优势和特色，优化产业结构，积极发展现代精细化农业、渔业、农产品加工业、旅游度假和商贸服务业等，形成规模效应，引导发展“一镇一业”、“一村一品”，吸引当地群众就地就业，带动群众增收致富。

（三）设施完善。以改善居民生产、生活质量为重心，按照适度超前的原则，加快推进基础设施和公共服务设施建设，促进土地、基础设施、公共服务设施等资源合理配置、集约利用。

（四）凸显特色。挖掘小城镇独具魅力和特色的文化内涵，突出打造个性鲜明的建筑风格、绿化景观和人文特色文化，为小城镇的建设发展注入文化元素，提升城镇建设品质，彰显小城镇特色和魅力。

（五）环境优美。围绕海南村镇秀美的田园风光，结合村镇规划建设管理，以打造宜居环境为核心，强化环境保护，营造生态优良、清洁舒适、风貌优美的宜居小城镇。

（六）生态环保，低碳节能。以建立绿色低碳、节能环保的生产生活方式为目标，保护生产环境，发展循环经济、绿色经济和低碳经济，推广太阳能、风能等清洁能源，环保材料在小城镇中广泛应用，力争建设低碳、零碳小城镇。

（七）吸引投资，繁荣经济。小城镇建设和发展要找准定位，突出特点和优势产业，积极引进社会资本，投资发展优势产品、产业和服务业，吸引外来消费，带动当地的经济繁荣。

三、建设目标

通过特色风情小镇带动，加快我省城镇化进程，逐步实现城乡基础设施、公共服务、就业和社会保障的城乡一体化，根据经济社会基础良好、区位优势明显、交通设施便利、人口聚集度高、资源环境承载力强等标准和要求，省每年选择2~3个示范镇，各市县至少选择1个重点镇，通过省、市县两级集中投入，逐年推进，建成一批功能齐备、设施完善、生活便利、环境优美、特色鲜明、经济繁荣、社会和谐的特色风情小城镇，推动海南新型城镇化协调发展。

——完成总体规划、详细规划编制任务结合年度建设计划，编制修建性详细规划，突出抓好城市设计和建筑方案设计特色风情小镇每年都要建成并启用若干标志性项目，为小城镇经济和社会发展注入新的活力。

——基础设施、市政公用设施基本配套。镇乡道路形成网络，交通便捷，道路硬化率90%以上，路灯装设率90%以上，镇区自来水普及率100%，水质符合国家规定卫生标准，镇区排水管覆盖率90%以上，街区地面无积水，污水处理达标，电信设施配套，通讯畅通，镇区绿化率35%以上，建立完善的村收集、镇转运的垃圾收运体系，宽带网络普及率 90%以上，城乡电网改造完成，供电可靠。

——环境综合整治成效显著。垃圾清扫保洁机制健全，生活垃圾有固定的堆放场地，且做到日产日清，定时进行燃烧和填埋等无害化处理，乱搭建乱占现象全面清理，城乡“脏、乱、差”基本消除，镇区至少有 2 座以上符合卫生标准的公共厕所，停车场配套合理，车辆停放整齐有序，镇区街道、公共场所、机关及居民庭院做到见缝插绿，绿树成荫。每个重点小城镇初步建成一座具有一定规模的供居民休闲的公共活动场所或公共绿地。

——按照“一镇一业”、“一村一品”的产业发展思路，突出优势和特色，优化产业结构、着力培育当地特色主导产业，形成规模效应。

四、建设内容

（一）抓好规划设计。一是在完成总体规划、专项规划和详细规划编制基础上，提高详细规划的覆盖率，着力提高项目设计水平。二是重点抓好城镇主要出入口、主干道沿线、规模大的安置房小区、滨水地段、商贸街区、中心广场、园林景观项目等重点地段和节点地区的城市设计，积极开展外部空间和形体环境设计。三是建立科学的设计评审机制，重点地段和节点地区的城市设计及重要建筑的设计方案，由市县规划建设主管部门和乡镇人民政府，联合组织审查把关，并提高城市设计和建筑设计的民主参与度。

（二）推进市政基础设施建设。加快推进交通、能源、市政公用事业、信息网络和防灾减灾等重点项目建设，提高道路、供排水、人行道、燃气、候车亭、公厕、绿化、电力、垃圾收运、通信等基础设施水平，增强小城镇的服务功能。

（三）加大民生和公共服务设施建设投入力度，提高公共服务配套水平，建成一批教育、文化、卫生、体育、住房、安防、养老等公共服务设施，大幅度提升小城镇综合承载能力和公共服务功能。有条件的小城镇要成为区域性的教育和卫生服务中心。

（四）培育特色产业项目。一是立足实际，合理布局建设符合规划和环保要求、吸纳就业、带动城镇发展的休闲旅游度假养老服务性项目，逐步提高第三产业增加值占全镇经济增加值的比重。二是培育主导产业和特色产业，因地制宜发展农业、渔业、物流、旅游、商贸、文化等产业，打造各具特色的农业重镇、渔业重镇、商贸重镇、旅游旺镇和历史文化名镇等。三是拉长产业链，促进产业集聚发展，推动规模做大，结构优化，鼓励广大民间投资，结合引进大企业大项目，建设特色产业基地，强化产业支撑。

（五）突出打造特色景观。一是加快推进主要街道和环境景观综合整治，对景观欠佳的沿街建筑进行立面改造，通过管线下地，统一防盗网，清理各类广告牌，改造公厕，完善人行道铺装，道路照明和绿化等措施，完成 1~2 条以上主要街道的特色建筑景观整治工作。二是做好小城镇园林绿化，推进公园、绿化带、街头绿地、庭院绿化建设，抓好河、溪、渠、湖、海绿化整治，增加绿量，提高绿化水平。三是开展旅游景区景点及绿道系统建设，充分结合现有地形、水系、植被等，串联旅游区、公园、历史古迹、公共建筑、特色村落等节点，相互串联形成贯通的绿带，构建乡村旅游休闲线路，有条件的乡镇，应充分利用优质的自然景观资源，建设具有独特魅力的风景名胜区。

（六）推广绿色低碳节能技术。要切实增强节能减排能力，重点开展以下绿色生态设施建设，一是在污水和垃圾处理等采用无害化、低耗能、低成本技术，二是加大太阳能、风能等可再生能源在建筑新建、既有居住建筑节能改造方面的运用集成绿色低碳技术，建设生态低碳特色风情小镇。

五、特色风情小镇选定参考条件

1. 固定重点示范镇、绿色低碳重点小城镇、特色景观旅游名镇等国家级重点小城镇及乡镇、国有农场一体的小城镇优先考虑建设。

2. 地理位置优越，交通便捷。主要指沿路、沿海、城郊、景区和靠近旅游区的小城镇，可以兼顾全省区域的平衡。个别条件优越的小城镇、少数民族乡、镇条件可以放宽。

3. 经济基础好，产业特色明显，对本地区经济起支撑和带动作用，乡镇企业具备一定规模，城乡居民年人均收入处于本市、县领先水平。

4. 资源丰富独特。主要指具有乡镇企业主导型、农业综合开发型、旅游开发型、滨海渔业开发型、综合贸易性特点的小城镇。

5. 开发潜力大。目前已具有一定开发条件，即基础设施相对比较配套，具有成片开发的可能，周边有大型开发企业进驻，项目已启动或已建成。

6. 小城镇应编制建设规划和城市设计，并经市县政府批准。

六、保障措施

（一）各市县要大力支持特色风情小镇的建设发展，帮助乡镇引进资金和项目，在项目和资金上给予优先照顾和支持。建议各级政府每年都应在年度预算中安排一定的资金支持特色风情小镇建设。具体数额可由市县建设、财政部门提出，报市县政府审批，纳入市县财政支出预算安排。鼓励各金融机构每年应安排一定的贷款，支持特色风情小镇小城镇的基础设施建设。在村镇规划区内建设项目缴交的基础设施配套费，要全额返还给小城镇，投入小城镇基础设施建设。

（二）把市场机制引入特色风情小镇小城镇，鼓励各种经济性质的客商包括外商，在特色风情小镇投资路、水、电、通信、市场、文化娱乐等市政公用设施建设。实行谁投资，谁经营，谁受益，并享有我省规定的从事基础设施建设的优惠政策。有条件的风情小镇可成立镇级小城镇建设投融资平台，统筹负责本乡镇小城镇土地储备经营、基础设施和市政公用设施建设等，增强小城镇建设资金自我造血功能，加强建设力度。

（三）建议在各市、县每年的非农建设用地计划中，优先安排一定数量的用地指标，支持特色风情小镇的开发建设。为利于小城镇规划的实施，在镇区规划范围内的农村建设用地，优先办理有关用地审批手续。鼓励农村集体经济组织和村民以土地入股，集体建设用地使用权转让、租赁等方式有序地进行农家乐、家庭旅馆、农庄旅游等旅游开发项目试点。

（四）加强部门协作和资源整合，形成工作合力。市县各部门包括发改、住建、国土、旅游、农业等要密切配合，形成合力，统筹资金安排，共同推动特色风情小镇各项建设工作。住建部门要结合农村危房改造，绿色低碳重点小城镇，国家历史文化名镇、村，特色景观旅游名镇等民生项目和特色小城镇创建工作统筹考虑，加大建设力度。

河北省特色小镇规划建设工作联席会议办公室关于公布河北省第一批特色小镇创建类和培育类名单的通知

冀特镇联办〔2017〕1号

各市（含定州、辛集市）人民政府，省直有关部门：

按照《中共河北省委河北省人民政府关于建设特色小镇的指导意见》（冀发〔2016〕30号）、《河北省特色小镇创建导则》（冀特镇联办〔2016〕1号）要求，经省特色小镇规划建设工作联席会议按程序审定，现公布河北省第一批特色小镇创建类和培育类名单，并将有关要求通知如下。

一、加快特色小镇建设。列入创建类的特色小镇要将概念性规划细化为实施方案，制定年度建设计划，明确目标任务和投资额度，于3月31日前由各市统一报省联席会议办公室备案。创建类特色小镇要按年度计划加快建设进度，加速要素集合、产业聚合、产城人文融合，尽快打造成经济增长新高地、产业升级新载体、城乡统筹新平台。列入培育类的特色小镇要抓紧完善相关手续，落实资金，尽早开工建设。创建类和培育类小镇按照特色小镇统计指标体系（具体统计要求另行通知），定期将有效投资、营业收入、市场主体数量、常住人口数量等各项指标完成情况、工作进展和形象进度报送省联席会议办公室。

二、加大工作推进力度。省直有关部门要结合职责分工，加强指导，落实相关支持政策，支持特色小镇加快发展。各市要加强对辖区内特色小镇规划、申报、创建等工作的指导，加快推进特色小镇建设，并根据当地资源优势和区位特点，继续做好新的特色小镇谋划和申报工作。各县（市、区）是特色小镇规划建设的责任主体，要建立工作推进机制，协调落实建设条件和扶持政策，明确年度工作目标任务，确保创建工作按时间节点和进度要求有序推进。

三、实施动态管理。按照“批次创建、滚动实施、动态调整”原则，对完成有效投资多、创建形象进度好、达到创建类条件的培育类特色小镇，由所在市提出申请，可优先纳入下一批次创建名单。省联席会议办公室对创建类特色小镇进行年度考核，连续2年未完成建设进度的小镇，退出创建名单。创建类特色小镇完成各项建设任务并达标后，即可按程序向省联席会议办公室申请验收，经省联席会议办公室组织验收合格后正式命名。

附件：河北省第一批特色小镇创建类和培育类名单

河北省特色小镇规划建设
工作联席会议办公室
2017年2月27日

附件　河北省第一批特色小镇创建类名单（30 个）

石家庄市（3 个）

栾城区航空小镇
平山县西柏坡红色旅游小镇
灵寿县漫山花溪旅游小镇

承德市（2 个）

围场皇家猎苑小镇
承德县德鸣大数据小镇

张家口市（2 个）

崇礼冰雪文化小镇
察北乳业小镇

秦皇岛市（2 个）

北戴河新区医疗康养旅游小镇
昌黎县干红小镇

唐山市（4 个）

滦县滦州古城小镇迁西县露营小镇
曹妃甸匠谷小镇
路北区陶瓷文化小镇

廊坊市（4 个）

安次区第什里风筝小镇
永清县云裳小镇
安次区北田曼城国际小镇
香河县运河文化创客小镇

保定市（5 个）

易县恋乡·太行水镇
涞水县四季圣诞小镇
白沟特色商贸小镇
涞水县京作古典家具艺术小镇
定兴县非遗小镇

沧州市（2 个）

肃宁县华斯裘皮小镇
青县中古红木文化小镇

衡水市（2 个）

武强县周窝音乐小镇
枣强县玫瑰小镇

邢台市（2 个）

清河县羊绒小镇
宁晋县小河庄电缆小镇

邯郸市（2 个）

馆陶县寿东粮画小镇
涉县赤水湾太行民俗小镇

河北省第一批特色小镇培育类名单（52 个）

石家庄市（7 个）

正定县艺术小镇
正定县木都小镇
藁城区（滹沱河）康怡乐生态小镇
藁城区宫灯小镇
赞皇县天山电商主题小镇
新华区杜北生态健康小镇

高邑县物流小镇

承德市（4 个）

丰宁中国马镇
丰宁汤河温泉小镇
滦平县古城国际庄园小镇
隆化县枫水满乡小镇

张家口市（3 个）

蔚县国际艺术小镇
怀来县鸡鸣驿国际旅游度假小镇
张北县光伏小镇

秦皇岛市（4 个）

青龙满韵小镇
海港区秦皇印象小镇
山海关古御道明清文化旅游小镇
海港区圆明山生态小镇

唐山市（4 个）

遵化市满清文化小镇
滦南县中国钢锹小镇
迁西县花乡果巷小镇
玉田县养生小镇

廊坊市（6 个）

永清县幸福创新小镇
霸州市足球运动小镇
香河县机器人小镇
大厂创意田园小镇
广阳区西部金融小镇
文安县鲁能生态健康小镇

保定市（7 个）

涞水县健康谷小镇
清苑区好梦林水小镇
雄县京南花谷小镇
蠡县绒毛小镇
安国市药苑小镇
易县易文化小镇
易县燕都古城小镇

沧州市（4 个）

任丘市中医文化小镇
沧州市武术文化小镇
吴桥县杂技旅游小镇
任丘市白洋淀水乡风情小镇

衡水市（3 个）

景县广川董子文化小镇
枣强县吉祥文化小镇景县
智能物流装备小镇

邢台市（5 个）

广宗县自行车风情小镇
内丘县太行山苹果小镇
邢台县路罗旅游康养小镇
宁晋县农机小镇
柏乡县牡丹小镇

邯郸市（5 个）

曲周县世界童车小镇
魏县糖果小镇
磁县磁州童装小镇
鸡泽县辣椒小镇
曲周县循环农业示范小镇

河北省委　省人民政府
关于建设特色小镇的指导意见

冀发〔2016〕30号

特色小镇是按照创新、协调、绿色、开放、共享的发展理念打造，具有明确产业定位、科技元素、文化内涵、生态特色、旅游业态和一定社区功能的发展空间平台，呈现产业发展“特而精”、功能集成“聚而合”、建设形态“小而美”、运作机制“活而新”的鲜明特征。为加快打造体现河北特点、引领带动区域发展的特色小镇，现提出如下意见。

一、重要意义

（一）建设特色小镇是落实新发展理念的重要举措。特色小镇是经济社会发展中孕育出的新事物，贯穿着创新、协调、绿色、开放、共享五大发展理念在基层的探索和实践。加快特色小镇建设，有利于破解资源瓶颈、聚集高端要素、促进创新创业，能够增加有效投资，带动城乡统筹发展和生态环境改善，提高居民生活质量，形成新的经济增长点。

（二）建设特色小镇是全面深化改革的有益探索。特色小镇是改革创新的产物，也是承接、推进改革的平台。加快特色小镇建设，可以更好地发挥市场在资源配置中的决定性作用，激发企业和创业者的创新热情和潜力，也能推动政府转变职能，营造良好发展环境，形成企业主体、政府引导、市场化运作、多元化投资的开发建设格局。

（三）建设特色小镇是推进产业转型升级的有效路径。特色小镇突出新兴产业培育和传统特色产业再造，是推进供给侧结构性改革、培育发展新动能的生力军。加快特色小镇建设，既能增加有效供给，又能创造新的需求；既能带动工农业发展，又能带动旅游业等现代服务业发展；既能推动产业加快聚集，又能补齐新兴产业发展短板，形成引领产业转型升级的示范区。

（四）建设特色小镇是统筹城乡发展的重要抓手。特色小镇是联接城乡的重要节点和产城人文一体的复合载体。加快特色小镇建设，能够推动产业之间、产城之间、城乡之间融合发展，有利于落实新型城镇化和城乡统筹示范区功能定位，破解城乡二元结构，提速农民就地城镇化进程，助力美丽乡村建设，形成独具魅力的城乡统筹发展新样板。

二、总体要求

（一）基本思路。牢固树立和贯彻落实新发展理念，准确把握特色小镇的内涵特征，坚持因地制宜、突出特色、企业主体、政府引导，坚守发展和生态底线，注重特色打造，注重有效投资，注重示范引领，注重改革创新，加速要素集合、产业聚合、产城人文融合，努力把特色小镇打造成为经济增长新高地、产业升级新载体、城乡统筹新平台，为建设经济强省、美丽河北提供有力支撑。力争通过3~5年的努力，培育建设100个产业特色鲜明、人文气息浓厚、生态环境优美、多功能叠加融合、体制机制灵活的特色小镇。

（二）建设要求。

1. 坚持规划引领。特色小镇不是行政区划单元的“镇”，也不是产业园区、景区的“区”，一般布局在城镇周边、景区周边、高铁站周边及交通轴沿线，适宜集聚产业和人口的地域。选址应符合城乡规划、土地利用总体规划要求，相对独立于城市和乡镇建成区中心，原则上布局在城乡结合部，以连片开发建设为宜。特色小镇规划要突出特色打造，彰显产业特色、文化特色、建筑特色、生态特色，形成“一镇一风格”；突出功能集成，推进“多规合一”，体现产城人文四位一体和生产生活生态融合发展；突出节约集约，合理界定人口、资源、环境承载力，严格划定小镇边界，规划面积一般控制在3平方公里左右（旅游产业类特色小镇可适当放宽），建设用地面积一般控制在1平方公里左右，聚集人口1万~3万；突出历史文化传承，注重保护重要历史遗存和民俗文化，挖掘文化底蕴，开发旅游资源，所有特色小镇要按3A级以上景区标准建设，旅游产业类特色小镇要按4A级以上景区标准建设，并推行“景区+小镇”管理体制。

2. 明确产业定位。特色小镇要聚焦特色产业集群和文化旅游、健康养老等现代服务业，兼顾皮衣皮具、红木家具、石雕、剪纸、乐器等历史经典产业。每个小镇要根据资源禀赋和区位特点，明确一个最有基础、最有优势、最有潜力的产业作为主攻方向，差异定位、错位发展，挖掘内涵、衍生发展，做到极致、一流。每个细分产业原则上只规划建设一个特色小镇（旅游产业类除外），新引进的重大产业项目优先布局到同类特色小镇，增强特色产业集聚度，避免同质化竞争。

3. 突出有效投资。坚持高强度投入和高效益产出，每个小镇要谋划一批建设项目，原则上3年内要完成固定资产投资20亿元以上，其中特色产业投资占比不低于70%，第一年投资不低于总投资的20%，金融、科技创新、旅游、文化创意、历史经典产业类特色小镇投资额可适当放宽，对完不成考核目标任务的予以退出。

4. 集聚高端要素。打破惯性思维和常规限制，根据产业定位量身定制政策，打造创新创业平台，吸引企业高管、科技创业者、留学归国人员等创新人才，引进新技术，开发新产品，做大做强特色产业。建设特色小镇公共服务APP，提供创业服务、商务商贸、文化展示等综合功能。积极应用现代信息传输技术、网络技术和信息集成技术，实现公共Wi-Fi和数字化管理全覆盖，建设现代化开放型特色小镇。

5. 创新运作方式。特色小镇建设要坚持政府引导、企业主体、市场化运作，鼓励以社会资本为主投资建设特色小镇。每个小镇要明确投资建设主体，注重引入龙头企业，以企业为主推进项目建设，鼓励采取企业统一规划、统一招商、统一建设的发展模式。政府主要在特色小镇的规划编制、基础设施配套、资源要素保障、文化内涵挖掘传承、生态环境保护等方面加强引导和服务，营造良好的政策环境，吸引市场主体投资建设特色小镇。

三、创建程序

（一）自愿申报。由各县（市、区）结合实际提出申请，由各市（含定州、辛集市）向省特色小镇规划建设工作联席会议办公室报送创建书面材料。各县（市、区）制定创建方案，明确特色小镇的四至范围、产业定位、投资主体、投资规模、建设计划，并附概念性规划。

（二）分批审核。根据申报创建特色小镇的具体产业定位，坚持统分结合、分批审核，先分别由省级相关职能部门进行初审，再由省特色小镇规划建设工作联席会议办公室组织联审、报省特色小镇规划建设工作联席会议审定后公布。对各地申报创建特色小镇数额不搞平均分配，凡符合特色小镇内涵和质量要求的，纳入省重点培育特色小镇创建名单。

（三）动态管理。特色小镇实行创建制，按照“宽进严定、分类分批”的原则推进。制定年度考核办法，以年度统计数据为依据，公布年度达标小镇，兑现奖惩政策；对连续2年没有完成建设进度的特色小镇，退出创建名单。

（四）验收命名。制定《河北省特色小镇创建导则》。通过3年左右的创建期，对实现规划建设目标、达到特色小镇标准要求的，由省特色小镇规划建设工作联席会议组织验收，通过验收的认定为省级特色小镇。

四、政策措施

（一）加强用地保障。各地要结合土地利用总体规划调整和城乡规划修编，将特色小镇建设用地纳入城镇建设用地扩展边界内。特色小镇建设要按照节约集约用地的要求，充分利用低丘缓坡、滩涂资源和存量建设用地，统筹地上地下空间开发，推进建设用地多功能立体开发和复合利用。土地计划指标统筹支持特色小镇建设。支持建设特色小镇的市、县（市、区）开展城乡建设用地增减挂钩试点，连片特困地区和片区外国家扶贫开发工作重点县，在优先保障农民安置和生产发展用地的前提下，可将部分节余指标用于特色小镇。在全省农村全面开展“两改一清一拆”（改造城中村和永久保留村，改造危旧住宅，清垃圾杂物、庭院和残垣断壁，拆除违章建筑等）行动，建立健全全省统一的土地占补平衡和增减挂钩指标库，供需双方在省级平台对接交易，盘活存量土地资源。

（二）强化财政扶持。省级财政用以扶持产业发展、科技创新、生态环保、公共服务平台等专项资金，优先对接支持特色小镇建设。鼓励和引导政府投融资平台和财政出资的投资基金，加大对特色小镇基础设施和产业示范项目支持力度。省市县美丽乡村建设融资平台对相关特色小镇的美丽乡村建设予以倾斜支持，对符合中心村申报条件的特色小镇建设项目，按照全省中心村建设示范点奖补标准给予重点支持，并纳入中心村建设示范点管理，对中心村建设示范县（市、区），再增加100万元奖补资金，专门用于特色小镇建设。

（三）加大金融支持。按照谁投资谁受益原则，加大招商引资力度，探索产业基金、私募股权、PPP等融资路径，拓宽投融资渠道，广泛吸引社会资本参与特色小镇建设。鼓励在特色小镇组建村镇银行和小额贷款公司，鼓励和引导金融机构到特色小镇增设分支机构和服务网点，加大对特色小镇基础设施建设、主导产业发展和小微企业支持力度，探索开展投贷联动业务。鼓励保险机构通过债券、投资基金、基础设施投资计划、资产支持计划等方式参与特色小镇建设投资。加强特色小镇项目谋划，积极与国家开发银行、农业发展银行沟通对接，争取国家专项建设基金和低息贷款支持。

（四）完善基础设施。加强统筹谋划，积极支持特色小镇完善水、电、路、气、信等基础设施，提升综合承载能力和公共服务水平。加快完善内部路网，打通外部交通连廊，提高特色小镇的通达性和便利性。加快污水处理、垃圾处理和供水设施建设，实现特色小镇供水管网、污水管网和垃圾收运系统全覆盖。完善电力、燃气设施，推进集中供气、集中供热或新能源供热。加大特色小镇信息网络基础设施建设力度，推动网络提速降费，提高宽带普及率，加快实现 Wi-Fi 全覆盖。加强特色小镇道路绿化、生态隔离带、绿道绿廊和片林建设，构建“山水林田湖共同体”系统生态格局。合理配置教育、医疗、文化、体育等公共服务设施，完善特色小镇公共服务体系。

（五）支持试点示范。把特色小镇作为改革创新的试验田，国家相关改革试点，特色小镇优先上报；国家和省相关改革试点政策，特色小镇优先实施；符合法律法规要求的改革，允许特色小镇先行先试。

各地和省直有关部门要积极研究制定具体政策措施，整合优化政策资源，给予特色小镇建设有力的政策支持。

五、组织领导

（一）建立协调机制。为加强对特色小镇建设工作的组织领导和统筹协调，省委、省政府建立省特色小镇规划建设工作联席会议制度，省委副书记担任召集人，省政府常务副省长担任副召集人，省委宣传部、省农工办、省发展改革委、省科技厅、省财政厅、省国土资源厅、省环境保护厅、省住房城乡建设厅、省交通运输厅、省工业和信息化厅、省林业厅、省商务厅、省文化厅、省旅游发展委、省金融办、省统计局、省通信管理局等单位负责同志为成员。联席会议办公室设在省发展改革委，负责联席会议日常工作。

（二）推进责任落实。各县（市、区）党委、政府是特色小镇规划建设的责任主体，要加强组织协调，勇于改革创新，建立工作落实推进机制，分解落实年度目标任务，及时协调解决问题，确保按时间节点和进度要求规范有序推进，务求取得实效。省直有关部门根据特色小镇的产业类别，结合职责分工，加强指导协调和政策扶持，支持特色小镇加快发展。

（三）加强督导考核。加强工作调度，组织考察培训，及时总结、评估特色小镇建设成果和有效做法，树立一批产业鲜明、主题突出的特色小镇，发挥好典型示范带动作用。以有效投资、营业收入、新增税收、市场主体数量、常住人口等为主要指标，对特色小镇建设实行年度专项考核。各地要按季度报送特色小镇创建工作进展和形象进度情况，省特色小镇规划建设工作联席会议办公室将定期进行通报。

（四）搞好宣传推广。发挥舆论导向作用，充分利用传统媒体和微博、微信、客户端等新兴媒体，加大对特色小镇建设的宣传力度，营造全社会关心支持特色小镇建设的浓厚氛围，调动市场主体和干部群众的积极性，树立典型、唱响品牌、提高知名度，增强吸引力，扩大影响力。

各地各部门要进一步提高认识，把特色小镇建设与新型城镇化、美丽乡村建设、产业转型升级和建设旅游强省有机结合起来，统筹推进，强化责任，形成合力，最大限度地释放特色小镇的综合效益。

2016 年 8 月 12 日

河北省特色小镇规划建设联席会议办公室关于印发《河北省特色小镇创建导则》的通知

冀特镇联办〔2016〕1号

各市（含定州、辛集市）人民政府，各县（市、区）人民政府，省直有关部门：

为进一步规范特色小镇创建程序，明确特色小镇申报、审核、监管、验收等环节具体要求，根据中共河北省委、河北省人民政府《关于建设特色小镇的指导意见》（冀发〔2016〕30号）精神，我们研究制定了《河北省特色小镇创建导则》，经省特色小镇规划建设工作联席会议召集人、副召集人审核同意，现印发给你们，请结合实际，认真执行。

河北省特色小镇规划建设联席会议办公室

2016年9月12日

河北省特色小镇创建导则

第一条　总则

根据《中共河北省委　河北省人民政府关于建设特色小镇的指导意见》要求，为加快打造一批体现河北特点、引领带动区域发展的特色小镇，助力我省产业转型升级、城乡统筹发展，推动美丽乡村和旅游强省建设，特制定本导则。

第二条　申报条件

（一）产业定位：特色小镇要聚焦特色产业集群和文化旅游、健康养老等现代服务业，兼顾皮衣皮具、红木家具、石雕、剪纸、乐器等历史经典产业。每个小镇要根据资源禀赋和区位特点，明确一个最有基础、最有优势、最有潜力的产业作为主攻方向，突出“一镇一主业”。

（二）规划布局：以现有城镇、景区、产业园区为依托，根据产业和人口聚集发展趋势和连片开发条件，合理确定规划布局。一般位于城镇周边、景区周边、高铁站周边及交通轴沿线，选址应符合城乡规划、土地利用总体规划要求，相对独立于城市和乡镇建成区中心，原则上布局在城乡结合部。严格划定小镇边界，规划面积一般控制在3平方公里左右（旅游产业类特色小镇可适当放宽），建设用地面积一般控制在1平方公里左右。特色小镇规划要注重特色打造，突出“一镇一风格”。

（三）有效投资：3年内完成固定资产投资20亿元以上（商品住宅项目和商业综合体除外），金融、科技创新、旅游、文化创意、历史经典产业类特色小镇的总投资额可放宽至不低于15亿元，特色产业投资占比不低于70%，第一年投资不低于总投资的20%。

（四）功能定位：立足特色产业，培育独特文化，衍生旅游功能以及必需的社区功能，实现产业、文化、旅游和一定社区功能的有机融合。一般特色小镇要按 3A 级以上景区标准建设，旅游产业类特色小镇要按 4A 级以上景区标准建设。建有特色小镇公共服务 APP，提供创业服务、商务商贸、文化展示等综合功能。加快实现公共 Wi-Fi 和数字化管理全覆盖。

（五）运作方式：坚持政府引导、企业主体、市场化运作。特色小镇要有明确的投资建设主体，以企业为主推进项目建设，尽可能采取企业统一规划、统一招商、统一建设的发展模式。政府引导和服务到位，统筹做好规划编制、基础设施配套、资源要素保障、文化内涵挖掘传承、生态环境保护、统计数据审核上报等方面工作。

（六）综合效益：创建过程中能够带动和形成大规模有效投资，建成后能够创造大量的新增税收、新增就业岗位、营业收入，集聚一大批工商户、中小企业、中高级人才，培育具有核心竞争力的特色产业和品牌，形成新的经济增长点。

第三条　申报材料

（一）规划方案：有符合土地利用总体规划、城乡规划、环境功能区规划的特色小镇概念性规划，包括空间布局图、功能布局图、项目示意图，如已经开工的要有实景图，明确特色小镇的四至范围、产业定位。

（二）建设计划：有分年度的投资建设计划，明确每个建设项目的投资主体、投资额、投资计划、用地计划、建设规模、项目建成后产生的效益，以及相应的年度推进计划。以表格形式进行汇总。

（三）业主情况：简明扼要说明特色小镇建设主体的公司名称、实力、资金筹措计划等。可附上已建成运营项目案例。

（四）扶持举措：特色小镇所在设区市、县（市、区）政府支持申报省级特色小镇创建对象的服务扶持举措或政策意见。

（五）基本情况：如实、完整地填写《特色小镇基本情况表》（详见附表，略）。

第四条　申报程序

（一）申报范围：所有符合基本条件的特色小镇。

（二）申报时间：由省特色小镇规划建设工作联席会议办公室（以下简称省联席会议办公室）发文通知，原则上每年集中申报 1 次。

（三）申报数量：总体上坚持上不封顶，不平均分配名额。为集中力量、突出重点，每个县（市、区）每次申报数量为 1 个，最多不超过 2 个。

（四）申报方式：由各县（市、区）结合实际自愿提出申请，经各市（含定州、辛集市）甄别筛选，整体排序后上报省联席会议办公室。

第五条　审核程序

（一）审核分类：根据规划建设工作深度和实际进度，每批次分创建类、培育类两类审核确认。

（二）部门初审：省联席会议办公室将各市申报材料提交省联席会议成员单位，分别提出审核、推荐意见。

（三）评估论证：省联席会议办公室会同省住房城乡建设厅对初审意见进行汇总梳理，并委托第三方机构，组织专家组，对申报材料进行评估论证，确定备选名单。

（四）审定公布：省联席会议办公室根据第三方机构论证意见，将特色小镇创建、培育名单报请省特色小镇规划建设联席会议审定，由联席会议办公室向社会公布。

第六条　监督管理

（一）定期监测：省统计局会同省发展改革委建立省特色小镇统计指标体系，以有效投资、营业收入、市场主体数量、常住人口数量为主要指标，对省级特色小镇创建和培育对象开展统一监测，实行季度和年度通报。

（二）动态管理：按照“批次创建、滚动实施、动态调整”原则，分类推进。对列入创建名单并按时完成年度建设任务的特色小镇，公布为年度达标小镇，对连续2年没有完成建设进度的特色小镇，退出创建名单。对列入培育名单的特色小镇，完成有效投资多、创建形象进度好的，次年可优先纳入创建名单。

（三）扶持指导：省有关部门要认真落实支持特色小镇发展的土地、财政、金融、基础设施、改革创新等政策措施，并根据特色小镇的产业类别，结合职责分工，加强指导、辅导和督导。各设区市要加强对辖区内特色小镇规划、申报、创建等工作的指导和服务。各县（市、区）党委、政府是特色小镇规划建设的责任主体，要建立工作推进机制，分解落实年度目标任务，及时协调解决问题，确保按时间节点和进度要求规范有序推进。

第七条　验收命名

（一）验收条件：如期完成各项建设目标，符合特色小镇的内涵特征，有广泛的知名度、公认度和影响力。

（二）验收程序：由省级特色小镇创建对象所在市向联席会议办公室提交要求验收命名的申请报告和当地市政府提供的初验报告。省联席会议办公室组成专家组，经实地查看、专家打分形成一致意见后，报省联席会议审议。对于首次验收不通过的，一年内可申请一次复验。

（三）命名公布：经省联席会议审定合格的特色小镇，正式命名为省级特色小镇，由省联席会议办公室发文公布，并授予河北省特色小镇牌匾。

本办法自发布之日起实施，由省联席会议办公室负责解释。

湖北省住房和城乡建设厅关于做好2017年特色小（城）镇申报工作的通知

鄂建办〔2017〕25号

各市、州、直管市、神农架林区住建委：

根据省政府《关于加快特色小（城）镇规划建设的指导意见》（鄂政发〔2016〕78号，以下简称“78号文件”）要求，为做好我省2017年特色小（城）镇培育工作，现将有关事项通知如下。

一、申报数量

今年在全省范围内规划建设20个特色小镇，请各市、州结合各县（市、区）经济发展现状、近年来小城镇建设工作及县（市、区）支持政策情况，推荐2~3个特色小（城）镇候选（直管市和林区推荐1~2个）。

二、申报要求

1. 产业定位：符合“78号文件”要求，包括新兴产业与传统特色产业，要求方向明确，特色鲜明。

2. 申报类型：包括特色小镇与特色小

城镇两种类型。

3. 投资规模：新建类特色小（城）镇原则上 3 年内要完成固定资产投资 20 亿元左右（不含商品住宅和商业综合体项目），改造提升类 10 亿元以上。须明确投资来源，依据充分，测算合理。

4. 建设方式：坚持企业主体、政府引导、市场化运作，由企业为主推进项目建设，地方有配套支持政策。

5. 其他要求：符合“78 号文件”要求。近 5 年无重大安全生产事故、重大环境污染、重大生态破坏、重大群体性社会事件、历史文化遗存破坏现象。

三、申报材料

1. 特色小（城）镇申请表（见附件 1，略）。各项信息要客观真实。

2. 小城镇建设工作情况报告及 PPT（编写提纲见附件 2）。报告要紧紧围绕申报条件编写，同时提供能直观、全面反映小（城）镇培育情况的 PPT。

3. 建设规划。符合培育要求、能够有效指导特色小（城）镇建设的规划（总体规划或其他规划）。

4. 相关政策支持文件。申报镇列为市、县支持对象的证明资料及县级以上支持政策文件。

以上材料均需提供电子版。

四、相关要求

请各市、州组织各县（市、区）认真做好推荐工作，包括资料审查、评估把关、实地考核等，征求相关部门意见并经地方政府同意，于 2017 年 2 月底前上报省住建厅。

联系人：省住建厅村镇处　刘铁军

电　话：68873391

邮　箱：731208482@qq.com

附件：1. 特色小（城）镇申请表（略）

2. 小城镇建设工作情况报告编写提纲

附件 2　小城镇建设工作情况报告编写提纲

（字数不超过 5000 字）

一、近 3 年小城镇建设工作情况

要求：简述小城镇区位、交通、人口、经济水平、产业基础等社会经济发展基本情况。简述近 3 年小城镇建设情况，主要实施项目，特色化方面开展的工作情况。

二、小城镇建设培育工作评估

要求：按照《通知》中申报条件 8 个方面的情况，逐项评估。

三、当前小城镇培育面临的困难和问题

四、发展目标及政策措施

（一）到 2020 年总体发展目标及年度目标

（二）近期工作安排

（三）县级支持政策

湖北省人民政府关于加快特色小（城）镇规划建设的指导意见

鄂政发〔2016〕78号

各市、州、县人民政府，省政府各部门：

特色小（城）镇规划建设是推进供给侧结构性改革的重要平台，是深入推进新型城镇化的重要抓手，也是推动大众创业万众创新和加快区域创新发展的有效路径，有利于推动经济转型升级和发展动能转换，有利于促进大中小城市和小城镇协调发展，有利于充分发挥城镇化对新农村建设的辐射带动作用。为加快特色小（城）镇规划建设，现结合我省发展实际，提出如下意见：

一、指导思想

牢固树立和贯彻落实创新、协调、绿色、开放、共享的发展理念，按照党中央、国务院部署，深入推进供给侧结构性改革，坚持以特色为灵魂、以产业为支撑、以项目为载体、以创新为动力、以人才为保障，规划建设一批特色小（城）镇，打造一批集产业链、投资链、创新链、人才链、服务链于一体的创新创业生态系统，形成一批生产、生活、生态有机融合的重要功能平台，加快培育新的经济增长点，促进经济转型升级，推动新型城镇化建设。

二、发展目标

力争通过3~5年的培育创建，在全省范围内规划建设50个产业特色鲜明、体制机制灵活、人文气息浓厚、生态环境优美、建筑风格雅致、卫生面貌整洁、多种功能叠加、示范效应明显、群众生产生活环境与健康协调发展的国家及省级层面的特色小（城）镇。

三、总体要求

（一）坚持规划引领。特色小（城）镇包括特色小镇和特色小城镇两种形态。特色小镇主要指聚焦特色产业和新兴产业，集聚发展要素，具有明确产业定位、文化内涵、兼具旅游和社区功能的不同于行政建制镇和产业园区的创新创业平台，规划区域面积一般控制在3平方公里左右，建设用地规模一般控制在1平方公里左右。特色小城镇是指以传统行政区划为单元，特色产业鲜明、具有一定人口和经济规模的建制镇。特色小（城）镇建设要坚持精而美，按照节约集约发展、“多规融合”的要求，严守生态保护红线，充分利用现有区块的环境优势和存量资源，合理规划生产、生活、生态等空间布局。特色小（城）镇要按国家3A级景区标准建设，旅游产业类特色小（城）镇按湖北省旅游名镇标准建设。支持建设具有游览观光功能的特色文化旅游街区、商贸文化区、文化旅游创意园区、传统工艺美术和特产加工销售园区、非物质文化遗产的展示和体验区等，统筹考虑接待功能，科学布局游客中心、厕所、交通导览、休憩等配套设施，同步规划周边道路、停车场和公共交通设施。特色小（城）镇规划要依法进行环境影响评价，加强土壤环境保护。

（二）培育产业特色。特色小（城）镇要充分利用原有的小城镇建设和产业园区发展基础，利用湖北独特的文化优势、科教优势、生态优势，聚焦产业转型升级，引导高端要素集聚，推动经济创新发展，促使传统产业提档升级、战略性新兴产业茁壮成长。要充分发挥省长江经济带产业基金作用，为特色小（城）镇发展导入新兴产业、特色产业，以产业引领特色小（城）镇发展。重点瞄准新一代信息技术、互联网经济、高端装备制造、新材料、节能环保、文化创意、体育健康、养生养老等新兴产业，兼顾香菇、茶叶、小龙虾、酒类、纺织鞋服等传统特色产业。各地可选择一个具有当地特色和比较优势的细分产业作为主攻方向，力争培育成为支撑特色小（城）镇未来发展的大产业。

（三）搭建双创载体。特色小（城）镇要把人才引进作为首要任务，把为企业构筑创新平台、集聚创新资源作为重要工作，在平台构筑、文化培育、社区建设等方面鼓励小（城）镇内企业、社会组织、从业者等充分参与。在投资便利化、商事仲裁、负面清单管理等方面改革创新，努力打造有利于创新创业的营商环境，最大限度集聚人才、技术、资本等高端要素，建设创新创业样板，助推产业转型升级。

（四）强化项目支撑。发挥项目带动支撑作用，夯实特色小（城）镇发展基础。新建类特色小（城）镇原则上 3 年内要完成固定资产投资 20 亿元左右（不含商品住宅和商业综合体项目），改造提升类 10 亿元以上，国家级和省级扶贫开发工作重点县可放宽至 5 年，投资金额可放宽至 8 亿元和 10 亿元以上，其中特色产业投资占比不低于 70%。互联网经济、金融、科技创新、旅游和传统特色产业类特色小（城）镇的总投资额可适当放宽至上述标准的 80%。突出实体经济投资，防止单纯搞房地产开发。支持各地以特色小（城）镇理念改造提升产业集聚区和各类开发区（园区）的特色产业。

（五）强化市场运作。创新特色小（城）镇建设投融资机制，大力推进政府和社会资本合作，坚持企业主体、政府引导、市场化运作的模式，鼓励以社会资本为主投资建设，充分发挥市场在资源配置中的决定性作用。每个特色小（城）镇均应明确投资建设主体，由企业为主推进项目建设。投资建设主体可以是国有投资公司、民营企业或混合所有制企业。地方政府重点做好规划引导、基础设施配套、资源要素保障、文化内涵挖掘传承、生态环境保护、投资环境改善等工作。

四、创建程序

按照深化投资体制改革要求，采用“宽进严定”的创建方式推进特色小（城）镇规划建设，务实、分批筛选创建对象。

（一）自愿申报。在县级推荐的基础上，市、州政府向省特色小（城）镇规划建设工作联席会议办公室报送创建特色小（城）镇书面材料，制订创建方案，明确特色小（城）镇的区域范围、产业定位、投资主体、投资规模、建设计划，并附概念性规划。

（二）分批审核。根据申报创建特色小（城）镇的具体产业定位，省特色小（城）镇规划建设工作联席会议办公室提出初审意见，报省特色小（城）镇规划建设工作联席会议审查，经省政府审定后分批公布创建名单。对各地申报创建特色小（城）镇不平均分配名额，凡符合特色小（城）

镇内涵和质量要求的，纳入省重点培育特色小（城）镇创建名单。

（三）年度考核。制定《湖北省特色小（城）镇考核细则》。对纳入创建名单的特色小（城）镇建立年度考核制度，考核合格的兑现扶持政策。考核结果纳入各市、州、县政府和牵头部门目标考核体系，并在省级主流媒体公布。对连续两年未完成年度目标考核任务的特色小（城）镇，实行退出机制，下一年度起不再享受特色小（城）镇相关扶持政策。

（四）考核验收。制订《湖北省特色小（城）镇创建导则》。通过3~5年创建，对实现规划建设目标、达到特色小（城）镇标准要求的，由省特色小（城）镇规划建设工作联席会议组织考核验收，通过验收的认定为省级特色小（城）镇，继续兑现扶持政策，实行动态管理。

五、政策措施

（一）强化用地保障。特色小（城）镇建设要作为国土资源节约集约示范省创建工作的重要内容，按照节约集约用地的要求，充分利用低丘缓坡和存量建设用地，以及充分利用城乡建设用地增减挂钩政策，积极探索人地挂钩。涉及新增建设用地的，各地依法办理农用地转用及供地手续。省里将于2017年起单列下达每个特色小（城）镇500亩增减挂钩指标用以支持建设（属于21个省级“四化同步”示范乡镇的除外）。各地要结合城乡规划修编和土地利用总体规划调整完善工作，优先保障特色小（城）镇建设用地。

在符合相关规划的前提下，经市（州）、县（市、区）人民政府批准，利用现有房屋和存量建设用地，兴办文化创意、科研、健康养老、众创空间、现代服务业、“互联网+”等新业态的，可实行继续按原用途和土地权利类型使用土地的过渡期政策，过渡期为5年，过渡期满后需按新用途办理用地手续。对存量工业用地，在符合相关规划和不改变用途的前提下，经批准在原用地范围内进行改建或利用地下空间而提高容积率的，不再收取土地出让价款。

（二）加强政策支持。省级特色小（城）镇范围内的建设项目整体打包列入年度省重点项目的，所含子项目可享受省重点项目优惠政策。市、州、县财政通过统筹相关资金，对特色小（城）镇建设给予支持。对纳入省级创建名单的特色小镇，在创建期间及验收命名后累计5年，其规划空间范围内的新增财政收入上交部分，由征收地政府前3年全额返还、后2年减半返还。对省级特色小（城）镇内为服务特色产业而新设立的符合条件的公共科技创新服务平台，政府给予资助。

特色小（城）镇范围内符合条件的项目，优先申报国家专项建设基金和相关专项资金，优先享受省级产业转型升级、服务业发展、互联网经济、电子商务、旅游、文化产业、创业创新等相关专项资金补助或扶持政策。省级财政整合相关小城镇及农村补助资金，对特色小（城）镇完善生活污水处理设施、生活垃圾处理收运设施及其他基础设施建设，给予“以奖代补”资金补助和支持。

（三）拓宽融资渠道。特色小（城）镇建设要调动各方积极性，通过政府和社会资本合作（PPP）、招商引资等方式广泛筹集建设资金。充分发挥长江经济带产业基金作用，引导和带动社会资本支持特色小（城）镇产业发展。鼓励专业投资机构、民间资本和有实力的企业积极参与特色小（城）镇建设。优先支持项目方向国家开发银行、中国农业发展银行等开发性、政策性银行争取长期低息贷款。支持相关企业通过发行城投债和专项债券等方式筹集资金用于特色小（城）镇公共基础设施建设。各地和省有关部门要积极研究制订具体政策措施，整合优化政策资源，给予特色小（城）镇规划建设强有力的政策支持，同时对少数民族地区和国家级贫困县在申报及项目安排上予以倾斜。

（四）提供人才扶持。实施人才强镇计划，由组织人事部门研究具体实施办法，将市、州、县分管负责同志及主管单位主要负责同志纳入培训计划，每年开展特色小（城）镇领导干部专题轮训。结合产业发展需要，加强与高校合作，加大就（创）业培训力度。建设特色小（城）镇的急需紧缺专业技术人才和高层次人才，可采取人才引进方式进入特色小（城）镇工作。在特色小（城）镇工作的人员，符合住房保障条件的，可向所在地政府住房保障部门申请公共租赁房，承租商品房的可向所在地政府住房保障部门申请租赁住房补贴。

六、组织领导

（一）建立协调机制。加强对特色小（城）镇规划建设工作的组织领导和统筹协调，建立省特色小（城）镇规划建设工作联席会议制度，省发展改革委、省住建厅、省经信委、省科技厅、省财政厅、省人社厅、省国土资源厅、省民政厅、省商务厅、省文化厅、省农业厅、省环保厅、省旅游委、省卫计委、省统计局、省政府研究室、省政府金融办等单位负责人为成员。联席会议办公室设在省住建厅，承担联席会议日常工作。建立例会制度，定期对重大事项和问题进行会商。

（二）推进责任落实。各县（市、区）政府是特色小（城）镇培育创建的责任主体，主要领导是第一责任人，投资企业是项目实施主体。各县（市、区）要建立以乡镇政府为主的长效管理机制，科学制定实施方案，充分发挥职能部门作用，建立部门联动机制，确保各项工作按照时间节点和计划要求规范有序推进。省政府各有关部门要按照职责分工，建立制度和严格的责任体系。

（三）加强动态监测。有关市（州）、县（市、区）要定期向省特色小（城）镇规划建设工作联席会议办公室报送纳入省重点培育名单的特色小（城）镇创建工作进展情况，各地进展情况将在一定范围内进行通报。各地、各有关部门在创建过程中，要抓好典型，总结经验，及时宣传推广成功经验和做法，推动特色小（城）镇规划建设工作不断向前发展。

2016 年 12 月 30 日

江西省人民政府关于印发《江西省特色小镇建设工作方案》的通知

赣府字〔2016〕100号

各市、县（区）人民政府，省政府各部门：

现将《江西省特色小镇建设工作方案》印发给你们，请结合实际，认真组织实施。

2016年12月20日

江西省特色小镇建设工作方案

特色小镇主要指以某种产业为特色，既有城市功能，又有乡村风貌，大小适宜的人口聚集区，主要包括以传统行政区划为单元的建制镇和不同于行政建制镇、产业园区的创新创业平台两种形态。建设特色小镇是推进供给侧结构性改革的重要平台，是深入推进新型城镇化的重要抓手，有利于推进经济转型升级和发展动能转换，有利于促进大中小城市和小城镇协调发展，有利于发挥城镇化对新农村建设的辐射带动作用。为深入贯彻落实习近平总书记、李克强总理等中央、国务院领导同志关于特色小镇建设的重要批示指示精神，根据《住房城乡建设部　国家发展改革委　财政部关于开展特色小镇培育工作的通知》（建村〔2016〕147号）、《国家发展改革委关于加快美丽特色小城镇建设的指导意见》（发改规划〔2016〕2125号）精神和省政府工作部署，决定开展省级特色小镇建设工作。现制定本工作方案。

一、总体要求

（一）指导思想。深入贯彻党的十八大和十八届三中、四中、五中、六中全会精神，全面贯彻习近平总书记系列重要讲话特别是视察江西时的重要讲话精神，牢固树立和贯彻落实创新、协调、绿色、开放、共享的发展理念，尊重城镇化发展规律、自然规律和市场经济规律，因地制宜、突出特色，发挥市场主体作用，创新建设理念，转变发展方式，大力培育特色鲜明、产业发展、绿色生态、美丽宜居的特色小镇，促进经济转型升级和新型城镇化发展，为决胜全面建成小康社会、建设富裕美丽幸福江西作出新贡献。

（二）基本原则。坚持突出特色，结合现状、实际，科学确定建设对象，壮大特色产业，传承传统文化，注重生态环境保护，完善市政公用设施。坚持市场主导，充分发挥市场主体作用，政府搭建平台、提供服务，依据产业发展确定建设规模。坚持深化改革，加大体制机制改革力度，创新发展理念，创新发展模式，创新规划建设管理，创新社会服务管理。

（三）目标任务。按照全面提升小城镇建设水平和发展质量的要求，在全省分两批选择60个左右建设对象（含行政建制镇和不同于行政建制镇、产业园区的创新创业平台），由省、市、县三级共同扶持打造。力争到2020年，建成一批各具特色、富有活力的现代制造、商贸物流、休闲旅游、传统文化、美丽宜居等特色小镇，坚定不移加快发展转型，推动我省国家生态文明试验区建设，努力打造美丽中国“江西样板”。

二、工作重点

（一）编制规划方案。按照创新、协调、绿色、开放、共享的发展理念，因地制宜、突出特色，科学编制特色小镇建设专项规划和工作方案。建设专项规划要明确特色小镇发展定位，重点围绕打造优势产业、提升设施水平、传承历史文化、保护生态环境和完善体制机制五个方面，分年度确定目标体系和谋划空间布局。工作方案要制定特色小镇发展目标实施路径，结合创新体制机制，研究组织领导、项目审批、投资优惠、资金和用地保障等方面的扶持政策。每批省特色小镇名单公布后3个月内，有关设区市要将经县级政府审定的专项规划和工作方案，报省特色小镇建设工作联席会议办公室备案。

（二）打造特色产业。依据资源禀赋和区位优势，精准定位产业布局，合理规划产业结构，大力实施“一镇一策”，精心打造特色鲜明、优势突出的主导产业。加快新兴产业成长和传统产业升级，推动产业向做特、做精、做强发展，不断优化经济结构和提升发展效益，新增大量财税和就业岗位。强化校企合作、产研融合、产教融合，培育特色产业发展所需各类人才。深化市场主体培育，发挥市场在资源配置中的决定性作用，以企业投资为主体，催生一批市级以上特色优势产业项目。引导企业分行业、分品种研究市场，培育自身品牌，提升产业附加值和产品市场占有率。充分利用“互联网+”等新兴手段，推动产业链向研发、营销延伸。有条件的特色小镇要积极吸引高端要素集聚，发展先进制造业和现代服务业。

（三）营造宜居环境。牢固树立“绿水青山就是金山银山”的绿色发展理念，探索生态文明建设新模式。结合周边自然环境、地域特色开展镇村建设、整治，“不砍树、不挖山、不填湖”，塑造小镇典型风貌。确定小镇生态环境保护与建设目标，开展河湖水系、绿化、环境等保护、整治和建设，保护地形地貌、河湖水系、森林植被、动物栖息地等自然景观，开展水土保持、污染防治等工程，保护和修复自然、田园景观。开展旧镇区有机更新，逐步改善旧镇区生产、生活环境。推进镇容镇貌综合治理，重点治理镇区出入口、车站广场、交易市场、占道经营、沟渠水塘、环境卫生、垃圾污水等。鼓励建设开放式住宅小区。鼓励有条件的小镇按照不低于3A级景区标准规划建设特色旅游景区。

（四）彰显特色文化。充分挖掘、整理、记录地方传统文化，保护和利用好历史文化遗存，在经济发展和社会管理中充分弘扬优秀传统文化，形成独特的地方文化标识。制定历史文化遗产、历史文化街区、风景名胜等的保护措施，制定传统村落保护发展规划，完善历史文化名村、传统村落和民居名录，建立健全保护和监管机制。保护独特风貌，挖掘文化内涵，彰显乡愁特色，建设有历史记忆、文化脉络、地域风貌的特色小镇。加强规划管理，集约节约利用土地，提倡街坊式居住区布局，开展房屋、店铺及院落风貌整治，建筑彰显传统文化和地域特色，防止外来建筑风格对原有风貌的破坏。发展城乡社区文化、主题文明教育和农村公益性文化事业，更新居民思想观念和提高法制意识，大力提高居民思想道德和文化素质。

（五）完善设施服务。全面提升特色小镇建设水平和群众生活质量，健全农村基础设施投入长效机制，推动城镇公共服务向农村延伸，按照适度超前、综合配套、集约利用的原则，统筹实施市政公用设施改造，加快完善道路、供水、供电、供气、广播电视、排水、防洪、农贸市场、垃圾处理、污水处理、公共交通、通信网络等设施，逐步实现城乡基本公共服务制度并轨、标准统一。加强小城镇信息基础设施建设，加速光纤入户进程，加强步行和自行车等慢行交通设施建设，推进公共停车场建设。全面收集生活污水并达标排放，生活垃圾百分之百无害化处理，道路交通停车设施完善便捷，防洪、排涝、消防等各类防灾设施符合标准。实施医疗卫生服务能力提升计划，加快推进义务教育学校标准化建设。教育、医疗、文化、商业等公共服务覆盖农村地区，服务质量较高。利用小城镇基础设施及公共服务设施，整体带动提升农村人居环境质量。

（六）创新体制机制。进一步创新发展理念和发展模式，提升社会管理服务水平，大力探索省、市、县扶持政策。深化简政放权、放管结合、优化服务改革，加快转变政府职能、提高政府效能，破除体制机制障碍，增强创新能力，激发内生动力。提供"双创"服务，深化投资便利化、负面清单管理等改革创新。处理好政府和市场的关系，使市场在资源配置中起决定性作用和更好发挥政府作用。充分发挥社会力量作用，充分调动各方面的积极性和创造性，最大限度激发市场主体活力和企业家创造力，鼓励企业、其他社会组织和市民积极参与特色小镇投资、建设、运营和管理。创新规划建设管理方式，试点多规合一，促进公共服务覆盖农村、产业发展合理布局、经济要素有序流动，实现城乡协调发展和镇村功能融合。建立低效用地再开发激励机制，健全进城落户农民农村土地承包权、宅基地使用权、集体收益分配权自愿有偿流转和退出机制。探索利用国家和省、市科研项目资金，支持特色小镇内企业研发平台建设，引导企业开展产品研发和创新，支持企业研发成果转化。

三、组织申报

（一）申报范围。①以传统行政区划为单元的建制镇（不含城关镇）。②聚焦特色产业和新兴产业、集聚发展要素，不同于行政建制镇和产业园区的创新创业平台。

（二）申报时间。由省特色小镇建设工作联席会议办公室印发通知，2017 年、2018 年的每年 4 月底分别集中申报一次。

（三）申报数量。为重点扶持条件成熟、发展较好的特色小镇，省特色小镇建设工作联席会议 2017 年、2018 年的每年 6 月底分别确定公布一批省特色小镇名单，两年合计确定公布 60 个左右省特色小镇名单。

（四）申报方式。2017 年、2018 年的每年 4 月底，由设区市建设局（建委）会同发改委、财政局向省特色小镇建设工作联席会议办公室汇总上报各县（市、区，含省直管试点县）申报材料。申报条件和评选程序由省住房城乡建设厅会同省发改委等省直部门另行确定。

四、保障措施

（一）加强组织领导。建立省特色小镇

建设工作联席会议制度，由省住房城乡建设厅牵头组织实施，省发改委、省财政厅、省委农工部、省统计局、省国土资源厅、省工信委、省地税局作为成员单位参加，联席会议办公室设在省住房城乡建设厅。各市、县（区）要将特色小镇建设工作作为加快小城镇建设和促进新型城镇化发展、促进创新创业的重点，摆上重要工作日程，明确责任，强化措施，在工作部署、项目落地、用地指标、财力安排上统筹协调，加强督导，确保目标任务落到实处。各有关部门要根据职能分工，发挥部门优势，整合政策、资金、项目，重点支持特色小镇建设工作，形成推进合力。

（二）明确工作责任。省特色小镇建设工作联席会议负责组织开展省特色小镇建设工作，明确建设要求，制定政策措施，开展指导检查，公布和调整特色小镇名单，推荐上报全国特色小镇。设区市政府负责对县（市、区）特色小镇建设工作进行督查，对申请纳入省级特色小镇建设的建制镇和创新创业平台进行初审上报。县级政府作为特色小镇建设责任主体，负责制定建设专项规划、工作方案、年度计划等，建立用地、财力保障制度和监督考核机制，确保特色小镇建设快速有效推进。建制镇政府和创新创业平台管理主体具体实施特色小镇建设工作。

（三）落实经费保障。县级政府是特色小镇建设经费的筹措主体，要建立“以县为主、乡镇为辅、省市奖补”的经费保障机制。县级政府设立特色小镇产业发展基金或风险资金，提供企业融资服务和创业补贴。特色小镇按规定计提各项基金后的土地出让金净收益全部留镇用于公共设施建设。入选省特色小镇名单后，省财政每年安排每个特色小镇建设奖补资金 200 万元，用于对特色小镇建设年度考核合格的进行奖励。对特色小镇年度考核不合格的，对当年建设奖补资金不予奖励。

（四）用足土地政策。坚持节约集约用地原则，支持各地从省下达的年度新增建设用地计划中安排一定数量的用地计划用于特色小镇建设，并予以优先安排、足额保障。支持有条件的特色小镇通过开展低丘缓坡荒滩等未利用地开发利用、工矿废弃地复垦利用和城乡建设用地增减挂钩试点，增减挂钩的周转指标扣除农民安置用地以外，剩余指标的 20%~50%留给特色小镇使用，有节余的可安排用于城镇经营性土地开发。特色小镇现有的存量行政划拨用地，依据规划，依法经县级以上国土资源、城乡规划主管部门同意，县级以上人民政府批准，可转为经营性用地。

（五）深化“放管服”改革。以商事制度改革为重点，降低市场准入门槛，强化事中事后监管，着力在“放、管、服”上下功夫，以放促活、以管促优、以服促强，努力营造特色小镇宽松便捷的准入环境、公平有序的市场环境、高效优质的服务环境，促进经济转型发展，助力实体经济做大做强。创新特色小镇建设投融资机制，大力推进政府和社会资本合作，鼓励利用财政资金撬动社会资金，共同发起设立特色小镇建设基金。特色小镇纳入省级小微企业创业园同步创建，提供融资服务、技术支持、证照办理等相关便利，依法给予税费减免，在投资项目审批中，进一步简化程序、缩短时限、提高效率。

五、运行、监管和验收

（一）日常运行。坚持政府引导、企业主体、市场运作，县级政府主要做好建设专项规划和工作方案编制、市政公用设施配套、项目监管、文化内涵挖掘、生态环境保护、统计数据审核上报等工作，项目建设推进以企业为主。

（二）动态监管。省特色小镇建设工作联席会议办公室牵头建立省特色小镇评价指标体系，采取半年度通报和年度考核的办法，对省特色小镇建设名单、观察名单开展统一监测。省特色小镇建设采取动态监管的方式，以年度统计数据、项目推进情况为依据，评出年度优秀、合格、不合格特色小镇。对年度考核优秀的特色小镇，落实省级财政、土地扶持政策并予以适当奖励，推荐上报全国特色小镇；对年度考核合格的特色小镇，落实省级财政扶持政策；对年度考核不合格的特色小镇，次年取消其省级财政扶持政策，调整进入观察名单，并向设区市政府发函督促问责。对进入观察名单的镇，一年后由省特色小镇建设工作联席会议办公室对其整改情况进行实地复核，对整改不到位的，终止观察并通报全省。

（三）联动指导。省特色小镇建设工作联席会议办公室具体负责对特色小镇规划建设的前期辅导、协调指导、日常督查和协调政策落实。各设区市要加强对所辖县（市、区）特色小镇规划、申报、建设等工作的督促和指导。各县（市、区）要参照省特色小镇建设工作联席会议部门职责分工，明确责任、分工合作，形成省、市、县联动推进的工作机制。

（四）期末验收。特色小镇要如期完成专项建设规划确定的各项目标，确保真正符合特色小镇的内涵特征，在社会上有较大的知名度，在行业内有一定的公认度。省特色小镇建设工作联席会议办公室在2020年底组织有关成员单位实地察看，形成验收意见报省特色小镇建设工作联席会议审议。具体验收办法另行制定。

江苏省人民政府关于培育创建江苏特色小镇的指导意见

苏政发〔2016〕176号

各市、县（市、区）人民政府，省各委办厅局，省各直属单位：

为深入贯彻党中央、国务院关于特色小镇建设的重要指示精神，落实国家部委有关文件，推进江苏特色小镇建设，现提出如下意见。

特色小镇是遵循创新、协调、绿色、开放、共享发展理念，聚焦特色优势产业，集聚高端发展要素，不同于行政建制镇和产业园区的“非镇非区”创新创业平台。培育创建一批特色小镇是新常态下推进供给侧结构性改革的重要抓手，推动经济转型升级和发展动能转换的重要平台，落实“聚力创新、聚焦富民”的重要载体。

一、总体要求

全面贯彻党的十八大和十八届三中、四中、五中、六中全会精神，深入落实习近平总书记系列重要讲话特别是视察江苏重要讲话精神，牢固树立和认真践行五大发展理念，按照省第十三次党代会作出的战略部署，以人为本、因地制宜、突出特色、创新机制，夯实产业基础、完善服务功能，优化生态环境、提升发展品质，力争通过 3~5 年努力，分批培育创建 100 个左右产业特色鲜明、体制机制灵活、人文气息浓厚、生态环境优美、多种功能叠加、宜业宜居宜游的特色小镇。

——坚持创新导向，高标准培育特色小镇。创新培育特色小镇的理念、思路和方法，防止“新瓶装旧酒”、“穿新鞋走老路”。适当提高创建要求，不搞区域平衡、产业平衡和数量限制，不搞“运动式”部署推进。

——坚持因地制宜，差异化打造特色小镇。从实际出发，发掘特色优势，防止照搬照抄、一哄而上。根据区域要素禀赋和比较优势，宜工则工，宜商则商，宜农则农，宜游则游，打造具有持续竞争力的独特产业生态，防止“千镇一面”。

——坚持以人为本，高起点创建宜业宜居宜游小镇。以人为核心，进行高起点规划，统筹生产、生活、生态空间布局，完善城镇功能，补齐城镇基础设施、公共服务短板，树立绿色发展理念，走节能低碳发展之路，提高人民群众获得感和幸福感，防止搞“形象工程”。

——坚持市场主导，多元化构建小镇建设主体。按照政府引导、市场运作的要求，创新建设管理机制和服务模式，提高多元化主体共同推动特色小镇发展的积极性。政府做好规划编制、设施配套、文化建设、生态保护、资源要素保障等，防止政府“大包大揽”。

——坚持节约用地，集约化提升土地产出效益。充分发挥土地利用总体规划的管控和引领作用，统筹安排特色小镇建设用地，保障合理用地空间，优化建设用地布局。按照节约集约用地要求，积极盘活存量土地和未利用地，大力推进低效产业用地再开发，着力提升节地水平和土地资源配置效率，防止借机“圈地造城”。

二、分类施策

特色小镇应主要聚焦于高端制造、新一代信息技术、创意创业、健康养老、现代农业、历史经典等特色优势产业，或聚力打造旅游资源独特、风情韵味浓郁、自然风光秀丽的旅游风情小镇。

聚焦特色优势产业的小镇，要学习借鉴浙江创建特色小镇的经验做法，强化功能叠加、突出项目推动、集聚高端要素、创新运营机制，立足产业发展“特而精”、功能集成“聚而合”、建设形态“小而美”、运作机制“活而新”，做精做强本地最有基础、最具潜力、最能成长的主导特色产业，培育一批有竞争力的创新集群、有影响力的细分行业冠军，成为我省创新创业新高地、发展动能转换新样板。

打造旅游风情小镇，要突出地域文化、乡土民俗、历史遗存等独特旅游资源，坚持精致打造、凸显“风情”，适应大众旅游时代特点，提供多元化旅游产品，满足差异性消费需求。做到形态、业态、生态相统一，注重生态环境和文化原真性保护，注重打造美誉度和影响力，培育江苏旅游品牌新亮点。

三、创建要求

（一）彰显特色，打造产业升级新平台。产业是小镇的生命力，特色是产业的竞争力。要立足资源禀赋、区位环境、产业集聚、历史文化等条件，按照加快形成现代产业体系要求，紧扣产业发展趋势，锁定产业主攻方向，加快发展特色优势主导产业，延伸产业链、提升价值链，促进产业跨界融合发展。每个细分产业原则上只培育创建一个特色小镇，构建小镇大产业，努力打造具有世界影响力的产业集群和知名品牌。旅游风情小镇要着力于促进旅游产业，特别是乡村旅游转型升级、提质增效。

（二）突出创新，培育经济发展新动能。发挥小镇创业创新成本低、生态环境好等优势，集聚高端要素，促进产业链、创新链、人才链和资本链的紧密耦合，构建富有活力的创业创新生态圈。依托互联网拓宽市场资源、社会需求与创业创新对接通道，推进专业空间、网络平台和企业内部众创，推动新技术、新产业、新业态蓬勃发展。创新运营管理体制和投融资机制，鼓励企业、社会组织和市民积极参与小镇的投资建设和管理，成为特色小镇建设的主力军，让发展成果惠及广大群众。

（三）完善功能，丰富公共服务新供给。注重功能叠加，着力于打造产业特色、文化特色、生态特色和交往空间，体现产城人文四位一体。按照适度超前、综合配套、集约利用的原则，加强小镇基础设施建设。创新布局公共服务优质资源，提升社区服务功能，建设智慧小镇。聚焦居民日常需求，构建便捷“生活圈”、完善“服务圈”、繁荣“商业圈”和共享“旅游圈”。合理界定人口、资源、环境承载力，严格划定小镇边界，规划面积一般控制在3平方公里左右，建设用地面积1平方公里左右。

（四）绿色引领，建设美丽宜居新小镇。牢固树立“绿水青山就是金山银山”的发展理念，保护特色景观资源，构建生态网络，彰显生态特色，基本达到生态小镇要求，实现绿色低碳循环发展。严格控制开发强度，着力提高开发水平，要把节能、节地等理念贯穿特色小镇整个建设过程，推动生态保护与小镇发展互促共融。特色小镇原则上要按3A级以上景区服务功能标准规划建设，旅游风情小镇原则上要按5A级景区服务功能标准规划建设。

四、组织实施

（一）明确牵头部门。加强对特色小镇建设工作的组织领导和统筹协调，建立相关工作机制。省发展改革委牵头制定培育创建特色小镇的实施方案并组织推进相关工作，省旅游局负责开展培育创建旅游风情小镇的相关工作。省各有关部门和单位要加大协同推进力度，结合部门职能，加强工作指导，创新务实开展相关工作。

（二）强化责任落实。各县（市、区）是培育创建的责任主体，要准确把握特色小镇的内涵特征，建立工作推进机制，因地制宜制定培育计划，明确发展路径。各设区市人民政府要加强对特色小镇规划、申报、创建工作的指导和服务，结合地方实际研究出台配套政策，形成省、市、县三级联动创建机制。

（三）加强政策支持。充分整合现有政策资源，支持特色小镇建设。财政、国土资源等职能部门要明确对特色小镇建设的专项支持政策。创新特色小镇建设投融资机制，激发市场主体活力，推进政府和社会资本合作，鼓励利用财政资金撬动社会资金，共同发起设立特色小镇建设基金。鼓励金融机构加大金融支持力度。支持特色小镇发行企业债券、项目收益债券、专项债券或集合债券用于公用设施项目建设。

（四）实施绩效评价。建立特色小镇统计监测和考核机制。省统计局会同相关牵头部门建立统计指标体系，对特色小镇开展统一监测。牵头责任部门分别制订有针对性的年度考核办法，开展绩效评价，并将考核评价结果与政策兑现相挂钩。加大宣传力度，及时总结推广各地典型经验。对创建过程中出现的弄虚作假、重大责任事故以及人民群众反映强烈的负面事件，经核实，取消创建资格。

江苏省人民政府
2016 年12 月 30 日

云南省人民政府关于加快特色小镇发展的意见

云政发〔2017〕20 号

各州、市人民政府，省直各委、办、厅、局：

为认真贯彻落实省第十次党代会和省十二届人大五次会议精神，加快推进全省特色小镇发展，现提出以下意见：

一、重要意义

特色小镇是指聚焦特色产业和新兴产业，具有鲜明的产业特色、浓厚的人文底蕴、完善的服务设施、优美的生态环境，集产业链、投资链、创新链、人才链和服务链于一体，产业、城镇、人口、文化等功能有机融合的空间发展载体和平台。加快特色小镇发展是省委、省政府贯彻落实新发展理念、适应经济发展新常态、深化供给侧结构性改革，从统领全局的高度作出的一项重大决策部署。发展特色小镇有利于推动全省经济转型升级和发展动能转换，有利于推进新型城镇化建设，有利于精准扶贫、精准脱贫，有利于推动大众创业、万众创新，有利于形成新的经济增长点，有利于引领人们生产生活方式转变和促进社会文明进步。

二、总体要求

（一）工作目标。按照“一年初见成效、两年基本完成、三年全面完成”的总体要求，突出重点、突出产业、突出特色，坚持因地制宜、分类指导，2017 年启动全省特色小镇创建工作，鼓励在原有基础上进行提升改造，鼓励州、市、县、区结合本地实际积极培育发展特色小镇，力争通过 3 年的努力，到 2019 年，全省建成 20 个左右全国一流的特色小镇，建成 80 个左右全省一流的特色小镇，力争全省 25 个世居少数民族各建成 1 个以上特色小镇。

（二）规划引领。坚持规划先行，突出规划引领，以人为核心，以产业为支撑，高起点、高标准、宽视野，科学编制特色小镇发展总体规划、修建性详细规划，明确特色小镇的选址、投资建设运营主体、特色内涵、产业定位、建设目标、用地布局、空间组织、风貌控制、项目支撑、建设时序、资金筹措、政策措施、环境影响评价等，确保规划的科学性、前瞻性、操作性。统筹特色小镇生产、生活、生态空间布局，推动特色小镇“多规合一”。

（三）产业定位。按照“错位竞争、差异发展”的要求，瞄准产业发展新前沿，顺应消费升级新变化，紧跟科技进步新趋势，细分产业领域，明确主导产业。每个特色小镇要选择 1 个特色鲜明、能够引领带动产业转型升级的主导产业，培育在全国具有核心竞争力的特色产业和品牌，实现产业立镇、产业富镇、产业强镇。聚焦生命健康、信息技术、旅游休闲、文化创意、现代物流、高原特色现代农业、制造加工业等重点产业，推进重点产业加快发展；聚焦茶叶、咖啡、中药、木雕、扎染、紫陶、银器、玉石、刺绣、花卉等传统特色产业优势，推动传统特色产业焕发生机。

（四）创业创新。充分发挥特色小镇创业创新成本低、进入门槛低、发展障碍少、生态环境好的优势，打造大众创业、万众创新的有效平台和载体。营造吸引各类人才、激发企业家活力的创新环境，为初创期、中小微企业和创业者提供便利、完善的“双创”服务。全面推进众创众包众扶众筹，大力发展服务经济，集聚创业者、风投资本、孵化器等高端要素，推动新技术、新产业、新业态、新经济蓬勃发展。

（五）彰显风貌。按照“多样性、独特性、差异性”的要求，加强风貌形象设计，打造特色小镇的独特魅力。运用地方优秀传统建筑元素，营造具有地域差异的建筑风貌特色，避免盲目模仿、千镇一面。深入挖掘历史文化资源，加大历史遗迹遗存文化保护传承力度，凸显文化特色。充分发挥民族风情多样的独特优势，将民族特色打造成为特色小镇的亮丽名片。坚持人与自然和谐共生，凸显生态特色，实现特色小镇发展与生态文明建设协调统一。

（六）人口集聚。围绕人的城镇化，完善城镇功能，补齐特色小镇在道路、通信、供水、供电、公厕、污水垃圾处理等公共基础设施和教育医疗、商业娱乐、文化体育等公共服务设施方面的短板，完善防火、防汛、防涝、抗震等安防设施，提升特色小镇的综合配套服务能力，打造宜居宜业生态环境，营造便捷高效的营商环境，促进人口在特色小镇集聚。

（七）投资建设。坚持“政府引导、企业主体、群众参与、市场化运作”的原则，充分发挥市场在资源配置中的决定性作用，强化政府在规划编制、基础设施配套、公共服务提供、生态环境保护等方面的作用，吸引和撬动民间资本参与特色小镇建设。引入战略投资者，每个特色小镇必须有与投资规模相匹配的、有实力的投资建设主体。创建全国一流特色小镇的，原则上要引入世界500强、中国500强或在某一产业领域公认的领军型、旗舰型企业。

（八）运营管理。按照“小政府、大服务”工作思路，推进体制机制创新，建立以市场化为主的运营模式。通过投资建设主体自身参与运营、实行政企合作和引入理念新、实力强、专业化的运营商等多种模式，推动特色小镇建成后的高效运营和可持续发展。

三、创建标准

（一）用地标准。每个特色小镇规划面积原则上控制在3平方公里左右，建设面积原则上控制在1平方公里左右。根据产业特点和规模，旅游休闲类、高原特色现代农业类、生态园林类特色小镇可适当规划一定面积的辐射带动区域。

（二）投入标准。2017~2019年，创建全国一流特色小镇的，每个累计新增投资总额须完成30亿元以上；创建全省一流特色小镇的，每个累计新增投资总额须完成10亿元以上。2017年、2018年、2019年，每个特色小镇须分别完成投资总额的20%、50%、30%。建成验收时，每个特色小镇产业类投资占总投资比重、社会投资占总投资比重均须达到50%以上。

（三）基础设施标准。创建全国一流旅游休闲类特色小镇的，须按照国家4A级及以上旅游景区标准建设；创建全省一流旅游休闲类特色小镇的，须按照国家3A

级及以上旅游景区标准建设。每个特色小镇建成验收时，集中供水普及率、污水处理率和生活垃圾无害化处理率均须达到100%；均须建成公共服务APP，实现100M宽带接入和公共Wi-Fi全覆盖；均须配套公共基础设施、安防设施和与人口规模相适应的公共服务设施；至少建成1个以上公共停车场，有条件的尽可能建设地下停车场。

（四）产出效益标准。2017~2019年，创建全国一流特色小镇的，每个特色小镇的企业主营业务收入（含个体工商户）年均增长25%以上，税收年均增长15%以上，就业人数年均增长15%以上；创建全省一流特色小镇的，每个特色小镇的企业主营业务收入（含个体工商户）年均增长20%以上，税收年均增长10%以上，就业人数年均增长10%以上。

州、市、县、区培育发展特色小镇，达到省级创建标准的，纳入省级支持范围。

四、创建程序

采取“自愿申报、宽进严定、动态管理、验收命名”的创建方式，推进特色小镇建设。

（一）自愿申报。分为创建全国一流和全省一流特色小镇2个类型，由各州、市人民政府向省特色小镇发展领导小组办公室（以下简称领导小组办公室）统一报送特色小镇创建方案，明确每个特色小镇的特色内涵、四至范围、产业选择、投资建设运营主体、投资规模、资金来源、建设进度、综合效益及与大型企业主体合作的思路等。

（二）方案审查。由领导小组办公室牵头，会同省直有关部门和专家，对各州、市报送的特色小镇创建方案进行审查，提出创建特色小镇建议名单报省特色小镇发展领导小组（以下简称领导小组）审定。对各地创建特色小镇的名额，不搞平均分配。

（三）名单公布。创建特色小镇建议名单经领导小组审定后，由领导小组办公室公布。

（四）规划审查。进入创建名单的特色小镇，由所在地的县市、区人民政府组织编制特色小镇发展总体规划、修建性详细规划。各州、市人民政府认真组织审查后，将本地编制完成的特色小镇规划报送领导小组办公室，领导小组办公室会同省直有关部门和专家进行审查，审查结果报领导小组审定。没有编制规划或未通过省级规划审查的特色小镇，不享受有关支持政策，不予审批项目，不安排项目资金。

（五）项目建设。特色小镇所在地的县、市、区人民政府，要以产业发展和特色小镇功能提升为重点，按照审查通过的规划，加快推进特色小镇项目建设。

（六）考核评价。由领导小组办公室制定考核办法，按照“自查自评、第三方评估、随机抽查、综合考核、结果报审”的程序组织年度和验收考核，形成年度和验收考核结果报领导小组审定。年度考核合格的兑现年度扶持政策，考核不合格的停止扶持政策支持，退出创建名单。年度考核或验收考核不合格的，通过扣减特色小镇所在地的州、市、县、区一般性财政转移支付，收回相应阶段的省财政支持资金。

（七）验收命名。由领导小组办公室牵头，于2019年底进行验收，提出特色小镇命名建议名单报领导小组审定后命名。

五、支持政策

（一）保障建设用地。坚持节约集约用地的原则，充分利用存量建设用地，鼓励利用低丘缓坡土地，鼓励低效用地再开发，盘活闲置建设用地。2017~2019年，省级单列下达特色小镇建设用地3万亩。在符合有关规划的前提下，经县、市、区人民政府批准，利用现有房屋和土地兴办文化创意、健康养老、众创空间、“互联网+”等新业态的，可实行继续按原用途和土地权利类型使用土地的过渡期政策，过渡期为5年，过渡期满后需按新用途办理用地手续，符合划拨用地目录的可依法划拨供地。在符合有关规划和不改变现有工业用地用途的前提下，对工矿厂房、仓储用房进行改建及利用地下空间，提高容积率的，可不再补缴土地价款差额。在符合有关规划和用途管制前提下，在特色小镇规划区范围内，探索集体经营性建设用地入市，允许以出租、合作等方式盘活利用宅基地，允许通过村民自愿整合、采取一事一议，在现有宅基地基础上进行统一集中规划建设。

（二）加大财税支持。凡纳入创建名单的特色小镇，2017年，省财政每个安排1000万元启动资金，重点用于规划编制和项目前期工作。2018年底考核合格，创建全国一流、全省一流特色小镇的，省财政每个分别给予1亿元、500万元奖励资金，重点用于项目贷款贴息。2019年底验收合格，创建全国一流、全省一流特色小镇的，省财政每个分别给予9000万元、500万元奖励资金，重点用于项目贷款贴息。特色小镇规划建设区域内的新建企业，从项目实施之日起，其缴纳的各种新增税收省、州市分享收入，前3年全额返还、后2年减半返还给特色小镇所在地的县、市、区人民政府，专项用于特色小镇产业培育和扶持企业发展支出。

（三）拓宽融资渠道。健全政府和社会资本合作机制，大力吸引民间资本参与特色小镇建设。通过财政资金引导、企业和社会资本投入、政策性银行和保险资金项目贷款以及特色小镇居民参与等多种渠道筹措项目建设资金。2017~2019年，由省发展改革委每年从省重点项目投资基金中筹集不低于300亿元作为资本金专项支持特色小镇建设，实现资本金全覆盖，并向贫困地区、边境地区、世居少数民族地区和投资规模大的特色小镇倾斜。积极支持具备条件的特色小镇建设开发企业发行企业债进行融资。支持各州、市利用财政资金和社会资金设立特色小镇发展基金。

（四）优先给予项目支持。特色小镇申报符合条件的项目，省发展改革委、财政厅、住房城乡建设厅等省直有关部门在审核批准、投资补助等方面加大倾斜支持力度，优先支持申请中央预算内投资和国家专项建设基金，优先列入省级统筹推进的重点项目计划和省“十、百、千”项目投资计划以及有关基金支持，优先安排城镇供排水、“两污”、市政道路等城镇基础设施建设专项补助资金。

六、保障措施

（一）加强组织领导。成立由省人民政府主要领导任组长，分管住房城乡建设工作的副省长任副组长，省直有关部门主要负责同志为成员的省特色小镇发展领导小组，主要负责特色小镇建设重大事项的统筹协调、政策制定、创建和奖惩名单审定等。领导小组下设办公室在省发展改革委，具体牵头负责特色小镇建设的综合协调、审查创建方案和规划、动态管理、考核评价、监督检查等工作。

（二）落实主体责任。各县、市、区人民政府是特色小镇建设的责任主体。各州、市人民政府要出台扶持政策、建立工作机制、强化工作措施、倒排时间节点，督促指导所属县、市、区做好特色小镇建设工作，避免另起炉灶、重复建设、大拆大建和搞房地产开发，确保工作实效。

（三）强化分工协作。省发展改革委具体承担领导小组办公室的日常工作，做好协调推进特色小镇发展有关工作；省住房城乡建设厅负责特色小镇的建设监管，制定建设导则，与省发展改革委共同做好规划审查、考核评价等有关工作，积极申报国家级特色小镇；省财政厅负责财税支持政策的兑现落实，配合做好考核评价工作；省工业和信息化委负责指导做好工业转型升级工作；省科技厅负责指导做好科技创新工作；省人力资源社会保障厅负责做好就业指导和培训工作；省国土资源厅负责做好用地支持政策的兑现落实工作；省农业厅负责指导做好高原特色现代农业类特色小镇建设工作；省商务厅负责指导做好电子商务发展及口岸类特色小镇建设工作；省民族宗教委、文化厅负责指导做好民族文化挖掘、传承和保护工作；省旅游发展委负责指导做好旅游休闲类特色小镇景区标准建设工作；省招商合作局负责指导做好招商引资工作。领导小组其他成员单位要按照职能职责，加强协调配合，积极支持特色小镇发展。

（四）抓实招商引资。创新招商方式，搭建合作平台，完善激励机制，围绕特色小镇发展方向和产业定位，盯大引强，采取项目推介、整体包装营销、委托招商、以商招商、专业招商等方式，提高招商引资针对性和成功率。各州、市、县、区要在特色小镇申报创建的前期阶段，加大招商引资力度，促进以企业为主体推进特色小镇的项目建设。

（五）强化项目支撑。按照“论证储备一批、申报审核一批、开工建设一批、投产运营一批”的要求，建立全省特色小镇发展重大项目库，创新项目管理模式，以项目为载体引导各类政策、资金、要素向特色小镇集聚。

（六）加强督查监测。由省政府督查室牵头，加大对特色小镇建设工作的督查检查力度。省重点项目稽查特派员办公室要将特色小镇创建纳入稽查工作范围，加强对特色小镇建设项目的稽查。由省统计局会同省直有关部门，于 2017 年上半年前建立全省特色小镇发展统计监测指标体系。各州、市人民政府要按季度报送特色小镇建设进展情况，由领导小组办公室汇总后向全省通报。

（七）加大宣传力度。充分发挥舆论引导作用，通过新闻发布、专题报道、项目推介、经验交流等，大力宣传特色小镇建设的重要意义、政策措施及成功经验，营造有利于加快推进特色小镇建设的良好社会环境和舆论氛围。

附件：云南省特色小镇发展领导小组组成人员名单

云南省人民政府

2017 年 3 月 30 日

附件　云南省特色小镇发展领导小组组成人员名单

组　长：阮成发　省长

副组长：刘慧晏　副省长

成　员：黄云波　省政府副秘书长、省扶贫办主任

李　微　省政府办公厅副主任、督查室主任

马文亮　省政府副秘书长

杨礼华　省委农办主任

杨洪波　省发展改革委主任
杨福生　省工业和信息化委主任
周　荣　省教育厅厅长
徐　彬　省科技厅厅长
李四明　省民族宗教委主任
段丽元　省民政厅厅长
陈建国　省财政厅厅长
崔茂虎　省人力资源社会保障厅厅长
黄文武　省国土资源厅厅长
张纪华　省环境保护厅厅长
李文冰　省住房城乡建设厅厅长
何　波　省交通运输厅厅长
王敏正　省农业厅厅长
冷　华　省林业厅厅长
刘　刚　省水利厅党组书记
和良辉　省商务厅厅长
李　涛　省文化厅厅长
李玛琳　省卫生计生委主任
余　繁　省旅游发展委主任
唐新民　省地税局局长
张荣明　省工商局局长
何池康　省体育局局长
汤忠明　省安全监管局副局长
张云松　省统计局局长
李春晖　省金融办主任
李　茜　省新闻办主任
杜　勇　省招商合作局局长
张树学　省国税局局长
向　剑　省通信管理局局长
洪正华　国家开发银行云南省分行行长
江卫国　农业发展银行云南省分行党委书记
薛　武　云南电网公司总经理

领导小组下设办公室在省发展改革委，由杨洪波兼任办公室主任。领导小组成员如有变动，由成员单位相应职务人员自行递补并报领导小组办公室备案，不再另行发文。

内蒙古自治区人民政府办公厅关于特色小镇建设工作的指导意见

内政办发〔2016〕128号

各盟行政公署、市人民政府，各旗县人民政府，自治区各委、办、厅、局，各大企业、事业单位：

小城镇是新型城镇化的重要载体，是实现城乡统筹发展的重要节点。加快规划建设一批产业定位明确、文化内涵深厚、景观风貌独特的特色小镇，推进小城镇健康快速发展，是新时期促进全区新型城镇化和城乡一体化发展的重要举措。为进一步加快我区特色小镇规划建设，充分发挥小城镇在城乡建设和经济社会发展中的作用，推动新型城镇化和城乡一体化发展，经自治区人民政府同意，现提出以下意见。

一、总体要求、基本原则和发展目标

（一）总体要求。全面贯彻落实党的十八大和十八届三中、四中、五中全会精神，深入贯彻落实习近平总书记系列重要讲话和考察内蒙古重要讲话精神，按照自治区新型城镇化发展的战略部署，以促进县域经济发展为目标，因地制宜选择一批具有产业、资源、区位优势的一般建制镇，准确定位发展模式，突出产业和文化特点，加大各级财政投入，积极引进社会资本，投资发展优势产品、产业和服务业，促进当地和吸引外来消费，带动当地的经济发展。通过特色小镇引领，推动全区小城镇健康快速发展，为加快我区新型城镇化进程，逐步实现城乡基础设施、公共服务、就业和社会保障的城乡一体化提供保障。

（二）基本原则。

——统筹谋划，规划先行。以规划统筹各种要素，优化资源配置，合理谋划空间布局，注重发挥优势和突出特色，处理好生产、生活、休闲、交通四大要素关系，明确生态功能定位。

——定位明确，产业支撑。依托地方资源优势和特色，优化产业结构，积极发展现代工业，精细化农业、牧业，农畜产品加工业，旅游度假和商贸服务业等，形成规模效应，引导发展"一镇一业"，吸引当地群众就地就业，带动群众增收致富。

——小而精美，凸显特色。挖掘小城镇独具魅力和特色的文化内涵，突出打造个性鲜明的建筑风格、绿化景观和人文特色文化，为小城镇的建设发展注入文化元素，提升城镇建设品质，彰显小城镇特色和魅力。

——绿色低碳，生态宜居。以建立绿色低碳、节能环保的生产生活方式为目标，保护生产环境，发展循环经济、绿色经济和低碳经济，推广太阳能、风能等清洁能源，环保材料在小城镇中得到广泛应用，力争建设低碳、零碳小镇。

——政府引导，市场运作。充分发挥市场在资源配置中的决定性作用，加强政府引导和服务保障，明确投资建设主体，引入龙头企业，充分发挥龙头企业在规划建设中的主体作用。

（三）发展目标。根据经济社会基础良好、区位优势明显、交通设施便利、人口聚集度高、资源环境承载力强等标准和要求，自治区按照工业、农业、牧业、林业、旅游、物流、商贸、口岸、文化等几种类型，每年选择 8~12 个示范镇，各旗县（市、区）至少选择 1 个示范镇，通过自治区、盟市、旗县三级集中投入，逐年推进，建成一批功能齐备、设施完善、生活便利、环境优美、特色鲜明、经济繁荣、社会和谐的特色小镇，推动全区新型城镇化发展。到 2020 年，全区的特色小镇基本实现产业特色鲜明、基础设施和公共服务功能比较完善、人居生态环境良好、城镇建设风貌独特、居民就业和社会保障水平较高、对县域经济带动能力较强的发展目标。

二、主要任务

（一）制定特色小镇创建方案。各旗县（市、区）要优先从国家和自治区重点示范镇、特色景观旅游名镇中选择地理位置优越、交通便捷、经济基础好、产业特色明显、资源丰富独特、开发潜力大的建制镇，制定特色小镇创建方案，高起点谋划特色小镇发展，确保与国民经济和社会发展规划、城乡规划、土地利用总体规划等统筹衔接，找准特点，明确定位，打造具有核心竞争力的商业运行模式。要制订量化可行的工作计划，落实投资计划，包括建设主体、建设项目、形象进度等，实施项目化管理。

（二）培育特色产业。以独特的产业定位为核心，形成具有市场竞争力和可持续发展特征的产业体系。加快推动产业转型升级，注重产业融合、项目组合、资源整合。加快培育特色产业项目，立足实际，合理布局建设符合规划和环保要求、吸纳就业性强、可带动城镇发展的休闲旅游度假养老服务性项目，逐步提高第三产业增加值占全镇经济增加值的比重。积极培育主导产业和特色产业，因地制宜发展工业、农业、牧业、林业、旅游、物流、商贸、口岸、文化等产业，打造各具特色的工业重镇、农业重镇、牧业重镇、商贸重镇、旅游旺镇和历史文化名镇等。拉长产业链，促进产业集聚发展，推动产业规模做大、结构优化，鼓励民间投资，结合引进大企业大项目，建设特色产业基地，强化产业支撑。

（三）突出打造特色景观。按照“一镇一特色，一镇一风情”的思路，统筹做好小城镇发展规划。在完成总体规划、专项规划和详细规划编制和修编的基础上，提高详细规划的覆盖率，着力提高项目设计水平，形成鲜明的建筑风格、景观设施和人文环境，积极营造绿色、洁净、舒适的和谐发展格局。要重点抓好镇区主要出入口、主干道沿线、规模大的安置房小区、商贸街区、中心广场、园林景观项目等重点地段和节点地区的城市设计，积极开展外部空间和形体环境设计。以改善居民生产、生活质量为重心，按照适度超前的原则，加快推进基础设施和公共服务设施建设，促进土地、基础设施、公共服务设施等资源合理配置、集约利用。

（四）加强生态保护。依托乡村田园风光，以打造生态宜居为核心，强化乡村规划建设管理，加大环境保护力度，打造生态优良、清洁舒适、风貌优美的宜居小镇。要切实增强节能减排能力，大力开展绿色生态设施建设。在污水和垃圾处理等方面采用无害化、低耗能、低成本技术。在新建建筑、既有居住建筑节能改造方面大力推广太阳能、风能等可再生能源和绿色集成节能技术。

三、保障措施

（一）深化改革推进管理体制机制创新。通过推进小城镇机构和管理体制改革，完善体制机制，创新发展模式，统筹城乡经济社会协调发展。各旗县（市、区）要出台扩权强镇意见，将能够下放的各种管理权限依法下放到镇级，赋予小城镇享有与目标责任相匹配的权限和资源。明确承担小城镇建设管理职能的部门，合理配备人员，并从经费上予以保障，解决有人干事、有钱干事的问题。

（二）拓宽小城镇建设投融资渠道。进一步规范和完善公共财政投入，各级财政统筹整合各类已设立的相关专项资金，重点支持特色小镇市政基础设施建设。在镇规划区内建设项目缴交的基础设施配套费，要全额返还小城镇，用于小城镇基础设施建设。大力支持村镇银行、小额贷款公司的发展，构建政策性金融、商业金融相结合的农村牧区金融体系。国有政策性银行应在开展产业基金合作方面给予试点城镇以地市级同等待遇。把市场机制引入特色小镇，按照谁投资，谁经营，谁受益的原则，鼓励各种经济性质的资本在特色小镇投资路、水、电、通信、市场、文化娱乐等市政公用设施建设，投资者享受自治区现行的有关优惠政策。

（三）保障用地指标。旗县（市、区）每年的非农建设用地计划中，优先安排一定数量的用地指标，支持特色小镇的开发建设。为有利于小城镇规划的实施，在镇区规划范围内的农村牧区建设用地，优先办理有关用地审批手续。鼓励农村牧区集体经济组织和农牧民以土地入股，集体建设用地使用权转让、租赁等方式有序地进行农家乐、牧家乐、家庭旅馆、农庄旅游等旅游开发项目试点。

（四）加强组织领导，形成工作合力。调整自治区小城镇建设工作领导小组成员组成和职能分工。自治区住房城乡建设厅具体负责指导全区特色小镇的规划建设和功能完善，指导全区特色小镇基础设施建设和工程建设项目实施工作；自治区发展改革委协调指导特色小镇列入自治区、盟市重点建设项目，整合本部门资源，支持特色小镇加快规划建设；自治区财政厅具体负责做好享受财政扶持政策的特色小镇审核和兑现工作，引导各地区安排资金支持特色小镇加快规划建设；自治区农牧业厅负责整合本部门资源，支持特色小镇打造特色农业、牧业；自治区国土资源厅具体负责做好享受用地扶持政策的特色小镇审核和兑现工作，指导各地区强化特色小镇用地保障，创新节约集约用地机制；自治区商务厅具体负责指导全区特色小镇电子商务创建、提升和涉外业务的指导；自治区环保厅具体负责指导全区特色小镇污染防治和生态环境建设；自治区科技厅具体负责指导全区特色小镇的科技创新工作；自治区经济和信息化委具体负责指导全区特色小镇的产业转型升级工作。各盟市、旗县（市、区）要对小城镇建设工作领导小组成员单位的职能进行相应调整。

2016 年 9 月 14 日

山东省人民政府办公厅关于印发《山东省创建特色小镇实施方案》的通知

鲁政办字〔2016〕149 号

各市人民政府，各县（市、区）人民政府，省政府各部门、各直属机构，各大企业，各高等院校：

《山东省创建特色小镇实施方案》已经省政府同意，现印发给你们，请认真组织实施。

山东省人民政府办公厅

2016 年 9 月 1 日

山东省创建特色小镇实施方案

为全面贯彻党中央、国务院关于特色小镇建设的要求，牢固树立和落实“创新、协调、绿色、开放、共享”的发展理念，充分发挥特色小镇在推动新型城镇化、促进经济转型升级等方面的作用，结合我省实际，制定本实施方案。

一、创建目标

特色小镇是区别于行政区划单元和产业园区，具有明确产业定位、文化内涵、旅游特色和一定社区功能的发展空间平台。到 2020 年，创建 100 个左右产业上“特而强”、机制上“新而活”、功能上“聚而合"、形态上"精而美"的特色小镇，成为创新创业高地、产业投资洼地、休闲养生福地、观光旅游胜地，打造区域经济新的增长极。

二、创建标准

（一）定位明确，特色突出。以产业为基础，一业为主，多元发展，特色突出。

（二）以产兴城，以城兴业。围绕打造创新创业载体，做大做强主导产业，就业岗位和税收有较大增长，主导产业税收占特色小镇税收总量的70%以上。

（三）产城融合，功能配套。优化功能布局，集聚大批工商户、中小企业、中高级人才，实现产业、文化、旅游和社区有机结合，实现生产、生态、生活融合发展。

（四）规模集聚，品牌示范。主导产业在行业内有较大影响力，特色产业和品牌具有核心竞争力，在全省或全国有较大知名度。

（五）宜居宜游，生态优美。人文气息浓厚，旅游特色鲜明，每年接待一定数量游客，达到省级特色景观旅游名镇标准，其中旅游类小镇达到国家级特色景观旅游名镇标准。

三、创建内容

（一）明确产业定位。尊重经济规律，按照一镇一业、一镇一品要求，因势利导，突出主导产业，拉长产业链条，壮大产业集群，提升产业层次，做大做强特色经济。聚集人才，培育海洋开发、信息技术、高端装备、电子商务、节能环保、金融等新兴产业；挖掘资源禀赋，发展旅游观光、文化创意、现代农业、环保家具等绿色产业；依托原有基础，优化造纸、酿造、纺织等传统产业。

（二）科学规划布局。特色小镇规划符合城镇总体规划，并与经济社会发展、土地利用、生态环境保护、历史文化保护、旅游发展等相关专业规划有效衔接。规划面积一般控制在3平方公里左右，起步阶段建设面积一般控制在1平方公里左右。将城市设计贯穿特色小镇规划建设全过程，塑造特色风貌。

（三）增加有效投资。原则上5年完成固定资产投资30亿元以上，每年完成投资不少于6亿元。西部经济隆起带的特色小镇和信息技术、金融、旅游休闲、文化创意、农副产品加工等产业特色小镇的固定资产投资额不低于20亿元，每年完成投资不少于4亿元。

（四）完善功能配置。高标准配套建设基础设施和教育、医疗等公共服务设施。建设具有创业创新、公共服务、商贸信息、文化展示、旅游信息咨询、产品交易和信息管理等功能的综合服务平台，积极应用现代信息技术，实现公共Wi-Fi和数字化管理全覆盖。

（五）创新运营方式。发挥政府服务职能，积极做好规划编制设计、基础设施配套、资源要素保障、文化内涵挖掘传承、生态环境保护等工作；发挥市场在资源配置中的决定性作用，以企业为主推进项目建设；发挥第三方机构作用，为入驻企业提供电子商务、软件研发、产品推广、技术孵化、市场融资等服务，将特色小镇打造为新型众创平台。

四、创建程序

（一）自愿申报。特色小镇申报每年组织1次，按照创建内容，凡具备创建条件的均可申报。凡列入新生小城市和重点示范镇的不再列为特色小镇。设区市政府向省城镇化工作领导小组办公室报送书面申报材料（包括创建方案，特色小镇的建设范围、产业定位、投资主体、投资规模、建设计划、营商环境改善措施，并附概念性规划）。

（二）审核公布。省城镇化工作领导小组办公室将申报材料送省有关部门初审，并在初审基础上组织联审，根据联审结果提出建议名单分批报省政府审定后公布。

（三）年度评估。对列入创建名单的小镇，省城镇化工作领导小组办公室委托第三方评价机构进行年度评估，达到发展目标要求的兑现扶持政策。

（四）验收命名。对经过创建，达到创建内容标准要求，通过省城镇化工作领导小组办公室评价验收的，由省政府命名为山东省特色小镇。

五、政策措施

（一）用地支持。各地要结合土地利用总体规划调整完善工作，将特色小镇建设用地纳入城镇建设用地扩展边界内。特色小镇建设要按照节约集约用地的要求，充分利用低丘缓坡、滩涂资源和存量建设用地，对如期完成年度规划目标任务的，省里按实际使用指标一定比例给予奖励；对连续 2 年内未达到规划目标任务的，加倍倒扣省奖励的用地指标。各地在分配新增建设用地指标时要积极支持特色小镇创建。

（二）财政支持。从 2016 年起，省级统筹城镇化建设等资金，积极支持特色小镇创建，用于其规划设计、设施配套和公共服务平台建设等。鼓励省级城镇化投资引导基金参股子基金加大对特色小镇创建的投入力度，支持其特色产业、人才项目建设等。各地也要出台有针对性的财政支持政策，筹集相应资金予以扶持。

（三）金融支持。引导金融机构加大对特色小镇的信贷支持力度。创新融资方式，探索产业基金、股权众筹、PPP 等融资路径，加大引入社会资本的力度，用于特色小镇公共配套基础设施、公共服务平台以及创新孵化平台等项目的建设。

（四）人才支持。牢固树立人才是第一资源的理念，落实扶持创新创业政策，吸引、支持泰山学者、泰山产业领军人才、科技人员创业者、留学归国人员，积极投入特色小镇创建，运用现代新技术，开发新产品，加快特色产业转型发展、领先发展。

六、组织领导

（一）建立协调机制。省城镇化工作领导小组办公室负责特色小镇创建的统筹、协调工作，及时分解工作任务，落实责任单位，加大推进力度。有关部门要各司其职，研究制定有利于特色小镇创建的配套措施，在资金、土地、人才、技术、项目等方面给予支持和倾斜，要建立信息交流制度，协调互动，密切配合，形成合力。

（二）推进责任落实。各市、县（市、区）政府要科学引导特色小镇培育创建，建立工作推进机制，搞好规划建设，加强组织协调，推动技术标准应用，确保各项工作规范有序进行。特色小镇创建主体要积极作为、真抓实干，确保创建目标任务落实，不断取得实效。

（三）加强动态监管。将特色小镇创建工作推进情况，纳入新型城镇化考核。建立考核指标体系和评价制度，引入第三方评价机构，每年评价 1 次。实行动态管理制度，对第一年没有完成规划建设投资目标的，给予黄牌警告；对连续 2 年没有完成规划建设投资目标的，取消特色小镇创建资格。

（四）优化发展环境。各地要积极开辟“绿色通道”，精简审批事项，优化审批服务，提高审批效率，提升政府服务质量和服务水平，努力把特色小镇建设成“创业最佳、服务最优、环境最美、宜居宜游”的新型发展增长极。

附件：特色小镇创建标准指标体系（略）

山东省人民政府办公厅
2016 年 9 月 1 日

陕西省发展和改革委员会关于加快发展特色小镇的实施意见

陕发改规划〔2017〕232 号

省级各有关部门、直属机构，各设区市、韩城市发展改革委，杨凌示范区发展改革局、西咸新区经济发展局：

建设特色小镇，是落实国家新型城镇化战略部署和推进供给侧结构性改革的重要抓手，是推进区域产业转型升级的有效路径。为贯彻落实国家发展改革委《关于加快美丽特色小（城）镇建设的指导意见》（发改规划〔2016〕2125 号）要求，加快提升我省新型城镇化发展质量和水平，打造供给侧结构性改革新载体，我委决定规划建设一批特色小镇，现提出如下意见：

一、总体要求

全面贯彻党的十八大和十八届三中、四中、五中、六中全会精神，深入学习贯彻习近平总书记系列重要讲话特别是来陕视察重要讲话精神，牢固树立和贯彻落实新发展理念，以人的城镇化为核心，以供给侧结构性改革为主线，坚持因地制宜、产业支撑、企业主体、政府引导，加速要素集合、产业聚合、产城融合，努力把特色小镇打造成为扩大有效投资新载体、促进创新创业新平台、推进新型城镇化新支撑、县域经济新增长极。

二、发展目标

按照整体规划、分批建设、板块先行、动态管理的思路，全省首批重点培育和规划建设 10 个特色小镇，此后分批筛选创建对象，逐步扩大特色小镇数量，力争通过 3~5 年的培育创建，建设 100 个空间布局合理、产业特色鲜明、体制机制灵活、生态环境优美、公共服务完善的特色小镇。

三、加强统筹规划

严格划定小镇边界，合理规划产业、生活、生态等空间布局，突出特色打造，张扬文化传统，力求“精而美”，形成“一镇一风格”。规划面积一般控制在 3 平方公里左右（旅游产业类特色小镇可适当放宽），建设用地面积一般控制在 1 平方公里左右。推进“多规合一”，体现生产生活生态融合发展。按照“紧凑城镇”发展理念，控制土地开发增量，充分利用现有区块的环境优势和存量资源，通过填充式开发、再开发等方式，提高土地利用效率。所有特色小镇应按 3A 级以上景区标准建设，旅游产业类特色小镇要按 4A 级以上景区标准建设，积极推行“景区 + 小镇”管理体制。

四、强化产业支撑

立足资源禀赋、区位环境、历史文化、产业集聚等，选择具有比较优势的特色产业作为主攻方向，突出业态和模式创新，有效激发市场创意，做精做强做优，细分领域、错位发展，形成地方“名片”，避免重复建设、低水平竞争。中心城市和都市圈周边的小镇，要积极吸引高端要素集聚，发展先进制造业、现代服务业和新产业、新业态，建设产城有机融合、创新创业活跃的特色小镇；自然环境秀丽的小镇，要充分利用山水风光，在保持原真性、生态性的前提下，发展旅游、运动、康体、养老等产业，建设人与自然和谐、宜居宜游的特色小镇；历史文化积淀深厚的小镇，要延续文脉、挖掘内涵，做强文化旅游、民俗体验、创意策划等产业，建设保护文化基因、兼具现代气息的特色小镇。

五、激发市场活力

要坚持政府引导、企业主体、市场化运作，创新建设模式、管理方式和服务手段。鼓励以社会资本为主投资建设特色小镇，每个特色小镇均应明确投资主体，投资主体可以是国有投资公司、民营企业或混合所有制企业。充分挖掘域内企业潜力，创新企业发展模式，促进产业转型升级。政府主要在规划编制、基础设施配套、资源要素保障、文化内涵挖掘传承、生态环境保护等方面加强引导和服务，营造良好的政策环境，吸引市场主体投资建设特色小镇。

六、完善城镇功能

积极支持特色小镇完善水、电、路、气、信息等基础设施，加快完善内部路网，打通外部交通连廊，加速光纤入户进程，提高特色小镇的通达性和便利性。加快污水处理、垃圾处理和供水设施建设，推进特色小镇供水管网、污水管网和垃圾收运系统全覆盖。推动公共服务从按行政等级配置向按常住人口规模配置，加快商业服务、旅游设施和文化、体育、卫生、养老等设施建设，大力推进公共服务设施开放共享，完善公共服务供给。创新建设新型社区，聚焦居民日常需求，加强环境综合整治，提高小镇管理和绿化水平。

七、加大支持力度

创新特色小镇建设投融资机制，大力推进政府和社会资本合作，鼓励利用各级财政资金撬动社会资金。中央专项建设基金特色镇类别资金、省陕南循环发展资金优先向纳入创建范围的特色小镇倾斜。将关中、陕北特色小镇建设纳入县域经济发展规划，给予支持。各地要结合土地利用总体规划调整完善工作，将特色小镇建设用地纳入城镇建设用地扩展边界内，城乡建设用地增减挂钩指标优先用于特色小镇建设，特色小镇建设要严格节约集约用地，充分盘活存量建设用地。

八、推进“千企千镇工程”

围绕产业发展和城镇功能提升两个重点，注重选择引进符合本区发展定位和比较优势的项目和龙头企业，深化镇企合作。依托“千企千镇服务网”和全国特色小镇数据库，通过多形式的特色小镇建设交流研讨会、项目推介会等，加强企业等社会资本和特色小镇的沟通合作与互动交流。积极引导商业金融机构加强与特色镇创建项目对接，争取国家开发银行、农业发展银行、光大银行和其他金融机构加大金融支持力度，从规划编制阶段就积极引入开发性金融和政策性金融参与做好系统性融资规划。到2020年，力争推出一批企业等社会资本与特色小镇成功合作的典型案例，形成可复制、可推广的经验。

九、推进创新创业

鼓励有条件的小镇发展众创、众包、众扶、众筹空间，推进公共Wi-Fi和数字化管理全覆盖，鼓励发展面向大众、服务小微企业的低成本、便利化、开放式服务平台，构建富有活力的创业创新生态圈。依托互联网拓宽市场资源、社会需求与创业创新对接通道，推进专业空间、网络平台和企业内部众创，集聚创业者、风投资本、孵化器等高端要素，促进产业链、创新链、人才链的融合，推动新技术、新产业、新业态发展。深化投资便利化、商事、负面清单管理等改革创新，为初创期、中小微企业和创业者提供便利、完善的“双创”服务，营造有利于创新创业的营商环境。

十、推进组织实施

1. 规范创建程序。自愿申报。由县（市、区）政府向省发展改革委（省推进新型城镇化联席会议办公室）报送创建特色小镇书面材料，制订创建方案，内容应明确四至范围、产业定位、投资主体、建设规划。分批审核。省发展改革委组织省推进新型城镇化联席会议成员单位进行联审，充分考虑产业特色、发展基础、区位优势和创建积极性，分批公布创建名单。坚持宽进严定、分期推进、动态管理，对各地申报创建特色小镇不平均分配名额，凡符合特色小镇内涵和质量要求的，纳入省重点培育特色小镇创建名单。考核评估。对申报审定后纳入创建名单的省重点培育特色小镇，建立年度考评制度，考核等次为优的予以重点扶持，对未完成年度目标考核任务的特色小镇，实行退出机制。验收命名。通过3年左右创建，对实现规划建设目标、达到特色小镇标准要求的，由省推进新型城镇化联席会议组织验收，通过验收的认定为省级特色小镇。

2. 加强组织协调。省推进新型城镇化联席会议负责特色小镇建设工作的组织领导和统筹协调。各市、县（区）是特色小镇培育创建的责任主体，要加强分类指导，做好协调服务，强化与开发性金融机构的配合，借鉴东部地区采取创建制培育特色小镇的经验，提升工作主动性和积极性，努力打造新兴产业集聚、传统产业升级、体制机制灵活、人文气息浓厚、生态环境优美的特色小镇。

3. 加强动态监测。各地要按年度向省推进新型城镇化联席会议办公室报送纳入省重点培育名单的特色小镇创建工作进展情况，省级在一定范围内进行通报，对于创建效果较好的特色小镇积极争取纳入国家试点范围。

陕西省发展和改革委员会

2017年2月24日

陕西省住建厅　关于报送 2015 年度省级重点示范镇、文化旅游名镇（街区）建设目标任务及考核指标的通知

陕建发〔2014〕358 号

各设区市住房和城乡建设局（规划局、建委），杨凌示范区规划建设局，韩城市住房城乡建设局，神木县住房城乡建设局，有关县住房和城乡建设局，有关镇人民政府：

根据省委办公厅　省政府办公厅《关于加快建设全省重点示范镇和文化旅游名镇（街区）有关事项的通知》（陕办字〔2013〕43 号）文件精神，现就报送 2015 年度省级重点示范镇、文化旅游名镇（街区）建设目标任务及考核指标有关事项通知如下：

一、报送范围

省委省政府确定的 35 个省级重点示范镇、31 个文化旅游名镇（街区）。

二、制订目标任务的原则

1. 重点示范镇

原 31 个重点示范镇要按照“五年建成达标”的要求确定目标，2015 年建设目标任务为规划模块内市政基础设施、公共服务设施、住房项目所有未完工项目要全部建成，建成区改造提升项目全部竣工。

新增 4 个沿渭重点示范镇 2015 年建设的重点为规划模块内的市政基础设施、公共服务设施、住房以及建成区改造提升项目。各镇（街区）上报的年度工作目标任务不得低于 5 年任务总量的 1/5。

各镇上报的目标任务应包括项目名称、建设规模和年度投资。其中，建设规模应有具体量化指标，跨年度建设项目需在备注栏注明建设期限及总投资（填写要求详见附件 1）。

2. 文化旅游名镇（街区）

文化旅游名镇（街区）要按照“保护修复老区、打造特色新区、完善配套设施、带动旅游产业”的总体要求安排建设项目，2015 年度目标任务应重点安排镇区市政基础设施、文物古迹、历史建筑、传统民居保护修复、旅游公共服务设施、镇区环境整治提升和住房建设项目。各镇上报的目标任务应包括项目名称、建设规模和年度投资。各镇（街区）上报的年度工作目标任务不得低于 5 年任务总量的 1/5。其中，建设规模应有具体量化指标，跨年度建设项目需在备注栏注明建设期限及总投资（填写要求详见附件 2）。

三、制定目标任务的要求

1. 年度目标任务下达后一般不再变动，确因特殊原因需要调整的，在年度投资总量不变的情况下，须经市、县建设行政主管部门书面同意，报省住房和城乡建设厅批准。

2. 各市、县建设行政主管部门汇总审核各镇年度目标任务后，由所在设区市建设行政主管部门报所在市人民政府同意后，于2014年11月30日前将审核确认的《2015年度城镇建设目标任务及考核指标》以及电子文档报送省住房和城乡建设厅，我厅将会同省级有关部门审核后印发给各地执行，同时报送省委考核办，作为省委省政府2015年考核各市（区）的年度目标责任考核指标。

3. 2015年各镇上报的建设项目须包括《关于做好2015年省级重点示范镇、文化旅游名镇（街区）专项资金申报的通知》（陕建发〔2014〕297号）文件中的申报项目，防止出现错报漏报现象。

联系人：黄素华　张晓刚

电　话：（029）87291871

传　真：（029）87293472　87294020

电子邮箱：405380129@qq.com（文化旅游名镇报送邮箱）

电子邮箱：740883988@qq.com（重点示范镇报送邮箱）

相关附件可在陕西建设网—建设厅文件下载。

附件：1. 2015年度重点示范镇城镇建设目标任务及考核指标（样表）

2. 2015年度文化旅游名镇（街区）建设目标任务及考核指标（样表）

陕西省住房和城乡建设厅

2014年10月10日

附件1　2015年度重点示范镇城镇建设目标任务及考核指标（样表）

考核项目	主要指标	评价要点					备注
新区市政基础设施及公共服务设施	完成投资	3900万元					
	项目6项	类别	序号	项目名称	建设规模	年度投资估算（万元）	
		市政基础设施项目	1	××路及附属设施	市政二级路。长1200米，宽28米。双向4车道，主车道12米，两边非机动车道3米，两边人行道各3米。配套隔离带、绿化带、路灯等设施。2015年完成非机动车道人行道及其他配套设施	1000	总投资2000万元，建设时限2013~2015年
			2	污水处理厂	占地15亩，日处理3000/立方米，包括沉淀池、滤池、清水池、加氯间、办公楼等相关配套设施。2015年完成管道和相关配套设施	600	总投资1500万元，建设时限2012~2015年
			3	市政管网铺设	给水管网总长度15公里，雨水管网总长度13公里，污水管网总长度12公里，供热管道总长度13公里。燃气管道总长度20公里。2013年完成雨水管网5公里，燃气管道4公里	900	总投资4000万元，建设时限2011~2016年

续表

考核项目	主要指标	评价要点					备注
新区市政基础设施及公共服务设施	项目 6 项	公共服务设施项目	1	××小学	占地 40 亩，5 层教学楼建筑面积 1.2 万平方米，其他设施建筑 2 万平方米。2015 年完成除教学楼外其他设施建筑	500	总投资 1000 万元，建设时限 2012~2016 年
新区市政基础设施及公共服务设施	项目 6 项	公共服务设施项目	2	镇中心医院	占地 80 亩，住院楼 3000 平方米，门诊楼 5000 平方米及其他附属设施	500	总投资 1000 万元，建设时限 2012~2016 年
新区市政基础设施及公共服务设施	项目 6 项	公共服务设施项目	3	街心公园	占地 300 亩，包括景观绿化、照明、给排水和公园相关配套设施	400	
住房项目	完成投资	16000 万元					
住房项目	项目 3 项	住房项目	1	阳光小区（商品房）	15 栋 7 层砖混住宅楼，建筑面积 15 万平方米。2015 年完成 7 栋主体建设及小区配套设施	6000	总投资 2 亿元，建设时限 2012 ~ 2015 年
住房项目	项目 3 项	住房项目	2	光明小区（保障房）	10 栋 7 层砖混住宅楼，建筑面积 12 万平方米，共 280 套。2015 年完成 4 栋主体建设、沿街商铺和小区配套设施	4000	总投资 1.6 亿元，建设时限 2012~2015 年
住房项目	项目 3 项	住房项目	3	移民搬迁安置房	占地面积 300 亩，总建筑面积 4 万平方米，共 200 套 2 层独院小楼。2015 年完成 150 套房主体建设部分内部道路及配套设施	6000	总投资 1.8 亿元，建设时限 2012~2016 年
建成区改造提升	完成投资	1800 万元					
建成区改造提升	项目 5 项	建成区内市政基础设施、公共服务设施、住房以及绿化、亮化、净化、美化等项目	1	老镇区环境综合整治	道路两边植树绿化，人行道瓷砖铺设，路灯更新维护	200	
建成区改造提升	项目 5 项	建成区内市政基础设施、公共服务设施、住房以及绿化、亮化、净化、美化等项目	2	西大街沿街门头牌匾改造亮化	统一更换仿古牌匾，亮化美化	200	
建成区改造提升	项目 5 项	建成区内市政基础设施、公共服务设施、住房以及绿化、亮化、净化、美化等项目	3	东大街道路改造	平整路面、人行道花砖铺设	300	
建成区改造提升	项目 5 项	建成区内市政基础设施、公共服务设施、住房以及绿化、亮化、净化、美化等项目	4	高压线路改造	改造高压线路 15 公里	400	
建成区改造提升	项目 5 项	建成区内市政基础设施、公共服务设施、住房以及绿化、亮化、净化、美化等项目	5	环境改造	垃圾清理、绿化补植、环卫设施购置、中心区街景改造	700	
合计		共 14 个项目，2015 年投资估算 21700 万元					

注：1. 跨年度建设项目需在备注栏注明建设期限及总投资。
2. 可根据需要加页。

附件2　2015年度文化旅游名镇（街区）建设目标任务及考核指标（样表）

考核项目	主要指标	评价要点					备注
镇区市政基础设施及公共服务设施	投资估算	3900万元					
	项目6项	年度	序号	项目名称	建设规模	年度投资估算（万元）	
		市政基础设施项目	1	××路及附属设施	市政二级路。长1200米，宽28米。双向4车道，主车道12米，两边非机动车道3米，两边人行道各3米。配套隔离带、绿化带、路灯等设施。2015年完成非机动车道人行道及其他配套设施	1000	总投资2000万元，建设时限2014~2015年
			2	污水处理厂	占地15亩，日处理3000/立方米，包括沉淀池、滤池、清水池、加氯间、办公楼等相关配套设施。2015年完成管道和相关配套设施	600	总投资1500万元，建设时限2013~2015年
			3	市政管网铺设	给水管网总长度15公里，雨水管网总长度13公里，污水管网总长度12公里，供热管道总长度13公里。燃气管道总长度20公里。2013年完成雨水管网5公里，燃气管道4公里	900	总投资4000万元，建设时限2014~2015年
		公共服务设施项目	1	××小学	占地40亩，5层教学楼建筑面积1.2万平方米，其他设施建筑2万平方米。2015年完成除教学楼外的其他设施建筑	500	总投资1000万元，建设时限2012~2016年
			2	镇中心医院	占地80亩，住院楼3000平方米，门诊楼5000平方米及其他附属设施	500	总投资1000万元，建设时限2012~2015年
			3	街心公园	占地300亩，包括景观绿化、照明、给排水和公园相关配套设施	400	
保护修缮类建设项目	投资估算	4700万元					
	项目3项	保护、修缮类建设项目	1	塘子旧街立面仿古改造	老镇区街道80余户立面仿古改造，街面石材打造	2000	总投资0.6亿元，建设时限2012~2016年
			2	明清古街改造项目	街面2层仿古改造、修缮维护、立面统一改造	1200	总投资0.4亿元，建设时限2012~2014年
			3	西北革命军事委员会旧址保护	安置修复、保护	1500	

续表

考核项目	主要指标	评价要点					备注
旅游设施建设项目	投资估算	800 万元					
	项目 1 项	旅游设施建设项目	1	游客服务中心	占地 12 亩，1 栋 3 层砖混建筑，面积 2500 平方米	800	
住房建设项目	投资估算	16000 万元					
	项目 3 项	住房项目	1	阳光小区（商品房）	15 栋 7 层砖混住宅楼，建筑面积 15 万平方米。2015 年完成 7 栋主体建设及小区配套设施	6000	总投资 2 亿元，建设时限 2012 ~ 2015 年
			2	光明小区（保障房）	10 栋 7 层砖混住宅楼，建筑面积 12 万平方米，共 280 套。2015 年完成 4 栋主体建设、沿街商铺和小区配套设施	4000	总投资 1.6 亿元，建设时限 2012~2015 年
			3	移民搬迁安置房	占地面积 300 亩，总建筑面积 4 万平方米，共 200 套 2 层独院小楼。2015 年完成 150 套房主体建设部分内部道路及配套设施	6000	总投资 1.8 亿元，建设时限 2012~2016 年
镇区环境整治提升	投资估算	1800 万元					
	项目 5 项	镇区内绿化、亮化、净化、美化环境综合整治等改造项目	1	老镇区环境综合整治	道路两边植树绿化，人行道瓷砖铺设，路灯更新维护	200	
			2	西大街沿街门头牌匾改造亮化	统一更换仿古牌匾，亮化美化	200	
			3	东大街道路改造	平整路面、人行道花砖铺设	300	
			4	高压线路改造	改造高压线路 15 公里	400	
			5	环境改造	垃圾清理、绿化补植、环卫设施购置、中心区街景改造	700	
合　计		共 18 个项目，2015 年投资估算 27200 万元					

注：1. 跨年度建设项目需在备注栏注明建设期限及总投资。
2. 可根据需要加页。

陕西省住建厅　陕西省财政厅关于做好2015年省级重点示范镇和文化旅游名镇（街区）专项资金申报工作的通知

陕建发〔2014〕297号

各设区市住房和城乡建设局（规划局、建委）、财政局，杨凌示范区规划建设局、财政局，韩城市、神木县住房城乡建设局、财政局：

按照省委办公厅、省政府办公厅《关于加快建设全省重点示范镇和文化旅游名镇（街区）有关事项的通知》（陕办字〔2013〕43号）精神，现就做好2015年重点示范镇和文化旅游名镇（街区）省级专项资金申报工作有关事项通知如下：

一、申报对象

省级35个重点示范镇、31个文化旅游名镇（街区）。

二、资金使用范围

省级重点示范镇新区市政基础设施建设项目、公共服务设施的配套建设项目；文化旅游名镇（街区）镇区市政基础设施建设项目。

三、专项资金额度

2011年省政府确定的31个省级重点示范镇每镇700万元专项资金，新列入的4个沿渭重点示范镇每镇1000万元专项资金。31个文化旅游名镇（街区）每镇500万元专项资金。

四、申报程序

1. 各镇填写《省级重点示范镇（文化旅游名镇）2015年省级专项资金申请表》（见附件），将申请表（一式4份）及电子文档分别报送所在县（区）住房城乡建设局（规划局、建委）、财政局。

2. 各县（区）建设行政主管部门会同财政部门对各镇申报的项目进行审核、筛选、排序，将符合条件的项目汇总上报省级财政专项资金项目库（项目库系统网址http：//xmk.sf.gov.cn/）。同时，以正式文件上报各设区市住房和城乡建设部门和财政部门。韩城市和神木县直接报省住房和城乡建设厅与省财政厅，并抄送设区市住房城乡建设局（规划局、建委）、财政局。

3. 各设区市住房城乡建设局（规划局、建委）会同财政部门通过省级财政专项资金项目库管理系统，对各县（区）上报的项目进行审核，于2014年9月20日前，以正式文件形式将各镇符合条件的项目申报材料及电子文档报送省住房和城乡建设厅（1份）和省财政厅（2份）。并注明联系人及联系方式。

4. 省住房和城乡建设厅会同省财政厅将于9月底前对各设区市申报的项目进行审核，符合条件的项目纳入省级财政专项资金项目库，并从2015年省级财政预算资金中予以支持。

五、其他要求

1. 各设区市和省直管县住房城乡建设局（规划局、建委）、财政局要密切配合，认真组织好本辖区2015年省级专项资金的申报工作。

2. 请严格按照《陕西省省级财政专项资金项目库管理办法》要求，做好财政专项资金项目库项目申报，纸质文件与系统文件要求一致，确保内容完整、真实，未纳入项目库管理的项目不予安排专项资金。

3. 请各地务必按照时限要求完成项目申报，省住房和城乡建设厅将把专项资金项目申报工作作为信息报送的重要内容纳入各镇年终综合考评。

联系人及联系方式：

黄素华　张晓刚　省住房和城乡建设厅村镇建设处

电话：029-87291871

传真：029-87293472

电子邮箱：czc@shaanxijs.gov.cn

丰志美　省财政厅经济建设处

电话及传真：029-87623356

电子邮箱：fengzm@sf.gov.cn

附件：1. 省级重点示范镇（文化旅游名镇）2015年省级专项资金申请表（略）

2. 财政支出绩效目标申报表（略）

陕西省住房和城乡建设厅

陕西省财政厅

2014年8月25日

中共四川省委　四川省人民政府关于《深化拓展“百镇建设行动”、培育创建特色镇的意见（代拟稿）》征求意见

为深化拓展“百镇建设行动”，培育创建“小而美”、“特而优”的特色镇，全面推动并引领四川小城镇的建设发展，促进我省城镇化质量和水平明显提升，现就《中共四川省委四川省人民政府关于深化拓展“百镇建设行动”、培育创建特色镇的意见（代拟稿）》向社会公众公开征求意见。请将您的宝贵意见以书面信函的方式于2017年2月20日前反馈四川省住房和城乡建设厅。谨此，感谢您对我省小城镇发展建设工作的理解和大力支持！

特此通告。

联系方式：

1. 信函请寄至：四川省住房和城乡建设厅村镇建设处，邮编：610041

2. 传真：028-85521751（省住建厅）

3. 电子邮箱：1972483612@qq.com

四川省住房和城乡建设厅

2017年2月14日

中共四川省委　四川省人民政府关于深化拓展“百镇建设行动”、培育创建特色镇的意见（代拟稿）

为深化拓展“百镇建设行动”，培育创建“小而美”、“特而优”的特色镇，充分发挥小城镇联结城乡、辐射农村的重要作用，进一步彰显小城镇自然、生态、文化的特色和优势，现提出如下意见。

一、总体思路和主要目标

（一）总体思路。全面贯彻党的十八大和十八届三中、四中、五中、六中全会精神，认真落实党中央、国务院推进新型城镇化和特色小镇建设的部署要求，以创新、协调、绿色、开放、共享的发展理念为指导，通过实施“两个一批”行动计划（巩固提升一批示范镇和培育创建一批特色镇）、“两个千亿”提升工程（千亿公共设施建设工程和千亿特色产业提升工程），培育一批形态适宜、规模适度、生态宜居、文化特色突出的美丽小镇，促进新型城镇化和新农村建设融合发展，不断夯实多点多极底部基础，支撑起四川全面小康的时代伟业。

（二）基本原则。

——坚持绿色发展。尊重自然生态环境，严格保护绿水青山格局，突出山水田园风光特色；发展绿色产业，把良好的生态优势转化为产业发展优势；完善基础设施和公共服务，培育生态文化，倡导绿色生活方式，建设生态文明美丽小城镇。

——坚持彰显特色。充分挖掘、保护和传承历史文化，彰显地域和民族特色，避免“千镇一面”；提高规划设计水平，强化服务“三农”功能，突出小城镇景观风貌和建筑特色，避免照搬城市规划和建设的思路与方法。

——坚持形态适宜。尊重小城镇发展规律，结合区位条件和资源禀赋，合理确定城镇定位；根据资源环境承载能力，遵循“小而美”发展理念，按照规模适度的要求，合理确定用地布局和空间形态，避免贪大求洋。

——坚持改革创新。顺应新型城镇化要求，创新发展理念，转变政府职能，积极推进扩权强镇；创新发展模式，引导民间资本积极参与小城镇建设，增强小城镇发展的内生动力；创新公共服务管理，强化规划建设管理和服务“三农”的作用。

（三）主要目标。到2020年，300个镇的承载能力明显提升、经济实力明显增强、城镇面貌明显改善，成为生态环境优良、功能设施齐备、产业特色鲜明、公共服务完善的县域经济社会发展副中心。300个镇中，镇区常住人口5万以上的达到10个，3万以上的达到50个，1万以上的达到100个，带动全省小城镇年均吸纳农业人口40万以上，城镇化率年均贡献0.4个百分点。聚焦环境“青而绿”、形态“小而美”、产业“特而优”、机制“新而活”目标，培育创建100个左右各具特色、富有活力的生态宜居、休闲旅游、教育科技、先进制造、商贸物流、现代农业等特色镇，示范带动全省2000余个小城镇竞相发展。

二、主要任务

（四）做实配套设施，巩固提升一批示范镇。实施“千亿公共设施建设”工程。以道路建设为重点，加强供水、供气、管网、通信、污水和垃圾处理等市政基础设施建设；以山水田林本底为基础，加快山地公园、生态湿地、绿廊绿道等生态基础设施建设；以中心镇规划标准为依据，完善教育、卫生、文化、科技、商贸、体育等公共服务设施建设。推进“9+N”公共设施项目建设（即符合标准的城镇路网、生态绿地系统、九年制义务教育学校、卫生院、敬老院、集贸市场、供水设施、污水处理设施、垃圾处理设施9类项目及其他公共设施项目）。到2020年，完成1000亿元左右公共设施投资，增强试点镇综合承载能力。

牵头单位：住房城乡建设厅

责任单位：各市（州）党委政府、省发展改革委、教育厅、民政厅、财政厅、国土资源厅、环境保护厅、交通运输厅、水利厅、商务厅、省卫生计生委

（五）做深产业发展，培育创建一批特色镇。实施“千亿特色产业提升”工程。坚持生态优先、绿色发展，严格控制落后淘汰产业向小城镇转移，优先发展资源消耗低、环境污染少的产业，鼓励资源综合循环利用，大力培育绿色主导产业。按照“3+N”的发展模式（即以特色工业园区、商贸物流、旅游休闲镇为基础，积极发展生态宜居、现代农业、创新创业等新型产业镇），着力发展产业集群，引导中小企业围绕主导产业发展配套加工，推进产供销一条龙、科工贸一体化，不断延伸产业链，形成企业群。深入推进产镇融合发展，促进基础设施和公共服务设施共建共享。到2020年，完成2000亿元左右产业投资，提升试点镇产业集聚发展水平。

牵头单位：省发展改革委

责任单位：各市（州）党委政府、省经济和信息化委、财政厅、国土资源厅、住房城乡建设厅、农业厅、商务厅、省旅游发展委

（六）创新发展理念，提高城镇管理水平。加快推动管理模式转变，建立健全管理机制，合理配置与试点镇经济社会发展需要相适应的工作力量，提升城镇管理水平。将行政许可和政务服务事项向便民服务中心集中，实行“开放式”办公、“一站式”服务。加快建立城乡统一的就业制度，将转移就业的农村劳动者纳入统一的就业政策和服务范围。加快建立统筹城乡的社会保障制度，已在试点镇就业、与用人单位建立劳动关系的人员，应按规定参加各项社会保险，逐步缩小城乡社会保障待遇差距。创新管理模式，探索市场化的社区服务机制，通过政府购买公共服务、有序培育各类中介服务组织等方式，强化环境卫生、设施运行、社区服务等社会管理工作。

牵头单位：住房城乡建设厅

责任单位：各市（州）党委政府、公安厅、民政厅、人力资源社会保障厅

（七）坚持统筹推进，放大特色示范效应。落实城乡统筹发展理念，推进基础设施向农村延伸、公共服务向农村覆盖，努力将试点镇发展成为以城带乡、镇村联动的重要载体。按照“三化联动”要求，促进一、二、三产业融合发展，积极培育“特而优”的主导产业，增强试点镇可持续发展能力、综合承载能力和辐射带动能力，促进农村人口向试点镇转移集聚。各地要大力推广“百镇建设行动”的成功经验和发展模式，结合当地实际，制定出台推动小城镇发展的政策意见，不断深化小城镇管理体制机制改革，促进特色产业发展，完善公共服务和基础设施，形成上下联动、统筹协调的发展格局。

牵头单位：住房城乡建设厅

责任单位：各市（州）党委政府、省

委农工委、省委编办、财政厅、农业厅

三、改革措施

（八）扩大管理权限。按照“依法放权、权责一致、能放则放、按需下放”原则，兼顾试点镇承接能力，依法向试点镇赋予县级经济类项目核准、备案权和市政设施、社会治安、就业社保、户籍管理等方面的社会管理权。规划、城建、城管、环保、水利等行政许可事项，可由县级部门在试点镇统筹设立综合派出机构或派驻工作人员就地办理；也可按照“统一签订委托协议、统一规范操作流程、统一组织业务培训、统一授牌授印”要求，依法委托试点镇行使职权。试点镇所在市、县政府要编制出台试点镇扩权事项目录，试点镇要做好管理权限下放的承接工作，建立职责明确、权责对应的责任机制，确保扩权事项有效落实、规范运行。

牵头单位：省委编办

责任单位：各市（州）党委政府、公安厅、住房城乡建设厅

（九）改革财政体制。合理划分县、镇财政收支范围，建立和完善有利于试点镇发展的财政体制，县级财政加大对试点镇转移支付力度和提高一般性转移支付比重，增强试点镇保障能力和水平。在试点镇镇域内产生的土地出让收益、城市基础设施配套费、社会抚养费等非税收入，属市以下部分，除国家和省规定有明确用途外，要重点用于试点镇建设。

牵头单位：财政厅

责任单位：国土资源厅、省地税局

（十）创新投资机制。按照“渠道不变、管理不乱、统筹安排”原则，整合各级城建、交通、水利、环保、民政、商贸、旅游等各类补助资金，适度向试点镇倾斜，重点扶持“千亿公共设施建设”和“千亿特色产业提升”项目。从2017年起，省级财政每年继续安排专项资金支持试点镇建设，鼓励市、县财政加大投入力度。引导金融机构加大对试点镇的信贷支持力度，鼓励金融机构将新增存款一定比例用于在当地发放贷款。鼓励金融机构在试点镇新设网点或分支机构，积极支持条件成熟的试点镇设立村镇银行分支机构，改善对小微企业、个体工商户和农户的融资服务。支持试点镇运用政府与社会资本合作（PPP）、财政贴息、直接补助等多种方式吸收社会资本参与基础设施、公共服务设施和产业园区建设，支持有条件的试点镇设立创业投资引导基金，支持符合条件的试点镇重点建设项目发行企业债券。

牵头单位：财政厅

责任单位：省发展改革委、省政府金融办、住房城乡建设厅、交通运输厅，人行成都分行、四川银监局、四川证监局

（十一）保障发展用地。充分发挥土地利用总体规划对小城镇土地利用的统筹协调作用，优化用地结构和布局。科学安排建设规模、时序，促进小城镇节约集约发展。对在现行土地规划确定的建设用地范围内无法安排的重大项目，依法按程序及时局部调整。对试点镇城镇建设所需用地指标，各地要在土地利用年度计划中予以统筹安排，并进行单列管理，保障用地。鼓励试点镇因地制宜盘活利用存量土地，用好城乡建设用地增减挂钩、工矿废弃地复垦利用等试点政策，并在增减挂钩周转指标、工矿废弃地复垦利用指标分配方面予以倾斜支持。对试点镇符合条件的“千亿公共设施建设”和“千亿特色产业提升”工程项目用地，优先保障用地。

牵头单位：国土资源厅

责任单位：省经济和信息化委、住房城乡建设厅

（十二）深化户籍改革。完善试点镇户籍制度改革配套保障措施，健全试点镇农村产权流转交易市场和医疗、教育、住房、社保等基本公共服务体系，建立符合农业转移人口就地就近低成本转移要求的政策，吸引农业转移人口在试点镇落户。创新试点镇流动人口服务管理体系，完善试点镇人口服务管理人、财、物保障体系，全面开展“一标三实”信息采集和流动人口信息申报登记，全面推进居住证制度实施，变静态的户口登记为动态的实有人口居住登记，保障外来流动人口享受基本公共服务。

牵头单位：公安厅

责任单位：省委农工委，民政厅、财政厅、人力资源社会保障厅、国土资源厅、住房城乡建设厅、农业厅、省卫生计生委

（十三）推进区划调整。优化行政区划设置，聚集发展要素。根据发展需要，采取撤乡并镇、镇乡合并、村组（社）并入等方式，适时稳妥调整试点镇行政区划，适当扩大试点镇行政区域范围，将人口、土地、项目、资金等发展要素向试点镇聚集，提升试点镇辐射带动能力，提高试点镇经济发展空间。

牵头单位：民政厅

责任单位：省委编办、省发展改革委、财政厅、国土资源厅

（十四）培养引进人才。打破身份、地域限制，把优秀专业管理人才和领导人才选派到试点镇党政领导岗位，鼓励政府职能部门、高等学校、国有企业干部及专业人才到试点镇任职、挂职或兼职。通过购买社会服务和专业技术院校下乡服务等措施，积极推行乡村规划师制度，多渠道加强专业技术岗位力量，逐步实现300个镇乡村规划师全覆盖。积极开展多层次的城镇规划建设管理培训，提高专业管理队伍的整体素质。

牵头单位：省委编办

责任单位：省委组织部、教育厅、人力资源社会保障厅

（十五）优化机构设置。配优配强试点镇党政领导班子，试点镇主要负责人可由县级领导班子成员兼任。按照“精简、统一、高效”原则，整合优化试点镇党政综合办事机构和事业单位。根据新型工业、现代农业、商贸流通、文化旅游等各自不同的产业特点和功能定位，按照“设置科学、布局合理、服务高效”的原则，在规定的机构限额内自主设立党政机关综合办事机构和下属事业单位。其中城镇常住人口3万和5万以上的试点镇，按程序报批后可在规定的限额外分别增设1个和2个党政综合办事机构（或增挂相应机构牌子）以及1个和2个体现地域特色的事业单位。支持县（市、区）在行政区划内统筹调剂使用乡镇编制，着力为发展势头良好的试点镇充实工作力量。创新县级部门与其派驻试点镇机构的管理体制，建立“事权接受上级主管部门指导、财政以试点镇属地管理为主、干部任免书面征求试点镇党委意见、赋予试点镇党委人事动议权”的双重管理制度。

牵头单位：省委编办

责任单位：各市（州）党委政府，住房城乡建设厅

四、工作保障

（十六）加强组织领导。成立由省政府分管领导任组长的四川省小城镇建设领导小组，办公室设在住房城乡建设厅，省发展改革委、国土资源厅、省委编办、省经济和信息化委、教育厅、公安厅、财政厅、人力资源社会保障厅、商务厅、省卫生计生委、省旅游发展委等为成员单位。住房

城乡建设厅主要领导任办公室主任，省发展改革委、国土资源厅分管领导任副主任，其他部门分管领导为小组成员，形成各司其职、密切配合的工作机制。市（州）党委、政府对试点镇建设总体负责，县（市、区）党委、政府是责任主体，试点镇党委、政府是实施主体。各级各地应建立相应的工作机制，将试点镇建设作为各级党委、政府的重点工作，加大推进力度。

（十七）建立考核机制。制定“百镇建设行动”年度工作目标和考核指标体系，建立“季度通报、年度考核”绩效考核机制，对各地试点镇工作推进情况进行全面考核评价。试点镇建设工作纳入市（州）、县（市、区）党委、政府责任目标，工作成效纳入市（州）、县（市、区）政府正职述职述廉范畴，作为干部考察的重要内容。对工作进展不力、发展缓慢、连续 2 年考评达不到要求的，取消其试点镇资格；对发展速度快、建设成效明显的试点镇，省级财政将采取以奖代补的方式，加大资金补助力度。

（十八）加大宣传力度。发挥舆论导向作用，充分利用广播、电视、报纸、网络、宣传栏等多种形式，大力宣传小城镇建设的重要意义和政策措施，及时报道小城镇特别是试点镇建设的新进展和典型经验及做法，激发广大干部群众的积极性、创造性，引导社会各界广泛参与“百镇建设行动”，在全省上下形成良好的舆论氛围。

西藏自治区人民政府办公厅关于印发《西藏自治区特色小城镇示范点建设工作实施方案》的通知

藏政办发〔2015〕29 号

各地（市）行署（人民政府），自治区各委、办、厅、局：

《西藏自治区特色小城镇示范点建设工作实施方案》已经自治区人民政府同意，现印发给你们，请认真贯彻执行。

2015 年 5 月 8 日

（此件发至县级人民政府）

西藏自治区特色小城镇示范点建设工作实施方案

为贯彻自治区推进新型城镇化工作会议精神，积极探索特色小城镇示范点建设发展的模式，加快特色小城镇示范点建设步伐，推进我区新型城镇化健康发展，自治区决定开展特色小城镇示范点建设工作，特制订本实施方案。

一、总体要求

（一）指导思想。

深入贯彻落实党的十八大，十八届三中、四中全会和习近平总书记系列重要讲话精神，特别是“治国必治边、治边先稳藏”的重要战略思想，以全区推进新型城镇化工作会议精神为指导，协调推进“四个全面”战略布局，把加快特色小城镇示范点建设作为推进新型城镇化和城乡一体化的重要抓手，按照特色鲜明、功能完善、集约节约、宜居宜业宜游的总体要求，通过加强政策扶持与引导，创建一批生态环境良好、基础设施完善、产业基础扎实、人居环境优良、管理机制健全、经济社会发展协调的特色示范小城镇，为提高我区小城镇建设的质量和水平提供示范，为建立符合我区区情的小城镇建设发展模式积累经验。

（二）基本原则。

特色小城镇示范点建设工作应坚持以下基本原则：

1. 以人为本，注重民生。坚持以人为本，优先发展民生。加快特色小城镇示范点教育、卫生、科技、文化、公共安全等公共服务体系建设步伐。注重调整产业结构、提升吸纳就业能力、改善人居环境、强化社会保障，着力促进城乡公共服务均等化，促进社会事业协调发展。

2. 规划先行，突出特色。以规划为龙头，结合交通区位、自然资源、产业构成、历史文化、民族风情等实际，坚持将城镇传统风貌保护与城镇现代化建设相结合，实行分类指导和建设，着力提升示范小城镇特色和品位，集中力量打造一批宜居、宜业、宜游的新型特色小城镇。

3. 保护生态，和谐发展。针对小城镇所处的地理位置、环境特征、功能定位和经济基础，合理确定小城镇产业结构和发展规模，坚持环境建设与小城镇建设同步规划、同步实施、同步发展。坚持以人为本，以创造良好的人居环境为中心，加强城镇生态环境综合整治，解决好小城镇建设与发展中的生态环境问题，实现环境效益、经济效益、民生效益、社会效益的统一。

4. 项目带动，完善功能。以推进项目为抓手，狠抓项目落地，优先实施基础设施项目、民生项目、产业项目，切实改善小城镇基础设施和公共服务设施，提高城镇综合承载力，引导和推动农牧区人口向示范小城镇有序转移，引领、带动其余乡（镇）和周边农牧区加快发展。

5. 产城互动，强化支撑。根据小城镇资源、地缘和产业基础，集聚发展要素，选准主攻方向，大力培育主导产业，不断延长产业链，促进产城互动、园镇合一，构建小城镇产业发展支撑体系。

6. 强化管理，确保稳定。创新城镇管理机制，完善城镇管理措施，确保城镇基础设施功能高效发挥、城镇产业经济持续健康发展、城镇社会秩序长期稳定。

（三）主要目标。

依据《西藏自治区城镇体系规划》和《西藏自治区新型城镇化规划（2014~2020年）》，按照自治区党委、政府的决策部署，积极作为、扎实工作，绵绵用力、久久为功，敢于探索、勇于实践，先行先试、不断创新，为全区小城镇建设提供可复制、可推广的经验和模式，走出一条中国特色、西藏特点的城镇化道路。结合地方发展实际，从交通沿线、江河沿线、边境沿线中，遴选出20个经济社会基础较好、特色产业优势明显的小城镇作为自治区级特色小城镇示范点（示范点和领导联系点名单见附件），利用3年时间予以重点打造，建成各具特色的小城镇，使特色小城镇示范点在推进新型城镇化建设、统筹城乡发展方面发挥引领示范作用。

1. 特色小城镇示范点城镇居民的生产生活条件明显改善。以改善特色小城镇示范点居民的生产生活质量为重点，按照适度超前的原则，加快特色小城镇示范点基础设施和公共服务设施建设，促进土地、基础设施、公共服务设施等资源合理配置、集约利用；以高效、便捷为目标，规范生产生活秩序，营造优雅、祥和的生活消费氛围；以打造宜居环境为核心，营造生态优良、环境优美、独具风貌的宜居小城镇；以强化公共管理和公共服务为重点，提升特色小城镇示范点居民保障水平，加快建立适应特色小城镇特点的医疗、就业、就学、养老、生活保障等制度，促进基本公共服务均等化。

2. 特色小城镇示范点自我发展能力明显增强。通过加强特色小城镇示范点建设，使特色小城镇示范点自我发展能力显著提高，成为我区实现全面建成小康社会目标、推进新型城镇化、转变经济增长方式的重要载体。基本形成产镇一体发展格局，特色产业具备一定规模，经济实力明显增强。

3. 特色小城镇示范点综合承载能力和公共服务水平大幅提升。进一步强化城镇风貌整治和园林绿化工作，保护传承城镇人文气息，彰显个性发展魅力。特色小城镇功能进一步完善，生态环境、生活环境、生产环境明显改善。城镇道路、供水、排水、环卫等市政基础设施水平进一步提升，城镇综合承载能力明显增强。特色小城镇公共服务设施进一步完善，公共服务水平进一步提升。为特色产业发展提供有力的硬件支撑和良好的发展环境。

4. 特色小城镇示范点生态宜居建设成效明显。适应人民群众对环境友好、生态保护、健康安全的需求，开展环境综合治理，开展污水和垃圾处理设施建设，科学保护河湖水系，因地制宜实施绿化美化工程，大力开展节能减排和再生资源利用。

5. 特色小城镇示范点管理水平显著提升。特色小城镇设置包括经济发展、社会事务管理、社会治安综合管理、综合行政执法、国土资源和规划建设环保等在内的综合性管理机构，探索创新特色小城镇集约化城镇管理机制。

二、重点任务

（一）强化规划统领，科学推进小城镇建设。

以地（市）、县（区）城市总体规划为依据，与各行业部门规划相衔接，围绕特色小城镇发展目标，编制或修编特色小城镇总体规划及其控制性详细规划。开展城市设计，按照“核心区、发展区”的层级要求，对各种物质要素在实现预定统一目标的前提下进行统筹安排，使小城镇各种设施功能相互协调，空间形式统一、完美。配套完善相关专项规划，探索推进“多规合一”。加强小城镇风貌特色研究，探索编制与城镇发展目标和定位相适应的城镇风貌规划，塑造富有特色与活力的城镇风貌，展现历史沿革和传统文化，传承城镇特质个性和民俗风情。

（二）强化产业支撑，增强小城镇经济实力。

坚持把发展实体经济、促进产业集聚作为特色小城镇示范点发展的核心。根据特色小城镇示范点区位优势、资源条件、历史沿革和经济基础，按照“一镇一主业、多业融合发展”的思路，宜工则工、宜农则农、宜商则商、宜游则游，构建特色小城镇示范点产业发展支撑体系，科学确定特色小城镇示范点主导产业，打造民族手工业强镇、特色生态农牧业大镇、商贸物流业重镇、休闲旅游业名镇。积极扶持本土企业、大力吸纳社会资本，鼓励有条件的特色小城镇示范点建设区域商贸物流中心，发挥镇级流通辐射集聚能力。围绕世界旅游目的地建设，打造主题鲜明、环境优美、功能完善、服务配套、具有核心竞争力的，集观光旅游、休闲度假和宜居宜业宜游于一体的新型特色小城镇示范点。完善特色小城镇示范点农牧业产业布局，优化农牧业产业结构，加快规模化、标准化、市场化步伐，推动现代农牧业产业体系建设，创建一批生态农牧产品品牌。引导和扶持农牧民工进镇务工经商办实体，推动农牧区人口向特色小城镇示范点有序集聚。

（三）完善城镇功能，提升小城镇承载能力。

按照统一规划、适度超前、统筹兼顾、确保重点的要求，建设与特色小城镇示范点经济社会发展相适应的城镇基础设施。

1. 加快市政基础设施建设。按照先地下、后地上的原则，加强特色小城镇示范点道路、电力、通信、给排水、环卫、地下管网等基础设施建设，加快推进城乡一体的公共交通体系，构建给排水、垃圾污水处理等市政基础服务体系，促进特色小城镇示范点基础设施向周边农牧区延伸。

——交通设施：加强特色小城镇示范点建设规划与公路建设规划的衔接，做到“近路而不占路”，确保城路同步建设、交通顺畅。积极完善镇区道路网络，提高路网承载能力和运行效率。加强主次干道的建设和改造，因地制宜推进自行车和步行交通系统建设。特色小城镇示范点镇区道路铺装率达到60%以上，路灯、绿化、消防、视频监控等设施同步配套完善。规划实施交通管理系统和停车场建设。

——给水设施：规范保护城镇饮用水水源地。加快特色小城镇示范点自来水厂和供水管网建设及技术改造，提高供水水质，实现常态化供水，保障居民用水安全。到2017年底，特色小城镇示范点建成区内自来水供水普及率达到100%。

——排水设施：建设完善排水（雨水）防涝工程体系。重点支持特色小城镇示范点污水收集管网及处理设施建设，因地制宜选择污水处理方式和技术工艺。到2017年年底，特色小城镇示范点镇区生活污水收集达到80%，处理率达到75%。

——环卫设施：特色小城镇示范点要按照清洁化、秩序化、优美化、制度化的标准，建立健全环境卫生体系。在地（市）、县（区）生活垃圾处理设施服务范围内的特色小城镇示范点，要完善“户集、村收、镇运、市（县）处理”的处理模式；不在地（市）、县（区）生活垃圾处理设施服务范围内的特色小城镇示范点，要规划建设区域性的生活垃圾处理设施。到2017年底，特色小城镇示范点镇区生活垃圾处理率达到100%，周边农牧区生活垃圾处理率达到90%。

——电力设施：加强特色小城镇示范点供电设施的改造和建设，确保电网布局合理、供电系统安全可靠。

——通信设施：积极推进特色小城镇示范点信息化建设，健全和完善广播、电视、互联网、通信等网络设施，建立电子政务、电子商务、电子金融等公共服务平台。

——防灾设施：合理安排特色小城镇示范点各项功能用地布局，避开自然灾害高发地段。加强防灾减灾基础设施和避险应急场所建设，保障应急和救援物资储备，合理确定防洪标准，建立地质灾害防治和地质环境保护体系，规范设置和合理布局消防站点，提高小城镇防灾减灾能力。

2. 完善公共服务设施。着力改善特色小城镇示范点的人居环境质量，提升带动周围农牧区发展的能力，加大对特色小城镇示范点公共服务设施建设的投入，加强公共服务综合信息平台建设，完善特色小城镇示范点行政管理、教育科技、文化旅游、体育、医疗卫生、商业金融、社会福利等公共服务设施建设。特色小城镇示范点达到《镇规划标准》（GB50188—2007）中的各项公共服务设施标准要求。

——教育设施：以确保适龄儿童、青少年接受学前“双语”教育和义务教育为重点，与城镇住宅区、城镇新区同步建设教育设施。特色小城镇示范点设置学前“双语”和义务教育阶段学校，并充分考虑寄宿要求。建设标准按国家和自治区相关标准执行。

——医疗卫生设施：加快建设和完善卫生院等医疗机构，特色小城镇示范点设置标准化乡（镇）卫生院或社区卫生服务中心。

——养老服务设施：每个特色小城镇示范点规划建设1所标准化社会福利院。

——文体服务设施：各特色小城镇示范点要建设与人口规模相适应的文化娱乐、体育健身等设施，每个特色小城镇至少建设一个集休闲、娱乐、健身、游览于一体的市民广场或公园（应急避难场所），在镇区广场、公园绿地配置群众健身器材。特色小城镇示范点镇区广场或公园用地面积比例不小于规划建设用地的12%。

——商业金融设施：特色小城镇示范点至少设置1家金融服务网点，满足镇域及镇区生产生活需要。

——农贸市场：每个特色小城镇示范点规划建设1个标准化农贸市场，取消马路摊点。

——旅游服务设施：根据特色小城镇示范点实际，合理规划建设旅游住宿、旅游购物和旅游厕所等旅游服务设施。

3. 加快建设宜居住宅小区。按照布局合理、结构安全、设施配套、环境舒适、造型优美、特色浓郁的要求，统筹异地扶贫搬迁，加快建设包括农牧民安居、乡（镇）干部职工周转房在内的宜居住宅小区。特色小城镇示范点至少建成一个环境优美的宜居社区。

（四）突出绿色生态，打造美丽特色小城镇。

依托现有山水脉络等独特风光，将特色小城镇示范点融入大自然，让居民望得见山、看得见水、记得住乡愁；慎砍树、禁挖山、不填湖、少拆房，把生态文明理念和原则全面融入特色小城镇建设示范的全过程，走集约、循环、绿色、低碳的新型城镇化道路。推进有机、绿色、无公害农产品基地建设，推广城镇特色农产品，打造特色农产品品牌，提升农产品市场竞争能力。

1. 推进特色小城镇示范点自然生态系统保护和治理。切实加强山体、河流、湿地、林地等自然生态系统的保护，促进林草植被和自然生态恢复，利用当地原生和多年生树种、适当引进优质树种建设生态绿化系统，为特色小城镇示范点创造良好的生态本底。

2. 抓好镇区绿化美化工程。在镇区提升改造和新区建设中，加强公共绿地、附属绿地和防护绿地建设，抓好道路绿化、庭院绿化和建设项目配套绿化，做好镇周边、主要街道、河流沿线等重要节点绿化整治，推进特色小城镇示范点休闲广场和小游园建设，在有条件的地方建设森林公园、山体公园、湿地公园。

3. 做好自然景观和人文景观的保护。

切实保护好山岭、河流、湿地、林地等自然景观及老建筑、古街巷、特色民居等人文景观，延续传统格局、保护历史风貌，保护具有民族特色的传统村落、传统民居、古树名树、文物古迹和非物质文化遗产，发掘、弘扬当地民居的建筑风格，突出地域文化特色。加强城镇风貌保护，结合生态优势、山水脉络和民族风情，推动特色小城镇示范点“一镇一风貌”建设，着力打造一批特色小城镇示范点精品。

4. 强化特色小城镇示范点镇容镇貌治理。加强规划实施过程监管，加大综合执法力度，深入开展打击违法违规建设行为专项行动。建立健全镇容镇貌管理相关规章制度，广泛开展镇区环境和主要街道景观综合整治，鼓励城镇居民以多种形式参与城镇建设和城镇管理。

5. 加快推进能源使用清洁化。坚持能源清洁化战略，因地制宜开发使用新能源和可再生能源，努力构建清洁能源体系。积极开展节能示范，适度推广绿色建筑。

（五）坚持深化关键领域改革，为特色小城镇示范点建设提供动力。

按照扩权、让利、松绑、开绿灯的原则，积极整合政策资源，凝聚改革合力，破除制约小城镇经济社会发展的体制机制障碍，在户籍改革、土地政策、财政政策、金融政策、税收政策、环保政策、人才政策等方面，建立横向到边、纵向到底的支持示范小城镇建设政策体系，着力推进扩权强镇改革，为示范小城镇发展提供动力。

三、方法步骤

（一）进度安排。

按照“一年有变化、两年大变样、三年基本建成”的总体要求，特色小城镇示范点建设工作 2015 年至 2017 年 3 年的工作任务如下：

1. 2015 年（前期准备阶段）。完成特色小城镇示范点总体规划、控制性详细规划、城市设计及其实施方案的编制及其审查、审批。开展项目申报、项目选址、土地征用、初步设计、招投标等项目建设的前期工作。研究制定具体配套政策，建立支持特色小城镇示范点建设工作的政策体系。

2015 年开工建设一批工作基础较好，完成有关前期工作的特色小城镇示范点。

2. 2016 年（全面实施阶段）。全面推进特色小城镇示范点建设工作。自治区、地（市）两级领导机构加强督促指导，进行阶段性考核。

3. 2017 年（考核验收阶段）。自治区、地（市）两级特色小城镇示范点建设工作领导机构按照《西藏自治区特色小城镇建设评价标准》（另文印发），组织开展考核验收工作。

（二）工作程序。

特色小城镇示范点总体规划、控制性详细规划、城市设计方案及其实施方案，经地（市）审核同意后，报自治区推进城镇化工作领导小组审批；特色小城镇示范点建设项目初步设计，由住房城乡建设厅会同财政厅、发展改革委联合审批并下达投资。特色小城镇示范点建设的其他审批，按照基本建设项目管理的有关法律法规办理。

鼓励各地（市）、县（区）在保证质量的前提下，加快工作进度，抓紧开展特色小城镇示范点规划编制和项目前期工作。有关部门要开通行政审批绿色通道，简化审批手续，提高审批效率，成熟一个、审批一个，先报先批。自治区将对在特色小城镇示范点建设工作中进度较快、效果好的地（市）、县（区）给予奖励，并在资金项目上予以倾斜。

四、保障措施

(一) 加强组织领导。

自治区推进城镇化工作领导小组负责统一领导、统筹协调特色小城镇示范点建设各项工作，在住房城乡建设厅设立特色小城镇示范点建设工作办公室，负责日常工作。各地（市）、县（区）要充实相应的工作机构，研究制订具体的实施方案，扎实、有序推进特色小城镇示范点建设工作。

严格落实“一城一班、一城一规、一城一策、一城一案”工作要求。一城一班是指地（市）委、行署（人民政府）主要领导要分别抓一个示范点，特色小城镇示范点所在地县人民政府住房城乡建设、发展改革、财政、环境保护等部门以及特色小城镇示范点人民政府负责人组成一套工作班子。县人民政府是特色小城镇示范点建设的项目法人，实行县长负责制。一城一规是指一个城镇要有一套规划，包括总体规划、控制性详细规划和城市设计方案等。一城一策是指要根据特色小城镇示范点的实际确定具体的扶持政策。一城一案是指一个小城镇要有一套实施方案，明确目标、任务、责任、分工，明确进度和时间表，明确投资安排。

(二) 完善政策体系。

自治区有关部门和地（市）、县（区）要在户籍改革、土地政策、财政政策、金融政策、税收政策、环保政策、人才政策、项目安排等方面，建立横向到边、纵向到底的支持示范小城镇建设政策体系，并加强行业指导，形成加快推进特色小城镇示范点建设的强大合力。

(三) 加大资金投入。

自治区财政安排10亿元特色小城镇示范点建设工作启动资金。地（市）、县（区）人民政府要以规划为统领，以基础设施项目、产业项目、民生项目为重点，进一步整合交通运输、住房城乡建设、农牧、水利、林业、电力等部门资源，调整资金结构，按照“渠道不乱、用途不变、统筹安排、集中投入、各负其责、各记其功、形成合力”的原则，加大对特色小城镇建设的投入力度。同时，要广泛吸纳社会资金和民间资本支持特色小城镇示范点建设。充分发挥援藏资金在小城镇建设中的重要作用。

特色小城镇示范点风貌改造涉及居民房屋的，房屋所有权人或实际使用人应当积极配合，并合理分担有关费用。

(四) 加强技术支持。

县（区）、乡（镇）人民政府要建立和充实乡（镇）规划建设管理机构（村镇建设服务中心）、管理干部和专业技术人才队伍。自治区和地（市）住房城乡建设部门要牵头成立乡（镇）规划建设管理专家服务组，适时赴各特色小城镇示范点对规划编制与实施、重点项目建设等进行技术指导，对各乡（镇）配备的规划建设管理员进行培训。

(五) 加强规划建设管理。

强化规划的统筹引导作用，增强规划的执行力。严格落实领导责任制、项目法人制、施工图审查制、招标投标制、工程监理制、合同管理制和竣工验收备案制。建立健全质量管理体系，落实监管责任，确保工程质量。增强安全意识，加强安全检查，排查安全隐患，防范安全风险，确保安全生产。推动特色小城镇建设工作法治化进程，积极推进公共决策的社会公示、公众听证和专家咨询论证制度，确保特色小城镇建设工作决策民主、程序正当、结果公开，严格依法规划、建设、管理特色小城镇。

(六) 加强督促考核。

对特色小城镇示范点建设工作建立动态评价和激励机制，将示范小城镇建设工作纳入领导干部和领导班子的工作实绩考核中，加大对特色小城镇示范点建设的督查力度，加强对特色小城镇示范点建设的动态跟踪、监控评估和高效管理，严格执行“月度报告、季度检查、半年通报、年度考核”机制，确保各项任务如期保质完成。对有特色、有成效、有影响的特色小城镇示范点要树立典型，引导特色小城镇示范点建设工作比学赶超。

（七）加大宣传力度。

发挥舆论导向作用，利用广播、电视、报纸、网络、宣传栏等多种形式，大力宣传特色小城镇示范点建设工作的重要意义和政策措施，扩大社会影响。组织新闻媒体，及时报道特色小城镇示范点建设的新进展，宣传好的典型及经验做法，激发广大干部群众的积极性、创造性，引导社会各界广泛参与，形成良好舆论氛围。

附件：西藏自治区第一批特色小城镇示范点建设（20个）和领导联系点名单

附件　西藏自治区第一批特色小城镇示范点建设（20个）和领导联系点名单

拉萨市（3个）

1. 当雄县羊八井镇（张延清　拉萨市委副书记、市长）

2. 墨竹工卡县甲玛乡（张延清　拉萨市委副书记、市长）

3. 尼木县吞巴乡（王晖　拉萨市委常委、常务副市长）

日喀则市（4个）

1. 桑珠孜区甲措雄乡（丹增朗杰　自治区人大常委会副主任、日喀则市委书记）

2. 江孜县江孜镇（张洪波　日喀则市委副书记、市长）

3. 吉隆县吉隆镇（陈来尼玛　日喀则市委常委、常务副市长）

4. 萨迦县吉定镇（张秀武　日喀则市副市长、萨迦县委书记）

山南地区（3个）

1. 错那县勒门巴民族乡（其美仁增　山南地委书记）

2. 贡嘎县杰德秀镇（张永泽　山南地委副书记、行署专员）

3. 扎囊县桑耶镇（喻昌　山南行署副专员）

林芝地区（3个）

1. 林芝县鲁朗镇（赵世军　林芝地委书记）

2. 察隅县察瓦龙乡（旺堆　林芝地委副书记、行署专员）

3. 工布江达县巴河镇（李海波　林芝地委副书记、行署常务副专员）

昌都市（3个）

1. 芒康县曲孜卡乡（罗布顿珠　自治区党委常委、昌都市委书记）

2. 江达县岗托镇（阿布　昌都市委副书记、市长）

3. 八宿县然乌镇（马陵田　昌都市副市长）

那曲地区（2个）

1. 安多县雁石坪镇（高扬　自治区政协副主席、那曲地委书记）

2. 索县荣布镇（松吉扎西　那曲地委副书记、行署专员）

阿里地区（2个）

1. 普兰县巴嘎乡（万超岐　阿里地委书记）

2. 日土县多玛乡（白玛旺堆　阿里地委副书记、行署专员）

浙江省人民政府办公厅关于旅游风情小镇创建工作的指导意见

浙政办发〔2016〕144号

各市、县（市、区）人民政府，省政府直属各单位：

加快培育建设一批旅游风情小镇是省委、省政府补齐低收入农户增收致富短板，加快培育旅游业成为万亿产业，推动全省旅游产业转型提升和城乡统筹发展的一项重要举措。为加快旅游风情小镇规划建设，现提出如下意见：

一、目标要求

旅游风情小镇创建命名坚持以小乡小镇人文个性体现魅力，以风采、意趣、韵味打造旅游休闲体验人居地，实现文化传承、产业兴旺、农民增收、事业发展的目标，按照成熟一个、命名一个，确保创建质量的要求，利用5年左右时间在全省验收命名100个左右民俗民风淳厚、生态环境优美、旅游业态丰富的省级旅游风情小镇，所有省级旅游风情小镇建成3A级以上旅游景区。

二、申报条件及材料

省级旅游风情小镇的申报主体为拥有独特的原生态历史文化风土人情资源，并满足以下基本条件的行政建制乡镇（街道）。

（一）申报条件。

1. 拥有独特的历史文化风土人情资源。有进入省级以上物质与非物质文化遗产名录或被列为其他省级以上自然、文化保护系统的资源，有历史建筑和可供游客参与、体验的独特地方风土人情资源。

2. 拥有可满足游客需求的旅游业态。有各类旅游业态。有满足不同旅游者的2~3种住宿设施、不同特色的地方餐饮、可供主客共享的公共休闲体验场所、体现当地特色的旅游文化活动和旅游商品。

3. 拥有较为完整的旅游公共服务体系。有完善的游客咨询服务、公共交通服务、智慧旅游服务、旅游慢行系统、旅游标识标牌、公共休闲区域、星级旅游厕所等旅游公共服务设施。

4. 拥有良好的生态环境基础。历史人文环境保存完整，自然环境保护有序，生活污水和垃圾集中处理，镇区保洁工作完善。

5. 拥有较好的旅游管理机制。有统一

的旅游管理机构和专兼职管理人员，有政策要素保障，有完善的旅游投诉和安全保障机制，有专人负责旅游统计工作等。

（二）申报材料。

1. 申报表。真实完整填写《浙江省旅游风情小镇创建申报表》。

2. 创建方案。有较详细的创建工作方案和实施计划，包括可行性研究报告、具体实施路线图等。

3. 资源认定资料。列入各级政府及行业组织认定名录的文化与历史资源证书、证明等体现身份和价值的材料，已开发和具有开发价值的文化与旅游资源实景图片等。

4. 服务质量证明。县级相关主管部门提供的申报前 3 年未发生重大旅游安全事故证明；申报前 1 年度自然、人文旅游资源保护管理工作未受到国家主管部门警告（含）以上处罚的证明。

三、创建程序

（一）自愿申报。由具备条件的乡镇（街道）向所在县（市、区）政府提出申请，县（市、区）政府向设区市旅游主管部门提交经审核的申报材料。申报创建不设名额限制，凡符合旅游风情小镇内涵和质量要求的均可申报。

（二）创建审核。根据申报创建旅游风情小镇的乡镇（街道）行政区域划分，分别由设区市旅游主管部门组织审核，经省旅游主管部门牵头组织专家审定后公布创建名单。

（三）动态验收。省级创建名单公布后实行动态评审及复核监督，建立奖惩挂钩机制。优秀的进行奖励并可提前进行评审命名，不合格的给予警告直至退出省级创建名单和摘牌处理；创建达到省级旅游风情小镇要求的，由设区市旅游主管部门提出书面申请，省旅游主管部门会同相关职能部门根据《浙江省旅游风情小镇认定办法》（另行制定）组织验收，通过验收的认定为省级旅游风情小镇。

（四）联动指导。各级政府相关职能部门要加强对旅游风情小镇创建前期辅导、协调指导、日常督查、政策制定和认定验收工作的协调指导，形成省市县联动推进的工作机制。

四、保障措施

（一）加大财政资金支持力度。各地要充分发挥财政资金的引导作用，将旅游风情小镇创建作为统筹城乡和旅游业发展的重点工作进行扶持。省级旅游风情小镇创建工作列入省旅游补助及贴息专项资金分配因素。

（二）用好土地要素保障政策。各地要结合贯彻国土资源部、住房和城乡建设部、国家旅游局《关于支持旅游业发展用地政策的意见》（国土资规〔2015〕10 号），积极落实风情小镇旅游建设项目用地。省国土资源主管部门要积极落实相关政策，指导旅游风情小镇所在地国土资源部门做好规划选址工作，充分利用“坡地村镇”建设用地试点等政策合理保障旅游用地需求。

（三）创新市场投融资机制。各地要积极引导各类资金参与旅游风情小镇建设，鼓励各类资本投资小镇旅游业态。省旅游主管部门要与各大金融机构加强战略合作，共同支持小镇开发相关金融产品及民宿、私人博物馆等旅游业态。省旅游产业基金将把旅游风情小镇建设列为重点投资方向。

（四）加强宣传营销力度。各地要充分利用各种媒体，采用多种形式，广泛宣传旅游风情小镇创建工作，以旅游风情小镇的创建扩大影响力，提高吸引力。要加大对旅游风情小镇品牌打造和营销推广的支持，积极开展促进供需对接、扩大游客客源市场的营销推广活动，在对外宣传推广，境内外展会营销上对旅游风情小镇予以倾斜。省旅游主管部门要将命名的省级旅游风情小镇设定为乡村旅游“十三五”优先发展重点区域。

（五）完善工作机制。各地各有关部门要各司其职，分批分类做好旅游风情小镇各项工作，确保创建工作按计划安排和时间节点规范有序推进；要加强旅游风情小镇创建工作的信息通报，各旅游风情小镇创建工作进度、经验成效、问题困难等情况要及时上报。各地各有关部门要把旅游风情小镇创建成果作为申报国家级和省级旅游类示范项目的重要内容。

浙江省人民政府办公厅

2016年11月22日

浙江省科学技术厅关于发挥科技创新作用推进浙江特色小镇建设的意见

浙科发高〔2016〕90号

各市、县（市、区）科技局（委），各高等学校、科研院所，有关单位：

为了充分发挥科技创新支撑和引领作用，更好服务和助力特色小镇建设，根据《浙江省人民政府关于加快特色小镇规划建设的指导意见》，特制定本意见。

一、充分认识特色小镇对转型升级的重要作用。规划建设一批特色小镇是浙江践行创新、协调、绿色、开放、共享发展理念的重要功能平台，是加强供给侧改革、持续增强增长动力的重要举措，是加快推动经济转型升级、统筹城乡发展的一项重大决策。各级科技部门要充分认识特色小镇建设在创新改革发展中的重要性，充分发挥科技支撑和引领作用，积极参与和助力特色小镇建设，集聚创新人才，转化科技成果，打造创业平台，营造创业生态，把特色小镇打造成为创新创业、培育发展新兴产业的重要载体，成为创新驱动发展、引领浙江经济转型升级的重要基地。

二、结合特色小镇建设规划布局建设众创空间或星创天地。市县科技部门要加强与特色小镇建设单位的沟通和联系，立足特色小镇主导产业发展技术需求，主动谋划并建设众创空间（星创天地），通过提供工作和社交空间，搭建创新资源共享平台，形成良好的创新创业生态，吸引科技人员入驻特色小镇创新创业，将特色小镇打造成科技人员创新创业的重要基地。鼓励支持有条件的市县打造以创新创业为主题的特色小镇，对布局特色小镇建设的众创空间（星创天地），符合条件的优先认定为省级众创空间（星创天地）并报国家众创空间备案，纳入国家科技企业孵化器体系管理。

三、支持特色小镇建设科技企业孵化器。根据特色小镇主导产业定位，支持有条件的特色小镇规划建设专业科技企业孵化器。已建有科技企业孵化器并有条件整体搬迁入驻特色小镇的，支持整体迁入特色小镇，根据有关规定，给予相应的政策补偿。鼓励国家和省级科技企业孵化器结合特色小镇的产业定位和技术需求，在特色小镇设立分孵化器，充分发挥和利用已有的资源和管理经验为特色小镇创新创业提供支撑和服务。

四、在特色小镇布局建设技术市场。市县科技部门要结合特色小镇建设的产业定位，谋划建设专业网上技术市场或分市场，充分利用浙江网上技术市场，实现网上信息发布、成果展示、对接洽谈、签约交易等功能，形成技术转移、科技成果转化产业化的创新服务链，打通特色小镇科技与经济结合的通道，加强有效科技成果供给。鼓励有条件的特色小镇规划建设实体技术市场。

五、围绕特色小镇主导产业布局建设企业研发机构和公共科技创新服务平台。根据特色小镇主导产业创新研发、创意设计等需求，支持地方高新技术龙头企业牵头或若干家企业联合在特色小镇建设企业研发机构或公共科技创新服务平台。符合省重点企业研究院创建要求的，优先纳入省重点企业研究院建设计划，并给予省重点企业研究院建设相应政策的支持。

六、把特色小镇作为集聚科技创新创业人才重要载体。要充分发挥特色小镇产业定位明确、自然生态优美、人文气息浓郁、配套设施齐全的优势，以重大人才工程、重大人才平台为抓手，围绕重点产业、重点领域、重点项目，大力引进培育一批高水平的创新创业人才和团队。要顺应创业主体从“小众”、精英走向大众的态势，打造为大众创业万众创新提供新型的众创空间、创业基地等承载并集聚科技创业人员的载体，吸引科技人员赴特色小镇创新创业，发展新业态、新模式和新产业。鼓励并支持领军人才和创新团队到特色小镇创业，符合省领军型创新创业团队条件的，优先认定为省领军型创新创业团队给予支持。

七、谋划设计并启动实施一批特色小镇科技项目。市县科技部门要结合特色小镇主导产业技术需求和建设规划，在产业技术创新、科技与文化融合、智慧旅游、产品创意设计和创意生态农业等方面主动谋划设计并启动实施一批科技项目，符合省级科技计划项目要求的，优先给予立项支持。要结合特色小镇生产、生态、生活相互融合，旅游、文化、产业三位一体的发展要求，深化产学研合作，积极推广应用“互联网+”、大数据应用、智慧制造、机器换人、农业农村信息化等先进技术和产品，构建适合新业态发展的运行环境，探索和创新一批适应市场机制的新模式，推进互联网技术与小镇主导产业的深度融合。

八、要为特色小镇开放共享创新资源。要积极引导和支持高等学校、科研院所加强与特色小镇的科技合作。公共财政支持的国家和省级重点实验室、工程技术研究中心要向特色小镇开放共享科研仪器设备等科技资源，充分发挥自身的专业特长，为特色小镇提供技术咨询、检验检测、合作研发、创意设计、知识产权等服务，全力支持特色小镇建设。发挥“创新券”作用，支持特色小镇的科技型企业充分利用创新载体的科技资源，降低企业和创业者的研发成本。

九、对接特色小镇做好科技精准服务。已规划启动建设特色小镇的市县科技部门要尽快建立科技部门重点联系制度，主要负责人为服务特色小镇建设的联系人，牵头做好调研，协调并解决科技方面存在的问题，全力支持特色小镇建设工作。要将特色小镇建设作为重点服务对象，当好科技"店小二"，做到"精准对接、精准服务"。加强与特色小镇建设单位的合作，整合现有科技资源倾斜支持特色小镇建设。要做好入驻特色小镇科技型企业的培育和发展，落实好企业研发费加计扣除等政策，符合科技型中小企业条件的认定为省级科技型中小企业，符合国家高新技术企业的辅导做好高新技术企业申报工作。充分发挥科技特派员的专业特长，围绕地方特色小镇建设技术需求，主动做好对接和服务。要主动跟踪并加强对特色小镇建设发展的调研，征集技术难题、项目合作和人才引进等需求，解决特色小镇和企业发展的困难和问题。

本意见自2016年6月8日起正式施行。

浙江省科学技术厅

2016年5月9日

浙江省人民政府　关于加快特色小镇规划建设的指导意见

浙政发〔2015〕8号

各市、县（市、区）人民政府，省政府直属各单位：

特色小镇是相对独立于市区，具有明确产业定位、文化内涵、旅游和一定社区功能的发展空间平台，区别于行政区划单元和产业园区。加快规划建设一批特色小镇是省委、省政府从推动全省经济转型升级和城乡统筹发展大局出发作出的一项重大决策。为加快特色小镇规划建设，现提出如下意见：

一、总体要求

（一）重要意义。在全省规划建设一批特色小镇，有利于推动各地积极谋划项目，扩大有效投资，弘扬传统优秀文化；有利于集聚人才、技术、资本等高端要素，实现小空间大集聚、小平台大产业、小载体大创新；有利于推动资源整合、项目组合、产业融合，加快推进产业集聚、产业创新和产业升级，形成新的经济增长点。

（二）产业定位。特色小镇要聚焦信息经济、环保、健康、旅游、时尚、金融、高端装备制造等支撑我省未来发展的七大产业，兼顾茶叶、丝绸、黄酒、中药、青瓷、木雕、根雕、石雕、文房等历史经典产业，坚持产业、文化、旅游"三位一体"和生产、生活、生态融合发展。每个历史经典产业原则上只规划建设一个特色小镇。根据每个特色小镇功能定位实行分类指导。

（三）规划引领。特色小镇规划面积一般控制在3平方公里左右，建设面积一般控制在1平方公里左右。特色小镇原则上3年内要完成固定资产投资50亿元左右（不含住宅和商业综合体项目），金融、科技创新、旅游、历史经典产业类特色小镇投资额可适当放宽，淳安等26个加快发展县（市、区）可放宽到5年。所有特色小镇要建设成为3A级以上景区，旅游产业类特色小镇要按5A级景区标准建设。支持各地以特色小镇理念改造提升产业集聚区和各类开发区（园区）的特色产业。

（四）运作方式。特色小镇建设要坚持政府引导、企业主体、市场化运作，既凸显企业主体地位，充分发挥市场在资源配置中的决定性作用，又加强政府引导和服务保障，在规划编制、基础设施配套、资源要素保障、文化内涵挖掘传承、生态环境保护等方面更好发挥作用。每个特色小镇要明确投资建设主体，由企业为主推进项目建设。

二、创建程序

按照深化投资体制改革要求，采用“宽进严定”的创建方式推进特色小镇规划建设。全省重点培育和规划建设100个左右特色小镇，分批筛选创建对象。力争通过3年的培育创建，规划建设一批产业特色鲜明、体制机制灵活、人文气息浓厚、生态环境优美、多种功能叠加的特色小镇。

（一）自愿申报。由县（市、区）政府向省特色小镇规划建设工作联席会议办公室报送创建特色小镇书面材料，制订创建方案，明确特色小镇的四至范围、产业定位、投资主体、投资规模、建设计划，并附概念性规划。

（二）分批审核。根据申报创建特色小镇的具体产业定位，坚持统分结合、分批审核，先分别由省级相关职能部门牵头进行初审，再由省特色小镇规划建设工作联席会议办公室组织联审、报省特色小镇规划建设工作联席会议审定后由省政府分批公布创建名单。对各地申报创建特色小镇不平均分配名额，凡符合特色小镇内涵和质量要求的，纳入省重点培育特色小镇创建名单。

（三）年度考核。对申报审定后纳入创建名单的省重点培育特色小镇，建立年度考核制度，考核合格的兑现扶持政策。考核结果纳入各市、县（市、区）政府和牵头部门目标考核体系，并在省级主流媒体公布。

（四）验收命名。制订《浙江省特色小镇创建导则》。通过3年左右创建，对实现规划建设目标、达到特色小镇标准要求的，由省特色小镇规划建设工作联席会议组织验收，通过验收的认定为省级特色小镇。

三、政策措施

（一）土地要素保障。各地要结合土地利用总体规划调整完善工作，将特色小镇建设用地纳入城镇建设用地扩展边界内。特色小镇建设要按照节约集约用地的要求，充分利用低丘缓坡、滩涂资源和存量建设用地。确需新增建设用地的，由各地先行办理农用地转用及供地手续，对如期完成年度规划目标任务的，省里按实际使用指标的50%给予配套奖励，其中信息经济、环保、高端装备制造等产业类特色小镇按60%给予配套奖励；对3年内未达到规划目标任务的，加倍倒扣省奖励的用地指标。

（二）财政支持。特色小镇在创建期间及验收命名后，其规划空间范围内的新增财政收入上交省财政部分，前3年全额返还、后2年返还一半给当地财政。

各地和省级有关部门要积极研究制订具体政策措施，整合优化政策资源，给予特色小镇规划建设强有力的政策支持。

四、组织领导

（一）建立协调机制。加强对特色小镇规划建设工作的组织领导和统筹协调，建立省特色小镇规划建设工作联席会议制度，常务副省长担任召集人，省政府秘书长担任副召集人，省委宣传部、省发改委、省经信委、省科技厅、省财政厅、省国土资源厅、省建设厅、省商务厅、省文化厅、省统计局、省旅游局、省政府研究室、省金融办等单位负责人为成员。联席会议办公室设在省发改委，承担联席会议日常工作。

（二）推进责任落实。各县（市、区）是特色小镇培育创建的责任主体，要建立实施推进工作机制，搞好规划建设，加强组织协调，确保各项工作按照时间节点和计划要求规范有序推进，不断取得实效。

（三）加强动态监测。各地要按季度向省特色小镇规划建设工作联席会议办公室报送纳入省重点培育名单的特色小镇创建工作进展和形象进度情况，省里在一定范围内进行通报。

浙江省人民政府

2015年4月22日

浙江省人民政府办公厅关于高质量加快推进特色小镇建设的通知

浙政办发〔2016〕30号

各市、县（市、区）人民政府，省政府直属各单位：

为进一步贯彻落实习近平总书记等中央领导同志对我省特色小镇建设的重要批示精神，高质量加快推进我省特色小镇规划建设，经省政府同意，现将有关事项通知如下：

一、强化政策措施落实。严格贯彻执行《浙江省人民政府关于加快特色小镇规划建设的指导意见》（浙政发〔2015〕8号）明确的有关政策措施。各市和省特色小镇规划建设工作联席会议成员单位应进一步制订完善具体的支持政策。适时对政策有关落实情况开展专项检查，确保有关政策措施落实到位。

二、发挥典型示范作用。进一步加大工作推进力度，着力推动建设一批产业高端、特色鲜明、机制创新、具有典型示范意义的高质量特色小镇，力争每个市都有示范性小镇、每个重点行业都有标杆性小镇。对在全省具有示范性的特色小镇，省给予一定的用地指标奖励，省产业基金及区域基金要积极与相关市县合作设立专项子基金给予支持。

三、引导高端要素集聚。充分整合利用已有资源，积极运用各类平台，加快推动人才、资金、技术向特色小镇集聚。省级有关行业主管部门应充分利用行业优势，积极推荐行业领军人物参与特色小镇建设，推动最新技术在特色小镇推广应用。鼓励指导有条件的特色小镇召开区域性、全国性乃至全球性的行业大会。加强招商引资，依托浙洽会、浙商大会等平台，开展特色小镇推介活动，吸引骨干企业、优质项目落户特色小镇。

四、开展“比学赶超”活动。建立健全特色小镇创建对象长效交流机制，分行业、分区域、分主题组织开展“比学赶超”现场推进会。围绕特色小镇的建设速度、产业高度、创新力度和特色亮度，加强各地、各特色小镇之间的交流、互鉴，营造互比互学、你追我赶的良好氛围。

五、加强统计监测分析。省统计主管部门要完善特色小镇统计监测制度，加强指导和培训，会同有关部门开展统计监测工作检查和数据质量核查。各县（市、区）政府要建立健全特色小镇统计工作机制，明确部门职责分工，夯实特色小镇统计基础，确保统计数据质量。建立特色小镇统计监测数据共享机制。

六、完善动态调整机制。坚持宽进严定的创建制，高质量推进特色小镇规划建设。严格执行年度考核和验收命名制度，对不符合“三生融合”（生产、生态、生活）、“四位一体”（产业、文化、旅游和一定社区功能）等内涵特征、有效投资带动作用弱、新开工建设项目少、新增税收等预期成效差的特色小镇创建单位予以调整，对原奖励或预支的新增建设用地计划指标予以扣回。

七、做好舆论宣传引导。积极发挥省内主流媒体阵地作用，加强与中央媒体的对接联络，创造条件开展灵活多样、经常性的宣传报道，全面展现特色小镇工作亮点。要认真总结特色小镇建设的创新实践，挖掘好亮点，提供好素材，并以此为契机查找特色小镇规划建设中的短板，制订改进举措，尽快补齐补好短板，增创新优势。

浙江省人民政府办公厅

2016年3月16日

浙江省质量技术监督局　浙江省发展和改革委员会关于发挥质量技术基础作用服务特色小镇建设的意见

浙质联发〔2016〕11号

各市、县（市、区）质量技术监督局（市场监督管理局）、发展和改革委员会（局）：

为贯彻落实《浙江省人民政府关于加快特色小镇规划建设的指导意见》（浙政发〔2015〕8号）和《浙江省人民政府办公厅关于高质量加快推进特色小镇建设的通知》（浙政办发〔2016〕30号）要求，现就发挥质量技术基础作用服务特色小镇建设提出如下意见。

一、加强特色小镇质量技术支撑。结合产业需求，在特色小镇建立质量技术基础公共服务平台，提供检验检测、计量、标准、认证认可等公共服务。鼓励民营企业和其他社会资本在特色小镇投资检验检测认证服务，支持具备条件的生产制造企业申请相关资质。积极稳妥推进基层技术机构整合改革，支持具备条件的机构转为特色小镇公共技术服务平台。在特色小镇开展省级质检中心建设主体多元化试点，优先支持特色小镇新建省级质检中心，并提升创建国家质检中心。支持全省已建国家和省级质检中心在特色小镇设立服务站点或窗口。加强特色小镇新兴产业发展亟须的计量标准建设，为小镇产业和企业技术创新提供计量技术支撑和保障。

二、优化特色小镇建设过程的质量和

标准化服务。鼓励和支持按照国际先进标准开展特色小镇相关领域规划、设计和具体建设。优化基础设施建设、设备安装调试等过程质量控制服务，优化锅炉、电梯、游乐设施等特种设备安全管理服务，优化企业和各类机构建设运行的质量管理服务。根据特色小镇建设运行实践，适时总结提炼特色小镇有关建设、运营、维护、管理、评价的通用性和特色化要求，制定构建以通用性标准为基础、特色化标准为补充的“1+X”特色小镇地方标准体系，并积极争取上升为国家标准。

三、积极培育创建特色小镇品牌。对制造业特色小镇中占领全国产业高地且技术领先的重点企业，优先纳入“浙江制造”品牌培育，并指导其主导或参与制定“浙江制造”标准，通过“浙江制造”认证，助力开拓国内国际市场。对特色小镇内的块状产业，优先推荐浙江省区域名牌。支持特色小镇创建服务业名牌。对基本符合条件的特色小镇，优先向国家质检总局推荐创建全国知名品牌示范区。

四、提升特色小镇产业标准化水平。加快特色小镇承接的信息经济、环保、健康、高端装备制造等七大产业和丝绸、黄酒、青瓷等历史经典产业标准体系建设。鼓励特色小镇积极开展标准化试点示范项目和技术标准创新基地建设，支持特色小镇内创业创新主体将创新成果转化为标准，积极参与国际标准、国家标准、行业标准、地方标准和团体标准制修订工作。对特色小镇标准化工作，实施省级标准化战略专项资金补助。围绕省级示范特色小镇，建设一批特色小镇标准化基地。

五、优化质量技术领域行政审批及公共服务。依法在特色小镇扩大制造计量器具许可、检验机构资质认定、工业产品生产许可等领域“当场许可”试点范围，完善审批方式，优化审批流程。各级质监技术机构为特色小镇质量技术领域行政许可涉及的检验、检测、检定或校准、鉴定、评审开辟绿色通道，优先办理、优化服务，并通过开放实验室、专家入企帮扶、联合科研攻关等方式，帮助特色小镇内创业创新主体解决市场准入、自主创新、对外贸易等方面的质量技术难题。

六、维护公平有序市场环境。加强特色小镇重点产品质量监督抽查和风险监测，开展专项质量比对，保障质量安全，促进质量提升。支持符合条件的特色小镇创建国家级产品质量提升示范区。加大重点领域执法打假和专项执法力度，严厉打击假冒伪劣侵权违法行为，加大对特色小镇名优产品和企业的保护力度，切实维护特色小镇企业的合法权益。加强特色小镇区域内地理标志产品保护。

七、支持创建质量技术领域特色小镇。贯彻落实《浙江省人民政府办公厅关于“精准对接精准服务”支持特种设备产业发展的若干意见》（浙政办发〔2015〕64号）、《浙江省人民政府办公厅关于加快检验检测高技术服务业发展的意见》（浙政办发〔2015〕80号）等文件要求，支持具备条件的地区培育创建电梯、计量仪器仪表等高端装备制造的特色小镇。

各级质监（市场监管）和发改部门要高度重视质量技术基础作用的发挥，强化标准提档、质量提升、品牌增效，结合本地区特色小镇培育建设实际，研究制定贯彻落实的具体举措。工作进展和遇到的问题请及时向省质监局和省发改委报告。

本意见自2016年9月15日起实施。

浙江省质量技术监督局

浙江省发展和改革委员会

2016年8月15日

浙江省文化厅关于加快推进特色小镇文化建设的若干意见

浙文法〔2016〕7号

为贯彻落实中央领导重要批示精神和省委、省政府关于特色小镇规划建设的战略部署，充分发挥文化在特色小镇建设中的积极作用和独特功能，推进文化建设与特色小镇创建工作有机融合，加快推进特色小镇文化建设，根据《浙江省人民政府关于加快特色小镇规划建设的指导意见》（浙政发〔2015〕8号）、《浙江省特色小镇创建导则》（浙特镇办〔2015〕9号）和《浙江省人民政府办公厅关于高质量加快推进特色小镇建设的通知》（浙政办发〔2016〕30号）精神，现提出如下意见：

一、重要意义

特色小镇是具有明确产业定位、文化内涵、旅游和一定社区功能的发展平台。规划建设一批特色小镇，是省委、省政府推动经济转型升级的一项重大决策。在特色小镇建设中塑造文化灵魂，树立文化标识，留下文化印象，是文化作为特色小镇内核的必然要求。加快推进特色小镇文化建设，着力推动“文化+特色小镇”融合发展，有利于统筹城乡发展和小城镇建设，打造文化与新型城镇化建设有机结合的新样本；有利于强化特色小镇的文化功能、融入特色小镇的文化元素、提升特色小镇的文化品质，实现文化让特色小镇更加美好、特色小镇让文化更具魅力的双重目标；有利于各级文化文物行政部门整合汇聚全省文化资源，更好地服务省委、省政府中心工作，推动特色小镇成为创新、协调、绿色、开放、共享发展的重要功能平台。

二、总体要求

运用“文化+”的动力和路径有效助推特色小镇建设，充分发挥文化在塑魂、育人、兴业、添乐、扬名等方面不可替代的独特作用，指导特色小镇挖掘文化资源、提供文化服务、提炼文化品质，使特色小镇文化遗产传承有序、人文气息浓郁深厚、文化产业特色鲜明、文化生态优美精致、多种功能互动叠加，实现特色小镇文化功能“聚而合”、文化形态“精而美”、文化产业“特而强”、文化机制“活而新”。

三、主要任务

按照生产、生态、生活“三生融合”和产、城、人、文“四位一体”的要求，强化特色小镇文化遗产保护传承，保护和弘扬优秀传统文化，保护文化遗存和历史遗迹，传承有价值的传统民俗和文化习俗，延续历史文脉，传承文化精神，弘扬文化价值。提升特色小镇公共文化服务效能，加强文化服务功能和导向功能，凸显文化特色服务，营造文化艺术氛围，示范引领所在地区的公共文化服务体系创建。推动特色小镇文化产业跨界融合，立足文化特色，集聚发展文化产业，开发适销对路的特色文化产品，推进文化旅游、文化创意产业的融合发展。推进特色小镇对外文化交流合作，扩大文化开放和文化贸易，传播和推介浙江地域特色文化，活跃双向交流与互鉴，拓展境外文化市场。

四、支持重点

（一）支持特色小镇历史文化资源的保护传承利用。加强特色小镇区域内文物资源的调查、挖掘和保护，通过文物建筑、工业遗产、传统村落、大遗址等的保护修缮和展示利用，鼓励和扶持特色小镇多渠道筹资建设特色博物馆、艺术馆，探索建立若干历史文化资源展示区，彰显文化特色，优化人文环境。推动全省历史文化资源为特色小镇建设服务，充分调动各级文化文物单位积极性，鼓励社会力量参与，发挥市场主体作用，创新合作载体和平台，共同开发文化创意产品，推动形成特色小镇形式多样、特色鲜明、富有创意、竞争力强的文化创意产品体系。支持特色小镇区域内的文物资源申报各级文物保护单位，指导相关历史城镇、街区申报历史文化街区、名镇、名村。

（二）支持特色小镇搭建公共文化服务平台。推动文化走亲等特色文化活动和优质文化资源向特色小镇倾斜，有条件的地方可在特色小镇设立文化站、文化礼堂，派驻文化员，鼓励文化志愿者加入特色小镇文化建设，培育特色小镇居民文化素养，丰富特色小镇文化生活。支持和鼓励民间资本多渠道投资特色小镇图书馆、文化馆特色分馆、美术馆、纪念馆、大剧院、文化中心等相关公共文化设施建设，鼓励各地采取政府购买服务等多种方式加强公共文化产品供给，在特色小镇优先搭建更加有效、更具特色的公共文化服务平台。充分发挥特色小镇文化建设先进典型在推进我省基层公共文化服务体系建设中的示范引领作用，结合省级文化强镇、民间文化艺术之乡、文化示范村（社区）评选，加大对特色小镇文化建设的扶持力度。

（三）支持特色小镇打造文化艺术品牌。强化特色小镇文化品牌创建，扶持文化主题特色小镇建设，立足当地文化积淀和文创产业特色，打造以传统戏曲、音乐舞蹈、美术书画等为特色的文化主题小镇。搭建专业艺术院校、艺术院团与特色小镇的对接平台，依托音乐、舞蹈、戏剧、曲艺、杂技、美术、书法、摄影等适合地方特色的文化载体，搭建文化艺术展示表演平台，为特色小镇建设提供文化艺术人才资源等支持，指导建设一批文化主题特色小镇。支持、鼓励已经形成一定知名度的各类文化节庆活动和文化展会，与特色小镇合作开展展览展示、演出交流等特色文化品牌活动。支持特色小镇申办国际、国内知名文化活动。

（四）支持特色小镇历史经典产业传承发展。深入挖掘茶叶、丝绸、黄酒、中药、木雕、根雕、石刻、文房、青瓷、宝剑十大历史经典产业的文化内涵，重点挖掘历史文化，保护非物质文化遗产，延续历史文化根脉，传承工艺文化精髓。会同省级有关部门组织开展文化产业项目与特色小镇对接活动，召开历史经典产业现场推进会，建设一批历史经典产业园区，创建一批历史经典产业特色小镇，延伸产业链。以特色非遗资源为基础，创建一批非遗主题小镇和民俗文化村，实施非遗中青年传承人群研修研习培训计划，设立非遗项目生产性保护基地和教学研究基地，在非遗主题小镇试点非遗工作站建设，搭建企业、高等院校与小镇对接平台，培育和孵化新的浙江历史经典产业类特色小镇。

（五）支持特色小镇文化旅游融合发

展。强化特色小镇文化、旅游、产业功能融合，以文化资源为内涵，以产业资源为引导，以旅游业态为载体，充分发挥我省历史文化、民俗文化、海洋文化、生态文化、农耕文化等文化资源多样性、丰富性、独特性优势，结合当地文化特色和自然生态，加强静态和活态展示，大力发展文化旅游业，实现文化资源与旅游发展深度融合。鼓励支持文旅企业进驻特色小镇，打造文旅众创空间，开发建设文旅创客综合体，投资开发文旅创客景区、创客街区、创客公寓。以文化创意推动特色小镇旅游产业提升发展，重点开发具有地域特色、民族风情、文化品位的旅游商品、纪念品和文化创意体验产品。支持非遗与旅游融合发展较好的特色小镇申报评选浙江省非物质文化遗产旅游景区。支持具备条件的特色小镇适时申报省级非物质文化遗产生态保护区试点，争创国家文化生态保护试验区。

（六）支持特色小镇文化产业加快发展。支持、指导特色小镇创建省级文化产业示范园区（基地）和申报国家文化产业示范园区（基地）。扶持特色小镇龙头文化企业规模化、产业化发展，帮助指导规范经营，争取政策支持，鼓励上市融资。鼓励和引导规模企业和民间资本投资特色小镇文化产业。支持各地盘活“三改一拆”存量空间，鼓励企业将老厂房、旧仓库、存量商务楼宇等资源改造成新型文化众创空间。鼓励特色小镇企业探索文化新业态，培育新的文化消费增长模式。指导各地运用税收、财政、金融等各种政策措施加强对特色小镇小微文化企业的扶持力度。加强与中国（义乌）文交会、中国国际动漫节、深圳文博会等省内外综合性展会和文化产业展会的联系协调，面向特色小镇文化企业提供针对性服务。促进特色小镇文化市场繁荣健康发展，推进商事制度和审批制度改革，对特色小镇文化经营场所的设立和文化活动的开展给予支持，营造有利于创业创新的市场环境。

（七）支持特色小镇发挥文化创意和设计服务对产业的助推优势。把文化基因植入产业发展全过程，围绕省委、省政府提出的万亿产业框架，推进文化创意和设计服务与特色小镇信息经济、环保、健康、时尚、金融、高端装备制造等产业的融合发展。将“文化+”理念融入特色小镇建设，在小镇规划、产业布局、项目建设中嵌入文化元素、创新文化发展，支持文化创意与工业设计、建筑设计、农业开发的深度融合，实现文化创意和设计服务对特色小镇产业转型升级的助推作用。不断完善特色小镇文化创意与科技、金融协同创新发展的体制机制，重点培育一批协同创新发展的文创示范企业。支持文化创意设计企业入驻特色小镇，鼓励众创、众包、众扶、众筹，开发文化创意产品。探索建立特色小镇文化资源知识产权许可服务等利益共享机制，打击侵权行为，加强特色小镇文化创意品牌建设和保护。推动高等院校、知名企业、园区、文物文化单位、文创机构等开展联合，培养特色小镇文化创意与设计人才。

（八）支持特色小镇开展文化外贸和交流。鼓励特色小镇探索走国际化道路，支持特色小镇打造精品文化交流项目，开发特色文化产品和服务，借助跨境电子商务等新兴交易模式拓展国际业务，结合“一带一路”战略、“美丽浙江文化节”等活动“走出去”，扩大文化产品和文化服务出口。支持特色小镇与国外及台湾地区特色小镇建立交流合作关系。组织特色小镇文化企业参加国际知名会展，邀请海外文化机构、知名人士考察特色小镇，拓展境外文化市场。推进浙江文化服务贸易示范区建设。

五、工作机制

（一）加强组织领导。省文化厅成立加快推进特色小镇文化建设领导小组，厅主要领导任组长，相关厅领导任副组长，相关处室负责人为成员。领导小组下设办公室，办公室设在厅政策法规处，牵头会同相关处室做好各项工作落实，加强组织协调和督促检查。各级文化文物行政部门也要建立相应的工作机制和组织保障，主动对接、融入当地特色小镇建设，争取有所作为。

（二）明确工作职责。省文化厅加快推进特色小镇文化建设领导小组各成员处室要切实落实举措，明确职责内容，注重横向协调，强化上下联动，加强分类指导，主动为特色小镇文化建设出谋划策、添砖加瓦。各级文化文物行政部门要勇于担当落实，敢于突破创新，充分调动各类文化资源和有利因素，发挥行政和市场两方面的积极性，加快推进特色小镇文化建设。

（三）增强服务引导。省文化厅将从组织领导、发展规划、工作计划、文化项目、文化活动、服务保障等方面研究制定特色小镇文化建设评价办法，并适时择优评选全省特色小镇文化建设示范区，组织召开现场会，推广典型和先进经验。各级文化文物行政部门要推进各类文化专项资金、以奖代补等政策实施上对特色小镇进行倾斜；要成立文化专家指导服务组，人才下沉到一线，资源下沉到基层，蹲点服务指导，帮助特色小镇在规划编制中融入文化元素，提高特色小镇文化发展水平；每半年向省文化厅报送一次特色小镇文化建设进展情况。

（四）加大宣传力度。各级文化文物行政部门要向党委政府和相关部门汇报沟通特色小镇文化建设各项工作进展，争取支持；要充分借助各类媒体和新型传播媒介，加强对特色小镇文化建设的宣传报道，发布文化信息，组织成果展示，策划主题展览，提升文化形象，扩大示范效应，努力提高特色小镇文化建设的社会知名度和关注度，加快形成人人参与特色小镇文化建设的浓厚氛围。

附件：1. 浙江省文化厅关于《成立加快推进特色小镇文化建设领导小组》的通知

2. 浙江省文化厅《加快推进特色小镇文化建设2016年工作要点》

3. 两批省级特色小镇汇总名单

浙江省文化厅

2016年6月7日

附件1　浙江省文化厅关于《成立加快推进特色小镇文化建设领导小组》的通知

为全面贯彻落实省委、省政府特色小镇规划建设的战略部署，高质量挖掘特色小镇的文化内涵，加快打造特色小镇的文化特色，着力强化特色小镇的文化功能，经研究，决定成立浙江省文化厅加快推进特色小镇文化建设领导小组，现将名单通知如下：

组　长：

金兴盛　厅党组书记、厅长

副组长：

陈　瑶　厅党组副书记、副厅长

褚子育　厅党组成员、副厅长、浙江

音乐学院党委书记

黄健全　厅党组成员、副厅长

柳　河　厅党组成员、省文物局局长

端木义生　厅党组成员、浙江省纪律检查委员会派驻浙江省文化厅纪律检查组组长

蔡晓春　厅党组成员、副厅长

刁玉泉　厅党组成员、副厅长

李　莎　副巡视员

任　群　副巡视员

办公室、计财处、艺术处、公共文化处、文化产业与科技处、文化市场处、政策法规处、非遗处、外事处、省文物局文物保护与考古处、省文物局博物馆处主要负责人为领导小组成员。

领导小组下设办公室，办公室设在厅政策法规处。以上成员如有变动，由所在部门接任领导自然更替。

职责分工：

（一）领导小组办公室（政策法规处）

1. 牵头制订省文化厅贯彻落实省委、省政府特色小镇建设工作的方针政策、规划任务；

2. 牵头下发相关通知文件；

3. 督查特色小镇文化建设工作；

4. 总结推广特色小镇文化建设工作经验和成果。

（二）厅办公室

1. 参与组织加快推进特色小镇文化建设相关工作会议；

2. 参与宣传推广特色小镇文化建设工作经验和成果；

3. 协调其他有关事项。

（三）艺术处

1. 统筹指导专业艺术院校、艺术院团与特色小镇的工作对接；

2. 指导特色小镇打造文艺演出等特色文化品牌活动；

3. 指导建设一批艺术主题特色小镇。

（四）公共文化处

1. 推动开展特色小镇文化走亲等相关文化活动；

2. 指导推动特色小镇建设各类公共文化服务平台；

3. 在省级文化强镇、民间文化艺术之乡、文化示范村（社区）的建设和评选中加大对特色小镇文化建设的扶持力度。

（五）文化产业与科技处

1. 推进十大历史经典产业中的文化产业建设，建设一批产业园区，创建一批特色小镇；

2. 推动特色小镇中文化产业与旅游等相关产业的融合发展；

3. 支持、指导特色小镇创建省级文化产业示范园区（基地）和申报国家文化产业示范园区（基地）；

4. 扶持特色小镇内各类文化企业的发展；

5. 指导推动各地完善相关文化产业扶持政策；

6. 指导推进特色小镇文化消费。

（六）文化市场管理处

1. 指导督促各地文化市场审批部门为特色小镇文化产业项目、文化经营场所设立和文化活动的开展提供优质服务；

2. 指导当地文化行政部门，推动特色小镇文化新业态的发展；

3. 会同当地文化市场管理机构，加强特色小镇文化市场管理；

4. 协调省级有关部门和当地文化市场管理机构，重点打击侵权行为，加强特色小镇文化创意品牌保护。

（七）非物质文化遗产处

1. 创建一批非遗主题小镇和民俗文化村；

2. 实施非遗中青年传承人群研修研习

培训计划；

3. 推出一批非遗项目生产性保护基地和研究教学基地；

4. 在非遗主题小镇试点非遗工作站建设，搭建企业、高等院校与小镇对接平台；

5. 支持非遗与旅游融合发展较好的特色小镇申报评选浙江省非物质文化遗产旅游景区；

6. 继续开展省级非物质文化遗产生态保护区试点建设，争创国家文化生态保护实验区。

（八）外事处

1. 支持特色小镇打造精品文化交流项目，加强对外文化贸易；

2. 支持特色小镇与国外及中国台湾地区特色小镇建立交流合作关系；

3. 组织特色小镇文化企业参加国际知名会展；

4. 邀请海外文化机构、知名人士考察特色小镇。

（九）省文物局文物保护与考古处

1. 加强特色小镇区域内文物资源的调查、挖掘和保护；

2. 探索建立若干特色小镇历史文化资源展示区；

3. 支持指导特色小镇区域内的文物资源申报各级文物保护单位和相关历史城镇、街区申报历史文化街区、名镇、名村。

（十）省文物局博物馆处

1. 扶持特色小镇多渠道筹资建设特色文化博物馆；

2. 组织指导特色小镇策划文化文物资源主题展览。

其他部门按照各自职责分工做好相关工作。

附件 2　浙江省文化厅《加快推进特色小镇文化建设 2016 年工作要点》

处室	2016 年工作要点
领导小组办公室（政策法规处）	1. 开展调研，召开座谈会，拟订完善《浙江省文化厅关于加快推进特色小镇文化建设的若干意见》； 2. 拟订《浙江省文化厅关于成立加快推进特色小镇文化建设领导小组的通知》，明确各处室职责分工； 3. 制订加快推进特色小镇文化建设处室 2016 年工作要点； 4. 组织开展特色小镇文化建设督查调研工作。
厅办公室	1. 协调有关重要事项； 2. 宣传特色小镇文化建设工作。
艺术处	1. 指导嵊州越剧小镇、遂昌汤显祖戏曲小镇、西湖艺创小镇等艺术主题特色小镇建设； 2. 支持桐乡乌镇国际戏剧节、莲都古堰新韵国际音乐节、西湖艺创小镇中国青年音乐节等特色小镇文化活动的举行； 3. 开展 5 次以上特色小镇蹲点采风活动； 4. 与有条件的特色小镇合作开展地方文艺精品创作。
公共处	1. 组织文化走亲等活动进特色小镇； 2. 推进特色小镇图书馆、文化馆特色分馆等公共文化服务设施建设； 3. 推荐 2~4 个特色小镇参与民间文化艺术之乡的评选。
产业处	1. 会同省发改委、省经信委、省科技厅等部门开展文化产业项目与特色小镇对接活动，召开历史经典产业现场推进会； 2. 指导特色小镇创建省级文化产业示范园区（基地）； 3. 协调省内外综合性展会和各类文化产业展会面向特色小镇小微文化企业提供有针对性的服务； 4. 指导推动特色小镇中文化产业与旅游等相关产业的融合发展。

续表

处室	2016年工作要点
市场处	1. 指导督促各地文化市场审批部门为特色小镇文化产业项目、文化经营场所设立和文化活动开展提供优质服务； 2. 指导当地文化行政部门推动特色小镇文化新业态的发展； 3. 会同当地文化市场管理机构加强特色小镇文化市场管理； 4. 协调省级有关部门和当地文化市场管理机构，重点打击侵权行为，加强特色小镇文化创意品牌保护。
非遗处	1. 深化17个非遗主题小镇和13个民俗文化村建设，试点非遗工作站，搭建设计企业、高等院校与小镇的对接平台； 2. 推出30个非遗项目生产性保护基地和教学研究基地； 3. 实施非遗中青年传承人群研修研习培训计划，培训1000人次以上； 4. 指导嵊州越剧小镇开展省级非物质文化遗产生态保护区试点建设，争创国家文化生态保护试验区。
外事处	1. 组织有关特色小镇参加“美丽浙江文化节”对外交流活动； 2. 指导特色小镇对外文化交流活动； 3. 邀请一批海外文化机构、知名人士考察特色小镇。
省文物局文物保护与考古处	1. 指导特色小镇文物资源保护，提请省人民政府批准公布第七批省级文物保护单位，提升特色小镇中相应文物资源的保护级别； 2. 推介评选浙江省不可移动文物保护优秀案例，总结推广特色小镇内文物资源保护展示的成功经验； 3. 以特色小镇建设区域为重点，会同省建设厅提请省人民政府批准公布第五批省级历史文化街区、名镇、名村； 4. 指导、协调杭州市余杭区、丽水市莲都区、桐乡市等地做好余杭梦想小镇、梦栖小镇、莲都古堰画乡小镇、桐乡乌镇互联网小镇区划内文物保护单位修缮展示及相关建设工程审核报批等工作。
省文物局博物馆处	1. 支持特色小镇建设特色文化博物馆； 2. 策划特色小镇文化文物资源主题展览。

附件3　两批省级特色小镇汇总名单

一、杭州市

第一批创建名单：上城玉皇山南基金小镇、江干丁兰智慧小镇、西湖云栖小镇、西湖龙坞茶镇、余杭梦想小镇、余杭艺尚小镇、富阳硅谷小镇、桐庐健康小镇、临安云制造小镇

第二批创建名单：下城跨贸小镇、拱墅运河财富小镇、滨江物联网小镇、萧山信息港小镇、余杭梦栖小镇、桐庐智慧安防小镇、建德航空小镇、富阳药谷小镇、天子岭静脉小镇

第二批培育名单：上城吴山宋韵小镇、江干钱塘智造小镇、江干东方电商小镇、拱墅上塘电商小镇、西湖云谷小镇、西湖西溪谷互联网金融小镇、滨江创意小镇、萧山机器人小镇、淳安千岛湖乐水小镇、临安颐养小镇、临安龙岗坚果电商小镇、大江东汽车小镇、大江东巧客小镇

二、宁波市

第一批创建名单：江北动力小镇、梅山海洋金融小镇、奉化滨海养生小镇

第二批创建名单：鄞州四明金融小镇、余姚模客小镇、宁海智能汽车小镇、杭州湾新区滨海欢乐假期小镇

第二批培育名单：海曙月湖金汇小镇、江北前洋 E 商小镇、鄞州现代电车小镇、宁海森林温泉小镇

三、温州市

第一批创建名单：瓯海时尚智造小镇、苍南台商小镇

第二批创建名单：瓯海生命健康小镇、文成森林氧吧小镇、平阳宠物小镇

第二批培育名单：乐清雁荡山月光小镇、永嘉玩具智造小镇、泰顺氡泉小镇、温州汽车时尚小镇

四、湖州市

第一批创建名单：湖州丝绸小镇、南浔善琏湖笔小镇、德清地理信息小镇

第二批创建名单：吴兴美妆小镇、长兴新能源小镇、安吉天使小镇

第二批培育名单：南浔智能电梯小镇、安吉影视小镇、湖州智能电动汽车小镇、湖州太湖健康蜜月小镇

五、嘉兴市

第一批创建名单：南湖基金小镇、嘉善巧克力甜蜜小镇、海盐核电小镇、海宁皮革时尚小镇、桐乡毛衫时尚小镇

第二批创建名单：秀洲光伏小镇、平湖九龙山航空运动小镇、桐乡乌镇互联网小镇、嘉兴马家浜健康食品小镇

第二批培育名单：秀洲智慧物流小镇、嘉善归谷智造小镇、平湖光机电智造小镇、海盐集成家居时尚小镇、海宁潮韵小镇、海宁厂店小镇、桐乡时尚皮草小镇

六、绍兴市

第一批创建名单：越城黄酒小镇、诸暨袜艺小镇

第二批创建名单：柯桥酷玩小镇、上虞 e 游小镇、新昌智能装备小镇

第二批培育名单：柯桥兰亭书法小镇、诸暨环保小镇、嵊州领尚小镇

七、金华市

第一批创建名单：义乌丝路金融小镇、武义温泉小镇、磐安江南药镇

第二批创建名单：东阳木雕小镇、永康赫灵方岩小镇、金华新能源汽车小镇

第二批培育名单：金东金义宝电商小镇、永康众泰汽车小镇、浦江仙华小镇、磐安古茶场文化小镇、金华互联网乐乐小镇

八、衢州市

第一批创建名单：龙游红木小镇、常山赏石小镇、开化根缘小镇

第二批创建名单：江山光谷小镇、衢州循环经济小镇

第二批培育名单：龙游新加坡风情小镇、衢州莲花现代生态循环农业小镇

九、台州市

第一批创建名单：黄岩智能模具小镇、路桥沃尔沃小镇、仙居神仙氧吧小镇

第二批创建名单：岭泵业智造小镇、天台山和合小镇

第二批培育名单：椒江绿色药都小镇、临海时尚眼镜小镇、玉环生态互联网家居小镇

十、丽水市

第一批创建名单：莲都古堰画乡小镇、龙泉青瓷小镇、青田石雕小镇、景宁畲乡小镇

第二批创建名单：龙泉宝剑小镇、庆元香菇小镇、缙云机床小镇、松阳茶香小镇

第二批培育名单：青田欧洲小镇、庆元百山祖避暑乐氧小镇、遂昌农村电商创业小镇、丽水绿谷智慧小镇

十一、舟山市

第二批创建名单：定海远洋渔业小镇、普陀沈家门渔港小镇、朱家尖禅意小镇

十二、合作创建

第二批创建名单：

省农发集团和上虞区：杭州湾花田小镇

中国美院、浙江音乐学院和西湖区：西湖艺创小镇

第二批培育名单：

省物产集团和余杭区：长乐创龄健康小镇

浙江大学和西湖区：西湖紫金众创小镇

浙江省林业厅关于推进森林特色小镇和森林人家建设的指导意见

浙林产〔2015〕66号

各市、县（市、区）林业局：

为深入贯彻省委、省政府《关于加快推进林业改革发展全面实施五年绿化平原水乡十年建成森林浙江的意见》（浙委发〔2014〕26号）精神，落实省政府《关于加快特色小镇规划建设的指导意见》（浙政发〔2015〕8号）的有关要求，现就推进森林特色小镇和森林人家培育建设提出如下意见：

一、重要意义

以提升林业特色产业为基础，重点发展森林休闲养生新兴产业，兼顾涉林历史经典产业，在全省培育一批森林特色小镇、森林人家，有利于加快推进现代林业经济发展，推动资源整合、产业融合，促进林业产业集聚、创新和转型升级；有利于发挥森林的多种功能，满足城乡居民日益增长的休闲和健康需求，推动一流森林休闲养生福地建设；有利于促进山区经济发展、农民增收，以实际行动践行“绿水青山就是金山银山”的发展理念。

二、指导思想

依据现代林业经济发展理念，立足森林资源和生态优势，以林业特色产业为基础、森林文化为主线、森林休闲养生为重点，坚持文化传承与产业提升并重、创新发展与产业融合并举，因地制宜，优化产业空间布局，创新经营体制机制，加大政策扶持，促进要素集聚，推动林业三产融合，将森林特色小镇、森林人家打造成为我省现代林业经济增长新高地、产业升级新载体、要素集聚新平台、森林休闲养生新业态、促进农民增收新样板。

三、产业定位

森林特色小镇和森林人家建设立足地方特色，明确产业定位，以提升木业、竹业、花卉苗木、森林食品、野生动植物驯

养与繁殖等林业特色产业为基础，重点发展森林休闲养生新兴产业，兼顾木艺（木雕、根雕、红木制作、木制玩具等）、竹艺（竹雕、竹编、竹碳、竹文具、竹餐具、竹乐器等）、山货（特色干果、木本粮油、竹笋等山货传统采制技艺）等具有地方特色的历史经典产业。

四、创建内容

（一）森林特色小镇。根据产业、文化、旅游“三位一体”的特色小镇建设要求，依托森林资源和生态优势，以林业特色产业为基础，重点发展森林休闲养生业，兼顾历史经典产业，实施三产融合发展。森林特色小镇的创建单位为乡镇或社区、省级以上森林公园等。森林特色小镇区域森林覆盖率60%以上，小镇及其毗邻区域的森林面积不小于200公顷。森林特色小镇林业主导产业特色明显，产业集聚度和优势位居省内前列，并开展电子商务进行品牌建设和营销服务。经3年创建，森林特色小镇林业总产值达到5亿元以上，林业产值占当地总产值50%以上；以森林休闲养生为特色的小镇林业总产值达到2亿元以上；以涉林历史经典产业为特色的小镇林业总产值达到1亿元以上。森林特色小镇可参照《浙江森林休闲养生区建设指导意见》（浙林产〔2015〕8号）实施。

（二）森林人家。以良好的森林生态环境和森林村庄、古村落、自然生态村落等为依托，以林特业生产基地为基础，结合具有地方特色的历史经典产业，以农户、家庭林场、工商业主等为经营主体，建设融森林文化与民俗风情为一体，提供吃、住、游、购等服务要素的生态友好型观光休闲森林人家集聚区。森林人家的创建单位为行政村或自然村等。森林人家所在区域森林覆盖率70%以上，所在地实施美丽乡村、森林村镇、特色文化村落保护等建设，乡村自然景观和特色文化村落受到较好保护。森林人家周边有森林古道、健康森林群落等提供休闲养生场所；配备相应的游憩、体育、娱乐等休闲设施；结合竹林、果园、茶园、花木等生产基地开展参与式农事体验活动。开展民宿餐饮服务的总接待床位数量不少于100张，总接待餐位数量不少于100个，并符合相关规定。

五、创建程序

森林特色小镇采用创建方式，森林人家采用命名方式，分批筛选创建和命名。力争通过3年创建，全省培育建设20个左右森林特色小镇、100户以上森林人家。

（一）自愿申报。各县（市、区）林业主管部门结合当地实际，组织有关单位自愿申报。申报材料包括实施计划、建设方案，产业定位、投资主体及规模、四至范围、现有基础和成效。

（二）审核筛选。各县（市、区）林业主管部门将申报材料上报市林业部门。各市林业部门对各县（市、区）上报材料进行审查后上报省林业厅。

（三）创建和命名。省林业厅组织有关专家对各申报材料进行综合评选，将符合森林特色小镇创建条件、确具特色的单位公布列入森林特色小镇创建名单。通过3年左右的创建，对实现培育建设目标，达到森林特色小镇要求的，由省里组织验收，通过验收的认定为“浙江省森林特色小镇”。对符合森林人家条件的申报单位，命名为“浙江省森林人家”。

六、政策措施

（一）机制创新，市场运作。森林特色小镇建设要坚持政府引导、企业主体、市场化运作的理念，充分发挥市场在资源配置中的决定性作用，着力深化体制机制改革，激发创业创新活力。积极引进工商资本发展现代林业经济和森林休闲养生业，引导其与林场、农户等建立利益联结机制，实现资源优化配置和集约化、规模化经营。在稳定森林旅游资源权属的基础上，按所有权、管理权与经营权分离的原则，放活经营权，对森林旅游资源实行市场化配置。遵循市场经济规律，对森林旅游资源实行有偿使用，允许森林旅游资源使用权依法抵押、入股和作为合资、合作的资本或条件。

（二）要素保障，加大扶持。按照省财政支农体制机制改革的要求，加大对林业主导产业、森林旅游休闲业等的财政支持力度。积极争取落实省特色小镇、历史经典产业相关扶持政策。在森林旅游休闲方面重点支持森林景观提升、森林古道修复及森林休闲养生设施、服务设施和配套基础设施建设，支持森林生态文化科普教育设施建设，电子商务及营销服务等。加大土地要素保障，涉及林业生产用房及相关附属设施占用林地的，按《省林业厅关于进一步简化林地审批强化林地监管工作的通知》（浙林资〔2014〕89 号）执行。设计旅游休闲、绿色产业项目，可按《省国土资源厅等 9 部门关于开展“坡地村镇”建设用地试点工作的通知》（浙土资发〔2015〕13 号）的规定申报，争取列入试点。涉及征占用林地的，优先安排征占用林地定额。

（三）加强领导，规范发展。各地要加强对森林特色小镇、森林人家的组织领导和统筹协调，充分利用现有林业特色产业优势、区位优势和市场条件，深度挖掘地方特色和比较优势，以规模化、生态化、专业化和集约化的第一产业为基础，加快发展综合加工利用等第二产业，重点发展森林休闲养生、电子商务产品营销等第三产业和历史经典产业。通过体制机制创新，主体培育壮大，生产要素集聚，推动一、二、三产融合发展。加强政府引导和服务保障，在规划编制、基础设施配套、资源要素保障、文化挖掘传承、生态环境保护等方面更好发挥作用。加快发展森林休闲养生业，在抓好试点县的同时，抓紧启动森林特色小镇、森林人家的培育工作，建立县、乡镇、村三级的森林休闲养生发展新格局，把生态优势转化为富民优势、产业优势，为建设一流的森林休闲养生福地提供经验和样板。

本文件自 2015 年 12 月 1 日起施行。

浙江省林业厅

2015 年 10 月 21 日

浙江省工商局关于发挥职能作用支持省级特色小镇加快建设的若干意见

浙工商企〔2015〕8 号

各市、县（市、区）市场监督管理局（工商行政管理局）：

为贯彻落实全省特色小镇规划建设工作现场推进会精神，以“干在清除障碍的实处、走在优质服务的前列”为目标，现就充分发挥工商职能作用，支持省级特色小镇加快建设提出如下意见：

一、试行全程电子化登记。加快推进工商登记全程电子化，今年7月底前率先在特色小镇试点，提供涵盖网上申请、网上受理、网上审核等功能的一条龙在线服务，以新的服务模式推动特色小镇发展。

二、设立工商事务服务室和会商协调机制。鼓励各地在特色小镇设立工商事务服务室，派驻工作人员提供企业名称预先核准、企业登记、品牌培育、消费投诉处理等业务受理、咨询和指导，对接会计事务所、专利事务所、商标事务所等中介机构，为入驻企业提供有针对性的、更加便捷的政务服务；建立省、市工商局（市场监管局）和特色小镇三方会商协调机制，第一时间研究解决小镇发展中遇到的新情况、新问题。

三、加快推进“五证合一”登记制度。对入驻企业全面实行“五证合一”登记制度，由工商部门统一收件，与质监、国税、地税、人力社保、统计等部门并联审批，统一核发加载“一照五码”的营业执照，使企业“五证合一”登记制度率先全面覆盖特色小镇。

四、放宽新兴市场主体名称、经营范围核定条件。根据特色小镇的功能定位和产业导向，积极探索登记新兴行业主体，允许企业在名称和经营范围中使用符合国际惯例、行业标准的用语。鼓励互联网金融、科技产业发展，允许企业申请含“互联网金融信息服务”、“财富管理”、“云科技”、“空间科技”等字样的企业名称和经营范围。入驻企业申请取冠省名的，注册资本（金）从1000万元降低至500万元（法律法规另有规定的除外）。

五、支持发展商务秘书企业。为了降低入驻企业的创业成本，针对特色小镇内创业群体的需求，支持特色小镇发展商务秘书企业，为电子商务、软件研发、创意设计、文案策划等企业提供住所托管、代理企业登记、代理记账、代理收递法律文件等服务。受托管的企业以商务秘书企业的地址作为其住所，用商务秘书企业的营业执照副本复印件代替住所使用证明办理工商登记。商务秘书企业应当在企业信用信息公示系统中公示其托管的企业名称、联系人和联系方式等信息。

六、实行集群化住所登记。入驻企业可以利用特色小镇管理机构提供的集中办公场所作为住所，凭镇乡人民政府（街道办事处）或者特色小镇管理机构出具的证明办理工商登记。允许“一室多照”住所登记，对股权投资企业、电子商务企业、文化创意、软件设计、动漫游戏设计等现代服务业企业，只要符合多个主要办事机构共同日常办公的合理需要，同一办公场所可以作为2个以上企业的住所。

七、加强知识产权保护力度。加大对侵犯入驻企业的注册商标、企业名称、商业秘密等违法行为的查处力度，有效保护创业创新的积极性，维护公平竞争的市场秩序。

八、指导建立消费纠纷处理机制。针对入驻企业O2O新型商业模式的特点，积极指导其建立消费投诉的自我协调解决机制，鼓励引导经营者首问和先行赔付，实现消费纠纷的快速处理。

浙江省工商行政管理局
2015年7月12日

杭州市人民政府关于加快特色小镇规划建设的实施意见

杭政函〔2015〕136号

各区、县（市）人民政府，市政府各部门、各直属单位：

为主动适应和引领发展新常态，在全市加快规划建设一批产业特色鲜明、功能集成完善、示范效应明显的特色小镇，根据《浙江省人民政府关于加快特色小镇规划建设的指导意见》（浙政发〔2015〕8号）精神，特制订本实施意见：

一、明确总体要求

（一）重要意义。特色小镇是具有明确产业定位、文化内涵、旅游功能、社区特征的发展载体，是同业企业协同创新、合作共赢的平台。规划建设一批特色小镇，对加快我市经济转型升级、推进创业创新、扩大有效投资、促进城乡统筹发展和传承展示独特文化具有十分重要的意义。

（二）产业定位。每个特色小镇要根据我市"一基地四中心"的城市定位和支撑我省未来发展的七大产业，聚焦信息经济、旅游休闲、文化创意、金融、健康、时尚、高端装备制造、环保等重点产业，兼顾茶叶、丝绸等历史经典产业以及地域特色产业，并选择一个具有当地特色和比较优势的细分产业作为主攻方向，使之成为支撑特色小镇未来发展的大产业。鼓励各区、县（市）重点发展以制造类、研发类产业为主体的特色小镇。

（三）规划引领。每个特色小镇要按照节约集约发展、多规融合的要求，充分利用现有区块的环境优势和存量资源，合理规划产业、生活、生态等空间布局，规划区域面积一般控制在3平方公里左右，核心区建设面积控制在1平方公里左右为宜。鼓励有条件的小镇建设3A级以上景区，旅游产业类特色小镇要按5A级景区标准建设。支持各地以特色小镇提升各类开发区（园区）的特色产业。各区、县（市）要结合"十三五"国民经济和社会发展规划的编制，统筹谋划本地区特色小镇布局和重大项目安排，对每个细分产业只规划建设一个特色小镇，并对新引进的重大产业项目根据其产业类型优先布局到同类型的特色小镇内，以增强特色小镇特色产业的集聚度，形成差异化发展，避免同质化竞争。同时，要对各种产业类型的特色小镇合理布局、控制数量、提升质量。

（四）投资效益。坚持高强度投入和高效益产出，每个特色小镇均要谋划一批新的建设项目，市级特色小镇3年内固定资产投资一般应达到30亿元以上（不含商品住宅和公建类房地产开发投资），金融、文创、科技创新、旅游等产业以及茶叶、丝绸等历史经典产业类特色小镇投资额可适当放宽，县（市）级特色小镇投资额完成期限可放宽到5年，申报省级特色小镇的投资额原则上提高到50亿元。新增建设用地应符合《杭州市人民政府关于实施"亩产倍增”计划促进土地节约集约利用的若干意见》（杭政〔2014〕12号）规定的准入标准，力争3~5年后集聚一大批同业企业和中高级人才，小镇税收增幅显著。

（五）运作模式。特色小镇应坚持企业主体、政府引导、市场化运作的模式，鼓励以社会资本为主投资建设。每个特色小镇均应明确投资主体，投资主体可以是国有投资公司、民营企业或混合所有制企业。各地政府要重点做好特色小镇建设的规划引导、资源整合、服务优化、政策完善等工作。

二、确立发展目标

特色小镇实行创建制，按照“宽进严定、分类分批”的原则统筹推进，省、市、区（县、市）三级特色小镇总数3年内力争达到100个左右，实现“引领示范一批、创建认定一批、培育预备一批”的目标。

（一）引领示范一批。重点推荐产业特色鲜明、生态环境优美、人文气息浓厚、投资项目落实、示范效应显著的小镇列入省级特色小镇创建和培育名单，该类小镇同时享受市级特色小镇扶持政策。

（二）创建认定一批。筛选出一批产业、文化、旅游和一定社区功能融合叠加的特色小镇列入市级特色小镇创建名单，通过3~5年的扶持培育，经验收通过后，可命名为市级特色小镇。

（三）培育预备一批。对基本条件与省、市级特色小镇存在一定差距，但产业有特色、发展有潜力的小镇，区、县（市）政府可自行制定扶持政策，作为区（县、市）级特色小镇进行培育，待发展壮大后再视情申请认定为省、市级特色小镇。

三、规范创建程序

（一）组织申报。在市产业发展协调委员会下设杭州市特色小镇建设协调小组（以下简称协调小组）。由各区、县（市）政府和大江东产业集聚区管委会、杭州经济开发区管委会按照省、市特色小镇建设发展的要求，结合本地实际，提出本区域内拟培育的市级特色小镇名单，按照要求组织编制特色小镇创建方案和概念规划，明确四至范围和产业定位、落实投资主体和投资项目、分解三年（或五年）建设计划。

（二）分批审核。由协调小组办公室组织市级相关部门，分批次对特色小镇创建方案进行审核，择优选出市级特色小镇创建对象，报协调小组同意后予以公布。同时，由协调小组办公室向省特色小镇规划建设工作联席会议办公室重点推荐省级特色小镇创建和培育对象名单。

（三）培育建设。各区、县（市）政府和大江东产业集聚区管委会、杭州经济开发区管委会要根据省、市级特色小镇的创建要求，组织相关建设主体按照创建方案和建设计划有序推进各项建设任务。协调小组办公室每季度对各地特色小镇规划建设情况进行通报，并定期组织现场会，交流培育建设经验。

（四）年度考核。市级特色小镇年度建设任务纳入市政府对各区、县（市）政府和大江东产业集聚区管委会、杭州经济开发区管委会的年度目标考核体系，由协调小组办公室会同市考评办制定考核办法。对未完成年度目标考核任务的特色小镇，实行退出机制，下一年度起不再享受市级特色小镇扶持政策。

（五）验收命名。市级特色小镇完成各项目标任务的，由协调小组办公室组织市级相关部门进行评估验收，验收合格的报协调小组同意后，可命名为杭州市特色小镇。

四、落实保障措施

（一）强化组织领导。市特色小镇建设协调小组组长由常务副市长担任，副组长由市政府分管副秘书长和市发改委主任担任，成员单位包括市委宣传部、市农办、市考评办、市发改委、市经信委、市建委、市旅委、市科委、市财政局、市国土资源局、市规划局、市商务委、市文广新闻出版局、市统计局、市金融办、市政府研究室以及各区、县（市）政府、大江东产业集聚区管委会、杭州经济开发区管委会等部门和单位，协调小组下设办公室（设在市发改委），并建立例会制度，定期对重大事项和问题进行会商。各区、县（市）政府以及大江东产业集聚区、杭州经济开发区也要建立相应的协调机构，负责指导、协调、推进本地区特色小镇的规划建设工作。

（二）加强用地保障。各地要按照节约集约用地的要求建设特色小镇，积极盘活存量土地和利用低丘缓坡资源；按照多规融合的要求，结合城乡规划修编和土地利用总体规划调整完善工作，优先保障特色小镇建设用地。对纳入市本级新增建设用地项目计划的重大项目，所需农转用计划指标由市本级统筹安排。

（三）加大政策扶持力度。市级特色小镇享受以下优惠政策：

1. 市级特色小镇范围内的建设项目整体打包列入年度市重点项目的，所含子项目可享受市重点项目优惠政策。

2. 对符合我市产业导向的战略性新兴产业、先进制造业、信息经济产业等属于优先发展且用地集约的工业用地项目，可按不低于所在地土地等别对应工业用地出让最低限价标准的70%确定土地出让起价。

3. 财政支持政策。

（1）市级特色小镇在创建期间及验收命名后，其规划空间范围内的新增财政收入上交市财政部分，前3年全额返还、后2年减半返还给当地财政。

（2）对市级特色小镇内的众创空间，同时被认定为市级众创空间的，在杭州市小微企业创业创新基地城市示范期内，每年给予补助20万元；被认定为省级、国家级科技企业孵化器的，在示范期内每年分别给予补助25万元和30万元。

（3）对市级特色小镇内为服务特色产业而新设立的公共科技创新服务平台，按平台建设投入的20%~30%给予资助，单个平台资助额最高不超过200万元；对特别重大的公共科技创新服务平台，可按“一事一议”的原则，由协调小组办公室研究制订相关扶持政策报市政府批准。各区、县（市）政府和大江东产业集聚区管委会、杭州经济开发区管委会要制定辖区内特色小镇扶持政策，明确省、市扶持资金用于特色小镇规划建设。

4. 市蒲公英天使投资引导基金和市创投引导基金要加强与特色小镇项目的对接，鼓励其与特色小镇相关投资主体、其他社会投资机构合作新设基金，加大对特色小镇相关项目的投入力度；市产业投资基金要加强与社会资本的合作，对特色小镇核心产业的重大投资项目，按实际投资额的一定比例实施跟投。

5. 市级特色小镇引进的各类人才可享受《中共杭州市委、杭州市人民政府关于杭州市高层次人才、创新创业人才及团队引进培养工作的若干意见》（市委〔2015〕2号）所规定的各项政策。

（四）创新体制机制。鼓励各区、县（市）政府和大江东产业集聚区管委会、杭州经济开发区管委会创新特色小镇建设、管理的体制机制，通过综合运用财税政策、打造高效便利的公共服务体系、集聚低成本全要素的创新资源、举办国际国内有影响力的行业大会或论坛等手段，加大对高端产业项目和人才的招引力度；通过引入各类基金、发行债券以及运用PPP等建设模式，发挥间接融资与直接融资协同作用，拓宽融资渠道，以市场化机制带动社会资本投资特色小镇建设。

本意见自2015年11月1日起施行，由市发改委负责牵头组织实施。

杭州市人民政府

2015年9月25日

宁波市人民政府关于加快特色小镇规划建设的实施意见

甬政发〔2015〕148号

各县（市）区人民政府，市直及部省属驻甬各单位：

为加快规划建设一批产业特色鲜明、创新要素集聚、生产生活生态融合、示范带动效应明显的特色小镇，根据《浙江省人民政府关于加快特色小镇规划建设的指导意见》（浙政发〔2015〕8号），特制订本实施意见。

一、总体目标

（一）主要目标。按照“创新、协调、绿色、开放、共享”的发展新理念，围绕特定产业，挖掘培育特色优势，将特色小镇打造成为扩大有效投资的新抓手、发展新兴主导产业的新标杆、推进新型城市化的新平台、展示宁波独特地方文化的新载体，为我市经济转型升级和城市国际化注入新活力。到2018年，力争建成省、市、县（市）区三级特色小镇100个，其中，省级特色小镇20个左右，市级特色小镇35个左右，县（市）区级特色小镇45个左右；省、市两级特色小镇3年完成总投资2000亿元以上。

二、创建要求

（二）产业要求。特色小镇要立足我市实际，聚焦发展智能制造、高端装备制造、节能环保、新材料、金融、信息经济、旅游、健康、时尚等优势产业和新兴产业，兼顾彰显传统工艺、特色食品、民俗文化等经典产业；要围绕核心优势产业，凸显和放大小镇特色，延伸完善产业链，建立全产业链协作配套体系，提高产业附加值。鼓励各地重点规划建设制造类特色小镇。

（三）规划要求。特色小镇选址应符合城乡规划要求，原则上相对独立于城市和乡镇建成区中心，以连片开发建设为宜。省级特色小镇规划面积一般控制在3平方公里左右，市级特色小镇规划面积一般为2~3平方公里，建设面积一般控制在1平方公里左右。申报省级特色小镇要在创建期内建成3A级以上景区，旅游类特色小镇按5A级景区标准建设；鼓励有条件的市级特色小镇按照上述标准建设。支持以特色小镇理念改造提升各类产业集聚区、功能区。

（四）投资要求。市级特色小镇原则上3年内完成固定资产投资30亿元左右（不含住宅和商业综合体项目），金融、信息经济、旅游、时尚、经典产业类特色小镇可适当放宽要求；申报省级特色小镇的投资额原则上提高到50亿元。

（五）运作方式。培育创建特色小镇实行政府引导、企业主体、市场化运作。每个特色小镇须明确投资建设主体，可以是国有投资公司、民营企业或混合所有制企业，以企业为主推进项目建设，充分发挥市场在资源配置中的决定性作用；各地政府要在规划引导、基础设施配套、资源要素整合、优化投资创业环境、文化内涵挖掘传承等方面做好服务保障。

三、创建程序

（六）组织申报。特色小镇实行创建制，按照“宽进严定、分级创建”的原则统筹推进。由各县（市）区政府、各开发园区管委会结合本地实际，选择符合创建要求的县（市）区级特色小镇向市特色小镇联席会议办公室提出申请，申请文件须附送特色小镇创建方案和概念性规划。创建方案应明确建设范围、产业定位、特色内涵、投资主体、投资规模、建设计划。

（七）审核评选。由市特色小镇联席会议办公室组织市级相关职能部门对各县（市）区和各开发园区申报的特色小镇创建方案进行初审，初审名单报市特色小镇联席会议审定并提出建议名单，报市政府同意后公布市级特色小镇创建名单。省级特色小镇创建申报对象，原则上在市级特色小镇中择优产生。

（八）考核管理。对列入省、市级创建名单的特色小镇，实行年度考核，考核办法由市特色小镇联席会议办公室另行制定。对考核合格的特色小镇兑现相应扶持政策，连续2年未完成年度目标任务的市级特色小镇，实行退出机制，下一年度不再享受相关扶持政策。将特色小镇工作纳入对各县（市）区政府、各开发园区管委会的目标考核体系。

（九）验收命名。通过3年左右的创建培育，对实现既定目标、达到市级特色小镇标准的，由市特色小镇联席会议办公室组织验收，验收合格的报市政府批准后，认定命名为宁波市级特色小镇。省级特色小镇的创建命名按照省有关规定执行。

四、政策保障

（十）加强规划用地保障。坚持规划引领，高起点、高标准科学编制特色小镇规划，各地要结合土地利用总体规划调整和城乡规划修编，将特色小镇建设用地有序纳入城镇建设用地扩展边界，推进低效用地再开发，调剂出的规划用地指标优先用于特色小镇建设。实行集约高效开发，鼓励特色小镇盘活存量建设用地，实施城镇低效用地再开发，对转型升级项目优先安排土地指标。对列入省、市级创建名单且确需新增建设用地的特色小镇，建设用地计划指标由市和县（市）区按照7:3配套比例给予全额保障，使用城乡建设用地增减挂钩指标的特色小镇全额安排解决挂钩指标额度。

（十一）强化财政扶持。对列入省、市级创建名单的特色小镇，在每年年度考核合格后，规划空间范围内新增财政收入上缴市财政统筹部分，5年内予以全额返还。各市级部门牵头管理的现有各类专项资金（除有明确用途和性质等限制的以外）应优先向特色小镇倾斜。在市级地方政府债券资金中，安排一定数额用于专项支持特色小镇建设。

（十二）加大金融支持。创新投融资体

制，将特色小镇列为市产业发展基金的重点投资对象，以市场化手段引导各类社会资本参与特色小镇发展，鼓励运用PPP模式推动特色小镇基础设施建设。支持各县（市）区设立特色小镇专项基金。

（十三）增强人才支撑。特色小镇引进的各类人才优先享受《关于实施人才发展新政策的意见》（甬党发〔2015〕29号）所规定的各项政策，有效激发创业创新活力，增强人才智力保障。对特色小镇亟须的高端人才、特殊人才，实行“一人一议”。

（十四）突出精准服务。根据特色小镇的产业类别，分别制定细化扶持政策，实行重大项目“一事一议”，增强政策支持力度和针对性。优化审批流程，建立特色小镇投资项目审批“绿色通道”制度，提高审批效率。

五、组织保障

（十五）加强组织领导。建立市特色小镇规划建设工作联席会议制度，由常务副市长担任召集人，市政府秘书长担任副召集人，市级相关单位负责人为成员（具体名单附后）。联席会议下设办公室，办公室设在市发改委，负责处理日常事务。各地可参照建立相应的联席会议制度及办公室。建立特色小镇联络员工作交流制度、统计报送制度和监测评估机制。各地要按季度向市特色小镇联席会议办公室报送列入省、市级创建名单的特色小镇进展情况，联席会议办公室将在一定范围内进行通报。

（十六）落实责任分工。各县（市）区政府和各开发园区管委会是特色小镇规划建设的责任主体，要建立工作落实推进机制，完善配套政策，分解落实年度工作任务，及时协调解决问题，确保各项工作有序推进。市级相关部门要根据特色小镇的产业类别，结合自身职能，尽快研究制定“一类一策”扶持政策，整合部门资源，指导和支持特色小镇发展。

（十七）加大宣传力度。及时评估总结特色小镇创建成果和有效做法，强化宣传引导，创新宣传方式，不断提升特色小镇影响力和知名度，为特色小镇创建营造良好的社会氛围。

本意见自2016年1月1日起施行，各地可参照本意见自行制定县（市）区级特色小镇的规划建设要求和扶持政策。

附件：宁波市特色小镇规划建设工作联席会议制度

宁波市人民政府

2015年12月22日

附件　宁波市特色小镇规划建设工作联席会议制度

一、联席会议组成人员

召集人：陈奕君

副召集人：王建社　市政府

成　　员：王洪平　市政府

李　可　市委宣传部

李万春　市政府办公厅（市政府研究室）

柴利能　市发改委

王兆波　市发改委

戴　云　市经信委

陈建章　市科技局

高国平　市财政局

周力丰　市国土资源局

张晓斌　市规划局

陈明乐　市住建委

缪永法　市商务委
韩小寅　市文广新闻出版局
朱必余　市旅游局
王迪熙　市统计局
周　凯　市金融办

联席会议可根据工作需要邀请其他有关单位参加。

联席会议办公室设在市发改委，柴利能兼任办公室主任，王兆波兼任办公室常务副主任，市委宣传部、市财政局、市国土资源局、市经信委、市规划局、市商务委、市旅游局、市金融办分管领导兼任办公室副主任。以上成员如有变动，由所在单位接任领导自然更替。

二、联席会议成员单位职责

（一）市委宣传部：承担联席会议办公室副主任工作职责。具体负责全市特色小镇的宣传工作、特色小镇文化内涵的挖掘和打造工作。

（二）市发改委：承担联席会议办公室日常工作。负责全市特色小镇的规划布局、督查考评，协调指导特色小镇列入省、市重点建设项目。整合本部门资源，支持特色小镇加快规划建设。

（三）市经信委：承担联席会议办公室副主任工作职责。具体负责信息经济（电子商务除外）、时尚、制造和部分经典产业特色小镇的规划建设工作。指导全市特色小镇的产业转型升级工作。牵头制定“一类一策”扶持政策，整合部门资源，指导和支持特色小镇发展。

（四）市科技局：负责指导全市特色小镇的科技创新工作。整合本部门资源，支持特色小镇加快科技创新。

（五）市财政局：承担联席会议办公室副主任工作职责。负责做好享受财政扶持政策的特色小镇的审核和兑现工作，引导各地安排资金支持特色小镇加快规划建设。

（六）市国土资源局：承担联席会议办公室副主任工作职责。负责做好享受用地扶持政策特色小镇的审核和兑现工作，指导各地加强特色小镇用地保障，创新节约集约高效用地机制。

（七）市规划局：承担联席会议办公室副主任工作职责。负责指导全市特色小镇的建设规划和功能完善，出台意见指导全市特色小镇加快完善建设发展规划。

（八）市住建委：负责指导全市特色小镇基础设施建设和工程建设项目有关工作。协同市规划局做好全市特色小镇的建设规划和功能完善。

（九）市商务委：承担联席会议办公室副主任工作职责。具体负责指导全市特色小镇电子商务的提升、信息经济（电子商务）小镇和部分经典产业特色小镇的规划建设工作。牵头制定“一类一策”扶持政策，整合部门资源，指导和支持特色小镇发展。

（十）市文广新闻出版局：具体负责特色小镇文化内涵的挖掘、打造。整合本部门资源，支持特色小镇强化文化功能建设。

（十一）市统计局：具体负责建立全市特色小镇统计数据平台，收集汇总相关数据，研究提出季度通报、年度考核指标体系。

（十二）市旅游局：承担联席会议办公室副主任工作职责。具体负责旅游特色小镇和部分经典产业特色小镇的规划建设工作。牵头制定“一类一策”扶持政策，整合部门资源，指导和支持特色小镇发展。出台加快特色小镇创建2A级至5A级景区的指导意见，支持全市特色小镇强化旅游功能。

（十三）市政府研究室：承担联席会议办公室副主任工作职责。具体负责全市特色小镇规划建设工作的政策研究。

（十四）市金融办：承担联席会议办公室副主任工作职责。具体负责全市金融特色小镇的规划建设和指导协调。牵头制定“一类一策”扶持政策，整合部门资源，指导和支持特色小镇发展。负责创新全市特色小镇的投融资机制。

中共青岛市委办公厅　青岛市人民政府办公厅关于加快特色小镇规划建设的实施意见

（会签稿）

为贯彻落实中央、省关于特色小镇建设的决策部署，借鉴浙江特色小镇建设经验，加快打造一批具有青岛本土优势、特色鲜明、示范带动效应明显的特色小镇，特制定本实施意见。

一、工作目标

特色小镇是区别于行政区划单元和产业园区，具有明确产业定位、文化内涵、旅游功能和一定社区功能的发展空间平台，是以产业为核心、项目为载体、生产生活生态相融合的特定区域。按照“创新、协调、绿色、开放、共享”发展理念，围绕主导或优势产业，挖掘培育特色优势，将特色小镇打造成为我市经济转型升级新抓手和城镇化发展的新平台，为国家沿海重要中心城市建设注入新活力。力争到2020年，在全市建成50个产业特色鲜明、人文气息浓厚、生态环境优美、生产生活融合的特色小镇，其中省、市级特色小镇20个左右，区（市）级特色小镇30个左右。

二、创建要求

（一）规划要求。特色小镇要突出“多规合一”的理念，与国民经济和社会发展规划，城市、镇总体规划和土地利用总体规划等相衔接，在满足三区七线规划控制要求的前提下，加强生态保护、景区保护，合理规划生产、生活和生态空间布局。特色小镇规划区域面积一般控制在3平方公里左右，核心区建设面积控制在1平方公里左右；小城市可结合规划实际，采取“一事一议”适当扩大规划范围。特色小镇应规划建设完备基础设施，优良的人居环境、鲜明的城镇风格。省、市级特色小镇建设3A级以上景区，旅游产业类特色小镇按5A级景区标准建设。

（二）产业培育。特色小镇产业培育以“蓝色、高端、新兴”为导向，聚焦家电、轨道交通装备、汽车等十大新型工业千亿级产业，机器人、三维打印、虚拟现实等十大战略性新兴产业，金融、科技服务、现代物流等十大现代服务业，兼顾传统工艺、特色农业、民俗文化等经典产业。每个特色小镇要围绕优势产业，培育一个核心主导产业，不断延伸产业链。市域范围内新引进的同类型产业，原则上要布局到特色小镇，避免同质化竞争。支持各区市重点规划建设制造业类特色小镇。

（三）风貌塑造。全面推进规划设计开

放，打造各具特色的特色小镇。充分挖掘当地的历史、传承当地的文化，强化历史文化与城镇建筑风格的结合，加强对特色小镇景观体系、开敞空间以及建筑风格、体量、高度、形态、色彩等方面的控制，塑造与历史文化、地域特征、自然景观相协调的特色小镇风貌。加强体育设施规划建设，丰富小城镇居民的文化生活，营造愉快、积极、向上、健康的人文环境。

（四）项目建设。特色小镇要以项目建设为抓手，省、市级特色小镇5年内固定资产投资应达到30亿元以上（不含住宅建设项目），每年完成投资不少于6亿元；其中，金融、信息技术、旅游休闲、文化创意、医疗健康、特色农业等类型的特色小镇5年投资额不低于20亿元，每年不低于4亿元。区（市）级特色小镇总投资额可适当放宽要求。

（五）功能配置。坚持产业、文化和旅游“三位一体”，通过建立产业博览馆、主题公园等，弘扬产业文化，实现“一镇一风格”。优化面向常住人口和创业就业人员的社区服务，积极搭建兼具创业创新平台、公共服务平台和信息管理平台等综合功能的小镇客厅，应用现代信息技术，把创新要素与产业项目有机结合起来，建设产城融合发展的现代化开放型特色小镇。

（六）运作方式。坚持政府引导、企业主体、市场化运作，发挥市场在资源配置中的决定性作用。每个特色小镇应明确投资建设主体，以企业为主推进项目建设。各级政府重点做好规划引导、基础设施配套、历史文化传承、生态环境保护及资源整合、政策扶持、服务优化等工作。

三、规范程序

（一）组织申报。特色小镇实行创建制，各区（市）政府、功能区管委会选择符合创建要求的预选对象向市城镇化工作领导小组办公室提出申请，申请文件包括特色小镇创建方案和概念性规划。创建方案应明确特色小镇的四至范围、产业定位、特色内涵、投资主体、投资规模、建设计划、PPP实施方案等。

（二）审核评选。市城镇化工作领导小组办公室组织市相关职能部门和专家，对各区（市）和功能区申报的特色小镇创建方案进行初审，初审名单经市城镇化工作领导小组研究通过，报市政府同意后公布。

（三）培育建设。对列入创建名单的特色小镇进行重点扶持，用好用足优惠政策，形成政策合力。各区（市）政府和功能区管委会依据创建方案和建设计划有序推进各项工作，确保创建任务落到实处。市城镇化工作领导小组办公室组织相关部门定期开展巡查，通报进展情况，交流工作经验，提升特色小镇创建水平。

（四）考核管理。对列入创建名单的特色小镇，实行年度考核管理，考核办法由市城镇化工作领导小组办公室另行制定。对考核合格的特色小镇兑现相应扶持政策，对连续2年未完成年度目标任务的特色小镇，实行退出机制，不再享受相关扶持政策。

（五）验收命名。通过3~5年的创建培育，对实现既定目标、达到特色小镇标准的，由市城镇化工作领导小组组织验收，验收合格的报市政府批准后，认定命名为青岛市特色小镇。

四、保障措施

（一）优先保障用地。按照多规融合的要求，结合城乡规划修编和土地利用总体规划调整完善工作，优先保障特色小镇建设用地。坚持节约集约用地，积极盘活存量土地和利用低丘缓坡资源，实行集约高效开发。对新增建设用地的，可先行办理农用地转用及供地手续，区市根据年度用地计划单列用地指标。特色小镇范围内的建设项目可整体打包列入年度市重点项目，所含子项目享受市重点项目优惠政策。

（二）强化财政扶持。对列入创建名单的特色小镇，在每年年度考核合格后，规划范围内新增财政收入上交区（市）级分成部分，5 年内可由所在区（市）安排等额资金予以扶持。市级部门牵头管理的各类专项资金（除有明确用途和性质等限制的以外）应优先支持特色小镇发展。市财政出资 10 亿元，成立规模 50 亿元特色小镇发展基金，支持特色小镇基础设施建设。

（三）加大金融支持。鼓励金融机构加大信贷支持力度，充分利用与农发行、国开行等签订的意向性融资，支持特色小镇建设。引导各类社会资本参与特色小镇发展，鼓励运用 PPP 模式推动特色小镇基础设施建设。

（四）增强人才支撑。特色小镇引进的各类人才享受市、区（市）出台的相关人才引进政策，符合条件的高端人才纳入市“青岛英才 211 计划”。支持特色小镇搭建国际国内有影响力的行业大会或论坛等交流平台，加大对高端人才的招引力度。

（五）突出精准服务。根据特色小镇的产业类别，制定细化扶持政策，实行重大项目“一事一议”，增强政策支持力度和针对性。优化审批流程，提高审批效率，确保特色小镇建设项目按照时间节点和计划有序推进。建立市城镇化工作领导小组成员单位与特色小镇结对服务制度，帮助特色小镇解决发展中遇到的问题。成立特色小镇“多规合一”协调办公室，由规划部门加强对特色小镇规划编制工作的指导。

（六）搭建创新创业平台。支持在特色小镇内构建一批有特色、低成本、便利化、全要素、开放式的创客空间和服务平台。对特色小镇内被认定为市级孵化器的，给予一次性补助 100 万元；被认定为国家级科技企业孵化器的，给予一次性补助 200 万元。对特别重大的公共科技创新服务平台，可按“一事一议”的原则制订相关扶持政策。

五、组织领导

市城镇化工作领导小组负责特色小镇规划建设的组织领导和统筹协调工作，各成员单位按职能出台具体扶持政策，整合部门资源，加强对特色小镇规划建设的指导和扶持。各区（市）作为特色小镇创建的责任主体，要完善工作推进机制，确保各项工作按照创建计划时间节点有序推进。

本意见发布后，各区市可参照本意见自行制定区（市）级特色小镇的规划建设要求和扶持政策。

2016 年 11 月 14 日

厦门市人民政府关于开展特色小镇规划建设的意见

厦府〔2016〕309 号

各区人民政府，市直各委、办、局，各开发区管委会，市属各国有企业：

建设产业特色鲜明、功能集成完善、示范效应明显的特色小镇是我市主动适应和引领经济新常态，推进供给侧改革和新型城镇化的重要举措，有利于各区做强做优主导产业，推进产业链（群）的集聚发展。为做好特色小镇规划建设工作，现根据国务院《关于深入推进新型城镇化建设的若干意见》（国发〔2016〕8 号）和《福建省人民政府关于开展特色小镇规划建设的指导意见》（闽政〔2016〕23 号）等文件精神，结合本市实际，提出以下实施意见：

一、特色小镇内涵

特色小镇区别于建制镇和产业园区，是具有明确产业定位、文化内涵、兼具旅游和社区功能的发展空间平台。既可以依托现有的特色产业集聚载体优化提升，也可以以具有发展潜力的村庄为中心规划建设。具体分为两种类型：

（一）依托现有特色产业集聚载体优化提升的特色小镇（产业型特色小镇）。要求产业特色鲜明，能形成一定集聚效应，一般规划面积在 3 平方公里左右，其中核心区 1 平方公里左右。原则上 3~5 年完成固定资产投资 15 亿元（改造提升类 9 亿元）以上（商品住宅项目和商业综合体除外）。

（二）以具有发展潜力的村庄为中心规划建设的特色小镇（休闲农业型特色小镇）。要求乡村特色鲜明，具备发展特色产业或休闲农业的基础和潜力，交通条件相对比较便利，自然生态条件较好。一般以村庄为单元，以村集体为主体，可适当引入其他经济体合作开发，依托现有村落设施，进一步挖掘盘活村庄“三农”资源，实现一、二、三产融合发展，形成观光、民宿、农村电商等产业特色。3~5 年建成不少于 3 个特色产业项目并投入运营，投运次年每个特色产业项目当年度产值不低于 1000 万元，3 年后每个特色产业项目当年度产值不低于 2000 万元。

二、总体要求

（一）深化认识。特色小镇是新型工业化、城镇化、信息化和绿色化融合发展的新形式，是带动农民转岗创业、拓宽农民增收渠道的新型发展载体，有利于加快高端要素集聚、产业转型升级和历史文化传承。各区和市直有关部门要高度重视，学习借鉴外地先进经验，力争通过 3~5 年的培育，建成一批产业特色鲜明、体制机制灵活、人文气息浓厚、创业创新活力迸发、生态环境优美、多种功能融合的特色小镇。

（二）产业支撑。特色小镇要坚持产业为根、特色为本，按照创新、协调、绿色、开放、共享发展理念，结合自身特质，找准产业定位，选择一个具有特色和比较优势的细分产业作为主攻方向。休闲农业型特色小镇要围绕“一村一特色”，加强新型农民培训，加快一、二、三产业融合发展，推进产业、文化、旅游“三位一体”，通过吸引专业人才或者企业，引导、培育特色，努力培育支撑村镇可持续发展的产业。

（三）政府引导。各区、镇政府要明确发展目标，全方位调动村民尤其是村“两委”的积极性，加大政策扶持力度，促进村镇充满活力、健康发展。重点做好规划引导、基础设施配套、资源要素保障、文化内涵挖掘传承、生态环境保护、投资环境改善等工作。

（四）规划先行。发改、规划部门要按照节约集约发展、精致宜居、“多规融合”的要求，确定主体功能区，统筹谋划全市特色小镇的发展规划和生产、生活、生态等空间布局。区、镇政府和特色小镇的投资建设主体要根据本地实际，合理规划特色小镇具体空间布局；要充分利用现有的自然环境、风貌建筑，结合景观提升，打造优美的自然和人文景观。特色小镇要按照 3A 级及以上景区标准建设，旅游产业类特色小镇分别按 4A 级及以上景区标准建设。

（五）市场运作。特色小镇建设要坚持政府引导、市场化运作的模式，鼓励社会资本投资建设。每个特色小镇要明确投资建设主体，坚持龙头企业带动，鼓励农民参股，推动产业规模化经营；发挥国企投融资和公共服务平台作用，吸引更多社会资本参与；重视品牌打造，促进品牌增值和农民增收。

（六）乡村治理。要创新村组织治理体制，进一步完善村规民约，实现扁平化快捷管理和服务，营造平安和谐的乡村环境。鼓励小镇内企业、社会组织、从业者和村民等充分参与平台构筑、文化培育和社区建设，培育小镇自治，不设专门机构，不新增人员编制。

三、创建程序

（一）自愿申报。由各区政府按照我市特色小镇建设发展的要求，结合本地实际，提出本区域内拟创建的市级特色小镇名单，向市推进新型城镇化工作领导小组办公室（以下简称城镇化办）报送创建方案，方案中应明确特色小镇的四至范围、产业定位、投资主体、投资规模、建设计划，并附概念性规划。

（二）分批审核。由市城镇化办分批次对特色小镇创建方案进行审核，择优选出市级特色小镇创建对象，报市推进新型城镇化工作领导小组同意后予以公布。同时，由市城镇化办向省城镇化办推荐省级特色小镇创建名单。对各区申报特色小镇不平均分配名额，凡符合特色小镇内涵和质量要求的，纳入特色小镇培育名单，对产业选择处于全市同类产业领先地位的优先考虑。

（三）培育建设。各区政府组织相关建设主体按照创建方案和建设计划有序推进各项建设任务，协调解决建设过程中遇到的问题，并按季度向市城镇化办报送特色小镇规划建设情况。相关行业主管部门具体负责对本行业领域特色小镇规划建设的前期辅导、协调指导、日常督查和政策扶持。市城镇化办不定期组织现场会，交流创建经验。

（四）年度考核。市级特色小镇年度建设任务纳入市政府对各区的年度目标考核体系。由市城镇化办牵头制定考核办法，对连续两年未完成年度目标考核任务的特色小镇，实行退出机制，下一年度起不再享受市级特色小镇扶持政策。

（五）验收命名。市级特色小镇完成各

项目标任务的，由市城镇化办组织市级相关部门进行评估验收，验收合格的报市政府审定同意后，命名为厦门市特色小镇。

四、政策措施

（一）土地政策。保障特色小镇建设合理用地需求。特色小镇建设要按照节约集约用地的要求，充分利用低丘缓坡地、存量建设用地等。鼓励利用荒山、荒坡、废弃矿山和农村空闲地发展休闲农业。对纳入省、市特色小镇创建名单，确需新增建设用地的，优先办理农用地转用及供地手续。

在符合相关规划的前提下，经市、区人民政府批准，利用现有房屋和土地，兴办旅游、电商、民宿、文化创意、科研、健康养老、工业旅游、众创空间、“互联网+”等新业态的，可实行继续按原用途和土地权利类型使用土地的过渡期政策，过渡期为5年。过渡期满后需按新用途办理用地手续，若符合划拨用地目录的，可依法划拨供地。在符合相关规划和不改变现有工业用地用途的前提下，对工矿厂房、仓储用房进行改建及利用地下空间，提高容积率的，可不再补缴土地价款差额。

（二）资金政策。市财政每年统筹安排一定资金，采取以奖代补的方式，重点扶持市级以上特色小镇建设。各区政府安排专项资金扶持特色小镇发展。对纳入市级创建名单的特色小镇，从培育期起累计5年内，其规划空间范围内新增财政收入上缴市、区部分，由市、区财政按前3年100%、后2年50%的比例安排用于特色小镇建设。

特色小镇完成总体规划后，市发改委采取以奖代补的方式从预算内基建资金盘子给予50万元规划设计补助。市发改委牵头制订奖补办法，对一年内完成特色小镇总体规划、引进2个以上特色产业项目落地且单个项目总投资不低于1500万元的特色小镇（产业型特色小镇应同时满足：一年内整理可建设用地30万平方米以上、实现固定资产投资3亿元以上），市财政给予300万元的奖补资金。

支持特色小镇组建产业投资发展基金和产业风险投资基金，支持特色小镇发行城投债和相关专项债券。2016~2018年，新发行企业债券用于特色小镇公用设施项目建设的，按债券当年发行规模给予发债企业1%的贴息，贴息资金由市级财政和项目所在区财政各承担50%。

特色小镇范围内符合条件的项目，优先申报国家专项建设基金和相关专项资金，优先享受市级产业转型升级、服务业发展、电子商务、旅游、文化产业、创业创新等相关专项资金补助或扶持政策。优先支持特色小镇向国家开发银行、中国农业发展银行等政策性银行争取长期低息的融资贷款。鼓励特色小镇完善生活污水处理设施和生活垃圾处理收运设施建设，市级财政按现行奖补政策给予支持。

支持市级特色小镇内的众创空间争创市级众创空间，享受现行政策补助，即运营1年以内的给予20万元补助；运营满2年的补足至30万元；运营满3年的补足至40万元。

对市级特色小镇内为服务特色产业而新设立的公共科技创新服务平台，综合考虑公共服务平台服务企业数量、收费标准、客户总体满意度等因素，按不超过年度实际运营成本的40%予以奖励，单个平台资助额最高不超过500万元。

（三）人才政策。开展对特色小镇发展带头人、经营户和专业技术人才的培训，将其优先纳入新型职业农民培育计划。特色小镇引进的各类人才可按规定申报享受

“海纳百川”“双百计划”等人才政策。

（四）改革创新政策。列入省、市级创建名单的特色小镇，优先上报国家相关改革试点；优先实施我市先行先试相关改革试点政策；允许先行先试符合法律法规要求的改革。

（五）民宿政策。本着鼓励、引导、规范民宿业的原则，进一步完善民宿业及治安、消防等政策措施。对经备案，并依法纳税、规范经营的民宿在经营满一定期限后给予开办奖励。组织开展对民宿进行评比，对评定为精品民宿的给予奖励。相关政策由市旅游局、公安局、农业局、财政局等部门另行制定。

（六）品牌政策。

1. 文化方面。对于特色小镇文化内涵挖掘传承，其成果获得国家级认定的，给予 50 万元/项的奖补资金。其中获得国家级认定的标准包括：展览展示馆获得国家主管部门/国家级专家团队审定；影视剧/专题片在中央电视台播出；舞台剧获得文化部评奖或推荐至境外演出；承办国家级文化体育活动等。

2. 旅游景区方面。对新评定为国家 4A 级的旅游景区，给予奖励 30 万元；对新评定为国家 5A 级的旅游景区，给予奖励 100 万元。

3. 休闲农业方面。享受《厦门市人民政府办公厅印发〈厦门市关于进一步促进休闲农业发展意见〉的通知》（厦府办〔2015〕80 号）的扶持政策规定。

（七）其他方面。对符合省政府《关于开展特色小镇规划建设的指导意见》（闽政〔2016〕23 号）等文件要求的特色小镇，市城镇化办积极推荐创建省级特色小镇。经省政府审核公布的特色小镇，同时享受我市特色小镇的扶持政策。在创建特色小镇工作中成效显著，获得国家和省级、市级优秀称号的，给予奖励，奖励办法由市发改委商市财政局另行制定。特色小镇范围内的企业或产品获得国家和省、市表彰的，依照有关规定给予奖励。

五、强化组织领导

（一）建立协调机制。各区和市直有关部门要强化工作联动和协调，整合优化政策资源，合力推动特色小镇培育工作的有力开展，给予特色小镇强有力的政策扶持。要加强本市各特色小镇之间的交流互鉴，营造互比互学、你追我赶的良好氛围。

（二）实行重点扶持。各区政府要根据市特色小镇培育遴选标准和任务，制定培育计划，研究制定具体政策措施，加强宣传推介，实行领导挂钩、部门挂钩、国企挂钩、重点培育、重点发展。市直部门出台的各类扶持政策要对特色小镇给予倾斜支持。对于启动快、前景好、高投入、高产出、年度考核优秀的特色小镇，给予重点扶持。

（三）推进责任落实。全市特色小镇规划建设工作依托市城镇化办，由市发改委牵头，市财政局、规划委、国土房产局、建设局、农业局等部门按照各自工作职责协同推进。区政府是特色小镇创建的责任主体，要建立工作推进机制，加强组织协调，成立区特色小镇建设领导小组，确保各项工作规范有序推进，不断取得实效。

（四）加强动态监测。有关区按季度向市城镇化办报送特色小镇培育工作进展和形象进度情况，市城镇化办在一定范围内进行通报。

厦门市人民政府

2016 年 10 月 12 日

第 二 篇

中国特色小镇理论研究

高质量推进特色小镇建设①

翁建荣

今年是特色小镇建设承上启下的一年。要以习总书记等中央领导同志重要批示为强大动力，进一步正确理解特色小镇的建设理念，以更高的标准、更快的速度、更强的合力建设一批高质量的特色小镇，做强小镇经济，不辜负中央主要领导、省委省政府对特色小镇的殷殷期望。

一、特色小镇内涵独特

特色小镇"非镇非区"，是创新发展平台。特色小镇不是行政区划单元上的"镇"，它没有行政建制；特色小镇也不是产业园区的"区"，它不是单纯的"大工厂"，而是按照创新、协调、绿色、开放、共享发展理念，聚焦特色产业，融合文化、旅游、社区功能的创新创业发展平台。

特色小镇产业定位要"一镇一业"，突出"特而强"。产业是特色小镇建设的核心内容。"特"，是指每个特色小镇都要锁定信息经济、环保、健康、旅游、时尚、金融、高端装备七大新产业，以及茶叶、丝绸、黄酒、中药、木雕、根雕、石刻、文房、青瓷、宝剑等历史经典产业中一个产业，主攻最有基础、最有优势的特色产业，而不是"百镇一面"、同质竞争。即便是主攻同一产业，也要差异定位、细分领域、错位发展，不能丧失独特性。"强"，是指每个小镇要紧扣产业升级趋势，瞄准高端产业和产业高端，3 年投入 30 亿元到 50 亿元，引入行业领军型团队、成长型企业，以及高校毕业生、大企业高管、科技人员、留学归国人员创业者为主的"新四军"到小镇创业创新，培育行业"单打冠军"，构筑产业创新高地，成为新经济的增长点。

特色小镇功能集成要"紧贴产业"，力求"聚而合"。产业、文化、旅游和社区四大功能融合，是特色小镇区别于工业园区和景区的显著特征。聚，就是所有特色小镇都要聚集产业、文化、旅游和社区功能；合，就是四大功能都要紧贴产业定位融合发展。尤其是旅游、文化和社区功能，要从产业发展中衍生、从产业内涵中挖掘，也就是要从产业转型升级中延伸出旅游和文化功能，完善好功能，而不是简单相加、牵强附会、生搬硬拼。

特色小镇形态打造要"突出精致"，展现"小而美"。特色小镇的建设形态很重要。尤其是现代社会，美好的事物、美丽的环境都能转化为很强的生产力。首先，骨架小。特色小镇的物理空间要集中连片，有界定清晰的规划范围和建设用地范围。规划面积要控制在 3 平方公里左右，建设面积控制在 1 平方公里左右，建设面积原则上不能超出规划面积的 50%。其次，颜

作者简介：翁建荣，浙江省发展和改革委员会副主任，浙江省特色小镇规划建设联席会议办公室常务副主任。

① 本文摘录自《浙江经济》2016 年第 8 期。

值高。所有特色小镇要建成 3A 级景区，其中旅游产业特色小镇要按 5A 级景区标准建设。最后，气质特。特色小镇要根据地形地貌，结合产业发展特点，做好整体规划和形象设计，保护好自然生态环境，确定好小镇风格，展现出小镇的独特味道，原则上不新建高楼大厦。

特色小镇运作机制要“破旧去僵”，做到“活而新”。市场化机制是特色小镇的活力因子。“活”，就是建设机制活。用创建制代替审批制，实施动态调整制，彻底改变“争个帽子睡大觉”的旧风气；建设上采用政府引导、企业为主体、市场化运作的机制，摒弃政府大包大揽，体制机制要活。“新”，就是制度供给新。扶持政策有奖有罚，运用期权激励制和追惩制双管齐下的办法，对如期完成年度规划目标任务的特色小镇，省里给予建设用地和财政收入奖励，对 3 年内未达到规划目标任务的，加倍倒扣用地奖励指标；对于国家的改革试点、省里先行先试的改革试点、符合法律要求的改革试点，允许特色小镇优先上报、优先实施、先行突破。

二、特色小镇建设成效初现

自去年 3 月底省政府正式明确省发改委为特色小镇规划建设工作的牵头单位以来，在省委、省政府的高度重视和各级各部门的全力推进下，特色小镇从无到有，从少到多，从省内走向全国，稳步推进，成效初现。

特色小镇正成为加快产业转型升级的新载体。一是特色小镇正成为现代创业群体集聚的首选地。据初步统计，首批 37 个特色小镇集聚了以大学生创业者、大企业高管及其他连续创业者、科技人员创业者、留学归国人员创业者为主的“新四军”创业人员 7839 人、创业团队 2116 个。二是特色小镇正成为培育新产业、催生新业态的孵化器。如常山赏石小镇引入“金融+”“互联网+”理念，建立评估抵押制度，推出“石头变富矿”融资新模式；与阿里巴巴和腾讯合作，推进线上线下同步经营，开创“石头＋互联网”的营销新形式。三是特色小镇正成为传统产业转型发展的新抓手。各地对用特色小镇建设理念提升改造发展传统产业的认识高度一致，努力引进新技术、融入新功能促进产业转型升级。如诸暨袜艺小镇积极打造个性化袜业工场、袜业工业旅游线路和袜业文化展示区，引进了 1 家国家级高新技术企业，努力提升袜业发展层次，拉长袜业发展产业链，提高袜业产出效益。

特色小镇正成为推进项目建设拉动有效投资的新引擎。一是有效投资速度加快。统计数据显示，首批 37 个特色小镇 2015 年新开工建设项目 431 个，完成固定资产投资（不含商品住宅和商业综合体项目）477.9 亿元，平均每个特色小镇 12.9 亿元，其中有 28 个小镇年投资额超过 10 亿元，有 4 个小镇超过了 20 亿元。二是企业、创客不断入驻。初步统计，首批 37 个特色小镇新入驻企业 3258 多家，其中国家级高新企业 66 家、总部企业 590 家；引进国家及省级“千人计划”人才 49 人，国家级、省级大师 91 人。如余杭梦想小镇已引进创业项目 521 个，集聚创业人才 4550 名、金融机构 176 家。三是综合效益正逐步产生。数据显示，仅仅一年，37 个特色小镇就产生税收收入 53.1 亿元，有 29 个小镇与 196 个高校、省级以上科研院所开展了技术合作，央企、外企、民企等纷纷主动前来对接，特色小镇引来“金凤凰”的能力正不断提升。如嘉善巧克力甜蜜小镇列入特色小镇创建名单后，不仅成为长三角的旅游新贵，游客人数大量增加，还赢得中国食品协会的青睐，牵线引入瑞士等国外巧克力企业到小镇展示销售。

特色小镇正成为推进供给侧结构性改革的新实践。一是特色小镇在创造多种有效供给上有新思路。特色小镇集成了产业、文化、旅游和一定的社区功能，是一二三产业联动发展、生产生活生态融合发展的集合体，在小小一个空间里创造多样化的供给，给不同客户提供多种有效需求。如龙泉青瓷小镇在原有提供青瓷产品的基础上，为工艺大师提供青瓷作品的制作和展示平台，为游客提供了解青瓷文化、体验青瓷制作、定制青瓷产品等多样化服务，为当地农民的就地转移致富开辟了新渠道。二是特色小镇在提高供给质量上有新作为。特色小镇建设以加快产业转型升级为目的，集聚的是各类高端要素，汇集的是各种新技术，提供的是高质量的产品，在产品供给质量上有新提升。三是特色小镇在提升供给效率上有新示范。特色小镇紧盯一个特色产业，利用最新技术，研发产业全系产品，针对个性化需求提供具有比较优势的个性化供给，大大提高了供给效率。如桐乡毛衫时尚小镇既生产大众毛衫，又为各种人群定制毛衫，个性化需求得到有效对接。四是特色小镇在创新制度供给上有新做法。特色小镇的创建制、政策的期权激励制和追惩制、定制的个性化服务政策，都是从加快转型升级、集聚高端要素、满足创新创业者需求而产生的制度供给，是典型的政府供给制度创新。

特色小镇正成为展示浙江经济社会发展的新名片。一是赢得了中央领导的高度肯定。中央三位主要领导对浙江特色小镇规划建设情况作出重要批示。二是获得了部委领导的高度评价。中央宣传部、国家发改委有关领导都对特色小镇做出批示。三是引来了主流媒体的高度聚焦。特色小镇已六上中央电视台《新闻联播》。四是引来了外省市的高密度考察。仅云栖小镇去年就接待500多批次。

三、正确面对问题和不足

当前，特色小镇已成为热点工作之一，但也要清醒地认识到，特色小镇起步才一年，还是个“一年级的小学生”，还存在很多不足和问题，需要我们理性对待。

从建设规划看，空间分离、功能拼凑的做法需要引起高度重视。主要存在两种错误做法。一是“新瓶装旧酒”。有的地方为了拿“特色小镇”这顶帽子，争取到特色小镇的用地和财政政策，从集聚区、建成区、高新区等切出一块，简单地按照项目规划建设小镇，把重心全部放在项目建设上。二是“大拼盘、大杂烩”。存在把几个项目和功能区块做拼盘画个圈，把圈里现有的山山水水作为旅游功能，把农民集聚房或商品房作为社区功能，建个展览馆作为文化功能，简单拼凑就说是小镇规划的做法。上述两种错误做法，导致一些特色小镇没有相对独立的物理空间，与建成区、开发区有说不清、道不明的关系，特色小镇的产业、文化、旅游和社区功能没有很好地融合，产城人文融合发展的文章做得不深、不透。

从产业发展看，主业不强、高端不够的问题需要引起高度重视。一是集聚高端要素方法不多。表现为在围绕拉长产业链做强产业、集聚与产业定位紧密关联的企业、招引高端人才和高端企业上下的功夫不够，在培育行业领军企业、培育未来新产业上动的脑筋不足，导致高端要素集聚不够快。如第一批37个省级特色小镇总计入驻国家级高新企业才66家，平均不到2家。二是做强产业特色理念不强。表现为特色产业招商引资上守株待兔的多，深入谋划、大力度主动出击不够，导致特色产业有效投资不足，小镇特色产业投资偏低。37个省级特色小镇特色产业投资占比仅为60.25%。

从建设形态看，特色不强、同业同态现象需要引起高度重视。一是产业特色不够鲜明。有的小镇产业定位模糊，有的小镇虽然有主攻产业，但引进的项目又不属于这个产业，产业特色不鲜明、不突出。二是生态特色不够鲜明。有的小镇注重产业功能，对生态功能不够重视，小镇内外生态环境没有区别，生产与生态功能融合发展没有深入思考、深入谋划。三是建筑特色不够鲜明。很多小镇的建筑看起来都差不多，都是简单的钢筋水泥加幕墙玻璃的高楼大厦，既不像城市又不像小镇，这让人很担忧。小镇要有小镇的味道，我们看国外的特色小镇，像法国的格拉斯小镇、突尼斯的蓝白小镇、德国的富森小镇，都因为建筑风格非常独特，才成为经典。

从建设项目看，民资滞后、后续不足的苗头需要引起高度重视。从投资来源看，去年37个特色小镇民间投资占比比较低，民资占固定资产比重仅为51.28%，与全省民间资本占固定资产投资比重相比低11.51个百分点。从投资项目看，37个特色小镇亿元以上项目为250个，平均为6.8个项目，但其中奉化滨海养生小镇、南湖基金小镇、青田石雕小镇、开化根缘小镇4个小镇只有1个亿元以上项目。

四、突出重点，高质量推进特色小镇建设

今年是特色小镇建设承上启下的一年，我们要以习总书记等中央领导同志重要批示为强大动力，进一步正确理解特色小镇的建设理念，以更高的标准、更快的速度、更强的合力建设一批高质量的特色小镇，做强小镇经济，不辜负中央主要领导、省委省政府对特色小镇的殷殷期望。

（一）坚持品质为先，加快高起点规划、高标准建设

特色小镇不是“一顶帽子”“一块牌子”而是事关全省扩大有效投资、推进转型升级、城乡统筹发展，发展七大产业和十大历史经典产业，集中高层次人才、集聚高端要素、培育高新业态的重大创新。某种程度上说，小镇的高度决定了浙江未来发展的高度。抓好了特色小镇，转型升级就找到了突破口，整个面上的工作就抓活了。一定要深刻把握小镇的内涵和本质要求，坚决摒弃重数量、重牌子的理念，建设品质小镇。

要加强集聚集约发展。抓特色小镇建设，要崇尚“小而精”“小而美”，坚持集约利用土地资源，坚持在小空间内集聚高端生产要素。各地创建特色小镇，要科学合理确定小镇边界，坚持规划先行、多规融合，突出规划的前瞻性和协调性、操作性和有效性，统筹考虑人口分布、生产力布局、国土空间利用和生态环境保护，有机融合产业功能、文化功能、旅游功能和社区功能。特别要强调的是，必须坚决摒弃“贪大求洋”的做法，切不可搞大规模开发建设，更不能变相搞房地产开发和重复建设，防止出现产城分离的“空城”“睡城”。

要加速项目谋划建设。省里的政策是，环保、健康、时尚、高端装备制造4大行业的特色小镇，3年内要完成50亿元的有效投资；信息经济、旅游、金融、历史经典产业等特色小镇，3年内要完成30亿元的有效投资。这只是定量的投资指标，更重要的是，投资要有效率和效益。一定是要精挑细选的好项目，引进项目要经得起历史检验。要认真梳理项目，与小镇产业关联度不高的项目，引进门槛过低甚至是

重复建设的项目，要坚决拒之于小镇门外。要高度重视项目质量和建设进度，下功夫谋划前期项目，强服务促进项目早开工，花力气推进在建项目，应特别重视与实体经济紧密结合的项目，用实物形象、实际效益说话。

要加快建设示范小镇。今年要重点培育建设一批省级示范特色小镇，成为全省的样板小镇，确保特色小镇有领跑者，为建成一批高质量特色小镇树好典型、做好榜样。各市也可创建市级示范小镇，把榜样竖起来，带动其他小镇比学赶超。

（二）坚持特色为王，突出特色亮点、强化高端引领

特色不是小镇的形容词，而是小镇的关键词，是小镇的核心元素。这个“特”体现在产业特色、生态特色、人文特色、功能特色等多个方面。“一镇一特”要的就是不重复、不雷同，具有鲜明的独特性和旺盛的生命力。各地一定要找准特色、凸显特色、放大特色。

要彰显产业特色。产业特色是小镇特色亮点的重中之重。小镇建设不能“百镇一面”。即便主攻同一产业，也要差异定位、细分领域、错位发展，不能丧失独特性。小镇只有 1 平方公里的建设用地，产业过于分散，肯定形成不了特色。在打造产业特色过程中，要着眼长远，聚焦前沿技术、新兴业态、高端装备和先进制造，突出科技含量、高新技术的比重。只有这样，特色小镇才能支撑浙江未来的发展，才能在引领转型升级上作出示范。

要彰显生态特色。特色小镇建设必须坚持生态优先，坚守生态良好底线，根据地形地貌和生态条件做好整体规划、形象设计，硬件设施和软件建设都应当“一镇一风格”，充分体现“小镇味道”。特别要重视生产和生态融合发展，做到特色小镇生态特色与产业特色、当地自然风貌相协调，打造的生态特色与小镇周边有显著区别。切不能发展了小镇经济，破坏了小镇环境。可实行“嵌入式开发”，借鉴乌镇等模式，保留原汁原味的自然风貌，建设有江南特色和优良生态的风情小镇。

要彰显人文特色。文化特色是软实力，也是产业发展最终的生命力。每个特色小镇都要汇聚人文资源，形成人文标识。特别是要把文化基因植入产业发展、生态建设全过程，结合自身实际着力培育创新文化、延续历史文化根脉、保护非物质文化遗产、打造独特的山水文化，形成“人无我有”“人有我优”的区域特色文化。

（三）坚持创新为魂，建设创意小镇、打造人才小镇

要强化产业创新发展。一是要强化技术创新，做强特色产业。特色小镇应该是先进技术的发明和应用小镇。七大新兴产业的特色小镇，要紧紧围绕各自的产业定位，运用“互联网+”、信息智能等现代技术，借助科研机构共同开发应用先进技术，结成创新伙伴，缩短创新成果转化过程，助力产业转型升级、引领产业发展；历史经典产业，要深挖传统工艺，运用现代新技术，开发新产品，培育新粉丝，力争做成代表中国文化的符号。二是要加强创意发展，加快培育新业态。特色小镇要建成创意小镇。每个特色小镇要根据产业特点和自然禀赋，建设一个创客中心，以好创意来丰富特色小镇的业态，实现产品创新与业态创新联动，以新产业新业态培育新的消费群体，激发新的消费需求。三是要加强合作创新，加速集聚高端要素。特色小镇有物理空间边界，但没有产业合作边界，是各种高端要素集聚流动的开放小镇。所有小镇要瞄准与产业定位相关的高端人才、高端资源和高端产品，运用现代信息手段，搭建创新交流平台、技术合作平台、品牌发布平台等，集成利用好各种高端要素，打通产业链、创新链、人才链，促进各种技术、资金、人才自由流动、高效利用。

要注重集聚创新人才。特色小镇要做好吸引创新人才、集聚创新人才、留住创新人才三篇文章。一是要定制个性化政策，以待遇吸引创新人才。特色小镇要量身定制各类政策，吸引“国千省千”、科技人员创业者、留学归国人员，优秀大学生以及国家级工艺大师等各类创新人才到特色小镇共同创业。二是要塑造共同价值观，以事业集聚创新人才。创新人才是限量的稀缺资源。对于创新人才而言，除了待遇，最能打动他的是与企业有共同的价值观，能帮助他实现自身价值。特色小镇的建设主体要把产业主攻方向研究透、小镇发展愿景规划好，以共同的小镇发展价值观集聚到各类创新人才，把特色小镇建成创新人才的圆梦小镇。三是要发挥“雷尼尔效应”，以环境留住创新人才。美国西雅图的华盛顿大学，教授工资比其他大学要低20%，但没人“跳槽”。原因是华盛顿大学东靠华盛顿湖、西临普吉特海峡，东南方有海拔 4200 米的雷尼尔雪山，景色秀丽。人们把这种迷恋美景而放弃高收入的现象称为“雷尼尔效应”。特色小镇要严格按照 3A 景区标准建设，严格保护自然资源和生态环境，以美好的环境留住创新人才。

要强化创新运作机制。特色小镇要建立市场为主的运作机制，要向改革要红利，激活力、增效益。一是扶持机制要加大创新。特色小镇需要政府推动，但要坚决摒弃政府大包大揽的做法。要利用政策杠杆、市场机制加大对特色小镇的扶持。要积极探索政府、银行或投资公司等多方参股建立特色小镇发展基金，着重对成长性好、科技含量高、市场前景广等的重点产业进行专项扶持。要与银行等金融机构紧密合作，动态对接有资金需求的建设项目，研究金融产品创新，争取得到更多资金支持，破解建设初期资金紧缺的现实问题。二是建设方式要加快创新。要发挥浙江民间资本丰厚的优势，采用 PPP 等方式推进特色小镇建设。要深入研究各类需求，创新商业业态布局。要总结推广大企业、高等院校等主体建设特色小镇的模式，吸引更多的市场主体参与，强调由市场主体建设特色小镇。要积极探索通过商业票据、抵押债券、企业上市等形式，实现特色小镇的直接融资和低成本融资，解决部分特色小镇建设现金流不足的问题。三是招商方式要大胆创新。要解放思想，通过委托行业协会整体招商、到国外蹲点招商等形式，积极引入高端产业、先进技术。要运用信息媒体等手段，通过建立网络招商平台，运用众筹方式，向全世界开展招商。

（四）坚持市场为主，做到市场主体不缺位、政府引导不越位

特色小镇建设得如何，不在于政府给“帽子”、给政策，关键在于企业是否有动力、市场是否有热情。如果只是靠政策、靠资源，缺乏市场基础，肯定干不久，不可持续。因此，特色小镇建设不能由政府大包大揽，而必须在政府的引导下，充分发挥企业的主体作用，坚持市场化运作。

一方面，要厘清政府与市场的边界。特色小镇建设过程中，政府和市场是有清晰边界的，要实行企业自我管理服务、多方协同参与的治理格局。企业在特色小镇建设的主体地位要真正落实，包括产业发展、人才引进、效益创造等都主要靠企业来完成，让企业自主决策、自主经营、自主管理、自担风险。政府重点在规划编制、基础设施配套、资源要素保障、文化内涵挖掘传承、生态环境保护等方面发挥好作用，不能越俎代庖、“拍脑袋”上项目。要引导社会各方面力量参与特色小镇的规划建设，发挥镇村（社区）、当地居民的主动性和积极性，使市场主体和当地居民成为特色小镇开发建设的真正主体。要持续推进简政放权、放管结合的政府自身改革，努力创造扶商、安商、惠商的良好发展环境。

另一方面，要想方设法鼓励企业参与小镇建设。一是要做好制度供给创新文章。各级政府要根据特色小镇的产业定位，以及专业人才的需求，以供给侧改革的思路，制定各类扶持政策和定制服务，不断创新制度供给的理念和方式。二是要做好与央企和国企联姻。各级、各部门要主动对接央企、国企，了解其发展战略，结合本地资源优势和基础产业，制定贴身政策，吸引这些企业以特色小镇理念建设新项目，发展新产业。三是要当好本地民营企业的参谋。各地政府要深入本地民营企业的发展思路，共同研究产业发展方向、企业转型升级重点，共同谋划一批与实体经济紧密结合的特色小镇，利用好这块金字招牌，实现企业与政府的双赢。

特色小镇特在哪[①]

陈桂秋　马　猛　温春阳　陈小卉　王　春
曹广忠　张　立　蔡　健　唐　颖

陈桂秋

浙江的特色小镇自去年启动建设以来，引起了全国的广泛关注，并且得到了国家领导人的高度重视。李克强总理和习近平总书记均对浙江特色小镇建设做了特别的批示，认为浙江特色小镇是供给侧改革的重大创新，是大众创业、万众创新的有效尝试，是新常态经济升级转型的重大抓手。

特色小镇建设浙江是先行者，现在全国各地也对特色小镇的规划建设、政策研究、实施路径以及创建试点进行了多角度、多方位的研究和探索，已呈现出百花齐放的局面。当前我们城乡规划界从政府部门到学术研究机构，以及规划设计人员都希望对特色小镇的构建、发展机制、产业特色、规划方法以及实施路径进行更加深入的探索。为此，我们今天组织了这场题为“特色小镇特在哪？”的专题论坛，旨在共同探讨、深入研究当前特色小镇的特色建设问题。

---

① 本文摘录自《城市规划》2017年第41卷第2期。

作者简介：陈桂秋，中国城市规划学会理事，浙江省城乡规划设计研究院院长、高级工程师，浙江省政府参事。马猛，辽宁省城乡建设规划设计院副总规划师、教授级高级工程师。温春阳，广东省城乡规划设计研究院副院长、教授级高级城市规划师。陈小卉，中国城市规划学会理事、生态城市规划建设学术委员会秘书长，国际城市和区域规划中国理事，江苏省城镇化和城乡规划研究中心副主任、教授级高级城市规划师。王春，中国城市规划学会常务理事，贵州省住房和城乡建设厅总规划师、高级规划师。曹广忠，中国城市规划学会区域规划与城市经济学术委员会委员，北京大学城市与环境学院城市与经济地理系主任、副教授。张立，中国城市规划学会小城镇规划学术委员会秘书长，同济大学建筑与城市规划学院副教授。蔡健，浙江省城乡规划设计研究院规划设计二部部长、高级工程师。唐颖，贵州省城乡规划设计研究院高级工程师。

马 猛

特色小镇作为一个新兴事物，正在全国各地积极开展起来。借鉴浙江和其他地方经验，结合辽宁省地方特点，辽宁省政府出台了《关于推进特色乡镇建设的指导意见》，争取到2020年建设50个特色小镇。在建设特色小镇的过程中，我们也进行了一些探索和思考。

第一，特色小镇的空间划定。浙江在总结特色小镇的建设经验中提出：特色小镇是区别于行政区划单元和产业园区，具有产业、旅游、文化、居住功能的空间板块。它强调的是以产业集聚区或者产业集群来划分空间边界。所以，特色小镇它可以在小城镇中，也可以超出行政区划，突出产业经济的密切联系而不受空间和行政区划限制，强调的是市场经济要素的自由流动。但是区域经济一体化的瓶颈恰恰是如何打破行政壁垒，所以考虑到事权清晰，责权利明确，以完整的行政区划为基础，划定特色小镇空间边界更有助于推进特色小镇的培育建设。

第二，特色小镇的职能。一是产业，产业是特色小镇发展的动力和可持续发展的基础。特色产业是小城镇建设的核心职能。产业选择要符合产业发展趋势，而不是使其成为落后淘汰产业的承接地，没有产业支撑的小城镇只能造成土地空间等资源的巨大浪费。二是宜居。特色小镇的建设担负着推动新型城镇化，全面建设小康社会的重要任务。新型城镇化的重要途径是就地城镇化，特色小镇要成为农民变“市民”的重要承载地，而不是从农村涌向城市。所以以人为本，建设一个生态环境良好，配套设施齐全的居住地，使其成为产城融合的典范是特色小镇的第二要务。三是文化建设并重，体现历史传承。看山望水记乡愁，传统的乡村院落，亲切和睦的邻里，优美自然的田园风光，乡村是才是我们那种叶落归根情怀的心灵归宿，而我们的内心深处也许还存在着那种应时守则、自然和谐的天人合一的农耕文化的烙印。过去以大中城市建设为重点的发展策略在一定程度上最大限度地保护了乡村，也留给我们丰富的文化空间遗产。

第三，特色小城镇的规划建设。应体现突出重点，兼顾一般，均衡发展的策略。在规划方法上需要建立一套高效、简便、灵活的乡镇编制体系来适合特色小镇的建设，避免生搬硬套城市规划编制办法（小城镇的规模一般比较小）。规划技术路线应以空间规划为斑底，产业规划为先导，多规融合。在空间规划中，合理划分生产、生态、生活空间红线，实现三生空间的高度协调。注意保护传统村落风貌，划定历史记忆街区（区别于历史文化街区，不一定具有艺术科学价值，但却是城镇发展的历史见证）。

温春阳

关于特色小镇这个话题，我首先谈几点感受。

第一，就是这个特色小镇的概念提出是“小空间大战略”，相对国家新区战略，可以把我们的工作重心转移到地方，让每一个地级市都有可能以特色小镇为核心成为各个地区发展的引擎，起到以点带面的作用，所以这个战略是高明的。

第二，目标是明确的，通过特色小镇的建设要成为小城镇建设的抓手，实现村镇的融合发展，带动城乡以及城乡之间的过渡带的发展。

第三，思路是清晰的，首先是抓产业，尤其是抓特色产业，以特色产业带动其他产业，带动相关产业的上下游发展；其次是以市场为主导，政府做配套；另外希望在机制上有所创新，很多省的关于特色小镇建设的建议，都提出了思路创新、政策创新等方面的内容。

第四，时机是合适的，这几年民营经济的发展受到了一定的阻力，这个时候我们通过市场为主导的特色产业的发展，提供一个特色小镇的战略平台，可以推动民营经济与国家的经济发展同步启动，同步运行。

我比较了一下三部委联合发的147号文以及浙江等省市的文件，对这次特色小镇的规划建设工作的要求还是略有不同。

首先，指导思想不同。三部委提出的指导思想是推动新型城市化及新农村建设，以此带动全国小城镇的发展；浙江等省则更多的是关注城乡结合部，也就是把城市的一些要素外溢到城乡结合部，以此为契机来带动周边村庄的发展。

第二，责任主体不同。三部委的发文明确责任主体是在县级人民政府，浙江等省的经验是责任主体不仅局限于县级人民政府，也包括城区政府。

第三，选址不同。三部委发文明确提出特色小镇的选址原则上是建制镇，而且是优先选择全国的重点镇；浙江等省的特色小镇是"非镇非区"，选址不少就是在城市建成区内部的一个地块或者一个街区，更多的强调是功能区的概念。

第四，建设形态要求不同。三部委提出防止千镇一面，建筑要彰显传统文化和地域特色，浙江省则提出要力求做到"一镇一风貌"。

第五，所起的作用不同。三部委更多强调的是镇区建设，以此带动乡村的发展；浙江省则提出要把城市的产业外溢到城乡结合部。

这次的特色小镇从规划设计的角度来说，我认为跟以往也有不同。

第一，以前的规划大多是"筑巢引凤"，现在是"引凤筑巢"，这是最大的不同。在以往的规划里我们都是先规划好城市，再等待产业进入，产业很多都是不确定的。而特色小镇规划的产业是明确的，载体也是明确的，我们要针对产业的特点，根据它的物流、交通、人口、环境、设施配套等，有针对性地做规划。

第二，以往的规划是"市长说了算"，这次规划是"市场说了算"。特色小镇规划是以市场为主体，以企业为主体，政府只是搭台唱戏，做好各种配套。我们在做规划设计的全过程中，一定要注意满足各企业的发展和诉求，并根据他们的需求调整规划设计方案。

第三，特色小镇规划建设更加强调规划设计一体化，强调多团队合作，这是一个实施性的规划，要在三年到五年建成一个特色小镇，必须采用多专业配合、多团队合作的建设模式。

第四，特色小镇规划既要关注产业更要关注人，产业的问题已经基本解决，这个时候应更多考虑人的问题。国内的许多的产业园区不成功的原因之一就是因为只关注了产业，关注了产业的发展，而没有关注在这个园区里人的各方面需求。

第五，特色小镇是"有界"也"无界"，我们的目标是要通过这个小镇来带动周边的区域发展，千万不要只是为了单纯的建设小镇，画地为牢，就地筑城，要考虑未来的空间的拓展、产业的扩展和人口的流动，特色小镇是城乡空间网络的一个节点，所以小镇的规划要有界也无界。

最后，我对特色小镇规划提几点建议。

第一，要处理好特色小镇与周边区域环境景观协调的问题；第二，要处理好市场和政府的关系，既要尊重市场行为，也要让市场遵守一定的原则和规则；第三，要处理好近期建设与区域长远发展的关系；

第四，要处理好产业选择和发展的公平性的问题，不要变成一个新的圈地运动；第五，要处理好特色小镇建设“突击战”和“持久战”的关系，特色小镇易建难管，不要简单只盯住政绩的考核，关键要让特色小镇可持续发展。

陈小卉

特色小镇已经由浙江先行实践扩大到了全国范围的模式推广，各类特色小镇风起云涌，特色小镇到特色小城镇，给我们规划师带来了很多的困惑。我觉得特色镇的出现应该放在我国城镇化进程中来理解。一方面，中国城镇化模式正在由“候鸟”城镇化向“本地”城镇化转型，小镇作为城之尾乡之首，是农村剩余劳动力的“蓄水池”。特色小镇的发展，以产业特色化发展拉动了就业，适应了本地城镇化模式，有利于实现城乡发展一体化。在大城市病越来越凸显的情况下，尤其是城市群地区，特色小镇的发展可以有机疏散城市部分功能和人口，减轻大城市人口、土地等城市病问题。另一方面，我们的经济进入了新常态，特色小镇作为产业载体，可以有效拉动经济。但特色小镇不是产业园区，规模应该是镇的尺度，功能是完整社区，它是人力、土地、资本等要素集聚的平台，是拉动经济发展的新引擎。

各地发展阶段、资源环境不同，特色镇发展的路径也就各有选择。第一，传统特色产业的，如我们江苏的丁蜀特色镇，有 7000 多年制陶史，陶瓷产业产值占支柱产业的 40%，带动了全镇 82.35%的劳动力人口就业，从事艺术陶瓷的人均收入近 8 万元。着力打造蜀山古南街历史文化街区，对“紫砂文化发源地”、陶瓷工业遗产集聚地进行保护，将产业发展、遗产保护、品牌塑造等有机结合了起来。第二，也有结合本地资源、区位，发展新兴产业模式的特色小镇。浙江的新兴产业带动小镇发展有着它的土壤，浙江的电子商务比较发达，有阿里巴巴这样的互联网企业，民营经济活跃，有自下而上的创新意识，互联网小镇在政府引导下，成为集聚资本、人才的新平台。我们江苏的“国际慢城”桠溪镇，依托乡村资源、南京特大城市的近郊区位，发展了六次产业，走出了一条生态富民的特色小镇之路，是城乡联动发展的成功范式。

从规划的角度来看，如何结合空间规划来做好特色镇的工作是我们的工作重点。江苏出台了江苏省小城镇空间特色塑造指引，引导城镇充分尊重和利用小城镇原有的山水格局和自然资源，保护传统空间格局和具有公共历史记忆的场所、建筑。特色镇作为一个镇的空间形态，本地农业转移人口的承载地，规划一方面要引导形成合理的规模，有宜人的尺度，结合可能的就业规模来规划空间，配套公共服务，规避“小镇大开发”的格局；另一方面空间布局要有特色，打破千镇一面，规划要顺应山水格局，彰显地域文化特色，要充分挖掘地方建筑、地方美食、地方戏曲等物质和非物质遗产，结合城市设计，塑造特色空间场所，把地域特色显性化；再一方面就是产业布局有特色，避免产业雷同，结合产业基础、资源特征、区位特征，规划引导产业发展，空间布局、基础设施要和产业门类相适应。

王　春

特色镇、特色小镇、特色小城镇这个话题最近半年比较热，其概念和内涵不尽相同，全国各地的发展阶段、主要特色和工作重点也不一样，下面我就贵州的一些工作情况和大家作些交流。

先说贵州小城镇建设的 3 个阶段。第一个阶段是从国家西部大开发开始，在

“十五”到“十一五”期间，根据自然地理环境和经济社会发展条件，贵州开始抓小城镇建设，这是打基础的阶段。第二个阶段是“十二五”期间，贵州实施工业强省和城镇化带动战略，抓了5个100工程，其中有100个示范小城镇，后来逐步增加到142个，现在是20个县整县推进，这是补短板的阶段。第三个阶段就是现在“十三五”期间，正好赶上国家着力打造特色小镇，贵州要有自己的特色，这是提质量的阶段。

再说贵州示范小城镇的3个特点。第一是政府主导，贵州欠发达欠开发欠开放，和东部沿海地区不一样，民营经济、社会资本等市场力量还比较弱，所以需要政府整合人、地、钱等各种要素，以建制镇为行政单元，就能很快开展起来。第二是城乡统筹，小城镇是连接城乡的纽带，我们不仅是加快小城镇建设，而且促进城镇基础设施和公共服务向乡村延伸，带动镇周边的乡村一起发展，推行镇村联动1+N模式，促进就地就近城镇化。第三是项目带动，基本包括产业发展、基础设施、民生保障等三类项目，通过规划来整合8+X项目，通过项目化实施带动小城镇发展。

最后说说贵州下步推进特色小镇建设的着力点，大致包括3个方面。第一方面是规划引领，有序推进。不能简单复制，更不能一哄而上，要因地制宜，因势利导，发挥规划引领作用，统筹发展。规划不仅是蓝图愿景，是引导与调控，更是一个不断优化与动态完善的过程。第二方面是政策引导，市场推进。政策是欠发达地区加快发展的重要因素，最终都要通过市场主体转化为动力和路径，要依靠政策而不是依赖政策，要从政府主导向政策引导再向市场主导转变，把政策用活，动力才有活力，才能可持续发展。第三方面是完善功能，扎实推进。以人为本，人的要求包括安居乐业、衣食住行、生老病死等，城镇功能就是保障产业支撑、改善人居环境、提高生活质量。打造特色小镇，关键是要培育特色产业，包括传统优势产业和战略新兴产业。贵州的后发优势是生态环境、矿产资源、民族文化等，所以我们提出产、城、文、景互动融合发展，大扶贫、大数据、大旅游、大健康联动整合发展。总之，贵州抓特色小城镇建设，要立足省情实际，在“小而精、小而美、小而富、小而特”上狠下功夫。

曹广忠

小城镇发展在我国历来受重视，近两年再次引发热议。刚才几位专家跟大家分享了非常好的理论思考和实践经验，我很受启发。我是在大学教书的，更多的是从理论方面谈一些自己的想法。近两年特色小镇受到关注，从实践探索，到经验总结和国家三部委关于开展特色小镇培育工作的通知，是由浙江经验引发的，浙江的经验非常宝贵。刚才也有专家指出，浙江特色小镇经验和三部委通知所说的特色小城镇概念是不一样的。后者实际上是从城镇—村聚落体系出发，引导小镇的发展，是从建制镇的角度来说的。我觉得这两个概念不一致，但都有意义，都非常重要。

今天我还是想从城镇体系或镇村体系的角度对特色小城镇发展谈点儿看法。

第一，小城镇在城镇化和统筹城乡发展过程中具有重要地位和不可替代的作用。小城镇属于城镇范畴，规模小但数量多，在承载非农产业和城镇人口方面具有重要作用，尤其是在承载与乡村和农业关联密切的产业活动、承载从农业和农村初步转移出来的劳动力就业方面，地位突出。此外，小城镇处在衔接城乡的位置上，在作为乡村地域服务中心、直接向乡村地区提供各种服务方面，具有不可替代的作用。

第二，小城镇在城镇化不同阶段的发展任务和发展重点不同。在城镇化初期，小城镇是城镇化载体的重要形式和大中城市产业的有益补充，同时也发挥着农村农业服务中心的作用。到城镇化中后期，人们更加注重城乡统筹发展，强调城市支持农村，强调基本公共服务均等化，强调城市型服务设施向农村延伸，小城镇作为衔接城乡的枢纽，功能增强，作用和地位凸显。但随着乡村人口减少、交通条件改善和服务半径增大，向农村地区提供服务的遍在性服务职能，在小城镇之间会产生竞争，小城镇会出现功能增强但数量减少的趋势。

第三，特色小城镇有多种类型，但“特色”需要体能够现在城镇职能方面，才能形成发展动力和发展活力。在城镇化中后期，两种小城镇会获得更多的发展机会，一是提供遍在服务的、区位条件和发展基础有优势的地域中心在竞争中会胜出；二是有特色职能、富有竞争力和发展动力的小城镇，也就是特色小城镇，会有更强的竞争力。“特色”可以有多种形式，如地理环境、文化风俗、建筑风貌、自然资源、产业类型等，都可以与众不同。但“特色”不一定是发展动力。只有把特色转变成提供服务的资源，比如提供旅游观光服务、提供特色产品，把特色转换成比较优势，形成小城镇具有竞争力的职能，才能支撑特色小城镇发展。

第四，特色是相对而言的，是相对于一般而言的，数量不会太多，特色小城镇培育不能一哄而上。现在我国有超过 2 万个建制镇，其中有镇区人口几十万的大镇，但更多是万人以下的，大量是两三千人的小城镇。我们曾经对全国小城镇近 10 年来的发展态势做过一个大致分析，发现大多数小城镇发展速度不快、动力不足。特色小城镇培育无疑可以有效选准突破口，推动一批小城镇健康发展，但很难改变小城镇总体上发展动力不足的状况。一哄而上，生硬地打造特色，为“特色”而“特色”的做法，是不可取的。

张　立

我稍微扩展一下今天的议题。我理解，特色小镇在浙江虽然是为了促进产业转型升级的战略举措和供给侧的改革创新，但在全国层面，中央意图是探索小城镇发展的新路径。因为最近几十年，我国的小城镇发展太落后了。我想用两句话来概括现在的状况：小城镇的发展现在是最好的时代，也是最坏的时代。前者容易理解，从总书记到总理到各省层面，都在关注特色小镇的建设，应该是小城镇发展的春天正在来临；但是如果我们从历史的长时段来看，当下的小城镇发展又是情况最糟的时段，2000 年以后，虽然国家层面的发展规划都会提到小城镇，但是后续落实的政策基本都是空白的，小城镇一直处于“无人问津”的状态。

所以，现在的小城镇发展积累了太多的制约因素。第一是小城镇在税收分配上处于最不利的位置；第二是土地指标，或者说是发展权，小城镇处于资源调配的最末端，往往只能靠特殊项目报批的形式拿到土地指标（发展权）；第三是“效率优先”的思想主导下，我们的小城镇得不到其发展所需的资源，资源被强制分配到了省会城市和特大城市。

小城镇发展需要重视，但如何发展小城镇是个难题，可以从以下几方面去探索：第一仍然是要强调特色的产业导向，小城镇与城市难以比拼规模，只能走特色化、精致化、专业化的发展道路。第二要利用好资源，山水、矿产、文化等等。第三要集群化发展，单一化的小城镇发展很困难，要积极联动，整合利用资源，与邻近城市联动或者与周边区域联动，一个小城镇的发展集群，有时能够达到一座小城市或者中等城市的标准或能级。第四是植入型的创造性发展，比如浙江的金融小镇、云上小镇等，通过创新，植入新产业。第五是把存量资产用好，大部分的小城镇有计划经济时期的工业遗存、工业厂房、存量国有土地、集体土地等，这些都是小城镇今后发展的资源，要积极探索解决其中的各种复杂关系，和产业发展结合起来，探索创新的发展路径。

除了上述方面，还有最重要的一方面，就是机制的变革。我们要通过各方面的工作去呼吁。第一是财政税收分配体系的变革，建立城乡等值的理念，多给小城镇一些有利空间，其发展动力将被点燃。实际上，我近些年在国外做了很多考察，比如日本的町村（相当于我们的乡镇），其公共服务开销大都是靠上级政府固化的预算拨付完成的，我们去访谈过北海道的一个村，总人口只有3000多人，但有公务人员200多名，政府办公楼、消防站、医院、图书馆等一应俱全，建筑质量和服务水平与城市没啥差别（至少我们从外观上看是如此）。我们再对比看一下我国的小城镇，人均基础设施投入和城市能比吗？昨天大会的一些发言，我其实非常不赞成，有人提出公共服务就是要提高效率，其实公共服务不是效率问题，更重要的是公平问题。

第二是行政权的变革，小城镇的职能部门的配备很不健全，已经不适应部分大镇的现实需求，因此小城镇的晋升（城市）通道要做一些变革，符合条件了可以申请晋升为县级市，也可以考虑创设镇级市。

第三是管理能力的提升。今年8月我们用了差不多两周时间，调查了24个小城镇，都是区规土局和当地主管领导陪同（这样保证了访谈的质量），先踏勘走访再开会座谈。调查非常有收获。虽然调查的镇都是大都市的镇，不能代表全国，但是这些小城镇的区位条件和发展条件基本一样，然而他们发展的差异非常非常大，有的小城镇已经把未来10年的发展资源积累好了（通过土地整理获得了土地指标，通过节奏性供地获得预期财政收入等），银行贷款也还清了。但是很多小城镇还在不断抱怨，抱怨政策不管不问，抱怨发展困难，等等。上海与外地不同，或者说不差钱儿，但是是什么造成了上海郊区小城镇的巨大发展差异，我认为管理能力的差异是决定因素，改革创新需要有担当的领导干部和领导集体。

第四就是发展权的改革。包括土地指标的分配，（总规）人口的分配等等，要给小城镇创造一个健康发展的政策条件。

最后，从全国来讲，小城镇的政策制定要建立一个多维化的分类体系，每个小镇隶属于不同的维度，政策从各个维度单独制定，这样一个小镇可以享受到不同维度叠加的政策，拿到政策多就可以发展得更好。实际上，现在各地建设好的小城镇，也是多项地方政策叠加支持的结果。我们要把这一思路拓展开来，建立全国性的村镇政策的多维叠加体系。

总的来说，小城镇的发展最为重要的是要有适宜的公共政策支持，规划方面只是很小一块，国土、财税等的政策更重要。我现在还在上海市规土局村镇处挂职，我介绍一下上海市规土局在做特色小镇的相关政策的设计经验。我们局一共设计了8条规土支持政策，只有1条是要求加快规划审批的，但有6条跟土地政策有关。所以我们在做小城镇相关的公共政策或者相关设计的时候，除了关注空间规划以外，更要关注土地等方面。

蔡 健

关于特色小镇和特色小城镇，前面嘉宾已经就其政策背景、内涵特征、发展机制做了很好的阐述。作为来自浙江省的规划编制工作者，我们见证了浙江省特色小镇的培育和创建，感受到了特色小镇带来的影响和变化。下面，我就围绕规划编制，谈谈个人的看法。

首先，是对浙江省特色小镇的理解。与“三部委特色小镇”和“特色小城镇”最根本的不同是：浙江省特色小镇不是建制镇，而是一块非镇非区的试验田。特色小镇的提出，是为了解决浙江省三大问题。第一，解决浙江省“块状经济”转型的问题。改革开放30年，浙江省形成以地区为单元的产业集群，在经济新常态下，如何摆脱中低端竞争，完成产业升级转型，是浙江省必须面对的问题。第二，解决浙江省“新兴经济”培育的问题。新兴产业如互联网，在浙江省已开始孕育，如何结合各地情况，培育出新产业，是浙江省转型发展的重要方向。第三，解决浙江省城市建设的问题。城市建设不仅是形象，更是为人服务，为产业服务，塑造空间宜人、特色风貌、生态文化的城市，才是城市发展的终极目标。总之，特色小镇的创建要求，如3km²、3年50亿元投资、3A级和5A级景区等一系列方面，都是为了尝试解决这三大战略目标来制定的。

特色小镇具有明确政策要求和建设目标，跟传统规划相比，它具有三大突出特点。第一，特色小镇是一个定制性规划。每个特色小镇的产业类型、区位条件（有些在景区、有些在城乡结合部、有些在城市中心区等）、基础条件不一样，那么它们空间特色、风貌特征，甚至规划内容体系都会不一样。第二，特色小镇是一个综合性规划。文化旅游、产业培育、近期项目建设，不是一个规划专业能完成的，它是结合产业研究、建筑设计、景观设计等各个专业配合的一个体系规划。第三，特色小镇是一个策划性规划。特别是新兴经济培育的小镇，产业基础薄弱，虽然方向是明确的，但是具体实现的手段，达成的结果是模糊的。我们在编制规划的时候，要对小镇的战略目标定位、产业链条遴选、具体实现路径，做一个前期的策划。

特色小镇规划应突出4个方面的内容。第一，是产业功能的研究。我们首先要明确，小镇以及小镇代表的一个地区产业，如果要实现转型的话，这个小镇要完成什么任务。了解小镇内有什么“故事”发生，再用合适的空间来装它们，这是规划的前提。第二，是特色塑造的研究。特色包括产业特色、文化特色、空间特色、风貌特色等，每一项特色都要结合产业特点和地域特征，加以深入研究。第三，是创新政策的研究。强调特色小镇政策制度的创新，包含准入制度、税收制度、人才政策，以及项目审批等方面的创新。当然也要在空间设计上做一些创新尝试，会突破一些地方管理规定。第四，是近期建设的研究。小镇三年要完成初步建成，“小镇客厅”甚至一年内建成，规划不仅要与国土、建设、财政等部门进行衔接。还要跟建筑、景观设计等下游工作衔接。

最后，浙江省特色小镇，没有选择建制镇，而是上升到县、市层面来打造，是从地区的角度，整体考量特色小镇在产业发展和城市建设的标杆作用。相比建制镇，浙江省特色小镇这样的试验田，拥有整装的小镇空间、良好的工作基础、高层次管理平台、特色产业的支撑，更具有实验效果和实践意义。

唐　颖

贵州山地多、平地少，山地丘陵地形占国土面积的92.5%，是全国唯一一个没有平原支撑的山区省份，也是贫困人口最多的省份，城镇化的发展相对滞后，目前常住人口的城镇化率只有40%，还有60%的人生活在农村。因此，贵州的城镇化，立足于贵州山地特色新型城镇化，小城镇的建设基本形成组团式、点状式、串珠式的城镇布局，有机融合了城镇、山水、田园、村庄，体现地域文化、民族文化的传承,通过特色小城镇的提升和打造，实现贵州特色小城镇生产、生活、生态全方位提升，形成贵州特色小镇。

贵州特色小镇的特体现在：

（1）特在自然生态——山水相依。贵州独特的生态环境，造就了贵州特色小镇山青、水绿、天蓝、地洁的生态背景，我们秉承“生态留白，绿色生活”的理念，注重生态保护，划定生态保护红线，实现生活与生态的有机统一。

（2）特在城镇形态——“蒸小笼、串珍珠”。山地多，平地少的地形条件，凸显了组团式、点状式、串珠式的城镇布局的灵活性，合理推动了城镇紧凑发展和高效增长，把生态文明理念融入城镇建设，实现生产空间集约高效、生活空间宜居适度的有机统一的特色城镇形态。

（3）特在产业业态——突出优势产业。特色小城镇建设的核心是产业,强化绿色、新兴、高端、特色的产业定位，激发新兴产业活力，挖掘传统产业潜力，实现了产业特色化和特色产业化；发展载体是小城镇“8+X”项目建设和美丽乡村“6+X”项目建设。核心产业、发展载体有机融合了生产、生活和生态，最终形成产业支撑，文化、旅游等功能相互融合，生活设施、现代服务完善的特色小镇。

（4）特在民族文化——鲜活的历史。贵州的民族文化非常的丰富，目前有4个世界文化遗产、2个国家级的历史文化名镇、23个国家历史文化名村。加快民族文化的保护与传承，推动城镇建设与民族文化交相辉映，挖掘地方和民族文化元素，塑造出独特的城镇风貌与文化特色，打造独一无二的城镇名片。

（5）特在建筑风貌——历史的记忆。贵州地形地貌的限制与分割，推动城镇建筑融于自然环境，山地建筑的发展，做到错落有致、交融映衬，呈现了“山融城、水环绕、山水相亲”的独特风貌，使建筑风貌与自然生态和谐共生。

新常态下，贵州特色小镇以自身独特的生态、文化优势，在新型城镇化建设中作为“特色担当”，为破解城乡二元结构提供了范例，是“产、城、人、文”一体的新型空间，体现了城市韵味与乡愁蕴涵的有机结合。

陈桂秋

我想简单地做一个补充。今天我们论坛的主题是特色小镇特在哪？关键字是“特”。

浙江的特色小镇特在哪？我觉得浙江的特色小镇有6方面的“特”。

第一是平台特。浙江的小镇叫“此镇非彼镇”，就是采用在非行政建制的拟态小镇的平台上来创建。因为拟态的小镇有整装的空间、有特色的产业、有良好的基础，还有较高的管理执行的团队，有利于出成效、当示范，然后把所有的小城镇都带动起来。

第二是产业特。就是有一个特别明确的主导产业，或传统，或创新。浙江的特色小镇是产业主导的，空间平台建设、文化特色构建、景观风貌培育、创新创业机制，均围绕特色产业来考虑。

第三是文化特。把特色小镇的特色产业做精，做到极致，做到文化精神层面，再与地域传统文化相结合,与产业的文化传承相结合, 与小镇的空间环境特色相结合，使小镇具有独特的文化价值。

第四是风貌特。结合产业特色、文化特色，并充分发挥山水地理空间的特点，把小镇做成景观有特色、风貌有魅力的宜居宜业小镇。甚至通过小镇的一些产业文化元素提炼，应用于小镇的公共环境艺术的表达来营造特色风貌。

第五是创新特。小镇有明确的产业方向，有文化支撑，有优美的风貌环境，可以吸引一些高素质的人才，特别是真正的创新、创业人才及创业的点子，加上风投机制和创投基金的参与，真的推动大众创业、万众创新，推进小镇的产业不断地转型，不断地创新。

第六是机制特。特色小镇在发展动力机制方面充分发挥了政府和市场及行业协会的作用。其中政府仅在小镇的平台搭建上发力，提供良好的政策、空间和基础设施平台。在这个平台上则充分发挥企业主体和市场规律的作用，由企业、市场和行业协会来唱戏。

浙江特色小镇 6 个方面的特色只是根据浙江目前的经济发展状况作出的路径选择，各地在探索的过程中，一定会有更多、更好的经验跟大家分享。在此，我也非常感谢学会为我们大家搭建如此好的平台，做这样的交流，相信在我们规划界的共同努力下，特色小镇建设在这么一个特殊的历史阶段，一定可以结出丰硕的成果。

创新政府公共政策供给的重大举措①
——基于特色小镇规划建设的理论分析

卓勇良

政府作为最重要的公共产品供给者，在当前推进供给侧结构性改革语境下，也存在着创新公共产品供给的改革要求。我们或许可以说，优化政府政策的制定实施，也是当下供给侧结构性改革的一个重要环节。

浙江的特色小镇规划建设，以我的分析而言，系围绕转变浙江发展方式，创新浙江产业政策，优化浙江空间布局等重大主题而展开，是省委、省政府创新政府公共政策供给的一个重大改革举措。

一、浙江政府公共政策供给的逻辑必然与创新

改革开放以来，浙江政府的行为模式经历了三个阶段性变化。第一阶段是顺势而为，大致是改革开放初期这一段，对于群众和基层创业行为，采取默认、容忍、

① 本文摘录自《浙江社会科学》2016 年第 3 期。
作者简介：卓勇良，浙江省发展和改革研究所所长，研究员。

不争论等做法。第二阶段是积极有为，大致是至2002年党的十六大召开前夕，积极提供基础设施，相继提出一系列重要发展战略和思路。第三阶段是以科学发展为主线，大致是2002年至今，提出了“八八战略”总战略，经济社会发展形成了新格局。在这一过程中，浙江在公共政策供给方面，逐渐形成一以贯之的四条主线。

一是从发展小城镇、中心镇，到小城市培育试点改革。省政府长期重视小城镇建设发展，1981年4月末，时任省长李丰平在省政府调研室“鄞县农村集镇的调查”报告上作出肯定性批示，此文随即发表于《浙江日报》一版头条①，是省内最早的同类报告。2011年又率先开展小城市培育试点，2016年下半年有望进入第三轮，或可激发更多创新举措。

二是从促进区域产业集聚、区域特色经济到块状经济，其中1992年开始发展开发区园区。块状经济已成为浙江发展美谈，其中的产业集聚、产业环境、产业链条，以及营销网络等，成为学界研究焦点，但也存在着产业层次和附加价值较低，粗放外延发展等问题。

三是从政府主导到市场主导的产业政策演变。从改革开放初期政府主导的轻纺优先，到市场主导的劳动密集型产业迅猛发展，再到四换三名，以及当前的六大措施扶持九大新兴产业等。政府不能直接扶持产业发展已成社会共识，但在市场机制主导的产业转型升级中，政府打造创新平台或是较好选择。

四是浙江1998年率先提出城市化战略，四大都市区发展取得重大成效，一批中等城市脱颖而出。当前新常态格局下，城外的人要进来，城里的企业要出去，新的城市空间需要形成；且在浙江高密度均质化空间格局下，必须促进城里城外的产业及社会融合，促进城乡一体；同时需要积极建构新的创新空间，进一步增强对于国内外社会资本和高素质专业人士的集聚。

2015年推出的特色小镇规划建设，正是上述四条主线的历史性交集。是上述四个方面发展战略和政策，落脚于空间和产业上的统筹集成与汇聚。是上述四条主线推进的历史必然。浙江经济走到今天这样的状况，需要创新政策工具和打造新的政策平台，提供新的政府公共政策供给，继续在新的水平上推进上述四条主线。

特色小镇规划建设，是浙江政府重大公共政策供给的逻辑深化和创新。特色小镇规划建设以服从上述四方面需求为导向，以已有产业或生态优势为基础，以城市化为依托，以汇聚、集成和统筹方式，打造融多种功能于一体的创新平台，从而进一步推进空间集聚、要素集约，设施集成，产业转型、创业创新，以及进一步增强市场决定性作用。

二、体现政府公共政策问题导向的内在要求

浙江经济发展当前及未来的最大难题，是资源环境和创新的瓶颈制约。而传统的纯以“增量”方式，增加要素供给已不再适应。比方说，几无可能因缺地而大量增加建设用地供给，不能因交通拥堵而一味增加道路供给，不能因缺少能源原材料而纯以数量方式增加供应，不能因缺少创新人才而继续大规模扩张高等教育。因为所有这一切，不仅总有一天会出现“无×可供”状况，而且环境和实际状况均不允许。

终结原本简单粗暴式的“缺啥补啥”

① 卓勇良. 鄞县农村集镇调查［N］. 浙江日报，1981-05-09.

模式，另辟蹊径地按照中央提出的五大发展理念，创造新的发展模式，正是本文所说的公共政策供给创新的重要意义。特色小镇规划建设，将粗放外延式发展，转变为集约内涵式发展，有利于化解资源环境和创新等的瓶颈制约，至少有以下三方面积极意义。

——创新发展，打造集聚高级要素大平台。唯有创新，才能战略性地破解资源环境瓶颈。这里所谓的创新，是全方位创新概念。包括理念、组织、营销、技术、制度等方面的创新。中国经济当下正在遭遇新古典经济学框架下的增长源泉结构性困局。新古典经济学框架下的三个增长源泉，资本积累、劳动供给和全要素生产率提升，其中的资本积累正在遭遇收益率下降，劳动供给正在遭遇全面紧缺。唯全要素生产率即创新，仍有极大空间。浙江2015年人均GDP仅约同期美国的2/9，这一差距或可认为即是浙江当下创新空间。当前已公布的两批共计79个特色小镇，无不以创新为主要特征。至于梦想、硅谷、智慧、云制造等特色小镇，一看即知以创新为主旨。

——绿色发展，践行绿水青山就是金山银山重要思想。这是特色小镇发展的一个核心理念。省政府文件特别强调，所有特色小镇要建设成为3A级以上景区，旅游产业类特色小镇要按5A级景区标准建设。省里还提出，支持各地以特色小镇理念改造提升产业集聚区和各类开发区（园区）的特色产业。不但再也不能走那种边发展边污染路子，而且必须在推进区域经济发展的同时，减少“三废”排放，不断提高大气和水环境质量。第一、二批共计79家特色小镇，按我的分析，有25.5家旅游特色小镇，正是充分利用浙江绿水青山的优势，书写金山银山的未来。

——集约发展，突破建设空间和用地紧缺的制约。第一批公布的37个特色小镇规划表明，亩均投资461万元，比全省平均水平有较大提高。如果进一步剔除亩均投资相对低一些的山区县，亩均投资500万元左右。这就充分表明，特色小镇规划建设，有利于提高空间利用和建设用地的集约水平，有利于资源环境保护。我们2005年“园区（开发区）土地利用课题报告”分析表明，每亩已开发土地投资仅56.7万元，且这已是当时全省较好水平。10年过去，浙江的空间和建设用地集约水平起码提高8倍左右，按年均增速计算，达23%多，是一项重大进展。这些当然仍很不够，尚需继续努力。

三、增强政府公共政策建构区域产业体系的重要功能

政府公共政策供给的一项重要功能是建构和优化区域产业体系。改革开放初期，浙江既缺资金又缺技术，基础设施亦极其薄弱。浙江当时在产业政策方面别无选择，只能以发展传统劳动密集型制造业为主。

浙江当时创造性地实施中央“轻纺优先”战略。在当年计划经济还有较大比重情况下，政府直接将资源配置于轻纺产业，取得较好成效。1995年，浙江纺织服装和化纤产业占工业总产值比重，达到27.2%。正是因为产业结构适合区域实际，缺少国企和外资的浙江省，1978年至1995年，GDP年均增速高达13.8%，仅次于广东省，与福建省并列全国第2位。

然而适合于从计划走向市场过程中的产业政策，并不适合于市场化水平已较高的浙江经济。最近一二十年来，学界对政府产业政策较多诟病。省内产业发展实践也告诉我们，那种政府参与较多的产业发展，以及以传统劳动密集型产业为主的产

业结构，可以说是“成也萧何，败也萧何”，越来越不利于浙江走向未来。

特色小镇规划建设，就相当程度而言，正是政府产业政策的再一次创新和转变。省政府并没有直接去推动某个具体产业，而是对特色小镇实施政策优惠，激励和促进市县政府，增强对于当地优势产业的“聚焦”。

这样就形成了一个具有 3.5 个层次，以间接为主、直接为副的产业引导发展激励促进体系。省政府作为第一个层面，主要是利用财税和建设用地指标优惠，提出导向性的“聚焦”发展要求。第二个层面是县市政府，但这也是间接的以规划建设特色小镇，以及提出指导性政策，来集聚发展当地优势产业。第三个层面是特色小镇本身，这里既有直接因素，即特色小镇管理当局根据政府要求，制定和实施产业准入要求；同时多数特色小镇都有“镇中园”、“镇中区”或“镇中楼”，这就形成了第 3.5 个层次，通过这一直接运作的高度市场化层次，来实现挑选和促进特定优势产业发展目的。

——强链。提升现有产业发展水平，提升产业链和价值链。根据我的统计分析，如果包括信息制造业，79 家特色小镇，高端制造业占 39.9%。而在增强产业链方面，比较典型的如诸暨袜业小镇、江北动力小镇等、路桥沃尔沃小镇、嘉善巧克力小镇等。

创新强链方式，是特色小镇规划建设的一个主旨。如一些特色小镇积极布局发展总部型制造业，即企业总部牢牢扎根于浙江，工厂分布于全国甚至全球，虽然产业结构没有发生质的变化，但要素配置和利用方式大大优化，具有较好的强链效应。

——补链。积极充实产业链中欠缺部分，形成投入少、产出多，提升附加价值，

特色小镇产业分类

	家数	比重（%）
合计	79.0	100.0
高端制造业	31.5	39.9
其中：信息制造业	4.0	5.1
现代服务业	47.5	60.1
其中：信息服务业	7.0	8.9
创意	9.0	11.4
旅游	25.5	32.3
金融	6.0	7.6

提升价值链的积极效应。在浙江经济即将迈入高收入经济体水平的当下，区域产业链欠缺并不奇怪，补链是政府产业政策的一个重要目标。

一是完善现有产业内的欠缺部分。桐乡毛衫小镇、瓯海智造时尚小镇、吴兴丝绸小镇等，以创意、设计、策划、展示、总部经济等为主打。按我对现有 79 家特色小镇的分类，以创意为主旨的小镇多达 9 家，有望提升特色产业发展水平。

二是补足浙江产业发展短板。像 20 余家旅游小镇、6 家金融小镇，都属于这一类型。中国经济正在进入消费主导时代，79 家特色小镇中，服务业占比高达 60.1%，既反映当前需求状况，也符合浙江产业发展方向。

创新补链方式当中的一个重要特点，就是促进现有优势产业与现代服务业融合发展。以优势产业为基础，以服务业为助力，造就新的产业发展态势。比较典型的如龙泉宝剑小镇、南浔善琏湖笔小镇、桐乡毛衫时尚小镇等。

——拓链。拓展新的产业发展空间，提升浙江发展水平和扩张浙江发展规模，这是浙江经济走向未来的关键。11 个信息经济小镇，2 个航空小镇，部分健康小镇，

以及一些高端制造业小镇等，都是典型的拓链之作。

非常值得一提的是两个航空小镇。建德航空小镇拥有浙江省唯一的A类通用机场，拥有全国同类通用机场中最大的空域条件，高度1200米以下空域多达4500平方公里，将给飞行爱好者创造最佳飞行条件。纨绔子弟霍华德·休斯是美国骨灰级航空"票友","玩"出了著名的休斯公司，是美国家喻户晓的英雄人物。1963年，休斯公司生产了世界第一颗同步通信卫星，但愿浙江特色小镇也能"玩"出如此灿烂未来。

拓链原本就是创新的产物。无论是丁兰智慧小镇，还是余杭梦想小镇，以及西湖云栖小镇等，都是秉承创新宗旨，创新建设发展模式，大力引进创新人才和创新团队，促进了高新科技产业的加快发展。

四、创新政府空间理念和用好空间规划手段的重大举措

区域空间规划和建设用地供给，是当前地方政府推进区域发展的重要政策工具。2015年修改的《中华人民共和国城乡规划法》指出，城市和镇应当依法制定城市规划和镇规划，城市和镇规划区内的建设活动应当符合规划要求。规划在适应客观实际和服从科学规律前提下，或应体现和实现政府引领区域经济发展的意志，是政府优化推进区域经济社会发展的一个重要手段。

省政府在深入调查研究基础上，对于特色小镇规划建设，提出了总体的框架性要求，成为各地特色小镇规划建设的指南。即规划面积一般控制在3平方公里左右，建设面积一般控制在1平方公里左右，规定3年内要完成的投资目标。79家特色小镇均编制了各具特色的三年发展规划，且绝大多数由第三方专业机构编制，大都邀请专家进行了高水准的咨询论证。

新增建设用地是实施空间规划的重要手段。根据《中国国土资源年鉴》披露，浙江省2009年至2013年，平均每年供给建设用地41.1万亩，这也是政府支配的重大政策资源。省里正是从这一点出发，活用建设用地供给，制订了特色小镇建设用地配套奖励措施，提出对如期完成特色小镇年度规划目标任务的，省里按实际使用指标的50%给予配套奖励，其中信息经济、环保、高端装备制造等产业类特色小镇按60%给予配套奖励，同时也有相应惩罚性措施。

整合城乡空间结构和完善空间形态，是当前各地发展关注的一个重要方面。根据我的调研分析，特色小镇正在形成和增强如下三方面重要功能：

——构建集多种产业、人居、研发、营销、现代服务等功能于一体的综合功能区块。如丁兰智慧小镇的规划区域内，既有现代服务业，又有高端制造业，同时也有楼宇经济、学校、医院和商业街区。

——打造背靠城市，坐拥高度便利产学研配套，而无大城市喧嚣，并具有氧吧般空气质量的创新人才和高新产业集聚高地。如临安云制造小镇，位于青山湖科技城，生态环境较好，将建有创客工厂区块、众创服务中心区块、创智天地、科技创意园，以及装备制造产业智能化提升改造区块等。

——创造生产生活满意度最高化，与日常出行半径最小化完美结合的新型社区。如富阳硅谷小镇，毗邻鸣翠蓝湾、七里香溪等楼盘，将建设富春硅谷，银湖创新中心，颐高圣泓工业设计创意园，雄迈集团总部及技术研发中心等，且将建设野生动物园水上乐园。

在这一过程中，将形成一系列簇拥于城市周边，集聚高端要素的空间组团。如当前拟议中的杭州城西科创大走廊，或将拥有10余个这类集聚区块。这是一种适合浙江高密度均质化特征的空间结构和空间形态，能在集聚集约状况下，较好解决城外人口进城，城里企业出城，新城区崛起等的多元需求，使得特色小镇更好地成为优化提升城市发展，加快产业转型升级和城乡一体的利器。

五、简要建议

1. 把握好特色小镇总量

既要从实际出发，又要严格标准，宁缺毋滥，且从现在开始，就要为日后实施惩罚性措施作好准备。且惩罚性措施或可具有对具体负责人的追溯条款。

2. 警惕项目过度包装

有一些项目听起来很美好，但实际未必。尤其是某些创意、金融、总部经济，以及一些旅游类等项目，一定要实事求是评估项目建成后的运行及现金流状况。

3. 对一些确实看得准的特色小镇预留一定的发展空间

这是一个较难做好的工作，因为预期未来是一项很难的事。好在这种所谓预留发展空间，通常并不至于大幅提高成本，主要是选址时多加关注即可。

4. 适当降低某些山区县特色小镇要求

这并不等于降低特色小镇的“特”字，以及基本的建设标准特别是亩均投资强度等要求。但一些山区县特色小镇规划期投资总额，或可根据当地发展水平及当前经济形势适当放低，建议可提前告知这些状况，这也有利于当地更好地开展招商引资工作。

特色小镇引领乡村振兴机理研究[①]

杨　梅　郝华勇

党的十九大报告着眼于决胜全面建成小康社会、开启全面建设社会主义现代化国家新征程，对经济建设提出的要求是“贯彻新发展理念，建设现代化经济体系”。乡村振兴战略作为建设现代化经济体系的一个重要组成部分首次被提出，并且对乡村振兴战略的总体要求、制度保障、体制完善、产业发展、乡村治理、人才队伍等方面做出系统部署。2018年中央一号文件明确乡村振兴战略是做好新时代“三农”工作的总抓手，并对该战略的实施做出详细安排。

发轫于浙江的特色小镇开启了我国小城镇发展的新模式探索，2016年已由国家

---

① 本文摘录自《开放导报》2018年4月第2期。

作者简介：杨梅，湖北京山人，武汉外语外事职业学院财经与商贸学部物流商贸系副主任，副教授，研究方向：区域经济；郝华勇，山西太原人，中共湖北省委党校经济学与经济管理教研部，副教授，博士，硕士生导师，研究方向：城镇化与“三农”问题。

住建部在全国推开，并且提出至2020年在全国要培育建设1000个特色小镇的发展目标，国家住建部于2016年和2017年公布两批次共403个国家级特色小镇名单。特色小镇在实践中表现出的一系列优势证明其在推进新型城镇化健康协调发展、城乡融合发展方面成效明显，如特色小镇具有联结城市与乡村的地理区位、展示城市文明向农村扩散的中转优势、环境和谐宜居对美丽乡村的示范效应、小镇旅游促进农民的增收的激励机制等。在国家实施乡村振兴战略的大背景下，特色小镇发展被赋予了更丰富的内涵。特色小镇不能脱离乡村腹地孤立式的发展，而应在新型城镇化健康发展的框架下，着眼于促进农村一、二、三产业融合发展中夯实产业支撑、壮大小城镇综合实力中健全城镇体系、彰显乡村历史底蕴中传承文化乡愁记忆、创新体制机制中弥补公共服务短板、发展乡村生态旅游中提高生态文明保护意识和可持续发展能力。因此，基于特色小镇的培育发展来促进乡村振兴具有重要的现实意义。

一、乡村振兴战略的内涵与路径

我国自21世纪以来先后提出“统筹城乡发展”“建设社会主义新农村”“建设美丽乡村”“推进农业供给侧结构性改革”等一系列战略举措，化解城乡差距、促进农业现代化发展，中共十九大报告提出“乡村振兴”战略，正是基于深刻的时代背景和长期发展的积累基础，通过乡村振兴战略统领“三农”问题，实现农业强、农村美、农民富的目标。

（一）乡村振兴的内涵

在中国特色社会主义进入新时代的背景下，乡村振兴战略将运用现代产业发展理念、信息技术、商业经营模式，促进农业农村现代化，改变农业低效、农村凋敝的发展困境，让农民成为有吸引力的职业，让农业成为有奔头的产业，让农村成为生态宜居的美丽家园。党的十九大提出乡村振兴的总要求是“产业兴旺、生态宜居、乡风文明、治理有效、生活富裕”，这是乡村振兴的目标导向。相比于党的十六届五中全会曾提出的“生产发展、生活宽裕、乡风文明、村容整洁、管理民主”的社会主义新农村建设总要求，乡村振兴的目标是基于新时代中国特色社会主义的“五位一体”总体布局，提出的更高要求，具有更丰富的内涵。

“产业兴旺”要求农业符合现代产业发展规律，实现生产要素的高效组织和活力迸发，在一、二、三产业融合发展中彰显现代产业的多重效益。“生态宜居”要求保护好乡村的生态环境，这是乡村最大的资源禀赋和潜力所在，通过健全基础设施和改善人居环境营造田园风情，提高乡村对居民和游客的吸引力。“乡风文明”要求发

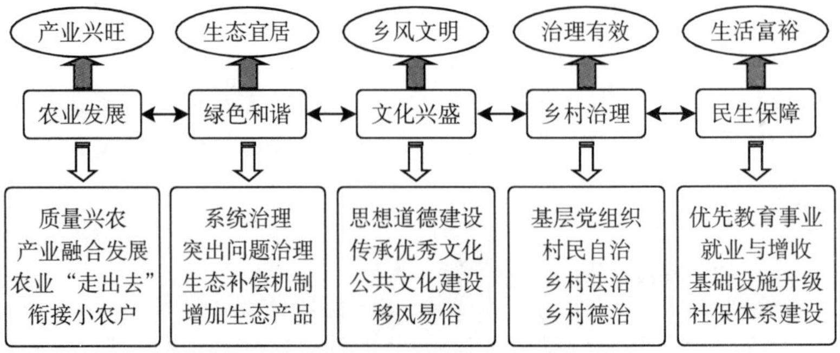

图1　乡村振兴的实现路径

展卫生文化教育等公共事业，弘扬农耕文明和优秀传统，用现代文明理念推进移风易俗，提升农民素质和农村文明程度。“治理有效”要求创新农村社会治理，通过自治激发农民主体活力、法治保障公平正义、德治营造和谐氛围。“生活富裕”就是要稳定农民收入来源、拓宽农民收入渠道，让农民生活无忧、共同富裕。

（二）乡村振兴的路径

2017 年 12 月召开的中央农村工作会议聚焦研究乡村振兴战略，2018 年中央一号文件对乡村振兴战略做出系统部署，从农业发展、绿色和谐、文化兴盛、乡村治理、民生保障等方面做出具体安排，明晰了乡村振兴的实现路径。

1. 提升农业发展质量

农业是乡村的主体产业，实现乡村振兴的产业兴旺目标必须强化现代农业的产业支撑。夯实农业生产能力保障国家粮食安全，顺应农业供给侧结构性改革的趋势，实施质量兴农战略；拓展农业多种功能，促进农村一、二、三产业融合发展，彰显现代农业的多重效益；鼓励农业“走出去”，在参与国际竞争中提升农业现代化水平；兼顾新型农业主体与小农户的共生发展，通过社会化服务引导小农户向现代农业的升级转型。

2. 促进乡村绿色和谐发展

尊重生态系统的生命共同体特征，统筹山水林田湖草系统治理；针对存在的农业面源污染、废弃农膜、畜禽粪污等突出环境问题进行综合治理；运用市场手段赋予生态产品价值内涵，构建生态补偿机制，在农业功能区基础上形成生态保护的激励机制；开发观光农业、健康养生、游憩休闲等生态产品，将乡村潜在生态优势转化为现实的生态经济优势。

3. 繁荣兴盛乡村文化

加强农村思想道德建设，强化农民的社会责任意识、规则意识、集体意识；传承优秀传统文化，保护好传统村落、民族村寨、农业遗迹、优秀戏曲曲艺等文化遗产，创造性转化、创新性发展乡村文明，推动文化遗产合理适度利用；健全乡村公共文化服务体系，提高农民文化素养；通过移风易俗破除有悖于现代文明的陈规陋习，营造文明乡风、良好家风、淳朴民风来提高乡村社会文明程度。

4. 创新乡村治理体系

加强农村基层党组织建设，提高组织力，引导农村党员发挥先锋模范作用；健全自治、法治、德治相结合的乡村治理体系，以自治发挥农民的主体性作用与活力，以法治强化法律在维护农民权益、农业支持保护、规范市场运行、生态环境治理、化解农村社会矛盾等方面的权威地位；以德治强化道德教化和正面典型的引导，纠正乡村社会中不讲公德的言行。

5. 提高农村民生保障水平

优先发展农村教育事业，包括学前教育、义务教育、职业教育等，提高农村人力资本储备，培育乡村内生发展动力；提高职业技能培训的效率，促进农民工多渠道转移就业，提高就业质量和促进农民增收；统筹推进城乡基础设施布局建设与互联互通，加快农村公路、供水、供气、环保、电网、物流、信息、广播电视等基础设施建设和提档升级；建立健全农村社会保障体系，在医疗、养老、社会救助、住房保障等方面形成社会整体的安全网。

二、特色小镇引领乡村振兴的作用机理

源于浙江的特色小镇属于区域经济发展的一种新型模式，浙江凭借特色产业集

群的积累，探索小城镇产业提档升级和产城一体发展，既符合供给侧结构性改革的要求，也顺应“大众创业、万众创新”的趋势，成为国内小城镇发展的学习样本。2016年国家住建部、发改委、财政部联合发文，在全国推开培育特色小镇的工作，并在2016年和2017年分两批次公布入围全国特色小镇的名单。一时间，特色小镇成为社会关注和学界研究的热点，俨然成为推进新型城镇化的新抓手和新载体。经历两年的快速推进，在培育建设特色小镇过程中也暴露出新的问题和不良倾向，国家发改委、国土资源部、环境保护部、国家住建部于2017年12月联合发布《关于规范推进特色小镇和特色小城镇建设的若干意见》，针对一些区域暴露出的不尊重规律盲目推进、政府和市场边界模糊、房地产倾向明显、县级政府债务风险加大等问题进行规范和矫正。2018年，基于国家实施乡村振兴战略的背景，特色小镇的培育发展在经历了快速推进后也会逐步回归理性发展。基于此，把握特色小镇的核心主旨、契合乡村振兴的目标要求，以培育特色小镇引领乡村振兴具有现实的重要意义。

（一）特色小镇的核心内涵

特色小镇是贯彻创新、协调、绿色、开放、共享的发展理念，运用供给侧结构性改革的思路指导小城镇发展，依托“大众创业、万众创新”的氛围改造提升村镇的产业业态和功能配套，在吸引游客旅游、创客进驻、人口定居的过程中实现产城一体发展。

特色小镇的核心内涵表现在“产业+文化+旅游+社区”四位一体的发展模式。特色小镇的产业支撑是特色产业，特色产业也是特色小镇的灵魂所在，依托特色产业彰显地域特色、强化产业立镇，促进经济发展。特色小镇植入文化元素提升发展品位，无论是何种主题类型的特色小镇，文化魅力均有体现，以文化标签凸显特色小镇的吸引力。特色小镇以广大乡村为基底，主打乡村生态旅游、文化旅游，为村镇地区带来人流、物流、信息流，旅游活动的贡献还促进了农民增收。特色小镇伴随特色产业的成长壮大势必创造更多的就业和吸引更多的人口落户进驻，特色小镇的基础设施和公共服务等社区功能逐步完善，不仅吸引周边村镇的人口集中居住，也吸引逆城市化趋势下向往乡村田园的人口进驻。

（二）特色小镇引领乡村振兴的作用机理

特色小镇的提出背景就是促进小城镇与大中小城市协调发展，发挥小城镇“小、精、专、特”的优势，形成差异化定位、错位竞争、互补发展的格局。乡村振兴战略，也是在我国实施“统筹城乡发展”“美丽乡村”“农业供给侧结构性改革”一系列举措后提出的实现乡村整体提升的综合战略。特色小镇的核心内涵契合乡村振兴战略的目标要求，立足特色小镇的“产业+文化+旅游+社区”发展模式，着眼于乡村振兴的目标导向，其作用机理表现在：特色产业为载体促进农村产业兴旺、特色小镇为窗口引领乡村文化兴盛、特色小镇

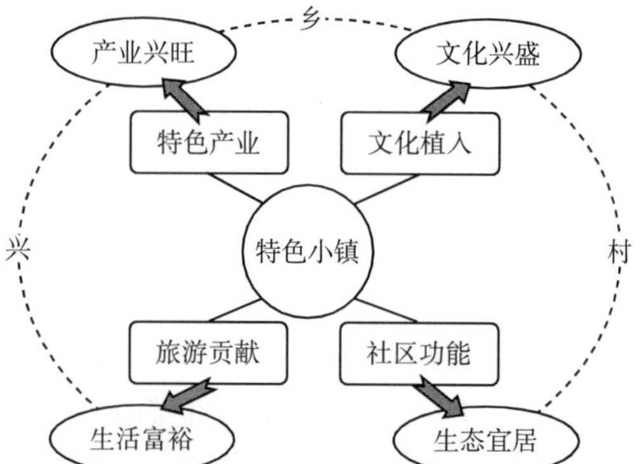

图2 特色小镇推动乡村振兴的作用机理

为平台带动乡村生活富裕、特色小镇为示范拉动乡村生态宜居等方面。

1. 特色产业为载体促进农村产业兴旺

特色产业是特色小镇的灵魂所在，而特色产业的遴选是根植于区域的独特资源禀赋，具备产业发展基础和未来发展空间。特色产业的竞争力提升势必要求延长产业链、提升价值链，而这与乡村振兴产业兴旺要求的一、二、三产业融合发展相一致。广大村镇地区的特色产业多以农业为主体，特色养殖种植业为主要表现形态，特色产业在构建现代产业体系引领下，对乡村的产业组织、产业技术、产业结构、产业布局、产业关联等方面都起到了积极的推动作用。市场主体的不断壮大优化了产业组织、提高了产业集中度；现代信息技术的运用、科技成果的转化扩散提升了产业技术水平；特色产业的新产品开发、新业态孕育、新模式迭代升级了产业结构；特色产业的规模效应和范围经济促使产业集群式布局，有利于高效利用土地、促进生产生活生态的空间协调；特色产业价值链条延长后产业关联不断优化，可以避免农产品滞销和短缺带来的利益损失。

2. 特色小镇为窗口引领乡村文化兴盛

乡村振兴不仅是经济的振兴，更是文化的振兴、生态的振兴。在城镇化经历快速发展后，文化消费、精神诉求、感情寄托日益成为人们的追求的心灵感悟。我国农耕文明底蕴深厚，弘扬乡村文化积淀、传承乡村文脉是乡村振兴的重要组成部分。特色小镇区别于以往小城镇的发展模式，就是充分彰显文化的内涵与魅力。不同主题类型的特色小镇均挖掘地域文化的深厚底蕴，植入传统文化元素、嫁接文化创意表达方式，使特色小镇避免同质化倾向。农业型特色小镇展示传统农耕文明的演变历程，或将文化创意植入农产品的品种研发和包装设计；历史经典产业型特色小镇兼顾文化传承与现代产业发展，展示经典产业的生产工艺变迁；旅游主题型特色小镇挖掘历史文化内涵，形成独特文化标签。这些文化元素的彰显促进了乡村文化产业的发展，对认识乡村文化价值、健全公共文化服务，增强对乡村文化的自信与自觉都起到了窗口示范作用。

3. 特色小镇为平台带动乡村生活富裕

特色小镇基础设施完备，其作为村镇地域系统的增长极，具有联结城市与乡村的区位优势，在承接城市产业和文明向乡村转移和辐射过程中创造了更多的就业机会，并开阔了乡村居民的视野。特色小镇特色产业的发展会吸纳周边乡村的劳动力转移和就地就业，让更多农民参与二、三产业，开辟多元收入渠道；特色小镇还是创新创业的平台载体，一些在外务工多年的农业转移人口，在发达地区现代化企业中工作积累了技能逐步具备自身创业的能力，特色小镇围绕特色产业衍生出更多的市场需求和产业发展机会，吸引外出务工人员返乡创业，特色小镇体制机制灵活的政策优势给返乡创业人口提供了舞台，通过创业带动就业，促进农民增收和生活富裕。

4. 特色小镇为示范拉动乡村生态宜居

特色小镇通过规划引导，在紧凑的空间里高效利用土地，兼顾生产生活生态的协调，彰显规划引导、有序发展的优势，这对广大乡村起到正面示范作用。在“多规合一”理念指导下统筹衔接县乡土地利用总体规划、村土地利用规划、农村社区建设规划，提高了规划的指导性和操作性。乡村人居环境的改善将以特色小镇为样板，逐步推进乡村生活垃圾处理、生活污水处理、改善村容村貌。特色小镇凭借特色主题、生态优势、文化内涵发展起来的乡村民宿有力地支撑了旅游业发展，这为广大农村农家乐发展升级提供了参照，这些都将促进乡村振兴实现生态宜居的要求。

三、乡村振兴导向下特色小镇的发展对策

特色小镇源于小城镇发展模式的探索与创新，因此特色小镇多重效益的彰显及发展主旨不能偏离小城镇发展的初衷，在国家实施乡村振兴战略的大背景下，特色小镇应立足大中小城市与小城镇协调发展的中国特色城镇化道路，着眼于村镇地域系统的空间结构优化、特色产业的素质效益提升、乡村文化的兴盛与创新、创新创业平台的搭建、乡村人居环境的改善一系列目标导向，通过特色小镇的科学发展促进乡村振兴战略的落实。

（一）特色小镇为增长极优化城乡空间结构

区域经济学中的增长极理论告诉我们，地区经济“面”的发展需要“点”的突破作为引领，特色小镇作为县域经济内部的增长极，在产业素质、要素集聚、基础设施等方面均具有内引外联的比较优势，依托特色小镇为增长极可以引领村镇地域系统要素的整合与经济发展，促进县域内部形成城关镇、特色小镇、中心镇、集镇等多中心极点支撑的空间结构，通过集聚效应与扩散效应的作用机制，辐射带动乡村经济社会的发展。基于此，特色小镇的产业定位、空间联系不能脱离乡村腹地，需要着眼于乡村产业发展、密切城乡联系的角色担当，在特色小镇吸引高端生产要素集聚、产业竞争力提升、展示乡村文化底蕴的过程中积蓄发展势能。在特色小镇成长发展中需要同步统筹规划联结特色小镇与乡村腹地的基础设施、商品流通网络、信息共享平台、人才服务渠道，以便于尽早更充分地发挥特色小镇的扩散效应，避免让特色小镇成为村镇地域系统的孤岛和飞地。

（二）特色产业驱动农村一、二、三产业融合发展

农村一、二、三产业融合发展是拓展农业多种功能、实现产业多重效益的必然途径，也是夯实乡村振兴产业支撑的必然要求。农村一、二、三产业融合发展需要培育融合发展主体、丰富产业融合方式、构建产业融合的利益联结机制、健全产业融合的社会化服务。而特色产业是村镇具备资源禀赋、发展基础、文化基因和增长空间的优势行业，在农村一、二、三产业融合发展过程中起到引领和驱动作用。特色产业也正是特色小镇的个性标签和产业支撑，特色小镇特色产业的产业链延伸和价值链跃升，为农村一、二、三产业融合发展起到示范效应，在催生产业融合发展主体成长中体现产业融合的规模效应，在探索产业融合多样化方式中体现产业集聚效应，在稳固产业融合利益联结机制中形成共享效应，在拉动服务业专业化分工中形成溢出效应。特色产业驱动农村一、二、三产业融合发展的作用机制和多重效应会进一步提升农村产业素质和竞争力，强化乡村振兴的产业支撑。

（三）挖掘乡村文化基因彰显特色小镇的文化品位

我国农耕文明底蕴深厚，乡村作为传承农耕文明和乡土情怀的精神家园，承载着田园诗歌、寻根回忆、乡愁依恋的职能。现代化文明的模式化和城镇建设的复制化，在一定程度上侵蚀着传统文化的根基和地域文化的传承。以往农村脏乱差的村容村貌弱化了乡村乡愁依恋的功能发挥，使得人们一想到农村就是凋敝、萧条、落后的直观印象。特色小镇不仅有特色产业支撑作为经济发展的基础，更有文化元素的注

入和文化气质的彰显凸显魅力和品位，这与乡村振兴要求的文化兴盛相一致。特色小镇文化品位彰显需要根植于乡村地域特点，挖掘乡村文化基因，依托历史人文资源、文化遗址遗迹、古镇建筑群落、非物质文化遗产等载体弘扬乡村文化，并在特色小镇的产业发展、产品开发中嵌入文化创意元素，对乡村文化创造性转化、创新性发展，让广大村镇居民通过特色小镇“文化+”的发展实践与产生的多重效益，切实增强对乡村文化价值内涵的认识和保护传承的自觉。

（四）搭建返乡务工人员创新创业平台

返乡务工人员回到农村创业创新为农村发展注入活力、培育农村农业发展的内生动力。特色小镇在“大众创业、万众创新”的时代背景下应运而生，承担创新创业平台载体的职能。特色产业有大中型企业作为专业化运营商主导，而在特色产业链条拉长的过程中，又衍生出更多的创业机会和市场需求空间，返乡务工人员了解本地区发展基础，有扎根于本地发展的情怀，依托特色小镇、围绕特色产业的产业链配套进行创业创新，这对乡村振兴的产业发展起到重要的促进作用。着眼于吸纳返乡务工人员创新创业，特色小镇需要发挥体制机制灵活便捷的优势，在农村产权制度逐步完善的基础上盘活农村的资源与资产，为创新创业主体提供符合需求的信贷产品、服务模式等融资方式，提高对创业主体的培训实效，帮助他们认识宏观经济形势、捕捉市场信息、把握竞争机会、提高职业技能，并依托特色小镇特色产业的升级需求适时引入科研平台，提高产业发展的科技含量，发挥科技创新的外溢效应，带动农村产业的科技创新和业态升级。

（五）统筹规划改善农村人居环境

农村人居环境是村容村貌的空间体现，特色小镇统筹生产生活生态空间布局，以生态宜居的环境优势成为乡村振兴的参照。特色小镇在提升自身环境和谐宜居功能的同时，需要统筹规划联结乡村的基础设施，采用 PPP 模式规划建设村镇垃圾处理、污水处理等市政设施，结合市场与政府的优势，提高运营管护效益。通盘考虑生活垃圾的分类处置和回收体系、农业生产废弃物的循环利用；开展厕所革命，将畜禽养殖废弃物纳入处理体系并资源化利用；以特色小镇为节点推动城镇污水管网向周边村庄延伸覆盖，积极推广生态处理工艺等低成本、低能耗、高效率的污水处理技术；立足村庄自然村落肌理、围绕特色小镇主题编制村庄建设规划，引导村镇建设布局、建筑风格和公共空间，以人居环境的改善作为乡村生态宜居的底板，形成特色小镇发展扩散的腹地。

参考文献：

[1] 徐松，张司飞. 培育特色小镇的关键是发展特色产业［N］. 光明日报，2017-05-19.

[2] 苏毅清，游玉婷，王志刚. 农村一二三产业融合发展：理论探讨、现状分析与对策建议［J］. 中国软科学，2016（8）.

[3] 成岳冲. 发掘优秀文化资源　创建现代特色小镇［J］. 行政管理改革，2017（12）.

[4] 杨柳. 我国乡村旅游与文化创意产业融合发展模式研究［J］. 农业经济，2017（4）.

[5] 钟娟芳. 特色小镇与全域旅游融合发展探讨［J］. 开放导报，2017（2）.

[6] 徐梦周，王祖强. 创新生态系统视角下特色小镇的培育策略——基于梦想小镇的案例探索［J］. 中共浙江省委党校学报，2016（5）.

[7] 王乐君，寇广增. 促进农村一二三产业融合发展的若干思考［J］. 农业经济问题，2017（6）.

[8] 杨梅，郝华勇. 农业型特色小镇建设举措［J］. 开放导报，2017（3）.

[9] 付晓东，蒋雅伟. 基于根植性视角的我国特色小镇发展模式探讨[J]. 中国软科学，2017(8).

实施乡村振兴战略的关键路径是特色小镇建设由外驱向内驱发展①

刘希龙 陈 宪 徐 珺 傅远佳

小镇经济是现代经济演进过程中的一种重要发展模式，即便在城市化高度发达的欧美国家，小镇经济依然有着很强的生命力和很大的发展空间，一些历史经典产业和新型经济业态集中在小镇上。例如，德国70%的人口居住在2万人以下的小城镇；美国小城镇人口占全国的70%，硅谷是资本加技术小镇，格林尼治则集中了500多家对冲基金，成为典型的财富聚集区；法国、意大利和瑞士也都有很多世界知名小镇。在我国，小城镇在传统经济结构中发展明显滞后，资源越来越多地向中心城市集中，城乡差距明显，社会主义和谐社会的建设目标受到制约。

党的十八大以来，城镇化工作受到了中央政府的高度重视，陆续出台了一系列的重要政策导向文件，促进大中小城市和小城镇合理分工、功能互补、协同发展。其中“特色小镇建设”占据了重要的位置，其目标是通过培育特色鲜明、产业发展、绿色生态、美丽宜居的特色小镇，探索小镇建设健康发展之路，促进经济转型升级，推动新型城镇化和新农村建设。2017年10月，党的十九大报告更是将实施乡村振兴战略作为国家战略，其总要求是“产业兴旺、生态宜居、乡风文明、治理有效、生活富裕”，与特色小镇的主要特征“特色鲜明、产业发展、绿色生态、美丽宜居”相比较，显而易见，乡村振兴战略与特色小镇建设有着密不可分的关联关系。下面进行阐述分析：

一、乡村振兴战略

实施乡村振兴战略的总要求，是基于对新时代我国社会主要矛盾变化和农业农村不平衡、不充分发展实际的深刻洞察，抓住了乡村振兴相关人民最关心、与其最直接、最现实的利益问题，凸显了鲜明的问题导向和目标导向，富有前瞻性和现实针对性。

其一，强调“产业兴旺”，层次更高，寓意更丰富。一是更加突出了以推进供给侧结构性改革为主线，顺应了我国经济由高速增长阶段转向高质量发展阶段背景下推动经济发展质量变革、效率变革、动力变革的要求，有利于更好地满足人民日益增长的美好生活需要。需要强调的是，在生产发展中，如果不重视流通的匹配和与需求的衔接，有可能导致生产越多，无效供给越多，资源和要素浪费现象越严重，

---

① 本文摘录自《经济管理（文摘版）》2017年12月第5期。

作者简介：刘希龙，钦州发展研究院研究员。陈宪，上海交通大学安泰经济与管理学院教授。徐珺，上海发展战略研究所副所长。傅远佳，钦州发展研究院常务副院长。

供给体系质量越差，越难以实现产业兴旺。二是更加突出了农村产业的综合发展，而非单纯的农业发展。许多发展中国家在工业化、城镇化迅速发展阶段，出现农村经济结构单一化、农业副业化和农村发展萧条衰败的问题。要求“产业兴旺”有利于规避这些问题。三是更加突出了对产业发展方式转变多重路径的包容性。如推进产业融合化和产业链一体化、强调农业发展由生产导向向消费导向转变等。

其二，“生态宜居”包含新农村建设中的“村容整洁”内容，但要求更高，更加突出了重视生态文明和人民日益增长的美好生活需要。

其三，强调“乡风文明”，就是要在新时代促进农村文化教育、医疗卫生等事业发展，推进移风易俗、文明进步，弘扬农耕文明和优良传统，使农民综合素质进一步提升、农村文明程度进一步提高。

其四，“治理有效”包括新农村建设中的“村容整洁、管理民主”，但内涵更丰富，更加突出了向重视效果的转变。

其五，强调“生活富裕”，并放在总要求的最后，有利于突出目标导向，突出新时代解决“三农”问题的高要求。当前，我国社会主要矛盾已经转化为人民日益增长的美好生活需要和不平衡不充分的发展之间的矛盾。“美好生活需要”比“物质文化需要”内涵更丰富、层次更高，强调“生活富裕”，就是要让农民有持续稳定的收入来源，经济宽裕，衣食无忧，生活便利，共同富裕。

二、特色小镇

特色与小城镇结合研究始于20世纪80年代初。1983年，费孝通先生经过对吴江的调查，形成著名的《小城镇，大问题》报告。《瞭望》周刊1984年以“各具特色的吴江小城镇”为题摘要刊发。20世纪90年代中叶学术界开始关注小城镇特色，探讨小城镇地方特色、文化特色、民族特色、古镇特色、产业特色、空间特色等。党的十八大深入推进新农村建设，将新型城镇化作为重大战略举措。若干政策文件开始相继出台，这些系列文件拉开了发展特色小镇的序幕，带动了新型城镇化及特色乡镇的大发展。

2014年3月12日，中共中央、国务院《关于印发〈国家新型城镇化规划（2014~2020年）〉的通知》（中发〔2014〕4号），通知要求要提高对新型城镇化的认识，全面把握推进新型城镇化的重大意义、指导思想和目标原则，切实加强对城镇化工作的指导，推进城镇化沿着正确方向发展。

2014年7月21日，住房城乡建设部发布《住房城乡建设部等部门关于公布全国重点镇名单的通知》（建村〔2014〕107号），通知要求要按照提高质量、节约用地、体现特色等要求，在政策、土地及项目安排上对全国重点镇建设发展予以扶持。

2015年11月23日，国务院发布《关于积极发挥新消费引领作用加快培育形成新供给新动力的指导意见》（国发〔2015〕66号），意见提出发挥小城镇连接城乡、辐射农村的作用，提升产业、文化、旅游和社区服务功能，增强商品和要素集散能力，鼓励有条件的地区规划建设特色小镇。

2015年12月底，习近平总书记对浙江“特色小镇”建设做出重要批示：“抓特色小镇，小城镇建设大有可为，对经济转型升级、新型城镇化建设，都具有重要意义”。

2016年1月27日，中共中央、国务院发布《关于落实发展新理念加快农业现代化实现全面小康目标的若干意见》（一号文件），意见提出发展具有历史记忆、地域特点、民族风情的特色小镇，建设一村一品、一村一景、一村一韵的魅力村庄和宜游宜养的森林景区。

2016 年 2 月 6 日，国务院发布《关于深入推进新型城镇化建设的若干意见》（国发〔2016〕8 号），《意见》提出要建设美丽宜居乡村，加快培育中小城市和特色小城镇，发展具有特色优势的休闲旅游、商贸物流、信息产业、先进制造、民俗文化传承、科技教育等魅力小镇，带动农业现代化和农民就近城镇化。

2016 年 3 月 16 日，《中华人民共和国国民经济和社会发展第十三个五年规划纲要》提到，开展生态文明示范村镇建设行动，加大传统村落和民居、民族特色村镇保护力度，加快建设和谐幸福的美丽宜居乡村；加快发展中小城市和特色镇，因地制宜发展特色鲜明、产城融合、充满魅力的小城镇。

2016 年 4 月 12 日，国土资源部发布《国土资源“十三五”规划纲要》（国土资发〔2016〕38 号），提出用地计划向中小城市和特色小城镇倾斜，向发展潜力大、吸纳人口多的县城和重点镇倾斜，支持农村人居环境改善和美丽宜居乡村建设。

2016 年 7 月 1 日，住房和城乡建设部、国家发展改革委、财政部联合发布《关于开展特色小镇培育工作的通知》（建村〔2016〕147 号），提出到 2020 年，培育 1000 个左右各具特色、富有活力的休闲旅游、商贸物流、现代制造、教育科技、传统文化、美丽宜居等特色小镇，引领带动全国小城镇建设，不断提高建设水平和发展质量。之后各种政策性文件陆续出台，特色小镇的建设开始如火如荼地展开。

2016 年 8 月 3 日，住房和城乡建设部发布了《关于做好 2016 年特色小镇推荐工作的通知》（建村建函〔2016〕71 号），组织专家对各地推荐上报的候选小镇进行复查，并现场抽查，最后再认定公布特色小镇名单。

2016 年 9 月 7 日，住房和城乡建设部办公厅发布《关于开展 2016 年美丽宜居小镇、美丽宜居村庄示范工作的通知》（建办村函〔2016〕827 号），提出各地要按照美丽宜居村镇示范指导性要求，选择自然景观和田园风光美丽宜人、村镇风貌和基本格局特色鲜明、居住环境和公共设施配套完善、传统文化和乡村要素保护良好、经济发展水平较高且当地居民（村民）安居乐业的村庄和镇作为示范候选对象，科学有序推进美丽宜居村镇建设。

2016 年 10 月 8 日，国家发展改革委发布《关于加快美丽特色小（城）镇建设的指导意见》（发改规划〔2016〕2125 号），第一次明确了特色小（城）镇包括特色小镇、小城镇两种形态，提出了五条总体要求：坚持创新探索、坚持因地制宜、坚持产业建镇、坚持以人为本和坚持市场主导。

2016 年 10 月 10 日，住房和城乡建设部、中国农业发展银行联合发布《关于推进政策性金融支持小城镇建设的通知》（建村〔2016〕220 号），明确提出要充分发挥政策性金融的作用，支持以转移农业人口、提升小城镇公共服务水平和提高承载能力为目的的基础设施和公共服务设施建设。支持为促进小城镇特色产业发展提供平台支撑的配套设施建设。

2016 年 10 月 11 日，住房和城乡建设部发布《关于公布第一批中国特色小镇名单的通知》（建村〔2016〕221 号），提出在各地推荐的基础上，经专家复核，会签国家发展改革委、财政部，认定北京市房山区长沟镇等 127 个镇为第一批中国特色小镇。

2016 年 10 月 27 日，国家发展改革委发布《关于印发〈全国农村经济发展“十三五”规划〉的通知》（发改农经〔2016〕2257 号），提出坚持走中国特色新型城镇化道路，加快发展中小城市，有重点、有特色地发展小城镇，积极培育一批特色鲜明、产业发展、绿色生态、美丽宜居的特色小镇。

2016 年 11 月 1 日，国务院发布《关于深入推进实施新一轮东北振兴战略加快推动东北地区经济企稳向好若干重要举措的意见》（国发〔2016〕62 号），提出支持资源枯竭、产业衰退地区转型；支持林区发展林下经济，结合林场布局优化调整，建设一批特色宜居小镇。

2016 年 12 月 12 日，国家发展改革委、国家开发银行、中国光大银行、中国企业联合会、中国企业家协会、中国城镇化促进会《关于实施“千企千镇工程”推进美丽特色小（城）镇建设的通知》（发改规划〔2016〕2604 号），要求相关单位共同促进特色小镇发展，组织实施“千企千镇工程”，鼓励市场、社会资本积极参与到特色小镇的建设之中。

2017 年 1 月 13 日，国家发展改革委国家开发银行《关于开发性金融支持特色小（城）镇建设促进脱贫攻坚的意见》（发改规划〔2017〕102 号），《意见》提出，加强对特色小（城）镇发展的指导，推动地方政府结合经济社会发展规划，编制特色小（城）镇发展专项规划，明确发展目标、建设任务和工作进度。

2017 年 4 月 1 日，住房和城乡建设部、中国建设银行《关于推进商业金融支持小城镇建设的通知》（建村〔2017〕81 号），《通知》指出要充分认识商业金融支持小城镇建设的重要意义，坚持用新发展理念统筹指导小城镇建设，加强组织协作，创新投融资体制，加大金融支持力度，确保项目资金落地，全面提升小城镇建设水平和发展质量。

2017 年 4 月 4 日，农业部等九部委《关于开展特色农产品优势区建设的通知》（农市发〔2017〕3 号），鼓励地方做大做强优势特色产业，争创特色农产品优势区，把地方土特产和小品种做成带动农民增收的大产业。

2017 年 7 月 27 日，住房和城乡建设部网站发布《关于拟公布第二批全国特色小镇名单的公示》（建村规函〔2017〕99 号），公布了全国第二批特色小镇名单，将北京市怀柔区雁栖镇等 276 个镇认定为第二批全国特色小镇。

2017 年 8 月 1 日，国家发展改革委等七部委《关于印发国家农村产业融合发展示范园创建工作方案的通知》（发改农经〔2017〕1451 号）提出，照“当年创建、次年认定、分年度推进”的思路，力争到 2020 年建成 300 个融合特色鲜明、产业集聚发展、利益联结紧密、配套服务完善、组织管理高效、示范作用显著的示范园。

2017 年 10 月 31 日，国家发展改革委、农业部、国家林业局联合印发了《特色农产品优势区建设规划纲要》，鼓励地方做大做强优势特色产业，争创特色农产品优势区（以下简称“特优区”），把地方土特产和小品种做成带动农民增收的大产业。

三、比较分析

经梳理文件及调研地方政府可以发现，围绕农村建设这一主题，彰显两大特征：

（1）党的十八大至今，出台了各种政策，主题内容包括：美丽宜居乡村、魅力村庄；示范园、中小城市和特色小（城）镇，魅力小镇等，其名称纷繁芜杂，政策内容也是各有侧重和要求。同一件事情，同一个产业，同一个主体要根据不同的政策进行包装和迎检，浪费了大量的人力、物力、财力、精力。

（2）各县域、镇域、村域经济的发展动能主要是围绕国家及地市的相关政策的激励而展开，如国家住建部激励成功申报全国特色小镇的主体1000万元。广西壮族自治区政府激励成功申报自治区级特色小镇的主体2000万元，各省、市都出台了不等的激励方案，可谓是外部驱动（外驱），目标和动机受到外部政策（诱因）频繁变化的影响和制约，没有长期一致性。

动机是激励、推动和维持个体或组织的行动，并将使行动导向某一目标，以满足个体或组织某种需要的内部动因，也就是推动个体或组织从事某种事情的念头或愿望。诱因是个体或组织行为的一种能源，它促使个体或组织去追求目标。诱因与驱动力是不可分开的，诱因是由外在目标所激发，只有当它变成个体或组织内在的需要时，才能推动个体或组织的行为，并有持久的推动力。即行为由外部驱动变为内部驱动（内驱），根据前述，乡村振兴战略与特色小镇建设有着密切的关系，且特色小镇建设受到外部政策的影响，因此要使乡村振兴战略在县域经济落地实施，必须以特色小镇建设为依托，创新原有发展机制，使特色小镇建设由外驱向内驱发展成为实施乡村振兴战略的关键路径。

四、融合发展的思考

特色小镇的特色，其侧重点在于产业特色、功能特色。特色小镇是新兴产业和几个传统经典产业发展的平台，是“产城人”融合发展的新载体，其主要功能在于承载产业发展，促进人居改善和环境友好。可见，特色是小镇的核心元素，产业特色是重中之重。

做好特色小镇建设在我国意义重大：首先，特色小镇是实施乡村振兴战略的关键路径。乡村振兴战略要求“产业兴旺、生态宜居、乡风文明、治理有效、生活富裕”，特色产业是在当前激烈的市场竞争中谋得“生存”并取得“兴旺”的有效举措，特色小镇建是破解城乡二元结构的重要抓手，也是满足群众过上“富裕生活”的前提保障。其次，特色小镇有利于改善居住环境，提高生活品质，推动产业发展，提升区域经济竞争力，增强商贸活力，繁荣现代服务业，丰富区域发展内涵，提升乡村文化吸引力。

那么该如何基于乡村振兴战略的高度来建设特色小镇，实现融合发展呢？可以从以下三个方面着手：

（1）产业定位，突出“特而强”，形成比较优势。

（2）功能定位，力求“聚而合”，实现生态宜居、乡风文明、治理有效、生活富裕。

（3）规划设计，形态“小而美”、机制“新而活”，保持“特色小镇”的鲜明性和乡土文化的鲜活性。

1）保持小镇“特色”的鲜明性。特色小镇的特质在于“特色”，其魅力也在于“特色”，其生命力同样在于“特色”。因此，保持小镇“特色”的鲜明性，是打造特色小镇的首要原则。

2）保持乡土文化的原生性、鲜活性。乡土文化是“小镇文化”的内核，也是小镇最有魅力的元素之一。只有外壳，而无鲜活乡土文化内涵的小镇是难有生命力的。

所谓“原生性”和“鲜活性”，是指用独特的自然风貌、生活习俗和人的生产劳动等社会性生态元素，诠释小镇文化传统。可供挖掘的乡土文化十分丰富，如纺线、织布、蒸糕、做圆子等生活文化，土布服饰展示、传统婚庆仪式等民俗文化，推铁环、踩高跷等游戏文化，等等。只要善于开发、善于利用，就一定能够让小镇散发诱人芳香。

3）务求与产业发展相融合。特色小镇的打造，必须结合产业规划统筹考虑，这样才能有望保持小镇持久的繁荣。特色小镇的功能定位，限制了不少产业的发展空间。正因为如此，选择和培育一个适合小镇自身发展的产业，更显重要。一个有活力的产业，能凝聚人气，吸引人流、物流、资金流，同时能促进就业、繁荣市场。特色小镇的打造，必须把农业、渔业、林业、商贸业以及饮食等各类服务业的发展结合起来全面规划，选择适合小镇发展方向的产业做大做强，逐步发育成为小镇发展的有力支撑。

4）赋予小镇生态旅游功能。与传统小镇相比，特色小镇的一个显著特点在于它不是简单地作为一种聚居形式和生活模式而存在，同时还是一种宝贵的文化旅游资源和贸易、休闲、度假的场所。因此，从道路、交通、环境、建筑风貌，到功能布局、各类设施，从休闲、娱乐，到餐饮、商贸，在充分满足居民物质和精神生活需求外，一切要从打造生态旅游小镇的思路出发，精心打造，务显“特色”，使生态旅游业、现代服务业，成为小镇赖以发展的产业之一，为小镇发展提供源源不断的经济收入。

5）统筹思维，系统设计。特色小镇的建设，耗时、耗力、耗钱，其建设的成败，直接影响小镇的发展步伐和群众的生活状态，关系重大，必须着眼城镇化、一体化要求，统筹思维，系统设计。

从小镇的功能定位、分布、产业发展方向到具体的数量、规模，从特色小镇建筑风格、功能设计、配套设施到文化挖掘，“特色”打造，从筑巢引凤到招商引资，从规划建设到管理服务，从小镇与城乡统筹发展的关系到与人民群众的切身利益之间的关系，都要系统思考，系统设计，以充分体现服务于特色小镇建设和改善人民群众生活的宗旨。

特色小镇的风向、风口与风险[①]

冯　奎

关于特色小镇，我觉得现在比一年前、两年前看得更清楚了，特色小镇以后的发展方向也更加清晰了。现在有三个非常主要的问题值得进一步研究，第一是关于特色小镇发展的风向；第二是风口；第三是风险。

一、特色小镇的风向

第一，推还是不推？前一段时间，我最担心的就是特色小镇发展出现了那么多的问题，国家有关部委会不会一声令下说特色小镇不让搞了？现在看来没有。这其

① 本文摘录自《旅游学刊》2018年第5期。

作者简介：冯奎，国家发展和改革委员会城市和小城镇改革发展中心研究员、学会委员会秘书长。

实就是特色小镇发展的政策方向。特色小镇和特色小城镇，作为一种重要的城镇化的实践，作为一个重要的发展方向，得到了决策层面充分的认识、高度的认可。各方面把特色小镇、特色小城镇作为供给侧改革的一项内容，作为新经济发展的一项内容，作为新型城镇化的一项内容。推还是不推特色小镇和小城镇，这个问题已经得到了一个肯定的回答。

第二，能推多久？我觉得也有一个明确的答案了。有的人看政策的风向，去年似乎特色小镇热，今年特色小镇不热了，乡村振兴热了，也对特色小镇的红旗能打多久有疑问。我觉得政策层面上看，特色小镇与乡村振兴并不冲突，就是要在城镇化进程中推进乡村振兴，同时，乡村振兴也有利于城镇化，包括特色小镇发展。在中国的城镇化、农业现代化发展过程当中，在推进供给侧改革过程当中，特色小镇作为一种重要的平台和抓手，在很长时间内，都能找到它的立足点，都有生命力。

第三，要推多少个？现在大的背景就是，经济社会发展从高速增长到高质量发展，未来高质量发展要落实到方方面面。在特色小镇发展方面，也要追求有质量的发展，健康的发展，规范的可持续发展，因此质量摆在第一位。所以从这个角度上讲，数量的问题和质量的问题，已经得到了一个回答。大家在预判，未来是不是还要按照一千个、两千个来推，我觉得这些问题都已经不是主要的问题，主要的问题就是有质量地发展多少个？这块部委文件讲得很清楚，就是不搞区域平衡，不追求数量发展。有的地方以前规划了过多的特色小镇，就需要调整。

第四，按照什么样的模式来推？在此之前，国内关于特色小镇，比较多的是浙江特色小镇的模式。实际上，许多地方把浙江特色小镇可以学的和不可以学的，一股脑地进行了照搬，导致了很多问题。现在要分清楚可学的，就是创新的理念、政府改革的做法、社会资本的运用等等。但是浙江的特色小镇有它立足的基础，有历史条件、文化条件、产业条件等限制，有很多是中西部地区不可学的。要把这两者分开，因地制宜发展特色小镇，这是未来必须遵循的一个原则。

第五，谁牵头来推？地方会很直接地问，特色小镇哪个部委来主管？在我看来，最重要的问题是未来特色小镇发展需要合力推进。特色小镇发展实际上已经纳入国家推进新型城镇化的工作中，而推进城镇化是由多部委协调机制来发挥作用。在这其中，国家发展和改革委员会是牵头部门，未来资源部门、生态环境部门也将发挥很大的作用。宏观管理应有利于克服特色小镇发展当中出现的问题。

简要总结一下，未来特色小镇的风向，我认为是越来越清晰，不用担心特色小镇“一刀切”不让搞了。但是政策层面强调规范当头、高质量发展，吹了冷风，值得我们重视。

二、特色小镇的风口

特色小镇发展的风口，这里面有许多实际操作的含义。更重要的是，在寻找风口的过程中，我们对于特色小镇发展的规律，有了相对来说更接近于科学的认识。

第一，哪里有风口？特色小镇和小城镇发展，一定不能够四处开花，它一定只能是在适宜的地点才具有强大的生命力。大城市的周边应该是特色小镇发展的适宜空间，可以形象地说，特色小镇要拥抱大城市。还有，要依托现有的存量发展空间，像我们讲的园中镇、镇中镇。我在天津滨海新区，就建议他们在园区里搞小镇。交通沿线、交通便利的地方也有利于小镇发展。当然，有独特资源支撑的地方也可以发展特色小镇。

第二，什么类型的小镇有风口？旅游小镇有没有风口？基金小镇有没有风口？机器人小镇有没有风口？我认为这只是一个简单的产业经济的分析。产业经济的分析只有落到特定的空间上、落到特定的地点上，才对特色小镇发展的分析有意义，不能把简单的产业经济的分析套到小镇上去。今天我们非常强调小空间，在一个特定的地点去研究一个小镇。对于一个地点上的小镇来讲，如果过去有发展的基因，现在有发展的条件，未来有发展的巨大空间和潜力，这种小镇就值得发展。小镇的风口都是具体的。

第三，谁的风口？我认为，应强调联合创造生产力。特色小镇是大家协同合作的一个风口，关键是政府和企业有效的合作。如果我们只是强调企业的作用，让企业作为主导，一旦出现一些不负责任的企业，就很有可能对于一个区域的社会发展，对于环境发展，对于长远发展兼顾不够。但是如果单纯地将小镇的工作交给政府部门，也有可能出现产业支撑不够、市场活力不足的危险，有可能出现面子工程、政绩工程。

第四，什么姿态迎接风口？这里讲的是特色小镇以各种各样组团的形态，以各种连接的方式去迎接风口。有的地方强调小城镇与特色小镇相互支撑、相互补充。有的地方强调一个建制镇里面有几个特色小镇，比如上海枫泾镇就是这种案例。有的地方是小镇群，很多小镇星星点点，中间以交通连接线、以智慧化手段结合在一起。无论如何，特色小镇都应该置于区域协调发展的背景之下，以协调、协作、协同的形式来获得生命力，不能孤立于各类城镇体系、区域发展体系之外。

第五，风口的黄金窗口期在何时？前两年，大家误以为特色小镇只能辉煌一两年，都要纷纷抢占这样一个战略的高地。这就导致“萝卜快了不洗泥”、泥沙俱下这样一种局面。现在，我们看到，特色小镇发展要经历较为漫长的培育期、生长期，几年只是打底，一般应在十年以上。那么，小镇的规划建设与运营就应该制定一个较长时间的路线图。有的企业原先误认为要迅速地抓住所谓的黄金窗口期，要在一两年速战速决，我认为要做适当的调整。地方政府也应该有“留白”的意识，也就是条件不到，不要贸然去推动建设特色小镇。

三、特色小镇的风险

我们要有效地提升小镇发展质量，几类风险值得我们高度重视。

第一，债务过度的风险。有的县市区，债务已超过一定警戒线。这些地方就不能再通过政府的债务平台来推进特色小镇建设。企业的资金不充裕，也要警惕债务过度的问题。

第二，房地产化的风险。特色小镇发展不能不搞房地产，很多房地产企业转向做特色小镇，我认为也有很多值得理解的原因。但是不能将房地产和房地产化混为一谈。一些房地产商打着小镇开发的名义，实际上还是买地、造房、卖房，那就会害了房地产自身，把地方政府带到泥沟里去。

第三，能力内存不够的风险。特色小镇是一个创新程度要求极高的空间，它的门槛比以往许许多多的发展空间要高得多。以往在这方面有很大的误解，认为特色小镇的门槛很低，主体介入过多过滥。有的主体完全缺乏对小镇可持续运营的能力要求。

第四，宏观布局过度的风险。目前的

政策是宽进严出，采取培育制。我认为这当中仍然潜藏着巨大的风险。因为培育制和宽进严出意味着小镇的总体数量缺乏一个非常有效的引导，在这方面留下的风险甚至比以前还要大。

特色小镇发展机制探讨[①]

——基于中国国情的理论与实践分析

成海燕

2018年中央经济工作会议上，习近平总书记在部署全年重点工作时要求“引导特色小镇健康发展”。这一方面说明中央非常重视特色小镇建设，另一方面也要求各地要更加注重特色小镇的规范发展。近两年来，社会各界高度关注特色小镇建设，学术理论界也掀起了研究特色小镇的热潮。但研究主要集中在特色小镇的规划编制、建设原则、考评方法和指标等方面，对于我国为什么要建特色小镇，其产生和发展的理论机制是什么？学界对此问题的系统思考并不多。本文结合中国特色小镇建设的实践，对特色小镇发展机制进行探讨。

一、特色小镇产生的背景、内涵及发展机理

（一）特色小镇产生的背景和内涵特征

随着我国经济进入“新常态”发展时期，经济发展重心由原来的消费、投资、出口的需求拉动转变为当下的以“去产能、去库存、去杠杆、降成本、补短板”为核心的供给侧结构性改革。为了适应和引领经济新常态，更好地推动供给侧结构性改革，2015年4月，浙江省政府在全国率先提出培育创建特色小镇，国家也对浙江特色小镇这一发展模式创新给予高度肯定。随后，国家住房和城乡建设部及国家发展和改革委员会等部门出台了一系列关于建设特色小镇的文件。概括起来，特色小镇的概念可以作如下界定：在几平方公里土地上集聚特色产业，生产生活生态空间相融合，不同于行政建制镇和产业园区的创新创业平台。总体来说，特色小镇应具有四个基本特征：一是特色小镇是新型产业社区，是产业发展的空间载体，不同于行政建制的小城镇或乡镇；二是特色小镇要聚焦于一个特定产业，实现产业的集聚发展，不同于只有居住功能的房地产小区；三是要实现生产、文化、旅游和社区功能的叠加，与各类产业园区和旅游景区不同；四是强调机制创新，要以市场为主体建设小镇，同时采取动态的创建制而不是认定命名制。

（二）建立健全发展机制是引导特色小镇健康发展的关键

引导特色小镇健康发展，建立健全发

① 本文摘录自《学术论坛》2018年第1期。

作者简介：成海燕，南京农业大学博士研究生，国家发展和改革委员会特色小镇专家成员。

展机制是核心。特色小镇主要指聚焦特色产业和新兴产业，集聚发展要素，不同于行政建制镇和产业园区的创新创业平台，不同于传统的特色小城镇，其建设发展不能依靠传统的“政策—命令”的行政管理模式，必须在充分协商、领导组织、统筹规划、协调推进的基础上进行发展建设。具体来说，特色小镇的发展机制分为四个维度：形态、产业、科技、融资。

（1）在特色小镇的形态机制上，明确特色小镇的类型是特色小镇建设的前提。依据产业经济学、区域经济学相关理论，不同经济基础的区域产业发展模式也会有所不同。在经济较为发达、要素收入较为均等化的地区，其主导产业的发展宜采用市场化机制进行。而对于一些经济欠发达地区，其产业的发展可以采取“政府主导”的发展模式，即政府通过扶植培育优势产业，带动地区经济实现跨越式发展。特色小镇的建设也是如此，产业演化模式的区别导致了特色小镇在生态空间上的类型也有所不同。总体上说，特色小镇的类别分为“外推型”特色小镇与“内生型”特色小镇。健全特色小镇形成机制，确定特定区域特色小镇的发展类型演化路径，有利于因地制宜发展地区经济，以最低成本实现资源要素的最优化配置。

（2）在特色小镇产业发展机制上，建立健全特色小镇产业发展机制是实现小镇发展的核心。一个地区经济的发展归根结底是其主导产业与其关联产业的发展。产业是中观经济的核心要素。依据相关理论，一个地区应集中发展其具有比较优势的产业，其内涵实质是发展其要素禀赋具有优势的产业。同时，依据其自身产业特色，产业应当布局在临近原料产地或者距离经济圈、经济带以及交通枢纽的位置。由此演化出的产业空间布局形态又大致分为三种模式：增长极模式、点轴开发模式、网络开发模式。其中，点轴模式可以认为是增长极模式的延伸扩展。建立健全小镇产业发展模式，有利于小镇发挥自己的产业优势，实现产业链的升级，提高产业的附加值，拉动关联产业的发展，进而带动小镇经济、社会、就业、生态各方面发展，实现生产、生活、生态三位一体全面推进。

（3）在特色小镇发展的技术支撑机制上，建立健全特色小镇技术支撑机制是特色小镇实现创新驱动发展的关键。以熊彼特为代表的经济学家认为：企业的本质在于创新，创新是将原始生产要素重新排列组合为新的生产方式，以求提高效率、降低成本的一个经济过程。熊彼特将其过程称为“创造性毁灭”。从长期看，科技创新是经济增长的唯一动力。建立健全特色小镇创新机制，消除经济发展中阻碍创新的因素，不仅是特色小镇发展的根本动力，也是落实供给侧结构性改革，提高发展质量的必然要求。

（4）在特色小镇发展的融资机制上，建立健全特色小镇融资机制是特色小镇各项建设工程稳步推进的保障。从金融的角度看，资金是经济的血液，金融资产的功能在于将社会各要素资源汇聚并投入到最有价值的领域，从而促进资源的优化配置。建立健全特色小镇融资机制，保障各类要素的供给，是特色小镇各个建设项目有条不紊进行的关键所在，也是活跃小镇经济，促进各类人才向小镇集聚的根本保障。

二、特色小镇发展的理论支撑

特色小镇发展缘起19世纪末期欧美发达国家，但在发展过程中，尚未形成专门的特色小镇理论，大多以相关的经济学理论如产业聚集理论、区位论、阿隆索单中心城市理论、增长极理论等为理论支撑。

（一）产业聚集理论与特色小镇发展

从不同产业聚集的角度看，特色小镇发展符合产业聚集的解决理论。首先提出产业聚集理论的经济学家马歇尔（Marshall）认为，为追求外部经济，在同一区域内生产类似产品的企业会自动进行聚集，并会不断自我强化这一聚集。聚集的最终结果是成本的降低与生产率的提高，这个过程马歇尔称为规模经济效应。

产业聚集理论对特色小镇发展具有很好的理论指导作用，它表明在特色小镇产业发展的过程中，应注意对主导产业进行延伸，从而发挥关联产业之间的协作效应，降低成本，实现生产柔性和竞争弹性，提升产业效率，发挥规模经济效应。

（二）工业区位理论与特色小镇发展

特色小镇从产业融合的角度看符合韦伯（Webber.A）的工业区位理论。韦伯将因为生产和技术而实现的工业内部的集聚称为生产集聚；由于公共设施、交通运输和销售市场等外部原因引起的集聚称为社会集聚，其形成的共同原因是成本的降低。社会学家巴格那斯科（Bagnasco）认为一定区域的产业分布情况、共同的制度和文化背景、技术层次是新产业区的主要成因。在一定的地理空间内，产业链的上下游企业、相关厂商实现集聚，能形成灵活的专业化生产组织。库克认为为了形成区域创新体系，不仅需要产业的空间集中，还需要社会文化等“非经济因素”。

工业区位理论对建设特色小镇具有独特的理论启发作用：它表明在特色小镇产业发展的过程中，应当注意实现不同产业之间的融合叠加，发挥社会、文化、生态、旅游等“非经济因素”，实现城镇服务功能、文化和旅游建设一体化，从而更好更快地形成小镇生态创新机制与体系，促使各类人才要素不断向小镇汇聚。

（三）增长极理论与特色小镇发展

特色小镇是构建区域增长极，促进区域协调发展的创新载体。法国经济学家帕鲁（Francois Perroux）提出增长极理论，即经济增长不是均衡地在地理空间上分布，而是围绕主导工业部门，高度联合的一组工业首先出现在区域空间的极核或点上，这个极核具有活力，发展迅速，并通过扩散效应和乘数效应带动整个区域经济的增长。自从帕鲁提出增长极模式后，许多经济学家在帕鲁研究成果的基础上进行扩展，形成了著名的“点轴理论”。“点轴理论”可以看作是增长极理论的扩展深化。由于增长极数量的增多，增长极之间也出现了相互联结的交通线，这样，两个增长极及其中间的交通线就具有了高于增长极的功能，理论上称为发展轴。发展轴应当具有增长极的所有特点，而且比增长极的作用范围更大。

增长极理论对于特色小镇产业布局方面具有深远的理论指导意义。特色小镇可以看作这样一种在特定区域空间内的增长极点。其产业布局从空间形态上应当“分区分块”，每个区域块可以看作一个小的增长极点，不同区域块通过交通线相连，实现各区域经济相互辐射的功能。在空间形态上，小镇的产业布局形态应当是：局部呈“区块状”，整体呈“点轴状”。这种产业布局模式可以最大限度地发挥产业的辐射功能，带动特色小镇经济、文化、社会、生态各方面发展。

（四）城市层级分工体系理论与特色小镇发展

特色小镇建设符合城市层级分工体系的发展方式。Henderson（1995）强调城市规模对经济形态的影响。一般来说，城市规模越小，其经济结构就越单一，分工体系就越简单，城市经济呈现本土化特征。

随着城市规模的扩大，城市经济的本土化特色趋于消失。Fujita（1994）研究提出，不同产业属性和城市层级，在专业化分工中有不同的位置，小城镇难以吸引自由定位的产业，应该从事专业化、标准化高科技活动，而大城市可以从事总部活动和科技研发等实验性活动。

城市层级分工体系理论对于不同产业类型小镇的产业发展方向具有重要的指导作用。具体来说，特色小镇的特点在于其“小而精”“精而美”。因而小镇应立足于本地的产业基础，从事专业化、标准化高科技活动，并通过专业化集聚或城市化集聚，与大城市形成错位和互补。与此同时，特色小镇建设应当避免出现“眼高手低”“盲目兴建”“胡乱模仿”的现象，减少资源的浪费。

（五）新经济地理学理论与特色小镇发展

自从克鲁格曼（Krugman）开创了新经济地理学后，运用新经济地理学理论分析区域经济发展成为理论经济学界最热衷的事。许多学者在运用该理论对区域经济进行分析的过程中，多强调企业、消费群体的异质性所产生的自选择效应对产业空间分布的影响，这些理论被称为“新”新经济地理学。Baldwin 和 Okubo（2006）在 D-S 框架下分析了企业异质性对企业定位的空间选择与空间分类的影响，指出企业之间的生产率差异会促使企业自发选择在不同区位布局，其中生产率高的企业选择布局在核心区，生产率低的企业会自动布局在核心区外围。克里斯蒂安·贝伦斯等（2014）也在 D-S 框架下分析了异质性企业对不同城市形态的影响，证明大城市一般具有较高的生产率。Combes 等采用法国公司的截面数据分析了企业的“自选择效应”，发现高效率企业提高了中心区域的平均生产率。

新经济地理学对于特色小镇在培育过程中政府与市场作用边界的确定具有很好的理论指导意义。很多区域经济带的形成是许多具有不同生产率的企业自发选择的结果。企业的自选择效应会使得高生产能力的企业选择在核心区布局，而生成率较低的企业会自动布局在核心区的周围，为高生产率的企业提供配套服务。因而，特色小镇在建设过程中，应当在政府引导的基础上，充分发挥市场机制的自选择效应，促进资源的最优化配置，避免政府过度干预市场和企业而出现资源配置的扭曲。

三、中国式特色小镇发展机制特点

中国特色小镇建设的提出，旨在培育地方特色产业，振兴地方经济，实现城乡协调发展，融产业、城市、人文、旅游、生态等诸要素于一体的空间实体。特色小镇具有明确产业定位、文化内涵和旅游功能，是一个以产业为核心，以项目为载体，生产生活生态相融合的生命体。从产业集聚的形态来看，中国特色小镇的发展机制比发达国家更复杂。具体而言，中国特色小镇的发展相比于发达国家，有如下几个特点：

（一）从特色小镇建设机制看，以浙江、江苏为代表的中国特色小镇模式大多数属于“外推型”小镇

所谓“外推型”小镇指的是依靠外部力量推动（如政府规划、城市辐射、科技注入）而建成的小镇。对比国外特色小镇，国外特色小镇建设机制不少属于“内生型”特色小镇。“内生型”小镇指的是由市场主体（企业）自行选择、布局，从而渐渐在空间上成长发展起来的特色小镇。由于我国的城市化进程尚处于推进阶段，城乡发展不协调，一方面许多农村劳动力向城市

聚集，“空心村”“空心镇”的问题比较突出；另一方面，城市拥挤、城市污染问题突出，“逆城市化”问题同样存在。这种“二元悖论”现象的存在使得特色小镇的兴起不仅是市场主体自发选择的结果，更是政府振兴乡村经济，协调城乡发展，促进城乡产、城、文、旅、智一体发展的必要手段。从实践经验上看，这种政府主导下的特色小镇建设能够依据地方实际情况，运用政府在财政、技术、土地、政策上的支持，实现市场主体、产业、资源要素的迅速集聚，发挥规模经济效益，在较短的时间内改善地区经济情况，实现该区域经济、社会、人文、生态的全面发展。

具体而言，“外推型”小镇的发展思路是：在小镇区域已有的产业基础上，政府通过分析研究，确定小镇未来产业发展的总体方向和目标，拟订小镇产业布局的空间形态，确定需要新建的一些项目设施。通过出台相关的扶持政策，吸引龙头企业入驻小镇，承担小镇具体项目的建设。政府主要是为小镇建设提供公共服务设施，为小镇建设提供资金、土地方面的保障，并对建设成果进行及时跟踪、评估、反馈，以便及时发现建设过程中存在的问题。其发展总体机制可概括为：政府引导、市场主体、社会参与。

从国内特色小镇发展经验看，“外推型”特色小镇发展的典型例子之一是梦想小镇。该小镇是浙江省第一批创建的特色小镇，并成为率先通过验收并获得特色小镇命名的两个小镇之一，是在浙江省政府大力发展信息经济的大背景下，依托杭州未来科技城良好的人才和产业优势，规划发展成为国家级互联网创新创业的高地、全国特色小镇的标杆。自 2015 年开园以来，梦想小镇集聚创业项目 1341 个、创业人才 12900 余名，有 136 个项目获得百万元以上融资，创业项目融资总额达 94.25 亿元，3 家企业挂牌新三板①。通过政府规划引领和政策引导，梦想小镇已经成为大众创业、万众创新的高地，成为地方信息经济发展的增长点，同时也成为具有休闲、旅游、文化等元素的田园式“人造小镇”，是政府规划的“外推型”特色小镇的典型代表。

与之相反，以美国“好时小镇”为代表的“内生型”小镇的发展主要缘于好时先生回到他的家乡所在地好时，兴办了好时镇上的第一家巧克力企业。由于市场需求反应良好，加上该地拥有丰富的用于生产巧克力的原料，企业利润不断增加，市场规模不断扩大，企业利润再投入基础设施、公共服务，不断完善小镇各项基础设施。随着好时巧克力的知名度提高，影响力增大，许多上下游关联企业来此处集聚布局。好时小镇渐渐地成了享誉世界的巧克力制造天堂。好时小镇也成为“内生型”小镇发展、壮大的一个典型例子。

（二）从特色小镇的产业发展机制上看，中国特色小镇的主导产业类型丰富多样

特色小镇的主导产业类型较多，包括新兴产业、文化旅游、现代农业等，浙江省和江苏省根据产业发展基础选择了不同的特色主导产业。同时，主导产业与关联产业配套产业之间往往是彼此深度融合并充分扩展其功能。对比国外特色小镇，中国特色小镇产业种类更加齐全，产业链延伸更加广阔，产业间的融合、产业功能的扩展更加深入。在多种产业类型的基础上，又有不同类型产业之间的嵌套、融合，使得小镇业态相比于传统的产业园区或者国

① 数据来源：梦想小镇众创空间网站（http：//www.dreamvillage.com.cn/dreamTown/about.htm?mwmId=375）。

外特色小镇更加丰富多彩。进一步，由于负有推进区域经济建设、促进城乡一体化发展的任务，我国目前已经建成包括未来拟建的特色小镇都强调“产、城、人、文”同步发展。具体而言，产业是小镇的核心，城市是小镇发展的依托，人才是小镇发展的关键，文化是小镇发展的灵魂。产业的发展始终要以城镇为依托，小镇发展的关键要素始终是“人”而不是“物”，吸引和汇聚人才始终是关键。打造舒适的、适合人居住的小镇始终是小镇发展的落脚点。拥有独特的地域文化特色始终是特色小镇发展的灵魂。浙江省“袜艺小镇”即是从传统纺织业升级，实现“产、城、人、文”一体化发展的典型。袜艺小镇的规划主要有“智造硅谷、时尚市集、众创空间”三大功能区块，在产业链的纵向拓展上实现“创新+、资本+、互联网+、创意+、服务+”，在产业链的横向拓展上，努力打造成全球知名的袜业文化中心、全球唯一的袜业旅游目的地，已经成功创建为AAA景区，实现了“产、城、文、旅”全面发展。

（三）从特色小镇的科技支撑机制上看，中国特色小镇的产业技术形态呈现“数字化”特征

我国已建成或者待筹建的特色小镇多采用现代化的生产技术作为小镇特色产业的支撑，产业的技术形态上呈现“数字化”特征。所谓“数字化”，是指以现代信息技术为依托，采取“互联网+”的模式，从前端生产制造到后端品牌销售服务，普遍采用云计算、大数据、人工智能等先进技术，对主要相关产业的发展进行信息处理，最终达到生产、销售的全面信息化智能化。从已有的中国特色小镇发展经验看，这种以“数字化”为特征的产业发展模式，不仅能够实现小镇产业的升级，推动小镇创新式、跨越式发展，同时也能最大限度地减少人类经济活动对环境所产生的外部效应，实现生产、生活、生态协调发展。从国内发展的经验看，这种以“数字化”为特征的小镇最典型的例子当属杭州的“云栖小镇”。“云栖小镇”是以云计算为核心，云计算大数据和智能硬件产业为产业特色的小镇。云栖小镇坚持发展以云计算为代表的信息经济产业，着力打造云生态，大力发展智能硬件产业。目前已经集聚了一大批云计算、大数据、APP开发、游戏和智能硬件领域的企业和团队，产业已经覆盖云计算、大数据、互联网金融、移动互联网等各个领域。目前，云栖小镇形成了“创新牧场—产业黑土—科技蓝天”的创新生态圈。

（四）从特色小镇的融资模式上看，中国特色小镇建设的资金主要来自于各级政府平台公司或地方国有企业

国外特色小镇最初的兴起，往往是私营企业主导投资建厂，然后与之配套的相关企业自发集聚，与主导行业的企业形成前后供应商的关系，为产业的发展融资助力，在此基础上，国外政府也出台相关法律，给予某一地区提供基础设施建设以及政策财政支持，为特色小镇内的企业发展融资助力。同时，发达国家金融业水平较高，各类银行、证券公司、基金公司也不断给镇区内的企业提供贷款、证券、基金方面的融资支持。尽管国外特色小镇也出现过许多“外推型”小镇，但从总体上看，小镇的经济建设主要还是依赖市场主体（企业），因此，国外特色小镇的融资模式可以概括为“市场主导、社会参与、政府支持”。而我国小镇建设的资金筹措，小部分由民营企业作为建设主体进行企业自行筹措，大部分的资金主要依靠政府的各级平台公司或地方国有企业进行投资。目前，许多特色小镇的建设开始运用PPP模式，争取央企、上市公司、金融机构和社会资本投资特色小镇的市政设施和公共服务设施建设。鼓励各类金融机构创新金融产品，支持小镇企业融资贷款。但从总体上看，我国特色小镇建设对政府平台公司或地方国有企业的依赖度仍比较高，融资模式相比发达国家仍不够多样化。

四、特色小镇发展机制存在的问题

从目前中国特色小镇的建设实践看，主要存在以下几个方面的问题。

（一）市场机制不够健全，“内生型”特色小镇数量不足

目前，特色小镇的打造以“外推型”小镇为主，不少地方在规划建设当中存在“盲目建设”“过度模仿”等问题，未能依据本地的资源禀赋与产业基础建设适合本地情况的特色小镇。在建设小镇的过程当中，市场还不能起到配置资源的决定性作用，这导致一个地区的产业不能依据市场需求变化得到自发性地生长、培育、升级。在建设小镇过程中，本地居民还未能充分参与进来，这使得小镇建设过程中出现的一些问题不能得到及时反馈、纠正。

（二）产业层次不高，产业融合、产业链延伸深度不够

许多特色小镇在建设过程中，产业层次不高，产业附加值较低，不能有效地进行产业延伸、产业融合以及产业功能拓展，导致产业发展水平较低。产业水平的低下导致该地区经济、社会、文化不能得到充分发展，从而无法吸引优秀的人才、企业入驻。总之，因为产业结构的单一，导致以小镇为实体的空间单位功能缺失，特色小镇带动一个地区经济社会文化发展的功能无法实现，小镇建设的核心仍停留在“物”而不是“人”的阶段。“产、城、文、智、旅”五位一体发展并不能真正实现。

（三）先进技术支撑不足，不少特色小镇的主导产业缺乏高新技术支撑

无论是“城中镇”“园中镇”，还是“镇中镇”，数字化往往意味着必须有先进的现代科学技术和信息技术作为技术支撑。目前，很多乡镇的技术创新多以大企业为主，缺乏中小企业的技术研发平台和科技服务中介机构，“产、学、研、用”不能有效结合，这使得许多乡镇的产业发展仍处在较低水平，无法实现产业的升级。一整套良好的科技创新体制与现代互联网信息体系目前仍在探索阶段。

（四）融资渠道缺乏，要素保障机制不健全

目前，特色小镇在融资机制方面，虽然已经出现基金模式、信托模式、债券模式、PPP 模式等多种融资模式，但投融资的主要模式仍是政府平台公司向银行信贷。同时特色小镇的投资建设主体大多信用等级不高，融资渠道单一。在中西部地区也有不少建设资金来源于各级政府的财政与专项资金。融资渠道的缺乏导致各类要素的保障供应往往不能落实到位，从而影响小镇建设的进程。

五、建立健全我国特色小镇发展机制的相关建议

当前，我国各地特色小镇的建设正如火如荼，如何实现中央经济工作会议要求的健康发展，笔者对浙江和江苏特色小镇发展进行了持续跟踪和研究，现就如何建立健全我国特色小镇发展机制提出如下建议：

（一）明确小镇发展思路，重点培育“内生型”特色小镇

特色小镇主导产业的选择是小镇生命力的核心。牢固树立特色小镇的发展靠的是“培育”，而非“打造”这样的理念。产

业定位上，要根据自身的区域空间位置，依据当地的资源禀赋、产业基础、消费结构、市场需求，选取当地最有基础、最具潜力、最能成长的特色优势产业，确定小镇产业发展方向、发展目标和建设项目。建立小镇建设工作领导机制，有条不紊地推进小镇建设。切忌生搬硬套，盲目模仿国外或其他地区已有的特色小镇模式，造成资源浪费。小镇发展应重点做好产业规划，注重其空间分布的层次性与发展的阶段性。在产业规划的顶层设计中，应加强各方面的沟通协调，充分听取产业专家、文化专家、民俗专家以及当地民众的意见，以增加决策声音的多元性，增强决策的合理性，真正做到小镇建设以人为本，实现当地居民、企业和当地政府共同建设特色小镇，共享经济发展的成果。

（二）健全产业发展机制与技术支撑机制

特色小镇是要建设一种新型产业社区，搭建各类服务小镇创业人才和骨干企业家的交流平台，从发展理念、产业升级、技术支撑、投融资模式四个方面不断创新和突破，激发小镇内部活力。以科技作为技术支撑，以小镇发展为目的，以树立文化核心为灵魂，以改善人民生活为根本落脚点，不断促进主导产业与配套产业、产业与产业间的融合与功能的拓展互补，实现产业联动发展推进的良性发展机制。形成独具特色又丰富多样的文化元素，进而树立小镇特有的文化品牌。通过产业链向研发、设计、体验和应用等两端延伸，向“互联网+、智慧+、旅游+、生态+”等横向扩展，发挥小镇经济、社会、生态、旅游、科技多方面的功能。

（三）健全投融资机制，拓宽融资渠道，保障要素供给

建立多渠道市场化融资体系，政府设立特色小镇投资基金或引导基金，引导更多社会资本加大对特色小镇的投资。加大专项财政资金对特色产业支持力度，同时严格控制财政预算，确保财政投资效率。运用 PPP 模式，争取央企、上市公司、金融机构和社会资本投资特色小镇的市政设施和公共服务设施建设。鼓励各类金融机构创新金融产品，支持小镇企业融资贷款。

（四）明确政府和市场边界，为特色小镇建设营造良好的环境

特色小镇是建立政府与市场新关系的改革实践。加强特色小镇主导产业的培育和发展，建立健全以政府为引导，以企业为主体的市场化开发运营机制。充分发挥市场主体在小镇建设中的作用，坚持市场导向，创新建设运营机制和社会治理模式，推动特色小镇管理、运营、投资三方紧密协作，有条件的地方可探索建立特色小镇合伙人制度。同时，政府应当营造良好的政务环境、信用环境与营销环境，建立健全市场准入机制，简化行政审批程序，从而减少行政对市场在资源配置中的扭曲，努力做到政府在建设特色小镇过程中“不缺位”“不越位”，为市场主体的发展壮大保驾护航。建立完善人才流动机制与特殊人才补贴机制，激励高素质人才留在小镇。统筹安排用地指标，根据产业发展项目用地需求，合理安排土地使用，保障土地供应。

（五）完善小镇评估体制机制

要健全特色小镇的评价体系，包括特色小镇建设标准体系、年度考核指标体系、验收命名指标体系等，多层次、全方位考评特色小镇建设情况，以便及时发现小镇建设发展过程中存在的问题，对待不同类型的小镇应该采用不同的评价标准。在评价过程中，注意评价的科学性、合理性、严谨性，从而推动小镇建设不断取得进步，实现地方经济、社会、文化、生态、科技全方位发展。

参考文献：

[1] 马歇尔. 经济学原理（上卷）[M]. 北京：商务印书馆，1991：280-290.

[2] 阿尔弗雷德·韦伯. 工业区位论 [M]. 北京：商务印书馆，1997：77-79.

[3] Francois Perroux. Econamic Space：Theory and Applications [J]. Quarterly Journal of Economics，1950（1）.

[4] Henderson V，Kuncoro A， Turner M. Industrial Development in Cities [J]. The Journal of Political Economy，1995（5）.

[5] Baldwin R E，Okubot.2006. Heterogeneous Firms， Agglomeration and Economic Geography：spatial Selection and Sorting [J]. Journal of Economic Geography，6（3）.

[6] Behrensk，Durantong，Robert-nicoud F. 2014. Productive cities：Sorting，Selection，and Agglomeration [J]. Journal of Political Economy，122（3）.

[7] Combes P，Duranton G，Gobillon L，et al. Sorting and Local Wage and Skill Distributionsin France [J]. Regional Science and Urban Economics，2012（42）.

特色小镇及其建设原则、方法研究综述①

黄 毅 覃鉴淇

2015 年 4 月，浙江省人民政府发布《浙江省人民政府关于加快特色小镇规划建设的指导意见》，明确提出在浙江省创建特色小镇。6 月 3 日，浙江省公布第一批省级特色小镇创建名单，杭州余杭梦想小镇、上城玉皇山南基金小镇、西湖云栖小镇、磐安江南药镇、南浔善琏湖笔小镇等上榜。2016 年 1 月，浙江省公布第二批省级特色小镇创建名单，杭州下城跨贸小镇、宁波鄞州四明金融小镇、温州瓯海生命健康小镇等 42 个小镇入围，同时还发布了一批省级特色小镇培育名单。国家层面，2016 年 7 月 1 日，中华人民共和国住房和城乡建设部、中华人民共和国国家发展和改革委员会、中华人民共和国财政部三部委下发《关于开展特色小镇培育工作的通知》。2016 年 10 月 8 日，国家发改委下发《关于加快美丽特色小（城）镇建设的指导意见》。住建部也于 2016 年 10 月 25 日公布第一批 127 个中国特色小镇。由此，特色小镇引起了人们的关注，一些学者也对此展开了研究。目前的特色小镇研究，重点在两个方面，一是关于什么是特色小镇的研究，二是怎么建设特色小镇的研究。尽管时间不长，所取得的成果也有限，但这些研究仍然值得我们关注。

一、特色小镇定义及内涵研究

关于特色小镇，《浙江省人民政府关于加快特色小镇规划建设的指导意见》是这

① 本文摘录自《广西经济管理干部学院学报》2017 年第 1 期。

作者简介：黄毅，广西师范学院文学院教授、博士，研究方向：文化学、民俗学。覃鉴淇，广西师范学院文学院 2015 级民俗学专业研究生，研究方向：南方习俗与现代化。

样界定的："特色小镇是相对独立于市区，具有明确产业定位、文化内涵、旅游和一定社区功能的发展空间平台，区别于行政区划单元和产业园区。"《国家发展改革委关于加快美丽特色小（城）镇建设的指导意见》也对特色小镇作了界定，发改委的界定是："特色小镇主要指聚焦特色产业和新兴产业，集聚发展要素，不同于行政建制镇和产业园区的创新创业平台。"两者都把特色小镇界定为发展平台，而非行政意义上的镇，但浙江省政府的界定把特色小镇应有的要素做了规定，即特色小镇要有明确的产业定位，有文化内涵，有旅游功能及一定的社区功能，而国家发展改革委的界定则强调小镇对产业和发展要素的集聚，两者稍有不同。

针对上述界定，学者们对特色小镇的各方面特性进行了研究。

（一）特色小镇提出的背景研究

特色小镇被提出来不是偶然的，特色小镇的功能和意义显然与特色小镇被提出来的背景和原因有关，因而特色小镇提出的背景和原因也受到学界的重视。学者们普遍认为，特色小镇的提出，与浙江乃至全国的经济需要转型升级，需要实施新型城镇化战略和新农村建设战略等新的经济发展形势有关。如韩金起就认为，浙江特色小镇的培育、建设是在浙江经济转型升级的背景下展开的，目的就在于最大限度地激发浙江的创新精神，尤其是自主创新精神，促进浙江经济的转型升级。卫龙宝、史新杰也认为，从宏观层面来看，特色小镇的建设与目前所提出的新型城镇化过程中的"农民市民化""产业转型升级""创新创业"等大战略是相辅相成、相互促进的。这些战略的实施可以通过"特色小镇"这个"抓手"去推进，而"特色小镇"的建设又有这些大战略的"保驾护航"。通过这样一种模式，可以最大程度地促进经济社会转型，解决城镇化过程中的诸多难题，具有非常重大的社会现实意义。郑新立也认为，目前经济下行，培育新的增长动能是当前的主要任务，而建设特色小镇是推进城乡一体化改革发展的突破口。特色小镇建设既能够吸引更多的人口留在小城镇，带动城市发展，又使乡村更加美丽宜居，并为工业反哺农业、城市反哺农村创造了条件、提供了平台，它的重要意义是十分深远的。

（二）特色小镇的特征研究

关于特色小镇的特征，中共城阳区委党校课题组从对人的态度、生态表现、形态特征、文化特点等方面进行分析，认为特色小城镇是新型城镇化发展的实践探索和创新缩影，具有人本化、生态化、差异化、传承化、艺术化、一体化六个特征。而卫龙宝、史新杰等则是从特色小镇在产业、功能、形态、机制等方面来概括，认为特色小镇具备产业上"特而强"、功能上"有机合"、形态上"小而美"、机制上"新而活"的特征。

（三）特色小镇的内涵研究

陈炎兵认为特色小镇的特色：一是产业特色。特色小镇的产业特色是基于小镇的传统资源优势、地理区位优势、人文优势、传统工艺优势等多方面的独特资源形成的经济特色。二是文化特色。这是特色小镇的核心和灵魂，是支撑特色小镇发展的文化动力，是特色小镇基于当地的文化特色、民族特色、传统特色而形成的具有长久的魅力和吸引力的文化因素。三是风情风俗风貌特色。这是特色小镇的物质内涵和文化底蕴的综合体现，包括小镇的民俗、民风、习俗以及小镇的建筑特色、镇容镇貌特色、风土人情特色等。四是管理和服务特色。这是特色小镇在改善投资环境、扶持产业发展、挖掘传统资源、整合社会资源等多方面的组织、协调、服务特色，是特色小镇软件环境和软实力的综合体现。而马庆斌则认为，发展特色小镇涵盖的内容丰富多元，但主要核心是发展产业和文化，即特色小镇的特色主要还是表现在产业和文化上。这显然是一种更简练的表述。

不仅探讨特色小镇特色的内涵，盛世豪、张伟明还阐述了特色小镇特色形成的根源。他们认为，产业生态位是包括产业生存、发展和演变的生态环境，它为产业演变发展提供了各种所需要的资源，进而决定了产业的成长机制、组织形式、核心竞争力和可持续发展能力。产业生态位决定了资源要素甚至产业性质的差异，是产业间共生互补或竞争关系的基础前提。也即正是产业生态位决定了特色小镇的产业“特色”，欧美国家的特色小镇无一不与其相应的“产业生态位”紧密相关。盛世豪、张伟明以生态学理论来阐释特色小镇特色形成的根源，对问题的认识无疑更深入。

（四）特色小镇的功能、价值和意义研究

特色小镇有其独特的功能、价值和意义。由于特色小镇还是新事物，目前人们对其功能、价值和意义的认识明显不足，因此深入挖掘非常有必要。许多学者对特色小镇所应具有的功能、价值和意义进行了深入的研究。纵观这些研究，我们看到，特色小镇主要有如下功能、价值和意义：

第一，就产业而言，特色小镇具有优化产业生态位、完善产业创新、提升内外环境的功能。盛世豪、张伟明认为，特色小镇是集特色产业的创新、生产、销售、服务于一体的新兴产业空间组织形式，它将创新、绿色、开放、人文等理念嵌入其中，能通过集聚高端要素提升创新能力孕育提升特色产业，能通过集聚相关企业提升产品竞争力增强有效供给能力，能通过整合历史人文因素提升产业内涵优化区域发展动能，能通过产业链、创新链、服务链、要素链有机融合优化产业生态位完善产业创新提升内外环境。

第二，就区域经济而言，特色小镇能促进产业集聚，重构区域产业体系，优化区域产业生态系统，提升区域经济竞争力与地方经济实力。如盛世豪、张伟明认为，特色小镇是提升区域竞争力和可持续发展能力的重要支撑，因为一是特色小镇有利于增强区域有效供给能力，二是特色小镇有利于提升全要素生产率，三是特色小镇有利于优化区域产业生态系统。兰建平则认为，从功能上看，特色小镇主要有三大功能：首先是促进产业集聚，其次是提高小镇知名度，最后增强小镇活力，提升地方经济实力。规划建设特色小镇，能促进全省经济平稳健康发展，加快产业转型升级。郭金喜也认为，从区域经济学的视角看特色小镇的建设，它实际上是应对消费社会转型与升华区位效应的战略选择，是对区域产业体系的重构与竞争力的提升，是对城市空间的重组与经济空间的优化。

第三，就人民生活而言，特色小镇的建设也同样具有独特的功能及重要的价值和意义。如陈炎兵认为，特色小镇的建设具有实现城乡居民基本权益平等化，实现城乡公共服务均等化，实现城乡居民收入均衡化，实现城乡要素配置合理化，实现城乡产业发展融合化等重要功能。而中共城阳区委党校课题组也认为，建设特色小镇有利于改善人民的居住环境，提高人民的生活品质。

二、建设特色小镇的原则和方法研究

由于特色小镇问题的核心是建设，因

此建设特色小镇的问题成了当前研究的中心。而在特色小镇的建设方面，学者们最为关注的又是建设的基本原则和具有可操作性的建设方法，围绕建设特色小镇的原则和方法而展开研究综述如下：

（一）建设特色小镇原则研究

1. 孵化、培育和发展特色产业作为建设特色小镇的关键原则

盛世豪、张伟明就认为，特色小镇的特色在于产业、主体也是产业，因此必须把孵化、培育和发展特色产业作为特色小镇建设的关键。而牛少凤也认为，特色小镇必须以产业来支撑，因此，培育特色小镇，就要把产业作为支撑小镇生命有机体的脊梁来发展，要着眼于推动传统产业升级、促进新兴产业发展，构建一批具有明确产业定位、文化内涵和旅游功能的产业发展空间载体。

2. 注重历史人文内涵的挖掘作为特色小镇建设的重要基础原则

盛世豪、张伟明认为，特色小镇的底蕴在于历史人文内涵、可持续性也在于历史人文内涵，必须把注重历史人文内涵的挖掘作为特色小镇建设的重要基础。王小章认为，特色小镇的“特色”不能罔顾既有之环境的、社会的、历史文化的基础和传统而硬造，恰恰相反，必须建基在既有的基础条件和历史传统之上，否则，所谓的建设规划很容易走上为特色而特色的凭空臆想，甚至为了主观臆想的特色而破坏自然赋有或历史形成的特色，就像当年（至今也依旧存在）不少地方毁真山水造假山水、毁真古董造假古董。卢跃东认为，建设特色小镇要注重个性化，即要保持小镇鲜明的地域特色、产业特色和人文特色。张海如认为，特色小镇的规划建设，应避免唱“空城计”，不能搞“空镇”，而要立足乡土、挖掘历史文化，充分用好用足自己的自然资源和人文历史资源。苏彦也提出，发展特色小镇需要尊重历史和传统。

3. 充分发挥市场主体作用，充分发挥市场在资源配置中的决定性作用原则

盛世豪、张伟明认为，特色小镇建设要充分发挥市场主体作用，充分发挥市场在资源配置中的决定性作用。特色小镇建设要按照市场需求趋势去选择产业方向，顺应市场规律去完善产业发展体制机制，让市场机制决定资源配置，真正凸显企业的主体地位。张海如也认为，特色小镇的规划建设，应避免以往那种传统园区搞高强度土地开发、大拆大建的老办法，而要让市场在资源配置中发挥决定性作用。要建立完善以市场价格为信号引导资源要素流动及配置的科学机制，以市场的透明公正、规范严格且专业高效的价格竞争手段实现特色小镇投资建设各项目的优胜劣汰，减少乃至杜绝低水平重复建设以及无序竞争造成的浪费。

4. 注重创建和保持一流的生态环境，充分体现绿色发展理念原则

盛世豪、张伟明认为，引领经济新常态，亟待破解城市病和环境污染等各种困扰，也亟待破解“要生态就难要发展”的困局，真正推动实现产业发展与生态保护之间形成平衡。因此，在推动特色小镇建设过程中，要注重创建和保持一流的生态环境，充分体现绿色发展理念。

5. 坚持“以人为本”，尊重社群意愿，强调居民参与的原则

王小章认为，特色小镇建设必须围绕让居民生活得更好这个基本目标而展开，必须坚持“以人为本”，尊重社群意愿，强调居民参与。卢跃东认为，特色小镇建设要注重人性化，要坚持“以人为本”，从满足人们生产生活的实际需求出发来建设。为此，特色小镇建设要达到宜居、宜业、

宜游的建设目标。苏彦也认为，特色小镇建设要转变观念，尤其是地方执政者，要特别警惕那种“资本搭台、文化唱戏”的套路，不要为了建设特色小镇而建设，要将民生发展作为己任，从传统的政绩模式转变到民生模式上来。

6. 要个性化，避免千镇一面的原则

卢跃东认为，特色小镇要个性化，要在“特”字上下功夫，走差异化发展、错位竞争的路子，而千万不能搞无原则的拿来主义，一味地照搬照抄，从而导致千镇一面，失去特色。用好每个小镇自身在区位条件、历史人文、资源禀赋、产业特点、风土人情等方面的独特条件，是避免千镇一面的有效办法。苏彦也认为，特色小镇建设要做好统筹规划，避免一哄而上，陷入千篇一律的怪圈中。

（二）特色小镇建设方法研究

针对特色小镇建设方法的研究，综合学者们提出的方法，归纳如下：

1. 规范政府的行为

张蔚文认为，在特色小镇建设中，政府要准确定位自己的功能和作用，该政府做的政府要做好，不该政府做的，政府就不要干预。而在履行政府职责的实践中要力求到位而不越位。同时还要在解决如下新问题上进行补位：第一，如何使“加倍倒扣省奖励的用地指标”这一惩罚措施在实践中可操作，从而使其真正起到防止搭政策便车行为的发生。第二，如何把握“宽进严定”的尺度，从而确保入围者真正具备特色小镇的内涵和发展前景。第三，特色小镇突破了行政界线的框定，管理上如何才能在整个行政区域通盘考虑的前提下体现其特殊性。第四，特色小镇的发展会不会形成类似“点轴增长极”理论描述的状态。它们对浙江整体经济发展的正面作用和负面作用如何。第五，能否通过创建特色小镇带动开发区和工业园区的产城融合改造。第六，特色小镇与卫星城镇之间的关系如何。未来，特色小镇有没有可能发展成卫星镇。郭金喜也从政府的角度考虑特色小镇的建设，他认为，所有的区域竞争背后都是制度的竞争；所有的改革，最终指向的均是制度变革，因此特色小镇建设，政府要拿出创新的政策来，这是关键。

2. 构建产业生态

陈建忠认为，特色小镇建设的核心在于打造特色产业生态，打造特色产业生态是推进特色小镇建设的核心所在。要打造特色产业生态，关键在于推进业态创新。要推进业态创新，其切入点在于培育和集聚核心要素。而培育和集聚核心要素，关键要在四个方面取得突破：一是引进和培养高级人才，形成适应新型业态发展需要的人才结构。二是加大产业有效投资，形成特色产业生态的支撑力量。三是精心谋划重大项目，形成特色小镇特色产业生态的产业基础。四是推广“互联网+”应用，形成特色小镇特色产业业态新模式。谢文武、朱志刚也认为，杭州市打造山南基金小镇，关键在于打造高端产业生态圈，可资借鉴的经验有三：一是有效界定政府与市场的合理边界，推动资源配置的最优化；二是综合运用一体化的政策运作模式，实现政策效用的最大化；三是积极落实政府管理体制的转型，以确保政府服务的主动化。

3. 以产业为引领

卫龙宝、史新杰认为，要通过“一方统筹，多方联动”的方式，实现上下互通；通过合理布局，设置具有不同产业特色、不同规模的小镇，使特色小镇的建设能得到有序推进；以多重标准，科学评价特色小镇的发展状况；除土地和财政外，探索建立健全资金保障机制、创新小镇后期业态招商机制、创新小镇居民招入机制等，保障特色小镇的健康发展。吴娇娇则以杭州市余杭区为个案，探索以文创产业助推特色小镇建设的方法，具体提出：首先，以小镇规划为重心，优化构建“三核、三带、三平台”空间格局；其次，以小镇特色产业为引导，着重发展“信息、生活、设计”三大重点领域；最后，以小镇建设要素创新为引擎，大力实施五大促进发展工程。

4. 优化土地配置

王洪光等认为，土地是最重要的生产资料，是城镇化、产业化的主载体和基础平台，特色小镇建设必然会面临土地问题。要推进特色小镇的建设，就要优化特色小镇土地要素的配置。具体的优化方案：一是科学布局用地规划，要按照主导产业特色鲜明、相关产业按需配套的原则，合理确定特色小镇产业功能布局。二是差别配置新增用地，只给在市级以上产业园区内的特色小镇供应新增工业用地，其他的特色小镇用地则以通过盘活存量房地资源的方式解决。三是全力盘活低效土地，放宽低效用地盘活政策管控，对能够盘活利用的工业等项目用地，在确保产业项目前提下，放开分割盘活等限制，解决产业发展空间难题，提高存量土地利用效率。四是适度放宽用途管制，针对特色小镇建设过程中出现的新型业态，本着宽容和尊重社会创造力的原则，允许新型业态在存量土地上跨用途临时利用。五是统筹平衡建设资金，通过深入谋划特色小镇建设涉及的资金平衡方案，充分借鉴区片开发经验，科学配置经营性用地、产业用地比重，确保特色小镇建设有收益、有特色、有产业，成为经济社会发展新的制高点。

5. 加强文化建设

陈立旭提出，特色小镇建设，要加强文化的支撑作用。具体而言，在推动特色小镇建设过程中，需要重视新文化凝聚力的培育、维系成员的共同精神纽带的重构，以发挥文化的引领、渗透、感召、辐射和凝聚作用；需要把强化文化特色、彰显独特文化魅力贯穿于特色小镇建设全过程，以提升特色小镇的文化形象、文化品位；需要通过培育和发展创业创新文化，强化小镇居民创业创新动机、热情和意志，以增强特色小镇对创业创新者的吸引力、向心力。韩方明也认为，特色小镇的核心在文化，各地政府要尊重各地的文化传统，优化决策机制，通过新乡绅，发掘并培育新的本土文化。

6. 以区域营销为手段推进特色小镇建设

金兴华别出心裁，提出可以用区域营销的方式来推进特色小镇的建设。他认为，从一般的意义上讲，区域营销包括确定产业、培育市场和区域促销三个方面的内涵，那么，就特色小镇建设而言，则包括以下三个内涵：一是确定小镇特色产业；二是培育以小镇为根据地的面向全球的市场体系；三是特色小镇促销。即从区域营销的视角来看，可以通过开展以下三个方面的工作来推进特色小镇的建设：一要加强特色产业的规划和引导；二要努力建设好“线上线下”两个市场平台；三要努力形塑好特色小镇品牌。

7. 以信息化推动特色小镇建设

徐剑锋认为，在信息经济时代，只有将工业化与信息化高度融合，才能推进生产、流通到消费的智能化，才能提升企业效率。特色小镇应该成为浙江工业化与信息化高度融合的一个大平台与实践园。通过相关政策措施，推进互联网企业与人才向特色小镇集聚，大力发展产业+互联网与互联网+产业，拓展与优化产业链，推进浙江新产业的发展与传统产业的转型升级。牛少凤也认为，信息经济具有更强更广更深的集成性、渗透性与带动性，在特色小镇的建设中，全方位、立体式的“互联网+”的应用与推广，可助特色小镇实现历史与现代、古朴与时尚、原生态与新技术、老产业与新业态的互联互通。

三、特色小镇研究评述

特色小镇研究虽历时不长但取得了较为丰硕的成果，尤其在特色小镇特征研究、特色小镇内涵研究、建设特色小镇的原则和方法研究等方面成果丰厚。随着特色小镇建设的推进，对特色小镇的相关研究也将引起学者更多的关注，研究成果会不断涌现。为促进特色小镇的相关研究，以下仅探讨当前学界的特色小镇研究还存在的不足之处：

第一，对国外的特色小镇建设的研究较少。查国外的各种文献，鲜见有特色小镇的说法，因此，特色小镇一词属于中国的创造。在中国，较早用“特色小镇”一词的，是一些与房地产有关的文章，它所指的大多也是一种新开发的具有异域情调的房地产项目，如《中国房地产报》2005年5月12日第7版刊登的记者刘笑一的文章《原汁原味展现北欧城镇风格，“金罗店”经营现代化特色小镇》就是在这个意义上使用“特色小镇”一词的。云南省把旅游作为全省的重点产业来发展，自2003年起就启动了60个旅游小镇建设的规划，这些旅游小镇也被称为“特色小镇”。如《中国党政干部论坛》2010年第11期发表的云南省住房和城乡建设厅厅长罗应光的文章《特色小镇建设：西南边疆地区推进城镇化的主要载体》，其中的“特色小镇”指的正是这种意义上的小镇。而真正意义上的“特色小镇”，自然是2015年从浙江开始的。尽管国外没有“特色小镇”的说法，但国外的一批发展良好的小镇，如美国格林尼治对冲基金小镇、美国硅谷、意大利的穆拉诺玻璃之城、波托菲诺小镇、德国斯图加特汽车城、日本东京的大田汽车零部件小镇、瑞士达沃斯小镇、法国的普罗旺斯小镇、格拉斯香水小镇、希腊的圣多里尼小镇等，无疑给了国内极大的启发。针对国外这些特色小镇的发展研究以及比较研究有待加强。

第二，由于特色小镇的概念刚刚提出来，而发展特色小镇的任务又很重，受制于这样的情况，目前有关特色小镇研究，面很窄，重点只放在“什么是特色小镇”以及“如何建设特色小镇”等问题上，这显然是不够的。

第三，大多数的研究还仅停留在经验总结的范畴，往往缺少学理性分析。

第四，许多问题的研究还有待深入。如特色小镇建设的方法是当前的研究关注较多的问题，而文化也是特色小镇特色之所在，但如何加强特色小镇的文化建设，目前的研究较少涉及。

总之，当前的特色小镇研究还仅仅是开始，还远不能满足国家特色小镇建设的迫切需要。特色小镇尽管只是小镇，但它是当前国家发展的一个重要抓手，也是国家在未来很长一段时间里稳定均衡发展的希望所在，因此，各学科通力合作，发挥好各自的优势，尽快推进相关研究，既有必要性，也有紧迫性。

参考文献：

［1］韩金起. 从创新看浙江特色小镇建设［J］. 知行铜仁，2016（2）.

［2］卫龙宝，史新杰. 浙江特色小镇建设的若

干思考与建议［J］. 浙江社会科学，2016（3）.

［3］蓝枫. 建设特色小镇，推进城乡一体化进程［J］. 城乡建设，2016（10）.

［4］中共城阳区委党校课题组. 新型城镇化进程中特色小镇建设分析——以青岛市城阳区为例［J］. 中共青岛市委党校、青岛行政学院学报，2015（2）.

［5］陈炎兵. 特色小镇建设与城乡发展一体化［J］. 中国经贸导刊，2016（19）.

［6］盛世豪，张伟明. 特色小镇：一种产业空间组织形式［J］. 浙江社会科学，2016（3）.

［7］兰建平. 建设工业特色小镇，加快转型升级发展［J］. 浙江经济，2015（19）.

［8］郭金喜. 浙江特色小镇建设的区域经济学考察［J］. 浙江经济，2016（9）.

［9］牛少凤. 培育特色小镇的“六化”路径［J］. 中国国情国力，2016（2）.

［10］王小章. 特色小镇的“特色”与“一般”［J］. 浙江社会科学，2016（3）.

［11］卢跃东. 注重“三化”加快特色小镇建设［J］. 江南论坛，2016（8）.

［12］张海如. 特色小镇规划建设中应避免的几个误区［J］. 杭州（周刊），2016（7）.

［13］苏彦. 文化才是特色小镇精神原色［N］. 贵州民族报，2016.8.19（A02）.

［14］张蔚文. 政府与创建特色小镇：定位、到位与补位［J］. 浙江社会科学，2016（3）.

［15］陈建忠. 特色小镇建设重在打造特色产业生态［J］. 浙江经济，2016（13）.

［16］谢文武，朱志刚. 特色小镇创建的制度与政策创新——以玉皇山南基金小镇为例［J］. 浙江金融，2016（9）.

［17］吴娇娇. 文创产业助推特色小镇建设的探索与思考——以杭州市余杭区为例［J］. 中国城市化，2016（5）.

［18］王洪光，杨凯量，党晓荣，应晓煜. 优化土地要素配置，推进特色小镇建设［J］. 浙江国土资源，2016（7）.

［19］陈立旭. 论特色小镇建设的文化支撑［J］. 中共浙江省委党校学报，2016（5）.

［20］韩方明. 特色小镇的生命力在于文化［N］. 人民政协报，2016.9.29（3）.

［21］金兴华. 以区域营销方式推进浙江特色小镇建设［J］. 现代商业，2016（19）.

［22］徐剑锋. 特色小镇要聚集“创新”功能［J］. 浙江社会科学，2016（3）.

我国特色小镇发展进路探析①

王振坡　薛　珂　张　颖　宋顺锋

一、引言

“十三五”规划纲要提出“因地制宜发展特色鲜明、产城融合、充满魅力的小城镇”；2016 年 7 月，住建部、国家发改委、财政部联合发布《关于开展特色小镇培育工作的通知》，指出 2020 年打造 1000 个左右各具特色、富有活力的特色小镇，带动小城镇全面发展；2017 年政府工作报告也明确提出支持中小城市和特色小城镇发展。特色小镇成为推进新型城镇化，促进大中小城市和小城镇协调发展的纽带，各省市

① 本文摘录自《学习与实践》2017 年第 4 期。

作者简介：王振坡，天津城建大学教授；薛珂，天津城建大学经济与管理学院硕士研究生；张颖，天津城建大学经济与管理学院硕士研究生；宋顺锋，美国内华达大学经济系教授，天津市千人计划特聘教授。

纷纷出台政策，推进特色小镇的建设发展。我国小城镇中存在“一村一品”的农业小镇、聚集大批乡镇企业的小镇、以旅游业为载体的小镇等，小城镇建设在取得很大成效的同时也存在诸多亟待厘定和解决的问题。特色小镇发展进程其实是历史的积淀及沿袭，如何突破小城镇发展瓶颈，是我国面临的巨大挑战。

国外有关小城镇的研究，多从城市发展理论入手，首先，聚集经济是城市存在和发展的重要原因，表现为城市化经济（多元化经济）和地方化经济（行业化经济），地方化经济是指由于某一产业的地理集中而提升生产效率的效应（Handeson，1986）；克鲁格曼（1991）的新经济地理则从区域增长聚集探寻城市起源和发展，强调市场规模经济。其次，新城市主义以全局视角审视城市发展，强调保护环境、以人为本，实现持续协调发展（Lejeune，1993）。在此基础上，国外围绕可持续发展、环境和社会等问题开展了关于小城镇的研究（Bradbury & Kirkby，1996；Mayer & Knox，2010）。国内对于小城镇的研究，从费孝通（1983）提出以农村工业化和乡镇企业为动力推动小城镇发展开始，小城镇发展战略一直存在争议，部分研究从制度变迁视角（赵燕菁，2001）、规模经济、增长极及反磁力等理论（孟祥林，2005）论证小城镇是城市化进程的客观规律。此外，部分学者关注小城镇发展困境及误区（石忆邵，2013），于立和彭建东（2014）从规划、建设、管理方面展开，也有学者关注小城镇的特色塑造（王志章，孙晗霖，2016）。当前，特色小镇成为新型城镇化的研究热点，学者主要从以下三个方面开展相关研究：一是内涵研究，大部分借鉴浙江模式（苏斯彬，张旭亮，2016），部分从田园城市、城市区域核心等理论丰富其内涵（张鸿雁，2017）；二是发展问题研究，重点多为产业、动力机制、政策设计、体制机制等（赵佩佩，丁元，2016；王小章，2016）；三是发展路径研究，部分学者按照产业（盛世豪、张伟明，2016）、文化品牌（王国华，2016）等不同类型探索，还有学者从精准治理（闵学勤，2016）等视角研究。

综上，现有文献针对城市发展理论、小城镇问题以及特色小镇发展路径等方面进行了深入研究，奠定了研究的理论与实践基础，但是对特色小镇与小城镇的历史关联性、城镇体系发展内在规律、特色小镇发展理念及定位等研究还需进一步系统探讨。

二、我国特色小镇的发展逻辑分析

目前，我国特色小镇包括特色小镇和小城镇两种形态，从短期看，特色小镇和小城镇不同之处体现在提出的背景、目标、措施等方面；从长期看，两者功能、规模、布局等方面基本相同，特色小镇和小城镇相得益彰、互为支撑。特色小镇作为我国城镇化发展特定阶段产物，对于促进区域经济转型升级、推动大中小城市和小城镇协调发展至关重要。基于特色小镇提出的缘由，结合相关理论及国际经验，本文从发展基础、发展动力、发展机制三方面构建我国特色小镇可持续发展的逻辑分析框架（图 1），进而探讨发展过程中面临的关键问题。

首先，从发展基础上看，特色小镇是城市化发展特定阶段产物。在世界城市化规律中，一般先有市场，然后工业开始发展，第三产业逐渐替代工业，工业则开始远离城市，出现逆城市化进程，正是一种产业寻求成本洼地的现象。欧美地区城市化起步较早，逆城市化趋势更明显，面对

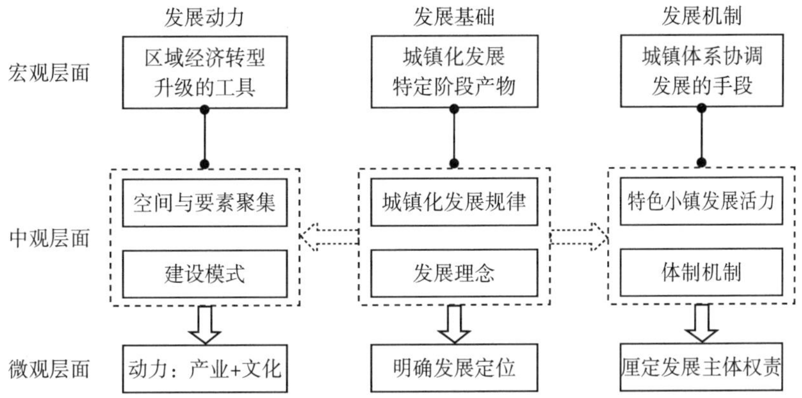

图 1　我国特色小镇可持续发展的逻辑分析

工业化带来大量经济、社会矛盾，各国都不同程度关注特色小镇建设。在美国硅谷和芝加哥及英、法、德等国的一些城市，特色小镇功能与意义已超出传统行政意义上"镇"和"区"，更像是一个新的地域生产力创新空间，在有限的空间内优化生产力布局，破解高端要素聚集不充分的局限。目前，由于我国城市发展成本过高，导致城市承载人口的压力越来越重，各种城市病凸显。特色小镇的提出，实际上是我国对城市发展路径的新选择，试图通过合理的城市群、大中小城市分布，带动实体经济发展，从而探寻一种新的城镇化道路。

其次，从发展动力上看，特色小镇是区域经济转型升级的工具。特色小镇是社会发展到一定阶段后，区域性空间与要素聚集的发展模式，是以经济发展为前提的。特色小镇建设注重比较成本，通过资源共享，行业与人口聚集形成行业规模经济，产生聚集经济效应。西方发达国家特色小镇强调富有竞争优势的产业。美国很多世界 500 强企业总部都设在小镇上，如 IBM 总部在阿蒙克市的"一个小村庄"，沃尔玛总部在人口不到 2 万的顿维镇。除了产业特色显耀，部分小镇综合性功能强，具有较强辐射力，如瑞士达沃斯小镇，凭借"世界经济论坛"创造产业链，并以小木屋式家庭旅馆、特色博物馆及滑雪胜地名号赢得全世界关注；美国好时小镇始于一家巧克力工厂，逐渐成为负有盛名的巧克力主题旅游城市，同时配有银行、饭店、教堂、学校等社区功能。这些小镇通过特色产业链聚集和公共服务配套，带动城镇发展和区域经济繁荣。

最后，从发展机制上看，特色小镇是城镇体系协调发展的手段。对于同等规模城市数量，我国大城市数量远远超过发达国家，而 50 万人口以下城市数量却偏低，这意味着我国中小城市发展相对薄弱。《国家新型城镇化规划（2014~2020）》提出"以城市群为主导形态，推动大中小城市和小城镇协调发展"，试图结合以日韩为代表的集聚型城镇化与以德国为代表的均衡型城镇化的优点（石忆邵，2015）。均衡城镇化模式的重要前提是在市场规律主导下，以扁平的城镇市场网络结构替代垂直的城镇行政等级结构（石忆邵，2015）。从城镇体系看，加强特色小镇建设，有利于培育新生中小城市，促进大中小城市和小城镇协调发展。而过去发展过程中，在城市行政管理、资源配置方面，政府多偏重于大城市，这也是特色小镇发展中值得考虑的问题。寻求大中小城市并举发展，取决于一系列体制创新及其综合配套改革。

三、我国特色小镇可持续发展的辨思

在特色小镇受到高度关注并形成建设热潮之际，对特色小镇的规划、建设和管理更需要冷静思考。

（一）发展理念：城镇化发展规律认识有待深化

1.“诺瑟姆曲线”规律的适用性分析

诺瑟姆曲线揭示城市化发展水平与不同发展阶段的对应关系，仅说明西方国家城市化的一般规律。我国城镇化有其特殊性，以外来移民为主的美国、加拿大等发达国家，对村庄概念相对薄弱，而我国传统文明的根源在乡村，完全依据诺瑟姆曲线来判断城镇化发展阶段是不可取的。此外，诺瑟姆曲线没有从制度上进行分析，无法回答加速期产生“城市病”的原因，也未能提出避免“逆城市化”的路径（段学慧，侯为波，2012）。私有制是西方城镇化的基础，是城乡分离和对立的制度根源。我国公有制主体地位决定了社会主义市场经济能够以有力的手段进行调控，然而，在城镇化快速发展阶段，我国利用城市发展政策控制城市规模，对城镇自身发展规律考虑不足，忽略市场调节作用，导致大城市发展受限，小城镇发展缓慢。当前我国城镇化正处于质量提升的重要阶段，因此，特色小镇发展应注重发挥市场机制，使其在资源配置中起决定性作用。

2. 新城市主义下人性空间尺度回归

我国之前在经济社会发展中，强调以规划引领城市发展，依靠政府的力量推动，缺乏对个人和市场机制的尊重，导致规划方案落实效果不佳。城市发展是一个相对自然的过程，雅各布斯的渐进主义理念认为需顺应人类社会发展秩序，以审慎态度推进社会改良。她认为田园城市理论中，依据理性规划原则进行机械的功能分区会破坏城市活力，这些核心思想为后来的倡导性规划和新城市主义奠定了理论基础。倡导性规划是一个自下而上的过程，具有民主性；与此同时，新城市主义强调具有人文关怀、用地集约、适合步行的居住环境。特色小镇强调自主创新和市场机制，并且是“自组织”产生的，应摒弃自上而下的规划理念，按照“以人为本”的科学发展观，关注居民的生活品质与能效。因此，如何把握规划的尺度，鼓励市民在规划过程中积极参与，注重人性空间尺度的回归，强调引导性规划向倡导性规划转变至关重要。

（二）建设模式：空间与要素聚集动力有待提高

1. 发展模式同质化或过于强调“特色”

我国部分省市特色小镇存在功能同构现象，主导功能不突出。住建部公布的127个第一批特色小镇以旅游发展型和历史文化型为主，占比分别超过60%和40%。旅游产业的核心是消费，与经济发展周期相关，其发展模式的可持续性有待考量。特色小镇与产业的多元结合，能够为经济发展提供多种模式，也为人的发展提供更多个性化的选择，有利于空间要素聚集。此外，与东部经济发达的小城镇相比，西部小城镇普遍面临产业基础差、公共服务落后、建设资金不足等问题，基础较薄弱的小镇往往很难提炼出自身优势和特色。特色化不是目的，只是实现经济发展、提升城镇建设文化内涵等目标的手段。当小镇没有太多可依托的文化与发展资源时，应注重非特色化建设路径下的精细化、优质化发展道路，并充分利用新观念和新技术，聚集更多优质资源，为未来奠定可持续发展的基础。

2. 政府主导与房地产介入成本偏高

市场规律与成本选择及要素聚集有直

接关系，市场会根据企业家中先行者的选择，在比较成本要素后某一空间聚集，这是产业聚集的重要原因。政府过多主导，加强规划、形态、景观管理，易导致特色小镇建设和管理成本偏高，也会增加更多约束和限制。政府应从过多管理功能中解放出来，加强基础设计，在有条件的地方通过市场形式，完善小镇的交通网，让市场和企业以更专业化的视角和手段建设、运营。与此同时，部分特色小镇发展过程中，引入房地产商开发模式，意味着住房成本增加，会对其他优势产业产生挤出效应。目前很多城市存在的“房地产去库存”问题，在不久的将来可能会在特色小镇中凸显。与传统开发不同，特色小镇更注重房地产企业持续的运营能力，房企应继续探索转型路径，整合优势资源，推动小镇向产城融合的宜居宜业形态转变。

（三）体制机制：特色小镇发展的活力有待激发

1. 等级化行政管理体制的制约

我国城市管理体制中，大城市具有整个行政区域的管辖权，导致不同等级城镇在建设用地指标等计划资源分配不均衡；“向心化”资源聚集态势，导致城镇间“马太效应”愈发明显，并且阻碍区域经济一体化的形成。当小城镇增长到一定经济规模和人口规模后，需要“镇改市”来完善管理权限，否则会制约其发展水平的提升。此外，对于没有行政级别的特色小镇，要补齐基础设施短板，成本势必增加，市场投资资金落实情况并不乐观。特色小镇多位于郊区，区域范围内多是集体土地。依据《中华人民共和国土地管理法》，“农民集体所有的土地依法属于村农民集体所有，由村集体经济组织或者村民委员会经营、管理”，意味着土地权属和用途受到法律条文的制约。

2. 政策体系下特色小镇路径差异

特色小镇是一个地方城镇化政策的先行尝试，也是不同政府间协同治理的过程，同时面临市场和政府的博弈（姚尚建，2017）。我国城镇化存在国家目标与地方实践的差异，中央提及的小镇与浙江省的不太一致，提倡村镇融合发展，部分修正了浙江省方案中“非镇非区”的提法。在地方实践中，地方政府往往侧重于市镇而非村镇。从行政动力来看，政府通过资金扶持、公共服务等方面引导，只要达到特定人口规模，新城镇设置就存在可能；从市场动力角度，利润的驱动使企业选择入驻或离开小镇，如果小镇不能形成社区，就不可避免会向产业园区演变。总体上看，特色小镇应纳入国家总体战略，也应通过政策疏解，让地方政府根据当地形势，服务性地支持创业者，并充分发挥市场机制，在城乡治理合流中实现产业转型、人口导入和文化传承的功能融合。

四、我国特色小镇发展面临的关键问题剖析

（一）明确小镇发展定位

1. 明确小镇在城镇体系中的作用

在城镇体系中，小城镇起着“承上启下”的作用。大城市资源聚集优势对劳动力有巨大吸引力，“承上”是指当城市规模过大时，需在城市之外发展小城镇以疏散城市功能。“启下”是指小城镇是广大农村政治、经济、文化和生活服务中心。但从城市群的角度来看，城市群是内部的市、新城、县、小城镇共同构建的立体城镇体系。特色小镇在城镇体系中的定位要从三方面考虑：一是在行政序列中，小镇处在最末的等级，行政资源分配遵从自上而下的原则；二是从城市群或都市区角度来看，小镇在区域经济上，与周边县、市等是竞

合的关系；三是产业分工上，部分特色小镇易受本地之外的其他城市影响，外向型程度较高。因此，特色小镇在行政层面处在底层，在区域经济及产业分工中与其他城镇是“平行”关系，也可能引领带动其他小城镇发展。

2. 创新视角下特色小镇发展定位

“城市实验室”把城市视为创新场所，随着我国新城的逐渐发展，不断崛起的大同小异的城市形态备受争议。究其本因，是大部分政府寄希望于城市建设作为刺激经济的手段。特色小镇的经济增长、产业发展，还必须服务于提升人的生活、人本身的发展这一根本目的。它不应成为政府追求政绩的工具，应借鉴城市建设中经验教训，避免大拆大建式发展，更多地转向与当地特色风貌格局结合、更新的方式。特色小镇培育需要一定时间和空间，一般需积淀十几年至几十年时间，短时间内要求出成效的目标是不可能实现的。

（二）提升内生发展动力

1. 硬件支撑：产业聚集“溢出效应”

特色小镇要根据其所处发展阶段和比较优势选择支撑产业，适应经济新常态，逐步由要素驱动转向创新驱动。建构特色小镇产业发展的集约化模式，放大产业组合聚集的“溢出效应”，是特色小镇发展的关键所在。首先，遵循“集中突破”的思维，发挥核心产业的优势，做到本土化运营，形成地方化经济。其次，追求规模效益，特色产业的规模发展优势除了“纵向”核心产业的发展外，还要在“横向”完成资金、人才、科技、信息等要素的聚集；此外，特色小镇的产业发展不同于产业园区，更具有开放性和系统性，在一定区域内，对外通过分工专业化，形成区域产业链，对内不断完善特色小镇企业主体的创新合作交流机制，促进信息和成果的互通共享。通过集中突破、横纵联合、内外合力，推动特色产业集聚生态圈的形成，增强区域内生发展动力。

2. 软件服务：重塑文化符号凝聚力

文化符号是一种精神、价值社会属性和的核心象征，具有很强“溢价”效应。从历史视角来看，欧美小镇的“特色”不是一蹴而就的，大都经过很长一段时间积淀，基本具备以下五大核心元素：一是特色精神或政治地标；二是特色名人故居、博物馆等；三是风俗规矩与生活方式；四是特色仪式节庆、展会赛事与相关类别上下游产业；五是特色景观、旅游民宿和生活体验。我国村镇基本具备以上五大核心要素，然而特色文化的凝聚力仍显不足，亟须“文化符号”的重塑。一方面，在建筑传承、故事传承、空间体验和内容设计上，将传统文化遗产转化成真正体现传统与当代文化融合创新的地标和空间；另一方面，将重点放在呵护高质量企业上，以实现特色产品培育，营造诚信和谐产销氛围，城乡投资人与本地居民在有形和无形资产上共建共享、互利共赢。

（三）厘定发展主体权责

1. 政府与市场职能边界的划定

根据《关于加快美丽特色小（城）镇建设的指导意见》，特色小镇的运作方式是“政府引导，企业主体、市场化运作”。首先，就政府与市场的职能边界而言，不能错位、越位和缺位。政府主要是在公共领域，制定政策、措施等保障公共服务、公共物品的供给，为要素聚集和产业发展提供物质基础和制度支撑。市场主要在私人领域，企业之间的高度分工与合作产生经济效率和巨大创新活力，聚集人、物、资金等生产要素，产生聚集效应。其次，就政府与市场两种手段的协调关系而言，要补位。在公共领域，政府起主导作用的基础上，要充分发挥市场机制作用，引入市场竞争主体，实现多元化投资主体，增加公共品供给，但要避免公共物品“市场化”。在私人领域，在发挥市场决定性作用的同时，政府要排除一些利益集团和旧体制的干扰，营造公平竞争环境，但要避免政府“企业化”。

2. 鼓励多方主体参与精准治理

特色小镇从开发建设到品牌传递是长期运营的过程，治理模式往往是关键。相对一般治理，精准治理更注重治理的目标导向、公民有效参与、过程合法透明及结果评估监督。特色小镇建设过程中，当政府行政权力过大而约束力量相对薄弱时，其他主体有可能被边缘化（Congleton，2011）；企业目标的核心是利润最大化，它与居民的追求在本质上不符。因此，精准治理应着眼于让小镇居民生活更加美好这一目标，承认居民的主体地位，吸纳与其特色相关联的多方参与主体，使其成为市场化的第三方。

特色小镇的发展需要各组织间优势互补，在后期发展中应形成共同治理的互动关系，见图2，包括：其一，政府由行政监管转向提供相应公共服务，实现制度、资源及基本公共服务的有效供给，村镇经济组织凭借资源优势发展实体经济；其二，房地产企业除了提供产业与居住空间外，还应结合科技、农业、文旅等特色，积极探索转型模式；其三，产业基金及服务商则需提供相关配套服务，成为产业创新、规模化的动力；其四，强调市民公众和第三方的主体性参与，不仅参与特色小镇建设，还负有共同管理和监督的职责。

五、推进特色小镇建设的路径

（一）尊重城市发展规律，积极转变规划理念

1. 明确特色小镇发展理念，因地制宜有序推进

特色小镇发展的理论体系亟须完善，明确其作为地域生产力要素的理论与现实价值，在寻求传统与现代价值结合中推进创新。首先，明确城镇化有其自身发展规律，特色小镇建设是全生命周期的持续过程，不能盲目追求速度，必须坚持循序渐进；其次，不同地区具有不同发展条件和阶段特征，要坚持因地制宜推进；最后，完善特色小镇建设方面的法律、法规和政策支撑体系，营造公平有序的市场环境。

2. 把握特色小镇发展尺度，科学制定倡导性规划

特色小镇规划的制定应“以人为本”，建立有效的公众参与机制，注重经济、社会、生态的可持续发展。第一，强调功能复合，着力完善基础设施，使其能主动承接大城市人口、产业及其服务功能的疏散，谋求区域可持续发展；第二，呼吁人文关怀，尊重小镇的历史文脉，把握空间尺度，营造真正人性化空间；第三，注重规划的弹性，特色小镇建设要坚持市场与企业的主体地位，规划需为市场的不确定性留出调整空间。

（二）加快培育主导产业，坚持多元化发展道路

1. 谨防特色小镇房地产化，推进产城融合发展

特色小镇成为房地产企业新的发展机遇，但特色小镇建设过程中，应谨防房地产商的过度开发。一方面，地方政府应提高房地产企业进行特色小镇建设的准入门槛，要以产业发展为核心，坚决杜绝没有

产业支撑的房地产开发模式；另一方面，房地产企业应以资本优势占据产业链关键环节，依托特色小镇的建设运营整合产业资源，形成产业聚集，向可持续的产业转型，形成“地产+产业”的战略布局。

2. 立足小镇产业和文化，探索多元化建设模式

特色小镇发展要强调产业和文化在激发空间活力方面的作用，寻求差异性定位，把握价值与优势的整合创新。一方面，立足特色小镇产业突出功能，进行专项建设，积极探索养老、教育小镇等多元化建设模式，提升核心竞争力；另一方面，打造“特色小镇+”的品牌，通过多要素集成、多业态聚合、多功能融合，搭建以城带乡、城乡互动的有效载体，构建创新创业平台，以激发市场活力和社会创造力。

（三）完善制度体系建设，助力特色小镇可持续发展

1. 深化城镇管理体制改革，提升行政管理效率

积极推动城镇等级化行政管理体制的改革，通过改革赋予小城镇在土地、财政、税收、融资等方面更为普适的自主权，激发特色小镇发展潜力。首先，弱化地级市的直接行政管理权，将城市的经济职能和管理职能分流，提高行政管理的效率；其次，在城市发展过程中要有机区分行政资源和市场化资源，弱化政府配置资源功能，把更多机会让渡给市场，政府更多地做好公共服务。

2. 加快政府职能转变，建立多方协同参与机制

一方面，政府必须坚持“小城镇、大服务”改革方向，强化公共服务职能，与此同时，采取“社会化”模式将一些基础设施交由社会参与承担；另一方面，推进小镇治理主体多元化、智库化，强调居民与市场化第三方参与，同时实现小镇运行机制平台化、网络化，通过政府工作信息平台提供信息传递、中介服务和监督管理等服务，推进权力清单、责任清单和负面清单的管理模式。

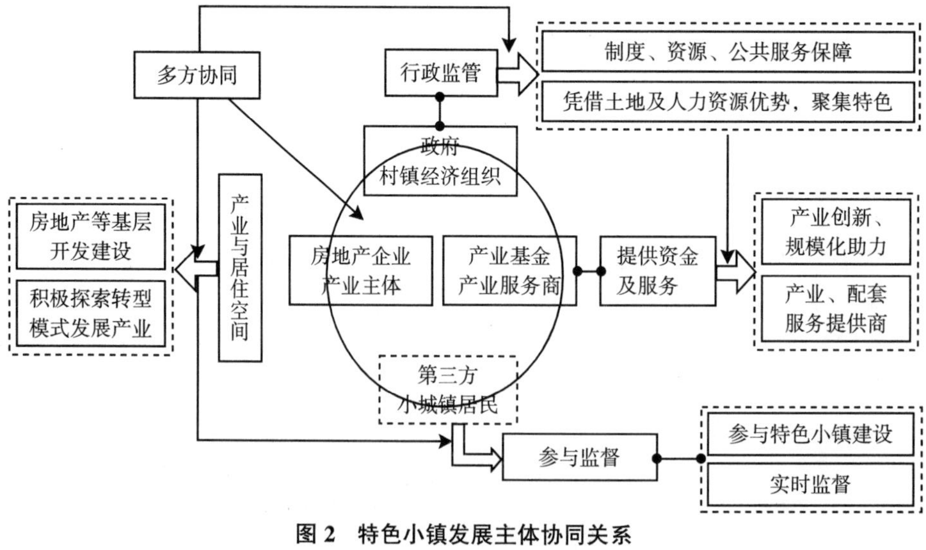

图 2　特色小镇发展主体协同关系

参考文献：

[1] Henderson J. V. Efficiency of Resource Usage and City Size [J]. Journal of Urban Economies 1986 (19)：47-70.

[2] Krugman P. Geography and Trade [M]. Leuven：Leuven University Press，1991.

[3] Lejeune F. Charter of the New Urbanism [J]. The New City，1993 (3)：123-131.

[4] Bradbury I.，R. Kirkby. Development and environment：the case of rural industrialization and small-town in China [J]. Ambio：1996 (3)：204-209.

[5] Mayer H.，P. Knox. Small-town sustainability：prospects in the second modernity [J]. European Planning Studies，2010，18 (10)：1545-1565.

[6] 费孝通. 论小城镇四记 [M]. 北京：新华出版社，1985.

[7] 赵燕菁. 制度变迁·小城镇发展·中国城市化 [J]. 城市规划，2001 (8).

[8] 孟祥林. 小城镇发展的战略选择：实践证明与理论分析 [J]. 人口学刊，2005 (2).

[9] 石忆邵. 中国新型城镇化与小城镇发展 [J]. 经济地理，2013 (7).

[10] 于立，彭建东. 中国小城镇发展和管理中的现存问题及对策探讨 [J]. 国际城市规划，2014 (1).

[11] 王志章，孙晗霖. 西南地区新型特色小城镇建设的对策 [J]. 经济纵横，2016 (1).

[12] 苏斯彬，张旭亮. 浙江特色小镇在新型城镇化中的实践模式探析 [J]. 宏观经济管理，2016 (10).

[13] 张鸿雁. 论特色小镇建设的理论与实践创新 [J]. 中国名城，2017 (1).

[14] 赵佩佩，丁元. 浙江省特色小镇创建及其规划设计特点剖析 [J].规划师，2016 (12).

[15] 王小章. 特色小镇的“特色”与“一般” [J]. 浙江社会科学，2016 (3).

[16] 盛世豪，张伟明. 特色小镇：一种产业空间组织形式 [J]. 浙江社会科学，2016 (3).

[17] 王国华. 略论文化创意小镇的建设理念与方法 [J]. 北京联合大学学报（人文社会科学版），2016 (4).

[18] 闵学勤. 精准治理视角下的特色小镇及其创建路径 [J]. 同济大学学报（社会科学版），2016 (5).

[19] 石忆邵. 德国均衡城镇化模式与中国小城镇发展的体制瓶颈 [J]. 经济地理，2015 (11).

[20] 段学慧、侯为波. 不能照搬“诺瑟姆曲线”来研究中国的城镇化问题 [J]. 河北经贸大学学报，2012 (4).

[21] 姚尚建. 城乡一体中的治理合流——基于“特色小镇”的政策议题 [J]. 社会科学研究，2017 (1).

[22] Congleton R. D. Why local governments do not maximize profits：On the value added by the representative institutions of town and city governance [J]. Public Choice，2011 (149)：197-207.

中国特色小镇功能定位与路径选择①

陈秋玲　吕　凡

学界对于小城镇的关注，是伴随着发达国家城镇化进程伴生的一系列“大城市病”而开始的，这个挥之不去的世界难题引发了“逆城市化”现象。中国在20世纪80年代，也出现了优先发展大城市还是小城镇的城市（镇）化道路之争。在中国经济转型升级与新型城镇化的双重需求的牵引下，2015年浙江开始了特色小镇的探索，并取得良好成效，引起各界的广泛关注。2016年，特色小镇的建设进入全面实施阶段，是中国特色社会主义道路新的尝试。但毋庸讳言，在特色小镇建设过程中也暴露出房地产化、特色不突出、主体错位等问题。本文旨在基于特色小镇的概念溯源、功能定位、分布特征、运作方式的分析，针对特色小镇建设存在的阶段性问题，提出解决途径。

一、问题提出

（一）挥之不去的世界难题：“城市病”的困扰

随着城镇化进程的加速推进，一系列“大城市病”开始出现。“城市病”表现在三个方面：第一，由于城乡空间布局不合理、城市人口膨胀、市场经济缺乏规划，导致的“城市的经济病”，具体表现为：因就业岗位不足而引发的失业与贫困，城市经济不发达导致政府对城市基础设施投入不足，城市无法自觉将外部问题内部化。第二，由于城镇化的制度建设滞后于城镇化发展、城乡差距过大，导致的“城市的社会病”，具体表现为：交通拥堵、环境恶化、大量人口失业、看病难、住房紧张、治安恶化、犯罪率高等。第三，由于城市人口经济社会活动超过城市人口承载力的极限，导致的“城市的生态病”，具体表现为：城市的公共绿地、水资源等各种能源紧缺，环境污染，生态恶化。

城市病这个问题很早就已经出现了。随着发达国家城镇化的推进，开始出现“逆城市化”的现象，一些高质量人才选择到地理位置优越、交通便利，环境优美的小镇生活和工作，一方面缓解了大城市的人口压力，另一方面带动了小镇的经济发展，这就是“特色小镇”模式，如美国格林威治基金小镇。

（二）中国城市（镇）化道路之争：大城市还是小城镇

20世纪80年代，中国就进行过城镇化道路的争辩，当时的观点可归为四派：小城镇论、大城市论、中等城市论以及多元论。

首先是以费孝通为代表的小城镇论。小城镇论是从中国国情出发，认为只有发

---

① 本文来稿时尚未公开发表。

作者简介：陈秋玲，上海大学发展规划处副处长、经济学院教授。吕凡，上海大学经济学院研究生。

展小城镇才是解决中国“三农”问题及城乡二元化的城镇化道路。中国特殊的历史背景形成的农业与家庭手工业结合的生产方式，发展小城镇能够把城乡两个市场较好、较快地连接起来。在 20 世纪 80 年代中国农业生产力的提升使得大量农村人口成为剩余劳动力，以“农民工”的身份进入大城市工作，使得大城市过度拥挤。发展小城市可以减少大中城市的人口压力，从而有利于加速经济的发展和生产力的合理布局。

在小城镇论的影响下，中国的小城镇在此后得到了飞速的发展，但在发展小城镇的路径探索中也存在一些弊端，于是 20 世纪 80 年代中后期，学术界开始出现一批以经济学家为主要代表的大城市论者。大城市论主要以城市的规模效益为依据，认为大城市具有比小城市更高的规模和集聚经济效益。在大城市论与小城镇论针锋相对时，出现了中等城市论，认为中等城市一般正处于规模扩张阶段，具有较强的吸引力，可以成为吸纳农村人口、缓解大城市压力、推动工业化和区域繁荣的增长极，同时也避免了小城镇过于分散，空间集聚效益低的问题。在学者对城市的规模讨论时，出现了多元论。多元论认为不应用规模来判定一个城市是要发展还是要控制。孤立地发展大城市、中等城市或小城镇都是不可取的，因为城镇体系永远是由大中小各级规模城镇组成的。

（三）特色小镇的概念之辩：特色小镇与特色小城镇的异同

特色小镇与特色小城镇并不是同一个概念，特色小镇主要指聚焦特色产业和新兴产业，集聚发展要素，不同于行政建制镇和产业园区的创新创业平台，是相对独立于市区，具有明确产业定位、文化内涵、旅游和一定社区功能的发展空间平台，区别于行政区划单元和产业园区。而特色小城镇是指以传统行政区划为单元，特色产业鲜明、具有一定人口和经济规模的建制镇。一般指城乡地域中地理位置重要、资源优势独特、经济规模较大、产业相对集中、建筑特色明显、地域特征突出、历史文化保存相对完整的乡镇。此外，特色小镇与特色小城镇的提出背景、规划面积、产业类型、建设模式等都存在差异，见表 1。

表 1 特色小镇与特色小城镇的比较①

	特色小镇	特色小城镇
提出背景	经济转型升级，城乡统筹发展，供给侧结构性改革	新型城镇化建设，新农村建设
规划面积	规划面积控制在 3 平方公里（建设面积控制在 1 平方公里）	整个镇区（一般为 $20km^2$）
产业类型	信息技术、节能环保、健康养生、时尚、金融、现代制造、历史经典、商贸物流、农林牧渔、创新创业、能源化工、旅游、生物医药、文体教育	商贸流通型、工业发展型、农业服务型、旅游发展型、历史文化型、民族聚居型等
建设模式	政府引导、企业主体、市场化运作	政府资金支持、统筹城乡一体化、规划引领建设

中国国家战略提出的特色小镇包含了浙江模式的特色小镇，也包含了在建制镇的基础上发展的特色小城镇。虽然特色小镇与特色小城镇的侧重点不同，但是其具

① 特色小镇网 http：//www.51towns.com/。

有以下几点共同特征：第一，内涵相同。特色小城镇的本质是在原有建制镇的基础上实现土地和农村劳动力的优化配置。通过发展原有镇上的产业，吸引农村剩余劳动力，促进小镇经济发展，从而实现就地城镇化。特色小镇的建设也是在产业集聚的基础上，优化生活环境，加强基础设施建设，提升社区功能，从而加速新型城镇化进程。第二，目标一致。特色小城镇的目标在于通过破除城乡二元发展体制，实现"人"的城镇化，促进城乡一体化的发展，最终实现城乡均衡发展。特色小镇的目标在于促进区域经济的转型升级、实现人才的逆向流动，增强城镇科技创新能力，提升城镇生产力水平，目标同样是实现城乡均衡发展。第三，功能相似。从功能上看，特色小镇建设与特色小城镇建设的施行都将在国家经济转型过程中扮演重大角色。通过产业的集聚优势，促进内需的扩大以及经济结构的调整，两者都能有效破除发展过程中的制度性障碍。

（四）特色小镇大发展趋势：遍地开花新格局

浙江省是特色小镇的先行者，2014 年下半年浙江省开始开展特色小镇的培育工作，同年 10 月，浙江省省长李强首次提及"特色小镇"一词。2014 年下半年开始，浙江全面启动了实施特色小镇培育工程。2015 年 6 月《浙江省特色小镇创建导则》等一批关于特色小镇创建工作的实施细则，并公布了两批共 79 个省级特色小镇的创建名单。梦想小镇、云栖小镇、山南基金小镇、青瓷小镇等做出了不错的成果。西藏、海南、福建、重庆纷纷出台各省的特色小（城）镇的相关政策，开始引导本地特色小镇的建设工作。2016 年 7 月国家三部委《关于开展特色小镇培育工作的通知》开启了全国层面的特色小镇建设的规划。甘肃、安徽、辽宁、河北、山东、内蒙古等省响应政策号召。至 2016 年 10 月住建部发布《关于公布第一批中国特色小镇名单的通知》，在全国范围内选出 127 个国家级特色小镇，进入特色小镇的具体实施阶段。2017 年 7 月住建部《关于拟公布第二批全国特色小镇名单的公示》，在全国范围内选出 276 个国家级特色小镇，数量增加较多。至 2020 年，国家计划建设 1000 个特色小镇。

二、功能定位

现阶段，特色小镇的功能主要包括：经济新常态下新增长点的引擎功能，"众创空间"的新孵化器的孵化功能，人才、资金、技术等创新要素的集聚功能，城镇转型升级的加速功能，新一轮产城人文融合的平台功能，以及供给侧结构性改革的试验功能。

（一）引擎功能：是经济新常态下的新增长点

特色小镇是适应经济新常态、实现产业转型升级的重要抓手。2011 年后，中国经济告别了 30 多年的高速增长，进入了创新驱动和产业结构调整的经济发展新常态。在如何实施创新驱动发展战略、加快地方产业结构转型升级中，特色小镇以"小而强""特而精"的布局思路，摆脱传统产业布局的"大而全"造成的"产业雷同"现象，同时又在特色产业发展中与文化传统、社区建设进行有机融合，激发小镇的创新动力与市场活力，在经济增长新常态下创造新的增长点。

（二）孵化功能：是"众创空间"的新孵化器

特色小镇是推进创新创业的重要载体。"大众创业，万众创新"是中国应对当前对冲经济下行、主动适应经济新常态提出的重要举措。大城市缺乏创新创业空间，劳动力成本高。特色小镇多分布在大都市周边，相对远离大城市中心，生产生活成本相对较低，是吸引科技含量高、资金相对不足的年轻创业者的理想栖息地。同时，特色小镇采用宽进严定的创建制，事前不再审批，事中、事后强化监管，激发创新创业活力。特色小镇能够以较为低廉的成本、灵活的机制、优质的服务为“创客”们提供起航的港湾与梦想的翅膀。

（三）集聚功能：是创新经济各要素的新集聚地

从生产力布局优化规律看，创新经济各要素需要在功能的集聚与扩散之间找到最佳平衡点，在城市化与逆城市化之间找到最佳平衡点，在生产、生活、生态之间找到最佳平衡点，在城乡结合地区环境优良的特色小镇成为最佳地点。在“大众创业、万众创新”的时代，特色小镇良好的生态不仅使内在的发展动力得以充分释放，对外在的高端要素资源也形成强大的吸附力。特色小镇集聚创业者、风投资本等高端要素，为入驻企业提供专业的融资、市场推广、技术孵化、供应链整合等服务，为“众创”提供发展条件和保障。

（四）加速功能：是加速城镇转型升级的新载体

“大城市病”的出现使公共服务向农村延伸的能力大大增强，在城市与乡村之间建设特色小镇，实现生产、生活、生态融合，既云集市场主体，又强化生活功能配套与自然环境美化，改善人居环境，符合人的城市化规律，自下而上的进行城市化，是加速城镇转型升级的新载体。按照“以人为本”的新型城镇化要求，在城市周围打造特色产业小镇，不仅完善了整个区域的产业结构，而且就近解决了农村剩余劳动力问题，农村剩余劳动力不仅在自己家门口可以进行体面就业，还可以像主城区的市民一样享受大城市的公共服务，真正实现了产城融合与城乡融合。

（五）平台功能：是新一轮产城人文融合的新平台

特色小镇是“产、城、人、文”四位一体的新型空间、新型社区，在互联网时代和大交通时代，这种新型社区会对人的生活方式、生产方式带来一系列的综合性改变。特色小镇良好的生态环境以及入驻企业提供的工作岗位，吸引优秀人才以及“城归”等来到小镇生活和工作。小镇打造“宜居宜业宜游”的良好环境，有利于产业、城镇、人民的有效融合，有利于商业、旅游、文化的结合发展，打造新一轮产城人文融合的新平台。

（六）试验功能：是供给侧结构性改革的新试验田

目前中国存在产业转型升级滞后于市场升级和消费升级的问题，导致有效供给不足和消费需求外溢，特色小镇的建立通过产业结构的高端化推动中国制造供给能力的提升。特色小镇始于改革创新，作为新生事物，特色小镇创建必然要摒弃行政化的思维定式、路径依赖和体制束缚，用改革与创新的精神推进规划、建设和运营，大胆探索，大胆试验，走出新路。作为中国供给侧结构性改革的试验田，特色小镇在建设过程中应不断摸索新的发展道路，为其他乡镇的供给侧结构性改革提供样本。

三、分布特征及运作方式

（一）空间分布：东、中、东北、西依次递减

通过对中国特色小镇在空间上分布特征的分析，发现以下几个特点：

第一，国家级第一批与第二批特色小镇总体在分布密度上呈现东、中、东北、

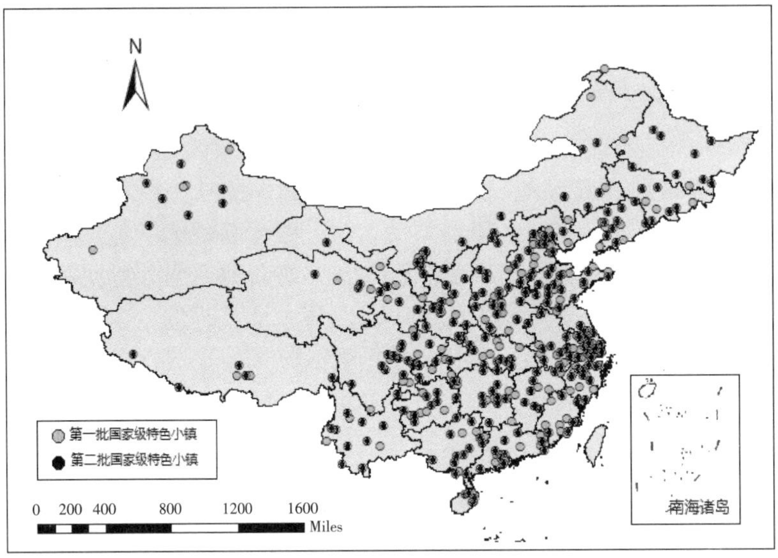

图 1 中国国家级特色小镇的空间分布

西依次递减的特征。

中国特色小镇整体呈现东、中、东北、西依次递减的分布特征，可能有以下几点原因：

一是东部沿海城市是劳动力流入地，同时也汇聚了大量高端人才。特色小镇的主要生活对象就是人才，所以东部地区的小镇更容易的吸引高端人才。二是东部沿海地区具有北京、上海、广州、深圳等大都市，一些特色小镇在大城市周边。中国目前高铁网络的建立使得这些特色小镇的一小时生活圈已经涵盖这些大都市。同时，特色小镇又具有大城市所没有的良好的生活环境，所以特色小镇更容易留住人才。三是大城市的部分产业由于大城市需要产业转型升级而需要向其他城市搬迁，又不想失去大城市的产业平台，所以会选址在大城市周边的地区，特色小镇良好的创新创业环境为企业集聚创造了可能。四是东部沿海城市对外开放度高，外资及先进知识的引进具有溢出效应，东部沿海地区的小镇可以充分接收大城市的知识溢出。

第二，特色小镇在空间上呈现东部、中部、东北、西部的阶梯状分布。特色小城镇在空间上呈现西部、中部、东北、东部依次递减的分布。①

通过大数据对中国特色小镇的统计，绘制图 2。由图 2 可以看出，特色小镇在东部沿海地区分布比较密集，集中在浙江、江苏、安徽、河北、山东、辽宁等地，这是由于北京、上海等大都市的周边给特色小镇创造了良好的高端劳动力供给和便利的交通条件，所以建立 3 平方千米的集生产、生活、生态与一体的特色小镇可以很快地发展起来，建成“小而精”“小而特”“小而美”的特色小镇。特色小城镇的分布较集中在中部地区，大都市的辐射效应到中部地区就已减弱，交通条件也不如东部沿海，所以由于区位劣势，中部地区的特色小镇一般是在已有的建制镇的基础上，发掘已有的特色产业，对小城镇的生产、生活、生态条件进行改善，创建特色小镇。

① 特色小镇是指浙江模式的特色小镇，非镇非区；特色小城镇是指在建制镇基础上发展而来的。

由于中部地区城镇化率不如东部地区的城镇化率高，尚未达到城镇化后期，人口密度不高，河南、四川等省份仍是劳动力输出省份，所以中部地区特色小镇的建设首要任务是进一步促进城镇化，当城镇化达到一定程度之后，再走浙江模式的特色小镇道路。

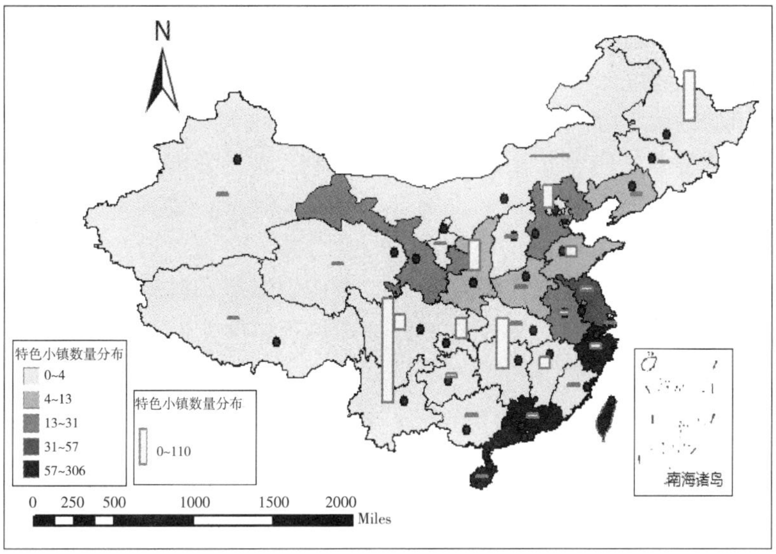

图 2　大数据下中国特色小镇的空间分布

数据来源：特色小镇网 http：//www.51towns.com/

第三，浙江的特色小镇政策体系比较完善，从引导、监管、保障等多方面支持特色小镇的建设。江苏、河北、广东、海南、安徽、福建、山东各省的特色小镇政策正在加速建立。其余各省特色小镇的政策数量较少，政府的引导和保障作用还没有完全发挥。

通过对截止到 2017 年 10 月的全国各地省级和市级关于特色小镇的政策汇总，对各省市的政策数量进行汇总，见图 3。由图中可以看出，浙江省关于特色小镇的政策数量最多，涵盖面广。江苏省特色小镇的建设紧随其后，虽然政策数量上还与浙江省有很大差距，但是相比其他省市来

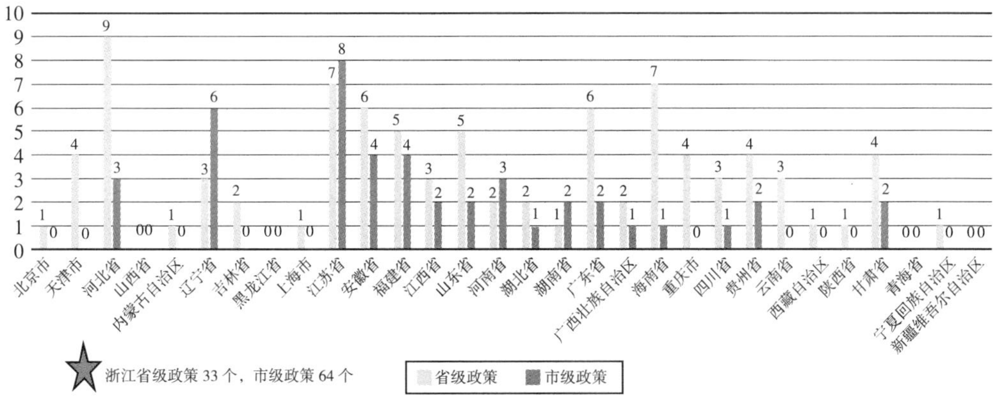

图 3　中国特色小镇相关政策分布

说，江苏省政府对特色小镇的政策支持更加完善。天津市、河北省、广东省、贵州省、甘肃省的特色小镇政策刚刚起步，由于省情不同，所以特色小镇的建设速度比较保守，这也是适合当地经济发展的战略选择。山西省、黑龙江省青海省、宁夏回族自治区、新疆维吾尔自治区政府尚未发布关于特色小镇的政策。

（二）产业类型：旅游类型所占比例过重

第一批特色小镇旅游类型所占比例过重，首批国家级 127 个特色小镇中，旅游发展型特色小镇占据 50.4%，历史文化型占到 18.11%，由于历史文化型特色小镇也带有旅游功能，所以与旅游强烈相关的特色小镇就占到了 68.51%。而特色小镇的核心是特色产业，现在超过一半的特色小镇发展旅游业，其实是对当地特色产业的挖掘不够深入，对特色小镇的建设方向把握不够准确。第二批特色小镇在类型分布上更为平均。在第二批国家级特色小镇的评审中，旅游发展型被规定不能超过特色小镇总数的 1/3，是在发现第一批特色小镇类型分布不合理之后及时作出的调整，但是考虑到目前小镇发展的阶段，旅游型特色小镇的比例无法大幅削减。

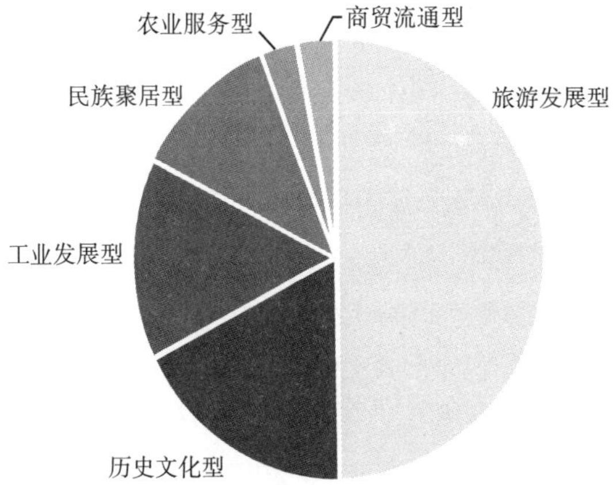

图 4　第一批特色小镇类型分布

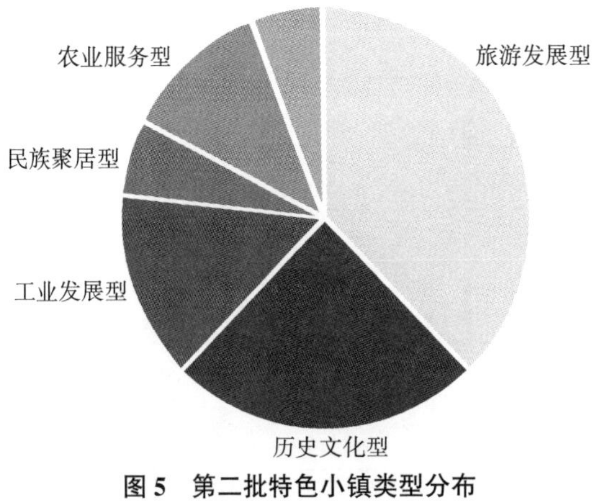

图 5　第二批特色小镇类型分布

（三）运作方式：明确企业的主体地位

在特色小镇的建设过程中，政府有所为、有所不为，在特色小镇建立初期做好编制规划、顶层设计的工作，在特色小镇建立过程中注意保护生态、优化服务，不干预企业运营。摒弃“先拿牌子、政府投资、招商引资”的传统做法。

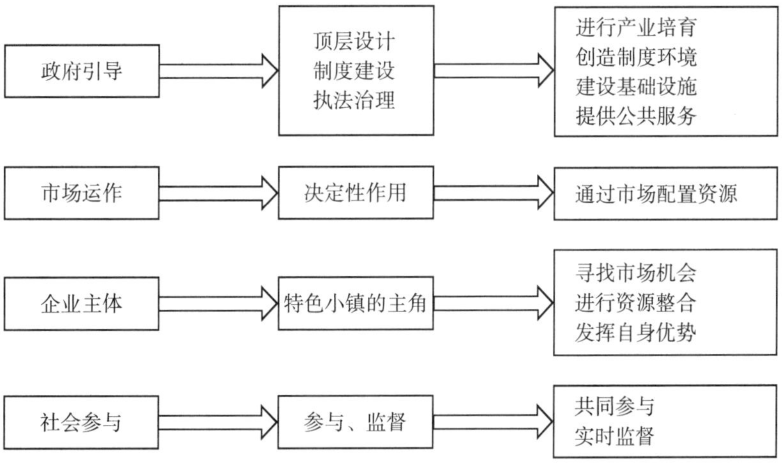

图 6　特色小镇的运作方式

特色小镇的建设应坚持市场化运作。创新融资方式，探索产业基金、股权众筹、PPP 等融资路径，加大引入社会资本的力度，以市场化机制推动小镇建设。

特色小镇的主体是企业，小镇能否成功建立关键在于企业是否有动力。要给予小镇独立运作的空间，发挥当地居民、村（社区）的主动性和积极性，引导各方社会力量参与小镇的规划建设，使企业和居民成为特色小镇开发建设的真正主体。

特色小镇需要全社会的共同参与，并对小镇进行实时监督，及时发现特色小镇建设的失误，重视民众意见，谨慎考虑民众建议。

四、突出问题

特色小镇的建设过程中碰到的阶段性问题，主要体现在特色元素不突出、功能叠加不充分、运营主体错位化、产业层次低端化、内涵建设碎片化等方面。

（一）千镇一面、房地产化，特色元素不突出

在特色小镇的建设过程中，一些地方部门急于打造“任务工程”“形象工程”，只注重在一个较短的期限内建到指定规模，前期投入巨大，在小镇的顶层设计还没规划好的情况下就草草动工。大干快上的建设理念势必会对其他地区的特色小镇建设产生“路径依赖”，为了产生立竿见影的效果而进行生硬的模仿、抄袭，加上房地产商的投机行为，最终建成的只能是没有活力的“政绩小镇”。

（二）旅游型过多，功能叠加不充分

首批国家级 127 个特色小镇中，旅游发展型特色小镇占据 50.4%的高比例，第二批国家级特色小镇的旅游发展型占比有所下降，但仍高达 1/3。在全国特色小镇的建设中，四川、重庆、海南和宁夏等地的特色小镇过于依赖旅游业，且小镇功能单一。由于这些地区产业层次较低，而旅游型特色小镇仅依靠当地自然资源即可，易开发、易运营，加上对“产业旅游双驱动”的理解偏差，不少小镇运用传统的借鉴复制的发展思想，使旅游型特色小镇占比过大，且小镇功能单一。

（三）运营主体错位化，以释放政策红利为主

目前的特色小镇普遍存在企业热情不高，政府主导运营的现象。小镇积极申请特色小镇的名额只是为了争取更多的政策红利。大多数小镇在吸引企业入驻时只采取单一的税收优惠，但是，仅靠减税等政策优惠吸引来的只是暂时的，在优惠政策取消时，这些企业会立马转向更好地发展地区。由于没有建立良好的市场氛围与生态环境，小镇的发展只是红光一现，留不住人才更留不住企业。

（四）产业层次低端化，承接产业梯度转移的低水平建设

特色小镇的建设要求其主导产业要求趋向集约化、高端化，而目前许多特色小镇依靠其临近大城市的区位优势，承接大城市在产业升级过程中转移出来的低端产业，往往伴随着高污染、高能耗。整体产业层次不高，使得特色小镇的产业动力不足。产业链能级不高，缺乏对相关产业的吸引力，对下游产业的带动力不够。

（五）规划理念与建设标准滞后，内涵建设碎片化

一些地区习惯了传统的建设理念，在小镇建设初期进行“一刀切”的规划，标准制定过高，急功近利，僵硬的标准容易产生前期投入过大而推力不足。不同的小镇成长周期是不同的，但目前小镇的建设过于注重“显性”成效，制订 3~5 年，30 亿~50 亿元的投资额度等建设标准，而忽视小镇的关键内核是否有实质进展等进行成果。此外，一些特色小镇在建设初期，没有弄清楚小镇建设的主体内涵，而是分散的发展，各部门、各主体之间缺乏关联性、凝聚力，导致整体内涵的碎片化建设。

五、路径选择

基于以上阶段性问题及功能定位，特色小镇的建设要从以下几方面着手：发展基础上要打“特色牌”，建设目标是多功能有机复合体，重点举措是“减法”“加法”“乘法”多管齐下，实现从资源要素驱动向创新驱动的动力转换，遵循适度超前的高起点规划、系统化设计、高标准建设理念。

（一）发展基础：基于特色元素，挖掘特色资源，做优特色产业，孕育特色文化

一是要基于特色元素。每个小镇，由于其区位特征、历史脉络、发展时期等条件的不同，都有其独有的特色元素。小镇的建设要以本地的特色元素为基本要素。二是要挖掘特色资源。特色小镇的“特”体现于资源的高度集聚。在前期规划时需要多方面、全方位挖掘特色资源，集聚资源。三是要做优特色产业。特色产业是特色小镇的发展载体。在构建特色小镇之初，应对小镇的特色产业进行筛选、定位，概念规划和战略布局。在发展特色产业的同时，注重产业基金、产业服务商等配套建设。四是要孕育特色文化。文化作为特色小镇的“内核”，能够给人留下深刻的文化印象。小镇建设过程中要把文化基因植入产业发展的全过程，培育创新文化、历史文化、农耕文化、山水文化等，形成独一无二的区域特色文化，并对其进行保护、传承和发展。

（二）建设目标：全要素耦合、产城人融合、商旅文结合、社区服务配套的多功能有机复合体

一是要全要素一体化导入。要深挖、延伸、融合产业功能、文化功能、旅游功能和社区功能，避免生搬硬套、牵强附会，产生真正的叠加效应，推进融合发展。二是要产城人融合，商旅文结合。要使特色小镇有活力和吸引力，必须做到产城人融合，通过优化城镇布局和功能，有效吸引和安置高端人才和“城归族”的生活和就业，打造“产城一体，宜居宜业宜游”的产城人融合小镇。三是要社区服务配套。小镇的服务设施要基于服务圈的理论配置，要小而综，适合小城镇的特点，达到一定标准，并辐射周围乡村和地区。

（三）重点举措："减法""加法""乘法"多管齐下

一要做“减法”，即转变政府职能，破除体制机制障碍。在特色小镇这一复杂结构中，应该给这些主体足够的自由度，自由度越大，生命力越强。政府对特色小镇的管理模式应该是激励而不取代，减政而不专权，平铺而不瓜分。二要做“加法”，即强化市场和企业的主体地位，激发市场活力。在转变政府职能的同时，优化公共服务。随着小镇的发展，早期的“政府扶持”与“制度红利”会逐渐取消，完整的产业链条、优越的基础设施、精简的政府机构可以极大地释放和提升市场活力，明确市场和企业的主体地位。三要做“乘法”，即有效释放政策、技术、人才、资本等多种要素的耦合效应。特色小镇的建设需要全要素一体化导入，导入之后需要多方合作建立起各生产要素之间的耦合通道，从而放大政策的乘数效应，扩大技术的边际收益，吸引高端人才的流入，取得更高的资本收益。

（四）动力转换：集聚创新资源、激活创新动力、转化创新成果，实现产业发展从资源要素驱动向创新驱动转变

产业层次不高是小城镇的发展过程中普遍存在的难题，而解决这一难题的最佳途径就是创新。在特色小镇全息放生模型理论中，“双创”被认为是小镇的心脏，是促进小镇长久生长的根本。想要通过创新驱动特色小镇产业转型升级，前提是集聚创新资源，之后通过给市场和企业足够的自由度，来激活创新动力，吸引创新人才，引进科创项目。组建产学研合作网络，简化申报程序，高效率转化创新成果，从而真正实现产业发展从资源要素驱动向创新驱动的转变。在特色小镇的整个过程中，要以观念创新为引领，以产业创新为基础，以要素创新为抓手，以制度创新为保障，通过“大众创业，万众创新”，来促进特色小镇的整体发展。

（五）规划理念：适度超前的高起点规划、系统化设计、高标准建设，实现政策链、产业链、创新链、资金链和服务链的有机整合

特色小镇的目标制定应“合理化”与“连续化”。为了督促和加快特色小镇的建设进程，应制定适度超前的高起点规划和高标准建设，但目标的制定要符合社会经济发展规律、城镇化发展规律和市场经济规律，适应城乡社会发展的需要。在此基础上坚持高标准发展，不再重复原来低质量的城镇化，避免低质量的建设造成浪费。同时，规划应注重远近结合，在制定远期目标后，要保持近期建设规划的相对完整，使得规划方案具有连续性和可行性。

特色小镇应进行“系统化”的顶层设计。特色小镇的顶层设计是横向多规合一，纵向多个层面设计的结合，是多维度高度融合的综合规划，因此要统筹思维，系统设计，从全局的角度，通过文化、资源、产业等多方面的资源梳理，进行整体发展架构、空间结构、风貌景观、运营模式等的设计，实现各方面、各层次、各要素的统筹规划，从顶层战略上给予特色小镇发展的宏观指导。

特色小镇的建设应具有“平台化”思维。特色小镇其实是一个全过程的多方位孵化平台。特色小镇建设涵盖了基础设施建设、公共服务体系建设、生态环境修复与治理、人居环境建设等综合开发，这实质上就是平台搭建的过程。运用“平台化”思维搭建开发合作平台、产业合作平台、综合投融资平台、双创平台等，以促进小镇的持续经营与发展，从而实现政策链、产业链、创新链、资金链和服务链的有机整合。

参考文献：

[1] 费孝通. 小城镇　大问题 [J]. 瞭望周刊，1984.

[2] 费孝通. 小城镇　再探索 [J]. 瞭望周刊，1984.

[3] 费孝通. 小城镇　新开拓 [J]. 瞭望周刊，1984.

[4] 费孝通. 小城镇的发展在中国的社会意义 [J]. 瞭望周刊，1984（32）：8–10.

[5] 费孝通. 及早重视小城镇的环境污染问题 [J]. 水土保持通报，1984（2）：31–33.

[6] 沈关宝：《小城镇大问题》与当前的城镇化发展 [J]. 社会学研究，2014，29（1）：1–9+241.

[7] 陈秋玲. 走向共生——基于共生关系的开发区发展路径依赖 [M]. 经济管理出版社，2007：11–37.

[8] 陈秋玲，祝影，叶明确，石灵云. 城市包容性发展与中国新型城市化 [J]. 南京理工大学学报（社会科学版），2012，25（5）：17–24.

[9] 陈颐，叶南客. 小城镇在四化建设中的地位和作用——费孝通教授 1982 年 11 月 13 日在江苏省政协、民盟江苏省委、江苏省社科院、江苏省社联联合举办的报告会上的报告 [J]. 江苏社联通讯，1982（12）：2–7.

[10] 倪鹏飞. 中国部分城市已患上严重“城市病” [J]. 中国经济周刊，2013（8）：24–25.

[11] 覃剑. 中国城市病问题研究：源起、现状与展望 [J]. 现代城市研究，2012，27（5）：58–64.

[12] 何念如. 中国当代城市化理论研究（1979~2005）[D]. 复旦大学，2006.

[13] 路建楠. 上海推进特色小镇发展的政策思路及典型案例研究 [J]. 科学发展，2017（1）：38–45.

[14] 张鸿雁. 论特色小镇建设的理论与实践创新 [J]. 中国名城，2017（1）：4–10.

[15] 韦福雷. 特色小镇发展热潮中的冷思考 [J]. 开放导报，2016（6）：20–23.

[16] 赵佩佩，丁元. 浙江省特色小镇创建及其规划设计特点剖析 [J]. 规划师，2016（12）：57–62.

[17] 闵学勤. 精准治理视角下的特色小镇及其创建路径 [J]. 同济大学学报（社会科学版），2016（5）：55–60.

[18] 苏斯彬，张旭亮. 浙江特色小镇在新型城镇化中的实践模式探析 [J]. 宏观经济管理，2016（10）：73–75+80.

[19] 白小虎，陈海盛，王松. 特色小镇与生产力空间布局 [J]. 中共浙江省委党校学报，2016，（5）：21–27.

[20] 厉华笑，杨飞，裘国平. 基于目标导向的特色小镇规划创新思考——结合浙江省特色小镇规划实践 [J]. 小城镇建设，2016（3）：42–48.

[21] 宋为，陈安华. 浅析浙江省特色小镇支撑体系 [J]. 小城镇建设，2016（3）：38–41.

[22] 朱莹莹. 浙江省特色小镇建设的现状与对策研究——以嘉兴市为例 [J]. 嘉兴学院学报，2016（2）：49–56.

[23] 金国娟. 关于推进“两美”浙江建设的若干建议 [J]. 当代社科视野，2014（7）：7–8.

精准治理视角下的特色小镇及其创建路径[①]

闵学勤

兴起于浙江，以“新理念、新机制、新载体”推进“产业集聚、产业创新和产业升级”为目标而推出的特色小镇理念，在2016年7月住建部、发改委和财政部联合发文助推下，已迅速向全国渗透。“到2020年，培育1000个左右各具特色、富有活力的休闲旅游、商贸物流、现代制造、教育科技、传统文化、美丽宜居等特色小镇，引领带动全国小城镇建设，不断提高建设水平和发展质量”（吴国文，2016），在这一顶层设计之下，如果按照含县级市在内的中国664个城市计算，平均每个城市将孕育1.5个特色小镇，这一覆盖全国的非行政建制特色小镇建设潮，堪称中国“十三五”期间的“新城市运动”或“特色小镇运动”，并且在持续近四十年的城市化浪潮之后，处于新型城市化建设周期内的“特色小镇运动”还恰逢四大契合。

与费孝通先生等一批学者在改革开放初期提出的小城镇发展思路不同，当时超大城市和特大城市还未兴起，城市集聚功能和大都市病还远未显现，仍隶属于行政区划和户籍制的小城镇发展模式并非首选。而在2011年中国城市化率首次过半，中国从此告别千年农业社会、开启城市社会之时，大城市的过重超载、城市建设的千篇一律、城市治理的粗放及不可持续等问题已非常凸显，此时将城市发展中体量小、有特色的区域切割出来进行单体度身定做、精准打造，应该说是颇具创想、极富前瞻的中国特色城市发展之路，此为一大契合。第二大契合在于特色小镇思路与中国新一轮城市经济的供给侧改革迎面相遇。特色小镇打造创新、协调、绿色、开放和共享发展的重要功能平台，并为新型城市化提供“高质量、内涵式建设”的根本动力，与供给侧改革“针对无效产能去产能、去库存，针对有效供给不足补短板、降成本和去杠杆”的思路如出一辙。单纯依靠基层政府根据当地发展需求进行城市发展，远不如通过集约式、供给式的特色小镇思路来得更清晰、更有方向感。第三大契合在于随着高铁、公路、桥梁和机场等大型基础设施的逐步建成到位，许多偏远乡镇被卷入都市生活，与大城市之间不仅可当日来回，因房价的低洼还同时吸引了青年群体的小城镇转向及农民工群体的返乡创业。第四大契合在于特色小镇理念与正在成长的中产阶级生活方式不谋而合。2016年7月9日《经济学人》（*The Economist*）封面文章的数据显示，中国正有近2.25亿人踏入中产阶层，这一阶层规模在不断放大的同时，他们对中国整体经济社会的发展定位都提出了更高要求。特色小镇不仅至少是一个个“3A景区”，它所聚焦的“信息、环保、健康、旅游、时尚、高端装

---

① 本文摘录自《同济大学学报（社会科学版）》2016年10月第27卷第5期。
作者简介：闵学勤，南京大学社会学院教授。

备制造业和金融”等产业，其主流消费人群恰好也是中产阶层，两者未来在理念和实践上的互动、共享将是可预见的新常态。

不过即使手握四大契合点，并非意味着这场“特色小镇运动”一路有掌声、始终有高潮，从不同特色小镇的理念建构、多规并行的设计开发，到整体建设和生活共享，其间每一环节都有必要嵌入精准治理的理论和实践框架，在社会整体告别粗放运行之际，“特色小镇运动”从需求到供给都有机会做出精准治理的示范。

一、特色小镇的多方探索及其多维解读

早在1898年，英国建筑规划大师埃比尼泽·霍华德针对英国大城市所面临的问题，就提出“以绿化带环绕多个名称和设计各异的小城镇，其面积6000英亩、人口32000人”的田园城市概念，霍华德笔下的小城镇有足够的空间为市民提供阳光、空气和优雅的生活，也能提供足够多的工作机会，虽然小城镇彼此分开，但同时又通过快速便捷的交通相互连接起来。事实上，霍华德的田园城市理念倡导的是一种社会改革思想，用城乡一体的新社会结构形态来取代城乡分离的旧社会结构形态，他坦陈“城市和乡村必须成婚，这种愉快的结合将迸发出新的希望、新的生活、新的文明”（霍华德，2000：25）。看似一个世纪前乌托邦式的城市理念，不仅引领了西方城市的发展方向，也正在滋养新世纪后的中国。

西方发达国家的城市发展大多经历这样的路径：在大规模工业化后开始兴起城市化，人口在向大城市集聚的过程中，随着阶层分化及对不同生活方式的追求，郊区化和小城镇化不可阻挡，由此而带来的大城市“空心化”又促使城市更新，如此循环往复。在此过程中小城镇既作为大都市和乡村的纽带，也承载了除原住民外相当多的中产和富裕阶层的居住和生活，并且也形成了许多世界著名的特色小镇，例如：美国的硅谷科小镇、格林尼治基金小镇、卡梅尔童话小镇、杰克逊牛仔小镇；法国的吉维尼莫奈花园小镇、亚维农艺术小镇、格拉斯香水小镇、依云文旅小镇、科尔马木屋小镇；德国的威尔斯海姆环保小镇、蒙绍科技小镇、梅尔斯堡葡萄酒小镇；英国的海伊书香小镇、库姆堡中世纪小镇；以及西班牙的龙达斗牛小镇、瑞士的因特拉肯抹布小镇、荷兰的羊角村水乡小镇和新西兰的皇后探险小镇；等等（见表1）。

表1　西方特色小镇精选一览

国家	特色小镇	国家	特色小镇
美国	硅谷科技小镇	德国	威尔斯海姆环保小镇
	格林尼治基金小镇		蒙绍科技小镇
	卡梅尔童话小镇		梅尔斯堡葡萄酒小镇
	杰克逊牛仔小镇	英国	海伊书香小镇
法国	吉维尼莫奈花园小镇		库姆堡中世纪小镇
	亚维农艺术小镇	西班牙	龙达斗牛小镇
	格拉斯香水小镇	瑞士	因特拉肯抹布小镇
	依云文旅小镇	荷兰	羊角村水乡小镇
	科尔马木屋小镇	新西兰	皇后探险小镇

如何解读特色小镇？它的聚合发展有没有通常的脉络？细细分析，大致有产业经济、文创旅游和精准治理三大视角：

1. *产业经济视角*

因大量联系密切的上下游产业集聚而带动的人口与经济的集群效应，是许多工业化或后工业化时期特色小镇形成的最初

动因。产业集群背后强劲的理论支撑足够用以解读因产业而起的特色小镇：从亚当·斯密在《国富论》中提出的分工协作理论，到马歇尔提出的规模经济理论，再到后来的产业区位理论、增长极理论以及技术创新理论等，持续推演了产业经济的区位集聚、人口集聚和技术集聚（卫龙宝，2016），而这些要素的大量累积沉淀或直接推动大中城市某一区位的发展，例如各类经济开发区，或间接演化为以某一产业为基础的特色小镇。这也是为什么西方许多企业建立在远离市区的小镇上的原因之一，如：雀巢公司总部设在瑞士日内瓦湖畔的一座安静小城韦威，奥迪总部在巴伐利亚名不见经传的城市英戈尔斯塔特，以及微软等著名 IT 企业落户硅谷，等等。甚至出现了因产业而集聚的小镇组合或小镇群，像法国索菲亚·安得波利斯科学城，在传统的港口工业、旅游业和现代的信息产业、医药化工和服务业合力打造之下，正成为欧洲第一科学城。

浙江目前进入前两批创建名单的 79 个特色小镇多半都是产业经济导向，最典型的就是云栖小镇，它以云计算、大数据、互联网金融和智能硬件为产业龙头，建设仅仅一年，发展非常迅速，2015 年实现了涉云产值近 30 个亿。产业经济导向下建构的特色小镇，在为产业配套的同时，会带动这一小镇的交通、消费、休闲、教育和旅游等，有时还会因各类产业移民的进入而改变这一区域的人口结构，甚至形成新的移民小镇（Moss，1968；Fuguitt，Brown & Beale，1989：383）。关键在于以产业兴起而不止步于产业，才能为特色小镇带来全方位的、可持续的发展。

2. *文创旅游视角*

在全球城市化进程中从来都没有忽略对城市美的创造，公民随时都暴露在城市的各大环境中，并与其融为一体（Williams，1954）。城市毕竟因人居而美，特色小镇在规模化、丰富性上不如大都市，它的独到之处除产业特色、自然山水外，更多需要后期的文化创意和社区营造来实现。例如，日本的熊本城作为传统农业大县，21 世纪初农业发展进入瓶颈，熊本政府借助新干线开通机遇，创造熊本熊这个独有的动漫 IP，成功带动农业、旅游业转型发展。熊本熊通过微博、Facebook、Twitter 等社交网络线上线下互动，获得 200 多万次视频点击，官方 Twitter 拥有超 43.8 万名追随者，成为二次元时代的网络红人，利用各类事件营销、带动地区发展，两年内为熊本县带来 12 亿美元经济效益（代晓利，2016）。文创对特色小镇的二次、三次开发不仅直接带来旅游及延伸产品的营收，更多的是为小镇带来了人文气息和可持续发展空间。

2015 年浙江省发布的《省政府关于加快特色小镇规划建设的指导意见》中就特别提出要坚持产业、文化、旅游“三位一体”和生产、生活、生态融合发展之路，并且所有特色小镇要建设成为 3A 级以上景区，旅游产业类特色小镇要按照 5A 级景区标准建设。如果这一意见能真正落地实施，那特色小镇将直击被大城市病困扰的都市人，将成为他们回归的栖息地，并重拾理想中的人居生活。就像英国的书香小镇海伊，2000 多人的小镇有 40 多家书店，事先预约就能去居民家中看书，人与书、人与人、人与家的互动融合不仅是特色小镇一景，也是特色小镇运行发展的肌理所在。

3. *精准治理视角*

特色小镇从开发建设到品牌传递是长期运营的过程，其间的小镇治理模式往往是关键。“治理”一词自于 1995 年联合国全球治理委员会发表的《天涯成比邻》报告中提出后，二十多年来成为全球政府、企业和各类组织运行的首选模式之一，治理因注重“参与”“平等”“回应”“责任”“合法”“有效”等关键词（俞可平，1999：9-11），并从政府与市场、政府与社会、政府与公民这三对互动关系的反思中产生，常用于应对经济社会运行中可能的市场失灵或政府失灵。

无论东西方在特色小镇的建设过程中，其实都离不开政府的推力，政府因在政治、经济、社会和文化等诸多方面的综合运营能力，使得它在小镇这一复杂运行体中始终能扮演重要角色（Pinson，2010）。但是如果政府追求自身的利益最大化，小镇的其他主体便有可能被边缘化（Congleton，2011），这就违背了治理原则，因为在治理框架中政府不再是唯一的权力中心，社会各种正式、非正式组织及个人都将共同参与治理，共同承担治理责任。事实上，西方政府在上百年的小镇建设历程中发现，政府仅承担小镇的组织协调、服务传递、参与表达、财务预算、计划推进、理念和技术支持等职责（Woollett，1975），这一政府有限责任、公民与组织多方参与的小镇建设及运行理念与治理的内核完全契合。

有关治理的理论体系进入中国后，顶层设计非常重视。2015年11月发布的“十三五”规划中提出“推进社会治理精细化，构建全民共建共享的社会治理格局”，这是继党的十八大提出“加强和创新社会管理”、十八届三中全会强调“推进国家治理体系和治理能力现代化”并着手“改进社会治理方式”之后再次将社会治理提档升级，这也预示着中国将全面进入精准治理时代。相比一般治理而言，精准治理更讲究治理的目标导向、公民的有效参与、过程的合法透明及结果的评估监督。特色小镇体量相对较小，通过在特色小镇中运用精准治理模式，不仅有利于推进新型城市化建设，还有可能形成社会治理的创新模板。

二、特色小镇运动可能潜藏的问题

用“运动”来形容全国各地正在兴起的特色小镇建设潮并不过分，为竞相争取纳入国家首批千个特色小镇行列，从省市到区县几乎都将特色小镇的创建工作视为重中之重。虽然由政府主导的全国性运动不一定就是过热，像20世纪60年代中期林登·约翰逊政府推行的“伟大社会计划”（Great Society Program）掀起了一场全美“新公民参与运动”（New Public Involvement）（托马斯，2010：9），这场运动将公民参与写进法案，倡导积极公民政策，即：公民与组织都需积极参与公共事务，并与政府建立合作关系。这场运动引领了公共管理的创新，为迎接全球治理时代的到来奠定了基础。但如果不能用多方参与、协同共享、全程回应和及时监督评估的精准治理模式，而仍采用政府全盘主导下的、粗放式的和运动式的行政管理模式，特色小镇运动很可能无法回避以下问题：

1. 有规划无文创

在城市化浪潮席卷中国近四十年的今天，特色小镇将在有序规划中拉开建设帷幕这一点毋庸置疑，从目前正在上马的一些特色小镇项目看，大都已考虑了“概念策划、空间规划、项目计划和资金筹划”等“四划叠加”的综合性方案，并向国际上流行的“多规融合”靠拢，但这些小镇运行的前奏并不意味着就进入了精准治理轨道，如何汇聚凝练当地人文，如何融乡情、融文创、融叙事于特色小镇规划中，这不仅影响其未来的营运和向周边辐射，更影响其小镇品牌的创建。近二十年来日本、中国台湾地区将文创融入城市建设、社区营造中，看似做了小镇的软包装，实则精准贴合未来小镇居民和游客对生活品质的更高追求。经历工业化、现代化甚至后现代演进的城市文明，与汽车文明、互联网文明等不断叠加，促使人们已不再满足于生活在配套齐全的都市中，而是希望在有内涵、有共鸣和有想象的空间中，形成人居融合、人居合一的景象。

2. 有产业无消费

特色小镇能纳入创建名单都基于一定的地方产业，为了营造特色，有时直接吸纳的就是当地传统产业，如皮革、毛纺、茶业、竹业、陶瓷等，这些产业如不进行现代意义，有时甚至是后现代意义上的改造，并嫁接互联网平台，即便一时进入特色小镇创建名单，也很难重新焕发生机，吸引持续的消费，特别是中产阶层的持续消费。有些创建小镇冠以软件小镇、科技小镇、创业小镇、环保小镇之名，已很富现代意涵，但如果不吸引人居、引导消费，很可能落入产业园、开发区的套路，小镇居民大量的日常和文化消费还需回到城市中心。其实西方包括中国东部发达地区郊区一些奥莱（Outlet）城的理念，可对特色小镇的纯产业化导向格局进行补位。

3. 有特色无灵魂

如果说这一波特色小镇建设浪潮是城市从千篇一律向各具特色转向的话，其解读不能单纯停留在表面的特色上，更深层的、差异化的小镇内涵、小镇风情和小镇灵魂才是居民、游客和投资客们真正的追求。如何寻找特色小镇之魂？恐怕大部分进入创建序列的特色小镇还未做足这一功课。显然小镇之魂不可能来自于小镇GDP，多半应来自于小镇能吸引到的人及他们所拥有的小镇生活。其实“特色小镇”的“特色”，不仅仅体现在产业集聚的特色，也不仅仅是经济发展的招牌，从根本上讲，特色应该是由人们的生活水平、生活方式（包括其物质的、制度的、精神的形态）自然融合而成的独具性格的小镇生活形态（王小章，2016）。从这一视角而言特色小镇之魂不可能在短时间内缔造，需要小镇创建者、小镇投资者和小镇生活者从开始就将特色小镇建设纳入精准治理的范畴，在建设和营运过程中不断思索、回望和追寻，才能发现并共同呵护小镇之魂。

三、创建特色小镇的精准治理路径

特色小镇理念的四大契合为创建中国新型城市的美好未来提供了天时、地利、人和，但如何规避特色小镇建设中的三大潜在问题也将直接考量基层政府和民众的精准治理能力。无论特色小镇处于创建期、营运期还是常态的维护期，均可直接纳入治理期，可从精准治理的“八化”入手：

1. 小镇治理主体多元化、智库化

治理不同于自上而下的行政管理，多元参与、协同共享是其核心要义之一。在特色小镇治理主体的选择上既要立足于小镇“土著”——当地政府和民众，更要吸纳与其特色相关联、与其人文相融合的多方参与主体，参与主体可以是市场化的第三方，也可以形成常设的专家智囊团，或与成熟智库形成治理联盟。一旦治理主体多元化、智库化，即能确保倾听多方声音、协同多元利益。但精准治理并不仅限于多元治理主体的构建，主体间如何常态互动、如何无缝对接、如何高效决策等还需要运行机制的强有力支撑。

2. 小镇运行机制平台化、网络化

特色小镇从创建之初到日常营运需要一整套规范制度（BI），精准治理嵌入到运行机制中体现的不再是条块分割，而是平台化、网络化的运行模式。由于特色小镇体量较小，所有参与小镇运行的各主体可直接在镇管委会搭建的工作平台（包括线上和线下）中共享信息、回应需求、解决问题及互相补位等，运行一个周期后，平台上每个治理主体在某种程度上都熟知多部门、精通多学科，特别要凸显线上平台在特色小镇精准治理中的作用，才能随时高效应对来自多主体的声音。

3. 小镇创新体系常态化、本土化

特色小镇之新之特必须是常新常特，小镇自上而下都应形成常态化、本土化的创新体系，也即小镇上人人每日有改善，部门时时有创新。所谓本土化的小镇创新体系，并不排斥外来的、引进的创新产业和创新模式，而是特指培育小镇自己的创新人才，找到自己的创新源泉，形成小镇自身的创新内循环。

4. 小镇绩效评估精细化、全球化

特色小镇相对于城市的其他板块而言，即为区域精英，它将引领城市更大范围的精工细作、升级换代，所以使其保持领航的精准治理过程中不能缺少绩效评估环节。有必要为特色小镇建设制定精准度较高的评估指标体系，这一评估是常态的、滚动的，贯穿特色小镇创建和运营的全过程，且要符合国际潮流，即在特色小镇范畴内的生活和工作品质已经可以与发达国家一流城市的相媲美。

参考文献：

[1] 吴国文. 住房城乡建设部国家发展改革委财政部联合发文：培育千个特色小镇实现首个百年目标 [N]. 中国建设报，2016-07-21.

[2] 卫龙宝，史新杰. 浙江特色小镇建设的若干思考与建议 [J]. 浙江社会科学，2016 (3)：28-32.

[3] Fuguitt，Glenn V. David L. Brown Calvin L. Beale. Rural and Small Town America [M]. New York：Russell Sage Foundation，1989：383.

[4] Moss，Jennifer A. New and Expanded Towns：A Survey of the Demographic Characteristics of Newcomers [J]. The Town Planning Review，1968，39 (2)：117-139.

[5] Williams，Sydney H. Urban Aesthetics：An Approach to the Study of the Aesthetic Characteristics of Cities [J]. The Town Planning Review，1954，25 (2)：95-113.

[6] 代晓利. 日本乡村复兴：他山之石，可以攻玉 [N]. 爱思青年，2016-07-05.

[7] 俞可平. 治理和善治 [M]. 北京：社会科学文献出版社，1999.

[8] Pinson，Gilles. The Governance of French Towns：From the Centre Periphery Scheme to Urban Regimes [J]. Análise Social Urban Governance in Southern Europe，2010，45 (197)：717-737.

[9] Congleton，Roger D. Why Local Governments Do Not Maximize Profits：On the Value Added by the Representative Institutions of Town and City Governance [J]. Public Choice，2011，149 (1/2)：187-207.

[10] Woollett，William，Jr. Governance Promises/Problems in New Towns [J]. Public Administration Review，1975，35 (3)：256-262.

[11] [美] 约翰·克莱顿·托马斯. 公共决策中的公民参与 [M]. 孙柏瑛等，译. 北京：中国人民大学出版社，2010.

[12] 王小章. 特色小镇的“特色”与“一般” [J]. 浙江社会科学，2016 (3)：46-47.

特色小镇发展的四要素分析①

张小溪

浙江省自2014年推进特色小镇建设以来，已经将发展特色小镇建设打造成为其创新发展的一项发展战略。随着习近平总书记和中财办刘鹤一行等先后赴浙江进行考察，2015年底，习总书记在中央经济工作会议上对特色小镇工作给予了充分的肯定。2016年7月，国家住房城乡建设部、发展改革委和财政部下发《关于开展特色小镇培育工作的通知》；8月住房建设部发布《关于做好2016年特色小镇推荐工作的通知》；10月发展改革委发布《关于加快美丽特色小（城）镇建设的指导意见》。国家部委陆续颁布的一系列特色小（城）镇政策和第一批中国特色小镇名单，将特色小镇的建设工作上升为一项国策，使得全国各地建设特色小镇的热情不断高涨。2016年6月以来，多个省政府先后颁布了关于开展特色小（城）镇规划建设的指导意见或创建特色小镇实施方案，提出了各自的创建目标和计划。

特色小镇的兴起绝对不是一种偶然。随着中国经济结构性调整，经济增长速度换挡，人口红利逐渐消失，产能过剩等问题开始显现，寻找新的增长动力和增长点，城市向周边扩散发展已经成为迫在眉睫的事情。城市周边的小城镇往往自然环境优美，生产生活空间充沛，在满足交通、信息和资金等条件后，这些小城镇激发出了新的发展活力。特别是那些具有独特的自然资源优势、民俗民风优势、区位优势和产业优势的小城镇，面临着前所未有的发展机遇。这些特色小镇的发展，一方面可以促进城乡区域平衡，防止农村地区空心化问题的出现；另一方面将成为区域经济增长的新动力，对创新创业提供空间支持，同时拉动小城镇的就业；此外，特色小镇还将有利于缓解城市压力，预防城市病的出现，疏解城市人口。

一、特色小镇的内涵

要想研究特色小镇发展的问题，首先要理解其内涵。作为城乡结合部的小城镇，同时具备了城市和农村的双重特性，因此具有与众不同的特点，有一套较为完善的体系。所谓的特色小镇，并不是行政意义上的传统城镇，而是一种区域概念，既可以是城市内部的一块区域，也可以是城市周边的区域，只要其具备单独发展的条件，如特色产业、特色民俗、特色资源等优势，同时兼具生活居住的功能，就可以开辟发展为特色小镇。因此，特色小镇不应该拘泥于行政村，而更应该关注其功能性和发展的可能性，以及与城市之间的关联性。

作为一个特色小镇，最关键的是要具备“特色”，而特色一般通过产业来体现，如新兴产业或其他智力密集型产业，目前

① 本文摘录自《中国商论》2018年5月刊。

作者简介：张小溪，中国社会科学院经济研究所经济增长研究室副研究员。

多集中在私募基金、互联网金融、创意设计、大数据和云计算、健康服务业等。特色小镇与普通小城镇最大的区别在于其环境优势，这里特别需要强调的是宜居。特色小镇既要有现代化的办公环境，又要有宜人的自然生态环境、丰富的人性化交流空间和高品质的公共服务设施，在有限的空间内打造一个高度产城融合的空间，并体现其特有的地域文化。

特色小镇的定位是在综合分析小城镇各种资源、竞争环境、消费需求、宏观背景的基础上，按照差异性、前瞻性、创新性等原则，对小城镇在一定的时空范围内的性质、目标、功能、角色、趋向等作出高度概括性总结。许多小城镇资源丰富、交通便捷、区位优越、基础良好，但因其没有准确的定位，没有明确自身的发展目标、扮演的角色等，在实际的发展中，或南辕北辙方向错误，或停滞不前难破瓶颈，坐失很多发展机会。与大城市相仿，科学、准确、清晰的定位，不仅能够明确小城镇自身的发展方向、掌控发展的主动权，还可以提升小城镇的综合竞争力。

二、特色小镇发展的四要素

在特色小镇的发展过程中，产业、资本、城镇和管理这四个要素相互制约相互依存（如图 1 所示），只有兼具这四个要素，特色小镇才能真正得到可持续发展。

在上述四个要素中，产业是基础，是决定特色小镇能否顺利发展的核心竞争力。因此，在选择特色小镇产业的时候必须关注其创新和特色，同时结合自身原有的产业优势，打造产业链。此外，为了保障特色小镇的可持续发展和生态优势，绿色环保型产业、低碳型产业应该优先考虑，当然这些产业的经济效益和其生产效率也是重要的考察因素。特别需要注意的是在产业定位时应摒弃“大而全”的思维，因为特色小镇空间有限，资源有限，什么都想做往往出现什么都做不好的局面。因此，选择产业的时候需要抓住自己的特色优势，力求“特而强”，避免同质竞争，错位发展，保证其独特个性，这样产业发展才能高效持续。

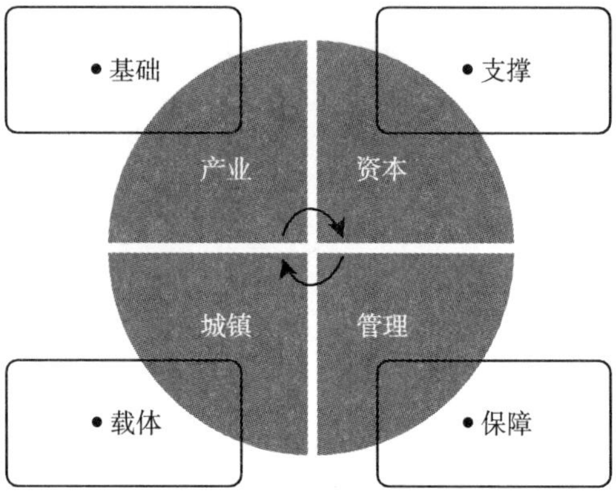

图 1　特色小镇发展的四要素

资本是支撑，是保证产业能够落地的重要抓手。缺乏资金的项目就是无源之水无本之木，不可能实现落地生根。当前的特色小镇建设过于依赖政府资金的投入，不利于调动经营主体在特色小镇建设中的积极性。地方政府投入开发的热情也很有限，因为特色小镇的发展是一个长期的过程，很难在一任班子手中看到显著成效。在这种情况下，引入民间资本进行开发，鼓励当地人进行参与才是保证可持续资金流的合理方式。当然，传统的地方政府与投资机构合作，通过 PPP 平台进行融资也是一种方式，但是如何确保该平台的合理性和真实性，如何进行风险防范是特色小镇融资时必须重视的关键点。

城镇是载体，只有具备了一定的条件，才有可能从众多的小城镇脱颖而出变化为特色小镇。这里所指的条件包括历史、资源、区位、交通、人口、经济情况、产业发展情况、镇域文化、城镇性质等。通过综合分析小城镇自身条件，找出小城镇的优势、不足，挖掘小城镇的特色，从而明确特色小镇的发展方向。当然，区域是一个整体，而小城镇甚至城市只是其中的一个部分，与区域内的其他部分密不可分，息息相关，发展深受区域内其他部分的影响。所以，特色小镇不能就自身进行，必须跳出自身，从区域的角度思考特色小镇的价值和可发挥的作用。在具体实践中，需通过研究小城镇与周边小城镇、大中小城市的层次关系、竞争关系、合作关系等，充分考虑功能互补、产业互补的因素，从而明确小城镇在区域的职能分工，承担的角色，从而和周边地区形成差异化、错位化竞争，避免定位雷同。

管理是保障，机制设计合理有效，发展的理念创新，规划建设管理有序，配套政策完善是激发特色小镇发展活力的根本。特色小镇可以被视为一个小特区，国家和各级政府也在不同程度上给予了一定的政策支持，后续的发展管理过程中应该注重提升行政管理效率，以发展目标为核心，配套设计关于项目、资金和人才的吸引政策，简化审批手续，建立动态监督机制是管理特色小镇的重点和核心。特别是其遴选和评价机制的设计。

三、政策建议

第一，特色小镇需要对特色产业进行引导和规划。每一个特色小镇都有其独特的历史、文化、经济和区位等优势，因此发展的产业也必将呈现出各自的特点，而不是单纯的以经济效益为引导。建议结合自身发展情况编制特色小镇投资指导产业名录，对于不适合不符合发展条件的项目坚决抵制，同时兼顾具有积聚人力、资源和资金的项目。

第二，重视项目的务实性和落地性。再好的项目如果不能真正投产都是空。筛选项目的时候要关注其是否具有基础，对于前期规划、后期开发、资金来源和持续注入、设计图纸等进行遴选，真正做到精准开发，在空间上落地。

第三，研究多种融资模式。开发产业基金、股权投资、众筹等多种形式的融资模式，激发金融机构、投资人和当地政府的积极性，释放其经济活力。政府在融资中应该更多地承担监护者或者守夜人的角色，把市场参与者的主观能动性调动起来，在风险可控、监管有序的情况下允许其积极进行金融创新。

第四，赋予监管机构特事特批的权利。特色小镇发展的过程中需要管理机制的创新，因此，对于其监管机构赋予一定的职能权限是很有必要的。管理机构不需要大而全，精简高效并且有创新性才是有活力的新体制。在机构设置上要避免横向切割，去除冗余的部门，监督权和管理权分离，既保证日常运营的效率，又促进部门间的协调合作。

第五，建立特色小镇动态考核评价机制。真正落实党中央、国务院关于推进特色小镇的精神，深入学习贯彻习近平总书记系列重要讲话，科学有效地组织开展特色小镇遴选评价工作，引导各级政府在其职能范围内培育各具特色、富有活力的特色小镇，引领带动小城镇建设，结合国家住房城乡建设部、发展改革委和财政部联合下发的《关于开展特色小镇培育工作的通知》，发展改革委发布的《关于加快美丽特色小（城）镇建设的指导意见》，制定符合当地实际情况的特色小镇遴选和评价机制。指标体系设计如表1所示。

表 1 特色小镇考核评价指标体系

准则层	目标层	指标属性
建设进展	年度建设项目完成情况（%）	+
	年度建设投资完成情况（%）	+
功能配置	综合服务设施覆盖率（%）	+
	Wi-Fi 和数字化管理覆盖（%）	+
产业发展	特色产业增加值比重（%）	+
	主导产业税收占镇税收总量比重（%）	+
综合效益	新增就业人口（人）	+
	游客总数（人）	+
	特色景观旅游景区达标情况	+

参考文献：

[1] 陈继军. 新时代特色小镇新发展方向 [N]. 中国社会科学报，2018-03-07.

[2] 程兆君，徐飞. 打造特色小镇“扬州样本”特色小镇：为何建在哪建怎么建 [J]. 中国战略新兴产业，2018 (9).

[3] 刘福根. 浙江特色小镇建设的经验及借鉴 [N]. 中国社会科学报，2018-03-07.

[4] 谭荣华，杜坤伦. 特色小镇“产业+金融”发展模式研究 [J]. 西南金融，2018 (3).

[5] 王景新，支晓娟. 中国乡村振兴及其地域空间重构——特色小镇与美丽乡村同建振兴乡村的案例、经验及未来 [J]. 南京农业大学学报（社会科学版），2018，18 (2).

[6] 姚尚建. 城市的回归——乡村贫困治理中的特色小镇 [J]. 理论与改革，2018 (2).

从典型案例看国外特色小镇建设经验①

发达国家经过工业化、城镇化之后，由于城市、产业和社会各方面的发展需求，已经形成了形态各异、主题鲜明的特色小镇。我们选取几个典型案例，来看看国外特色小镇建设经验。

一、英国：名人故里小镇——斯特拉福德镇古迹保护与商业开发相结合

莎士比亚的故乡斯特拉福德位于英国中部的华威郡，这个约 3 万人的小镇每年要接待约 50 万来自世界各地的游客。小镇一方面通过发展旅游业自负盈亏，实现文物古迹的维护与基础设施的更新，另一方面又要避免过度商业化破坏小镇的宁静和历史厚重感。

英国人说，宁可失去英伦三岛也不能没有莎士比亚。斯特拉福德小镇目前的收入，几乎完全依靠发展“莎士比亚经济”。“莎士比亚诞生地基金会”负责小镇 5 处与莎士比亚有关房产的管理开发，而小镇的街道景观、住房、庆典等其他方面则由斯特拉福德地区和镇两级议会管理。

如今，莎士比亚主题餐厅、纪念品商店、旅馆等集中在莎士比亚故居附近的几条主要街道上，完全为步行道。全镇的建筑风格相对统一，以莎士比亚生活的英国都铎王朝时期建筑物为主，不少是十七八世纪保留至今的老房子，银行、快餐店、商铺等外立面或是修旧如旧，或是尽量做到与周围建筑风格不冲突。

评析：斯特拉福德小镇已成为世界名人故居保护与商业开发相结合的典范，其

① 本文摘录自《中国国土资源报》2018 年 4 月号。

做法既代表了英国特色小镇发展的思路，也与当地实际紧密结合。比如：深挖莎士比亚文化，政府通过整体设计完整呈现莎士比亚的一生；信托基金独立、专业运作，实现古迹开发与保护平衡；注重“粉丝”培育，不断提升名人故里的吸引力。

“英国即乡村，乡村即英国。”这是很多亲历英国的游客最深切的感触。除了那些工业中心和大都市之外，保留着淳朴乡村特色的小城镇星罗棋布。

早在1898年，英国建筑规划大师埃比尼泽·霍华德就率先提出了“小城镇”的概念。在他的设想中，小城镇结合了城市和乡村的优点，兼顾了充足的工作机会和优美的生活环境。

“二战”结束后，英国政府借战后重建的契机发起了“新城运动”，希望以小城镇的开发建设疏解大城市人口过剩、住房紧缺、交通拥堵等问题。这里的“新城”就是小城镇。“新城”建设资金由政府基金统一提供，并通过城市设施租售分期偿还。当然，很多“新城”并不是完全新建的，而是精心挑选出一些旧城镇，将其拓展成工业发展中心、公共交通枢纽和就业中心，政府鼓励民众迁入这类小城镇。

尤为可贵的是，英国的小城镇建设并不是将乡村打造成城市，而是采取“离土不离乡”的发展模式。在英格兰，集镇发展以乡村为依托，重点推动以农业产品为加工对象的乡村工业，为离开土地的农民提供就业机会，同时为农业规模化经营提供保障。另外，英国特别重视综合规划和建设发展，贯彻了霍华德田园小城镇的建设理念，重视保护景观资源，将英国特有的传统景观文化与时俱进地融入小城镇建设中。

二、德国：科技创新小镇——蒙绍市工业强镇吸引高新科技人才

蒙绍市位于德国西北部北威州，是处于德国与荷兰边境群山怀抱之中的小城镇。小镇人口约1.5万，森林覆盖率45%，这里至今保留着17世纪的建筑物和完整的城镇风貌，包括水上教堂、修道院及古堡等。这个17世纪著名的老工业区如今已经拥有中小企业200多家，成为德国新兴的科技型、就业型小城镇。

人口老龄化、生产加工厂区外移，对德国的就业产生了很大冲击。因此，德国积极支持创办新兴科技型和就业型中小企业。1996年，蒙绍市政府在郊区投资创建HIMO科技创新中心，鼓励和帮助有创新思维、有能力的年轻人创建自己的公司。同时，政府为新兴科技创新产业发展提供生产办公用房、企业创立和管理咨询、展销及培训、后勤服务等扶持。

科技创新中心创立初期以政府投入为主，立足高起点；建设完成后进入企业化运作，地方政府和有关机构给予适当补贴，解决工资和宣传费用问题。该中心积极打造科技型小镇，建筑物采用节能、环保等新技术，并应用了一系列可再生能源装置，如太阳能集热器、光电装置、风力发电装置、雨水收集处理装置等，为用户提供生活热水、电力、部分饮用水、灌溉用水等资源。

评析：小城镇有大产业，是德国城镇化的魅力所在。一个名不见经传的小城可能孕育着全球最有竞争优势的产业。在德国35万各类企业中，有相当一部分企业分布在乡镇，加上大量中小工商企业和服务业，创造了大量的就业岗位，实现了超过90%的城镇化率。

德国每个小城镇各有特色支柱经济，

甚至很多世界500强企业都落户在小城镇，这无疑让小城镇具备了吸引年轻人的核心竞争力，解决了70%的人口就业。依靠工业强镇，德国走出了一条特色小镇建设之路。

受城市规模和环境容量的限制，德国工业小城镇并非“孤胆英雄”，而是选择了“一镇一业、多镇抱团”的发展模式。几个小镇位置相邻、产业互联，虽然各自拥有的企业规模都不算巨大，但联合在一起，却能够形成区域大产业链，实现更加高效率、低成本的运营。

产业小镇的集群发展，与德国政府的规划和培育是分不开的。德国产业政策的重点均以中小城市和小城镇为主，主要包括产业发展重点政策、补贴与税收等财政措施，以及维护市场秩序、促进技术进步、产业体系建设等政策。另外，德国注重加快基础设施建设，完善小城镇功能，为产业发展搭建了良好的发展平台。

三、丹麦：循环经济小镇——卡伦堡市立足生态保护　打造工业共生体系

卡伦堡市位于丹麦西兰岛西部，仅有2万居民。由于有深水不冻港口，很多大型企业陆续落户于此。这个小镇的主要企业之间通过贸易方式，交换生产过程中的各种副产品或“废料”，作为自己生产中的原料，自发创造出一种“工业共生体系”。正是这种“工业共生体系”的发展，使这个不为人知的小镇成为发展循环经济的世界典范。

丹麦卡伦堡工业园区的主体企业是电厂、炼油厂、制药厂和石膏板生产厂。其中，燃煤电厂位于这个工业生态系统的中心，对热能进行了多级使用，对副产品和“废料”进行了综合利用。电厂向炼油厂和制药厂供应发电过程中产生的蒸汽，使炼油厂和制药厂获得了生产所需的热能。

同时，电厂还通过地下管道向卡伦堡全镇居民供热，由此关闭了镇上3500座燃烧油渣的炉子，减少了大量的烟尘排放；低温循环热水用于大棚生产绿色蔬菜，发电厂的部分冷却水被用于养鱼场，实现了热能的多级使用；除尘脱硫的副产品工业石膏，全部供应附近的一家石膏板生产厂作原料。

据了解，卡伦堡16个废料交换工程总投资为6000万美元，而由此产生的效益每年超过1000万美元。

评析：虽然卡伦堡小镇“工业共生体系”是逐渐且自发形成的，但仍离不开两方面的驱动力，即政府的政策机制和企业的经济效益。

一方面，政府在制度安排上对污染排放实行强制性的高收费政策，这使得污染物的排放成为一种成本要素。例如：对各种污染废弃物按照数量征收废弃物排放税，而且排放税逐步提高，迫使企业少排放污染物。对于减少污染排放的企业，则给予经济激励。

另一方面，卡伦堡地区水资源缺乏，地下水很昂贵。其他企业主动与发电厂签订协议，利用发电厂产生的冷却水和余热，不仅可以节约利用水资源，与缴纳污水排放税相比还可以节约50%的成本；而与直接取用新地下水相比，可以节约75%的成本。

小城镇的发展往往注重经济因素，导致开发建设缺乏科学规划和管理，生态环境破坏严重。而卡伦堡小镇的例子恰恰证明，这些问题可以从保护生态和建立循环经济体系的角度破题。在资源投入、企业生产、产品消费及其废弃的全过程中，循环、再生和利用物质资源，形成一种低消耗、低排放、高效率的生态型资源循环发

展的经济模式。

四、法国：旅游疗养小镇——依云镇依托特有资源传承地域文化

法国依云镇背靠阿尔卑斯山，面朝莱芒湖，湖对面是瑞士洛桑。小镇只有7500名居民，开支预算却相当于一个4万多人的城市，居民生活富足。小镇青山绿水、环境优美，是欧洲人休闲度假的绝佳场所。

依云小镇的地区特色是地理环境和天然矿泉。高山融雪和山地雨水在阿尔卑斯山脉腹地经过长达15年的天然过滤和冰川砂层的矿化，形成了依云水。1864年，依云水开始被大量出售，成为当地第一大产业。

根据依云水对一些疾病的显著疗效，1902年，闻名法国乃至全世界的依云水治疗中心成立，主要提供依云天然矿泉水SPA、母婴游泳和产后恢复养生等服务。来自大自然的馈赠使依云镇远近闻名，逐渐成为著名的疗养、旅游小镇。如今，小镇70%的财政收入来自于依云水文化息息相关的产业。

评析：依云镇采取的是基于特色资源的小镇发展模式。围绕特有的生态资源或历史文化资源，通过发展特色产品、生态休闲、旅游文化等领域，满足日益增长的生态和文化需求，将资源优势转变为发展动力。

可以说，保持地域文化特色和注重传统文化传承，是法国城镇化进程中的一大特点。除了依云镇，被誉为“香水王国”的格拉斯、“香槟之都”兰斯、“葡萄酒圣地”第戎等，发展模式都具有鲜明的地域传统文化特色。当然，以自然资源为主要发展优势的特色小镇建设，并不意味着要将自身发展局限于对自然资源的依赖。上述法国小镇都是在发展过程中不断延伸上下游产业链，向高端领域衍生发展。

法国城镇化的理念是“镇上的生活比首都好”。小城镇整洁安静、韵味十足，且生活便利程度一点不比大城市差。法国政府在小城镇建设高校、剧院、商场等公共设施，给地方中小企业提供财政支持，甚至为私人建房者免费供地，吸引了越来越多人到小城镇居住。特别是在医疗资源分布上，法国从不“歧视”小城镇，医保卡全国通用且适用于私人诊所，基本解决了法国小城镇的就医难问题。

至今，法国人口超百万的城市不超过5个，人口在10万以下的小城镇却密布全国。法国的经验表明，以人为核心的城镇化，是大中小城市和小镇协调发展的必由之路，而非任由市场“摊大饼”。

五、美国：对冲基金大本营——格林威治镇市场方式运作 产业自然集聚

美国格林威治镇是康涅狄格州西南部的一座城镇，占地面积174平方公里，距离纽约40公里，总人口约5.9万。这里是大约380多家对冲基金总部所在地，管理的资产总额超过1500亿美元，被喻为“对冲基金大本营”。

作为全球最为成熟的基金小镇，格林威治以对冲基金为核心，真正实现了“产城融合”的目标。这不仅归功于其旖旎的湖光山色、严格的安保系统、大量的名品商店、众多的停车场和游艇泊位，更得益于康涅狄格州优惠的税收政策、毗邻纽约的区位优势和高速稳定的互联网络等有利因素。

由于毗邻纽约金融市场，对冲基金行政管理人员、技术提供者、大宗经纪商等都相继在此开设业务。据统计，格林威治所在的康涅狄格州，就业人数从1990年至今增长了两倍。而在2万多个投资类岗位

中，近半数来自对冲基金和私人股本公司。

评析：格林威治镇的成功要归功于其按市场方式设立的运行机制，充分利用私募（对冲）基金扎堆的惯性，通过“精而美”的软硬件环境吸引各类投资基金、对冲基金和相关金融机构聚集，快速形成金融产业聚集的特色小镇。

和格林威治小镇一样，美国许多小城镇的繁荣都是人口和企业自然选择与聚集的结果，并非依靠政府力量推动。在经济社会发展规律的支配下，小城镇因逐渐获得了企业、高校或居民的青睐而兴起和壮大。

尽管如此，并不意味着小城镇建设可以随意而为。在美国，小城镇要依据区位特点和产业特色制定总体规划，追求个性化发展。同时，城镇规划要与州、县地区性总体规划和交通规划等相协调，住宅区、商业区、工业区都是分区分块规划建设的，使土地开发利用具有整体性、长远性和综合性。

美国小城镇建设资金由联邦政府、地方政府和开发商共同承担：联邦政府负责投资建设连接城镇之间的高速公路；小城镇的供水厂、污水处理厂、垃圾处理厂等由州和小城镇政府负责筹资建设；开发商则负责小城镇社区内的交通、水电、通信等生活配套设施的建设。

特色小镇与全域旅游融合发展探讨①

钟娟芳

全域旅游是目前我国旅游业的发展趋势之一，2016 年初，国家旅游局公布了首批 262 家“国家全域旅游示范区”创建名单。与此同时，我国的特色小镇建设也在迅速发展。2016 年 7 月 21 日，住建部、发改委、财政部联合发出《关于开展特色小城镇培育工作的通知》，提出加强特色小镇的培育工作，到 2020 年争取培育 1000 个左右各具特色、富有活力的特色小镇。既是特色小镇，就具备发展旅游服务业的潜质，当前，浙江、广东、江苏等地创建的许多特色小镇，同时也是旅游小镇。因此，特色小镇建设如何与全域旅游理念相互融合，创新发展，需要深入研究。

一、特色小镇与全域旅游融合发展的意义

（一）有助于推进供给侧与需求侧相结合，创造更大的经济效益

从供给侧来看，特色小镇为全域旅游提供了丰富的旅游资源。2016 年 10 月 14 日，住建部正式公布了北京市房山区长沟镇等 127 个第一批中国特色小镇。这些特色小镇形态各异，产业富有特色，文化独具韵味，生态充满魅力，很多都具备发展旅游业的先天禀赋。从目前已经创建的浙

---

① 本文摘录自《开放导报》2017 年 4 月第 2 期。

作者简介：钟娟芳，江西赣州人，东莞市技师学院管理工程系主任，旅游高级讲师，企业培训师，研究方向：旅游管理。

江省级特色小镇来看，梦想小镇、云栖小镇、嘉善巧克力甜蜜小镇、常山赏石小镇，已经形成产业与旅游的深度融合，带动上下游多个产业发展，实现收益上的乘数效应，为全域旅游提供了丰富的资源①。

从需求侧来看，全域旅游为特色小镇带来经济效益和品牌效益。旅游产业涉及110个关联产业和部门，其中关联比较密切的有29个产业和部门。据统计，旅游业对住宿业的贡献率达八成，对民航、铁路、汽车客运业的贡献率达九成。全域旅游由于各行业和各部门的融入，居民共同参与，发展全域旅游将有助于提升旅游目的地的整体形象，促进产业转型升级、提质增效，实现区域综合效益的最大化。我们发现大多数特色小镇都可与旅游业在不同层面结合起来，历史文化、城郊休闲、资源禀赋、生态旅游型的特色小镇通过发展文化交流、景点观赏、休闲娱乐为主的旅游业，直接创造经济效益；特色产业、新兴产业、金融创新等可通过产业旅游，直接或间接创造经济效益；时尚创意型特色小镇可创造综合效益。除上经济效益，全域旅游还有助于特色小镇创造品牌效益，传承传统文化，让特色小镇的地方文化、民俗风情、商业价值、传统手工艺传承下去，推进特色小镇的文化创新。

表1　我国当前特色小镇类型

类型	代表小镇
历史文化型	龙泉青瓷小镇、湖州丝绸小镇、南浔善琏湖笔小镇、朱家尖禅意小镇、天台山和合小镇、平遥古城、茅台酿酒小镇、湘西边城小镇、永年太极小镇
城郊休闲型	安吉天使小镇、丽水长寿小镇、永嘉玩具智造小镇、下城跨贸小镇、临安颐养小镇、瓯海生命健康小镇、琼海博鳌小镇、旧州美食小镇、花桥物流小镇、小汤山温泉小镇
特色产业型	吴兴美妆小镇、嘉善巧克力甜蜜小镇、桐乡毛衫时尚小镇、玉环生态互联网家居小镇、平阳宠物小镇、安吉椅业小镇、温岭泵业智造小镇、东莞石龙小镇、吕巷水果小镇、王庆坨自行车小镇
新兴产业型	余杭梦想小镇、西湖云栖小镇、临安云制造小镇、江干东方电商小镇、上虞e游小镇、德清地理信息小镇、余杭传感小镇、秀洲智慧物流小镇、新塘电商小镇、朱村科教小镇、福山互联网农业小镇
交通区位型	建德航空小镇、萧山空港小镇、西湖紫金众创小镇、新昌万丰航空小镇、九龙山航空运动小镇、宁海滨海航空小镇、千年敦煌月牙小镇、博尚茶马古道小镇
资源禀赋型	青田石雕小镇、定海远洋渔业小镇、西湖龙坞茶小镇、磐安江南药镇、庆元香菇小镇、仙居杨梅小镇、桐乡桑蚕小镇、泾阳茯茶小镇、双阳梅花鹿小镇、陇南橄榄小镇、宝应莲藕小镇、花都珠宝小镇
金融创新型	上城玉皇山南基金小镇、梅山海洋金融小镇、富阳硅谷小镇、义乌丝路金融小镇、西溪谷互联网金融小镇、乌镇互联网小镇、南海千灯湖小镇、万博基金小镇、新塘基金小镇
生态旅游型	仙居神仙氧吧小镇、武义温泉小镇、乐清雁荡山月光小镇、临安红叶小镇、青田欧洲小镇、杭州湾花田小镇、万宁水乡小镇、龙江碧野小镇、锦洞桃花小镇、丽江玫瑰小镇
高端制造型	萧山机器人小镇、宁海智能汽车小镇、长兴新能源小镇、江山光谷小镇、新昌智能装备小镇、南浔智能电梯小镇、城阳动车小镇、中北汽车小镇、爱飞客航空小镇
时尚创意型	余杭艺尚小镇、滨江创意小镇、西湖艺创小镇、大江东巧客小镇、安吉影视小镇、兰亭书法文化创意小镇、杨宋中影基地小镇、宋庄艺术小镇、狮岭时尚产业小镇、增江街1978文化创意小镇

资料来源：全国十类特色小镇案例，搜狐公众平台。

（二）有助于资源整合共享，形成可持续发展

特色小镇通常为“产业、文化、旅游、社区”一体化的复合功能载体，以产业为

① 特色小镇是什么？浙江全面推进特色小镇创建综述，2016年2月29日，http：//news.xinhuanet.com/mrdx/2016-02/29/c_135140141.htm

特色，当地居民生活、居住、休闲集聚，各种配套设施基本齐全。全域旅游的题中之意，也是居民共同参与，其核心是全行业中全要素的整合，全过程、全时空的旅游产品的供给，以及全方位的游客体验。特色小镇与全域旅游融合，使得当地的资源要素能最大程度地优化整合运用，而且随着全域旅游的推动，能倒逼特色小镇的资源配套完善，进而改进当地居民的生活。

从旅游的时空延展来看，大多是长时间、多景点的时空转换。一个特色小镇的全域旅游，多数时候将延伸到下一个特色小镇或者特色景点。因为特色小镇既不是行政区划单元上的一个镇，也不是产业园区的一个区，而是一个功能复合型的新型聚落区域。它既可以是大都市周边的小城镇，又可以是较大的村庄，还可以是城市内部相对独立的区块和街区，所以其中部分资源可以和城市共享，利用全域旅游把一定区域内不同的特色资源串联起来，促进资源在更宽广的区域统筹发展中充分流动，最优配置，获得可持续发展的内生动力。

（三）为未来特色小镇建设注入活力

全域旅游融入特色小镇建设，有助于丰富特色小镇的内涵，以产业链和产业生态圈的视角，为特色小镇的建设打开新的思路。到目前为止，特色小镇创建不到200个，距2020年的创建目标，还要建设近800个特色小镇。由于全域旅游产业的综合性比较强，关联度比较大，产业链比较长，涉及并交叉渗透到多个行业、多个部门，如农业、工业、商业、服务业、交通运输业、信息产业、科技、生态环境、建筑等领域，以全域旅游的思路来规划特色小镇，将为特色小镇建设提供较高的起点，注入新的活力。以浙江云栖小镇为例[①]，云栖小镇主要发展以云计算为代表的信息经济产业，目前已经集聚了一大批云计算、大数据、APP开发、游戏和智能硬件领域的企业和团队。除此之外，云栖小镇还注重会展旅游，创建了服务于草根创新创业的云栖大会，目前是全球规模最大的云计算以及DT时代技术分享盛会，“2015年杭州云栖大会”吸引了来自全球2万多名开发者以及20多个国家、3000多家企业参与。

二、特色小镇与全域旅游融合发展路径

（一）以全域旅游理念把传统专业镇提升为特色小镇

专业镇是我国改革开放以来特有的一种发展模式，是以乡镇为基本单位，通过开发一两个产业或产品，带动多数农户从事生产经营活动（即乡镇企业），他们主要从事的是工业制品的加工、装配和制造业，科技水平及附加值较低。江苏、浙江和广东等地区是传统专业镇比较发达的地区。不可否认，当前已有一些发展较好的传统专业镇已经或正在建设成为特色小镇，但仍有许多传统专业镇，需要创新发展思路，走可持续发展道路。比如广东现有300多个省级专业镇[②]，涵盖家具、陶瓷、灯饰、家电、花圃等产业，在市场上掌握了不少话语权。但根据广东省发改委提出的相关发展目标，到2017年要建成30~50个独具岭南魅力、环境优美、形态多样的省级特色小镇，到2020年建成100个左右省级特色小镇，包括智能制造小镇、绿能科技小

---

①《浙江特色小镇建设分析——以云栖小镇为例》，《方极城市规划评论》第501期。

②《广东专业镇发展现状与转型对策》，《南方农村》，2012年第3期。

镇、海洋特色产业小镇、“互联网+小镇”、时尚小镇、工艺小镇、文化创意小镇、生命健康小镇、旅游休闲小镇，产业发展、创新发展、吸纳就业和辐射带动能力显著提高，成为广东新的经济增长点①。换句话说，广东到2020年建成的100个左右的特色小镇，很有可能从现在的300多个省级专业镇中发展而来。

把传统专业镇提升为特色小镇，既是传统专业镇转型升级的需要，也是特色小镇建设的重要突破口。但这绝不仅仅是概念的转变，或者产业的升级，而是要以特色产业集聚发展为特征，融合产业、文化、旅游、生活等功能平台，重新规划打造宜创、宜业、宜居、宜游的新型发展空间。在这个过程中融入全域旅游理念，全时、全域、全民参与，将有助于“特色产业”和“体验旅游”实现最大程度的统一协调发展。

（二）将特色小镇建设融入区域旅游业整体布局

特色小镇与全域旅游融合发展，最关键的是要把特色小镇建设融入区域旅游业整体布局。

在东部沿海发达地区，交通发达，特色小镇数量多，相距不远，而且产业关联性强或者景区风貌类似，所以特色小镇的规划建设应与区域的旅游业整体布局融合，用好用足区域旅游资源如基础设施规划、线路规划、景区风格、客源等，切实把特色小镇的产业和旅游结合起来，发挥更大的经济效益。

一些特色小镇，特别是中西部的特色小镇，离城区较远，旅游潜力大但基础不好，亟须融入周边地区或中心地区，借势发展，以自身特色形成虹吸效应，把这些地区的人流、金融、旅游资源、产业资源等导入到特色小镇的建设过程中，带动特色小镇健康发展。

全域旅游本质着眼点就在于利用更大时空和更多元化的旅游资源。一些特色小镇拥有独特的产业，观光交流、学习访问、会展洽谈的外地游客较多，而当地居民在该产业中的就业率高，相对地从事住宿、餐饮、运输等服务业的人就少，势必造成服务供给不足，水平不高。从区域的视角来规划特色小镇配套资源，就可以在一定程度解决这个问题，如在周边另外的特色小镇建设时，适当减少研发制造产业，更多地规划服务业，区域间特色小镇在特色产业、服务业、旅游业中相融共生，互利共赢。

（三）推行“产业+旅游+”战略，积极探索融合创新

从全国目前打造的特色小镇来看，一半以上都侧重于产业特色，如金融创新、新兴产业、高端制造、电子商务等。全域旅游与特色小镇的融合，也可先从产业着手。由于旅游业最大的特点是跨越不同产业、市场和空间，市场无边、产业无界、创意无穷。旅游业主动与其他产业融合，将形成更强的产业竞争力。可以推行“产业+旅游+”战略，积极探索融合创新的路径，延伸主导产业相关的旅游，如工业旅游、体验旅游、会展旅游、学习考察旅游等。如深圳蛇口20世纪80年代的旧工业区，通过整治更新成为建筑设计、文化创意的集聚地，吸引了国内外大量游客前来参观学习；厦门元祖食品公司把糕点、糖果等食品加工制造环节向公众开放，游客不仅可以亲眼看到食品的制作过程，而且还可以参与体验制作，获得满足感；珠海

①《到2020年广东拟建成百个省级特色小镇》，南方日报，2016-07-22。

一年一度的中国航展，原来也是航空航天产业的专业展览，如今已经打造成为集会展旅游、学习考察旅游的国际品牌。

三、特色小镇与全域旅游融合需注意的问题

（一）根据旅游资源禀赋，理性推进特色小镇与全域旅游的融合发展

特色小镇的发展并非一日之功，全域旅游也不是万能药。当前，首要的是推动政府、社会、企业和当地居民充分沟通，自上而下和自下而上相结合，理性推进特色小镇与全域旅游的融合发展，防止出现运动式造城，盲目投资，千镇一面。为此在实际运作过程中，要着重研究以下两个问题：

一是要客观评价旅游资源禀赋，充分调研旅游市场，衡量特色小镇与全域旅游融合的可能性。以自然资源、历史文化、民俗风情为主的特色小镇发展全域旅游，由于开发建设的不可逆，需要冷静、全面地评价当地旅游要素能否满足最基本的要求和条件，防止硬干、蛮干，造成资源破坏及浪费等一些不可收拾的局面。以特色产业为主的特色小镇发展全域旅游，应按照产业发展规律，强化主体产业的核心竞争力，做强做优，然后瞄准附加产业，逐步推进，切忌一哄而上，全面开花。发展会展、论坛、体验旅游时，还应调动社会各界的积极性，齐心协力，强化开放的心态，建设开明公正的政府，引导民众开放创业，培养市场化竞争意识，共同营造良好的旅游环境。

二是特色小镇与全域旅游融合发展应设立负面清单。一些特色小镇所发展的产业，虽具一定特色，但是高污染、高能耗的产业，或者影响人体健康的产业，这类特色小镇应列入负面清单，禁止发展旅游业。一些特色小镇从传统专业镇提升而来，城镇环境和营商环境差，居民素质不高，政府服务意识不强，也不宜马上发展全域旅游。一些地处偏远的特色小镇，交通极不发达，安全风险大，发展规模化旅游市场，投入太高，建议也不宜提倡发展全域旅游，但不排除散客或者个人自驾游。

（二）注重顶层设计，把全域旅游理念融入特色小镇规划建设

一是建立部门合作机制。由地方政府牵头，旅游、交通、经贸、信息、公安、工商等政府部门联合组成“特色小镇与全域旅游融合发展办公室”，建立顺畅高效的合作机制，实行线上线下联合办公，打通服务“最后一公里”，统筹协调当地产业发展、工商服务、旅游服务、交通运输、公共安全等各种问题。

二是基础设施规划要先行。建议推行“大交通”规划概念，不仅在特色小镇的规划中，先规划主干道、公共停车场、慢行交通、污水垃圾处理、公共厕所、商业服务、医疗服务、绿地公园等基础设施；还应从旅游线路科学合理规划的角度出发，把特色小镇的基础设施规划纳入到区域旅游布局当中，融入区域主要交通枢纽，规划以网格为基础的道路体系，打通断头路，为特色小镇与全域旅游的融合发展奠定基础，避免特色小镇变成“特色孤岛”。

三是要创新投融资模式，拓展融资渠道。除了政府拨款、银行借贷之外，还可针对特色小镇与全域旅游，探索创新投融资模式。主要可考虑：PPP 模式，主要面向市政工程、交通运输、综合开发。待特色小镇发展相对成熟后，PPP 还可向环保、养老、医疗、旅游等领域不断拓展，实现 PPP 投资主题多元化。引入社会资本，既可出让全域旅游特许经营权，亦可联合成立特色产业、新兴产业的发展基金，PE/VC

等，促进产业发展，完善旅游综合服务。大力挖掘私人资本，特色小镇的建设本身也是家乡建设，可通过宗族血脉关系，向有实力的乡贤以股权、期权的形式筹措建设资金，共建美好家园。

（三）适当调整阶段性发展策略，以人为本服务当地经济社会发展

针对不同的特色小镇发不同的发展阶段，应灵活调整阶段性的发展策略，更新工具包，同时应坚持以人为本，积极主动服务当地经济社会发展。

以特色产业为主的特色小镇，应根据产业发展的一般规律，未雨绸缪，提前做好相应的规划调整。具体来说，在特色小镇建设初期，可着力建设产业基础设施，引入一批全国知名的龙头企业，建立健全服务平台体系，打造有竞争力的新兴产业，解决就业，创造经济效益。中期，可围绕产业拓展相关的高端服务，如论坛、会展、文化节庆、体验娱乐等，此时应及时完善提升相关配套水平，如基础设施、信息技术、品牌宣传、服务品质等。后期的发展策略，可以产业创新发展与全域旅游并重，或以全域旅游为主，推出不同的举措。

以生态资源、民俗风情、休闲娱乐为主的特色小镇，初期可打造全域旅游，以特色旅游吸引旅客，提供全方位一体化的旅游服务。中期可考虑在“特色”融入关联性较强的产业，包括但不限于工业品及农产品的加工制造业、新兴产业、创意时尚等。后期经济实力增强，技术配套完善，市场成熟时，可通过企业合作并购、引入代表性的新兴产业企业等方式，发展特色产业，寻求更大的经济效益。

总之，特色小镇与全域旅游融合发展也好，阶段性调整发展策略也好，最终目的是发展经济，提高当地居民的生活水平和幸福感，进一步满足我国日益增长的旅游市场需求。

特色小镇发展水平指标体系与评估方法①

吴一洲　陈前虎　郑晓虹

一、引　言

改革开放后，中国以惊人的速度开展城镇化建设，但一直以来都是工业化水平高于城镇化水平。而小城镇作为乡村剩余劳动力就地城镇化的空间载体，在中国城镇化进程中发挥了重要作用。当前，中国进入新常态发展阶段，一直以来的“增长主义”发展模式难以为继，资源瓶颈、生态瓶颈和劳动力瓶颈等发展阶段的标志性门槛开始促使城镇转型。以浙江为例，浙江是典型的人多地少、人口密度高及空间资源瓶颈突出的省份，在新的发展阶段必须探索如何在有限的空间内提高经济效益；

① 本文摘录自《规划师》2016年第7期。

作者简介：吴一洲，博士，浙江工业大学建工学院副教授、硕士生导师、城乡规划学科负责人。陈前虎，博士，浙江工业大学建工学院教授、执行院长、硕士生导师，小城镇城市化协同创新中心主任，浙江省城市规划学会小城镇学术委员会主任委员。郑晓虹，浙江工业大学人居环境规划与设计方向硕士研究生。

浙江的城镇化主体是块状经济，产业升级滞后市场和消费升级，导致需求不足，故需要通过产业的更新换代来刺激内需，扩大产业市场规模；产业的竞争已经演变成产业链的竞争，产业升级需要人才和高端劳动力的支撑；此外，创业也是拉动就业和产业升级的主要驱动力，必须探索如何聚集创业人才、风投资本和科技孵化器等，以促进产业链、人才链和资本链实现快速耦合，形成新经济的生态圈和高端产业链；城乡结合部是城镇化最为活跃的区域，是城乡二元结构的融合点，建设符合城乡融合要求的空间载体，是满足现代都市人的生活品质追求和加快农业现代化的重要基础。

在此发展背景下，2014 年底在浙江省委经济工作会议上，浙江在国内率先提出打造特色小镇的发展战略，2015 年初正式将“加快规划建设一批特色小镇”列入政府重点工作计划。按计划，浙江将在未来 3 年内把重点放在培育上百个特色小镇上，聚焦电子信息、环境保护、医疗健康、休闲旅游、潮流时尚、金融服务和高端装备制造七大产业，兼顾特色农副产品（如茶叶、黄酒和中药）、特色手工艺品（如丝绸、青瓷、木雕、根雕、石雕和“文房四宝”）等历史经典产业。作为深化城乡统筹发展和推动传统经济转型升级的重要战略之一，特色小镇的建设意义主要有以下六个方面：①是经济新常态下的新增长点；②是“众创空间”的新孵化器；③是信息经济等智慧产业的新集聚地；④是新型城镇化转型升级的新载体；⑤是新一轮产、城、人融合的平台；⑥是“两美”浙江的新景区。

本文拟通过分析特色小镇的内涵和特征，构建基于特色小镇发展导向的评价框架和指标体系，旨在为科学全面地评价新时期小城镇的综合发展水平提供依据。

二、特色小镇的内涵、特征与发展理念

特色小镇并不是一个行政意义上的城镇，而是一个大城市内部或周边的，在空间上相对独立发展的，具有特色产业导向、景观旅游和居住生活功能的项目集合体。特色小镇既可以是大都市周边的小城镇，又可以是较大的村庄，还可以是城市内部相对独立的区块和街区，其中部分服务功能可以和城市共享。

特色小镇的核心是特色产业，一般是新兴产业，如私募基金、互联网金融、创意设计、大数据和云计算、健康服务业，或其他智力密集型产业。特色小镇也是一个宜居宜业的大社区，既有现代化的办公环境，又有宜人的自然生态环境、丰富的人性化交流空间和高品质的公共服务设施。特色小镇建设将秉持“政府引导、企业主体、市场化运作”的原则，将占地面积控制在 1~3 平方公里的范围内，打造一个高度产城融合的空间，并体现其特有的地域文化。同时，特色小镇建设要达到 AAA 级以上景区标准，休闲旅游类小镇须以 AAAAA 级景区标准作为建设硬指标。总之，特色小镇是按创新、协调、绿色、开放、共享的发展理念，结合自身特质，找准产业定位，科学规划，挖掘产业特色、人文底蕴和生态禀赋，“产、城、人、文”四位一体、有机结合的重要功能平台。

在具体规划建设中，特色小镇的发展秉持四大发展理念：产业定位摒弃“大而全”，力求“特而强”，避免同质竞争，错位发展，保证独特个性；功能体系摒弃“散而弱”，力求“聚而合”，重在功能融合，营造宜居宜业的特色小镇；城镇形态摒弃“大而广”，力求“精而美”，形成

“一镇一风格”，多维展示地域文化特色；制度设计摒弃“老而僵”，力求“活而新”，将其定位为综合改革试验区，“特色小镇”优先作为政策试点示范基地，把握政策先试先行机遇，体现制度供给的“个性化”。

三、特色小镇发展水平评估框架构建

从特色小镇的内涵出发，将其发展水平评估体系分为4个维度，分别为产业维度、功能维度、形态维度和制度维度；将发展理念和内涵进行交叉构建，得到评估框架（见图1）。

	创新	协调	绿色	开放	共享
产业“特而强”	产业创新驱动	产业链接发展	绿色低碳产业	发展开放经济	生产效率提高
功能“聚而合”	创新产业功能	主体功能协调	生态安全格局	强化结构调整	公共服务均等
形态“精而美”	营造特色景观	城镇风貌协调	建设美丽城镇	优化投资环境	城乡差距减小
制度“活而新”	体制机制创新	促进要素流动	环境治理制度	外商管理体制	收益共享机制

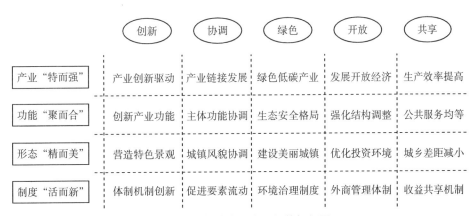

图1 特色小镇发展水平评估框架图

（1）产业维度，特色小镇的产业应具有一定的创新性和特色性，并且能和周边产业或者自身形成一定长度的产业链，发展绿色低碳型产业，产业的经济开放性和生产效率较高。

（2）功能维度，特色小镇的功能应具有一定的集聚度及和谐度，经济、社会和生态等各功能之间协调发展，功能结构合理，公共服务功能均等化程度较高。

（3）形态维度，特色小镇就是要全面体现“特色”，除了特色产业以外，在空间上也要体现明显的特色，建筑、开放空间、街道、绿化景观和整体环境都要体现相应的特色，具有较为统一和鲜明的风貌特征，城乡空间形态和环境质量协调发展，投资的空间环境品质较好。

（4）制度维度，特色小镇在一定意义上也是一个特殊政策区，应围绕特色小镇的发展目标，建立起与其发展相适应，设计能激励相应产业、资金和人才进驻的制度，以及保障特色小镇可持续发展的环境治理和收益共享的机制。

四、特色小镇发展水平评估指标的选取与体系建构

特色小镇发展水平评估指标体系是综合运用城乡规划学、城市经济学、产业经济学、环境科学、生态学、公共政策理论和系统科学等基础理论，通过数据统计的分析方法，进而反映特色小镇发展综合水平的一整套指标体系。特色小镇发展水平评估指标体系应准确体现特色小镇的特点，形成一个有机的评估系统，在选取评价指标时应遵循下列原则：

（1）典型代表性原则，从各维度选取的指标应为特色小镇评价目标服务，立足于特色小镇的本质内涵，能够全面科学地反映出特色小镇的综合发展水平。

(2) 系统全面性原则，所选取的指标应涵盖经济发展、社会公平和生态环境等各个维度，不应片面强调经济效益和规模，还应注重环境风貌和生态可持续发展等。

(3) 相对独立性原则，指标的选取应相对独立且不相关，不能互为解释，从而确保最终评价结果的全面性和科学性。

(4) 共性和个性相结合原则，评价体系既包含共性指标，具有可比性，便于指标比较，又包括个性（特色）指标，可以反映“特色”建设进展和成效。

(5) 可操作性原则，所选取的指标应数据明确，且有一致的统计口径，可较为简便地获取，同时也可以量化和对比。

(6) 动态适应性原则，由于特色小镇因时因地而不同，所选取的指标无论在指标维度、指标权重和具体指标选择等方面都应具有动态性，以期能根据新的发展形势和背景进行适应性调整。

(7) 以人为核心原则，整个指标体系最终虽然是定量的综合评分，但在具体指标设计中，应同时考虑主客观相结合的模式，将特色小镇的使用者、经营者、管理者和旅游者等微观主体的主观感受和体验也纳入到指标体系中。

指标筛选先经过专家咨询进行推荐，在每个维度选取具有典型性的指标，对特色小镇的产业、功能、形态和制度的相应规模、结构、状态与效率等动态趋势等进行科学评价和综合评估，全面反映特色小镇各子维度和总的综合发展水平。在选择具体指标时，高于50%的专家认为该指标不重要，则淘汰该指标；统一归并相关性强的指标或者选择相对容易获取的指标；根据3轮专家咨询后的综合结果，采纳80%以上的专家认同的指标，形成最后的指标体系。

在参考已有学者的相关研究后，将本指标体系分为特色小镇基本信息、发展绩效和特色水平三部分，形成“1+4+N”的指标结构，分别从总体、分项和特色3个视角对特色小镇的发展水平进行评估，其中基本信息部分的指标具有动态性，会随着发展阶段的推进而不断进行适应性调整和更新（见图2）：

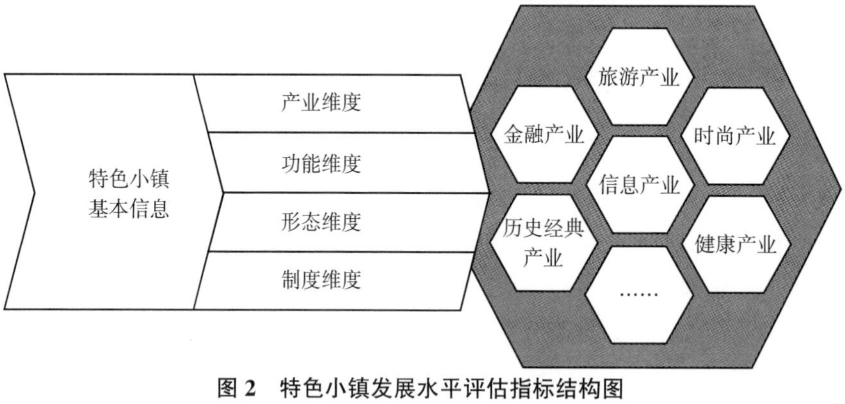

图2　特色小镇发展水平评估指标结构图

(1) 基本信息指标主要是统计特色小镇的建设、投资和规划进展，该部分指标主要测量特色小镇的总体发展情况，特别要说明的是该部分指标会随着特色小镇建设进程的推进而动态变化：前期更多侧重建设、规划等未全面投入使用阶段的评估；后期则更侧重对总体投资总强度和产出总规模等运营效益方面的评估。此外，特色小镇作为城市或城镇转型升级的特殊平台，后期在区域层面也应该和现状城（镇）区融合发展，因此在其发展后期，总体指标部分还会增加关于区域融合度和关联度等方面的指标（见表1）。

表1 特色小镇基本信息统计体系

	统计信息	单位	数据获取途径
特色小镇基本信息	特色产业定位	—	申报材料与基础资料
	特色小镇主管单位	—	申报材料与基础资料
	建设运营主体	—	申报材料与基础资料
	特色小镇客厅建设情况	—	统计数据
	规划面积	km^2	统计数据
	规划建设用地	亩	申报材料与基础资料
	固定资产投资计划	亿元	申报材料与基础资料
	实现税收计划	亿元	申报材料与基础资料
	旅游接待总人数计划	万人次	申报材料与基础资料
	下放补助计划总量	万元	申报材料与基础资料
	小微企业引进计划总量	个	申报材料与基础资料
	税收总额	万元	统计数据
	税收占本县（市、区）税收的比例	%	统计数据

（2）发展绩效指标主要是反映特色小镇在产业、功能、形态和制度4个子维度上的发展效率与成绩，这四方面紧扣浙江省特色小镇的发展导向和概念内涵，既突出了特色小镇作为高端产业，特别是服务业集聚发展平台的特点，又表现出了其作为景区和产城融合区的新空间模式的特点（见表2）。

表2 特色小镇发展绩效评价指标体系

准则层	指标层	单位	极性	数据获取途径
产业维度	特色产业服务业营业收入占小镇服务业营业收入的比例	%	+	企业报表与统计数据
	特色产业工业总产值占小镇工业总产值的比例	%	+	企业报表与统计数据
	全部从业人员期末数	万人	+	统计数据
	高新技术企业数占全部企业的比重	%	+	企业报表与统计数据
	R&D 经费占 GDP 比重	%	+	企业报表与统计数据
	高中级技术职称人员	人	+	企业报表与统计数据
	“新四军”创业人员数	人	+	企业报表与统计数据
	专利拥有量	个	+	统计数据
	万元 GDP 能耗	吨标准煤/万元	–	统计数据
	万元 GDP 耗水量	立方米/万元	–	统计数据

续表

准则层	指标层	单位	极性	数据获取途径
功能维度	地均 GDP	万元/公顷	+	统计数据
	产业链竞争力水平	分	+	专家打分
	人均 GDP	万元/人	+	统计数据
	特色产业投资占总投资的比例	%	+	统计数据
	人口密度	人/公顷	+	统计数据
	固定资产投资完成额	万元	+	统计数据
	工业废水达标处理率	%	+	统计数据
	城市生活污水处理率	%	+	统计数据
	非国有投资总额占投资总额的比例	%	+	企业报表与统计数据
	固定资产投资占年度固定资产投资计划的比例	%	+	企业报表与统计数据
形态维度	城镇视觉风貌评分	分	+	专家/群众打分
	绿地率	%	+	统计数据
	开放空间评价	分	+	专家/群众打分
	城镇场所人气评价	分	+	实地调查统计
	环境空气达标率	%	+	统计数据
	镇区噪声达标率	%	+	统计数据
	地表水水质达标率	%	+	统计数据
	公共文化设施建筑面积	m^2	+	统计数据
制度维度	企业准入门槛评价	分	+	专家打分
	相关管理部门行政效率评分	分	+	专家/企业/群众打分
	人才引进计划落户人数	人	+	企业报表与统计数据
	年环境信访量	人次	+	统计数据
	数字化管理覆盖面积比	%	+	统计数据
	外商直接投资总额	亿美元	+	统计数据
	民生支出占财政支出比重	%	+	统计数据
	公共 Wi-Fi 覆盖率	%	+	统计数据
	公共资源的合理共享度评分	分	+	专家/企业/群众打分

（3）特色水平指标主要考虑特色小镇主导产业的差异，特色产业从装备制造到历史经典产业，具有完全不同的发展路径，应该根据特色产业的划分分别确定不同产业相应的评价指标。虽然是不同产业，但在评估时也需要对其进行横向比较，在此则侧重比较特色的鲜明性、成长性和结构性等共性特点（见表 3）。

表 3 特色小镇特色水平评价指标体系

准则层	评价指标	单位	极性	数据获取途径
信息产业	信息经济制造业总产值	万元	+	企业报表与统计数据
	信息经济服务业营业收入	万元	+	企业报表与统计数据
	所用专利中本国专利所占比重	%	+	企业报表
金融产业	金融业产值	万元	+	企业报表与统计数据
	入驻金融投资机构个数	个	+	企业报表与统计数据
	管理资产规模	万元	+	企业报表与统计数据
旅游产业	旅游业总产值	万元	+	统计数据
	旅游接待总人次	万元次	+	统计数据
	星级宾馆数量	个	+	统计数据
	住宿业床位数	个	+	统计数据
	游客服务满意度得分	分	+	专家/游客打分
	特色小镇景区等级	—	+	统计数据
时尚产业	时尚业总产值	万元	+	企业报表与统计数据
	时尚品牌出口占品牌总销售额比例	%	+	企业报表与统计数据
	省级及以上品牌产品（名牌、商标、商号、产品）个数	个	+	企业报表与统计数据
	研发与设计师人数	人	+	企业报表与统计数据
高端装备制造产业	高端装备制造业总产值	万元	+	企业报表与统计数据
	规模以上企业数	个	+	统计数据
	高新技术企业数占入驻企业数比重	%	+	企业报表与统计数据
	新产品研发经费支出	万元	+	企业报表与统计数据
环保产业	环保产业制造业总产值	万元	+	企业报表与统计数据
	环保产业服务业营业收入	万元	+	企业报表与统计数据
	政府环保投入额	万元	+	统计数据
健康产业	健康产业总产值	万元	+	企业报表与统计数据
	健康服务人次	人次	+	企业报表与统计数据
	持证健康服务人员数量	人	+	企业报表与统计数据
历史经典产业	展览馆（博物馆）总面积	个	+	统计数据
	省级以上非物质文化遗产项目数	个	+	统计数据
	国家级、省级大师人数	人	+	企业报表与统计数据
	国家级、省级非遗传代表性传承人	人	+	企业报表与统计数据

五、特色小镇发展水平综合分析模式研究

当前多指标综合评价方法主要包括综合加权法、DSS 评判法、理想点法和向量排序法等。在综合多种指标综合评价方法的基础上，本次特色城镇发展水平的指标评价方法采用基于钻石模型的全排列多边

形图示指标法，钻石的两极分别为特色小镇建设程度和特色水平，中间的主体是 4 个维度的发展绩效（见图 3）。各指标值标准化采用双曲线标准化函数，将各指标值标准化到–1~1，使所有维度的指标标准化值都能构成一个正多边形的雷达图。将两极和 4 个维度作为综合指数，综合发展水平指数构成的多边形中心点到顶点的线段为各综合指标标准化值所在区间［–1，1］，而标注值 0 为临界线，0 以下其值为负，0 以上其值为正（见图 4）。这种综合评估分析模式，既有单项评分指标又有综合指标，既有几何直观的表现形式又有具体解析数值，每个指标都有上限、下限和临界值。指标下限可以根据特色小镇群体中的最小值确定，指标上限可以根据最大值确定，临界值采用平均值，如省（市、县）内全部城镇的平均水平。

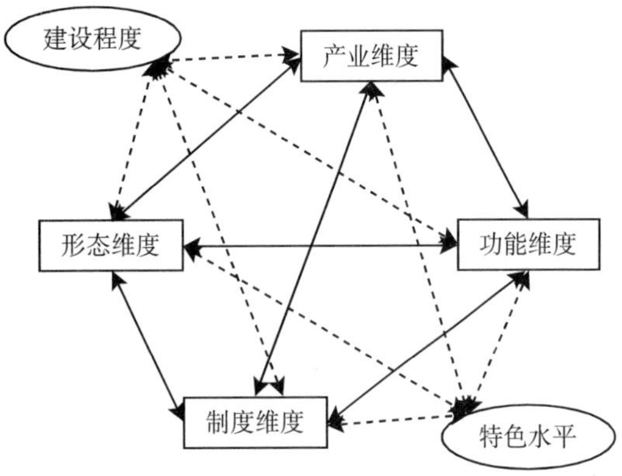

图 3　特色小镇钻石模型评价体系图

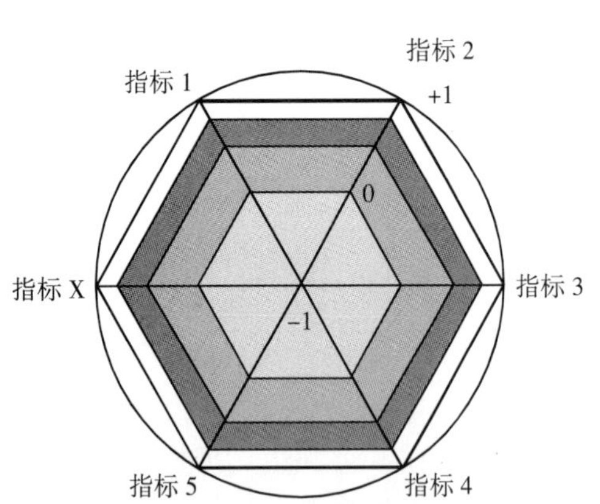

图 4　全排列多边形图示指标法示意图

六、结　语

对特色小镇发展水平的评价是一个具有重要现实意义的工作，本文重在对特色小镇的指标体系进行框架性分析，由于特色小镇处于发展初期，许多特色小镇还处于规划策划阶段，因而本文尚不能给出具体的案例进行实证。本文构建的指标体系拟在特色小镇的第一个考核期（三年）满后开始进行逐年动态跟踪评估，以后将会对本评价指标体系进行修改和补充，并给出相应特色小镇评价结果的应用实证，对本指标体系的有效性进行验证。特色小镇评价指标体系可以用于评价和比较我国各地小城镇的综合竞争力，能够在我国当前城镇化新阶段中为有针对性地提升小城镇发展绩效提供依据，促进小城镇的差异化、可持续发展。

参考文献：

［1］吴一洲，王琳. 我国城镇化的空间绩效：分析框架、现实困境与优化路径［J］. 规划师，2012（9）：65–70.

［2］张京祥，赵丹，陈浩. 增长主义的终结与中国城市规划的转型［J］. 城市规划，2013（1）：45–50.

［3］吴一洲，吴次芳，罗文斌. 浙江省县级单元建成区用地绩效评价及其地域差异研究［J］. 自然资源学报，2010（2）：330–340.

［4］浙江省人民政府.关于加快特色小镇规划建设的指导意见（浙政发〔2015〕8 号）［Z］.2015.

［5］荣西武. 小城镇规划编制与实施评价体系研究［J］. 城市规划，2005（10）：45–47.

［6］张美亮，夏理杰，刘睿杰. 发达地区小城镇规划评价机制研究［J］. 规划师，2013（3）：64–67.

［7］陈良汉，周桃霞. 浙江省特色小镇规划建

设统计监测指标体系和工作机制设计［J］. 统计科学与实践，2015（11）：4-7.

［8］吴琼，王如松，李宏卿，等. 生态城市指标体系与评价方法［J］. 生态学报，2005（8）：2090-2095.

特色小镇核心竞争力及其评估模型构建①

温 燕 金平斌

一、引 言

在党的十八大提出新型城镇化发展的背景下，产城融合成为新型城镇化发展的新思路，各地市都在找寻产业与城市发展的新路径。2015 年，浙江省提出要加快规划建设一批坚持产业、社区、文化、旅游“四位一体”和生产、生活、生态“三生相融”的特色小镇。并在 2015 年和 2016 年先后确定 79 个小镇为特色小镇的创建对象。2016 年初住建部提出到 2020 年争取培育 1000 个左右各具特色、富有活力的特色小镇，并由此来带动全国小城镇建设。

关于特色小镇的研究，本文在国外的学术期刊网站上分别以“specialized towns”“characteristic towns”“industry cluster town”为关键词进行了相关搜索，国外没有针对性的研究，但是“town tourism”或“township”的相关研究较多，主要集中在旅游业、可持续发展、改革、社区等方面。其中旅游小镇的研究相对较多，主要集中于小城镇旅游演化、旅游影响、旅游规划与管理等方面。如 Seaton 分析了以“图书游”为主的英国小镇 Hay-on-Wye（图书镇）；Gorman-Murray 研究认为澳大利亚 Daylesford 小镇的“ChillOut”同性恋节和 Tamworth 小镇乡村音乐节为小镇的发展增添了活力。Salmona & Verardi 对意大利西北岸海港小镇 Portofino 进行了研究。2015 年后国内对于“特色小镇”的研究逐渐增多，主要集中在理论研究和案例研究方面，其中理论研究主要有特色小镇的运营、发展建议和意义等；运营方面，如宋家宁等对金融资本介入特色小镇运营，洪志生和洪丽明对特色小镇众创平台运营创新进行了研究；发展建议和意义研究较多，刘亭认为发展特色小镇要力戒行政化。案例研究中，陈卫国和邵长奇对文旅小镇、钱巧鲜对袜艺小镇、徐梦周和王祖强对梦想小镇等浙江省特色小镇发展进行了案例研究。

特色小镇作为新型城镇化发展的新载体，发展和研究将越来越受关注。核心竞争力是特色小镇可持续健康发展的最重要的因素，核心竞争力评估体系为综合衡量特色小镇发展提供依据。因此本文在分析特色小镇核心竞争力的要素基础上，构建特色小镇的核心竞争力指标体系，以期为特色小镇的发展和建设提供经验，为特色小镇间相互比较和评价提供依据。

① 本文摘录自《生态经济》2017 年第 6 期。

作者简介：温燕（1978—），女，山东蒙阴人，硕士，讲师，研究方向为区域经济与发展、城市休闲、休闲产业。

二、研究基础及方法

（一）核心竞争力研究的理论依据

在竞争力的研究中，有关宏观层面的国家和微观层面的产业、企业的竞争力研究较多。首先，在国家层面以当代经济学家、美国哈佛商学院教授迈克尔·波特提出的国家竞争优势理论为代表，之后两位加拿大学者（Tim Padmore & Henrev Gibson）对钻石模型进行改进提出 GEM 模型，这是企业层面的代表。近年来，中观层面的区域竞争力的研究也较多，如 Webster & Muller 的城市竞争力模型，Cheshire 等的大都市竞争力模型等；我国学者倪鹏飞也提出了城市竞争力的“弓弦箭”模型，其中强调“箭”为城市产业；连玉明提出了城市竞争力的“价值链”模型，同时也指出最好的城市应当具有宜居、宜业、宜学、宜商和宜游五个条件，生活质量的高低是城市竞争力的显现。目前，小镇竞争力的研究主要是以行政划分的城镇研究为主，如吕康娟和刘延岭、笪可宁和赵希男对小城镇的竞争力进行了研究。特色小镇虽然也属于区域经济范畴，但不同于大都市，也不同于小城镇，因此建立一套自己的竞争力体系对于特色小镇的发展十分必要。

根据各地资源禀赋差异，因地制宜发展的区域经济理论，特色小镇构建过程中应挖掘地方特色产业，发挥优势。根据三生空间优组理论，特色小镇不论在城市还是乡镇都应具备生态、生产和生活三种空间类型，不同性质的空间主要发挥主体功能，兼顾发挥非主体功能，因而会出现功能叠加和多重功能现象。从系统论的角度来看，特色小镇核心竞争力是一个复杂的系统，包含诸多元素，且各元素间相互作用，组成元素的质量水平是提升集群竞争力的基础。

（二）核心竞争力研究及概念界定

核心竞争力最早由普拉哈拉德和加里·哈默尔两位教授提出。目前，核心竞争力概念并不统一，研究的代表性观点有资源整合观和生活品质观。首先，早期研究者认为核心竞争力是资源的配置或整合，虞群娥和蒙宇认为核心竞争力是各种技能及其相互关系所构成的整合，是各种资产与技能的协调配置。其次是生活品质观，税伟研究后发现有大量的学者将增加区域财富和提高居民收入及生活水平作为区域竞争力的目标来定义，如 Malecki 认为区域竞争力的核心应是不断提高居民的生活水平的能力；Douglass 认为城市竞争力的最终目标是城市经济的可持续发展与当地居民不断提升的生活质量；汪晓春认为竞争力是区域为其居民提供福利、保持自身持续发展的能力，是一种多元集聚的综合力。

特色小镇虽然也是区域概念范畴，但有所不同。借鉴以上研究的经验，笔者认为特色小镇的核心竞争力是相对于其他小镇具有开发或吸引、配置和转化有限资源，创造社会价值，为居民提供不断提升的生活品质，为从业者提供高品质的就业、创业环境，为游客提供休闲旅游氛围的能力。

（三）研究方法

在竞争力的研究中，加拿大学者（Tim Padmore & Henrev Gibson）提出的 GEM 模型对集群竞争力的研究起着重要的作用。该模型是在美国哈佛商学院教授迈克尔·波特提出的钻石模型的基础上改进的，主要用于评价区域产业集群竞争力模型。GEM 模型指出竞争力取决于三要素六因素，三要素分别是指“基础”“企业”和“市场”，以上三个要素可划分为“资源”“设施”“供应商和相关辅助产业”“企业的结构战略和竞争”“本地市场”“外部市场”六个因素，并作为一级指标。该模型在企业集群竞争力研究方面具有典型性，在某些区域核心竞争力研究中起着重要的指导作用，因此特色小镇核心竞争力的研究在GEM模型的基础上进行改进，提出与之相适应的评价模型。

三、特色小镇核心竞争力评估模型构建

（一）特色小镇核心竞争力指标体系分析

在GEM三因素六要素指标体系的基础上构建特色小镇核心竞争力指标体系，在构建的过程中结合特色小镇的发展和特征，对此进行了创新研究。首先，基础要素的资源因素、环境资源是特色小镇发展的重要因素，但是对于发展初期的小镇，资本资源包括金融、人力和技术等资源也十分重要；其次，在企业要素中，特色小镇以产业发展为依托，产业集聚、带动、效益等影响了特色小镇的发展，产业集聚和产业创新可以反映企业的结构战略和竞争，产业带动和产业效益可以作为供应商和相关辅助产业要素的反映；再次，市场作为检验产业发展的途径，市场发展力是小镇发展的可持续保证，但在衡量标准方面更接近小镇的发展；最后，特色小镇的发展，政府支持力是保障，创新创业力是动力，这些都是特色小镇发展的重要因素。根据以上的研究思路，结合专家调研，构建特色小镇核心竞争力指标体系如下：

1. 环境资源力

特色小镇不仅是聚合资源、产业发展的新载体，也是坚持产业、文化、社区、旅游“四位一体”和生产、生活、生态“三生相融”共同发展的特色小镇；不仅是特色产业发展的平台，也是适宜生活的空间，因此环境资源力成为特色小镇发展的重要基础力量。环境资源力包含区位环境、生态环境、文化资源和旅游资源等要素，经过第一轮专家意见，区位环境的量化较困难，建议通过基础设施力的交通条件来衡量，因此小镇的环境资源力选取了生态、文化、旅游资源作为评价指标。生态环境通过小镇的植被绿化、水环境质量和空气良好率来衡量；文化资源主要通过资源价值和资源的效用来衡量；旅游资源主要衡量资源的丰度和知名度。

2. 资本资源力

周旭霞指出特色小镇是资本、土地、资源、人力、技术等经济要素配置的空间。因此资本、人力、技术是发展的重要要素，从广义来说，人力和技术也是属于资本要素，由此本文将金融、人力和技术统称为资本资源力。金融资本主要包括小镇的固定资产投资额、特色产业投资额和民间资本的活跃程度，可以看出一个小镇的实力所在；当今特色小镇的竞争是知识智慧的竞争，因为技术知识就是财富，因此高级职称人才、高层次人才以及高级人才对于小镇的发展尤为重要，科研院校团队的数量也显示了小镇的力量，以上都是技术资本的代表；人力资本主要是指员工的薪酬，员工的薪酬也显示了人力资本的价值。

3. 基础设施力

基础设施是小镇发展的保障，包含的要素有交通道路、信息网络、商业服务设施、休闲服务设施和基建地产等。交通道路是小镇发展的必要条件，通过到达小镇的道路情况衡量；休闲环境是小镇宜居的重要保障，主要通过人居休闲面积来衡量；旅游服务设施主要通过旅游休闲设施完善程度来衡量，小镇的旅游功能必须要有商业服务设施的配套。

4. 产业发展力

如果说特色是小镇的生命力之魂，那

么产业就是支撑小镇这个生命有机体的脊梁。特色产业带动小镇产业发展，是小镇发展的核心，主要通过产业集聚力、产业带动和产业效益等来展现。

（1）产业集聚力。产业集聚是同一产业要素在某特定地理区域的集中，陈建军和胡晨光认为产业在既定空间集聚产生的自我集聚可以改善集聚区域居民生活水平，促进地区技术进步，增强区域产业竞争力，带来经济增长、产业结构升级和索洛剩余递增三类集聚效应。特色小镇产业发展的特色即为产业的集聚力，产业集聚力的衡量主要依靠集聚效益，本研究主要用产业的集中度（区位熵）和企业的规模来衡量。

（2）产业带动力。产业带动力是指特色优势产业在小镇发展中所表现出的辐射力和带动力，表现为与传统产业不断融合，且带动传统产业转移和升级。陈文锋和刘薇在对战略性新兴产业带动性进行衡量时使用感应度系数、影响力系数和产业融合系数对产业带动性指标进行表述。受数据获取影响，本文仅运用影响力系数来定量产业带动性。

（3）产业效益。产业效益是指在特色产业的发展中，对小镇经济和社会的贡献。对经济的贡献主要表现为能够促进经济的发展；对社会的贡献表现为能够增加就业机会，从而实现经济和社会的可持续发展。因此经济效益主要通过产业贡献来衡量；社会效益主要通过就业吸纳率来计算。

（4）产业市场力。市场是产业发展和存在的基础，产业市场力是衡量该产业在市场中的竞争力，产业在国内外市场的占有率越高，说明竞争力越强。因此，产业市场力主要通过市场知名度、市场占有率和市场需求来衡量。

（5）产业创新。自主创新能力是小镇可持续发展的核心，自主创新能力的体现主要是科技创新。目前看来，科技创新主要是创新投入，自主创新能力的衡量不能仅凭创新资本投入的多少和创新产品数量，而是衡量创新投入与产出的比率。为了便于数据获取，本研究用创新产品的数量和专利及创新产品的应用率表示产业创新能力。

5. 政府支持力

（1）政府支持力。特色小镇的建设要发挥市场的主导作用，要以市场为导向，但是政府在规划、政策、管理、服务等方面的支持是小镇发展必不可少的。政府的规划发展方向决定了小镇的发展方向，同时政府对于小镇发展的税收、财政、土地等优惠政策决定了特色小镇的发展速度。

（2）创业能力。小镇的健康发展需要产业的集聚和带动，因此创业能力也是小镇核心竞争力的重要因素，创业企业增长率是很多研究者衡量创业能力的重要因素，但是现实状况来看这一指标还不完整，因此还需要考虑近几年企业孵化成活率，企业的成活率决定了小镇创业能力的水平。

（二）特色小镇核心竞争力评估 GSC 模型环

在 GEM 模型的指导下，依据特色小镇发展实际情况，对指标体系进行分析，可以看出特色小镇核心竞争力中的环境资源力和基础设施力是特色小镇发展的基础要素；资本资源力和政府支持力是外在的保障要素和支持要素；特色产业发展力是特色小镇发展的核心竞争要素，特色产业发展需要依托资源、资本、基础设施和政府的支持。因此构建了以内在基础力（G）、外在支持力（S）和核心竞争力（C）为一体的特色小镇核心竞争力评价模型 GSC 环，如图 1 所示。

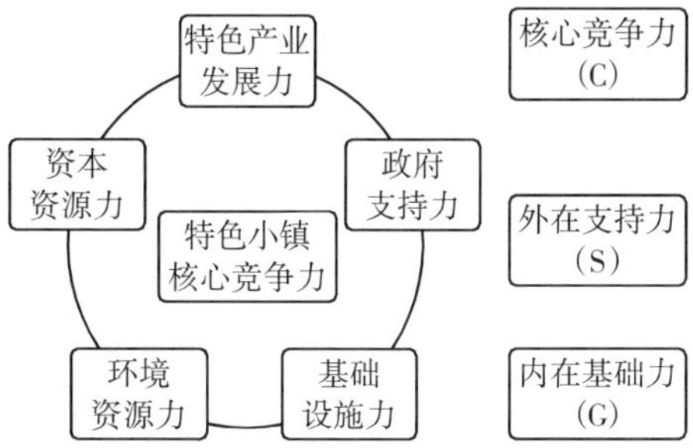

图 1　特色小镇核心竞争力 GSC 模型环

（三）特色小镇核心竞争力 GSC 模型权重分析

本着综合性和可行性、指标数据的可获取性、数据来源的可靠性和定性定量相结合等原则，利用德尔菲法通过专家调研对特色小镇的核心竞争力指标体系进行筛选。最终形成了环境资源力、基础设施力、资本资源力、产业发展力、政府支持力 5 个核心竞争力，18 个二级指标，32 个三级指标要素构成的指标体系。通过采取主观赋权法，运用层次分析法 YAAHP 软件 10.3 版本对指标体系权重进行计算。

第一步，根据设立的指标体系运用 YAAHP 软件 10.3 版构建层次模型，构造成对比较阵进行判断矩阵数据录入，并输出问卷，采用标度类型为 1~9；

第二步，选取特色小镇研究专家、旅游规划专家、金融投资方面的专家和特色小镇工作人员等进行问卷调研；

第三步，问卷输入后，运用群决策的专家数据集结方法，各专家排序向量加权算术平均；输入数据时的小误差累积导致判断矩阵不一致，修正前一致性比例为 0.1304，利用最小改变算法进行自动修正后，一致性比例为 0.0974；Λmax 为 3.1013，最终得出特色小镇核心竞争力一、二层指标的权重如表 1 所示。

表 1　特色小镇核心竞争力指标体系权重

一级指标（权重）	二级指标（权重）	三级指标	权重
环境资源力 B_1（0.1521）	生态环境 C_1（0.0775）	生态植被绿化率 D_1	0.0341
		生态水环境质量 D_2	0.0175
		空气良好率 D_3	0.0259
	文化资源 C_2（0.3560）	文化资源价值 D_4	0.0130
		文化资源的效用 D_5	0.0226
	旅游资源 C_3（0.0390）	旅游资源丰度（吸引力）D_6	0.0254
		旅游资源知名度（市场力）D_7	0.0136
资本资源力 B_2（0.1490）	技术资本 C_4（0.0473）	高级人才比例 D_8	0.0312
		科研院校 D_9	0.0161
	人力资本 C_5（0.0430）	员工平均薪酬（元）D_{10}	0.0430
	金融资本 C_6（0.0586）	固定资产投资额 D_{11}	0.0255
		特色产业投资总额 D_{12}	0.0210
		民间资本活跃程度 D_{13}	0.0121
基础设施力 B_3（0.1210）	交通道路 C_7（0.0306）	公共交通便利性 D_{14}	0.0306
	信息网络 C_8（0.0467）	Wi-Fi 覆盖率 D_{15}	0.0467
	休闲环境 C_9（0.0289）	居民休闲环境 D_{16}	0.0289
	旅游设施 C_{10}（0.0149）	旅游休闲服务设施完善程度 D_{17}	0.0149

续表

一级指标（权重）	二级指标（权重）	三级指标	权重
特色产业发展力 B_4（0.4801）	产业集聚 C_{11}（0.0434）	产业集中度 D_{18}	0.0314
		相关企业规模 D_{19}	0.0120
	产业带动 C_{12}（0.0443）	产业带动度 D_{20}	0.0443
特色产业发展力 B_4（0.4801）	产业效益 C_{13}（0.0958）	产业贡献率 D_{21}	0.0623
		就业吸纳率 D_{22}	0.0335
	产业市场 C_{14}（0.1036）	市场知名度 D_{23}	0.0217
		市场占有率 D_{24}	0.0539
		市场需求 D_{25}	0.0280
	产业创新 C_{15}（0.1930）	专利及创新产品 D_{26}	0.0752
		专利（创新产品）应用率 D_{27}	0.1178
政府支持力 B_5（0.0979）	政府政策 C_{16}（0.0601）	产业发展规划 D_{28}	0.0239
		政府优惠政策 D_{29}	0.0362
	政府服务 C_{17}（0.0228）	政府服务水平 D_{30}	0.0228
	创业能力 C_{18}（0.0149）	创业企业增长率 D_{31}	0.0057
		企业孵化成活率 D_{32}	0.0092

（四）结果与分析

以上分析可以看出，特色小镇今后建设和发展过程中，首先，要重视特色产业发展力（0.4801），挖掘当地的产业特色，并结合时代发展和市场变化不断进行产业创新，通过产业创新实现产业升级和可持续发展。其次，环境资源力（0.1521）是衡量特色小镇的重要依据，因此小镇在产业发展过程中应重视环境资源的发展，只有生态环境中的绿化、空气、水等质量保证，才能建设宜居、宜游的特色小镇，可以以 3A 级景区及以上建设标准制定相应的规划建设和改善小镇的环境。再次，资本资源力（0.149 0）对于小镇发展也是不可获取的要素，尤其是金融资本尤为重要，通过金融创打通金融渠道，引入社会资本，在资本运营层面，实现项目的自收自支，政府更多地要以监管者身份去协调运营过程中出现的市场过度逐利等负面问题；但是技术资本和人力资本对于小镇的发展也是十分重要的，可以通过制定人力资源吸引的保障政策来解决资本问题。最后，分析认为基础设施力的重要程度要高于政府支持力，但是两者的作用也是显而易见的，因此政府要发展主导型作用，对于特色小镇的发展积极制定相应的规划政策、土地政策、金融扶持政策和人才引进保障政策等，同时加快政府主导的小镇基础设施如信息网络、休闲环境、交通道路和旅游服务设施的建设。

四、特色小镇核心竞争力评估模型量化

（一）数据量化处理

特色小镇核心竞争力 GSC 模型是依据 GEM 模型对各因素量化处理的方法——语义隶属赋值法，将定性指标转换为定量指标。每个指标赋值分数在 1~10 之间，再参考指标体系的各标准给每一级以特定的定性描述，如竞争力很差、竞争力较差、竞

争力很一般、竞争力一般、基本合格、及格、中等、良好、优秀和非常优秀。通过赋值可以解决评价指标体系中定性指标的属性、内容等不同，难以进行相互比较的问题，提高特色小镇定性指标判断的可信度，减少误差。

（二）数据来源

特色小镇竞争力的评价主要依靠小镇的数据，评价质量在很大程度上取决于数据的来源，数据来源的真实性和可靠性影响了特色小镇的评价质量。因此在实证分析过程中，数据来源的方式主要有：对于指标体系中可定量的小镇发展基础资料可向小镇当地或有关政府部门获取；对于定性指标如资源知名度和市场知名度等指标则采取调研问卷和现场访谈等方法进行测定；除此之外，对于无法从政府或企业获取的资料，如产业集聚、效益等资料可以从特色小镇内行业协会的调查资料和特色小镇的研究机构的研究资料中获取。

在今后的评价过程中也可以采用其他的方法如全排列多边形图示指标法、SOM自组织神经网络等对特色小镇的竞争力进行评价。

五、结语

特色小镇作为新型城镇化背景下发展的重要突破点，其发展评价以及核心竞争力研究是非常有现实意义的课题。本文主要对特色小镇核心竞争力评估指标体系进行了分析，通过专家调研确定了指标体系的权重。由于当前特色小镇尚处于发展培育期，部分特色小镇正在规划发展阶段，因此当前无法进行公平合理的实证分析，具体实证和指标体系验证将随着特色小镇的发展完善继续研究。本文对今后特色小镇发展具有非常重要的指导意义，核心竞争力的提出对特色小镇健康有序的发展起着重要的作用，评估模型构建有助于特色小镇间的比较和评价，可以作为政府评价小镇的参考依据。

参考文献：

［1］王咏，陆林，杨兴柱. 国外旅游小城镇研究进展与启示［J］. 自然资源学报，2014（12）：2147-2160.

［2］Seaton A V. Book towns as tourism developments in peripheralareas［J］. International Journal of Tourism Research，1999，1（5）：389-399.

［3］Gorman-Murray A，Waitt G，Gibson C. Chilling out in "cosmopolitan country"：Urban/rural hybridity and the construction of Daylesford as a "lesbian and gay rural idyll"［J］. Journal of Rural Studies，2012，28（1）：69-79.

［4］Salmona P，Verardi D. The marine protected area of Portofino，Italy：A difficult balance［J］. Ocean & Coastal Management，2001，44（1-2）：39-60.

［5］宋家宁，杨璇，叶剑平. 金融资本介入特色小镇运营路径分析［J］. 住宅产业，2016（11）：39-41.

［6］洪志生，洪丽明. 特色小镇众创平台运营创新研究［J］. 福建农林大学学报（哲学社会科学版），2016（5）：41-47.

［7］刘亭. 建设"特色小镇"要力戒行政化［J］. 浙江经济，2015（3）：14.

［8］陈卫国，邵长奇. 互联网时代下的文旅小镇开发运营模式创新——基于"乌镇"的案例研究［J］. 城市开发，2015（3）：68-70.

［9］钱巧鲜. 特色小镇体育生态建设研究——以浙江诸暨大唐袜艺小镇为例［J］. 浙江体育科学，2016（3）：25-28.

［10］徐梦周，王祖强. 创新生态系统视角下特色小镇的培育策略——基于梦想小镇的案例探索［J］. 中共浙江省委党校学报，2016（5）：33-38.

［11］许烜，刘纯阳. 湖南粮油加工农业产业集群竞争力研究——基于GEM模型的实证分析［J］. 经济地理，2014（2）：120-124.

［12］Webster D，Muller L. Urban competitiveness assessment in developing country urban regions：The road ahead［EB/OL］.（2000-01-30）. https：//

www.researchgate.net/publication/237531957_Urban_competitiveness_assessment_in_developing_country_urban_regions_the_road_ahead.

[13] Cheshire P, Carbonaro G, Hay D. Problems of urban decline and growth in EEC countries: Or measuring degrees of elephantness [J]. Urban Studies, 1986, 23 (2): 131-149.

[14] 倪鹏飞. 中国城市竞争力理论研究与实证分析 [M]. 北京：中国经济出版社，2001：41-43.

[15] 连玉明. 中国城市化的理论创新——城市价值链理论的中国“城市学”[J]. 人民论坛，2010 (3)：68-69.

[16] 吕康娟，刘延岭. 小城镇建设评价指标体系的研究 [J]. 城市发展研究，2001 (5)：69-72.

[17] 笪可宁，赵希男. 论小城镇核心竞争力的构建和提升 [J]. 中国人口·资源与环境，2010 (2)：172-174.

[18] 方创琳. 中国城市发展格局优化的科学基础与框架体系 [J]. 经济地理，2013 (12)：4-5.

[19] 虞群娥，蒙宇. 企业核心竞争力研究评述及展望 [J]. 财经论丛，2004 (4)：75-81.

[20] 税伟. 区域竞争力的国际争论及启示 [J]. 人文地理，2010 (1)：61-62.

[21] Malecki E J. Knowledge and regional competitiveness (wissen und regionale wettbewerbsf. higkeit) [J]. Erdkunde, 2000, 54 (4): 334-351.

[22] Douglass M. From global intercity competition to cooperation for livable cities and economic resilience in Pacific Asia [J]. Environment and Urbanization, 2002, 14 (1): 53-68.

[23] 汪晓春. 竞争力和竞争优势学说回顾与展望 [J]. 中国经贸导刊，2004 (20)：35-36.

[24] 周旭霞. 特色小镇的建构路径 [J]. 浙江经济，2015 (6)：25-26.

[25] 于新东. 以产业链思维运作特色小镇 [J]. 浙江经济，2015 (11)：17.

[26] 陈建军，胡晨光. 产业集聚的集聚效应——以长江三角洲次区域为例的理论和实证分析 [J]. 管理世界，2008 (6)：68-83.

[27] 陈文锋，刘薇. 区域战略性新兴产业发展质量评价指标体系的构建 [J]. 统计与决策，2016 (2)：29-33.

特色小镇与生产力空间布局①

白小虎　陈海盛　王　松

2015 年 6 月 4 日以来，浙江省先后推出 69 家特色小镇试点，未来将会有 100 个左右特色小镇分布在浙江大地。② 浙江省委省政府指出，谋划“十三五”发展，要着重研究战略支点、产业支撑、空间布局三大问题，归结到一点就是“优化生产力布

① 本文摘录自《中共浙江省委党校学报》2016 年第 5 期。

作者简介：白小虎，中共浙江省委党校经济学教研部、浙江省科学发展观与浙江发展研究中心教授，主要研究方向为区域与城市经济学；陈海盛、王松，浙江省委党校区域经济学硕士研究生。

② 浙江省委省政府从推动全省经济转型升级和城乡统筹发展大局出发作出的重大决策，将在全省重点培育和规划建设 100 个左右产业特色鲜明、体制机制灵活、人文气息浓厚、生态环境优美、多种功能叠加的特色小镇。特色小镇是相对独立于市区，具有明确产业定位、文化内涵、旅游和一定社区功能的发展空间平台，区别于行政区划单元和产业园区。特色小镇产业定位着力聚焦信息经济、环保、健康、旅游、时尚、金融、高端装备制造等支撑我省未来发展的七大产业，兼顾茶叶、丝绸、黄酒、中药、青瓷、木雕、根雕、石雕、文房等历史经典产业，坚持产业、文化、旅游“三位一体”和生产、生活、生态融合发展。参见：《浙江省人民政府关于加快特色小镇规划建设的指导意见》，浙政发〔2015〕8 号。

局”。[①] 特色小镇是面向“十三五”时期的宏伟目标、主动适应和引领经济新常态的战略举措，在生产力空间布局优化的战略版图中进一步丰富了新型城镇化和新型工业化的空间形态，将对浙江省创新驱动与转型升级起到积极而长远的推动作用。

一、生产力空间布局的两个层面

生产力布局是指国民经济各部门、再生产各环节、各生产要素的地域分布和组合。生产力布局理论又称区域经济布局理论，主要研究的是生产力诸要素的空间配置和组合。该理论主要是由苏联的一些经济地理学家提出来的，后来在我国也有一定的发展，对制订全国和区域的发展计划有很权威的指导作用。当下在省域层面上考虑经济发展的未来规划，也通常将生产力空间布局作为经济发展中的重大问题。浙江省“十三五”时期经济发展所设定的重要战略举措，如杭州城西科创走廊、杭州湾金融港湾、七大万亿级产业和特色小镇等，基本上就是围绕“生产力空间布局”来展开的。

生产力空间布局原理虽然是计划经济体制下政策设计的规划理念及指导原则，但是它所指导的内容与经济活动空间分布的非均质特点是吻合的，与“增长极”等区域经济科学的理论也非常一致。[②] 例如，生产力布局理论也认同经济活动的集聚与分散，强调在进行生产力分配的过程中，要处理好集聚和分散的关系，在生产要素集聚到一定的程度后，要合理分散，找到一个最佳的分配点。各种投资活动及要素的分配应优先投入具有较好发展环境和比较优势的区域，这样不仅能够尽快地取得相应的经济效益，而且也能快速地发挥其对周围区域的辐射和带动作用。

生产力空间布局理论，曾经作为计划经济国家指导重大投资项目、重点资源要素配置、城市功能和产业发展导向的政策性工具，但就其研究的现象来看，与经济地理科学、区域科学的理论体系、研究对象高度一致，殊途同归。例如，城市群与都市带理论、产业园区与产业集聚理论，这些研究大大丰富了生产力空间布局在指导区域规划和重点项目建设实践中的理论支撑。

从以上生产力空间布局理论与经济地理学、区域科学的基本理论比较中，可以掌握生产力空间布局的基本要素，包括关键性资源要素、区位、产业分工、交通联系等，这些要素揭示了经济活动的空间特征，相关理论也已经给予了充分的说明，本文总结为生产力空间布局两个层面的理论支撑，一是中观的区域层面，二是微观的企业与产业层面。

首先，城市群、都市带等城市分工的组织形态是生产力空间布局在中观区域层面的体现。1957 年法国地理学家戈特曼首次提出大都市带的概念，[③] 并分析了美国东北海岸区的城市化，戈特曼研究中的大都市连绵带（Megalopolis）具有特定的条件：①沿特定轴线发展的巨大多核心城市体系；②城市间存在多种形式的相互作用；③空间形态上互相连接的都市区；④产业高度

① 参见：《贯彻五大发展理念优化生产力空间布局》，http: / /zjnews. zjol. com. cn /system/2016 /04 /09 /021102456. shtml。

② 佩鲁. 略论“增长极”的概念［J］. 应用经济学，1955（8）.

③ Gottmann Jean，Megalopolis：On the Urbanization of the Northeastern Seaboard[J]. Economic Geography，1957（3），189-200.

集聚。[①] 戈特曼之后兴起了城市群等类似的概念，研究侧重于城市群概念、分布及形成机制等。发达国家的大部分经济总量分布在若干个大都市圈或城市带，若干个世界级城市统领着全球最有竞争力的产业。城市群对全球经济都有深刻影响，“全球巨型城市理论”兴起。各国加强了对世界级城市组成的城市体系的重视，力争通过世界级巨型城市为核心的城市群来吸引重要的产业投资，提升在国际竞争中的地位。[②] 也有研究关注到了城市群对产业集聚的作用，城市群的空间格局影响到了一个区域的生产力水平。Markusen 和 Venables 认为城市群内产业集聚是高生产率的结果，同时也是高生产率的原因，因为城市群内高效的金融中介服务、便利的交通网络、畅通的信息通讯等生产服务体系，城市间的产业协作更便利，城市间产业规模共享，是产业集聚并产生辐射效应的根本原因。[③] 可见，城市群的形成，城市群的作用，在理论上阐释了生产力空间布局的形成及其作用，而依据城市群理论提出的政策建议，如加强城市间的交通联系，加强城市群大中小城市的产业分工，都与生产力空间布局理论高度一致。

第二层面是关注微观企业行为的产业集聚理论。生产力空间布局的微观基础是市场主体的行为及其空间维度的表现。马歇尔很早就关注到了产业与空间的关联性，以及这种关联性对经济活动的深远影响，马歇尔称之为经济行为的空间外部性。[④] 经济行为与空间的关联性归结为一个特别重要的现象——产业集聚，是指同一产业或相关产业的企业在某个特定地理区域内高度集中，是经济活动最突出的地理特征。[⑤] 空间分布，如果用经济行为间距离的关系来刻画，表现出经济行为之间的临近性。Arthur 在论证硅谷的形成机制时运用到了区位选择行为外部性的影响，他认为受经济行为的空间外部性的影响，当微观主体在做出空间区位选择时，会优先选择与邻近的厂商为伍，后续的企业区位选择也会采取类似的模式。经济行为临近性而带来的外部性持续增强，动态形成了特定产业的集聚空间。[⑥] 不同程度和范围的集聚，是更为一般的现象，带来的影响超出了经济活动的本身，因而也是效率的一个重要来源。Mills 和 Hamilton 发展了马歇尔的外部经济学说，并将其运用到城市形成理论中，形成了米尔斯—汉密尔顿城市形成模型，它清楚地反映了产业的区位选择和集聚过程与城市形成之间的关系。[⑦] 空间，在经济学理论中虽然并不是一种投入要素，但是又深刻地影响到了经济产出。经济行为在空间分布上表现出来的普遍的产业集聚，不仅微观上符合企业决策的目标最大化原则，产业的空间集聚还是区域层面上经济活动集聚的动力，最终形成生产力区域布

---

① 顾朝林. 城市群研究进展与展望［J］. 地理研究，2011（5）.

② Hall P. Paink. The Polycentric Metropolis：Learning from Mega-city Regions in Europe ［M］. London：Earthscan，2006.

③ Markusen，James R.，Anthony J. Venables. The Theory of Endowment，Intra-Industry，and Multinational Trade［J］. Journal of International Economics 2000（52）：209-234.

④ 阿尔弗雷德·马歇尔. 经济学原理 ［M］. 北京：商务印书馆，2005.

⑤ Krugman P. Geography and Trade ［M］. MIT Press，1991.

⑥ W. Brian Arthur. “Silicon Valley” LocationalCluster：When DoIncreasing Returns Imply Monopoly ［J］. Mathematical Social Sciences，1990，19（3）.

⑦ Mills E. S.，Hamilton B. W. Urban Economics ［M］. Harper-Collins College Publishers，1994.

局以城市和城市群为中心的基本态势。因此，产业集聚也是一种生产力的空间布局形式，而且在实践上也深刻影响到了经济政策和经济规划的制定。

综上，生产力空间布局，通常作为经济政策的重要方面，同时也是观察和分析区域经济的重要视角。尽管建立在不同的学理基础上，其对经济政策规划的实践指导，建立在经济活动的空间特征之上，因而得到了区域层面上的都市带、城市群理论和微观层面上的产业集聚理论的支持。作为政策和规划的依据，完整的生产力空间布局，也必须使区域层面和微观层面两者成为一个整体。产业集聚形成的产业空间，既是市场个体的微观决策的结果，同时也在共享众多市场主体城市集聚的好处，这对于认识特色小镇的生产力空间布局的核心内容，以及特色小镇的政策设计、规划建设，是一个更为基本、更为全面的理论视角。

二、浙江省生产力空间布局的变迁

就产业集聚和都市圈、城市群格局这两个层面而言，浙江省的生产力空间布局有浙江的特色，而且一直处于不断优化之中。当前的特色小镇正是生产力空间布局优化的重要举措之一。

(一) 产业集聚与城市的互动

浙江独创的"省管县"体制，大大激发了县域经济的发展，从"一村一品""一镇一业"起步，绍兴纺织、大唐袜业、嵊州领带、海宁皮革等块状经济，在各自的产业细分领域占有优势市场份额。"块状经济"是浙江本土经济学者的概括，是浙江特色的产业集聚，引起了省内外学者的普遍关注，并由此派生出了很多关于浙江产业集群、产业分工网络等鲜活的案例研究。

浙江区域层面上生产力空间布局也有所研究，例如通过微观层面的产业集聚研究浙江的城市化和城市群的形成机制。① 块状特色产业尚没有彻底从"微笑曲线"底端走出来，产业转型升级滞后于消费升级。传统产业向研发和渠道两端的升级，企业总部更加倾向于向高端要素富集的中心城市集聚，制造业升级越来越需要城市服务功能的支撑。2000 年以来，浙江城市化的空间格局发生了显著的变化，战略上也随着发生了从县域向都市的转向，拟打造若干个都市圈并带动提升浙江的城市化水平。② 浙江省在保持原有县域经济活力的同时，适时推动行政区划调整来推进"都市圈"战略，产业空间也随都市的空间扩展而相应调整。③ 在都市圈框架下，中心城市集聚的高端要素和现代服务业与都市圈的经济强县形成了要素和产业的优化匹配，逐步完善区域产业和城市发展的协调机制。浙江正努力通过都市圈和城市群的空间格局来改写浙江的经济版图，支撑浙江经济的转型升级。

(二) 生产力空间布局的变迁及其动力机制

特色小镇作为一个新生事物兴起后，理论界从许多角度来解释特色小镇的本质特征，并以此来说明特色小镇的产业升级机制。盛世豪等认为特色小镇是一种新型的产业空间组织形式，它的初级形态是浙江具有代表性的块状经济和产业集聚区，农村工业化的块状经济、产业集聚区和特

① 陆根尧，盛龙. 产业集聚与城市化互动发展机制研究：理论与实证［J］. 发展研究，2012（10）.

② 史晋川，钱陈. 空间转型：浙江的城市化进程［M］. 浙江大学出版社，2008.

③ 白小虎. 城市化进程中行政区划调整与城市产业空间变迁———以浙江省杭州市为例的实证研究［J］. 中国软科学，2008（10）.

色小镇可看作是三种不同的产业空间组织，简称为 1.0 到 3.0 的三个版本。特色小镇的产业空间根植于浙江本土产业，是特色产业、产业集聚区升级的 3.0 版本。[①] 特色小镇与较低版本的空间组织之间有较大的差别，主要是可以共享到高端的生产性服务，提升对高端要素的吸引力。本文提出两个层面的生产力空间布局理论，能够从微观基础和区域整体解释特色小镇的空间特点和产业特点。

本文借助“中心地模型”，假定区位选择的微观行为发生在一个特定的六边形均质空间里（见图 1），[②] 而且市场主体的区位选择行为具有马歇尔意义上的“外部性”，企业倾向于选择有临近的厂商的区域来选址。Arthur 注意到了企业选择行为的外部性，会给企业带来报酬递增，只要一家企业在某个空间“占位”，其他企业如果能享受到外部性并随之“占位”，这将是一个报酬递增的过程。硅谷这样一个“簇群”也是，其形成是一个报酬递增不断强化的结果。本文把具有自增强机制的“产业占位”与“中心地”相结合，揭示生产力空间布局在两个层面的相互作用及其变迁。

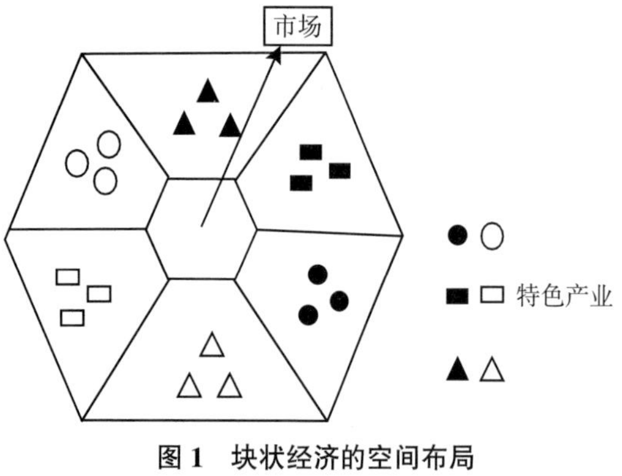

图 1　块状经济的空间布局

六边形中心地代表无差别的空间，经济活动在六边形里随机分布。假定有六种产业，如图 1 的图例所示，本地的产业和劳动力构成了潜在的内部消费市场和对外的产地市场，为了节省交易成本，中心地成为交易市场是最节省的生产力布局格局。显然，受共享产业外部性的驱使，每一种产业内部企业倾向于邻近选址，形成了同类产业围绕中心地分布的格局，如图 1 所示。当以市场为中心地，进而形成了产业的邻近集聚，就是类似于块状经济的产业空间 1.0 版，即体现了浙江农村工业化特色的生产力空间布局———块状经济。[③]

产业集聚能够促进城市化发展，城市化也能够为产业集聚提供更为有利的发展条件，从而在更高水平上促进产业集聚发展。城市化为产业集聚提供了丰裕的要素禀赋，为产业集聚提供了便利的基础设施。城市化使各项基础设施集中建设，为产业的空间集聚提供良好的外部条件。城市化水平的提高意味着基础设施的改善。城市基础设施建设突出了综合效益和网络效益，通过加强水、交通、通信网络等基础设施建设，促进生产要素、人口、企业向城市集聚，增强了城市的凝聚力和承载力。[④] 如图 2 所示，在中心地市场的外围叠加了新的六边形，代表新的集聚空间，各类产业为了共享城市化的外部性，向基础设施和公共服务密度较高的城市区位靠近和集聚，在中心地市场的周边形成了更为紧密的集聚空间。共享城市的服务功能，并由此产生集聚力，产业集聚与城市化进程融为一

① 盛世豪，张伟明. 特色小镇——一种产业空间组织形式［J］. 浙江社会科学，2016（1）.

② ［德］克里斯塔勒. 德国南部中心地原理［M］. 常正文，王兴中等译，北京：商务印书馆，2010.

③ 白小虎. 产业分工网络与专业市场演化——以温州苍南再生腈纶市场为例. 浙江学刊，2010（6）.

④ 应焕红. 加快产业集聚大力推进城市化进程——对浙江省温岭市城市化与产业集聚良性互动的案例分析［J］. 中共杭州市委党校学报，2002（4）.

体。[①] 集聚过程中形成新的产业空间，新兴的城市与新兴的产业园、开发区构成了这一阶段的生产力空间布局，也可以称之为以产业集聚区为代表的 2.0 版本。

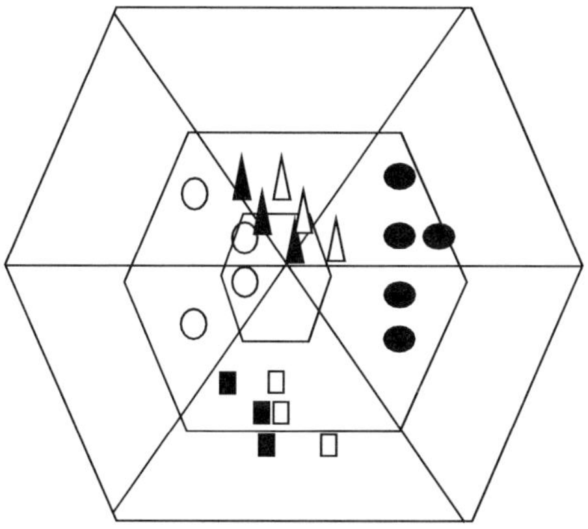

图 2　产业集群的空间布局

在产业空间组织 2.0 版本阶段，城市中心集聚的趋势明显，助推了产业成长和规模扩张，城市中心的人口增长带动了服务业本地化集聚。城市拥堵、要素价格上升等负面的力量一步步抵消城市集聚带来的正外部性，城市和产业集聚达到一个均衡水平，制约了产业的进一步规模成长，对土地要素价格敏感的产业外迁，由此观察到了产业和人口集聚的“逆城市化”现象。表面上看，产业外迁是产业空间“去中心化”的过程，似乎违背了集聚与外部性共享的基本原理。但产业外迁到距中心地一定距离的空间，同样也会形成新一轮的产业集聚，不同的是外部性共享的内容有所变化。本文用图 3 来演示这一过程。曾经在城市集聚的若干产业，向城市外围转移，转移后的空间配置了对土地要素价格敏感性较弱的服务业，并形成了集聚。外迁产业为了共享城市特定的服务，充分权衡了与城市的通勤距离和要素价格，在城市的外围复制了新一轮的次中心集聚。特定的产业分别在大都市的若干个方向上集聚。许多研究已经关注到了外部性还有静态和动态之分，静态的外部性说明集聚的形成，动态的外部性解释产业集聚对区域经济增长的影响作用。动态外部性，如雅各布外部性、波特外部性更加强调知识和技术溢出的作用，其中专业的知识服务业组织完成了知识和技术向制造业环节的传递渗透。当知识服务业依赖于人员的流动和交流来实现外溢共享时，产业外迁仍然需要考虑知识和技术溢出的作用距离，因此产业外迁要选择一个合适的区位，在要素相对低价格与知识技术溢出的成本之间合理权衡。根据可以观察到的现象，都市圈的生产力空间布局中往往会出现若干个次中心，既能保证特定产业的集聚，还能有效共享城市中心的现代服务业。

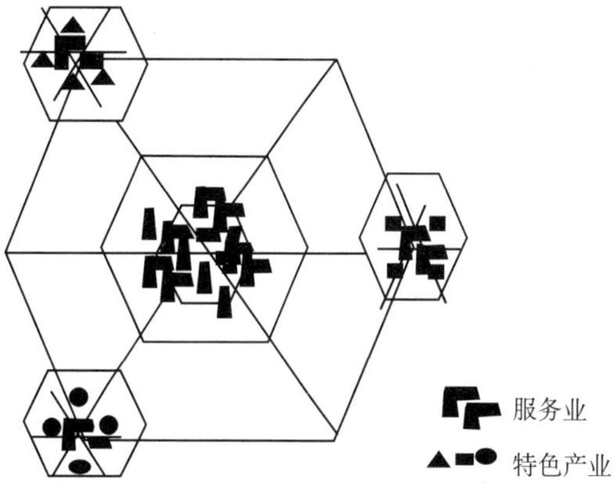

图 3　特色小镇的空间布局

特色小镇非常接近以上的产业空间，城市服务功能与特色产业在都市圈的某一空间集聚，代表着城市化的一个更高级阶段。曾经在城市集聚的要素开始向功能更加专业、环境和服务更加优异的新空间扩散，在重新组合之后再次形成更加有产业

① 洪银兴. 城市功能意义的城市化及其产业支持［J］. 经济学家，2002（3）.

特色、人文特色、生态特色的集聚空间。这些空间与城市既相对独立，又密切联系，自身可以承担更专业的功能，仍然可以依靠都市区或中心城市享受更综合的服务。

三、特色小镇的生产力

特色小镇是“强县战略”转入“都市圈战略”后浙江生产力空间布局的一次优化，升华丰富了都市圈战略。从字面上来看，“小镇”似乎有悖城市化的趋势，难免有“一镇一品”较为低端的感觉。“在新常态下，浙江利用自身的信息经济、块状经济、山水资源、历史人文等独特优势，加快创建一批特色小镇，这不仅符合经济社会发展规律，而且有利于破解经济结构转化和动力转换的现实难题，是浙江适应和引领经济新常态的重大战略选择。”① 建设特色小镇正是立足于浙江现有的基础和优势，符合浙江省情。浙江经济的转型升级集中体现在了特色小镇的生产力空间布局之中。

什么样的平台能集聚高端要素并支撑浙江未来的经济成长，浙江未来最有创新能力的人才在哪里集聚，互联网信息经济等创新经济在哪里孵化，浙江未来最有竞争力的企业和品牌在哪里产生，什么样的空间能够托起创新驱动，能够带动产业升级？新常态下浙江经济转型升级，需要特色小镇这一类能支撑产业升级的空间，协调好城市和乡村发展的空间。“十三五”时期浙江经济转型升级的战略部署注重生产力空间布局的调整，特色小镇作为其中重要的战略举措，能够发挥出都市圈综合特色平台的生产力优势，成为创新的策源地，成为高端要素的富集地，成为产业升级的高地，这是特色小镇作为全省大力建设的新一代空间布局的生产力所在。

（一）产业聚焦与空间匹配

特色小镇在全省层面上延续和推进了都市圈战略。带状、圈状、网络状的产业空间格局逐渐替代了中心点状（中心城市）、县域块状（强县）的格局，特色小镇是顺应了都市圈城市群的发展趋势，使都市圈城市群的产业版图更加清晰，小镇是高端要素的集聚地，也是都市圈产业关系的纽结点。特色小镇衔接都市圈、城市群的大平台，在专业化特色和区位之间形成了很好的匹配。特色小镇是城市高端要素扩散并重新组合而成的新空间，是城市体系的一部分，是专业化要素集聚度更高的高产空间。

“小镇”的生产力优势来自于“特色”。“特色”就是专业化，就是产业聚焦。特色小镇平台聚焦在“七大产业”和文化创意产业，聚焦在传统产业的升级，聚焦在经典文化资源的产业，承担着高端要素集聚、产业创新和产业升级这三大使命。产业特色是特色小镇发展平台的灵魂，特色小镇要借助都市圈优势区位为产业升级创造要素集聚的条件，摈弃引进企业的简单做法，在优势区位上营造使高端要素扎根筑巢的生态环境。

特色小镇扎根在都市圈的优势区位，容易接受城市功能的辐射，能吸引到种类最为丰富的高端要素，尤其是创新产业的人才、知识和信息。在都市圈核心区布局信息经济等创新产业，可以营造技术创新和产业创新的策源地，使创新要素锁定在“创新小镇”中，如互联网小镇、云技术小镇。在都市圈的外围，在城市群和中心城市的周边，高度流动性的高端要素与流动性较低的制造业要素交会，承担起创新链、

① 李强. 用改革创新精神推进特色小镇建设［J］. 今日浙江，2015（13）.

创意链与制造链的结合。高端装备制造和智能制造的支撑新要素在“制造小镇”中集聚，如云制造小镇、动力小镇、机器人小镇。中心城市吸引高端要素在小镇与丝绸、茶叶、青瓷等经典文化相遇，碰撞出“文化小镇”，如湖笔小镇、黄酒小镇。创意要素与不可移动的生态景观资源在“小镇”相遇，结合成了“休闲小镇”，如森林温泉小镇、茶香小镇。小镇与都市圈、城市群和中心城市共同编织未来版图，在最有利的区位和环境下，促使高端要素和产业相结合。

（二）专业化产业特色叠加多元化服务功能

特色小镇不是产业平台的复制品，而是城市体系的一部分，是一个具有社区功能的城市综合发展平台。特色小镇综合了各方面的优势和特色，包括文化特色、生态环境和规划建设的特色等等，以产业功能为核心，依托了社区功能的人际关怀，借助了文化功能的价值内核，附着了旅游功能的外在形式。因为产业、旅游、文化、社区四种功能的叠加，特色小镇平台不仅有核心的产业功能，还有内在价值和外在的视觉形象以及人文关怀。特色小镇平台不仅能集聚产业，更因为宜居而集聚人才，适宜孵化创新。

特色小镇的社区功能是对传统产业平台的一种突破，也是在实践“产城人文”融合。特色小镇引进相关的社区服务业，例如健康休闲、居家服务、知识培训等，充实特色小镇的社区功能。例如互联网梦想小镇集工作空间、网络空间、社交空间、生活空间于一体，引进了“You+”青年创业社区、万喜年食堂以及便利店、咖啡馆、创业公寓等职住配套，为创业者量身打造工作、生活、商务、社交、娱乐等功能混合的创业社区。玉皇山南基金小镇设置的服务设施，有咖啡馆、食堂、综合服务中心，并与周边社区相互融合。还开通了国际医保服务，将普通小学改造提升为双语小学，“零距离”“零时差”为小镇企业服务，因此能集聚大批顶级私募机构以及知名文化人士。基金小镇做到了产业平台社区和生活社区，相对独立但又能无缝对接。

文化功能传递了特色小镇企业的文化关怀，传递了工业精神和企业理念；旅游功能拉近了产品与消费者的距离，在近距离的体验中移植了品牌企业的影响力。制造业小镇围绕生产、体验和服务来设计旅游功能，比如嘉善巧克力甜蜜小镇突出“旅游+工业”特色，围绕甜蜜和浪漫主题，整合“温泉、水乡、花海、农庄、婚庆、巧克力”元素，全方位展示巧克力工艺文化和浪漫元素。

四、研究展望

浙江省特色小镇从 2015 年 6 月开始启动，至今也不过一年多，还是一个在发展中不断完善的新生事物。特色小镇的理念以欧美发达国家享有较高国际知名度的小镇为蓝本，又是从浙江省经济发展和转型升级实践中提出的一个发展战略举措，立足于浙江的市场化、城市化、工业化、信息化基础，从现实出发设计了政策体系，充分动员了政府和市场主体方方面面的积极性。显然，特色小镇这一创举，来源于现实中浙江生产力空间布局的变迁，先于理论的探讨，并在实践中检验和调整政策。随着特色小镇建设的深入推进，特色小镇到底是什么样的新生事物，理论上的问题不断涌现。本文初步从生产力空间布局的实践角度，提出相应的理论思考，以生产力空间布局的变迁来回答特色小镇在理论上的核心本质。

特色小镇类型众多，产业基础也不尽

相同，生产力空间布局两个层面上的问题，即城市化与产业集聚的互动，基本上能够概括绝大部分特色小镇的产业发展问题。特色小镇的产业各有目标，传统产业要升级，经典文化产业要复兴，新兴产业要培育，都离不开高度流动性的人才、技术、资本等高端要素的投入。产业集聚能否吸引高端要素，能否锁定高端要素，这是当前特色小镇产业培育、功能强化过程中普遍的痛点。围绕要素集聚锁定，围绕多元化功能的重叠，需从理论上深入思考特色小镇的本质属性和特点，需要从多个角度去回答"特色小镇是什么"这一问题。特色小镇更多的问题发生在实践中，以特色小镇作为都市圈创新产业培育、传统产业升级的综合发展平台为基本前提，可以深入研究特色小镇的产业定位、城市群分工、文化与旅游功能的嵌入等问题，深入研究特色小镇内部高端要素的组合，如何实现学术研究资源与技术创新资源的对接，进而与资本的快速对接，创新与产业化的对接等等。因此，制度创新和政策设计的问题也尤为重要。特色小镇的平台功能取决于多种高端要素的整合，而降低交易成本考量着制度创新和政策设计的智慧。总之，特色小镇发端于浙江实践中勇于创新的肥沃土壤，还有许多理论和实践的重大问题有待深入研究。

特色小镇众创平台运营创新研究①

洪志生　洪丽明

产业集聚创新和"人"的城镇化，是新型城镇化的核心。近年来，从浙江块状经济衍生而来的特色小镇方兴未艾，是当前新型城镇化道路的重要探索。在"互联网+"时代，互联网元素和创新精神是不可或缺的。

特色小镇作为一种"小空间大集聚"的产业转型升级区，依托互联网延长产业链，齐聚创新链，形成创新生态区。众创平台是大众协同创造的平台，创客们分散零碎的创意和创造力可依此聚集起来，共同服务于关键产品的创造和生产。特色小镇的建设中，可以充分发挥众创平台对创新资源的集聚优势，应用于特色小镇这一小地理空间的大网络集聚。本文便是围绕这一主题，对特色小镇众创平台运营的创新模式展开分析，为特色小镇的建设和新型城镇化道路提供借鉴。

一、特色小镇是"小空间大聚集"的创新生态融合区

特色小镇特有的空间载体特征，决定了特色小镇建设方向和新型城镇化发展方向相契合，并且需要借助互联网的力量，将自身建成推进产业转型升级的创新生态融合区。

① 本文摘录自《福建农林大学学报（哲学社会科学版）》2016年第19卷第5期。
作者简介：洪志生，助理研究员，博士。研究方向：新兴产业创新、商业模式创新、科技政策。

（一）特色小镇是典型的小而美创新空间

特色小镇是浙江省对其块状镇域经济进行产业转型升级的重要探索。所谓特色小镇，是相对独立于农村和市区，有明确产业特色、人文特色、风貌特色、管理特色和一定社区功能的地理发展空间。虽然是一个特定的小空间，但特色小镇是一种大集聚，一种以某一特色产业链为核心，融合投资链、创新链、人才链、服务链等要素的创新生态区。

基于此，特色小镇一般呈现如下 4 个特征：①产业特色鲜明且富有竞争力。特色小镇根植于原有优势产业之中，围绕单个产业打造一个完整的产业生态圈，培育具有行业竞争力的特色产业，包括转型升级的传统产业、新近培育的新兴产业、服务大都市配套产业等。②创新氛围浓厚。特色小镇以特色产业链为载体，以企业为主体，以丰富的创新平台和灵活的创新机制为保障，无限对接区域内外的创新资源，获取资本、人才和技术等，培育出特有的创新文化和创新生态。③功能复合性。特色小镇并不局限在特色产业发展上，而是基于特色小镇，孕育出鲜明的特色文化，甚至衍生出旅游功能，是一个产业、文化、旅游、社区的有机复合体。④形态小而美。特色小镇既不同于建制镇，又区别于工业园区、经济开发区和旅游景区，求精不求大，其规划面积一般不超过 3 平方公里，建成面积在 1 平方公里左右，且一般以生态文明示范区乃至旅游景区的标准来规划。

（二）特色小镇是新型城镇化的重要探索

众多学者一致认为，新型城镇化的“新”就是由过去以政府为主导，片面注重追求城市规模扩大、人口数量增长及空间扩张，转变为以科学发展观为统领，以新型产业以及信息化为推动力，追求人口、经济、社会、资源、环境等协调发展的城乡一体化的城镇化发展道路。新型城镇化的核心是人的城镇化，具有以城市群为主体形态，大中小城市和小城镇协调发展，城镇化与新型工业化、信息化、农业现代化相辅相成，城乡统筹、多元形态、绿色低碳、集约发展的城镇化道路等特点。新型城镇化是推动我国经济社会发展的重要战略，但其发展进程受到人口、土地、资金、资源与环境等因素制约。新型城镇化的基本模式应该是：以科学发展观为指导方针，坚持“全面、协调、可持续推进”的原则，以人口城镇化为核心内容，以信息化、农业产业化和新型工业化为动力，以“内涵增长”为发展方式，以“政府引导、市场运作”为机制保障，走可持续发展道路。政府应通过制定战略与规划、提供基础设施和公共服务、完善制度与政策、加强监督与管理，积极推进新型城镇化进程。特色小镇的建设，一般是立足原有产业基础进行传统产业升级，或者是新兴产业的培育，以产业创新链的构建，带动新型城区建设，从而实现区域内外产业和社会的融合，集聚国内外资本和智力，建构新的创新空间，集约形成新的城市空间。特色小镇是产业、社区、城市相融合的城镇化平台，是区域城镇化和现代化的载体。如美国格林尼治基金小镇、意大利威尼斯的穆拉诺玻璃之城、德国斯图加特汽车城、日本东京的大田汽车零部件小镇、瑞士达沃斯小镇等，这类小镇以特色产业为核心，通过产业链集聚和公共服务配套，带动城镇发展和区域经济持续繁荣。可见，浙江探索的特色小镇建设，契合新型城镇化建设的基本模式，适合镇域经济突出的地区推进新型城镇化。

（三）建设特色小镇的首要任务是打造特色产业链

作为新型城镇化建设的重要探索，特色小镇是创新生态的空间载体，特色在于产业、主体也是产业，必须把孵化、培育和发展特色产业链作为特色小镇建设的关键，包括新兴产业的培育和传统产业的转型升级。

在新兴产业的培育上，着重于加快培育和构建“互联网+”为核心的新业态产业。这类产业的培育，可以围绕小镇临近大都市发展的产业配套需求，精准定位，迅速成长。如云栖小镇依托阿里大数据和富士康发展大数据、云计算、移动互联网等新兴业态；玉皇山南基金小镇基于杭州乃至浙江省产业发展趋势，对标格林尼治基金小镇，聚集私募和股权投资企业；位于杭州未来科技城仓前区域的梦想小镇则专注于电子商务、软件设计、大数据、云计算、动漫、互联网金融、科技金融等新业态领域的创业。

在传统产业转型升级上，则主要在于产业链环节的占位和产业链的延长。一方面，通过“产品换代”“机器换人”“定制生产”等模式，继续保持传统产业的制造优势。如定海远洋渔业小镇正大力发展以“海洋健康食品和海洋生物医药研发制造”为主的海洋健康制造业。另一方面，则需引进创客类、设计类、研发类、品牌类等新业态，延长产业链，在微笑曲线两端的工业设计、技术创新、品牌创建和网络营销等方面进行创新。如艺尚小镇聚焦国际性服装和珠宝配饰产业，定位于设计与研发、销售展示、旅游休闲以及教育与培训等新业态。

可见，不管是新兴产业的培育，还是传统产业转型升级，“互联网+”在其中都发挥着重要的作用。“互联网+”作用的发挥，需要有相应的平台支撑：产业链的前端可以通过“互联网+”，汇聚小镇域外工业设计创意资源，创新商业模式；产业链中端实施“制造业+互联网”，发展智能制造和服务型制造，提升制造环节利润率；产业链后端则借助互联网进行网络营销，将触角伸至地球上的每个角落，如大唐袜艺小镇在政府的引导下搭建电商园。

综上，具有一定产业基础和创新氛围的特色小镇，有利于汇聚创新资源的众创平台建设，其“小空间大聚集”的方向和众创平台的特征是一致的；培育和发展特色产业链、营造创新生态区需发展融合多元功能的众创平台。

二、众创平台是“小实体大网络”的创新资源集聚场

（一）众创平台的概念

基于互联网的大众创新模式称为“众创”，即大众创新者通过互联网平台实施创新活动并且进行创新成果的展示和出售，而企业或个人则通过互联网搜寻和获取创新成果并加以利用。众创固然是大众创新模式，但这一模式不仅基于互联网，而是在 3D 打印技术、Arduino 等开源硬件平台日趋成熟背景下，分布在各网络节点大众的创意、创新行为、创新产品，能够被某一主导企业搜寻、整合、应用并扩散的创新模式，其最本质特征是大众协同创造，最基本支撑是相应的众创平台。

众创平台是互联网各网络节点大众协同创造的平台，是通过一定的机制把创新需求和拥有创意创造能力的大众链接起来的平台。分布在各网络节点的大众包括消费者、企业员工、外部社会大众、小生产商等。众创平台首先是一个交易服务平台，有生产型企业主导的自有平台。如宝洁众创平台——Innocentive 网站的“创新中心”

将企业内部的部分研发任务发布到该网站，以丰厚的报酬吸引来自世界各地的智囊团提供解决方案。也有大众主导的第三方众创平台，如宁波的洛克众创，是全球设计师和开发者的集聚平台，可为企业提供云端创新服务解决方案。众创平台还可能是一个孵化平台，如在猪八戒网上的个人威客成长为微商，若选择在重庆市注册，将得到相应的优惠政策和扶持资金，这一情况下的猪八戒网不仅仅是个交易平台，更是一个孵化器。

众创模式的特性决定了适合搭建众创平台的产业一般是基于“分析性”知识和模块化生产的产业（如信息技术、生物技术、智能制造）。由于这类产业的创新创业型企业知识基础较为薄弱，对高度编码化的知识或者模块化协作有着更多的需求，相应地更倾向于借助众创平台进行企业创新。

（二）众创平台具有多元化功能

众创平台是聚集大众创新的平台，其功能除了简单的获取创意之外，还包括开放式创造产品、搭建创新生态区等更深层功能，有的众创平台仅司职其中某一功能，有的则包含多种功能。

1. 获取创意的众创平台

该类平台类似于当前广为接受的网络创新社区。企业可以通过网络创新社区，搜集来自于用户、专家、兴趣爱好者的反馈或者创新观点。公司可通过开设专门的网站邀请消费者和其他外部人员为公司提供产品创新思路和设计，如星巴克的 My Starbucks Idea 网站，戴尔公司的 Idea Storm，小米创新社区等；也可运用第三方平台进行产品设计及创意的收集，如 InnoCentive、智慧中华网、猪八戒网等。创意需求方可以通过发布明确的问题，获取来自于大众的创意观点，也可以通过对社区中大众非结构化信息的收集，基于大数据挖掘获取有价值的创意观点。该类众创平台的创意提供方以个体为主。

2. 开放式创造产品的众创平台

该类众创平台通过适度开放软硬件，让大众的创新行为融入到企业产品创新中，主要在于充分应用当前方兴未艾的创客资源。“创客”一词来源于英文单词“Maker”，是把各种创意转变为现实的创造者。安德森曾言：“成千上万的企业家正从‘创客运动’中涌现，越来越多地使用数字工具制造机器、制造产品。他们是互联网一代，本能地通过网络分享成果，通过互联网文化与合作引入制造过程。”狭义的创客是工匠和手艺人，广义的创客还包括资源整合者，即创业者。

依托开放原始代码硬件平台、3D 打印、互联网等技术，处于各网络节点的创客借助免费的互联网制造平台，个人仅仅投入创意，就可以进行个性化设计，乃至大规模定制生产。创客不仅是消费者，也是生产者、设计者，甚至是原物料和元件的供应者，通过社交网络里的创意碰撞和资源分享，获得了把创意化为现实的能力。

开放式创造产品的众创平台，普遍使用的是社区自治的运行方式，通过分享工具与知识，来进行个人制造。在物理空间上，众创平台为创客提供较大型的制作产品原型的 3D 打印机、激光切割机、电路板焊接工具等，并为创客们举办各种硬件创意、创业分享活动；在组织结构上，众创平台不是靠职能部门来构建，而是以工作流程为中心，创客们通过邮件群、维基百科、云存储平台及即时通讯等方式紧密联系并交流想法，一旦形成共识，就可以成立项目组。

总体上，面向创客的开放式创造产品的众创平台，协同创造的可以是消费者、员工、兴趣专业人员，也可以是临近的小作坊；产品开发不再是从公司到市场的线性模式，而是变成一个以用户为主体，依托社区不断完成产品迭代的多向性模式。

3. 搭建创新生态的众创平台

该类众创平台，不仅仅是利用大众的创意或创新行为，而是通过一定机制，使创新团队走向创业团队，培育出新的创新创业型公司，完善产业链，发展新产业。

该类平台类似于创业服务平台的众创空间。“众创空间”一词最早出现在2015年1月28日召开的国务院常务会议中“构建面向人人的‘众创空间’等创业服务平台”的表述。众创空间是指为小微创新企业成长和个人创新创业提供低成本、便利化、全要素的开放式综合服务平台，包括工作空间、网络空间、交流空间和资源共享空间，强调行业领军企业、创业投资机构、社会组织等社会力量的推动。

曾在传统产业占据优势地位，追求转型的大公司适合采用此类众创平台，如英特尔和海尔。英特尔通过开发并开放开源平台，吸引创客进行个性化设计和创造产品；同时，还帮创客对接资源，寻找商业化的出路，尤其是鼓励员工参与开放开源平台，如果员工的创意足够抢眼，公司将安排额外的时间和一定的资金给予支持；海尔则是除了通过HOPE创新平台收集来自全球的创意创新智力之外，还提出“企业平台化、员工创客化、用户个性化”，把企业从管控型组织打造成无边界的柔性创业组织和投资平台，汇聚各方创业风投，支持内部人员创业，孵化和孕育数千家创客小微公司。

三、特色小镇众创平台运营创新思路

特色小镇作为“小空间大聚集”的创新生态融合区，以特色产业链的培育为主导，互联网技术为支撑。其中，基于互联网的众创平台，可以聚集全球市场资源和创新资源，为特色产业链的培育和发展所用。面向特色小镇的众创平台建设，具有重要的意义。然而，除了仅有营销功能的电商平台，当前纯粹意义上的特色小镇众创平台仍较为鲜见。本研究的核心主旨便是，将其他领域方兴未艾的众创平台，应用于特色小镇建设，尤其是特色产业链的培育。因此，特色小镇众创平台作为一种新事物，其运营创新的本质是面向特色小镇建设需求的众创平台的构建和运营（见图1）。

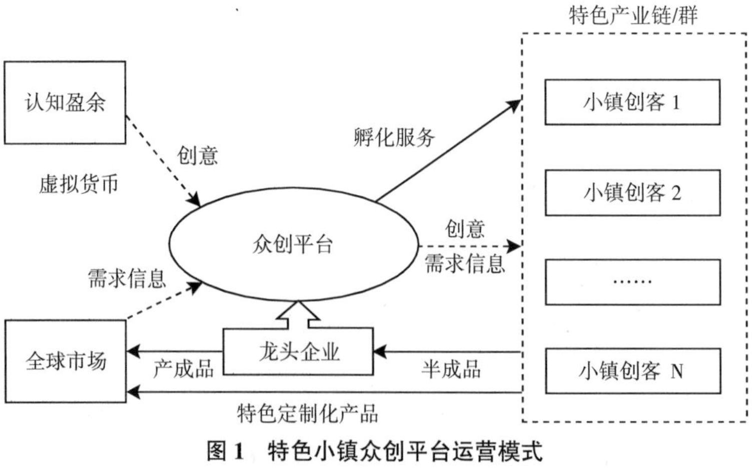

图1　特色小镇众创平台运营模式

基于上述对众创平台的理解，特色小镇众创平台是由特色产业链内龙头企业主导构建的，服务于特色产业链的多元功能平台（见图1）。①获取创意的平台，分布于互联网各端口的认知盈余，通过一定平台机制（如虚拟货币的激励），聚集成各种创意到平台上并为小镇上特色产业链/群所用。②开放式创造产品的平台，全球市场需求信息依托互联网汇集到众创平台上，特色产业链内的诸多小镇创客，面向市场需求，结合创意资源，创造特色化定制产品以直接满足市场需求，或者把制造半成品供应给龙头企业，供其生产最终产品来满足市场需求。此时，众创平台也是一个服务特色产业链发展的网络营销平台。③创业孵化平台，当特色产业链/群的个别小镇创客逐渐发展并将要脱颖而出的时候，该平台为其提供相应的孵化服务（如资金、人才、厂房和技术的支持），助其成长为重点企业，完善特色产业链。

（一）平台的主要创新资源是认知盈余

“互联网+”时代呈现了互联性、分布式、人本主义等特征。由于互联性特征，连接的“节点”越多，社会网络的力量越强。在“互联网+”时代，通过社会化网络和工具让个人与群体高度链接和快速交互，使得跨时空跨产业的互联网协作成为可能。这一方面带来了生产组织方式的创新，另一方面则带来了企业组织结构的变化。传统的产销分开向产销融合转型，客户消费转化为用户投资和用户参与。基于特色产业链的众创平台，正是充分利用生产组织方式革新带来的创造力。

特色小镇空间小，但对创新资源的需求大，富有创意和创造力的认知盈余，对特色产业链的培育和发展具有重要的价值。居于互联网分布式端口的人本主义个体，都有着创造和分享的需求，碎片化认知盈余成为互联网世界廉价的智力资源。通过获取创意和协同创造的众创平台的构建，可以充分利用这些资源，进而改造特色小镇区域内的产业链格局。

因此，面向特色小镇建设的众创平台，其功能定位应该是立足特色产业链发展的知识需求，打造专业平台，充分利用互联网世界的认知盈余。认知盈余的来源，可以是本产业的顾客，或者最终用户，也可以是相关领域的兴趣爱好者，乃至创客。

（二）平台的核心参与主体是小镇创客

一般情况下，众创平台是大型企业主导的网络创新社区，或者是大众主导的第三方平台。特色小镇的众创平台，参与者呈现一定的地域性，即以小镇内特色产业链上下游企业为主，诸多小企业呈现创客化特征。特色小镇建设中，围绕特色产业链建设的众创平台，可由特色产业链的龙头企业，或者产业联盟主导运营，制定规则，发布需求，聚集创新资源，对接遍布全球的产业用户。

众创平台的创新供给者，即提供创意的个体（用户和兴趣爱好者）可来自全球各地；但开放性半成品或者特色产品的供给者，则以小镇创客为主。在特色小镇众创平台的支撑下，小镇创客可利用网络平台对接全球市场需求和创意资源，利用小镇内完整的产业链，凭借自身专有的技能，在小作坊乃至家里，借助3D打印等智能装备技术，进行特色工艺制作，再借助众创平台和小镇的国际知名度，把产品远销全球各地。小镇创客，有的以小型工厂形式存在，有的则是直接从工厂转战家里的生产加工者；生产创造的产品，包括供给大企业的配套产品，也包括直接销售给消费者的定制化产品（如特色工艺品）。

此外，基于完整的产业链和良好的创新生态，小镇创客依托众创平台，长期参与整体产业链的配套生产，长期对接全球资源和全球市场，更有潜力成长为创新创业型企业。特色小镇众创平台除了是一个交易网络平台，更应是一个创新生态平台。聚焦小镇创客的发展需求，通过提供融资、技术、培训和管理咨询等服务，致力于把有潜力的小镇创客孵化成创新型企业，培育和发展特色产业链。

（三）平台的创新基础是“三个端口两个转换”

当前新一轮科技革命的重要特征是，信息网络技术在新兴产业发展中具有突出的地位。各类创新需要立足新兴产业创新和发展带来的新环境，即“三个端口两个转换”——两信息端口（人和物）、两信息转换平台（价值和信息）和一个分布式价值创造端口。“三个端口两个转换”这 5 个要素互为连接、互为作用，成为当前互联网背景下创新的重要着力点（见图 2）。

移动互联网是移动通讯和互联网融合的产物，人们通过使用无线智能终端（手机、PDA、平板电脑、车载 GPS、智能手表等），可以实现任何时候、任何地点、以任何方式获取并处理信息需求，是人的信息输入的重要端口。物联网是指通过智能感知技术、网络通信技术、数据融合技术，按约定的协议，将某一单位（区域内或行业内）的物品进行信息编码并输入全域互联网系统，是物的信息的重要输入端口。3D 打印是通过 SAT 和制造技术的融合，将设计好的物体转化为三维设计图，采用分层加工、叠加成形的方式逐层增加材料来打印真实物体。3D 打印的推广使得分布式小规模生产成为可能，3D 打印设备成为分布式价值创造的重要端口。云计算是指利用分布式计算和虚拟资源管理等技术，通过网络将分散的资源（包括计算与存储、应用运行平台、软件等）集中起来形成共享的资源池，并以动态按需和可度量的方式向用户提供服务，是信息转换的重要方式，可以与两信息输入端口和分布式价值创造端口有效融合。虚拟货币也称为数字化货币，是指能够流通于网络与现实社会之间的、具有现实兑换能力、社区协同性、去中心化等特点的货币，是“互联网+”时代线上之间或者线上线下之间价值交换的重要媒介。

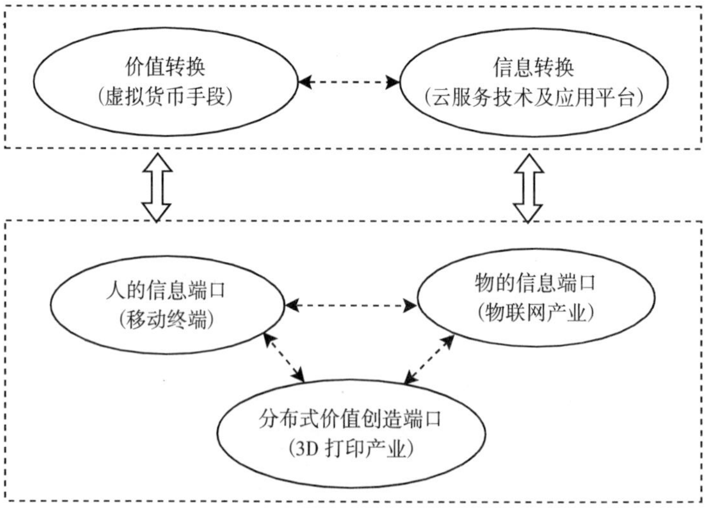

图 2　三个端口两个转换

基于这5个要素基础，特色小镇众创平台可以做出各类运营创新。如可以开发APP平台，让移动终端的创意资源随时输入众创平台，服务特色产业的培育；借助物联网技术，开发智能产品，实现传统产业中的“产品换代”，加强创客协同创造能力；充分应用其他特色小镇的云计算平台，充分管理和挖掘本小镇众创平台的数据信息；创新虚拟货币机制，可与相关商城及重要支付平台合作，激发广大参与者奉献认知盈余的积极性；在特色小镇内推广适合本产业链产品生产的3D打印机，让小镇的诸多线下个体都成为服务众创平台的创客们。

四、特色小镇众创平台运营创新的公共服务需求

（一）众创平台运营面临的挑战

运营众创平台，有利于特色小镇利用网络分布式的创新和创造资源，从而占据产业链优势位置，实现整体产业的发展。然而，由于互联网经济发展仍处于起步阶段，众创平台运营还存在一些固有问题。如创意供给者可能存在随机乃至恶意回答创意性问题，在线海量的创意和创新成果的搜寻成本高，即使被搜寻到并采纳，如何整合到企业生产经营中也需面临重大挑战；创客们采用自由组织的工作形式，工作质量参差不齐；创新创意定价困难。尤其是我国创客还处于起步阶段，创意和技术含量有所不足。

此外，特色小镇发展的阶段性也影响着特色小镇众创平台的有效运营。如大多特色小镇处于城市郊外甚至更偏远的地方，基础设施相对滞后；特色产业链的选择对于特色小镇众创平台的成功运营起着至关重要的作用，没有全球特殊地位的特色产业链，众创平台的价值就受限；传统产业链的小家庭作坊转化到小镇创客，需要有一个较为长远的培育过程；这一新的生产组织方式，对于城市社区的建设也提出新的要求。

（二）众创平台运营的公共服务支撑

对于众创平台运营本身存在的一些阶段性问题，可通过技术和管理创新来解决，如对于大众协同创造的质量管控问题，可以采用两阶段准入机制，过滤筛选适合协同创新创造的大众参与者。但对于特色小镇发展阶段性所引致的问题，则需相应的公共服务。

1. 基于全球产业发展的视角定位特色产业链

特色小镇应从自身的传统产业和优势资源，定位主导性的特色产业，力求在全球产业链中占据高端环节，避免和其他地区进行同质化竞争。基于主导特色产业的定位，培育或引进行业内的龙头企业，以龙头企业带动产业链上下游企业的发展；引进产业发展相关的科研院所或者投融资单位，激发小镇产业创新的活力。此外，大力推广小镇品牌，把小镇品牌和特色产业捆绑式营销，树立小镇特色产业在全球的品牌地位。

2. 基于新生产组织方式进行相应的社区规划

在众创平台成功运行后，小镇创客将是特色小镇的一道新风景，大规模化工厂生产可能主要集中在少数几家企业，周边环绕的是小型作坊，甚至是生产居家化，原先生产线上的工人把生产工作带回家。这在一定程度上革新了小镇的生产生活方式，对城镇规划提出新的要求，如强大的电力以及信息基础设施具有重要地位，物流基础设施应和产业布局相适应，最后一公里的物流服务体系需被重点考虑。

3. 加强创客服务工作

小镇创客是众创平台的核心参与者，其协同创造能力是特色产业链的核心竞争力。特色小镇可针对小镇创客协同创造力的提升提供相关服务，如产业知识、设备技术和生产管理方面的培训，产业共性技术的服务，全球市场信息的对接，生产设备改进的融资服务等。对于一些较有成长潜力的创客，推出孵化服务，培育新企业，壮大特色产业链。

五、结 论

特色小镇作为“小空间大聚集”的创新空间，其建设和发展需要有以特色产业链为主导，以认知盈余为主要创新资源，以小镇创客为核心创新主体的创新生态。众创平台的多元化功能正好可以满足其需求。特色小镇众创平台，立足于众创平台“小实体大网络”特征，充分利用“互联网+”时代移动互联终端、物联网终端、3D 打印价值创造终端等 3 个终端，以及虚拟货币（价值转换）和云计算（信息转换）等 2 个转换平台，把认知盈余和小镇创客的积极作用调动起来，甚至融合了平台的国际营销功能，实现众创平台的运营创新，推进特色小镇建设，服务于我国新型城镇化进程。

本研究主要着眼于把“互联网+”时代“特色小镇”和“众创平台”2 个新生事物的整合提出一个战略构想，在未来研究中，可围绕特色小镇众创平台建设的实践情况，分析运营创新的具体模式、存在问题等，进一步提炼出众创平台运营创新的规律。

参考文献：

[1] 陈炎兵. 特色小镇建设与城乡发展一体化 [J]. 中国经贸导刊，2016（19）：44-46.

[2] 李强. 用改革创新精神推进特色小镇建设 [J]. 今日浙江，2015（13）：8-10.

[3] 盛广耀. 新型城镇化理论初探 [J]. 学习与实践，2013（2）：13-18.

[4] 倪鹏飞. 新型城镇化的基本模式、具体路径与推进对策 [J]. 江海学刊，2013（1）：87-94.

[5] 黄静晗，郑传芳，陈菲菲. 新型城镇化与福建省小城镇综合改革建设——基于对首批省级试点镇的评价 [J]. 福建农林大学学报（哲学社会科学版），2013，16（2）：19-24.

[6] 楚爱丽. 加快新型城镇化发展进程的若干思考 [J]. 农业经济，2011（8）：8-10.

[7] 卓勇良. 政府公共政策供给的逻辑必然与创新——浙江特色小镇规划建设的理论思考 [J]. 决策咨询，2016（2）：26-30.

[8] 马斌. 特色小镇：浙江经济转型升级的大战略 [J]. 浙江社会科学，2016（3）：39-42.

[9] 陈建忠. 特色小镇建设重在谋划特色产业 [J]. 浙江经济，2016（13）：9-10.

[10] 刘志迎，陈青祥，徐毅. 众创的概念模型及其理论解析 [J]. 科学学与科学技术管理，2015（2）：52-61.

[11] 李梦娜，魏伟. 宝洁公司借助众创平台进行新产品研发的模式研究 [J]. 商，2015（35）：101.

[12] 孙岩. 猪八戒网如何成为众创平台 [J]. 决策，2015（8）：64-65.

[13] LAESTADIUS S. The relevance of science and technology indicators：the case of pulp and paper [J]. Research Policy，1998，27（4）：385-395.

[14] 克里斯·安德森. 创客：新工业革命 [M]. 北京：中信出版社，2015：5.

[15] 谢莹，童昕，蔡一帆. 制造业创新与转型：深圳创客空间调查 [J]. 科技进步与对策，2015（2）：59-65.

“特色小镇”建设热中的冷思考[①]
——“特色小镇”建设中的文化汲取与传承

李寅峰　马惠娣

引　言

“特色小镇”于2014年在杭州云栖小镇首次被提及。2016年7月20日，国家发改委、财政部、住建部三部委联合发布《关于开展特色小镇培育工作的通知》，决定在全国范围开展特色小镇培育工作，“计划到2020年，培育1000个左右各具特色、富有活力的休闲旅游、商贸物流、现代制造、教育科技、传统文化、美丽宜居等特色小镇，引领带动全国小城镇建设。”[②] 当年10月14日，住房城乡建设部公布了第一批共127个中国特色小镇名单。[③] 2017年7月27日，住建部公布了第二批276个全国特色小镇。[④] 仅一年时间，全国特色小镇就达400余个，速度不可谓不快。如今“特色小镇”成为各地方政府竞相开发的热点，瞬间也涌现了众多专家、规划者、设计者、营销者为特色小镇“献计献策”与推波助澜。

那么，什么是特色小镇？特色小镇究竟是怎样形成的？中国文化传统中的特色小镇是什么样？特色小镇应从文化传统中继承什么？应从他国优秀文化中借鉴什么？圣人云：“温故而知新，可以为师矣。”本文尝试遵循“温故知新”“不思则罔”“不学则殆”的古训和“拿来主义”精神，对正热火朝天的“特色小镇”建设做理性思考。

一、温故：特色小镇在中国文化传统中

特色小镇古已有之，是中华民族文化传统中真实而生动的历史记录。在中国三千年建城史上形成了不计其数、形态各异、内涵丰富的古城、古镇。

古代城镇的规划理论与立法最早可追溯到公元前十一世纪，在《周礼·冬官·考工记》中有详尽的辑录；[⑤] 而在《国语》中城镇

---

① 本文摘录自《治理研究》2018年第3期。

作者简介：李寅峰，《人民政协报·休闲周刊》主编；马惠娣，中国休闲文化研究中心主任，文化部中国艺术研究院特聘研究员。

②住房城乡建设部、国家发展改革委、财政部关于开展特色小镇培育工作的通知（建村〔2016〕147号），www.mohurd.gov.cn，2016年7月1日。

③ 住房城乡建设部关于公布第一批中国特色小镇名单通知（建村〔2016〕221号），www.mohurd.gov.cn，2016年10月11日。

④ 住建部公示全国第二批276个特色小镇名单，news.xinhuanet.com/inf，2017年8月9日。

⑤《考工记》是中国最早的手工业技术文献，在科技史、工艺美术史和文化史上都占有重要地位。书中记述了木工、金工、皮革、染色、刮磨、陶瓷六大类30个工种的内容，反映出当时中国所达到的科技及工艺水平。此外《考工记》还有数学、地理学、力学、声学、建筑学等多方面的知识和经验总结。

立法已系列形成；[①] 诸多先贤对城镇建设与管理亦有精辟论述。人们耳熟能详的历史名镇，诸如：平遥古镇、歙县老城、襄阳古城、丽江古城、周庄、善琏湖笔小镇、同里小镇、乌镇、景德镇、芙蓉镇等都曾经是特色小镇的典范。

历史上的城或镇个性鲜明，它们既有共同点，又各具不同点。

共同点在于：城与镇的规划与建设是以处理好自然、社会、人、居所、劳作与审美之间关系为特征和纲纪。

但是他们不雷同、不做作、不匠气、不牵强、不模仿、不随风、不粗制滥造。每个城或镇，往往依据世代相承的人情、风情、礼仪、信仰、民风、民俗、食市；依据自然水系、山系、地势地貌，随着历史和岁月积累孕育出城镇的个性与气质。真是“各美其美”，美美与共。而这个“美”的含义，既有宜居，又有生活活力；既有经济繁盛，又有审美情趣；既有商贸往来，又有人文交会；既有文化个性，又有地域风情。

《考工记》记载了一系列的生产管理和营建制度，其中“匠人营国”为其核心思想，描述了“匠人”营建理想城镇的过程。这里的“匠”不是指一般的手艺人，而是要有哲学家的思维与智慧，有“仁以为己任”的胸怀与大度，实现人与地的“善其用、美其形、壮其势”，达到安居乐业、国泰民丰。这是大匠、巨匠，甚至是哲匠。[②]

“匠人”蕴含着“士人传道”“守土有责”的中国文化道统，要求营建者具备规划、设计、建设与管理等诸多方面的素养。

城镇是一个民族、区域文化与风土人情的创造物。历史的经验表明：城镇在发展过程中必须保持人与自然、物质与精神、身体与心灵、劳作与闲适、生活与社交、都市与田园的平衡关系。“城镇不仅是人类为了满足生存和发展的需要而创造的一个人工环境，更是一种文化的载体和容器，积淀了丰富的文化底蕴”[③]。因此，古代建城的原则是：

（一）对自然的敬畏

即“天人一体”观。这不仅是城镇建设的基本出发点，也表达了中国古人对生命哲学和生活智慧的认知。

古人不将自己的存在凌驾于自然之上，董仲舒言“天者，万物之祖，万物非天不生”、“为人者天也，人之为人本于天，天亦人之曾祖父也”“天者，百神之君也。”[④] “天地者，万物之父母也”（《庄子·达生》）。大地播撒五谷、善待六畜，让人们丰衣足食；天穹则赐予阳光雨露、四季轮回，自然美景可以滋养人性、陶冶性情。与自然和谐相处乃民生与城镇之本。故而，天、地、人合而为一，天之道在于“始万物”；地之道在于“生万物”；人之道在于“成万物”。城与镇要让人与自然产生欢愉与共鸣，以此构筑自然环境、人伦关系与美好生活。

（二）城镇与人的休闲生活关系密切

在考据汉字字义时，“休闲”二字字意深刻而丰富，一方面它是城镇规划和建设的依据；另一方面，也是美好生活的重要组成部分。人倚木而休，强调人与自然的

---

①《国语》，又名《春秋外传》，记录自公元前 990 年至约公元前 453 年，是中国最早的一部国别体史书，凡二十一卷（篇），分周、鲁、齐、晋、郑、楚、吴、越八国记事。

② 吴良镛. 中国人居史［M］. 北京：中国建筑工业出版社，2014.

③ 单霁翔. 城市化加速进程中文化遗产的保护：在美国规划协会高峰论坛上的主题发言［J］. 建筑创作，2005（5）.

④ 董仲舒（公元前 179 年~前 104 年），为西汉思想家、政治家、教育家，唯心主义哲学家，本句出自他的代表著作之一《春秋繁露·为人者天》。

关系，并学会遵从自然规律。“闲”字，寓意生活的闲情逸致。闲字通假“娴”还引申为品质、开阔、道德、法度，也有限制、约束之意。中国古人创造了独特的城镇意境——山水、诗化、人居——亭台楼榭、名山大川、礼乐秩序、民间信仰。不难看出中国古人的城镇理念与休闲生活空间的相互融通。

（三）执念“天下人居五原则”

即“社会、生态、经济、技术、艺术”，是有序空间与宜居环境的目标（从单纯地房子拓展到人与社会；从单纯的物质构成到综合社会构成）。[①] 尤以魏晋南北朝起，“士人”的文化艺术逐渐影响人居建设的方方面面，城镇规划与建设融汇了园林、建筑、工艺美术、寺院等；至唐宋，“书院山长，皆鸿博之儒；庠舍诸生，多俊彦之士”，可谓社会充盈，人文泛彩，风雅不尽，尽显城镇的人文思想与精神生活。

（四）城，乃人之本也

首先，精神与物质同在，上至都城，下至村寨，这是“天下人居”设计的灵魂。其次，仰观俯察与相土尝水，强调“整体环境”，比如，城镇本身的形态、道路格局、建筑色彩与自然山水、地形地貌的相容度等等。再次，人文点染与妙造成景，追求人文意蕴与优雅环境的融合，令人赏心悦目。人居离不开人的开拓与营造，但更离不开人文对人居环境的浸染，真乃是“夫美不自美，因人而彰”。有道是“城镇的本质是人和人的生活”。

（五）精神空间的营建

文化与审美是城镇建设与规划中重要的依托和载体。自魏晋南北朝，中国士人的美学思想对城镇发展产生了重要影响，并将诗情画意融入人居建设中，形成了诗化的人居环境与心驰神往的园林景观，使人居与山水交织在一起，营建了唯美的文化空间。以唐、宋两朝为例，“文人题咏”、“心灵呵护”十分盛行。一方面得益于国家一统、天下太平；另一方面文人雅士的精神活动助推了文化空间的营建。山水、城镇、乡间、田园、市井遍布文人墨客的笔迹、诵词、诗文、匾额、楹联、阁楼等等，丰富了城镇的人文内涵，滋养了黎民大众对文化精神生活的向往。

据史料记载，至宋代，随儒家的发展，将魏晋的“山林讲学”，演变至书院诞生。[②] “宋代书院有 397 所。另一说有 229 所”。[③] 其中最为著名的：白鹿洞书院、岳麓书院、应天府书院、茅山书院、石鼓书院、象山书院等等。据南宋耐得翁《都城纪胜》记载，当时的临安设有太学、宗学、武学最高学府，合称“三学”；还有算学、书学、医学、画学等专门学校，“乡校、家塾、舍馆、书会，每里巷一二所，弦诵之声，往往相闻。”民间戏艺活动场所也满城皆是，供人们演杂剧、杂技、相扑、说书、讲史等，可谓昼夜不辍。雅致与书卷气是古代城镇特色的标配！

二、知新：何为现代“特色小镇”

2014 年 10 月，时任浙江省省长李强在参观云栖小镇时提出：“让杭州多一个美丽的特色小镇，天上多飘几朵创新‘彩云’。”这是“特色小镇”概念被提及。2015 年 12 月底，习近平总书记对浙江省“特色小镇”建设做出批示：“抓特色小镇、

---

① 吴良镛. 中国人居史［M］. 北京：中国建筑工业出版社，2014.
② 柳诒徵. 中国文化史［M］. 北京：中国大百科全书出版社，1988.
③ 陈元晖等. 中国古代的书院制度［M］. 上海：上海教育出版社，1981.

小城镇建设大有可为，对经济转型升级、新型城镇化建设，都大有重要意义。”随后，浙江、江苏等省市先后推出新政策，提出“在新常态下，利用自身的信息经济、块状经济、山水资源、历史人文等独特优势，加快创建一批特色小镇。”①

2016 年 7 月 1 日，住建部、国家发改委、财政部联合发布通知，决定在全国范围开展特色小镇培育工作，提出到 2020 年培育 1000 个左右各具特色、富有活力的休闲旅游、商贸物流、现代制造、教育科技、传统文化、美丽宜居等特色小镇。目的在于探索小镇建设健康发展之路，促进经济转型升级，推动新型城镇化和新农村建设。②

在此背景下，特色小镇异军突起，一时间“资源禀赋型、新兴产业型、特色产业型、时尚创意型、生态旅游型、历史文化型、交通区位型、高端制造型、城郊休闲型”等遍地开花。在政策和资金的推动下，在规划者的畅想中，各类小镇，诸如：温泉小镇、旅游小镇、梦想小镇、物联网小镇、爱情主题小镇、机器人小镇、金融小镇、新能源小镇、创业小镇、养老小镇、农庄小镇、农业小镇、教育小镇、滨湖小镇、运动健身小镇等等应运而生。

在这股大潮中，可谓后浪推前浪，一浪更比一浪高。一些保存相对完好的小镇历史文脉尚存，却仅仅是开发了自然资源，快速地“成景”……催生了一批策划运营机构，“各路英豪”又有了“用武之地”——策划方案、规划方案、设计方案、理念方案、包装方案、品牌方案、营销方案裹挟着“特色小镇”拔地而起。政府的钱、投资人的钱、房地产商的钱、银行的钱涌向各类“特色小镇”。是否揠苗助长，是否具有可持续性、可宜居性、可后发力性等方面还需时间这个试金石的检验。

三、不思则罔：城镇的前车之鉴

这不禁让人想起前十年的“新农村”建设，过去三十余年的“城市化”运动，五十多年前的“破四旧”。

（一）“新农村建设”与农村文化传承

“新农村建设”是十六届五中全会提出的新举措，要求“生产发展、生活富裕、乡风文明、村容整洁、管理民主”。推进社会主义“新农村建设”中一些做法本意是将农村相对分散的劳动力集中起来，可以达到合理规划利用土地资源，改变农村落后面貌，但在一些地方实际情况却是“水土不服，生搬硬套”，效果难说好。在“新农村建设”过程中，一些地方政府缺少科学长远规划，大搞违规土地承包，基层干部素质低下，农民主体作用发挥不足，实施“一村一品”重形式而却缺乏整体布局，致使农村文化传承失去了根基。

（二）“城市大跃进”中的文化遗憾

中国经历了过去 30 余年的城市化进程，大多数城市都旧貌换新颜。然而，千城一面、复制雷同、贪大求洋几乎成为中国城市化运动中的“通病”。当然，不能不说，中国许多城镇都是“高大上”、“白富美”，虽市容璀璨、车水马龙、繁花似锦、风流倜傥，却少有书院山长、庠舍诸生、鸿博之儒、俊彦之士，令人遗憾。

660 余座城镇中有近 200 个城镇定位于国际大都市，迅速崛起的 CBD 集群、高楼大厦灯红酒绿、拥堵不堪的街道，却缺少市民可及的休闲空间，诸如：图书馆、艺术馆、游憩空间、运动场等。

---

① 上述资料参见“百度百科”“特色小镇”词条。

② 郁琼源. 住建部：到 2020 年培育 1000 个左右特色小镇［N］. 新华网，2016-07-19.

几年前，各地打造了无数个不伦不类的“东方小巴黎”“威尼斯水城”“好莱坞风情园”，也建造了无数个“假古董风景”“伪民俗村”，一阵阵草坪风、主题公园风、广场风、欧洲小镇风，还有无数个“世界第一”“国际之最”的小城小镇。由于不合理的规划和“摊大饼式”的城市扩张，致使城市自然生态不断地被蚕食。原有的公共空间和居民庭院中的绿地、旧有的河道、湿地、公园等都被占用，不仅空气、土地、水资源大面积地遭到污染，许多城市都有“城市看海”的遭遇。这些“非人本主义”的城市特性，阻隔了人与自然、城市与乡村的天然联系。

值得注意的是，各地参与规划设计的决策者、管理者们大多缺少专业背景，对城市的历史传统缺乏了解，更缺少人文情怀。一些人善于投其所好、投机取巧、偷梁换柱，误导了政策实施的完整性，出现了许多“政绩工程”“面子工程”“资本统御工程”。

北京正在进行的“疏解非首都功能”，不得不对过去的“拆墙打洞”进行复原，耗资巨大。各大城市存在同样的问题。

习近平总书记上任后，为了扭转这种局面，亲自调研，亲自过问。各级政府每年不得不投入大量的资金来解决这些问题。

（三）五十多年前的“破四旧”

“破四旧”是“文化大革命”的产物，最大的破坏力是对原有城市格局、城市风格的破坏。以北京为例，据2003年三联书店出版的《城记》一书，描述了北京这个“地球表面上人类最伟大的个体工程”，在1949年之后30年间沧桑几千年，却几乎覆于一瞬的故事。有人读过此书后，评论说：这是“一部北京老城的死亡档案”。“刚刚逝去的20世纪，是北京急剧变化的百年。对于文明积淀深厚的这个历史名城来说，这仅仅是其沧桑变幻的一个瞬间。而这个瞬间所爆发的力量，至今仍使这个城市保持着一种历史的惯性……”①

值得注意这个表述：“这个瞬间所爆发的力量，至今仍使这个城市保持着一种历史的惯性，”这个惯性影响了“文化大革命”结束后的“城市化”运动——大拆大建！至今，我们对这段历史没有反省，“惯性思维”仍统领着人们的行为方式。

四、不学则殆：从传统中继承什么

（一）城镇的五个基本维度：自然、人、社会、文化的民生

不论如何定义城或镇，城镇的五个基本维度：“自然、人、社会、文化、民生”不能违背。

自然属性：有两层含义：首先是指自然形态的存在，即自然而然存在的天然自然。在这个世界上，凡是能够使人繁衍、居住、发展的地方，大自然都为人类做了合理的安排。表明了城镇与自然的密切关系；其次，人是自然的组成部分，表明人必须尊崇自然、敬畏自然、遵循自然发展的客观规律。城镇是人创造的人工自然物，当，且应当与天然自然融为一体。

人文属性：人是大自然的造化物，是城镇的主体和灵魂。由人延伸和衍生的城镇环境、人居关系、衣食住行、艺术、游憩、贸易、市场、教化、秩序、睦邻友好，以及城镇的文化遗存、历史、沿革、传说、市井等才使城镇充满生机与灵性，城镇才有了人文关怀的意蕴。城镇因人而存在，城镇中的一切人工创造物，如果脱离了人文，那么这个城镇也只能是一个没有灵魂

① 王军. 城记［M］. 上海：生活·读书·新知三联书店，2003.

的躯壳。

社会属性：社会使聚集的人的个体联为一体，使人得以社会化，并在此过程中满足人所具有的社会属性的需要，为人区别于其他动物创造了条件。因而，合理的社会组织结构、畅通的社会运行系统、有效的社会管理机制、充分的社会交流渠道、健全的社会公共空间等是一个健康、理性、人道的社会繁荣的基础。

文化属性：文化是自然、人、社会协调发展的果实，是城镇最鲜明的符号，并以此铸造了城镇的精神底蕴。城镇文化的内核体现在城镇居民的仁、义、礼、智、信的人格力量和文化素养等方面。还可以外化成教育制度、宗教仪式、创造能力、人性之善、信念与信仰等。城镇文化的外部形态则体现在城镇的建筑、雕塑、美术、音乐、舞蹈、文学艺术、学校、教堂、图书馆、艺术馆、博物馆、自然遗产、文化遗产等外化物上，当然也包括人们从事各种生产的场所。

民生属性：民生问题，在古代思想家的眼里为“天大之事”，尤以孟子多有论述，其中“民为贵，社稷次之，君为轻”。孟子还说：“得天下有道，得其民，斯得天下矣。得其民有道，得其心，斯得民矣。”（《孟子·离娄上》）这些思想对后世影响巨大。“皇祖有训，民可近不可下，民惟邦本，本固邦宁。”（《尚书·五子之歌》）意思是说，祖先早有训诫，黎民百姓是用来亲近的，不能轻视与低看；黎民百姓才是国家的根基，根基牢固，国家才能安定。

（二）城镇既要经济繁盛，也要文明与唯美

经济繁盛是物质丰裕；文明与唯美，则是城镇建设中所具有的节奏感、时序感、礼仪感、协调感与审美感。

节奏感。古代城市而非今日城镇之概念。城市是“城”与“市”的组合词。“城”主要是为了防卫，并且用城墙等围起来的地域。《管子·度地》说“内为之城，城外为之郭”。“市”则是指进行交易的场所，“日中为市”。“方九里，旁三门。国中九经九纬，经涂九轨。左祖右社，前朝后市”（《考工记》），合理与严谨的城镇布局成为城镇最原始的节奏形式。

时序感。“二十四节气”看似节气更换，实则展现文化仪式，“是人在时间和自然空间中完成的使命、义务和人格成就，与中国人千百年间日常生活息息相关。”① 即使是高高在上的皇帝，每年也要在每一个节气来临之际祭拜“上苍”。这些仪式，使城镇的时空张弛有度，百姓生活充实从容、日子轻松快乐，让人对建城充满期待。

礼仪感。“礼仪之邦”“尊师重教”中国文化传统中两张最亮的名片，与城镇文化空间建设相得益彰。“兴于诗，立于礼，成于乐”，以诗、礼、乐教化人格与品格的养成。“礼”“乐”“射”“御”“书”“数”，使“六艺”成为人的生活中的必修课。“故君子之学也，藏焉，修焉，息焉，游焉”（《礼记·学记》）；“志于道，据于德，依于仁，游于艺”（《论语·述而》）；真乃是“游，谓闲暇无事之为游，然则游者不迫遽之意”（郑玄注）。如若失礼或失序必少了城镇的尊容与威严。

协调感。市井生活，“古未有市，若朝聚井汲，便将货物于井边货卖，曰市井”（《世本·作篇》）。随着社会生产力不断发展，城郭内部出现了不同的专业分工，比如有人专门从事手工业或手工艺，或商业，或从事农业等。自然形成进行生产、交换、

① 余世存. 时间之书［M］. 北京：中国友谊出版公司，2016.

消费和分配的集市。城镇时空有序，自然协调。协调可以产生效率、秩序，城镇之美蕴含其中。

审美感。体现在城镇的完整性上，城与市的主体为人，为人的生活（物质的、精神的、审美的）提供足够的空间。“天人一体”让中国古人创造了大量的与自然相关的各种节庆。诸如：家族祭祀、修禊、隐士文化、“清谈”、女红、家学等不仅用来指导农事，亦是农耕社会中辛勤劳作的人们用于愉悦身心、休养生息、顺其自然的生活准则。文人雅士吟花弄月而发展出诗意化的生活方式，更是老百姓对休闲生活价值的体悟。孔子说：“百日之劳，一日之乐，一日之泽，非尔所知也。张而不弛，文武弗能；弛而不张，文武弗为。一张一弛，文武之道也”（《礼记·杂记下》）。城镇之美岂止在栽花种树，合理的休闲时空让城镇保持一种张力，从内而产生城镇之美才会悠扬、醇厚、绵长。

五、“特色小镇”需规避什么

国家出台“特色小镇”建设的主张，无疑，目的是纠正前几十年城市建设中的“贪大求洋”和“复制雷同”，同时也希望加快各地经济转型、解决农民创业与就业，并使民众致富。但是，高层政策制定后，并不意味各级执行机构有足够的理解和理性，甚至有足够的论证。至少六个方面的问题值得规避。

（一）规避“一哄而上”

2017 年诺贝尔经济学获奖者理查德·塞勒以“洞悉经济心理学”告诉我们：“我试图引导人们少犯错误。但在制定经济政策时，我们需要充分考虑到大家都很忙、他们心不在焉、他们懒惰这样的事实，我们应该让经济政策对他们来说尽可能地简单。”[①] 因为，有时我们“忙”“惰怠”“心不在焉”，所以政策会有漏洞，应通过“纠偏”机制完善政策的系统性、长远性和可持续性。如若没有认真准备和严密组织方案，匆忙行动起来，将重蹈覆辙。

（二）规避急功近利

圣人说：“无欲速，无见小利。欲速则不达，见小利则大事不成”（《论语·子路》）。古人建城，合理空间布局，城、郭、都市、集市有机一体；保留乡风、乡情、乡学，建立家祠、祖祠、族祠、乡祠；建筑风格与自然融为一体。城镇发展的历史表明，“特色”很难在短期内形成，没有深厚的历史积淀，没有对客观规律的遵循，凭空捏造出来的总是短命的。“三十年城市大跃进”的教训不能不汲取。

（三）规避粗制滥造

老百姓都懂得“慢工出细活”，古人留下的“特色小镇”哪个不是精心制作！一块砖、一片瓦、一个木棱、一对楹联、一个箩筐、一扇门窗、一把桌椅等等无不是用心血制成，百年、几百年、甚至上千年不衰。如今重拾“工匠精神”是向传统的回归，向传统的致敬，是向“粗制滥造”说不！而一个城或镇世代民风、民俗、市井的缺失将是最大的粗制滥造！

（四）规避“面子工程”“政绩工程”“任务工程”

某些“不懂城市为何物”的各级官员们一边盲目地跟风打造所谓的“特色小镇”，另一边却是将老宅院、老建筑、老品牌的东西都拆掉。此风必须煞住！一个恢宏的城市轮廓可以在短期内建造起来，但是一个城市的文化品格、人文精神绝不能在短时期内显现。更好的城市不仅依靠经

① 孙青昊. 诺奖评委称赞理查德·塞勒——他让经济学更有人情味 [N]. 参考消息报，2017-10-11.

济逻辑，更源自市井生活的活力与张力。“揠苗助长”或“任务工程”都将会断送城镇复兴，断送百姓生活。

（五）规避浓烈的“商业气息”

以第一批按照商业模式打造出来的“特色小镇”为例，诸如：丽江古城，西递村、宏村，“凤凰城”“周庄”等都被游客所诟病。没了纳西族的文字、古乐、服饰、东巴教；没了西递村、宏村的祠堂、庙宇、书院，以及“书是良田传世莫嫌无厚产，仁为安宅居家何必构高堂”的民风；没了熊希龄、沈从文，没了石板老街市井生活的凤凰城；没了江南才子诗文华章的周庄，这些名为5A级旅游景点，难觅“心到此处悠然”。大多已黯然失色，可持续性受到质疑。所以，莫让“商业利剑”斩断千年文化之脉。

（六）规避“技术主义”依赖症

技术主义是指处理人与社会现象的一种非主体化的、非人情味的，只强调技术的效用或效果。随着科技进步的日新月异，特别是互联网技术，大有技术统御人类思想与理念的趋势。我们注意到打造“特色小镇”，用3D技术设计出“小镇”效果图，便成了“造镇”的依据。技术占了主导优势。那么，其结果是“作品”缺少人性化和人情味。事实上，技术与人类文明相伴相生，但是“我们看到的形式变得单调，生命变得枯萎。是什么限制了机器带来的福祉？……为人类服务的技术能否从道德方面、社会方面、政治方面、美学方面做出努力。”① 这是美国著名城市规划理论家、历史学家刘易斯·芒福德近百年前提出的问题。

无论如何，如今参与“特色小镇”的人，应有“仁以为己任”的胸怀与大度，需要大匠、巨匠，甚至是哲匠，以实现人与地的“善其用、美其形、壮其势”。“民，乃城之本”；“城，所以盛民也”（东汉许慎）。虽然，当今社会是一个“创新”时代，但，特色小镇不可像水面的浮萍，没有根，随波逐荡，将前途未卜。

六、用“拿来主义”提升特色小镇建设

《拿来主义》是鲁迅先生于1934年6月4日发表的文章，当年即呼吁国人吸收外来事物的长处为我所用。引用几小段：“我只想鼓吹我们再吝啬一点，‘送去’之外，还得‘拿来’，是为‘拿来主义’。所以我们要运用脑髓，放出眼光，自己来拿！……没有拿来的，人不能自成为新人，没有拿来的，文艺不能自成为新文艺。”

毋庸置疑，中国古人城镇建设理念与技术在世界城建史中占有重要的位置，但是，城镇化进程中，人们对现代城镇的认知缺乏足够的理解，尤其对城市的本质、功能、规模、空间布局、公共服务等一直处于“摸着石子过河”的阶段。因此，我们不妨采取“拿来主义”，吸收异域优秀理念和模式，借鉴与汲取。

（一）“田园城市”模式

是西方现代城市规划的第一个模式，起源于十九世纪末的英国，由城市规划理论发展史上最重要的理论家之一英国人埃比尼泽·霍华德提出。他的“田园城市”（Garden City）规划理念即对当时英国大城市中各种弊端的反思，认为，“城市这个有机体和人一样，真正的风貌在于内在素质的反映，浓妆艳抹于事无补。”② 因此，在

① 刘易斯·芒福德. 技术与文明［M］. 陈允明等译，北京：中国建筑工业出版社，2014.

② 埃比尼泽·霍华德. 明日的田园城市［M］. 金经元译，北京：商务印书馆，2016.

“田园城市”概念中他强调“城市和乡村必须成婚，这种愉快的结合将迸发出新的希望、新的生活、新的文明。”① 为此他提出：城市人口被严格限制；各城市之间建设放射交织的道路、环形的市际铁路、从中心城市向各田园城市放射的道路和地下铁道；城际之间有“绿带”环绕，绿地散置在城市的每一个角落；② 鼓励城镇创新，所获利益应属公共或市政财产，以用于长远的改进；③ 城市设计和意图必须统一……一座城市就像一棵花、一株树或一个动物，它在成长的每一个阶段保持统一、和谐、完整。④ 他还说，建设我们的城市群“这项任务需要各种工程师、建筑师、艺术家、医生、卫生专家、风景园艺师、农学专家、测量员、施工人员、工厂主、商人和金融家、工会和各种友好社团与合作社团的组织者、各种形式劳动者的最大才干。”⑤“依赖于许多方面的理论知识和实践知识，包括行政管理学、统计学、工程和工艺学、卫生学以及教育学、社会学和伦理学。”⑥

霍华德的第一个“作品”是位于伦敦附近的莱兹沃斯（Letchworth）花园城。1919 年威尔温（Welwyn）花园城出现在伦敦郊外。至今，遍布英国的田园小镇均为“田园城市”的遗产。该模式对当时的美国、英国、澳大利亚、瑞典、巴西等许多国家的城市发展规划产生了重要的影响。

（二）“生态城市”理论

刘易斯·芒福德（Lewis·Mumford）在继承霍华德思想的基础上，进一步发展了“田园城市”模式，提出了“生态城市”理论。他认为：随着城市人口的增加，先进技术的出现，社会必要劳动时间的减少，人的闲暇时间必然增多，于是产生艺术、创作、阅读等活动，人对休闲空间的依赖也就越强烈。因此，他强调，城市应加大休闲空间的建设，如学校、住房、图书馆、工作室、试验室、大众舞厅、小剧场和露天场所，以促进社会化的教育过程。他还反复强调的规划的要点：第一，必须保持低密度。第二，必须限制城市规模。第三，人们必须生活在自然的、露天的绿色环境中。第四，大多数交往必须保持在一个基本水平，以确保心理健康和社会关系的和谐。第五，家庭作为最重要的初级群体，应成为再发展的焦点。第六，住区是再发展和聚集的主要单位。第七，强调形式的和非形式的教育。第八，车辆交通与步行交通相互隔离。第九，新城市是完全社区。⑦

（三）雅典宪章

1933 年，国际现代建筑协会在雅典开会讨论城市发展问题，会后发表《雅典宪章》。该宪章称城市是构成一个地理的、经济的、社会的、文化的和政治的区域单位的一部分，城市即依赖这些单位而发展。其主要内容为：城市按照居住、工作、游憩、交通四个部分来系统有机构建。⑧

（四）马丘比丘宪章

1977 年，世界知名的城市规划设计师集聚秘鲁马丘比丘山的古文化遗址上共同签署了《马丘比丘宪章》。该“宪章”强调了人与人之间的相互关系对于城市和城市规划的重要性，并将理解和贯彻这一关系视为城市规划的基本任务。还认为，物质空间只是影响城市生活的一项变量，而且这一变量并不能起决定性的作用，而起决定性作用的应该是城市中各人类群体的文

①②③④⑤⑥ 埃比尼泽·霍华德. 明日的田园城市［M］. 金经元译，北京：商务印书馆，2016.
⑦ 刘易斯·芒福德. 城市文化［M］. 宋俊岭等译，北京：中国建筑工业出版社，2009.
⑧ 雅典宪章［J］. 建筑师，1951（4）.

化、社会交往模式和政治结构。①

（五）《伦敦郡规划》

“二战”之后，英国的福肖和阿伯克龙比共同制定了《伦敦郡规划》和《大伦敦规划》，其宗旨是：第一，解决伦敦人口过分集中的问题；第二，解决交通拥堵问题；第三，重新分派露天空地；第四，控制城市无计划的扩展；第五，合理安排工业用地和发展；第六，减少低标准住房；第七，制止伦敦市的人口继续增长和工业的扩大。②

（六）城市的本质

芒福德在他的《城市文化》一书中，谈及城市的本质时说，他认同约翰·斯托的可靠定义：“unbanitas，是拉丁词，意即城市生活、精细、雅致、谦恭、有礼、文明等，由此，最终能更有秩序地管理，更加明智地引导居民。”③

上述文献反映了近现代西方城市规划的部分思想。虽然，中西文化背景、社会体制、经济发展阶段、国情国力等有诸多不同，但是，现代城市发展面临的问题和挑战是共同的，我们当从中汲取经验和教训。

七、“特色小镇”路在何方

（一）传承中国古人建城的文化理念

早在3000余年前的周朝就有城市立法：“列树以表道，立鄙食以守路；国有郊牧，疆有寓望。薮有圃草，囿有林池。所以御灾也。其余无非谷土，民无悬耜，野无奥草。不夺农时，不蔑民工。有忧无匮，有逸无罢。国有班事，县有序民”（《国语·卷二·周语》）。短短数语把城市立法中的人与自然、人与社会、劳作与休闲、城市与农村、工与农的和谐关系详述其中。

（二）城市掌权者要了解和学习城市学的基本理论

发展城市绝不仅仅是建大楼、盖娱乐场所，更要关心城市区位、自然地理、人口数量、社会结构、生活方式、社会心理和社会发展规律，尤其要加强城市社区建设，为人的“个性化”“社会化”提供必要的生活设施——加大城市公共服务和游憩空间的建设，如学校、居所、图书馆、艺术馆、运动场、大众舞场、城市绿地等，并保持合理的空间布局和公共服务的均衡化。

（三）关注城镇与乡村的互补性

城镇与乡村是整个社会的不同时空分布，它们之间从来都是相互依存。芒福德说：“城市是大地的产物。乡村生活的每一个方面都影响着城市。牧人、樵夫、采矿者的知识通过城市精化为人类历史中的持久要素：纺织品、奶油、护城河、堤坝、管乐器、车床、金属、珠宝……最终都成为城市生活的内容。”④在高度密集的人工构筑物、钢筋水泥高塔丛林中，保持适当比例的农田、菜圃、草场、林地和村庄，以求得城市人的宽松、闲适与舒展；以利于自然的物质和能量的循环，保持人的身心平衡。

---

① 参见《马丘比丘宪章》。1977年12月，来自世界多个国家的规划设计师聚集于秘鲁首都利马（LIMA），与会者以1933年《雅典宪章》为蓝本，讨论并坚定了规划师们对在专业培训及实践方面所提倡与探索的规划设计原理的信念，并集体在秘鲁古文化遗址马丘比丘山签署了《马丘比丘宪章》。本宪章也旨在促进公开辩论，并过问各国政府所能够做到并采纳人类居住地质量的政策与措施。

② 1942年由艾伯克隆比主持编制大伦敦规划，于1944年完成轮廓性的大伦敦规划和报告。其后又陆续制定了伦敦市和伦敦郡的规划。是第二次世界大战后指导伦敦地区城市发展的重要文件。参见百度百科。

③④ 刘易斯·芒福德. 城市文化［M］. 宋俊岭等译，北京：中国建筑工业出版社，2009.

（四）千万不要模糊“更好城市”的价值取向

在以经济建设为中心，提高经济效益的同时，千万不要模糊“更好城市”的价值取向，忘却人类建设城市的自我理想与追求。不能将城市置于当权者“股掌”之上，任凭其拍脑袋、独断专行；不能把城市当成“政绩工程”“面子工程”的牺牲品；尤其不能搞城镇大跃进。近些年来多地出现的“鬼城”“睡城”，便是对城市本质的误读和亵渎。

（五）加强城镇建设立法

特别是在项目投标、招标过程中，无论是哪一级政府的土地开发都应绝对的公开透明、公正合法，实行官员回避制。对各级政府实施项目追责制。

八、结　语

在中共十九大上，习近平总书记指出“我国主要矛盾已经转化为人民日益增长的美好生活需要和不平衡不充分发展之间的矛盾”，并实施了乡村振兴战略，“把解决好‘三农’问题作为全党工作重中之重。”[①]特色小镇，既承载着民众对“美好生活”的需要，也是解决“三农”的重要途径，更是城镇化建设的一个新方向。因此，特色小镇要继承“匠人营国”的文化传统，要做好整体统筹“延续历史文脉，要有更宏大的布局”，“管理城市要像绣花一样精细”。[②]

“不谋全局者，不足以谋一时；不谋万世者，不足以谋一域。”（清·陈谵然，《寤言二·迁都建藩议》）。让我们以大匠的精细、巨匠的执着、哲匠的智慧，开创城镇化与“特色小镇”的美好未来，以不辜负“人民对美好生活的需要”，不辜负这个伟大的时代。

聚焦特色小镇融资[③]

廖茂林

特色小镇建设作为一项国家基本发展战略对我国产业转型和新型城镇化建设具有重要的推动作用，而融资是特色小镇建设成功与否的决定性因素。本文对特色小镇的融资需求和模式进行探讨，并提出对策建议。

一、特色小镇融资的三种模式及其特点

当前特色小镇建设融资具有明显的政府主导特征，主要有政府的财政支持以及土地优惠政策、PPP融资和银行贷款融

①《决胜全面建成小康社会　夺取新时代中国特色社会主义伟大胜利——在中国共产党第十九次全国代表大会上的报告》，2017年10月18日。

② 习近平2017年2月23-24日在北京大运河森林公园等处视察时的讲话［N］. 北京晚报，2017-10-16.

③ 本文摘录自《银行家》2017年第4期。

作者简介：廖茂林，工作单位为中国社会科学院城市发展与环境研究所。

资三种模式。

（一）政府财政支持和土地优惠政策

政策性资金的支持对于特色小镇的建设具有重要的引导作用，三部委的文件和各省、自治区、直辖市出台的特色小镇指导意见都有关于资金支持政策的内容。其中三部委的文件——《住房城乡建设部　国家发展改革委　财政部关于开展特色小镇培育工作的通知》在组织领导和支持政策中提出两条支持渠道：一是国家发展改革委等有关部门支持符合条件的特色小镇建设项目申请专项建设基金；二是中央财政对工作开展较好的特色小镇给予适当奖励。

地方政府对特色小镇的融资支持主要采取财政支持和补助等形式，如财政返还、城镇化专项资金优先利用、地方发债、低价的土地指标划分和低息贷款等。

浙江省 2015 年《关于加快特色小镇规划建设的指导意见》规定特色小镇规划空间范围内的新增财政收入上交省财政部分，前 3 年全额返还、后两年返还一半给当地财政，且划拨给经典产业 50%的用地指标、新型产业 60%的用地指标。对如期完成目标的特色小镇，给予用地指标奖励和财政收入返还，优先申报国家和省里的改革试点，对于验收不合格的加倍倒扣省里奖励的用地指标。

内蒙古规定，各级财政统筹整合各类已设立的相关专项资金。重点支持特色小镇市政基础设施建设。在镇规划区内建设项目缴交的基础设施配套费，要全额返还小城镇，用于小城镇基础设施建设。

辽宁省致力于制定相关配套优惠政策，整合各类涉农资金，支持特色乡镇建设。福建省新增的县级财政收入，县级财政可以安排一定比例的资金用于特色小镇建设。发债企业 1%的贴息，省、地各承担一半。50 万元规划设计补助，省发展和改革委员会、省财政厅各承担 25 万元。

河北省 2016 年在《关于特色小镇建设的指导意见》中提出，3~5 年内打造 100 个左右特色小镇，并争取国家专项建设基金和低息贷款支持。

甘肃省则在其 2016 年《关于推进特色小镇建设的指导意见》中明确提出，3 年重点建设 18 个特色小镇，采取的奖励措施是：整合部门资金和政策资源，对特色小镇建设给予支持并采取以奖代补的方式给予一定的奖励和补助资金，建设用地的租赁收入以及小城镇基础设施配套费专项用于特色小镇的基础设施建设。

（二）PPP 模式以较少的政府资本撬动较大的社会资本

《国家发展改革委关于加快美丽特色小（城）镇建设的指导意见》明确指出："创新特色小（城）镇建设投融资机制，大力推进政府和社会资本合作，鼓励利用财政资金撬动社会资金，共同发起设立美丽特色小（城）镇建设基金。"由此可以看出，政府和社会资本合作（PPP 模式），在国家政策层面上，已经成为推动特色小镇建设的重要动力。

PPP 模式具体是指政府与私人组织基于某个项目而形成的相互间合作关系的一种特许经营项目融资模式，由该项目公司负责筹资、建设与经营。政府通常与提供贷款的金融机构达成一个直接协议，该协议不是对项目进行担保，而是政府向借贷机构做出的承诺，将按照政府与项目公司签订的合同支付有关费用。这个协议使项目公司能比较顺利地获得金融机构的贷款。项目的预期收益、资产以及政府的扶持力度将直接影响贷款的数量和形式。采取这种融资形式的实质是，政府通过给予民营企业长期的特许经营权和收益权来加快基础设施的建设及有效运营。目前，PPP 模式在特色小镇建设中有所应用，如深圳的甘坑新镇、油岭生态旅游小镇、合肥“PPP+VR+特色小镇”等。

国内首只专注于小城镇建设的PPP模式的股权投资基金是2012年启动的北京市小城镇发展基金，该基金总规模100亿元。首期25亿元。该基金依靠政府、银行、企业等多方出资，首批投向北京42个特色小镇，主要打造旅游休闲、商务会议、园区经济等5类特色小镇。该模式是政府支持与市场化运作相结合的金融资产管理新模式，能弥补社会投资缺乏系统性、政府投资资金量小的尴尬，不仅资金来源充足稳定，而且有央企参与，优质资源整合能力强。

（三）银行贷款融资

根据贷款的主体和资金来源的不同，银行贷款融资对特色小镇建设的支持可以分为：政策性银行对基础设施等非盈利项目的支持和商业银行以及投资银行对小镇内特色产业为代表的盈利项目的支持。

就政策性银行融资来说，农业发展银行早在2015年就推出了特色小城镇建设专项信贷产品。中长期政策性贷款主要包括集聚城镇资源的基础设施建设和特色产业发展配套设施建设两个方面。2016年10月10日，《住房城乡建设部　中国农业发展银行关于推进政策性金融支持小城镇建设的通知》（建村〔2016〕220号）进一步明确了农业发展银行对于特色小镇的融资支持办法。住房城乡建设部负责组织、推动全国小城镇政策性金融支持工作，建立项目库，开展指导和检查。

中国农业发展银行进一步争取国家优惠政策，提供中长期、低成本的信贷资金。支持范围包括：以转移农业人口、提升小城镇公共服务水平和提高承载能力为目的的基础设施和公共服务设施建设，如土地住房、基础设施、环境设施、文教卫设施、商业设施等。各省级住房城乡建设部门、中国农业发展银行省级分行应编制本省（区、市）本年度已支持情况和下一年度申请报告（包括项目清单），并于每年12月底前提交住房城乡建设部、中国农业发展银行总行，同时将相关信息录入小城镇建设贷款项目库。此外，商业银行的当地分行也与地方政府合作，对特色小镇建设融资提供大力支持。如建行浙江省分行将安排意向性融资700亿元，重点支持浙江省特色小镇项目建设，同时支持优质企业发展，为引进高层次人才提供金融便利。

商业银行贷款和风险投资机构主要支持特色小镇内的创业企业，一般来说，特色小镇内会云集大量的创业企业，对其进行融资构成特色小镇融资的一项重要课题。风险投资机构和商业银行看好特色小镇内创业企业的发展，为其提供了大量条件优惠的融资。不少金融机构在特色小镇内推出更为优惠的利率和高效的信贷审批。如湖州丝绸小镇、美妆小镇等相继获批的情况下，面对特色小镇建设的融资需求，吴兴农村合作银行给予信贷政策倾斜，对符合贷款条件、属绿色金融的项目和主体在贷款调查、授信审批、资金落实等方面开通“绿色服务通道”，优先受理、优先审批和优先发放，一周内完成新增授信审批，两天内完成贷款发放，贷款周转两个工作日内完成。同时对贷款利率给予优惠下调以降低融资成本。此外，对于初创企业融资时缺少可供抵押的资产，政策性融资担保机构也倾向于提供便利。

二、特色小镇融资四大难题

培育特色小镇作为我国的一项新的基本国策，是国家城镇化发展新战略和产业升级新形态，实施成功将会对我国经济发展产生重大的促进作用。金融是特色小镇建设的重要支撑力量，因为资金是项目持续发展的血液，资金短缺、金融支持工具的缺乏，将会制约特色小镇的创立和长远发展。与此同时，在特色小镇的建设中以政策主导的融资远远不能满足特色小镇建设需求，而且特色小镇建设面临融资困难。

（一）特色小镇建设需要大量的资金投入，资金到位情况窘迫

资金问题是制约城镇化也是制约特色小镇建设的瓶颈。特色小镇建设需要的融资时间长，规模大，项目融资中涉及基础设施项目融资，资金需求量动辄几亿、十几亿，资金占用时间由几年到十几年甚至几十年不等，大大增加了融资难度。据不完全估计，全国特色小镇建设的融资需求为万亿数量级，就目前来说，融资成果与需求相去甚远。旅游小镇是特色小镇的重要模式之一，主要依托于旅游基金运作。截至 2016 年，全国旅游基金总值仅为 1819 亿元，且很多资金尚未到位。

（二）政府融资杯水车薪，难以发挥“小马拉大车”的作用

过去土地收益一直是地方政府获得建设资金的重要来源。在逐步减少政府对土地财政依赖的当下，政府资金难以应付小镇建设需求，也难以发挥“小马拉大车”的作用。一方面政府资金有限，项目建设很容易成为半拉子工程；另一方面，在政府债务高企的情况下，政府主导特色小镇建设心有余而力不足。特色小镇融资一方面加大政府债务负担，另一方面为特色小镇的长远发展埋下隐患。

（三）特色小镇项目评估困难，收益偏低，加大社会资本介入难度

其一，特色小镇内产业融资需求多来自初创企业，面临收益不确定性且无资产可以抵押的困境，加之项目评价指标处于摸索阶段，增大了利用 ABS 等金融创新方式进行市场化融资运作的难度。其二，就特色小镇内基础建设项目而言，一方面收益率偏低，难以达到社会资本的收益底线；另一方面项目周期偏长，一般在 20 年左右，超过社会资本的承受极限，进一步加大社会资本进入难度。

（四）法律机制不健全，专业人才缺乏阻碍融资机制畅通运行

以 PPP 融资模式支持特色小镇建设为例，政府和个人间权利义务划分清楚是融资顺利进行的前提。在当前国内的法律大环境下，可能存在强势政府夺取私人利益，社会资本怯于进入，或者寻租盛行，降低融资效率的情形。加之法律和金融等复合型人才缺乏，进一步增大小镇融资的阻力。

三、求解特色小镇融资难题路径

特色小镇建设融资必须坚持政府引导、企业主体、市场化运作。特色小镇建设融资完全依靠政府投入不现实，完全靠市场融资也不可行，探索多元化的投资建设模式极为必要。政府需要适时引导、做好服务，扮好政策支持的角色。有鉴于此，应该致力于打通金融渠道，引入社会资本，在资本运营层面，实现项目的自收自支。

（一）推动 PPP 融资模式在特色小镇建设融资中的应用

在特色小镇建设面临大量融资需求而政府财力不足的情况下，推行 PPP 融资模式是必然的也是有效的解决方式。一方面特色小镇建设涉及政府、社会和第三方项目公司，三方通力合作促进项目成功实施理所应当；另一方面，引进社会资本可以有效扩大项目资金来源，达到为政府债务松绑的目的。有学者建议采取股权基金模式，由特色小镇平台建设方发行一支母基金，吸纳所有愿意参与小镇项目的包括实施方、策划方、规划方、施工方，以及相应农产品深加工方、其他应用产品衍生方等有可能与小镇项目共同发展方加入，将小镇项目做成一个由基金组成的商业模式。这一金融工具的推出可以大大促进小镇项目快速落地和快速发展，降低仅仅依靠有限的前期债权融资启动小镇项目的难度。此外，PPP模式也能有效降低项目的融资风险，在政府、社会和第三方项目公司合作的情况下，三方各发挥所长，政府负责大方向的规划审批监督引领作用，社会资本由市场规律调节，保障项目的营利性，项目公司基于专业水准负责项目的风险控制和项目运行。

（二）创造条件，减少社会资本进入特色小镇融资的障碍

社会资本进入特色小镇融资的障碍主要包括：项目评估标准和指标模糊，加大融资风险；基础设施收益低于社会平均资本回报率，社会资本拒绝进入；PPP融资模式下，政府和个人权利义务边界不清，且可能存在大量寻租空间，降低融资效率。有鉴于此，其一，政府和项目第三方以及社会应对项目进行完善的前期调研，实行调研结果信息共享，减少因为信息缺失和不对称造成的融资障碍。其二，根据项目的盈利性质和资金需求，对项目进行划分，分类资助。北京小城镇发展基金将小城镇的投资项目划分为三类：第一类是特色产业培育和产业结构调整的中等盈利项目，如基金与产业园区合作开发建设厂房、仓储，搭建招商引资平台，推动小镇产业向集约化、生态化转变。第二类是基础设施和公共服务项目，如对于道路、公园、医院、学校等非经营性项目，由基金无偿实施一部分；对于供热、供气、供水、污水处理等准经营性基础设施项目，采取与企业合作建设的方式；对于可经营性服务设施项目，则和连锁企业合作开发建设、经营。第三类是旧镇改造与建设，如参与旧城镇改造，提高土地利用效率，提升当地居民宜居水平等。也可以创新PPP应用模式，比如社会资本先行介入，项目建设完成后，以资产股权的形式再行抵押，以政府的信用为背书，用银行贷款置换出社会资本。其三，政府和社会资本应通过相应的合同，对投资、建设过程中的相关责任进行明确划分，严格按照合同执行，并发挥自身优势在项目的不同阶段管控相应风险，降低和分散风险，提高特色小镇建设的效率和效益。

（三）多方运用创新融资模式，汇聚资本，助力特色小镇开发

金融创新，本质上是通过现代金融业的发展，实现对实体经济及国家整体发展战略的支撑。特色小镇建设需要的资金量大、期限长，需要综合运用多种金融手段进行金融创新，拓宽资金来源渠道，以满足投资需求。比如可以考虑对符合要求的项目在银行间债券市场上发行债券，设立特色小镇建设项目基金，对于项目施工过程中需要的重要设备等可采取融资租赁方式，也可基于项目收益进行资产证券化或者设立固定收益的信托管理计划，等等，这些都是行之有效的解决特色小镇融资难的办法。此外，在“互联网+金融”大行其道的情况下，普惠金融也是一个方向。在特色小镇融资过程中，可以创新运用互联网有效积聚社会资金，提高资金运用效率。在当前实践中，瀚华金融旗下的天下美镇专业云端平台树立了特色小镇跨界融合发展的新样板，用“众筹、众建、众销、众创”的理念，广泛与政府、企业、机构、媒体合作，建立新的生产方式，打通了特色小镇全产业链，覆盖规划设计、开发运营、产业招商、投资消费全环节，以创新的"智力众筹、能力众筹、信用众筹"方式，汇聚有意向的企业开发特色小镇。随着特色小镇建设的开展，"互联网＋金融"对其显示出的融资支持力度将有进一步扩大的潜力。

总之，面对社会机构投资快但缺乏建设系统性，政府投资着眼长远但资金量杯水车薪的特色小镇融资困境，应该坚持汇聚社会资本，缓解小镇建设的融资需求，实现金融对特色小镇建设的支持作用，推动战略发展。

"互联网+"助力新型城镇化建设研究①

赵　爽　刘彦彤

经过几十年的建设，我国城镇化进程不断向前推进，取得了长足的发展，但是不可回避的是在整个城镇化推进过程中出现了各种各样的问题，如生态环境破坏、交通拥堵、资源匮乏、公共服务不均衡、城市规划不科学等。在十九大报告中虽然直接提到新型城镇化的地方相比较十八大报告有所减少，但是这并不意味着我国城镇化工作不重要，而是充分考虑到我国国情，在城镇化推进过程中一些突出问题更亟待解决，包括"三农"问题、大城市病等。在十九大报告中提到的"乡村振兴"、"特色小镇建设"、"城市群建设"，这些都是对于后续新型城镇化工作的方向指引和具体部署，指明了在现阶段具有中国特色的新型城镇化的建设道路。

"互联网+"代表着一种先进的生产力，要充分发挥互联网在资源配置中的优势，将互联网的一整套技术如大数据、物联网、云计算，应用于经济、社会的各个领域之中，进行深度融合与创新发展。可以说"互联网+"是一种生产力、一种手段，也是一种新的生产生活状态。在城镇化建设过程中"互联网+"是推动公共服务均等化、缓解大城市病、建设特色小镇、扶贫脱贫、乡村振兴、解决"三农"问题、推进传统产业转型升级、提升城镇化建设质量的利器。

一、"互联网+"促进新型城镇化建设

（一）"互联网+"促进特色小镇建设

发展特色小镇是具有中国特色的新型城镇化道路，特色小镇所秉承的特色在于"特而强、聚而合、小而美、活而新"。因此特色小镇要突出的是产业聚集和生态宜居，而"互联网+"所构建的是一个开放的生态系统，特色小镇可以借助"互联网+"这样开放的、全新的平台将自身的文化和产业进行传播和扩大，提高自身的影响力同时也和更多的领域进行跨界创新。在我国的苏浙一带，特色小镇发展的如火如荼。比如江苏的宿迁电商筑梦小镇、徐州沙集电商小镇、无锡鸿山物联网小镇、常州石墨烯小镇等以及浙江的基金小镇、梦想小

① 本文摘录自《内蒙古财经大学学报》2018 年第 16 卷第 2 期。

作者简介：赵爽，河北唐山人，华北理工大学管理学院副教授，从事城镇化及区域发展方向研究。

镇、云栖小镇等。这些小镇都具有自己的特色产业，而无论是电子商务、物联网、石墨烯等这样的高新产业，还是茶叶、旅游、金融这样的传统产业都需要同“互联网+ ”进行跨界融合，进一步推进产业转型升级，助力城镇化发展。以“互联网+ ”推动下的小城镇的模式将是我国未来新型城镇化的发展方向。

（二）“互联网+”促进传统产业升级

由于技术的变革和互联网的广泛应用，“互联网+”在传统行业中起到了越来越重要的作用，并且在社会生活中也取得了多方面的成果。“互联网+ ”像一股新鲜的血液一样注入到我国传统的三大产业（农业、工业、服务业）当中，由此出现了“互联网+农业”、“互联网+工业”、“互联网+服务业”，不得不说“互联网+”为传统产业注入了新的活力。新型城镇化的建设需要加快产业升级和改造，而“互联网+”正是实现产业升级改造的有力推手。麦肯锡发布的《中国的数字化转型：互联网对生产力与增长的影响》报告中曾经指出从2013年开始中国互联网经济占全国GDP比重已经超过了美国、法国和德国等发达国家。预计到2025年，互联网经济对中国经济的贡献将提升至22%。由此可见，互联网对于我国经济发展的重要意义。当前更应该抓住“互联网+”这一变革的浪潮，将传统产业与互联网进行深度的融合促进传统产业升级以推动城镇化的健康发展。

（三）“互联网+”促进公共服务均等化发展

目前在我国城镇化建设的道路上，公共服务在供给方面还存在着一些不均衡的现象。城乡之间、区域之间以及进城务工的农民和城镇居民之间的公共服务供给差距比较大。我国农村的基本公共服务水平还比较低，具体表现在医疗、教育的设施水平落后和人才不足等方面；区域不协调，东西部之间的市政服务水平方面有相差较大；农民工虽然在城市中却并没有享受到与城市户籍居民相同的公共服务。面对这些资源配置不均的问题，“互联网+”有助于打破传统资源配置方式，以共享、集约、整合的方式提高资源配置效率。因此在公共服务领域出现了“互联网+教育”“互联网+医疗”“互联网+政务服务”，这些将“互联网+”与公共服务领域的结合和创新有利于打破公共服务供给不均和公共服务封闭化、碎片化的现状。

（四）“互联网+”促进创业带动就业

在2014年的达沃斯论坛上，李克强总理发出“大众创业、万众创新”这一号召，极大地激发了人民创新创业的热情。而随着互联网发展，电子商务的兴起更是将创业创新的浪潮推向了小城镇和广大农村地区。据农业部掌握的相关数据显示，截至2017年返乡创业的农民工已经超过了700万。由于小城镇和农村创业成本相对于大城市更低、竞争压力较小，这也是极大地激发了农民创业的因素之一。越来越多的农民将家乡的农产品在电商平台上出售，开自己的淘宝店等方式，不仅避免农产品的滞销同时也提高了自己的收入。在“互联网+ ”这个大环境下小城镇的创业者们通过互联网共享开放的平台，结合自己特色和优势，将创意变为现实，改变了人们的生活方式和生产方式，同时创造了新的经济增长点。

（五）“互联网+”促进城镇化建设质量提升

目前我国的城镇化发展方式已经从粗放型向集约型转化，这就意味着我国的城镇化发展不仅需要速度更重要的是城镇化的发展质量。随着城镇化进程的深入，人口大量向大城市转移引起了一系列的问题，如人口膨胀、交通拥堵、环境恶化、城市布局不合理等，这些城市病严重影响了城镇化的发展质量。以互联网、大数据、云计算、物联网为代表的信息技术则可以数据化和精准化的方式对城市进行科学规划和建设。物联网技术可实现城市运行过程的动态监测与精准管理，同时针对城市运行中产生的海量数据，使用大数据挖掘技术直观准确地了解城市空间结构的动态变化，及时掌握群体活动对城市空间结构的适应程度，可有效提高城市管理水平，促进城镇空间的合理布局。在互联网技术的支持下，有助于增强城市居民对城市规划的参与度，创新城市管理服务模式。互联网相关技术在破解城市病、促进大中小城市协调发展中将发挥重要作用。

（六）“互联网+”促进城乡统筹发展

过去的很长一段时间以来，我国的城乡二元结构一直制约着农村的发展，导致城乡收入差距大、经济发展不平衡等问题，同样这些问题也制约着我国城镇化的发展。而由于互联网的普及和广泛应用将为农村的经济发展带来新的契机，有利于打破城乡二元机构，促进城乡统筹发展。“互联网+”的发展可以极大地减少地域之间时间和空间等方面带来的信息不对称，这也有助于农村的宝贵资源在“互联网+”的共享平台上实现最大效度的开发和利用。“互联网+”的普及刺激了农村创业的浪潮，从而也使资本由城市流向农村，同时促进农村特色产业的发展。这一系列的变革将激发农村经济发展活力，有助于缩小城乡差距，促进城乡统筹发展。

二、“互联网+”背景下新型城镇化建设思路

（一）开展智慧城镇建设

发达国家最早提出智慧城市的概念，由于发达国家已经完成了城镇化进程，因此智慧城市没有涉及城镇，更没有涉及到农村，而我国的国情却有所不同，信息化建设和大规模城镇化建设正在同步进行，中小城镇以及广大乡村与城市发展还很不均衡，而智慧城市片面强调城市的信息化发展，会进一步加大我国当前的城乡差距，不符合我国的城乡统筹发展的目标。因此智慧城镇的概念更符合我国当前推动新型城镇化建设、统筹城乡发展的国情，智慧城镇的建设不仅可以让小城镇的居民享受信息化带来的好处，而且能为国家新型城镇化发展带来新的模式，走一条具有中国特色的农业现代化道路。信息化产业与信息化消费使得区域之间、城乡之间的差别越来越弱化。随着信息基础设施建设的不断完善，移动通信和互联网技术的不断发展，小城镇、乡村和大城市一样可以获得平等的信息资源和更多的就业机会以及更优的信息服务。依托农业信息化建设中已取得的成就，进一步大力开展大数据分析技术在农业领域中的应用研究，物联网技术在农业生产、农产品溯源等方面的应用研究，走一条具有中国特色的智慧城镇的建设道路。

（二）加强信息化人才培养

“互联网+ ”对新型城镇化的发展是一次重大的机遇。新型城镇化建设不仅需要先进的信息技术和资金的投入，同是也需要具有互联网思维的管理人才和掌握信息科学的技术人才。只有大力加强信息化人才的培养才能确保发挥人才在城镇化建设过程中科学合理的指导作用。因此在“互联网+ ”背景下可以大力开展网络培训和在线指导，传输新的管理理念和前沿的信息技术。同时也应该注重对农民的信息技术水平进行相应的培训，毕竟农民才是我国新型城镇化建设的主力军，加强对农民

的技术培训也是避免“互联网+”新兴时代下出现的“数字鸿沟”的有效手段。我国应当以产业转型升级为导向，以培养信息化人才为重点，以互联网为传播途径，节约高效，充分调动全民创新创业的积极性和热情，进而加快新型城镇化建设。

（三）大力发展农村电子商务

电子商务的崛起使得农村小城镇居民走上新的致富道路，甚至是原来的一些贫困县将当地的传统产业和特色产业与“互联网+”融合，不仅实现了脱贫同时也让自己的特色产业创造了更大的价值。因此，电子商务作用下的乡村城镇化是“互联网+”时代的新自下而上进程。这一进程充分发挥了电子商务在支持创业、带动就业、减贫脱贫、乡村振兴等方面的重要价值。2017 年中央一号文件中明确指出要加快农村电商平台服务站点建设以及从村到乡镇的物流体系建设，未来我国发展新型城镇化势必要推进电子商务在农村的发展和影响力，使农村的特色产品摆脱区域和交通等限制性因素真正实现“走出去”，这样农村就可以突破原有的区位束缚，通过互联网参与产业分工，进而为乡村城镇化的发展提供动力。

（四）提升互联网创新创业能力

在以人为核心的城镇化建设过程中，要加快产业转型升级，夯实城镇的产业基础，充分发挥互联网创新创业的作用。通过创业可以有效带动就业，而就业问题是目前最大的民生问题。依托“互联网+”下的众创、众包、众扶、众筹等新模式，为创新创业提供便利的技术、人才、信息、资金支持，激发大众的创新活力和创业热情。当前“大众创业、万众创新”是我国经济发展的重要动力，基于互联网的创业创新对于“互联网+ ”与城镇化的深度融合将起到重要的推动作用。提升互联网创新创业能力是发展新型城镇化的新型动力，为快速提升互联网创业就业对新型城镇化的影响，需要各级政府发展特色产业和优势产业以创造以人为本的科学发展的生态链，不仅扩大创业的规模、提高创业的速度，更重要的是实现可持续发展的创业道路。针对小城镇和农村地区，需要将基础设施与物流产业进一步完善，为创业打下坚实的基础。

参考文献：

[1] 翟宝辉. 城市发展的“四化”方向 [J]. 人民论坛，2017（5）.

[2] 彭海静，郦丽，江敏. 基于“互联网+”的苏北农村地区新型城镇化建设研究 [J]. 中国管理信息化，2016（1）.

[3] 辜胜阻，李睿. 以互联网创业引领新型城镇化 [J]. 中国软科学，2016（1）.

[4] 陈熙隆. 信息化助推经济区域城镇化协调发展的路径探析 [J]. 四川文理学院学报，2016（7）.

[5] 罗震东，何鹤鸣. 新自下而上进程——电子商务作用下的乡村城镇化 [J]. 城市规划，2017（3）.

第三篇

中国特色小镇实践探索

第一部分 中国特色小镇综述

一、特色小镇的兴起

21世纪是“城市世纪”。经过两百多年的历程，西方发达国家已经走完了城市化的起步及加速发展阶段，开始转向城郊化阶段并开始出现逆城市化现象，而大多数发展中国家正处于城市化加速发展的关键时期。

正如诺贝尔经济学奖获得者约瑟夫·斯蒂格利茨所说：中国的城市化和美国的高科技发展，将是21世纪人类社会发展进程的两件大事。我国是一个二元经济社会结构尤为突出的发展中大国。城市化是我国现代化进程的必经之路，而突出的人与资源矛盾和二元经济结构，决定了我国的城市化道路不同于其他国家的城市化道路，即城镇化道路。我国的城镇化改革，实际上是一场全面而深刻的社会变革。我国2016年城镇化率达到57.35%，与2020年城镇化率目标60%仍有一段差距，但随着城镇化的持续推进以及基础设施的进一步改善，我国城镇化正向着集群规模化方向发展，小城镇迎来发展机遇。

但是，当下中国的小城镇发展，呈现出明显的高度分化特征：在经济发达的东南沿海地区，部分小城镇已经发展成为中小城市，当前的城镇管理体制演变成了它们进一步发展的束缚，产业转型升级面临重大挑战；在以资源型经济发展为主导的中部地区，绝大部分小城镇已经面临缺乏产业支撑、无法吸纳农村劳动力就地转移的尴尬局面；在相对偏远的西部和东北地区，部分小城镇人口和经济空间正在萎缩。以往多年发展起来的资源型强镇，资源价格高启时收入暴涨，房地产畸形、空城鬼城频现、过度福利化（如榆林的全民医保）正在苦苦挣扎……

特色小镇正是在城镇化大背景下提出的兼顾经济转型升级、城乡统筹发展和经济供给侧结构性改革的新型城镇化方案，它是中国漫长的城镇化过程中一个极其重要的部分，也因此，特色小镇的提出、建设、发展、运营均受到社会各界的关注。

特色小镇这个概念兴起于浙江省，2014年，时任浙江省省长李强初次提出要建设特色小镇；2015年4月22日浙江省政府出台《关于加快特色小镇规划建设的指导意见》，5月，习近平总书记考察浙江时对特色小镇给予了充分肯定；9月，时任中央财经领导办公室副主任刘鹤到浙江调研特色小镇，11月，中央财经领导办公室关于浙江特色小镇的调研报告得到习近平总书记、李克强总理等领导的批示；12月，在中央经济工作会议上，总书记大段讲述特色小镇，梦想小镇、云栖小镇、黄酒小镇等一一被点到……

2016年10月，国家发展与改革委员会（简称发改委）又将“特色小镇”的概念扩展为“特色小（城）镇”，指出特色小（城）镇包括特色小镇、小城镇两种形态。基于浙江的普遍实践，可以看出，浙江版的特色小镇既非行政区划单元上的“镇”，又非产业园区的“区”，既不能简单理解为行政区域划分意义下的乡镇，并不等同于新城建设或美丽乡村；也不是简单的产业园区、旅游景区等功能划分，因此也不等同于园区建设或景区开发，而是大城市内部或周边的，按照创新、协调、绿色、开放、共享发展新理念，结合自身资源禀赋，合理定位，科学规划，挖掘产业特色、人文底蕴，而形成“产（业）、城（市）、人（民）、文（化）”四位一体有机结合的项目集合体。

特色小镇一般规模较小，“产业园/工业区+风景区/旅游区+社区”式的机械相加并不是特色小镇。从特征内涵上看，特色小镇具备四个特征：产业定位上有明显的“特”且在当地产业发展中较“强”、功能联系上是“有机聚合”、在建设形态上“小而美”且“小而精”、在运营机制或制度供给上“活而新”。

特色小（城）镇是指以传统行政区划为单元，特色产业鲜明、具有一定人口和经济规模的建制镇。

表1　特色小镇与特色小（城）镇的内涵与比较

	特色小镇	特色小（城）镇
概念	特色小镇主要指聚焦特色产业和新兴产业，集聚发展要素，不同于行政建制镇和产业园区的创新创业平台。特色小镇是相对独立于市区，具有明确产业定位、文化内涵、旅游和一定社区功能的发展空间平台，区别于行政区划单元和产业园区	特色小（城）镇是指以传统行政区划为单元，特色产业鲜明、具有一定人口和经济规模的建制镇。一般指城乡地域中地理位置重要、资源优势独特、经济规模较大、产业相对集中、建筑特色明显、地域特征突出、历史文化保存相对完整的乡镇
创建形态	非镇非区非园的聚落空间/集聚区	建制镇
创建目标	产业转型升级、存量用地	就地城镇化、辐射带动乡村
提出背景	经济转型升级、城乡统筹发展、供给侧结构性改革	新型城镇化建设、新农村建设
面积	规划面积控制在3平方公里（建设面积控制在1平方公里）	建制镇辖区（一般为20平方公里）
产业类型	信息技术、节能环保、健康养生、时尚、金融、现代制造、历史经典、商贸物流、农林牧渔、创新创业、能源化工、旅游、生物医药、文体教	商贸流通型、工业发展型、农业服务型、旅游发展型、历史文化型、民族聚居型等
小镇建设	政府引导、企业主体、市场化运作	政府资金支持、统筹城乡一体化、规划引领建设

资料来源：公开资料整理。

特色小镇是以特色的产业及环境资源为基础、以坚定的政府政策及投融资支持为依托、以产城一体化综合开发为手段、以泛旅游为引擎与目标归宿、以产业链开发及房产开发为盈利核心。特色小镇的关键在于产业培育。根据小镇主导产业特征，可将特色小镇划分为旅游主导型、产业主导型与双产驱动型。旅游主导型小镇指小镇旅游资源强，具备地区级以上吸引力，但产业发展不充分，经济基础相对薄弱。产业主导型小镇通常各类产业发展均衡，有良好经济基础，但观光资源较少，本地休闲需求旺盛但供给不足。双产（即“特色产业+泛旅游产业”）驱动型小镇兼顾旅游吸引和产业经济，两者结合紧密、互相促进，也是未来特色小镇发展的方向。“特色产业”主要指当地已有基础的新兴产业或传统经典产业，“泛旅游产业”主要是指旅游、康养、文化、体育等。

根据自身资源不同，目前特色小镇可以分为三大类：一是以传统产业为基础的资源聚集型小镇，如青瓷小镇。二是基于文化环境或自然环境带动边缘产业发展的环境聚集型小镇，如远洋渔业小镇。三是基于区位优势发展起来的平台聚集型小镇，如成都菁蓉创客小镇。

二、特色小镇发展现状

自浙江最先推进特色小镇建设后，特色小镇就如雨后春笋般在全国遍地开花。无论是国家、各个部委还是地方各级政府针对特色小镇都提出了许多扶持政策，各大房地产商也对这块“肥肉”虎视眈眈，纷纷加入到特色小镇开发大军中来。2016年2月，国务院颁发《关于深入推进新型城镇化建设的若干意见》，明确提出加快培育特色小（城）镇，发展具有特色优势的休闲旅游、商贸物流、信息产业、先进制造、民宿文化传承、科技教育等魅力小镇，带动农业现代化和农民就近城镇化。2016年10月，住房城乡建设部公布了第一批127个国家级特色小镇。全国各省市特色小镇建设申报蔚然成风，一时之间打造各类特色小镇计划如雨后春笋一般。2017年5月全国31个省（区、市）、新疆生产建设兵团的特色小镇推荐数量共300个，2017年7月住房城乡建设部公布了第二批276个国家级特色小镇，比第一批翻了一番。至此，全国被列入国家级特色小镇名单的小镇共计403个。

表2 特色小镇发展历程

时间	事件
2014年10月	时任浙江省省长李强参观全国首个云计算产业生态小镇——杭州西湖区云栖小镇，首次公开提及“特色小镇”概念
2015年4月	浙江省人民政府关于加快特色小镇规划建设的指导意见，首次以政府文件形式明确特色小镇的定位与要求，标志着特色小镇正式步入实施阶段
2015年6月	浙江省成立了“浙江省特色小镇规划建设工作联席会议”及其日常办公机构，相继出台了《浙江省特色小镇创建导刊》，标志着浙江省特色小镇的规划建设工作开始全面启动
2016年1月	时任浙江省省长李强发表《特色小镇是浙江创新发展的战略选择》一文，总结特色小镇建设相关经验，浙江的特色小镇建设已从“纸上概念”全面走向“落地实施”阶段
2016年2月	国家发改委就新型城镇化与特色小镇有关情况举行发布会，“特色小镇”建设受到中央重视和鼓励
2016年7月	住房城乡建设部（简称住建部）、国家发展改革委、财政部发布《关于开展特色小镇培育工作的通知》，正式决定在全国范围开展特色小镇培育工作，提出建设目标
2016年8月	住建部关于做好2016年特色小（城）镇推荐工作的通知，明确“特色小（城）镇”的定位，提出“特色小（城）镇”建设总体要求
2016年10月	住建部、中国农业发展银行关于推进政策性金融支持小城镇建设的通知，进一步明确特色小（城）镇建设重要意义，提供政策扶持
2016年10月	住建部关于公布第一批中国特色小镇名单的通知，确定第一批127个中国特色小镇名单
2017年1月	住建部与国家开发银行发文推进开发性金融支持小城镇建设

资料来源：公开资料整理。

2017年3月23日，住建部总经济师赵晖介绍我国特色小镇发展情况时指出，第一批127个特色小镇建设取得明显成效，新增企业就业人口10万人，平均每个小镇新增工作岗位近800个，农民人均纯收入比全国平均水平高1/3，有效带动了产业和农村发展。

基础设施方面，90%以上小镇的自来

水普及率高于90%，80%小镇的生活垃圾处理率高于90%，基本达到县城平均水平；公共服务方面，平均每个小镇配有6个银行或信用社网点、5个大型连锁超市或商业中心、9个快递网点以及15个文化活动场所或中心；传统文化保护和传承方面，85%的小镇拥有省级以上非物质文化遗产，80%以上的小镇定期举办民俗活动，70%以上的小镇保留了独具特色的民间技艺；资金来源方面，约一半的小镇采用了PPP模式，有近3/4的小镇采用购买市场化服务项目的模式进行运营；90%以上的小镇建立了规划、建设、管理机构和“一站式”综合行政服务，大大缩短了行政管理的链条并提升了效率，同时约80%的小镇设立了综合执法机构。首批特色小镇建设成效十分明显。

根据住建部、国家发改委、财政部三部委《关于开展特色小镇培育工作的通知》要求，明确到2020年，全国将培育1000个各具特色、富有活力的休闲旅游、商贸物流、现代制造、教育科技、传统文化、美丽宜居等特色小镇。

特色小镇计划并非浙江独创，北京、天津、黑龙江、云南等地也都曾提出建设特色城镇。但是浙江实践赋予了特色小镇全新的内涵。

那么，是什么能让特色小镇在浙江生根发芽并迅速扩张呢？其主要原因有三点：

第一，浙江是全国经济大省、私营经济强省、消费经济强省，关键是块状经济特征十分明显，区域经济发展均衡，具备特色小镇发展的一切根植性条件。

第二，吴越文化体系魅力不断彰显，名胜风景强省优势突出，文化旅游根基深。

第三，以浙商群体为代表的创新拼搏的精神，是全国其他地方难以比拟的，特色小镇为他们提供了施展拳脚的优质空间，在他们的带领下，特色小镇建设有声有色、红红火火。

浙江“一镇一产”源于深厚的产业根基，全国尤其是不发达地区能否复制，还有待考量，但是浙江特色小镇的成功经验还是非常具有参考意义的，因此洞悉特色小镇的发展模式十分必要。

三、特色小镇发展模式

（一）特色小镇创建模式

特色小镇，特色创建。目前小镇主要有三种创建模式：

一是企业主体、政府服务模式。政府负责小镇的定位、规划、审批服务，引进民营企业、央企等投资主体建设特色小镇。如中国富春山健康城由浙江富春山健康城投资开发有限公司作为主投资方、余姚模客小镇由浙江多元集团作为主投资方、杭州湾新区滨海欢乐假期小镇由深圳华强文化科技集团作为主投资方，现代电车小镇由中车集团作为主投资方。

二是政企合作、联动建设模式。政府确定小镇的定位及规划，负责做好基础设施和公共服务，引进大企业或领军任务，联手大企业培育大产业。如广州国际健康城引入广药集团、宁海智能汽车小镇引入吉利集团、江北动力小镇引入中船集团等。

三是政府建设、市场招商，政府成立国资公司，根据产业定位面向全国乃至全球招商。如梅山海洋金融小镇、瓯海生命健康小镇、江北前洋e商小镇、四明金融小镇等。

在特色小镇的发展中，政府重在搭建平台、提供服务，市场主体发挥主要作用。截至目前，众多知名企业参与到了特色小镇的建设中，从企业类别看，房地产开发商、产业龙头企业是两股主要的力量。不同于过去的多元化转型策略，建设特色小镇正在成为内地房地产企业转型的新方向。碧桂园、华侨城、绿城等一批领先房地产企业正在打造中国的“小镇计划”，探索用“造城计划”寻找新的利益增长点。

特色小镇建设与一般的产业园区开发建设流程类似，主要分为规划咨询、要素导入、EPC 建造和后期运营四个阶段（见图 1），但由于涉及生产、生态和生活等多个方面，因此在项目的顶层设计上比一般项目的要求更高，必须统筹考虑特色小镇所涉及的各要素的设置与安排。

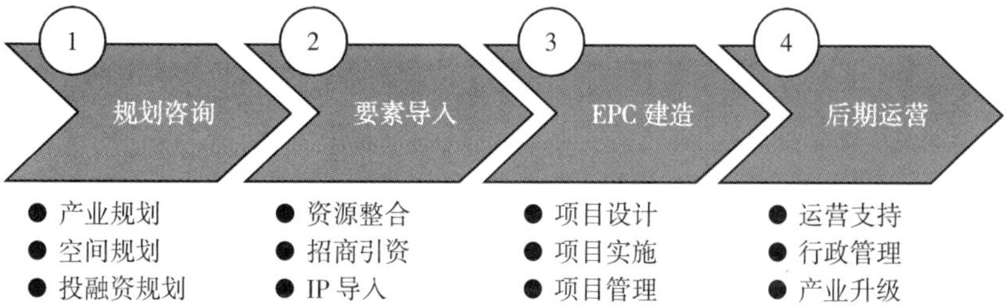

图 1 特色小镇开发全产业链

资料来源：公开资料整理。

顶层设计和咨询主要由一般的城市市政规划设计院来完成，需要完成产业规划、空间结构设计和投融资等诸多方面的相关规划，建筑设计院参与更多的还是空间结构方面的设计，产业和投融资方面在 PPP 模式下一般由项目公司（或 SPV 结构公司）来主导完成。招商引资方面主要是市场化主体、政府或者两者合作共同来完成。建筑工程企业目前能够介入的特色小镇环节，既有全产业链的，类似于 PPP 项目，也有只参与设计咨询或施工建造单一环节的，更多时候从 PPP 的角度理解特色小镇相对容易。

（二）特色小镇商业模式

特色小镇商业模式主要包括土地一级开发、二级房产开发、三级产业项目开发及城镇建设开发。土地一级开发，可直接获利，也可同时通过其他模式（如补贴方案等），享受升值收益结构。二级房产开发包括住宅、商铺、客栈公寓、休闲度假地产、养老地产等。三级产业项目开发则包括泛旅游产业链及特色产业链的完善及开发。城镇建设开发包含：①城市服务：公共交通服务、社会服务等；②城市管理：城市智能化管理、政府政策等；③城市配套：银行、学校、医院等。

（三）特色小镇运营模式

以企业主体，政府服务，政府负责小镇的定位、规划、基础设施和审批服务，引进民营企业建设特色小镇，具体见图 2。

（四）特色小镇盈利模式

1. 政府

政府是特色小镇发展的最主要推动者，特色小镇的发展不仅可以推动地方经济的快速发展升级和就业人口的聚集，也给政府带来了巨大收益。

（1）税收收入。特色产业作为特色小镇的核心，以特色产业为核心而发展聚集的产业链上下游企业将给政府带来巨大的税收收益和就业人口，从而带动地方的发展。

（2）土地溢价。特色小镇的发展成熟必将带来周边土地的溢价，政府通过土地财政可以获得大量收入。

（3）无形收益，如城市环境的优化、民生的改善、城市影响力的提升、产业生

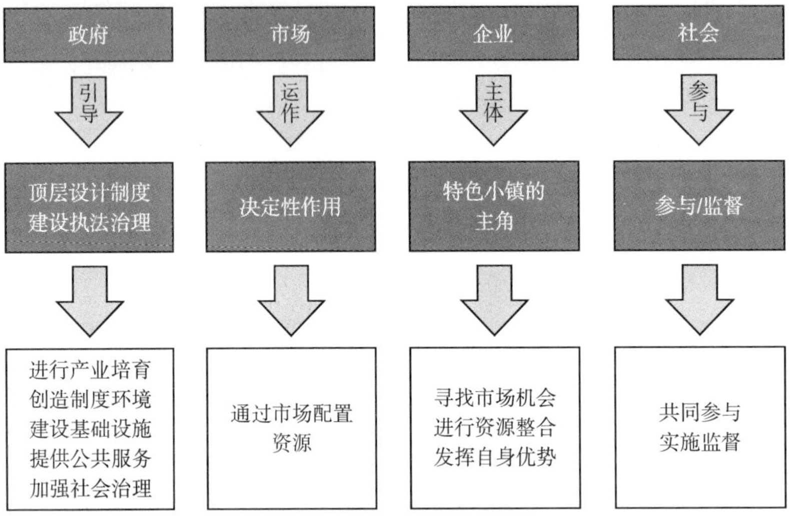

图 2 特色小镇运营模式

资料来源：公开资料整理。

态圈的形成、就业增加和更多高素质人才的聚集等，这些难以用金钱衡量的社会经济环境改善，是政府大力推动特色小镇开发的重要动力。

2. 开发商

开发商是特色小镇的开发主体，涉及小镇开发的前、中、后全链条，从土地整理就开始介入，往往一直延伸到小镇运营。对于开发商来说，可以从以下几点收益：

（1）政策性资金。对于旧工业区、旧城改造，政府往往有一定的政策性资金补贴和土地优惠政策，这将大大降低企业的前期投入成本。而企业在引入相关产业和项目落地小镇时，往往政府也有相应的招商奖励补贴。

（2）基础建设收益。这里主要是指土地整理和公共基础设施的工程建设收益。如华夏幸福基业投资开发股份有限公司受政府委托对小镇范围内的土地进行统一的征地、拆迁、安置、补偿，并进行适当的市政配套设施建设，变毛地为熟地后，通过政府回购，获得盈利。

（3）项目运营收益。对于开发商来说，门票、交通、租金、经营性物业的营业收入和部分产权物业的销售收入以及关联产业的收益都是其长久运营小镇的收入来源。

（4）地产收益。通过特色小镇政策获得土地是不少房地产等开发商进入特色小镇开发的原动力。通过一定程度的地产开发用地和产业用地的配比，开发商可以短、平、快的地产收益平衡见效慢的产业开发支出，长短相济，长远发展。

3. 金融机构

金融机构介入特色小镇开发，除了作为资金供给方外，还可根据自身特点通过以下方式盈利：

（1）产业循环收益。金融机构通过基金的方式介入相关产业的发展、项目的开发等，通过企业自身产业与小镇产业的互动，既促进小镇产业的蓬勃发展，又反哺其自身产业的进一步提升，互利互惠，共同获得溢价价值。

（2）消费信托收益。消费信托从小镇开发的终端介入，将地产、酒店等的使用权、购买权、服务消费权等包装成消费信托产品出售，通过预付方式，形成由大量小额预付金构成的资金池，并获得其固定年限内的无偿使用权，再利用资金池进行投资获得收益。同时，也营销了小镇产品，促进了小镇的发展。

政府、开发商、金融机构因其介入角色的不同，在特色小镇的开发中形成了不同的盈利点和盈利模式（见图3），但只有携手共进，才能让特色小镇真正焕发生机，长久发展。

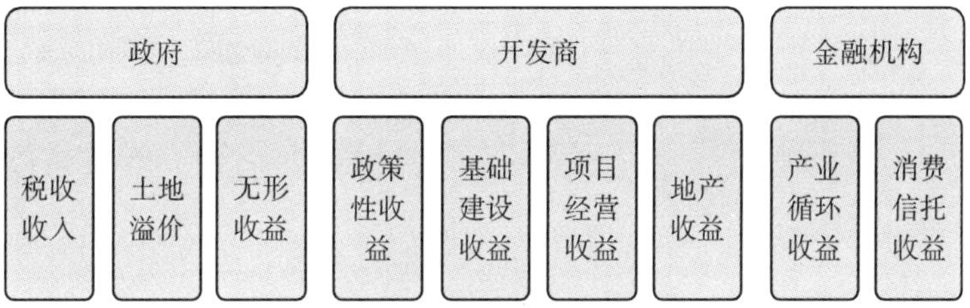

图3 特色小镇盈利模式

资料来源：公开资料整理。

（五）特色小镇融资模式

特色小镇属于重资产投资项目，是经济转型升级的新形态。例如，嘉兴五个特色小镇在2015年9个月内累计投资45.06亿元，其中最高投资额是海宁皮革时尚小镇13.56亿元；而投资额度最低的是南湖基金小镇3.52亿元。进度最快的是桐张毛衫时尚小镇，已完成92.7%；进度最慢的是海盐小镇，刚完成20.7%。根据浙江省发改委数据显示，2016年前三季度共投资37个特色小镇（浙江省规划100个小镇），投资额为480亿元，2016年底可完成投资额超过600亿元，假设2020年前建完，要达到100个小镇5000亿元左右的投资规模，我们预计未来每年至少有800亿元的投资。部分特色小镇的投资情况如表3所示。

表3 部分特色小镇的投资情况统计

特色小镇	总投资（亿元）	基建投资（亿元）	小镇特色
江南药镇	51.5	11.5	中药材
杭州云栖小镇	12	—	互联网云计算
沃尔沃小镇	153.5	—	汽车

续表

特色小镇	总投资（亿元）	基建投资（亿元）	小镇特色
龙泉青瓷小镇	30	—	青瓷
酷玩小镇	110	—	体育旅游
艺尚小镇	45	—	服装
和合小镇	56.1	16.4	文化旅游

资料来源：招商证券。

各地方政府在中央号召下也纷纷出台了特色小镇建设规划，通过初步统计，预计到2020年特色小镇总计建设1900个左右，假设东部省市单个小镇建设投资50亿元，中部省市30亿元，西部省市10亿元，考虑到部分省市未给出明确的目标，相信特色小镇投资会更大，经过测算，全国总投资至少为4.8万亿元（见表4），基建投资至少1.4亿元。

由上面的统计可以看出，特色小镇需要以基础设施建设的庞大投入为前提，但是对于一些经济水平较低、财政相对薄弱的地区而言，如此大量的资金投入显然不可能。而且，特色小镇所需的土地拨备也很难一次性到位，项目的推进进程较慢，严重影响小镇的建设效率。再者，特色小

表 4　部分特色小镇的投资情况统计

地区	建设目标（个）	投资金额（亿元）
浙江	100	5000
西藏	20	200
海南	55	550
福建	28	840
重庆	30	900
甘肃	18	180
安徽	80	2400
辽宁	50	1000
河北	100	2000
山东	100	3000
内蒙古	40~60	500
云南	210	2100
天津	30	1500
江西	60	1800
江苏	100	5000
广东	100	5000
广西	100	1000
湖南	100	3000
湖北	50	1000
河南	100	3000
陕西	100	1000
四川	200	6000
新疆	100	1000
总计	1871~1891	47970

资料来源：根据各地方发改委网站相关资料整理。

镇不同建设阶段的融资侧重点也不尽相同（见表 5）。因此，特色小镇在建设过程中，投融资模式及后续的运营管理方式都不同程度地影响了特色小镇的建设。其中，融资约束是特色小镇建设的最大障碍。

持续稳定的资金来源是特色小镇发展的关键，因此合适的融资模式对于特色小镇的发展是非常有必要的。特色小镇建设可用的融资方式包括政策性（商业性）银行（银团）贷款、债券计划、信托计划、融资租赁、证券资管、基金（专项、产业基金等）管理、PPP 融资等，表 6 介绍了特色小镇部分融资模式。

在以上融资模式中，最常见的是 PPP 融资模式。在该模式下，鼓励私营企业、民营资本与政府进行合作，参与公共基础设施的建设。

基础设施和公共服务设施等是 PPP 模式应用中最需要社会资本参与的领域，可大概分为四大类：①燃气、供电、供水、供热、污水及垃圾处理、地下综合管廊等市政公用设施；②医疗、旅游、养老、保障性安居工程等公共服务项目；③公路等交通设施；④水利、资源环境和生态保护等项目。而特色小镇产业发展与服务项目（包括产业物业建设、产业招商运营等）参与门槛相对较高。

首先，PPP 模式有助于减轻财政压力，开拓融资渠道。根据《住房城乡建设部　国家发展改革委　财政部关于开展特色小镇培育工作的通知》，到 2020 年，培育 1000 个左右各具特色、富有活力的休闲旅游、商贸物流、现代制造、教育科技、传统文化、美丽宜居等特色小镇。目前，地方政府也在积极推出各种各样的特色小镇，但是政府处于两难的境地，一方面特色小镇必须以产业为主体，另一方面地方政府的债务压力大，持续的财政输出显然不太可能。要实现特色小镇建设投资主体的多元化，建立以政府引导、社会资本广泛参与的融资模式，发挥财政资金的杠杆作用，才能够以较少的财政资金撬动庞大的社会资金。因此，以政府和社会资本合作为基本特征的 PPP 融资模式能够有效地综合使用财政资金和社会资本，弥补特色小镇资金缺口，丰富资金来源。因此，在特色小镇建设过程中各级机构应探索引入 PPP 模式，解决特色小镇资金不足的问题。

表 5　特色小镇投融资阶段性特点

关注重点	规划阶段	建设阶段	运营阶段
	产业发掘	投资建设	投资回收
详细说明	通过对小镇生产要素、自然资源的系统性认知，对其成长进行设计。围绕产业发展对原有区域进行重新规划与设计，包括：产业发展、区域开发、土地利用、建设与开发计划、投融资及计划、收益还款计划	该阶段是建设过程的主要投入期，其工作内容包括：一二级土地开发，配套公共基础设施建设，生态环境保护，人文古迹修复	通过小镇经营，回收投资，实现效益。小镇开发与经营点多，产业发展与旅游经营都成为经济增长点，但盈利点相对分散，且回收周期比较长
作用	明确开发理念；清晰实施路径；谋求科学合理的开发模式	提供产业发展的物质基础；打造旅游休闲的外部环境；推进城镇化增长的前置条件	投资收益实现的保障；产业经营实现经济增长；通过公共服务实现发展目标
重要性	规划的成败直接影响着小镇的开发，但是由于工程的系统性、复杂性、不确定性，对政府能力与投资人信心都是考验	基础建设的投资量巨大，如浙江特色小镇明确规定了 50 亿元的投资额和 3 年的投资年限。对融资能力和交易结构设计有很高的要求	通过运营回收投资，投资周期长，盈利点分散，收益不稳定，风险点多。对小镇经营提出了很高的要求

资料来源：华泰证券。

表 6　特色小镇融资模式介绍

方式	介绍
发行债券	根据现行债券规则，满足发行条件的项目公司可以在银行间交易市场发行永（可）续票据、中期票据、短期融资债券等债券融资，可以在交易商协会注册后发行项目收益票据，也可以经国家发改委核准发行企业债和项目收益债，还可以在证券交易所公开或非公开发行公司债
融资租赁	融资租赁又称设备租赁、现代租赁，是指实质上转移与资产所有权有关的全部或绝大部分风险和报酬的租赁。融资租赁的三种主要方式：直接融资租赁，可以大幅度缓解建设期的资金压力；设备融资租赁，可以解决购置高成本大型设备的融资难题；售后回租，即购买有可预见的稳定收益的设施资产并回租，这样可以盘活存量资产，改善企业财务状况
基金模式	包括：产业投资基金（产业投资基金具有产业政策导向性，产业投资基金更多的是政府财政、金融资本和实业资本参与，存在资金规模差异）、政府引导基金（指由政府财政部门出资并吸引金融资本、产业资本等社会资本联合出资设立，按照市场化方式运作，带有扶持特定阶段、行业、区域目标的引导性投资基金）、城市发展基金（由地方政府牵头发起设立的、募集资金主要用于城市建设的基金。其特点如下：牵头方为地方政府，通常由财政部门负责，并由当地最大的地方政府融资平台公司负责具体执行和提供增信，投资方向为地方基础设施建设项目，通常为公益性项目）
资产证券化	资产证券化是指以特定基础资产或资产组合所产生的现金流为偿付支持，通过结构化方式进行信用增级，在此基础上发行资产支持证券（ABS）的业务活动
收益信托模式	收益信托类似于股票的融资模式，由信托公司接受委托人的委托，向社会发行信托计划，募集信托资金，统一投资于特定的项目，以项目的运营收益、政府补贴、收费等形成委托人收益
PPP 融资模式	PPP 融资模式从缓解地方政府债务角度出发，具有强融资属性。在特色小镇的开发过程中，政府与选定的社会资本签署 PPP 合作协议，按出资比例组建特殊目的载体（SPV），并制定公司章程，政府指定实施机构授予 SPV 特许经营权，SPV 负责提供特色小镇建设运营一体化服务方案，特色小镇建成后，通过政府购买一体化服务的方式移交政府，社会资本退出

资料来源：北京绿维创景规划设计院。

其次，PPP 模式有助于降低和分散风险。在特色小镇建设中采用 PPP 模式，政府和社会资本通过相应的合同，对投资、建设过程中的相关责任进行明确划分，这有利于降低和分散风险，提高特色小镇建设的效率和效益。一方面，政府通过行政手段以公开招标的方式引进综合实力较强的企业参与特色小镇的建设，参与的企业一般具有较强的风险控制能力和雄厚的资金基础，进而提高特色小镇建设的整体风险控制能力；另一方面，PPP 模式的初衷是在项目的开始阶段就引入社会资本，这样社会资本可以自身先进的技术和管理经验，对项目本身的相关风险进行甄选和识别，进而通过行之有效的手段管控风险。另外，在特色小镇建设的开始阶段，政府可以承担较多的项目风险，而社会资本则参与风险的管控。当特色小镇的项目完工，社会资本参与特色小镇的经营，承担相应风险。这样，政府和社会资本可以发挥自身优势在项目的不同阶段管控相应风险，降低和分散风险，提高特色小镇建设的效率。

最后，PPP 模式有助于扩大社会资本的投资领域。本身 PPP 模式就可以作为特色小镇建设的一种稳定的投资渠道，获得经济利益。特色小镇建立的初衷就是为了打造一个产业平台，未来像美国的硅谷一样形成一个产业集群，这样社会资本可以获得较高的预期收益。在 PPP 模式下，社会资本通过投资特色小镇，除了可以获得直接的经济利益外，还可以获得其他衍生利益。例如，参与特色小镇的商业设施和公共服务设施的日常经营和管理，获得较为合理的经营性收入。同时，在 PPP 模式下，社会资本参与特色小镇建设可以提高特色小镇的建设效率，提高政府资本的投资效率，拉动区域的经济发展和投资需求，有助于提升整个社会的资本投资回报率，还能吸引更多的人才参与到区域的经济建设中去。

PPP 模式在中国经过多年发展，积累了许多宝贵的经验。PPP 模式在各个领域得到了广泛运用，并且民间资本的进入受到政策的大力支持。在 PPP 融资模式下，社会资本参与特色小镇的建设有利可图。

基于 PPP 模式的可行性和必要性，结合 PPP 的自身特征，现提出特色小镇建设 PPP 模式的交易架构（见图 4）。重点是社

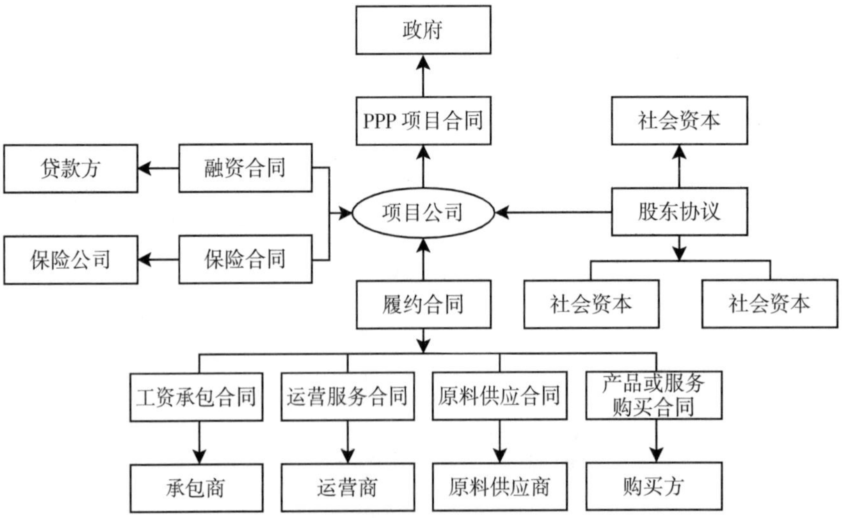

图 4　典型的 PPP 结构示意

资料来源：公开资料整理。

会资本就特色小镇项目应成立项目公司，由项目公司负责对项目进行融资，这其中包括融资金额和目标、融资结构、确定项目资金的结构，并签署相关协议。

据统计，在第一批127个特色小镇中，有52%的小镇开展了PPP项目（见图5），有73%的小镇政府已购买了市场化服务（见图6）。可以看出，已经有较多的特色小镇开始采用PPP模式开展建设，相信未来将有更多的小镇采用该模式投资项目。

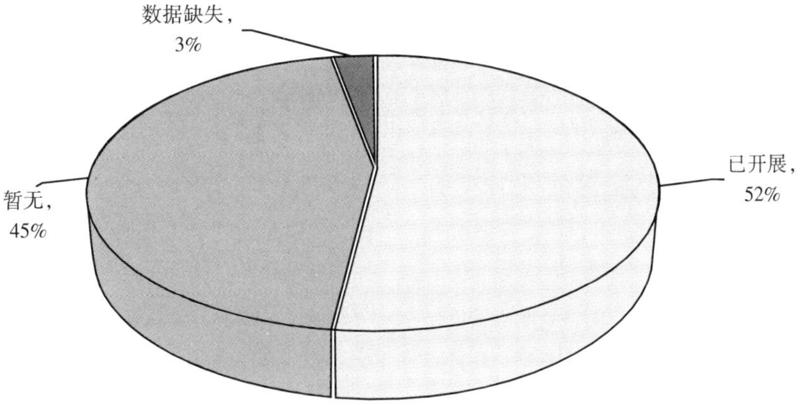

图5 第一批特色小镇PPP项目情况

资料来源：大数据眼中的127个特色小镇，http://www.360doc.com/content/17/0528/20/19306214 658049403.shtml.

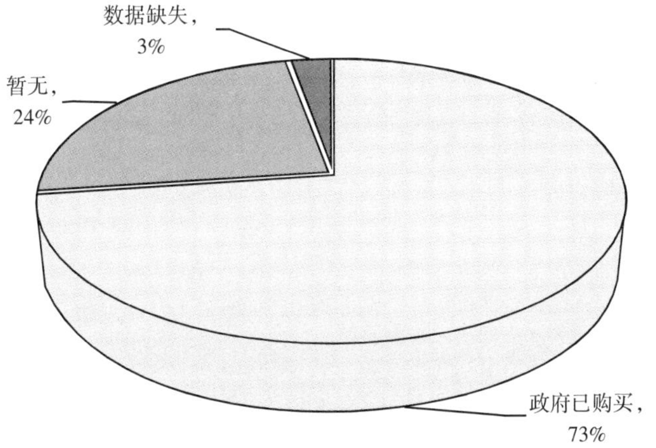

图6 第一批特色小镇购买市场化项目情况

资料来源：大数据眼中的127个特色小镇，http://www.360doc.com/content/17/0528/20/19306214 658049403.shtml.

但是，仍有不少小镇并不适合引入PPP模式。PPP模式在文旅小镇的建设中并不多见。国家发改委城市和小城镇改革发展中心研究员冯奎曾表示，特色小镇建设可以吸纳很多投资主体在不同环节参与，PPP模式只是一种形式。PPP模式有它的一些局限性。“第一，并不是所有的项目都适合搞PPP；第二，特色小镇相对来说面积较小，在社会资本介入之后，是否能提供源源不断的收益，导致其存续时间存在不确定性，这就为PPP介入特色小镇带来了一些问号。”

目前国内PPP项目有三个显著问题：第一，规模大、速度快，部分地方政府没有严格遵循国家财政部10%的上限要求办事，这意味着部分地方政府很可能在几年后存在违约风险；第二，尽管地方政府是项目的真正主导方和参与方，但通常不会直接签署合同，而是指定其控制的平台公司与社会资本签约，这意味着，在地方政府和平台公司违约时，投资方需要解决向谁索赔、如何向地方政府索赔的问题；第三，国内涉及特许经营的PPP项目与不涉及特许经营的PPP项目的争议解决方式不同。而这些问题导致建设失败的例子不在少数，如杭州湾跨海大桥项目是以BOT（建设—经营—转让）形式参股的国家重大交通项目，在可行性研究阶段，乐观地预测到2010年大桥的车流量达1867万辆，但实际车流量还不到预期的60%，仅有1112万辆，这是由于投资企业对未来预测不足而导致运营阶段市场低需求、项目低收益的亏损。

四、特色小镇目前存在的问题及改善建议

2017年是特色小镇发展关键之年，特色小镇建设将进入井喷期。面对如火如荼的特色小镇发展态势，我们理应清醒地看到：

（一）特色小镇同质化严重

造成特色小镇同质化的主要原因是：某些地方对特色小镇的认识比较表面化，对其规律缺乏深刻认知。一些地方只看到了特色小镇的“名”与“形”，却没有把握其“神”与“魂”，盲目抄袭，“穿新鞋子走老路，拿新瓶子装旧酒”，发展模式没有实现根本转变。还有一些地方不管有没有基础，也要搞特色小镇，造成特色小镇一哄而上，特色小镇“特色”不足导致小镇同质化。目前各地在发展新产业、新业态的特色小镇上又开始了新一轮的低水平、规模化复制，类似的扶持政策、格式化的建设标准，让每个特色小镇的特色消失殆尽，这是比较危险的一种倾向。

小镇原本基础各不相同，需要深入剖析后因地施策。打造特色小镇的基础关键在“特”。中国幅员辽阔，各个小镇在地理条件、资源条件、经济环境等方面都不尽相同。在遍地开花的特色小镇建设中，浙江、贵州被视为特色小镇发展的典型地区。这两个地区的成功之处都是在因地制宜、结合自身特质的基础上，找准了产业定位，进行科学规划，挖掘产业特色、人文底蕴和生态禀赋，从而形成“产、城、人、文”四位一体有机结合的重要功能平台。因此特色小镇发展要在深度剖析自身实际的基础上，围绕不同的特色核心产业，以及自身所处的资源环境条件、所需的资金扶持力度、所求的政策支持保障等，寻求在推进特色小镇建设过程中实施“一镇一策”。同时，根据小镇的不同资源禀赋，小镇打造目标也应千差万别，避免千镇一面。由于各地区的资源、环境和主导产业不同，小镇发展的路径不可能是一个模式，必须走各具特色、错位竞争的发展之路。打造特色小镇，一定要综合现有资源和条件，做出理性选择，切忌“求大求洋”式盲目发展，更忌“东施效颦”式模仿发展。

因此，特色小镇建设要因地制宜，因地制宜要求在产业定位上“特而强”、功能叠加上“聚而合”、建设形态上“精而美”。首先，产业定位往往是特色小镇凸显特色的关键所在。瑞士的达沃斯小镇、美国的格林威治对冲基金小镇、法国的普罗旺斯小镇，无一不是产业有特色、文化有韵味、生态有魅力的特色小镇。正是基于“特而强”而非“大而全”的产业定位，才使得这些小镇享誉国际。其次，特色小镇建设要“聚而合”，“聚”就是特色小镇一定要有

产业、文化、旅游和社区四大功能的聚集。“合”就是四大功能都紧贴产业定位融合发展，而不是简单相加，生搬硬套。“聚而合”要求将特色小镇功能集成“紧贴产业”，要将特色小镇打造成为综合性、多功能、多业态的聚合体。最后，众多特色小镇建设都是“主导产业+旅游产业”双驱动模式，但是，此类小镇到底应该什么样，也许一千个人会有一千种看法。通过总结前一批特色小镇的成功经验我们可以发现，特色小镇要做到“精而美”，必须根据地形地貌，做好整体规划和形象设计，确定小镇风格，建设“高颜值”小镇。嘉善的巧克力甜蜜小镇、常山的赏石小镇，都是依托企业投资，形成产业与旅游的深度融合，带动上下游多个产业发展，实现收益上的乘数效应。

特色小镇是改革创新的产物，也是承接、推进改革的平台。因地制宜地发展建设特色小镇，是加快产业转型升级的新载体，也是书写美丽乡愁的新篇章。

（二）特色小镇建设“房地产化”明显，重形式、轻内容

国有企业、民营企业、制造商、建造商、投资者等企业或个人都认为特色小镇门槛低、回报高，因此争着上马特色小镇。打着特色小镇的旗号，急于跑马圈地，然则实质就是搞地产开发，忽视了对特色产业本身的培育和发展。但是我们要清醒地认识到，特色小镇建设虽然离不开房地产，但是特色小镇建设绝不等于房地产。审视以往，已经有诸多国内外城镇因产业兴而兴，又因产业衰而衰的案例。但在现实中，有些地方追求“短平快”，只重视短期效应和小镇面貌改变，导致特色小镇的发展缺少产业支撑。以往国内文化娱乐、旅游主要靠房地产支撑，但是目前房地产形势逆转，国家对特色小镇房地产化严格限制。在此背景下，特色小镇面临较大挑战。就此，住建部有关通知已经明确，要防止盲目造镇，要依据产业发展确定城镇建设。

那么，特色小镇建设应该怎样扭转局面呢？

一是转变商业模式。中国靠房地产盈利特色小镇需要转变商业模式。在这一点上，可以借鉴迪士尼的商业模式设计。迪士尼是典型的以房地产为主导的娱乐旅游项目，中国上海迪士尼正式运营才一年就实现盈利，其商业模式对于有些特色小镇是非常具有借鉴意义的。2016 年迪士尼的媒体网络、乐园度假、影视娱乐（电影）、周边产品销售四大业务的营业收入比是42%、30.51%、16.97%、9.93%。迪士尼的 IP 效应以及品牌号召力来源于其关联性极强且完备的产业链布局——媒体网络、主题公园及度假村、影视娱乐、消费品、互动娱乐五大业务板块，多条业务线对迪士尼 IP 建立了可以流转和增值的业务。迪士尼在中国的成功给我们提供了启示，因此，特色小镇需要转型房地产，更需要深耕产业、丰富产品、增加产品附加值。

二是特色产业培育。特色小镇能否成功，关键在特色。特色包括产业特色、形象特色、人文特色以及自然特色。通过精准定位区域特色，实现“一镇一韵、一镇一品、一镇一特色”。

特色产业是小镇定位的关键。特色小镇的主体产业要差异化，以特色取胜。如浙江温州平阳的宠物小镇，以宠物产业为支撑，带动当地发展；又如龙泉青瓷小镇，充分发挥传统陶瓷产业优势，初步形成了以青瓷为龙头产业的发展格局，并推动了青瓷文化、旅游休闲度假等行业的迅速发展。因此在特色小镇的建设过程中，依据自身区域的产业环境，突出主导产业特色，导入相互独立又相互联系的产业，引导产业集聚发展，实现产业集中布局，促进全产业链的活力及发展，形成一个有机的企业协作网络，达到优势互补、快速发展的目标。

小镇的形象特色是支撑。特色小镇的整体形象主要由小镇的实体要素（各类建筑物和构筑物）和空间要素（小镇内的公共空间）组成。在规划设计中，针对小镇的实体，城市设计应在考虑产业特性的同时，建立小城镇的实体景观系统，形成不同功能和不同性质的小城镇的公共活动空间，丰富小城镇的空间层次，塑造和居民生活协调的公共空间系列。

小镇的人文特色是灵魂。这些人文因素往往形成特征强烈的历史文化点、历史文化街区，进而形成具有历史文化特色的小镇。因此，此类小镇建设，要充分尊重和强化地域文化特征，保护一切有价值的村落布局、民俗民风等，使小城镇的人文特色得以延续，对具有一定历史价值的建筑，如文物古迹、文化遗产等要进行重点保护，并保护好小城镇整体外观风貌；此类小镇还要处理好特色保护和小镇经济的关系，使特色保护和各项用地布局、社会环境效益、社会经济效益相结合，创造出既具有浓厚人情味又具有时代感和个性特色的小城镇风格。

小镇的自然特色是基础。小镇自然景观环境资源可分为地形地貌、水体、气候、植物等。小镇不同的地理、地质、气候条件等直接或间接地影响小镇自然特色的形成。自然特色的保护和利用，应充分考虑利用自然资源、地形地貌，科学地规划人口分布、土地开发、生态环境优化和经济社会发展的一系列发展指标和控制指标，坚持经济效益、社会效益、生态效益相结合，使小城镇同人口、资源、环境等保持和谐、高效、优化、有序的持续协调发展。①

（三）特色小镇产业项目投资重数字、轻实效

一些地方谈及自己的产业投资，动辄几百亿上千亿元，但三五年过去，再到这些地方看看，依然是荒地一片。这是某些地方发展产业园区时出现的现象，而今建设特色小镇也要避免“放卫星”竞赛。特色产业投资的实效一定要“实”，实施“创建制”，重谋划、轻申报，重实效、轻牌子，在引进投资者的过程中，要强化对投资项目的约束和考核，使项目落地进展达到最理想的状况；同时也要注重投资的效果，这包括对土地等资源的高效集约利用，以及对环境影响的最小代价等。

政府方面，政府对投资者或相关企业的审核和管理要宽进严定、动态管理，不搞区域平衡、产业平衡，要形成“落后者出、优胜者进”的竞争机制，在推进过程中简政放权，不可为了讲政绩硬性规定发展时限，破坏发展规律，演变为“面子工程”，应当通过科学规划、产业集聚，慢慢引导其更好发展。应重质量，轻数量，不可全面铺开发展，产生同质竞争、资源浪费的局面。

（四）特色小镇融资难

造成融资难的主要原因有以下几点：

一是投融资渠道较少。特色小镇的建设是社会多方资源对接、配合的综合表现。特色小镇的投资建设，呈现投入大、周期长的特点，纯市场化运作难度较大。其融资主要来自政府资金、政策性资金、社会资本、开发性金融、商业金融五种渠道。目前，基建一般采取以地方财政投入为主、国家补助为辅的办法，在其他投资渠道尚

① 刘韶军. 小城镇规划建设要突出特色［J］. 河南科技，2008（7）.

未完善的情况下，依靠地方政府财政投入不能满足基建资金需求。从特色小镇投资来源看，民间投资占比较低，投融资结构不合理，造成特色小镇建设资金严重短缺，阻碍了特色小镇的推进效率。

二是投融资制度环境建设缓慢，阻碍投融资模式创新。随着市场化改革的深入，社会资本开始逐步进入城市基础设施领域，但我国的投融资制度环境建设缓慢，严重影响了城市基础设施投融资体制改革。特别是国家关于投融资的法律约束方面，虽然很多制度在朝着放松对民间资本的约束发展，但是相关的鼓励和保护措施依然匮乏，政府更倾向于利用行政权力和自己的资源配置能力，缺乏考虑重新安排制度以激活民间资本的动力。总体来说，我国的投融资制度完善和环境搭建方面还是欠缺的。这最终也就制约了城市基础设施建设投融资体制的创新性。①

三是政府管理角色的缺失。政府在监管上的薄弱是造成我国基础设施投融资改革和私有化失败的主要原因之一。在特色小镇创建的过程中，由于政府监管上的薄弱，导致有些小镇规划质量层次不高，有些建设进度差距较大，有些产业层次有待提高，有些形象特征不够明显。部分地方政府在规划建设特色小镇时，容易按照自己的主观思维方式去创造市场，导致运营主体错位，违背市场规律。究根结底是政府没有处理好政府与市场的关系。市场不是万能的，政府也同样不是万能的，不能简单地把市场发生的各种危机归责为市场或政府的问题。只有在政府的监督引导下，让市场在资源配置中起主导作用，特色小镇才能健康发展，才能充分调动起企业和社会资本的积极性。

表 7　特色小镇主导模式对比

小镇名称	主导模式	经验教训
江苏盐城市新丰镇	政府主导	建设初期资金短缺，运转困难，仅每家每户筹资到抵押贷款，仅 PPP 模式到发放私募债，尝试多条道路，形成一定规模后才引起了国有银行和社会资本的关注
云栖小镇	企业主导	形成产业聚集，融资顺畅

资料来源：《经济》杂志。

四是产业特色不够鲜明，创新力度不够，对领军企业缺乏吸引力。目前，部分特色小镇产业特色不明显，定位模糊，不能有效地吸纳人才和资金。特色小镇的发展命脉在于创新，人才和好的项目进不来，创新就无从谈起，最终特色小镇就会沦为简单跟风、刻意模仿，缺乏可持续发展的原动力，投资机构失去信心导致小镇建设资金匮乏。

针对融资难问题，我们不妨尝试以下几点方法来解决：

一是创新特色小镇建设投融资机制。首先，打通三方金融渠道，保障政府的政策资金支持，引入社会资本和金融机构资金，三方发挥各自优势，进行利益捆绑，在特色小镇平台上共同运行，最终实现特色小镇的整体推进和运营。具体可以通过发挥政府资金的引导作用，以云南为例，

① 叶晓青，李若云，汪涔宇，饶超，周港. 特色小镇基础设施建设融资问题及建议［J］. 合作经济与科技，2017（8）.

2017~2019年，云南每年仅省重点项目投资基金中筹集不低于300亿元作为资本金专项支持特色小镇建设。此外，对每个特色小镇项目，云南省将给予1000万元启动资金，用于规划编制和项目前期工作。广西也将通过本级资金，对每个示范镇补助1000万元。这些资金都可以发挥杠杆作用，撬动特色小镇的资金导入。其次，尽量发挥社会资本的主体作用。建立特色小镇产业投资基金来吸引民间投资；发行特色小镇企业债券、项目收益债券、专项债券或集合债券等各类债权融资工具用于特色小镇公用设施项目建设；加强银政、银建合作，积极开展城建金融创新，银行提供小城镇专项贷款产品，根据小城镇建设投资主体和项目特点，因地制宜地提供债券融资、股权投资、基金、信托、融资租赁、保险资金等综合融资服务；政府应该加大金融政策倾斜力度，鼓励金融机构积极支持小城镇建设。小镇建设要积极创造适合贷款要求的条件，采取多种形式和途径，主动配合金融机构特别是国有商业银行，以获取金融机构对小镇建设的贷款支持；在特色小镇建设过程中采用PPP模式，政府和社会资本通过相应的合同，对投资、建设过程中的相关责任进行明确划分，这有利于降低和分散风险，提高特色小镇建设的效率和效益。

二是改善投融资制度环境。近年来，一些商业化的信用担保机构开始设立，从目前运行情况看，确实对改善融资环境起到了重要作用。因此地方政府要完善担保体系，建立风险补偿机制，改善当地金融生态环境。同时，政府要通过制定政策，进行制度创新，积极引导建设资金；转变观念，科学管理用活资金；转变思想，树立经营城市的观念，充分认识城镇投融资体制改革创新的现实作用和长远意义，克服狭隘思想、部门利益的局限，树立大局意识，自觉服从和服务于城市资源的有效整合和合理流动，为城镇建设营造良好的融资环境。完善配套政策，在基础设施和公共服务配套设施建设上，发挥政府财政资金“四两拨千斤”的优势，吸引社会资本参与；加快形成产权明晰、符合市场规律、具备产业特征的特色小镇商业模式，让社会资本进得来、留得住、能受益；加快PPP立法，把特色小镇作为政府和社会资本合作模式创新的承载平台。[①] 国家发改委在《关于加快美丽特色小（城）镇建设的指导意见》中提出创新特色小（城）镇建设投融资机制：“鼓励政府利用财政资金撬动社会资金，共同发起设立特色小镇建设基金；鼓励开发银行、农业发展银行、农业银行和其他金融机构加大金融支持力度；鼓励有条件的小城镇通过发行债券等多种方式拓宽融资渠道。”

三是要走产业为核心、市场化运作的路线。特色小镇建设不能由政府大包大揽，一定要在政府的引导下，充分发挥企业的主体作用，在后期建设、运营过程中，顺应市场规律去完善产业发展机制，凸显产业、产业链上企业的核心地位，坚持市场化运作。根据特色小镇的运营需要，由一两家领军企业主导特色小镇的建设运营，紧紧围绕优势产业开展相关产业链招商活动。在此机制中，运营商处于重要位置，运营商的运营能力直接影响到小镇价值的提升。一方面要处理好政府和市场的关系，处理好此关系的关键在政府。在新常态下，

① 叶晓青，李若云，汪涝宇，饶超，周港. 特色小镇基础设施建设融资问题及建议 [J]. 合作经济与科技，2017 (8).

应进一步划清政府和市场的边界，凡属市场能解决的，政府要简政放权、松绑支持，不要干预；凡属市场不能有效解决的，政府应当主动补位，该管的要坚决管、管到位、管出水平，避免出问题。政府平台的参与是特色小镇建设的保障。政府投融资平台需充当强有力的牵头主体，主要解决城市规划、基础设施建设、资金管理等方面的引导性工作，并以政府公信力为建设项目背书，增强社会投资者对项目的信心。另一方面要想方设法鼓励企业参与小镇建设，吸引这些企业以特色小镇理念建设新项目，发展新产业。

四是突出产业特色、产业创新。特色小镇要瞄准高端产业和产业高端，引进高端人才、团队等创业者到小镇来创业创新，培育行业“单打冠军”，构筑集产业链、投资链、创新链、人才链、服务链于一体的产业创新高地。引导企业争取国家和省部级研发项目、进行国家级和省级高新技术企业、创新型企业、重点新产品等各类创新认定，争取国家政策奖励支持，缓解小镇的资金压力。

特色小镇产业特色不同、建设主体不同、资金需求量不同、地方政府财力不同。市场各金融机构应结合自身情况和特色小镇资金需求，量体裁衣，增强金融服务的导向性，在原有金融业务的基础之上，开拓新的业务方向，“融资”与“融智”相结合，围绕特色小镇提供多样化、个性化的金融服务方案，真正满足特色小镇的融资需求。

五、未来特色小镇发展方向

（一）中国特色小镇步入 3.0 时代

特色小镇 1.0 时代，靠天吃饭，野蛮发展，如周庄。特色小镇 2.0 时代，产业先导，结构单一，过于依赖拳头产业的带动，缺乏对于小镇整体运营的考虑。随着特色小镇逐渐以市场化发展为导向，单一的景观游或产业特色小镇，已无法满足互联网大环境下的消费需求和越来越严酷的市场竞争，中国正在诞生出一批新型的小镇模型，便是以平台化整合运营为核心的特色小镇的 3.0 版本，它将成为中国特色小镇发展的新趋势。

中国特色小镇必须把产业作为重点，更加关注高端要素和最新要素的集聚和吸引，生态环境的优化以及体制机制的创新。打造具有多业态汇聚能力的综合性平台，依托资源整合能力，吸纳各个业态的行业翘楚，让专业的人做专业的事。在此基础上，融合政策、资本、商业的力量，以人为根本，率先实现人流的聚集，进而带动多产业的协同发展。

（二）康养小镇、体育小镇受追捧

从产业发展导向看，前 30 年重点在“食、住、行”，后 30 年重点将会在“游、养、娱”。中国已经进入大众旅游时代，休闲度假成为旅游消费的主流。根据国内旅游抽样调查结果，2017 年上半年，国内旅游人数 25.37 亿人次，比上年同期增长 13.5%。休闲度假在旅游总人次中占的比例大幅提升，旅游度假将成为未来的主流，持续高速增长。旅游度假作为新时期的一种旅居生活方式，包含观光、休闲及各种文、娱、体、康、养等消费。追求健康和精神享受，逐渐成为休闲生活主流。健康与旅游度假的加速融合，已成为现代服务业的新亮点，也已经成为全球经济发展新的经济增长点。康养小镇可以旅游产业为龙头，通过旅游作为流量入口，根据消费者的消费需求，将健康疗养、医疗美容、生态旅游、文化体验、休闲度假、体育运动、健康产品等业态聚合起来，实现与健康相关的大量消费的聚集。

国务院在2016年发布的《"健康中国2030"规划纲要》中指出：制定健康医疗旅游行业标准、规范，打造具有国际竞争力的健康医疗旅游目的地。大力发展中医药健康旅游。打造一批知名品牌和良性循环的健康服务产业集群，扶持一大批中小微企业配套发展。引导发展专业的医学检验中心、医疗影像中心、病理诊断中心和血液透析中心等。支持发展第三方医疗服务评价、健康管理服务评价，以及健康市场调查和咨询服务。鼓励社会力量提供食品药品检测服务。完善科技中介体系，大力发展专业化、市场化医药科技成果转化服务。这对建设发展康养小镇提供了重要的政策支持。

另外，在全民健身的大背景下，体育运动逐渐常态化、休闲化、全民化，体育产业上升成了健康产业的一股中坚力量，推动着健身休闲产业迅猛发展。各类社会资本都将目光转向了这块"大蛋糕"，其中更不乏马云、王健林等大咖。旅游、文化、养生、互联网等元素的不断聚集及融入，与城镇发展结合，形成了体育产业的新业态——体育特色小镇。

大健康产业已经成为新常态下服务产业发展的重要引擎，在未来20年，必将迎来一个发展的黄金期，康养小镇、体育小镇发展可期。

（三）文化IP成第二批全国特色小镇加分项

特色小镇竞争进入白热化，特色小镇IP显得尤为重要。从第二批全国特色小镇公示名单中我们可以看出，特色小镇的评定更看重特色小镇是否有历史文化积淀，是否有成型的小镇IP，而其中，又以旅游和历史文化IP居多。随着国内特色小镇建设竞争的加剧，有着名人IP的特色小镇也成为特色小镇建设中的新业态之一。此次名单中便有山东省济宁市曲阜市尼山镇（孔子故里）、福建省南平市武夷山市五夫镇（朱熹故里）、湖北省宜昌市兴山县昭君镇、河池市宜州市刘三姐镇、汉中市勉县武侯镇等名人特色小镇入选。在2017年的入选名单中，有着红色文化IP的黔南州瓮安县猴场镇（长征猴场会议）、商洛市山阳县漫川关镇（四方面军长征漫川关战役）均入选。未来，可以想见，红色历史文化的特色小镇将进一步涌现。

特色小镇的竞争力，关键在打好IP牌，而拥有良好的小镇IP，也成为入选第二批全国特色小镇的加分项。

特色小镇将继续秉承创新、协调、绿色、开放、共享发展理念，发挥小镇的要素集聚和扩散作用，为国家经济舔砖加瓦，最终成为我国新型城镇化战略下的一道亮丽风景线。

第二部分　中国特色小镇介绍

一、浙江省

（一）杭州市桐庐县分水镇

分水镇位于汉川市版图中心，地处江汉平原腹地，汉江下游北岸，相传地似鹰嘴分汉江水而得名，旧名"分水咀"。面积66.6平方公里，耕地面积30平方公里，人口6.6万人。

镇内地势平坦，河湖交错，素有"鱼米之乡"的美誉。经过世代分水人民的不辍建设，今日分水已成为闻名遐迩的农业大镇、商贸重镇和经济强镇，全镇形成了医药及医药包装、冶金、养殖三大支柱产业。分水的商贸业有“小汉口”之称，自古就是方圆百里商品集散地。现注册经商户1000余户，从业人数达4000人，已形成建材、竹木、水果、服装、小商品、文化和电器七大专业批发市场，是汉水河畔一颗璀璨的明珠。

2000年10月，被国家农业部、国家体育总局、中国农民体协授予“亿万农民健身活动”先进乡镇；2001年被评为孝感市“信用乡镇”。分水镇连年被孝感市评为“十强乡镇”。所辖新农村产值过亿，是全省农村基层组织建设“十面红旗”之一。

（二）温州市乐清市柳市镇

柳市镇位于浙江省乐清市西南部。柳市气候属亚热带季风气候，受海洋性影响明显。柳市镇镇域面积92平方公里，共有户籍人口21.5万，外来人员24万多。

柳市片区作为温州都市圈以及温台沿海产业带的重要组成部分，南接七里港港区，东临大门岛港口石化中心，西临北白象镇，陆路交通主要有甬台温高速公路、甬台温铁路，在建有乐清市中心大道、电器城大道，现已建成五纵五横的城市道路网框架、新104国道、进港大道等省重点工程。与温州市相关工程配套的大门大桥、柳（市）翁（垟）公路改扩建等工程也在积极建设之中。

柳市镇被誉为中国“低压电器之都”，“电器城”。温州模式发源地之一，拥有200多家年产值500万元以上的企业，温州市经济十大强镇之首。是全国城乡一体化发展试验区、国家级小城镇综合改革试点镇和全国小城镇建设示范镇。2014年中国综合实力百强镇榜单上，列全国第17位，省内第一。

（三）嘉兴市桐乡市濮院镇

濮院镇地处长三角平原腹地，沪、杭、苏中间节点位置，区内有320国道、申嘉湖高速公路、嘉湖公路、嘉桐公路、京杭大运河等交通要道。全镇总面积64平方公里，总人口20万人。

濮院气候温和，水网密布，土地肥沃，被誉为“鱼米之乡、百花盛地”，历史上曾以“日出万匹绸”成为“嘉禾一巨镇”，是明清时期江南五大名镇之一。濮院是中国·濮绸的故里。自宋代濮氏迁居本地后，农桑和丝织业不断发展，所产濮绸白净、细滑、濮院镇柔韧耐洗，是绸中上品，为历代皇室官宦普遍采用，在国内享有盛誉，海外也闻名遐迩，繁荣绵延700余年。有880多年的悠久历史，古镇街区至今保存完好，历史遗迹众多，文化底蕴深厚，风雅质朴，古韵悠悠。

在中国乡镇投资潜力500强中列第19位。是全国重点镇、全国小城镇建设示范镇、全国环境优美小城镇、国家卫生镇、浙江省文明镇、浙江省体育强镇、浙江省教育强镇、浙江省科普示范镇等。

2013年，全镇实现地区生产总值66.94亿元，三次产业结构比例为3.7：49.7：46.6，农民人均纯收入21286元。

（四）湖州市德清县莫干山镇

莫干山镇是浙江省湖州市德清县辖镇，位于美丽富饶的长江三角洲的杭嘉湖平原，国家级风景名胜区——莫干山在其境内。相传春秋末年，吴王派莫邪、干将夫妇来这里铸成举世闻名的雌雄宝剑，莫干山由此得名。莫干山镇东与三桥镇相接，南与筏头接壤，西靠莫干山风景区，北依南路乡。乔莫线由西向东横穿全境。全镇“七山一水二分田”，绿化覆盖率68.2%，是一个典型的山乡镇。

全镇总人口16000余人，境内群山连

绵，环境优美，气候宜人，物产、旅游资源十分丰富，其中竹林面积约 39 平方公里，茶园 250 公顷，干鲜果约 2.5 平方公里。盛产竹木、茶叶、瓜果、家禽、萤石、石料等。

改革开放以来，莫干山镇经济和社会各项事业发展迅速，基础设施日趋完善。以茶叶加工、竹制品加工、高科技节能产品、化工等特色产业为龙头的工业经济形成一定规模；效益农业发展势头强劲，莫干山高峰万亩高效生态农业园区是县级七大农业示范区之一；以旅游休闲为主的第三产业发展方兴未艾，新建设开放的碧坞龙潭景点得到了中外游客的青睐。

莫干山镇党委、政府立足该镇资源，因地制宜，提出"发挥区位优势、打造旅游强镇"的总体发展思路，力争把莫干山镇建设成为"文化名镇、旅游重镇、茶果大镇"。

（五）绍兴市诸暨市大唐镇

大唐镇，中国古代四大美女——西施故里的一颗明珠，是一个建镇仅 18 年的江南小镇。大唐镇位于浙江省中部，杭州湾南翼，西施故里诸暨市的西南部，地处杭金线、杭金衢高速公路、浙赣铁路和绍大线四线交汇处，镇东与诸暨市经济开发区隔江相望，镇南距斗岩风景区不足 10 公里，镇西与五泄国家 AAAA 级风景区相连。大唐距杭州约 1 小时路程，距萧山国际机场半小时车程，区位优越，交通便捷，风景秀丽。

综合实力位列全国百强，浙江省十强，是国家小城镇建设试点镇、现代示范镇、全国村镇建设先进镇、国家卫生镇、中国袜子名镇和全国环境优美镇。全镇拥有轻纺原料市场、袜业市场等六个专业市场，市场年成交额 88 亿元，农民人均收入 14050 元，已成为闻名全国的"袜业之都"。大唐是诸暨市的经济重镇。2006 年全镇实现工农业总产值 252 亿元，其中工业产值 250 亿元，国内生产总值 37 亿元，人均 GDP 1 万多美元，财政收入 2.5 亿元，农民人均收入 19789 元，综合实力位列全国百强，浙江省十强，是国家小城镇建设试点镇、现代示范镇、全国村镇建设先进镇、国家卫生镇、中国袜子名镇。

2016 年 10 月 14 日，浙江省绍兴市诸暨市大唐镇被列为第一批中国特色小镇。

（六）金华市东阳市横店镇

横店街道位于浙江省中部，辖 2001 年实现了工农业总产值 100 亿元，农（居）民人均收入 7820 元，是浙江省重要的高科技工业城，被誉为"中国磁都"和"东方好莱坞"。

横店影视城闻名遐迩，建有十多个风格迥异的影视旅游基地。2000 年，横店影视城被评为我国首批旅游区最高标准 AAA-。影视基地有占地 359 亩尽显 19 世纪南粤的古城风貌，构成当时中国香港社会政治、经济、社会、文化中心的广州街、香港街；占地 600 亩的清明上河图；占地 800 亩的秦王宫；占地 150 亩的江南水乡和横店老街等一大批旅游和影视景点。2001 年有 100 多个剧组、150 万游客到横店影视城拍摄和旅游，直接收入达 8000 多万元。

横店工业坚持"非高科不上"，到目前已基本形成磁性材料、医药化工、得邦照明、工程塑料、轻纺针织等门类的工业，2001 年，街道工业科技技改投入资金 16 亿元，高科技工业产值占整个工业产值的 65%以上。2 月，在上海南汇区购置 3000 亩土地创建高新技术工业园区，以加速科技成果的转化。2001 年，横店集团位居中国最大经营规模乡镇企业 1000 家第 3 名，2002 年 9 月 26 日，中国最高利税总额乡镇企业1000家第2位，中国最大出口创汇乡镇企业1000家第4位，2002年中国企业500强第131位。磁性材料生产量占世界第一，医药化工在全省同行业居第一，照明节能灯95%的产品出口北美和欧洲市场，成为我国“绿色照明”重要的生产和出口基地。横店的工业经济强劲，正驶向大发展、国际化的快车道。

横店的城市化建设飞速猛进，初步实现建城区面积18平方公里，规划区面积35平方公里，形成“四纵四横”城市交通网络，成立了城市综合执法大队，对市容市貌、环境卫生、交通秩序实现全方位综合整治。横店街道下一步目标是建成10万人口以上规模的小城市，按照工业区、旅游区、商贸城、生活区、金融区、教学区的要求，逐步把横店建成人居环境优美、物质富裕、社会安定的高科技工业城、影视旅游城、国际商贸城。

（七）丽水市莲都区大港头镇

大港头镇，亦称丽水市区的西大门，镇区位于镇境北部，濒临瓯江中游大溪，属河谷平原。位于丽水市区西南部，大溪南岸，瓯江中游龙泉溪与松阴溪汇合处。全镇总面积94.22平方公里，总人口12236人。

大港头镇入围“美丽浙江·强镇榜样”候选名单，是国家级小城镇经济综合开发示范镇，省级教育强镇，省级先进团委，丽水市生态示范区建设先进集体，丽水市工业强镇，莲都区第二大镇。

2016年10月14日，被列为第一批中国特色小镇。

有工业企业181家，企业职工1619人。丽水区域经济的特色工业主要有工业，产品有木沙发、西餐椅、西餐桌、竹胶板、精铸阀门、红砖等。竹胶板生产被纳入国家星火开发项目。工业总产值达2.1亿元。其中木制品加工业厂家110家，产值达15300万元，占工业总额的73%。全年投入技改资金853万元。

围绕“浙江绿谷、绿色莲都、生态示范镇”的主题，大港头镇党委、政府因地制宜，建设三大基地：竹笋两用林基地、有机茶基地、花卉苗木基地。大港头环境清幽，有优美的自然生态景观，悠久的人文古迹。作为市委、市政府提出打造“艺术之乡、浪漫之都、休闲胜地”的实验田、示范区，大港头镇以“古堰画乡”建设为载体，着重发展美术写生基地、创作基地、行画生产基地、生态休闲度假中心。突出大港头的优势和特色，全力建设集生态、文化、休闲、旅游于一体，商贸、人居并重的丽水市生态卫星镇。全年实现工农业总产值3.02亿元；财政收入101.63万元；农民人均收入3930元。

（八）丽水市龙泉市上垟镇

上垟镇位于龙泉市西部，地处浙闽赣边界。全镇总面积162平方公里，17259人。龙浦高速、53省道穿境而过，境内有百年青瓷古龙窑，有源底古民居建筑群，有省级十大非遗经典旅游景点之一的披云青瓷文化园。青瓷工厂林立，毛竹资源丰富，素有“青瓷之都”和“毛竹之乡”的美称。上垟镇是龙泉市的西大门，毗邻福建省的浦城县、松溪县和浙江省的庆元县，总面积162平方公里，人口16102人，辖20个行政村。

“世界青瓷看龙泉，上垟青瓷远名扬。”上垟镇是闻名中外的龙泉青瓷主产地，凭着优越的自然条件和丰富的瓷土资源及传统制瓷工艺，原龙泉瓷器总厂、一厂、三厂、五厂都设在镇内，素有“青瓷之都”之称。现镇内个体青瓷作坊发展迅速，镇内有个体瓷厂30多家，正所谓“瓷窑林立，烟火相望”。

龙泉香菇闻名遐迩，享誉百年。上垟镇拥有 17.2 万亩的林业面积。丰富的林木资源和优越的生态条件，使用权上垟镇有了“香菇之地”的美称。

上垟镇有约 41.33 平方公里的毛竹林，随着农业综合一切项目竹笋两用林的开发，使丰富多彩的笋、竹资源为上垟镇农民提供了永不枯竭的财源。“毛竹之乡”的称号正日益叫响。

（九）嘉兴市嘉善县西塘镇

西塘镇位于浙江省嘉兴市嘉善县，江浙沪三省交界处。西塘镇地处嘉善县北部，南接 320 国道和沪杭、申嘉湖高速公路，北连 318 国道，杭申甲级航道穿境而过，善江一级公路横穿全镇。古名斜塘，平川，是吴地方文化的千年水乡古镇，江南六大古镇之一。西塘全镇总面积 83.61 平方公里，其中古镇区面积 1.04 平方公里，人口近 8.6 万。

西塘历史悠久，是古代吴越文化的发祥地之一。西塘地势平坦，河流密布，众多的桥梁又把水乡连成一体。西塘被誉为生活着的千年古镇。

2011 年，全镇实现地区生产总值 29 亿元，同比增长 13%，完成财政总收入 4.25 亿元，同比增长 17.2%，其中，地方财政收入 1.64 亿元，同比增长 22.2%。完成合同利用外资 7022 万美元，实际到位外资 3403 万美元，实到县外内资 2 亿元，新增注册资本金 1.2 亿元。完成全社会固定资产投资 15 亿元，其中，工业生产性投入 10 亿元，工业园区基础设施建设投入 1.6 亿元。规模以上工业企业实现产值 31.1 亿元，同比增长 98.6%，实现利税 3.5 亿元，同比增长 245.3%，其中实现利润 2.8 亿元，同比增长 456%。实现旅游票房收入 5100 万元，同比增长 26.3%。

2001 年 7 月列入联合国教科文组织世界文化遗产的预备清单。

2003 年 11 月被建设部确认为“首批中国十大历史文化名镇”之一。

2003 年 12 月获得联合国教科文组织颁发的“2003 年度世界遗产保护杰出成就奖”。

2006 年 12 月入选国家文物局最新公布的《中国世界文化遗产预备名单》重设目录。

2007 年在第十届上海国际电影节上古镇西塘获得“最具水乡魅力影视基地”。

2007 年在首届中国旅游论坛上获得“中国十佳古镇”的荣誉称号。

2010 年获“长三角世博主题体验之旅示范点”称号、“浙江服务名牌”称号，“西塘国际旅游文化节”获“十大品牌节庆”称号。

2011 年获“中国旅游合作联盟十佳合作伙伴”等称号。

2017 年 2 月 16 日西塘古镇列入中国 AAAAA 级旅游风景区。

（十）宁波市江北区慈城镇

慈城镇地处浙江省东部宁绍平原，位于宁波市江北区西北部。镇域面积 102.57 平方公里，总人口近 9 万，是江南地区唯一保存得较为完整的古县城。被列为中国慈孝文化之乡、国家 AAAA 级景区、中国历史文化名镇、中国环境优美乡镇、中国年糕之乡以及宁波市 7 个卫星城之一。慈城镇是浙江省宁波市江北区目前唯一的辖镇，是中国历史文化名镇之一。

慈城镇是全国小城镇综合改革试点镇，省、市中心城镇，浙江省历史文化保护区。千年的历史为慈城沉积了深厚的历史文化底蕴。保存了完整的传统生活结构方式，保留下来的传统建筑中有大量的民居建筑。2010 年 1 月，慈城镇成为宁波市卫星城市试点，被赋予部分县级经济社会管理权限。

慈城镇现有各类企业1000余家，涌现了一批冶炼、轻纺、服装、化工、机械、建材、医药等行业骨干企业，是浙江省最大的铜冶炼基地和宁波市重要的轻纺、建材基地。

慈城依托农业、林业两大示范园区，狠抓种植业、养殖业、林木业、农产品营销业与农业产业结构调整，使农业成了经济发展的一个亮点。

第三产业是慈城经济新的增长点。利用慈城独有的古镇优势发展三产，具有广阔的前景。以旅游开发为龙头，房地产业、商贸业、社会服务业综合发展的格局已初具雏形。

慈城具有城乡结合、交通便捷、通信发达、人口密集、土地资源丰富和服务体系健全等优势，是海内外投资者的理想热土。

慈城工业园区紧靠甬余夫线公路和萧甬铁路，交通便捷、招商引资政策优惠，在这里投资，有着广阔的发展空间。开展的慈城中心镇建设和古镇保护开发工作，将为投资商提供更广的投资领域。

（十一）湖州市安吉县孝丰镇

孝丰镇地处天目山北麓、西苕溪上游，东邻县城，南邻亚洲最大的天荒坪抽水蓄能电站，西靠龙王山自然保护区，北与安徽省广德县相接。现镇域面积191.4平方公里，人口5.3万人。现有耕地面积20平方公里（其中水田16平方公里），山林面积21.2平方公里（其中毛竹44平方公里）。

孝丰环城皆山，“凤凰山峙其左，太阳山镇其右，石语山拱于前，大会山障于后”。山峦起伏，地势险要。孝丰镇还是革命老区，1927年，这里诞生安吉县第一个中共支部——老石坎支部。抗战期间是浙西前线心脏地带，当时前后方文职人员、军队车马几乎终日不绝于途。1945年2~6月新四军苏浙部队向浙西敌后挺进，在孝丰镇及其附近，展开三次反顽自卫战役，取得了最后胜利。

孝丰是安吉的经济重镇，全镇有各类企业及个体工商户4000余家，其中工业企业600余家。工业以竹木制品、机械制造、纸及纸制品、医药化工、五金家具等行业为主，年工业总产值近50亿元。这里是浙北最大的土特产集散地；浙江省竹木制品专业区；1997年被国家有关部委列入全国小城镇综合改革试点镇；2005年被国家发改委确立为第一批全国小城镇发展改革试点镇，是浙江省中心镇、浙江省文明镇、浙江省教育强镇。

（十二）绍兴市越城区东浦镇

东浦镇位于长江三角洲南翼，西接亚洲最大的轻纺专业市场中国轻纺城，东临风景秀丽的镜湖国家城市湿地公园，北连国家级绍兴袍江经济技术开发区，镇域面积30.78平方公里，常住人口4.2万。

东浦以江南水乡名镇著称，境内河湖密布，水流纵横。自然秀丽的风光，曾吸引历代文人学者流连忘返，并留下了大量千古传唱的名句。东浦镇是中国历史文化名镇、全国环境优美乡镇，并获省级文明镇、生态镇等称号。

东浦是独具魅力的桥乡。境内桥梁遍布，特别是泗龙桥，由于江面开阔，设计独特，桥型壮观，被列为全国重点文物保护单位，并作为绍兴水乡、桥乡的代表作，成为东浦古镇桥梁的一个骄傲。

东浦是闻名于世的酒乡。东浦是绍兴黄酒的发祥地，酿酒历史可以追溯到大禹时代。到了宋代，东浦成为绍兴酿酒业的中心。自古至今，东浦酒一直受到人们的青睐，享誉海内外。手工制作酿酒更是东浦古镇的一绝。1915年，云集信记“周清酒”作为绍兴酒的代表，参加在美国旧金山举办的巴拿马太平洋万国博览会，荣膺金奖。

东浦是群星璀璨的名士之乡。东浦人杰地灵，英才辈出，在这块古老的土地上孕育了不少政治家、革命家、军事家、文学家和科学家。东浦还是具有光荣革命传统的名镇。

当前，东浦正处在转变经济发展方式的关键期、推进新型城市化的加速期、建成更高水平小康社会的攻坚期。古镇东浦充满生机、充满活力、充满希望。东浦将深入贯彻落实党的十八大精神，坚持以科学发展为主题，以加快转变经济发展方式为主线，进一步推进古镇保护、开发和利用，以更高标准实现经济繁荣、生活富裕、风尚文明，努力把东浦建设成为历史文化与现代文明融为一体的经济强镇、生态古镇、文化名镇。

（十三）宁波市宁海县西店镇

西店镇位于浙江省宁海县，属于沿海地区，镇域面积 102 平方公里，常住人口 4.3 余万人。西店是著名的“牡蛎之乡”和“中国蛋鸭之乡”，几年来被评为全国重点镇、全国创建文明村镇工作先进镇、浙江省文明镇、浙江省小城镇综合改革试点镇、浙江省中心镇、宁波市 20 强镇。2005 年全镇工农业总产值 59.86 亿元，财政税收达 1.59 亿元，年人均收入 7450 元。

这里有环境优越、风景独具特色的“山海之色”。西店镇东濒铁江，与强蛟镇、桥头胡街道隔海相望，南连梅林街道，西邻深甽镇，北与奉化市接壤。北部属于丘陵地区，有大岩山、桶盘山、铁场岭等。东南沿海平原，土地肥沃，农渔两利。西部的自然山体，东部的滨海资源，北部的溪水资源以及分布在镇域各地的人文资源，为西店打造集山海、生态、人文于一体的旅游景区奠定了基础，旅游开发潜力巨大。西店双山、水上乐园、广德寺和农家乐等一批旅游休闲亮点纷呈凸显。西店镇拥有海涂资源约 14 平方公里，是全国“鸭蛋之乡”和“牡蛎之乡”，已形成了畜禽、水产养殖两大优势产业和鸭蛋、香鱼、牡蛎等特色产业基地。随着农业结构布局的优化和服务体系的完善，农业产业化经营将蓬勃发展。

（十四）宁波市余姚市梁弄镇

梁弄镇位于浙东四明山麓，姚江之南，环四明湖畔，东南邻鹿亭乡，大岚镇，西接上虞市区。省道浒溪线纵贯全境，南连奉化溪口风景区，北出十多公里与沪杭甬高速公路相连。面积 94.5 平方公里。根据第五次人口普查数据，2000 年底总人口 30297 人。

梁弄是浙江省历史文化名镇，浙江省和宁波市的中心镇，位于浙东四明山麓，姚江之南，是杭州—绍兴—宁波—舟山黄金旅游线上的一个颇有特色的城镇，素有“第九洞天”“洞天福地”等美誉。梁弄是浙江省历史文化名镇，浙江省和宁波市的中心镇。

抗日战争时期，梁弄是浙东根据地的领导中心，有“浙东小延安”的美誉，浙东区党委、浙东游击纵队司令部、浙东行政公署等都驻在这里。2005 年初，梁弄镇被确定为全国百个红色经典景区之一。境内以四明湖、白水冲瀑布为代表的山水风光与五桂楼、孙子秀墓、羊额古道、四明湖革命烈士纪念碑、浙东区党委旧址、新四军浙东游击纵队怀念旧址等一批人文景观交相辉映。乡村游、果园认知采摘和山野风光等农家乐特色休闲旅游成为梁弄旅游的新亮点。

梁弄镇深入实施“生态立镇、工业稳镇、商贸活镇、旅游兴镇、文化名镇”五镇联动发展战略，加快了以革命文化为特色的旅游型山水生态城镇的发展，经济和社会各项事业取得了长足进步。

（十五）金华市义乌市佛堂镇

佛堂镇隶属于浙江省义乌市，位于浙江中部，义乌市南部，是中国历史文化名镇。全镇区域面积134.1平方公里（其中耕地面积32.8平方公里），户籍人口8.2万，常住人口20万，是义西南经济、文化、旅游发展中心，义西南产业带的重要产业组团。

佛堂距离义乌国际商贸城约15公里，东与东阳市交界，南与赤岸镇相连，西与义亭镇、金东区接壤，北与江东、稠江街道相邻。六大交通干线纵横成网（杭金衢、金丽温、03省道、涌金、金义东快速通道，浙赣线），交通便利，区位优势明显。

2015年，佛堂镇实现地区生产总值97.2亿元，财政总收入8.39亿元，完成有效投资39.57亿元，主要经济社会发展指标位居义乌市前列。

佛堂因佛而名，因水而商，因商而盛，历史文化底蕴浓厚，素有“小兰溪”之称，享有“千年古镇、清风商埠、佛教圣地”的美誉，为浙江四大古镇之一。除此之外，佛堂古镇还荣获中国历史文化名镇、中国传统建筑文化旅游目的地、全国文明镇、全国环境优美乡镇、浙江省非物质文化遗产旅游景区非遗主题（实验）小镇、浙江省特色商业示范街、经济发达镇行政管理体制改革试点、浙江省“小城市培育”试点、全国25个“经济发达镇行政管理体制改革试点”和浙江省27个“小城市培育”试点之一等荣誉。

（十六）衢州市衢江区莲花镇

莲花镇位于衢州市衢江区东北部，距衢城27公里，云丰公路直达，东与十里丰农场、龙游县相邻，北通省城，交通十分便利。人口34073，是衢江区人口最多的乡镇，面积73.18平方公里。

工业经济迅猛发展。镇党委政府积极实施“外招、内动、对接”三大战略，坚持工业发展首位意识，狠抓招商引资，全镇现有各类企业30余家，累计工业投入12500余万元，规模以上企业有6家，基本形成电子、机械、制造、服装、矿石为主导的多元产业格局。

现代农业欣欣向荣。效益农业、绿色农业、现代农业初具雏形。效益农业基地化，相继建有西瓜、葡萄、草莓、食用菌、优质稻、生猪、麻鸭、蔺草等十大基地，且皆居全区之首；绿色农业品牌化，拥有巨莲、一哥、绿红、莲凯等品牌，巨莲西瓜荣获“浙江省新秀品牌西瓜”称号，绿红象山橙荣获省柑橘博览会优质奖；产业经营组织化；现代农业机械化，农田基础全面完成标准农田建设，路渠管网现代化，农田作业机收机割率达90%，在全市率先初步实现农业机械化。

城镇建设大步推进。基本完成新一轮城镇规划修编测量工作。1.29平方公里商居用地和0.29平方公里工业用地的集镇建设框架已经拉开。以振兴街为集镇发展的主轴，商贸、文化、卫生、娱乐等各功能区定位明确。

各项事业蓬勃发展。“千村示范，万村整治”取得明显效果；康庄工程建设全面实施，全镇实现村村通水泥路，道路硬化达87公里，是全省三个康庄工程建设长远先进乡镇之一；学校布局进一步合理，师资力量雄厚，教学质量，全市农村学校领先；群众性创建活动不断丰富，“三项文明”建设成果凸显，“平安莲花”成为莲花镇的第一口品牌。

（十七）杭州市桐庐县富春江镇

富春江镇位于桐庐县西南部的富春江畔，西南连浦江、建德，北接县城桐庐镇，距杭州90公里。是国家级风景名胜区富春江、新安江、千岛湖黄金旅游线上的一座新兴工业旅游城镇。全镇总面积198平方公里，总人口3.2万。

该镇农业产业化特色明显。境内有外贸冷冻食品、原乡人食品和春江农庄等农业龙头企业；有蔬菜、草莓、水果、花卉种苗、特种养殖五大效益农业基地，其中，溪南蔬菜基地被评为浙江省无公害蔬菜基地；蓝天园林被评为杭州市都市农业特色园区；俞赵节水灌溉区被省农业厅列为三新技术示范区。观赏金鱼、梅花鹿及休闲观光农庄等一批新的种养项目和基地正在形成，成为农民增收的亮点。

凭借优越的地理位置和开明开放的政策，全镇已形成了机械制造、水泥建材、服装布艺三大支柱产业。特别是机械制造，镇内现有大小机械制造企业98家，生产的水轮机、拉丝机、汽车配件畅销国内外市场，被授予“浙江省机械工业专业区”。

富春江镇是投资创业的好地方，也是休闲度假的好去处。镇内旅游资源丰富，自然景观奇特，风景秀丽的富春江贯穿全境，七里泷大坝在此横截流，七里严滩竹筏搏浪，富春江镇富春江小三峡风光旖旎。沿江还有东汉古迹严子陵钓台、七里扬帆、葫芦瀑布、芦茨湾、白云源风景区等景点，舟行其境，处处景致处处情。

富春江镇社会经济发展迅速，进入了中国千强镇行列。获得了省级卫生镇、省级教育强镇、省级绿色小城镇、省级体育特色镇、省级社会治安综合治理先进单位和杭州市双拥模范镇、文明镇、新农村乡镇等荣誉称号。

（十八）嘉兴市秀洲区王店镇

王店镇总面积116平方公里，总人口6.6万人，是鱼米之乡，气候宜人，环境优美，人杰地灵。镇内有省级文物保护单位——清代大文学家朱彝尊故居“曝书亭”，是浙江省旅游百镇，被誉为江南水乡一颗璀璨的“明珠”。

王店镇是新兴的交通枢纽型工贸重镇，被列为浙江省中心镇。交通非常发达，沪杭铁路、沪杭甬高速公路和乍嘉苏高速公路在此交汇并拥有出入口，高速公路连接线穿镇而过，北接“320”国道，南连海宁、海盐公路，构成了嘉兴市南的交通枢纽。上高速公路距上海100公里、距杭州90公里、距苏州80公里。长水塘连接京杭大运河和黄浦江，离东方大港乍浦港仅30公里。全镇工业目前已形成了小家电、纺织、针织、保温、建材、化工、塑料、食品等行业。进入21世纪，为了更快地发展经济、加大对外开放、富裕人民，王店镇已把“招商引资、开发专业区”作为一号工程，并加快道路、通信、供电、供水等基础设施建设，改善投资环境。规划了面积为12平方公里的王店，中国小家电城工业专业区、小家电专业区——北区和小家电专业区——圣龙区。

（十九）金华市浦江县郑宅镇

郑宅镇位于浦江县东部，总面积40.14平方公里，总人口2.8万，是浦江工业重镇。郑宅镇以郑姓命名，是中国挂锁之乡、省级历史文化保护区、省级文明镇、省级教育强镇，市级中心镇。

2005年全镇实现工农业产值11.56亿元，其中工业总产值10.78亿元，税收2880万元，出货值2.02亿元，财政收入551万元，农民人均收入3750元，人口自然增长率3.99‰。

全镇共有企业294家，属县“127”工程企业4家，制锁企业171家，集团公司2家，年销售额收入超过亿元企业1家，超过5000万元企业2家，超过500万元企业13家。工业园区2个：上郑江南工业小区、浦江锁具专业园区、主导产业为锁具、服装、衬板、建材等，制锁企业产品主要有“梅花”“三菱”“荷花”“神汉”“红白”“亚光”“伯虎”“仙桃”等20多个系列，其中“梅花”牌铜挂锁是浙江著名产品，其系列产品，在新加坡、泰国、越南、东南亚等6个国家和地区注册了商标权，在市场竞争中优势凸显。制锁业已形成铸造、锁体、锁芯、锁匙、电镀、商标、装配等工序“一条龙”专业化生产、销售、服务格局。服装产品有“谁不想”“福莱喜”等品牌，衬板业产品占义乌（中国小商品城）的70%以上，恒昌集团染整厂是华东地区最大的漂染企业之一，年加工量超过20000吨。

（二十）杭州市建德市寿昌镇

寿昌镇地处浙江省杭州市建德市西南部，是浙江省西部千年古镇，省级中心城镇。1958年11月前，寿昌镇是原寿昌县县治。1992年4月，原卜家篷乡、陈家乡并入寿昌镇。2005年3月，原寿昌镇和原童家乡合并，成立新寿昌镇。全镇行政区域面积增至143平方公里，辖49个行政村，4个社区，截至2005年，总人口46416人。寿昌地理位置优越，交通便利，2002年5月省级建德经济开发区主区块坐落于寿昌。

境内拥有铁路、公路、航空三位一体交通网络体系。集空运、护林、娱乐等功能于一体的千岛湖通用机场建成启用，铁路金千线（金华—千岛湖）横穿境内，杭新景高速公路2006年底正式通车，320国道、330国道经开发区中心交汇而过，是通往杭州、金华、衢州等大中城市的中心桜纽。寿昌镇是一个古老集镇。三国吴分富春置新昌县，西晋太康元年（280年）更名寿昌县。寿昌之名始此。唐至德年间（756~758年）寿昌县治从白艾里迁万松镇。此后，这里一直为寿昌县县治，至1958年并入建德县时止。万松镇，因镇北有万松山而得名。1950年6月，分设东门、西湖两个乡。1951年7月，以东门、西湖两乡和河南里村地域，合并建置城关镇。1958年始的“大跃进”时期，先后为卜家蓬公社、寿昌公社的辖地，但人们仍习惯称原寿昌县城区为“寿昌”。1961年7月以原城关镇地域置寿昌镇公社，1981年1月撤社建寿昌镇。1992年4月，以寿昌、陈家、卜家蓬3乡镇地域，合并建置新的寿昌镇。

（二十一）台州市仙居县白塔镇

白塔镇地处仙居县中部，是仙居国家名胜区的中心，距县城20公里，西接“中国沿海古文化明珠”皤滩古街，南接淡竹乡，北至官路镇，东连田市，永安溪横贯全境，省道临石线穿镇而过，台金、诸永高速互通口，诸永高速服务区在白塔境内，是浙江省东南部一个生态型的新兴旅游休闲镇。2004年被六部委列为全国重点镇。

白塔镇镇域呈哑铃状，镇域总面积119平方公里，分镇中、镇南、寺前、茶溪四个管理区，总人口41167人，其中农业人口39555人，占总人口的96%。

发展定位，确立“旅游兴镇”，以休闲度假产业为重点，着力打造三大产业体系；努力打造以现代农业为基础、旅游休闲产业为支柱、与旅游相关的工业和农副产品加工业快速发展的现代产业体系。积极培育四大功能区块：旅游风景区、休闲度假区、农业生态区、农产品加工。把白塔镇建设成为经济社会和环境效益相统一的生态型现代化城镇，浙江东南部旅游线上的明珠，仙居的旅游中心和旅游休闲重镇。

（二十二）衢州市江山市廿八都镇

廿八都镇，廿八都地属浙江省江山市，地处浙、闽、赣三省交界的仙霞山脉中，素有“浙西南锁钥”之称，交通便利，205

国道穿镇而过。辖区南与福建浦城县盘亭乡、官路乡相邻、西与江西广丰县嵩峰乡、桐畈乡交界，北连江山市保安乡，东接双溪口乡。在浙江、福建、江西三省交界处，是个“鸡鸣三省”的山区古镇，与周庄、同里、乌镇等著名古镇相比，它依然是藏在深山人未识。全镇总面积 183.37 平方公里，辖 9 个行政村，总人口 12541 人。1931 年始建镇，1997 年被公布为浙江省历史文化名镇，2007 年被公布为中国历史文化名镇。

廿八都位于三省交界处，它之所以成为闽北、广丰等地的土特产和杭州、宁波、金华、衢州等地南北货、百货的集散地，完全是特殊的地理位置造成的。这里离过去著名的清湖码头大致一天的脚程，在近代交通发展之前，主要是靠水运，溯钱塘江而上的江山船闻名遐迩（郭沫若回忆录中还提及在杭州闸弄口见到有名的江山船），船到清湖靠岸，到福建、江西东部一带，就只有走仙霞古道这条唯一的陆上通道了，廿八都自是必经之路。

同样从闽北、广丰等地运来的货物也要到清湖上船，转运去杭、沪等地。无论是从浦城、广丰，还是清湖到廿八都大约都是一天的脚程，需要歇上一夜，第二天一早再动身，廿八都因此成为三省边境贸易的重要集镇，周边地区土特产和外地南北货物的集散地，商贾云集，百业兴旺，鼎盛时期至少有 50 多家饭铺（兼旅店）、60 来家批发商、几百家各类中转货栈。

是迄今为止已发现的我国唯一一个有百个以上姓氏的移民古镇。

（二十三）台州市三门县健跳镇

健跳镇与浙江三门县城海润街道相邻，东滨猫头水道，南与浦坝港镇连接，西与横渡镇交界，北濒蛇蟠水道。面积 181.7 平方公里，户籍人口 6.73 万。作为国家经济综合开发示范镇和省级中心镇的健跳镇，有着突出的禀赋条件和发展优势。

健跳镇工业经济强势推进。面对经济危机对造船、汽车等工业经济的冲击，不断加大全局工作的组织力度、政策措施的帮扶力度、转型升级的推动力度，深入开展“企业服务年和项目推进年”工作；实施领导班子挂钩联系重点企业、工业经济指标月分析、企业主定期座谈等制度，加强对企业的解困帮扶和服务。全镇工业在政府和企业的共同努力下，经济总体呈现爆发式增长态势。工业园区共引进企业 45 家，其中规模以上企业 17 家，初步形成汽车、造船、冶炼、机电四大支柱产业。全镇现有 10 家船舶企业，已建船台 19 个，船坞 4 个，总投资 24.5 亿元。

至 2009 年，全镇实现 GDP 28 亿元，财政总收入 8349 万元，农民人均收入 6269 元，经济和社会各项事业实现了跨越式发展。2010 年上半年全镇实现工业总产值 12.8 亿元，同比增长 23.94%；实现销售产值 12.8 亿元，同比增长 1.13%；工业性投入 1.8 亿元；财政总收入 4538 万元，同比增长 19.2%，完成年度计划的 50.4%，其中国税 2908 万元，地方财政收入 1798 万元。

二、福　建

（一）福州市永泰县嵩口镇

嵩口镇位于福建省中部，戴云山脉东麓。面积 257.6 平方公里。嵩口镇属典型的亚热带季风气候。镇区处于大樟溪和长庆溪汇流处，闽江下游最大支流——大樟溪横贯全境。嵩口镇境内山峦起伏，峰谷相间，地势险峻。东面的鲤鱼上天（山名），西面的白岩尖，南面的东湖尖，为嵩口镇也是永泰县的最高峰。嵩口自古即被称为永泰的南大门。

嵩口镇是永泰西南政治、经济、文化中心和重要交通枢纽，为永泰重要的农业、林业、李果生产大镇。

嵩口是南宋著名爱国词人张元干、闾山派道教宗师张圣君的故乡，保存完好的明清时期古民居建筑群100余座。

2004年完成工农业总产值3.2亿元，财政收入86.33万元，农民人均收入3408元。嵩口镇是全县李果生产地，现有李果面积2万公顷，总产量达9000吨，西甜瓜120公顷，年产量3600吨。柑橘、青梅、橄榄、香蕉、甘蔗、柿子等水果生产也逐步得到发展。

2011年，全镇总人口32852人，农业总产值达28889万元，工业总产值达23878万元，财政总收入537.19万元，其中预算外收入63万元，农民人均纯收入5823元，50万元以上固定资产投资1787万元。

2008年10月14日嵩口镇被国家文物局、住房和城乡建设部正式命名为“中国历史文化名镇”，成为福建省第三、福州市唯一的国家级历史文化名镇。

（二）厦门市同安区汀溪镇

汀溪镇是福建省厦门市同安区下辖的一个镇。位于厦门市同安区北部。面积114.3平方公里，户籍人口18360人（2004年）。御（史岭）造（水）公路、褒（美）堤（内）公路过境。境内有汀溪水库、溪东水库。宋代汀溪窑址为省级重点文物保护单位。湖头镇是“福建历史文化名镇”，地处闽南金三角，位于安溪县安溪湖头镇西北部，是安溪县北部中心城镇，历史悠久，人杰地灵，文化底蕴深厚，素有“小泉州”之称。

历来是安溪的交通枢纽和商贸重地。距厦门特区130公里，离大泉州经济区90公里，2013年12月31日通车的莆永高速公路泉州段，使湖头到福州可节省2个小时，加快湖头的发展进程，便于对接沿海，接受辐射；镇域面积101.2平方公里，四面环山，中间地势平坦，属沙谷盆地，海拔一般小于150米。全镇辖29个村，3个社区居委会，常住人口8万多人，流动人口1万多人。湖头镇社会稳定，经济社会事业平稳、快速发展。

2005年、2006年连续被评为“福建省100强乡镇”、被评为“2003~2005年度福建省”“文明村镇”“省级达标单位”。

（三）泉州市安溪县湖头镇

湖头镇是中国历史文化名镇、“福建首批历史文化名镇”，地处闽南金三角，位于安溪县西北部，东与蓬莱镇接壤，西与长坑乡相连，是安溪县北部中心城镇，历史悠久，人杰地灵，文化底蕴深厚，素有“小泉州”之称，2005年、2006年连续被评为“福建省100强乡镇”、被评为“2003~2005年度福建省“文明村镇”“省级达标单位”。

湖头正从“传统工业重镇”向“现代科技新城”转型，进而打造泉州乃至福建的光电新城。湖头镇立足县委、县政府提出的建设“现代工业城市”的发展定位，以工业经济为主导，以福建省安溪县经济开发区三个工业园区之一“湖头工业园区”为抓手，大力实施项目带动；依托产业优势和人文优势，以日益完善的投资环境，镇、村、企业“三位一体”的招商引资体系，灵活的“零地价”政策等多项优惠政策，积极营造招商引资氛围，吸引更多的投资商，促进投资项目的顺利进行。湖头工业园区基础设施完善。安溪经济开发区湖头工业园总体规划面积19.8平方公里，园区主干路网，电力、通信等配套设施完善。园区分为重工业和轻工业两个功能区，重工业区已有三安集团、安溪煤矸石发电有限公司、奇信镍业有限公司、三元集发水泥、湖头水泥、龙山水泥等企业入驻；轻工业区有宏泰鑫轻质墙材有限公司、厦门国道建材有限公司湖头矿粉厂、翔安工程机械配件、安华装饰材料等建材产业上下游企业入驻。

（四）南平市邵武市和平镇

和平镇位于邵武市西南，面积 192 平方公里，人口 2.1 万。和平镇历史悠久，早在 4000 多年前就有越族先民在此拓土定居，繁衍生息。和平地处邵南要冲，是古代邵武沟通闽西北和江西的交通枢纽。据史料记载，早在后唐天成元年（926 年），和平就已形成街市，五天一墟，商贾云集，附近府县和福州、江西等地都有大量客商前来进行纸业、笋干、茶叶、粮食等贸易。故宋代以降，和平又别称“旧市街”“旧圩街”。直到清末，这里的商贸和经济都还相当发达和繁荣。

和平建城堡，又称为“土堡”。堡内古镇区面积 0.43 平方公里。堡内连接南北城门的一条长 600 余米，宽 6~8 米，中间铺青石板，两边铺河卵石的古街是古镇主街，临街建筑多为前店后住形式。城堡内近百条卵石铺就的大小巷道，长的数百米，短的仅十几米，宽者可过轿马，窄者仅容一人通行。这些巷道纵横交错，曲折迂回，呈网络状，宛如一座迷宫。“九曲十三弯”的古街和纵横交错的古巷道加上众多的古民居形成罕见的城堡式古村镇。

和平历史上名人辈出，主要有唐乾符末镇将上官洎，唐中大夫、书法家吴崇书，后唐工部侍郎黄峭，宋庆历进士上官凝，宋大理丞黄通，宋中大夫上官恢，宋尚书吏部员外郎上官愔，宋太仆司农卿黄伸，宋紫金光禄大夫上官均，宋朝奉大夫上官涣然。而其历史上文化发达、经济繁荣的最具代表性的反映即是遗存的大量各类古建筑，不但有宝塔、书院、城堡、祠堂、义仓和庵庙宫观等公共建筑，还有近 200 幢明清民居，形成古建筑民居群。

（五）龙岩市上杭县古田镇

古田镇位于福建省上杭县东北部、梅花山南麓，地处龙岩市新罗、上杭、连城三县区结合部，北通连城、长汀，连接江西，西南达上杭、武平，通往广东，东连龙岩、漳平、达厦门。

古田镇位于梅花山世界 A 级自然保护区南麓，平均海拔 690 米。

古田镇境内资源丰富，截至 2008 年，已查明铜、铁、锰、钼、铅、锌，石灰石、辉绿岩、花岗岩等 23 种矿产；竹木资源和水力资源丰富。

截至 2009 年，古田镇辖苏家陂、下郭车、上郭车、模坑、文元、荣屋、五龙、溪背、吴地、新生、赤康、苎园、石滂、洋稠、大源、八甲、竹岭、外洋、上洋、赖坊、金湖 21 个村委会，面积 227 平方公里。镇政府驻八甲。

2009 年古田镇实现社会总产值 202895 万元，同比 2008 年增长 16.7%，工农业总产值 197646 万元，同比 2008 年增长 17.1%，其中，农业总产值 21973 万元，同比 2008 年增长 1.8%，工业总产值 175673 万元，同比 2008 年增长 18.3%；企业总产值 189839 万元，同比 2008 年增长 17.5%；企业增加值 45561 万元，同比 2008 年增长 22%；预计实现财政总收入 1921 万元，同比 2008 年下降 9%；人均纯收入 5817 元，同比 2008 年增长 8%。

（六）泉州市石狮市蚶江镇

蚶江镇位于泉州湾南岸，是著名侨乡，享有“中国灯谜艺术之乡”和“北狮王之乡”之称。土地面积 38.47 平方公里，海岸线长 17 公里，耕地 2 万亩，人口 5 万多人，海外华人、华侨及港澳台胞 3 万多人。

蚶江历史悠久，人杰地灵，文化旅游资源丰富，文物古迹众多，海滨风光旖旎，拥有世界文化遗产“海上航标”宋代六胜塔和唐代林銮渡。宋元时期，蚶江是“光明之城”“东方第一大港”——刺桐（泉州）的门户，海上丝绸之路的起点。石狮申报“中国休闲服装名城”的成功，休闲西裤作为主导产业占有不可忽视的地位。红膏蟹主要产地为石狮市蚶江镇石湖村。

2005 年，“蚶江海上泼水节”被列为福建省首批非物质文化遗产代表名录，2007 年，易名为“闽台对渡文化习俗”申报国家非物质文化遗产代表名录。

2001 年 1 月被海内外灯谜界推选为“二十世纪十大谜社”。蚶江因此于 2000 年先后被福建省文化厅和国家文化部命名为“福建省灯谜艺术之乡”和“中国灯谜艺术之乡”。

以蚶江镇西裤板块为龙头的纺织服装产业企业约 300 家（全部为非公有制企业），规模以上和以下企业分别有 55 家和 230 家，年产值 25 亿元，占蚶江镇工农业总产值的 70%，从业人员 35812 人。全年服装生产能力达 5000 万件（套），主要产品为以纯棉免烫面料为主导的西裤系列。

（七）福州市福清市龙田镇

龙田镇地处福清市龙高半岛中部，与海口、江镜、港头接壤。面积 88 平方公里，距著名风景区石竹山 27 公里。全镇面积 88 平方公里，总人口 12 万。古名“牛田”，源于南宋时蒙古族铁骑南下，江浙一带平民为逃避战祸迁居龙田，为南宋朝廷牧马放牛，逐渐形成集镇，故得此名。

龙田历来是福清龙高半岛的商贸中心，是福州市 20 个商贸旺镇之一。群众的收入主要来自第二产业、第三产业。龙田镇人民已完全脱困，基本实现宽裕型小康目标。曾先后荣获全国“全民健身先进乡”、全省“十好文明乡镇”等荣誉称号，连续三年被评为省、福州市“先进基层党委”，连续两年被评为福州市“标兵单位”。

2009 年全镇实现工农业总产值 51.178 亿元，占福清市的 10%。其中工业总产值 42.16 亿元，农业总产值 9.018 亿元；规模以上工业产值 31.6 亿元，同比增长 18.3%；固定资产投资 13.25 亿元，同比增长 42.5%；内资实际到资和实际利用外资分别为 21500 万元、310 万美元；社会消费品零售额 15.3 亿元，财政总收入 9384.85 万元，同比增长 43%，其中中央级收入 3502 万元，地方级收入 5883 万元。

工业目前形成了水产加工业、铝合金型材加工、化工、鞋包加工等支柱产业，规模以上企业产值 36.1 亿元。龙田镇经济发达，是龙高半岛上一座经济强镇和商贸重镇，相继被列为全国重点乡镇、福建省城镇体系建设专项规划中心镇、全省小城镇综合改革建设试点镇、福州市次中心城镇。

（八）泉州市晋江市金井镇

金井镇是福建省泉州市晋江市下辖的一个镇。金井镇位于晋江东南沿海部，离金门岛仅 5.6 海里。

金井镇的围头万吨级港口是其主要的进出口支撑，主要进行对台湾的贸易。而金井也是皮革，纺织重镇，如著名的福建七匹狼集团有限公司就位于该镇。

金井镇位于闽东南晋江沿海突出部，距金门岛仅 5.6 海里，陆地面积 56.7 平方公里，海岸线 26.5 公里，辖 2 个社区、20 个村委会、60 个自然村和 2 个居委会，全镇人口 5.8 万人，旅居海外的侨胞和港澳台同胞十多万人，是福建省著名的侨乡，经济实力居福建省百强乡镇第 25 位，全国千强镇第 966 位。拥有花岗岩、玻璃沙、浅海滩涂等自然资源和石圳变质岩、西资岩石佛、围头金沙湾、“八二三”炮战遗址等旅游资源。

是著名的侨乡。先后被省委、省政府授予“综合实力百强镇”“科技示范镇”“双拥模范镇”“十好文明集镇”等荣誉称号。

2003年，全镇乡镇企业总产值33.2亿元，其中工业产值27.7亿元，三资企业产值22.8亿元，出口交货值1.3亿美元，合同外资5048万美元，外资企业增资3家，增资额761万美元，全年累计实际利用外资5809万美元，国税完成1.1亿元，地税完成0.32亿元。立体农业前景广阔，近海养殖业迅速兴起，工业企业蓬勃发展，拥有多元化的服装织造及辅料工业企业450家，其中有荣获全国驰名商标的福建七匹狼集团有限公司。

（九）莆田市涵江区三江口镇

三江口镇位于莆田市涵江区东南部，濒临兴化湾，西与白塘镇、涵东街道办事处为邻，南与荔城区黄石镇隔海相望，北以福厦公路为界与国欢镇相连，距涵江城区仅1公里多，是涵江区对外开放的一个主要“窗口”，为福建省小城镇建设试点镇之一。三江口镇下辖17个行政村，总面积17.5平方公里，总人口5.4万多，旅居海外的“三胞”有3.2万多人。

三江口镇脱胎于原涵江乡，拓疆于唐，沿袭于宋，昌盛于明、清。境内三江口港是个天然良港，历史上曾与福州、厦门、泉州、三都澳同列闽省五大港口，是涵江乃至闽中地区最大的货物集散港。1899年三江口港正式对外通商，船只穿梭、商贾云集，涵江乡因此而有“小上海”之美名。三江口地区原属莆田县涵江乡，1984年涵江建区后隶属于涵江区，1993年2月建镇，是莆田市新生兴的港口城镇。

（十）龙岩市永定区湖坑镇

湖坑镇位于永定东南部、金丰溪上游。东与古竹乡、高头乡、南靖县书洋乡相连，东南与平和县芦溪乡接壤，西邻大溪乡，北与陈东乡隔界，面积96.1平方公里，莆田市涵江区三江口镇，著名的土楼旅游区、侨台区、边区、老区。1993年撤乡建镇，镇政府设于湖坑村，距县城38公里。在“百村千楼新风竞赛”活动中，全镇25座楼受表彰。

湖坑具有光荣的革命传统，张鼎丞、刘永生、魏金水、朱曼平、伍洪祥等老一辈革命家当年曾率领游击队在李子岽、仙洞、关山和老吴子一带战斗，在这些地方设立过闽粤边区工委、闽西特委、永和埔靖县委和金丰区委等机关，素有“小延安”之称。

旅游胜地有新南的秀峰山、南中的岩下山、奥杳的金莲山、湖坑的丰盛庵和实佳的双水庙、宫背的马额宫等。其他自然景观还有“仙人挡石”“金龟伏印”“坪顶牧笛”“石窟鸡声”“五峰烟雾”“合溪水色”“虎豹漏涎”“马额青草”等。

该镇拥有大小土楼1500多座，其中特色土楼227座，其中振成楼、振福楼、如升楼、福裕楼、环极楼、衍香楼、实佳土楼群等都极为著名，是永定主要旅游景区。1988年后，土楼旅游成为湖坑的支柱产业。协助拍摄十多部有关土楼的影视作品，使湖坑走向世界。组建“土楼风味小吃一条街”和“土楼购物一条街”，以旅游带动商贸、服务、信息等行业发展。2000年，全镇从事旅游等相关产业的工商户有200多家，从业人员2500多人，涌现出一批靠土楼致富的个体户。同年，游客量达15万人次，旅游收入500余万元。

该镇盛产红柿。2000年，红柿产量达4000吨，居全县各乡（镇）前列。针对红柿产量剧增、果品市场供大于求的状况，镇政府鼓励广大干部参与红柿加工、营销，较好地解决了产品积压问题，当年为农民增加收入 400 万元。该镇还有石灰岩储量 0.05 亿吨。

（十一）宁德市福鼎市点头镇

点头镇位于福鼎市中部，是国家建设部小城镇建设试点镇，福建省综合改革试点镇。点头镇属中亚热带季风气候。全镇总面积 109 平方公里，总人口 42829 人。区位优势独特，背靠福鼎市区，东临沙埕良港，西与山城明珠柘荣县接壤，南抵全国闻名的太姥山风景区。水陆交通便捷。

点头气候温和湿润，山海资源丰富，素有“茶花鱼米之乡”的美誉。点头镇是福鼎市大毫茶的发源地，茶叶是该镇的支柱产业，全镇茶园面积约 17 平方公里，年产干茶 1700 吨，产值上亿元，产量产值双居福鼎市首位，现有无公害茶园基地约 7 平方公里。建有宁德市最大的闽浙边贸点头茶花专业贸易市场，占地面积 8000 多平方米，年交易茶叶达 5 万担。茶叶产品共有 60 多种，在 1999 年美国国际产品（技术）博览会上，白毫银针获国际驰名商标品牌，功夫红茶获金奖，莲心绿茶获名茶奖，金猴银针、玫瑰花茶获优质奖。全镇茉莉花面积约 1.4 平方公里，为茶叶提供足够的香花原料。

点头镇水产养殖业迅速发展，全镇滩涂面积约 4.7 平方公里，养殖虾、虫寻、蚶、蛏等小海产品约 2.3 平方公里。利用八尺门深水海域，网箱养殖黄鱼、鲈鱼等海产品 5000 口。发挥马洋淡水鱼苗养殖场的作用，利用马洋溪、翁溪及水库养殖黑鱼鲫鱼等淡水鱼，在龙田村进行淡水跳鱼驯化，水产品年产量达 4120 吨。

大力发展农副产品，在观洋村建立肉兔良种繁育场，在扆山村后坑建立反季节蔬菜基地，在观洋村建立花卉基地。

矿藏资源丰富，有普照花岗岩和梅山辉绿岩。水能潜藏量大，小坪溪可建三级水电站，装机容量达 1500 千瓦。点头工业企业已初具规模，基本形成茶叶加工，石板材加工、烟花爆竹、鱼露等行业，全镇茶叶加工厂达 100 多家。京点茶厂、品品香茶厂茶叶生产规模为福鼎市最大的茶厂，点头茶叶产品畅销全国 20 个省市区，外销日本、东南亚一带；全镇建有观洋、岐尾两大石材工业小区，共有石材加工厂 65 家，年产值达 1.4 亿元，产品出口韩国。

（十二）漳州市南靖县书洋镇

书洋镇位于南靖县西南部，是世界文化遗产——福建土楼的所在地，东与船场镇毗邻，西与永定县古竹乡交界，南与平和县芦溪镇接壤，北与南靖县梅林镇、奎洋镇相连，是南靖、平和、永定三县交汇处的旅游重镇。平均海拔在 400 米以上，最高海拔 1399 米，气候温和，雨量充沛，属典型亚热带气候。全镇总面积 184 平方公里，其中山地面积约 129 平方公里，耕地面积约 16.7 平方公里。

独特的景观形成了丰富的旅游资源，富于观赏、科研价值，每年都吸引大批书洋镇国内外专家、学者、游人前往研究、考察、观光，1992 年 11 月联合国教科文组织迪安博士在赞叹于田螺坑土楼建筑艺术之际，表示将努力推荐其为世界文化遗产。1999 年县、乡两级大力增加投入，改善土楼旅游设施建设，以保护并深层次开发土楼资源。

境内交通便捷，道路四通八达，与厦门、泉州、漳州和龙岩等重要客源城市的交通联系紧密，距漳州 75 公里、距漳州港 100 公里、距厦门国际机场 140 公里、距泉州 200 公里，省道山梅公路和规划中的古武高速公路穿境而过，公路网络日臻完善。

（十三）南平市武夷山市五夫镇

五夫镇位于武夷山市东北部，镇域面积 175.75 平方公里。东与浦城石陂交界，南接建阳徊潭，西靠建阳将口，北与武夷山市上梅乡接壤。地处崇山峻岭之中，东面荒盘岗；南面笔架山；北面梅岭岗。

镇办企业有农械厂、家具厂、海绵厂、胶合板厂等。历年来建有电站 7 座，装机容量 442 千瓦，水库 7 座，总容量 333.5 万立方米。

五夫镇文化发达，宋代以来名人辈出，是抗金名将刘合、吴介、吴遴、刘子羽和理学家刘子翠等的故乡。理学宗师朱熹在五夫苦读成名，后继续在此和武夷山著书立论达 40 余年，留下了紫阳楼遗址、屏山书院遗址和五夫社仓等珍贵文物。1988 年 6 月，建阳地区行署、崇安县人民政府出资 5 万元修复五夫里文化遗址，修缮朱子社仓、兴贤书院。南宋古街等处。

（十四）宁德市福安市穆阳镇

穆阳镇地处福安市西部，穆水溪畔，浦赛公路北侧，是福安市主要集镇之一。土地面积 3 平方公里，耕地 3189 亩。穆阳历史悠久，人文荟萃。古代缪、穆同音，穆阳为缪姓聚居地，是宋代乡贤缪烈故里。镇区交通方便，穆阳溪河可通木船。1956 年前，周宁、政和、松溪等县的生活必需品就从这里集运。茶叶、穆阳烤肉、水蜜桃、线面、纸伞为地方特产。有乡贤林承强诗赞。

穆阳镇地处福安市西部，辖区面积 18.5 平方公里，耕地面积约 2.5 平方公里，总人口 1.5 万。2006 年，工农业总产值 3.73 亿元，财政收入 267 万元。

基础设施较为完善，省道下浦线横贯全境，穆阳溪与赛岐港连接，福穆线与 104 国道交接，区内交通便捷。电力资源丰富，穆阳水电站总装机容量 5000 千瓦，自来水厂日产 3000 吨，程控电话进入辖区各村居，移动电话网络覆盖全镇。文化卫生医疗设施配套。

三、重　庆

（一）万州区武陵镇

武陵镇是位于忠县、石柱、万州交汇处的边贸大镇，也是万州区的移民大镇。全镇辖区面积 34.4 平方公里，人口 2.05 万人。其中集镇占地 1.2 平方公里，常住人口 1.1 万人，辖 12 个行政村、138 个社，2 个居委会。全镇移民淹没涉及 8 个村、58 个社、1 座集镇，淹没土地 5763 亩。农村规划安置 5781 人，集镇规划动迁 5650 人。淹没房屋 32.78 万平方米，其中集镇 17.37 万平方米。切块包干静态补偿 1.71 亿元，其中集镇 8254 万元。农村移民安置占龙宝移民开发区的 43.6%，占万州区的 10%，集镇迁建占万州区的 30%。经过全镇干部、群众的艰苦努力，农村完成生产安置 3538 人，完成生活安 3755 人，完成移民投资 6484.59 万元；完成集镇居民规划搬迁 5650 人，完成占地移民安置 559 人。集镇路网设计合理，功能分区明确，基础设施按规划完成，且富有建筑特色。完成移民投资 10045.45 万元。二期移民任务全面完成，库底清理通过国家验收，整体移民搬迁实现了“双包干”。

（二）涪陵区蔺市镇

蔺市镇历史悠久，据发掘镇区的宋代古墓考察证实，蔺市已有 800 多年历史，自古有“君子镇”之称，民风淳朴，地灵人杰，有闻名川东的“龙门桥”古石桥，《涪陵县地名录》记载：“古代蔺姓大户世后其也，后成集市，宋代设有蔺市驿，明代末设蔺市镇。”成镇建制有 370 多年历史。

蔺市镇位于闻名遐迩的“中国榨菜之乡”——涪陵西郊，东距涪陵 20 公里，西至重庆62公里。蔺市濒临长江，自古是长江黄金水道、重要水码头。渝怀铁路、茶涪路（二级路）、沿江高速横贯镇区，水陆交通极为便利。

蔺市镇辖区面积163平方公里，东与龙桥街道相连，南与青羊镇相接，西与新妙镇和石沱镇接壤，北与义和镇隔江相望。耕地56754亩，海拔175~800米。海拔高度156~872米，其中156~650米为半坡地，650~782米为坪上低山浅丘地带。土壤经棕、紫泥土为主。年平均气温16~18℃，年降雨量900~1100毫米。主要农产业为水稻制种、南方早熟梨、中药材、花卉苗木、蔬菜、蚕桑等。

蔺市镇场镇建成区面积2平方公里，辖24个村（居）委，134个农业社，20459户，51528人；企业330个，其中微型企业227个，规模以上企业3个；中学2所，小学6所，在校学生7443人；火车站1个，码头2个，渝怀铁路、茶涪路、沿江高速路横贯全镇。蔺市镇已有800多年历史，文化积淀丰厚，自古有“君子镇”之美誉，辖区内可供旅游利用和开发的历史文化景观众多。

2016年10月，入选第一批中国特色小镇。

（三）黔江区濯水镇

濯水镇位于重庆市渝东南（黔江区），距黔江县城32公里，蒲花河、乌江支流阿蓬江穿越腹心，渝湘高速、国道319线、渝怀铁路纵贯全境，伍佛岭山脉和麒麟山脉东西对峙，形成了独特的“一江一河一线两山”地形地貌。

濯水镇辖区面积105平方公里，有耕地面积约15.29平方公里，全镇总人口27055人，城镇常住人口8930人，城镇面积1平方公里，全镇辖4个行政村，5个社区居民委员会，79个村民小组，是重庆市百个经济强镇、商贸重镇和中心集镇之一。

重庆黔江区濯水镇于2014年2月19日被住房和城乡建设部和国家文物局公布为第六批中国历史文化名镇（公布文号《建规〔2014〕27号》）。

（四）潼南区双江镇

双江镇是中国第一批十大历史名镇之一（2003年由国家建设部和文物局联合评选）。古镇建于明末清初，距今有400余年。双江镇位于县城西北10公里，这里是中华人民共和国第四任国家主席杨尚昆的出生地，也是全国首批历史文化名镇。古镇因猴溪、浮溪如玉带环腰而得名，自古便是西南地区的军事、商贸要地。双江镇拥有全国历史文化名镇、重庆市十大精品旅游工程、重庆市红色旅游线、尚昆主席故里等众多品牌。

区位优势：随着渝遂高速公路的建成通车，镇辖区内（五里村）设立互通口，区位条件得到明显改善，为镇域经济发展开辟了新空间，注入了新动力，创造了新优势。

品牌优势：拥有全国历史文化名镇、重庆市十大精品旅游工程、重庆市红色旅游线、尚昆主席故里等众多品牌，为全面推动旅游产业化发展奠定了坚实的基础。

旅游资源：作为全国历史文化名镇，拥有杨闇公旧居、杨尚昆旧居等红色旅游资源，全国保存最完好的清代民居建筑群等众多景点，丰富的古镇历史文化底蕴以及独特风土人情、田园风光、人文精神，形成了瞻伟人、观古建、游古道的红色、古色旅游氛围。

（五）铜梁区安居镇

铜梁安居古镇是重庆市批准的20个历史文化名镇之一。安居古镇距今有1500多年的历史，是重庆市北部重要的口岸城镇，自古便有“安居依山为城，负龙门，控铁马，仰接遂普，俯瞰巴渝，涪江历千里而入境”。安居古镇背依俊秀的山脉，北临平静而悠远的涪江、琼江，乌木溪穿镇而过，使古镇位于山与水构成的整体环境中。楼郭下船墙蚁聚，两江上渡舟往来，构成一幅天然画卷。铜梁区安居镇位于县城西 17 公里处，距重庆市区 60 公里，地处琼江、涪江交汇的南岸，距渝遂高速公路入口 2 公里，国道 319 线横穿境内，因其水陆交通方便，曾于明朝成化十七年（1481 年）建县，后于清雍正六年（1728 年）撤并入铜梁县，是重庆市历史文化名镇，“百强乡镇”，商贸中心镇。

安居镇面积 57.4 平方公里，全镇约 3.8 万人，城镇常住人口 1.2 万人，城区规划面积 3 平方公里，建成面积 1.5 平方公里。

安居镇获评“2014 中国最具文化魅力古城”。

（六）江津区白沙镇

白沙镇位于重庆西部，扼长江之要津，是万里长江上游的国家级第一深水良港，更是黔北地区及江津西部的经济、文化、商贸中心和交通枢纽。辖区面积 238 平方公里，总人口 15 万人，2012 年主城区人口近 10 万。是重庆市第一人口大镇及重庆市重点发展的中等城市。素有“天府名镇”“川东文化重镇”之美称和“小香港”之盛誉。2010 年，获住房和城乡建设部、国家文物局授予第五批“中国历史文化名镇”荣誉称号。2013 年 12 月，江津白沙被纳入全国经济发达镇行政管理体制改革试点，是重庆首个试点镇。2012 年，被列入全国第三批改革发展小城镇。未来几年，白沙镇将依托白沙工业园，以科学发展观贯穿全镇发展改革试点工作的各个环节，着力采取以下措施，把白沙建设成为风貌独具、特色鲜明、设施完善、环境优越、功能齐全、辐射明显、产业发达、经济繁荣、镇风文明、和谐宜居的现代文明中国历史文化名镇和宜居宜业的长江上游中等城市。一是推进发展规划创新，提高建设管理水平；二是培育特色镇域经济，加大基础设施投入；三是以改革为动力，增强可持续发展能力；四是健全政府管理体制，促进政府职能转换。

（七）合川区涞滩镇

涞滩镇位于重庆市合川东北 32 公里处渠江西岸的鹫峰山上，是国家历史文化名城，是合川区重点建设的五个中心镇之一。全镇辖区面积 70.99 平方公里，现辖 19 个村，1 个社区居委会，122 个合作社，3 个居民小组，12543 户，40701 人（其中，少数民族 333 人，农村人口 38788 人，劳动力 23809 人）。

2006 年实现地区生产总值 17408 万元，固定资产投资 6758 万元，社会消费品零售总额 5459 万元，粮食播种面积 59421 亩，总产量 16356 吨，地方预算内财政收入 48.6 万元，农民人均纯收入达 2998 元，金融机构各项存款余额达 1.7 亿元。辖区内有涞滩古镇和双龙湖两个旅游景区。

涞滩镇坚持“旅游立镇、旅游兴镇、旅游强镇”指导思想，大力实施涞滩镇“发展两线、建设三片”经济发展战略，即重点发展涞滩至双龙湖公路沿线，涞滩至小沔渠江沿线，着力建设涞滩古镇景区和双龙湖旅游景区及宝华现代农业示范片。而今，涞滩镇正按照“提速发展、跨越赶超”的要求，全力推进旅游开发，认真解决“三农”问题，全面发展社会事业，切实加强党的建设，努力构建和谐新涞滩。

（八）南川区大观镇

大观镇位于南川西北部，距县城 24 公里，距重庆 92 公里，东与沿塘、河图北接土溪，西与巴南区接界，南挨兴隆，是一个建制镇，也是重庆市级小城镇建设试点镇。境内交通四通八达，四条公路贯穿其间每日客货汽车直往重庆、涪陵、南川城区，是一个拥有城区面积 2 平方公里，已建成面积 1.2 平方公里的小城镇。城镇辖区面积 87 平方公里，耕地面积 18.656 平方公里，村地 6.94 平方公里。海拔高度 660 米，年降雨量 135 毫米，年平均气温 16℃。全镇 15 个村，1 个居委会；125 个社；7841 户人家，总人口 25679 人。镇区内街道 5 条全部硬化，公用设施水、电、气齐全。公路、广播、电视、电话村村通，自来水、公园、广场、影剧院、各种市场配套完善。文教、卫生、医疗网完全能满足全镇人民就医的需求，小城镇发展规划已制定，征用工业用地 120 亩。1995~2001 年镇连续获南川市委市政府城建工作一、二、三等奖，并获重庆市建委小城镇风貌设计规划二等奖。

大观镇主要资源：粮食、生猪、家禽、茶叶、蚕桑、芝麻、页岩。主要产业：农业、畜牧业、经济作物、建材、食品、化工。大观镇党委政府的目标是将大观建设成为一个和谐，繁荣，可持续发展的生态小城市。

（九）长寿区长寿湖镇

长寿湖镇地处长寿区东北角，位于龙溪河流域中下游的长寿湖畔，距长寿主城区 28 公里，距重庆主城区 100 公里。长寿湖镇现辖 13 个行政村和 1 个社区居委会，111 个村民组，辖区面积 104.53 平方公里，有 14605 户，现有人口 51824 人，其中农业人口 45306 人。长寿湖镇因美丽的长寿湖而得名。长寿湖风景区将建设成为蜚声中外的旅游名片，并将长寿湖风景区列入重庆市十佳风景区。以此为契机，2003 年，长寿区委区政府提出，以长寿湖风景区为龙头，全力加快长寿旅游资源开发，将长寿建设成为重庆市休闲旅游胜地。作为长寿湖风景区开发的主战场，长寿湖镇顺势而上，乘借长寿湖旅游开发的东风，依托实施重庆市百强镇工程，加快旅游名镇建设，调优产业结构，全镇经济社会持续快速发展，全镇综合实力迈上了新的台阶。

长寿湖镇因美丽的长寿湖而得名。辖区长寿湖水面面积 20 多平方公里，占长寿湖水面面积的 1/3。重庆市委市政府主要领导要求，要将长寿湖风景区建设成为蜚声中外的旅游名片，并将长寿湖风景区列入重庆市十佳风景区。以此为契机，2003 年，长寿区委区政府提出，以长寿湖风景区为龙头，全力加快长寿旅游资源开发，将长寿建设成为重庆市休闲旅游胜地。长寿湖风景区基础设施建设如火如荼，招商引资进展顺利。

（十）永川区朱沱镇

朱沱，东隔长江与重庆江津区相望，南临四川省合江县，西界四川省泸县，北倚永川辖区的何埂镇、松溉古镇。朱沱距永川区约 42 公里，距重庆主城区 109 公里（水路 140 公里）。

朱沱镇，环境优美，资源丰富，交通便捷，历史悠久，享有重庆长江上游第一镇的美誉。

唐高祖武德三年（620 年）在此设县，至今已有 1300 多年历史。清朝，康熙年间湖广填四川，迁来移民中朱姓众多，又因居住地（今朱沱镇老街至汉东村地段）有一深泓长江回水沱，此地开始被叫作朱家沱，后简称朱沱。

朱沱镇位于重庆永川区南部长江之滨，历来为重庆市永川区、江津区、四川省泸县、合江县四区（县）交汇的商贸重镇，长江黄金水道流经镇内 15 公里，水陆交通便捷，是渝西地区对外开放的重要口岸。

至2016年，朱沱将建成区面积将达到20平方公里（其中城区面积5平方公里）的港桥新城，城市人口达到6万人，朱沱将打造成为永川的滨江重镇，成为“秀美、富庶、幸福”的江畔明珠。

2014年首届重庆最美小城镇评选活动中，朱沱镇获得十大“最美小城镇”称号。2015年1月，重庆市商业委员会授予朱沱镇“重庆商贸强镇”称号。

（十一）垫江县高安镇

高安镇地处垫江县城东部，西邻垫江县的长龙镇、黄沙镇、高峰镇，南接杠家镇，东靠沙河乡，北临永安镇。距县城14公里，距重庆市中心126公里，到长寿长江深水码头79公里，离沪蓉高速路接口处6公里，是重庆市垫江县所辖的一个建制镇，是重庆市级小城镇建设试点镇。镇区域内地势呈东高西低，属浅丘地带，海拔高度为320~1075米，东山、宝顶山为最高峰，平均海拔高度为420米，气温适宜，土地肥沃，物产资源丰富，主要以农业为主，常年盛产水稻，玉米，小麦等，总产量达2.72万吨，经济作物以油菜，蚕桑，水果，蔬菜，生猪为主，年产生猪出栏数5.7万头，家禽28万只，蚕茧5000担，水果，黄沙白柚基地正在形成。

高安镇山、水、洞别具风格，旅游资源得天独厚，相传大禹曾在这里，开洞排洪水时，引通一个直通湖北官渡口——秋烟洞，洞内奇山异水，石笋钟乳等千姿百态；有九千九百九十道坝。洞外烟雾缭绕，洞内冬暖夏凉。更有杜鹃之王——千年杜鹃的栖身之所——宝鼎山（又叫鸣凤山，海拔1063米）。山上风光旖旎，顶上有玉清池、老君殿、送子殿、大佛殿等。山边有“舍身崖”“杜鹃树王”（树龄1000多年，树高15米，胸径1.1米）。堪为中国唯一的天堂文化风景旅游区，也正在申报之中（该项目累计投资近10亿元），建成后可与丰都鬼城“地狱”媲美。

（十二）酉阳县龙潭镇

龙潭古镇是中国历史文化名镇、国家AAAA级旅游景区。

龙潭古镇位于重庆市渝东南，地处武陵山区腹地，面积1.5平方公里，龙潭因伏龙山下两个状如“龙眼”的余水洞常积水成潭，古镇自“龙眼”之间穿过，形如“龙鼻”，因而得名。

龙潭自蜀汉以来，曾相继为“县丞”“巡检”“州同”“县佐”所在地，已有1700余年的历史。自宋及清600余年的“蛮不出洞，汉不入境”土司统治政策，造就了龙潭这一千年古镇独有的建筑艺术和神奇的民族文化。

龙潭古镇有1.4平方公里的明清建筑群，是重庆市保存最完好、规模最大的古镇。古镇内有文物保护单位27个，其中国家级1个，市级2个，县级24个。

龙潭镇，山清水秀，地灵人杰，历史悠久，民族文化源远流长。自秦统一全国至今，由梅树龙潭到如今龙潭，据书面记载已有2200多年的历史。

（十三）大足区龙水镇

龙水镇历史悠久，建置于唐乾元年（759年），距今1200余年，古有“昌州”之说，今有“五金之乡”美名，历来是大足工业中心、交通枢纽、经济重镇。是西部最大的建制镇、全国“小城镇建设示范镇”、国家级文明镇、首批“全国发展改革试点小城镇”、重庆市“百镇工程镇”、重庆市十大“综合实力小城镇”、重庆市特色示范镇、重庆市统筹城乡示范镇。龙水镇位于大足区中南部，年均气温17.4℃，年均降水量1009毫米，濑溪河穿镇而过。城区南距成渝铁路、成渝高速公路15公里，北距大足县城14公里，东距重庆城区90

公里。乡村级公路网络如织。粮油作物播种面积 9 万亩，2011 年城区面积为 17 平方公里，总人口 14.9 万人，到 2020 年规划人口 25 万人，城镇规划面积 25 平方公里，发挥县域经济中心和商贸中心，工业重镇的职能。

龙水辖区面积 111.88 平方公里，城区面积 6.25 平方公里，辖 28 个村（社区），总人口 13 万多人，城镇居住人口 6.2 万人。作为西部最大的建制镇，是大足区的腹心，东距重庆 70 公里，南距成渝铁路、高速路 15 公里，西距成都 280 公里，北距世界遗产——大足石刻 16 公里，大邮路、龙铜路横贯而过，交通便捷，是市“双十百千”工程中 100 个小城镇之一。

四、河　南

（一）焦作市温县赵堡镇

赵堡镇位于温县东大门，距城区 8 公里，南滨黄河与荥阳县相望，东接武陟县，北依沁水，与武德镇相邻。该镇总面积 55 平方公里，耕地面积约 22.67 平方公里，黄河滩可耕地约 12.67 平方公里。该镇人杰地灵，区位优越。有公元前 1525 年商代帝祖乙的定都遗址，古名邢邱。清末名宦李棠阶，其故里系该镇南保丰村，曾任大理寺卿、军机大臣、礼部尚书等职。名扬中外的太极拳发源于该镇陈家沟。南水北调、西气东输、新洛公路、贯穿全境。2005 年，镇党委政府带领全镇人民致力于项目建设、特色农业、文化产业、第三产业的发展，全镇地区生产总值完成 36086 万元，较上年增长 24.8%；限额以上工业增加值完成 4400 万元，同比增长 72.4%；限额以下工业太极拳博物馆增加值完成 2780 万元，同比增长 41.5%；全社会固定资产投资 8500 万元，同比增长 47.4%；财政收入完成 385.98 万元，农民人均收入达到 3600 元，同比增长 11.8%。全镇呈现出稳定发展的良好局面。

村镇建设规划通过了专家评审，完成了“村村通”工程总长 13.798 公里。建立了赵堡、陈沟、郑老庄、西新庄 4 个文化中心示范村；建立了 14 个远程教育接收站；组织实施了新型农村合作医疗制度。

（二）许昌市禹州市神垕镇

神垕因钧瓷而繁荣驰名。早在唐代神垕就已烧制出多彩的花瓷和钧瓷，到了北宋徽宗年间，钧瓷生产达到了登峰造极的地步，被定为“宫廷御用珍品”，官府在阳翟（今禹州市）钧台附近设置官窑，为宫廷烧造贡瓷，实现了钧瓷生产由民窑向官窑的转变，位居中国五大名瓷之首。

神垕镇成功入选“2014 年度河南十佳美丽乡村”。

2016 年 10 月，入选第一批中国特色小镇。总人口 44000 人，其中镇区人口 32000 人，镇区面积 7 平方公里，是中国九大传统陶瓷产区之一。农业人口 26000 多人，非农人口 16000 多人，多为汉族，回族人口占 0.5%。

全镇共有陶瓷企业 460 多家，生产钧瓷、炻瓷、高白细瓷等六大系列千余品种产品，年产量达 7 亿件，产值 18 亿元，成为河南省重要的陶瓷出口基地。

随后，钧窑的发展进入鼎盛时期，神垕镇形成了庞大的窑系，成为钧陶瓷生产最集中的地区。金元明清时期，神垕镇日用陶瓷生产渐成规模，成为全国日用瓷主要产区之一，至今已有 4000 年建镇史。

神垕镇的主要特色是钧瓷文化及千年古镇。钧瓷作为宋代五大名瓷之一，起源于神垕，其遗址的发掘被评为 2001 年中国十大考古发现。而早在 1979 年，神垕就被河南省确定为十八条旅游线路之一，许昌市三大旅游品牌之一，按照省委、省政府

《关于大力发展文化产业的意见》和《许昌市文化旅游产业发展“十一五”规划》要求，结合神垕实际，禹州市提出了“以钧瓷文化为品牌，以神垕古镇为载体，以钧瓷产业为集群，以旅游开发为带动，努力把神垕打造成为独具中原文化特色的文化产业基地和知名的旅游景区”，全面展现“千年古镇，钧瓷文化”的风采。

神垕镇以钧瓷为依托，大力发展陶瓷产业，建了三个各具特色的工业园区和五个专业市场，促进了全镇经济发展和社会文明进步，先后荣获“中国历史文化名镇”“中国钧瓷之都”“全国文明村镇”“全国小城镇建设示范镇”“全国小城镇建设重点镇”“河南省特色产业镇”等荣誉称号。

（三）南阳市西峡县太平镇

西峡县辖镇。1958 年建太平镇公社，1983 年改乡，1996 年建镇。位于县境东北部，距县城 43 公里。面积 198 平方公里，人口 9.2 万。311 国道过境。辖太平镇、东坪、东鱼库、阴沟、下河、松树、细辛、黄石庵、回龙寺、上口等 11 个村委会。矿藏以铁储量最大。乡镇企业以建材、建筑、运输、木材加工为主。农业主产小麦、玉米。珍稀野生动物种类繁多，有金钱豹、大鲵、梅花鹿、猫头鹰，香獐等，野生药材 600 余种，有“天然药库”之称。盛产木耳、猴头、鹿茸、蘑菇、猕猴桃等土特产。

西峡县老界岭自然保护区位于县境北部，伏牛山南坡上部地段，以老界岭为界与洛阳市栾川县、嵩县相邻，东与内乡宝天曼自然保护区接连。保护区建于 1982 年，是南阳市面积最大的省级自然保护区，1998 年又划为国家级自然保护区，其西部属烟镇林场，东部属黄石庵林场。

西峡现山茱萸种植重点分布在太平镇乡、二郎坪乡、双龙镇、军马河乡、米坪镇、石界河乡、桑坪镇、陈阳坪乡、寨根乡 9 个山区乡镇。年产量保持在 1600 吨左右。历史以来，西峡产山茱萸以其皮大、色红、肉厚、地道、有效成分含量高而驰名中外，名扬四海。1999 年、2001 年曾先后两次获中国国际农业博览会名牌产品称号。

（四）驻马店市确山县竹沟镇

竹沟镇位于确山县城西 30 公里处，是共产党民主革命时期的一块重要根据地，具有光荣的革命斗争史。1926 年党在这里建立了基层组织，土地革命战争后期，创建了红军游击队。抗日战争爆发后，红军游击队改编为新四军第四支队第八团队。1938 年 2 月，党中央派彭雪枫来竹沟主持工作。同年 6 月，中共河南省委由开封迁到竹沟。1938 年党的六届六中全会决定成立以刘少奇为书记的中共中央中原局，刘少奇、李先念等同志从延安先后来到竹沟，开展敌后游击战争，使竹沟很快成为我党在中原地区发展的重要阵地和战略支撑点。竹沟又是中原地区的革命摇篮，我党在这里通过举办培训班和教导队等形成，培养了大批党政军干部和其他骨干力量。新四军二师、四师和五师的基干队伍都是从这里出发的。竹沟的重大革命作用，引起了国民党顽固派的极端仇恨，1939 年 11 月 11 日，国民党反共势力以重兵突袭竹沟，军民奋起反击，终因敌众我寡，被迫撤离，敌人残杀军民 200 多人，制造了震惊中外的“确山惨案”。此后，竹沟军民在党的领导下，继续坚持斗争，直到取得抗日战争、解放战争的伟大胜利。素有“小延安”之称的竹沟，从这里先后走出了两任国家主席，4 位副国级领导，60 多位省部级领导，100 多位将军，有 200 多位同志成长为地、市、师级以上领导干部。

（五）平顶山市汝州市蟒川镇

汝州市辖乡。1958年建蟒川公社，1984年改乡。位于市境南部，面积151.7平方公里，人口5.4万。辖蟒川、孙岭、河西、核桃园、东庄、薛庄、娘庙、董沟、茶庵、寺湾沟、十字路、黑龙庙、任庄、柏树吴、斋公店、英张、半西、半东、戴湾、田河、蟒窝、陈家、罗圈、牛角岭、木厂、黑虎庙、小龙庙、石灰窑、齐沟、严和店、任村、郝沟、张沟、王岭、唐沟、滕店、滕口37个村委会。原煤储量丰富，乡镇企业有煤矿、炼焦厂。农业主产小麦、玉米、红薯。古迹有汝窑遗址和冰川遗迹。

（六）南阳市镇平县石佛寺镇

石佛寺镇位于河南省镇平县城西北约10公里处，东依207国道，南临312国道，北枕伏牛山南麓，宁西铁路穿境而过，东南距离南阳姜营机场30多公里。

中国石佛寺镇，一个物产丰富、交通便利的文明古镇，有“中国玉雕第一镇”的美誉，是南阳玉雕的发源地，河南省唯一的玉雕产销重镇，中国最大的玉雕产品加工销售集散地，同时也是全球最大的玉文化创意产业中心 。

石佛寺镇先后荣获“国家文化产业示范基地”“全国特色景观旅游名镇”“河南省特色文化产业乡镇”“全国文明集镇”“河南省百佳小城镇建设试点镇”“中州名镇”和“五星级城镇”等荣誉称号。2004年石佛寺镇荣膺“国家小城镇建设最高荣誉奖”“中国人居环境范例奖”，2010年被河南省人民政府确定为“河南省玉文化改革发展试验区核心区”，2015年石佛寺镇入围“河南省首批重点示范镇”。有“中国玉雕之乡”之美誉，是中国玉文化的发源地之一，中国唯一的玉雕产销重镇，全球最大的玉文化创意中心。

（七）洛阳市孟津县朝阳镇

朝阳镇位于河南省洛阳市北部，全镇4.5万人，区域面积68平方公里。南依洛阳市区，北接黄河小浪底水利枢纽，向西驱车20分钟抵达洛阳飞机场，连（连云港）霍（霍尔果斯）高速公路洛阳站下道口位居腹地。

工业经济，蓬勃繁荣。工业经济不断发展壮大，现有各类企业295家。目前，全镇已形成了以汽车配件、机车配件、标准件、基础工程、三彩工艺品、传动机、钼制品、化工建材及农产品深加工、生物柴油等为主的工业发展体系。减速机、传动机、方向机三大产品系列，畅销全国各地；“雪云”牌食品系列，“家喜”牌食用油畅销不衰。技术革新不断加快，洛阳市经天路桥建设有限公司，洛阳市京通方向机制造有限公司、洛阳旭日传动机械制造有限公司、洛阳机车车辆有限公司相继通过了ISO9002国际质量体系认证，整体实力日趋增强。

现代农业，特色众多。按照“稳定面积，提高品质，调整结构，注重效益”的发展方针，以产业结构调整为载体，以规模化发展为目标，以发展优质小麦、花卉、药材、无公害蔬菜为重点，不断加快农业产业化步伐。目前已形成了以姚凹、朝阳为中心的优质小麦种植区，以瓦店、张阳为中心的蔬菜种植区，以闫凹、小良为中心的药材种植区，以石沟、伯乐为中心的禽畜养殖区，以游王为中心的粉条加工区五大产区，以繁育牡丹为主的洛阳市环林园艺公司和以休闲、观光、生态农业为主的洛阳市农业生态休闲园已形成规模，花卉种植总面积近约0.67平方公里。

（八）濮阳市华龙区岳村镇

濮阳市市区辖镇。1957年建岳村乡，1958年改公社，1984年复改乡。位于市区东北部，面积 45 平方公里，人口 3.5 万。濮（阳）台（前）公路过境，潴龙河由南向北呈“S”形流过乡境。辖瓦岗、邢庄、东北庄、寨里、西岳村、东田村、西田村、南田村、翟庄、黄城、昌湖、韩庄、湖夹寨、吴拐、吴家、马头、临河寨、荣村、大猛、高庄、枣科、牛村、大河寨、西河寨、石佛店、东河套湾、西河套湾、瓦屋、岳村集 29 个村委会。乡镇企业有烧制砖瓦、机械修配、面粉加工、酿酒等行业。以农业为主，兼营林果种植业。

（九）周口市商水县邓城镇

邓城镇位于商水县西北部，南邻周漯公路，北与西华县隔沙河相望，东、东南距周口、商水各 15 公里，西距漯河 45 公里，总面积 72 平方公里。三国时魏大将邓艾在此屯兵，故名邓城。镇境内地势北高南低，土质为沙土、两合土、黏土，土壤肥力上乘，属温带季风气候。年降水量 800~1000 毫米。颍河邓城段长 39 华里，境内另有沟河 6 条，水利资源丰富，农田服务设施完善，农业生产条件良好。邓城历史悠久，境内古迹较多，著名的有饮马台、千年白果树，叶氏庄园等。古镇民风淳朴，人民勤劳智慧，邓城猪蹄、杠子馍、麻花等富有地方特色的小吃，闻名遐迩。三国时期战将邓艾曾在邓城屯军。

乡镇企业发展蒸蒸日上。形成了冶炼、造纸、纺织、农机修造、面粉加工、食品加工、冷冻七大支柱，建成了邓城工业小区。镇富源明胶厂、宏达纸厂、无纺布厂、农用三轮车厂等一批骨干企业在上规模、增效益、创名牌上迈了可喜的步伐。全镇有十多个门类上百种产品走俏四方，供不应求。

商品贸易繁荣。邓城集市已有 400 多年历史。两条商业街，店铺林立，货物琳琅满目。现有商业门店 218 家，零售摊点 928 个，常年从商人员 2168 人。集市贸易从早到晚，平均日客流量 8000 人次，日成交额在 20 万元以上。集市设施齐全，排供水设施完善，水、电、通信方便。背靠沙河、环境优雅，是经商的良好去处。

（十）郑州市巩义市竹林镇

竹林镇位于河南省巩义市东部，处在省会郑州与古都洛阳之间。随着经济社会的发展，于 1994 年撤村建镇，全镇总面积 19 平方公里，城镇建成区面积 3.2 平方公里，下辖 3 个村，4 个居委会，人口 15255 人。镇党委下辖 17 个支部（总支），党员 519 人。2005 年，全镇完成财政收入 3200 万元，上缴国家税收 5300 万元，人均纯收入 8100 元。全镇总资产达 14 亿元。2001 年以来在河南省综合经济实力百强镇评比中均名列前茅。

改革开放以来，竹林坚持以经济建设为中心，三个文明一起抓，逐步形成了以第二产业为主，推动第一、第三产业协调发展的新格局，主导产业为医药、耐材。全镇现有工商企业 82 家，1 家上市公司——竹林众生集团太龙药业有限公司，该公司的拳头产品双黄连、哈伯因、竹林胺畅销全国，是河南省医药行业首家上市企业。近年来，竹林企业加快了股份制改造步伐，实现了政企分开，由工商业协会负责对企业的协调、指导和服务，全镇经济进入了新一轮快速发展期。同时加大招商引资力度，培育新的经济增长点，2005 年从浙江成功引进了仙芳缘公司，该公司生产的真菌多糖系列营养食品、化妆品填补了该领域的国内空白以及世界空白，加快了竹林产业产品结构的调整和优化升级步伐。

（十一）新乡市长垣县恼里镇

恼里镇位于长垣县东南部，东依黄河，与东明、兰考隔河相望，全镇总面积 99.6

平方公里，辖33个行政村，人口5.2万，6.1万亩耕地。该镇曾先后被上级授予“全国投资环境300佳乡镇”“河南省百强乡镇”“省六好先进党委”“中州名镇”和“小城镇建设市级重点镇”等称号。2005年，全镇GDP达到4.5亿元，财政收入突破800万元大关，农民人均收入达到3260元。

该镇农业产业化初具规模。东部以搞好优质生态示范园为依托，发展了绿色观光农业。西部在搞好优质旱稻推广的同时，重点做好转基因棉的种植。全镇已建成5万亩优质麦农业园，2万亩生态旅游示范园，2万亩速生丰产林，8000亩优质水稻和2600亩转基因棉。目前在恼里，田成方、树成行、路成网，森林覆盖达到42%，已构成一道亮丽风景。

该镇民营经济异军突起。支柱产业起重机及配件生产，已形成了四个工业集中区，规模以上企业68家，其中年产值上亿元的企业5家，超过千万元的企业35家，在全国各地设立销售处1600多个，全镇年工业产值14.6亿元，其中新乡矿山集团、河南矿山公司、河南宏远公司、河南晟源公司、河南盛达公司、河南天桥公司与企业均通过ISO质量体系认证，并领取了颁布生产许可证，产品畅销全国各地，部分产品远销亚、非。

（十二）安阳市林州市石板岩镇

石板岩镇地处林州市西北部，东与姚村镇相依，东南与城郊乡为邻，西与山西省平顺县接壤，北与任村镇相连。全乡南北长约30公里，东西宽约4.5公里，总面积约114平方公里，共有17个行政村，326个自然村，总人口9040人，总户数3000余户。石板岩乡人民政府位于石板岩集镇西北区，“扁担精神”的发祥地石板岩供销社位于集镇中心。境内的太行大峡谷景区是国家重点风景名胜区、国家AAA级旅游区，这里群山拱翠，流水碧潭，物华天宝，人杰地灵。有三九严寒桃花开的桃花谷，三伏酷暑水结冰的太极冰山，千古之谜猪叫石三大奇观。有太行之魂王相岩，幽深谷幽仙霞谷，晋普龙洞小洞天，酷暑结冰太极山，亦真亦幻仙台山，鬼斧神工鲁班门，华夏一绝桃花瀑，太行平湖南谷洞八大景观。此外还有亚洲第一世界一流的国际滑翔基地是休疗养生、避暑度假、绘画写生、旅游观光的好地方。

（十三）商丘市永城市芒山镇

芒山镇位于河南省永城市北部，是永城的副中心城，是永城市“汉兴之地、能源之城、面粉之都、生态之市”，四张名片之“汉兴之地”。为“河南省奔小康科普示范镇”“中州名镇”“全国小城镇建设试点镇”、第三批“全国发展改革试点镇”、河南省“十二五”期间十大文化产业集聚区之一，河南省“特色文化产业镇”“历史文化名镇”“卫生镇”“文明镇”“园林镇”。芒山镇境内的芒砀山是国家AAAA级旅游景区，河南省“三点一线”的黄金旅游带，中原“一线五点”旅游开发的重点。旅游区占地14平方公里，内括四大景区，30多个旅游景点。

近几年来，景区经济效益和社会效益显著提高，旅游成为永城经济社会发展新的增长点。2011年游客接待量达120万人。镇区餐饮、住宿、交通、购物等服务业迅猛发展，饭店、宾馆、餐饮业门店达百余家，商场、超市等商业、服务业门店达300多个，各种客运车辆达60余辆，旅游从业人员2000多人，外来务工人员300多人，旅游业社会综合效益达9450万元。2011年镇财政总收入1100万元，比上年增长18%。

（十四）三门峡市灵宝市函谷关镇

函谷关镇位于河南省灵宝市北郊。是

老子道家文化的发祥地，同时因其古老的文化历史渊源拥有景点 20 余处。而今因其拥有的自然优势与区域优势其农业经济，交通通信都有了十足的发展。

经济建设主要是农业经济：

（1）粮食生产。当年，全镇粮食播种面积 1911 公顷，总产量 630.4 万千克。其中夏粮播种面积 9.9 平方公里，产量 318.1 万千克。

（2）果品生产。当年，新栽植果树 0.772 平方公里，树形改造 2.02 平方公里，新建果园管理示范村 1 个；苹果套袋 13750 万只。当年，全镇果品总产量 2754.5 万千克，其中苹果产量 2422 万千克。

（3）林业生产。当年，退耕还林 1 平方公里，其中退耕地 0.667 平方公里，栽植枣树 4 万株；荒山配套造林 0.33 平方公里；栽植速生丰产林 26.67 平方公里、6 万株。同时，对 2004 年退耕地补植大枣、杨树、柿树 11 万株。

（4）蔬菜生产。以墙底、岸底、西留、梁村、坡头等 8 个村为重点，在高速公路连接线两旁新增露地菜、蔬菜保护地各 0.16 平方公里；引进蔬菜新品种 12 个，推广新技术项目 5 个。全年蔬菜总产量 383.6 万千克。

（5）食用菌生产。以岸底、西留、坡头等 5 个菌类生产示范村为重点，栽培香菇、平菇、黑木耳等食用菌 85 万袋。年内，函谷关镇被省农业厅授予食用菌生产示范基地。

（6）畜牧业生产。当年，新增墙底村为畜牧专业村，新增岸底张结林蛋鸡场、孟村张赞辉蛋鸡场、孟村李正社蛋鸡场、稠桑焦帮洋蛋鸡场 4 个规模养殖场；新增养殖专业户 30 个。以孟村、坡头、西寨、雷家沟、梨湾塬为示范点，走以林草业带动畜牧业发展的路子。当年，全镇种草面积达 4 平方公里。年内，大家畜、猪、羊、家禽出栏量分别为 1702 头、6286 头、4315 只和 45901 只；年末，大家畜存栏 5040 头、猪存栏 6597 头、羊存栏 4534 只、家禽存笼 52833 只。

（十五）南阳市邓州市穰东镇

地理位置比较优越。地处邓州、卧龙、镇平、新野四县市区交界中心，距南阳和邓州各 28 公里，属于南阳和邓州两大经济板块交汇带；交通条件十分便利。穰东先后获得全国重点镇，省重点镇、省文明村镇、省产业集群重点镇、省工业重点城镇、中原十佳魅力城镇、中原服装名城，南阳 50 强镇、南阳五星级小城镇和南阳精神文明建设先进镇等荣誉称号，更被省委、省政府列为“十一五”规划全省确立的四个优先发展的特色小城市之一。穰东的优势在服装，特色在服装，活力在服装，整体经济实力的提升也在服装，特色小城市建设的关键更在服装。服装是穰东乃至邓州的特色和名片，有着其他地方不可比拟的发展潜力和优势。把服装产业作为镇域特色经济的支柱，是穰东必然的选择。通过历届党委、政府的精心培育，特别是 2005 年以来，穰东镇党委、政府积极实施服装工业集群经济战略，有力地推动了服装特色产业的嬗变升级。目前，服装市场面积 7.8 万平方米，形成了以中心街、五一街、商场、三市场、东大街、北京路、香港路为重点的中高档服装销售循环区。

五、江　西

（一）南昌市进贤县文港镇

文港镇是江西省进贤县下辖的一个镇。地处赣抚平原，是闻名遐迩的毛笔之乡，被誉为“华夏笔都”，全镇通行赣语。文港东靠 316 国道、京福高速公路，北邻温厚高速公路，西有抚河流而下，是北宋宰相、著名词人晏殊的故里。全镇辖16个村委会、3个居委会，总面积54.33平方公里（其中小城镇面积3.8平方公里），耕地面积26000亩，人口7万人，均为汉族江右民系。其中城镇居住人口4万人，是城镇化率较高的乡镇。改革开放以来，全镇的经济迅速发展，小城镇建设日新月异，社会事业长足进步。2002年，全镇实现工农总产值13亿元，区域财政收入1700万元，农民人均纯收入3016元，各项经济指标居全县之首。两个文明建设实现跨越式的发展，先后被评为“全国小城镇建设试点镇”“全国创建文明村镇工作先进单位”“百强乡镇西部合作示范区”“江西省小城镇综合改革试点镇”、全省“十优乡镇”，该镇旅游资源丰富，境内有南宝寺、晏殊纪念馆和风景旖旎的罗岭风景区，古刹静乐寺更是令游人香客如痴如醉。文港是一个集旅游、观光、投资、创业于一体的理想之地。

（二）鹰潭市龙虎山风景名胜区上清镇

上清镇是一座千年古镇，镇域面积86平方公里（规划区面积7.98平方公里，建成区面积1.5平方公里），全镇总人口2.2万人（其中集镇建成区人口1.13万人）。亚热带潮湿季风气候。是中国道教发祥地，文化底蕴厚重，旅游资源十分丰富。依托龙虎山旅游大气候，上清镇大力发展古镇旅游，现已初具规模。构建了“一带一环四组团”的规划布局，在产业形态方面形成了上清镇特色。2016年10月14日，江西省鹰潭市龙虎山风景名胜区上清镇被国家发展改革委、财政部以及住建部共同认定为第一批中国特色小镇。

耕地面积2200亩，可开发山地面积45400亩、养殖水面积430亩。土壤多属红壤及水稻土，较肥沃。矿藏有金（矿化点）、饵长石、花岗石、高岭土、袖土等。自然环境优越，植被类型多样，野生动物资源丰富。据调查统计有兽类40多种，占全省106种的40%左右；区域内植物达100科、250属、460种以上。

旅游景点：龙虎山、天师府、上清宫、悬棺遗址、贵溪悬棺等。

特色美食：上清豆腐、天师板栗烧土鸡、天师八卦宴等。

（三）宜春市明月山温泉风景名胜区温汤镇

“千山揽尽未须钱，薄暮荒村又得泉。热不困人寒不冷，亦狂亦狷亦神仙。”温汤镇温泉已有近2000年的历史，据后汉书《郡国志》记载：“宜春南乡三十五里，有温泉，冬夏常热，涌出，投生卵即熟，以冷水和之，可祛风疾。”秉持“突出月亮文化、彰显温泉特色、展示水墨江南、打造度假胜地”的原则，明月山温汤镇先后投入2000多万元，形成了从总规、控规到修建性详规的完备规划体系。紧扣规划，围绕“食、住、行、游、购、娱”和“商、养、学、闲、情、奇”新老旅游六要素，通过招商选资，先后投资上百亿元，成功打造了一批重大温泉产业项目。

2016年10月14日，江西省宜春市明月山温泉风景名胜区温汤镇被国家发展改革委、财政部以及住建部共同认定为第一批中国特色小镇。

（四）上饶市婺源县江湾镇

江湾镇地处皖、浙、赣三省交界，位于江西省婺源县东部，全镇总面积316平方公里，林地42.2万亩，森林覆盖率88.9%，下辖20个村（居）委会，人口3.06万。江湾距婺源县城28公里，是国家AAAAA级旅游景区，属于国家级文化与生态旅游景区，是江西省爱国主义教育基地。江湾文风鼎盛、群贤辈出，由宋至清孕育出状元、进士与官宦38人；传世著作92部，其中15部161卷列入《四库全书》。村中还保存尚好的御史府宅、中宪第等明清时期官邸，又有徽派民居滕家老屋、培心堂等，以及徽派商宅，及2003年重修的萧江宗祠，极具历史价值和观赏价值。被誉为“中国最美的乡村”。

江湾土地肥沃、物产丰富。水田23723亩，旱地3915亩。经济作物以油茶、雪梨、绿茶为特色。大畈歙砚享誉国内外。2007年完成国内生产总值3.87亿元，财政收入585.98万元，比上年分别增长15%和32.2%；农民人均纯收入4500元，比上年净增500元。

近年来，江湾镇多渠道筹措资金，共投入1.5亿元推进基础设施建设，集镇区域“三横三纵”的道路框架已经形成。建成江湾自来水厂，新建垃圾填埋场，梨园河景观坝下闸蓄水，内河、湖圳引水工程竣工，拆除6373平方米旧房，改造云湾路非徽派建筑民房127幢，并将厚德大道打造成江湾商贸一条街。大力推进广电网络建设，成立了城管中队，建立起城镇管理的长效机制。目前，“一个中心（江湾集镇），四个副中心（大畈、栗木坑、汪口、晓起）”的格局已基本形成，江湾成为更宜人居住的最美乡村。

（五）赣州市全南县南迳镇

南迳镇位于全南县南部，是全南南线的经济、交通、文化中心。赣粤—京珠高速公路连接线横贯全镇东西，是广东从赣粤—京珠高速公路连接线进入江西的第一道大门。南迳镇物产丰富，罗田白荠、武合椪柑享誉盛名，由国家工商局注册的“高山牌”无公害蔬菜更是家喻户晓，每年种植面积均达约7.33平方公里。特别是随着农业产业化步伐加快，一批具有现代工业水平的外商企业已落户南迳镇，有地方特色的支柱产业和外向型经济开始形成，目前省内规模最大的台湾皇达兰花基地就落户南迳镇。南迳镇基础设施完善，现有35千伏安变电站两组，城镇农网改造已全面完成，彻底解决了供电紧张的状况。镇1万吨/日自来水厂已建成投入使用，通信设施已在全镇普及。南迳镇旅游资源丰富，有全国自然保护区“车八岭森林自然保护区”和集疗养休闲于一体的热水温泉度假村。随着对外开放的深入，南迳温泉度假村正成为人们休闲的好去处。按照县委“对接珠三角，建设新全南”的要求，南迳镇紧紧围绕经济建设这个中心，坚定不移地坚持以招商引资为突破口，大力调整生产力布局，加强农业，主攻工业，繁荣第三产业，着力推进城镇基础设施建设，高起点、高标准地把南迳镇建设成为赣粤边际的经济强镇。

2017年7月28日，南迳镇入选为第二批中国特色小镇名单。

（六）吉安市吉安县永和镇

永和镇在赣江中游西岸，禾水河南岸，东濒赣江，南邻凤凰，西连敦厚，北与吉州区隔河相望，距吉安县城11公里，距井冈山经济技术开发区6公里。全镇面积为69平方公里，总人口29800人，其中农业人口26400人，耕地面积约17平方公里。永和是一座积淀了丰厚文化底蕴的千年古镇，是闻名遐迩的吉州窑所在地。

交通优势：敦锦公路横穿东西，京九铁路贯穿南北，赣江傍镇而过，水上客货轮船来往穿梭，燕子窝码头和全市规模最大的火车货运站“吉安南站”也坐落在镇内，水路交通便利，90%的行政村通了水泥路。

资源状况：境内河系发达，砂石储量多，水域面积达2平方公里，湿地松面积达约16.67平方公里。古吉州陶瓷名贯九州。

唐代有本觉寺塔，清都观等；宋代有

吉州窑、东昌井、金钱池、莲池街、东坡井、凤凤精舍、绿野坊、智度寺、秀水沟等；尤以吉州窑的青、白、黑各色釉瓷和彩绘瓷；青花瓷是“中国的瑰宝”享誉全世界，木叶天目盏属国内外首创，极为名贵。

锦源、林洲、白沙、超果的车前籽闻名遐迩。白沙的萝卜；超果的凉薯、大蒜、久负盛誉；水稻以岭上、龙山、南安、西坑村委会著称，米质好，产量高。

（七）抚州市广昌县驿前镇

驿前镇位于广昌南部，盛产白莲、泽泻、晒烟，为古代通往闽、粤必经之道。驿前古镇是江西省保存较完整的古建筑群之一，2014 年被评为“国家级历史文化名镇”（村）。现存明清古建筑 56 幢。其中“赖巽家庙”“赖瑛宗祠”“清汲盱源”“君子攸宁”“奎璧联辉”“亦忱甫居”“龙峰拱秀”“奉先思孝”“石屋里”9 处古建筑，为抚州市第一批市级文物保护单位。而“奎璧联辉”“清吸盱源”“石屋里”民宅被列为江西省省级文物保护单位。

不仅如此，驿前古镇还拥有世界上最大的莲池，有着“中国莲花第一村”之称的广昌县驿前镇姚西景区，获得了“最大的莲池”吉尼斯世界纪录称号。驿前镇姚西村是世界集中连片种植面积最大、观赏性最强的莲花的景区。景区测区总面积约为 1.15 平方公里，其中莲池面积为 1.08 平方公里，是现今世界上最大的莲池。

（八）景德镇市浮梁县瑶里镇

瑶里镇位于江西省景德镇市浮梁县，地处皖、赣两省、四县（安徽祁门、休宁、江西婺源、浮梁）交界处，地处两湖（鄱阳湖、千岛湖），六山（黄山、九华山、庐山、三清山、龙虎山、武夷山）连线交点位置，距景德镇市区 50 公里。瑶里境内旅游资源十分丰富，素有“瓷之源、茶之乡、林之海”的美称。瑶里，古名“窑里”，远在唐代中叶，这里就有生产陶瓷的手工业作坊，因瓷窑出名而得名。直到 21 世纪初，瓷窑外迁，“窑里”才改名为瑶里。中华人民共和国成立后，曾用过瑶里公社、瑶里乡的名称，1994 年 8 月 24 日撤乡置镇，即今日的瑶里镇。

瑶里境内旅游资源十分丰富，素有“瓷之源、茶之乡、林之海”的美称。2001 年 4 月 2 日被列为江西省省级自然保护区。同年 10 月 9 日，被批准为江西省省级风景名胜区。2003 年 8 月 9 日，瑶里镇、高岭村分别被评为江西省首批历史文化名镇名村。2005 年，瑶里镇一举并获“中国历史文化名镇、高岭国家矿山公园、中国自然与文化双遗产名录、国家重点风景名胜区、国家 AAAA 级景区、国家森林公园”六个国家级品牌。

目前规划面积 195 平方公里。景区四季气候宜人，森林茂密，覆盖率达 94%以上。区内有南方红豆杉、银杏树、香榧树、金钱豹、娃娃鱼等国家珍稀动植物 180 多种。境内最高峰五华山海拔 1618.4 米，是景德镇昌江的东河源头。

（九）赣州市宁都县小布镇

小布镇位于江西省赣州市宁都县西北部，距县城 60 公里，东临洛口镇、钓锋乡；南连黄陂镇、大沽乡；西北与东韶乡、吉安地区的永丰县中村乡、上溪乡接壤，是宁都县也是赣州市最早的边陲建制乡之一。1949 年开设小浦乡，1957 年为钩刀嘴垦殖场，1960 年更名为小浦垦殖场，1961 年开设小浦公社，1964 年易名为小布公社，1984 年改乡，2000 年 6 月撤乡建镇。全镇总面积 152.57 平方公里，其中耕地面积约 13.34 平方公里，山林面积 100 平方公里，辖 9 个行政村，1 个居委会，64 个村小组，总人口 15112 人，其中农业人口

11600人，境内驻有县属企业国营小布垦殖场，镇基础设施齐全，环境优美、资源丰富、市场繁荣，素有“宁都小香港”之誉称，还是远近闻名的“茶叶之乡”。2015年，小布镇被评为“江西省十大休闲旅游小镇”。2016年11月29日，全国网络扶贫工作现场推进会在小布镇召开。

小布镇经济上布以生产优质大米、茶叶、蚕桑、花茹、笋干、木材、毛竹、木竹制品、稀土氧化物、花岗岩等名优产品，2015年农民人均纯收入达到5000元。木竹、茶叶、旅游业、养殖业、粮食是小布的五大支柱产业。

小布岩茶被评为江西五大名茶之一和赣州市创新名茶，并荣获国际茶文化节优质名茶奖；1993年，在新加坡举行的“国际饮料博览会”上获得优质新产品奖；1994年在蒙古国乌兰巴托“国际商工贸博览会”上荣获金奖。小布镇党委、政府把茶叶和蚕桑生产作为富民强镇的支柱产业来抓，2003年新开发的优质菇——花菇也市场见好，并迅速发展，取得了良好的经济和社会效益。

2017年7月28日，小布镇入选为第二批中国特色小镇名单。

（十）九江市庐山市海会镇

海会镇是著名的旅游乡镇，素有“赣北旅游第一镇”的美誉。境内有庐山东门、三叠泉、国家森林公园、碧龙潭、海会寺、白鹿洞书院等著名景区。通过大力实施旅游兴镇战略，人民群众的生活水平得到了较大提高，镇域经济实力得到了明显增强，集镇框架得到了不断拓宽。2007年全镇实现财政收入达807.4万元，农民人均纯收入达5221元，集镇面积由2005年的0.225平方公里发展到27.2公顷，通过高标准规划，集镇内的路网、管网、卫生处理等基础设施得到了进一步的完善，先后被评为全国亿万农民健身活动先进乡镇、江西省小城镇建设示范镇、江西省卫生镇和全国发展和改革小城镇试点镇。

充分发挥资源优势，大力发展山水旅游、滨湖旅游、农业观光、休闲度假等多种旅游经济模式，有三叠泉风景区、碧龙潭风景区、三叠泉漂流、冰川大峡谷漂流、年丰百果园、海龙山庄等多个旅游景点，旅游业已成为海会镇的支柱产业，2007年度三叠泉景区实现门票收入全年接待游客40万人次，实现门票收入1870万元，旅游综合收入突破7000万元；三叠泉漂流项目实现收入200万元。

（十一）南昌市湾里区太平镇

太平乡地处梅岭国家森林公园中心，是梅岭风景名胜区的重点景区，也是江西省著名的三大避暑胜地之一。太平乡距南昌市中心22公里。基础设施日臻完善，水资源丰富，电力充裕，有线、无线电话直拨世界各地。太平具有良好的生态环境，气候宜人，山林植被丰富，太平乡融自然风光与人文景观、历史文化和宗教古迹为一体，是一个省会城市近郊难得的观光旅游、休闲度假的好去处。

经济以林业为主，是南昌市竹、木、花岗岩生产基地。农业以种植水稻为主。乡镇企业有针织、生活日用品、化工、竹木工艺品等。

按照“打造休闲太平”的工作思路，在保护中加快发展，在发展中严格保护，吸引了恒茂森林海度假村、罗马假日大酒店、天净湖山庄、旅游休闲街梅堡国际休闲生态葡萄酒庄等十多个大型生态旅游休闲项目落户，打造了以泮溪农家乐、梓木坑农家乐、南源农家乐为代表的乡村旅游精品线路。全镇经济社会发展也呈现出良好势头，2010年实现地方财政收入1400万元，一座新型生态山城小镇已呈现在梅岭景区。2010年，太平镇成功实现乡改镇目标；学习型党组织建设成为全省示范乡镇；村容村貌大有改观，群众文明素质和幸福指数明显提高；生态环境保护成效明显，森林防火工作连续8年无火警火灾，各项社会事业齐头并进，社会稳定和谐，人民安居乐业。太平镇区位优越，交通通信便捷，人文和社会环境优良，是方兴未艾的投资热土，是发展三产的首选之镇，是避暑养生的绝佳胜地。鉴于此，太平镇先后被授予江西省文明镇，江西省生态示范镇，南昌市文明单位，南昌市农村工作先进乡镇、全市人口和计划生育工作先进乡镇、全市信访工作示范乡镇等称号。

（十二）宜春市樟树市阁山镇

阁山镇是江西省樟树市下辖的一个镇。地处樟树市东南15公里的丘陵山区，全镇土地总面积86.5平方公里，总人口约1.8万人，均为汉族江右民系。紧临105国道，2条沥青公路成Y字形穿境而过，大京九铁路复线横贯其中并设有樟树东站。

阁山镇自然资源丰富，盛产木材、毛竹、优质天然矿泉水，水能蕴藏量阁山镇风景达12万吨以上，岩盐蕴藏量达75万吨。土特名优产品系水稻、大豆、薯类、油料、瓜果、畜禽水产品、中草药等，工业产品白酒、木制家具、竹胶地板、瓷瓶、机制砖、瓦楞纸等，产品质量上乘，获农业部优秀产品奖一项，获省优质新产品奖三项。距镇政府东南15公里处，有一座闻名遐迩的洞天福地、药都药业先河、旅游疗养胜地、道教名山——阁皂山，2001年批准为国家级森林公园，现有保存的宋代古桥（鸣水桥），清代石坊（一天门），是江西省重点文物保护单位。境内景色之秀、宫观之丽、古迹之异、名树之奇、药草之众，真乃“神仙之府”，历史上引无数文人雅士，借景抒情，争相题咏，流连忘返。

1980年以来，镇（乡、场）多年获宜春市、樟树市优秀党委、先进单位，获宜春市“文明单位”“绿化先进单位”“财政增收先进单位”“江西省社会经济百强乡镇”“农垦经济效益先进单位”等称号，1989年获中宣部“计划生育宣传先进单位”，1986年阁山酒厂团支部获共青团江西省委“先进团支部”荣誉。

经济建设方面，要在2002年的基础上，全镇工农业总产值增加6000万元，达到17000万元，财政收入增加20万元，农民人平纯收入增加100元，粮食产量增加200吨。巩固农村税费改革，切实减轻农民负担。加大企业改革力度，全力搞好招商引资、东站开发及阁皂山旅游开发。

六、天　津

（一）武清区崔黄口镇

崔黄口镇，辖54个行政村，总面积90平方公里。有耕地约48.27平方公里，有汉、满、苗、回等16个民族，全镇总人口50730人，其中农业人口47040人，非农业人口3691人。改革开放后，尤其是进入21世纪以来，全镇人民坚持以科学发展观为指导，以统筹地毯示范工业园区、现代水产养殖示范园区、居住社区“三区”联动发展为总抓手，深入实施城市化为主导的率先发展战略，抢抓战略机遇，加快高水平发展，综合实力一年一个新变化。

2016年10月15日，天津市武清区崔黄口镇被列为第一批中国特色小镇。

崔黄口系经济发展的强镇。这里是驰名中外的“地毯之乡”。经过几十年的发展，特别是改革开放以来，本镇充分发挥本地传统产业资源与技术优势，瞄准国内外市场需求，积极调整，拢指成拳，不仅使地毯生产迅速成为全镇工业发展的支柱产业，而且在国内外激烈的市场竞争中，独领潮头，形成竞争的强势。年生产能力达 1.2 亿平方英尺，以中国“地毯之乡”驰名海内外的天津武清区崔黄口镇依靠自身区位优势，果断转型发展电商产业，短短几年时间就实现了从昔日“地毯之乡”到如今“电商小镇”的华丽转身。2016年，前身为“天津地毯产业园”的“天津京津电子商务产业园”实现税收近 20 亿元，是 2011 年的 40 倍。崔黄口镇现有地毯生产企业约 400 家，从业人员 2.5 万人，地毯产品出口 50 多个国家和地区，产量和出口量占全国的 40%。

（二）滨海新区中塘镇

中塘镇天津市大港区辖镇。1962 年属南郊区西小站管辖，1979 年析改中塘公社，1983 年置中塘乡，1992 年建镇。全镇现辖 24 个行政村，人口 4.2 万，镇域面积 89 平方公里，东临大港城区，南靠石化基地，西连静海，北接津南、西青两区，丹拉高速、津港公路比邻而过，205 国道、黄万铁路横贯其间。2008 年被授予“全国文明村镇”称号。乡镇企业有钢窗、铝合金门窗、木器制品加工、电焊条、化工、粉丝、拔丝、橡胶、机砖、锻造等厂。

中塘镇是国家星火技术密集区，全国乡镇企业示范区。全镇共有乡镇企业 1648 家，其中工业企业 385 家，年销售收入千万元以上 49 家，亿元以上 8 家。拥有世界第一的二三酸生产基地、中国第一的汽车胶管生产基地、华北第一的铝型材生产基地。

中塘镇以鹏翎胶管、永久焊条、亚东化工等企业为代表的金属制品、化工、汽车配件、纺织服装四大骨干行业发展迅猛，已形成一定的产业规模。全镇已开发市级科技新产品 30 多项，汽车胶管等 11 项产品获得国家专利或新型实用新技术。大港胶管等三家企业被认定为天津市高新技术企业，天成化工连续五年被评为天津市百强私营企业。全镇经济每年以 20%以上的高速增长，2007 年全镇乡镇企业总产值实现 104 亿元，占据着全区农村经济总量近 50%的份额。

绿生源饮品、神驰牧业等农业产业化企业发展迅猛。商贸、运输等第三产业蓬勃兴起，贸易额占乡镇企业中塘镇经济总额的 45%，成为中塘经济新的增长点。中塘镇是首批全国小城镇综合改革试点镇。

中塘镇是农业产业化水平较高的地区之一，是全国名优冬枣生产乡镇。

（三）津南区葛沽镇

葛沽镇是历史上华北“八大古镇”之一，自明代就是天津地区著名的水旱码头及贸易货物集散地。位于天津市东南部海河下游工业区内，总面积 41 平方公里，交通便利，是滨海新区冶金工业基地和副食品供应中心之一。葛沽镇现有各类企业 116 家，其中三资企业十多家，初步形成了大滩锅炉厂、津南化肥实验厂、葛沽服装厂是葛沽镇的骨干企业，正在兴建的天津渤海冶金工业公司，年产铁 40 万吨，将为葛沽镇经济发展注入新的活力。根据滨海新区经济发展的总体规划，葛沽镇将在充分发挥自身优势的基础上，引进外资，建设三资企业开发小区、国有企业改革试验区、高新技术产业园区、新型工业区、旅游观光服务区和仓储区六大功能区。同时，综合发展商贸、房地产、农业、农村运输业、建筑业等，把葛沽镇建成以冶金、化工、电子、服务等出口创汇型为主体的新型改革开放综合试验基地。

镇党委、政府高度重视农业的生产，不断加强和巩固农业的基础地位，优化种养结构，大力发展设施农业，同时加大农业水利设施建设与维护，形成了较为完善的排灌系统和能力，保证了农业生产的用水需要。随着葛沽镇城镇建设总体规划的稳步实施和经济的快速发展，借助滨海新区发展之势，葛沽镇的区位将日益凸显，具有非常大的发展潜力和优势，是一块企业投资和发展的热土。

（四）蓟州区下营镇

下营镇在全国有两处，一处位于天津市蓟州区的北部山区，另一处位于山东省潍坊昌邑市境内。

2017 年 7 月 27 日，住建部公示第二批全国特色小镇，下营镇入围。

镇域内有天津市最高峰——九山顶，主峰海拔 1078.5 米；有华北地区首次发现的完整的阔叶次森林区——八仙山，林区面积约 4.13 平方公里。有爱国将领戚继光戍守 16 年的黄崖关长城、中上元古界地质公园等风景名胜；有天津市唯一的满族村——石头营村；有一脚踏三市的三界碑；有绵延 41 公里的古长城遗迹。

下营镇位于天津市最北部，平均海拔在 280 米左右，属典型的暖温带半湿润大陆性季风气候，季风显著，冬春干旱多风，夏季炎热多雨，雨季集中，且多暴雨，夏季降雨占全年的 80%。到 2004 年底，全镇国内生产总值完成 19889 万元，工农业总产值完成 38511 万元，农民纯收入达到 5356 元，财政收入完成 397 万元。镇域综合经济实力进入全县十强乡镇行列。目前，全镇已形成林果生产、畜禽养殖、旅游观光三大主导产业。

近 10 年来，利用得天独厚的旅游资源，先后建成了黄崖关八仙洞、岐山古洞、九山顶、龙泉山、甘涧度假村、青山岭劲松园等镇属景区景点，其中地处常州村的九山顶风景区已被评为国家 AA 级景区，吸引了大批的京津唐游客。

（五）武清区大王古庄镇

大王古庄镇位于京、津、冀交界处，北与北京市通州区接壤，西与河北省廊坊开发区相连，京津唐高速公路贯穿全境。镇域总面积 48.08 平方公里，下辖 17 个行政村，总人口 2.1 万。2003 年，被武清区政府定为全区 5 个经济发展战略重镇之一，同年被天津市政府定为武清区 7 个中心镇之一。

大王古庄镇是一个传统的农业镇，近年来，苗木、果品和养殖已逐渐发展大王古庄镇成为农业的三大支柱产业。为适应和促进支柱产业的发展，先后成立了林果研究会、肉鸡专业合作社、绿春源苗木协会等组织，其中，肉鸡合作社已发展社员 400 多户，辐射全区 10 余个乡镇，被天津市有关部门确定为天津市无公害产品养殖基地。镇政府先后四次被天津市政府授予绿化先进单位和平原绿化先进单位。

该镇始终把创建良好的发展环境放在首位，多方筹集资金不断完善基础设施建设，目前累计投入建设资金 3190.82 万元，高标准地完成了供水、供电、通信、排水、道路等各项工程，区内实现了“九通一平”建设标准，为入区企业的生产经营创造了良好的硬件环境。与此同时，工业区还不断加强软环境建设，在制定各项优惠政策的同时，不断完善“一站式”办公，“一条龙”服务的工作举措，积极创建符合国际惯例和市场经济运作规律的管理机制，提高工作效率，树立良好形象。

七、内蒙古自治区

（一）赤峰市宁城县八里罕镇

八里罕镇位于内蒙古宁城县中西部，总面积 374 平方公里，平双公路纵贯街区，交通便利。是内蒙古东南部地区通往京津唐的重要通道。2016 年 10 月 14 日，住房和城乡建设部公布了第一批中国特色小镇名单，其中八里罕镇成为唯一进入该名单的赤峰小镇。

宁城县八里罕镇通过制定一系列的优惠政策，推动全镇设施农业建设进程，发展农村经济，加快农民增收致富步伐，建设和谐新农村。该镇拿出100万元资金用于扶持设施农业建设，在调地、打井、架电和技术培训上制定优惠政策：一是在镇电视台开辟专栏，播放棚室种植技术，并购买一批科技参考用书和光盘，发放到各农户手中；二是定期组织农户到县内外考察学习，聘请市场专家讲座；三是发挥合作社的职能作用，培养一支强大的经纪人队伍，开辟销售的“绿色通道”。

八里罕镇党委政府立足基础条件和资源优势，积极加快奶牛产业项目建设步伐。镇党委政府从奶牛起步晚、基础差的实际出发，提出了“一优先、两重点”的发展原则，即优先发展优良畜种奶牛，为加快奶牛产业步伐打好基础；重点扶持干部和群众积极性高的村，重点扶持影响好、带动力强的农户发展奶牛，并把工作重点放在抓大户、建小区上。通过出台优惠政策、制订专项推进计划、外出参观考察、领导带头示范等措施，全镇奶牛产业呈现出蓬勃发展的喜人局面。

（二）通辽市科尔沁左翼中旗舍伯吐镇

科尔沁左翼中旗地处内蒙古、吉林、辽宁三省区交汇处的金三角地区，隶属通辽市。总人口54万人（2010年），有蒙古、汉、满、回、朝鲜、达斡尔、鄂温克等15个民族，其中蒙古族人口39.5万人，占总人口的73.6%，是全国县级区域蒙古族人口最多的旗县。区域面积9811平方公里。

科尔沁左翼中旗属温带大陆性季风气候、四季分明。春季回暖快，多风沙；夏季雨热同步，雨量集中；秋季短促，降温快；冬季干冷漫长。

截至2010年，境内已探明的主要矿种有宝龙山至架玛吐一带的长烟煤矿，矿产量约1亿吨；门达镇白市地区有矽砂矿，矿藏量约5000万吨。有野生植物527种，分属70科214属497种，其中可供牲畜食用的有365种，可入药的有80余种。中药材中麻黄草年产量可达6000吨，甘草年产量可达100吨。

2012年科尔沁左翼中旗地区生产总值139.7亿元，三次产业比重为26.3∶42.6∶31.1。城镇居民人均可支配收入和农牧民人均纯收入分别达到15519元和7195元。

（三）呼伦贝尔市额尔古纳市莫尔道嘎镇

莫尔道嘎镇地处额尔古纳市中部，西南距拉布大林镇136公里，北与奇乾乡接界，东部和南部与根河市毗邻，西与室韦乡相连。东西最大长度175公里，南北最宽处127公里，辖区总面积4160平方公里。

该镇地处大兴安岭北段原始森林腹地，地表为起伏的山地，南北狭窄，东高西低，最高海拔1404米，最低海拔640米。属寒温带大陆性气候，年平均气温-7~-5℃，夏季多雷暴天气，易发生雷击火。

全镇辖8个自然村屯，2个村民委员会，12个居民委员会，71个居民小组，8个村民小组，共有6913户，25368人，居住有汉、蒙古、鄂伦春、鄂温克、满、俄罗斯、朝鲜、达斡尔、藏、高山、白、土家等14个民族，为本市少数民族最多的乡镇。

境内森林茂密，河流溪涧众多，动植物资源丰富。有林地209255公顷，占全市有林地总面积的94%，以兴安落叶松为主要建群树种，约占各类树木的90%，多为原始过熟林，次为白桦、黑桦。林间、水畔栖息着马鹿、驼鹿、黑熊、猞猁、野猪、狍子、狼、榛鸡、松鼠、狐狸、猫头鹰等动物，林间空地和林下生长着多种药材及食用植物，主要有防风、黄花菜、山丁子、稠李子、黄芪。红豆、越橘等野生浆果极为丰富。

全镇经济以林业为主，森林总蓄积量1465万立方米。

镇区交通方便，有国防公路70公里，林业运材公路551公里。镇内有铁路37.2公里，是全市唯一通火车的乡镇。

（四）赤峰市敖汉旗下洼子镇

下洼子镇位于敖汉旗东部，东与通辽市奈曼旗接壤，距通辽市区200公里，南与辽宁省北票市毗邻，距沈阳市区280公里，地理位置优越，两省三市的交汇地，是赤峰市敖汉旗的东大门。国道111线横贯东西，赤通高速公路穿镇而过，在草原村设有出口，交通便利，商贸发达，素有“一京二卫三下洼”之称。

全镇辖17个行政村，总人口3.4万人，总土地面积495.2平方公里。农业生产主要以玉米种植为主，玉米年均产量1.3亿斤以上，是敖汉旗的玉米主产区。南部地区杂粮杂豆种植历史悠久，盛产谷子、荞麦、芝麻、绿豆、红小豆、油葵等绿色杂粮，杂粮杂豆年均种植面积26.67平方公里以上，年产优质杂粮400万千克以上。

（五）鄂尔多斯市东胜区罕台镇

罕台镇位于东胜区的西部，距市区9公里，南与伊金霍洛旗毗邻，北与达拉特旗接壤，西与泊江海子镇相连，总面积562.5平方公里。镇村公路网络基本形成，交通十分便利。

罕台镇特色养殖业主要依托三个奶站发展养殖奶牛和肉牛，以及养殖獭兔。并建成九成功村肉猪养殖示范小区，注册“罕台川”牌育肥猪，特色种植业以白灵菇和鸡腿菇为主的食用菌种植和九成功绿色无公害蔬菜。特色餐饮业是以经国家商标局注册的“手指羊”为主的绿色餐饮业。进入“十一五”，镇党委政府将立足当地优势，致力于全面建设社会主义新农村的目标，加大招商引资力度。

（六）乌兰察布市凉城县岱海镇

岱海镇位于内蒙古凉城县中部，东接麦胡图镇，西与永兴镇，蛮汉镇毗邻，北倚洞金山脉与卓子山县接壤，南临岱海镇水域并与六苏木镇相连，镇内交通便利，资源丰富，投资环境优越，区位优势明显，文化底蕴深厚。全镇总土地面积368平方公里（其中县城区面积18平方公里）。

2005年全镇地区生产总值完成2.6亿元，财政收入完成1076万元，农民人均纯收入达到3220元，城镇居民可支配收入达到6418元。特点：是全县政治、经济、文化中心，也是全县人口最多的乡镇，交通便利，产业以奶牛、玉米、蔬菜为主。

以农区畜牧业为中心的农村经济工作成效显著。奶牛、寒羊产业步入高速发展阶段，规模进一步扩大。全镇招商项目13个，引资额达到1.4亿元，初步形成圪臭沟高载能工业园区、西厢经济建设开发区、西厢粮食贩运园区为体系的工业、流通园区。全镇现有工商企业22家，私营企业29家，个体工商户4500户，各类企业产值达到2.1亿元，以完善城镇功能，提升城镇品位为重点，全力推进城镇化进程。

（七）鄂尔多斯市鄂托克前旗城川镇

城川镇位于鄂托克前旗东南部，东与乌审旗相邻，南与陕西省定边县、靖边县接壤，西与陕西白泥井、本旗二道川乡毗邻，北与本旗珠和苏木相依。全镇地形呈西高东低，南部和北部有东西走向的两条沙带，海拔在1320~1400米，总土地面积761平方公里，全镇共辖13个嘎查村，64

个农牧业社，总人口 11537 人，其中少数民族 1772 人。境内地上地下水资源丰富，矿产资源主要有：盐、芒硝、碱、煤、天然气等，旅游资源主要有：大沟湾河套人旅游区、宥州古城、明长城遗址等。

城川镇将立足本地资源和地理优势，以大力发展农牧业经济和小城镇经济为目标，抓住国家西部大开发力度加大的机遇，以经济建设为中心，大力发展农牧业经济和小城镇经济，大力巩固和发展农区畜牧业，加快种养结构调整，进一步加快路、电、讯、小城镇等基础设施建设，加大招商引资力度，加快内引外联步伐，为经济社会全面进步创造良好的发展环境。

（八）兴安盟阿尔山市白狼镇

白狼镇地处大兴安岭南侧，阿尔山市政府所在地东南，北与阿尔山林业局毗邻，东南与五岔沟接壤，西与蒙古国为界。全镇辖区总面积 720 平方公里，是以汉族为多数，多民族聚居的地区，属寒温带大陆性气候。

白狼镇资源富饶特产丰富，尤其以野生动植物著称。野生动物种类繁多，主要有马鹿、黑熊、狍子、猞猁、香獐、水獭、雪兔等；水生动物主要有山哲鲤鱼、冷水细鳞鱼；禽鸟主要有松鸡、乌鸡、飞龙等。野生植物资源也非常丰富，主要经济植物有蕨菜、广东菜、燕尾菜、地榆、山杏、东方草莓、刺梅、芍药；野生菌类有美味牛肝菌、白蘑、黄蘑等 40 余种。仅蕨菜一项每年就可采集出售 250 余吨。

（九）呼伦贝尔市扎兰屯市柴河镇

月亮小镇柴河东距扎兰屯市区 175 公里，西达阿尔山市区 170 公里，辖区总面积 5688 平方公里，是全市辖区面积最大的乡镇。目前总人口 7665 人，其中镇区人口 5200 多人，其余分布在柴河各林场和农场。截至 2013 年，柴河镇的居民自治组织有 2 个，即振兴居委会和石桥居委会。外驻企业两个即柴河林业局及绰尔河农场。

柴河处于呼伦贝尔、阿尔山、黑龙江三大旅游区的结合点上，是内蒙古阿尔山—柴河景区的重要组成部分，是扎兰屯国家级风景名胜区的核心景区。行政景区面积 884.61 平方公里。

（十）乌兰察布市察哈尔右翼后旗土牧尔台镇

土牧尔台（Temurtei）位于内蒙古自治区中北部，隶属于察哈尔右翼后旗。境内为丘陵地区，总面积 560 平方公里。

土牧尔台镇现已成立皮毛绒肉加工园区，园区内基本可以实现皮毛绒肉的初级加工“一条龙”服务。园区管委会在镇党委的正确领导下，显现出勃勃生机（详情如下）。

察哈尔右翼后旗土牧尔台皮毛绒肉加工园区于 2007 年开始规划实施，园区总体规划占地面积 2 平方公里。园区“七通一平”全部完成，硬化、绿化、亮化、污水处理、大门、围墙、雕塑等基础设施都已完工，总投资达 8000 万元。2008 年 9 月 18 日，被确认为乌兰察布市农牧业产业化示范园区。

截至目前，通过招商引资投资入园的企业（公司）28 家，其中从事梳绒企业（公司）12 家，绒毛制品企业（公司）4 家，洗毛企业（公司）2 家，肉食品加工企业（公司）2 家，制革企业（公司）2 家，日化加工企业（公司）1 家，规模以上企业（公司）达到 12 家。入园企业累计投资 1 亿元，上缴税金 1360 万元，增加就业岗位 1000 多个。园区现有梳绒机 340 台，年梳绒 2500 吨，绒毛交易量 5500 吨，年屠宰加工肉羊 60 万只，肉类交易量达 6000 吨，贩运揉制加工皮张 110 万张，生产皮毛制品 65 万件。注册商标有泰发祥、融融、牧尔金斯、纳兰明珠、乌勒庚等。生产种类有羊绒被、羊毛被、羊绒毯、羊绒衫、羊绒裤、羊剪绒拖鞋、带骨牛羊肉、精选羊肉胚、精制羊肉砖、精选卷羊肉、羊尾胚、后腿、里脊胚等，主要销往北京、天津、上海、广东、河北、山东、河南、江苏、福建、浙江、山西等地，出口日本、美国、欧盟等国家。

（十一）通辽市开鲁县东风镇

东风镇位于开鲁县东部22.5公里处，是通辽到开鲁县必经之地。总区域面积约157.13平方公里，森林覆被率15%。东风镇的“东风”有地处开鲁县东部、祝福之意。

东风镇属农贸集散地，基础产业是农业，是盛产小杂粮、益都椒的重镇，年产绿豆等杂粮350万千克，益都椒直接出口韩国。全镇畦田面积约35.33平方公里，机电井412眼，有效灌溉面积约25.33平方公里，其中地表水灌溉面积约4.67平方公里，地下水灌溉面积约25.33平方公里。主要资源有益都椒、蔬菜和油桃等，盛产绿豆、玉米、玉米良种。1998年末，建“43”型日光温室50座，全部使用。2000年制种约13.33平方公里，种红干椒约6.67平方公里。永新、敖包村产的“王梦夏”甲蛋久享盛誉，被称为家鸭生野鸭蛋。

1999年末，全镇粮食总产2400万千克，工农业总产值8527万元，农民人均纯收入3156元，财政收入141万元，年度牧畜存栏1.15万头（只）。

（十二）赤峰市林西县新城子镇

全镇总人口为7210人。南北长15.5公里，东西宽17.5公里，总面积为176.5平方公里。

文化教育卫生较发达，金融、司法、工商、税务、电力、电信、邮政、粮站、供销等机关单位设置齐全，可为客商提供最优质的服务。电视信息宽带网覆盖80%，移动通信、程控电话网站设施建设齐全。

镇域水源丰富，电力充足，经济发展具有一定基础，现以建成“七大”基地。约6.67平方公里内蒙野果基地（吉红123苹果），年产纯天然、无污染、无公害内蒙野果12000吨。约20平方公里紫花苜蓿草基地，年产干苜蓿3000吨，产草林西县新城子镇举办了第五届内蒙野果采摘节籽450吨。约66.67平方公里野生山杏林基地，年产3000吨山杏核。纯种小尾寒羊基地，基础母羊年存栏16000只，年出栏20000只。老三区牌杂粮基地（主要品种：小米、芸豆、荞麦、玉米渣、高粱米、黄米），年加工各种杂粮500吨。玄武岩、花岗岩石材基地，资源储量大，镇内现有石材加工厂1处，年加工石材4万平方米。佛山旅游度假区，具有丰富的待开发旅游资源，可使游人观赏的景点达300多处。

截至2001年6月，全镇企业达到41家，其中集体企业6家，私营企业28家，个体企业7家，乡镇企业从业人员达3850人。主要从事原煤、萤石等矿产资源的开采，原煤、磷肥、食用油、农机具加工，啤酒大麦、小杂粮贩运，商业、饮食、理发、缝纫、修理等服务行业，年实现企业增加值3150万元，利税1260万元。

八、云　南

（一）红河州建水县西庄镇

是国家历史文化名城和国家重点风景名胜区的重要组成部分之一，是县委、县政府实施旅游带动型发展战略的主要地区。地属亚热带气候区，四季如春。居住着彝、傣、哈尼、壮等15个少数民族。

旅游资源十分丰富，名胜古迹、人文景观众多，有国家级重点文物保护单位——双龙桥、2006年世界纪念性建筑保护基金会遗产保护名录——团山民居群、黄龙寺风景区、“打响武装解放建水第一枪”的乡会桥起义旧址、谢家湾温泉等。

2016 年 10 月 14 日，入围第一批中国特色小镇名单。

该镇按照“强工业、兴旅游、优农业、建小镇、重科教”的发展思路，狠抓发展第一要务，充分发挥区位优势。2006 年，全镇实现工农业总产值 2.7833 亿元，增长 17%，其中，工业总产值 1.94 亿元，增长 23.2%，农业总产值 8433 万元，增长 5.1%；全社会固定资产投资 1676 万元，增长 10.4%；财政收入 376.46 万元，增长 9.57%，财政支出 390.4 万元，增支 3.04%，达到收支平衡；信用社存款余额 8218 万元，增长 11.4%，贷款余额 3816 万元，增长 3.5%；农村经济总收入 3.8504 亿元，增长 25.4%；农民人均纯收入 2440 元，增长 11%。

（二）大理州大理市喜洲镇

喜洲镇位于云南省大理市北部，西倚苍山，东临洱海，隋唐时期称“大厘城”，是南诏时期“十睑之一”；是一个有着一千多年历史的白族历史文化名镇，全镇共有明代、清代、民国以及当代各个时期各具特色的上百院白族民居建筑。自古以来就是洱海西岸白族政治、经济、文化集中的重镇，有悠久的经商历史，是白族工商业发展的摇篮。

喜洲镇是大理国家级风景名胜区、国家级自然保护区、国家级历史文化名城及中国优秀旅游城市大理市和中国十佳魅力城市大理市的重要组成部分，无论是文化、建筑、风格等均具有鲜明浓郁的民族特色，发展以旅游资源开发为主的特色产业型小城镇具有得天独厚的优势。喜洲镇有森林面积约 8.32 平方公里，树种有云南松、杉松等。

2005 年全镇财政收入完成 993 万元，2006 年首次突破千万元大关，达 1057 万元，财政实现了年均递增 6%。2006 年农村社会经济总收入完成 19.057 亿元，年均递增 10%。2006 年农民人均纯收入完成 4310 元，年均递增 6%。仅 2007 年 1~8 月，财政收入就完成 765 万元，为年初预算的 68.3%，上年同期的 133.51%。其中，地方一般预算收入完成 567 万元，为年初预算 736 万元的 77.04%，上年同期的 176.1%；总收入与上年同期相比，增收 192 万元，增幅为 33.5%。

（三）德宏州瑞丽市畹町镇

畹町镇是云南省德宏傣族景颇族自治州瑞丽市辖镇，全镇总面积 103 平方公里，镇境东北与潞西市（芒市）接壤，南与缅甸九谷市相邻，西北与瑞丽市姐勒隔江相望；东部有广董通道，中部有畹町口岸，西部有芒满通道，东、西通道和中部口岸公路均与亚太交通对接。气候属南亚热带山地湿润季风气候。2006 年畹町镇总户数 3552 户，总人口 11028 人。主要民族以汉族、傣族、景颇族、德昂族为主。

2016 年 10 月 14 日，被国家发展改革委、财政部以及住建部共同认定为第一批中国特色小镇。

畹町镇的主要产业为种植业、养殖业、第二、第三产业等，产品主要销售往区内。2007 年全镇主产业销售总收入 2078 万元，占农村经济总收入的 68.04%。

目前正在发展甘蔗、橡胶、蔬菜、养殖等为特色的产业。探索建立口岸服务型农业，是畹町经济发展的主要组成部分，是增加农民收入的有效措施。围绕边境口岸园林城市和云南畹町边境工业区的经济社会发展需求，做大做强口岸服务型农业。把口岸服务型农业发展与畹町实现全面建设小康社会紧密结合起来，使畹町口岸服务型农业成为既能为城乡居民提供所需蔬菜、瓜果、肉禽、蛋奶等农副产品，又能保护生态环境，增加城市园林绿化，为边境口岸城市增添独特景观的绿色农业、生态农业、观光农业。

（四）楚雄州姚安县光禄镇

光禄镇位于云南省楚雄彝族自治州姚安县城北部，古镇坐落于群山环抱的盆地之中，地势平坦，交通便利。光禄镇历史悠久，文化底蕴深厚，旅游资源丰富，田园风光秀丽，交通区位优势明显，光禄镇文化底蕴深厚，素有“花灯之乡”“梅葛故地”“文化名邦”的美称。具有发展特色旅游业的资源优势。2004 年 10 月 18 日被省人民政府公布为“云南省历史文化名镇”，这是光禄镇经济社会发展史上的一个重要里程碑，将极大地提高古镇的知名度，为各项开发工作奠定了坚实的基础。省政府两次召开了特色旅游小镇发展会议，光禄旅游小镇被省政府确定为重点开发建设型旅游小镇。

光禄镇文物古迹众多。主要有汉弄栋县城故址、土立祠、送子娘娘殿、龙王殿、斗母阁、玉皇阁、观音阁、文昌宫、至德寺、高雪君铜像、飞来石等。历史文化积淀深厚。

长期以来，一直是古代治滇重镇，历史上曾是全省、全州政治、经济、文化中心。是从四川进入云南后，东进昆明西下大理的必经之地，是中原进入滇池和洱海的咽喉要道，历来为兵家必争之地，历代王朝均在此设路、府、州、县，并选派名流之士镇守其邦。也是古南方“丝绸之路”通往东南亚和印度等地的一个重要据点。

（五）大理州剑川县沙溪镇

沙溪古镇位于云南省大理州剑川县西南部，地处金沙江、澜沧江、怒江三江并流自然保护区域东南部，位于大理风景名胜区与丽江古城之间，远近闻名的石宝山就在这里。沙溪是一个青山环抱的小坝子，总面积 287 平方公里，坝区面积 26 平方公里，居民以白族为主，汉、彝、傈僳族共居。这里山清水秀、气候宜人，物产丰富，澜沧江水。

2001 年 10 月 11 日，世界纪念性建筑保护基金会在美国纽约宣布：剑川县沙溪镇寺登街区域选入 2002 年世界纪念性建筑遗产保护名录。

（六）玉溪市新平县戛洒镇

哀牢山脉中段东麓，东与新化乡、老厂乡接壤，南与腰街镇连接，西与镇沅县和平乡相邻，北同水塘镇毗邻，红河上游的戛洒江自东北向西南穿境而过。

镇域内资源丰富，盛产稻谷、玉米、甘蔗、香蕉、芒果、荔枝等粮经作物，境内大红山储有丰富的大型磁铁矿和铜矿。

2010 年，实现现价生产总值 11240 万元，同比增加了 957 万元，增长 9.3%。其中，第一产业增加值 3950 万元，同比增加了 2923 万元，增长 8%；第二产业增加值 4155 万元，同比增加了 459 万元，增长 12.42%；第三产业增加值 3135 万元，同比增加了 205.4 万元，增长 7.01%。完成现价工农业总产值 41482 万元，同比增加 8726 元，增长 26.64%。

农民人均纯收入 3001 元，同比增加 287 元，增长 10.57%。全镇农业生产稳步发展，工业生产、固定资产投资快速增长，消费市场繁荣，财政、金融事业稳定发展，人民生活得到提高。

（七）西双版纳州勐腊县勐仑镇

勐仑镇位于勐腊县县城西北部，面积为 355 平方公里，森林覆盖率达 64%。2008 年全镇人口为 14828 人。勐养—勐腊公路穿境。古迹有塔庄峨、塔庄伞、塔庄东南三座佛塔，传说建于明朝。罗梭江畔的葫芦岛上，建有中国科学院云南热带植物研究所，所内有千百种热带植物，风光秀丽，是旅游佳境。勐仑自然保护区，以热带雨林风光著称。镇内居住着傣、哈尼、汉为主的 14 个民族，有经济林木约 47.66 平方公里，其中，橡胶约 47.45 平方公里，年产干胶 2891 吨；主产粮食、橡胶、热带水果等。2008 年全镇国民生产总值（可比价）为 11634 万元，人均地区生产总值为 7700 元，农民人均纯收入为 2900 元。2008 年粮食总产量为 409 万千克。全年生猪存栏 4771 头，大牲畜存栏 227 头，当年肉产量为 561.9 万千克；水果面积约 2.518 平方公里，产量 4222 吨。全镇 37 个自然村 42 个村民小组基本实现五通，32 个自然村通了有线电话，42 个村民小组已全部通了移动电话，通信事业蓬勃发展，已列入全县信息富民示范乡镇，全镇呈现出一片政治稳定、经济发展、社会繁荣的大好局面。

勐仑镇自然资源丰富，可用“江山＋田园＋林”作一简单概括，分布有国家级热带雨林自然保护区，旅游景区主要以中科院版纳热带植物园为主，与镇区隔江相望，是热带植物种群荟萃集锦之地，被誉为“绿色王国”皇冠上的一颗明珠。绿石林、翠屏峰、雨林谷森林公园，既可观赏到神秘的热带雨林风貌，又可观赏到神奇而气势雄伟险峻、风光秀丽的石灰岩山雨林。贝叶文化、宗教文化、建筑文化、民俗文化、歌舞文化、医药文化等神秘的民俗文化与景区旅游吸引着众多的国内外游客。2008 年共接待 52 万人次，实现旅游综合收入 2080 万元。

橡胶是勐仑镇的骨干产业，也是该镇农民增收的主要经济来源。2008 年产干胶 2891 吨，收入达 4365 万元，抓好橡胶科学管理和病虫害防治工作，努力确保橡胶增产，农民增收。泡果、柚子、菠萝、西番莲、橙子、芒果等热带水果种植，2008 年全镇水果面积约 2.518 平方公里，产量 4222.75 吨，实现收入 450 万元。

（八）保山市隆阳区潞江镇

潞江镇，即高黎贡山旅游度假区，傣语称“勐赫”，位于保山市隆阳区西部，高黎贡山东麓，怒江大峡谷末端，东连蒲缥镇、杨柳白族彝族乡，西邻腾冲市，南接龙陵县，北交芒宽彝族傣族乡，东西宽 30 多公里，南北长 70 多公里，国土总面积 850 平方公里；具有热带、亚热带、温带、寒温带、寒带等多种气候。

潞江镇（高黎贡山旅游度假区）古属“勐赫”傣族土目领地，现居住着汉、傣、傈僳、德昂、彝、回等多个民族，总人口 78865 人（2014 年数据）；辖 29 个村民委员会，3 个农场管理委员会；是云南省著名的旅游小镇，也是中国住房和城乡建设部公布的“美丽宜居小镇”之一。

潞江镇（高黎贡山旅游度假区）的高黎贡山中有兽类 117 种，鸟类 347 种，两栖动物 29 种，爬行动物 48 种，鱼类 17 种，昆虫类 844 种，有与恐龙同一时代的珍稀植物——桫萝等，被誉为是“植物王国，物种基因库”。

独特的地理位置和众多民族杂居的格局，造就了潞江镇（高黎贡山旅游度假区）丰富的人文旅游资源和自然旅游资源。在这里可以看到不同的民族服饰，听到不同的民族语言，吃到不同的风味小吃，感受到不同的民风民俗。如傣族的“象脚鼓舞”“嘎秧舞”“泼水节”，傈僳族的“三弦舞”“倒杯酒”“同心酒”，德昂族的“水鼓舞”等。

潞江镇（高黎贡山旅游度假区）以建设“热带绿色经济大镇，最具傣族特色集镇，重要交通枢纽中心，新型民族文化旅游度假区”为目标，不断深化产业结构调整，稳步发展农业，努力发展工业，着实发展文化旅游产业，发展壮大了第二、第三产业。

（九）临沧市双江县勐库镇

勐库镇位于双江拉祜族、佤族、布朗族、傣族自治县北部，东北与临沧博尚、圈内、勐驮一镇两乡毗邻，南与双江沙河、贺六两乡接壤，西与耿马大兴乡交界，是双江第一大镇、第二大政治、经济、文化教育和商业贸易中心，镇政府距县城 20 公里，国道 214 线由北向南穿境 30 公里。勐库镇总面积为 475.3 平方公里，境内山多坝少，山区面积占 99.55%，坝区面积占 0.45%。

境内集居着拉祜族、佤族、布朗族、傣族等 12 个少数民族，少数民族人口 12517 人，占总人口的 41.37%。

2005 年全镇农村经济总收入 4287.6 万元，农民人均纯收入 957 元。

2005 年底全镇粮食总产量达 995.7 万千克。有茶叶面积 22 平方公里，茶叶收入 912.6 万元；甘蔗面积约 3.12 平方公里，收入 292 万元；畜牧业发展较快，总收入达 794.7 万元。

境内主要粮食作物以水稻、玉米、小麦为主，还有茶叶、甘蔗、油菜、芒果、核桃、核桃、香蕉等经济林木和经济作物以及丰富的药材资源。

勐库普洱茶是云南省临沧市双江县勐库镇的特产。勐库镇生产的普洱茶具有滋味醇厚，汤色红褐、阵香显著、叶底黄褐的品质特点，畅销中国港、澳、台地区和东南亚、广东、北京、上海、深圳等。茶叶是勐库镇的传统支柱产业，是农村经济和农民收入的主要来源，勐库镇是勐库大叶茶起源之地，勐库素有茶乡之称。

（十）昭通市彝良县小草坝镇

小草坝镇位于彝良县的北面，国土面积 218 平方公里，是一个低纬度高海拔的高寒山区农业乡。全乡总人口 22399 人，其中农业人口 21107 人。

小草坝乡境内盛产驰名中外的“小草坝天麻”，全乡年产水天麻可达 200 吨。天麻还可以进行深加工，制成天麻粉、天麻蜂蜜、天麻酒等系列产品，优势在于进行深加工，有丰富的天麻资源，如果增加科技含量，可以使这一独特产业发挥更大的优势。小草坝乡还盛产白芸豆，现在白芸豆播种面积，年播种可达 2.67~3.33 平方公里，地理、气候条件都适应白芸豆的生长，仅 2002 年，小草坝乡白芸豆规模种植就达约 2.67 平方公里。白芸豆的亩产 300 斤，按最低 1.2 元/斤计算，每亩可达 360 元，如种玉米，按最高产值计算，亩产只能达 200 千克，折价 200 元，这也是积极调整产业结构，大力发展白芸豆，建立绿色经济强省的一大优势。除此之外，还盛产竹笋、农土特产品，每年送出去的竹笋可达 150 吨左右。

小草坝乡境内有朝天马、牛角岩自然风景区，奇山、奇水、奇洞配以奇特的森林植物景观而独具特色。有“庙山叠瀑、河坝水帘、环河盘石、赤溪红壁，万佛奇洞”等数十个景点，真可谓：春赏花，夏观瀑，秋采红叶，冬踏雪。由于小草坝农土特产品十分丰富，自然景观独具特色，常来此采见、加工的客商源源不断，旅游的客人络绎不绝，为当地经济的发展，市场的繁荣和活跃、信息的输送传递起到积极作用。小草坝乡的矿产资源较为丰富，地下有丰富的煤、铁、铜、锌等矿产资源，尤其以原煤为主，是彝良县重点产煤乡（镇）之一。它主要分布在小草坝村、金竹村和大桥村。小草坝乡已有引进外资新建

6个煤厂（矿）被列为昭通市保留技改煤矿，已初具规模，年总产量达20万吨。另外还有一批煤炭行业的业内人士对小草坝的煤矿产生了浓厚的投资兴趣，正在进一步洽谈之中。铁、铜矿分布于小草坝乡的三道村、大雄村和小草坝村，年产量达10万吨。小草坝正集中精力培植矿产业，抓招商引资。力争用三年左右的时间，使原煤产量突破30万吨。

小草坝天麻是云南省昭通市彝良县小草坝镇的特产。小草坝天麻个大、肥厚、饱满、半透明，质地实、无空心，品质优良，药用价值为世界一流，是昭通天麻的代表，也是云南天麻的代表，素有“云天麻”之称。小草坝天麻驰名中外，彝良县已被誉为世界天麻原产地。

（十一）保山市腾冲市和顺镇

和顺镇位于腾冲县城西南4公里处古名“阳温墩”，由于小河绕村而过，故改名“河顺”，后取“士和民顺”之意，雅化为今名，现称和顺镇，全镇人口达6000多人，而侨居海外的和顺人口则达12000多人，是云南著名的侨乡。腾冲是古代川、滇、缅、印南方陆上“丝绸之路”必经之地，和顺就在“官马大道”之旁。所以，和顺以华侨出国历史长、侨属多，而成为著名的侨乡，全乡侨居国外的人口，为国内人口的100.2%。加上侨眷，为国内人口的167.6%。华侨分布在缅甸、印度、泰国、印度尼西亚、新加坡、日本、加拿大、美国等十多个国家。

云南著名的旅游胜地，走出了一条可持续发展的路子，是云南省最为重要的文化生态村示范点。2003年，和顺被《中国国家地理》《时尚旅游》等联合推荐为“人一生要去的50个地方”之一。

和顺有着一般小镇的特色，传统的小镇建筑，淳朴的人们。但这里却沉淀着600多年的历史文化，有着历经多少沧桑巨变的传统民居。据了解，这里的传统民居多达1000多幢，其中清代民居有100多幢，被誉为中国古代建筑的活化石；其建筑风格，有“三坊一照壁”“四合院”“四合五天井”等，在这里你可以领略到徽派建筑粉墙黛瓦的神韵，也可以寻觅到西方建筑的元素。

（十二）昆明市嵩明县杨林镇

杨林镇是明代医学家、音韵学家兰茂的故乡，是驰名中外的杨林肥酒的产地，素有“滇东古镇”“鱼米之乡”的美称。位于嵩明县境南部，总面积162.7平方公里。2004年底，总人口有59695人。

杨林镇的镇情可概括为“三多、三突出”，即生态公益林多，生物多样性多、古树名木多，森林资源优势突出、自然景观秀丽突出、水资源丰富突出。

兰公杨林镇祠，位于嵩明县杨林镇南街尾原祠建于明成纪十二年（1476年），祠内供奉明代两隐士（兰茂、贾东晦）牌位。祠后有兰茂墓。1985年，建成兰茂纪念馆，陈列有兰茂著作、生平事迹和后人研究兰茂的学术成就等。是云南省爱国主义教育基地。

七阁八庙。七阁（文昌阁、魁星阁、九天阁、水云湘阁、桂香阁、玉皇阁、观音阁），八庙（城隍庙、龙王庙、五谷庙、财神庙、张飞庙、水官庙、东岳庙、山神庙），三殿（大雄宝殿、关神殿、中岳殿），四寺（太平寺、清真寺、观音寺、如来寺），两祠（兰公祠、陈公祠），三宫（斗母宫、武显宫、文昌宫）、玄天观、江学、净土淹30多座庙宇，棋、台、亭、阁、廊、厅、桥构成一个千变万化的山水画般的风景园林整体。

杨林镇是嵩明县经济发展的重镇，乡镇企业包括个体私营756户，乡镇企业经济总收入占全镇经济总收杨林镇入的70%。企业行业有化工、铸造、建筑建材、酒类、交通运输、商业饮食服务业、加工修理、冶炼，杨林工业开发区位于杨林境内，总体规划4.48平方公里，杨林工业开发区自1992年建设以来，共引进项目30余个，对杨林镇经济发展起到了很大的辐射作用和推动作用。杨林镇适宜种植烤烟、水稻、苞谷、花卉、蔬菜等作物，杨林干花远销美国、日本、加拿大等国，为杨林赢得了“干花之乡”的美誉。主要特产有杨林肥酒、杨林酸菜鱼、杨林虾酱、杨林丸、杨林大黄梨等。

（十三）普洱市孟连县勐马镇

勐马镇位于云南省西南边陲，隶属于思茅地区孟连县，勐马镇是一个以傣、拉、佤为主体，多种（15种）民族共存的边境山区少数民族乡镇，总面积达530平方公里，总人口24307人，其中少数民族人口占总人口的85.87%，主体民族人口占总人口的78.79%。

勐马镇以橡胶公司龙头企业为依托，发挥龙头效应，大力发展乡镇企业，完善了一条“公司+基地+农户”一体化的经营管理模式，创出了一条专中有兼，兼中有专，专兼结合的管理模式，因地制宜地实施了高、中、低的产业经济带布局，用骨干项目覆盖贫困地区带动发展，全面实施村村有企业、社社有项目、户户有股份的经济发展战略，形成了镇、村、社、农户和开发商五类股份合作制的发展格局，走出一条“勐马经济模式”之路。

勐马镇是孟连县通往缅甸的主要通道之一，具有明显的区位优势，依托干线发展旅游和服务业的发展趋势较好。镇域经济主要以橡胶、茶叶、咖啡三大产业为主。拥有橡胶面积66167亩，已开割26326亩，年产干胶3102吨，销售收入4270万元；拥有茶叶种植面积11800亩，投产面积达10811亩，年产干茶484吨，销售收入600万元；拥有咖啡种植面积10118亩，已投产7824亩，年产鲜果2982吨，加工咖啡豆727吨，销售收入656万元。

九、辽宁省

（一）大连市瓦房店市谢屯镇

谢屯镇位于瓦房店市西南部，南距大连92公里，距沈大高速公路20公里，临港高速公路贯穿全境。全镇面积192.5平方公里，其中耕地面积5.7万亩，林地面积3.3万亩，海岸线总长36公里。全镇有8个行政村，70个自然屯，第五次人口普查显示，总人口为24597人。

谢屯镇四季分明，年平均气温10.2℃，年平均降雨量570毫米，年平均日照2128小时，无霜期为180天左右。

谢屯镇地处石灰岩地区，石灰石总储量在3亿立方米以上，藻花大理石储藏达到300万立方米，天然矿泉水日产可达200吨。谢屯镇三台山前有金沙湾，沙滩平缓，水质清澈，是天然的海水浴场。

农业方面，以虾养殖、贝类养殖为主，近海可供养殖滩涂达10万亩，盛产对虾、海参、海螺、文蛤以及多种鱼类等。农业主产玉米，兼种植果树，如苹果、大樱桃、酿酒葡萄等。工业方面，全镇拥有盐田4万亩，年产原盐20万吨，粉洗碘盐6万吨，五岛牌盐畅销东北各地。主要物资矿渣、建材等以铁路为主运入境内，境内的水果、盐及其产品等也以铁路运输为主的方式输送到东北各地。水产、水泥、粮食等以汽运为主。

谢屯境内的重点工程包括：大连—长兴岛高速公路，境内有14公里；前进经济园区，规划面积为10平方公里，实现“七通一平”，实现了良好的出口创汇效益。

（二）丹东市东港市孤山镇

孤山全镇总面积 214.3 平方公里，其中耕地面积 71.33 平方公里，旱田面积 26.09 平方公里，水田面积 45.24 平方公里，沿海滩涂面积 23.33 平方公里，浅海面积 14.20 平方公里，林地面积 36.53 平方公里。全镇果园面积 6150 亩，2009 年农作物播种面积 118437 亩，其中，水稻面积 60144 亩，玉米面积 24489 亩，大豆面积 600 亩，花生面积 1100 亩。

孤山镇是一座历史悠久的文化古镇，全镇区域面积 214.3 平方公里，总人口 6.6 万人。孤山镇拥有独特的海洋、淡水、风能、旅游等资源。目前，全镇共有工业企业 300 余家，现已形成以服装加工、机械加工、食品加工为主的三大工业产业体系；形成优质水稻、草莓、滩涂贝类、板栗、设施果树、食用菌、草制品、蛋、禽八大农产品生产基地和杏梅、蛋鸡、特色蔬菜、贝类养殖四大农业示范基地。境内有大孤山国家森林公园、大孤山古建筑群、国家 AAA 级风景名胜区大鹿岛、鸭绿江国家级湿地保护区孤山核心区、罗圈背水库等名胜区。

孤山镇交通便利，服务设施齐全，地处东北亚经济圈的核心地带，与朝鲜半岛隔海相望，与日本一衣带水，它正处于大连、鞍山、丹东三市交会处。这里有辽宁省最大的镇级客运站——孤山客运站，201 国道与大盘公路在镇区交汇，丹大高速公路和即将开工建设的丹海高速公路在孤山境内都设有出入口，东边道铁路也将在孤山设客货两用站，丹东市中心渔港正在开发建设中，便利的交通条件充分展现了孤山优越的区位优势。

近年来，孤山镇先后被省政府确定为辽宁省小城镇建设中心镇，辽宁省旅游特镇，辽宁省历史文化名镇，并获得多项殊荣。镇辖的大鹿岛村被全国授予“文明村”“中国十佳小康村”。

（三）辽阳市弓长岭区汤河镇

汤河镇地处辽阳市东南部，总面积 153 平方公里，耕地面积 13.33 平方公里，山林面积 8.27 平方公里，人均耕地 1.4 亩，辖 9 个行政村，1 个社区。全镇总人口 15539 人，其中农业人口 14482 人，城镇人口 1057 人，有汉、满、回、壮、蒙古、朝鲜、维吾尔、俄罗斯、锡伯 9 个民族。

汤河镇地处北温带，属温带大陆性气候，全年受季风影响夏季多东南风，温湿多雨，冬季多偏西北风，年均气温 7.1~8.4℃，无霜期多年平均 160 天，平均日照时数是 2512.5 小时。年平均降水量为 743.5 毫米，适宜种植多种农作物。

汤河镇自然资源十分丰富，冷热姊妹泉闻名省内外，是我国目前发现的较大的天然矿泉之一，日涌量 2600 吨，年流量达 94 万吨。热泉涌出地表温度可达 72℃，泉水透明，呈弱碱性，含氡量在我国 30 余处温泉中名列前茅，对治疗风湿、关节炎等疾病疗效显著。冷泉含硒量适度，是一种开采价值较高的珍贵天然矿泉水，可作为瓶装天然矿泉和配制软饮料生产用水。

汤河温泉历史悠久，近年来，弓长岭区立足温泉资源优势，大力开展温泉旅游产业项目，精心打造了辽宁碧湖温泉度假村和辽宁汤河温泉假日酒店等一批享誉全省、国内领先的温泉旅游龙头项目，已先后建成 25 个风格迥异、各具特色的温泉旅游休闲度假项目，累计实现固定资产投资 82.1 亿元。目前，投资 20 亿元的佳兆业·汤泉驿项目、投资 7 亿元的辽宁—水云天温泉度假酒店项目、投资 5 亿元的辽宁金澜俊景温泉度假酒店等一批新业态温泉旅游项目正在抓紧推进，汤河镇将利用 3 年的时间，推进 100 个温泉旅游项目，实现旅游收入100亿元。

“小镇不大，秀美如画”这是对汤河镇的真实写照。汤河镇三面青山环绕，大汤河绿色景观带纵贯全境，景色迷人，城镇森林覆盖率、绿化覆盖率达51.9%、42.5%。汤河镇已成为“镇在林中，街在绿中，人在景中”的生态宜居小城镇。在小镇建设过程中，弓长岭区加大生态保护和环境治理力度，先后实施了大汤河、小汤河、百亩荷花塘、千亩花海等生态治理和景观打造工程及荒山治理、围栏封育、退耕还林等工程，大汤河湿地公园跻身国家级湿地公园行列。汤河镇已成功跻身国家级生态乡镇行列，成为全省首家美丽乡村建设全覆盖的乡镇。

（四）盘锦市大洼区赵圈河镇

赵圈河镇全境总面积163平方公里，其中芦苇湿地面积133.33平方公里，水稻面积19.33平方公里，下辖5个村，总人口约为9220人。

赵圈河属于由辽河冲积和海相沉积形成的平原，土壤结构主要分为盐土、草甸土、沼泽土和水稻土。气候因受渤海影响，属北温带半湿润季风气候，四季分明。该地区年平均地面温度为10.4℃，年平均降雨量646.6毫米。

赵圈河镇距离北京550公里，距离沈阳160公里。沟海铁路、秦沈高速铁路、京沈高速公路、盘海高速公路、305国道以及连接环渤海六市的滨海公路构成了发达的陆路交通体系。水上交通同样发达，距离盘锦港仅45公里，东部的营口港、西侧的锦州港以及正在建设中的盘锦新港都是环渤海地区的中型港口。

赵圈河镇生态资源丰富。这里有全球保存得最完好、规模最大的湿地资源，有举世罕见的红海滩和世界最大的芦苇荡。辽阔的芦苇湿地是野生动物栖息、繁衍的最佳场所，苇海内栖息着253种鸟类。其中丹顶鹤、黑嘴鸥等国家一类、二类保护动物31种，具有观赏价值的鸟类达百余种，震旦鸦雀、斑背大尾莺等鸟类随处可见。每年在此生息繁衍的丹顶鹤四五百只，占世界野生丹顶鹤的近1/4，因此赵圈河乡享有“鹤乡”的美名。

赵圈河镇盛产芦苇，年产量约8万吨，产值约5000万元，全乡有800余人从事苇业生产，仅芦苇生产一项就实现人均收入1400元左右。辽阔的天然芦苇荡中蕴藏着丰富的海、淡水资源，尤其是生长于无污染的自然生态环境中的鲈鱼、梭鱼、鲫鱼、虾虎鱼以及中华绒螯蟹等，品质优良，口味独特，在国内外市场上颇为走俏。2006年，15万亩苇田“四位一体”绿色渔业养殖区通过国家环保总局“有机水产品生产基地”认证。

赵圈河乡旅游业发达。2006年被评为“全省首批特色旅游乡镇”，域内的红海滩风景区通过国家AAAA级风景区认定。

（五）沈阳市法库县十间房镇

十间房镇地理位置优越，是沈阳市周边“1小时旅游圈”的重要节点，镇域面积115平方公里，沈康高速、203国道穿镇而过，高速设有财湖出口。镇区四面环山，拥有20多平方公里水面面积的秀美财湖，并傍湖建设了财湖机场，初步形成了以通用航空产业为主导、一二三产业融合发展的产业格局。

十间房镇依托有利的自然条件、地理优势及产业基础，全力建设通用航空产业基地，是辽宁省首个通航高新技术产业基地。通用航空产业基地位于财湖景区，规划面积68平方公里，已建成核心区面积5平方公里，共设有飞机研发制造、运营培训、综合配套、休闲旅游四大功能区。自2010年筹备建设以来，已入驻联航神燕、锐翔、通飞等各类通航企业 20 家。截至 2017 年，十间房镇通用航空产业基地已初具规模，初步形成了集飞机组装、驾照培训、警务巡查、农林作业、应急救援、航拍航测、电力巡线、空中旅游于一体的全产业链发展模式。入驻通航类企业近 30 家，完成投资 50 多亿元，先后获得了“国家通用航空产业综合示范区”“国家低空空域管理改革实验区”“全国首批飞行营地”“辽宁省级高技术产业基地”等众多荣誉称号，先后获批全国最具投资价值通用航空产业集聚区、辽宁省首个通用航空产业基地、全国首批国家级航空飞行营地、辽宁省航空体育产业示范镇、国家级通用航空产业综合示范区。

目前，十间房镇已有通航类企业近 30 家，连续举办了五届国际飞行大会。飞行大会的成功举办，不仅促进了通用航空产业发展，还带热了小镇的休闲农业，实现以“航”带“游”，凭借着良好的生态环境和特色的产业形态成功入选全国特色小镇名单。

（六）营口市鲅鱼圈区熊岳镇

熊岳镇位于辽东半岛中部、渤海辽东湾东岸，毗邻营口鲅鱼圈港，是一座历史文化古城。总面积 53.5 平方公里，人口 11.6 万，下辖 5 个社区，14 个行政村，驻镇省市直单位 120 余家，驰名中外的望儿山就坐落在熊岳。

熊岳镇自然资源丰富，东山、西水、南泉、北林各有特色。熊岳矿泉水是经联合国水资源保护组织检测认定的优质矿泉水和在全球倡导使用的安全饮用水。熊岳地下温泉水含丰富的矿物质，对人体健康十分有益，熊岳温泉因此成为东北地区最高档的温泉洗浴疗养地之一。熊岳李杏资源圃的李杏种类堪称世界之最，熊岳树木园素有“亚洲袖珍植物标本园”之称。丰富的自然资源对熊岳旅游业的发展起到了积极的促进作用，全镇每年接待国内外游客达 50 万人次，带动相关产业实现社会效益达 6000 万元，特别是望儿山“母亲节”旅游品牌已名扬海内外，至今已举办 11 届，成为营口市市节和对外开放的一个“窗口”。

目前，营口市经济技术开发区将打造“三带四廊”旅游产业集群，其中，“三带”是指 50 公里海岸线的西部沿海旅游带、中部城市风光带以及东部特色旅游带；“四廊”便是沿营口境内流经的四条河流打造的河套走廊。营口沿海将修建 160 万平方米的海滨温泉城以及高尔夫球场、白金五星级酒店等设施，并将在东部还原千余米明清大街，打造熊岳古城。

依托冰雪资源优势，熊岳打造特色温泉小镇。目前，辽宁省已拥有 12 个滑雪场和 20 多处温泉，而这 12 个滑雪场基本上都配有温泉项目。营口市温泉 2009 年入选“中国十大温泉养生基地”，营口市是东北唯一入选城市。熊岳温泉是经鉴定的高温医疗矿泉水，水温、水量、矿物质含量“三高”，这在全国都很罕见。熊岳镇将建设特色温泉小镇，并与营口的海滨旅游带、双台子温泉形成三个温泉产业集群。

（七）阜新市阜蒙县十家子镇

十家子镇位于县城东部 48 公里，全镇总面积达 271.3 平方公里，下辖 16 个行政村。

作为“中国玛瑙第一镇”，十家子镇以玛瑙加工业为主导产业，经过多年发展，形成了以玛瑙产业基地为核心、以三大玛瑙交易市场为龙头、以玛瑙知名品牌为带动、中小企业遍地开花的发展格局。全镇拥有规模以上企业 18 家、中型玛瑙加工企业 156 家、小型玛瑙加工户 2560 户，全镇从业人员 1.8 万人，带动周边地区近 5 万人就业。

产业的发展离不开人才的支撑。全镇拥有省级玉雕大师及鉴赏大师6人、高级技师8人，获得中级职称的有200人、初级职称的有800多人。2005年8月，十家子镇玛瑙业户还自发成立了全国第一家民办玛瑙工艺品加工培训学校。人才和技艺的突出优势成为十家子镇玛瑙产业的核心竞争力。

未来，十家子镇将打造集专业玛瑙加工、文化交流、艺术体验、贸易流通、旅游休闲于一体的国际玛瑙特色产业镇，至2020年，十家子玛瑙产业将实现年产值50亿元。

（八）辽阳市灯塔市佟二堡镇

佟二堡经济特区于1992年建立，系副县级建制，地处浑太平原，地理位置优越，距沈阳45公里，区域面积98平方公里，特区下辖18个村，1个社区，人口4.1万人。

近年来，佟二堡经济特区快速推进皮革工业的发展。全区有6500户从事皮革、裘皮服装的生产加工，有2000户从事皮装、裘皮服装的销售。皮革工业园区内，年设计皮装产量在5万件以上的现代化皮装生产企业已达20多家、裘皮生产企业10家，年生产各类皮装、裘皮服装超过500万件，现已成为全国三大皮装生产基地之一。销售旺季时，日交易额可达2000万元。产品不仅销往全国各地，还远销到美国、俄罗斯、塔吉克斯坦、哈萨克斯坦、丹麦、韩国及中国港、澳、台等国家和地区，佟二堡经济特区已成为国内重要的皮装集散地。

目前，佟二堡镇已经形成养殖、硝染、加工、销售、检测的完整皮装裘皮产业链条，并成为辽宁省重点产业集群之一，产业集聚效应凸显。全镇现有特种毛皮动物养殖户300余户，年饲养特种毛皮动物50万只，已建成3个饲养量在10万只以上的国际标准进口商品貂养殖场；硝染园区内已有7家现代化硝染企业入驻，年硝染特种毛皮能力达3000万张；皮装裘皮生产企业达到800多家，已建成皮装裘皮标准化厂房99套、40万平方米，年加工皮装裘皮及其制品达到1000万件（套）；现有皮装裘皮经营业户3200多户，已建成专营市场12处、80万平方米，经营各种皮装裘皮服装及制品近百种，年销售收入超过300亿元，已成为辽宁省示范服务业集聚区。

佟二堡镇农业产业蓬勃发展，三大园区建设初具规模。佟二堡镇素有灯塔市西部“鱼米之乡”的美称。近几年内，特区充分发挥农业龙头企业的带动作用，加速推进了农业园区化的进程，特区形成了以东荒农场为依托的水稻优质米开发、经济作物种植加工园区，以忠信淡水鱼养殖公司为龙头集新特品种养殖、种苗繁育和成鱼销售于一体的淡水鱼养殖园区，以亮子口村为主的奶牛和肉牛养殖园区，极大地促进了特区农业产业向规模化、效益化、园区化方向发展。

（九）锦州市北镇市沟帮子镇

沟帮子镇位于辽宁省锦州市北镇市南部，西连锦州，南临盘锦，京哈、沟海铁路在此交汇，“102”、“305”国道穿镇而过，京沈高速公路、秦沈电气化铁路临界而行，交通十分便利，地理位置优越。全区土地面积56平方公里，其中有耕地面积30.87平方公里，辖10个行政村、6个社区。常住人口近8.3万人，其中农村人口2.9万人，有汉族、满族、回族、苗族、蒙古族、朝鲜族、锡伯族、壮族、佤族、达斡尔族、鄂伦春族，其中满族占总人口的45%。

沟帮子镇是一个集农业、工业、集市贸易于一体综合发展的新型城镇，1997年被国家 11 个部委列为全国小城镇综合改革试点镇，2016 年 12 月被列为第三批国家新型城镇化综合试点地区。目前，该镇一二三产业快速发展，全镇实现社会总产值达 12 亿元，一二三产业产值比为 2∶3∶5，从业人员构成比为 3∶2∶5。

农业种植面积达到 43905 亩，其中粮食作物面积 31002 亩，实现产值 510 万元。经济作物种植面积 12903 亩。鸡饲养量达到 960 万只，年出栏 938 万只，建有养殖小区 11 个。淡水养殖面积达到 5000 亩，其中养鱼面积 2000 亩，养蟹面积 3000 亩。

全镇具有一定规模的企业 81 家，初步形成了化工、建材、熏鸡、冶金机械四大产业门类。从事工业企业生产的职工有 3646 人，从事化工生产的企业有 5 家，从事建材的企业有 15 家，从事熏鸡生产加工的企业有 22 家，从事冶金机械生产的企业有 8 家。

第三产业发展呈现出新的生机和活力，特别是近几年城镇建设和房地产开发的快速发展，为第三产业发展创造了有利条件，使第三产业队伍不断发展壮大，全镇从事第三产业的单位达 2549 家，营业收入达到 59677 万元，占社会总产值的 48%，从业人员达 7548 人。

（十）大连市庄河市王家镇

王家镇又称海王九岛，地处黄海北部，位于长山列岛东北端，在里长山水道的东端。北距庄河 12 海里，东至鸭绿江口 60 海里。全镇由大海王岛、瘦龙岛、小海王岛等 9 个岛屿和 6 个大型明礁组成，陆域面积 7.24 平方公里，海岸线总长 34.2 公里，海域面积 380 平方公里。全镇辖 4 个行政村，28 个自然屯。常住居民 1360 户、4800 人，常住外来人口 3000 余人。全镇现有个体私营企业 900 余户，国企和事业单位 11 个，初级中学、小学、职校、幼儿园和卫生院各 1 所。全镇现有大小旅饭店 70 余家，日接待能力达 3000 余人。王家镇海上交通条件便利，现有客货码头 2 座，滚装码头 1 座，通往庄河航线的交通船 4 艘，日接送旅客能力已达 3000 余人次。

王家诸岛形成于 2 万年前第四纪冰川后期，自清代以来先后属盖平县、岫岩厅、庄河厅（后称庄河县）管辖，1960 年 9 月 1 日划归长海县管辖，2003 年 6 月 1 日划归庄河市代管，2004 年 10 月正式划归庄河市。

王家镇地处暖温带半湿润季风气候区，冬暖夏凉，空气湿润，四季分明，日照充足，降水集中，温差较小，年平均气温在 9~10.6℃，年降雨量达 641 毫米左右。

王家镇旅游资源丰富。其岛礁分布疏密相间，形成蜿蜒 34.2 公里的风景海岸线。双狮争雄、海马巡滩、大象吸水、骆驼奇峰、神龟探海等 60 多个景点形态逼真、惟妙惟肖，在国内沿海均属罕见。

（十一）盘锦市盘山县胡家镇

胡家镇为盘山县辖镇。1958 年建东风公社，1961 年更名胡家公社，1985 年建镇。位于县境西北部，距县政府 15 公里。绕阳河西岸、西沙河东岸，面积 126 平方公里，人口 2.4 万。辖 22 个村委会和 1 个居委会。乡镇企业涉及商贸、运输、建筑、电器制造、粮食加工和饮食服务等行业。农业主产水稻，特产绒螯蟹。

胡家镇地处盘山县北部，区域面积 166 平方公里，是盘锦市粮食和水 产品的主产区之一。镇政府辖 22 个村，1 个居委会，个体、私营企业 527 家，人口 20.6 万人。社会总产值 5.4 亿元，人均收入 3200 元。交通便捷，京沈高速公路，秦沈高速公路、沟海铁路、305 国道穿境而过。沈阳桃仙机场、盘锦港、营口港、锦州港均在百公里左右。胡家镇农业发达，水稻种植面积 8 万亩，年产水稻 4000 万公斤，推广和普及营养保健的绿色食品及优质高效的富硒米为主栽品种。大米质优味纯，享誉中外。水产业蓬勃发展，是全国闻名的中华绒螯蟹生产基地。2013 年胡家镇荣获辽宁特产“河蟹之乡”荣誉称号。2013 年，胡家镇河蟹养殖面积达 10 万亩，遍布坑塘、苇塘、稻田和河流，年产成蟹 2000 吨、扣蟹 3000 吨，年产值达到 1.7 亿元，仅此一项，年人均就增收 3000 元以上。河蟹产业已经成为当地农民致富增收的“黄金产业”。

（十二）本溪市桓仁县二棚甸子镇

二棚甸子镇 1956 年建镇。镇政府位于桓仁县以东 27 公里处，东与吉林省通化市花甸镇接壤，南邻沙尖子镇，西连向阳乡，北与桓仁镇毗连。总面积为 334.6 平方公里。全镇辖 8 个行政村、6 个社区、10 个企事业单位，县派驻单位 7 个。总人口 26488 人，其中农业人口 3246 户、12711 人，城镇人口 5758 户、14107 人。有耕地 1.4 万亩，其中水田 3088 亩，山林面积 40.8 万亩，木材蓄积量 172 万立方米。

二棚甸子镇所属的桓仁县将在“十三五”期间以大健康产业为抓手，努力建设世界最大的冰葡萄酒产业和具有全国影响力的健康食品产业，全力打造“世界冰酒之都”。目前，全县以冰葡萄为主的酿酒原料种植基地面积达到 7 万亩，并从国外引进了 10 余个酿酒葡萄新品种，正在进行引种栽培试验。“桓仁冰酒”已经成为国家地理标志保护产品，桓仁已经成为全球第一大冰酒产地。

此外，按照“一园、一带、一镇”的冰酒产业集群发展布局，桓仁建成了世界著名的冰葡萄种植基地；建设了张裕冰酒酒庄、王朝五女山冰酒庄等 46 个酒庄企业；引进了烟台张裕、天津王朝以及澳大利亚奔富、维格那，加拿大威兰德、奥罗丝，美国福克纳等国内顶级和国外知名品牌；搭建了国家级冰酒研发检测中心、省级冰葡萄种苗研发中心等权威技术平台，推动冰酒产业集群实现空前发展。计划到 2017 年，桓仁将建设葡萄酒特色酒庄 100 个，实现以冰葡萄为主的绿色食品原料基地种植面积 20 万亩，葡萄酒及相关产业产值将可达到 200 亿元。

（十三）鞍山市海城市西柳镇

西柳镇，地处辽宁南部，居沈阳、大连、鞍山、营口城市群中心，距海城市区 10 公里。1984 年 8 月撤乡建镇。全镇总面积 64.12 平方公里，总人口 3.7 万，暂住人口近 5 万人，日流动人口 10 万人。2016 年全镇地区生产总值约为 108.3 亿元、农民人均纯收入约为 27316 元。

西柳镇加速专业市场转型升级。西柳中国商贸城、春雷轻纺家纺城等西区市场，西柳东区国贸皮革城一期、辽宁西柳电商产业园、辽宁西柳义乌中国小商品城一期市场相继建成运营，西柳国际物流园区包括海关监管场所、综合保税物流中心等项目也开工建设，西柳四季青 O2O 云端市场项目处于积极推进当中，市场集群新增各类商户 1100 户。在电商方面，西柳商贸城电商供货平台投入运营，以西柳为主体的海城电商协会组建成立，围绕市场在西柳周边形成了一批电商镇和电商村，电商业户发展到 5000 余户，市场实体商户开通网上店铺实行 B2B、B2C 电商交易模式，采用 O2O 交易模式的占比达到 60%以上。

在市场加速转型升级的过程中，西柳镇持续开展了“西柳北派服饰万里行”“丝绸之路·西柳驿站”贸易拓展、西柳义乌市场商品对接会、西柳市场商品采购节、参展中国国际服博会和广交会等系列活动，累计完成国内“驿站”布点 30 个，新增华北、西北、中南地区和边境口岸采购经销商5400余户，以裤装、棉服、女装为代表的“西柳北派服饰”辐射全国，2016年，西柳市场货运量达到135万吨，交易额达到590亿元。

配套产业的发展迅速。2014年初，海城宏基工业城项目一期完成B、C地块建筑面积7.1万平方米工业地产建设和销售，进驻企业40余家。“西柳北派服饰”区域品牌价值凸显。在此过程中，西柳镇与多家高校开展校地校企合作，还与国内外上市企业、知名设计和网络科技公司嫁接合作，着力培育本土服装龙头企业。目前，海城全市围绕西柳市场形成的纺织服装企业和业户达6800余家，男裤装、棉服和各类女装产销量达7.1亿件（条），西柳市场有50余个自主品牌获得中国服装成长型品牌和省、鞍山市名牌产品称号，有100余家实力企业坚持打出“西柳原产地”品牌标识。

十、吉林省

（一）辽源市东辽县辽河源镇

辽河源镇位于吉林省辽源市东辽县城东南，因东辽河发源于辽河源镇东南部福安村境内的辽河掌而得名为辽河源。境内属长白山系，自然资源丰富，具有30多年的开发历史，辖区面积211.25平方公里，耕地面积45.49平方公里，总人口6800户、2.62万人，辖21个行政村，110个居民组，居民汉族占绝大多数，少数民族有满族、朝鲜族、回族、蒙古族。

关于辽河源头，有一段美丽的传说，相传康熙皇帝东巡打猎曾喝过这个泉眼的水，顿时觉得甘甜凉爽，暑气全消，说道：“真乃吾之龙泉也”，吾龙泉就由此得名。而这个泉眼，正是东辽河的起源地，此地被人称为“辽河掌”，即辽河源头。2011年，辽河源头传说被列入吉林省非物质文化遗产项目，现已作为东辽县最具历史内涵和精神内涵的地标名文化景址加以开发和保护。

辽河源镇基础设施建设较好、环境整治成果显著，是典型的山水型小城镇。辽河源镇气候适宜，植被保护良好，森林覆盖率、空气中负氧离子含量高，风景秀丽，水系十分发达，东北地区第二大河流——东辽河发源于辽河源镇的福安村萨哈领。

辽河源镇产业发展迅速，随着中德辽河源头现代生态农业示范区建设项目的扎实推进，它已成为辽河源镇的特色、亮点。该项目涵盖辽河源全境，项目区主要建设现代农业、养老养生、德国风情小镇、高标准日光温室、绿色无公害食品加工区等。自2015年4月开始谋划起，农业部组织德国专家先后三次到辽河源考察并进行项目调研，认为具备建设东辽河源头现代生态农业示范区的基础条件。在2016年11月中德农业周中德农业项目合作交流会议上，此项目得到了中外领导和专家的高度肯定。目前，该项目已纳入国家、省市“十三五”规划，进入国家重大项目库。

（二）通化市辉南县金川镇

金川镇是吉林省辉南县下辖的一个镇，地处辉南县东南边陲。金川镇特殊的地理位置和独特的气候条件孕育着数量丰富的生态食品，不仅有红松果、山核桃、毛榛子、山野菜、食用菌、林蛙、鹿茸等珍奇的山珍，还出产天麻、人参、五味子、穿地龙等中草药材。

金川镇自然资源丰富，在发展矿产开发、旅游服务、山区特色经济上具有得天独厚的优势。境内有一定储量的铁矿、沙金、玄武岩等矿藏，铁矿储量最多。铁矿分布在立新、哈砬子一带，正在勘探之中。森林资源丰富，活立木蓄积量达25万立方米，年采伐木材约2万立方米。矿泉储量丰富，2002年被列为吉林省矿泉基地。以镇政府所在地饮用水源大泉眼最为优质，含有锂等21种有益于人体健康的微量元素，属偏硅酸低钠类矿泉水，永丰蛤蚂塘、立新南水矿泉现已得到开发，永丰孤山子等多处矿泉正在鉴定之中。火山渣储量大、品质优，是上等的建筑材料，可制作承重板、小型砌块、无熟料水泥等。

金川镇是著名的旅游小镇，地处长白山系龙岗山脉，景色素以“八湾、二顶、一瀑、一漂”为人们所称道。大龙湾、三角龙湾、二龙湾、小龙湾、南龙湾、旱龙湾、东龙湾及花样龙湾各具风貌；金龙顶和四方顶美不胜收；吊水湖瀑布飞流直下；后河漂流激动人心。整个面貌以森林生态景观为主体，火山口湖群和火山锥体为骨架，流泉、瀑布为脉络，人文建筑点缀其间，构成了一幅静态景观与动感景观相协调、自然景观与人文景观浑然一体的生动画卷。景区内有7个火山口湖，是我国单位面积内火山口湖分布最广泛、最集中、最典型，原始状态保存状态最完好的火山口湖群，堪称世界上空间分布密度最大的火山口湖群，被专家认定为世界上最典型的玛珥湖群。

（三）延边朝鲜族自治州龙井市东盛涌镇

东盛涌镇隶属于吉林省延边朝鲜族自治州，距龙井市政府驻地7.97公里。2011年末，辖区人口15875人，其中城镇常住人口9856人。东盛涌镇三面环山，镇内大部分为平原和半平原地区，海拔为200~400米，东部筐岩峰海拔627米。东盛涌镇地貌由河谷平原、丘陵台地、半山区和山区构成。

历史文化悠久。东盛涌镇自清朝光绪初年建屯以来已有100多年历史，是中国朝鲜族民俗文化发祥地，也是灿烂的朝鲜族民俗文化保存最为丰富、最为集中、最为精彩的文化小镇，至今仍完整地保留着朝鲜族传统的文化、艺术、礼仪、饮食、节日等民族特色，是最具代表性的朝鲜族聚集区，素有“海兰江畔稻花香”“歌舞之乡”“文化之乡”等美誉。该镇还是“8·15”老人节发源地，东盛涌镇老人节已被列入延边州非物质文化遗产名录。

特色旅游优势凸显。东盛涌镇依托地理区位优势，深入挖掘浓厚的民俗文化底蕴，先后实施了龙山达沃斯小镇、澳乐江山墅、延边海兰湖风景区、龙山朝鲜族民俗村、仁化村朝鲜族特色村寨、棚膜种植园、仁化果蔬基地、海兰江大桥、新区集中供热等项目，以绿色水稻、有机果蔬为主的种植业和以延边黄牛为主的养殖业初具规模，引导旅游业与现代农业紧密结合，整合开辟民俗风情和观光农业旅游路线。海兰江民俗生态园景区被评为吉林省AAA级旅游景区。此外，该镇初步建成了生态宜居、休闲养生的龙井新区，逐步打造极具特色的朝鲜族民俗文化旅游产业。

（四）延边州安图县二道白河镇

二道白河镇行政隶属吉林省延边朝鲜族自治州安图县，地处长白山的脚下，因聚落坐落于二道白河两岸，故名“二道白河”。森林资源丰富，素有“长白山下第一镇”“美人松故乡”之美誉，是拥有“神山、圣水、奇林、仙果”盛誉的旅游胜地。

二道白河镇东与和龙市接壤，西与白山市毗邻，北与敦化市相接，南与朝鲜民族主义共和国隔江相望，整个地域呈东南向西北走向的狭长条形，约占延边州总面积43509平方公里的4.4%。气候冬季寒冷、夏季凉爽，特别适合红松、白桦等耐寒植物的生长，森林面积1987.95平方公里，其中，森林覆盖率为94%，共有林地面积2728.83平方公里，有120余种植物，

30多种经济价值高的树种，年均出材量约30万立方米。草原面积123.42平方公里，地域东西宽49.2公里，南北长64.8公里，其东呈环形状。白河地区总人口6万余人，其中少数民族占总人口的15%。镇政府驻二道白河，辖11个行政村、24个居委会、10个林场、长白山自然保护区管理局及所辖5个站、浮石水山岩矿位于境内。

（五）长春市绿园区合心镇

合心镇位于长春市西北部，镇政府位于长白公路10.5公里处，属城乡结合部，全镇辖区面积89.56平方公里，镇区面积1.2平方公里，全镇辖9个行政村，1个街道办事处，现有耕地面积53.13平方公里，总人口2.6万人，其中农业人口1.8万人。

合心镇清初为蒙王旗地，嘉庆元年，蒙王招垦，逐渐有山东、河北移民来此开发。1961年成立合心人民公社，1983年改为合心乡，1994年撤乡建镇。合心镇1994年被吉林省政府确定为吉林省“十强镇”，2001年高新技术园区被农业部命名为“全国乡镇企业示范区”，2004年被评为“全国重点镇”。

目前，合心镇规划成为全省“城乡一体化”典型。到2020年，合心镇不仅成为长春市蔬菜及副食品的生产与加工基地，而且将变成人居环境更加优美、自然生态平衡的绿色生态型小城镇，成为都市生态农业旅游度假园区观光、休闲、体验小镇。规划显示，合心镇逐步形成四大经济区域：以合心镇区为中心的镇域城市型经济区，镇里的工业区，重点发展棚室蔬菜生产和加工、机械制造业为骨干的综合性工业园区以及饮食服务业、交通运输业、电子商务中心第三产业综合区，四大经济区将成为镇里的“首脑”。在裴家村建立特色果品种、养、加工基地，和棚室蔬菜、畜禽养殖一起形成规模，在于家村周围包括永跃村地域，以福建超大集团的绿色蔬菜基地为源头，发展蔬菜种植、加工业。这些园区将成为现代化农业观光、游览、休闲和体验型旅游业的基础。另外，哈达村、新农家村、东安村地域将建现代化物流园区。

（六）白山市抚松县松江河镇

松江河镇隶属于吉林省白山市抚松县，位于抚松县东南部，现有户籍人口8万人，流动人口7万余人。辖区面积189.81平方公里，辖6个街道办事处、51个居民委、5个行政村。辖区内有企事业单位100多家。距长白山西坡山门约34公里，世界著名的长白山国家自然保护区就在辖区的东部。区域内森林覆盖率为89.2%，林地面积170平方公里，活立木蓄积量370万立方米。

松江河镇交通十分便利，长白至抚松的公路、通化至白河的铁路穿镇而过，是吉林省东部山区最大的交通枢纽。该镇距长白山天池的直线距离仅41公里，素有“长白山下第一镇”的美誉。松江河镇紧紧抓住长白山旅游机场、高速公路、东边道铁路立体交通网络在松江河交汇的机遇，依托长白山西坡门户的地缘优势，积极打造长白山旅游服务中心基地，全力推进以旅游服务业为主的现代服务业的发展。至2012年，已经开发建设了一个以长白山自然风景区为重点，旅游功能齐全的自然生态风景旅游地。

松江河镇是白山市首批“小康建设达标乡镇”，2003年被国家确定为“全国重点镇”，2005年被国家发展和改革委员会列为“全国百强镇”暨“全国发展改革试点小城镇”。

（七）四平市铁东区叶赫满族镇

叶赫满族镇是一座历史文化古镇，位于吉林省四平市铁东区东南部，距市区30公里，是一个“六山一水三分田”的丘陵半山区。全镇辖区面积265.1平方公里，森林覆盖率达56%，是国家林业局第一批命名的100座森林公园之一。境内大砬子山海拔537米，是吉林、辽宁两省的界山，叶赫河自东北流向西南，横贯叶赫满族镇全境，境内流长39公里，出境入辽宁省开原市界。

在叶赫古城的最新规划中，叶赫满族风情小镇位于该镇中部，包括叶赫那拉东西二城、商简府城、叶赫满族一条街、圆通寺、叶赫驿站、慈祥寺、马神庙、虫王庙等满族文化与民俗景区景点。叶赫满族风情小镇以镇政府为核心，是该镇旅游服务与商贸中心，同时也是该镇重点打造的旅游区，其中商简府城及叶赫东西二城被国务院列为“叶赫部王城”国家重点文物保护单位。满族风情小镇是一个集满族历史文化、民俗风情于一体的核心旅游区。

根据规划，铁东区对叶赫满族古城进行了重新包装，并推出“叶赫满族镇古城文化区”项目，该项目将有规划地修复一批重要历史文物建筑，规划建设“满族村”等。项目投资估算总计为1亿元，建成后年可实现销售收入3000万元，年利润1500万元。

（八）吉林市龙潭区乌拉街满族镇

乌拉街满族镇位于吉林省吉林市国家星火技术密集区龙潭区内，地处松花江上游、松花江冲积平原始段。南望龙潭山，北衔凤凰阁、西临松花江、东倚长白山众余脉，方圆188平方公里，是一块矿物产资源丰富、农业比较发达的风水宝地。该镇距吉林市北30公里，全镇西临松花江，辖区面积188平方公里。乌拉街满族镇现有27个行政村、1个街道，总人口7.1万人，该镇满族民俗风情浓郁，闻名省内外，其中满族文化、萨满研究在世界上占有重要地位。

乌拉街满族镇是满族主要发祥地之一。据当地史籍记载，乌拉街古称“洪泥罗”城，远在5000年以前的新石器时代，满族人的祖先肃慎人就生活在这里。乌拉街镇古迹传闻众多，曾是明朝海西女真乌拉部及清朝三大贡品基地之一的打牲乌拉总管衙门（负责进贡土特产品的经济特区）所在地。清代十二任皇帝，有五任在这里留下过战迹、足迹、墨迹，被清王朝封为“本朝发祥之地”，有“先有乌拉，后有吉林”之说。

乌拉街镇旅游定位于“满族民俗、乌拉史迹、雾凇冰雪、观光农业”，有松花江及雾凇岛等沿江小岛，有乌亚公路两侧万亩无公害蔬菜园区，有悠久的满族历史文化、满族民俗，有明代乌拉古城、“四祠八庙三府一古街”等古迹，可提供综合、立体的一日游、多日游的旅游项目开发。

（九）通化市集安市清河镇

清河镇辖区面积505平方公里，耕地面积23.86平方公里，人均占有耕地2.6亩。全镇划分15个行政村、86个居民组、6个居民委，总人口2.05万人。该镇南距集安市63公里，北距通化市40公里，有303国道贯穿全境，是连接集安与通化的交通枢纽，是集安北部政治、经济、文化、信息、商贸和交通中心。

清河镇位于东经125度51分、北纬41度19分，属温带大陆性湿润气候，最高气温37℃，无霜期127天。境内四周皆山，水源充足，自然资源十分丰富，极有利于发展山区多种经营。该镇自然资源得天独厚，茂密的森林孕育着丰富的人参、林蛙、中小药材，建有闻名东北的集安市人参交易市场，还有硼、铁、云母等十几种蕴藏量较大的矿藏资源，使这里变成了集安第二工业中心。

清河镇是集安岭北地区交通枢纽，地

处人参主产地台上镇、花甸镇、财源镇、清河镇、头道镇等乡镇中心地带，因此成为省内外的人参经销商汇集之地，其每年人参成交额达 1.5 亿元以上。清河镇人参交易市场（内设的山参交易市场）是中国最大的山参交易市场，建于 1994 年，有交易大厅 400 平方米，有山参经营业户 137 户，设摊床 410 个。

清河镇所属的集安市是清朝中期贡参主产区之一，人参栽培已经有 400 余年历史。目前全市人参种植户 6660 户，园参和西洋参留存面积达 470 万平方米。2014 年鲜参产值 6.2 亿元，林下山参产值 5.7 亿元，非林地人参产值 7950 万元。

十一、黑龙江省

（一）齐齐哈尔市甘南县兴十四镇

兴十四镇位于黑龙江省西北部、甘南县城东南 17 公里处，是 1956 年由山东临沂地区移民组建起来的移民镇，素有“龙江第一村”的美誉，全镇面积 3.3 万亩，其中耕地 1.68 万亩、树林 1.13 万亩、草原 4000 亩，村民 198 户、956 人。

全镇拥有 35 家企业、1800 多名员工、十多亿元总资产，有集农、林、牧、机、加、旅游和房地产开发于一体的国家级大型企业集团——黑龙江富华集团，形成了农业围着工业转、工业围着市场转、工业反哺农业和农民、一二三产业共同发展的“生态农业、链条产业、集团推进、规模经营、良性循环、可持续发展”格局，实现了农业产业化、农区工业化、住宅别墅化、村风文明化、管理民主化、多数村民非农化。兴十四镇曾被原农业部部长杜青林评价为“南有华西村，北有兴十四”。

兴十四镇坚持发展现代生态高效农业，现已基本实现了耕地机械化作业、农田节水化喷灌、作物良种化种植、土地集约化经营、牧业专业化养殖、林业生态化建设。全镇 1.68 万亩耕地分别分发经营，仅有 2%的农民从事种植业生产，98%的劳动力成为第二、第三产业工人。

全镇人工种植松林 1.13 万亩，森林覆盖率 34.2%，评估总价值曾达 3 亿多元，生态环境极佳。

兴十四镇以工业反哺农村，积极开发红色、特色、绿色生态旅游。以工业反哺农民，村里建有别墅、村史展览馆和休闲广场等。

目前该镇已被黑龙江省委确定为全省社会主义新农村建设基层干部培训基地。另外，国家农业部、人事部和中国科学技术协会在兴十四镇联合举办了现代农业与社会主义新农村建设高级研修班，国家农业部举办的社会主义新农村建设示范村和联系村负责人培训班也在兴十四镇开班。全国妇联已经把兴十四镇确定为国家级“巾帼示范村”。

（二）牡丹江市宁安市渤海镇

渤海镇位于黑龙江省宁安市西南部，全镇辖 28 个行政村、2 个社区、4 万人口，辖区面积 506 平方公里，耕地 13 万亩，驻镇单位 40 余个，2015 年全镇农民人均纯收入 18800 元，位居全省前列。

渤海镇交通便利，距牡丹江飞机场 70 公里，全省中型铁路枢纽——东京城站紧靠渤海，南起大连至鹤岗的国家级 201 高速公路贯穿全境。

地理位置优越，辖区地处渤海平原中心，牡丹江纵贯全境，南邻世界闻名遐迩的高山堰塞湖——镜泊湖，北靠国家级风景名胜——火山口森林公园，地处北方旅游金三角和咽喉入口处。

历史文化悠久，镇内保存有完好的唐代都城遗址——渤海国上京龙泉府遗址，1961 年被列为第一批全国重点文物保护单位。镇内有保存千年的清代兴隆寺、世界上保存最完整的石灯幢、独特的玄武岩大石佛。位于江北岸台地上的渤海国三灵坟，与渤海国上京龙泉府遗址隔江相望；吊水楼瀑布距渤海镇 20 公里。

渤海镇古为唐代渤海国遗址。渤海国，是靺鞨族（后演变成女真族，再之后演变成满族）建立的封建王朝。它是唐朝的附属国，始建于公元 698 年，公元 927 年被契丹族所灭，传国 15 世，共存 229 年。全盛时期设 5 京、15 府、42 州、140 个县，被称为“海东盛国”。渤海镇就坐落在古渤海国上京龙泉府遗址，石灯幢、大石佛、舍利函、文字瓦、雕花砖、八宝琉璃井、御花园等遗址至今尚存。

（三）大兴安岭地区漠河县北极镇

北极镇位于黑龙江上游南岸，七星山脚下、辖区地处东经 122 度 21 分、北纬 53 度 27 分至 29 分。东部与兴安镇毗邻，西部与内蒙古的额尔古纳左旗为界，南部与西林吉镇大部和图强镇接壤，北部隔黑龙江与俄罗斯的赤塔州、阿穆尔州相望。沿黑龙江边境上自恩和哈达，下至古站，东西全长 176 公里，南北宽约 50 公里，总面积为 2383 平方公里。

北极镇政府下辖 3 个自然村，沿江而下分别是洛古河村、北极村、北红村。总户数 894 户，总人口 2508 人，常住人口 2111 人。洛古河村为汉语村名，又称“张荒地营子”，位于黑龙江上游，距黑龙江源头 8 公里，是黑龙江上游最远的一个村，距镇政府 80 公里（水路 63 公里），东南距县城西林吉镇 90 公里，全村共有农户 58 户，常住人口 166 人，耕地总面积 849 亩，全部是旱地，可利用草原面积 13545 亩，自来水入户率达到 100%。

北极镇是中国最北端的旅游胜地，以北极光和白夜为最独特的自然景观，每年吸引上万人来此旅游观光。近年来，按照“中国龙江源，神州北极村”的总体思路，北极镇充分依托变幻莫测的天文奇观，历史悠久的人文景观以及大界江、大森林、大冰雪等得天独厚的地缘优势，开始创建高标准的旅游名镇。目前，北极镇被评为 AAA 级旅游区。

（四）牡丹江市绥芬河市阜宁镇

阜宁镇位于黑龙江省东南部，隶属于“北方深圳”绥芬河市。全镇现辖 9 个行政村，5 个社区居民委，总面积 418 平方公里，人口 1.8 万，耕地 3.5 万亩。地貌以山地和丘陵为主，平均海拔高度 500 米左右，俗称“八山半水分半田”，属温带大陆性季风气候。1995 年 4 月被国家确定为全国首批“小城镇综合改革试点镇”。2004 年 2 月被国家确定为“全国重点镇”。

阜宁镇地理位置优越。东部与俄罗斯滨海边区接壤，边境线长达 26 公里，距俄远东最大港口海参崴市 230 公里，是中国哈尔滨—俄罗斯海参崴—日本新泻国际大通道上的要塞，处在国家批复的绥芬河—东宁沿边开发开放试验区核心位置，是连接欧亚经贸大通道上的桥头堡，是我国连接亚欧的东部陆海丝绸之路的黄金通道。

阜宁镇交通发达。它是东北铁路主干线滨绥线、301 国道的起点，有一条铁路、两条公路与俄罗斯相通，建设了国内第一家民营机场——阜宁机场，初步形成了以航空、铁路、公路为支撑的立体交通体系。

近年来，阜宁镇初步形成了以外向农业、特色农业为先导的农村经济，以木材加工为主导的乡镇工业，以边境贸易为统领的第三产业，全镇的经济结构战略性调整取得成效，现已形成了以“三、二、一”为排列顺序的合理产业结构，成为全国最大的木材集散地和对俄商品集散地。

（五）黑河市五大连池市五大连池镇

五大连池市位于黑龙江省北部、黑河市南部，位于小兴安岭与松嫩平原的过渡地带。西北与嫩江县隔河相望，闻名国内外的火山旅游、矿泉疗养胜地——五大连池风景名胜区镶嵌在市域西部。地理坐标是东经 127 度 37 分至 125 度 42 分，北纬 48 度 16 分至 49 度 12 分，东西长 142 公里，南北宽 104 公里。市域总面积 8844 平方公里。

五大连池镇境内的五大连池风景名胜区荣获"世界地质公园""世界生物圈保护区"两项世界级桂冠和九项国家级称号，14 座新老时期火山喷发年代跨越 200 多万年，被誉为"天然火山博物馆"和"打开的火山教科书"；国家 AAA 级旅游区山口湖，山清水秀、风光旖旎、景色宜人；沾河国家森林公园是我国最大的森林湿地，大沾河漂流享有"神州第一漂"的美誉。五大连池矿泉与法国维希矿泉、俄罗斯北高加索矿泉并称为"世界三大冷泉"，重碳酸、偏硅酸、弱碱性矿泉水各有千秋，宜饮健身，宜浴疗疾；人均拥有淡水资源超过 4000 立方米，是中国宜居城市标准的 4 倍。偏硅酸矿泉水已引入市区作为居民生活饮用水，使五大连池成为继法国维希之后世界第二、亚洲第一个矿泉城。

由于火山地质形成的强大全磁环境和特殊的植被生态作用，五大连池镇空气清新纯净，负氧离子含量高于一般城市十多倍，是天然大氧吧。城市道路宽阔、市容整洁，建筑风格迥异，绿化、亮化工程让人赏心悦目；商场、酒店鳞次栉比，公共服务便捷，食、住、行、购、娱等城市配套功能日臻完善。因此，五大连池镇被评为中国唯一的"矿泉水之乡"、中国十大休闲城市、中国县域旅游百强县、中国最佳保健养生城市。

（六）牡丹江市穆棱市下城子镇

下城子镇位于黑龙江省穆棱市中部，镇域面积 391 平方公里，现有耕地面积 15 万亩。下城子镇交通便利，哈绥、城鸡铁路在此处交汇，301 国道从镇内通过，东距口岸绥芬河市、西至牡丹江市、北至煤城鸡西市各 80 公里，是东北亚通道上的"小金三角"。下城子镇是穆棱市最大的国家铁路三级站点，具有中等编组或中等中转站的运输能力。铁路年吞吐量在 1000 万吨以上，公路过货量 2000 万吨以上。便利的交通条件使下城子镇成为牡丹江市、穆棱市、绥芬河市、东宁县、鸡西市、密山市、虎林县、七台河市、双鸭山市等 10 余个市县的人流、物流、信息流的中心。

下城子镇自然资源丰富，泥质页岩、云母页岩、石灰岩等矿产资源储量丰厚；森林覆盖率达到 32%。有众多特产：1995 年被国家农业部命名为"全国大豆特产之乡"，大豆品质、产量全国之最；木耳、蘑菇、山野菜、中药材盛产丰富；名硒烟、红小豆、白瓜子久负盛名；具有高品质的偏硅酸矿泉水，经国家有关部门检验，偏硅酸含量高达 59.8%，全年最高日流量可达 500 吨。

下城子镇围绕打造"工匠小镇、产业新城"的原则，大力实施穆棱经济开发区产业整合与城镇化整体开发互动联动，形成了以工哺农、以区养城、以镇带村、镇村协调发展的新局面。目前，下城子镇是东北亚通道上的"小金三角"，已成为哈牡绥东对俄贸易加工区上的重要节点，穆棱市经济增长的新中心。

（七）佳木斯市汤原县香兰镇

香兰镇地处北纬 46 度 29 分、东经 129 度 30 分至 130 度 6 分，小兴安岭东南麓，三江平原的最西部，为平原与山区的接合部。行政区域面积 132.67 平方公里，其中耕地面积10.8万亩，旱田8.8万亩，全镇总人口3.1万人，其中农业人口2.2万人，总户数7800户，农业户5400户。有驻镇单位43个，范围涉及国家机关、金融、保险、邮政、电信、教育、交通、石油、发电等行业。香兰镇为汤原西部文化、科教、交通、商贸等中心。

香兰镇地形以平原为主，土质以黑土和草甸土为主，水系主要是汤旺河水系，年流量为7亿立方米，年降水量在450~550毫米，主要降水集中在6~8月，雨热同季，年活动积温在2450~2550℃，地下水资源十分丰富，深度集中在7米左右，有宜鱼水面1700余亩，宜牧荒山、荒坡1.5万余亩。

香兰镇交通条件十分方便，哈罗公路、绥佳铁路穿镇而过，镇火车站为国家三级火车站，15公里范围内有两个水运码头，分别是松花江汤原东江码头、松花江竹帘码头。

香兰镇历史悠久，在宋金时代就是一个繁华地区，著名的遗址有金代“万户府”。

（八）哈尔滨市尚志市一面坡镇

一面坡镇位于尚志市政府所在地东南20公里处，以镇内大直街中部有一段长约50米的漫坡而得名。全镇总面积392平方公里，人口5.1万。

一面坡镇旅游资源丰富，三面环山，一面傍水，山清水秀，风光旖旎，镇内有国家级森林公园——绿海山庄、哈一漂游乐园以及同哈尔滨极乐寺齐名的东北三大寺之一——普照寺等旅游景区。一面坡国家森林公园位于尚志市以南20公里处，面积约232平方公里，是黑龙江省仅有的几处国家级森林公园之一，不仅是森林自然保护区，而且是别具一格的自然景观游览区和“天然植物博物馆”。公园中生长着水曲柳、黄菠萝、胡桃楸等国家重点保护植物，栖息着东北虎、金钱豹、熊、貂、猫头鹰等珍贵动物。动植物种类十分丰富。

一面坡镇基础设施完善，交通便利，301国道穿镇而过，滨绥铁路横跨全境，镇火车站是国家二级火车站。电力、通信、给排水等设施完备，城镇面貌日新月异，科技、教育、文化、卫生、体育、广播电视事业发展迅速。此外，套娃产业已经成为一面坡镇的一大亮点，驰名全国。

（九）鹤岗市萝北县名山镇

名山镇位于黑龙江鹤岗市萝北县之东，濒临黑龙江畔，与俄罗斯犹太自治州十月区隔江相望，对岸就是俄罗斯的阿穆尔捷特镇，为边境口岸城镇。全镇总面积83平方公里，有耕地2.4万亩，以种植小麦、大豆、玉米为主，有黑龙江盛产的鲟鱼、鳇鱼和大马哈鱼。

名山镇境内的萝北口岸为国家一类客货口岸，2010年其年过货能力已达150万吨，可停靠5000吨级货轮。水路经萝北口岸可以与俄罗斯等东欧独联体国家开展对外贸易，又可以通过江海联运与世界各地进行经贸往来，陆路可通过哈萝高等级公路和鹤北铁路通程全国各地，交通十分便利。1992年中俄双方政府换文，正式确认萝北—阿穆尔捷特这对岸为国际客货运输口岸，明水期进行船舶运输，冰封期进行汽车运输。

萝北口岸在黑龙江省已开通的口岸中有它独特的优势，其表现在：①是沿黑龙江九对口岸中除黑河外，距离最近、设施最好的口岸，双方口岸仅一江之隔。②距哈尔滨最近，道路交通条件最好，并且有鹤岗、佳木斯等中等城市为依托，具有很强的辐射性。③地处黑龙江中游，是黑龙江“黄金水道”的起始点，可航行5000吨级船舶，现已开通江海联运业务。④萝北口岸所在地综合开发已全面启动，在名山岛开发和国家级互贸区建设完工以后，名山镇将成为集购物、餐饮、娱乐、旅游、度假于一体的独具特色的边境名城。⑤实现了鹤岗市到比罗比詹犹太自治州直通客货运输的双向延伸。

（十）大庆市肇源县新站镇

新站镇辖区面积 338 平方公里，地处肇源—大安—大庆这一“金三角”地带。全镇总人口 5.1 万人，辖 11 个行政村，25 个自然屯，3 个街道办事处，含企事业单位 74 家。

新站镇历史悠久、资源丰富，“水、草、田、油”四分天下。多年以前这里是远近闻名的“鱼米之乡”，被称为“乌兰诺尔”，蒙古语意为“红色的泡子”。公元 1727 年，也就是雍正五年，为了解决茂兴与古鲁间的路遥水弊而增设驿站，故称“新站”。这里曾经是沃土肥田的古驿站。现有可利用水域面积 2.6 万亩，可利用草原 9 万亩，耕地 14.4 万亩，石油、天然气储量占大庆外围油田总储量的 1/10。新站镇依托地缘优势、交通优势、人缘优势，逐步形成了肇源县西北部的商贸大出口，交通大通道，资金大流通的中心集镇。

新站镇有着深厚的文化底蕴，流传至今的“站人文化”已经成为新站文化的瑰宝。新站镇境内还保留着一些古文化遗址，特别是古城村残存的辽金时期的皇帝行宫遗址仍然清晰可见。

新站镇产业结构实现大调整。全镇已形成三大经济板块：一是蔬菜复种复栽生产经济区；二是半农半牧型经济区；三是水稻精制米生产经济区。水稻种植面积达到 4 万亩，占全镇耕地面积的 30%。畜牧业已经成为新站镇农业增效、农民增收致富的有效途径。草堂鸡、大鹅、黄狐兔、芬兰狐、羊、牛占据了畜牧业发展的主体。河蟹、绿壳蛋乌鸡成为畜禽养殖的特色。

（十一）黑河市北安市赵光镇

赵光镇位于松嫩平原东部、小兴安岭西南山麓，属于东北平原向大兴安岭过渡的丘陵地带。位于北安市东南 27 公里处，北与东胜、胜利、城郊乡隔乌裕尔河相望，东与通北林业局为邻，南与杨家乡、石华乡接壤，西靠克东县，地理坐标为东经 126 度 43 分，北纬 48 度 3 分，是哈尔滨经绥化至黑河的必经之路，镇内有绥北公路、滨北铁路、赵克公路、赵红公路、赵黎公路及镇村道路构成四通八达的交通网。

赵光镇是黑龙江省北部区域性中心城镇。行政区划面积 1311.7 平方公里，人口 7.04 万人，主要民族为汉族，还有满族、达斡尔族、蒙古族、回族、朝鲜族、锡伯族、鄂温克族等 22 个少数民族。赵光镇是省、地、市三级综合体制改革试点单位，全国百家小城镇建设试点单位之一，镇内有省政府辟建的乡企工业小区。

赵光镇原称“通北”，民国初年属海伦县管辖，1946 年 5 月 1 日为纪念 1945 年 12 月被国民党匪徒杀害的通北县政府秘书赵光烈士，将通北区改为“赵光区”，1984 年 4 月改为赵光镇。镇内驻有全国创建第一个国营农场——赵光机械化农场等十几个县团级单位。

另外，赵光也有“大豆之乡”的美誉，有经济价值较高的红松、樟子松、落叶松等。

十二、湖北省

（一）宜昌市夷陵区龙泉镇

龙泉镇地处宜昌市城区东北部，中心集镇距小溪塔城区 18.5 公里，距宜昌东站 14.5 公里。地理坐标为北纬 30 度 43 分，东经 111 度 29 分，面积为 257 平方公里，人口为 7.2 万人。镇内蕴藏 1 亿立方米的优质石灰石和年产 100 万立方米的河道沙石资源，以及1亿立方米以上的黄黏土资源。在农业方面，龙泉镇已形成以柑橘为主导的柑橘、畜禽、蔬菜、奶牛、水产五大支柱产业。此外，龙泉镇有“湖北省舞龙舞狮之乡”“湖北高跷艺术之乡”的称号。

据统计，2017年1~3月，夷陵区龙泉镇完成规模工业总产值153.33亿元、固定资产投资18.94亿元、外贸出口349.7万美元，同比分别增长16.88%、76.27%、523.51%，主要经济指标全区综合排名第一。

龙泉镇坚持产城共建，布下了千亿产业发展大格局：以白酒为核心，建成物流、配套、文化旅游为支撑的“一主三辅”产业格局，打造千亿产业航母。加快推进三峡物流园信息化建设，挖掘电子商务和同城物流配送平台潜力，打造长江经济带中上游农产品交易枢纽、区域性电商平台、“一站式”采购中心，做大物流产业。以龙泉铺古镇为核心，大力发展“一河两岸”生态观光旅游，做精文化旅游业。延伸包装配套产业，依托白酒主业规模优势，进一步拓展化妆品、医药包装市场。此外，龙泉镇打造示范性智慧园区，稻花香综合工业园、钟家畈创业园、宜昌市小微企业创业园“三大园区”集聚企业49家，其中规模以上企业15家，园区聚合优势充分发挥。

作为夷陵食品饮料产业的龙头企业，稻花香集团贡献值颇高：2017年一季度，集团实现工业总产值143.8亿元，每条线每小时下线白酒5000瓶，每天264万瓶白酒运往全国20多个省市区市场。

龙泉铺古镇以“三街、九坊、八十一铺”的特色布局打造国内首个“铺文化”主题旅游景区，形成集赏戏听曲、把酒品茗、水上观景、餐饮住宿等于一体的特色商铺文化街区。自开放以来，龙泉古镇形成自然恬淡的古街特色、丰富多元的民俗景观以及独具特色的不夜城文化。

（二）襄阳市枣阳市吴店镇

吴店镇地理坐标为北纬31度59分、东经112度46分，面积为366平方公里，人口为11万人。地理位置十分优越，处在汉十高速公路进出口处，历来是土特产品的集散地，享有“买不空的吴家店”之美誉，并有“商贾通八省，物流挽九州”之说。

吴店镇是东汉开国皇帝刘秀故里、“光武中兴”的发祥地，同时也是九连墩战国古墓群、郭家庙曾国楚墓群所在地，有2000多年的建制史，素有“古帝乡”之称。全镇版图面积366平方公里，辖44个村、2个社区居委会，总人口10.6万人。中心城区规划面积25平方公里，建成区8平方公里，集镇常住人口6.8万人。境内建有白水寺、无量台（无量祖师殿）等两个国家AAA级风景名胜区。省管副县级工业园规划面积20平方公里，入园企业达160余家，规模以上企业36家，年创产值过百亿元。先后获得“全国重点镇”“全国文明镇”“全国村镇建设先进镇”等称号。2015年全镇工农业生产总值突破200亿元，完成财政收入1.36亿元，农民人均纯收入突破17000元。

随着旅游基础设施的完善，吴店镇境内的无量祖师殿、白水寺、九连墩等景点一线串珠、遥相呼应。各种历史文物景点正逐渐成长为汉十黄金旅游线上的新亮点。

（三）荆门市东宝区漳河镇

漳河镇位于荆门市漳河新区西郊，背靠荆山，紧临漳河，地处漳河风景名胜区，因漳河水库而得名。地理坐标为北纬30度57分、东经112度4分，面积为363平方公里，人口为4.8万人。漳河镇距市区17公里，拥有漳河国家AAAA级风景区和漳河国家湿地公园。漳河风景名胜区总面积400平方公里，分7个游览区，16个景区，以自然景观为主，以人文景观，特别是大型水工建筑群为辅。漳河水库被纳入国家良好湖泊生态环境保护试点，整体水质保持国家Ⅱ类水质，局部达到Ⅰ类水质。国家级生态保护林面积12.42万亩，森林覆盖率40.62%。

近年来，漳河镇紧紧围绕漳河新区“通用航空新城、绿色生态新区”战略定位，着力建设国家特种飞行器和通用航空器研发制造基地、国家航空应急救援中心、国家水上试验试飞鉴定中心、国家知名航空会展与体验目的地，编制完成了漳河镇城乡总体规划、荆门爱飞客镇概念规划、漳河水库“三圈”保护规划、漳河风景名胜区规划、爱飞客镇控制性详细规划和城市设计、漳河镇新农村布点规划、爱飞客镇旅游总体策划、爱飞客AAAA级景区提升规划，确立通用航空、生态文化旅游、大健康三大主导产业。

通用航空业以通用机场为龙头，以通用航空飞行活动为核心，着力培育通用航空研发与制造、通用航空运营与维护、通用航空+新兴服务业、通用航空培训四大产业，集聚发展通用航空全产业链。生态文化旅游业突出“航空文化、水文化、荆楚文化”三大文化，2015年，小镇成功举办荆门首届爱飞客飞行大会，观演人数达22万人次，2016年荆门爱飞客飞行大会观演人数达29万人次；漳河镇积极继承和传播水文化，以漳河水库、风情水镇、桃花水母、特色水村为组合，先后举办了祭水大典、沙雕文化艺术节等节庆活动，打造了“水库、水母、水城、水节”水文化品牌；三国水游城、环库运动休闲旅游带等项目启动建设；按照荆楚风格整体改造漳河集镇，移植荆门市特色古民居，打造荆楚古镇。2015年漳河镇共接待游客92.6万人次，实现旅游收入5.64亿元。

根据总体发展目标，到2020年，漳河镇将完成15平方公里开发建设，完成固定资产投资75亿元，通用航空制造年产值达200亿元以上；年游客接待量450万人次，实现旅游收入26亿元，成功创建国家AAAAA级风景区。

（四）黄冈市红安县七里坪镇

七里坪镇位于大别山南麓、鄂豫两省交界、江淮流域之间。地理坐标为北纬31度27分、东经114度39分，面积为362平方公里，人口为9.8万人。

七里坪镇是著名黄麻起义的策源地，是中国工农红军三大主力之一的红四方面军的诞生地，是全国仅次于井冈山的第二大根据地——鄂豫皖革命根据地的中心，曾被命名为“列宁市”。七里坪镇是中国历史文化名镇，被誉为“红色的圣地，将军的摇篮”，同时有楚剧、民歌、皮影戏、玩龙灯、锣鼓荡腔、踩高跷等大别山脉湖北地区特有的民间文化形式，作为非物质遗产民间传统刺绣也是历久弥新。

著名的旅游景点有长胜街、红四方面军诞生地、天台山森林公园等。①长胜街是七里坪镇的一条主街，建于明末清初，距今已有300多年历史。大革命时期，长胜街成为鄂豫皖苏区根据地政治、经济、军事、文化中心，现存有红四方面军指挥部等18处重要革命遗址，其中8处为全国重点文物保护单位。②红四方面军诞生地，1930年6月，鄂豫皖苏区正式形成，鄂豫皖边区苏维埃政府机关设七里坪。1931年11月，中国工农红军第四方面军在七里坪建军，现保存有七里坪革命法庭、列宁市经济公社、鄂豫皖边区苏维埃政府、鄂豫皖特区苏维埃银行、鄂豫皖特区革命军事委员会、红四方面军总指挥部，英雄纪念碑，人民工会，中药局等革命旧址，1988年公布为全国重点文物保护单位。③天台山森林公园，位于全国知名“将军县”——红安县境内，属大别山脉南麓，南距武汉130公里，方圆65平方公里，因山形似台，状若接天，故名天台山。天台山风景区内自然生态保护完好，群山连绵，河谷纵横，主要有天台山、九焰山、艾河、香山湖、对天河、老君山等景区。

（五）随州市随县长岗镇

长岗镇位于随州市随县西南部，距随州城区69公里，为大洪山风景名胜区管理委员会驻地，是大洪山风景名胜区政治、经济、文化中心和游客集散中心。地理坐标为北纬31度33分、东经112度58分，面积为232.5平方公里，人口为2.2万人。

长岗镇地处国家级风景名胜区大洪山核心景区，自然景观丰富独特，历史文化源远流长，森林植被保存完好，素有“鄂中绿宝石”“武汉后花园”的美誉。经济以农业种养业为主，盛产香菇。磷矿资源丰富。古迹有始建于唐的洪山寺，西汉末年“绿林军”起义俩王洞遗址，纪念地有熊氏祠及南岳庙，是抗战时期中共鄂中特委和鄂豫边抗敌工委旧址。

大洪山又名绿林山，位于随州市西南80余公里，横亘京山、钟祥、随州交界处。西汉末年著名的绿林起义就发生在这里。它主要以一座从西北至东南走向的山脉为主体，群峰耸立，层峦叠翠，面积为350平方公里，最高峰海拔1055米，素有“楚北第一峰”之称。主要旅游景点有灵峰寺（又称洪山寺）和850多年树龄的古银杏。山间还有仙人洞、双门洞、白虎池、珍珠泉、三眼泉及温泉等。

长岗镇以大洪山为依托，境内山川秀丽、景色宜人，森林覆盖率达90%以上，以佛教文化为代表的人文景观极为丰富，文化底蕴深厚，旅游开发前景十分可观。

（六）荆州市松滋市洈水镇

洈水镇位于松滋市西南部，东经110度23分至110度36分，北纬29度0分至29度30分。北邻长江，南接武陵山脉，处在长江三峡、张家界和古荆州三个著名旅游区的枢纽部位，系湘鄂边区旅游“金三角”一颗钟灵毓秀的明珠，铁路、公路、水运发达，距宜昌三峡国际机场仅79公里，距荆州64公里，距宜黄公路入口仅半小时路程，自古以来一直为东出洞庭、西入四川、南接武陵、北上荆襄的交通要道和商埠重镇，是松滋有名的“南五场”之一。境内有施家坟、高台子原始社会文化遗址和战国墓葬群。楚人南下、巴人东迁、皖域填湖广等重大民族迁移活动，留下了灿烂多彩的文化、美妙动人的传说、相融共存的民风。汉族、回族、土家族等多民族聚居。清代修建的清真古寺保存完好，为湘北鄂西南最大的回民聚集地和重要的伊斯兰活动中心。同时，洈水镇是九岭岗起义的策源地，是全省重点老区乡镇。

平原、丘陵、山脉、湖泊异彩纷呈，多种资源优势得天独厚。①矿产资源量大。石灰石、重晶石、方解石、陶土等矿产资源储藏量均在5亿立方米以上，居全市之冠。②旅游资源丰富。洈水风景区以亚洲第一人工土坝的洈水水库为依托，以洈水国家森林公园为载体，集山、水、洞、林、泉和多彩的民俗文化于一体，是湖北省新兴的生态旅游休闲度假区。③水资源充足。镇内有洈水水库和六泉、仙女洞等中小型水库13余座，蓄积着十多亿立方米的优质水源。洈水水库水质符合人类直接饮用水标准，是目前湖北省优质水源地。④林业资源密布。全镇拥有生态林20万亩、经济林5万亩，森林覆盖率45%，木材蓄积量80万立方米，年增长量达到2%以上。境内有106种植物品种和20余种珍贵野生动物，被纳为国家长江中下游水土保持重点保护项目范围和省级自然保护小区。

（七）宜昌市兴山县昭君镇

昭君镇，原名高阳镇，位于湖北省宜昌市兴山县，2009年三峡库区移民搬迁集镇整体重建后，正式更名为“昭君镇”。地处东经110度45分、北纬30度13分，东距宜昌市153公里，南距秭归县原香溪镇34公里，西距神农架林区松柏镇146公里，北距兴山县新县城16公里，是湖北省两山一江旅游线的重要游客集散地之一，沪蓉（北）高速公路和改造后的209国道均穿镇而过，被湖北省政府确定为首批国际性旅游乡镇。全镇国土总面积145平方公里，辖9个行政村、2个社区，总人口2.7万人，其中集镇居民1.8万人（含流动人口）。

昭君镇以昭君的传奇人生及出塞和亲的故事为依托，打造昭君文化，开发昭君品牌，大力发展旅游产业。该镇成立昭君文化研究会，创办昭君文化研究室，系统地研究昭君文化，用举办论坛、出版书籍、举办演唱会、演出舞台剧等形式推动昭君文化走向世界。在昭君村建有“王昭君纪念馆”，馆内有昭君宅、娘娘泉等20多个景点，每年吸引国内外游客约50万人次。该镇还实施“一村一品”旅游战略，在滩坪村建 “昭君望乡”、在响龙村建绿色示范村、在青华村建桃花观光村，村村有独特的旅游景观。

昭君镇以精准扶贫为重点，以农业专业合作社为引领，围绕柑橘、蔬菜、畜牧、核桃、食用菌发展绿色产业，建示范基地12个，成立专业合作社47家，建家庭农场11个，沿河发展柑橘2.2万亩，发展高山反季节蔬菜1.29万亩，核桃1.2万亩，年生猪出栏32850头，山羊出栏29252只。到2016年底，农村人均可支配收入达到9875元，被授予“全国重点镇”、湖北省“国际性旅游乡镇”等称号。

（八）潜江市熊口镇

熊口镇位于潜江市域中心，东北距潜江市城区16公里，镇中心地理坐标为东经112度46分、北纬30度18分，占地面积102平方公里，共有1.2万余户、约5.24万人，其中分布在历史文化民居保护范围内有260余户、1439人。共辖24个行政村，2个街道居委会，国土面积102平方公里，其中城镇规划控制面积12.5平方公里，建成区面积2.6平方公里，总人口5.2万人，城镇人口2.1万人。北有宜黄高速公路、318国道连接武汉、宜昌，南有襄岳公路贯穿全镇连接襄樊、湖南，区位条件、交通条件均十分优越。

熊口镇历史悠久，明代兴起，清代已发展成由三条街道组成的集镇，大部分建造于清代中晚期，其建筑保留了清代长江中游民宅的典型特点。民国时期，由于市井繁华、交通便利，成为国民党反动派与共产党必争之地。这里曾是湘鄂西革命根据地和豫鄂边区革命根据地的指挥中心，贺龙、段德昌、周逸群、贺炳炎、廖汉生等老一辈无产阶级革命家曾在这里留下深深的战斗足迹，至今保持下来的有廖汉生同志亲笔题写的“红军街”、红二军团和红六军团团部、襄南军分区司令部旧址。

熊口镇工业经济发展迅速。初步形成了建材、食品、轻纺三大主导产业。

（九）仙桃市彭场镇

彭场镇属湖北省仙桃市附城区，距仙桃城区10公里，镇域面积162平方公里，辖50个行政村，3个居委会，总人口9.17万人，耕地面积10.5万亩，城镇建成区面积达6.2平方公里，城镇人口3.92万人，是全省文明镇、全国发展改革试点镇、中国非织造布制品名镇，是全国最大的无纺布制品加工及出口基地，市场份额占全国的1/3，被评为“全国百佳”产业集群。

彭场镇区位交通条件十分优越。它地处江汉平原，北依汉水，南靠长江，东临武汉，西连荆州、宜昌。距武汉市中心及武汉天河国际机场、汉口火车站、长江武汉港均在1小时左右的全高速公路车程。318国道、宜黄高速公路、孝仙高速公路、仙汉省级公路贯穿全境，京珠、沪蓉高速公路在彭场附近交汇，距北京、上海、重庆等特大城市均在1000公里左右。

彭场镇为中国无纺布工业名镇，全镇工业企业218家，从业人员近5万多人，年发放职工工资超过了1.5亿元。无纺布制品加工和配套企业达116家，从业人员2.2万人；拥有8条无纺布生产线，基本形成了无纺布生—制品加工—包装装饰较为完整的产业链条。年出口集装箱1.5万个，出口交货值20亿元，出口量占全国总量的40%，成为全国最大的无纺布制品加工出口基地。依托无纺布特色产业集群的发展，城乡市场活跃，文化娱乐、餐饮服务、交通运输等个体工商户达1335家，从业人员5000人；仅湖北富迪实业有限公司就在彭场镇开设了5家连锁店。

（十）襄阳市老河口市仙人渡镇

仙人渡镇位于老河口市城南15公里处，西临汉水，旁通巴蜀，屏蔽襄樊，汉丹、襄渝两条铁路在镇内交汇，316国道、汉十高速公路纵贯全镇并设有互通。相传楚国名将伍子胥遭奸臣陷害逃到江边巧遇仙翁搭救脱险而得镇名，古有“千叶小舟云集、八方商贾过往”之称。全镇辖33个村（居）委会，4.5万人，版图面积114平方公里，耕地面积4.4万亩，集镇建成区面积2.5平方公里，城镇化率53.3%，年增长率2.01%。

仙人渡镇通过兴建省级工业园区，出台优惠政策，全镇民营企业快速发展，初步形成了纺织服饰、食品酿酒、汽车配件、反光材料四大支柱产业。“爵王”西服、仙人粮液、“楚仙牌”汽车配件、仙人毛巾等部分产品被评为“中国公认名牌”省优精品。农业产业化初具规模，通过大力调整种植结构，实现了传统农业向现代化农业的转变，以产业化企业为龙头，走“公司+基地+农户”发展之路，全镇初步形成湖区万亩莲藕经济带；洲地1.8万亩水果、山药经济带；沿316国有畜禽养殖经济带；平原地区3万亩优质粮油经济带。镇区建筑造型典雅，风格别致，清洁卫生，初步形成了规划科学、布局合理、功能齐全、独具江南水乡特色的园林式小城镇。

（十一）十堰市竹溪县汇湾镇

汇湾镇位于竹溪县中部，镇政府距县城43公里，分别与竹溪县鄂坪乡、兵营镇、天宝乡、泉溪镇和岱王沟林场、天池垭林场、双竹林场接壤。随着交通网的建设，汇湾镇处于交通枢纽地位，省道“兴界路”有10公里穿境而过。地势四周高、中间低，境内以二高山为主，兼有低山河谷，呈立体分布，平均海拔700米左右。全镇版图面积172.8平方公里，截至2015年，辖19个村、116个村民小组、4157户、1.66万余人。现有耕地面积约2.92万亩，其中水田面积5000亩。森林面积19.5万亩，森林覆盖率达75%，植被覆盖率达83%。汇湾镇主打“贡茶牌”，唱响“特色曲”，是全县名副其实的茶叶大乡、水电大乡，享有“贡茶之乡”的美誉。

汇湾镇大力发展特色经济，积极培育优势产业，茶叶、水电、板栗、魔芋、畜禽养殖等发展迅猛，已成为全镇支柱产业和镇域经济增收的着力点。竹溪县最大的河流汇湾河自西向东斜贯全境，现已建成的电站有汇湾电站、秦坪电站、杨家河电站、岱王沟电站（含二、三级）、白果坪电站，周家垸电站已于2010年5月底竣工，装机总量可达13万千瓦，其中岱王沟电站落差大、水头高，是全省第二、全市第一的高水头电站。汇湾镇是农业大镇，经济主要以农业为主，主要粮食作物有水稻、苞谷、小麦，主要经济作物有茶叶、板栗、魔芋、黄豆、芝麻、油菜、花生，其中有茶叶基地6.5万亩。汇湾镇的“梅子贡”茶被武则天御封为贡品，素有“长江三峡水，楚地梅子茶”的美誉，是纯正地道的有机茶。

（十二）咸宁市嘉鱼县官桥镇

官桥镇北靠长江与县城相连，东畔西凉湖与咸宁相望，南临赤壁与赤马港接壤，西有美丽的三湖连江与密泉湖环抱。全镇版图面积172.14平方公里，辖2个居委会，13个行政村，全镇总人口3.6万人。京珠联络线、武蒲公路贯穿全境，距107国道仅10公里，水陆交通十分便利。这里有“中国第一组”——官桥八组；有“湖北螃蟹之乡”最大的螃蟹养殖场——西凉湖万亩围栏养蟹基地；有全省最大的钙系列生产基地——长盛化工有限责任公司；有部优名茶——凤凰舌尖；是鄂南最大的农机配件专业镇。

官桥八组（官桥村）地处官桥镇，距县城5公里，总面积3.8平方公里。2007年，官桥村提出“建工农业风景区，兴旅游支柱产业”的目标，以高科技工业、新农村建设、田野风光为主体，因地制宜，突出特色，打造田野特色旅游品牌，逐步形成集工业旅游、农业观光休闲、生态旅游于一体的综合旅游体系。2007年12月，该村生态旅游农业示范基地被国家旅游局命名为“全国工农业旅游示范点”，中共中央对外联络部、外交部还把该村的田野集团定点为我国对国外政党干部参观考察基地，中央领导称其为“农村改革的一面旗帜”“引领共同致富的楷模，建设新农村的典范”。

（十三）神农架林区红坪镇

红坪镇位于神农架林区中西部，辖8个行政村、42个村（居）民小组，有1687户，6435人，总面积742平方公里（不含房县代管的二荒坪）。

红坪镇是神农架乃至湖北省海拔最高、人口最稀、地域最偏僻的地方，处于北亚热带与暖温带的过渡区，一年四季受到湿热的东南季风和干冷大陆高压的双重影响，立体性小气候十分明显。第四纪冰川袭来时，由于高山深谷的特殊地理环境，成了不少孑遗树种的避难所，因而森林茂密、树种繁多，森林覆盖率达到93%，是世界中纬度地区植被保存最完整自然生态园。

红坪镇素有“天然动物园”的美誉，这里有国家一级保护动物金丝猴、华南虎、金钱豹、云豹、毛冠鹿、金雕、白鹤共7种，有国家二级保护动物49种，还有奇异的动物如“野人”、驴头狼、独角兽、棺材兽等有待认识。有两栖类动物10种，爬行动物19种，兽类71种，鱼类35种，鸟类2.38万种，昆虫类已知的有320种，并绝大部分有药用价值。

红坪镇有“植物王国”的美誉，共有维管束植物2288种；苔藓200余种；低等植物真菌734种、地衣187种，其中可供食用、药用的真菌有117种。中药材达2023种，其中植物类1800种，其他类223种，最具特色的是与神农氏尝百草故事有关的七十二七和三十六还阳。有国家一级保护树种珙桐，还有属于国家二级保护植物光叶珙桐、连香树、杜仲、鹅掌楸、麦吊杉等。农作物资源有粮食25类，果茶16类，蔬菜56类、油料8类、纤维4类。

红坪镇具有“一山有四季、十里不同天”的立体气候。物种繁多，蕴藏丰富，是驰名中外的“绿色明珠”“天然动物园”“物种基因库”“炎天清凉王国”。由于其历史上原始封闭，人文胜迹甚少，所以以自然风景见长，是“华中之屋脊”“金丝猴的故乡”“‘野人’的避难所”“白化动物的乐园”。辖区内已经开发的旅游景点有神农顶风景区、红坪画廊风景区、燕大风景区、牛场坪滑雪场。待开发的旅游资源有九潭溪、紫竹大峡谷和阴峪河大峡谷、三宝洞、三道街古盐道、将军寨、刘享寨等。

（十四）武汉市蔡甸区玉贤镇

玉贤镇地处蔡甸区中部，紧邻城关，老汉沙公路穿境而过，距京珠，沪蓉高速公路 3 公里，交通便捷。全镇版图面积 50 平方公里，耕地面积 14.50 平方公里，山林 10176 亩，水域面积 12255 亩。全镇辖 17 个村、1 个社区，人口 19115 人，其中农业人口 17327 人、2009 年财税收入 1670 万元，农业产值 1.21 亿元，规模以上工业产值 5620 万元，人均纯收入 7177 元，固定资产投资约 1.19 亿元。

玉贤镇是蔡甸区的农业重镇，在提高农产品附加值上做足功夫，培植壮大了“富泰天乐”“特妙食品”“博亿藕粉”“康誉食品”等农产品深加工企业。①富泰天乐有限公司是武汉市政府重点扶持企业，企业主导产品为宫廷贡汤系列及豆制品系列。公司年产宫廷贡汤系列 50 万罐，产品已打入武汉市内各大超市，公司可消耗本地八成莲藕。公司豆制品已占据开发区、蔡甸、江夏、汉南等区主要市场。②特妙食品是玉贤镇培植的一家真空冻干蔬菜加工企业，每年可采购大量本地绿色无机蔬菜。企业拥有多条国际先进生产线，产品已遍及市内 500 家中百超市，并占据欧美及日本市场，极具竞争力。③康誉食品是一家鱼产品深加工企业，企业研发了 7 个系列、11 个品种的风味鱼，年产系列风味鱼 1.2 万吨，产品已入驻超市。

玉贤镇注重农村休闲度假旅游开发。镇内山清水秀，风景怡人，5000 亩旖旎的大茶湖及近 10 座瑰丽的青山错落于村庄间，因此，玉贤镇大力发展“农家乐”“渔家乐”“林家乐”等农村休闲度假旅游项目，投资 3000 万元兴建的聚贤山庄集餐饮、会务、农家乐旅游度假于一体，年接待游客能力达 5 万人。

（十五）天门市岳口镇

岳口镇位于汉江之滨，处在天门、仙桃、潜江三个直管市中心城区的连线中央，曾作为古代茶马古道、丝绸之路的重要驿站和江汉平原重要的商品集散地而一度经济繁荣、贸易交流频繁，故有“小汉口”的美誉。该镇是湖北省天门市最大的下辖镇、天门城区（中心城区、岳口城区）的重要组成部分、天门市唯一的“全国文明镇”，天南的政治、商贸、文化中心。

全镇国土面积 130 平方公里，城区面积 12 平方公里，辖 47 个行政村、7 个社区居委会，总人口 14.6 万人，城区人口 5.3 万人。2014 年，全镇完成社会固定资产投资 43.94 亿元，社会消费品零售总额 11.83 亿元，国地两税突破亿元大关，全镇全年新增规模以上企业 5 家，完成工业总产值 154 亿元。

岳口镇文化底蕴深厚。因唐代诗人皮日休途经此地，感慨其贸易发达，写下“行樯约物价，岸柳牵人裙”的诗句，人们爱其诗，遂称“约价口”。后因南宋将领岳飞曾屯兵于此，改称“岳家口”，简称“岳口”。岳口镇区位优势明显。随着武汉“8+1”城市圈成为两型社会综合改革实验区，岳口镇凭借其独有的地理位置和产业优势成为天门、仙桃、潜江三市经济一体化的融汇区。岳口镇物产丰富。棉花年产量10万吨，为全国的优质棉生产基地；油菜产量创全国乡镇之最；地下盐、钠、钾储量品位居全省之首。岳口镇产业特色突出。初步形成了“三园”（岳口工业园、精细化工园、盐化工业园）、“一带”（天岳经济带）、五大板块（纺织服装、医药卫材、精细化工、盐化工、农产品深加工）、六大基地（优质棉、优质稻、优质双低油菜、绿色蔬菜、生猪养殖、特色养殖）的经济发展平台，发展势头强劲。

（十六）恩施州利川市谋道镇

谋道镇原名“磨刀溪”，地处东经108度、北纬30度，位于湖北西大门——利川西部，东与柏杨坝镇、南坪乡交界，南与汪营镇接壤，西与重庆市万州区龙驹镇毗邻，北与重庆市万州区凤仪镇连接，是鄂渝边境重要通衢。面积340平方公里，人口约6.9万人，现辖1个居委会、55个村委会。该镇是湖北最西边的高山乡镇，有“黄连之乡”“水杉之乡”“黄花之乡”的美誉。

谋道镇属亚热带大陆性季风气候，地理切割强烈，生态环境多异，文化积淀深厚，所以镇内拥有众多旅游胜景。另外，谋道镇历史悠久，是晋代古南浦县遗址，有保存完好的国家级文物保护单位、被称为“土家第一山寨”的鱼木寨；有“南方最大的高山草场”之称的齐岳山；有伊甸园之称的苏马荡，有黄中土司遗址——船头寨；有白莲教遗址——女儿寨。谋道镇先后被纳入湖北省25个重点口子镇、恩施土家族苗族自治州“大明星集镇”，并荣获“楚天名镇”和“中国魅力传统习俗名镇”称号，2008年又被纳入湖北省首批旅游名镇创建试点单位之一。

十三、贵州省

（一）贵阳市花溪区青岩镇

青岩镇位于贵州省贵阳市南郊29公里，是花溪区南郊中心集散地、贵州省的历史文化古镇。始建于明洪武十一年（1378年），历史悠久，人文荟萃，文化氛围极为浓郁。古镇方圆3平方公里范围内祠宇林立，建有9寺、8庙、5阁、2祠、1院、1宫，近30座庙宇祠堂，其中不少至今保存完整。这批古建筑布局合理，气势雄伟，雕梁画栋，重檐飞角，建筑工艺精妙绝伦，令人叹为观止。

青岩古镇有600多年历史，古镇里有石牌坊、背街、状元府、万寿宫、迎祥寺等景点，地域特色独具魅力，已成为多元文化汇集的“中国最具魅力小镇”之一。2017年2月16日被国家旅游局确认为AAAAA级旅游景区。

2013年4月《贵阳市花溪区青岩镇总体规划（2013~2030年）》（以下简称《规划》）通过贵州省住建厅专家评审。根据《规划》，青岩镇依托自身优势和特色，着力打造旅游景观型示范小城镇。按照《规划》，青岩镇区的空间层级将以古镇为中心，由内而外构建三级空间层级。围绕三级空间层级，青岩镇将形成“一核、一带、一轴、三环、六区”的空间结构——古镇区为历史文化保护核，包含古镇城墙内所有历史文物保护点，按要求严格保护各文化古迹点和古镇建筑风貌；以玉带河滨河生态休闲景观为带，以生态文明建设为主题，塑造优美的山水游憩空间；以古镇历史脉络为联系，塑造南北文化体验轴；古镇核心环、旅游产业发展环，以及对外交通联系环，形成镇区功能组织由内到外的三个环；休闲度假区、文化旅游创意园区、民俗村落体验区、非物质文化传承示范区、生态居住新城、田园风光保护区将构成镇区六大主题旅游片区。

（二）六盘水市六枝特区郎岱镇

郎岱镇位于六盘水市东部，距六枝特区政府驻地32公里、六盘水市政府驻地92公里、黄果树瀑布30公里，总面积206.42平方公里，总人口7万余人，有耕地面积49425亩，2015年GDP达14亿多元。

郎岱镇是贵州历史文化名镇。因东有郎山和西有岱山而得名，牂牁文明、夜郎文化源远流长，历史厚重，古风淳朴，有“东山紫气、南岳飞仙、西陵晚渡、北驿文峰、云盘古树、月朗平桥、岩疆锁钥、陇箐连云”八景。郎岱古城风貌和空间格局基本完整，古镇中庙宇16座，保存完好的尚有观音阁、财神庙、龙宫祠等。古城中的木城址碑、古城墙、民居、兵役局、观音阁、江西会馆及文笔塔等具有较高历史、科学和艺术价值，其双坡重檐、二架抬梁、镂空柱础、木石精雕为全省少见，高低起伏的重檐封火墙、双坡青瓦屋面、青砖粉墙及渐进的小天井和后花园更使古城引人入胜。

郎岱镇在巩固传统民族品牌的同时，加大农业品牌的培育和打造，有机农产品、生态养殖在郎岱镇得到全面发展，其中，郎岱酱是郎岱镇最响亮的一张名片。此外，郎岱镇借力郎岱现代高效产业示范园区、牂牁江旅游景区、夜郎文化、“郎岱三三暴动”烈士陵园、明朝初年形成的古驿道等农业文化和历史文化，大力发展农业观光、休闲旅游，打造活力小镇。

（三）遵义市仁怀市茅台镇

茅台镇坐落于贵州高原西北部赤水河畔、大娄山脉西段北侧、赤水河中游，南临历史名城遵义，北接川南的古蔺，是黔北四大名镇之一，是川黔水陆交通的要地、国酒茅台故乡，被誉为“中国第一酒镇”。茅台镇因盐而兴，因酒而盛，古有“蜀盐走贵州、秦商聚茅台”之美誉，是世界酱香型白酒主产区。茅台镇先后荣获全国重点镇、全国综合改革试点镇、全国财政体制改革试点镇、全国小城镇建设示范镇、全国百佳和谐小城镇、全国生态文明先进镇、国家AAAA级茅台工业旅游示范区、贵州省十大影响力乡镇、贵州省十佳特色城镇旅游景区、贵州省10个样板示范小城镇等称号。镇域面积87.2平方公里，人口5.7万人，其中镇区人口2.7万人。2015年完成地方生产总值400亿元，地方一般财政预算收入7.54亿元，城镇居民人均可支配收入3.6万元；农民人均纯收入1.3万元。

作为茅台酒的产地，在城镇规划上，仁怀市注重与茅台集团规划的衔接和融合，积极推进厂镇旅游一体化运营管理。同时，强力推进工旅一体、农旅一体全景域特色旅游产业加速发展，通过情景再现、街头杂耍等方式，生动呈现茅台多元文化，展现茅台古镇风韵；通过复原老街，布局景观小品雕塑，新建川剧院、茅台水街、文化创意产业园等项目，全面展示茅台文化元素。茅台镇现有国家AAAA级茅台工业旅游景区（国酒文化城）、茅台省级风景名胜区，在建的有茅台AAAAA级文化旅游景区（含茅台酒厂）和中华·梦园AAAA级乡村旅游景区。巨型茅台酒瓶、国酒文化城、美酒河石刻、石刻龙群、国酒铁树为“吉尼斯之最”，同时，茅台渡口入选《中国国家地理杂志》“中国最美观景拍摄点”。

（四）安顺市西秀区旧州镇

旧州镇位于黔中腹地，明代以前为“黔之腹，滇之喉，粤蜀之唇齿”的军事战略要地，是古“安顺州”治所。距省会贵阳80公里、安顺市区27公里。2015年全镇总人口43244人、镇区人口1.7万人，农村居民人均可支配收入10495元。“十二五”期间地区生产总值年均增长13%。旧州镇是中国历史文化名镇、全国文明村镇、全国美丽宜居小镇、国家AAAA级旅游景区、全国新型城镇化综合试点镇、贵州省绿色低碳示范镇。

旧州在春秋时期时属牂牁国辖地，战国时为夜郎国属地，元朝时设为安顺州。明朝成化年间州治所迁往今安顺城，故名“旧州”，直至清末仍为安顺军民府亲辖地。有史以来，旧州就是一方政治、经济、文化中心，其东门外有碑记“今云黔地，古云梁州”，就足以证明旧州悠久历史和重要地位了。古旧州城内有钟鼓楼、清元宫、万寿宫、城隍庙、胡广庙等古建筑，同时私学和官学众多形成了旧州古文化。旧州古镇街道按阴阳五行布局，古城墙为葫芦形结构。城内古寺林立，其中气势恢宏的城隍庙为乾隆皇帝御书匾额并拨专款修建；四合院民居清新典雅；宗族祠堂雄浑古朴。饱经沧桑的古城墙、古驿道、古遗址、古墓葬等大量文化遗存无不彰显出古镇厚重的历史文化底蕴。城外邢江河环绕，土地肥沃，物产丰富，使旧州享有“小江南”之美誉。

（五）黔东南州雷山县西江镇

西江镇地处贵州省黔东南苗族侗族自治州雷山县东北部，镇人民政府驻地“西江千户苗寨”西江村，距州府凯里39公里，距省城贵阳137公里。地理位置为东经108度、北纬26度，面积187.8平方公里，人口3万余人，为亚热带季风气候。

西江镇东北部紧靠国家级自然保护区雷公山，最高海拔雷公坪坡顶2041米，最低海拔连城河口760米。境内山峦起伏、溪流较多，发源于国家级自然保护区雷公山的12条溪流汇集成五条干流而流出镇外。雷公山地处雷山、榕江、台江、剑河四县之间，乌蒙山脉苗岭的主峰，最高处是黄羊山，海拔2189米。景区内原始森林成片，众山环拱，峰峦起伏，飞瀑流泉，尤以响水岩瀑布、乌茫沟瀑布最为壮观，是著名的省级自然保护区。

西江千户苗寨内完整保存了苗族原始生态文化，它由10余个依山而建的自然村寨相连成片，是目前中国乃至全世界最大的苗族聚居村寨。西江镇每年的苗年节、吃新节、十三年一次的牯藏节等均名扬四海，其中还有远近闻名的银匠村，苗族银饰全为手工制作，其工艺具有极高水平。

（六）黔西南州贞丰县者相镇

者相镇在贞丰县东北部，离县城18公里。相传三国时诸葛亮在此创建营地、筑土城墙、操练兵马，故称“宰相城”，后讳“宰”改为“者”，“者相”因此得名。者相镇区南面存有汉代古城遗址，是贵州旅游西线上的一颗明珠。镇内有汉族、布依族、苗族等多民族，少数民族1.66万人，占全镇总人口的48.8%。土地总面积4.13万亩，其中耕地面积2.51万亩，土壤肥沃，适宜种植稻谷、玉米、小麦、油菜、烤烟、生姜、砂仁、甘蔗等农作物及花椒、泡桐、木、桐林、杉林及果林、茶林、竹林等。

者相镇矿产资源较为丰富，有铀、黄金、重晶石、铁、铜、汞等，但至今还没有得到开采，具有极大的开发价值。特产资源有土布匹、烟花爆竹、竹编、苗族领带、者相粽子、者相卷粉、布依乡巴狗肉。

者相镇地处云贵高原西部地区，是美丽的喀斯特地貌，全镇地势西高东低，属岩溶盆地、低山丘陵地带。镇内流过北盘江，2010年建成董箐水电站。镇内有著名的中国十大避暑名山、AAAAA级风景区——双乳峰，有国家级水利风景名胜区——三岔河。2012年8月，该镇被列入贵州省30个示范小城镇和"5个100工程"建设，并相继定位成田园风光旅游景观型示范小城镇后，秀美独特的自然风光、古朴浓郁的民族风情与示范小城镇建设的结合，造就了者相示范小城镇"小而精、小而美、小而富、小而特"的发展潜力和前景。

（七）黔东南州黎平县肇兴镇

肇兴镇位于黎平县城南68公里，北邻永从、顺化乡，东邻水口镇、龙额乡，西南与从江县洛香镇交界。总面积133平方公里，其中耕地面积12539亩。乡驻地海拔410米，年均气温16.3℃，无霜期288天，年均降水量1200毫米。辖22个行政村、52个自然寨、162个村民小组，总人口21860人，侗族、苗族、水族、汉族等民族聚居，其中侗族人口占90%。

肇兴镇民族风情浓郁，有全国第一侗寨——肇兴、全国唯一的侗族生态博物馆——堂安，有省级重点文物保护单位——纪堂鼓楼，还有待开发的皮林溶洞群等众多旅游景点，是全省100个小城镇建设试点之一，其中肇兴和堂安被列为全省20个重点保护和开发的民族村寨，2003年被列为全国首批十个民族民间文化保护工程试点之一。

其中，肇兴侗寨是黔东南侗族地区最大的侗族村寨之一，占地0.18平方公里，到2012年，有居民1100余户、6000多人。肇兴侗寨以鼓楼群最为著名，其鼓楼在全国侗寨中绝无仅有，被载入吉尼斯世界纪录，被誉为"鼓楼文化艺术之乡"。寨中五团共建有鼓楼五座、花桥五座、戏台五座。五座鼓楼的外观、高低、大小、风格各异，蔚为壮观。

（八）贵安新区高峰镇

高峰镇地处安顺市平坝区东南面15公里处，距安顺市西秀区54公里，距省会城市贵阳45公里，贵昆铁路、滇黔公路穿境而过，交通十分便利。全镇森林覆盖率达32%，年平均气温14.1℃，年均降雨量1298毫米。水资源丰富，麻线河、羊昌河横穿全境，汇入红枫湖。全镇总面积105.26平方公里，其中耕地面积27712亩，辖19个行政村，总人口3.3万余人，少数民族1.6万余人。

高峰镇境内有贵州佛教文化的发源地——高峰山万华禅院，它始建于明初洪武年间，民国时期西南佛学院曾设于此。禅寺建筑格局为寺门、牌坊大殿、二殿天井、大雄宝殿和后殿，大气而严谨，凌空而厚实，与弘福寺格局同出一辙。该镇境内还有乡间大世界、南蛮部落、民族风情、农业观光等旅游景点。

高峰境内主要居住着布依族、苗族、仡佬族等少数民族。农历六月六日是布依族人的传统节日；农历四月八日是苗族人的传统节日；农历七月逢"龙"日是仡佬族人的传统节日——"吃新节"。仡佬族在镇境内主要集中在大狗场村聚居，属披袍仡佬，具有悠久独特的传统民族文化，有独特的语言、服饰、歌舞，现作为世界非物质文化遗产保护项目申报，已通过省级验收。

（九）六盘水市水城县玉舍镇

玉舍镇位于六盘水市南部，距市中心约18.6公里。东与勺米镇接壤，西抵坪寨乡与威宁县，南至杨梅乡与都格乡，北邻纸厂乡，属高山耸林峡谷典型的喀斯特地貌，平均海拔1800米。汉族、彝族、苗族、布依族、蒙古族等几个民族杂居在全乡境内，其中彝族、苗族是主体少数民族。

玉舍镇矿产资源丰富。全镇富藏煤、铁、铅、锌、锰、冰岩石、氟石矿和白云石等多种矿产资源，尤其是煤炭资源极为丰富，全镇已探明地质储量5.2亿吨，可采储量 4.8 亿吨。

玉舍镇旅游资源独特。典型的立体型气候铸就了玉舍镇独特的旅游资源，境内拥有素有“凉都翡翠”“中国凉都后花园”和“天然氧吧”美誉的玉舍国家级森林公园、冬在雪上飞舞的滑雪场和以核桃、樱桃种植采摘为主的户外体验等景区景点。近年来集中打造了集观光、休闲、运动、度假、养生、互动体验等多种功能于一体的国际山地运动休闲旅游度假区。

玉舍镇文化底蕴浓厚。海坪村作为水城彝族文化发源地，平均海拔 1920 米，森林覆盖率 61.3%。海坪彝族文化小镇规划面积 8 平方公里，主要建有彝族风情街、“千户彝寨”、观光索道、彝族歌舞大剧院、斗牛场、赛马场、九重宫殿等。彝族风情街建筑面积 11700 平方米，结合海坪彝族文化小镇适宜的养生气候、丰富的土特产品，街道建设融合乡村风情体验、休闲度假、健身养生、购物餐饮功能于一体。

（十）安顺市镇宁县黄果树镇

黄果树镇位于贵州省安顺市，闻名中外的黄果树大瀑布就雄踞在此，东接镇宁县，西连关岭县、六枝特区，是滇黔要道上一颗璀璨的明珠。全镇总面积 63.5 平方公里，下辖 21 个行政村、33 个自然寨、100 个村民组，人口 24595 人，以布依族、汉族为主体民族。

黄果树镇区位优越、交通便利。距省会贵阳市 128 公里，距西部旅游中心城市安顺市区 45 公里，有滇黔铁路、株六复线铁路、黄果树机场、320 国道、贵（阳）黄（果树）高等级公路贯通全境，新建的清（镇）镇（宁）高速路直达景区。景区内以黄果树大瀑布（高 77.8 米，宽 101.0 米）为中心，分布着雄、奇、险、秀风格各异的大小 18 个瀑布，形成一个庞大的瀑布“家族”，被世界吉尼斯总部评为“世界上最大的瀑布群”，列入吉尼斯世界纪录。

以黄果树大瀑布景区为中心，黄果树风景名胜区分布有石头寨景区、天星桥景区、滴水滩瀑布景区、霸陵河峡谷三国古驿道景区、陡坡塘景区、郎宫景区等几大景区，是全国第一批国家重点风景名胜区和首批获得国家评定的 AAAAA 级旅游区，景区先后被评为全国科普教育基地、“全国文明风景区”示范点、“西部最具魅力旅游景区”，2005 年被中国国家地理杂志社评为“中国最美丽的地方”，被《人民日报》社评为“中国风景名胜区顾客十大满意品牌”，荣获“欧洲游客最喜爱的中国十大景区”等荣誉称号。

（十一）铜仁市万山区万山镇

万山镇位于贵州省铜仁市万山特区，处于万山区政治、经济、文化、科技和信息中心。地处东经 109 度、北纬 27 度。行政总面积 15.8 平方公里，现辖 7 个社区。人口以侗族、汉族为主，同时有土家族、苗族、回族、布依族、仡佬族、彝族等 16 个少数民族聚居。

万山镇生态环境保护良好，矿产资源丰富。万山特区古称大万山，因历史上盛产朱砂、水银，其储量和产量均居国内之首、亚洲之冠，故素有中国“汞都”之称。20 世纪 50 年代初，国家接管矿山之后，中央和省属县级企业集中在万山勘探开采。1966 年 2 月，经国务院批准建立了国内最早的县级行政特区——万山特区。进入 20 世纪 80 年代末，随着汞资源逐渐枯竭，汞矿生产日益萎缩，相关公司相继撤离万山，贵州汞矿也于 2002 年 5 月实施政策性关闭破产。

万山国家矿山公园是万山旅游的标志性品牌。20 世纪初贵州汞矿关闭破产后，数千年汞矿开采、冶炼遗留下来的诸如仙人洞、大小洞、黑洞子、云南梯等矿业遗迹历史悠久、内涵丰富，层层叠叠长达970公里的地下坑道堪称“地下长城”。1985年仙人洞等汞矿遗址被贵州省人民政府确定为省级文物保护单位，特区政府正是基于这些资源优势实施了“旅游活区”战略，于2005年编制申报了万山国家矿山公园项目，并成功获得国土资源部批准。目前该项目已进入了实质性的开发建设，总投资近10亿元人民币，品牌效应日渐显现。

（十二）贵阳市开阳县龙岗镇

龙岗镇地处黔中腹地，位于开阳县南部，离县城46公里，距省会贵阳54公里，东接毛云乡、高寨苗族布依族乡，南与龙里县隔脚渡河相望，西南接南江布依族苗族乡，与乌当区毗邻，西北隔南贡河与南龙乡为邻。该镇资源丰富，有煤、重晶石、硫铁矿等，是贵阳市20个重点城镇之一，也是开阳县次中心城镇，开阳县南部经济、文化、贸易中心和物资集散地。全镇下辖10个行政村、1个居委会、226个村民组，世代居住着汉族、布依族、苗族等多个民族，总人口4万余人，其中少数民族人口7664人，占全镇总人口的20%。

龙岗镇旅游资源丰富。境内有紫江地缝、十三寸水库、拐二水库、小谷光溶洞、挞水岩瀑布、卡比石林等自然风光。紫江地缝是省级风景名胜景区，集雄、奇、险、秀于一体，喀斯特地貌发育完美。此外，脚渡河渡口红军抢渡清水江遗址位于开阳县龙岗镇坝子村与龙里县洗马镇长沟村交界处清水江中游脚渡河段，干坝河渡口红军抢渡清水江遗址位于开阳县龙岗镇大荆村下寨与龙里县洗马镇长沟村中寨交界处清水江干坝河段。

龙岗镇历史文化悠久。甲若民族风情园、大石板新庄“农民文化家园”是全镇民俗风情的浓缩，有川祖庙、莫家书院等一大批保存极好的历史文物，具有很大的研发、观赏价值。大荆布依族地区惜字塔及大荆书院遗址与大荆莫宅的新发现，不仅对研究布依族文化有十分重要的意义，而且为研究布依族文化跟汉文化的交流与事例及布依族的逐步汉化提供了重要的实物依据。

（十三）遵义市播州区鸭溪镇

鸭溪镇，旧名“兴隆场”，又称鸭子口、财溪、柴溪，为唐朝初期古邪施县的县城。唐初在老鳖国腹地西境设邪施县，属今遵义县、金沙县、仁怀县交接地带。在古代，鸭溪镇是川盐从仁怀茅台岸（仁岸）转运刀靶水、遵义城的“旱码头”；光绪年间已成为黔北商贸重镇，与黔北打鼓新场（今金沙县县城）、永兴场（今湄潭县永兴镇）、茅台（今仁怀市茅台镇）齐名为“四大名镇”，成为遵义县西部商品集散中心。

鸭溪镇隶属于贵州省遵义市播州区，是播州区西部的煤电、汽车制造、酿酒和包装产业基地，是播州区西部的经济、文化、商业、教育中心。2004年被列入“全国重点镇”名单；2013年被评为“中国最具特色魅力镇”；2013年遵义市委四届二次全会将鸭溪镇定为遵义市的两个卫星城之一；2013年贵州和平经济开发区搬至鸭溪；2013年获得“中国特色镇发展创新最佳案例奖”；2014年列入贵州省省级示范小城镇；2014年12月获2012~2014年度贵州省文明乡（镇）；2015年获得贵州省省级生态镇；2016年7月获得遵义市2013~2015年度文明村镇；2016年11月入围“2016全国综合实力千强镇”。

鸭溪镇文化悠久：①悠久的酒文化。它地处中国黔北川南盛产名酒的“金三角”地带，与茅台酒、五粮液、泸州大曲、董酒、郎酒同处于长江上游名酒线上，得天独厚的气候、水土等自然条件与历史悠久的传统工艺及现代科技相结合，使其酿出在全国享有盛誉的名酒。②著名的红色文化。红军长征时在鸭溪留下了著名的鸭溪会议。③悠长的古盐道文化。清代至民国时期，鸭溪镇是川盐经赤水、仁怀，由鸭溪转口至贵阳的必经地。

（十四）遵义市湄潭县永兴镇

永兴镇位于湄潭县东部、湄江河上游，镇内有流河渡、永兴两个集镇，建镇历史悠久，商贸云集，文化底蕴丰富，素有“黔北重镇”的美称，总面积165平方公里，镇政府所在地位于县城西部，距离湄潭县城、凤岗县城均20公里，城镇建成区面积1.2平方公里。

永兴镇1935年建永兴乡，1952年设区，1992年建镇，位于湄潭县城东北部，东与凤冈县城接壤，南接天城镇、湄江镇，西邻鱼泉镇，北靠复兴镇。2006年被贵州省人民政府列为第二批省级历史文化名镇，同年获得“中国商业名镇”称号，2012年被确定为贵州省100个省级高效农业示范园区。

永兴镇区位优势明显。该镇距湄潭县城20公里、遵义78.65公里、贵阳208.65公里、重庆290公里。326国道、杭瑞高速、在建的黔北高速及拟建的昭黔铁路交会于此，这里是黔北通往黔东和湘西的交通要塞，特别是随着杭瑞高速、黔北高速、昭黔铁路等交通路网的逐渐形成，永兴交通区位优势更加凸显。

（十五）黔南州瓮安县猴场镇

猴场镇位于黔中腹地、瓮安县城东北部，是革命老区、龙狮文化艺术之乡、国家部级建设试点镇、省级综合改革试点集镇和全省36个重点建设集镇之一。猴场镇交通便利，商贸发达，是“黔北四大场镇”之一。猴场镇境内的草塘千年古邑旅游区是贵州省文化旅游十大品牌之一。国家重点工程构皮滩电站离草塘仅36公里，电站建成后将为草塘的经济开发提供有利条件。

猴场镇历史悠久，文化底蕴深厚。明洪武年间即设有安抚司，1934年12月至1935年1月，中国工农红军在猴场召开了著名的“猴场会议”。猴场镇境内现有猴场会议会址、毛泽东行居、宋钦故居、土司衙门、傅玉书故居、瓮余湄铁壁合围剿匪司令部、十八革命烈士陵园等多处文物，其中猴场会议会址是全国爱国主义教育基地。草塘民间耍龙舞狮习俗源远流长，被文化部命名为“全国民间艺术龙狮之乡”。

十四、西藏自治区

（一）拉萨市尼木县吞巴乡

吞巴乡是藏文创始人扎吞弥·桑布的故乡，也是全区专业藏香制作乡。2004年初，拉萨市将吞巴乡列为全市旅游文化开发保护区，保护区处于拉萨市旅游发展规划“一点两翼，四个辅助区”的核心区域。吞巴乡境内总人口为2308人。

吞巴乡景区现拥有8项国家级、自治区级非物质文化遗产。同时也是最著名、最集中、最为完整的地区民族手工业集聚地。特色产业为民族旅游文化产业，产业代表为吞弥·桑布扎故居、经堂、吞巴庄园、水磨长廊景观、藏文字主题博物馆、“尼木三绝”(藏香、尼纸、雕刻)。

（二）山南市扎囊县桑耶镇

桑耶镇位于西藏山南地区北部，地处藏中核心经济区和雅江沿江城镇密集带上，是西藏著名的历史文化旅游城镇、藏中地区重要的旅游节点。桑耶镇位于雅鲁藏布江北岸，距县城25.5公里。桑耶镇以丰富的历史文化资源而闻名，是山南的藏源文化代表，有“藏名族之宗，藏文化之源”的美誉。

桑耶镇境内有全藏著名的桑耶寺，寺内珍藏着吐蕃王朝以来西藏各个时期的历史、宗教、建筑、壁画、雕塑多方面的遗产，它是藏族古老而独特的早期文化宝库之一，每年前来观光、朝佛者达数万人次。

桑耶寺于762年开始兴建。寺院选址于藏王赤松德赞的出生地、藏王赤德祖赞的冬宫附近。由莲花生大师主持桑耶寺的建设，建筑仍保持寂护大师的原设计，赤松德赞亲自主持了奠基。

桑耶寺以其殿塔林立，楼阁高阔，规模宏大，又融合了藏、汉、印三种风格而造型完美的建筑和题材广博、技艺高超、绘塑精湛的壁画造像，以及众多木雕石刻、唐嘎等文物瑰宝。桑耶寺周围绿树成荫，河渠萦绕，是国家级雅砻风景名胜区的主要景区之一。

（三）阿里地区普兰县巴嘎乡

巴嘎乡位于西藏阿里地区普兰县西北部，地处冈底斯山脉和喜马拉雅山脉之间的台地，占地4万平方公里，冈仁波齐神山就坐落在它的境内，而神湖玛旁雍错也有一半的面积属于巴嘎乡，地处中国、印度和尼泊尔三国交界处。

“巴嘎”是藏语，翻译成汉语是“中间”的意思。草原、雪山、圣湖加上满天的彩云，这里仿佛就是传说中的香巴拉。小镇闻名于神山、圣湖，著名的冈仁波齐神山就是人们常说的阿里转山要去的地方。“转山”是一种盛行于西藏等地区的宗教活动，每年都会有很多虔诚的信徒来参加。

近几年来，小镇依托“神山圣湖”的特殊地理位置发展旅游与农牧业，并深化和加大了产业转换和旅游文化的推介力度。重点突出绿色生态，坚持慎砍树、禁挖山、不填湖、少拆房的原则，把生态文明的理念融入特色小城镇建设示范的全过程。巴嘎乡整合资金，完善规划，加快基础设施建设，提升接待能力，致力于将小镇打造成为国际知名旅游目的地，让更多的人认识神山、了解西藏。

（四）昌都市芒康县曲孜卡乡

曲孜卡乡位于西藏自治区东南部的横断山脉，昌都地区的最东部芒康县城南面，距县城100公里，介于东经97度48分至99度5分、北纬28度35分至30度39分，地处川、滇、藏三省区公路交会处，是214国道、318国道的结合部，金沙江和澜沧江流经县境内，东与四川省巴塘县，南与云南省德庆县毗邻，西与左贡县接壤，北与贡觉、察雅县相接，西北与左贡县扎玉镇和芒康县帮达乡连接，距国道214线2公里。

曲孜卡乡是芒康县建设藏东旅游经济文化强县战略中旅游业发展的重点之一。农民的主要收入除了来自农业收入、旅游收入以外，还有部分特色产业收入，主要有养殖藏香猪，种植葡萄、花椒、苹果、蔬菜等特色农产品。利用当地独特的气候和地理，部分村民开设了“藏家乐”、露天温泉等。

（五）日喀则市吉隆县吉隆镇

吉隆镇位于吉隆县城南部73公里处，海拔2600米，属林区，面积2.1平方公里，人口千余人。境内有中国稀有树种红豆杉、喜马拉雅长叶松、长叶云杉等多种珍稀植物种类，有“世界植物博物馆”之称。天麻、贝母、黄连等80多种药材广为分布，还有雪豹、金钱豹、黑熊、长尾叶猴、恒河猴、马鹿、岩羊、豹猫等野生动物出没，堪称“生物的王国”。吉隆镇药材、野菜、食用菌、林木资源丰富，镇内有国际市场1个。

吉隆镇自古就是西藏与尼泊尔交往通商要道，1961年设立海关。作为开放口岸，1978年吉隆镇被国务院确定为国家一级陆路通商口岸，边境贸易较为活跃。镇内有尼泊尔建筑风格的千年古寺——帕巴寺。

（六）拉萨市当雄县羊八井镇

羊八井镇是中国西藏自治区拉萨市当雄县下辖的一个镇，位于拉萨西北 90 多公里的藏北草原上，海拔 4300 多米，面积 800 平方公里。羊八井镇位于拉萨西北方、西藏念青唐古拉山下的盆地内，占地面积约 15 平方公里。两侧是高耸入云的皑皑雪山、冰川、原始森林，中间盆地则为碧绿如茵的草甸，山清水秀，风景迷人，大气压力年平均为 0.06 兆。当地含有丰富的地热资源，温泉数量最多，水温是中国温泉中最高的，高达 93~172℃，每秒自然热流量 11 万千卡。

从 1974 年开始，国家把羊八井镇开发作为重点科技攻关项目，先后拨出 2 亿多元资金，经过藏汉工程技术人员的艰苦创业，丰富的地热资源开始被开发利用。1975 年西藏第三地质大队用岩心钻在羊八井镇打出了我国第一口湿蒸汽井，1976 年我国大陆上第一台兆瓦级地热发电机组在这里成功发电，开创了世界中温浅层热储资源发电的先列，进入了工业性发电阶段。目前，羊八井地热电厂是我国最大的地热试验基地，也是当今世界唯一利用中温浅层热储资源进行工业性发电的电厂。如今，羊八井现已兴起了一座全新的地热城，地热开发利用正向综合性方向发展。

近年来，羊八井镇建成了蔬菜基地以及畜产品加工、硼砂加工等企业。

（七）山南市贡嘎县杰德秀镇

杰德秀镇为山南市贡嘎县辖镇，位于县境东部，东接扎囊县，西邻吉雄镇，北隔雅鲁藏布江与昌果乡相望，南倚朗杰学乡。杰德秀镇是闻名的“围裙之乡”，也是“八大古镇”之一。杰德秀，系藏语“口齿伶俐”之意，曾名“姐得秀”“杰得雪”等。据最新数据显示，杰德秀镇面积为 258.41 平方公里，人口为 8460 人，均为藏族。

杰德秀镇 1959 年建区，辖 3 个乡。1987 年建杰德秀乡，1999 年改称杰德秀镇，有 28 个自然村。草场面积 96.72 平方公里，主要饲养牦牛、黄牛、山羊和绵羊。全镇有 1.33 平方公里湿地保护区，栖息着黑颈鹤、黄鸭、白鸭、斑头雁等野生保护动物，还有丰富的鱼类资源。全镇有交通运输、粮油加工、机械修理等各种服务业 120 户，镇中心建有杰德秀镇围裙厂。1987 年，杰德秀镇修建了沃卡电站至杰德秀镇高压输电线路，1998 年修建杰德秀镇变电站，2000 年修建了羊湖电站高压输电线路，基本满足了全镇的生产生活用电。镇内交通便利，101 国道贯穿全境。该镇旅游资源丰富，有鲁康商业街和顿希曲果寺以及苏若林寺、曲布尼姑寺和帕当巴拉康，其中顿希曲果寺为县级文物保护单位。

十五、青海省

（一）海东市化隆回族自治县群科镇

群科镇，又名“古城”。奔腾不息的黄河水汇集群山雪水，百川细流汇大河，穿山越岭在化隆与尖扎交界处绕了一个弯，在岸边露出了一片肥沃的土地，当地藏族人取名叫“群科”，藏语译音为“黄河回旋的地方”。群科镇位于化隆县西南黄河北岸，距县府驻地巴燕镇 42 公里，西距省会西宁市 100 公里。坐标为北纬 36 度 2 分，东经 101 度 58 分。

群科镇有：①特色鲜明的产业形态。该镇充分发挥适宜的气候优势和自然资源，推广薄皮核桃、水果、西瓜、蔬菜和设施农业，打造高原特色现代农业示范园。传承清真文化，打造“互联网 + 拉面经济”。结合“互联网+”发展优势，建立起全国首家专注服务于清真拉面店及清真餐饮的企业。立足黄河资源，打造特色旅游产业。充分发挥区位优势和黄河资源，开发和挖掘旅游资源。②和谐宜居的美丽环境。依托镇域现有的自然景观资源，群科镇充分发掘小城镇文化景观风貌。扎实推进环境整治工作，打造宜居镇区环境。③彰显特色的传统文化。推动民族文化产业发展，推进河湟多元文化传播。深入挖掘民族、地域、自然和文化资源，突出民族文化内涵，推进文化产品创作，提升文化创意和设计水平。重点建设以回绣为龙头的民族刺绣，形成民族民间艺术品规模化生产；建设群科新区文化产业园；着力打造饮食文化产业园。④便捷完善的设施服务。加快镇区各等级道路建设，组织镇区功能清晰的主次干道路网，镇区形成了“两横两纵”的骨架，群科镇新区形成一环（城市外环）、两横、六纵的路网格局。

（二）海西蒙古族藏族自治州乌兰县茶卡镇

茶卡镇属于青海省海西蒙古族藏族自治州乌兰县，地处县境东端，距县府驻地74 公里，被誉为海西蒙古族藏族自治州“东大门”，历史上是商贾、游客进疆入藏的必经之地。坐标为北纬 36 度 47 分、东经 99 度 4 分；面积为 142.43 平方公里，人口为 1000 人，有汉族、蒙古族、回族、土族等民族。

“茶卡”系藏语，意为“盐池”，该镇因地处茶卡盐湖北畔而得名。茶卡盐湖总面积 105 平方公里，位于柴达木盆地东北部，茶卡盆地的西部，为典型的氯化物型盐湖，是柴达木盆地有名的天然结晶盐湖。盐粒晶大质纯，盐味醇香。茶卡盆地西南被鄂拉山与希里沟山间断陷盆地分割，东北有青海南山与青海湖相隔。盆地南、北受断裂控制，形成面积 2400 平方公里的封闭内流断陷盆地。茶卡石盐开采历史悠久，早在西汉时期，当地羌族人已采盐食用。

（三）海西蒙古族藏族自治州德令哈市柯鲁柯镇

柯鲁柯镇位于德令哈市区以西 13 公里处，为海西第二大镇、德令哈第一大镇。“柯鲁柯”为蒙古语，意为“美丽而富饶的地方”，是德令哈西部和 315 线上的一个重镇，东与蓄集乡、尕海镇毗邻，南与都兰县接壤，北与甘肃省肃北县相连，西与怀头他拉镇相接。总面积 6125 平方公里，总人口约 1.47 万人，辖 14 个行政村和 1 个社区居委会。耕地面积 5.2 万亩，草场总面积 209 万亩，其中可利用草场面积 99 万亩。辖区有汉族、蒙古族、藏族、回族、土族、满族等 19 个民族，是一个农牧结合镇。

柯鲁柯镇资源丰富，交通便利。该镇地形狭长，北高南低。北部为山地丘陵，约占全境的 3/5。野牛脊山、奥格图尔乌兰山雄踞北部，宗务隆山横穿中部；南部为平原和沼泽地带，为柯鲁柯镇的小块农业区。柯鲁柯镇属高原干旱区，年平均气温 2.7℃，最冷月（1 月）平均气温-13.8℃，最热月（7 月）平均气温 16.6℃。年平均降水量 82.4 毫米，年光照时数 3353 小时，无霜期 80 天左右，北部山区没有绝对无霜期，海拔 4500 米以上的峰峦终年冰雪覆盖。境内有煤、云母、金、铜、铅、镍等矿产，还有丰富的野牦牛、雪豹、岩羊、黄羊、雪鸡等野生动物和沙棘、枸杞等野生植物资源。位于境内的柯鲁柯湖为淡水湖，水面约 17.53 平方公里，盛产草鱼、鲤鱼、闸蟹、虾等 20 余种水产品，是海西蒙古族藏族自治州渔业养殖基地，也是著名的旅游区。镇以北有美丽的哈拉湖自然景观。

（四）海南藏族自治州共和县龙羊峡镇

龙羊峡镇位于海南藏族自治州东部，黄河上游第一个梯级水利枢纽工程龙羊峡水电站所在地。1978 年，由于龙羊峡镇水电建设需要，上级政府在龙羊峡设立办事处，1988 年改为龙羊峡行委（县级），2002 年，随着大坝正式投入运营，龙羊峡实行撤委建镇，与曲沟县合并纳入共和县，正式更名为龙“羊峡镇”。

龙羊峡镇是以农业为主、农牧结合的镇，位于共和县东南部，坐落于青海湖的姊妹湖龙羊湖畔，距州府驻地 70 公里、省会西宁市 153 公里。地处黄河谷地，四面环山。属高原大陆性气候，年均气温 3.4℃，年降水量 312 毫米。全镇辖 13 个行政村、45 个农业合作社、2 个居委会，共有农牧民 2278 户、9027 人，有汉族、藏族、回族、土族、撒拉族等 7 个民族。镇境东与贵德拉西瓦镇接壤，西与恰卜恰镇、铁盖乡为邻，南邻贵南县沙沟乡、北与倒淌河镇相连，镇域东西长 52 公里，南北宽 37.5 公里，总面积 747.8 平方公里，平均海拔 2700 米，有丰富的乡野园林资源、地热温泉资源、野生鱼类资源、丹霞土林资源等。旅游资源包括龙羊峡土林国家地质公园、龙羊峡水电站、龙羊湖景区、黄河大峡谷景区、龙羊峡当家寺景区等。

（五）西宁市湟源县日月乡

日月乡位于湟源县西南部，青藏公路（109 国道）穿乡而过，是通往西藏和青海西部的交通要道，距省会西宁 75 公里，地理位置北与本县大华乡、波航乡、和平乡接壤，东接湟中县，南邻共和县、贵德县，西临共和县。整个地貌以高山峡谷和山原地带为主。

日月乡是半农半收地区，是典型的农牧结合部。全乡辖 23 个行政村、95 个农业生产合作社、3200 户、1.4 万人，是全县唯一的少数民族乡，少数民族人口占总人口的 43%，总面积为 478.75 平方公里。境内河流密布，是远近闻名的药水河的发源地，动植物资源相对丰富，除闻名遐迩的日月山旅游景点外，还有久负盛名的藏传佛教寺院——东科寺。

（六）海东市民和县官亭镇

官亭镇为青海省海东市民和回族土族自治县辖镇，位于县境南部、黄河北岸，南以黄河与甘肃省为界，距县府驻地 90 公里。官亭镇总人口约为 1.46 万人，以土族为主，占总人口的 89.1%，面积为 61.65 平方公里，辖 13 个村委会。

官亭镇地处黄河北岸谷地，黄河由西向东流经境南。产业以商贸、运输、建筑和饮食服务业为主，农业以小麦、豌（蚕）豆种植为主。通县乡公路。境内有昌家村新石器胡热遗址和喇家村马厂类型齐家文化遗址 2 处省级文物保护单位。

官亭镇是青海省土族的主要聚居区之一，这里拥有世界上最长的狂欢节——纳顿节，是土族纳顿的诞生地，拥有“东方庞贝古城”的喇家遗址，也是青海省有名的瓜果之乡。

十六、新疆维吾尔自治区

（一）喀什地区巴楚县色力布亚镇

色力布亚镇位于新疆喀什地区巴楚县人民政府驻地西南 84 公里处，巴莎公路中段，周边与麦盖提、岳普湖、伽师等县及新疆生产建设兵团农三师三个团场毗邻，地理优势十分明显，是古代“丝绸之路”的北路要道，并与 314 国道相连，西可到达开后门盖提、莎车、泽普、叶城、和田等县市。地理坐标为北纬 39 度 18 分、东经 77 度 49 分，面积为 280 平方公里，人口为 4.1 万人，为温带大陆性气候，特产为叶城核桃、英吉沙色买提杏、英吉沙色买提杏干等。

旅游资源包括：①夏河沙漠胡杨林生态旅游景点。该景点是从巴楚县乘车沿着巴楚县—图木休克公路前往 103 公里处（位于巴楚县西南部）就到达了，这里独特的地理环境造就了巴楚县绮丽的自然风光。②塔克拉玛干大沙漠。该景点位于新疆南疆的塔里木盆地中心，是中国最大的沙漠，也是世界第十大沙漠，同时亦是世界第二大流动沙漠。整个沙漠东西长约 1000 公里，南北宽约 400 公里，面积达 33 万平方公里。平均年降水量不超过 100 毫米，最小只有 4~5 毫米；而平均蒸发量却高达 2500~3400 毫米。③唐王城。唐王城即唐代尉头州城遗址，当地少数民族称为“托库孜萨莱”古城，建于公元前 206 年，距今约有 2200 年的历史。古城坐落于图木舒克市城北十多公里处的代热瓦孜塔格山（大门山）南端山口的北山东侧。城墙用泥土、石头筑成，分内城、外城、大外城几个部分。南北各有一道城门，大外城的城墙已风化为一道土梁，城东北延伸至约两公里处的唐王村（今第三师图木舒克市五十一团驻地）。唐王城为新疆境内古“丝绸之路”中道上的一个重要古城遗址，具有极高的考古价值，被列为自治区重点文物保护单位。

（二）塔城地区沙湾县乌兰乌苏镇

乌兰乌苏镇地处新疆乌伊公路 165 公里处，东距石河子市 5 公里，南与农八师一百四十三团毗邻，西距沙湾县城 19 公里，312 国道、乌奎高速公路、亚欧大路桥横贯辖区，交通便利。地理坐标为北纬 44 度 18 分、东经 85 度 52 分，面积为 153 平方公里，人口为 2 万人，为温带大陆性气候。

乌兰乌苏镇将现代农业与旅游有机结合，发展体验式休闲农业。通过与新疆维吾尔自治区林科院、水产科学院合作，引进虹鳟、金鳟、中华鲟、冰葡萄、樱桃、无花果等新品种，以采摘农业、休闲农业和“农家乐”为重点，乡村旅游业发展为现代农业注入新活力，其著名的旅游景点为御园开心农场。

御园开心农场位于乌兰乌苏镇皇宫村，距离石河子市 12 公里，距离沙湾县城 18 公里，水源、地缘优势明显，交通便利。农场共占地 500 亩，分为种植区、养殖区和休闲区三部分，目前是沙湾县集休闲农业种植、蔬菜采摘、农家餐饮于一体的旅游休闲农业园，吸引认领菜园游客 600 余人，创新了沙湾休闲县旅游农业发展新模式。

（三）阿勒泰地区富蕴县可可托海镇

可可托海镇所在的富蕴县位于新疆维吾尔自治区北部、阿勒泰山南麓、准格尔盆地北缘，东临青河县，西接福海县。可可托海镇地理坐标为东经 88 度 50 分、北纬 47 度 20 分，面积为 788 平方公里，全镇总人口 6000 余人，由汉族、哈萨克族、维吾尔族、回族等 7 个民族构成，为温带大陆性气候。可可托海镇是中国有色工业的发祥地，有闻名世界的三号矿脉，在世界地质界被称为“稀有金属博物馆”“天然矿物陈列馆”，享有“地质麦加”和“世界地质圣坑”之美誉。

可可托海镇著名的旅游景点为可可托海风景区，暨新疆可可托海国家地质公园，该风景区占地面积为 788 平方公里，距乌鲁木齐 485 公里，距富蕴县城 53 公里。景区由额尔齐斯大峡谷、可可苏里、伊雷木特湖、卡拉先格尔地震断裂带四部分组成。它以优美的峡谷河流、山石林地、矿产资源、寒极湖泊和奇异的地震断裂带为自然景色，融地质文化、地域特色、民族风情于一体，是以观光旅游、休闲度假、特种旅游（徒步、摄影等）、科学考察等为主要特色的大型旅游景区。2012 年，可可托海风景区晋升国家 AAAAA 级旅游景区。

（四）克拉玛依市乌尔禾区乌尔禾镇

乌尔禾镇为克拉玛依市乌尔禾区辖镇，原属和布克赛尔蒙古自治县管辖，1958 年划归克拉玛依市，1985 年改设乌尔禾乡。2014 年 10 月 21 日，自治区人民政府同意撤销乌尔禾区乌尔禾乡建制，设立乌尔禾镇。

乌尔禾镇位于准噶尔盆地西北边缘，东北与和布克赛尔蒙古自治县接壤，西与托里县交接，西南与白碱滩区毗邻。乌尔禾镇距离克拉玛依市 90 公里，有蒙古族、汉族、维吾尔族、哈萨克族等民族，人口 1 万余人，其中蒙古族占 44.4%。经济以农业和牧业为主，旅游资源丰富。这里有着世界著名的定雅丹地貌、千年不死的胡杨等，境内东部有闻名全国的“魔鬼风城”旅游景点。

（五）吐鲁番市高昌区亚尔镇

亚尔镇是新疆维吾尔自治区吐鲁番市下辖的一个镇，由亚尔乡改设而来。2014 年 5 月 26 日，自治区人民政府同意撤销吐鲁番市亚尔乡建制，设立亚尔镇，其行政区域界线、镇政府驻地及隶属关系不变。亚尔镇地处吐鲁番市高昌区城郊，辖区面积 1774 平方公里，总人口 6.2 万人，农业人口 5.3 万人。

目前，亚尔镇正在建设特色旅游名镇项目，这是自治区打造的新型城镇化发展战略规划之一。建成后，可迅速带动 2000 户民俗文化旅游家庭旅馆，500 户民俗文化工艺品商店及特色养生沙疗、葡萄、桑葚田园观光，还有民俗特色餐饮的发展，预计日接待游客 5 万人次以上，社会经济总产值年增加逾 3 亿元，将会提供 3000 多个就业岗位，实现项目镇区内 5000 多名农民劳动力就地转移，预计可带动农民年人均增收 2000 元。

（六）伊犁州新源县那拉提镇

那拉提镇位于新疆新源县美丽的伊犁河谷东端，北至奎屯市，南到阿克苏，东抵库尔勒，西达霍尔果斯口岸，是南北疆的交通要道。该镇气候宜人、光照充足、水草丰美、风景秀丽，是闻名遐迩的风景旅游区，农业、畜牧业和旅游业有着得天独厚的自然条件。辖区面积 1984 平方公里，聚居着哈萨克族、汉族、维吾尔族、回族等 8 个民族，2.7 万余人。农作物产品主要有春小麦、马铃薯、胡麻、油葵、油菜等，其中，马铃薯种植及加工已成为该镇的特色产业，有全疆最大的土豆淀粉生产基地，淀粉远销西北五省区和沿海地区。

那拉提，又称“纳喇特”，维语，日色照临之意。“雪山深邃，得见日色，故名。”它是天山古道上的重要山口（今称那拉提达坂）。散落在古道沿线的今存土墩墓群表明，塞种、乌孙等早期游牧部族就曾频繁出入这条通道。唐、宋、准噶尔蒙古时期乃至清代，许多重大战事无不与此相关。明成祖永乐十二年（1414 年），吏部员外郎陈诚等奉旨出使哈烈（今阿富汗西北部），走的就是这条路线，他还在伊犁河上游会见了东察合台（别失八里）后汗马哈木。横亘于巴音布鲁克草原之北的南天山支脉那拉提山和新源县境内极东的那拉提镇，皆因此山口而得名。

那拉提镇拥有得天独厚的旅游资源、畜牧资源以及独特的水土光热资源。作为新疆重点发展的五大景区之一，秀美的草原风光吸引着世界目光，沟通南北疆的枢纽位置以及联结唐古拉、恰西、巴音布鲁克等风景区的区位优势，让那拉提镇旅游业发展前景不可估量。那拉提镇风景秀美，是旅游、避暑、观光的胜地，著名的国家

AAA级风景区——那拉提风景区就在镇区内，旅游资源十分丰富。

（七）博州精河县托里镇

托里镇位于天山北麓精河县境内，东距精河县城26公里。“托里”为蒙古语，意为“镜子”，因境内泉水清亮如镜而得名。托里镇地处北疆交通要冲，位于阿拉山口和霍尔果斯口岸出境公铁联运交会处，是天山北坡经济带、“一带一路”关键节点，精伊霍电气化铁路、312国道、连霍高速、第二亚欧大陆桥和即将开工的乌伊高铁都穿境设站而过，距博乐机场30公里，形成了立体式的交通网络。托里镇域面积1174平方公里，镇区1.78平方公里，镇域常住人口2万余人。

托里镇的主导产业为枸杞产业，又称“中国枸杞之乡”。现种植枸杞17万亩，年产干果2.5万吨，形成了集繁育—种植—采摘—加工—销售于一体的产业链和园区加工产业集群，成为博州林果产业发展的主要支柱，也是新疆红色产业的重要组成部分，经济、社会、生态效益三效凸显。托里镇枸杞被国家工商总局认定为“原产地证明商标”、列入中欧互认农产品地理标志产品。

棉花是托里镇的另一重要产业，当地的棉花以棉绒长、洁白度高、弹性强等特点闻名全国，现已成为重要的优质棉出口基地。

此外，托里镇水土资源丰富，位于天山北坡冲积扇平原，地势平坦，土层深厚，富含多种矿物质和微量元素。旅游发展前景广阔，紧邻两个国家级自然保护区、旦达盖沙漠、冬都精及大小海子等自然景观。

（八）巴州焉耆县七个星镇

七个星镇地处天山南麓山间盆地——焉耆盆地的西部，位于焉耆县西北部霍拉山脚下，距库尔勒市42公里，全镇总面积（包括霍拉山区）755平方公里，其中，农业耕地面积5.9万亩。辖区总人口为3320户、1.6万人，农业人口1.2万余人。辖11个行政村、1个社区居委会。辖区内居住着汉族、维吾尔族、回族、蒙古族等8个民族，其中，汉族占50.39%，维吾尔族占34.78%，回族占8.59%，蒙古族占5.28%，其他少数民族约占0.96%。

七个星镇属温带干旱大陆性气候，四季分明，热度适中。主要经济作物有色素辣椒、小茴香、工业番茄、棉花、色素菊花、地黄等。此外，七个星镇还是全国有机农业（酿酒葡萄）示范基地，有3万亩酿酒葡萄得到有机认证。

七个星镇的西南部还有着著名的七个星寺遗址，这里曾是佛教文化东传的一个重要枢纽，也是焉耆国的佛教中心。

（九）昌吉州吉木萨尔县北庭镇

北庭镇位于吉木萨尔县城以北，距县城8.5公里，境内面积为288平方公里。境内西上湖村有北庭故城、北庭西大寺两处古遗址，为古代“丝绸之路”北道必经之地。北庭镇总人口1.04万人，耕地面积4.7万亩，居住着汉族、哈萨克族、塔塔尔族、满族等7个民族。

北庭镇是依托世界文化遗产北庭故城，以北庭历史文化的展示和体验为核心，兼具思路商旅、异域风情、民俗体验、园林湿地等功能的特色旅游小镇和国家特色旅游景观名镇。

北庭镇的著名景观有：①北庭都护府遗址，距县城约12公里，有公路直通。地理坐标为东经89度12分、北纬44度5分，海拔485米。该城址为唐北庭大都护府遗址，城址平面布局略呈长方形。北庭都护府遗址是“丝绸之路”新北道上的历史名城，历史上曾对新疆的政治、经济、文化的发展起过重要的作用。北庭都护府遗址于1988年被列为全国第三批重点文物保护单位，现随着“丝绸之路”新北道上旅游资源的开发，古城的旅游价值也随之高涨。②北庭西大寺，又名高昌回鹘佛寺，位于北庭都护府遗址之西1公里处。古寺为高昌回鹘王国皇家寺院遗址，专供王室成员供养佛像之用。目前东面有上七下八的洞窟残迹，窟内残留有高昌回鹘时期的壁画若干。建筑材料为土木结构。现殿窟内残存有佛、菩萨、罗汉、天王等塑像，壁画内容主要为千佛、菩萨、护法、经变故事，间有回鹘文、汉文题记，为研究维吾尔族的古代宗教、文化、艺术、语言文字和建筑技术等提供了极为珍贵的实物资料，历史价值极高。

（十）阿克苏地区沙雅县古勒巴格镇

古勒巴格镇位于沙雅县东南3.7公里处，总面积为304平方公里，总人口2万余人。地处渭干河下游，分属渭干河冲积扇平原、塔里木河谷平原及沙漠三种类型，海拔约1017米。2014年5月26日，沙雅县古勒巴格乡通过撤乡建镇设立古勒巴格镇。

古勒巴格镇隶属的沙雅县是世界四大文明汇集地之一，中原汉文化、印度佛教文化、波斯阿拉伯文化、希腊罗马文化在此交融荟萃。此外，境内还有保存最完好、世界最大的胡杨林国家自然保护区，面积为200余万亩。

古勒巴格镇在完善基础设施、绿化村庄、发展乡村旅游的同时，还重点发展蔬菜大棚、水果种植、养殖、酸奶加工、冷库储藏等项目，大力发展“农家乐”、农家采摘、庭院特色种植，有力地促进了农民增收。此外，古勒巴格镇利用地处城郊的优势，正集中建设商贸物流港，加快镇区农资及农机具销售市场建设，修建一处占地40亩的物流集散中心，还正统一规划建设一处占地100亩的建材交易市场，着力打造集商贸物流、供应保障、农家休闲娱乐、观光旅游于一体的特色小镇。

（十一）第八师石河子市北泉镇

北泉镇位于天山北麓、准噶尔盆地南缘，玛纳斯河西岸、军垦新城——石河子市北郊，地处自治区重点开发建设的“天山北坡经济带”和新疆经济最活跃的乌鲁木齐、克拉玛依、乌苏之间的“金三角”中心区域，区划东至玛纳斯河，西临沙湾县，南接石河子市，北濒蘑菇湖。

北泉镇地理坐标为北纬44度20分、东经86度1分，区域面积为475.7平方公里，其中耕地35万亩，人口7.1万余人，为大陆性高原气候，是全国小城镇综合改革试点镇，被联合国开发计划署确定为“中国可持续发展小城镇试点场镇”，也是新疆生产建设兵团唯一的建制镇。312国道、201省道、204省道横越镇区，距石河子火车站和乌伊高速公路9公里，距乌鲁木齐国际机场130公里。

北泉镇有1977年建成的周总理纪念碑、纪念馆，已成为这里的标志性建筑和新疆著名的人文景观之一，是农八师石河子市爱国主义和社会主义思想教育基地之一。北泉镇科技发达，驻有3个科研单位，即兵团农垦科学院、石河子科技中心、石河子蔬菜研究所。中国工程院院士刘守仁即在农垦科学院工作，被誉为“中国超细毛羊之父”。北泉镇拥有现代化工农业园区，创建了省级北泉乡镇工业园区、北泉化工园区和国家级农业高新技术园区，引领、辐射、带动了石河子垦区的工农业生产。

（十二）阿拉尔市沙河镇

沙河镇位于新疆天山中段托木尔峰南麓，塔里木盆地北缘，以原第一师五团范围为行政范围。距阿克苏市56公里、阿拉尔市102公里，南疆铁路和314国道自东向西穿境而过，玉阿公路在辖区内与国道相交，形成四通八达的交通运输网，是一座商贸物流型城镇。

沙河镇是以铁路、公路为主要联系的“金三角”地带，全镇总人口1.8万人，其中维吾尔族3800人。2015年实现生产总值12.55亿元，农牧家庭人均纯收入为2.28万元。2016年1月19日，自治区人民政府同意设立阿拉尔市沙河镇，沙河镇正式挂牌成立，进一步提升了发展潜力和活力。

（十三）图木舒克市草湖镇

2014年6月26日，经国务院批复同意，将原四十一团区域、喀什地区疏勒县巴合齐乡部分区域、塔孜洪乡部分区域，疏附县布拉克苏乡部分区域，克孜勒苏克尔克孜自治州阿克陶县皮拉勒乡部分区域划归整合，形成了新的草湖镇，隶属图木舒克市管辖。

草湖镇地处喀什市、疏勒县、疏附县、阿克陶县3县1市中间地带，距离喀什市23公里，距兵团第三师驻地图木舒克市约350公里，全镇下辖基层单位20个，总人口1万余人，汉族人口占总人口的95.9%，在岗职工1500余人。

在建设喀什经济开发区兵团分区的大环境下，四十一团确定了草湖镇的城镇体系空间结构为“一带三区”模式，即以横穿团域的省道作为城镇化发展的主轴，小草湖片区、大草湖片区、红柳戈壁片区，分别作为团场中心城镇建设重点区、现代农业示范区、团场物流及新型工业发展区，“一带三区”纳入“大喀什”半小时经济生活圈，融入当地大建设、大发展中。按照规划，未来四十一团草湖镇将打造成喀什“卫星城”和三师图木舒克市的“形象窗口”，成为履行屯垦戍边使命的坚强堡垒。辖区内兵团草湖产业园占地10平方公里，是喀什经济开发区兵团分区产业承载的重要基地。

（十四）铁门关市博古其镇

博古其镇2016年2月29日揭牌成立，地处库尔勒市以西14公里，距铁门关市中心24公里，是库尔勒市的后花园和铁门关市的东大门。南疆铁路和库库高速公路、314国道从团场北部通过。

博古其镇面积为706平方公里，人口76327人，因盛产驰名中外的“2+8香梨”闻名，又称“梨镇”。香梨距今已有上千年的栽培历史，以果皮薄、质脆、果肉白色、肉质细嫩、多汁味甜、香味浓郁闻名。目前，已远销美国、加拿大及东南亚等国家和地区，并跻身各大超市，成功实现了“从果园到餐桌”的飞跃。目前，博古其镇“2+8香梨”总生产面积达6万余亩，年总产值达1亿元。近年来，博古其镇严格按照有机食品认证和出口注册果园认证标准，强化果园无公害种植，全力打造绿色有机环保果园。

今后，博古其镇将充分利用依托库铁大道和库尔勒后花园产业优势，建设以梨文化为特色的主题产业链，致力于打造集文化、旅游、休闲、观光于一体的特色小城镇。

十七、上海市

（一）金山区枫泾镇

枫泾镇隶属于上海市金山区，位于上海市西南，与沪浙五区县交界，是上海通往西南各省最重要的“西南门户”。

枫泾镇是中国历史文化名镇，亦为新沪上八景之一，历史上因地处吴越交汇之处，素有吴越名镇之称，为典型的江南水乡古镇。古镇周围水网遍布，镇区内河道纵横，桥梁有52座之多，现存最古的为元代致和桥，距今有近 700 年历史。

枫泾全镇有 29 处街、坊，84 条巷、弄。至今仍完好保存的有和平街、生产街、北大街、友好街四处古建筑物，总面积达 48750 平方米，是上海地区现存规模较大、保存完好的水乡古镇。

2005 年 5 月，在金山农民画发源地枫泾中洪村，政府辟地 80 亩，建设"中国农民画村"。2006 年初，中洪村被评为首批"中国特色村"，被中央电视台评为"2006 年度中国十大魅力乡村"。枫泾地区已有 5 万多幅作品远销国外，30 多人次在国内外画展中获奖，被誉为"世界艺术珍品"。2005 年 9 月 16 日，被国家建设部、文物局命名为"中国历史文化名镇"。

枫泾镇较早就开始了建设特色小镇的实践探索。作为一座具有千年历史的吴越古镇，枫泾镇地处上海南大门，交通区位较好，资源整合力强。2015 年 6 月，枫泾启动了集"产、学、研、创、孵、投"于一体的大平台建设，在上海率先打出了"科创小镇"旗号，目前已形成了科创、农创、文创等 14 个孵化空间，融合了当代科技、历史人文和水乡生态的"科创小镇"风生水起，逐渐深入人心。

（二）青浦区朱家角镇

朱家角镇位于淀山湖畔，是典型的江南水乡古镇，早在 1700 多年前的三国时期就已形成村落，宋、元时形成集市，名朱家村。明万历年间正式建镇，名珠街阁，又称珠溪。曾以布业著称江南，号称"衣被天下"，成为江南巨镇。明末清初，朱家角米业突起，再次带动百业兴旺，当时"长街三里，店铺千家"，老店名店林立，南北百货，各业齐全，遂又有"三泾（朱泾、枫泾、泗泾）不如一角（朱家角）"之说。现在的朱家角镇处于上海市与江苏省交界处，是上海通往江苏、浙江的重要通道。

朱家角镇水系发达，横有淀浦河，纵有拦路港、西大盈港、朱泖河，均为 6 级航道，可通行 100~500 吨的船只，直通黄浦江，并与太湖水系相通，素有"东方威尼斯"之称。古镇九条老街依水傍河，千余栋民宅临河而建，著名的北大街是上海市郊保存得最完整的明清建筑第一街，东起放生桥、西至美周弄的 300 多米，是最富有代表性的明清建筑精华所在。这里旧式民宅鳞次栉比，粉墙灰瓦错落有致，窄窄街道曲径通幽，石板条路逶迤不断，老店名店两旁林立，展现了一幅古意盎然的江南水乡风情画卷。

朱家角镇旅游资源丰富，休闲设施闻名中外。淀山湖畔的上海水上运动场是具有国际现代化水上设施的活动中心，东方绿舟是全国一流的上海市青少年校外活动营地，上海太阳岛国际俱乐部、上海国际高尔夫乡村俱乐部是集商务、度假、休闲于一体的娱乐旅游基地。古镇区已开发开放了课植园、城隍庙、园津禅院、童天和药号、放生桥、北大街、大清邮局、朱家角人文艺术馆、延艺堂等 20 多个景点。近年来，该镇不仅吸引了越来越多的游客前往游览，还获得了中国历史文化名镇、国家特色景观旅游名镇、国家级生态镇等称号。

（三）松江区车墩镇

车墩镇位于上海市西南郊，是松江的东大门，与闵行区接壤。相传为三国时期吴越国官员出猎停车之地，故名"车墩"。提起车墩镇，许多人的第一印象可能就是四个字——影视基地。

"30 年代南京路""上海里弄民居"，还有欧式标准庭院、苏州河驳岸、浙江路钢桥、有轨电车……作为中国十大影视基地之一，上海影视乐园以其独有的老上海风貌，每天吸引着十多个影视剧组在这里同时取景拍摄。2014 年，占地 168 亩的上海影视乐园二期项目开工建设，建成时游客们将会看到金门酒店、大世界游乐场等一批老上海风貌建筑。与此同时，车墩镇利用盘活的工业用地，将重现老码头、外白渡桥、老北站、和平饭店等老上海的经典符号。

近年来，车墩镇一直在打造影视文化创意产业发展的氛围，未来还将与工业生产、生产性服务业、文化商业相结合，打造 2.0 版、2.5 版、3.0 版的文化创意产业发展模式。车墩镇除了是老上海风貌特色小镇外，还是松江区的“工业重镇”，这里紧挨着松江工业区、松江国家级出口加工区，可谓全区境内工业最集聚的地区之一。

（四）浦东新区新场镇

新场镇是具备郊野公园特色的“文创小镇”。有着 1300 年历史的新场古镇，是中国历史文化名镇、中国民间文化艺术之乡，也是浦东地区规模最大、历史遗存最丰富的历史文化风貌区。

“十三五”期间，新场镇主动融入国家建设特色小镇工作，通过实施“文化+”战略，以古镇为核心，重点依托东横港文化创新走廊、大治河生态走廊的延伸，形成三个圈层（历史文化圈、产城融合圈、郊野生态圈）的发展布局，实现生产、生活、旅游、居住等功能的叠加融合，在全镇范围内形成“古镇+文创+旅游+乡村”的特色，打造以休闲度假、文化创意和高端制造为主导功能，具备郊野公园特色的“文创小镇”。

在千年古镇新场有关负责人看来，“特色小镇”建设是带动全镇发展，尤其是产业结构转型升级以及文化传承创新的极好机缘。该镇提出“以‘文创小镇’建设为抓手，实质推进产业转型升级”的目标，并辅有一系列举措，诸如设立“非遗”基地（街区）、建立盐文化博物馆、举办古镇文化节、建设东横港文化走廊等。新场镇经过文创产业与旅游业的融合发展，近来人气甚旺。

（五）闵行区吴泾镇

吴泾镇地处闵行区东南部，黄浦江东流北折处，东、南两侧沿黄浦江为界，分别与浦江镇和奉贤区相望，东北与徐汇区华泾镇交界。紫竹科学园区坐落境内，占地面积 37.15 平方公里。

与目前上海入选全国首批特色小镇的金山区枫泾镇、松江区车墩镇、青浦区朱家角镇偏重旅游不同，吴泾镇的特色偏重于产业，“科技”和“时尚”就是其两大产业核心。上海市第十一次党代会报告中提到要大力推进吴泾等重点调整区域经济转型升级，让吴泾得到了很高的关注，也让科技时尚特色小镇的建设加快了步伐。

近来，吴泾镇制定了《吴泾科技时尚特色小镇发展规划》，提出特色小镇产业优化升级及产业链延伸战略。在老工业基地调整、低端企业持续关停的同时，镇内一批主打科技、时尚的企业或园区项目都有了实质性的发展，科技和时尚产业在吴泾产业结构中占据了更重要的位置。

吴泾镇欲形成一批特色小镇建设的标志性品牌，逐步扩大科技时尚特色小镇的影响力。除上海时装周、森林诵读、“森马杯”健康跑等活动外，吴泾镇还将对接上海服装服饰行业协会，引入其品牌发布活动，同时将在金领谷产业园利用 1000 平方米空间作为特色小镇的展示空间与科技与时尚产业品牌的展示平台。

（六）崇明区东平镇

崇明区东平镇：协同发展的生态主导型城镇。

东平镇位于崇明岛中北部，2008 年 8

月由上海市政府批准建立，现所辖范围包括原上海市东风农场、长江农场、前进农场、前哨农场4个农场，地域总面积119.7平方公里。东平镇东至前哨农场，西至东风农场，东西跨度近50公里。东平镇与著名的崇明东平国家森林公园、根宝足球基地、北湖生态观光旅游度假区相毗邻。“东平”，得名于东平林场，东平林场就是现在的东平国家森林公园，国家AAAA级旅游景点。

东平镇域内生态旅游景点众多。其中，紫海鹭缘浪漫庄园位于崇明东平国家森林公园东侧800米处。景区内野趣浓郁，紫海鹭缘以绿色、生态、环保的“薰衣草香薰”为特色，集生态观光、度假旅游、康复疗养、参与性娱乐等多功能于一体，是人们“回归大自然”的最佳胜地。上海奶牛科普馆则是2011年5月正式对外免费开放的，先后获得了“上海市科普教育基地”“上海市专题性科普场馆”“全国科普教育基地”和“全国青少年农业科普示范基地”称号。镇域内还有崇明长江现代农业基地，这是一个集现代农业科研、组织、生产经营于一体的国资企业，地域面积120平方公里，耕地面积45平方公里，是农业部“无公害农产品示范基地农场”“全国农业机械化示范农场”和国家环保总局“国家级规模化有机食品生产基地”，也是长江三角洲最大的有机生产基地。

在已经进入社会公示环节的《上海市崇明区总体规划暨土地利用总体规划（2016~2040年）》草案中，东平生态主导型城镇圈是崇明规划形成的5大特色城镇圈之一，而且这是由东平中心镇与海门海永、启东启隆共建的跨行政区城镇圈，这打破了行政区划限制，将从目标、规模、生态等方面引导协同发展。此外，“崇明2040”总规划中还规划了六片特色村区，注重村庄特色风貌保护，传统文化型东平特色村区就是其中之一。

（七）嘉定区安亭镇

安亭镇位于嘉定区西部，南濒沪宁高速公路，西接江苏省昆山市，距上海市中心32公里，距上海虹桥机场20公里。

安亭镇是典型的江南城镇，民风淳厚，乡情浓郁，风景优美，舒适宜人。安亭镇目前以汽车产业等为引领，进一步完善城市功能、提高城市品质，拥有国内唯一可承办世界三大顶级汽车赛事的标准赛车场上海赛车场、国内唯一的电动汽车国际示范区、占地面积约77万平方米的上海汽车博览公园。

安亭·上海国际汽车城选址安亭镇，规划占地面积100平方公里，包括汽车贸易区、汽车研发区、汽车制造区、安亭新镇区、赛车区、汽车教育区等功能区。上海国际赛车场位于安亭镇伊宁路2000号，是当今世界上难度最大、科技含量最高、综合功能最全的国际标准F1赛车场，占地面积5.3平方公里。

上海汽车博览公园位于安亭镇博园路7001号，是集汽车博览、会展、休闲、娱乐于一体的汽车文化主题公园，公园本身的形状就是一辆汽车，环上海汽车博物馆而建。园中的汽车各国风情园展示各国汽车的同时也展示各国的园林景色。公园以园内的顾浦河为界，自然地分为会展博览区和游览休闲区两大部分。在公园内散散步、划划船，或是扎个帐篷野餐，都是不错的选择。

安亭老街位于安亭镇安亭泾两侧。旧时，老街上商铺鳞次栉比，到处是茶楼、书场、戏馆，人头攒动。老街边建于明代的严泗桥，至今依稀可见当年风貌。近年来，又沿街临河修建了永安塔、菩提寺等文化景观和宗教场所。镇上有古银杏树公园，占地约 10 亩，整体布局具有江南园林特色。园内有树龄为 1200 多年、编号为上海“0001”的古银杏树王，又称“上海第一古树”。

（八）宝山区罗泾镇

罗泾镇地处长江入海口，东临长江，北与江苏接壤，是上海的北大门。全镇常住人口 6.8 万人，现镇域面积 28 平方公里，2016 年，全镇生产总值 36.87 亿元，公共财政收入 5.2 亿元，农村居民人均纯收入 3.48 万元。

罗泾镇历史文化资源丰富，有始建于南北朝的萧泾古寺，历史上传说明朝建文帝朱允炆曾在此避难；是上海非物质文化遗产“十字挑花”的诞生地，连续两届荣获“上海民间文化艺术之乡”；孕育了一大批历史文化名人，中国漫画名人沈同衡、沪剧创始人丁婉娥均出生成长在这里。

罗泾镇地处长江经济带与沿海开放带交会处，是长三角一体化中上海连接江苏的“桥头堡”。拥有上海第三大港——罗泾港，是上海建设国际航运中心的重要组成部分。绿色生态宜居，是罗泾镇最大的特色。镇域内水资源、基本农田等各类保护区面积占全镇面积近 50%，森林覆盖率达到 15.7%，粮食产量占宝山全区 75%以上。镇域内有 3.24 平方公里的水资源保护区和 4 平方公里的长江原水基地，承担了上海市 30%的原水供应。

目前，罗泾镇实施休闲农业与港口服务业双轮驱动。本土种植的“宝农 34”大米连续六届获得上海市优质稻米评比金奖，“长江口大闸蟹”连续四年获得全国王宝和杯河蟹大赛金蟹奖，人工繁育鲥鱼、刀鱼、河豚、鮰鱼等，打造“长江四鲜”为主要特色的水产养殖基地。同时，形成可持续发展的绿色港口服务业。该镇以打造智能环保罗泾港为契机，加快推进中国五矿、厦门象屿、中船邮轮配套产业园、宝之云等重大产业项目，发展高端物流、邮轮船供和大数据等产业，与吴淞口国际邮轮港开展深度合作，为歌诗达、皇家加勒比等大型邮轮企业提供船供配套，实现生态、绿色、可持续的服务业发展。

（九）奉贤区庄行镇

奉贤区庄行镇，镇域总面积约 70 平方公里。庄行乃江南鱼米之乡，早在宋时已成村落，元末明初已建成集镇。明洪武初，因庄氏人家迁入，开设花米行而得名“庄家行”。明清两朝商业发达、街市繁荣，历史文化底蕴深厚，至今始终保留着传统农耕文化的印记。

如今，有着“上海农业看奉贤，奉贤农业看庄行”美誉的庄行镇，是全市唯一的整建制粮食高产创建示范镇，拥有三个万亩水稻示范带，本地品牌“润庄”“庄原”大米闻名沪上。以庄行油菜花田为基础的上海奉贤菜花节在全国具有影响力，吸引上海及周边城市市民前来观赏，被誉为“中国最美十大油菜花田”。庄行现已形成以花米庄行为品牌的各类乡村休闲旅游项目，是全国农业旅游示范点。

2017 年 1 月，奉贤区作为第三批国家新型城镇化综合试点地区，提出规划先行，转变农村发展方式，促进农业现代化发展，提高农村生态环境质量，推进新型城镇化建设，打造庄行“农艺小镇”特色小镇。

未来，庄行定位为“生态、旅游、休闲、宜居”的南上海特色新镇。在打造“田成块、林成网、水成系、路成环、宅成景”总体格局的同时，发展东方美谷美丽健康产业、文化艺术产业、创新产业三大产业，引进人力资源管理中心和营销中心，发展总部庄园、博物馆、创意工坊、民宿等“田园综合体”，为农艺公园“注入功能”。

庄行还将同步改善和提升整体环境，

使原住民、游客、创客等各类人群的生活、休憩、交往有机融合，促进农艺公园“田园综合体”的更新，真正建成有花有米有农有艺有浦江，有文有旅有休有闲有田园的农艺特色小镇。

十八、江苏省

（一）南京市高淳区桠溪镇

桠溪镇位于高淳东部生态区，西邻慢城生态度假区，南邻胥河生态廊道，河流、池塘和农业景观丰富。作为旅游发展型小镇，面积达 149.2 平方公里，镇域常住人口 61420 人，镇区常住人口 27889 人，下辖 22 个村庄。

早在 2010 年 11 月，南京高淳桠溪“生态之旅”被正式授予“国际慢城”称号，成为中国第一个“慢城”和国际慢城中国总部。

这里有一条长约 48 公里的观光带，6 个行政村被两侧四季花开的水泥马路串在一起。去过桠溪的人对这里的慢生活印象深刻：青山绿水，微风徐来，金花成路，绿树成荫。一幢幢徽派的白墙青瓦依山而立，与水塘中的倒影交相呼应。金秋时节，随处可见黄澄澄的柿子挂在枝头，各种成熟的瓜果蔬菜令人垂涎，四处嬉闹的孩子和坐在门口闲聊的老人构成一幅多彩的乡村风光图。

桠溪镇已先后获得中国人居环境范例奖、全国环境连片整治示范区、国际慢城国家 AAAA 级景区等荣誉。根据镇“十三五”规划，到 2020 年，将致力于把小镇打造为休闲度假服务业中心、生态宜居慢生活小镇，集旅游观光、生态休闲、娱乐度假、特色农业、民俗文化于一体的宜居小镇。在空间构成上，形成“一核，一廊，两轴，三片”的空间发展模式。

高淳桠溪是首批中国特色小镇中唯一的“南京籍”特色小镇。据南京高淳区相关负责人介绍，桠溪镇位于高淳东部生态区，西邻慢城生态度假区，南邻胥河生态廊道，河流、池塘和农业景观丰富。早在 2010 年 11 月，南京高淳桠溪“生态之旅”被正式授予“国际慢城”称号，成为中国第一个“慢城”和国际慢城中国总部。

在江苏城市现代化研究基地主任、南京大学教授张鸿雁看来，特色小镇建设已成为化解长期以来由“工业中心主义”主导的中国城镇化建设所带来的“千城一面”格局，及其衍生的资源枯竭、产业同质、土地浪费、人口膨胀、交通拥挤和就业不充分等一系列社会问题的有效方案之一。在江苏特色小镇的建设中，他注意到，还存在规划积极、管理缺位，产业离散、高精不足，模仿有余、特色缺乏等问题。针对这些问题，张鸿雁教授建议，今后小镇的发展要重差异定位，显自身优势。寻求差异定位的过程，就是发掘自身独特价值和优势的过程，是非常重要的关键步骤。

（二）无锡市宜兴市丁蜀镇

丁蜀镇是宜兴的一大重镇，共有 14.87 万人，每当人们提起它必然要和“紫砂”联系到一起。多年来，结合本地资源、区位和历史文化等，将地方特色转化为发展优势一直是小镇坚守的发展之路。2015 年，该镇实现地区生产总值 109.26 亿元，完成工业应税销售 172.87 亿元，税收 12 亿元，城镇居民人均纯收入 42750 元，农民人均纯收入 20810 元。

产业是小镇发展的根本动力，做优做精特色产业则是该镇“产业兴镇”的一大战略。在丁蜀，除了远近闻名的艺术陶瓷外，工业陶瓷也不逊色。据丁蜀镇党委书记马钟透露，目前，丁蜀已集聚各类陶瓷企业 760 多家，建成省级高新技术企业 27 家、千人专家工作站 4 个。2015 年，工业陶瓷实现产值68亿元，成为全国重要的工业陶瓷生产基地。如今，该镇还依托陶瓷产业规划发展文化生态旅游。利用紫砂名人、紫砂历史遗存、自然生态资源等优势，建成中国宜兴陶瓷博物馆等一批文化旅游项目，截至目前，已实现旅游收入7.8亿元。

“产业的发展需要有宜居的环境做依托。”为统筹产业与城镇、生态、文化的同步发展，该镇在规划发展时突出传统风貌的保护，突出水乡风情、江南民居特色。对历史街区、名人故居、紫砂遗址等历史建筑进行抢救性保护，严格“修旧如旧”要求，保证历史建筑的文化传承。对一般性周边建筑，制定实施修缮技术导则，实行财政补贴。新建建筑、既有建筑改造、基础设施建设都充分融合陶文化元素。

丁蜀镇工商业发达，明清开始就形成了繁华街市，是中国最重要的陶瓷产销基地。正是基于这些独特的禀赋优势，丁蜀镇先后被评为“中国历史文化名镇”“中国陶瓷艺术之乡”“中国民间艺术之乡”，是江苏省20个“强镇扩权”改革试点镇。丁蜀镇的历史源于陶瓷，兴于陶瓷。丁蜀镇的制陶历史可上溯到6000多年以前，悠久的陶瓷历史，积淀了丁蜀深厚的历史文化底蕴，尤其是紫砂文化，独步千年，更是丁蜀陶都立足于世界文化殿堂无可替代的文化标志，古往今来的工艺大师和民间艺人薪火相传，见证着中华文明发展的源泉和永恒的魅力。丁蜀镇很早就形成了一定的城市规模，奠定了较好的工商业基础，其秉承历史和自然赋予的独厚优势，奋力推进新型工业化和城市现代化，经济、社会、城市各个方面的发展呈现出朝气蓬勃、欣欣向荣的发展态势，已经初步显示出小康社会的现实模样。

如今，丁蜀镇在规划发展时突出传统风貌的保护，突出水乡风情、江南民居特色。对历史街区、名人故居、紫砂遗址等历史建筑进行抢救性保护，保证历史建筑的文化传承。

（三）徐州市邳州市碾庄镇

碾庄镇坐落在大运河和东陇海的交汇处，毗邻“一带一路”的交会点。西与江苏省规划建设中心的三大都市圈之一的徐州市相接，东与亚欧大陆桥东桥头堡连云港毗邻，紧靠“一带一路”的交会点。徐连高铁、霍连高速路、陇海铁路、311国道横贯东西，京杭运河、251省道、271省道纵连南北，交通便捷。镇域面积121平方公里，总人口10万人，其中镇区面积3平方公里，常住人口2.7万人，是江苏省东陇海工业带上的第一个区域性中心镇。

产业形态特色鲜明，商贸繁荣宜业宜居，历史文化底蕴丰厚，区位优越交通便捷，是碾庄镇最大的特色。

产业形态特色鲜明的“五金之乡”。碾庄五金机械产业蓬勃发展，是全国最大的手动五金工具制造基地，断线钳产量居全国同行业之首，占全国销售市场的55%。被批准为“江苏省五金工业创业基地”和“江苏省专用五金工具特色产业基地”。

为发挥产业带动作用，碾庄镇确立了“五金—机械—装备制造”产业转型升级发展方向，根据市场行情和产业基础，明确了机械制造重点发展机械基础件、新能源汽车及其零配件、重型矿山提升设备、大马力农机四条产业链。在传统企业改造升级上，重点推进从变压器向充电桩转型，从钢管向传动轴转型，从普通铸件向精密铸件转型。

在新兴产业培育上，碾庄镇重点发展新能源汽车产业，目前永磁电机和永磁发电机已实现从研发到批量生产，并积极向电池、变频器、智能电扇等配件产业延伸。同时，大力实施“互联网+”战略，积极推进网上直销和网上订单式生产，发展农村电子商务和现代物流业。当前，产业发展带动城镇规模迅速扩张，吸纳周边农村就业人口 1.2 万人。

商贸繁荣宜业宜居的美丽小镇。按照“外延对接高速，拉开城镇框架；内涵提升品质，彰显楚韵汉风”的发展思路，碾庄镇持续推进产城融合发展。小镇为改善城镇风貌，投入 2420 万元，硬化道路 15 万平方米。整治镇区通信线路，更换路牌、路标，新添太阳能路灯，实现门头字号一街一风格、镇区亮化全覆盖。投入 1500 万元，实施 18 项绿化工程，打造文化广场、憩园等 38 处街头节点景观绿地风貌，镇区绿化覆盖率达 42%。开展“美好城乡建设行动”。目前 130 个自然村全面完成整治，高标准通过省村庄环境整治验收，其中一个村创建为省三星级康居示范村，碾庄村、新街村、六户村、才庄村四个村创建为徐州市新农村建设示范村。如今，碾庄镇新建高标准住宅小区 30 万平方米，公共基础设施得到完善，镇区环境不断优化，实现了一街一风格、镇区亮化全覆盖，一座宜业宜居的美丽小镇跃然眼前。

历史文化底蕴丰厚的红色圣地。提到碾庄镇，不可不提这里的红色历史。碾庄镇是淮海战役的首捷之地，境内战争遗迹遍布，历史文化底蕴丰厚。淮海战役碾庄圩战斗纪念馆和李超时将军纪念馆已成为国家 AAA 级景区，是享誉省内外的红色旅游和爱国主义教育基地。

淮海战役碾庄圩战斗纪念馆建筑面积 6400 平方米，布展面积 4500 平方米，以历史图片和实物为主，辅以景观、油画、雕塑、幻影成像、影视片段等方式，展现淮海战役碾庄圩战斗发生的背景、战斗过程以及伟大的历史意义，再现了许多军民鱼水深情、可歌可泣的感人故事，展示了人民群众不怕牺牲、奋勇向前的革命精神，生动再现了“人民的胜利”这一主题。

对于苏北特色小镇的路径选择，碾庄镇相关负责人表示，关键在发展，“目前更迫切的是做强工业、做特产业，提升公共服务能力，带动城市空间发展走向多元化，成为统筹城乡发展的重要载体”。

（四）苏州市吴中区甪直镇

甪直历来有“五湖之厅”“六泽之冲”之称。“五湖之厅”是指它南临澄湖、万千湖、西靠独墅湖、金鸡湖，北望阳澄湖。“六泽之冲”是说它有吴淞江、清小港、界浦、张陵港、东塘和大直港六条流道。甪直境内水流纵横，桥梁密布，贴水成街，人家枕河而眠，镇貌古朴，风情幽逸。

甪直镇，地处苏州城东南 25 公里，北靠吴淞江，南临澄湖，西接苏新工业园区，东衔昆山，全镇面积 75 平方公里。神州水乡第一镇——甪直，这是费孝通对江苏省苏州市甪直的高度评价和赞誉。甪直作为神州水乡古镇的佼佼者，的确名不虚传，它具有 2500 年的文明历史。特别是其古老文化，名胜古迹、古桥、古街、古民宅以及具有 1300 多年历史的古银杏树令人赞叹不已。“甪直”究竟是怎么来的，这里为什么叫甪直呢？据《甫里志》载：甪直原名为甫里，因镇西有“甫里塘”而得名。后因镇东有直港，通向六处，水流形有酷如“甪”字，故改名为“甪直”。又传古代独角神兽“甪端”巡察神州大地路径甪直，见这里是一块风水宝地，因此就长期落在甪直，故而甪直有史以来没有战荒，没有旱涝灾害，人们年年丰衣足食。

甪直与苏州古城同龄，是一座具有 2500 多年历史的古镇，悠久的历史孕育了古镇甪直丰富灿烂的文化，是首批中国历史文化名镇之一。水是古镇的灵魂。甪直地处太湖流域，是水分水析、水系水萦、水抱水环的泽国典型，素有“五湖之厅”“六泽之冲”的美誉。甪直水秀，桥也美。在古镇区5.6公里长的河道上，历史上曾横架着形式多异的江南小桥72座半。有多孔的大石桥、独孔的小石桥。宽敞的拱形桥、狭窄的石板桥，双桥、姐妹桥、钥匙桥、半步桥等。可谓“绿浪东西南北水，红栏七十二半桥”。古镇依水而建，前街后河。漫步古镇，领略小镇风光。观赏古桥驳岸，看看渔船人家，真是别有风韵，让人回味无穷。

甪直古镇旅游资源丰富，历史文物众多，人文景观棋布。镇内的千年古刹——保圣寺建于503年，是全国首批重点文物保护单位，寺内出自唐代杨惠之先生之手的半堂泥塑罗汉更是国之瑰宝。“叶圣陶纪念馆”已成为江苏省爱国主义教育基地。除此之外，更有万盛米行、沈宅、水乡农具博物馆、萧芳芳演艺馆、王韬纪念馆、出土文物馆等一大批历史人文景观。甪直水乡服饰被誉为中华服饰文化的奇葩：梳髻髻头、扎包头巾、穿拼接衫、拼裆裤、束掼裾裙、着绣花鞋。曾经，这是甪直农村妇女劳动时的普通装束。如今，正成为诠释甪直水乡特色和水乡文化的重要符号，也成了一道别有风味的流动风景。

（五）苏州市吴江区震泽镇

震泽镇隶属于江苏省苏州市吴江区，位于吴江区西部，江浙交界处，北濒太湖，东靠麻漾，南壤铜罗，西与浙江南浔接界。镇中心处于北纬30度54分，东经120度29分。震泽镇，古称“吴头越尾”，东距上海90公里，北至苏州54公里，318国道、京杭大运河穿梭而过，水陆交通十分便利。震泽全镇面积57平方公里，其中镇区面积3.93平方公里，耕地面积近4万亩，全镇总人口5万余人。

震泽镇先后被评为中国亚麻蚕丝被家纺名镇、中国蚕丝被之乡、国家卫生镇、全国环境优美镇、江苏省历史文化名镇等。2015年4月，震泽镇被列入国家建制镇示范试点地区。2016年10月14日，江苏省苏州市吴江区震泽镇被住房城乡建设部评为第一批中国特色小镇。

丝绸小镇。自唐代起，震泽人就已开始种桑养蚕。这里有一本堂、耕香堂、徐庆堂等保护建筑，也有百年历史的震丰缫丝厂，1921年建成的江丰银行则是中国近代第一个丝商股份制商业银行。如今，震泽镇有200多家丝绸产业，以太湖雪、丝立方、山水丝绸、慈云、辑里“五朵金花”为代表集成了一个庞大的蚕丝产业集群。震泽镇的蚕丝被非常著名，全国30%以上的蚕丝被都来自这里。

震泽古镇是中国历史文化名镇，也是国家AAAA级景区。与周边众多水乡古镇不同的是，古镇上大量文保文控单位都带着鲜明的丝绸印记。今天的震泽，集聚了上百家丝绸企业，形成了一个年产值超过12亿元的产业集群。随着富有民国风情的震泽老街“新丝路”，丝绸文化创意产业园和现代蚕桑科技园两个“姊妹园”，文化体验中心、湿地公园生态休闲中心、丝绸企业创意定制中心“三大中心”构成的“一路两园三中心”格局日渐成型，震泽丝绸正借着“一带一路”的东风蓬勃发展。此外，震泽还与浙江南浔建立合作，共同恢复曾经湖丝扬帆出海的水上“丝绸之路”。

全镇基础设施完善，现有22万伏、11万伏变电所各一座，有2.5万吨级地面水厂，开通移动通信发射台，提供国际互联网服务，电力保证、供水充足、通信便捷、环境优美。被评为江苏省卫生镇、江苏省历史文化名镇、江苏省新型示范小城镇。震泽气候宜人、土地肥沃、农副产业发达、栽桑养蚕，历史悠久，为江南五大桑镇之一。镇内慈云塔高耸，遗“三国孙吴流风；禹迹桥拱伏，传上古圣贤伟业；小巷悠长，古韵犹存；师检堂、思范桥，诉说百年沉浮”。

（六）盐城市东台市安丰镇

安丰镇始建于唐开元年间（713年），位于宋代名相范仲淹建造的范公堤（今204国道）畔，地处里下河与沿海交接处。古以商贾云集而闻名，今以经济腾飞而获誉。是明代哲学家、泰州学派创始人王艮、清代布衣诗人吴嘉纪的故乡，现为全国重点城镇，江苏省文明镇、江苏省重点中心镇、江苏省科技示范镇、江苏省新型示范镇。安丰具有得天独厚的地理环境和区域优势，距城区17公里，沿海高速公路、新长铁路穿镇而过。204国道与352省道在此交汇，串场河、通榆运河穿境而过，距上海、南京、苏州、无锡等大中城市仅两小时左右车程。

安丰总面积71.2平方公里，人口5.4万人，辖17个行政村、4个居民委员会，农产品资源丰富，工业经济具有较强的发展基础。种植业以高效、优质、高产为目标，实行区域化生产，是粮食、棉花、蚕茧、食用菌生产基地。多种经营生产独领风骚，山羊、家禽、水产养殖富有特色。工业生产形成了以名力、银花、森森等多家纺织企业为骨干的支柱产业。第三产业十分发达，有年成交额超过亿元的山羊市场、农副产品批发市场、装饰城、钢材市场等。工业规划区构成南、北两园格局，投资开发前景良好。香港十大紫荆勋章获得者查济民先生投资3亿元人民币兴建的东台名力纺织有限公司及其他项目纷纷在园区落户投产，促进了地方经济的腾飞。

（七）泰州市姜堰区溱潼镇

溱潼镇地处江苏中部里下河水网地区，位于泰州、盐城、南通三市交界处，全镇总面积40多平方公里，总人口3.6万人，下辖4个社区、10个行政村，历来是姜堰区域副中心和泰州里下河地区的经济、文化和商贸中心，先后获评中国历史文化名镇、中国民间文化艺术之乡、全国小城镇建设示范镇、全国重点镇、全国特色景观旅游名镇、国家级生态镇、全国“一村一品”示范镇、中国最美村镇等称号。溱潼镇目前以旅游业为主导产业，2015年全年接待游客187.38万人次，实现旅游直接收入2.22亿元。截至2014年，溱潼全镇共有耕地面积17343.9亩，已流转土地面积14578.41亩，占耕地面积的84.05%。

2007年，该镇从无锡阳山引进水蜜桃规模种植，该基地约1500亩，由25户承包者经营，组建了水蜜桃合作社，投资200万元安置了喷滴灌，申报了无公害农产品，注册了“苏泰”牌商标，亩平纯收益在4500元以上。溱湖湿地农业生态园位于溱潼溱湖风景区内，种植面积达3260余亩，农户平均每亩增收达8000元以上。建有连栋温室27000平方米，各类钢架大棚约9万平方米，2万平方米的展厅，分为农技与农艺两大主题进行了布展。

截至2015年，溱潼共有工业企业100多家，有纸业、电器、仪表、机械、纺织、化工、磨料磨具等十多个门类产品，镇区东西两侧各有一处工业园区，在园区投资的企业已有74家。

溱潼镇主导产业为旅游业，截至2010年，溱湖风景区接待游客140万人次，实现旅游直接收入2.5亿元。

（八）无锡市江阴市新桥镇

新桥镇是全球最大的毛纺产业基地。新桥镇的海澜集团和江苏阳光集团位列世界毛纺十强，拥有一个世界名牌（阳光牌呢绒）、三家境内上市公司（海澜之家、江苏阳光、四环生物）、四个中国名牌（阳光牌呢绒、圣凯诺牌精纺呢绒、海澜之家牌夹克衫、圣凯诺牌衬衫)。

新桥镇是产业转型发展的先进示范。坚持以精明增长为主线，以创新驱动为主题，全力推进产业转型升级，形成了以毛纺服装产业为引领，机械装备、商贸流通、生态农林、新能源、低碳环保等产业齐头并进的新格局。总部、资本、品牌、标准、生态五大经济竞相发展。海澜之家连锁品牌家喻户晓，阳光时尚、爱居兔、百衣百顺品牌连锁店迅速拓展，以海澜马文化为特色的新兴旅游产业被江阴市人民政府列为重点扶持的服务产业。

新桥镇是新型城镇建设的先锋。21 世纪之初，率先推动“产业集约化、农业规模化、农民市民化”的“三集中”建设，全镇先后建成新桥花园、新都苑、东方花苑等 10 余个安置小区、130 余万平方米的安置房，打造了绿园、康定、黄河、新桥四大社区睦邻中心。形成了“镇在林中、路在绿中、房在园中、人在景中”的生态特色，“工作在园区、活动在社区、生活在小区”也成为新桥人生动的写照。

近年来，新桥先后获得国家园林城镇、全国环境优美镇、国家卫生镇、中国人居环境范例奖、国际花园城市、全国文明镇、全国宜居小镇等荣誉，并被列为江苏省创新型试点乡镇，以及无锡市城乡发展一体化的先导示范区。

(九) 徐州市邳州市铁富镇

铁富镇位于江苏省徐州市邳州市东北部，距市区 20 公里。面积 128 平方公里，人口 108498 人，辖石庄、周楼、米滩、朱红埠、四合、小营、沟上、胡滩、油坊、南冯场、响水溜、于家、北姚庄、吕骆家、宋庄、连前、连后、张庄、吴堰、高家、艾山后、大墩、涧沟、响墩、半店、艾山西、铁南、育才、铁佛寺、镇中 30 个行政村。镇政府驻镇中村。

310 国道和 250 省道在镇中心交会通过。黄沙、石膏等矿产资源丰富。建有国家银杏星火计划密集区、国家银杏博览园、江苏省银杏森林公园。景点有艾山九龙沟自然风景保护区。

铁富镇一直是农业大镇。改革开放以来，以发展银杏资源产业为龙头，逐步走出一条贸工农一体化发展的道路。其中，拥有银杏成片园 8 万亩，带动了银杏系列产品的开发。如银杏绿化苗木，银杏叶、果深加工，银杏黄酮提取，银杏生化制药等。

由香港建成公司投资兴建的江苏省富伟生化制品有限公司年产银杏黄酮 100 吨，居世界同行之首，年产值达 1.5 亿元。每年输出银杏绿化苗木 2000 万株，是北京、上海等大城市银杏绿化苗木的主要供给基地。年产优质银杏叶 5000 万吨，以黄酮含量品位高深受全国各大银杏黄酮生产厂家青睐，是全国优质银杏叶基地。年产银杏果 500 万吨，具有良好的生产银杏保健食品、饮料生产开发市场。

拥有丰富的板材、干鲜果、石膏板加工生产资源。有多条板材加工生产线，万亩反季节蔬菜，万亩立体种植设施桃李园，以及蕴藏量较大、品位较高的石膏矿产等资源。

(十) 扬州市广陵区杭集镇

杭集镇是江苏省扬州市生态科技新城(扬州市东郊) 的一个镇，面积 36 平方公里，辖 10 个行政村，1 个居委会，常住人口 3.5 万人，外来从业人员 3.5 万人，扬州杭集高新技术产业开发区现有工业企业 500 余家，从事酒店日用品生产的个体工商户近 5000 户。宁通高速公路从镇内横贯东西，在建中的泰李高公路、沪陕高速也在境内设有道口，交通十分便捷。

杭集镇位于扬州东郊，南濒夹江，东依芒稻河，西临廖家沟，北接万福路，沪陕高速穿境而过，传统手工业历史悠久，其中雕版印刷和牙刷最为出名。2003 年，杭集镇被中国轻工业联合会授予“中国牙刷之都”称号，2008 年中国日用杂品工业协会、中国塑料加工工业协会又授予杭集镇“中国酒店日用品之都”称号。

杭集工业园成立于 2001 年，是扬州市首批“一区四园”的重要组成部分。被国家轻工联合会评为“中国牙刷之都”“中国酒店日用品之都”。获得“国家知识产权集聚区”“国家外贸转型升级专业型示范基地”“江苏省旅游日化产品出口基地”等殊荣。

2016 年 5 月省政府批复杭集工业园升级为省级高新技术产业开发区。建有国家洗漱用品质量监督检验中心、扬州市杭集创意设计园、扬州口腔护理用品工程中心、扬州口腔护理用品研究院、高露洁三笑公司国家级实验室、江苏琼花高分子材料工程中心、旅游日化产品电子商务平台等平台和载体。

牙刷产业优势明显，牙刷是杭集传统特色产业，从清朝道光年间生产，已达 100 多年历史。拥有牙刷生产企业 80 多家，主要有高露洁三笑、三笑集团、明星牙刷。

杭集镇实现全部工业产值 41.81 亿元，同比增长 19.2%，其中系统工业 34.81 亿元，销售 34.18 亿元、利税 3.36 亿元，同比分别增长 18.69%、19.43%、23.09%。自营出口（海关数）3778.7 万美元，增长 64.43%，技改投入 3.7 亿元，用电量 1.52 亿度，上缴区级以上税费金 1.79 亿元，各项经济指标继续处于全区前列。该镇还进一步提高招商引资的组织程度，加快项目进园的进度，坚持“走出去”与“请进来”相结合，积极参加市、区组织的各类招商活动，通过参会招商与平时招商相结合，小分队与委托招商相结合等办法，全年共“走出去”23 次，“请进来”15 次，拜访和接待了 193 名客商。在利用外资上，共签订意向书 9 个，已办成 6 个，协议注册外资 3337.5 万美元，注册外资实际到账 1184.1 万美元，超额完成区政府下达杭集镇年度目标的 85.42%、31.57%，在利用民资上，共签订吸引区外民资意向书 8 个，已办成功 6 个。2004 年，还积极响应市委、市政府全民创业的号召，激活镇内民营资本，鼓励群众创业和企业扩张，全年新注册私营企业 89 户，其中镇内民资项目 83 个，镇外民资项目 6 个，个体工商户 776 户，新增注册资本金 2.3176 亿元，民资总投入 3.6104 亿元，区外民资到账 7200 万元，新开工建设项目 35 个，其中注册资本 200 万元以上、投入 600 万元以上的新开工建设项目 11 个，为镇域经济持续、快速发展增添了不竭动力。技术创新步伐加快，引导企业把握国家产业政策导向，鼓励企业加大有效投入，积极支持企业进行创新。

（十一）苏州市昆山市陆家镇

陆家镇是江苏省昆山市辖镇，位于昆山市东南部，总面积 35.98 平方公里。2014 年，陆家镇户籍人口 34625 人，外来暂住人口 49320 人，辖 9 个社区、8 个行政村。

陆家镇是典型的江南水乡，经济结构长期以农业为主，主产水稻、三麦和油菜。改革开放以来，陆家镇成为中国对外开放的先导区，大批外资企业在境内落户，工业快速崛起，形成了电子、轻工、机械、化工四大支柱产业。2015 年，全年完成地区生产总值 139 亿元；公共财政预算收入 13.2 亿元；固定资产投资 35 亿元；工业总产值 353.5 亿元，其中新兴产业产值 160

亿元、高新技术产业产值50亿元；服务业增加值53亿元；进出口总额15.4亿美元，其中出口11.9亿美元。17个市、镇产业项目完成投资22.1亿元。积极开展台湾、上海招商活动，新增实际利用外资2000万美元、注册内资11.3亿元。

2010~2015年，地区生产总值、公共财政预算收入、工业总产值、服务业增加值等主要经济指标在高平台上实现稳增长，分别是"十一五"末的1.6倍、1.8倍、1.4倍、1.9倍。累计完成固定资产投资209.7亿元、新增实际利用外资2.6亿美元、注册内资52.7亿元。在2015年度建制镇综合实力评比中，陆家镇列百强镇第83位。

紧盯转型升级创新发展不放松，持续推进"六个一批"计划，不断优化企业投资、功能、产品、市场、员工、产出六个结构。新增上市挂牌企业2家、高新技术企业29家、高新技术产品167个。服务业增加值占地区生产总值比重提高6.4个百分点。新认定中国驰名商标3件、省著名商标4件。新增专利授权5173件，其中发明专利290件。

新增绿化面积106万平方米。新建污水管网20.6公里。香花河、木瓜河等一批河道完成整治。富荣路、富荣大桥、滨江公园等一批重大基础设施项目建成投用。建成公共自行车系统，投放公共自行车1200辆。新建动迁安置房72.5万平方米、交付46.7万平方米。改造老小区21个、95.7万平方米。

村居民人均纯收入由"十一五"末的19209元提高到34760元，年均增长12.6%。菉溪小学、夏桥小学、邵村社区日间照料中心等一批民生工程建成启用。

（十二）镇江市扬中市新坝镇

新坝镇位于江苏省扬中市西北部，中心位置为北纬32度，东经119度，三面临江，东与三茅街道相邻，是扬中第一镇。总面积49.2平方公里，人口4.72万人，下辖12个行政村，2个社区居委会，1个省级高新技术产业开发区。2016年，全镇实现地区生产总值170亿元、公共财政预算收入近5.74亿元，综合实力连年蝉联镇江第一，列中国百强乡镇第69位。自20世纪90年代起，新坝就被誉为苏中第一镇，是江苏省重点镇，也是驰名大江南北的中国乡镇之星、全国文明镇、国家卫生镇、全国环境优美乡镇，2012年被授予"全国先进基层党组织"光荣称号。

2014年，全镇工业经济总量达到400亿元，有近700家企业，亿元企业达16家，其中百亿元企业2家，市列三十强企业13家，定报企业106家，大全集团2012年产值近150亿元。新坝是全国电力电气产业之乡，规模达260亿元，占全国市场份额的近20%，已建成电力电器、硅材料、钎焊材料、乳胶系列、磨具磨料、职业服饰六大主导产业基地。宏达化工、苏惠乳胶、宜禾股份、长江渔具、康尔臭氧等企业已成长为全国同行业的"单打冠军"，并拥有1个"中国名牌"产品，8个国家免检产品，3个中国驰名商标。

2015年，新坝镇加速实现智能电气产业园、粮油加工产业园市场化运作，转变农业发展方式，探索家庭农场经营制度，培育家庭农场20家。稳步推进农村土地流转，新增高效设施农业2000亩，改造提升3000亩。

（十三）盐城市盐都区大纵湖镇

大纵湖镇位于江苏盐城西郊，地处苏中里下河地区腹部，距离盐城市区约42公里。大纵湖旅游度假区交通便利，北岸的步湖路贯通全境，东临宁靖盐高速，西通京沪高速，北接盐金国防公路。大纵湖旅游度假区呈椭圆形，东西长9公里，南北宽6公里，总面积30平方公里，是里下河地区最大、最深的湖泊，享有“苏中第一湖”之美誉。大纵湖旅游度假区建有明末清初著名书法家宋曹的祖居、东汉末年文学家建安“七子”之一陈琳之墓、“扬州八怪”之一郑板桥授课的私塾馆舍等景点。现正围绕“湖荡绿洲、渔家水寨、苏中明珠、度假天堂”的主题定位，将分三期建成集湖荡观光、休闲度假、民俗采风、生态教育、科考探秘等多项功能于一体的生态型大纵湖旅游度假区、国家AAAA级旅游区。首期核心区开发面积为3.5平方公里，投资8000多万元，新建了柳堡村、龙珠岛、人工沙滩、垂钓区等景点，并对九曲桥、观湖楼等原有景点进行维修改造，初步建成入口广场区、水上风情区、历史人文区、佛教文化区、芦荡迷宫区、湿地生态区、渔业观光区、湖滨度假区八个功能区。其中芦荡迷宫为全国之最，已经入选中国吉尼斯纪录。大纵湖旅游度假区景区内还设有水上婚礼、枪战表演等特色项目，提供蜜制龙虾、大闸蟹、清蒸泥鳅等特色美食和芦苇工艺品等特色旅游纪念品。

大纵湖旅游度假区以大纵湖水面为核心，以良好的生态环境为基础，以厚重的苏北里下湖文化为底蕴，重点发展特色旅游项目。首期核心区开发面积3.5平方公里，已对外开放。

盐城龙兴寺。龙兴寺位于大纵湖镇境内的大纵湖畔，原名龙兴庵。相传明朝天启年间，山西五台山有一和尚沿路化缘，一天至湖滨的北宋庄借宿，夜里梦见庄东南的藕池塘中，在一片盛开的荷花上，端坐着一尊弥勒大佛。天亮他醒来后到庄东南察看，果有一片池塘，他认为是神灵点化，于是便在此化缘，建起了“龙兴禅林大庙”，后改名龙兴庵。

大纵湖大闸蟹。大纵湖大闸蟹是江苏省盐城市盐都区大纵湖镇的特产，其蟹个体硕大，壳青肚白，一到金秋，雄者脂白如玉，雌者脂如黄金，肢体肥大，肉质细嫩，唇口留香，味美无比，成为美食家们追求的不可多得的鲜美佳肴。

（十四）苏州市常熟市海虞镇

海虞镇位于常熟市北部，地处北纬31度49分，东经120度48分，系长江三角洲冲积平原，东有望虞河，西有福山塘直贯南北，北濒长江，西邻张家港市，东与梅李镇接壤，南隔梅塘与古里镇交界，西南与虞山镇谢桥相连，东南和虞山镇毗邻，海虞镇区域面积109.97平方公里。户籍人口近9万人，外来人口近5万人，4个社区和17个行政村。

2015年，全镇实现地区生产总值85.9亿元；完成财政总收入19.56亿元；一般公共预算收入7.58亿元；实现工业总产值211.6亿元，其中规模以上工业产值162.9亿元；完成全社会固定资产投资29.4亿元，其中工业投资19.6亿元；完成注册外资5258万美元，实际利用外资6002万美元。

海虞镇隶属于江苏省常熟市，地处繁荣富饶的长三角区域，坐落于常熟市北部。

海虞镇是全国重点镇、国家卫生镇、全国小城镇建设示范镇、全国发展改革试点小城镇、中国苏作红木家具名镇。

2015年新增高层次人才45名，其中博士7名、国家“千人计划人才”1名，新增苏州“姑苏计划”人才项目2项、常熟市级领军人才项目2项，全年新增省级高新技术企业7家，高新技术产品25只，申报发明专利400多项；2家企业列入全市“小巨人”计划；荣获苏州市科技进步奖二等奖1项，市级科技进步奖三等奖1项。

海虞历史底蕴深厚，人文景观荟萃。

拥有2700多年的文明史，下马村遗址为西周晚期春秋早期的吴文化遗址，在东汉永建年间，置有司盐都尉，是常熟历史上最早的吏治记载。从东晋咸康七年开始直至唐武德七年，境内的铜管山麓作为古常熟城的县治所在地，长达283年之久。

（十五）无锡市惠山区阳山镇

“中国水蜜桃之乡”阳山镇地处江南水乡无锡，南临美丽的太湖，北靠京杭大运河，历史悠久，人文荟萃，经济发达，环境优美，水陆交通便捷，旅游资源丰富。全镇总面积36平方公里，下辖2个社区、12个村委会，常住人口近5万人。

自2008年起，阳山镇坚持走“差别化”发展道路，发挥独特的“亿年火山、万亩桃林、千年古刹、百年书院”四大优势，围绕“生态宜居、特色农业、休闲度假、文化养生”四个特色，全力建设产业融合发展的“蜜桃小镇”，先后荣获全国改革试点镇、省级旅游度假区、国家AAAA级景区、全国美丽宜居小镇等荣誉。20世纪八九十年代以来，伴随着改革的热潮，阳山乡村工业遍地开花，农业则以小农经营、粗放式发展的水蜜桃种植为主，规划布局混乱、产业层次较低等诸多问题日益凸显。

为解决上述问题，多年来，阳山镇没有效仿周边乡镇，把农田变为工厂，而是立足实际，积极谋划如何走出发展困境。阳山镇坚持生态立镇，统筹推进生态保护、经济发展、民生改善、现代农业和新农村建设，始终坚持不比速度比后劲、不比总量比环境、不比表象比民生，在各地同质化竞争的大背景下走出了一条以“绿色发展”为代表的符合自身特点的科学发展之路。

2008年，阳山提出“规划引领发展，生态决定未来”的理念，坚持生态优先，合理布局产业，一张蓝图绘到底。2013年，《阳山镇总体规划》编制完成，阳山镇成为无锡市第一个完成镇级规划调整的乡镇。2015年，针对镇村规划布局进行进一步优化调整，按照“桃区、景区、镇区、园区”的不同功能划分，做到全镇的每一寸土地都在规划下建设。同时根据用地性质不同，对全镇范围内城镇、工业、旅游商业用地三种建设用地和基本农田、一般农田进行合理的规划使用，确保每种用地都能发挥最大效用。此外，累计关闭或搬迁“三高二低”和“五小”工业企业32家，推出生猪养殖30户，农业生产用房整治面积达3万平方米。共投入5亿元，铺设污水管网近百公里，新建污水处理厂，实现生活污水管网和点源治理全覆盖，生活污水处理率达90%以上，工业污水处理率达100%。对滨河岸线、基本农田、水体湿地、自然山体等稀缺资源进行有效保护，为产业发展奠定生态基础。

阳山镇提出，以“种世上最美味的桃子、建中国最美丽的乡镇、品人间最美好的生活”为最美好的愿景，走一二三产业融合的道路。阳山首先在水蜜桃种植上下苦功。该镇与江苏省农科院合作成立水蜜桃产业研究所，积极开展土壤改良、品种普查、科技推广、人才培养等多项工程，提升水蜜桃品质。2015年阳山完成水蜜桃直接销售3亿元，亩均产出1.44万元，高效设施农业面积占比达22%。水蜜桃销售步入“互联网+”时代，发展太湖阳山等电商平台100多家。

以高品质水蜜桃为依托，阳山不断完善产品链、拉长产销链、延伸服务链，由单一的桃经济发展为桃产业，做大“桃”文章，做强第二产业。该镇还融合桃文化元素，打造桃木工艺品加工基地，通过水蜜桃深加工与周边产品开发，有效延长产业链。积极将“卖桃”变为“卖树”，进行桃树认养，桃产业经济达15亿元。

不仅如此，阳山镇从单一的桃经济向旅游度假、文化养生、农村体验升级，带动农村三产发展。阳山田园东方由中国园林上市第一股东方园林集团投资50亿元打造，建设以生态观光农业、艺术家村落、旅游小镇、亲子乐园为主要表现形式的全国首个大型田园综合体，二期将引入市民农庄模式，业态更加丰富；主题酒店群也即将呈现，隐居酒店、花间堂温泉酒店、桃源葫芦谷街区满足不同档次的消费需求。同时，乡村度假蓬勃发展。阳山通过挖掘村庄文化底蕴与自然资源禀赋，明确各自然村差别化发展方向，顺丰电商村、旅游情报“麒麟湾”民宿村、阳山村综合电商基地正逐步建设完善，全国各地优秀的主题酒店、民宿纷至沓来，形成“一村一主题，一村一产业”模式，成为华东地区乡村旅游的重要目的地。

十多年来，阳山耐得住寂寞、经得住诱惑，坚持一张蓝图绘到底，“蜜桃小镇”散发出独特魅力。

产业更优。阳山镇以美丽乡村的塑造为基础，高效农业助推乡村旅游，工业支撑夯实基础，文化注入做出特色，百姓参与收益共享，促进一二三产业齐头并进、深度融合。农业实现了高效，包含了生态农业、旅游农业、科技农业；工业企业通过转型升级，亩均产出比2007年提高了182.5万元，达到242.6万元；三产服务业比重连年攀升，年均接待游客量超过120万人（次），三产服务业对财政的贡献率达40%以上。下一步，阳山将加速与国内外相关院校和科研单位合作，积极引进教育、文化、设计、创意、养生、养老项目。

百姓更富。阳山始终把人当成最宝贵的资源、最大的财富、最美的风景。从2008年开始，带领老百姓前往杭州、台湾等地参观学习其先进的乡村旅游，近年来，开展“全民教育”，开展酒店管理、电商营销、文化创意等符合阳山发展方向的专题培训，力争让每一个阳山人都能为阳山的发展出力、出资、出智。全镇现呈现“村村有产业、户户有事业、人人有收益”的喜人景象。阳山农民人均纯收入超过26000元，年均增长15%，户均存款超过18万元，远高于无锡市平均水平，真正实现农业、就业、创业“三业”一起上，薪金、股金、租金“三金”一起增。

环境更美。近年来，阳山宁可慢发展、不发展，也要保生态、保环境，严守太湖一二级保护区生态红线。下决心关闭桃林和村庄中的高污染企业，不惜重金铺设污水管网，进行山体复绿，对滨河岸线、基本农田、水体湿地等稀缺资源实施有效保护，让绿色成为阳山发展的底色。绿化覆盖率从原来的46%提高到68%，无锡市PM2.5最低值检测点设立在阳山镇，河道断面水质逐年提升，拥有野生鸟类43种，野生树木200多种，全镇百岁以上老人5位。

文明程度更高。涌现4个“中国好人”。吸引了更多有梦想的年轻人来阳山就业、创业、致富，开展了全民教育系列活动，每年覆盖3000人（次），提升全民素养，进行了“最美系列”评选，使得党风、民风、村风与旅游度假区相匹配，每个阳山人成了风景。

（十六）南通市如东县栟茶镇

栟茶镇位于江苏省如东县，乃千年历史名镇，总人口6.1万人、总面积95.7平方公里，镇区规划建成面积6.5平方公里。镇人民政府驻栟茶镇卫海北路，在县政府驻地西北36公里处，距洋口港30公里，距洋口渔港15公里，距海安火车站35公里。东与洋口镇毗邻，西与海安县角斜镇、老坝港镇接壤，南与河口镇隔河相望，北濒黄海。

这里沿海滩涂资源丰富。海岸线长12.2公里，滩涂面积10万亩，淡海水养殖业十分发达，竹蛏、文蛤、泥螺、鳗鱼、条斑紫菜等海产品名扬全国。这里已形成了机械、织造、渔网、化工、建材、电子六大系列产品生产基地。产业特色明显，各类专业技术人才齐备，多种操作熟练工和劳动力资源充足。现已开辟了两个用地面积约3.8平方公里的工业集中区，水、电、路设施配套齐全。

栟茶镇以古镇开发为引擎，以项目建设为抓手，坚持“一镇一品”特色发展，持续推进古镇开发工程、工业强镇工程和民生幸福工程，努力建设长三角北翼最具特色的生态休闲古镇。通过城镇开发和项目集中区建设，提高城镇规模和经济发展承载能力，通过古镇开发与保护并举措施，力争将栟茶这个全国历史文化名镇打造成最适宜读书、最适宜养生、最适宜创业的地方。

（十七）泰州市兴化市戴南镇

戴南镇位于北纬32度39分至32度47分，东经120度1分至120度9分，地处江苏省中部、泰州市中部、兴化市东南部。戴南镇东与东台市溱东镇接壤，南与泰州市姜堰区交壤，南临长江，北接淮河，地处长江三角洲北翼，处在以上海为中心的“世界第六大都市圈”范围内，受到上海、南京、扬州、南通及泰州等城市的经济辐射。别称“戴家泽”，江苏省兴化市第一大镇，中国千强镇，也是中国不锈钢名镇；是江苏省重点镇，也是兴化市的经济、金融中心。截至2015年，戴南镇总面积107.8平方公里，人口14.26万人，全镇辖33个行政村、4个居委会。方言为江淮官话泰如片，属于泰州方言体系。

戴南镇地处江苏省中部、泰州市中部、兴化市东南部、里下河平原腹地，东与东台市溱东镇相邻，南与泰州市姜堰区接壤，在以上海市为首的长江三角洲城市群境内，境内有宁盐公路和京沪高速的支线盐靖高速，南临长江，北接淮水，是里下河地区著名的“鱼米之乡”。

2015年，戴南镇完成地区生产总值215.6亿元（兴化全市为666.41亿元），同比2014年增长10.8%，是2010年的2.1倍，“十二五”（2011~2015年）年均增长16%。第一、第二、第三产业增加值占全镇生产总值的比重由1.4∶72∶26.6变为1.5∶58.1∶40.4。

2015年，实现财政总收入11.13亿元，其中，公共财政预算收入5.3亿元；城镇居民人均可支配收入为40166元，农民人均纯收入达26398元，同比增长10%。

2015年，戴南镇实现农业增加值3.3亿元，“十二五”期间年均增长18.7%，新增农民专业合作社9家、家庭农场43家，新流转土地3520亩，累计成立农民专业合作社133家，组建家庭农场131家，粮食种植土地流转比例达83%。

2015年，戴南镇实现规模以上工业产值650.46亿元、销售640亿元、利税59亿元，分别同比2014年增长10.16%、10%和9.8%，分别是“十一五”期末（2010年）的2.79倍、2.75倍、2.68倍。

（十八）泰州市泰兴市黄桥镇

早在2000多年前汉高祖时期，刘濞为吴王，都广陵，设海陵仓于今泰州市，黄桥因仓取名“永丰里”。北宋建镇，又名“黑松林”。南宋绍兴年间，岳飞将军奉旨抗金，从广德移兵泰州。元末明初易名黄桥镇。2010年4月，泰兴市溪桥镇、刘陈镇与黄桥镇合并设立新的黄桥镇。

黄桥镇地处长江北岸泰兴市境内，介于北纬 31~32 度，东经 119~120 度，全境总面积 175.95 平方公里，人口 19.12 万人（2015 年），位于泰兴、如皋、海安、姜堰、靖江县（市）交界处。东接如皋市，南界靖江市，西濒长江，与扬中市、常州市武进区隔江相望。北邻泰州市姜堰区，东北与海安县接壤，西北与泰州市高港区毗邻。

黄桥镇地处长江北岸的冲积平原——苏中平原，地势东南高、西北低，地面标高 5 米左右，为泰兴市的最高点。黄桥镇属于亚热带季风气候，森林覆盖率高，气候宜人，雨量充沛，农业自然资源丰富，适宜发展种养业，常年主导风为东南风，其次为东北风，年平均温度 15℃。

2014 年，黄桥镇实现地区生产总值 85 亿元，增长 30.8%；完成工商税收收入 4.5 亿元，增长 25%；完成规模以上固定资产投资 41.8 亿元，增长 17%。实现建筑业工程结算收入 40 亿元；完成服务业增加值 35.5 亿元，增长 23.7%；新开工 1000 万元以上服务业项目 18 个。

2014 年，黄桥镇完成农业总产值 157983 万元。其中多种经营产值 90635 万元，粮食总产量达 11.2016 万吨，出栏生猪 504304 头，出栏家禽 226.6479 万羽，水果 4151 吨，蔬菜 15.4146 万吨。4 万亩的现代农业产业园区内农民通过土地租金、合作经营和打工，人均新增收入 1500 元，年人均纯收入接近 1.6 万元。

（十九）常州市新北区孟河镇

孟河镇地处宁镇山脉末梢、长江之畔，是历史悠久、人文荟萃之地。全镇总面积 88.26 平方公里，辖 13 个行政村，4 个社区，常住人口约 12 万人。孟河镇是全国重点镇、中国历史文化名镇、中国汽摩配名镇、中国民间文化艺术之乡、国家级生态乡镇、国家新型城镇化综合试点镇。

孟河镇拥有良好的工业基础，工业已成为全镇经济支柱，全镇有工业企业近 800 家，工业产品有汽车摩托车配件、通信器材、生物化工、机械等。孟河镇是中国汽车摩托车配件重点生产基地，是闻名全国的“汽配之乡”。电光机械、玻璃镜片等产品分别获省部优产品称号，玻璃镜片、工具、窗纱、洗浴巾等产品已走向世界。全镇有通江、富民两个工业园区，进区企业 150 多家。

孟河镇在国内汽摩配件行业具有一定的知名度，曾被誉为“中国汽摩配件之乡”。“十二五”期间，孟河镇民营经济快速发展，汽车零部件产业不断壮大，新增法人企业 300 多家，到 2015 年末，从事汽车零部件法人企业达到 900 家，占全镇企业总数的 80%，汽车零部件产业销售收入达 172 亿元，并且实现了“整车梦”。全镇现有中国驰名商标 2 件，江苏省名牌产品 1 个，省著名商标 11 件、省高新技术企业 23 家，省工程技术研究中心 4 家，省企业技术中心 2 家，常州市知名商标 33 件，市名牌产品 30 个，市工程技术中心 9 家，市企业技术中心 8 家，列入“新三版”后备上市企业 5 家，被评为江苏省首批优质产品生产示范区，连续五年主办中国（常州）汽车零部件博览会，“汽摩配名镇”的影响不断扩大。

“十二五”期末，全镇完成地区生产总值 79.11 亿元，年均增长 18%；工业总产值 225 亿元，年均增长 19%；工业销售 211 亿元，年均增长 20%；一般公共预算收入 2.62 亿元，年均增长 18%；工业利税 26 亿元，年均增长 22%；工业利润 19 亿元，年均增长 26%；全社会固定资产投资 60 亿元，年均增长 38%；自营进出口总额 0.9 亿美元，年均增长 22%；农民人均收入

2.1 万元，年均增长 12%；2000 万元以上规模工业企业数量实现了翻番，达 115 家。

（二十）南通市如皋市搬经镇

原名潘泾，以潘泾河得名。传说唐代有一僧人来此讲经，因遇洪水，令弟子将经书搬出曝晒，故名。2013 年 3 月 20 日，经江苏省人民政府批准，将原搬经镇所辖区域与原高明镇所辖晓庄、刘庄、卢庄 3 个村委会以及中心、高明、鲍庄 3 个居委会区域和原常青镇所辖万全、楼冯、土山 3 个村委会区域以及横埭、袁庄、叶庄、董王 4 个居委会区域合并，设立新的搬经镇。

搬经镇是江苏省重点镇，位于江苏省如皋市，有"如皋西大门"之称，北接海安，西临泰兴，地处三县交会处，总面积 174.85 平方公里，人口 13.92 万人，辖 17 个行政村和 18 个社区。

搬经镇有近 3000 户个体工商户，近 200 家私营企业，其中 24 家规模企业产销利持续高位运行，总投资突破 3500 万美元的台资、日资、美资共 11 家企业落户，橡胶、密封件、服装、纺织、机电、出口蔬菜加工、鲜切花出口等支柱产业，构筑特色明显和优势突出的产业群，显示出搬经主体经济强劲的发展质态。按照"提升功能，优化环境，营造特色"的要求，花大力气进一步提升工业园区"七通一平"建设，改善园区各项基础设施条件，增强搬经对外吸引力。园区基础设施投入已达 3000 多万元，进园企业 48 家，规模 5001 万~1000 万元企业 30 家，规模 1000 万元以上企业 18 家。初步形成了纺织服装、机械电子和橡胶密封件三大板块。项目农业园区投入的民间资本超过 1000 万元，工商资本超过 3000 万元，财政资本超过 1000 万元，有效的投入机制进一步促进了园区的发展，形成了一批农业龙头企业群体，订单农业面积不断扩大，带动了农户发展，农业生产效益不断提高，农民收入不断增加。

最新规划的镇区面积 25 平方公里，目标 2017 年建成 8.5 平方公里，建成区常住人口达 5 万人以上。老镇区改造工程的亮点在于依托如泰运河和焦港河充分挖掘镇域历史文化底蕴，融合文化馆、美食城、滨河景观带等元素，精心打造一条商业文化街。新镇区的开发，则结合绘园南路和南二环的拓宽改造，合理布置便民服务中心、房产开发项目、商业综合体、医疗服务机构、幼儿园等配套设施，为新镇区建设框架的全面拉开、人气的迅速提升提供必要支撑。

（二十一）无锡市锡山区东港镇

东港镇位于锡山区东北部。东接常熟市，西邻锡北镇，南与厚桥街道、羊尖镇相连，北至江阴市长泾镇、顾山镇。面积 85.05 平方公里，人口 13.25 万人（2017 年，其中外来人口 5.44 万人）。辖东湖塘、港下、蠡澜西、湖塘桥 4 个社区和东湖、朝阳、东升、黄土塘、亚光、东青河、东南、华东、新巷、陈墅、张缪舍、港东、山联、勤新、港南 15 个行政村。东港镇是无锡市规划建设特大城市框架中 20 万人口规模的新型卫星城市，交通便捷，建设中的锡东大道和无锡东干线贯穿全境，距张家港、江阴港、沪宁高速公路、京沪高速公路、沿江高速公路、无锡机场均仅 20 公里。

工业经济实力雄厚。全镇已形成服装、生物工程、橡胶、电子、机械、化工、建材、冶金等主导行业。"恒亨"白炭黑、"亚腾"铝型材、"南方"焊接设备、"洲翔"焊接设备、"梦卡迪"眼镜镜盒、"华悦"眼镜镜盒均为知名品牌，配套能力强，市场前景广阔。上市公司红豆集团属全国 120 家大型企业集团改革试点企业，“红豆”商标为全国驰名商标，红豆衬衫、西服被评为中国名牌产品；晶石集团被认定为国家级高新技术企业。全镇拥有10家省级高新技术企业，14件省级高新技术产品，累计申请专利超过200件。私营经济发展势头迅猛，现有私营企业800多家，2017年全镇共有各类企业1200多家，其中主板上市企业3家、新三板上市企业11家；年销售额超过100亿元企业2家、超过亿元企业30家、规模以上企业125家。园区经济蓬勃兴起。拥有新材料产业园、电力装备产业园、红豆工业园等主要工业园区，投入近亿元用于园区基础调入建设，水、电、路等基础设施已基本到位，入园企业超过百家。为营造良好的发展环境，东港镇设立了经济环境监察中心、投资服务中心和注册办证中心，指定专职人员帮助企业办理证照服务，积极为企业提供“一条龙”“一站式”服务。2016年，东港镇完成地区生产总值178亿元；国税开票销售收入383.43亿元，其中工业开票销售收入268.65亿元。

（二十二）苏州市吴江区七都镇

七都镇，隶属于江苏省苏州市吴江区，位于吴江区的西南端，古有“吴头越尾”之称。地理坐标东经120度23分，北纬30度57分。南临沪苏浙高速公路、318国道，西接苏震桃一级公路，中有230省道横贯全镇，七都镇已纳入“临沪一小时”经济圈。截至2012年7月，七都镇总面积102.9平方公里，人口6.1万人，下辖3个社区，21个行政村。

七都镇自北而南，星罗棋布，纵深8.4公里。七都镇地势低平，自北向南缓缓倾斜，北高南低，相差0.6米。地耐力为每平方米8~12T。七都镇地区古时为沼泽地，苕溪水夹带泥沙东流，日积月累，形成冲积平原。

七都镇气候属北亚热带季风区。四季分明，气候温和湿润，雨量充沛，无霜期长达225天。日照较长，年平均日照为2071.1小时。年平均气温15.7℃，年平均降水量1062.5毫米。

七都镇又是水网地区，水域面积19317.3亩，占总面积的28.43%。然而河荡阻隔，影响陆路交通。如邱田、倪家墩、黄洋墩等自然村三面围水，形成内陆半岛。七都镇太湖塘路之北，旧时有大片高亢旱地，宽处四五里，狭处一二里。由于成年累月被太湖风浪冲刷侵蚀，旱地面积逐渐向南缩小，宽处仅剩74米，狭处只有4~5米。

七都镇境内河道纵横，漾荡众多，有6条较大的主河流和十数条支流。其中东西走向的，有横沽塘河、中塘河、北塘河，南北走向的有蒋家港、叶港、吴溇港，纵横交织，将七都全境切割成大小不等的十二块陆地。3条东西走向的河流，汇集苕溪之水，经古楼塘港，流入京杭运河。3条南北走向的溇港，均通太湖，水流注入稽五漾，起着调节内河水位的作用。

2015年，七都镇地区生产总值91亿元，公共财政预算收入4.84亿元，工业总产值362亿元，全社会固定资产投资累计完成190.75亿元；实际利用外资9469万美元。到2015年底，销售收入超过亿元工业企业达34家。

十九、山东省

（一）青岛市胶州市李哥庄镇

李哥庄镇位于胶州市最东部，距胶州市政府16公里。东南濒桃源河与城阳区接壤，东北与即墨市毗邻，西侧以大沽河为界与胶东镇相邻，北段与北王珠镇、即墨市张院镇相连。总面积75平方公里。2005

年，全镇辖41个行政村、3个居委会，总人口54236人。

该镇农村经济总收入名列全市乡镇前茅，在国内外颇有影响。全镇获得的荣誉称号主要有：全国小城镇建设试点镇、中国21世纪经济发展丰碑单位、全国出口创汇十强乡镇、全国综合经济实力百强镇、全国全民健身先进单位、山东省出口创汇状元镇、山东省明星乡镇、山东省村镇建设新型乡镇、青岛市对外开放先进单位、青岛市经济强镇、青岛市首批小康镇、青岛市文明单位、青岛市乡镇企业明星乡镇、青岛市党建工作先进单位、青岛市社会治安综合治理先进单位、青岛市精神文明建设先进单位、青岛市农田水利基本建设先进单位等。

经过近30多年的经济发展，李哥庄镇形成了制帽、发制品、工艺品三大传统优势产业。面对经济新常态下的深刻变革，在新旧动能转换的关键时期，李哥庄镇坚持两手抓，用好"组合拳"。一手抓传统产业，以产业转调为主线释放发展新活力，以产业集聚为优势汇聚发展新动能，实现传统产业"老树开新花"；一手抓新经济动能培育，以临空经济为驱动点燃发展新引擎，以特色小镇建设为平台积蓄创新发展新动力。

（二）淄博市淄川区昆仑镇

昆仑镇在宋神宗年间以昆仑山为名称昆仑店，清初改为昆仑村。1930年名为昆仑镇，后改昆仑乡。中华人民共和国成立初期为淄川县第四区，1955年为市辖昆仑区。1956年2月撤销昆仑区设昆仑办事处，隶属洪山区管辖，同年10月撤销办事处建立昆仑镇。1958年9月成立昆仑人民公社。1982年撤销昆仑公社，恢复昆仑镇至今。

昆仑镇地处鲁中泰沂山系北麓丘陵地带，地势南高北低。东西最大距离6.7公里，南北最大距离6.4公里，总面积约32平方公里，其中耕地面积约16平方公里。主要山脉有昆仑山、大奎山、天台山、蒲笠顶山、三台山，其中大奎山最高，海拔480.8米。主要河流有孝妇河、范阳河，境内流长8公里，流域面积32.05平方公里，适合种植的农作物主要有小麦、玉米、谷子、花生、大豆、蔬菜等。昆仑镇位于淄川区南部，距区政府驻地8公里，东与龙泉镇相接，北与将军路街道交界，西与岭子镇接壤，南与博山区白塔镇相连。全镇占地面积32平方公里，总人口5.38万人，下设5个党委、5个总支、55个支部，有2165名党员；辖16个行政村，3个居委会。

多年来，昆仑镇坚持"工业立镇、工业强镇"的发展思路，初步形成了以机械加工制造、日用陶瓷为主导产业，建材、煤炭、化工、冶金（耐火材料）、包装印刷等产业竞相发展的格局。辖区内有企业和科研单位300余家，年销售收入500万元以上的规模企业50多家。规划建设了10平方公里的工业园区，区内道路、水、电、气、通信等基础设施配套完善，已入驻省内外企业20余家；建有营业面积2.6万平方米的大型陶瓷专业市场——中国昆仑日用陶瓷城，城内设施齐全，功能完备，是目前江北最大的陶瓷专业批发、零售市场。在宏观调控形势趋紧的情况下，积极整合土地、厂房资源。现境内闲置土地1200多亩，闲置厂房一批，亟须盘活。并有一处面积217亩，水、电、气、路配套，手续齐全的土地一宗。

（三）烟台市蓬莱市刘家沟镇

刘家沟镇位于烟台市西北部、"人间仙境"蓬莱东端，西距蓬莱阁13公里，南邻国家级农业高新技术产业示范区、北傍蓬莱经济开发区、东与潮水镇相邻。全镇总面积101.7平方公里，耕地面积6.6平方公里，辖60个行政村、人口3.1万人；海岸线长2.5公里，镇政府驻于刘家沟村。

刘家沟镇交通便利，设施完备，投资环境十分优越。镇区西距世界闻名的蓬莱仙境12公里，东距烟台50公里，距烟台飞机场53公里，南依牟黄公路，北部206国道穿境而过。“黄金水道”蓬莱新港毗邻西北，该港已拥有的2万吨级码头相距该镇4公里，水路交通十分便利，至2002年，横穿该镇的德烟铁路、烟潍高速公路建成完工后，该镇形成了海陆空铁齐全的立体交通网，为广大客商和经济的进一步发展提供更为便利的交通条件。

全镇依山傍海，风景秀丽，气候宜人，被确定为国家葡萄标准化种植示范区，具有“世界七大葡萄酒海岸之一”的地域优势，拥有中国唯一一条长18公里的葡萄种植观光长廊。引进了中粮长城、法国瑞枫奥塞斯等十多家国内外知名葡萄酒企业。工业门类齐全，已形成葡萄和葡萄酒、汽车及零部件两大支柱产业以及食品、木制品、彩印包装等特色产业体系，是胶东最具发展潜力的地区之一。2008年，全镇农村经济总收入38.06亿元，地方财政收入5260.8万元。工业生产总值198.07亿元，粮食平均亩产400公斤，总产508万公斤。农业总产值14.3亿元，进出口总值8594万美元，人均纯收入7599.9元。先后被烟台市委、市政府授予民营经济特色产业镇、自来水村村通工作先进镇，被山东省科技厅授予新农村建设科技示范镇，被省中小企业协会办公室授予全省民营经济特色产业镇，被国家环保部授予全国环境优美镇等荣誉称号。

（四）潍坊市寿光市羊口镇

羊口镇隶属于山东省潍坊市寿光市，位于渤海莱州湾南畔，羊口镇位于寿光市最北部，小清河入海口处。版图面积315平方公里，下辖22个行政村，7个居委会，9131户，2005年总人口6.5万人，耕地面积6.1万亩。该镇不但是齐鲁渔业重镇，而且也是全国重要的原盐产区。年可实现捕捞海产品30万吨，捕捞收入2.5亿多元；地下卤水储量丰富，原盐年产量达200万吨以上。

羊口镇位于寿光市最北部。面积471平方公里；其中镇区规划面积15平方公里，建成区面积5.6平方公里。总人口6.5万人（2006年），辖35个行政村、6个居委会。地处渤海莱州湾南畔，小清河入海口处，地势南高北低，属沿海缓坡平原。羊（口）临（沂）、羊（口）田（马）公路和羊（口）益（都）铁路穿越镇境。小清河穿越镇境北部入渤海，新塌、弥河、引黄济青水渠流经镇境。盐田星罗棋布，是全国重要的原盐产区。北部有国家二级港口羊口港。

羊口镇旧址在小清河北岸，故名塘头，因塘头营而得名。塘头营亦名唐渡营，传说唐王李世民东征时，先头部队曾渡过现在的旺河（故旺河古名唐渡河），在北岸一高埠处扎过营寨。后人便称其为“唐头营”，后谐音为“塘头营”。清同治三年（1864年）始设港通商。商埠迁至小清河南岸后，初仍名塘头。1892年，即以桥南的水沟名代之。当时沟南端有两条自然水沟汇入，一向东南，另一向西南，类似羊角，故名羊角沟。商埠南迁后，逐渐以此沟更名，改塘头为羊角沟。羊角沟简称羊口始于清末民初，因羊角沟属水陆码头，亦是港口，东通渤海诸港口，故简称羊口。

（五）泰安市新泰市西张庄镇

西张庄镇地处新泰市中西部，距泰安50公里，离京沪高速公路果都出入口3公里，全镇总面积47平方公里，辖28个行政村，3.9万人。曾先后荣获“中国乡镇之星”“山东省明星乡镇”“泰安市文明镇”“泰安市经济工作先进单位”“平安泰安建设先进单位”“泰安市教育工作强乡镇”等荣誉称号。

以煤炭、纺织、服装为主导产业的工业经济基础雄厚。骨干企业韩庄煤矿效益突出，西张庄镇年可实现利税6000多万元。大项目引进建设成效显著。新上投资超过1000万元的项目32个，其中超过亿元的项目4个，工业项目26个，竣工投产的20个，引进国内资金10.5亿元，实际利用外资600万美元。菲律宾幸运纺织项目、蒙特曼纺织项目等15家纺织服装企业纷纷落户该镇民营企业聚集区，形成了纺织服装优势产业集群。这是山东省具有较大规模的纺织服装产业基地，产业聚集型、开放型、劳动密集型、环保型等经济特色日益凸显。澳大利亚和中国香港的两个外资项目正在对接洽谈，有望近期签约建设，为全镇经济发展注入新的活力。未来西山镇要坚持把工业经济作为建设经济强镇的重中之重来抓，以煤炭、毛纺、制衣、篷布、汽修、机械加工为主导产业。

（六）威海市经济技术开发区崮山镇

崮山镇地处淄博市博山东南部，是县委书记的榜样——焦裕禄同志的故乡。镇域面积29.98平方公里，辖13个行政村，总人口2.2万人，镇政府驻地位于岱庄东村。仲临路、湖南路、博沂路三条省道及辛泰铁路由该镇经过。仲临公路穿越全境，与南福公路、洪崮公路相连接。境内名胜古迹、旅游景点主要有：焦裕禄纪念馆、焦裕禄故居、岳阳山、刘家峪、小南海、龙头山等。崮山镇风景秀丽、交通便利、通信发达，是理想的旅游观光和经济开发投资区。

近年来，崮山镇党委政府在区委、区政府的正确领导下，坚持以邓小平理论和“三个代表”重要思想为指导，全面贯彻党的路线、方针、政策，树立和落实科学的发展观，以经济建设为中心，以提高效益为重点，以基层组织建设为保障，立足农民增收、财政增长，大力发展个体民营经济。突出抓好重点项目、招商引资、外经外贸工作，加快农业产业结构调整，提升城镇管理水平，建设“平安崮山”“和谐崮山”，维护社会稳定，促进经济和各项社会事业持续、快速、健康发展。

崮山镇立足实际，扬长避短，坚持工业立镇，取得了显著的成效。目前，全镇拥有大小企业近200家，民营企业成为全镇工业发展的主体。企业占地面积96.8万平方米，建筑面积近32万平方米，吸纳劳动力9000余人，年销售收入500万元以上规模企业发展到20家，镇财政收入基本上来自工业企业。主要产品涉及机电、锻造、泵类、陶瓷、铸造、玻璃器皿、水泥建材、轻工制品八大行业各类产品，并形成了以齿轮锻造、机械泵类、玻璃器皿、工艺品为主要产业的四大生产加工基地。外向型企业发展迅速，外贸出口企业从玻璃制品、工艺品到陶瓷、水泵等行业品种不断增多，规模不断扩大，出口企业近50家，拥有自营进出口权企业达到10家。产品销往欧美、澳洲、东南亚等十几个国家和地区。2005年，全镇完成国内生产总值41486万元，完成工业总产值149215万元，全社会固定资产投资完成16900万元，其中，工业固定资产投资完成12300万元，工业销售收入48896万元，工业增加值17595万元，招商引资完成5000万元，出口创汇260万美元，税收完成1510万元，财政收入完成520万元，农民人均纯收入4420元。

（七）临沂市费县探沂镇

探沂镇位于全国知名商城——临沂城与费县县城中心 15 公里处，327 国道、兖石铁路横穿东西，东距京沪高速公路义堂出口仅 5 公里。全镇辖 73 个行政村，6.2 万人，总面积 106 平方公里。有杨树丰产林 2 万亩，大枣、柿子、桃等杂果 3000 亩。镇境西部为山区，中东部为平原，祊河流经北部境内 15 公里。探沂镇凭借毗邻临沂的区位优势，2007 年全镇实现区域生产总值 16.14 亿元，实现财政总收入 5002 万元，镇级财力 3259 万元，人均纯收入 5281 元，为探沂镇打好了实现由经济大镇向经济强镇新跨越的坚实基础。

探沂镇位于县境东部，东与兰山区义堂镇接壤，西连费城镇，南靠刘庄镇，北与新桥镇，胡阳乡隔河相望。总面积 106 平方公里，耕地面积 6.5 万亩，辖 73 个行政村，5.9 万人，人口密度 557 人/平方公里。镇境西部为山区，中东部为平原，祊河流经北部境内 15 公里。农作物以小麦、水稻、玉米为主，经济作物有蔬菜、西瓜、花生等。有各类个体工商户 3051 家，建材加工、板材加工、塑料加工、轻纺、铝制品制造是主导产业，主要产品有瓷质地板砖、广场、日用铝制品及刨花板、多层细木工板等各种规格的木制品。2000 年完成工农业总产值 11.1 亿元，四级财政收入 660 万元，农民人均纯收入 2362 元。该镇有中学 3 处，小学 35 处，卫生院 2 处，村级卫生室 32 处。境内有 327 国道，兖石铁路同沂邳公路交叉贯穿全境，全镇村村实现水、电、路、通信、有线电视“五通”，10000 门程控电话，光缆通信，移动电话传输基站全面开通，可同时办理电话、电传、互联网业务。建有 35 千伏输变电站一处，电力充足。镇内规划建设占地 6000 亩的县级工业园一处，贯通六横七纵 13 条交通干道，是投资办厂的黄金宝地。

探沂镇凭借毗邻临沂的区位优势，主动接受辐射，全力发展工业经济，财政收入屡创新高，人民生活日益改善。探沂镇近来强化招商引资，以大招商促进大发展。招大商、引大资是快速扩大经济规模、实现跨越发展的最有效途径。充分利用现有资源特点和产业优势，瞄准广东和浙江木业产业进行转移的契机，到广东和浙江进行招商。今年，该镇力争引进超过亿元的项目 2 个，超过 5000 万元的项目 4 个，特别是要着力引进一两个规模较大的家具制造或木地板企业，以此优化木业产业结构，壮大木业产业规模，为木业经济发展注入新活力。加快产业升级，做大做强木业特色产业。实施科技进步工程，充分支持企业与科研院所、高等院校和国内外知名企业的联合与合作，积极引进、开发一批拥有自主知识产权的核心技术、关键技术，增强创新能力，培育行业竞争新优势，促进企业升级换代。目前，该镇板材企业已先后引进国内外先进技术十多项，实施技术改造和新上项目 52 个，形成了产品高档化、配套化、系列化发展格局。实施品牌拉动工程，引导企业牢固树立“质量就是生命、品牌就是市场”的理念，通过推进“质量兴镇”“名牌兴企”活动和国家产品免检制度等措施，建立完善的质量管理和监督体系，以品牌提升产品的市场认知度。鼓励企业争创名牌产品、免检产品和先进企业，争创“全国优质人造板生产基地”。目前，安信木业已拥有省级名牌产品称号，森工木业、华鑫佳升两家企业正在积极争创省级名牌和国家名牌产品。

（八）聊城市东阿县陈集镇

陈集镇位于宿城区南部，东与桃园村屠园乡接壤，西部和南部分别与泗洪县归仁镇、金锁镇隔河相望，北隔后盐河、民便河分别与罗圩乡和洋河镇为邻。徐宿淮盐高速公路擦肩而过，洋青公路贯穿南北。全镇总人口46125人，总面积68.55平方公里。陈集镇人杰地灵，资源丰富，自然环境优美，基础设施完备，投资环境优越。交通区位优势突出，工业体系健全，目前已形成板材加工、服装加工、精密器械制造、建筑材料、奶牛养殖五大支柱产业，高效农业开展得如火如荼，特色养殖、设施蔬菜等已初具规模。

陈集镇充分利用木材资源和加工优势，推动木材产业升级转型。木材产业园区建设已取得初步成效。目前陈集镇有大小板材厂1400余家，年加工木材80万立方米。占地约1000亩的木材初加工园区已聚集800余家木材加工厂，正在邀请扬州大学进行产业规划，占地320亩的木材深加工产业园已初具雏形。2010年，完成50万元以上固定资产投资4.89亿元；工业固定资产投资3.71亿元；净增规模以上企业2个；新增投资千万元以上龙头企业1个。

2012年1~11月新增500万元以上固定资产投资额4.04亿元，新增规模以上工业企业3个，规模以上工业企业增加值增长率达23.5%，新兴产业企业销售收入1.832亿元，进出口总额完成2014万美元，实际利用外资到账400万美元。

（九）滨州市博兴县吕艺镇

吕艺镇位于董永故里博兴县东部，东临黄河入海处新兴城市东营，南依齐国故里淄博，北靠黄河，总面积113.6平方公里，辖41个行政村，人口4.5万人，耕地面积8.5万亩。境内曹纯路、闫高路纵横交错，交通十分便利，小清河、支脉河、北支新河贯穿东西南北，水资源充足，石油资源丰富。环渤海地区第一个农村党支部在该镇高渡村成立，是中国优秀传统剧目——吕剧的发祥地，1996年被山东省文化厅授予“山东省吕剧艺术之乡”荣誉称号，2008年初，又被国家文化部授予“中国吕剧艺术之乡”荣誉称号。素有“吕艺之乡”和“革命老区”的美称。

全镇境内水资源十分丰富，河流纵横交错，交通便利，电力资源充足，通信设施先进。2004年全镇完成乡镇企业总产值9.3亿元，比上年增长67%，财政总收入708.9万元，其中地方财政收入517.4万元，农民人均纯收入3177元。

吕艺镇党委、政府坚持以经济建设为中心，强农、重工、活商，实施“经济结构产业化，农村发展城镇化”的发展战略，大力培植主导产业，保证全镇经济持续增长。物质文化生活大幅度提高，全镇经济实力日趋增强。农业结构调整取得新突破，产业结构日趋合理，优质棉面积达到58000亩，大蒜20000多亩，近300亩中华寿桃和210亩爱宕梨也长势良好，名优特林果种植面积不断增加，逐步形成了棉花、大蒜、畜牧、水产、纺织五大主导产业。2007年，全镇社会总产值达到20.69亿元，比2006年增长31.2%；其中工业总产值达到18.16亿元，增长35%；农业总产值达到2.53亿元，增长12.5%；地方财政收入达到875.46万元，增长27%，列全县地方财政收入增幅第1位；农民人均纯收入达到4753元。

（十）菏泽市郓城县张营镇

张营镇位于山东省西南部郓城县城东9公里，北靠220国道，距黄河岸线23公里，西通京九铁路，南接日东高速、济宁机场，东连嘉祥、梁山，济菏高速郓城连接线（原济董公路，也叫迎宾大道）把整个镇一分为二，交通便利，设施齐全，通信网络、供电网络覆盖全镇。

据张营村碑记载：“张氏祖为官置此田，傍旧县寺建村元末避乱，围村筑墙，名张家营子，现称张营。”据考张营为郓城县城旧址，历南北朝、隋、唐、五代、宋、金六个朝代，有740余年的历史，现张营镇于2001年2月由原张营乡和原大人乡两乡合并而成。

张营镇现在的地表全部为新生界覆盖，没有基岩出露，东西较长，整个地势平坦，没有山丘，属黄河冲积平原，全年无霜期约208天，平均年日照约2497.7小时，日照百分率为56%，常年平均气温13.5℃，地面温度平均为15.6℃，1月最低，6月最高。在4~10月农作物生长季节每月平均日照时数在200小时以上，秋作物生长旺季的6~9月总日照时数为921小时，光源充足，有利于作物生长，春季干燥多风，夏季炎热多雨，秋季温和凉爽，冬季干冷，雨雪稀少，具有显著的暖温带大陆性季风气候特征。

全镇每年平均降水量694.7毫米，地下水量约420万立方米，土地大部分为二级、三级、四级的农用地，有发展农业生产的良好土地基础，辖区内开采量为1.68亿吨的彭庄煤矿现已正式投产出煤，还有适应性较强的野生动物和家养畜禽，水生动物和木本植物，以木本植物为最多。

张营镇经济快速发展，棉纺织业规模迅速扩张，纱锭规模已达到18万枚，板材、化纤、建材、机械制造、塑料制品产业均衡发展，形成支柱产业为主导，多产业并存的经济发展格局。2007年，境内彭庄煤矿正式投产出煤，相关煤炭化工产业发展迅速。

（十一）烟台市招远市玲珑镇

玲珑镇隶属于山东烟台市招远市，地处招远市东北部，是“中国金都”——招远市的黄金生产重镇，截至2007年，该镇总人口约5万人，总面积73平方公里，辖31个行政村，33个自然村，耕地面积14220亩。经济的快速发展使该镇率先跻身于“全国小康示范镇”“山东省综合经济实力百强乡镇”“山东省安全文明乡镇”之列。全镇基础设施完善，经济实力雄厚。黄金、化工、粉丝、机械、建筑、建材、果品、畜牧为全镇经济发展的八大支柱产业，截至2007年该镇共有乡镇企业、个体私营企业240多家，合资企业10处，产品有40多个系列，300多个品种，年实现工业产值22亿元。

明清时期，玲珑镇属于会仙山的罗山社和中庄社。1927年，属二区罗山、横掌、中庄三乡。1932年为罗山镇。1957年改为罗山区，下设13个乡，1958年10月改名为潘家公社和朱范公社，后合并为朱范公社。1959年5月，改为罗山公社。1984年3月，废公社建罗山乡。1985年5月撤乡设玲珑镇。

该镇地势东南高西北低，境内丘陵起伏，沟壑纵横。较高的山，东北有会仙山，海拔285米，磨山，海拔219.3米；东有北风山，海拔215米，南风山，海拔219.3米。单家河由南到北，汇集岔河、苇都河等溪水经横掌河注入界河。属温带季风区大陆性气候，最高气温36.7℃，最低-12.4℃，全年无霜期19天，年平均降水量为720毫米左右。

该镇工业经济蒸蒸日上，圆锥球磨机、汽车刹车片、轮胎钢丝、炭黑、荧光增白剂、烟用香精香料、复合肥及多功能植物增效剂等产品填补国内空白，长销不衰。

该镇的红富士、大樱桃、黄金梨、板栗等名优果品多次荣获全国农业博览会金奖；以獭兔、肉羊、奶牛为主导的养殖业初具规模。

（十二）济宁市曲阜市尼山镇

尼山镇位于曲阜市东南部，面积101平方公里，人口5.5万人。辖42个行政村。镇政府驻南辛南村，距市区 15 公里。距京沪高速铁路曲阜东站（息陬）8 公里，距京福高速公路 8 公里。尼山为孔子诞生地，尼山建筑群为省级重点保护单位。日东高速公路过境并设有尼山风景区连接线，曲阜至尼山风景区有旅游公路。

1976 年建尼山公社，1986 年设乡。1996 年，辖鲁源东、鲁源西、黄土、夫子洞、周家庄、刘家楼、苏家、新赵、新村、张马、新田、南王庄、西龙泉、东龙泉、长座、宫家楼、颜母庄、东官庄、西官庄 19 个行政村。2000 年 12 月，撤销尼山乡，将其行政区域并入南辛镇。2011 年 6 月 9 日，为配合支持省级尼山文化旅游度假区的开发建设，南辛镇正式更名为尼山镇。

尼山镇是闻名中外的旅游风景区，境内有孔子诞生地尼山夫子洞、尼山孔庙、尼山书院等全国重点文物保护单位。尼山风景区内还有一万多亩水面、蓄水 1.2 亿立方米的全国大型水库尼山水库（又称孔子湖）、国家级尼山森林公园等著名景点，是集千年文物名胜古迹、自然风光、山水人文于一体、景色俱佳的旅游度假风景区。

尼山特产尼山砚，是中国名砚之一，因其石料取材于孔子诞生地尼山而得名，乾隆时县志中，就有生产尼山砚的记载。尼山砚石，色呈柑黄，有疏密不匀的黑色松花纹，石面细腻，抚之生润。制作砚台，下墨利、发墨好，久用不乏。尼山砚古朴大方，一方砚石，巧用自然，略加点缀，情趣盎然，深受国内外使用者的喜爱。

（十三）泰安市岱岳区满庄镇

满庄镇位于区境南部，北靠泰山区徐家楼乡，南连大汶口镇，东与北集坡镇接壤，西与夏张镇毗邻。面积 113 平方公里。镇机关驻满庄村，距泰城 15 公里，辖 4 个管区，42 个行政村，6.7 万人口，69810 亩耕地，是泰安市“一城两区”建设的两区之一。满庄镇 2000 年被确定为省级中心镇，城镇基础设施配套齐全，规划布局合理。目前，建成区面积 4 平方公里，镇区人口达 3 万人，成为泰城南邻一座日益繁荣兴旺的卫星城。

满庄镇交通便利，地理位置优越。104 国道、京福高速公路、京沪铁路均穿境而过，镇驻地分别设有京沪、京福高速公路上下道口。北距泰山 10 公里，距省会济南 60 公里，南距曲阜 50 公里，是山东省“一山一水一圣人”黄金旅游线的必经之地。同时，满庄镇内建设有华北最大的钢材市场，泰山钢材大市场，年产值几十亿元。

在区委、区政府的正确领导下，全镇人民高举邓小平理论和“三个代表”重要思想伟大旗帜，认真贯彻落实党的路线、方针、政策，以科学发展观统揽全局，紧紧围绕“工业立镇、强镇富民”的奋斗目标，牢牢把握发展第一要务，强抓招商引资，力促项目建设，突出发展工业，重视发展农业和三产服务业，扎实推进新农村建设，大力加强财源建设，妥善解决关系人民群众切身利益的问题，协调推进精神文明建设和各项社会事业发展，全镇改革开放和现代化建设取得显著成绩。

全镇上下紧紧围绕强镇富民目标，以经济发展为中心，以结构调整为主线，坚持“工业立镇，招商兴镇，商业活镇，农业强镇”，使全镇经济呈现出健康、快速发展的良好势头。2003 年全镇国内生产总值突破 4.5 亿元，比上年增长 12%，财政收入 754 万元，增长 13%，农民人均纯收入 3680 元。镇党委、政府抢抓泰山·泰安大汶口石膏工业园落户满庄的机遇不断加大招商引资力度，2003 年共引进项目 19 个，合同引资额 9.1 亿元，实际到位资金 2.2 亿元，招商引资工作的新突破，极大地促进了全镇经济的快速发展。

2007年全镇实现社会总产值32亿元，同比增长47%。实现财政收入总额5400万元，实现地方财政收入2600万元，分别比同期增长42%和38%，人均纯收入达到4580元，同比增长6%。完成固定资产投资23亿元，同比增长83%。

（十四）济南市商河县玉皇庙镇

玉皇庙镇位于商河县西南部，距省城济南60公里。东与杨庄铺乡相邻，北与贾庄镇相连，西与临邑县的孙安、孟寺乡交界，南与济阳县唐庙乡接壤。玉皇庙镇位于黄河冲积平原，黄河水系下游，地势西南高，东北低。东西最大距离20公里，南北最大距离14公里，面积153.49平方公里。境内主要河流有土骇河、土马河、商中河、商西河，境内流长57公里，流域面积70平方公里。适合种植的农作物主要有小麦、玉米、地瓜、棉花、花生、大豆、瓜果、蔬菜等。

全镇辖94个行政村和1个商业街居委会，总人口6.4万人，人口自然增长率2.28‰。全镇少数民族有回族、苗族、朝鲜族等，少数民族人口为108人，占全镇人口总数的0.2‰。全镇有张、王、李、杨、魏、孙、陈等46个姓氏，其中张姓最多。

中华人民共和国成立初期，全镇农村经济总收入11.59万元，1978年为58.7万元，2000年为7.8亿元，第一、第二、第三产业占农村经济总收入之比为27∶55∶18。2000年完成地方财政收入1500万元。1995年以来，该镇抓住全国范围内的产业调整以及市“千人下派”的机遇，坚持“工业立镇、农业强镇、三产活镇”的指导思想，“抓引进、促发展”，初步形成了三大产业交叉延伸、互为条件、协调发展的局面，先后引进企业项目二十多个。农业产业化水平不断提高，小城镇功能日趋完善，经济实力不断增强。截至2011年8月，实现国内生产总值14.59亿元，完成固定资产投资4.6亿元，地方财政收入5593万元，比上年增长74.2%。农民人均纯收入7418.4元，比上年增长19.73%。

（十五）青岛市平度市南村镇

南村镇位于平度市东南34公里处，（街道）行政区划调整后，南村镇镇域面积为312平方公里，辖145个村，人口13.2万人。

2005年国内生产总值31.4亿元，财政收入6318万元，财政支出5388万元。农民人均纯收入6188元。年内完成工业总产值（现价）75亿元。年内新发展个体私营企业39家，个私企业累计达到246家；新发展个体工商户500户，个体工商户总数达到1952户，个体私营经济税收3000万元。2005年入驻项目60个，出口创汇3000万美元。

南村镇在驻地北段以新世纪广场为中心，投资270万元新增4.3万平方米绿地，改善投资环境，加强南村镇驻地和工业园的吸引力；在旧三城路两侧和工业园道路两侧新上路灯286盏，总投资120万元；建设了一批特色商品楼，新增建设面积13564平方米。

南村镇的特色产业介绍如下：南村工业园规划8平方公里，2005年已建成6平方公里，入驻内外资企业102家，其中内资企业54家，外资企业48家，实际利用外资累计达到1.5亿美元，实际利用内资累计达20亿元。2005年，实现工业产值81亿元，工业增加值23亿元，销售收入76亿元，实现利税4.8亿元，外贸出口2380万美元，实际利用外资4420.9万美元，外管局到账外资1000.1万美元，实际利用内资5亿元。

来南村工业园投资的主要有：韩国、

日本、泰国、加拿大、新加坡、马来西亚、中国台湾、中国香港等国家和地区，其中韩资企业户数最多，达 16 家。

外资企业投资较大的有总投资 2990 万美元的韩国庆南毛织、总投资 2500 万美元的加拿大 IND 集团、总投资 600 万美元的日本新汉邦食品等。内资企业投资较大的有总投资 12.6 亿元的海信空调，是国内最大的变频空调生产基地，年产空调 200 万套；总投资 2.2 亿元的开拓集团，主要进行家电冲压件和钣金件加工。

（十六）德州市庆云县尚堂镇

尚堂镇位于庆云县南部，东接无棣、南靠阳信、西邻乐陵、北依城区。境内两条交通大动脉——246 省道纵穿南北，德滨高速横贯东西。全镇总面积 106 平方公里，人口 6.5 万人，是全县人口、面积第一大镇，现辖 22 个社区、2 个独立村。先后被评定为“省级中心镇”“全省小城镇建设示范镇”“全市城建示范行动示范镇”等荣誉称号。

“万名货郎闯关东”的传奇故事发祥于尚堂镇，传统美食“尚堂扒鸡”远近闻名。2014 年入选“全国重点镇”。2015 年山东省第四批特色产业镇名单公示，尚堂镇榜上有名，成为庆云县首个省级特色产业镇。2017 年被住房和城乡建设部认定为第二批全国特色小镇。

尚堂镇是以工业为主的大镇，具有五个加工区，一个工业园，主要以塑料加工为主，附带橡胶五金、木器、工艺等八大系列 70 多个品种。现已形成规模私营户 129 户，个体户 3041 户。本镇拥有抽纱加工户 150 户，从业人员 2000 多人；塑料加工户 102 户，从业人员工 172 人；橡胶加工户 30 多户，从业人员 130 多人；编织（地毯、羊毛衫）加工户达 28 户，从业人员 560 人。本镇以优惠的政策，宽松的环境，优质的服务为兴业者提供良好的投资环境。

（十七）淄博市桓台县起凤镇

起凤镇位于桓台县东北部马踏湖畔，距县城 12.5 公里。东北接博兴县，西连荆家镇，南靠索镇，南北 8.87 公里，东西 10 公里，面积 55.21 平方公里，总人口 6.1 万人，辖 24 个行政村。物产丰富，是天然的旅游胜地，素有“北国江南”之盛誉，是山东省著名风景名胜区。

起凤镇水乡风光秀美。马踏湖总面积近百平方公里，湖内有 2100 余条湖区。船道纵横相连，交织成网，形成了我国北方极为罕见的“村村靠湖、家家连水、户户通船”的水乡风貌。马踏湖是山东省政府命名的省级风景名胜区和生态功能保护区，在生态旅游方面具有很大潜力。

起凤镇人文资源丰富。截至 2007 年，马踏湖区还保留着五贤祠、徐夜书屋、冰山、齐台、青丘、会城鲁连井、齐王阁、胜处祠、湖心亭、鱼神亭等一大批有一定品位和开发价值的人文资源。

起凤镇湖区物产丰富。湖中盛产藕、莲、蒲、苇、鹅、鸭、鱼、虾、蟹以及其他野生动物资源，野生鸟类也有 70 余种，水生植物 30 余种。马踏湖特产金丝鸭蛋、鱼龙香稻、白莲藕因其风味独特，是历史上进奉朝廷的贡品。

起凤镇民俗风情旅游风格独特。湖民出门以船代步，可探亲访友、赶集上店、下湖捕鱼、运粮运肥。水乡风情迷人，水乡的渔民捕鱼、台田耕作、湖上牧鸭、芦田收割、湖底采藕等生产生活场景诱人。

（十八）日照市岚山区巨峰镇

巨峰镇是山东省政府命名表彰的“村镇建设新型乡镇”和“百新工程试点镇”。该镇地处两省四县交界处，兖石铁路、341 省道、222 省道和青赵公路、巨碑公路穿越境内，设有巨峰火车站，货运畅通，交通便捷。总面积 165 平方公里，辖 92 个行政村，2.3 万户，7.7 万人，经济园林 5.1 万亩，其中茶园 3 万亩，桑园 8000 亩。

巨峰镇是日照市最著名的“生态农业旅游基地”，镇西部的幽儿崮山雄伟险峻、四季常青，相传为孔子老师项橐的出生地；东南的磴山泉清竹韵、溪转峰回；西部的北垛山“青山万重如城郭，绿树千丛护法王”；西北部的北垛山林秀泉清，云雾缭绕；北部群山曾有“小蓬莱”之称，留有朝元观、朝阳洞两处遗址。每逢节假日，前来观光、休闲的游客络绎不绝。

巨峰镇素有“南茶北引第一镇”之美誉，也是江北茶叶生产面积最大的乡镇。该镇三面环山，中部平原，东临黄海，属暖温带湿润季风区大陆性气候，多棕壤土，自然条件适宜茶树生长。巨峰绿茶具有历史久、规模大、内质好、无公害四大优势，及叶片厚、滋味浓、香气高、耐冲泡等鲜明特点，闻名遐迩。近几年来，巨峰镇党委、政府紧紧抓住茶叶这个优势产业，狠抓科技，强化管理提高质量，拓宽市场，逐步在全镇形成了产业化经营。2001 年绿茶总产达到 1300 吨，总收入 8000 万元，仅此 1 项，全镇农民人均增收 1200 元。其中大棚茶产销两旺，平均每公斤价格 600 元，棚均收入 1 万元。

养殖生产是该镇又主导产业，按照“集约化、企业化、优良化”的要求，突出抓了规模养殖、畜禽良种引进和繁殖、科技推广三个重点。狠抓养殖大户和专业村的培植，大力发展外向型、创汇型养殖业。构筑起了“龙头+基地”的养殖产业化格局，形成了“百万只蛋鸡养殖基地”和“百万只肉食鸡养殖基地”。全镇养殖小区已发展到 52 个，培植养殖专业大户 86 个，规模饲养占总量的 60%以上。

（十九）威海市荣成市虎山镇

虎山镇隶属山东省荣成市，位于东经 122 度 11 分 2 秒至 122 度 15 分 55 秒，北纬 37 度 0 分 20 秒至 36 度 54 分 49 秒。东与石岛镇为邻，北与上庄镇交界，南与人和镇接壤，西与文登埠口镇隔海相望，总面积 110 平方公里。截至 2013 年，辖 51 个行政村，总人口 41357 人。

境内最高峰龙庙山，海拔 254.3 米，位于虎山镇史家泊村村北，最低点天海湾，位于好当家集团工业区，海拔 2.9 米。属暖温带季风型湿润气候，年最高气温 33℃，最低气温-13℃，年平均气温 11.5℃，无霜期 220 天，四季宜人。虎山镇海岸线长 30 公里，拥有海珍品天然养殖牧场 8 万亩，是全国水产养殖标准化示范区，主要以海参、鲍鱼、海蜇、对虾等海珍品为主。其中，海参养殖规模 6 万亩，是国内面积最大的海参养殖基地，年可产鲜参 500 万斤，海蜇、对虾、鲍鱼等海珍品 1000 万斤。

2013 年，全镇实现地方财政收入 3034 万元，同比 2012 年增长 8.8%，完成年度计划的 51.6%；固定资产投资 18.5 亿元，同比 2012 年增长 22%，完成年度计划的 51%。截至 2013 年，共有耕地 6.33 万亩，园地 0.39 万亩，林地 1.7 万亩，草地 2 万亩。2013 年，全镇农村总收入 11.5 亿元，农民人均纯收入 10047 元。粮食作物以小麦、玉米为主。畜牧养殖业以狐狸、水貂特色养殖为主体，兼有养猪、牛、羊等。2013 年末生猪饲养量 1.2 万头，存栏量 0.8 万头；牛羊及毛皮动物饲养量 12 万只；家禽年饲养量 18 万只。拥有大型农业机械 260 台套。已形成了以食品加工、针织服装、粮油机械、港口物流、船舶制造、远洋捕捞、石材加工、水产养殖等产业为主体的新型经济格局。有亚洲最大的工厂化海珍品养殖基地，有面积 6 万平方米的冷冻食品城，有威海市镇级第一家上市公司和国内第一家水产养殖业上市公司。

（二十）莱芜市莱城区雪野镇

雪野镇，于2001年1月由原上游、雪野、鹿野三乡镇合并而成。雪野镇位于莱城区北部，面积223平方公里，人口4.7万人。该镇地处莱芜市北部山区，北接章丘、东临淄博，为古代锦阳关之要塞。境内物华天宝，人杰地灵，物阜人丰，交通便利。

雪野镇经济和各项社会事业蓬勃发展，建成了一个以旅游业为龙头，以生姜种植、渔业养殖及林果多种经营为基础，第三产业快速发展的新兴旅游城镇。以房干、孔雀山、小三峡、雪野水库、马鞍山、齐长城、吕祖泉为主的旅游业已颇具规模，并以此带动了第三产业的快速发展；生姜、花椒、网箱养鱼已成为群众增收的主渠道，人民生活水平日臻富裕，2004年全镇工农业总产值达到25668万元，农民人均纯收入达到3658元。

2001年被评为国家AA级景区；2003年通过了国家AAA级景区初评和“全国农业生态旅游示范点”的初评验收；孔雀山风景区开发的海龟攀崖、海豹石等景点成为一道独特的风景；马鞍山旅游区开发了神石椅、仙人桥、飞来石、一线天等多处新景点；雪野小三峡风景区2003年已完成投资500多万元，开发了三峡、老龙弯、三叠瀑、青龙潭等20处景点，吸引了各地旅客前来观光旅游。

在进行风景区开发建设的同时，加强对各景区的管理，成立风景区管理办公室，建立健全了管理制度，并抓好景区管理人员的培训，树立了景区的良好形象。2002年，雪野镇实现旅游收入2100万元，从业人员达到2000多人；2003年十一黄金周期间共接待访客15万人次，实现门票收入1200万元，旅游业已成为雪野镇经济发展的支柱产业。

（二十一）临沂市蒙阴县岱崮镇

岱崮镇境内平均海拔500~1000米，年平均气温12.8℃，年平均日照2469.4小时，日照率为55.7%，年平均降水量782.4毫米，无霜期174天。岱崮镇是齐鲁名镇，坐落于山东省临沂市北部沂蒙山区腹地，是中国第五大地貌——岱崮地貌的核心地，享有“天下第一崮乡”的美誉。

岱崮是经亿万年地质演化而形成的一种特殊地质构造，属于不可再生的稀缺资源。2007年中科院组成课题组系统研究认为蒙阴县岱崮镇是中国崮型地貌最典型的区域，遂将此类地貌命名为“岱崮地貌”，成为继张家界地貌、喀斯特地貌、嶂石岩地貌、丹霞地貌之后的中国第五大造型地貌。

岱崮镇总面积180.7平方公里，辖42个行政村，5.3万人，其中，耕地面积5万亩，经济林面积10万亩。2004年被农业部授予“中华蜜桃第一镇”称号。

以蜜桃、花椒、香椿、红薯、畜牧养殖为主的农业八大基地建设初具规模。岱崮镇昼夜温差大，地下水位低，光照充足，无污染，最适合蜜桃生产。全镇各类经济林面积已达10万亩，其中无公害蜜桃8万亩，年产优质蜜桃2亿千克。

全镇花椒种植面积8000亩，年产优抚花椒1600千克。全镇民营经济得到快速发展。岱崮镇已形成了以白厂丝、玛钢管件、花岗岩开采加工、绒毛加工为主门类较为齐全的民营经济体系，经济实力和效益有了显著增长。华盛绒毛、圣美绒毛两家企业年加工兔毛羊绒200千克，实现产值4000万元。全镇大理石矿产储量1亿立方米，矿石开采加工企业19家，年产优质板材20万平方米。

（二十二）枣庄市滕州市西岗镇

西岗镇位于山东省滕州市西南部，东西长 14 公里，南北长 8.3 公里。西与微山县留庄镇接壤，南与微山县欢城镇毗邻，东邻鲍沟镇，北邻级索镇，东北一隅隔郭河与洪绪镇相望，西南一角与昭阳湖吻连。西岗镇镇政府位于北纬 34 度 98 分 5 秒，东经 117 度 3 分 45 秒。

西岗镇镇域面积 79.8 平方公里，辖 72 个村居，总人口 13.1 万人（2015 年）。2014 年实现生产总值 106 亿元，同比增长 17.9%；完成地方财政收入 6.23 亿元，增长 11.1%，工业主营业务收入 123.9 亿元，利税 10.6 亿元。

西岗镇有着“全国重点镇、全国小城镇综合改革试点镇、全国创先争优先进基层党组织、全国千强镇”等 16 项国家级荣誉称号。

2010 年，西岗镇生产总值达到 89.2 亿元。截至 2014 年，西岗镇实现生产总值 106 亿元，比 2010 年增长 17.9%；完成地方财政收入 6.23 亿元，增长 11.1%，工业主营业务收入 123.9 亿元，利税 10.6 亿元。

截至 2010 年，全镇实现农业总产值 5.71 亿元。其中种植业 18623 万元、林果业 10644 万元、畜牧业 15878 万元、渔业 8291 万元。全镇第二产业实现产值 29.3602 亿元，实现利税 8.44 亿元。仅第二产业销售收入就达 16938 万元以上。截至 2010 年，全镇第三产业实现年创产值 14.2041 亿元，实现利税 17959 万元。到 2010 年，全镇个体工商户达到 3000 户，仅年创税收就达 1800 多万元。

截至 2015 年，全镇共有中小学 87 所，362 个教学班，教职员工达 1 万人，在校生达 9 万人。其中有 35 处学校达到市级规范化学校标准，17 所学校达到了滕州市级规范化学校标准，中小学教师学历达标率达 98.5%。

二十、四川省

（一）成都市郫县德源镇

德源镇隶属于四川省成都市郫都区，地处川西平原腹心地带，位于成都市近郊，是郫都区的南大门，距成都市区仅 5 公里，距郫都区城区 1.2 公里，距温江县城 6 公里，成灌高速公路和郫温快速通道的建成，更缩短了德源与成都市区的时空距离，全镇辖区面积 26.5 平方公里，辖 16 个村，108 个社，总人口 2.03 万人。

2006 年完成全口径税收收入 1754 万元；固定资产投资 23292 万元；实现工业投资 8022 万元，占全社会固定资产投资的比重为 34.4%；完成技改投资 6010 万元；规模以上工业增加值完成 20925 万元；实现农业增加值 9572 万元；农民人均纯收入实现 5263 元；招商引资共引进项目 22 个，其中新引进项目 14 个，续建项目 8 个，项目总投资 70600 万元，实际到位资金 18809.49 万元。2007 年实现全口径税收 1991 万元；实现全社会固定资产投资总额 14312 万元；规模以上工业增加值实现 17000 万元，实现全口径工业增加值 21000 万元，实现农业增加值 9811 万元，实现农民人均纯收入 5789 元，新增土地流转面积 2200 亩；向工业集中发展区引进项目 4 个以上，到位资金 13000 万元，其中，市外资金 8000 万元。

德源镇大力发展绿色大蒜基地化建设，已建成以东林村、义林村、平城村等为主的大蒜标准化生产基地，现已辐射到友爱、红光等镇，并在镇、村成立大蒜产业协会和营销协会。生产的大蒜获得了绿色食品标志使用，同时注册了“德源牌红七星”大蒜商标。

（二）成都市大邑县安仁镇

安仁镇地处成都平原西部，距成都 39 公里，距双流国际机场 36 公里，距大邑县城 8.5 公里。面积 56.9 平方公里，其中规划面积 7.07 平方公里，拓展区面积为 8 平方公里，城镇建成区面积 6.8 平方公里，农民集中居住区 14 个，总人口 7.66 万人，城镇人口 4.7 万人，城镇化率 62%，辖 28 个村（社区）。

安仁镇位于亚热带湿润季风气候区内，气候温暖湿润，热量充足，降水充沛，夏无酷暑，冬无严寒，四季分明，非常适合发展全天候的四季旅游。境内年平均气温为 16.0℃（平坝区），1 月平均气温 5.5℃，7 月平均气温 26.1℃，极端最低气温-4.8℃，极端最高气温 35.1℃。无霜期多年平均为 284 天。平均年降水量 1098.2 毫米。

2010 年以来，安仁镇坚持以“文博立镇、旅游强镇、教育名镇、都市农业”为发展战略，先后引进投资 5 亿元，修建占地面积 500 亩的蓬莱庄园；投资 8 亿元，修建占地面积 863 亩的川师影视学院；投资 3.6 亿元，修建占地面积 100 亩的砚湖文化广场；投资 15 亿元，修建占地面积 176 亩的庄园文博古玩市场，该项目预计 2017 年建成，建成后将形成西南地区最大的古玩艺术品交易市场。

安仁古镇枋心区浓缩了川西近代史的百年风云，拥有全国闻名的重点文物保护单位、国家 AAAA 级旅游景区——刘氏庄园，中国最大的民间博物馆聚落、国家 AAAA 级旅游景区——建川博物馆聚落及省（市）级文物保护单位刘湘公馆和刘文辉公馆。总共有保存完好且中西合璧的老公馆 27 座、现代博物馆（含展示馆）27 座、文保单位 16 处、藏品 800 余万件、国家一级文物 166 件，现存文物的价值和规模、拥有博物馆的数量在全国同类小镇中已是首屈一指。

（三）攀枝花市盐边县红格镇

红格镇隶属于四川省攀枝花市盐边县，位于县城东南部，辖区面积 160 平方公里，镇域内现辖红格、昔格达、金河、新隆、益门村、永益村、春林村、椏谷村、长坪村 9 个行政村、40 个村民小组，2 个社区居委会，2012 年区域总户数 6881 户，总人口 20273 人。

红格镇地势北高南低，西向北为浅丘平坝，金沙江河谷地段，东部为中山山地，南面为金沙江干热河谷稀树灌丛草坡。年平均气温 20.5℃，年日照时数 2700 小时，年平均降雨量 850 毫米，空气相对湿度为 59%。总耕地面积 1000 万平方米，其中田 293.33 万平方米，地 71 万平方米，农民人均耕地面积 773.72 平方米。林地面积 3186.87 万平方米。主要农产品有水稻、玉米、脐橙、桂园、荔枝、芒果、石榴、蔬菜、生猪、禽类、鱼类。

2012 年红格镇生产总值 51160 万元，同比增长 26.8%，其中第一产业增加值 7800 万元，同比增长 14.2%；第二产业增加值 31184 万元，同比增长 28.5%；第三产业增加值 12177 万元，同比增长 14.7%。人均 GDP 为 2.52 万元，农民人均纯收入达 6843 元，同比增长 21.4%。三产比例为 16：60：24。

2012 年底，规划范围内总人口 20273 人，其中城镇人口 7500 人，城镇化率 37%，高于全县城镇化水平。城镇建设总用地约 238.74 万平方米，其中已征待建用地 64.97 万平方米，旅游度假用地 106.7 万平方米，现状建设用地 67.07 万平方米，人均 89.43 万平方米。其中居住用地 17.79 万平方米，人均 23.72 平方米，占现状建设用地的 26.52%；工业用地 5.68 万平方米，人均 7.57 平方米，占现状建设用地的

8.47%；公共服务用地 25.05 万平方米，人均 33.40 平方米，占现状建设用地的 37.35%；道路与交通用地 7.71 万平方米，人均 10.28 平方米，占现状建设用地的 11.50%；公共绿地 0.22 万平方米，人均 0.33 平方米，占现状建设用地的 0.29%。

（四）泸州市纳溪区大渡口镇

大渡口镇位于泸州市纳溪区西北部，是纳溪西部的中心镇。距泸州市区 40 公里，距纳溪城区 19 公里，距宜宾市江安县县城 20 公里，地理位置优越，区位优势明显。北有长江黄金水道，纳江路穿境而过，水陆交通方便。镇区地势较平坦，用地条件好。

1951 年划入纳溪县设人民乡，后建大渡口镇，1992 年和丰乡、来凤乡并入。位于区境西北部，距区政府 19 公里。1997 年，面积 126.9 平方公里，人口 3.6 万人，辖勤耕、光明、民强、永利、双龙、民生、清溪、大坪、大凹、玉村、平桥、栗木、银地、天堂、象鼻、共和、鹿羊、双河、青龙、红联、金竹、太和 22 个行政村和大渡、和丰、来凤 3 个居委会。

结合大渡口镇实际，镇党委、政府提出用 3~5 年时间把大渡口镇建成纳溪区的“工业重镇、商贸大镇、农业强镇、旅游名镇”，并把突出工商业发展、做好“物流”“酒业”和“化工”三篇文章作为重点常抓不懈。全镇共有企业 46 家，其中固定资产投资 100 万元以上的企业 26 家，从业职工 6000 多人，规模以上企业销售收入达 5.225 亿元。

该镇依托千余口闲置优质窖池优势，引进了华明酒业公司、巴蜀液酒业、八仙液酒业等酒类企业 12 家，2007 年，酒类企业销售收入达 4.75 亿元。依托 8 公里长江岸线优势，引进金先商贸公司等物流企业 10 家。大渡口港务公司和鑫源货场已初具规模，现有货场及机具已具备年中转 100 万吨仓储和装载能力。

（五）南充市西充县多扶镇

多扶镇位于西充东南部，旧名多宝寺，距县城 10 公里，距南充市也仅 20 公里。多扶镇辖区面积 25.2 平方公里，总人口接近 18000 人，城镇人口近 8000 人，是西充县的农业重镇、经济强镇、文化人镇。镇区各项基础设施渐趋完善，小城镇建设初具规模，已扩建城区近 2 平方公里，其“五街”“四路”9 条大街全面实现硬化、绿化。有线电视覆盖全镇，电信、移动、联通等通信公司均在场镇建有基站。该镇交通便捷，场镇中心有车站 1 个，多扶至南充市内的 20 路公交车每隔 15 分钟发一班车，把多扶与南充中心城区紧紧连在一起。镇内不仅有国道 212 线东西横穿 8 个村，还有两条县道纵贯南北。正在建设中的广南高速公路是国家路网兰州至海口高速的一段，它经过多扶中心场镇，与国道 212 线相衔接。多扶镇内有 2000 平方米的农贸市场，年贸易额达 2500 余万元，已成为顺（庆）西（充）经济走廊一重要的物资集散地。

2011 年以来，多扶镇围绕城镇建设、工业建设、文化旅游建设，致力将多扶镇打造成“西充城市副中心、连接南充的桥头堡”。多扶镇已经引进或发展出一批独特的项目，城镇发展产业优势日益凸显。

2014 年，计划投资资金近百亿元，打造华严玉佛城及凤凰山佛教文化项目、川北医学院健康产业园等项目。其中，计划投资 18 亿元的华严玉佛城项目建设占地约 1560 亩，正按照“一轴、六段、两园”的布局，加紧建设十玄门、五祖塔等玉佛园景；计划投资 20 亿元的川北医学院健康产业园项目，将建设成为辐射川东北的养生养老健康中心；而计划投资 30 亿元的川东北游乐场项目也将提上日程。而占地面积约1500余亩的多福古镇项目，目前已经初具雏形。

（六）宜宾市翠屏区李庄镇

李庄镇隶属于四川省宜宾市翠屏区，位于酒都宜宾东郊19公里处的长江南岸李庄坝，面积71平方公里，其中城镇建成区约2平方公里，李庄古镇核心保护区0.46平方公里，辖21个村委会和4个居委会，总人口4.3万人。

李庄镇素有“万里长江第一古镇”的美誉，作为中国“抗战”大后方的四大文化中心（重庆、成都、昆明、李庄）之一，坚持文化抗战的四川李庄，被誉为“中国文化的折射点、民族精神的涵养地”。李庄镇先后被评为国家历史文化名镇、全国环境优美乡镇、国家AAAA级旅游景区、国家级小城镇建设试点镇、四川省百镇建设试点镇、全国首批特色小城镇。

李庄古建筑群规模宏大，布局严谨，体现了明、清时期川南民居、庙宇、殿堂等建筑特点。有大量特色的庙宇、殿堂、古戏楼，如明代建筑、全国重点文保单位旋螺殿，省级文保单位东岳庙、张家祠以及慧光寺、玉佛寺等古建筑（“九宫十八庙”），均具有极高的考古和欣赏价值，其上的木雕石刻艺术更极具代表性。

李庄镇的特产李庄白肉，全名为李庄刀口蒜泥白肉，是历史文化名镇李庄的汉族传统美食，选用皮薄肉嫩、肥瘦比例恰当的“长白山”或“约克”或“巴克夏”猪肉，加上多种酱料制成，有清香爽口、肥而不腻、咀嚼化渣等特点。

李庄白酒是以本地盛产的高粱为酿酒主料，经传统工艺发酵蒸煮后获得原酒，再经一段时间的存放和勾兑后才作为商品酒出售。这种用粮食酿制的白酒饮后不上头，有“李庄五粮液”之美称。

李庄白糕是采用优质糯米经炒熟后，加进一些能帮助消化的中药材如淮山等，再磨成细粉加入白糖后，用模具压制成型，若是加入炒熟磨细的芝麻则称为“麻糕”。

（七）达州市宣汉县南坝镇

南坝镇隶属于四川省达州市宣汉县，位于四川盆地东北部，大巴山南麓，距宣汉县城32公里，东与五宝镇、天台乡相接，南邻上峡乡、西靠下八镇，北接峰城镇。南坝镇辖区面积143.5平方公里，海拔340~1100米，有耕地49407亩。截至2016年，辖7个社区，24个村，总人口16.2万人。城镇规划面积15平方公里，建成区面积6.8平方公里，城镇常住人口7.2万人。

2015年，南坝镇实现地区生产总值15.3亿元，增长11.9%，其中第一产业收入5.2亿元，工业总产值实现5.3亿元，第三产业收入突破4.8亿元，三次产业结构比例为3.4∶3.5∶3.1。全社会消费品零售总额9.85亿元，城镇居民人均可支配收入14170元，农村居民人均可支配收入6985元。

2015年，南坝镇人口自然增长率5.38‰，发放独子奖励资金65.86万元。建成31个村（社区）阵地和便民服务站，惠民帮扶覆盖率达100%。新建社会养老公寓1个、日间照料中心4家。五大社会保险参保人数10.2万人，新农合参合率达100%，新农保参保率完成下达任务达130%，城镇医保参保率完成下达任务110%。规范城乡低保动态管理，8743人享受低保补助；1632人次享受大病医疗救助。40名职业技术学校在校生接受“雨露计划”资助。重点优抚退伍军人938人。

南坝镇的牛肉制品统称宣汉牛肉，宣汉县黄牛被列入世界优良牛种名录，肉质特佳，有五香牛肉干、麻辣牛肉干、香油牛肉片、牛肉松等23个产品。宣汉牛肉色彩红黑透亮，五香川味，食后回味绵长。高蛋白、低脂肪，营养丰富。

（八）成都市郫都区三道堰镇

三道堰镇位于成都市郫都区北部，成都市西北部，占地面积18.62平方公里，距成都市22公里。三道堰镇因用竹篓截水，做成三道相距很近的堰头导水灌田而得名，是一座具有一千多年历史的川西古老小镇，历史上是有名的水陆码头和商贸之地。水润成都府，思源三道堰。国家级二级公路郫彭路和成彭快铁纵贯南北，沙西线横跨全镇。

2011年3月，被县委、县政府确定为世界生态田园城市建设示范镇之一。先后荣获全国环境优美乡镇、省级城乡环境综合整治环境优美示范镇、省级园林城镇、省级卫生镇、省级绿化模范单位、市级二星级平安镇、成都市十大魅力城镇和成都市十佳休闲旅游城镇等殊荣。

特色工业稳步发展。镇内有西南地区最大、保障成都市90%饮用水的成都市自来水六水、我国城市基础设施第一个BOT供水项目及配套的助洌净水剂公司和泰克电器、嘉兴精密铸钢等规模以上企业及鑫鸿望食品、名匠木业等食品、制造工业项目。

特色农业卓有成效。全镇紧紧围绕“产业、人气、商气聚集”，依托“一城两河三线”战略，以城镇建设凸显川西民居水乡风格为特色，以打造滨河文化休闲旅游为重点，以夯实“三线”经济基础支撑，重点引进实力强、档次高、品牌好的旅游餐饮项目、乡村酒店、会所、运动休闲、水上娱乐等服务业项目，全面打响休闲旅游品牌战略，充分聚集人气和商气，把三道堰打造成集餐饮、旅游、居住、兴业于一体的“成都丽江·水街水巷”休闲旅游新市镇，促进社会事业和谐健康发展。

（九）自贡市自流井区仲权镇

仲权镇隶属于四川省自贡市自流井区，面积35.33平方公里，人口3.1万人，拥有耕地面积16253亩，是传统的农业大镇，其中，冬水田10697亩，土5556亩，共有劳动力13960个。水利资源：共有山平塘314口，小一型、小二型水库12座。其中，镇管水库——王岩水库和马尔岩水库，一般正常年蓄水404万立方米。另有区管水库一座——双龙水库；电灌站13座，有效灌溉面积3800亩；渠道35公里。资源丰富、幅员辽阔，是传统的农业大镇，典型的近郊商贸型中心镇。

仲权镇是卢德铭革命烈士和李仲权烈士的故乡，因纪念李仲权（又名李家勋）烈士而得名。有各类文物古迹26处，其中卢德铭故居、卢德铭烈士事迹陈列室为重要的爱国主义教育基地。

仲权镇以彩灯文化为核心，围绕中国特色彩灯小镇定位，建成彩灯文化创意园、彩灯艺术园、创意教育园三大园区，着力打造彩灯文化创意产业和相关旅游产业。

民营企业发展迅速。民营企业主导产品和行业以包装、竹制品、五金建材、淹腊、印刷等为主。2004年国民生产总值11017万元，增长速度为22.56%。

农业产业化亮点突出。一是坚持稳粮调结构的思路，继承并进行农业结构调整，促农增收。镇政府主要抓了“三大基地”的典型示范作用和建立种养殖协会工作，通过建立“黄家大棚蔬菜种植示范基地”“仲权村1000头生猪养殖场示范基地”“群光村种草养育种养殖示范基地”和建立“生猪养殖协会”“蔬菜种植协会”“花椒协会”等基地标榜的带动辐射作用与协会的指导协调服务作用，推动了全镇农业产业结构的调整，带动了大多数村和绝大多数农户进行农业结构调整，并为一些农民在养猪、种蘑菇、猪鸭套养等方面带来了可观的效益。二是认真落实了中央的各项减负政策，实现农民减负增收。三是大力发展劳务输出。在贯彻中央“一号”文件精神上，能够取得以上的成绩，主要采取了以下措施：①组织干部认真学习，宣讲中央“一号”文件精神；②统一党政一班人的思想和认识，坚持充足镇情，结构调整抓特色、抓突破；③抓招商、抓机遇；④抓协调、抓服务。

商贸繁荣。仲权镇原名双石铺，过去是自贡到宜宾传统交通线路上的驿站，多年以来都是商贸集散地，是这里的中心城镇。利用双石铺处于这一带中心城镇的优势和省、市试点小城镇的政策优势，按市规划局的总体规划，加快小城镇建设步伐。黄家竹木市场，为群众购物交易提供了方便，促进了镇政府经济发展的繁荣。坚持在每月8日，组织干部、群众开展创人居环境整治清扫市街和周边道路清洁卫生活动，为群众创造良好的居住环境。通过为民办实事，密切了党群、干群关系，在一些工作上得到了大家的支持与配合，也为推动镇的经济发展起到了促进作用。

（十）广元市昭化区昭化镇

昭化镇隶属于四川省广元市昭化区，位于广元市中部，昭化区西北部，嘉陵江与白龙江在此交汇，介于北纬32度11分至32度22分，东经105度33分至105度48分，辖区面积41.95平方公里，辖2个社区、8个行政村，2008年总人口18257人。镇政府所在地位于广元城区以南20公里处，常住人口3500人，其中非农业人口1301人。

交通发达，通信便捷。成（都）普（济）铁路、广巴公路横穿东西，国道212线、嘉陵江纵贯南北，区内108公里环线公路连通28个乡镇，距广元飞机场28公里。万门程控电话和移动通信开通，长途通信进入全国联网，实现了国内国际直拨。

昭化建制及建城已有2000多年历史，西周时为郜国都邑，春秋战国是苴国都城，秦灭苴后置葭萌县，是四川最早建县之地，北宋时以宋太祖钦赐“昭示皇恩，以化万民”得名昭化县，直至1959年撤县。民国时置城厢镇，1955年为曲回乡，1985年改建昭化镇。

昭化镇的经济是以农业为主的自然经济，以蔬菜、粮食为主要产品。全镇工业产值占全镇国民生产总值的27.4%，第三产业占全镇国民生产总值的20.9%。

2006年昭化镇GDP达8449万元，农民人均年纯收入2100元。昭化镇2008年保持以农业为主的自然经济，以蔬菜、粮食为主要产品，以农业为主的第一产业产值所占比重为51.7%，工业产值占全镇国民生产总值的27.4%，第三产业占全镇国民生产总值的20.9%。

昭化镇是川北蜀道旅游的重要组成部分。2008年昭化古城被建成国家AAAA级旅游景区，也被建成“中国历史文化名镇”。昭化古城被公认为剑门蜀道上的一颗璀璨明珠，旅游品位高，具有广阔的开发前景。古城门、古城墙、费祎墓、桔柏古渡、天雄关、牛头山、人头山、金牛古道等留下了许多令人遐想的传说。此外，还有太公红军山、柏林沟古镇、紫云湖、平乐寺、将军岭等众多旅游资源。平乐景区有“利州”后花园之誉；太公红军山是全省100个红色文化旅游经典景区之一，是广元市爱国主义教育基地。

（十一）成都市龙泉驿区洛带镇

洛带镇位于四川省成都市龙泉驿区，是一个客家古镇，于三国时期建镇，相传因蜀汉后主刘禅的玉带落入镇旁的八角井而得名“落带”，后因“落”“洛”同音，后人取镇名为洛带。

唐宋时，洛带隶属成都府灵泉县，排名东山“三大场镇”之首。洛带镇的出名是近年来的事，吸引人之处则是生活在这里的客家人、特色的美食以及浓郁的客家风情。

洛带镇是成都东山客家人聚居之地。至今生活在这里的人们，都是清朝前朝“湖广填四川”的大移民潮从福建迁移而来的客家人。勤劳、诚朴的客家人在旷无人烟、人生地不熟的土地上垦荒务农，世代创业。使得洛带古镇至今保留着客家人的乡音、乡貌、乡情、乡风。

如今居住在镇上的2万多居民中，90%以上的为客家人，至今仍讲客家话，沿袭客家习俗。全镇辖区面积20平方公里，以老街为中心，而洛带镇周围十几个乡（镇、街道办）还聚居着约50万客家人，占当地人口总数的八成以上。

这个小镇的最大特色，就是有成都坝子最大的一方客家文化“码头”，来自广东、湖广、江西、川北等地的客家人，经过许多代，依然保持各自的传统、语言、习惯，成为川人中的特色一族，还保存了带有客家人风格的建筑——客家会馆。目前尚保存的会馆有广东会馆、川北会馆、湖广会馆、江西会馆等，其中广东会馆规模最大，也最能代表会馆建筑特征。

（十二）眉山市洪雅县柳江镇

柳江镇位于洪雅县西南腹地，距离县城35公里，在洪雅至瓦屋山景区、七里坪省级旅游度假区、桃源温泉的交通枢纽上。东邻花溪镇、南接瓦屋山镇、西临雅安雨城区晏场乡、北跨玉屏山与东岳镇接壤，辖区面积达160.34平方公里，森林覆盖率达72%，耕地面积9000余亩。柳江镇辖9个村、1个社区、69个村民小组、4个居民小组，总人口2.08万人，其中场镇人口0.45万人。

柳江镇是历史文化名镇，是具有吊脚楼建筑风格的古镇，民族文化融合特色明显，人文资源丰富，历史文化底蕴厚重、独特，是旅游开发的理想之地。柳江镇的发展要以旅游为中心，通过对柳江古镇的打造可带动柳江的经济乃至全县经济的发展。

柳江古镇建于南宋十年，距今800多年历史，是四川十大古镇之一。距成都150公里、瓦屋山50公里、峨眉山36公里。古镇背靠峨眉山、瓦屋仙山，侯家山、玉屏山拱卫左右，杨村河、花溪河拥镇而过，向北流向美丽富饶的锦绣花溪坝。这里有川西风情吊脚楼、中西合璧曾家园、访古寻悠水码头、亲水临河古栈道、百年民居汇老街，还有圣母山碑林、世界第一大睡观音、108棵千年古树等特色景观。

柳江镇以临河弯曲天生的古榕树为依托，建筑物隐现于绿树丛中，其中临河面建筑间有胸径0.8~2米的名木古树85株。在浓荫下沿河出现的是别具一格的吊脚楼小木屋，江水清清，穿镇而流，因为青山绿树的铺垫，成功地塑造了一座山水绿树与吊脚楼木屋相辅相成的美丽场镇。

（十三）甘孜州稻城县香格里拉镇

香格里拉镇位于四川省甘孜藏族自治州稻城县城南部71公里。北与赤土、巨龙乡相连，南邻各卡乡，东与蒙自、俄牙同乡和木里县水洛乡交界，西与木拉乡接壤。面积736平方公里。乡政府驻呷拥村，北纬28度33分，东经100度20分，海拔2980米。辖呷拥、仁村、俄初3个村民委员会，16个村民小组，25个自然村。境内有风景优美的亚丁国家级自然保护区，距亚丁景区34公里，距俄初山景区25公里，距卡斯地狱谷景区60多公里。

香格里拉镇是“中国香格里拉生态旅游区”的核心、“香格里拉之魂”，是拥有完美的自然景致、浓郁的康巴风情、优越的生态环境与完美的旅游服务设施的国际精品旅游小城镇，是稻城旅游的支撑点和稻城南部地区的中心镇。香格里拉镇位于稻城县南部，大部分地区海拔为2700~3500米，集镇用地海拔约2800米。乡域内山脉纵横延绵。除仙乃日、央迈勇、夏诺多吉三座雪山以外，乡域内主要山峰有额翁山、瓦冲山等。境内河流主要有俄初河、赤土河。全镇461户，村内人口2771人，以藏族为主。

香格里拉镇是四川省“北有九寨黄龙，南有稻城亚丁”旅游发展战略的核心支撑点和旅游主接待中心，具有浓郁的“藏区特色、稻城特点”，有“国际精品旅游小镇，雪域高原璀璨明珠”之称。

香格里拉镇坚持“神山旅游全域化、藏镇藏村特色化、文旅产业融合化”的产业发展思路，加快推进农业供给侧结构调整。“一三联动”本着结构调优、效益调高的原则，结合旅游发展现代乡村休闲旅游，逐步打造一批结构调整亮点。同时，环境风貌建设坚持绿色优先，以自然风貌为基，建设生态宜居小城镇。

（十四）绵阳市江油市青莲镇

青莲镇隶属四川省绵阳市江油市，距江油市区12公里、绵阳市区23公里，辖区面积23.4平方公里，辖7个行政村、1个社区居委会，56个村民小组，2.1万人。青莲镇是我国唐代伟大浪漫主义诗人李白的出生地，是当今世界上反映李白文化最完整、最集中的地方，是绵阳市重点打造的“国际诗歌小镇”。有“诗仙”李白遗迹陇西院、洗墨池、磨针溪、石牛沟、粉竹楼等；有国家AAAA级景区太白碑林、太白祠、金樽广场；有李白衣冠冢——明贤祠；有李白胞妹李月圆墓。

青莲镇作为李白文化的主要承载地，按照“旅游强镇”目标，以李白文化遗存为依托，以和谐的山水生态建设为先导，围绕“诗意中国·诗歌小镇”的发展战略定位，建设集“旅游观光、朝拜诗仙、诗歌诵读、休闲体验、健康养老、美丽乡村”于一体的宜居、宜业、宜商、宜旅的现代文化休闲小镇，强力打造李白文化产业园。诗歌小镇逐步成为全国最大的李白文化体验基地、爱国主义教育基地，世界最大的诗歌文化集中展示基地和交流平台。

青莲镇农业以种植水稻、小麦、玉米、红苕等粮食作物和油菜、花生、蔬菜、水果、生姜等经济作物为主，盛产蔬菜。2001年，全镇粮食总产量达4590.95吨，油料产量326.41吨，名优水果310.73吨，工业产值达到10550万元，同比增长17.7%，销售收入1065万元，同比增长18%，利润总额实现480万元，同比增长26.3%，入库税金144万元，同比增长41%。劳务输出有序开展，2001年举办劳务输出培训6次，培训500人次，向镇外输送劳务人员4551人，在镇内务工的人员达2035人，劳务总收入2665万元。

（十五）雅安市雨城区多营镇

多营镇隶属四川省雅安市雨城区，位于市境西部，距市区3公里。面积32.4平方公里，辖6个村、37个村民小组、2812户，共7814人。多营镇先后获国家级重点示范镇和国家文化产业示范基地。国道318线、108线在此相交。乡镇企业有建材等厂，商贸、运输、饮食服务较发达。农业主产水稻、小麦、玉米、油菜籽，兼产菜籽。特产有天麻、猕猴桃。境内青衣江产珍稀冷水鱼类——“雅鱼”。

多营镇是“黑茶鼻祖”藏茶的发源地和千年川藏茶马古道的起始地，产业定位：

建成中国藏茶文化创意研发产业基地和具有国际影响力的藏茶产业综合体，发展“重温西康往事、品读千秋藏茶、感悟雅味春秋”的文化创意产业群。

镇域内既有河谷冲积平坝，又有丘陵和山区，距成雅高速公路出口仅100余米，国道318线（川藏公路）穿境而过，过境长度约15公里，东至成都只需1小时车程，西可入滇、藏、岑，是历代兵家必争之险要重镇。

经过多年的建设和近几年的开发，目前已成为川内几条黄金旅游线的必经之地。此地原名黄草坪，相传蜀汉三国时期，诸葛亮带兵南征，因在此扎营众多，故更名“多营坪”。西藏废帝二年（553年）为始州县治所（现右古城遗址），属附城乡。

（十六）阿坝州汶川县水磨镇

水磨镇距世界文化遗产古迹都江堰市34公里。全镇面积88.44平方公里，总人口1.2万人，共辖1个居委会，18个行政村，73个村民小组，其中农业人口10380人。是一个农业大镇，以种、养殖业为主。2002年，全镇经济总收入较上年增加168万元，农民平均收入较上年增加90元。近几年来，水磨镇党委、政府紧紧抓住国家退耕还林政策机遇，进行产业结构调整，大面积种植经济林果木，培育名、优、特农产品；运用积极的招商引资策略，大量择优引进企业；在大力发展旅游业等方面取得了喜人的成绩。

因地制宜，发展水果生产。水磨镇分别在白石、高峰、白果坪等村逐步建起了以黄金梨、猕猴桃、枇杷为主的水果基地。黄金梨299亩，猕猴桃489.5亩，枇杷246.2亩。认真落实退耕还林任务，广泛种植茶树、三木药材等。大量培植订单农业，不断扩大中药材的栽培规模。

逐步规范白石、高峰村以大黄、芍药、黄连为主的550亩以及刘家沟、灯草坪以川芎为主的400亩中药材基地建设，形成产、供、销“一条龙”的订单生产模式，让公司有效益、农民得实惠。其中，黄连生产量20000公斤，价格100元/公斤；大黄和芍药年产量175000公斤，价格10元/公斤；川芎年产量60万公斤，价格2元/公斤。充分发挥水磨畜产品的知名度优势，形成规模效益。

水磨镇地处亚热带盆周山区，气候湿润，年降雨量充足，自然、旅游资源丰富。现有都江堰青城山第十八景——黄龙庙宇，年平均游客为10000多人次，且该景点周围有50多亩荒山。2008年5月12日汶川地震以后，广东省佛山市对口援建水磨镇，根据规划，水磨被打造成独具羌族特色的旅游小镇。2010年11月6日，汶川县水磨镇被正式授予国家AAAA级旅游区。水磨镇还是一个长寿之乡。

（十七）遂宁市安居区拦江镇

拦江镇隶属四川省遂宁市安居区，面积62平方公里，辖31个村、294个社，有住户11030户，总人口5.2万人。拦江镇盛产水稻、小麦、油菜、棉花，棉花生产已成为一大支柱产业，被省政府列为棉花生产基地；拦江镇先后被列入全国重点镇、四川省“百镇建设行动”试点镇、四川省乡村旅游特色乡镇。

拦江镇域水资源丰富，新生湖、吊石岩水库、莲花湖三湖聚源的水乡环境为种植莲花提供了有利的自然生态条件。莲藕种植面积达1.2万亩（其中野生莲藕2000余亩），特色产品市场广阔，已形成包括“好吃嘴”食品、莲花老窖、荷叶切片、莲蓬、莲子、莲心等莲藕衍生产品在内的特色产业体系。种植观赏莲花品种达700余种，是遂宁市“世界荷花博览园”的重要莲花生产基地。莲花种植及其关联产业已成为拦江镇脱贫致富的主导产业。

拦江镇位于四川盆地的东部，安居区西部，处于两市（遂宁市、资阳市）三区县（安居区、大英县、乐至县）交界处，距遂宁市城区70公里，距安居城区43公里，距大英30公里，距资阳市乐至县30公里。东邻中心镇，南接保石镇，西连龙门镇，北靠莲花、步云两乡。河分线公路横贯其中，辖28个村民委员会，257个村民小组，1个街道居委会，5个居民小组。全镇辖区面积63平方公里，集镇现有建成区面积1.8平方公里，全镇耕地面积5.56万亩（基本农田47232.8亩、一般农田8335.97亩），全镇总人口5.1万人，其中，集镇人口2万余人（含流动人口），人口密度770人/平方公里，城镇化水平45.60%。全镇地属浅丘，海拔322~360米。拥有小型水库一座，中型水库两座，石河堰31座，山平塘266口，年总蓄水量4018万方以上，电灌站34处，装机容量1072千瓦。

（十八）德阳市罗江县金山镇

金山镇位于成渝经济区（成德绵经济带核心区域），南距德阳市36公里、成都市98公里，北距绵阳市19公里，位于罗江县境北部，距县城12公里。地理位置处于成都平原北端，地貌为浅丘地形（金山小盆地），场镇区域地势平坦，镇内最高相对地势80米。

金山镇交通便利，北通北京、西安，南至成都、昆明。公路方面：京昆高速公路（G5）、成绵复线高速公路（S1）环镇而过，国道G108穿镇而过。铁路方面：成绵乐高铁（西成高铁）、宝成铁路。机场：绵阳南郊机场（距25公里）、成都双流机场（距116公里）。

截至2010年底，罗江经济开发区（金山工业园）已与98家企业签订了投资协议，协议引资87.5亿余元。58家签约企业先后入驻园区并顺利开工建设，15家企业投入生产，园区产值达到8.65亿元。以塑胶工业建筑材料、机械加工、食品加工为辅的产业结构。预计园区还将新扩3平方公里，建成区达到8平方公里，新入驻企业30余家，总产值达到20亿元。到“十二五”末，建成区域达到15平方公里，规模以上企业达到200家以上，年产值达到150亿元以上，年创税收6亿元以上。

金山镇农业经济特色显著。土地肥沃，水源充足，农村劳动力富足，环境无污染，气候宜人，物产丰富。金山镇于2014年开始打造现代化观光农业产业园，依据金山镇的气候、土壤、地理特征等实际条件将产业园划分为优质果蔬生产基地、名贵园林园艺基地、特色养殖产业基地和体验式乡村旅游基地共四个现代农业产业带。其中产业包括蓝莓、冬草莓、柠檬、柑橘、胭脂脆桃、玫瑰、牡丹、红豆杉以及中药材等现代农业。

（十九）资阳市安岳县龙台镇

龙台镇隶属四川省资阳市安岳县，因琼江河右岸最大支流龙台河及其支流汇聚而得名。位于安岳县境东北部，安岳县城区东部，距安岳县城区27.5公里。辖区面积48.15平方公里，辖21个行政村，214个村民小组，4个社区居民委员会。全镇总户数16441户，总人口38498人，其中农村人口为14862人。镇人民政府驻花园街。全镇现有耕地面积1942.2万平方米，其中田1204.47万平方米，地737.73万平方米。

境内地势西南高，东北低，属川中丘陵地带浅丘地貌，地势平坦。属亚热带季风湿润性气候，气候温和，四季分明，冬春多雨，全年无霜期300天，每年平均气温17.3℃，年总降雨量739毫米。森林覆盖率41%。琼江河右岸最大支流龙台河及其众多支流偏岩河、石羊河、龙西河水系分布均匀，于此汇聚并东北向出境，水资源丰富。经国家地质队勘探有较丰富的天然气、石油资源，且广产页岩，这是制机砖的上好原料。

龙台镇交通较为便利，国道 319 线、县道 866 线龙鸳旅游环线公路（龙台镇—姚市镇—通贤镇—卧佛镇—鸳大镇—国道 319 线）过境，龙偏公路（龙台镇—偏岩乡）连接南境。村村通公路，未来龙台镇交通建设规划，谋划 2 条出境路建设和 319 龙台绕场过境公路。

龙台镇是以农业生产为主的乡镇，盛产水稻、小麦、玉米等粮食作物；油菜、花生、西瓜等经济作物。水果主要有柑橘、脐橙、梨等。畜牧业发达，养殖生猪、金堂黑山羊、小家禽、家畜、淡水养鱼。柠檬产业是本镇农业产业化的主导产业。龙台镇也是全国的柠檬生产基地镇、生猪瘦肉型发展基地镇、资阳市“千万工程”示范镇。

（二十）巴中市平昌县驷马镇

驷马镇位于平昌县，省道 202 线穿境而过，距县城 32 公里，距巴中 53 公里。全镇辖区面积 105 平方公里，总人口 5.2 万人，劳动力 14680 个，辖 19 个行政村，3 个社区居委会，177 个农业社，2011 年镇内生产总值 2.8 亿元，农民人均纯收入 3850 元。

驷马镇是平昌县的北大门，也是平昌县经济发展最好的一个乡镇，巴中至达州高速公路由北向南穿过，20 分钟可到巴中市区和平昌县城，1 小时内可到达达州市区，坐落在驷马工业园区的西南最大的清洁能源基地——四川同凯能源有限公司（隶属中海油公司）总投资 100 亿元，一期已建成投入运营。驷马水乡新城规划为国家 AAAA 级景区，适合休闲旅游居住养老。

交通建设：强力推进“交通网络新镇”建设目标，采取“三统三分”的办法，用好用活“一事一议”，全面硬化雷驷、雷兰、雷澌、驷粉、驷高等镇道公路 36 公里，通畅率达 95%；硬化天生、创举、辉煌等村道公路 17 公里，铺筑泥结石路 32 公里，通达率 96%。对所有镇村道路实行专业道班养护，严格考核，对应奖惩，有效解决群众出行难问题。

城乡环境：坚持以城乡环境综合整治为契机，在场镇启动了“美化”“亮化”工程，实行任务到段、责任到人、投入到位、考核到天、惩处到顶的“五到位”工作机制，健全城管环卫组织机构，建立专业环卫队，明确责任。提高对“三场”（停车场、垃圾场、农贸市场）的环境整治力度，加强环卫清扫、保洁工作力度。加大对“三乱”（乱吐、乱丢、乱倒）等违章行为的监督执法力度，进一步完善环境卫生设施，机铺硬化了新驷街，提高环境卫生整体水平。坚持“五个一”机制，农村环境卫生有所改善。

农田水利：全镇修建微水池 260 口，建屯水田 100 亩，整治病害塘库 65 口，建集中供水 26 处，打机压井 520 余口；完成高升场镇人饮工程，桃园、柿园、天生等村人畜饮水入户，完成桃花村节雨节灌工程任务；完成天生、创举两村 100 亩的“水保工程”和雷山社区农业综合开发项目，切实解决“饮水难”问题。同时，加快塘库产权制度改革步伐，建立“以塘养塘”新机制，改变了塘库无人管、不能管、管不了的局面。

二十一、甘肃省

（一）兰州市榆中县青城镇

青城又名一条城，青城镇位于榆中县最北端，黄河南岸，距兰州 90 公里、白银

25 公里；总面积 137 平方公里，所辖 14 个村，71 个村民小组，总人口 2.26 万人，总耕地面积 1.44 万亩，人均耕地 0.64 亩。青城地势南高北低，地形呈狭长地带，属典型的黄河谷地；这里平均海拔 1450 米，年平均气温 10.2℃，年降雨量 300 毫米，无霜期 190 天。

青城镇是古丝绸路上的重镇。全镇拥有一个省级文物保护单位——高家祠堂；有三个县级文物保护单位：青城隍庙、青城书院、二龙山戏楼；有 60 多处保存较完整的明清时期的古民居四合院，有 400 多株百年以上的各类树木。除此之外，英雄武鼓、烧秦桧、柴山等独具特色的传统民俗活动，《西厢调》小曲、剪纸、刺绣等经久不息的民俗文化，青城长面、糁饭、陈醋和酸烂肉等具有地方风味的饮食，都可以让游人流连忘返。

青城镇位于兰州黄河下游 50 公里处，自古以来是西北商贸集散地。青城历史悠久，地理条件优越，历代文人墨客荟萃，商贾云集，会馆林立，创造了灿烂的青城文化，留下了许多珍贵的历史文化遗产和遗迹。据史料记载，唐朝在此修筑埪沟堡(旧城)，北宋仁宗年间，西夏王李元昊叛乱，时任秦州刺史的大将狄青为防止西夏入侵，凭借黄河天险，在唐朝埪沟堡的基础上增筑了新城。因为新城东西长，南北狭，故称“一条城”或“条城”。后来为了纪念狄青，将“一条城”改为青城。

（二）武威市凉州区清源镇

清源古称梗阳，始建于春秋，隋开皇十六年（596 年）置清源县。金大定二十九年（1189 年）于县之东境置徐沟县。1952 年 7 月，清源、徐沟两县合并，取两县县名首字，称为清徐县，县城在清源镇。全县辖 4 镇 9 乡，193 个行政村，211 个自然村，总人口 29 万人，其中农业人口 25 万人。全县有流动人口 7 万余人（主要集中在暖气片、焦化企业打工），人口密度约为每平方公里 460 人。

在率先发展大潮中，清源镇抢抓机遇、与时俱进，经济保持了持续快速发展的良好势头。形成了以煤焦化工、清洁能源、精密铸造、新型建材、科技产业为主导的现代工业，以大规模养殖牛、猪和以生物技术开发为重点的现代农业以及以商贸、运输为支柱的第三产业等三大特色产业。

清源镇工业以乡镇企业为主体，现已形成了食品加工、建材、铸造、煤焦、化工、机械冶金等多元发展的城郊型工业框架，是中国最大的暖气片生产基地、冶镁征税基地、食醋生产基地和优质冶金焦生产基地。暖气片年生产能力已达 1.5 亿片，产品销量占到全国的 2/3；食醋年产量达 5 万吨，创出了“东湖”“水塔”两大名牌。

2002 年以来，清源镇依托县城优势，以服务企业、服务农村为主线，响亮提出了“三年总量翻一番，财政收入超过亿元，三晋大地夺首镇”的率先发展目标。到 2004 年底，全镇工农业总产值完成 25.88 亿元，财政收入完成 4.37 亿元，较上年增长 270%；农民人均纯收入达到 4760 元，综合经济指标居全县首位，实现了“三晋大地夺首镇”的率先发展目标。其中税收上千万元的企业有 3 个（美锦集团、梗阳焦化、迎宪焦化），上百万元的有 10 个。

（三）临夏州和政县松鸣镇

松鸣镇地处大南岔河上游两岸。东南与广河县、康乐县接壤，南面是太子山林区，西接新庄乡，北邻达浪乡，平均海拔 2400 米。2008 年末，面积 67.001 平方公里，农业人口 3577 户、16599 人。东乡族、回族等少数民族约占总人口的 62.5%。辖 9 个行政村，113 个村民小组。镇政府驻吊滩村，距县城 10 公里。S317 蒿（支沟）临（洮）公路纵贯南北，景点有松鸣岩国家森林公园、闻涛亭、拜英亭、太子亭、百花亭、观景塔、跑马场、人工湖、水帘洞等。

全镇共辖9个行政村（狼土泉、吊滩、中心、大山庄、科托、车巴、扁坡、新集、桦林），113个合作社，人口3675户、18063人，其中东乡族、回族等少数民族占62.5 %。集镇居住群众242户、981人，占5.83%。全镇耕地22241亩，主要以坡地为主，人均耕地1.36亩。2014年，全镇完成农业总产值4382.5万元。其中，粮食总产量2846.5吨；油菜总产量3825吨；农民人均纯收入3265元。松鸣镇镇党委下设10个党支部，9个村党支部，1个机关支部。全镇现有党员462名，其中女党员80名，少数民族党员210名，少数民族女党员28名。镇机关支部现有党员54名，占全镇工作人员总数的75%。其中，女党员17名，少数民族党员19名，少数民族女党员6名。

辖区有小学9所，初级中学1所。卫生院1所，省属疗养院1所。松鸣镇地处高寒阴湿的二阴山区，境内森林覆盖率为43%，海拔高度2200~2500米，年降雨量800~1000毫米，年均气温5.2℃以下。和康公路贯通全境，境内风光秀美，景色宜人，省内外享有盛名的国家AAAA级森林公园松鸣岩和桦林古动物化石地质公园坐落于此。滚滚奔流的大南岔河由南向北汇入广通河，形成较宽阔的河谷地形，地质肥沃，草地宽广，植被良好。境内金矿、铜矿、铁矿等矿藏不仅储量丰富，而且品位较高，是一块亟待开发的宝地。

（四）庆阳市华池县南梁镇

南梁镇位于华池县东北部，地处陕甘交界，北与陕西省志丹县毗邻，东、南、西三面与华池林镇、山庄、紫坊乡接壤。境内九（窑口）—南（梁）—义（正）道路连接至陕西志丹县义正乡。全乡辖3村18组1279户5566人，共有劳动力4037人。总土地面积223.5平方公里，其中耕地面积44300亩，2011年农民人均纯收入3745元。农业产业以地膜玉米种植和舍饲养殖为主；境内森林资源丰富，石油储量大。近年兴办的神龙山矿泉水厂、综合养殖场、建材公司等一批新兴企业正在带动着全乡经济的发展，地方财政一般性预算收入64万元，经济发展水平位居全县前列。

1934年11月7日，刘志丹、谢子长、习仲勋等老一辈无产阶级革命家在这里建立了陕甘边苏维埃政府，这里是第二次国内革命战争时期硕果仅存的革命根据地。列宁小学孕育了一批红色革命先驱，为中国革命的胜利输送了新鲜血液，南梁革命纪念馆向世人昭示着南梁的丰功伟绩，记载了南梁过去的辉煌，被命名为国家级爱国主义教育基地，2003年被评为全省历史文化名镇，2004年又被列入全国百个红色旅游经典景区之一，2006年被评为全省历史文化名镇，2008年被评为省级文明乡镇，2011年被评为国家级生态乡镇。

南梁土地富饶，物产丰富。地膜玉米、白瓜子已成为支柱产业，豆类、小杂粮种植已初具规模。草畜产业的发展，正在振兴着南梁封山禁牧后的畜牧业。境内森林资源丰富，石油储量大，南梁采油作业区以日产600吨而闻名。社会主义新农村建设，为改变南梁人古老风俗习惯和人居环境树立了典范。

（五）天水市麦积区甘泉镇

甘泉镇位于天水市东南部，距天水麦积区城区15公里，是通往麦积山风景旅游区的必经之地，麦贾公路和宝天高速公路贯穿全境，交通便捷，区位优势明显，是古秦州著名的东八镇之一，也是邻近五乡镇的城乡物资集散地。

甘泉镇总面积240平方公里，现辖24个行政村，164个村民小组，167个自然村，总人口40245人，25个驻镇单位。镇区规划面积15平方米，1.6万人，镇区房屋建筑总面积约58000平方米，总耕地面积8.7万亩，人均2.16亩，其中果园面积26800亩。果品、畜牧、劳务是甘泉镇的主导产业。

2008年粮食总产量14830万吨，工农业生产总值23555.62万元，其中农村经济总收入13235.62万元，乡镇企业总产值9600万元，财政收入720万元，2008年底人均纯收入2036元。

甘泉镇以其独特诱人的魅力令历代文人墨客流连忘返，境内有春晓泉、双玉兰堂、杜甫草堂、赞公土室、龟凤山、云雾山诸多景点。春晓泉水质甘美，清凉甜淳，故称为甘泉，甘泉寺由此而得名。

（六）兰州市永登县苦水镇

苦水镇位于甘肃永登县城东南部，庄浪河下游，与西固区河口乡相邻，南距省城兰州57公里，北离永登县城50公里，平均海拔1793米，年均气温8.1℃，年降水量280毫米，无霜期189天。全镇人口7000多户，约3.2万人，除极少数回族、藏族、满族外，其余均为汉族。

苦水镇于2000年撤乡建镇，辖12个村，102个农业社，总人口达3.2万人，其中从业人数1.6万人；共有19个党支部，864名党员，其中女党员95名，农村党员753名。全镇总面积为454.5平方公里，耕地面积为35071亩，其中水浇地22807亩。种植的粮食作物有小麦、玉米、洋芋、黄豆、糜谷等。经济作物有蔬菜、油籽、水果、花卉、苗木等。特产玫瑰种植面积大，品种多，产量居中国之首，被誉为“玫瑰之乡”。

玫瑰是世界名花之一，被称为“花之皇后”。业内专家称，中国传统玫瑰中的佼佼者产于甘肃省的永登县苦水镇一带，苦水镇也因此享有“中国玫瑰第一乡”的美誉。20世纪90年代，苦水玫瑰干花蕾曾一度卖到每公斤80元的高价，而由玫瑰花提炼出的玫瑰油因价格昂贵被称作“液体黄金”。

苦水玫瑰在近200年的栽培历史中，逐渐形成了花多、花大、叶厚汁多、香型纯正等特点，各项品质均不次于国际上久负盛名的保加利亚玫瑰。甘肃永登境内玫瑰种植面积已达2万亩，仅苦水镇就有6500亩，是中国最大的玫瑰生产基地，产品远销中国台湾地区以及美国、加拿大等国家。

（七）嘉峪关市峪泉镇

峪泉镇地处甘肃省嘉峪关市，位于驰名中外的天下雄关——嘉峪关脚下，属典型的城郊型乡镇。东邻新城镇，东南与文殊镇相邻，南与肃南裕固族自治县祁丰藏族乡接壤，西邻玉门市，北接金塔县，峪泉镇辖嘉峪关村、黄草营村、断山口村、安远沟村4个行政村，27个村民小组，总面积850平方公里，农业人口4683人，耕地面积9674亩。镇党委下属8个党支部272名党员。峪泉镇是甘肃省首批综合改革试点镇，也是嘉峪关市委、市政府确定的城乡一体化试点镇。

峪泉镇农民合作医疗参合率达87.6%，2007年农民人均纯收入达到6127元，居嘉峪关市之首。旅游资源丰富，有建于明代的天下雄关——嘉峪关、悬壁长城，形成于战国时代的古岩画——黑山石刻群以及万里长城的西端起点——长城第一墩等名胜古迹和自然风景区。主要农产品有小麦、玉米、土豆、大葱、洋葱、胡麻，其中黄草营村的土豆、嘉峪关村的大葱最为有名。

2008年以来，嘉峪关城楼脚下的嘉峪关村到处呈现出一派热闹非凡的景象，随处可见出售旅游纪念品的、赶马车、拉骆驼的。嘉峪关村七组村民将500多亩土地整体反租倒包给酒钢公司后，投资60多万元，建成25个蒙古包和两处“农家乐园”，20多户农民年均增收在1000元以上。嘉峪关村七组村民张振刚投资20多万元，在城楼北侧的戈壁滩上办起了“农家乐”餐乐园，为游客提供农家味十足的土鸡肉、手抓羊肉、新鲜的蔬菜水果、地地道道的拉条面等，大受客人欢迎，人均年纯收入上万元。

（八）定西市陇西县首阳镇

首阳镇位于陇西县西部，距离县城21公里，渭水穿境而过，辖区面积131平方公里，耕地面积78560亩，共有人口10万人，属渭河河谷平原区。境内316国道、省道209线和西五、首双、红李等公路主干道交汇，陇渭高速贯穿全镇，交通便利。

首阳镇先后被中国特产之乡评审委员会命名为“中国黄芪之乡”；被中国农业部认定为“农产品定点市场”；被甘肃省乡镇企业管理局确定为“甘肃乡镇企业示范区”；被甘肃省建设厅评为“全省村镇建设先进镇”。

2004年，全镇国内生产总值8995万元，粮食播种面积3227万平方米，粮食总产量8815吨，农民人均纯收入1873元；财政收入477万元，财政支出477万元。

按照省委、省政府以陇西为核心打造“中国药都”的总体要求和县委、县政府把首阳建成西北最大的地产中药材交易市场和全国重要的中药材初级加工基地的目标定位，镇党委、镇政府及时调整修编全镇城镇建设和土地利用总体规划，在老镇区以东的南门和樵家河两个村规划建设占地2250亩的陇西中医药循环经济产业园首阳分园区。园区规划总投资46亿元，设计园区主干道“三横八纵”11条10.2公里，总投资9640万元。园区分为地产药材交易区、中药饮片加工区、精深加工区、社会事业服务区、搬迁安置区五个功能区。

根据产业园总体规划，积极招商引资，已引进江能市场开发公司、圣大药业、扬子江制药、济安堂、康力升等投资企业16家，批复征用土地1500多亩，完成投资8.6亿元。计划完成投资13.5亿元，全面完成占地170亩的地产中药材交易市场、占地230亩的圣大药业中药材饮片加工园和占地109亩的四海中药材货运中心、正源药业、鑫徽药业、陇博药业等企业建设；占地328亩的扬子江制药基地、占地339亩的江能中药材综合加工基地和稷丰种业、本草康元、济安堂、康力升等项目都已开工建设。

二十二、宁夏回族自治区

（一）银川市西夏区镇北堡镇

镇北堡镇地处贺兰山东麓，银川市区西北郊，是贺兰山黄金旅游带腹地，沿山公路贯穿全境，镇区通过镇芦公路可以与银川市北环高速公路连接，交通条件十分便捷。镇域面积210平方公里，土地使用面积约10万亩，全镇下辖德林村、华西村、镇北堡村、团结村、昊苑村5个行政村和1个华西社区。全镇人口3.25万人，其中回族620户、2730人，党员338名，2015年农民人均可支配收入达到9203元。

镇域及周边地区旅游资源得天独厚。有驰名中外的镇北堡西部影视城、苏峪口国家森林公园、贺兰山岩画、滚钟口森林景区、拜寺口双塔等风景旅游景区，镇域大部分用地为贺兰山自然保护区，是银川西线旅游长廊的中心。

近年来，镇北堡镇紧紧围绕银川市委“2258”工作思路和西夏区委“五城两翼一心”战略，认真落实《宁夏空间战略规划》，按照“一心、两轴、三片区”镇域规划思路（“一心”：镇北堡镇区，“两轴”：沿沿山公路、镇苏路和新小线连接周边区域的区域交通发展主轴线，“三片区”：影视文化核心区、葡萄酒庄文化中心区、温泉度假休闲体验区），突出区域影视文化和旅游服务功能地位，抢抓宁夏葡萄酒庄文化产业政策机遇，以发展旅游服务业和葡萄酒产业为主，以影视文化、葡萄酒文化、边塞文化和温泉体验文化为特色，建成集旅游观光、生态休憩、文化体验、商务会议、度假娱乐于一体的中国北方温泉影视文化明星镇。

（二）固原市泾源县泾河源镇

泾河源镇是宁夏回族自治区泾源县下辖镇。总面积1431平方公里。总人口12万人（2006年统计）。全县辖3个镇、4个乡：香水镇、泾河源镇、六盘山镇、新民乡、兴盛乡、黄花乡、大湾乡。县人民政府驻香水镇。

该镇地处陇东黄土高原西部，地势自西北向东南倾斜。河流密集，水量丰盈。年均降水量650.9毫米，年均气温5.8℃。矿藏有铜、铁、石灰岩、油页岩、白云岩、石英砂等。有泾平、泾华、泾什、泾隆公路。风景名胜有老龙潭、秋千架、凉天峡、香水峡、荷花苑、二龙河等，古迹有宋代石窟（古称延龄寺，相传是南宋名僧济公和尚修行之地）等。泾源县地处六盘山核心区，温润冰凉的自然条件有利于中药材产业的培育与发展，经普查统计，境内共有中药材资源530种，其中可作为临床药用的有377种。为了进一步壮大这一产业，泾源县按照“抓特色种植、调产业结构、促农民收入”的思路，利用和发挥区域地理气候优势，通过人工种植和野生驯化等方式积极引导和组织农民发展栽培中药材。目前，全县共建成中药材示范点5个，初步形成了以香水镇、泾河源镇、六盘山镇等地为中心的中药材基地，栽培面积累计达1.2万亩，其中2004年建立全县中药材基地5500亩，分布在全县四乡三镇，品种主要为水飞蓟、旱半夏、柴胡、王不留形、大力子、大黄、独活、有秦艽、党归、黄芪等品种，预计生产各类中药材360万吨，年创收360万元。

为促进市场营销，全县共成立各类农村经济合作组织9个，其中中药材种植协会5个，常年贩运药材个体户124个，形成中药材集散市场4个。

（三）银川市兴庆区掌政镇

掌政镇位于郊区东部，距区政府14公里。面积44.8平方公里，人口1.1万人。银古高速公路、银横公路过境。辖掌政、五渡桥、春林、洼路、孔雀、镇河6个村委会。乡镇企业有建筑、建材、运输等行业。农业主产小麦、水稻，养殖菜牛、羊、猪、淡水鱼。

掌政镇是银川市郊区辖乡。银川市副食品基地。1949年属永宁县第五区，1958年改掌政公社，1960年始归银川市，1964年再属永宁县，1972年复归银川市，划属郊区，1983年置乡。

目前掌政镇以“华夏河图艺术小镇”为抓手，已初步形成西北地区独具艺术特色的产业聚集区。依托黄河平原，农创衍生品研发力度提高，丰富的湿地水系环境让掌政镇的观光游、休闲游、度假游等互动体验式旅游产业，为银川人带来了丰富的旅游观光服务。

围绕“美丽乡村”建设，掌政镇建设农田林网、绿色通道、绿化道路19条，绿化面积626.8亩，种植树木12.3万株，建设生态公园8座，农村环境卫生综合整治工作让百姓生活环境越变越美。便捷完善的设施服务、充满活力的体制创新，让掌政镇成了银川人东郊的休闲乐园。

（四）银川市永宁县闽宁镇

闽宁镇是中华人民共和国宁夏回族自治区银川市永宁县下辖的一个乡镇级行政单位，面积为5622万平方米，人口46302人。

政府强力打造菌草产业示范镇。目前大批群众投身于发展菌草产业之中，在紧抓菌草产业不放松的同时，充分发挥区域优势，大力发展葡萄种植业和庭院经济。2008年共有148户群众投身于发展菌草产业之中，新建菌菇棚1270亩9702间，使全镇菌菇生产面积达到45万平方米，菌菇种植面积是此前10年总和的3倍，据不完全统计，年产鲜菇500多吨，实现产值250多万元。

闽宁镇认真贯彻中央“一号”文件精神，切实落实各项支农惠农政策，全年共发放粮种补贴333万元。大力推广优良品种、小畦节水灌溉等实用技术，全镇农作物播种面积2.909万亩，其中小麦1.02万亩、玉米1.28万亩、露地蔬菜0.1855万亩、油料作物0.3085万亩、饲草0.115万亩，示范推广1.25万亩。粮食单产、总产较上年大幅提高，粮食总产量达到9500吨。新建清洁能源工程入户85座，秋季农田基本建设完成机深翻2.5万亩，秸秆还田1.8万亩。

闽宁镇加快林业建设步伐，改善生态环境。按照整体规划、突出重点的原则，大力开展植树造林，营造绿色通道2公里，绿化庄点5个，栽植各类树木5.05万株，种植面积839亩。

（五）吴忠市利通区金银滩镇

金银滩镇位于利通区东南部，北距利通区市区11公里。东靠灵武市大泉乡、狼皮梁乡，西与马莲渠乡相邻，南接扁担沟镇，北与利通区上桥乡相连。吴惠公路、211国道穿境而过，镇政府设在长庆石油物探处西侧。

金银滩镇有11个行政村，两个临时办事处，即团庄村、杨马湖村、新渠村、东沟湾村、沟台村、四支渠村、银新村、西滩村、灵白村等和金川临时办事处、良繁临时办事处。106个村民小组，18个居民小区，7336户总人口44384人，回族人口占91.5%，城镇人口15892人，占36%。

2013年全镇社会总产值约6亿元，农民人均纯收入3000余元，奶产业是该镇的主导产业。全镇奶牛存栏12000余头，占利通区奶牛数的1/3，占全自治区的1/7，是唯一的万头奶牛大镇。规模化养殖在全镇发展势头强劲，已建成标准化养殖园区或小区15个，养殖场8个，全镇日鲜奶量160吨。全区最大的奶牛养殖场——宁兰垦牧养殖公司及畜牧工程研究所设在本镇。

小城镇建成面积1.9平方公里，已完成了5.2平方公里的小城镇总体规划，计划建设以九公里农贸市场为中心的商贸开发区，以物探社区为中心的文化服务区和以机关农场4000亩土地为主的清真绿色工业园区。现有商品楼2.2万平方米，完成了物探商贸楼、农贸市场综合楼等一批骨干工程，镇区从事第二、第三产业的个体工商户已达1626家。

金银滩镇商贸业发展势头强劲。九公里农贸市场是吴忠市三大集市之一，年交易额为1.8亿元；涝河桥清真牛羊肉市场及活畜交易市场均毗邻该镇，园艺场果品批发市场已基本竣工，西滩村连接九公里农贸市场的道路已在建设中。

（六）石嘴山市惠农区红果子镇

红果子镇是惠农区南片中心城镇和工

业重镇，全镇面积80平方公里，辖9个行政村，42个村民小组，3个居委会，总户数为5844户，总人口为22000人，其中城镇人口为13099人，18~65岁的劳动力总数为6200人。在册耕地面积为14500亩，可耕荒地为22000亩，辖区内有红果子工业园区、兰山园、长城园3个工业园区。惠农农副产品加工园区1个，马家湾、红果子农贸市场2个，大中型骨干企业5家，中外合资企业1家，私营企业177家，个体工商户627户。历居镇党委、政府按照区、市党委、政府的统一布置，带领全镇2万多回汉人民群众，按照统筹城乡经济发展的总体要求，解放思想，实事求是，与时俱进，负重拼搏，埋头苦干，使全镇各项事业心快速发展，城乡面貌发生的巨大变化。

农业生产方面：经过第一、二、三、四期农业综合开发项目的实施，全镇9个行政村改造中，中低产田1.5万亩，配套支斗农渠、桥、渠口，支斗农沟尾水共计850座，砌护支斗渠25条长30公里，干砌石沟8条长10公里。2004年又千方百计争取资金完成老五渠3.2公里采变扩整和砌护，对上营子中心沟和宝马沟2条斗沟进行机械清挖扩整，共计2.5公里。进一步完善渠道承包方案，加强灌溉管理，有力地促进了全镇农业结构调整和农村经济的健康发展。

生态环境建设方面：栽植各类抗天牛林木1800亩，共计95万株，营造骨干林带53条，农田林网560条，实施造林3050亩，林木成活率达到85%，保存率在95%以上，基本形成了以干渠、干路为骨架，以农渠、农沟为网络的二代农田防护林新格局。

（七）吴忠市同心县韦州镇

韦州镇位于同心县东部，距县城93公里。1949年设四区，1956年改韦州区，1958年改星火公社，1961年更名韦州公社，1984年建韦州镇。辖11个行政村。煤炭资源丰富。有丰富的大理石、石灰岩资源。是中外驰名的草羊二毛皮和滩甘产地。

韦州镇名胜古迹众多：①大罗山位于同心县韦州镇西距镇区30公里，山势挺拔、独然讫立、峰峦重叠、苍翠如染。面积50.05万亩，森林面积4.7万亩，主峰“好汉圪塔”海拔2624.5米。大罗山在唐初称“堕落山”，后来唐高宗李治将吐谷浑族安置在这一带，让其安居乐业，称之为“安乐山”。②云清寺位于大罗山东麓山腰，选址绝佳。整个罗山东麓，远看酷似一尊面东而坐的巨佛，而云清寺正好就在巨佛的中心（山腰间），这种佛心怀古寺，古寺藏佛心的绝妙境界，从而使人们不难理解明庆王朱旃为何要将整个庆府小朝及祖辈坟墓策择于此地的良苦用心。更令人叫绝的是，在巨佛的“两腿”正裆处，至今还淙淙流淌着一泉甘甜清澈的泉水。③大明庆靖王陵墓：位于罗山东麓，面积约30平方公里，墓冢34座。④韦州镇区内有两座古城，东西坐落，仅一墙之隔。东边俗称新城，明治十三年建。都御史王旬东关，关门一，城门二。西城称为老城，建于西夏，城池规模为新城之2倍。夏主崇奉佛教，在老城内建康济寺塔及九级浮屠（佛塔），明代两度修葺，于九级之上更增四级，是密檐式八角砖塔，此即为康济塔。与康济塔南北辉映有一小塔，为实心喇嘛式墓塔，明朱元璋十六子朱旃建王府于此。在城西大罗山东麓还有三十余处明王陵墓。⑤康济寺塔是一处宝贵的革命文物。塔高42米，是一座8角13层密檐式砖塔，塔身第1层较高，2层以上檐与檐之间的距离逐渐缩短。最高一层里面放置着一个佛龛。塔顶为八面桃形攒尖式刹顶。⑥温泉历史悠久，知名度很高，而且是至今全宁夏唯一一处硕果仅存的温泉。历史上，韦州温泉水势较大，知名度也高。因泉旁不远有盐池，“周围三十一里”，所以，唐朝神龙元年（705 年），还在这里设置过温池县（址在今惠安堡），属灵州（今吴忠），大中四年（850 年）改属威州（今韦州）。温池县名，就是取韦州之温泉的“温”字，加泉东盐池的“池”字而来。

二十三、广东省

（一）佛山市顺德区北滘镇

北滘，古称“百滘”，意为“百河交错、水网密集”，位于佛山市顺德区的东北部，广州主城区、佛山新城、顺德主城区三城的交会处。地理位置优越，水陆交通便利，区域内及外围有广珠西线（太澳高速）、佛山一环、广珠轻轨（北滘站、碧江站）、广州南站等交通设施连接穗港澳及华中地区。全镇总面积 92 平方公里，常住人口 26 万人，户籍人口 12 万人，下辖 10 个居委会 10 个村委会，是“中国家电制造业重镇”“国家卫生镇”“国家级生态乡镇”“全国安全社区”。

改革开放以来，北滘历经从以农为纲，到工业立镇，再到工商并举，今天北滘已经发展成为产业特色明显、城乡环境宜人、人民安居富足的珠三角魅力小城。北滘支柱产业主要包括家电、金属材料以及机械设备制造等，拥有美的、碧桂园两家千亿元企业，以及精艺、惠而浦、蚬华、浦项、锡山等一大批中外知名的企业。家电优势尤为显著，是重要的国际级家电生产基地之一，是“中国家电制造业重镇”，产业集群程度高、产业链完善。2015 年全镇本地生产总值 475 亿元，规模以上工业产值 2010 亿元，国地税收入 95.8 亿元，城镇居民年人均可支配收入达 51012 元、农民人均纯收入 16137 元。

北滘的第三产业发展特色鲜明，既有与工业配套的港口物流、配送等流通服务业，与市民生活息息相关的购物消费、教育、交通等服务业，还有以“中国历史文化名村”碧江、“顺德新十景”之一的碧江金楼为主的旅游产业，以君兰国际高尔夫球场为核心的休闲产业，以及顺德花卉博览园农业观光产业。

（二）江门市开平市赤坎镇

赤坎镇位于珠江三角洲内，开平市中部潭江河畔，至今已有 360 多年历史，保存了大量中西合璧的华侨建筑，全镇面积 62.1 平方公里，下辖 19 个村委会，2 个居委会，280 个自然村，居住人口 4.6 万多人，海外华侨、港澳台同胞 9 万多人，曾经涌现出著名爱国侨领致公党创始人司徒美堂等一大批名人名家，拥有星罗棋布的华侨文化传统村落，华侨文化底蕴深厚，是全国著名的侨乡。近年来赤坎镇先后被评为中国历史文化名镇、全国重点镇、广东省中心镇、广东省教育强镇、广东省新型城镇化“2511”综合试点镇、江门市十大特色镇街。

赤坎镇风光优美，旅游资源丰富。珠江支流——潭江横贯全镇，域内河网密布，是典型的岭南水乡；域内现有驰名世界的开平碉楼、骑楼 1000 余座，与周庄、婺源、平遥等相比，中西合璧的建筑风格独特，被誉为岭南建筑奇葩，其中尤以堤西路“欧陆风情街”和建于明代的现存最早的开平碉楼——迎龙楼为代表；此外，域内还有加拿大村、司徒美堂故居、南楼抗日遗址、邓一飞故居等蕴含丰富历史文化元素的旅游资源。

2014 年 9 月，在江门市的指导和推动下，开平市引入赤坎古镇项目，计划投资

60 亿元，以“在保护基础上开发、重现古镇历史辉煌”为总体思路，与世界文化遗产开平碉楼与村落相结合，在充分保护历史文物的基础上开发，重现赤坎古镇历史辉煌。

（三）肇庆市高要区回龙镇

回龙镇位于高要区东南部，距高要市城区 20 多公里，毗邻佛山市高明区。总面积 113.87 平方公里，下辖 14 个村民委员会（34 个自然村、120 个村民小组）和 3 个社区居民委员会。全镇总户数 7623 户，人口 26738 人，外来人口 2300 人。旅居澳大利亚侨胞有 3.5 万人，是高要市著名的侨乡，主要姓氏是苏、邓、蔡、赵、夏、黄等，主要方言为粤语。

2013 年，全镇实现工农业总产值 45.89 亿元，增长 32.76%，其中规模以上工业总产值 37.72 亿元，比上年增长 32.02%；实现税收入库 7790 万元，增长 32.1%，本级库收入 4982.1 万元，增长 66.1%；实际引进民营资金 51883 万元，完成年度任务 180.71%；新批合同资金 414 万元，完成年度任务 100%；实际利用外资 469 万美元；实现外贸进出口 2532 万美元；社会固定资产投资额达 12.5 亿元，增长 21.36%。农村人均可支配收入 13202 元，增长 15.97%。回龙镇获得高要市“2013 年度落实科学发展观考核”政绩突出奖。

回龙镇自然风光优美，历史文化底蕴浓厚，辖区内有肇庆高尔夫度假村、宋隆小镇、仲盛生态庄园、棕榈谷等旅游资源。文物古迹有黎槎、槎塘古村落、光荣村红砂岩采石场遗迹、回龙书院、祖庙、邓甲楼等。历史名人有追随孙中山革命的爱国华侨邓慕周等。

回龙镇经济持续快速增长，社会各项事业全面进步，政通人和，社会大局稳定，人民安居乐业。先后获得了“全国创建文明村镇工作先进单位”“全国计生系统先进单位”“广东省文明示范镇”“全国小城镇共青团工作试点单位”“全国婚育新风进万家活动先进乡镇”“广东省文明村镇”“广东省先进基层党组织”和“广东省卫生先进镇”等光荣称号。

（四）梅州市梅县区雁洋镇

雁洋镇隶属于广东省梅州市梅县区，地处区域东北部，位于莲花山脉的五指峰下，东、南、西、北四面分别与大埔县英雅、梅州市梅县区雁洋镇三乡、梅州市梅县区丙村镇、梅州市梅县区白渡镇、松南镇接壤，西南距梅州市区 33 公里，距梅州市梅县区丙村镇 9 公里，距梅州市梅县区松口镇 16 公里。全镇辖 27 个村，2 个居委会，279 个村民小组，31852 人。

雁洋古时多为湖洋低洼水田，候鸟多，大雁成群，常聚居于此，故而得名。雁洋镇山地广阔，资源丰富。全镇总面积 188 平方公里，山地面积 146.67 平方公里，水田面积 8 平方公里，是“八山一水一分田”的山区镇。矿产资源、水力资源、旅游资源十分丰富，辖区内有全国红色旅游经典景区叶剑英纪念园、国家 AAAA 级旅游景区雁南飞和雁鸣湖、千年古刹灵光寺、粤东名山五指峰五大旅游景区，有广东省文物保护单位桥溪村。2014 年 6 月，雁洋镇被国际慢城联盟授予“国际慢城”称谓，成为中国继南京高淳桠溪镇之后的又一个“国际慢城”。

全镇有梅雁、宝丽华、华银、超华、卡莱等 110 多家企业，梅雁、宝丽华 2 家企业是上市公司。农业以梅州金柚、茶叶、油茶等种植为主，其中沙田柚种植面积达 13700 亩。第三产业以旅游业为龙头正蓬勃兴起。

2007 年全镇农村经济总收入 35 亿元，

同比增长 17.3%；工业总产值 18.7 亿元；上缴国家税收 4.5 亿元；镇级机动财力达 1160 万元；农村人均年收入达到 4999 元；村集体经济总收入 158 万元。

（五）河源市江东新区古竹镇

古竹镇位于广东省河源市西南部，河源江东新区东南部、东江中游东岸，西与河源市源城区、惠州市博罗县、惠城区隔江相望，东与紫金县义容镇临水相连。全镇总面积 278.1 平方公里（含东江林场），其中山地 168.14 平方公里，耕地 22.71 平方公里。镇政府驻地距江东新区管委会（江东新区）30.1 公里，上城街道办（源城区）31.5 公里，仙塘镇（东源）38.7 公里，紫城镇（紫金）82.1 公里，阳明镇（和平）137.6 公里。全镇总面积 278.1 平方公里，下辖 18 个行政村和 1 个社区居委会，总人口约 13 万人，其中外来人口约 2 万人。

古竹镇为江东新区南部，紫金县西部的交通枢纽，已建成的河紫高速公路及规划建设中的河源东环高速公路构筑了古竹四通八达的交通网。

2014 年 5 月 20 日，河源市江东新区挂牌成立，“中共河源市江东新区委员会”“河源市江东新区管理委员会”正式揭牌。自诞生那一刻起，江东新区就担负着河源市城区扩容提质、承载振兴发展的重大使命。江东新区的生态发展区中，濒水依山的古竹位列其中。

2015 年，古竹镇取代忠信镇成为河源市第一大镇，河源市十大镇之首（除河源市县、区人民政府驻地镇外）。此外，古竹还享有“工业重镇、商贸之埠”之美誉。

境内水力资源丰富，建有东江沥口水电站、秋香江亚公角电站、中二型新坑水库。旅游景区有越王山景区、河源石窟景区、道姑岩景点、潮沙玫瑰园景区、中共东江特委和中共东江后东特委旧址红色旅游景点。主要特产有红瓜、龙眼、荔枝。古竹素有“鱼米之乡、工业重镇、商贸之埠”之美誉，是国家级经济开发区、国家级中心镇、国家级眼镜生产专业镇、国家级卫生先进镇，河源市实施“南进东融”的战略要镇。

（六）中山市古镇镇

古镇镇是闻名国内外的“中国灯饰之都”。位于广东省中山市西北面，是中山、江门、佛山市（顺德区）三市的交会处，毗邻港澳。全镇总面积 47.8 平方公里，由古镇、曹步、海洲三大自然村组成，下辖 12 个行政村、1 个居委会，常住人口 15 万人。

改革开放以来，古镇镇按照“工业立镇，工农商并举”的发展思路，逐步从单一的农业经济镇发展成为区域特色经济明显，以灯饰、花卉苗木两大产业为支柱的工业城镇。经济建设和社会各项事业的全面发展，为古镇赢得了各种荣誉，被授予和评为“中国灯饰之都”“国家文明镇”“国家卫生镇”“中国特色小镇”“中国花木之乡”“国家新型工业化产业示范基地”“国家火炬计划中山古镇照明器材设计与制造产业基地”“全国环境优美乡镇”“省教育强镇”“省农业现代化示范区”“省产业集群升级示范区”“省现代服务业集聚区”“省半导体照明产业基地”等一系列荣誉称号。2016 年，全镇实现工农业总产值 256.6 亿元，国内生产总值 128.2 亿元，人均 8.4 万元；国、地税收入 16.5 亿元；年末银行存款余额 264.8 亿元，居民储蓄余额 216 亿元。人均收入、银行存款等连续多年位居全市前列。古镇镇经济结构、产业结构十分突出，个体、私营经济十分活跃，占经济总量的 95%以上。目前，古镇镇已形成全民创业的社会氛围，全镇已登记注册的个体工商牌照超过 2 万家，超过六成的家庭成为大大小小的企业主。其中灯饰业是古镇的龙头行业，也是古镇的经济支柱。

（七）佛山市南海区西樵镇

西樵镇位于南海县（即今日广东省南海区）西南部，是珠江三角洲腹地的其中之一，也是国家AAAAA级风景名胜区、国家森林公园、中国面料名镇、广东省中心镇。东临南海县沙头镇，南接南海县九江镇，西毗邻高明、三水，东距离佛山27公里，距离广州45公里。面积176.63平方公里，辖4个城区、27个行政村，常住人口14万多人，流动人口6万多人。西樵镇于2011年正式获评第三批“全国文明镇”称号。

西樵经济稳步发展。“三高”农业、建陶业、五金电器、化工、印刷包装业等也是西樵的支柱行业。西樵是纺织之乡，素有“广纱甲天下”之美誉。成功举办了“首届中国西樵国际装饰布艺博览会”，有法国、意大利、中国台湾等8个国家和地区及国内的多家厂商参展，西樵掀起新一轮装饰布发展热潮。

西樵山风景区面积14.2平方公里，钟灵毓秀，素有“南粤名山数二樵”之美誉。西樵山还是华南地区石器时代规模最大的制造工场，“西樵山文化”为中华文明的发展作出了巨大贡献，被考古学者誉为“珠江文明的灯塔”。曾孕育了康有为、陈启沅、詹天佑、黄飞鸿、黄君璧、冼玉清等一批时贤俊杰。镇内有大小宾馆、酒店25家，拥有四星级的云影琼楼和多家星级酒店。

（八）广州市番禺区沙湾镇

沙湾镇隶属于广东省广州市番禺区，位于珠江三角洲中部。总人口9.6万人，民族主要为汉族。沙湾古镇保存了大量明、清、民国时期的古建筑，民居建筑式样多，亲水性和实用性强，是珠江三角洲建筑风格的典型代表。全镇现存古祠堂100多座，还有一筒竹、三间两廊、镬耳屋、高楼、西式住宅、自由式民居等建筑。其中，以车陂街、安宁西街为中心的沙湾古村落约0.024平方公里，为著名文化遗址和商业遗址。

沙湾是一个有着近800年历史的岭南文化古镇，因地处古海湾半月形的沙滩之畔而得名。这里还是岭南民间建筑艺术博物馆，古镇完整地保存着岭南地区传统村落梳式布局，留耕堂、宝墨园、南粤苑、鳌山古庙群等堪称岭南建筑艺术的杰作。

沙湾镇无矿产资源，但渔业捕捞和水产养殖业历史悠久。水产品养殖品种主要有鳗鱼、鳜鱼、加州鲈、甲鱼、对虾、麻虾等。渔业捕捞品种主要有黄皮、马鲚、鳗鲡、蟹等。

作为广东省“民间雕塑之乡”，沙湾古镇保存了大量砖雕、木雕、石雕、灰塑、壁画等艺术精品，艺术风格具有浓郁的岭南特色。除此之外，还有许多传统文化活跃在民间，如北帝诞、鳌鱼舞、扒龙舟、粤剧、兰花等。

沙湾还有醇香诱人的传统小吃——姜埋奶、牛乳白饼等。

（九）佛山市顺德区乐从镇

乐从镇，位于顺德西北部，处于佛山市中心城区的南部，距广州市30公里，距中国香港、中国澳门仅100多公里，325国道贯穿南北，东平水道和顺德水道夹镇而流，地理位置优越、水陆交通便利。全镇面积78平方公里，下辖19个村委会和4个居委会，户籍人口10万人，流动人口约13万人，是广东省著名的侨乡，拥有港澳以及海外侨胞6万多人。有“中国家具商贸之都”“中国塑料商贸之都”之称，是广东省省级中心镇之一。

乐从拥有举世闻名的“家具、钢材和

塑料”三大专业市场。乐从镇现代商贸和物流业兴旺发达，“中国家具商贸之都”“中国塑料商贸之都”“中国钢铁专业市场示范区”“中国专业市场示范镇”等一顶顶“国字号”桂冠名满天下。乐从家具市场总面积达 3.2 平方公里，商户 3500 多家，市场规模全球最大。乐从钢材市场占地面积超过 2.2 平方公里，拥有贸易商户近 2700 多家，年促成钢材贸易总量超过 2000 万吨，销售网络辐射全国各地，是全国最大的钢铁贸易集散地。乐从塑料市场的商铺经营面积达 1 平方公里，经销商户 550 多家，年促成塑料交易量 200 多万吨，居华南同类市场之冠。除三大市场外，乐从还拥有全球最大的汽车外饰件生产企业，全国最大的啤酒贴纸生产基地，广东最大的烟包及滤嘴纸生产基地。

（十）珠海市斗门区斗门镇

斗门镇隶属于广东省珠海市斗门区，位于珠江三角洲南端，地处斗门区西北部，东枕雄伟的黄杨山系，南邻乾务镇，西隔虎跳门水道与新会沙堆镇相望，北与莲洲镇接壤。镇面积 105.77 平方公里，耕地面积 21.73 平方公里。全镇常住人口 73944 人，其中户籍总人口 42736 人，外来人口 31208 人。全镇辖下设有 10 个村委会和 1 个居委会。

斗门镇既有美丽的自然景观，也有历史沉积的人文景观，形成了“一山一寺一温泉，一皇一将一家族”的独特旅游资源，“斗门八景”其中六个景点在斗门镇。已开发的有：享誉海内外的泉水日流量超过 2400 吨、水温高达 68~70℃的御温泉度假村；海拔 581 米，被誉为“珠江门户第一峰”的黄杨山；“珠海十景”之一的金台寺；颇具旅游和历史研究价值的斗门清朝古街和南门菉猗堂；入选首批“广东省古村落”的南门接霞庄，已与珠海特区报社签订框架协议，拟对该项目进行复原修复开发，首期投资 8380 万元。“珠海影视文化产业基地”已落户斗门镇，总投资已追加到 150 亿元，将建成华南最大影视基地。

（十一）江门市蓬江区棠下镇

江门市蓬江区棠下镇位于广东省的中南部，珠江三角洲腹地。毗邻港澳，与广州、深圳、珠海等沿海开放港口城市，经济特区和经济开放区连成一片。棠下是投资置业的黄金宝地。中国第三大河流珠江水系的西江由北至南流经全镇，水陆交通极为方便，距江门港、新会港、鹤山港仅 30 分钟车程。水电、通信设施完善。自来水供应充足，电力充裕，拥有 11 万伏变电站两座。棠下镇面积 131 平方公里，人口 9.13 万人，其中外来劳工 3 万人。旅外乡亲 6.07 万人。棠下镇是著名的侨乡，是省重点工业镇。棠下镇物产富饶，素有“鱼米之乡”“水果之乡”的美誉。

棠下镇面积 131.1 平方公里，2003 年人口 6.14 万人。辖 1 个社区、23 个行政村。镇政府驻棠下大道 43 号。棠下镇是中国著名的历史学家、教育家陈垣的故乡，陈垣曾被毛泽东主席称为“国宝”。

公坑禾雀花是江门八景之一。早在 1958 年，周恩来总理亲临棠下周郡视察，挥笔写下了“冲天干劲周郡社，英雄人物数今朝”的光辉题词，勉励棠下人开拓进取，再创辉煌。

（十二）梅州市丰顺县留隍镇

留隍镇隶属于广东省梅州市丰顺县，位于韩江中下游，地处梅州市丰顺县东北部，东南毗邻潮州、揭阳，县内与汤坑、潘田、黄金、小胜和潭江 5 个镇接壤，是革命老区。全镇总面积 428.23 平方公里。该镇 2002 年被省政府确定为中心镇，2006 年 9 月被省定为“青榄专业镇技术创新试点单位”。2016 年 12 月 7 日，留隍镇被列为第三批国家新型城镇化综合试点地区。

留隍镇下辖36个行政村和1个社区居委会，现有常住人口19796户、94563人（其中农业人口16410户、83795人）。

留隍镇主要以农业经济为主，民营经济主要有竹器、陶器、席编、服装、食品和水果加工厂，以及商品贸易、饮食和矿产业等。农业主产稻、薯、蔗、姜、烟等。水果盛产橄榄、青梅、枇杷、龙眼、荔枝、杨梅、香蕉、柿子等。镇区域内温泉资源丰富。

韩江枢纽水利工程已在兴建之中，该工程建成投产后将成为留隍的“韩江小三峡”，推动留隍地方经济的新发展。特色产品有“铜峰牌”青榄获全国第三届水果展销会“中华名果”称号，大乌脐、青边枇杷获广东省“优质水果”奖，留隍传统云片糕（留隍云片糕）和姜糖等。

旅游景点有军塘湖、韩江留隍大桥、万江古庙、古榕林、妈宫、红崇炮楼等。

（十三）揭阳市揭东区埔田镇

埔田镇位于广东省揭阳市揭东区东北部，北与“中国十大研发区”——揭东经济开发区接壤，西南毗邻揭阳榕城区。全镇总面积81.3平方公里，其中山地面积46.67平方公里，总人口6.2万人，下辖19个行政村和1个居委会。曾被誉为市、县的“都市后花园”。该镇是一个纯农镇，素有“水果之乡”的美称，“三高”农业取得长足发展，全镇竹笋基地16.67平方公里，香蕉13.33平方公里。埔田竹笋远近驰名，是“中国竹笋之乡”——揭东区竹笋产业的主要基地。

埔田生态农业观光风景区位于揭东埔田镇，主要景观有“千亩竹林”“万亩蕉园”，其“千亩竹林，万亩蕉园”顾名思义，占地广阔的竹林及蕉园。此竹林蕉园位于素有“水果之乡”美称的揭东县埔田镇，是两处著名的生态农业旅游景点。

（十四）中山市大涌镇

大涌镇地处中山市西南部，随卓旗山起伏错落之势环拥而建，距中山市城区约8公里，东临岐江，西靠西江，总面积40.66平方公里，常住人口7万多人，其中户籍人口2.9万多人，还有旅居海外华人华侨和港澳台同胞3万多人，是中山著名的侨乡和历史文化之乡，处广州、深圳、珠海、中国香港、中国澳门1小时生活圈内。

改革开放以来，大涌从一个边陲小镇迅速发展成为我国著名的红木家具和牛仔服装生产专业镇，拥有省级以上名牌名标超过30个，荣膺“中国红木产业之都”“中国红木家具生产专业镇”“中国红木雕刻艺术之乡”“中国牛仔服装名镇”“广东省教育强镇”“中国千强镇”“国家卫生镇”“全国环境优美乡镇”等称号，成为我国镇域经济的一颗璀璨明珠。

作为隆都文化的集聚地，大涌历史悠久而富有特色。悠长的石板街、遍布的寺庙宗祠、多彩的民俗、可口的美食赋予大涌特有的历史内涵。蓬勃发展的红木家具产业让古老的红木雕刻艺术历久弥新，推陈出彩，并成功入选广东省第四批省级非物质文化遗产名录。大涌拥有超过1平方公里美轮美奂的红木家具展厅，精益求精，巧夺天工，彰显红木文化博览城的魅力。

（十五）茂名市电白区沙琅镇

沙琅镇为广东省茂名市电白区辖镇，位于电白区北半部中心地带，东与望夫镇、罗坑镇交界，北接那霍镇，西连黄岭镇、霞洞镇，南邻观珠镇。

沙琅距电白、阳西县县城和茂名、高州、阳春市市区分别在50公里左右，城镇中心区功能较为突出，是电白区北部商贸文化中心，又是联结电白中北部8个镇及茂南区、阳春、阳江的交通枢纽，地理位置优越，为电白区一个举足轻重的“中心镇”，在茂名地区享有重要威望与影响力。

全镇总面积 89 平方公里（其中城区面积 10.5 平方公里），东西长 14.5 公里，南北宽 11.8 公里。下辖 15 个村委会和 2 个社区，常住人口约 11 万人，沙琅镇户籍人口 8.5 万人（不含国营曙光农场 1.2 万人），其中城区人口 3.8 万人。

该镇“三高”农业迅速发展，已形成了优质稻谷、荔枝、香蕉、南药、甘蔗、北运菜、小耳花猪、山地养鸡和金钱龟养殖等农业生产基地。乡镇企业形成了农副产品加工、药材加工、竹木器加工等支柱产业。第三产业蓬勃发展，其中建筑、运输、修理、服装、文印、通信器材、药材批发、休闲娱乐等行业已成为该镇发展第三产业的重要组成部分。

（十六）汕头市潮阳区海门镇

海门镇位于潮阳东部沿海，西隔练江与潮南井都镇相望，与潮阳中心城区接壤，总面积 38.5 平方公里（其中海域面积 10.7 平方公里），海岸线长 19.6 公里，辖 16 个村（居），人口 21.43 万人。

莲花峰景区是国家 AAAA 级旅游景区、“汕头八景”之一，年接待海内外游客逾 55 万人次；位于镇外四片区的潮阳经济开发试验区，现有面积 5.5 平方公里，1993 年 7 月经省人民政府批准设立，1999 年 1 月起与海门镇合署办公。

渔业是海门得天独厚的传统产业，占据镇国民经济的主导地位。海门渔港是国家一级良港、全省第三大渔港，并于 2005 年成功申报为国家中心渔港。现有各种作业机船 430 艘，年捕捞量 5 万吨左右。2002 年投资了 2300 万元建成渔港码头、水产批发市场和水产品贸易商场。同时积极发展海淡水养殖业，现有鲍鱼养殖公司 4 家，其中南弘海珍养殖公司培育的三种鲍鱼杂交新品种，项目填补国内空白，该养殖公司在被评为“省鲍鱼良种场”的基础上，又被评为“省农业生产示范区”。

海门镇投资环境优越，不但有开发区和澳内湾成片的土地资源，而且交通便利，位于镇区内的潮阳商港是经国务院批准设立的一类口岸，潮阳唯一对外贸易口岸，可对外国籍船舶开放；深汕高速公路在海门设有出入口。镇区内道路、供水、供电、通信等基础设施建设日臻完善。镇党政高度重视招商引资工作，自觉转变政府职能，积极为企业发展、项目上马创造良好条件。目前，计划首期投资 100 亿元、占地 0.67 平方公里的华能汕头电厂等项目，已确定落户该镇。

（十七）湛江市廉江市安铺镇

安铺镇是全国重点镇、省中心镇，位于廉江市西南部，地处九洲江入海口，濒临北部湾，东连横山镇，南毗遂溪县，北接营仔镇。始建于明朝正统九年（1444 年），被誉为“广东四大古镇之一”。镇域总面积 85.5 平方公里，城区面积 10.5 平方公里，辖 14 个社区、18 个行政村，总人口 13 万人，城区人口 7 万余人。交通便利，毗邻 325 国道，渝湛高速跨境而过并设有出入口，县道石安线连接安铺大道。城镇化水平较高，被定位为廉江市域副中心城市。

近年来，安铺镇坚持“科学规划、工业强镇、商贸活镇、和谐发展”战略，致力于打造北部湾宜居宜商强镇，建设幸福安铺，实现经济社会持续、快速、健康发展，人民群众幸福指数不断提高。工业主导地位突出，通过招商引资，形成木制家具、针织服装、食品加工、造纸等一批支柱产业，全镇工业企业 93 家，规模以上企业 19 家，其中年产值超千万元企业 21 家、超过亿元企业 2 家。第三产业蓬勃发展，特别是 2009 年起连续七年成功举办特色美食文化节，开创粤西乡镇会展经济先河，促进餐饮、旅游、娱乐、物流等第三产业发展，打造经济发展新增长点，吸引广东电视台新闻频道、珠江频道及湛江、廉江新闻媒体现场采访报道。

2014 年，全镇实现生产总值 45.23 亿元，增长 21%；工业总产值 42.48 亿元，增长 30.12%；财政三级库收入 1.22 亿元，增长 21%，其中地方公共财政预算收入 3923.62 万元，增长 19.94%，主要经济指标继续位居廉江市各镇前列。

（十八）肇庆市鼎湖区凤凰镇

凤凰镇隶属肇庆市鼎湖区，位于鼎湖区西北部，成立于 1992 年，是鼎湖区唯一的山区镇。全镇总面积 145 平方公里，其中山地 126.67 平方公里。辖 9 个村委会，1 个居委会，94 个村民小组。总人口 1.05 万人，其中农业人口 9800 人，客家人占 95%以上。

凤凰镇交通便利，南依 321 国道 1 公里，距西江航道 5 公里，东距广州 70 公里，西距肇庆市中心 18 公里，距世界著名的鼎湖山景区仅 5 公里。全镇实现行政村“村村通”硬底化道路。

凤凰镇内现有九龙湖、黄金沟、藏龙沟、亲亲大自然、九龙湾漂流、同古山居等旅游景点。凤凰镇按照市“打造千里旅游走廊”的旅游发展规划，坚持以发展旅游为龙头，结合本镇独特的旅游资源优势，积极探索生态旅游大发展的新思路、新办法，努力整合旅游资源，大力开发特色旅游。凤凰镇九龙湖景区被列为肇庆市“千里旅游走廊必游胜景之一”；2005 年 12 月凤凰镇被省科技厅批准列入旅游技术创新专业镇；2008 年 1 月被省旅游局评为“旅游特色镇”，这对凤凰镇今后加快旅游开发，提升旅游品位创建良好的基础。2008 年全镇各景点接待游客 23 万人次，旅游收入达到 1086 万元，比上年增长 8.6%。

（十九）潮州市湘桥区意溪镇

意溪镇是潮州市湘桥区唯一建制镇，也是革命老区镇。三面环山，西临韩江，与潮州古城隔江相望。辖区 24 个村和长和、坝街、寨内 3 个居委会。总面积 71.92 平方公里。其中：耕地面积 7.71 平方公里，山地面积 50.75 平方公里。境内雷厝山有畲族聚居点，人口 76 人。

意溪镇土地、矿产、水力、旅游资源十分丰富，文化底蕴相当浓厚，具有发展工业、农业、旅游业的近郊经济优势。近年来，意溪镇从实际出发，确定了以“农业稳镇，工业立镇，旅游旺镇”的经济发展战略，着力发展“三高”农业，水产、蔬菜、茶果和禽畜“四大”种养基地稳步发展。积极创建工业小区，发展工业企业，目前已建成东园、胜利园工业小区和中津瓷土加工区。全镇有乡镇企业 1588 家，主要有建材、陶瓷、服装、食品等行业。境内水力资源丰富，建成小型水电站 5 座，装机容量 2370 千瓦，年发电量 800 多万度。

在加快经济建设的同时，精神文明建设蓬勃发展，教育、卫生、体育、文化事业及基础设施不断配套完善，镇文化站被评为省一级文化站，积极创建广东省民族民间艺术之乡，并顺利通过省文化厅的验收。意溪镇名胜古迹众多，庵寺星罗棋布，有隋唐建造的开山寺，有明代建造的别峰古寺、石庵，清代建造的古竺庵、孝禅寺和三山国王庙等，形成独特佛寺景观旅游文化。

（二十）清远市英德市连江口镇

连江口镇位于英德市南部，是英德市的南大门，距市区 25 公里，距广州 115 公里，地处北江、连江交汇处。连江口镇是

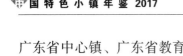

广东省中心镇、广东省教育强镇，广东省宜居城镇，全镇总人口 3.9 万人，土地面积 341 平方公里；全镇下辖 9 个村，2 个社区，274 个村小组。

连江口镇有 2000 多年的历史，是古代的兵家必争之地，名胜古迹很多，并以河鲜美食著称，它集山水名胜、美食于一体。连江口镇交通便利，广乐高速公路、武广客运专线、京广铁路、银英公路（与 107 国道相接）、北江航道成“川”字形贯穿其间。

全镇有林面积 224 平方公里，其中黎槊 104 平方公里、笋竹 52 平方公里，森林覆盖率 87%，盛产用材林、经济林、笋竹、蒿水竹，是英德主要林区之一。溪涧多，水质清纯，河鲜种类多，味道鲜美，以桂花鱼、马面骨、和顺鱼、边鱼等最为出名，年产量 1200 吨；可利用的库湾超过 2.53 平方公里，已开发 1.2 平方公里。

连江口镇的旅游资源十分丰富。远近闻名的北江小三峡之一的浈阳峡，因带有神奇色彩又名盲仔峡，此峡险峻秀丽，以其“古、秀、奇、险、幻”而名扬千古，历代游人为它吟诗作赋，写下不少赞美的诗篇。

二十四、广西壮族自治区

（一）柳州市鹿寨县中渡镇

中渡镇是革命老区，位于鹿寨县西北部 28 公里处，共辖 1 个社区、14 个村民委、176 个自然屯，总人口 4.9 万人，行政区域面积 374 平方公里。由县城经中渡镇香桥岩溶国家地质公园风景区往寿城可直达桂林，东与黄冕乡接壤，西通平山镇，北达永福县，交通四通八达，十分便利。

境内主要河流有洛江，发源于永福县三皇乡鸡头岭，经黄冕乡汇入洛清江，全长 83 公里，流域面积 1098 平方公里，平均流量 3724.2 立方米/秒，主要山脉有大华山，东楼岭，古里槽山，海拔均在 500 米以上。

境内风景优美，多姿多彩的西眉山、凤凰山等此起彼伏、美不胜收，散落在 10 公里范围内的“香桥仙境”“西眉烟雨”“榕荫古渡”“鹰嘴堆岚”“响水石林”“九龙奇洞”“古藤钟乳”等景观，集渡江之清，黄龙之秀，雁荡之险，天生桥之宏奇于一体，是广西的风景名胜，拥有国家 AAAA 级景区香桥地质公园，国家 AAA 级景区中渡古镇景区。中渡还是一个文人辈出的地方，文化名人韦晓萍、潘文经生于斯，长于斯。美丽的自然风光，淳朴的乡土人情，深厚的文化底蕴，构成了中渡一幅美丽的画卷。

中渡镇党委辖村级党委 1 个，党总支 16 个，156 个支部，1308 名党员，其中农村党员 1012 人。中渡镇是个农业大镇，全镇形成以甘蔗、蔬菜（西红柿）、水果（沙田柚、蜜橘）、水产、畜牧为主的支柱产业和一大批龙头产品，是桂中有名的“西红柿之乡”。

当前，中渡镇正面临良好的发展机遇，该镇将在推进城镇化建设与发展乡村旅游业上大下工夫，同时继续壮大甘蔗、蔬菜、水果、畜牧支柱产业，形成农业有规模、旅游有特色、城镇建设有规划的良好发展局面。

（二）桂林市恭城瑶族自治县莲花镇

莲花镇是恭城瑶族自治县下辖的一个镇，位于县城南部，东毗钟山县，南邻平乐县同安镇，西接平乐县二塘镇，北接本县平安乡，距县城 14 公里。莲花镇交通区位优势明显，通往邻近乡镇的公路已经硬化，有二级公路通往县城和平乐县的同安镇，是有名的月柿之乡、柑橙之乡，生态环境优良，新农村建设事业远近闻名。

莲花镇辖 23 个行政村和 1 个居委会，

114个自然村。全镇总人口5.4万人。镇域面积361平方公里，耕地面积29.11平方公里，水果总面积46.67平方公里，其中月柿33.33平方公里，建立了莲塘岭万亩无公害月柿标准化栽培示范基地。莲花镇已修通通往县城恭城镇、平乐县同安镇的二级公路，通往三江乡的县道已铺柏油，交通得到极大改善。该镇是恭城县最大的水果和农产品集散地，享有中国“月柿之乡”的美誉。因镇政府驻地位于莲花村而得名。莲花镇地理位置优越，自然资源丰富。境内蕴藏大量的钛、铁、铅、锌、锡、大理石、花岗岩等矿石，其中以大理石、花岗岩为最著名，花岗岩总储量25亿立方米，主要有红、灰两种，红色名为“莲花红”，可与“岑溪红”相媲美。莲花镇是“全国农业旅游示范点”“全国十大魅力乡村”“全国生态文化村”“中国村庄名片”。

该镇的旅游资源十分丰富，有古色古香的朗山民居，山清水秀的兰洞天池和传统民族旅游，还有以“赏果园风光，品瑶乡风情”为主题，集生态农业、旅游观光于一体的文化生态旅游红岩新村已初具规模。首届恭城瑶族自治县月柿节开幕式——走进中国月柿之乡大型文艺演出在红岩生态旅游新村举行并取得了圆满成功。

（三）北海市铁山港区南康镇

北海市铁山港区南康镇是全国重点城镇，是建设部、国家发展改革委、民政部、国土资源部、农业部、科技部于2004年2月4日批准确定的。同时，南康镇也是全国文明城镇、广西历史文化名镇，蝉联多届广西“南珠杯”特等奖。南康镇隶属于广西北海市铁山港区，地处北部湾畔，位于北海市东部，东北临大海，东连兴港镇，南靠营盘镇，西接福成镇，北邻闸口镇，西距北海市区中心41公里，距北海飞机场18公里，北铁一级公路由西向东贯穿其境，总面积175.4平方公里，总人口5.81万人。

全镇有中小学26所，其中高中1所、初中3所、小学21所，幼儿园5所。铁山港区人民医院、妇幼保健院、防疫站、计生服务所各1所在南康镇区，医疗技术人员队伍强大，设备先进。体育设施完善，可举行较大型体育运动会。城区建设：近年来，共投入资金6000多万元建设了朝阳大道、银丰路、建设东路、长安路、新区中街、庆丰路、民主路、文明路等城区主干道，环城大道即将上马，推行“一路一树种、一路一灯饰、一路一景点”美化城镇景观，城镇建设日新月异，全镇街道铺装率达90%，城镇绿化率达35.5%，人均绿化面积8.7平方米，自来水普及率达90%，拥有北海市乡镇首家星级酒店——星港酒店，各种城镇基础设施日趋完善，城镇面积也扩大到4.3平方公里。

北海市铁山港区南康镇经历数百年的风雨沧桑和时代的变革，文物古迹众多，有文物保护单位16处，文物点93处。其中，“骑楼街”最是声名远扬。人们在南康饱经沧桑的老街游览，触摸斑驳的墙体，在独具特色的商贸交易铺窗上还能感受到它昔日的美丽和曾有过的繁华兴盛。

（四）贺州市八步区贺街镇

贺街镇位于广西东部的贺州市八步区中部，总面积377平方公里，是广西重点镇，曾为广西贺县的县城。贺街镇山水秀丽、历史悠久、文化古迹众多。2001年7月，古建筑群——临贺古城被列为全国重点文物保护单位。

贺街素有“桂东文化古城”之称。有众多古建筑和风景名胜。风景名胜古迹有形如玉印、闻名遐迩的贺江明珠——浮山；有清澈如镜、浓香馥郁的桂花井；有崔嵬嵯峨、气势磅礴的瑞云山；有南汉铸造、纶绵华丽的“三乘晓钟”；有古朴典雅、声如沸水的“瑞云清音”；有其形逼真、栩栩如生的“犀牛望月”；有景色秀丽、古朴自然的“临江晚钓”；有巍峨壮观、神工天作的“魁星点斗”；有“出水莲花”、神龙回头、龙洞胜景、贺江风光、文庙、陈王祠等著名景观；还有迄今为止国内考古发现中保存最完好、地面规模最大的汉代古城墙。

2000年以来，贺街镇的旅游业已成为贺街新的经济增长点。特别是电视剧《茶是故乡浓》《酒是故乡醇》《围屋里的女人》在贺街取景拍摄，并且在粤港澳热播，贺街迷人的风光、古朴的建筑吸引了大量的粤港澳游客。每逢周末，均有20多个旅游团队到贺街旅游。“五一”“十一”黄金周更是火爆。贺街镇将重点抓好贺江小三峡和临贺故城的旅游开发，促进贺街观光农业的发展。

（五）河池市宜州市刘三姐镇

刘三姐镇位于广西壮族自治区宜州区东北部，东与柳城县交界，北与罗城县四把镇和本市祥贝乡相邻，南邻宜州城区，东南与洛西镇隔江相望，西接怀远镇，总面积为352平方公里，是宜州市第四大乡(镇)。

刘三姐镇位于宜州区近郊，距宜州市区6公里，宜州区距柳州市125公里，距首府南宁266公里，柳宜高速公路将宜州和区内南宁、北海、桂林、柳州连为一体，323国道通过宜州，川贵出海通道重庆—贵阳—南丹—北海的等级公路也经过宜州，为川贵出海通道的重要门户。

刘三姐镇自然风光奇美，山歌文化源远流长，以刘三姐文化为内涵的旅游产业独具特色，旅游资源得天独厚，尤其以“七个一”特色鲜明。即一条河——下枧河，包括刘三姐对歌台、扁担山、眼泪泉、鲤鱼石等；一座岛——岛上竹青水绿、风光旖旎；一首歌——传唱久远的刘三姐山歌；一书院——刘三姐风情苑；一个村——有惊无险古龙漂流终点六妹村，村中河面开阔，河中有一座面积约5000平方米的小岛；一座寺——三门寺，原名花婆岩，内有滴水观音、卧佛、药师佛、普贤菩萨、日月菩萨、弥勒佛等十几尊圣像；一个山庄——刘三姐乡度假山庄，其坐落于山水相映的流河社区下枧河段上游。

（六）贵港市港南区桥圩镇

桥圩镇位于贵港市东南部，距贵港市区29公里，黎湛铁路和324国道横贯桥圩镇，距兴六高速路13公里，交通便捷，是自治区小康示范镇，全国重点镇。全镇总面积121平方公里，其中城镇面积3平方公里，现辖25个村委会，1个居委会，总人口10.2万人，其中城镇人口3万人。有党组织129个，党员1980多人。全镇耕地面积40平方公里，其中水田30.73平方公里。2005年被评为贵港市经济发展“十佳乡镇”。

桥圩镇素有“贵县四大名圩”和“桂东南商贸重镇”之美称，该镇通信发达，商贸兴旺，乡镇企业发展迅速，曾被评为全国乡镇企业东西合作示范区。主要工农产品有羽绒、塑编、化工、建材、甘蔗、中药材、水果、禽畜等。是全国最大的羽绒、塑编集散地之一，特色农业形成一定规模。

桥圩镇土地面积121平方公里，是广西有名的商品粮基地。养殖业主要以生猪和乳鸽生产为主，每年生猪出栏达5万头，乳鸽20万羽，鸡、鸭存栏35万羽。目前桥圩镇已发展成为贵港有名的精米加工基地、中药材集散地和乳鸽、猪花集散地，促进了农产品的流通和增加农民收入。

（七）贵港市桂平市木乐镇

木乐镇位于桂平市东部，是桂平市东大门，东接平南县镇隆镇，南与理瑞、社坡相连，西与马皮乡接壤，北接木圭镇，地处北回归线上。距桂平市区 38 公里，距平南县 20 公里，镇城区面积 2 平方公里，总面积 87 平方公里，耕地面积 23.56 平方公里，其中水田 17.36 平方公里，旱地 6.21 平方公里。木乐镇是桂平市东部重镇，南梧二级公路横穿镇境。2001 年全镇人口 5.6 万人，其中城镇人口 1.3 万人，农业人口 4.3 万人，主要为汉族和壮族，操白话和客家话。

全镇农业以粮食、中药材、席草、桑树、藠头等为主，工业有服装、针织、印染、绣花、织带塑料制品、五金、农机具、采矿等，其中服装业最为著名，木乐镇生产的服装近销兄弟省（市）如广东、云南、福建等，远销东南亚、中东，甚至南非。服装业成为木乐镇的支柱产业，是木乐镇财政收入的主要来源。木乐著称“服装之乡”。1992 年获原“玉林地区乡镇企业亿元乡镇”及“桂平县乡镇企业总收入超过亿元乡镇”称号，1994 年跻身于全区发展乡镇企业先进乡镇及广西农村经济综合实力百强乡镇企业行列。1994 年被列为“全国小城镇建设试点镇”，1997 年获“广西第四批体育先进乡镇”称号，2001 年 9 月被自治区确定为自治区重点镇。

（八）南宁市横县校椅镇

校椅镇位于横县县城北部，南与县城毗邻，北距卢村火车站 33 公里，东距贵港市 65 公里，西南距南宁市 100 公里，东去 18 公里与 209 国道相连，南下 20 公里可达郁江码头，镇人民政府驻校椅圩，距县城 17 公里。2003 年，辖 22 个村民（居民）委员会。106 个经联社，现有人口 9 万多人。面积 231 平方公里，辖校椅社区居委会；韦村、樟西、米汶、龙省、横塘、石井、贺桂、六凤、东圩、罗村、白衣、六兰、临江、旺安、草木、青桐、塘村、六味、米桥、米冷、中团 21 个村委会。

校椅商品化农业规模不断扩大以“一乡一业”“数村一品”“一村一品”等形式形成了四大生产基地：以校椅、韦村等村为主的桑蚕、水果、茶园生产基地；以青桐、六味等村为主的蔬菜食用菌生产基地；以东圩、罗村为主的粮食生产基地；以茉莉花茶为主的标准化加工基地。2001 年全镇种植茉莉花 4.67 平方公里，产鲜花 15 万担；种植桑蚕 3.33 平方公里，产鲜蚕 1 万担；瓜菜种植面积 3 平方公里，冬种面积 13.33 平方公里，年产鲜品 4 吨以上，主要品种有甜玉米（金穗、华珍一号等）、番茄、椒类、瓜类、菜豆、叶菜、莲藕等，此外旱地种植木瓜、凉薯、密本南瓜等品种 1000 多亩；水果面积 6.67 平方公里，总产量 5400 吨，品种有荔枝、龙眼、香蕉等；茶园 1 平方公里，木薯 4.3 平方公里，食用菌（巴西菇、杨树菇、竹荪等）0.77 平方公里，商品牛 3 万多头，外销猪苗 5 万多头，外销鸡苗 6 万多羽，开发 100 多亩进行河蛙养殖。

（九）北海市银海区侨港镇

侨港镇隶属于北海市银海区，位于北海南海岸，曾经是中国最大的印支难民安置点。为此，这里的人大多数人既会讲中国话，又会讲越南话。

在我国各级政府的关怀和联合国难民署的帮助下，经过广大难侨的开发建设，如今侨港镇已成为一个人民生活安康、环境优美、欣欣向荣的新侨乡，成为世界上安置难民的光辉典范。每当月明星稀之夜，侨港镇月色如水，灯火闪烁，如林的桅杆和蟾宫渔火倒影在银波之上；海风徐来，飘荡着归侨阵阵渔歌晚唱。在渔港东边远处，一幢幢参差错落的别墅，在朦胧的月色下影影绰绰，宛若仙宫，如诗如画。这就是北海八景之一的“侨港月明”。

海、滩、岛、湖、山、林自然风光和众多的历史人文景观，构成一幅幅迷人、醉人的画面，以滩长平、沙细白、水温净、浪柔软、无鲨鱼、无污染的特点称奇于世，为中国的35个王牌景点之一，享有“中国第一滩”的美誉。侨港镇近海盛产珍珠，是著名的“南珠”之乡。

港里泊船最多的时候是休渔期，几千条渔船排列起来，分门别类，整齐划一。对摄影人来说，机会实在难得。每年的休渔时间是6月1日至7月31日。休渔期间，所有的船和人都集中在一起，每天的活动千变万化，各种维修和补充给养场面，还有侨民的休闲生态与文化，也会得到充分的体现，多情的港湾，是摄影人的一块蓝土地，肥沃无比，可常年耕耘，常拍常新。

（十）桂林市兴安县溶江镇

溶江镇地处闻名遐迩的漓江源头，位于风景秀丽的古灵渠河畔，早在秦汉时期，这里就筑城戍疆，商贾云集，至今还保存着秦城和古汉墓群遗址，是兴安县西南部一个历史悠久的文明古镇和经济重镇。溶江镇四面环山，中间平川，国道322线和湘桂铁路，在建的湘桂铁路复线、兴桂高速公路纵贯全镇，交通极为便利，是沟通湘桂的咽喉要塞。镇政府北距兴安县城25公里，南距桂林市区35公里，是桂北地区商品运输及旅游观光的必经之地。

2015年2月，中央文明办授予溶江镇“第四届全国文明镇”称号；区环保厅授予溶江镇“自治区生态乡镇”称号；区政府授予莲塘葡萄产业（核心）示范区“广西现代特色农业核心示范区”荣誉称号。溶江镇是自治区确定打造的集观光农业、休闲农业、农家旅游业于一体的12个特色农业核心示范区之一，也是桂林市唯一获此殊荣的示范区。

2014年，溶江镇着重发展特色农业，扶持开发新兴产业，现代农业发展成效显著。一是葡萄产业继续保持快速发展，葡萄品质进一步提升。自然果数量增加，延期栽培技术逐步推广。新增葡萄种植面积约5.33平方公里，目前全镇葡萄总面积达52平方公里，葡萄示范基地达20多个，全镇葡萄总产量达11.7万吨，产值达5.85亿元。二是大力扶持发展种植猕猴桃等新兴产业。三是农业、畜牧业发展势头良好。全镇生猪出栏9.34万头，存栏6.87万头；牛出栏3600头，存栏5400头；羊出栏3900头，存栏2900头，家禽出笼68.9万羽，年肉类总产量达8732吨。

（十一）崇左市江州区新和镇

新和镇位于崇左市江州区西北面，东北面与大新县接壤，西南与龙州县交界，距市区28公里。全镇总面积265平方公里，总人口1.98万人。全镇辖8个村委会，1个社区居委会，共有13个居民小组，65个自然屯，19个镇直单位，共有23个党总支部，638名党员。2005年全镇国内生产总值1.67亿元，其中农业生产总值14369万元，工业生产总值6043万元，财政一般预算收入1556万元，农民人均纯收入2820元。

全镇耕地面积67.33平方公里，其中水田面积3.33平方公里。以甘蔗作为支柱产业，种植面积64平方公里（其中甘蔗生产“六化”基地12片，共1.17平方公里），年产原料蔗50万吨。种植花生3.33平方公里，水稻2平方公里，玉米4.67平方公里，剑麻0.45平方公里，西瓜0.2平方公里。近年来，大力发展特色养殖，先后建立了下询奶水牛养殖基地，上询黑山羊圈养小区，黑水河名贵鱼种养殖示范基地，新和街肉猪繁育基地，并以此为样板，辐射全镇，带动该镇畜牧水产业的不断发展，养殖业已成为农民增收的新亮点。

（十二）贺州市昭平县黄姚镇

黄姚镇位于广西贺州昭平县东北部，北面与钟山同古镇、清塘镇接壤，东面与凤凰乡、贺州市公会镇毗邻，南与樟木林乡、富罗镇交界，西面与走马乡相依。镇政府所在地东距贺州市62.7公里（二级公路），西距县城70公里。距桂林200公里。黄姚镇辖区总面积244平方公里，辖19个行政村（街）委会，552个村民小组，总户数12008户，总人口55662人，其中街区人口5791人，非农业人口1983人，是全县人口第一大乡镇。黄姚是有着近千年历史的古镇，发祥于宋朝年间，兴建于明朝万历年间，鼎盛于清朝乾隆年间。由于镇上以黄、姚两姓居多，故名“黄姚”。国家AAAA级景区。

古镇居民600多户，八条街道，房屋多数保持明清风格，由于黄姚所处特殊的地理位置，四面皆山，易守难攻，而且交通不便，所以村镇处于半封闭状态，使古老的民居、众多的文物得以保存。抗日时期，这里被定为敌后根据地，大批爱国人士从桂林到黄姚，这些文物、故居至今仍被完好地保存着，如韩愈、刘宗标墨迹，中共广西省工委旧址纪念馆、钱兴烈士塑像，何香凝、高士其、千家驹等文化名人寓所，以及许多诗联碑刻。

黄姚盛产豆豉、黄精、枸杞、酸梅等。黄姚豆豉在清朝被列为宫廷贡品，在民国时远销东南亚。豆豉宴，是黄姚的一大特色菜系，游客到此如不品尝，实为遗憾。近年来，黄姚古镇的绮丽风光吸引了大批的国内外游客。中国香港无线电视台《茶是故乡浓》《酒是故乡醇》剧组专程到黄姚拍摄外景。

（十三）梧州市苍梧县六堡镇

六堡镇位于梧州市北部，东邻梨埠镇，南接夏郢、旺甫镇，西连狮寨镇，北与贺州市平桂区水口镇交界。六堡茶产业是该镇的主导产业，辐射到同属苍梧县的狮寨、梨埠、京南、木双、旺甫等镇，现从事茶产业相关的有18000多人。六堡镇曾获“广西生态特色（农业）名镇”“广西现代农业核心示范区”“2016年度广西四星级乡村旅游区（农家乐）”等荣誉称号。

在非物质文化遗产保护和传承方面，六堡镇建成了传统六堡茶工艺作坊（陈列馆），根据史料恢复或重建有历史记载的商号、茶坊，修复了合口码头，重现当年的“茶船古道”。该镇已成功举办了六堡茶文化旅游文化节、苍梧县六堡茶技能大会等一系列文化活动，进一步提升了知名度。同时，六堡茶传统制作技艺已被列入国家级非遗传承保护项目，在六堡茶发展过程中起到举足轻重的作用，至今已传承至第五代。

配套六堡茶产业发展，六堡镇还建设了四大服务区，即茶叶集散区（包括仓储、交通运输、物流配送于一体）、功能服务区（包括检测、溯源、信息化服务、技术培训、电商终端等）、加工配套区（包括茶叶的集中生产加工）、生活配套区。此外，采用“龙头企业+致富能手+村党支部+合作社+贫困户”模式，创新六堡茶产业发展，打造六堡茶文化特色小镇。

（十四）钦州市灵山县陆屋镇

陆屋镇位于灵山县西部，是灵山县中西部的中心枢纽。全镇总面积299平方公里，辖30个村（居）委会，耕地面积62平方公里，人口9.2万多人，其中城区面积1.5平方公里，人口1.5万人。主要农产品经济作物有水稻、甘蔗、茶叶、蚕桑、荔枝、龙眼、荞头、莪术等。

陆屋镇 1995 年被建设部列为全国小城镇建设试点镇，1998 年自治区列为全区小城镇建设综合改革试点镇，2001 年钦州市列为全市第一类小城镇建设综合配套发展镇。经过多年的发展，陆屋镇投入资金 2.1 亿元，开发土地 0.19 平方公里，建成三个基础设施配套功能完善的河东、河西、城北商住区；开发新街道 9 条，总长 4880 米，面积 0.1 平方公里，道路铺装率 84.1%，主要道路路灯 108 盏，高杆灯 2 盏；绿化面积 0.06 平方公里，绿化覆盖率 25.74%，人均绿地面积 4.1 平方米，公园绿化面积 2500 平方米，建成星级宾馆和百货大楼各 1 座，2 个综合性市场：外资欧亚糖厂、国营新光场万亩水果基地，其中宾馆面积 3890.5 平方米，百货大楼建筑面积 1550.54 平方米，2 个综合性市场面积 10924.2 平方米。另外，投资 100 多万元完善中心街、金融街、河东街、车站街的硬底化、绿化、美化、亮化等。

二十五、海南省

（一）海口市云龙镇

云龙镇位于海南省海口市琼山区中部，东靠演丰镇，西隔南渡江与龙塘镇相望，南连红旗镇，北接美兰国际机场与灵山镇。云龙属于中心镇，是海南省唯一的计划单列镇，是“中国生态文化名镇”。云龙镇人民政府驻云龙墟，距府城 24 公里。2014 年，全镇辖区面积 96.01 平方公里，城镇建成区 1 平方公里，下辖 1 个社区，7 个建制村，82 个自然村，100 个村民小组，总人口约 4.5 万人（户籍人口 3 万人），其中农村人口 14794 人。

根据规划，镇域人口规模预测近期人口规模为 4.6 万人；远期人口规模为 13.8 万人。其中，包括镇域户籍人口 3 万人、云龙产业园吸纳人口 3.8 万人、临空产业园吸纳人口 1 万人、职业教育区吸纳人口 3.3 万人、旅游项目吸纳人口 2.7 万人。

云龙镇是革命老区乡镇，境内保留的名胜较多，其中有全国百家爱国主义教育基地——琼崖红军云龙改编旧址；被周恩来总理喻为琼崖人民一面旗帜的冯白驹将军的故居；有道教典籍记载的七十二福地之一的“陶公山”；还有省级文物保护单位“唐胄墓”等。

（二）琼海市潭门镇

潭门镇，地处海南省琼海市东部沿海，行政区域面积为 89.5 平方公里，人口约 2.9 万人，辖 14 个村委会，220 个村民小组。潭门渔民是世界历史上唯一连续开发西南沙的特有群体，潭门人已将黄岩岛视为祖宗地，保卫黄岩岛不仅是荣耀也是捍卫他们的传统。2013 年 4 月 8 日，习近平总书记视察海南省琼海市潭门镇，走上琼海 09045 号渔船与渔民亲切交谈。潭门镇地处琼海市东部沿海，距嘉积主城区 20 公里，它东面环海，南邻博鳌，西接嘉积，北连长坡。全镇辖 14 个村委会（其中沿海村 5 个），220 个村民小组。

全镇以农业为主发展远洋捕捞，沿海养殖对虾、鲍鱼，种植菠萝、荔枝、胡椒、槟榔、椰子、反季节瓜菜、水稻，工业以贝壳加工为主。

2009 年被国家农业部定为一级渔港的潭门中心渔港，该港是海南岛通往南沙群岛最近的港口之一，也是琼海市西、南、中、东沙群岛作业渔船后勤补给基地和深远海鱼货的集散销售基地。渔港目前正在扩建，建成后可停泊渔船上千艘，将成为集渔船避风补给、水产品流通加工及休闲观光于一体的综合性现代渔港经济区。

潭门镇海产品加工闻名全省，1998 年建起的潭门九吉坡工业开发区已从最初的

30余家加工工厂扩建到80多家，该工厂主要从事海贝壳工艺品加工（珠宝项链）和造船业。工艺品除销往国内市场外，还远销东南亚各国甚至俄罗斯。

（三）澄迈县福山镇

福山镇位于海南省澄迈县北部临海，北纬19度23分，东经109度00分；海拔21~300米，原始森林生态保护好。总人口1.7万人，森林覆盖率达60%，空气新鲜，无污染。海榆西线高速公路穿过福山，人文景观，热带植物，森林奇景，热带瓜果飘香；距省会海口市49公里，离县城金江镇18公里，225海榆国道、环岛西线高速公路横贯境内，交通十分便利，松涛水利渠道贯穿境内。

福山镇共有1.8万人口，国土面积58.26平方公里，农业用地77.2平方公里，全镇共有敦茶、花场、迈岭、官族、博才、文社等7个村委会和1个社区居委会，44个自然村、69个村（居）民小组、总人口1.7万人，为汉、黎、壮等多民族聚居的地方，语言有普通话、海南话、儋州话、临高话、黎话等。有澄迈果菜运销协会福山分会，澄迈福橙产销协会、热带水果协会、金福山香蕉合作社等非营利性社会组织。

福山镇先后荣获“全国文明村镇”“中国最佳文化休闲旅游名镇”“中国生态文化名镇（乡）”“海南特色魅力镇”“海南省先进基层党组织”“海南省社会治安综合治理先进单位”“全国乡、镇、街道统计工作先进集体”“全国全民健身活动先进单位”“海南省生态文明乡镇”“2010年（第十一届）中国海南岛欢乐节工作先进单位”“‘商标富农’工程示范镇”以及多项县级专项工作荣誉等47项殊荣。

（四）琼海市博鳌镇

博鳌镇是海南省琼海市的一个镇。面积约31平方公里。位于琼海市东部海滨，万泉河入海口。东临南海、南与万宁市交界，西与琼海市朝阳乡、上甬乡相邻，北与潭门镇接壤。距离琼海市嘉积镇17公里、海口市105公里、三亚市180公里。博鳌的居民大多是以经商和捕鱼为生，也有些人耕作墟郊一些坡地和水田。博鳌镇也是国际会议组织——博鳌亚洲论坛永久性会址所在地。

博鳌镇因滨博鳌港而得名。明初称博鳌浦乡，明末改称博鳌乡，居者为疍民。2002年3月，将九曲江乡的北山、北岸、沙美、培兰4个行政村与朝阳乡、博鳌镇合并，设立博鳌镇，镇政府驻地在原博鳌镇，面积为86平方公里，人口由10326人增加到23270人，辖17个行政村。

博鳌地处海南岛东部沿海地带，境内有万泉河等多条河流，海产河产丰富，热带水果品种众多。琼海菜就地取材，以烹制海鲜、水果、禽类等见长，讲究原料的新鲜程度，口味多样，以清淡、鲜嫩为主，多食用鸡、鸭、鱼等肉类，琼海居民喜食大米及粑食，少食面食。

值得一品的博鳌名菜小吃太多，肉肥皮滑、口感独特的嘉积鸭是名副其实的“海南四大名菜”之一；清香可口的椰子盐、开胃补血的鸡屎藤粑籽、汤白椰香的琼州椰子盅等小吃深具海南风味。此外，墩猪腿、白切鸭、温泉鹅、冬瓜盅、白粑炒、番椒橘等一道道看似简单的菜品，味道却着实出众。

（五）海口市石山镇

石山镇位于海口市西北部，距海口市中心15公里，东接永兴镇，东南部分与东山镇接壤，西、南与澄迈老城镇交界，北靠西秀镇、长流镇，辖区面积120.74平方公里，全镇管辖11个村委会和1个社区居委会，共84个自然村，86个经济社，全镇总人口约3.6万人。交通便利，粤海铁路重要货物集散地——火车南站坐落境内；绕城高速公路途经6个村（居）委会；绿色长廊连接南海大道直达西海岸；海榆中线距火山公园仅6公里。全镇耕地面积水田8.62平方公里，旱地15.1平方公里，宜林宜果面积达40平方公里。

石山镇旅游资源优越，有丰富的具有开发价值的自然景观，有火山喷发后形成的火山口遗迹群，有千姿百态的溶洞群，其中以马鞍岭、仙人洞、七十二洞最为出名，方圆108平方公里范围被批为雷琼世界地质公园海口园区，为海南名牌旅游景点之一。还有儒符宋代石塔遗迹，施茶古今闻名的迈宝仙井和修邱公楼，和平美鳌村的李氏古墓群，位于道堂、扬佳和北铺交界处的泷澍双池，典读村的白玉蟾古庙等一系列尚未开发的人文景观。

石山镇经济主要分为四个产业带：一是以红土片为主的10平方公里糖蔗基地；二是以火山口公园为龙头发展旅游业带动第三产业；三是以魁星农业观光园、艾森乳业、环亿养猪场为龙头，带动发展山区热带水果业以及山地牧业，石山壅羊、美安小黄牛名扬岛内外；四是以美傲、美岭青皮冬瓜基地带动反季节瓜菜发展蔬菜生产。

（六）琼海市中原镇

中原镇位于琼海市东南部，距嘉积镇15公里，距博鳌亚洲论坛永久会址10公里，东濒万泉河，西依白石岭，北和加积镇接壤，南与万宁龙滚镇毗邻。中原镇原是广东省海南行政区乐会县治所在地，而后琼东、乐会、万宁三县合并为琼海县后撤销县级建制，20世纪80年代末乐会改称中原。

原来中原镇辖12个行政村，2002年九曲江乡撤并，将10个行政村并入后形成现在的中原镇。现有22个行政村，264个村民小组，总人口2.96万人，其中农业人口2.5万人。辖区面积112.69平方公里，人均土地0.0043平方公里，园林面积9.48平方公里，林地面积36.95平方公里。镇域面积5平方公里。现有6.2万多华侨、港澳同胞旅居在全世界21个国家和地区。20世纪50年代曾是乐会县政府所在地，现在是中原镇人民政府驻地，素有“琼海南部商埠”“华侨之乡”之称。

近几年，镇委、镇政府利用镇毗邻博鳌亚洲论坛的区位优势，广搭投资平台，吸引外资、外商前来投资办实业。三年来，先后落户镇的较大项目有：①投资400万元的善苑美食城；②投资300万元的佳绿园美食小区；③投资1000万元的中国台湾台太木业制品厂的厂房扩建；④投资200万元的日盛加油站；⑤投资310万元的中兴街主街道美化、绿化、亮化改造。

（七）文昌市会文镇

会文镇位于文昌东南部，是海南省百强乡镇之一，是文昌市经济发展的重镇和著名的侨乡，镇域面积135.6平方公里，有23公里长海岸线，辖有1个居委会、16个村委会，沿海地带有超过1.13平方公里的红树林，380家对虾孵化场，是全国最大的虾苗孵化基地，有万亩对虾养殖基地，20平方公里椰林，6.67平方公里胡椒，1万亩反季节瓜菜种植基地，荔枝等热带水果种植面积超过4平方公里，乡镇企业和个体工商户542家。主要经济来源有乡镇企业、海洋捕捞、海水养殖、对虾孵化、热带经济作物反季节瓜菜种植等收入。2009年，全镇国民生产总值达8.22亿元，农民人均纯收入5200元，会文镇城乡储蓄存款4.2亿元。

会文镇具有区位、资源等优势，根据实际，提出了突出抓好“五大产业”的经济发展思路，即基地农业、海洋产业、乡镇企业、教育事业和旅游产业，促进了会文镇经济社会的全面发展。农业生产主要种植水稻、番薯、花生、玉米，热带经济作物有胡椒、椰子、橡胶、荔枝、龙眼、人心果、石榴、香蕉、甘蔗等。会文镇盛产鱼、虾、蟹，海水养殖和捕捞业发展较迅猛，是近年来该镇农村经济发展的支柱产业，年产值近亿元。同时也是闻名岛内外的反季节瓜菜基地、水产品基地和对虾育苗基地。

二十六、河北省

（一）秦皇岛市卢龙县石门镇

石门镇地处卢龙县西南部，与滦县、昌黎县相接，是秦皇岛市的“西大门”，镇域面积 89.94 平方公里，辖 49 个行政村，全镇 15303 户，总人口 4.4 万人。205 国道与京哈铁路从镇区穿过，交通发达，2000 年被国家发改委确定为城镇建设示范镇，2004 年被定为省级安全生产示范镇。

几年来，该镇的各项事业都有长足发展。全镇有私营企业 120 家，2009 年财政收入达 2434.6 万元。不管是招商引资、财政税收、小城镇建设，还是社会稳定等工作，都在全县名列前茅。

镇内民营企业达到 645 家，从业人员 4336 人，年创产值 1.1 亿元。该镇已形成以镇政府为核心的商业服务中心；以东北部学校为核心，发展职业教育为主的东北部文化区，以建材小区为重点的西北部建材工业区的“一核两翼”小城镇发展格局。

农业上形成以石门街、东阚、西阚和孟团店为中心的核桃基地，以高各庄、团山子村为中心辐射周边十个行政村的食用葡萄基地，以唱石门生猪养殖、胡石门蛋鸡养殖、孟石门獭兔养殖为主的养殖基地和甘薯种植基地。

（二）邢台市隆尧县莲子镇

莲子镇位于邢台市隆尧县东南部，面积 78 平方公里，与任县、巨鹿接壤，是邢台滏阳经济开发区的一部分。

隆尧县莲子镇，南依任县邢家湾镇，东连巨鹿西郭城镇，北接牛桥乡，西靠隆尧县城，地势平坦，土壤肥沃，适宜农作物种植，并且地理位置优越，电力供应充足，通信设施完善，投资环境良好，京广铁路、京九铁路及京深高速公路三条交通大动脉东西环抱，紧邻国家二级公路邢德线，滏阳河穿境而过。

2005 年莲子镇被评为“全国环境优美乡镇”，是全国评选出的 40 个环境优美乡镇之一，更是河北省唯一入选的乡镇。2004 年被评为“全国重点镇”，2014 年被河北省评为“省级经济发达镇行政管理体制改革试点”，2015 年被确定为“省级新型城镇化综合改革试点”，2016 年被确定为“首批中国特色小镇”。

莲子镇是全国知名的优质小麦主产区之一，坐落于莲子镇的今麦郎食品集团有限公司和河北中旺集团形成了集生产、销售、科研开发于一体的现代化综合食品企业。今麦郎集团的崛起，吸纳了大量农村劳动力，直接解决了 2 万以上人口的就业问题，并带动了种植、养殖、包装、运输、建筑、服务等相关产业的迅猛发展，形成了第一、第二、第三产业的协调发展的格局。河北中旺集团的崛起同样带动了周边经济的发展。莲子镇现已形成以今麦郎食品集团有限公司和河北中旺集团为中心的东方食品城，形成了以食品生产加工，尤其是制面为主的产业中心。

（三）保定市高阳县庞口镇

庞口镇位于河北省保定市高阳县城东南 13 公里，辖 26 个行政村，镇政府驻西庞口村。农业主产小麦、玉米、高粱。工业有塑料加工、铸造、酿造、造纸等业。该镇建有汽车、农机配件市场。

庞口汽车农机配件城位于河北省高阳县庞口镇，东至京九铁路10公里，大广高速横贯庞口并在市场南侧设立出口，已纳入“京、津、石90分钟经济圈”，交通区位优势日趋明显。

农机配件加工业是庞口镇主导产业，镇党委、镇政府始在市场南侧规划出了0.67平方公里的工业区，截至2006年，工业区内已入驻15家农机配件加工厂家，其中，保定江辉机械有限公司拥有固定资产4000万元，年产值1亿元。由此带动庞口周边加工专业村30多个，专业户近8000户，从业人员达2.8万人，年产值近3亿元。

庞口镇是农业大镇，该镇大力发展农业龙头企业，加快农业产业化进程，扎实推进社会主义新农村建设。以硕丰农场为龙头，培育发展了棉花种植、加工、育种的农业产业；以香格尔乳业为龙头，培育发展了奶牛养殖、乳业加工产业；以天丰农产品有限公司为龙头，进一步带动了果品种植水平的提高；以媚碧公司为龙头，带动了饲草行业的发展，增加了农民收入，促进了全镇经济发展，有效地推动了小城镇建设进程，为庞口小城镇建设提供了后劲。

（四）衡水市武强县周窝镇

周窝镇位于河北省武强县县境中南部，距县城9.8公里。镇政府驻周家窝村。面积51.7平方公里。

周窝镇坚持以经济发展为第一主题的指导思想，全力推进“工业立镇、开放兴镇、商贸活镇、增收富民”四大主体战略，农村经济快速发展，国内生产总值连年递增；乐器、变压器配件行业迅速扩张；农业产业结构逐步趋向合理；公共设施投入进一步增加，小城镇建设成效显著；人民生活不断改善，农民人均纯收入大幅度增长。

（1）经济实力明显增强。2007年完成生产总值13.885亿元；2006年完成财政收入1187.6万元，其中国税1022.7万元，地税164.9万元。

（2）民营经济长足发展。周窝镇以项目建设为抓手，加快乐器、变压器配件两大支柱产业的快速发展，在全县率先完成了乡镇企业的改制，周窝、大段、郭院、董庄、刘厂、棉站6个民营小区规模不断扩大。2007年该镇工业实现销售收入11.476亿元。

（3）农业产业结构逐步趋于合理。在全镇形成了以王村为中心的蛋鸡养殖区，以南王庄、大安院为中心的牛、羊养殖区，以刘村为中心的生猪养殖区，以北王庄为中心的棚菜种植区，出现了金戒牧业公司生猪生产龙头企业。农业生产条件得到提高，从2004年以来，该镇开发农田13平方公里，整修农路、开挖水渠、种植树木、铺设防渗、修建桥涵，提高了农田抗御自然灾害的能力。

（五）衡水市枣强县大营镇

大营镇位于河北省东南部，属衡水市枣强县管辖。大营镇在枣强县城南25公里，距衡水市50公里。东邻山东德州市，是邢德公路和肃清公路的交叉口，京九铁路大营站客车停车目前达六对，是同级站停车最多的。

大营镇辖88个自然村，6.5万人，总面积136平方公里，是全国500家小城镇建设试点镇、国家级综合改革试点镇、省小城镇改革发展重点镇、省农村现代化建设试点镇，是省“农业专业化十大专业市场”之一。2004年全镇实现工农业总产值40亿元，销售收入35亿元，行业自营进出口4100多万美元，间接出口1亿多美元，上缴税金8000多万元，占全县税收的一半以上，连续两年被评为衡水市第一工业强镇。

皮毛业是大营的传统产业、优势产业、支柱产业，近年来有了跨越式发展，到目前，大营拥有皮毛企业和摊点1.1万个，年产值100万元以上的规模企业327家，千万元以上的企业73家，固定门店2160个，流动及固定摊位7000多个，全镇皮毛业的加工产值占工农业总产值的83%，农民家庭收入的90%来自皮毛业，经营的皮毛种类有各种皮张、半成品、裘皮服装、饰边饰品、裘皮鞋帽、羊剪绒制品、工艺品七大系列近3000个品种。大营皮毛业的发展也带动了周边经济的发展，现已辐射到周边5个市（县）和300多个村庄，形成了以大营为中心方圆上百里的经济圈。

（六）石家庄市鹿泉区铜冶镇

铜冶镇位于河北省会石家庄的西南部，隶属河北省石家庄鹿泉区。地理坐标为东经114度2分，北纬38度，北距鹿泉区中心15公里，东北距省会石家庄15公里。该镇东与石家庄市、寺家庄接壤；西与上寨乡毗邻；南与元氏县交界；北与上庄、韩庄两乡相连，是河北省最早建制镇之一。全镇总面积72.2平方公里，其中丘陵面积18.7平方公里，镇区规划面积9平方公里，建成区面积3.6平方公里。辖25个行政村。

铜冶镇土地资源丰富，是鹿泉区土地最多的乡镇，农作物有玉米、小麦、谷子、甘薯、高粱、各种豆类；经济作物有棉花、花生、芝麻、油菜籽等；干鲜果品有苹果、葡萄、甜柿、鲜枣、石榴、桃、杏等。

铜冶镇紧紧围绕“打造绿色铜冶，建设现代化强镇”发展定位，实现了经济和社会的协调发展和全面进步。农业产业结构调整成效显著。遵循“牵龙头，带基地，联农户”的农业产业化发展思路，以“奶牛、葡萄、特菜”为主的农业“三小龙”产业化格局已经形成，40%的农户通过产业化走上富裕道路。企业蓬勃发展。形成了以乳品加工、精密铸造、特种轧辊、塑料加工、高新技术五大行业为主的新兴工业体系，年创产值30亿元。

（七）保定市曲阳县羊平镇

羊平镇位于曲阳县城正南10公里，曲新公路过境，面积44.6平方公里，人口3.74万人（2002年）。辖13个行政村，镇政府驻西羊平村。辖13个村委会。工业以雕刻、板材加工为主。建有东方雕刻城。农业主产小麦、玉米。1961年建羊平公社，1985年改乡，1991年改镇。曲阳被称为雕刻之乡，羊平镇正是雕刻的发源地，源远流长的历史文化，世代的养育着羊平镇的各家各户。镇内有一座黄山，产优质汉白玉，其质地细腻，适宜雕刻。故羊平自古多能工巧匠，在元代，雕刻艺人杨琼所作的“一狮一鼎”作为贡品，得到元世祖忽必烈的高度赞赏，称“此绝艺也”，并“将其编籍宫中，督燕南诸路石匠营造大都”，至今天安门前的金水桥仍放射着灿烂的光辉。清末，艺人刘普治雕刻的“仙鸽”“干枝梅”等作品，在巴拿马国际艺术博览会上荣获第二名，自此有“天下咸称曲阳石雕”之说。

（八）邢台市柏乡县龙华镇

河北省邢台市柏乡县龙华镇地处县境西部偏北，位于县政府驻地北偏西6公里处。西与高邑为邻，南与内步乡、北与固城店镇相接。总面积54.61平方公里。全乡25个行政村，36548人。交通通信事业发达，村村通油路。有乡办中学2所、有高标准三层教学楼，卫生院1所，敬老院1处，各村街道硬化，自来水入户，有的村安装路灯照明。

该镇土地肥沃，生产条件较好，旱涝

保收。盛产小麦、玉米、大豆、棉花、葡萄，近年来，乡办企业、个体企业迅猛发展，在赵辛公路龙华固城店段初步形成了工业小区，其中静电喷涂厂，产品远销美国、日本、德国、加拿大、法国、英国、中国香港、中国台湾等十多个国家和地区。

境内古迹较多，十五里铺村西“光武庙”，东汉章帝元和三年（86 年）下诏所建，因有“刘秀砍倒石人问柏乡”的传说，庙前石碑刻有“汉光武斩石人处”。约在 1943 年时，庙被拆掉，“文化大革命”中被彻底毁坏，石碑亦被推倒埋于地下。

（九）承德市宽城满族自治县化皮溜子镇

化皮溜子镇位于宽城满族自治县县城西 10 公里处，东、北与宽城镇接壤，南接孟子岭乡，西临塌山乡。总面积 58.7 平方公里，耕地面积 2.83 平方公里，辖任杖子、北杖子、化皮溜子、三家、西岔沟、马架沟 6 个行政村，97 个居民组（78 个自然村庄），2925 户，总人口 9682 人，人均纯收入 6790 元，乡政府驻化皮溜子村。所辖 6 个行政村全部被列为文明生态创建示范村，其中省级文明村 1 个，全国社会主义新农村建设科技示范村 1 个。

2012 年，完成固定资产投资 1.76 亿元，超额完成 0.5%；财政收入突破 840 万元，超额完成 29%；农民人均纯收入达到 6790 元，同比增长 13%，综合经济实力明显增强。人均纯收入 6790 元。

其中，农业以苹果、桑蚕、养猪为主导产业，板栗、热河黄芩、设施菜、桑叶养猪为特色产业，农业产业化发展水平居全县前列。西岔沟村被列为省级优质国光苹果生产示范基地，成立了宽城县西富农产品有限公司，组建了苹果专业合作社，注册了“西富”牌商标，完成绿色食品认证，产品畅销省内外。四川新希望集团种猪繁育基地落户化皮，养猪规模达 20000 头。在确保养蚕规模 4000 张的同时，成功试验示范了彩茧生产，是宽城首家彩茧生产基地。拥有千亩板栗园 2 处，所产的京东板栗远销日本。种植热河黄芩 1.33 平方公里。设施蔬菜大棚、桑叶养猪等生态经济发展较快。

（十）邢台市清河县王官庄镇

王官庄镇是中国北方最大的汽摩零部件加工、生产、销售基地。位于河北省东南部，距中国羊绒之都——清河仅 8 公里，邢清公路（东大线）穿镇区而过，北靠银青高速公路，南接邢临高速公路，西眺京广铁路，东临京九铁路、308 国道，地理位置相当优越，客货运输十分便捷。

王官庄镇辖 3 个办事处和 49 个行政村，总面积 48 平方公里，人口 5.37 万人，2004 年全镇工农业总产值 25.4 亿元，汽摩配件产业占 81%，实现财政收入 2599 万元，人均纯收入 4170 元。先后被授予市级重点镇，省级重点镇。2005 年 1 月被国家发改委批准为“第一批全国发展改革试点小城镇”。

王官庄镇特色产业——汽摩配件生产、加工、销售始于 20 世纪 70 年代初期，经历了由手工向机械化生产、由作坊向规模化生产过渡。主要产品有：汽摩钢索、密封条、胶垫、注塑件、冲压件、滤芯等 200 个品种，近 1500 个规格型号，目前仅汽摩钢索在全国市场占有量就在 60%以上，密封条也占 40%的份额。并与一汽、二汽、陕西重汽、保定长城等 30 家汽车厂家，建立了常年配套关系，而且还出口美国、印度尼西亚等国家。摩托车配件也与包括重庆嘉陵集团、济南轻骑集团等 40 家摩托车生产厂家建立了常年配套关系。故此，王官庄镇享有“全国知名的汽车摩托车钢索及密封条生产基地”之称号。

（十一）邯郸市肥乡区天台山镇

天台山镇，位于河北省肥乡县县境西南部，距县城8.1公里。面积59.28平方公里，人口3.59万人（2002年）。辖22个行政村，镇政府驻天台山村。

天台山村为天台山镇政府驻地，全镇现辖天台山、南谢堡、北谢堡、大康堡、郑堡、肖庄、东刘寨、西刘寨、任堡、南王固、北王固、焦营、宜官堡、张达、东马固、西马固、北杜齐、南杜齐、韩堡、李堡、支村、吴堡22个行政村。

天台山镇这方神奇的土地，自古而今，人民勤劳俭朴，在耕读、技艺、治家之余，曾留下了非常宝贵的物质财富，历经千百年来，代代相传，延续着文明的火种。小镇现存有葛孽城、古寨墙、天台寺、日落晚眺石、藏兵洞、八步三眼井、赵王路、卧牛山、古汉墓群等物质文化遗产。

天台山镇，拥有着深厚的历史文化积淀和传统民俗。1990年10月，天台山镇文化活动中心被文化部命名为“全国先进文化站”。这里又是红色文化传承地，20世纪20年代，这里诞生了以杜秀生、王兰、孙代宗等为代表的早期共产党员，他们领导冀南地区革命和抗日，为这里增加了深厚的红色记忆。李家木板年画、柳子腔戏、民间烟火、庙会、剪纸艺术、中医药文化等，勤劳的人民用智慧和双手创造历史，一个个奇迹，一个个亮点，将小镇描绘的绚丽多彩。

（十二）保定市徐水区大王店镇

大王店镇是徐水区西部重镇，东距京广铁路和107国道18公里，南临保定，西依太行山与满城接壤，保大、徐大、张石高速公路纵横贯穿全境，地处交通枢纽，总面积67.8平方公里，浅山丘陵区12平方公里，平原区55.8平方公里，辖28个行政村，11354户，44183人。

该镇西北部为浅山丘陵区，东南部为平原，土质多轻壤土，共有耕地38平方公里，土质肥沃，主产小麦、玉米等粮食作物，盛产各种蔬菜、草莓、西瓜、花生等经济作物；山地石灰岩等矿产资源丰富，绿化面积达80%，以盛产磨盘柿、核桃、黑枣而闻名。

大王店镇辖区的太行山脉白云岩矿产丰富，适于建筑用石碴生产。该镇石碴加工始于1978年，目前境内共有9个石碴厂，49个采矿区，日均产量150立方米，从业人数500人，年产值3000万元，并带动运输业、餐饮业迅猛发展。

该镇是徐水区的农业大镇，自1998年以来，农业结构调整步伐加快，形成了设施草莓、林果、蔬菜、蘑菇四大特色种植，以佃头、曲水、大王店四街为主的设施草莓面积达10平方公里，以东黑山、小黑山、南北孙各庄为主的大棚桃、杏、李子面积达2平方公里，以南隆善、马亮营、王庄等为主的蔬菜种植面积达6平方公里，以大仕庄为主的食用菌生产基地达0.3平方公里，柿树种植和经济林种植面积达3.33平方公里，年创产值7300万元。尤其是草莓，从1988年开始种植，目前已发展到10平方公里，是京、津草莓市场的重要货源地，成为远近闻名的“草莓之乡”。

二十七、湖南省

（一）长沙市浏阳市大瑶镇

大瑶镇位于湖南省浏阳市东南部，地处湘赣两省三市（萍、浏、醴）结合处，是浏阳南部重要的政治、经济、文化中心，也是“中国优秀乡镇”“中国农村改革与发展综合试点镇”“中国小城镇建设示范镇”“中国经济发达镇行政管理体制改革试点镇”“浏阳市城乡一体化建设规划的区域中心城市”。全镇经济以花炮产业为主导，是世界上最大的花炮及材料集散中心，同时也是花炮文化的发祥地——花炮始祖李畋诞生于此。

根据湖南省 2015 年乡镇区划调改革方案，杨花乡和大瑶镇合并为新的大瑶镇。合并后，辖区总面积 149.3 平方公里，总人口约 9.1 万人，下辖 19 个村（社区），镇政府驻地设大瑶镇政府驻地。

大瑶与澄潭江、文家市等周边乡镇在春秋战国时期皆属吴楚边界之地，在各乡镇境内均还有相关历史遗迹可寻。从 2000 年扁塘村新建花炮厂发掘的古汉墓群推断，早在秦汉时期，大瑶就是浏阳境内一个活跃的人口居住聚集地。

大瑶镇是浏南新区政治、经济、文化中心，是浏阳南部经济重镇、全国花炮原辅材料集散中心、全国小城镇综合改革示范镇，浏阳市城乡一体化规划的 5 个 10 万人口小城市之一，也是花炮始祖李畋先师故里，素有“花炮之源”“彩印之都”的美誉。2010 年全镇财政收入突破亿元，实现工业总产值 34.58 亿元、人均纯收入 13856 元；2011 年实现财政收入 1.17 亿元，地方收入突破 4000 万元大关；2012 年实现财政总收入 1.3 亿元，同比增长 11%，地方收入达 5490 万元；2013 年实现财税收入 1.78 亿元，同比增长 37%，其中地方收入为 8730 万元，同比增长 59%，创造了“大瑶速度”，打造了新型城镇化的“大瑶样板”，同年，“大瑶现象”被列入北大研究样本；2014 年实现财税收入 2 亿元，同比增长 12.3%，其中地方收入完成 10645 万元，同比增长 21.9%，成为全浏阳唯一一个财税超过 2 亿元的乡镇。完成固定资产投资 34 亿元，同比增长 84.8%，规模工业总产值 45 亿元，同比增长 24%，社会消费品零售总额 21 亿元，同比增长 13.8%，经济社会发展呈现出蓬勃向上、逆势而上的良好势头。

2013 年，中央正式将大瑶镇纳入全国经济发达镇行政管理体制改革试点镇，赋予其更大的职权和地位，以推动大瑶更好更快地向前发展，大瑶的明天将会更加美好。

（二）邵阳市邵东县廉桥镇

廉桥镇地处湘中腹地，是邵阳市的东大门，位于邵东县的北部，东与界岭乡接壤，西与黑田铺乡毗邻，南与流泽镇、黄陂桥乡交界，北与斫曹乡为邻，西北与新邵县扶锡乡交界。

廉桥镇地处湘中腹地，是邵东县的东大门，位于邵东县南国药都北部，是邵东县第一大镇，全镇面积 98 平方公里，人口 8.1 万人，辖 55 个村、2 个居委会，镇区建成区面积 3 平方公里，镇区人口 2.5 万人。镇内交通便捷。320 国道穿境而过，潭邵高速出入便捷，洛湛铁路客货站正在建设，“八老线”省道改建即将动工。产业基础优势强。拥有全国排名第 14 的湖南廉桥中药材专业市场，市场占地 535 亩，经营户 1200 多家，2010 年实现销售收入 46 亿元，实现税收近 2000 万元，以松龄堂为龙头的中药饮片加工企业迅猛发展。全县围绕廉桥药材市场发展的中药材种植面积突破 40 平方公里，带动了周边县市发展中药材超过 133.33 平方公里，徐家铺木材市场成为中南最大的木材市场。朝阳生态产业园等旅游观光农业蓬勃发展，猪婆山林场、观音岩速降、天台山水库等到景点受到追捧。镇内基础设施完善。炉前、天台山两座中型水库完成除险加固，蓄水量超过 2000 万方，日产 10000 吨的自来水厂和 11 万伏的变电站可确保水电供应。

近几年来，药材经营户达到了 1000 多家，直接从业人员 5000 多人；经营药材品种达 1000 多个，药材畅销全国，远销东南亚等国家地区。药市的发展带动了药材种植业，据统计，全县药材种植面积超过466.67平方公里，像隆回县种植金银花也通过廉桥药材市场销往全国各地，促进了药材加工业的发展，本乡镇及周边乡镇药材加工户达1000余家。现药市年成交额十多亿元，年上缴国家税费800多万元，树立了“南国药都”的美誉。

（三）郴州市汝城县热水镇

汝城县热水镇位于县境东部，距县城47公里。东与江西省崇义县乐洞、文英两乡交界，南与广东省仁化县长江镇及汝城县三江口镇相连，西邻大坪林场及井坡乡大村村，益将林场及附城乡，北靠集益乡。截至2002年底，镇政府驻热水圩，辖桥东、桥西2个居委会，12个村。2002年底，该镇总面积142平方公里，耕地8.397平方公里，2509户，10035人。该镇境内汤河头温泉水高，“气如烟雾，水若沸汤”，因此得名。

2009年该镇党委政府以构建特色景观旅游经济为抓手，立足把热水打造成湘粤赣三省交界特色旅游名镇和引领汝城旅游业发展的龙头，深入开展特色景观旅游名镇创建工作，积极加强了生态环境建设，生态面貌焕然一新，初步形成了国家AAAA级旅游景区。

（四）娄底市双峰县荷叶镇

荷叶镇位于双峰县东面边陲，东与衡山、湘潭接壤，南与衡阳毗邻，西北与该县石牛、沙塘、井字交界。是湘衡公路与107国道的交会处，是湘中、湘西通往南岳衡山的必经之地。境内群山耸翠，人文景观和自然风光交相辉映，引人入胜。曾国藩故居富厚堂，坐落于该镇富托村鳌鱼山下，建成已有120多年，至今雕梁画栋、富丽堂皇，为我国保存最为完整的“乡间侯府”宅第，被列为省级重点文物保护单位。2006年5月25日，富厚堂被国务院批准列入第六批全国重点文物保护单位名单，并一举位列新潇湘八景之一。人文景观还有秋瑾故居——湖南省双峰县荷叶镇神冲老铺子。

荷叶镇，因其四周环山、中部低平，形似一片荷叶而得名。现辖63个村委员会、1个居委会。土壤肥沃，气候条件优越，是双峰的“鱼米之乡”、林业大镇。

该镇是清代名臣曾国藩的故乡。中国共产党创始人之一蔡和森的外祖母和民主主义革命家秋瑾、女权运动领袖唐群英的婆家都在这里，故有“中华女杰之乡”之美称。

镇西部界交衡阳的九峰山，为南岳之“少祖”。

乡镇企业和个体私营经济发展迅速，成为国民经济的重要支柱。共有乡镇企业1338家，其中集体企业113家、私营企业823家、个体企业402家，形成了以建材、农副产品加工、建筑装潢、机械为主的工业体系。2000年乡镇企业总产值24499万元，其中工业产值13781万元。

有14所中小学校被评为“园林式”或“花园式”学校。1991年在双峰县第一个被评为全省“教育明星乡镇”，1998年获省“双基”评估团好评。

（五）湘西土家族苗族自治州花垣县边城镇

边城镇原名茶峒镇，2005年7月改为边城镇，以沈从文所写《边城》小说名称命名。边城镇位于花垣县西部，距县城25公里，地处湖南省西部边陲，湘渝黔三省交界之处，为湖南省的西大门和湘西四大古镇之一。边城镇被鸾太山、香炉山、马鞍山环绕，有清水江、板栗溪贯穿，为极佳的居住之地。

边城镇位于花垣县西部，距县城25公

里，西与贵州省松桃县的迓驾镇和重庆市秀山县的洪安镇接壤，北与重庆市秀山县的峨蓉乡隔河相望，是湖南省的西大门和湘西四大古镇之一。

边城镇农业形成了以柑橘、蔬菜、桤木、畜牧为主的四大产业。境内矿资源以硫化锌和氧化锌为主，特别是在火焰土村储藏量极为丰富。

边城镇立足自身资源，强化沈从文的《边城》原产地这一独特的优势，积极开展旅游资源整合，形成了边城翠翠岛、百家书法园、清水江畔的苗家吊脚楼、边城古镇的林立店铺及青石板街、保存完好的古镇城墙、太平军石达开西征将士牌位，刘邓大军进军大西南宿营指挥所、八排瀑布、仙人洞等独具“边城风情—特色村寨”的旅游文化景点。

（六）常德市临澧县新安镇

临澧县新安镇位于澧水中下游，澧阳平原西部，临澧县境西北部，距县城 26.5 公里，西与石门县接壤，西北与澧县毗邻。总面积 57.32 平方公里，下辖 22 个村、5 个居民委员会，人口 4.7 万人。

新安历史悠久。“新安”出于新近安抚边蛮之意，因扼淞澧平原西南咽喉，古为兵家必争之地，明初即屯兵设市，明清为澧水流域重镇。这里，文化底蕴深厚，秀丽山水哺育一代代英才。申鸣古城遗迹今犹在，黄佑昌聪慧好学，黄宏佳科学钻研，影响悠远。

新安物产丰富。肥沃的冲积平原盛产棉花、油菜、小麦、蔬菜，北缘丘陵地带为优质果木基地、养殖基地。镇域石灰石矿床裸露，取之不尽，黏土矿山用之不竭，石膏矿储量丰富，品位上乘；煤炭、铁矿石也有很大储量，素有“建材之都”称号，生产水泥得天独厚，无与伦比。

新安实力雄厚。全镇拥有工商企业和个体工商户 1000 余家，年工业产值突破了 7 亿元，工商税收突破了 2400 万元，多年来保持全市农村乡镇税收第一的位置。由于坚持走工业强镇之路，形成了以水泥建材、纺织、烟花、铸造为支柱的工业体系。以龙凤、古城、沙堤为核心的新农村建设必将成为全市示范片中最亮丽的组成部分。

（七）邵阳市邵阳县下花桥镇

下花桥镇位于县境东部，距县城 20 公里，邻邵阳市约 30 公里，面积 82 平方公里，人口 4.96 万人，镇政府驻下花桥。省道 1812 线经此。

境内景点多而美，既有湖光山色、洞府仙境，又有文物名胜、奇风异俗，形成了独特的自然风光和古代楚文化景观。乡村分布各类喀斯特地貌溶洞，山间怪石林立，景观甚为奇特，小溪密布，泉水汩汩，有强大的潜在开发价值。主要景点有石山老、风子岩、娥子冠、新风岩、下花桥战斗烈士纪念碑、基督教堂、狮子山。

镇域水资源充沛，人力资源丰富，花岗岩矿产丰富，土地资源丰富，地形以盆地为主，山地为辅。野生动植物资源丰富。现山间有野鸡，野狗、野兔、白鹭及各种鸟类，山间有野百合、枇杷、黄林树、野柿子、竹笋。

镇域人民能歌善舞，源远流长。每逢红白喜事，节日喜庆，浑身有着艺术细胞的下花桥镇人民便耍起狮子，腾起长龙，踩起高跷，顶起花灯，唱花鼓戏，节目丰富多彩，多姿多味，深为人民喜爱，涌现出很多文艺人才。

（八）娄底市冷水江市禾青镇

禾青镇位于中国湖南省冷水江市南部，1989 年建镇。现下辖 16 个村、居委会。2013 年 4 月 15 日，在湖南省全省卫生镇考评验收中，冷水江市禾青镇创建湖南省卫生镇工作已进入省卫生厅官网进行公示，禾青镇有望成为娄底市首家省级卫生镇。

境内建有日产4万吨自来水厂1座，110千伏、35千伏变电站两座，容量1万门的邮政电信大楼1座，移动通信接收站4座，建有占地40亩的商品市场，拥有商业门面1000余间，引进大型超市3个，水泥硬化三板道1500米，预埋下水道3000米，架设高杆路灯100盏，街道两旁全面实施绿化，小城镇的框架已基本形成。

作为冷水江市“一中心、四组团”规划中的重要组团，禾青镇工业实力雄厚。禾青镇工业经济飞速发展，民营企业渐趋规模。境内现有大小企业70余家，民营规模企业10余家，产值超过亿元民营企业3家，初步形成了以化工、建材、冶金、机械和再生资源五大行业为基础的工业体系。

（九）长沙市望城区乔口镇

乔口镇位于湖南省长沙市望城区，地处三地四县（长沙、益阳、岳阳，望城区、宁乡县、赫山区、湘阴县）交界处。柳林江从乔口镇最西最北部自西向东流入湘江，与西岸的益阳市赫山区欧江岔镇、北岸的岳阳市湘阴县铁角嘴镇形成天然的行政区划分界线。

乔口镇扼望城西北门户，总面积46.23平方公里，辖7个村和1个社区，总人口3.4万人，位于湘江之滨，洞庭湖畔，三面环水。在计划经济和水运为主的时代，工厂密布，商贸繁荣，素有“长沙十万户，乔口八千家”之说；在市场经济和陆运为主的时代，乔口一度衰落，企业倒闭，集镇破败，成为望城县最为困难的湖区乡镇。

乔口镇拥有悠久的历史。据考证，团头湖古遗址说明了乔口是望城最先有人类的地方，是望城人民的发源地，距今有5000多年的历史；湖尾古遗址留有春秋战国部落生活的足迹；乔江书院是清朝诏赐的书院；“三贤堂”敬供着曾来乔口深发感慨的杜甫、贾谊和屈原的三位大文人，尤其是杜甫南下时的《入乔口》早已是深入民心，深厚的文化底蕴浸润着乔口人民的生活。乔口有多处自然景观，首推团头湖。团头湖，是一个天然湖泊，湖岸曲折多弯，相传为南洞庭湖汊口之一，是长沙地区最大的湖泊。

（十）湘西土家族苗族自治州龙山县里耶镇

里耶镇位于龙山县城南124公里。北邻内溪乡，东接咱果乡，南连保靖县，西交重庆市秀山县。

1982年5月，镇东北大桥发现新石器时代文物遗址，谓“龙山文化”，有石斧、石片、红泥陶器等，陶器上铭粗绳纹结网纹、蔑纹等为研究该镇和我们历史提供了珍贵的考古资料。后发现了战国古城遗址和众多战国珍贵文物。2002年6月，里耶镇里耶古城遗址的发现和3.6万余枚秦简牍的出土，震惊中外，举世瞩目。2005年9月，里耶经建设部、国家文物局评定命名为“中国历史文化名镇”。

1985年6月，里耶镇出土了一些陶器、兵器。2002年4月，为配合碗米坡水电站工程建设，湖南省考古研究所对里耶进行了抢救性发掘，数百座古墓葬群与这座古城同时重见天日。古城临江而建，紧靠酉水，有夯土城墙、护城河、房屋建筑遗址、排水设施，多座古井规则地分布在古城内外，它们共同形成一个完整的古代城市系统。

2002年，在里耶城即将被大坝覆盖的河滩上，发现了一口巨大的古井，井口呈正方形，深达17米多，四壁用木板加固，为战国末期所修建。在这口大井中，发现了3万多枚秦代竹简，详细记录了这座古城的历史，是2002年前全国各地发现秦代竹简的10倍，资料之翔实实属国内外之罕见，在其他的遗迹中也均有不同发现。现在这座古城的完整面貌还有待发掘。

（十一）永州市宁远县湾井镇

湾井镇位于县境东南，离县城 23 公里。东临蓝山县，南接九嶷瑶族乡，西界水市镇，北与冷水镇相连。镇政府驻下灌村，辖 29 个村和湾井 1 个居委会。

全镇总面积 107 平方公里，耕地 12.93 平方公里，9396 户。境内宁九公路贯穿南北，南至九嶷山，北到县城。该镇是宁远县的产粮基地，又是林木、柑橘的重点产区，烤烟发展迅速，2003 年产烟叶 9600 担。镇年国内生产总值 11031 万元，年财政收入 310 万元。

境内有九嶷山旅游区景点，为纪念唐代状元李郃所建的状元楼，始建于明崇祯十二年（1639 年）的路亭村云龙牌坊，还有读书岩、赛景岩。

读书岩系喀斯特地貌山岗，溶洞遍岗，可游之洞 10 余处，龙宫洞、通天洞、读书岩、将军厅等，一景赛一景。赛景岩洞长 1860 米，分楼岩、中岩、水岩，有十几个大厅，5 条瀑布、2 座自然石桥、4 个自然湖、2 个大型圆环。

（十二）株洲市攸县皇图岭镇

皇图岭镇地处湘赣边陲，是攸县的北大门，与醴陵市接壤，江西省萍乡市毗邻，106 国道和醴茶铁路纵贯全境，素有“一脚踏两省，鸡鸣闻三县”之说，交通区位优势十分明显，是湘东地区建镇较早、辐射面积较广、影响较大的经济重镇。皇图岭镇辖 25 个村、2 个居委会、711 个村（居）民小组、6.8 万人，1.9 万多户；土地总面积为 243 平方公里，有耕地 39.33 平方公里，林地 128 平方公里，其中人口和面积分别占全县的 1/10。

皇图岭镇传统、特色产业主要是生姜、辣椒、西瓜、豆腐等。2006 年，三镇粮食总产量 5.3 万吨，全镇有 31 个村已完成或部分完成村主干道的硬化任务，并有十几个村已完成村主干道路基工程，正准备启动道路硬化工程。全镇有小Ⅰ型水库 2 座（山关水库、神冲水库），有小Ⅱ型水库 9 座，有骨干山塘 18 座。

全镇有城镇人口 5500 人，有流动人口 6000 人左右，在集镇建设方面，主要突出皇图岭镇区建设。皇图岭镇区建设主要有三大亮点：一是以欧式风格设计兴建的国策街，它成为攸县集镇建设的一条样板街；二是按现代化商贸要求；三是有着悠久历史的皇图岭农贸市场，该市场建于清朝光绪年间，是全省十大农贸市场之一。

（十三）湘潭市湘潭县花石镇

花石是历史名城，千年古镇，在西汉时期即以地理位置显要、历史文化厚重而被定址为湘南郡府所在地，素以商贾云集、市场繁荣而享有“小南京”之美誉，是湘潭市经济重镇，是湘潭、衡山、湘乡三县市交界处的物资吞吐枢纽，同时又是湘潭县西南部最大的集市贸易集散中心。镇域内名胜众多，现存有汉城桥、观政桥、雷祖殿、宣丰桥、八路军南下支队驻地等古迹，十八罗汉山、天马山、紫荆山、花石水库等自然风景。

花石湘莲产业独具特色，莲中珍品“寸三莲”曾是历代朝廷的贡品，万亩荷花基地“接山莲叶无穷碧，映日荷花别样红”，是省内湖内最负盛名的莲文化展示基地，连续 3 年成功举办“花石赏荷之旅”“湘潭特色产品展览”等特色旅游活动，来花石休闲旅游、赏荷度假的游客在年均 15 万人次以上，拉动消费 4000 万元以上。花石豆腐、石坝米酒、龙口粉丝、乡里鱼嫩仔因其独特的口感，一直被消费者青睐。

花石镇先后获评“湖南省百强镇”“湖南省重点镇”“湖南省经济开发示范镇”

"湖南省安全生产示范乡镇"，列为"全国重点镇""湖南省新型城镇化试点镇""湖南省美丽乡镇示范镇""市级特色小城镇"，使花石镇走上了更广阔的发展平台。

（十四）岳阳市华容县东山镇

东山镇位于华容县境东北部。东邻洪山头镇，并隔云雾、天井诸峰与岳阳市广兴洲、许市镇接壤，南与三封寺镇相连，西与石首市桃花山镇相接，北与塔市驿镇毗邻。是四面皆山、中间平坦的丘陵地区。截至2003年底，该镇域集雨面积98.6平方公里，耕地面积22.72平方公里。该镇辖16个村以及茶场、桃花林场。

东山之名来历，以其地多山，皆在县境之东，故旧县志称东山为"邑东诸山统名"。东山镇是老革命根据地之一。土地革命战争时期为湘鄂西革命根据地重要组成部分；共和国的著名将领朱绍清、郑怀远、李光汉从这里走出去，投身到了伟大革命的洪炉。抗日战争时期为石公华抗日联县的主体部分。1938年，董必武、朱婴在此创东山中学，为革命培养了大批优秀人才。

该镇墨山，又名玄石山，位于三封寺镇墨山村。墨山全长1.5公里，宽0.5公里，北倚长江，南临洞庭湖，谷深涧幽，如一条巨龙在云梦大泽跃水腾空，是僧人修持和骚客游览的胜地，山顶禅寺香火终年不绝，年旺一年。

东山镇白果村有一棵千年白果树，树龄1700多年，树高40余米，围7.5米余。这棵白果树经过千年岁月依旧枝繁叶茂、欣欣向荣。国内可以与此树相媲美的白果树屈指可数，且长势大多不如这棵树茂盛，是桃花山风景区的一绝。相传三国关公挡曹时在此倒马、斩龙，附近现存倒马岩、斩龙石两地。

（十五）长沙市宁乡县灰汤镇

灰汤镇地处长沙、韶山、湘乡三市交界地带，距长沙57公里，与毛泽东故居韶山、刘少奇故居花明楼呈"品"字形排列，因其"泉沸如汤滚、汽腾如灰雾"而得名。2015年12月3日，在全省乡镇区划调整中，原灰汤镇、原枫木桥乡和原偕乐桥镇三镇合一，合并成为新的灰汤镇。目前，全镇总面积210.9平方公里，人口10.5万人，辖16个行政村和2个社区。先后获评"全国重点镇""全省小城镇示范镇""湖南省卫生示范镇""全市城乡一体化示范点"等多项国家、省、市级荣誉。

灰汤镇人文荟萃，人杰地灵。三国时著名政治家、蜀相蒋琬诞生在灰汤（古宁乡隶属湘乡），宋代状元易祓、晋才子薛暄、清文人廖森、御史王文清等都曾来此浴身吟咏，留下了许多优美的诗篇。老一辈革命家乌兰夫、王震、王首道、张震等曾在此休养，留下了著名的"将军楼"及诸多佳话。奥运冠军熊倪、李小鹏、杨霞等湘籍运动健儿曾在灰汤疗养保健。汤鸭、汤鱼为明清两朝贡品，汤蛙、汤鳖更是宴席珍肴。域内现有国家级AAAA级、AAA级景区各1处、国家级五星农庄1处，国标五星级酒店2家、四星级酒店1家。

灰汤温泉是我国三大著名高温复合温泉之一，已有2000多年历史，温泉泉眼出水温度高达98℃，泉水富含对人体有益的硫化氢、氡、铜、锌等29种微量元素和数十种治病因子，pH值为9，属高温碱性矿泉水。与国内同类温泉相比，具有水温高、水质佳、医疗价值大等特点，历来被誉为"神水""圣泉""国汤"。

（十六）衡阳市珠晖区茶山坳镇

茶山坳镇地处中南重镇、国家老工业基地——衡阳市东北部，是衡阳市区的东大门，也是衡阳西南云大都市区卫星城镇，总面积56.8平方公里，5.8万人。辖14个行政村、2个社区居委会。东邻衡茶吉铁路、京港澳高速公路、京港高速铁路，南临高铁衡阳东站、耒水，西依湘江、衡岳高速公路，北接兰厦铁路怀邵衡铁路、安张衡铁路、衡邵高速公路、衡炎高速公路、二环东路、船山大道、衡大高速公路穿镇而过，与酃湖乡一水之隔，与合江套街道、松木乡及樟木乡隔江相望，东接泉溪镇。现为衡阳市工业重镇、衡阳赏花第一镇、湖南现代都市休闲农业示范镇。

茶山坳镇物华天宝，人杰地灵，尤以三百年宝塔——珠晖塔而闻名遐迩。境内资源得天独厚。地下矿产氯化钠、钙芒硝储量湘南第一，开发前景看好；水陆交通便利，东外环路、衡大高速公路为茶山经济插上腾飞的双翼；八大农产香西瓜、白萝卜等久负盛名；珠晖生态公园蓝图绘就，珠晖宝塔、唐宋青瓷窑址遥相辉映，堪为旅游、度假休闲的好去处。

二十八、陕西省

（一）西安市蓝田县汤峪镇

汤峪镇隶属于陕西省西安市蓝田县，位于西安市东南 40 公里的秦岭北麓，蓝田县西南 25 公里，北与西安长安区为邻、南与商洛柞水县一岭之分、西接长安区引镇街道办、东连蓝田县焦岱镇，依山傍水，风景秀丽，是西安乃至西北地区著名的温泉疗养胜地。是西安市小城镇建设试点镇，全镇总面积 162.4 平方公里，辖 43 个行政村、5.6 万人。

2015 年 2 月 27 日，蓝田县调整镇村行政区划的有关通知中，撤销蓝田县史家寨镇，并入汤峪镇，镇名汤峪镇。

汤峪是陕西省小城镇规划建设示范镇，西安市小城镇综合改革试点镇，也是蓝田县重点开发的温泉旅游度假区，2008 年被省政府授予“关中地区城镇化建设先进单位”，2009 年被命名为“省级园林城镇”，2010 年 4 月被国家住房和城乡建设部、国家旅游局授予“全国特色景观旅游名镇”，2011 年 3 月被省政府确定为全省 30 个重点示范镇之一。

汤峪温泉历史悠久，驰名遐迩，古称“石门汤泉”地处塘子街，属于渭水盆地断层上的高温矿泉之一。

（二）铜川市耀州区照金镇

照金镇位于陕西省铜川市耀州区西北部，距耀州城区 54 公里，西临淳化，北接旬邑，地处耀、淳、旬三县交界处，镇域面积 164 平方公里。

铜川市耀州区辖镇，位于区境中西部。镇政府驻照金村，距城区 54 公里。梅七铁路、柳（林）照（金）公路穿境而过。纪念地有薛家寨、陈家坡会议旧址、芋园游击队大本营、中共陕西省委坟滩旧址、陕甘边照金革命根据地纪念馆等。

照金镇下辖 13 个行政村，49 个村民小组、144 个自然村。全镇总人口 9717 人（含矿区人口），1932 户。其中照村是照金镇政治、经济、文化、商贸、交通中心，镇区面积 0.1178 平方公里，镇区人口 740 人。

照金是全国百名红色经典旅游景区之一，主要有薛家寨、陈家坡会议旧址、芋园游击队大本营，中共陕西省委坟滩旧址、陕甘边照金革命根据地纪念馆等。照金是耀州区重要的采煤区，探明储量 7 亿吨，照金植被茂盛，森林覆盖率达 75%以上。

（三）宝鸡市眉县汤峪镇

汤峪镇隶属于陕西省宝鸡市眉县（太白山管委会托管），别称西汤峪，陕西重点建设示范镇，陕西文化旅游名镇，位于陕西省宝鸡市眉县东南部，秦岭主峰太白山脚下，南环线、法（法门寺）汤（汤峪）旅游公路穿境而过，209 省道公路与 310 国道相接，拥有西安到汤峪镇的直达专用高速道路。全镇总面积 171 平方公里，约 3.9 万人。

粮食作物主要以小麦、玉米为主，经济作物过去以养殖业为主，后在眉县县委、县政府的牵头带动下，汤峪镇结合自身优势、特色，发展猕猴桃、李子、杏子、草莓、樱桃、核桃、板栗等多种经济作物。是“眉县猕猴桃”主产区之一。

汤峪镇自然景色优美，历史文化深厚；境内有始建于周代的汤峪温泉、钟吕坪，西周遗址，东坡新石器时期，三国名臣法正故里等著名名胜古迹。丰富的自然资源，悠久的历史文化，汤峪镇依托太白山打造景区级西部旅游度假小镇，集旅游、餐饮、度假、休闲于一体的综合文化小镇。

（四）汉中市宁强县青木川镇

青木川，国家 AAAA 级旅游景区，位于陕西省宁强县西北角，地处陕、甘、川三省交界处，镇西连四川省青川县，北邻甘肃省武都县、康县，枕陇襟蜀，素有“一脚踏三省”之誉，是陕西省最西的一个乡镇，距县城 136 公里，西去 227 公里即是九寨沟。古镇历史悠久，旅游资源丰富。2013 年 3 月，青木川老街建筑群和青木川魏氏庄园被国务院公布为全国第七批全国重点文物保护单位。

境内有青木川国家级自然保护区，总面积达 6 万多亩，内有大片的原始森林，并有金丝猴、羚羊等国家重点保护动物，被动植物专家誉为“天然动植物基因库”。

青木川原属羌汉杂居区，始建于明成化年间，后又经清、民国时期的陆续修建，逐渐形成了现在的规模。青木川最初名为草场坝、回龙场，清同治时期改名为永宁里，民国时称凤凰乡，中华人民共和国成立后定名为青木川。境内古建筑群规模宏大，“回龙场”青石街两边明清民居错落有致，窗棂、门楣、瓦当雕刻精美，风格典雅。传奇人物魏辅唐的新老宅院、旱船屋、烟馆、辅仁中学等极具特色和文化底蕴的明清风格建筑至今保留完整。

近年来，先后荣获“全国特色景观名镇”“中国历史文化名镇”“中国最美十大潜力古镇”“中国最美十大乡村旅游名镇”等称号。2013 年接待游客 42 万余人次，实现综合收入 1.6 亿元，有力地带动了地方经济社会发展。

青木川人口不断繁衍，历经百年沧桑，现留有大量保存完好、风格迥异的古街、古祠、古栈道、古建筑群等历史古迹。

（五）杨陵区五泉镇

五泉镇是杨凌示范区 2 个建制镇、3 个街道办事处之一，位于杨凌示范区西北方 12 公里处，隋文帝泰陵地处该镇内。2001 年被列入全国重点建设小城镇，省级小城镇建设示范镇之列。

该镇总面积 32.2 平方公里，耕地面积 21.75 平方公里，辖 1 个社区、20 个行政村，77 个村民小组，总户数 7435 户，总人口 30584 人。镇内交通便利，土地肥沃，气候温和，人文旅游资源丰富，是人居、生产和旅游的最佳场所。

培育发展了以小麦良种繁育、奶肉牛畜牧养殖、大棚蔬菜、杂果种植、苗木及花卉栽培的五大支柱产业。全镇共建成小麦良种基地 14.67 平方公里，建成设施农业大棚 456 座，优质杂果基地 2.67 平方公里，全镇奶肉牛存栏 1760 头，蛋鸡 11.5 万只，奶牛养殖小区 7 个，苗木花卉基地 0.284 平方公里。特色养殖业发展势头强劲，成效显著，毕公正泰养猪场、毕公孵化场、夹道牛场、毕公种兔场、夹道獭兔场、帅家彩兔场等养殖场发展势态良好，经济效益可观。

为了加快农副产品的流通，五泉镇已建立了集贸交易市场。五泉镇突出抓好设施农业和奶畜这两个主导产业，经过几年的努力，现建设设施农业大棚1000多座，占地超过1.33平方公里，发展杂果3.33平方公里，日产各类特色果蔬140000多千克。

（六）汉中市勉县武侯镇

武侯镇位于勉县城西5公里处，是历史名镇。镇内地势北高南低，北部为深山区，中部是浅山丘陵，南部为平川地带。国道108公路、省道309公路沿镇而过，交通便利。

武侯镇是汉中进川入甘的咽喉之地，境内有武侯祠、马超墓（祠）、诸葛亮读书台、万寿塔、古阳平关遗址、汉江第一坝、方济众故居、张鲁城遗址等诸多历史文化遗迹。2011年被陕西省政府命名为“旅游特色名镇”。

武侯镇传承古镇特色和现状空间形态，以老街、汉惠渠、汉江所形成的东西向自然轴线，构建“一街、两廊、三区、两组团”的空间结构，形成了汉水生态休闲带、观光朝拜组团、古镇休闲组团、文化产业组团、宗教体验组团“一带四组团”的总体布局，并与诸葛古镇完美衔接、互为依托、融为一体，形成一个规模较大的文化旅游产业园。精心策划包装了涵盖市政基础设施、公共服务设施、住房保障、保护修缮、旅游服务设施、老镇区改造提升6大类和14个项目，总概算投资约9.05亿元。

目前，老县衙、仿古牌楼、武侯老街风貌改造、汉惠渠治理和滨江河堤治理等17个项目陆续完工。以“孝”文化为主导的万寿塔滨江水街休闲度假区项目、以阳平关城墙为主体景观的水磨广场等项目正持续推进，一座崭新的武侯古镇呼之欲出。

（七）安康市平利县长安镇

长安镇隶属于陕西省安康市平利县，位于陕南东大门，西距平利县城8公里，东与湖北省竹溪县毗邻，全镇国土面积227平方公里，辖20个行政村，18755人。

长安镇位于陕南东大门，西距平利县城8公里，东与湖北省竹溪县毗邻。308省道穿境而过，“安平”高速正在规划建设中。全镇国土面积227平方公里，辖20个行政村，18755人。

辖区内土地肥沃，资源丰富，农业基础条件优越，素有平利县“一长安”之美称。旅游资源有秦楚古长城遗址、千佛洞、西岱顶、蜡烛山等。西岱顶景点以清代道教文化、森林探险、岱顶绮霞而闻名；秦楚古长城关垭城门以其雄伟壮丽而著称；千佛洞、蜡烛山以其奇特的自然风光吸引着来自全国各地的游客。

全镇现有茶园3.33平方公里，其中高效无公害2平方公里茶园，年产茶200吨，是全县茶叶基地镇之一，产区山峰连绵，云雾缭绕，气候适宜，是茶叶生长理想的生态环境，茶园远离城市、工厂、无工业污染，无公害，产茶有人体所需的铁、钙、锌、镁等微量元素，采取精细、茶质优异，素以“色翠、香郁、味醇、形美”四绝著称于世，镇内“女娲银峰”“一品香”系列名茶，多次居名茶评比首位。

（八）商洛市山阳县漫川关镇

漫川关镇位于陕西省商洛市山阳县东南部，地处金钱河一级支流的靳家河口，东经110度24分，北纬33度14分，山水相连、两河夹川环抱，西临南宽坪镇，北与法官镇、延坪镇毗邻，东与石佛寺镇，南与湖北省郧西县上津镇接壤，是山阳历史悠久的边陲古镇之一，素有陕西“南大门”之称。镇域面积230.7平方公里。2012年全镇实现国民生产总值2.31亿元，其中，农业总产值1.41亿元，工业总产值0.9亿元，农村居民人均可支配收入7253元。

全镇农业以种植业为主，粮食作物以

小麦、玉米、水稻为主，甘薯、豆类次之，经济作物花生、芝麻占据一定位次。

2001年漫川关镇被省政府列为20个小城镇建设乡镇之一，规划已完成，在2004年底全面完成建设任务，形成开放的新型经济区。2007年漫川关被列为全国小城镇建设重点镇和全县三大旅游景区建设之一，2008年漫川旅游开发正式启动，2009年又被列为全省重点镇建设之一，2010年被列为全省重点示范镇建设之一。漫川关古镇定位为国家级历史文化名镇、陕西边陲商贸重镇，山阳县副中心镇。

乔村古文化遗址位于漫川关乔村，1980年出上细泥红陶西腹钵、碗、彩陶盆、小口瓶、夹砂灰陶罐、蓝纹缸等器物，属仰韶文化庙底沟类型和其他较晚文化遗迹。属省级文物保护单位。

（九）咸阳市长武县亭口镇

亭口乡位于陕西省长武县东南部，东临泾河与彬县水帘乡车家庄相望，西邻巨家镇，北靠冉店乡，南与彬县永坪乡、甘肃省灵台县邵寨镇以地权为界，面积118.7平方公里。全乡辖39个行政村，4965户，2.1万人，是长武县人口和面积第一大乡。

乡政府驻地亭北村，西距县城20公里。据考证，亭口因泾、黑两河在此交汇，是汉以来出使西域的必经渡口。又因距彬州（现在彬县）、甘肃灵台县邵寨镇、彬县北极镇、长武县城各40里，古代40里为一亭，故取名为亭口。境内四季分明，光热、水力、煤炭资源丰富，已探明煤炭储量35.3亿吨，占彬长煤田的56%。2002年山东淄博煤业有限集团开发亭南煤矿。地形以沟壑山坡为主，西南少数村为平坦塬面，形成了川塬坡咀相间，沟壑纵横的地貌。2001年11月撤乡并镇时，将原路家乡并入亭口乡。全乡水、电、路等基础设施完备，312国道穿越东北部，交通便利，1999年修建的黑河大桥高89米，长962米，为西北桥梁之最。

粮食生产以小麦、玉米、大豆、高粱为主，经济作物以苹果、酥梨、核桃、柿子、大枣为主，尤以盛产柿饼远近闻名。

（十）宝鸡市扶风县法门镇

法门镇，位于扶风县城东北9公里处，因有著名的皇家佛教寺院——法门寺而得名。现在的法门镇是于2002年初由原法门镇、建和乡、黄堆乡三乡镇撤并组成。全镇总面积112.5平方公里，总人口73547人，其中非农业人口1086户、2939人，农业人口15076户、64608人，暂住人口6000多人。全镇共辖28个村委会，155个自然村，193个村民小组。全镇总耕地69.12平方公里，山林地14.67平方公里，有效灌溉面积51.302平方公里。

法门镇历史文化文物资源丰厚，已对外开放旅游景点5个（法门寺院、法门寺博物馆、周原遗址、周原博物馆、四面大佛宫），年接待游客155万人次，旅游直接收入2.01亿元，旅游综合收入9亿元。镇内马援祠堂、杨珣碑、中观山、西观山、野河自然生态观光区、子牙庙、封神台等诸多旅游自然景点景区将不断对外开放，已成为法门镇支柱产业。投资近25亿元的以合十舍利塔为标志性建筑的法门寺文化景区建设，已于2009年5月9日对外开放。为了更好做大做强法门寺这一旅游文化品牌，省、市、县各级政府高度重视景区建设，文化景区二期工程已进入紧张筹备阶段，力争创建国家AAAAA级景区。

（十一）宝鸡市凤翔县柳林镇

柳林镇位于凤翔县西部。辖36个行政村。镇政府驻柳林村，距县城8公里。104省道过境。景点有灵山净慧寺、葱山（海拔891米）。总人口7.1万人，镇域面积203.5平方公里，耕地面积35.43平方公里，镇区建成面积3平方公里。驻镇单位22个，西凤酒厂位于镇区东大街，千凤公路穿境而过，是中国四大名酒西凤酒产地，素有酒乡之美称，凤翔县的四大古镇之一。

柳林镇东城关镇，西接千阳县，南邻陈村镇，北与麟游县接壤。东西长2.5公里，南北宽7.5公里，总面积203.5平方公里。镇区位于全镇东南部，千凤公路横穿东西，是柳林镇人民政府所在地。

柳林自古以酒闻名，历史文化底蕴深厚，历代名人在此留下诸多胜迹佳文。唐高宗仪风三年（678年），吏部侍郎悲行剑送波斯王回国，途经柳林镇亭子头村，留下了“送客亭子头，蜂醉蝶不舞，三阳开国泰，美哉柳林酒”的千古名句；境内灵山净慧寺、《西游记》中的晾经寺、凤翔八景之一的“回龙烟雨”等文化古迹和自然景观吸引无数游人怀古咏叹。

（十二）商洛市镇安县云盖寺镇

云盖寺镇位于陕西省商洛市镇安县西北部，东与结子乡、回龙镇接壤，南与庙沟乡相连，西与黄家湾乡、东川镇毗邻，北接柞水县下梁乡太山庙。最高处迷魂阵海拔2428.2米，最低处葛条沟口海拔705.6米。人口密度每平方公里69人。

云盖寺镇始建于唐初，大中年间已有初具规模的建筑群。据《镇安县志》载，云盖寺于明正统后复建，重楼复殿规模壮观。清代云盖寺就有两条街道（前街和后街）。云盖寺因寺扬名，交通要道成就昔日“小上海”因寺古年久，名人云集，历史地位与人文价值甚高，影响古今。云盖寺不仅是皇上敕建的著名寺院，也是一座环境优美、景色幽雅的佛寺园林。碑载：云盖寺古刹多僧居终南奥区，亦桃源仙境之地。这里集名人女皇、秦王，诗人贾、白，寺观殿、堂、楼、阁，自然山、水、石、洞于一体，素有南山神秀之区之美称。面对巉岩壁立，乐天古洞，洞中有洞，洞深数十里，北通紫桥寨，上通仁迩寨。洞中钟乳，云石千奇百态，星罗棋布。次有“崲峪烟水两岸山猿随声远，迷魂阵里几群羚牛扑面来”的绝景。盖寺所处位置北依秦岭、南望汉水，自古就是北通长安、南入巴蜀的交通通衢，也是古驿站所在地。相传秦王李世民南征班师回长安时，途经的云盖寺就在官路上。自唐宋以来，云盖寺镇就成为四周商贾经商、居住的首选之地。特别是到了明清之时，云镇成了镇安乃至南北的交通枢纽，显得十分繁华。从西安来的客商走山路至云盖寺后，继而在镇安柴坪码头换水路走汉江至安康。川陕鄂豫的百货、山西的食盐、陕南的特产多在此集散，形成了享誉陕南、关中的“四大源”“八小号”，被人誉为“小上海”。

（十三）延安市黄陵县店头镇

店头镇位于黄陵县城西28公里的两川交会处，是一个以煤炭资源开发为主的工业主导型小城镇，是延安市最大的行政建制镇和黄陵县的经济中心；是国家确定的全国乡镇企业东西部合作示范区，是省委、省政府确定的全省100个小城镇建设综合改革试点镇之一。全镇总人口3.5万余人，其中农业人口9331人，总面积127.5平方公里，其中耕地面积3.93平方公里。东西宽约17公里，南北长约29公里，城区规划面积6.4平方公里，已建成3.7平方公里。地处东经109度5分，北纬35度33分的沮河上游，北壤富县寺仙乡，南连铜川市宜君县山岔乡，是黄陵县两乡两镇的中心位置，也是古今商贾的必经之地和陕甘两省农副产品的集散地。属中温带大陆性气候，四季分明，日照充足，雨量充沛，无霜期长。

森林面积104.5平方公里，覆盖率达82.9%，林区木材和药材及野生动物名目繁多。煤炭储量27.3亿吨，可采量24亿吨，且有煤层浅、低灰、低硫、高发热量的特点，年产优质原煤400万吨，畅销全国并出口日本、泰国、菲律宾、孟加拉国，是陕西省“四大产煤基地”之一，素有渭北“黑腰带”之美誉。沮河两大支流汇集于镇中心，黄畛公路穿境而过，秦七铁路运煤专线横贯镇区。基础设施完善，服务功能齐全，城市建设初具规模。

（十四）延安市延川县文安驿镇

文安驿镇位于陕西省延安市延川县城西北15公里处（中部），普丰川下段，210国道穿境而过。镇机关驻上文安驿村，距县城15公里。全镇土地面积为96平方公里。全镇辖21个行政村，25个自然村，44个村民小组。

文安驿镇自然条件和气候条件优越，镇域内土层深厚，光照充足，适宜农林业生产，使文安驿镇形成了以枣果业、养殖业、棚栽业为主的农副产品体系，带动了文安驿镇农村经济的巨大发展，同时也促进了农业产业化的发展。

文安驿镇被确定为延川县唯一一个统筹城乡发展的市级重点镇，市委、市政府制定了重点镇相关优惠政策，市级财政连续三年每年给每个市级重点镇投入1000万元，县级财政给予相应资金的配套，用于文安驿镇城镇建设。

文安驿镇，历史悠久，境内史迹遗址较多，旅游资源丰富，其中古文化遗址有西魏大统三年（537年）筑的文安县城，文州书院，古驿站。烽火台，奎星阁、文安驿石像以及剪纸大师高凤莲等。

二十九、安徽省

（一）铜陵市郊区大通镇

大通镇位于铜陵市中部，古名澜溪，建镇已有千年，历史上曾是一座名蜚中外的江岸重镇，与安庆、芜湖、蚌埠并称安徽“四大商埠”，有“小上海”之美誉。现为铜陵南部新城核心区，镇域面积70.72平方公里（建成区面积3.8平方公里），辖6个村、3个社区、2个居委会，人口2.3万人。

大通镇始建于西汉时期，古名“澜溪”，唐代在此建“大通水驿”，成为著名的交通要道。宋开宝八年（975年）建镇，距今已有千年历史。

大通，是一座具有千年历史的江南名镇，距“世界公园”黄山仅有180公里，与中国四大佛山之一九华山相隔90公里，铜青公路、铜贵公路、沿江快速通道和合铜黄高速穿境而过，是进出皖南旅游区的枢纽和重要通道，是安徽“两山一湖”（九华山、黄山、太平湖）的北大门，是九华山头天门的所在地。

大通镇旅游资源丰富并极具特色，著名的有：大九华头天门——大士阁、白鳍豚、江豚研发中心、明清古井、天主教堂、古牌坊、水口景点、澜溪八景（即羊山塔影、红庙钟声、梅冶风帆、南湖胜览、龙山夕照、鹊渚晨曦、澜溪罾捕、新洲灯火）。镇内长龙山、慈堂湖山水相映，天然成趣。澜溪、和悦两条古街保存完好，是省级历史文化保护区，被誉为“水中沙漠”的新洲万亩沙滩和商业步行街集旅游、休闲于一体。

（二）安庆市岳西县温泉镇

安徽省岳西县温泉镇建于1992年3月，由原汤池、斯桥、东营3乡合并而成，位于岳西县城北郊，镇政府坐落地（汤池村）距县城仅6公里，全镇总面积86平方公里，辖12个行政村、305个村民组，8023户，32990人。境内居住的大部分村民均为汉族，也有少数侗族、土家族、彝族、蒙古族、藏族等少数民族。

温泉地处大别山南坡，属城乡结合部，也是高山区与畈区结合部。全镇耕地面积1.8万亩，山场面积86平方公里，蚕桑、茶叶是该镇的经济支柱产业。实有桑园面积3.5平方公里，年发放蚕种13000盒，年产鲜茧455吨。实有茶园面积2.9平方公里，年产干茶72吨。全镇种植水稻8.27平方公里，粮食总产量7100吨，板栗7.33平方公里，养猪2.6万头，养牛2540条，规模养殖户110户，其中养猪11000头、养牛400条，养家禽13万只。该镇属于安徽省建制中心镇，也是岳西县新县城规划区之一，又是首任中共安徽省委书记王步文烈士、中国工农红军中央独立第2师师长王效亭烈士的故乡。

温泉镇2005年人均纯收入1762元，财政总收入198万元，是安徽省贫困乡镇之一。近几年在积极实施“工业强镇”战略，实现“工业强镇”目标的推动下，全镇共有大小个体私营企业200多家，其中规模企业4家，基本上形成了汽车配件、五金、建筑等主要产业群。2005年实现工业总产值2亿多元，上缴税收150多万元。

2016年温泉镇财政收入达到3707万元，其中国税完成2181万元，占年度任务的158%，地税完成1526万元，占年度任务的112.2%，实现了历史性的突破。

（三）黄山市黟县宏村镇

宏村镇，古称弘村，安徽省黄山市黟县辖镇，位于黟县东北部。2000年11月30日，宏村被联合国教科文组织列入了世界文化遗产名录。是国家首批12个历史文化名村之一，国家级重点文物保护单位、安徽省爱国主义教育基地、国家AAAAA级景区。

宏村有“画里乡村”之称，截至2014年，全镇完好保存明清民居140余幢，主要景点有：南湖春晓，书院诵读，月沼风荷，牛肠水圳，双溪映碧，亭前古树，雷岗夕照等。

2014年，宏村镇财政收入完成6500万元，其中税收收入完成4100万元，相对2013年增长10%，社会固定资产投入6.8亿元，同2013年相比增加6.5%。

宏村镇资源丰富，是黟县优质木材、毛竹、名优茶产地之一。其中木坑村的竹海占地约6公里。

2014年，宏村镇财政收入完成6500万元，其中税收收入完成4100万元，社会固定资产投入6.8亿元。2015年，财政收入完成6764万元，其中税收收入完成4564万元。社会固定资产投资7.4亿元。农民人均纯收入达到12963元。

宏村镇主要旅游景区有宏村景区、屏山景区、卢村景区、木坑景区、塔川景区。截至2015年底，宏村镇A级景区数量5家，其中AAAAA级景区1家，AAAA级景区2家。拥有举世无双的古水系——水圳、月沼、南湖，被称为民间故宫的“承志堂、培德堂”。徽商故里的“三立堂、乐叙堂”，保存完整的古代书院“南湖书院”等重要文物。卢村有由志诚堂、思齐堂、思济堂、思成堂、玻璃厅等保存较为完好民居组成的木雕楼群。屏山有光裕堂、成道堂等7座祠堂，还保存有三姑庙、红庙、长宁湖、舒绣文故居、葫芦井、小绣楼等名胜古迹。宏村、卢村和屏山的古村落的徽派建筑风格、空间布局、内部装饰和环境营造都达到了相当高的水准，代表着唐宋以来建筑和人居环境的最高水平。

（四）六安市裕安区独山镇

独山镇（又称将军镇）位于安徽省六安市裕安区西北，大别山山脉东麓，淠河水源头，地域面积186平方公里，人口8.7万人，全镇以旅游业和茶业（将军镇六安瓜片）为发展方向，是“全国重点镇”“全国红色旅游先进单位”“国家AAAA级旅游风景区”“安徽省爱国主义教育基地”“安徽省最佳旅游乡镇”“安徽省环境优美乡镇”“安徽省历史文化名镇”“安徽省特色景观旅游名镇”“安徽省森林乡镇”。境内有独山革命旧址群、龙井沟风景区2个国家AAAA级景区，有邓小平同志亲笔题字的“六霍起义纪念塔”和“六霍起义纪念馆”，独山镇一共走出了16位开国将军，是中国革命的策源地之一，享有“中国第一将军镇”之美誉。

独山镇将六安瓜片和优质油茶确定为全镇农业主导产业，六安瓜片龙头企业“徽六”就坐落在镇区，冷水村、雨福堂、尚品也在境内。坚持走规模化、产业化、市场化、品牌化发展道路，着力将“两茶一莓”产业打造成生态产业、富民产业，为独山绿色发展增添了腾飞的翅膀。全镇六安瓜片面积达46.67平方公里，油茶面积13.33平方公里，油茶基地配套间种各类中草药8平方公里，蓝莓苗木基地0.2平方公里，改建大别山精品苗木基地0.67平方公里。六安瓜片年产值超过3亿元，各类专业合作组织47家，农民年人均纯收入位于全区前列。

（五）宣城市旌德县白地镇

白地镇位于皖东南宣城市旌德县西南，距黄山风景区37公里，是通往黄山的东大门。全镇总面积95.8平方公里，辖6个村，总人口1.5万人，农业耕地1.7万亩，山场8.2万亩，森林覆盖率62%。

该镇交通便捷，205国道贯穿全镇，距合（肥）铜（陵）黄（山）高速谭家桥出口仅15分钟路程，集镇每天直发黄山、上海、杭州等7个大小城市班车十多班次。

境内村村通公路，205国道贯穿全镇，交通十分方便，每天直发沪、杭等7个大小城市班车十多班。

全镇物产丰富，农产品有优质粮油、苎麻、蚕茧、木竹、中国肉牛一号等，矿产品有铁、锌、石灰石、石煤等。

该镇物产丰富，主要农产品有优质粮油、苎麻、蚕茧、木竹、中国肉牛一号等，矿产品有铁、锌、石灰石、石煤等，工业门类有汽车修理、五金制作、建材、缫丝、木竹制品等，省明星企业黄山胶囊有限公司的药用胶囊在全省同行业中名列第一，在全国也处于领先地位。白地牙签曾出口美国、日本、东南亚各国。“黄山”牌矿泉水已打入上海和周边市场。

该镇旅游资源十分丰富，辖区内江村具有1400多年的历史，是中共中央前总书记江泽民主席的祖居地，2001年5月21日江主席曾亲临视察并题字留念。村内历史文化底蕴深厚，古牌坊、古祠堂、古民居融为一体，是徽文化研究和旅游观光的胜地，2005年被国家评为“历史文化名村”和“AAAA级风景景区”，2006年被国务院公布为“全国重点文物保护单位”。全镇随着经济持续发展，小城镇建设已步入快车道，2003年先后被安徽省人民政府批准为“中心建制镇”和“重点中心镇”，被宣城市环保局批准为“环境优美乡镇”。被省政府授予“全省村镇建设先进乡镇”“优秀旅游乡镇”“全省创建文明乡镇工作先进乡镇”等称号。

（六）六安市金安区毛坦厂镇

毛坦厂镇隶属于安徽省六安市金安区，位于舒城、霍山、金安三县区交界，总面积59.6平方公里，辖7个村，1个街道，总人口35096人，其中镇区人口22000人，集镇建成区面积3.5平方公里，国道105线、县道六毛路穿镇而过，是省级中心镇。集镇建设迅速。作为自然生态旅游胜地，东石笋风景区有着得天独厚的生态环境。

截至2013年，镇内引进年产值超过

500万元企业4家，其中大华陶瓷公司投资2000万元，年创产值4600万元，安徽中坚公司投资1800万元新建的东石笋风景区度假宾馆颇受省内外游客青睐，全镇围绕旅游、毛中后勤服务和个体三产实体达600余家，民营经济异军突起。

毛坦厂镇一方面积极收集刘邓大军三纵司令部旧址、大跃进大食堂、明清老街等有关历史真迹，并对这些古建筑、古设施、古文化遗址加以维护和管理，从而使老街古建筑群顺利纳入省重点文物保护单位行列；另一方面，投入30多万元实施老街实行“修旧如旧”，完成了老街中段800米鹅卵石街面恢复，并引资300万元建成了“古镇第一楼”，成为老街融食、住、购、娱于一体的商务接待中心，从而加快了老街开发步伐。

境内有AAAA级风景名胜区一处——东石笋风景区，省重点文物保护单位一个——毛坦厂明清老街重点古建筑。毛坦厂镇形成了山城文化和长达1.5公里的徽派古建筑群，被列为全省红色旅游精品线路景点。2005年9月入选第三批中国历史文化名镇名单。

（七）芜湖市繁昌县孙村镇

孙村镇位于芜湖市西南40公里，距繁昌县城8公里。面积153平方公里，常住人口7万人，其中外来人员8000余人。辖2个社区、21个行政村。宁铜铁路、芜（湖）铜（陵）公路横贯境内。黄浒河由荻港入长江，通航。名胜古迹有距今220万~240万年古人类早期活动遗址、国家文物保护单位“人字洞”，国家AAAA级风景区、国家级森林公园马仁奇峰，新四军三支队司令部旧址，以及繁昌十景“红花夕照”“龙华丹桂”等。

多年以来，孙村镇坚持“以工富农”不动摇。截至2007年底，已初步形成外贸服装、建材、采掘、铸造、石雕、猪毛加工等优势行业，全镇企业近200家，其中规模以上企业52家，就业人员达15000人，其中外地来镇经商务工者2000多人，农民人均纯收入近2900元，截至2003年底，镇级财税收入近4500万元。经济发展促进了小城镇的繁荣，集镇区面积1.5平方公里，人口9000人，镇区供电、供水、道路、通信、有线电视、医院、学校等设施齐全。孙村镇分别被中央文明委和国家建设部授予“全国创建文明村镇先进单位”和“全国村镇建设先进镇”荣誉称号。

（八）合肥市肥西县三河镇

三河镇隶属于安徽省合肥市肥西县，位于肥西县南端，介于东经117°14′~117°16′、北纬31°30′~31°32′，地处肥西县、庐江县、舒城县三县交界处，与西南的舒城杭埠镇、南面的庐江同大镇、肥西丰乐镇和严店乡毗邻接壤，镇域面积72平方公里。

截至2016年末，三河镇辖14个社区、12个村，人口近8万人。三河镇有三河大捷遗迹、郑善甫故居、古民街等景点。2014年，三河镇实现规上工业产值34.5亿元，城镇居民人均可支配收入23672元，农民人均纯收入13426元。

三河镇是中国历史文化名镇、全国文明村镇、中国美食文化古镇、中国最美乡村（小镇）100佳、全国首批美丽宜居小镇、中国特色景观旅游名镇，2015年10月荣膺国家AAAAA级旅游风景区。

2014年，三河镇新增市级农业产业化龙头企业1家、市级农业科技示范园1个、新增省级健康养殖示范场1个。完成良挂补贴面积19.76平方公里，推广秸秆腐熟剂10平方公里、实施水稻产业提升核心示范区6.67平方公里。完成3414试验1个，校正试验2个。

2014年，三河镇实现规上工业产值

34.5 亿元、增长 13.1%。完成 4 个技改项目，新引进项目 3 个。截至 2015 年，共有机械制造、服装加工和新型建材等大小企业 100 多家，其中规上工业企业 7 家。

（九）马鞍山市当涂县黄池镇

黄池镇位于安徽省马鞍山市当涂县境东南部大公圩西南端，以黄池河、青山河为界，与皖江开发重埠芜湖市隔河相望。境内沟渠纵横，水网密布，地形属长江中下游平原，地势较平坦，东略高，西偏低，气候属于北亚热带季风性气候，常年气候温和，雨量充沛，四季分明，具有典型的江南水乡特色。黄池镇是安徽省 200 家中心建制镇之一，安徽省农业产业化重点乡镇，安徽省政府认定的 57 个“产业集群专业镇”之一，2014 年黄池镇正式获批为“全国重点镇”。

黄池，一方吉祥之地。相传昔日凤凰由镇西起凤山集此，因“凰”“黄”谐音，故名。有凤来仪，古时吉祥的征兆。还有就在凤凰栖息的稠塘，生长出“鸳鸯戏荷并蒂莲”，莲藕硕大，9 孔 13 节，圣赐名“白莲贡粉”。

黄池，一座千年古镇。黄池于唐大顺二年（891 年）置镇，宋以后历朝均为当涂县属镇之一，素有“九街十八巷”之称。清咸丰后，因迭遭兵燹水患，至民国时期古建筑已大多湮没无存。旧时镇内有城隍庙、留爱桥、广教寺、点将台等建筑，由宋理宗亲书排匾的“丹阳书院”是安徽省早期书院之一。

黄池镇素有“安徽食品第一镇”的美称，是一个以食品加工而著称的食品工业重镇，有食品加工企业百余家，马鞍山市黄池食品（集团）有限公司是安徽省明星企业、省农业产业化“8152”工程五十强龙头企业、农业产业化国家重点龙头企业，“金菜地”牌系列食品深受群众青睐。

（十）安庆市怀宁县石牌镇

石牌国土面积 91.7 平方公里，人口 10 万人。1999 年，该镇被列为安徽省中心建制镇，2000 年被评为省重点中心镇，2004 年被国家建设部、发改委等 6 部委授予“全国重点镇”。

石牌民间文化是古皖文明的重要组成部分，这里钟灵毓秀，人文荟萃，素称“戏曲之乡”。波光粼粼的皖河水不仅哺育出了“京剧之父”的徽剧，还哺育出了全国五大地方剧种之首的黄梅戏；“梨园佳子弟、无石（石牌）不成班”。这里曾诞生了清代戏剧界“四大徽班”进京发起人、“国剧大师”杨月楼，也孕育出了一大批黄梅戏艺术名流。“戏曲之乡”丝竹不断，黄梅故里黄梅飘香。

石牌，物产丰富，经济繁荣，属安庆市次中心经济区。这里生产的“顶雪贡糕”“华帆乳猪”等名优产品驰名全国。依托丰富的农产品资源，镇内十多家农业产业化龙头企业强势崛起，蔬菜种植、畜禽养殖、水产养殖和优质粮油棉示范推广基地纷纷建立；九盛纸业、飞达纺织等 20 余家千万元以上工业企业相继上马；2000 多名投资者落户经商置业，镇域经济生机勃发，前景广阔。这里经济发展环境十分优越，2004~2005 年连续两年社会治安综合治理考评全县第一；2005 年又被市委、市政府授予“文明乡镇”称号。2005 年，全镇实现 GDP14 亿元，其中工业总产值 7.3 亿元，实现财政收入 981 万元，农民人均纯收入 3970 元。

（十一）滁州市来安县汊河镇

汊河镇位于新安镇东南部 37 公里，苏皖两省交界处，属南京 1 小时都市圈。104 国道贯穿全境，距南京长江大桥 15 公里、南京规划建设中的地铁 3 号线和过江隧道江北连接口距汊河仅 6 公里，南京 602 路公交车直达汊河桥头，处于南京1小时经济圈核心层，是皖东对接南京的桥头堡。这里区位优越，交通便捷，水网密布，经济活跃，人民生活富裕。全镇辖14个村，3个街道居委会，总面积120平方公里，耕地6.25万亩，人口4.3万人。2009年被省批准为首批扩权强镇试点镇。

汊河镇距南京高新技术开发区和京沪铁路货物中转站8公里、沪宁洛高速公路来安出口处和宁淮高速公路浦口出口处4公里、南京禄口国际机场48公里、南京新生圩港30公里，滁河、来河、清流河在此交汇，直达长江，汊河港和规划中的汊河文山码头常年通航，单船最大通航能力可达600吨，南京602路公交车直达汊河码头。新区所在地的汊河镇，是安徽省委、省政府实施东向发展战略重点扶持的三大集镇之一。

（十二）铜陵市义安区钟鸣镇

钟鸣镇位于铜陵市义安区东部，距铜陵市区约30公里。东南与芜湖市繁昌县、南陵县交界，总面积154.5平方公里，总人口4.67万人。辖1个社区、14个行政村。近年来，先后荣获“全国重点镇”“全国先进基层党组织”“省第一批扩权强镇试点镇”“全省特色景观旅游名镇”“安徽省环境优美镇”“全省基层文化工作先进单位”“全省民俗文化艺术之乡”“全省生态镇和森林城镇”“省产业集群示范镇”等荣誉称号。

钟鸣四会五达、交通便利，区位优势日益凸显。紧临中国经济最发达的“长三角”地区，地处皖江城市带承接产业转移示范区核心区域，两条高铁（京福高铁、宁安高铁）、两条铁路（沪铜铁路、铜九铁路）与两条高速（沪渝高速和铜南宣高速）穿境而过，沪渝、铜南宣高速在钟鸣有铜陵东和铜陵北两个出口。铜陵长江公铁大桥贯通南北，直达省会合肥。目前，钟鸣对外通道业已全面打通，交通路网迅猛发展，区位优势更加凸显。

（十三）阜阳市界首市光武镇

光武镇位于界首市北部，距界首市区16公里，辖2个集镇、10个村委会、4个街道居委会，面积46.4平方公里，人口6.2万人，其中建成区面积3.7平方公里，人口2.3万人。因汉光武帝刘秀与王莽长期争战于此而得名，是全国唯一用皇帝谥号命名的城镇，距今已有2000多年的历史，自古以来就是中原地区的驿站和重镇。19世纪初至20世纪40年代，该镇商业繁荣，主要经营棉花、布匹、药材等，是当时中原地区重要的集散市场。1995年，被原国家体改委、公安部等11部委列为全国首批57家综合改革试点镇之一。

光武镇大力发展工业经济、促进农业发展，实现了经济社会的快速发展，迅速成为界首市颍河以北的经济中心。光武镇立足再生塑料资源丰富的优势，以光武循环工业园建设为载体，狠抓产业链条延伸，吸引了众多产业要素的集聚，初步实现了企业小循环、园区中循环、社会大循环的目标。截至2014年，光武循环工业园已集聚85家上下游企业，其中规模以上企业27家，实现年收购各类废旧塑料120万吨，初深加工80万吨，成为全国较大的再生塑料集散地，华东地区重要的化纤生产基地。

（十四）宣城市宁国市港口镇

皖赣铁路横贯镇区，芜屯公路纵贯南北。全镇面积97.1平方公里，辖7个村、2个社区居委会，总人口4.2万人。是全国重点镇、安徽省改革和发展试点镇和安徽省土地流转试点镇。

宁国市港口镇位于宁国市北陲，南距市区18公里，北距宣城市31公里，东临水阳江。港口镇自然资源丰富，境内拥有石灰石、煤炭、陶土、黏土、膨润土、石英砂岩矿等优质矿产资源。海螺集团核心企业宁国水泥厂就坐落在本镇。

2006年全镇生产总值4.8亿元，镇级财政收入达3600万元，农民人均纯收入4705元。2005年4月该镇启动了港口工业集中区建设（6.5平方公里），现已完成一期1600亩土地规划、0.53平方公里土地平整、35千伏变电所和日产7000吨自来水厂建设，杆线迁移和电力线路架设各1000余米，铺设排污管道500米，自来水供水管网3500米，完成二期规划0.27平方公里地形图测绘工作。

根据港口现有企业及资源特点，将港口工业区确定为：南面依托省水泥厂，大力发展汽车运输修配产业，做大做强陶瓷产业；北面依托江南化工厂，加快以民营企业为主的北河片区建设；以宁港路为纽带，中部突破，带动南北，壮大化工、建材、陶瓷产业集群，突出港口工业集中区中心区地位。

（十五）黄山市休宁县齐云山镇

齐云山镇区位优势明显，是周边地带物资、商品的集散地，是黄山大旅游格局中的一个重要节点。东距黄山市府及飞机场33公里，西临古民居西递12公里，北连黄山景区40公里，皖赣铁路，省道慈张公路东西穿境而过。镇区境内有岩前火车站，交通十方便捷。

齐云山镇旅游资源优势突出，境内有国家级风景名胜区、国家森林公园、国家地质公园，属全国四大道教圣地之一的齐云山，景区内有世界最大天然太极图，亚洲第二天然石拱桥，是全市、全县旅游重镇之一。

齐云山镇不仅人文自然景观独具魅力，而且人杰地灵，投资环境好，基础设施齐全，35千伏变电所，自来水厂、程控电话、有线电视、农业银行、信用社、养老院、幼儿园，中小学一一具备，基本实现了“五通一平”，镇区道路铺装率达86%，绿化覆盖率72%。

三十、北京市

（一）房山区长沟镇

长沟镇位于北京西南，东南与河北省涿州市交界，东北邻韩村河镇，西邻大石窝镇，总面积38.7平方公里，辖18个行政村，人口约27000人。1994年、1996年和2004年，长沟镇先后被北京市政府、国家建设部和国家六部委确定为首批小城镇建设试点镇、全国小城镇建设试点镇和全国重点镇。

2004年，全镇地区生产总值达到6.13亿元，实现税收8952万元，人均纯收入达到8272.2元，在全区各乡镇中名列前茅。以优种核桃、磨盘柿、贡米、奶牛为主的四大农业主导产业蓬勃发展，产业化、企业化程度不断提升，促进了农民增收；以房云盛玻璃钢、清华通力长清、蓝宝酒业、冯氏车圣集团等为代表的一大批有实力的大企业加盟，扩大了在地企业的群体规模，为长沟的发展积蓄了后劲；以圣泉、龙泉湖、圣泉公园为代表的北泉河6公里旅游景观带，让您“舟行碧波上，人在画中游”；以“京南第一集”为代表的新型商贸园营业面积0.02平方公里，集建材、化工、电器、副食、餐饮、娱乐于一体，初步实现了传统商贸业向现代物流业的转变。

长沟镇通过扶持果、奶、米三大农业龙头，建成了贡米、奶牛、优种核桃、磨盘柿四大市级标准化基地，推出了“御塘”“甘池泉”“圣泉珠”三个农产品特色品牌，有效地推进了农业产业化进程，促进了农民增收。

（二）昌平区小汤山镇

小汤山镇位于昌平卫星城东南 10 公里，南距亚运村 17 公里，东距首都机场 16 公里，镇域总面积 70.1 平方公里，总人口 4.5 万人。全镇辖 24 个行政村、3 个居委会，辖区内中央、市、区属单位 70 余家。

小汤山镇位于北京正北，昌平新城东南，处在前门、故宫中轴线的北延长线上，距首都机场 13 公里，离北京城区 16 公里，镇域总面积 70.1 平方公里，户籍人口 3.3 万人（其中农业人口 1.76 万人），常住人口约 6.1 万人。全镇辖 24 个行政村、4 个社区，辖区内中央、市、区属单位 120 余家。

小汤山镇自古以来就有丰富的温泉资源，温泉行宫文化历史悠久，如今仍留存着乾隆御笔“九华兮秀”和慈禧沐浴的浴池遗址；镇域内六环高速、京承高速、顺沙路、立汤路四条主动脉与汤尚路、白马路等多条支脉纵横交错，交通便利，形成了成熟完备的交通路网；有温榆河、孟祖河、葫芦河等 9 条河流穿境而过，温榆河自西向东流经镇域南部边界；有国家级北方苗木基地、京承高速绿化带、六环路绿化带、温榆河绿化带等林木资源，占地近 2 万余亩，平均林木覆盖率达 63%，自然环境优美。2014 年，全镇农村经济总收入实现 33.67 亿元，同比增长 10.1%；人均劳动所得 1.77 万元，同比增长 9%；完成税收总额 13 亿元，同比增长 31%。

小汤山镇是北京市第一批试点小城镇，先后被联合国开发计划署确定为中国可持续发展小城镇、被建设部等六部委确定为国家级小城镇综合改革试点镇、被国家环境保护总局授予“全国环境优美镇”的荣誉称号，2005 年被中国矿业联合会命名为“中国温泉之乡”；2006 年被建设部评为全国小城镇建设示范镇；2009 年被北京市政府确定为全市 42 个重点发展小城镇之一。

（三）密云区古北口镇

古北口镇位于北京市东北部，距密云城区 55 公里，与河北省滦平县相邻，是北京市的东北门户，自古为北部地区进入中原的必经之路，更是战略上的咽喉要道，素有“燕京门户”“京师锁钥”之称。全镇总面积 85.82 平方公里，下辖 9 个行政村、4 个居委会。2016 年全镇总人口 9154 人，其中农业人口 6834 人，主要有汉、满、蒙古、回等 7 个民族。

古北口镇是北京市第二批 42 个重点镇之一，也是北京市 30 个文化创意产业集聚区之一，“司马台—雾灵山沟域”是北京市政府重点支持的七条沟域经济带之一。2008 年古北口镇被住房城乡建设部和国家文物局评为“中国历史文化名镇”；2011 年被中央文明委评为“全国文明镇”，被财政部、住房城乡建设部、国家发改委确定为“全国首批绿色低碳重点小城镇试点镇”；2015 年被住房城乡建设部、国家旅游局评为“全国特色景观旅游名镇”。

古北水镇国际旅游度假区位于古北口镇司马台村汤河流域。总占地面积 9 平方公里，建筑面积 0.45 平方公里，包括 2 个五星级大酒店、8 个主题酒店、10 个民俗展示演艺区和 400 间特色民宿，总投资 45 亿元。于 2013 年底基本建设完成，2014 年元旦开始试营业，10 月 1 日正式营业至今。2015 年度假区接待游客 147 万人次，实现综合收入 4.6 亿元；2016 年接待游客 243 万人次，实现综合收入 7.2 亿元。“古北水镇”项目的建成营业，成为京郊旅游的新亮点，全面辐射带动了周边镇村的乡村旅游业发展，有效地推动了古北口镇第一、第三产业的快速融合发展。

（四）怀柔区雁栖镇

雁栖镇位于怀柔城区北 4 公里处，镇

域总面积 156 平方公里，全镇 21 个行政村，46 个自然村，人口 13000 人。该镇地理位置优越，交通十分便捷，111 国道和范崎路纵贯南北，沙通铁路横跨东西。雁栖镇属北温带，山前冲积扇面区，是典型的温带半湿润气候，地形南北狭长，山区、丘陵、平原呈阶梯状分布，形成三个天然气候带，其中山区面积广阔，在地形特征上恰如怀柔区的缩影。镇域内林木资源、山泉水资源和旅游资源十分丰富，其中林木覆盖率达到 88%。主要农作物为小麦和玉米，主要物产有中华鲟、虹鳟鱼、优质天然矿泉水和干鲜果品。

雁栖镇是一座集科工贸于一体的新兴城镇，集工业、居住区、公共建筑于一体发展的组团式小城镇建设初具规模，已建成住宅楼 0.04 平方公里；税务、邮政、医院、学校、综合服务大楼等城市功能配套完备；水、电、暖等基础设施齐全。以雁栖环岛为中心，北有中国乡镇企业城，西是区旅游房地产开发区，东为北京雁栖工业开发区，具有良好的投资环境。广东健力宝有限公司、美国玛氏公司、富特波尔容器制品有限公司、泰国红牛饮料公司、太平洋容器制品有限公司等一批国内外知名企业落户该镇。目前该镇已形成旅游立镇、工业强镇、农业绿镇、生态续镇的发展格局。

（五）大兴区魏善庄镇

魏善庄镇位于北京市大兴区黄村卫星城南 8 公里，距市区 25 公里，总面积 81.5 平方公里，总人口 3.25 万人。西距京开高速路 5 公里，距首都机场 53 公里，距南六环 10 公里。北京市区的公交线路有 937 路及 940 路公共汽车，交通十分便利。魏善庄镇地处京南中轴线上，自古以来就有“龙脉”之称，是吉祥之地。

大兴区千亩精品梨基地总占地面积 0.87 平方公里，主要种植品种为日韩梨，共拥有优新梨品种 90 多个，引进和应用国内外先进技术 10 余项，是北京市农业标准化生产基地、国家科技项目、大兴区星火学校，集果品生产、旅游观光采摘、试验示范和农民培训、科技推广等功能于一体。基地创办以来先后获得了先进高效农业示范园、北京市十佳观光果园等荣誉，是大兴区果树产业的生力军。

绿色精品梨高效园区位于魏善庄镇政府南侧，涉及半壁店、东沙窝、西南研垡三个自然行政村，带动农户 200 户，园区建设项目总投资 644 万元。

（六）顺义区龙湾屯镇

龙湾屯镇位于顺义区东北部，北接密云，东临平谷，距北京市区 60 公里，距顺义城区 30 公里，距首都国际机场 35 公里。镇域面积 56.6 平方公里，其中耕地面积 2.6 万亩，山地面积 25.33 平方公里，占全区山地总面积近 2/3。全镇 13 个自然村，总人口 15256 人。该镇风光秀丽，拥有丰富的自然资源和特色农产品。同时该镇旅游资源也很丰富。

龙湾屯镇有秀丽的自然风光，丰富的旅游资源，丰厚的文化底蕴和优质的果品资源。从大北坞村东金鸡泉发源的金鸡河横贯南北，15 公里燕山余脉蜿蜒东西，全长 10 公里北大沟林场林木茂密，焦庄户“地道战”遗址、安利隆生态农业山庄、顺义区民兵训练基地、焦庄户民俗旅游村、焦庄户抗日纪念林、归真园和顺天庄园等旅游景点分布在三十里绿色长廊沿线。当年，浩然老先生就是在这里完成了《艳阳天》《金光大道》两部著作的创作。

作为北京市优质果品基地，龙湾屯镇的林果种植面积达万余亩。果品包括杏、李子、樱桃、桃、葡萄、树莓、梨、苹果、枣、柿子、核桃、山楂等十多类 100 余个品种。

其中，龙湾贡梨、苹果、桃、枣获得了农业部“无公害食品”认证和北京市食用农产品安全认证，矿泉樱桃获得了有机食品认证。由于有天然矿泉水的浇灌、绿色农家肥的滋养、独特山前小气候的呵护和全程无公害化的管理，成就了“龙湾”果品的优良品质。

（七）延庆区康庄镇

康庄镇距北京市中心 73 公里，地处举世闻名的八达岭万里长城西 10 公里，西临碧波荡漾的官厅水库，北距夏都延庆区中心 10 公里。镇域面积 75 平方公里，其中陆地面积 66 平方公里，水域面积 9 平方公里，人口 3.1 万人，下辖 31 个行政村。镇域环境优美，城区绿化率 55.2%，气候宜人，四季分明，大气、水质均达国家一类标准，是国家级生态示范区。1994 年被确定为北京市首批小城镇试点，2001 年被评为市环境卫生综合整治示范镇。

旅游资源丰富、康庄镇置身于延庆绿色生态示范县的大旅游环境之中。八达岭、龙庆峡、松山、康西草原、野鸭湖国家级鸟类湿地自然保护区、以小丰营为代表的民俗旅游、穆斯林风格商业街等一批知名的自然和人文景观坐落周围。这座历史悠久的古镇留下了许多美丽的传说，北京地区最大的古驿站——榆林驿站留下了康熙、慈禧卧龙落凤的美谈。

康庄镇交通便利，京藏高速公路、京包铁路、京张铁路、康庄大道、天佑路穿境而过，镇区内基础设施配套，35 千伏、110 千伏变电站 2 座，日供水 2000 吨水厂 1 座，高速公路出入口，铁路客货站以及教育、医疗、邮政、通信、商贸、金融等社会公益设施齐全。

三十一、山西省

（一）晋城市阳城县润城镇

润城镇，一直是山西阳城县最繁华的城镇之一，富商巨贾辈出。沁河明清时称“泊水”，它如乳汁浸润，哺育了润城镇的人们。明末时，富庶的润城镇曾多次遭到流寇的袭扰，为了抗匪自保，润城修建了 3 座城堡：屯城、刘善城和砥泊城。

几百年过去了，屯城与刘善如今仅存遗址，只有砥泊城基本保留了下来。2010 年 7 月 22 日，住房和城乡建设部、国家文物局批准决定山西省阳城县润城镇为中国历史文化名镇。

山西省晋城市阳城县润城镇，位于山西省阳城县城东 7 公里处，早在战国时期已是韩赵相争的重镇。古称“少城”“小城”，因冶炼业兴旺曾称“铁冶镇”，明嘉靖三十八年改为“润城”。硫磺冶炼是润城镇最早的化学工业，这里硫磺、煤炭资源丰富，冶炼历史悠久，硫磺质地纯正，晶莹剔透，20 世纪 60~80 年代畅销国内外。

（二）晋中市昔阳县大寨镇

大寨镇地处山西省东部，太行山西麓，昔阳县城的南面。属典型的北方干石山区。境内山峦叠嶂，沟壑纵横，起伏不平。气候属温带大陆性气候，四季分明。全镇共有 61 个行政村。全镇超过 33.33 平方公里耕地中，粮食播种面积 24 平方公里，占 68%。

全镇蔬菜种植面积达到 1.62 平方公里，重点工程主要有大寨、武家坪、留庄村的日光节能温室大棚，全镇共有大棚 81 个。大棚内种植的水果、蔬菜各类品种达到 50 多种。稀特菜 20 多种，其中有香蕉、西葫芦、樱桃、番茄、紫甘蓝、美引长茄、双孢菇、西芹、木耳菜、空心菜、茼蒿、尖椒等。

全镇共养羊18000只，鹿1200只，礤中母鹿400只，子鹿800只，黄牛8000余头，大牲畜5000余头，奶牛126头，鸡68000只，蜂632箱。

在农业开放方面：目前，已有大寨工贸园区、大寨生态农业科技示范区、国家星火计划密集区三个园区在大寨落户。大寨农业生态园区建设有五个示范区：无公害蔬菜示范区、无公害果品示范区、精品小杂粮生产示范区、工厂化脱毒苗木生产示范区、人工生态防护林示范区。

开放的大寨镇，不仅农、林、牧、菜各业方兴未艾，而且还是举世闻名的旅游胜地。以大寨虎头山森林公园为中心的大寨旅游业，近年来发展迅猛，已成为大寨的一个新的经济增长点。

主要景点有：陈永贵墓、陈永贵塑像、大寨展览馆、名人题词馆、周总理纪念亭、郭沫若墓碑、虎头松涛、大寨红叶、大柳抒怀、胜天洞、天齐庙等。乐平（昔阳）八大景中，就有四大景在该镇境内，它们是：蒙山烟雨、古寺园林、洪水池塘、石马寒云。近年来，每年到大寨旅游的宾客多达30万人次，旅游综合收入达800多万元。

（三）吕梁市汾阳市杏花村镇

杏花村镇位于吕梁山东麓子夏山下，太原盆地西缘，全镇总人口49304人，辖18个行政村，杏花村镇辖区东西最大距离5公里，南北最大距离15公里，耕地面积23.33平方公里，镇域面积86平方公里。2011年杏花村镇地区生产总值达到82亿元，城镇人均可支配收入17689元，农民人均纯收入8678元。

1958年建杏花村公社，1984年设镇。境内历史文化遗产丰富，酒文化源远流长，酿酒历史可以追溯至4000多年前，汾酒集团就坐落在杏花村镇镇区，素有“酒都”之美称。

汾阳市杏花村镇是2011年7月被列为第二批全国特色景观旅游名镇，2014年7月被列为全国重点镇。

杏花村镇境内已探明地下矿藏有铁矿、铝矿土、陶土和主焦煤等。其他自然资源有花岗岩、石灰岩、云母、页岩等石料。

杏花村镇拥有数量众多的古建筑。杏花村著名旅游景观有：太符观（国保）、杏花村汾酒作坊（国保）、护国灵岩寺、药师七佛多宝塔、杏花村新石器遗址、烽火台、申明亭、镇河门等。金代建筑太符观是国家级重点文物保护单位，创建年代不晚于金承安五年（1200年），是杏花村历代道教传教布道进行宗教活动的重要场所，建筑风格全国少有，壁画、泥塑、悬塑栩栩如生，蕴含的文化信息和宗教神观以及太符观道教民俗文化的独特性和稀有性，具有较高的历史、艺术和科学价值。省级重点文物保护单位杏花村遗址占地0.15平方公里，出土了大量的陶器，印证了杏花村的古人类文明。吕梁市文物保护单位护国灵岩寺，殿宇恢弘，极具参观价值。药师七佛多宝塔高耸，是善男信女朝圣的理想之地。此外，杏花村明清居民建筑群也是一道旅游景观。

山西杏花村汾酒集团公司是全国工业旅游示范基地，是山西省十大旅游景点之一。它不仅有列为全国非物质文化遗产的汾酒传统酿造工艺，并且有以汾酒文化为主的酒文化广场、生态公园的十大旅游景观：石壁飞龙、酒都碑廊、牧童指处、古井神韵、酒器博览、琼楼醉月、百吨酒海、欢伯弋舟、神水游龙、玉带凌波。还有中国第一座酒史博物馆，以及从明清时汾酒发源地为中心的酒作坊，店铺、商铺等全国非物质文化遗产，还有四个动人的传说故事：神井涌酒、八仙醉酒、马刨神泉、闯王立戈。所有这些景点及传说已经构筑起独树一帜的国家级酒文化旅游基地。

（四）运城市稷山县翟店镇

翟店镇古称石龙镇，又名翟店街。位于稷山县西南15公里处。辖23个行政村，总面积56平方公里，总人口3.8万人，耕地面积39.33平方公里。自古以来这里就是晋、陕、豫交界地带的一个商贸重镇，而今，境内交通便利，物产丰富。省道台运路穿境而过，县道清通路、西环路纵横交错。土特产饼子、麻花名扬三晋，红枣、苹果、葡萄、柿饼等干鲜果类远销省外，是稷山县重要的商品集散地。

改革开放以来，翟店镇坚持走以农业稳镇、以工业富镇、以三产活镇、以科教兴镇的发展之路，使全镇呈现了农业调产特色突出，民营发展如火如荼，商贸流通日趋活跃，城镇建设日新月异，干部群众共谋发展的大好局面。

全镇农业调产实现了粮经比例近4：6，突出“两红”产业，有效地稳定了农业基础地位；民营企业达200余家，商业网点1500个，形成了以煤焦发电、硅镁冶炼、纸箱包装、造纸、服装加工为主的五大支柱产业，涌现出一批闻名省、市的龙头企业（秦晋焦铁集团、华宇实业有限公司、华丽服饰有限公司、光明包装、翟店纸业、三木大正彩印、宏远万锭纺纱、晶露美矿泉水等）。特别是纸箱包装业近年来更是异军突起，生产厂达160余家，年产纸箱板150平方公里左右，成为全国乡镇一级最大的纸箱包装生产基地，被誉为“中国纸箱城”。

（五）晋中市灵石县静升镇

静升镇位于山西灵石县城东北12公里处，坐落在风景秀美的绵山脚下，依山傍水，一条大街横贯东西，九沟、八堡、十八街巷散布于北山之麓。错落于小水河畔的王家大院、红庙和文笔塔等古建筑群，是古镇静升悠久历史文化的见证，展示了深厚的传统文化积淀和浓郁的人文景观风貌。现存大大小小的店铺、典当行、水井、石板小路、戏台等依稀可见当年静升的繁荣景象和独特的人文气息。

静升镇是一个充满传统文化色彩的山庄古镇，在这里可以看到传统文化艺术在民间生活各个角落的渗透，体现着不同时代的历史风貌，以及人们的寄托和追求，同时也造就着理想空间，把人们的信仰、愿望有节奏地安排布局于起居生活的各个部分，通过富有寓意的各种雕刻图案纹样，把主人的思想寄托全部融汇其中，造成一个理想氛围，以激励意志、陶冶情操、教化他人、制约后人，其功能不可估量。该建筑群居高临下，层层梯升，融南方之集秀、幽雅、古朴和北方之雄伟、厚重、粗犷为一体，形成别具特色的建筑风格，给人以完美的山庄别墅感受。

（六）晋城市高平市神农镇

神农镇，位于山西晋城高平市东北部，镇治距市区10公里，原为团池乡，2000年改现名。神农镇自古就是泽、潞两郡的分界地，因神农故里命名。

神农镇东有虎头山和狗王山，西有郎公山，北有羊头山，三面环山，东仓河、西仓河从北向南流经全境。境内地势复杂，沟壑纵横，平地较少，大部分属丘陵和半山区。

镇东连陈区镇，南邻三甲镇，西接永录乡，北与长治、长子两县搭界东西长约10公里，南北宽约6.5公里，略呈半圆形，总面积50.2平方公里，辖33个村民委员会（46个自然村），总户数6651户，总人口2.4万人。耕地面积14.73平方公里，农业人口2.35万人，人均耕地0.94亩，人口自然增长率为7‰。人口密度为500人/平方公里。境内已探明地下矿藏有煤、铁、硫矿、铝矾土、石灰石、优质矿泉水等。镇人民政府驻团池村。

境内有煤矿2座：煤运首阳煤业、煤运神农煤业。2010年，完成税收422万元，一般预算收入122万元。羊头山炎帝文化风景名胜区旅游业已初具规模，到这里游览观光的人络绎不绝。

（七）晋城市泽州县巴公镇

巴公镇因春秋时期因晋文公西伐巴蜀迁巴子于此而得名。位于泽州县，南接城区，北连高平。太焦铁路、207国道、晋长二级路纵贯南北。辖44个行政村，50个自然村，总人口6.2万人，总面积112平方公里，素有"太行第一镇"之称。先后荣获"全国村镇建设先进镇""全国造林绿化百佳镇""全国文明镇""全国环境优美乡镇"等国家级荣誉称号。

该镇持大改革促大开放，走出了一条"工业园区化、农业产业化、服务现代化、农村城镇化"的四化互动的科学发展之路。规划建设的省级巴公化工工业园区，吸纳了晋城煤化工公司、天泽集团、兰花集团、福盛钢铁公司等20家"国字"号和民营、混合所有制骨干企业，形成了资源开发、冶炼铸造、炼钢轧材、建筑建材、轻工化工等多元化工业格局。农业方面，巴公镇抓典型培树，抓品牌建设，抓龙头企业，建设了4个现代农业示范区，打响了传统产业"大葱"品牌。以巴公一村大葱深加工和"另一面"食品公司为龙头，农业产业化稳步推进。巴公镇区修建了农贸城、商业街、商贸中心、家美乐超市以及农民培训中心等。

巴公镇是泽州县人口最多，自然条件、经济基础较好的一个乡镇。改革开放以来，巴公镇经济、社会发展迅猛。2006年，全镇生产总值43.2亿元，财政收入0.9亿元，农民人均纯收入4996元。

（八）朔州市怀仁县金沙滩镇

金沙滩镇位于怀仁县最南端，因辽宋在此交兵，形成驰名中外的古战场金沙滩而得名。全镇辖有22个行政村，2.4万人，版图面积164平方公里，耕地面积56.67平方公里，其中水浇地面积38.67平方公里，是怀仁境内有名的人口大镇，经济重镇、历史名镇。全镇共有党员803人（男729人，女74人），镇党委下设1个党总支、31个党支部、108个党小组，全镇4家非公企业成立了党组织。近年来，该镇在上级党委、政府的正确领导下，坚持以科学发展观和构建社会主义和谐社会战略思想为指导，围绕一条主线（农民增收），突出两个重点（结构调整、招商引资），抓好"三个园区"（畜牧、工业、生态），实现四个突破（小城镇、新农村、和谐建设、科技兴镇），全力以赴构建繁荣富裕、充满活力、生态优美、功能齐全、社会和谐的金沙滩，使全镇经济社会各项事业实现了持续快速和谐发展。2009年全镇农村经济总收入上升到5.6亿元，农民人均纯收入上升到5936元，乡企总产值完成3.6亿元，财政总收入完成1.09亿元，取得了三年连登三台阶的良好效果，为此，曾多次受到市县的表彰，先后被冠以"先进基层党组织""基层党建先进镇""党员科教工程示范镇"等荣誉称号。

（九）朔州市右玉县右卫镇

右卫镇位于右玉县西北部，距县城25公里，北与内蒙古和林格尔县接壤，曾是朔平府治所在地和右玉县人民政府驻地，现为右玉县四大建制镇之一，是山西省的北大门。镇内辖37个行政村，50个自然村，全镇人口为13763人，其中农业人口为11570人。全镇总土地面积为251.2平方公里，其中耕地面积为50.2平方公里，森林覆盖率为37%。

全镇种植业主要以土豆、玉米、小杂粮为主，畜牧业以羊、奶牛为主。全镇辖区内建有以土豆深加工为主的农产品加工企业——祥凤薯业公司和现代化高标准养殖园区——山西三源绿缘奶牛养殖有限公司。全镇范围内的种植草玉米大部分被此公司收购。

全镇辖区内矿产资源主要为大理石，并在红旗口工业园区内引资兴建了源泰大理石厂，加工生产“大花白”、玄武岩等大理石系列产品。该厂的建成投产还吸收了部分农村剩余劳动力，为农民增收开辟了一条新途径。

2005年，全镇共种植高产高效作物28平方公里。其中，优质土豆16.67平方公里，高产玉米8平方公里，饲料玉米3.33平方公里。仅此一项，全镇就增收2470万元，人均增收795元。截至2005年底，全镇纯种奶牛养殖量已达到900多头，羊发展数达到了80120只，牛的存栏数达到了4300多头。

（十）吕梁市汾阳市贾家庄镇

汾阳市辖镇。1958年建贾家庄公社，1984年设乡，1994年改镇。位于市境东北部，距市府4公里。面积58.7平方公里，人口2.6万人。307国道过境。辖贾家庄、古庄、西陈家庄、大相、米家庄、古浮图、北廓、古贤、万年青、罗城、小罗城、金井、前庄化、黄寺、后庄化、西雷家堡、曹兴庄、北关园、朝阳坡、籽城坊、新丰21个村委会。乡镇企业产品以水泥、焦炭、瓦楞纸为主。农业主产小麦、玉米、蔬菜、高粱。

（十一）临汾市曲沃县曲村镇

曲村镇位于曲沃县东北部，战国时期著名战将白起长眠于此，晋侯墓地群、大悲院是国家级文物保护单位，下坞村民间艺术家郑月巴葫芦艺术享誉国内外。曲村镇是一座历史古镇、文化名镇、经济重镇。

（十二）吕梁市离石区信义镇

信义镇立足丰富的资源优势，依托宝峰山景区、千年古树、瀑布等自然资源，把“风景”变成“产业”、将“美丽”转化成“生产力”，环境优美的小山村以美丽乡村建设为依托，将发展乡村旅游产业作为增加群众收入、调整产业结构、加快脱贫步伐的突破口，致力于打造集生态、文化、养生、休闲于一体的乡村旅游示范村，在精准扶贫精准脱贫的进程中，走出了一条依靠旅游产业扶贫的新路子。

第三部分　中国特色小镇典型案例

一、南湖基金小镇

（一）小镇介绍

南湖基金小镇地处嘉兴市南湖区，有着“浙江省全面接轨上海示范区”“环杭州湾大湾区”的独特区位优势，是浙江省首批创建的十个示范特色产业小镇之一。小镇规划面积2.04平方公里，2017年已引进约4000家私募股权类企业，认缴规模超过7200亿元，规划5年内形成50000人办公集聚的基金家园。

（二）小镇规划

2010年12月，南湖区成功申报为浙江省级金融创新示范区，在全国率先提出基金小镇概念，打造私募股权投资产业集聚区，“南湖情·小镇梦”由此起航。

2012年，经过长期的规划及调研，南湖基金小镇正式建立起来，以美国硅谷沙丘路基金小镇为借鉴，凭借现代金融创新的先行探索精神，树立起中国首个股权投资基金小镇标杆。

2014年7月，南湖基金小镇正式奠基，步入实体建设阶段，以吸引金融企业聚集，实现办公、交流、居住于一体，交通、教育、生活相配套。

2014年10月，南湖基金小镇获评“全国人居经典规划金奖”。结合“水即是财，基金管财”，南湖基金小镇将“水”文化融入“基金小镇”的规划和建筑风格内，打造独一无二的基金办公家园。

2015年，南湖基金小镇联合南湖互联网金融学院，为小镇内入驻企业员工提供职业培训及专业化的行业。迄今已举办12期闭门研讨会、3届峰会及“嘉兴学子回归”“嘉人回嘉”等多项人才推介会，并通过与高校签订合作协议构建小镇“人才摇篮”，目前也正与清华、浙大、上海交大等全国50多家高等院校展开了持续联系，助力南湖基金小镇的人才招引与培育。

2016年11月，南湖基金小镇上线了全国首个合伙企业版全程电子化智慧登记平台，该平台为小镇注册审批流程进行提速，结合小镇早先创新设立的“注册审批签字页”等多项专业化措施，实现了合伙企业注册线上3天、线下7天的目标，真正让数据“跑起来”。

2017年6月，南湖基金小镇推出线上监管服务平台，系统地构建出一个以大数据和云计算技术为核心的监管体系。监管服务平台、“红黑名单”制、“三级筛选”制、有条件备案制、“穿透式”审查，为打造金融安全示范区构筑起“防火墙”。

2017年7月，“基金小镇—投融圈”迎来重大改版，以促进实体经济发展为目标，使小镇精准化服务覆盖私募股权行业的“投资”“管理”“退出”三大阶段，服务体系越发完善。

2017 年 11 月，南湖基金小镇一期启动区亲水花园式办公楼的建设已步入尾声，高层办公区破土动工，与亲水花园式办公区形成功能互补，共同构建起品质办公典范。

过去 5 年，南湖基金小镇始终以服务股权投资业为核心，努力将基金招商、服务、监管及人才引进做到极致，金融氛围越发浓厚、特色产业链越发完善、集聚效应越发凸显。

未来 5~10 年，南湖基金小镇将形成融合金融、科技、创新等元素的新金融生态圈，加快高品质办公区的全面建成，同步推进金融公寓、金融学院、国际学校等配套建设，达成集聚万亿基金实缴规模以及 5 万金融从业人员的目标。

未来 5~10 年，南湖基金小镇将着力建设“南湖孵化器”“南湖加速器”，营造良好的创新创业环境，加大人才的引进、培育力度，并进一步完善“管家式”金融服务体系。以创新吸引企业入驻，凭人才助力企业发展，用服务获取企业信任。

未来 5~10 年，南湖基金小镇欲携金融科技之力，倾力打造中国具有代表性的股权投资基金小镇、世界级的基金小镇。

（三）小镇企业

2017 年，南湖基金小镇已累计引进 4000 余家私募股权投资类企业，其中有超过 1700 家投资管理公司，包括红杉资本、蓝驰创投、赛伯乐、赛富亚洲等知名投资机构，股权投资基金认缴规模超过 7200 亿元。

截至 2017 年 3 月底，小镇对省内 94 个项目提供了 114.4 亿元的投资，嘉兴市 57 个项目获得了 64.6 亿元的资金支持，南湖区四通车轮、凯实生物等科创型企业获得战略支持。而小镇通过线上投融圈平台，已帮助 49 家公司完成融资，融资金额达到 51.72 亿元。

以创新拒绝“同质化”。2017 年，南湖基金小镇实现新增入驻企业 1000 余家，新增认缴规模约 3400 亿元，上半年完成税收 6.3 亿元。小镇已初步撬动了社会“大资本”，发挥股权投资基金产业集聚效应，围绕服务至上的理念，构建一个上下游互动、覆盖产业链的金融生态圈；使小镇内的入驻企业、机构能够相互促进各自的业务协同，增强风险抵御能力，多方面支持区域实体经济的发展。

二、嘉善归谷智造小镇

（一）小镇介绍

嘉善归谷智造小镇位于嘉善新城区西延拓展的核心区，是在整体腾退库浜村级工业园的基础上规划建设而来，是嘉善贯彻落实“八八战略”，践行“两山”理论的集中体现，更是“浙江嘉善县域科学发展示范点”建设的重要组成。小镇规划用地面积3.04平方公里，可拓展面积10平方公里，2016年度固定资产投资12.8亿元。目前小镇已成为高端人才集聚、创新资源集成、功能设施完善、生态环境优美的高新技术产业特色小镇，先后被授予浙江省“千人计划”产业园、欧美同学会（中国留学人员联谊会）留学报国基地、中国科协“海智计划”工作站、浙江省开发区特色品牌园区等荣誉称号。2017年被列入浙江省第三批特色小镇创建名单、浙江省首批高新技术小镇培育名单。

（二）小镇规划

嘉善归谷智造小镇致力于集“海归之智”，创“智慧之眼”，努力打造新一代海归的圆梦工场。小镇牢牢把握信息经济发展前沿，聚焦人工智能和健康医疗两大产业领域。同时，小镇以归国留学人才为创业主体，以创新气质和江南底蕴为特色，着力构建有活力有温度的创业生态，建设海归人才创业首选地、智慧生产生活示范小镇、高新技术产业标杆小镇。

嘉善归谷智造小镇的目标是以“八八战略”为总纲，全面贯彻落实省党代会和本次会议精神，积极践行创新驱动发展战略，不断拓宽“人才+科技+资本+生态”的发展路径。小镇全部建成后，力争引育“千人计划”专家100名，集聚“新四军”人才10000名，培育国家高新技术企业100家以上。

（三）小镇企业

嘉善归谷智造小镇目前已成功引进科比特科技、蓝怡医药、力通科技等科技企业和创业项目136个，培育国家级高新技术企业20家、省科技型中小企业35家。2016年，小镇企业利税总额增幅高出产值增幅14.6个百分点。累计引育国家“千人计划”专家34人，浙江省“千人计划”专家13人，“创新嘉兴·精英引领”计划领军人才项目30个。

尤其在打造科技引领型企业方面，小镇积极参与“G60科创走廊”建设，完善产业创新综合服务功能，激发企业创新活力，截至目前累计申请发明专利139项，先后有6家参与国家标准制定，2016年R&D占比达6.9%。

优秀企业范例：

嘉兴景焱智能装备技术有限公司

——国内顶尖的封装、测试设备供应商

公司位处归谷二路33号，国家高新技术企业，国家集成电路封测产业链技术创新战略联盟成员单位，获批市专利示范企业、省级研发中心。承担“面向通信、多媒体等（国产）高端芯片封装的封装设备与材料应用工程”国家02重点专项，填补国内晶圆AOI全自动检查设备空白。

公司集聚大批清华、交大的高层次人

才，自主培育了浙江省“千人计划”专家1名。目前，公司主要从事集成电路先进封装微电子装备的研发与生产，在高精度视觉识别与定位技术等方面拥有完全自主知识产权。其研发生产的“CIS FVI 测试机”被认定为浙江省首台套产品。

浙江科比特科技有限公司

——国内最大的工业级无人机生产企业

公司位处创业中心D座，是国际ISO组织无人机专家组副组长单位、中国无人机系统标准化协会副理事长单位。公司创始人卢致辉是大疆新科技联合创始人，首席技术官车嘉兴是美国康涅狄格大学机械工程博士，核心研发团队来自英国伦敦帝国理工学院、哈工大等著名院校。公司目前已与中央军委联合参谋部、中航工业、中国电子科技集团开展战略合作，其研发的全球首款产品化氢燃料电池多旋翼无人机续航时间长达273分钟，是目前全球续航能力最强的无人机。

公司未来将聚焦军民融合、环保测绘两大领域，在归谷智造小镇启动建设军工级无人机产业园，布局研发、量产、服务等全产业链，实现主板上市。

浙江蓝怡医药有限公司

——全国体外诊断行业领军企业

公司位处归谷二路118号，是全国体外诊断行业先进生产单位、国家高新技术企业、新三板挂牌企业，拥有各类专利39项，2016年度R&D经费支出占比超过7%。

公司由海归博士李子樵创办，中国科学院海归专家、长江学者常江教授领衔42人的研发团队。公司主要从事全自动体外诊断系统的研发、医疗产品电子商务销售平台的搭建，是中国科学院、同济大学等高等院所的战略合作伙伴。其研发的生化试剂涵盖了肝功能、胰腺炎、肾功能、心血管疾病等60多个项目，其细菌鉴定与药敏检测系统、过敏源检测系统等产品填补了国内生产空白。

公司未来将继续聚焦研发创新、科技成果转化两大核心，加快院士专家工作站、省级企业研究院建设，力争实现主板上市。

三、桐乡毛衫时尚小镇

（一）小镇介绍

桐乡毛衫时尚小镇隶属于浙江省桐乡市濮院镇，地处长江三角洲平原腹地，沪、杭、苏城市群中央。小镇以“一核两翼两带”（“一核”即时尚产业核心，“两翼”即旅游文化中心、博览制造中心，“两带”即时尚产业交融带、绿色生活漫步带）为中心，总规划面积3.5平方公里，建设面积1.4平方公里，拓展面积1.64平方公里。2015年6月，“桐乡毛衫时尚小镇”入选浙江省首批37个省级特色小镇创建名单。2016年10月，濮院镇入选第一批中国特色小镇。

（二）小镇规划

小镇以时尚产业为主导，通过引进国际高端设计研发人才、加强与国内外知名大学合作、创新技术开发、扶持一批著名品牌等途径，引领服饰时尚潮流，建设成为集创意设计、针织材料开发、毛衫文化展示、流行趋势发布和旅游驱动于一体的国际一流特色小镇。计划2015~2017年总投资55亿元，预计到2017年，实现总产值55亿元、税收2.5亿元，接待游客300万人次。

（三）小镇企业

桐乡濮院针织产业园区成立于2000年，2006年经国家发改委核准，成为省级开发区。园区形成了“一园二区”发展的良性格局，一园即濮院针织产业园，二区是纺织产业集聚区和高新技术区，园区内现有企业600多家，是浙江省块状经济向现代产业集群转型升级示范区。小镇以濮院针织产业园为基础进行区域拓展，至2017年9月底，已入驻企业945家，拥有创业创新基地4个，其中众创空间2个。

小镇全面推进品牌建设，目前“濮院毛衫”区域品牌已成为省级区域名牌，本土企业拥有中国驰名商标8个，省级名牌、著名商标4个（浅秋、华伦飞虎、濮院毛衫区域名牌、濮院物流），嘉兴名牌、著名商标17个，4A级专业市场5个。鄂尔多斯、恒源祥、天山、雪莲、金利来、皮尔卡丹等国内外知名服装品牌已经在濮院设立生产基地以及销售窗口。每年举办中国濮院国际毛针织服装博览会、“濮院毛衫杯”全国毛针织设计大赛等活动，组织企业组团参加CHIC展会、PH Value第一汇、深圳国际服装博览会、发布毛衫流行趋势等产业转型升级和品牌培育活动，濮院已经成为国内毛衫行业名副其实的“领头羊”。

四、秀洲光伏小镇

（一）小镇介绍

秀洲光伏小镇地处嘉兴市西侧，位于嘉兴秀洲国家高新区的核心区块，是浙江省示范特色小镇、浙江省经信领域高端制造类行业标杆小镇、2016年度浙江省优秀特色小镇，浙江省高新技术特色小镇。小镇规划面积2.9平方公里，建设面积1.99平方公里，计划总投资170亿元，2015~2017年内计划总投资完成56亿元。

（二）小镇规划

2015年10月，秀洲光伏小镇从申报创建之初，就定位清晰且精准，以光伏制造和光伏发电为轴心，以光伏服务和光伏旅游为延展，围绕“光伏概念”作主题式发展。光伏制造按照“高端切入、错位发展”的定位和思路，主攻新一代高效光伏产品及其装备开发与制造。

规划形成一核、两带、三片区的主体

功能结构，规划整体布局以水绿为脉，通过嵌入式的功能布局，相互渗透的多样化空间，多元完整的光伏产业链条，形成细胞组团生长的有序模式。

“一核”：围绕光伏科创园形成的核心节点，是光伏小镇的中心，区内集中产业孵化、研发办公、企业总部、会议会展、科技培训等多种功能。

“两带”：分别为马泾港—金家木桥港东段和洪福桥港形成的滨水景观带。

“三片区”：分别为马泾港西北的文化休闲服务区、八字路以南的光伏装备制造区和八字路以北的光伏研发创新区。

秀洲光伏小镇的目标是通过 3~5 年的发展，小镇内的工业、科研及基础设施总投资达到 170 亿元（其中 2015~2017 年三年投资总额超过 56 亿元），年度实现工业总产值达到 100 亿元以上。

在秀洲光伏小镇内，已规划建设面积约 13740 平方米的光伏科技馆，将于 2017 年底投入使用。该科技馆是集旅游、教育、科普、展览、培训等功能于一体的体验式光伏综合体，也是光伏科技知识普及、新能源教育基地，同时承担光伏小镇推介、光伏企业介绍、光伏产品展示的功能。

（三）小镇企业

截至 2017 年 9 月，小镇已累计引进了 180 家企业，有全球光伏龙头阿特斯光伏组件、中国香港上市公司福莱特光伏玻璃、地洲光伏道路、美国上澎异质结电池、瑞翌金刚线切割等多个重大产业项目；有阿里巴巴朗新—新耀光伏云平台、北京鉴衡检测、国电通电腾云等多个检测运维平台；有中广核、晶科家庭光伏、长虹昱能光伏、中建材澎盛光伏、韩国 OCI 等多个工程公司；有浙江分布式光伏并网研究院、浙江省光伏装备和智能控制研究院、浙江省光伏云产业技术研究院、浙江省旭科柔性光伏新材料研究院 4 家省级重点企业研究院；有新南威尔士大学—上海交大联合创新研究院、苏州大学黑硅新材料研究中心、长三角（嘉兴）纳米科技产业发展研究院等多个研究机构；嘉兴光伏科创园、嘉兴秀洲装备创业中心、强村光伏产业园、中电科智慧产业园、秀 sun 众创空间、嘉兴市大学科技园等多个创新平台。产业覆盖了光伏电池片、光伏组件、光伏逆变器、光伏新材料、光伏储能、光伏新型应用产品、光伏检测运维服务、光伏工程技术等各个领域，已形成较为完善的光伏产业生态链。

2017 年 1~9 月，小镇完成固定资产投资 18.6 亿元，实现财政总收入 1.97 亿元；新引进院士 1 名、国千人才 3 名，新入驻创业团队 9 家，“新四军”创业人员数突破 60 人，引进高中级职称人员 122 人，其中博士研究生 15 人。

随着光伏产业集聚效应的产生，秀洲光伏小镇紧紧围绕创新创业，构建了光伏研发—光伏制造—光伏发电—光伏服务—光伏旅游的全产业链路线，推动了光伏产业的蓬勃发展。

五、马鞍山钢铁小镇

（一）小镇介绍

马鞍山钢铁产业基地位于苏皖交会地区，南京、合肥都市圈核心城市群，属于马鞍山市。马鞍山是长江经济带沿线城市，中国十大钢铁城市之一，钢材及矿产品行业企业共1000家左右。马鞍山港作为皖江第一港口，承载了中国钢铁重要的流通功能，2016年马鞍山港完成货物吞吐量10571万吨，增幅位居长三角地区24个主要港口城市第一名。

（二）小镇规划

马鞍山钢铁产业基地，是由中国云谷科技集团携手马鞍山花山区政府、马鞍山市政府共同打造的钢铁产业项目，聚合钢铁产业链，将小镇打造成中国最大的集钢铁产品生产科研、交易流转、贸易结算、物流仓储、展销会议、资产重组、金融并购、产业升级、联盟合作和商业文旅、住宅养生于一体的现代化特色产业小镇。

项目一期——钢铁产业基地，由江南钢铁交易中心大厦及附属配套商务酒店组成。基于规模化的真实交易，形成钢材交易和服务的“马鞍山价格”和“马鞍山标准”，将发展为整个华东、华南地区最大、最专业的钢铁交易市场。

项目二期——物流仓储基地，设有钢铁物流中心、配送运输中心、中转分拨中心、仓储中心、保税物流中心。同时配套产业住宅，将“产业功能”和“城市功能”有机结合。

项目三期——特色产业小镇围绕特色休闲区、旅游区、养生区三大区域，结合中国诗歌之城、徽派建筑文化、江南滨江风貌三大特色，让更多的人体验马鞍山这座钢铁城市的秀丽山川。

（三）小镇企业

马鞍山市现有1000余家钢铁产业链上下游企业，其中马鞍山钢铁更是我国特大型钢铁联合企业之一。

六、平阴玫瑰小镇

（一）小镇介绍

平阴玫瑰产业基地位于山东省济南市平阴县，是省会济南的后花园，中国著名的玫瑰之乡。平阴县东依泰山，西傍黄河，是“和”文化的起源之地、齐长城的西起之点和圣柳下惠故里，中国三大天主教圣地之一的胡庄圣母山坐落于此。

平阴玫瑰有2000多年的种植历史，是国内最大的玫瑰种植基地之一，玫瑰出油率和精油质量均居中国第一。平阴重瓣红玫瑰是全国唯一认可的食用玫瑰。现有种植面积6万亩，年产玫瑰鲜花10000余吨，粗加工干花蕾2000吨。

（二）小镇规划

中国玫瑰产业基地，是济南市政府重点培育的建设项目。现已和平阴县政府合作，设立3亿元产业引导基金，拟打造中国玫瑰领域最大产业集聚中心、世界玫瑰之都。

项目一期，以中国·平阴玫瑰产业基地为核心，作为玫瑰产业的核心集聚区，产业基地针对玫瑰产业较低端（集中在种植和粗加工）、产业链条短、附加值较低等现实问题，注入玫瑰资产交易、现货交易、产品研发、O2O体验、仓储物流等资源，构建集生产、集散、交易、流转、物流于一体的玫瑰特色产业基地，并推动金融资本、平台服务、孵化培育、营销推广等服务生态建设，吸引上下游企业集聚，打造玫瑰全产业链集群发展。

项目二期，计划以玫瑰产业为内核，发展玫瑰古镇文旅项目，建设养生养老产业住宅，形成集玫瑰产业、文化休闲、古镇体验、旅游观光和品质居住于一体、一二三产业联动发展的中国玫瑰小镇。

（三）小镇企业

2016 年，平阴有 2 万余家玫瑰种植户，周边有 300 余家玫瑰生产加工企业，是国内最大的玫瑰产业集群基地。

七、梧州长洲岛生态特色小镇

（一）小镇介绍

梧州长洲岛生态特色小镇位于素有“绿水之城”“百年商埠”“世界人工宝石之都”之称的广西梧州市。

梧州地处珠三角经济圈、北部湾经济圈、大西南经济圈和西江经济带的交会点，是著名的岭南文化发源地、粤语的发源地之一。梧州产业优势得天独厚，人工宝石产量占中国总产量的 95%、世界产量 85% 以上，是世界最大的人工宝石加工和集散地，交易数量超过 1000 亿粒，产值 30 亿元。另外，六堡茶作为国家地理标志保护产品，与云南普洱茶曾经有着不相伯仲的影响力。小镇所在的长洲岛是中国内河第二大岛，曾有“苍梧六举长洲四”之美誉。

（二）小镇规划

中国云谷携手梧州市政府在长洲岛，立足人工宝石、六堡茶等得天独厚的优势产业，依托“三圈一带”的区位优势，结合悠久的岭南文化底蕴，通过金融服务、科研引入等手段，打造集智慧农业、商务服务、旅游休闲、生态宜居四大功能于一体的综合型生态特色小镇。

梧州长洲岛生态特色小镇，总规划占地面积 12 平方公里，空间布局以“一带三轴三区三核”模式构建：以一条贯穿全岛的绿色景观带作为主线，打造城市新经济聚能带；三条交通要道，使长洲岛四通八达，具备承接产业转移先天优势；从产业角度分为文化体验区、综合商业区、高端农业示范区；按产业打造文化挖掘、商贸服务、产业支撑三个核心业态。

（三）小镇企业

2016 年，梧州宝石产业注册企业 250 家，个体户 829 户，从事宝石机械制造的厂家近 30 家，年产值 30 亿元。

八、海盐时尚家居小镇

（一）小镇介绍

海盐时尚家居小镇位于沪、杭、苏、甬四大城市的区位中心百步镇，处于四城市 1 小时的交通网络中，地理位置十分便利。

百步镇是中国集成吊顶源发产业基地，被誉为“中国集成吊顶第一镇”，拥有 650 多家集成吊顶企业，160 余个集成吊顶品牌，3000 多项相关国家发明专利。

（二）小镇规划

中国云谷携手百步镇政府在浙江百步经济开发区打造一个以集成吊顶产业为核心主导产业，以文化旅游、创意产业、健康医养、会展商贸、综合商业为重点发展产业的集成家居时尚特色小镇。项目总规划占地面积8平方公里，核心区域3.68平方公里。空间布局以一厅五区模式构建，建设二十个重点项目，构筑三大旅游带。

一区：集成家居智造区。建设国内国际知名的集成家居产业基地，打造集科技研发、总部办公、创新创业等业态集聚区。

二区：智慧物流交易区。打造集成家居电子商务交易平台，形成集成家居产业交易中心；配套建设仓储物流基地。

三区：文化创意产业区。建设海盐文化创意产业园，集聚工业设计及室内设计、信息技术服务、会展服务等生产性服务业企业。

四区：智慧生态宜居区。建设国际生态宜居社区、人才公寓等绿色生态养生居住区，打造休闲创意生态公园，为小镇居民提供优美的宜居环境。

五区：综合商业配套区。主要建设百步古镇餐饮美食街、江南水乡特色酒吧街、百步文化商业综合体等项目。

一厅：小镇客厅百步亭。建设百步亭文化会展中心，承担小镇文化历史、产业发展等对外的展览宣传展示功能。

（三）小镇企业

海盐全县拥有集成吊顶相关行业市场主体1236家，国内市场占有率达40%以上。

九、江南药镇

江南药镇的项目地址为浙江省金华市磐安县。磐安是“中国药材之乡”。磐安将按照“一心两带多点”的规划思路，实施中药材种植基地建设、中药材精深加工、中药材市场商贸流通、旅游保健、商贸服务、休闲养生及配套基础设施七大类项目，目标是把江南药镇打造成“药材天地、医疗高地、养生福地和旅游胜地”。

江南药镇所在的金华市磐安县地处浙江中部，素有“群山之祖、诸水之源”美称，是浙江省钱塘江、曹娥江、瓯江、灵江四大水系的主要发源地之一。全县面积1196平方公里，森林覆盖率高达75.4%，空气质量常年保持国家一级，全县98%的河流水质达到国家一类标准，环境质量排名居全省首位。

这个1983年才设县的全省“最年轻”山区县，却因为土地资源有限、交通区位不便、人口与经济总量低等原因，长期被列入“欠发达地区”。1983年全县生产总值仅为5331万元，财政总收入330万元，农民人均纯收入124元。早在1995年，磐安县就开展了国家级生态示范区建设试点；20世纪90年代末，磐安县提出了“生态富县”战略；2000年，磐安县被列为首批国家级生态示范区；2004年，磐安县提出“生态立县、工业强县、旅居兴县”三大战略；2010年，磐安县通过了“国家生态县”验收；2011年，磐安县提出通过几年努力争创“国家生态文明示范县”的新目标；直到2015年，浙江省明确不再考核26个欠发达县的GDP总量，转而着力考核生态保护、居民增收等方面，磐安县才正式摘掉欠发达地区的“帽子”。

“摘帽快跑”是每一个磐安人的共识，但快步跑向何方却是摆在磐安人面前的难题。作为全县建设基础最好、对外交通最便利的乡镇，新渥镇肩负着全县跨越发展的重任，一度被定位为县城工业建设的主战场，被规划了大量工业工地。

恰值此时，浙江省提出创建特色小镇的工作思路，聚焦“七大产业和历史经典产业”，“根据自身优势找准定位”，“坚持产业、文化、旅游‘三位一体’和生产、生活、生态融合发展”。一系列创新提法适时点醒了磐安人：坚持“生态立县”30年的磐安，不能再选择工业发展的老路。在冷静分析新渥镇区域竞争优势之后，“江南药镇”的发展方向呼之欲出。

（一）江南药镇的产业基础

磐安是“中国药材之乡”，全县境内有药用植物1219种，种类数量占全省的68%，同时也是全省最大的中药材主产区。汉代医学家张仲景的《伤寒杂病论》中记载了“浙八味”，其中白术、元胡、浙贝母、玄参、白芍这五味道地药材就产于磐安。县域内的大盘山国家级自然保护区，拥有大量珍稀濒危的药用植物、道地中药材种质资源，是目前全国唯一一处以药用植物种质资源为主要保护对象的自然保护区。

新渥镇距磐安县城18公里，古名“灵山”，种植药材面积超过2万亩，每年中药材产量有1万余吨，产值达到4.8亿元，占全县农业总产值的近35%。全镇80%的人口从事药材产业，拥有药材生产专业村5个，种植大户450户，相关行业人数超过1万人，可谓“户户种药材，村村闻药香”。

新渥镇基于种植优势，逐渐发展出中药材产业。1982年，中药材种植户自发聚集在新渥镇新渥村的露天市场，形成了药材种子市场的雏形；1985年，磐安县第一个农副产品专业市场——新渥中药材市场在新渥镇大会堂开设；1987年，根据市场交易需要，由宅口村提供12.5亩土地，工商部门筹资76万元，与宅口村合资兴建了第二代新渥中药材市场。全镇800多人长期从事中药材的购销行业，在亳州、安国、成都等著名药市设经销站的有70多家，平时亦农亦商的购销户达3000多户。

2007年，“浙八味”特产市场·磐安中国药材城作为第三代中药材市场开工建设，市场距离县城车程15分钟，距离诸永高速公路出口车程仅5分钟，建筑面积28万平方米，总投资7.5亿元，是长三角地区硬件设施最好、交易面积最大的大型中药材集散地，也是全国硬件设施最好的中药材专业市场、浙江省第二批现代服务业集聚示范区。2015年实现交易额15.5亿元，产品销往四川、广东、广西、河南、云南、安徽多地，许多药材还直接出口到韩国、日本等国，最高日成交额达到120余万元，带动全镇人均纯收入超过1万元。

（二）传统产业的优势升级

培育“特而强”的主导产业是特色小镇建设的第一要务。相比农作物种植，中药材的质量标准不统一、市场需求量有限、价格波动较大。为了助力中药材产业壮大升级，江南药镇举全县之力，多管齐下，开展了如下工作：

积极创建地方品牌。2003年，磐安白术、元胡、浙贝母、玄参、白芍、天麻、玉竹等品种获原产地标记认证；2006年，磐安白术、元胡、浙贝母、玄参、白芍获证明商标注册；2011年，“磐五味生产加工技艺”被列入浙江省非物质文化遗产；2014年，磐安注册了“浙八味”商品商标、服务商标22个。

自建、合建种植示范基地。示范基地能够有效提高中药材良种覆盖率，全县出台了规模化种植补贴政策，自建有浙贝1号、浙胡1号、浙芍1号种苗基地3000多亩，浙贝母优质高产高效示范基地1000亩，浙贝母标准化示范基地被列为浙江省重点农业标准化实施示范项目和国家农业标准化示范区二类项目，并由多家大型药品生产企业投资建立GAP（中药材生产规范）基地。

加强中药材质量管控。磐安的中药材产业协会为当地的“磐五味”量身打造了《磐五味中药材》联盟标准，由22家中药材联盟企业提出并共同遵循，希望借此推动当地乃至全国中药材质量安全规范的建立。同时，在“浙八味”特产市场设立中药材检测中心、浙江中药材预警信息平台，对交易的中药材质量进行监管。2016 年全镇投入 300 万元建成 4 处无硫加工点，确保药材品质纯正。

采集发布“浙八味”中药材价格指数。“浙八味”特产市场的浙贝母销量占到全国的 2/3 以上，元胡销量为全国之最，因此成为全国十七大药市的“晴雨表”。从 2013 年起，磐安县政府与成都天地网科技有限公司合作，成立了磐安天地网科技有限公司，每天由两名采集员采集“浙八味”特产市场上的中药材价格，利用价格模型分析，每半个月发布一次中药材价格指数，供药农和药商参考。

开发药膳等下游产品。2014 年成立浙江求是药膳科学研究院，集聚了浙江大学、浙江中医药大学的专家以及国家特二级烹饪师，基于道地药材研究开发药膳菜品。同年，由磐安药膳馆承办浙江省首届药膳烹饪大赛，2015 年在电商平台推出“盘安药膳膳食滋养包”。

此外，小镇还筹建中药材冷藏库和中药材种植大棚，用以减少季节、气候对中药材储存和产量的影响，稳定交易价格；全镇推行浙贝母与蔬菜设施轮作栽培示范园，通过套种、轮作，提高药农收入；连续承办中国中药协会、医药保健品进出口商会举办的全国中药材交易博览会，提高江南药镇的行业知名度；与农业局所属的中药材研究所合作，不断研发中药材种植的新品种和新技术；成立电子商务交易平台，建设江南药镇电子商务园区，拓展互联网营销渠道。

（三）项目带动的城镇发展

江南药镇规划面积 3.9 平方公里，其中核心区面积 2000 亩，建设用地 1500 亩。近期建设用地面积 3.93 平方公里，其中主要建设区用地面积 1.32 平方公里。按照“一心两带多点”的规划思路，实施中药材种植基地建设、中药材精深加工、中药材市场商贸流通、旅游保健、商贸服务、休闲养生及配套基础设施 7 大类 32 个项目，总投资达 76.7 亿元。分为三大功能区：一是结合“浙八味”市场，通过药文化园、养生博览馆、中医药文化特色街区、中医院、康体养生园的建设打造江南药镇的核心区，作为药镇对外服务的主体部分；二是主题展示区，包括中医药主题公园、百草园，以中药材的种植和展示功能为主；三是以中医药产业园建设为代表的产业区。预计到 2017 年，江南药镇产值将达到 22 亿元，税收 3.2 亿元，旅游人数 300 万人。

江南药镇以“浙八味”特产市场作为核心区域，结合用地现状，规划形成“一城四区”的空间发展架构，“四区”即中药材交易区、科技信息区、综合服务区和药文化展示区。目前市场一期的 900 余个摊位已不能满足交易需求，二期的 B 区和 C 区正在紧张施工中，将配建酒店等服务设施，完工后，市场功能将进一步完善。

截至 2015 年底，江南药镇已开发建设面积 1.12 平方公里，完成固定资产投资（不包括商品住宅和商业综合体项目）10.05 亿元，吸引 120 家企业、990 户个体工商户、20 多个创业团队入驻。目前江南药镇的发展已经初见成效，其中，中医药产业园正在加快推进土地平整，园内大晟药业、丰源实业等企业正在加快建设，一方制药已完成土地挂牌和项目前期工作；药文化园北区正在招商洽谈中，南区已经启动建设，第一期投资 2000 万元；中药材特色产业服务业营业收入已经突破 5 亿元。同时，百中医药养生园、养生博览馆、中医药文化特色街区、百草园等项目都在积极招商中，逐步将药镇的功能从简单的种植、生产、销售衍生至旅游服务、医疗保健、养生研发等多个层面。

江南药镇的建设也拉动了新渥镇的镇区发展。江南药镇紧邻新渥镇政府所在地，通过市场北路、灵山路等道路建设，小镇核心区和新渥镇镇区紧密联系在一起。为配合江南药镇建设，新渥镇投入 3000 万元资金完成了新兴街、城里街的改造，同时，大量融入药文化元素，建设药文化景观公园 6 处，提升集镇整体特色品位。

同时，以新 42 省道建成通车为契机，镇区内道路框架得到拓展，道路沿线的管网、防洪堤等配套项目建设加速，总部经济大楼及绿地公园推动了核心商务区块建设，商场、超市、银行等功能配套得到完善，滨水商住项目、磐安工艺美术博览城等重点项目启动，新老城区及区块内部的融合加快。近期，新渥镇计划以江南药镇总体规划为引领，完善提升各项控规和专项规划，把全镇打造成“药材天地、医疗高地、养生福地、旅游胜地”。

十、远洋渔业小镇

远洋渔业小镇的项目位置为浙江省舟山市。2016 年 1 月，定海远洋渔业小镇作为健康产业类特色小镇入围浙江省公布的第二批 42 个省级特色小镇。

（一）发展背景及相关基础

项目背景：2015 年 4 月，农业部批准设立全国唯一的国家级远洋渔业基地——舟山国家远洋渔业基地，该基地位于定海北部干览镇，距离市中心约 16 公里，主干道与舟山跨海大桥连接，交通便利。全市共有远洋渔船 450 余艘，该基地远洋水产品捕捞量占全国的 22%，其中鱿鱼占全国的 70%，已有水产品精深加工企业 40 余家，产业基础扎实。已形成远洋捕捞—海上运输—水产精深加工—冷链物流—水产交易、销售、服务等全产业链的远洋渔业发展体系。定海远洋渔业小镇位于该基地内，将大力发展海洋健康制造业，积极培育远洋渔业的总部服务经济和文化休闲经济功能。

项目区位：定海远洋渔业小镇位于舟山市定海区北部的干览镇境内，毗邻定海西码头渔港，距离定海中心城区 16 公里，距舟山市政府所在地——临城新区 19 公里。

舟山是我国远洋渔业起步最早、最为发达的地区之一。定海西码头渔港具有“百年渔港”的传承历史，自古就是舟山本岛北部政治、经济、文化、交通和贸易中心，被称为舟山的北大门，人文底蕴深厚，是舟山和浙江渔业振兴史的缩影。

原有基础：舟山渔场是中国最大的渔场，是我国最大的鱿鱼生产、加工和集散基地。舟山远洋渔船占全国的 20%，远洋经济总量占全国的 70%，舟山鱿鱼加工市场年加工量达 15 万吨以上。

区位优势：舟山群岛新区地处我国东部沿海，区位条件独特，位于长江入海口，面向太平洋，是长江流域走向世界的海上门户和通道，海、陆、空交通便捷，背靠长三角经济圈这一特大型国际大都市群。民间资源充足，经济发达，消费市场庞大，是浙江海洋资源的聚集区和全国海洋渔业发展的重点地区。

产业基础：舟山渔业历史悠久、渔业文化浓郁，孕育了雄厚的渔业产业基础。舟山现有远洋渔业资格企业 30 家，远洋从业人员 1.2 万余人，远洋渔船 450 余艘，占全国远洋渔船总量的 1/5。舟山远洋产品回运量接近 100%，高于全国 40 个百分点，占全国远洋产品回运量的 40%左右，为国家远洋渔业基地建设提供了基础支撑。

作为我国最大的鱿鱼生产、加工和集散基地，舟山鱿鱼生产渔船数、生产量和产值分别占全国总量的75%、71.9%和70.6%。舟山展茅鱿鱼批发市场是目前全国最大的鱿鱼干制品市场，长期从事干制品加工的商户近百家，年加工量15万吨以上。

产业链支撑：在舟山远洋渔业的带动下，水产品加工、海上运输、船舶修造、机电设备、金融服务、石油化工、渔需物资补给等多项产业联动发展。一个集远洋水产品装卸、仓储、交易、加工、物流等综合服务于一体，一二三产业联动发展的现代化远洋渔业集聚区已初现雏形。

（二）项目内容及概况

项目内容：远洋渔业小镇规划面积3.18平方公里，其中建设用地约1.26平方公里，将围绕“海洋健康制造”主题积极引进战略运营商，重点发展集科研、生产、综合物流于一体的海洋健康食品、新型海洋保健品、远洋生物医药等海洋健康产业，同时深度挖掘远洋航运、远洋生物、远洋风情、远洋捕捞、加工等远洋文化内涵，大力发展主题类海洋文化旅游业，着力打造健康人居社区。

项目概况：根据远洋渔业小镇的总体功能定位和产业发展导向，结合小镇的基础现状，小镇规划形成“一核五区”的功能布局结构。

“一核”指远洋渔都风情湾区，即“小镇客厅”。“小镇客厅”位于远洋小镇的中部，总面积约43公顷，规划构建“远洋渔都风情湾区”，集中布置以地标性建筑、大型公共建筑和特色街区等为主的建筑空间类型，营造富有渔港风情气息的小镇空间形态。

“五区”指远洋健康产品加工区、健康产品物流区、生活配套区、健康休闲体验区和综合保障区五类功能区。

定海远洋渔业小镇规划期内共新（扩）建项目12个，包括9个产业项目和3个基础设施配套项目，总投资52.58亿元，截至2015年底已完成13亿元的投资额；到2017年底，预计可实现年产值60亿元，产生年税收收入1亿元以上，集聚中高级人才100人以上，提供就业岗位6000人左右，年旅游人次达30万人以上。

（三）发展前景及愿景展望

发展理念：定海远洋渔业小镇立足“远洋渔业”和“渔文化”的地域特色，抓住舟山国家远洋渔业基地建设的契机，遵循浙江省特色小镇倡导的“产、城、人、文”四位一体的发展理念。重点打造集科研、生产、综合物流于一体的海洋健康食品、新型海洋保健品、远洋生物医药等海洋健康产业。采用“海洋健康产业+”的创新发展模式，促进健康产业与新经济模式的充分嫁接、契合、互融，积极推动创意、文化、旅游、电子商务等新兴业态发展，构建并形成多链条、高融合的新型产业生态圈。

发展优势：一是舟山远洋渔业全国领先，具备发展远洋健康食品产业的坚实基础；二是远洋渔业前景广阔，舟山拥有全国唯一的国家远洋渔业基地；三是岸线腹地资源极佳，定海西码头区域远洋渔业基地建设初步成形；四是百年渔港历史传承，定海西码头渔港人文底蕴深厚；五是各级领导高度重视，省市政府全力支持远洋渔业基地建设。

发展前景：有利于更高品质地打造舟山国家远洋渔业基地，成为浙江海洋经济发展新的增长点；有利于完善浙江省健康产业体系建设，成为浙江健康产业发展示范区与产业基地；有利于海岛文化传承和高端要素集聚，成为浙江舟山群岛新区的形象展示窗口；有利于优化浙江舟山群岛新区城乡空间格局，成为浙江产城融合的典范区。

目标愿景：定海远洋渔业小镇未来将大力发展以海洋健康食品和海洋生物医药研发制造为主的海洋健康制造业，积极培育远洋渔业的总部服务经济和文化休闲经济功能，围绕“海洋健康制造”主题积极引进战略运营商，不断改善和塑造远洋渔业小镇的软硬件环境，建成“一港、一湾、一基地”的目标愿景。

以 3A 级旅游景区建设为载体的远洋渔业小镇，将给舟山的滨海旅游贴上新标签——渔都健康休闲游。干览镇澜港大道沿线两侧和西码头中心渔港沿港核心段，将打造一个“小镇客厅”，即“远洋渔都风情湾区”。它将成为集观光、休闲、娱乐、餐饮、旅游等综合性文化休闲功能为一体的渔人广场健康休闲中心。

（四）产业投资及支持政策

产业投资：定海远洋渔业小镇已经引进中国水产舟山海洋渔业公司总投资 10 亿元的深海鱿鱼健康食品加工和中国农业发展集团远洋渔业基地项目，引进浙江兴业集团公司总投资 5 亿元的深海鱼油加工项目。

按照“三年初见成效”的总体安排，定海将坚持政府引导、企业主体、市场化运作的原则，进一步强化规划引导、产业培育和要素保障，加快和督促特色小镇项目推进，积极打造一个产业特色明显、地方文化独特、生态环境优美、“产、城、人”三位一体的省内唯一的远洋渔业健康产业小镇，使之成为长三角地区乃至全国海洋健康产业的新样板、新典范。

支持政策：注册便利化，推进企业全程电子化登记工作，实现网上申请、受理、审核、反馈（含短信）等功能的“一条龙”在线服务，并在远洋渔业小镇实行集群注册、一址多照、工位注册等政策。入驻企业申请取冠省名的，注册资本（金）从 1000 万元降低至 500 万元（法律法规另有规定的除外）；取消原冠市名的实业、投资类、房地产、建筑类企业最低注册资本要求；取消原冠“浙江舟山群岛新区”“国际”字样名称最低注册资本要求。

帮助制定远洋渔业小镇品牌发展规划，在驰（著）名商标、商标品牌示范乡镇、商标品牌示范企业、“浙江制造”品牌、政府质量奖、省市名牌产品培育、守合同重信用等推荐上给予政策倾斜；发挥专业技术优势，主动服务海洋生物医药、健康养生、水产精深加工等重点项目发展，重点对入驻远洋渔业小镇的海洋食品、海洋生物医药及保健产品项目予以支持。2015 年 4 月，农业部下发《关于舟山市建设国家远洋渔业基地的意见》，加上国务院下发的《关于浙江舟山群岛新区发展规划的批复》《关于促进海洋渔业持续健康发展的若干意见》以及《浙江海洋经济发展示范区规划》《全国渔业发展第十二个五年规划》和《舟山市“十二五”渔业规划》等 14 项文件，对建设舟山国家远洋渔业基地提出了国家产业发展战略和国际关系层面上的要求。

十一、热河草莓公社小镇

热河草莓公社小镇位于承德市隆化县茅荆坝国家森林公园、七家森林温泉休闲旅游区；距离承德、赤峰均是 1 小时车程，距离北京 2~3 小时车程，位于北京坝上草原出游黄金游线上。

隆化县政府在打造茅荆坝七家森林温泉旅游区的基础上，以草莓元素为主题，以西道村草莓产业为依托，全力打造集“生态农业、温泉养生、草莓采摘、特色餐饮、田园风光、民俗展演、民宿体验”为一体的充满欧陆风情的旅游目的地，打造“热河草莓公社”民宿品牌。草莓公社成为隆化县以休闲农业、创意农业引领“一三产业”融合发展、实现“生态美与百姓富”的新型发展模式示范点。

（一）草莓公社小镇的特色

草莓公社小镇依托周边千亩四季草莓大棚、草莓产业基础，通过风雨廊桥、稻田栈道、百亩花海、草莓风车、水上乐园、草莓广场等项目、景观小品的建设营造整体的自然、生态环境。为了草莓公社整体环境的营造，隆化县政府改善水、电、路、灯基础设施，实现了美化、绿化、亮化，提高了公共服务水平，提升了群众生活品质；投资700万元，按照特色民宿接待的规格和标准进行规划设计，将12家别墅型农户客房改造成草莓主题、欧陆风情的特色民宿。

同时，草莓公社小镇铺设完成4000平方米的村内道路；修建1000平方米停车场1处；修建拦河坝3道、游客接待中心1处、景观廊桥1座、风车景观4架、观景台3处；栽植金丝小柳树木500余棵；建玫瑰园1处、村民广场1处、儿童戏水池1处、露天舞台1座、烧烤乐园1处；供水排污设施可解决1500人的生活用水，日处理污水70吨。草莓公社基础设施、景观绿化、景观小品、服务设施、田园景观等整体休闲旅游环境基本打造成形。

草莓餐厅内果香阵阵，草莓风车旁溪水潺潺，草莓民宿里新颖雅致，草莓广场上音乐悠扬；还有风雨廊桥、稻田栈道、草莓风车、水上乐园等设施提供观光、休闲娱乐体验；草莓公社基本具备开展特色民宿需要的吃、住、行、游、购、娱等旅游接待服务能力，日可接待800多人。热河草莓公社自2015年5月1日开业以来，逐渐成为都市自驾游、背包客踏青寻幽的休闲旅游目的地。

草莓公社小镇的建筑风格是以草莓元素为主题，以欧陆建筑风格为特色进行农户住房改造，包括农户住房外立面改造、庭院营造、室内装修设计，提供草莓主题、欧陆风情特色住宿体验。在建筑及景观小品营造过程中，草莓元素无处不在，从廊桥、路灯、舞台到卡通雕塑、产品标识、餐饮用品，无不融入了鲜明的草莓文化元素。

（二）草莓公社小镇的业态构成

小镇依托千亩四季草莓种植产业，通过民宿打造，植入草莓采摘、花海田园观光、特色餐饮、农事体验、滨水娱乐、民宿体验、民俗表演、森林温泉、旅游商品等业态内容，整合草莓产业链，打造草莓文化旅游创意品牌，以草莓种植和深加工为主体，拉动特色餐饮和体验民宿产业发展，成为深度开发农业资源、调整农业结构、增加农民收入的成功尝试，实现休闲农业与乡村旅游融合互促。

村民转变了经营模式，由过去单纯卖草莓挣点小钱的“小农意识”和“一间房、一个院、一顿饭”的传统“农家乐”经营模式，到实现传统农村朴素生活与新农村现代化生活品位的有机融合，四季草莓种植基地、草莓创意工坊、草莓庄园、草莓音乐广场、玫瑰园、演艺广场等现代旅游业态在这里汇集。

特色餐饮：乡村特色餐饮，以草莓公社菜园为原材料供应。

游乐体验：游客在草莓公社可以体验草莓采摘以及在草莓创意工坊体验草莓产品DIY等项目，同时还有草莓庄园、草莓音乐广场、玫瑰园、百亩花海、欢乐稻田、露营地等娱乐体验项目。

旅游商品：草莓公社大力引进草莓运输、包装、深加工项目，延长下游产业链条，提高附加值；打造伴手礼店，售卖草莓蛋糕、草莓甜品、草莓饮品、草莓酒、草莓宴等草莓主题高附加值旅游商品。

十二、青瓷小镇

（一）发展条件

（1）区位条件。龙泉市位于浙江省西南部浙闽赣边境，东邻温州经济开发区，西接福建武夷山风景旅游区，是著名的“青瓷之都”。上垟位于龙泉市西部，距市区 36 公里，龙浦高速、53 省道穿境而过。

（2）生态资源。上垟镇被誉为“浙江林海”“毛竹之乡”“香菇之地”，森林覆盖率近 80%，空气中负氧离子含量高，被誉为“华东氧吧”。上垟凭借丰富的林木资源和优越的生态条件，被国家环保部认定为“全国生态镇”，而优越的自然生态环境、独特的山水资源，也为发展青瓷小镇提供了生态土壤。

（3）历史文化资源。上垟镇是现代龙泉青瓷的发祥地，现镇内仍留有大量原龙泉国营瓷厂工业遗址，包括工业大厂房、办公楼、会堂、大烟囱、青瓷研究所、职工宿舍等。此外，李记、曾记、张记等老字号青瓷作坊也都被完整保护，其中上垟曾芹记古窑址是目前龙泉连续烧制时间最长的龙窑。

（4）旅游条件资源。为打响龙泉市“山水天堂”生态旅游品牌和“中国青瓷小镇”文化旅游品牌，项目以上垟镇为中心，与国家级自然保护区龙泉山、国家 5A 级旅游景区千岛湖和雁荡山以及世界自然与文化遗产武夷山对接，构建“2 小时旅游圈”。

（5）民俗文化资源。上垟镇长期以来形成了淳朴自然的民俗民风，其中反映饮食文化的有老鼠爪、槎儿冻等，反映民间习俗的有捣黄果、揉麻糍、做豆腐、采香菇等，以及反映传统工艺的民间青瓷制作等。淳朴自然的民俗民风赋予了上垟镇“青山、碧水、古窑”更多的生活意义，集中反映了上垟镇舒适、自然、和谐的生活方式和生活氛围。

（6）瓷器资源。上垟镇是闻名中外的龙泉青瓷主产地，凭借优越的自然条件和丰富的瓷土资源及传统制瓷工艺，原龙泉瓷器总厂、一厂、三厂、五厂都设在镇内，素有“青瓷之都”之称。现镇内个体青瓷作坊发展迅速，镇内有个体瓷厂 30 多家，正所谓“瓷窑林立，烟火相望”。上垟镇瓷土资源丰富，已探明的瓷土矿储藏量达 2000 多万吨，因此成为龙泉青瓷最主要的生产区域。

（二）发展定位

上垟镇以青瓷文化为品牌，以休闲养生为核心，以龙泉青瓷非遗传承基地为平台，打造集文化传承、文博展示、学习交流、创作教学、收藏鉴赏、旅游观光等功能于一体的瓷文化旅游观光小镇，延续技艺传承和生产组织传统方式的家庭小作坊，打造具有国际影响力的中国青瓷小镇。

（三）空间布局

上垟镇立足于独特的山水自然景观和田园风光，形成总体为“一核心，三组团”的空间布局结构。“一核心”指项目的核心景区，“三组团”指的是项目的入口及旅游配套区、城镇配套区及周围的村落。

（四）项目规划

（1）总体规划。项目沿着八都溪展开，规划项目包括：古民居、田园风光、青瓷文化广场、商业风情街、度假酒店、青艺坊、冠云青居、瓷人坊、青瓷民俗公园等。

（2）重点项目规划。

青瓷文化广场：青瓷文化广场作为小镇主出入口的形象展示，集旅游展示、游客服务和停车换乘于一体。

商业风情街：商业风情街集餐饮、旅游、购物和休闲于一体，作为整个景区的配套，以特色餐饮、茶吧、咖啡吧等业态为主，兼顾青瓷产品的销售，推出“青瓷茶具+龙泉金观音茶+青瓷雅乐”特色产品。

度假酒店：度假酒店与山水环境相结合，突出生态、文化、健康养生三大理念，建筑采用庭院式的布局和中式的设计元素，融山景、水景于酒店景观中。

青艺坊：青艺坊集生产、创作和生活主题于一体，打造独具特色的名师生产创作基地。

冠云青居：冠云青居通过节庆日定期邀请的形式开展交流和现场技艺展示活动，游客在其中既能近距离欣赏大师精湛的技艺，感受大师深厚的人文修养，同时还可以与大师一起制作，增强体验感。

瓷人坊：瓷人坊是集生活、生产和经营于一体的新式作坊，是民间艺人聚居的街区，游客可以参观制作工艺和流程，并定制购买艺术作品，增强体验感。

（五）活动策划

中国青瓷小镇作为“龙泉青瓷宝剑节”重要的分会场之一，根据自身定位，整合资源优势，着力打造五大品牌活动。

（1）开窑节。恢复传统的祭窑盛典，成为景区一大特色节庆。出窑部分大师级的青瓷艺术作品，并在开窑节上进行展示和拍卖，扩大小镇在艺术界的影响力；建立青瓷艺术基金，用于青瓷创作及慈善的投资基金。

（2）青瓷艺人技能比拼大赛。寻找当地民间青瓷艺人定期举办技能大赛，如初坯成型、装饰精修、上釉、入窑烧等比拼活动，比拼结果由青瓷大师评分和当月游客投票共同决定。

（3）青瓷艺术双年展。活动内容包括青瓷艺术品展示、文化创作交流、学术研讨等，将青瓷小镇打造成为世界青瓷艺术的殿堂。

（4）大师绝活秀。定期邀请一位大师来小镇景区表演，同时游客可与大师一起来制作，增加游览体验性。

（5）青瓷寻宝。设计景区青瓷寻宝地图，参与者借助地图，将每个点找到的青瓷制品拼成成品，对获得佳绩的团队给予奖励，以培养团队凝聚力。

（六）项目思路

项目通过外在物质环境的保护与街巷功能的再生和重构，发展传统手工艺，恢复原有青瓷作坊、水碓，积极开展传统商业活动，将特色小镇的风貌特征、传统文脉、文化内涵嫁接到新时期的城镇社会经济基础上，以“青瓷文化”为主题，将“青瓷一条街”和源底古村、木岱口村进行有机融合，从而使其获得新的发展动力，使上垟镇成为青瓷产业的集聚区、龙泉青瓷文化的体验区和休闲旅游的度假区。

（七）面临的挑战

（1）产业链缺失。生产模式基本以家庭作坊为主、小型工厂为辅，自产、自销，缺乏专业细分和合理的产业结构，例如缺少工业设计、产品包装和销售渠道，导致产品形式单一、产品价值不能得到真实的体现，同时同质化竞争影响经济效益并反过来影响产业发展。

（2）公共服务平台缺失，不利于产业规划和发展。人才、技术、信息、融资、管理等公共服务平台缺失，生活配套、产业配套缺乏，没有形成产业运营环境和服务体系。

（3）旅游现状不佳，景点布置分散，缺乏规划和线路组织，不利于景点的展示和旅游线路的打造；缺乏旅游服务的支撑，单一的披云山庄无法完全满足游客不同层次和规模的接待要求。

（4）工业遗迹闲置、破败，造成资源浪费。

十三、黄岩智能模具小镇

（一）项目概况

项目地处浙江台州市黄岩区，黄岩素有“中国模具之乡”的美誉，模具产业作为黄岩区的优势产业之一，已有近60年的发展历史。项目规划总面积约3.47平方公里，建设用地1500亩，总投资55亿元。

（二）项目优势

（1）区位交通优势。项目邻近甬台温高速公路、铁路，紧挨104国道、82省道，台州机场、海门港为小镇发展架起了通往各地的空中和海上通道。通过北院大道可直接到达甬台温高速公路出入口，通过世纪大道可向东与黄岩主城区及椒江区联系。

（2）政策优势。浙江省“加快建设特色小镇”及台州市打造“一都三城”的决策部署，都为黄岩区打造智能模具小镇提供了优惠、便利的体制政策环境。黄岩区委、区政府历来重视民营经济发展，积极推动模具产业转型升级，长期以来一直对模具产业予以政策倾斜，每年安排3500万元资金用于扶持模具行业企业发展，占区本级转型升级专项资金的55%，这些都极大地促进了黄岩模具产业的发展壮大。

（3）产业集聚优势。项目范围内已集聚了30家规模以上模具生产企业，从塑料件测绘、材料供应，到模具设计、造型、编程，再到粗细加工、热处理、试模，各类专业加工服务一应俱全，极大地降低了模具制作成本并缩短了加工周期，为模具接单创造了有利条件。同时，还计划从日本、中国台湾引入3~5家国际知名大型模具企业入驻，直接投资设立生产基地，作为模具产业发展的标杆。

（4）配套服务优势。为推动模具产业快速发展，黄岩区成功开发建设了中国（黄岩）国际模具博览城、黄岩区模塑工业设计基地，致力于打造模塑产业展示交易平台和模塑工业设计公共服务平台。这些为小镇中的模具企业提供了市场交易、工业设计、科技研发等生产性服务，有利于延伸产业链，降低生产成本，提升市场竞争力，推动产业集群的快速发展。

（5）技术装备优势。目前模具小镇已入驻企业的生产自动化和信息化水平较高，各种现代制造技术、高性能加工中心、网络系统等都在企业中得到广泛应用，模具设计和制造环节全部实现数字化，设备基本实现数控化。同时，不少企业的模具研发水平在国内处于领先地位，获得多项国家级新产品、国际水平模具权威评定，具有较强的竞争力。

（6）自然人文优势。模具小镇西倚群山，河网密布，邻近定位为高品位综合休闲社区的百丈高地及省级划岩山风景名胜区，西南侧有万亩柑橘观光园，自然生态环境优越。新前街道素有“武术之乡”美誉，新前采茶舞已被列入“浙江省非物质文化遗产保护名录”，乡土文化源远流长，具备发展文化休闲旅游的良好条件。

（三）问题评估

（1）产业转型。单纯生产功能，转型驱动要素不足。项目内企业基本以纯生产为主，相关研发设计、信息服务、人才培训等产业配套服务功能缺乏，且模塑设计、检测中心、模具博览中心等大型产业配套功能均在区外设置，如何在产业转型要求下，协调区内区外的关系，实现良性互动是特色小镇建设面临的问题。

（2）发展空间。多个村庄包围，小镇空间拓展受限。项目内外村庄众多，呈环绕产业区分散分布，同时与产业区之间完全割裂，对未来小镇功能布局、交通组织影响较大，如何协调村庄与小镇的关系，是特色小镇建设的重要问题。

(3) 配套服务。设施建设滞后，生产生活需求欠缺。从现状来看，项目内配套服务设施建设滞后，生活性服务设施基本以小、散、乱、差的沿街底商为主，而东侧新前街道可满足基本的生活服务等需求，但商务商业设施相对匮乏，难以满足特色小镇的高标准建设需求，需在特色小镇建设中完善配套设施系统。

(4) 景观风貌。厂村景观无序，整体风貌缺乏引导。项目区域内工厂、村庄并存，城镇景观与乡村景观差异较大，同时已建成的企业之间风貌混杂，缺乏统一性。山体水系以及滨水空间、通山视廊、田野景观等缺乏系统组织和整合。

(四) 发展定位

项目以产业为核心，实现产业、文化、旅游和社区居住功能的有机融合，涵盖信息经济、环保、健康、旅游、时尚、金融和高端装备制造七大产业，以及茶叶、丝绸、黄酒、中药、青瓷、木雕、根雕、石雕和文房用品等历史经典产业，通过智能模具产业与文化、艺术、旅游相结合，融智造、研发、孵化、休闲、旅游等功能于一体，打造具有较强国际竞争力的模具产业基地、国内的模具产业集聚区。

(五) 空间布局

项目总体形成“一环两轴七廊、两心三点多组团”的空间布局结构。“一环”即以水环为基础，串联滨水多个公共服务节点的功能景观复合环。“两轴”即沿新江路、锦川路两条道路功能轴，是大区域功能轴线的延伸。“七廊”即沿水系形成的七条生态廊道，使小镇与周边山体、水库及永宁江形成生态连通。两心即围绕锦川路小镇门户形成的生产服务中心和三水交汇处的生活服务中心。三点即人才培训中心、科研创新中心和企业商务中心三个公共服务节点。多组团即多个特色产业组团和生活配套组团。

(六) 重点项目规划

(1) 工业项目。工业项目主要包括智能工厂、孵化中心、龙头企业园区、特色园区四类产业园区。

智能工厂。智能工厂通过融入智能技术，体现智能智造，具有参观体验性。

孵化中心。孵化中心主要为模具中小企业提供创业、科研、智造平台，是新型企业的集中孵化地。

龙头企业园区。园区主要为拥有成果孵化与示范、精品生产与加工、培训与交流等方面的优势龙头企业提供服务。

特色园区。特色园区内包括汽摩、白色家电、日用品等大型模具企业，主要为标志性、生命力强、高精尖大型企业提供园区支撑。

(2) 旅游项目。旅游项目包括模具文化体验、高端服务配套、农村乡俗游览、滨水湿地休闲五大类旅游项目，具体包括模具博物馆、模具雕塑主题公园、商务会展中心、乡村度假区、湿地生态公园等十八个重点旅游项目。

(七) 活动策划

(1) 中国模具博览会。邀请产业代表考察模具产业，开展技术交流会，加强交流和学习，开展产品展销会以推广企业产品。

(2) 模具行业研讨会。通过模具行业研讨会交流模具行业发展形势、问题，探讨产业生产技术、管理经验，提高行业凝聚力和竞争力。

(3) 模具制作竞赛。竞赛涉及整个模具产业制作环节，面向整个模具行业的所有技术工人，以此激发技术人员的创新拼搏精神，也是选拔人才的途径。

(4) 乡俗文化大舞台。主要展示体现

本土民俗的表现节目，展示乡土文化、吸引游客。

（八）项目思路

项目以模具产业为核心，以项目为载体，嫁接工业旅游及区域特色乡土文化休闲旅游功能的特定区域，依托特色小镇建设，集聚创新资源，激活创新资源，转化创新成果，实现产业发展从资源要素驱动向创新发展驱动转变。

十四、唐山丰登坞钢铁物流小镇

（一）项目概况

项目位于河北唐山丰登坞镇，小镇以商贸、运输、铸钢、轧钢、钢木家具为主，全镇有镇村企业 16 个，私营企业 33 个，个体工商户 1573 个。项目以钢铁物流为特色，多元业态并举，致力于建成产城融合的新型城镇示范区。项目占地面积 5000 亩，总投资 35 亿元。

（二）战略机遇

（1）空港城辐射带动。唐山空港城产业由四大制造业（汽车电子、新材料、精密机械、高端设备制造）、两大新兴服务业（仓储报税物流、软件及服务外包）、一个农业（生态农业及农产品深加工）组成，到 2020 年区域内设计客运量将达 50 万人次，货运量达 3183 万吨。受空港城直接辐射的影响，丰登坞镇将成为物流、人流、资金流、信息流四流汇聚之地，承接空港城要素外溢。

（2）交通潜力及城市扩张。项目片区距离唐山北站、唐山站和雅鸿桥站均在 40 公里之内，区域内有京沈高速和津唐高速，未来片区将贯通丰津快速路与机场快速路。随着交通条件的改善，丰登坞将成为直接对接唐山中心城区的“西花园”，成为承载主城人口及产业外溢的第一阵地。

（三）资源优势

（1）区位优势。唐山处于中国最大的环渤海钢铁产业圈及消费圈核心地带，周边钢铁产能接近 9 亿吨。目前中国四大钢铁产业圈层初步形成了以上海、天津、武汉、佛山为中心的物流中心及价格生产中心，唐山作为最大的钢铁产地，具有建设与其地位相匹配的钢材物流资源调配中心及钢铁产品定价中心的巨大潜力。

（2）交通优势。丰登坞镇处于三条主干道的交会之处，区位交通优势独特。区域内玉新线连接雅鸿桥市场和新军屯镇，未来机场快速路直接连通空港，丰登坞镇将成为商贸、商务、农产品三大特色资源的汇聚之地。

（3）生态资源及有机农业优势。丰登坞镇具有丰富的水系条件及生态湿地资源，并形成了良好的有机生态农业产业格局，具备发展生态大有机产业的条件。项目区域内有两条河流南北向穿过，东侧为泥河，西侧为黑龙河，水系资源丰富，提供了良好的自然生态景观；基地内部农业用地以耕地、林地为主，其中林地点状分布均匀，形成了天然的楔形生态林地。

（4）产业优势。丰登坞镇目前 500 万元以上规模企业有 10 个，产值达 26.5 亿元，利税 7650 万元，形成了以钢铁加工为主，农产品加工为特色的产业格局。镇域内胡张坨工业小区、钢结构与废旧物资集散加工园区、住宅产业园区、生态农业与农产品深加工小区四大园区分布于镇区四个方向，呈合抱之势，为项目的资源整合及物流联动提供了有利条件，未来项目的发展将对物流产生巨大的需求。

（四）发展定位

项目以钢铁物流产业园为龙头项目，全面提升城镇配套服务功能，形成钢铁物流、总部商务、商贸展销、文化创意、生态农业五大核心产业集群，以产促城，以城促产，打造新兴的5E（宜业、宜居、宜养、宜智、宜人）新镇模式的特色钢铁物流小镇。

（五）功能分区

项目共划分为以下三大功能板块。

（1）总部物流园。总部物流园以电子商务、供应链管理为特色，降低钢铁物流成本，打造精细物流示范区，建设项目包括国际钢铁资源配置中心、国际综合物流集散中心、国际钢铁产业总部基地。

（2）生态小城镇。生态小城镇强化“生态水系、服务配套”特色，满足不同人群生活需求，打造精致小城镇示范区，建设项目包括城镇商贸服务核心区、滨水活力休闲轴、生态宜居三大组团。

（3）农业观光园。农业观光园突出“有机农业、休闲体验”特色，引领唐山有机生活方式，打造精粹农业示范区，建设项目包括有机农业生产、田园休闲养生、农业观光体验、冷链农产品物流。

（六）项目规划

（1）总部物流园。包括南区核心物流区和北区钢铁总部区。

南区核心物流区：是集现货交易、精密加工、仓储展示、车源整合等钢铁物流核心功能于一体的钢铁物流综合区，核心项目包括“钢元素”超市、车源联运中心、立体智能仓储中心、精密深加工中心、现货交易展示中心、公路港服务中心、物流产业公寓。

北区钢铁总部区：是集商务、企业会馆、会议展示、教育研发、物流信息及金融服务等钢铁产业链高端服务功能于一体的钢铁总部服务区，核心项目包括钢铁总部办公区、钢铁文化公园、华北钢铁虚拟交易中心、钢铁领袖企业会所、钢铁物流论坛会址、钢铁研发示范园及人才专家公寓。

（2）生态小城镇。生态小城镇是依托黑龙河水系生态环境优势，集商业、文化、疗养、文化活动等功能于一体的生活居住区，核心项目包括风尚雅居、商业副中心、知名医院分院及疗养中心、乐活商业中心、杨向奎文化园、文化休闲街、镇行政中心、文化休闲街、市民文化广场、九年教育学校、回迁幸福社区。

（3）生态农业园。生态农业园通过实现设施农业高效化—集约化、田园生活方式情境化—定制化、农耕文明体验化—感官化、三产联动化—直销化，全面提升丰登坞镇农业设施水平。园区划分为田园休闲板块、农产品物流板块、田园养生板块和生态农业板块，核心建设项目包括冷链物流及有机食品加工增值区、滨水田园养生疗养中心、有机食品展贸中心、花卉种植交易市场、四季花海小镇、田园主题酒店、生态温室有机种植区和设施农业博览园等。

（七）项目经济效益

项目建成后将带动农业资源、人口资源、产业资源和商贸物流资源四大资源要素的汇聚，其中，将会聚人口约4.5万人，产生农业总产值约2亿元、其他相关产业总产值约26.5亿元，带来商贸物流资源交易额共50亿元，带动镇域内的农业种植、农业观光经济崛起。

（八）项目思路

项目通过强调钢铁文化主题，围绕工业设计、名人文化、钢铁研发等优势细分产业链，打造翼东生态型钢铁文化主题创意产业基地，同时联动区域内其他创意产业园，弥补唐山西部文化创意产业园项目的空白。

十五、成都菁蓉创客小镇

（一）小镇基本概况

成都菁蓉镇是一个昔日劳动密集型产业的生活配套区，随着产业布局的调整，背负着大量闲置房源的“沉重包袱”。

在大众创业、万众创新的有力驱动下，在“创业天府”行动计划的引领下，自2015年初开始，短短6个月，一座充满生机活力的创客小镇初具雏形。

菁蓉镇依托区域高校、科研院所密集的优势，搭建政府引导、企业主体、市场运作、社会参与的创业创新协同机制，着力打造低成本、便利化、全要素、开放式的众创空间，创业创新要素加速聚集。

现已建成24万平方米创业载体，创客服务中心等设施一应俱全。

短短6个月，引进了创业创新项目471个、各类新型孵化器15家，聚集创业创新人才8000余名。汇聚了软件设计、大数据、云计算等互联网相关领域产品研发、生产、经营和技术（工程）服务产业，初步形成集创业苗圃、孵化器、加速器、生产销售为一体的全链条创业创新体系。

未来将推动众创、众包、众扶、众筹等大众创业、万众创新支撑平台快速发展，力争到2017年底，建成创业创新载体120万平方米，引进创业企业2000家以上，吸引500家以上基金及投资机构参与菁蓉镇建设，聚集创业创新人才4万余人，孵化培育规模以上科技企业100家以上（其中上市企业10家左右），成为全球具有影响力的创客小镇。

（二）小镇平台效应

打造具有全球影响力的创业小镇，郫县坚持将菁蓉镇的发展视野放到国际化背景下，突出平台效应。

实际上，从2015年开始，郫县在提振菁蓉镇的平台效应上一直不遗余力。

2015年5月30日，成都市第六场创业天府“菁蓉汇”活动在郫县举行，正是在这次活动上，郫县德源镇被创业者冠以成都城市创业品牌——菁蓉镇。

2015年8月24日，中央电视台经济频道在菁蓉镇成功举办全国第二届《创业英雄汇》西南区海选活动。

2015年9月，美国“硅谷市长行”来菁蓉镇考察，菁蓉镇与门洛帕克市结为友好城市，并与美中硅谷协会达成初步合作协议，从硅谷引进项目。

2015年10月19日，菁蓉镇亮相全国“双创周”活动北京主会场，设独立展馆，与中国科学院国家技术转化中心等40余家知名机构、企业达成初步合作意向。

2015年11月底，郫县承办2015年“海外学人回国创业周——梦启华夏·创业菁蓉”活动暨“菁蓉镇杯”成都全球华人创业大赛。

“栽好梧桐树，引来金凤凰。”平台效应凸显之后，菁蓉镇引来更多创新创业企业。

在2016年1月5日举行的成都菁蓉镇创新创业专家、导师国际交流峰会上，建筑面积约为4700平方米的硅谷楼正式揭牌，成都和煌吉普斯能源科技有限公司、饵光美容仪、科乐得技术有限公司等7个海外归国人才的首次高科技创新创业项目宣告正式入驻。

（三）小镇建设成果

2016年1月5日，郫县举行了成都菁蓉镇大数据产业相关项目入驻签约仪式。其中，中国数码港科技有限公司投资近50亿元建设成都大数据产业园引人注目。该项目计划建设一个包括数据运营指挥中心、数据安全中心、数据综合处理中心、数据分析中心、数据运营管理中心、数据运营保障中心、金融数据交易中心、财务结算中心、创新孵化中心、行业数据灾难备份中心，以及相关的数据机房在内的数据产业园。

与此同时，郫县与电子科大、西南交大、成都工业学院等大专院校达成在菁蓉镇共建产业园的协议。电子科大与郫县在菁蓉镇共同建立电子科技大学“一校一带”创新创业学院项目孵化基地、孵化器及科技成果转化产业园区；成都工业学院则与郫县在菁蓉镇共同建立有全球影响力的国内一流的集无人机展会、赛事、培训、研发、设计、生产、检测、行业应用开发于一体的无人机创新创业基地……

以大数据、无人机等新兴产业为着力点，郫县在菁蓉镇的产业发展上，充分立足于“互联网+”思维，积极构建现代产业支撑。

成都优易的成立，作为国家信息中心在西部地区进行的战略布点，即是郫县开放性合作、寻求现代产业支撑的体现。

2015 年 12 月 18 日，成都市人民政府已经与国家信息中心正式签订战略合作协议，双方将共同在郫县菁蓉镇打造国家信息中心大数据创新创业（成都）基地，并将以此为支撑大力引进国家级数据资源库、存储与服务中心并打造大数据产业链。2016 年 1 月 5 日在菁蓉镇举行的国家信息中心大数据创新创业（成都）基地揭牌仪式上，项目将充分利用周边楼宇和智慧科技园等载体资源，预计将提供 10 万平方米的办公、孵化场地和约 1500 亩的大数据产业园区用地。到 2020 年，大数据产业基地基本建成，以数据为基础的信息服务产业特色明显，产业体系健全，成为西部地区重要的、在全国也具有影响力的战略性新兴产业基地。

（四）未来发展规划

根据规划，到 2018 年，菁蓉小镇将建成创新创业园区 120 万平方米，聚集创新创业人才 3 万~4 万人，引进 2000 家以上创新创业企业、500 家以上基金及投资机构在郫县注册，孵化 100 家规模以上科技企业项目落地建设，培育上市创业企业 10 家以上，打造具有全球影响力的创客小镇和四川省大数据产业基地。

到 2020 年，郫县将实现全社会科技研发经费支出占 GDP 比重达到 3%以上，高新技术产业占工业增加值比重达 45%以上，战略性新兴产业总产值占规模以上工业总产值比重达到 35% 以上，拥有知识产权的创新型企业占规模以上工业比重达 90%以上，每万人有效发明专利拥有量达到 7 件以上。

十六、贵州安顺西秀区旧州镇

（一）小镇基本概况

西秀区旧州镇是贵州省唯一获得“国家历史文化名镇”“绿色低碳小城镇”称号的乡镇，同时又是成功申报国家级邢江河湿地公园和获得国家级 4A 级生态文化旅游景区的乡镇。西秀区旧州镇的小城镇建设紧紧围绕打造国家级绿色生态古镇的目标，举全镇之力，全力打造“活力小镇·美丽乡村”的宜居环境。

西秀区旧州镇是古安顺州政府所在地，位于贵州省中部，安顺市西秀区东南部，紧邻平坝县，对望清镇市。距省会贵阳 80 公里、黄果树 60 公里、龙宫 45 公里。镇内气候宜人，风光秀丽，自然资源丰富，森林覆盖率 56%，平均海拔 1456 米，邢江河南北贯境而过。山峰、溶洞、洼地、丘陵地形等构成独具特色的黔中自然生态景观风貌。年平均气温 14.3℃，冬无严寒，夏无酷暑。全镇人口 43442 人，镇区人口

16142人，少数民族人口比例为38.1%。

为恢复屯堡建筑整体历史文化风貌，旧州镇投入3000万元，对古镇周边298栋民居进行了外立面景观整治，同时投资2000万元，对东环路、屯堡旅游大道沿线361栋民居进行风貌整治。

旧州镇还投入近4000万元，完成了扶风夜笛、南堤绿柳、碧波秋月等“旧州八景”的修复，此外，投资6000万元，完成“三线入地”配套设施建设。

（二）小镇发展建设路径

一是发挥生态和文化优势，建设绿色旅游小镇。过去，旧州镇是以种植、养殖和加工为主的农业乡镇，经济总量小、发展水平低，在推进特色小城镇建设过程中，旧州镇依托丰富的文化资源和良好的生态环境，按照“镇在山中、山在绿中、山环水绕、人行景中”的规划布局和发展理念，坚持生态保护优先，先后完成了“土司衙门、古民居、古街道、古驿道”的修复修缮工作，培育了一个国家级湿地公园，一个4A级国家生态文化旅游景区，两个特色观光农业示范区。同时加快旅游慢道、旅游小火车、游客服务中心等旅游基础设施建设，逐步形成了以旧州、天龙、云峰为重点的大屯堡旅游圈，推动了生态旅游与人文旅游融合发展，旅游产品的业态不断丰富，今日旧州由农村变成了景区。2015年接待游客近40万人次，实现旅游总收入2.53亿元。同时旅游的发展也带动了民俗客栈、特色农庄的迅速发展，既解决了农民就业问题，又拉动了经济增长，2015年解决了镇区和周边乡镇6000人的工作，吸纳异地搬迁人员1000余人就业。

二是探索就地就近城镇化路径，建设美丽幸福小镇。根据旧州镇实际情况，就地就近城镇化是推进特色小镇发展的重要路径，是打好脱贫攻坚战的必然选择。旧州镇按照国家“3个1亿人”城镇化行动方案和省“5个100工程”建设目标要求，率先探索实践城镇基础设施“8+X”项目建设模式，完善了交通运输、污水处理、垃圾清运等基础设施，优化了教育医疗、文化、体育、便民服务等公共服务设施。加强政企合作、借助外力发展，与清华大学城市研究所深度合作，吴良镛院士亲自指导美丽乡村人居环境建设项目，在浪塘村打造升级版“微田园”，以“万绿城”城市综合合作建设特色产品职工基地，实现示范小城镇订单式生产，城市综合体链条式销售。与葡萄牙里斯本大区维苗苏镇、黄果树旅游集团公司结成对子，合作打造特色旅游民居、“山里江南”旅游综合体等项目，吸引农业转移人口向镇区和美丽乡村集中，同时把小城镇建设与异地扶贫搬迁结合起来，将生活在治安条件极其恶劣、生态环境脆弱、自然灾害频繁区域的贫困户迁出，集中安置到镇区附近，并帮助其就业。2015年新建搬迁移民住房500户，安置2250人，群镇城镇化率由2012年的35%提升到2015年的45.2%，提高了10.2个百分点。

三是按照国家新型城镇化试点要求，积极探索创新城镇化发展体制机制，围绕城乡发展一体化，投融资机制、公共服务、供给机制等试点要求，深化改革探索创新投融资模式，成立了镇级投融资平台，积极争取各方面投资资金。逐步把旧州镇打造成为连接城乡的重要纽带，服务农村的重要平台，带动周边的辐射点，建成了连接镇区以安顺中心城区的屯堡大道，改造提升区内路网和对外通道，把周边的双堡、七眼桥、大西桥、刘官、黄腊等乡镇串联起来，形成具有辐射带动作用的城镇集群。

四是加快省级示范小城镇建设，打造贵州小城镇省级版的排头兵。在各级各部门的支持下，抢抓发展机遇，在成功申报为全国历史文化名镇后，着力打造文化生态旅游古镇。首先坚持规划引领，科学编制了镇总体规划以及历史文化名镇保护规划，并委托省规院在全省率先编制了旧州镇多规融合规划。其次注重绿色发展的理念，继成功创建省级绿色低碳小城镇后，申报国家级绿色低碳小城镇，并通过了国家发改委、住建部、财政部专家验收。最后树立“一盘棋”思想，把特色小镇建设与全面小康结合起来，按照建设美丽乡村的要求，统筹镇村基础设施、公共服务设施建设，构建“以镇带村、以村促镇、镇村融合”的“1+N”镇村联动发展模式，通过特色小城镇建设得到了很多实惠。近年来，农民人均纯收入实现了三级跳，超过1万元人民币，2015年全镇所有小康监测指标实现程度均达90%以上。

（三）找准特色发展定位

旧州镇素有“黔中小江南、安顺鱼米乡”的美誉，历史上就是优质水稻出产地，如今则是贵州省无公害农产品基地。当地独特的屯堡文化是中国汉民族传统生活的实景再现和中国汉民族传统文化的活态呈现，至今依然在民居、服饰、饮食、民间信仰、娱乐方式等方面沿袭着600多年前的明代习俗，跳地戏、唱花灯、穿大袖、住石房、讲“明朝普通话”的群众随处可见，彰显着大明古风、江南古韵、屯军古堡、美食古味、民间古艺，是汉民族文化的乡愁与乡脉所在。

近年来，随着经济的发展，群众休闲需求和消费能力显著增强，旅游正成为越来越多的中国人新的生活方式，游客已经从最初期盼出行的朴素愿望，转变为更加追求品质、更加渴望深度体验普通民众的生产和生活方式。

近年来，旧州镇依托资源禀赋和市场需求，选准、选对发展的特色路径，通过就业、入股、销售特产、增加财产性收入渠道等多种方式把贫困户挂钩在特色发展路径上，从而既能实现扶贫资源的最有效利用，又能因为有特色，实现差异化发展，实现脱贫致富。

从旧州看，其旅游资源禀赋高，屯堡特色鲜明，适合发展以休闲、度假、体验为主导的乡村旅游。结合屯堡赶场传统习俗，突出“乡愁美食小镇”特色定位，规划布局五大业态，以“旧州赶场·贵州食堂”为定位，把传统农家乐与屯堡文化相结合，打造屯堡文化体验版的“屯家乐”美丽生态乡村民俗度假体验产品。

（四）延展产业发展链条

旅游富民，富在业态上。根据各村的资源优势和发展特点，科学规划旅游业态布局，以多元业态打造为前提，引导形成集绿色种养、特色加工、体验服务为一体的“旅游+”融合产业链，将贫困户与业态产业链精准挂钩，分步推进旅游扶贫。

走进旧州古镇老街民俗场，在古镇核心区的豆腐坊、榨油坊、粉坊、酒坊“四坊”，游人络绎不绝，木匠、石匠、砖瓦匠、篾匠、绣匠“五匠”各自展示拿手绝活，地戏花灯演艺、庙会宗祠等乡村民俗业态集聚，唱屯家歌、跳屯家舞轮番开演，置身其中，仿佛回到了古代的热闹街坊。

享屯家乐，观屯家景，美丽田园成就美丽乡村风光场。旧州镇以屯堡美丽乡村和秀美自然生态环境为基础，突出山里江南花海风光和邢江河景观，以“坐着小火车去赶场”为主题，布局乡村民宿、自驾车野营、廊桥咖啡馆、画廊、摄影展示等，打造有文化底蕴的农家乐。

游客观赏美丽的风景，品尝鲜美的屯家菜，还能在这里实现地块认领、农耕体验、艺术手工、亲子活动、农技课堂、健康饮食、农家采摘等市民农园业态，干屯家活，学屯家技，体验健康食补，感受屯家养生。

农旅不断融合发展，绘就了一幅幅农村发展的新画卷。眼下，旧州镇正在实现花旅与果旅、药旅与茶旅、粮旅与菜旅等融合发展的产业链条，实现民俗体验、美食特色产业链发展，实现全镇贫困人口、移民与旅游产业全过程挂钩，依托旅游资源走上脱贫之路。

（五）小镇建设建议

虽然旧州特色小镇建设取得了一些成效，但总体上还处于起步阶段，存在内生动力不足、产业支撑力不强、发展资金缺乏等问题。下一步，需深入贯彻落实创新、协调、绿色、开放、共享五大发展理念，坚持以人的城镇化为核心，努力解决发展中存在的问题，力争在基础设施、公共服务、产业升级、生态环境、文化传承等方面取得更大进展。

一是进一步提升基础设施建设水平，继续实施“8+X”项目建设和“美丽乡村 6 项行动计划”，不断推动城镇基础设施和公共服务向农村延伸。建设垃圾收集站，完善垃圾转运系统。计划在镇区北郊新建 1 座小型垃圾中转站，方便镇区北部的垃圾收集与转运。同时在浪塘景区和其他人口密集的村庄设置垃圾收集站，方便浪塘景区、农村生活垃圾的收集与清运。增加环卫设备，保障垃圾清运能力。计划购买扫地车 1 台，以加强东环路和屯堡大道的扬尘治理能力。解决洒水车治标不治本，只能将泥沙冲到道路两旁而无法根本处理的问题。对镇区门头、路面进行全面改造升级，恢复古镇原貌。解决主次干道、背街小巷、城郊接合部路面及沟盖板破损和脏乱问题，完善城区污水收集管网系统。同时，加快镇区绿化、美化、亮化工程。2016 年，旧州镇争取到国家发改委建设资金 5000 万元，还款期限 20 年，国家贴息 90%，旧州镇付息 10%，并以此为依据向国家农发行贷款 5 亿~6 亿元用于新型城镇化建设。计划投入 19 亿多元对镇区 3 条环路、旅游公厕、停车场、文昌路和碧波路进行建设，进一步完善城镇功能，增加城镇人口，汇聚更多产能。

二是加快推进产城融合，实施好大数据、大扶贫两大战略行动，念好“山”字经，做好“农”文章，打好“生态牌”，实现农村人口就近就地城镇化。

三是大力发展特色生态旅游，突出大明屯堡文化特色，抓好农村人居环境整治，着力打造一个以山水风光、民俗文化、绿色低碳为特色的生态旅游示范镇。

十七、大连瓦房店将军石体育休闲特色小镇

（一）小镇基本概况

将军石体育休闲小镇的建设紧紧依靠体育产业、养老产业等支撑，实现产、城、人的融合发展。目前将军石镇 2/3 的居民已经融入体育休闲特色小镇的建设之中。除了体育休闲，健康养老产业正在顺利引进之中。将军石与北京中医药大学、三九药业集团合作，正在建设中医药种植基地、中医药检测中心，打造特色中医药康复基地、中医药文化科技旅游产业园。目前 4000 亩黄芪、辽蒿本等名贵中药已经开始种植，先期 2000 亩，最终将达到 1 万亩规模的油用牡丹也已经开始育苗。未来的将军石将成为中医药文化科技旅游目的地，特色中医药康复、中医药文化、药膳等将成为极具吸引力的旅游产品。此外，栽有 5000 棵樱花树的樱花园已开始迎宾，400 亩樱桃园将成为“农家乐”的重要支撑。

（二）小镇建设成就

2016 年 6 月 2 日上午，瓦房店将军石举行创建国家 4A 级旅游景区动员大会。拉开了将军石全面加快创建国家 4A 级旅游景区的序幕，填补了瓦房店 4A 级旅游景区的空白，提升瓦房店将军石的知名度和影响力，为瓦房店建设中等发达城市奠定基础。

近年来，将军石抢抓机遇，取得了跨越式发展。借势 2013 年第十二届全运会帆船帆板比赛成功举办，瓦房店市秉承“世界眼光、国际标准、现代审美、地域特色”理念，对将军石旅游度假区进行了总体规划设计，分设海洋温泉度假区、水上运动区、山地运动区、休闲养生区、生态采摘区、养殖体验区六大功能区域。该区域依托“十二运”帆船帆板基地的资源优势，以休闲体验为主题，带动体育旅游经济融合发展，相继成功举办了全国帆船帆板锦标赛、中国环渤海帆船拉力赛等国家级赛事，已挂牌成为“辽宁帆船帆板训练基地”、“中国帆船帆板训练基地”“辽宁省科学技术普及基地”“沈阳大学体育产业实习基地”。

2016 年，将军石积极申报国家体育产业示范基地，倾力打造将军石体育休闲特色小镇，成为辽宁沿海经济带旅游经济创新最活跃的区域，对于带动周边地区旅游休闲经济发展发挥了重要的引领示范作用。

（三）小镇建设模式

围绕着“十二运”后时代场馆利用，瓦房店市委、市政府确立了以体育休闲为特色，引入健康养老、冷链物流等高端服务产业，整合当地悠久历史文化和山海林泉资源，建设东北地区独一无二的体育休闲特色小镇的发展思路。在将军石体育场馆建设过程中，瓦房店市创造性地采取了“政府承办、企业承建、政府补贴、企业投资”的将军石模式，不仅破解了大型比赛体育场馆后期利用不足的世界性难题，而且也为将军石体育休闲特色小镇的建设提供了模板——政府引导、企业投资、市场化运作。政府的角色更加突出服务功能，引领企业积极发展体育休闲、健康养老、旅游以及延伸产业，通过土地流转、提升土地附加值，引导居民与特色小镇建设深度融合。

（四）未来发展措施

目前，将军石体育休闲特色小镇建设正在强力推进中。以国家级帆船帆板基地为中心，周边 5 平方公里体育文化产业项目密布，具备世界先进水平的滑雪场已经建成运营，赛艇皮划艇基地已完成可研报告，水上乐园正在洽谈推进，国际垂钓基地、马术俱乐部、帆船帆板俱乐部、梦想航空俱乐部、国际帆船游艇培训学校已完成注册申请，金港汽车文化公园已达成意向初步选址将军石，房车露营地已建成，全国青少年户外运动拓展营地正在积极申请，沙滩排球场正在施工，大连市航空运动学校校址已经确定在将军石。将军石已被纳入省市“十三五”重点发展和支持的体育产业园区，正在申报创建国家体育产业示范基地。“十二运”之后，将军石成功举办了全国帆船帆板锦标赛和首届环渤海杯帆船拉力赛等重要赛事，2016 年国家级赛事更是接连不断，体育文化运动集聚效应开始显现。

十八、杭州云栖小镇

（一）小镇基本概况

云栖小镇位于杭州之江国家旅游度假区核心地块，坐落于五云山脚，是一个有山、有水、有云、有景，环境异常秀丽的地方。小镇产业覆盖大数据、APP 开发、游戏、互联网金融等多个领域，已初步形成较为完善的云计算产业生态，小镇规划面积 3.5 平方公里，2016 年已投入使用 20 万平方米产业空间，规划 3 年内逐步打造 100 万平方米以上楼宇用于产业发展。2016 年 6 月末累计落户企业有 400 余家，2016 年一年小镇企业实现云产值 30 亿元，财政收入 2 亿元，预计 5 年内可集聚云计算平台上各个领域数千家企业和团队，实现产值超 200 亿元、税收 10 亿元。

（二）经营效益分析

2016 年，小镇已累计引进包括阿里云、富士康科技、Intel、中航工业、银杏谷资本、华通云数据、数梦工场、洛可可设计集团在内的各类企业 433 家，其中涉云企业 321 家。产业覆盖大数据、APP 开发、游戏、互联网金融、移动互联网等各个领域，已初步形成较为完善的云计算产业生态。

2016 年 1~8 月，小镇实现财政总收入 2.45 亿元，同比增长 108.18%。随着云计算产业集聚效应的产生，小镇又紧紧围绕创新创业，构建“创新牧场—产业黑土—科技蓝天”的创新生态圈，推动产业发展。

其中，“创新牧场”是草根创业者的舞台，整合世界一流的设计、研发、制造、检测、电商、融资等基础服务，专注于扶持和帮助创业创新的中小企业成长，并通过全新的服务体系，让云栖小镇真正成为“大众创业、万众创新”的沃土。

比如“淘富成真”，这是创新牧场平台上扶持中小微智能硬件企业和创业者的重点项目，由阿里云、富士康、银杏谷等龙头企业共同在云栖小镇发起，将阿里云的云服务能力和富士康的“工业 4.0”智造能力整合成为独一无二的基础设施平台，提供互联网创业创新服务。

（三）小镇建设成果

云栖小镇规划了“一个中心、三个功能区”的功能布局：“一个中心”为综合服务街区，集吃、住、娱、购等功能为一体；“三个功能区”分别为美吉、宏迪、中大三个产业功能区，主要承接产业入驻的配套设施。在杭州市委、市政府大力发展信息经济和智慧经济的部署下，以打造“中国创业创新第一镇、互联网经济第一镇”为工作目标，全面推进小镇各项建设。

由富士康集团、阿里巴巴共同打造的“淘富成真”创新牧场项目，以虚拟和传统相结合、软件和硬件相搭配的方式，帮助两岸中小微企业转型升级、跨境电商“走出去”。“淘富成真”是云栖小镇创新生态链的重要组成部分，也是重点推进项目，目前已经举办了 35 场创新企业见面会，对接了近 300 家创新企业，50 余家有入驻意向，其中台资企业 13 家，涉及中国台湾创业就业人员近 200 人。

（四）小镇建设特点

（1）主导产业化特色。以阿里云平台为基础，全力扶持云上创业创新的企业和团队，集聚包括游戏、移动互联网、APP 开发、电子商务、互联网金融、数据挖掘等细分领域上千家优秀的创新型科技类企业，引进云峰基金、银杏谷基金等十家以上创投机构，打造完整的云计算产业链。以阿里云创业创新基地为平台，设立面积 10 万平方米的创业创新引导区，可实现企业拎包免租入驻办公，享受专项创业优惠政策，并优先获得云商基金等风投机构的资金支持。

（2）创业环境生态化。云栖小镇自然环境优越，风景秀美。周边拥有五云真迹、云栖竹径、九溪烟树、梅坞问茶、宋城怀古等新西湖十景中的一半。森林覆盖率达 70%，PM 2.5 浓度远低于市区平均值。小镇内按照打造产业生态小镇的标准，实施道路、绿化等景观提升改造，使建筑与优美的自然环境和谐统一。未来，云栖小镇将建设成为类似达沃斯小镇的特色云产业小镇。

(3) 创业服务社区化。配套建设餐饮、商业、金融、交通、娱乐、休闲、运动等设施，设有“云咖啡”、“IT 茶馆”等形式的工程师交流平台。小镇设企业服务中心，为入驻企业提供工商注册、人才招聘、项目申报、财政报批等服务，逐步形成“云计算生态”“智能硬件”社区。

(4) 产业氛围人文化。云栖小镇是中国首个云产业生态联盟——“云栖小镇联盟”的诞生地，也是阿里云开发者大会(现改名为云栖大会)的永久举办地，具有浓厚的产业文化氛围。小镇正在积极筹建西湖大学，形成云栖小镇独有的创新创业文化，使文化建设成为云栖小镇的核心竞争力，使云栖小镇成为创业创新的工程师、行业精英学习创业的圣地。

(五) 未来发展规划

西湖区的目标是通过 3~5 年的发展，集聚上千家涉云企业，涵盖云计算应用，如 APP 开发、游戏、互联网金融、移动互联网、数据挖掘等领域，形成完整的云计算产业链条，实现产值 100 亿元、税收 5 亿元以上。

另外，在云栖小镇里，西湖区还计划建一个面积约 5000 平方米的 IT 信息产业历史博物馆，展示以云计算为特色的互联网 IT 产业的发展历程；同时，跟阿里云公司合作，园区里还将成立一个阿里云技术学院（云栖学院）为园区企业提供云计算技术培训和学习交流等。

十九、嘉善巧克力甜蜜小镇

(一) 小镇基本概况

巧克力甜蜜小镇位于嘉善县大云镇，规划面积 3.87 平方公里，涵盖了大云温泉省级旅游度假区最具特色的巧克力、温泉、水乡、婚纱摄影基地等旅游资源。核心规划面积 0.99 平方公里，小镇围绕从规划层面找准特色、产业培育做强特色、通过不同活动放大特色三个方面来做强特色产业。

2014 年 10 月，歌斐颂巧克力小镇开张。在这个巧克力的世界中，你可以了解巧克力发展史：优质的可可豆产自哪里，是怎样被发现的，又如何漂洋过海来到欧洲成为当时贵族的奢侈食品。从国外引进的巧克力 mini 生产线，可以让游客定制一份专属于自己的巧克力：在电脑终端中输入自己对巧克力的特殊需求，如口味、可可含量、配料，甚至在巧克力上写上自己的名字。定制完自己的专属巧克力，还可以欣赏到歌斐颂特别邀请的世界顶级巧克力“大师秀”，整个过程还可以和大师互动，品尝大师现场制作的手工巧克力。

(二) 小镇建设亮点

(1) 巧克力小镇有一个好的主题。创建特色小镇首先要有一个独具匠心的主题。这是要不要创建和创建什么样的特色小镇的前提，找准特色、凸显特色、放大特色、做足特色，是小镇建设成功与否的关键所在。巧克力小镇定位在“巧克力”、“甜蜜浪漫”上，有特色、个性鲜明，不但浙江没有，全国也是独此一家（镇），可能世界上也不多见。“巧克力”是有历史、有产业、有文化、有故事的，而且是个国际化的“品牌”，有足够多的文章可以做，可以大放特色之彩。

(2) 巧克力小镇有一个好的发展思路，即“一业为主、多业融合”的发展理念和思路。创建特色小镇，必须有一个独具特色的好理念。嘉善根据浙江省“产业定位要特而强、不搞大而全”、“功能叠加要聚而合、不搞散而弱”、“建设形态要精而美、不搞大而广”、“制度供给要活而新、不搞老而僵”的创建要求，紧紧围绕“巧克力”、

"浪漫甜蜜"这个主题，提出并很好地贯彻了"以旅游为主线、以企业为主体、以文化（甜蜜）为灵魂、以生态为主调"的创建理念，着力整合全县"温泉、水乡、花海、农庄、婚庆、巧克力"等浪漫元素，努力建设一个集工业旅游、文化创意、浪漫风情为一体的体验式小镇，将巧克力的生产、研发、展示、体验、文化和游乐有机串联起来，是一个典型意义上的工业旅游示范基地。正因为小镇建设围绕巧克力而深挖、延伸、融合多种产业功能、文化功能、旅游功能，才产生了叠加效应和放大效应，前景令人鼓舞。

（3）巧克力小镇有一个企业主体、项目引领的发展思路。特色小镇的创建、培育工作必须由政府来主导，但建设主体、发展主体必须是企业，否则，特色小镇会成为无源之水、无本之木，不符合市场经济发展规律，因而也不会有持久的生命力。但企业主体必须落实到有效的投资和高质量的项目上，这样才能落地生根、开花结果。

项目投资是小镇建设的主战场、主抓手。巧克力小镇的建设就坚持了以企业为主体、把投资作为重中之重的思路，按照总投资 55 亿元、三年完成 35 亿元的目标，最大限度地调动企业的积极性，这是非常正确的。歌斐颂集团是巧克力小镇的投资、建设主体，这个项目于 2011 年 12 月正式立项，计划总投资 9 亿元，规划用地 430 亩，计划年产高品质纯可可脂巧克力 2 万吨、年接待游客 100 万人次，到规划期末年综合收入突破 20 亿元。这就使得巧克力小镇的建设巧借了歌斐颂集团之力，保证小镇建设、投资主体能落到实处。

（4）巧克力小镇以文化为魂。特色小镇的基础是产业，但灵魂是文化。产业、企业、产品都应该是有文化的，文化是"巧实力"。有文化的产业、小镇才有灵魂、有生命。小镇以巧克力文化为核心，以巧克力生产为依托，以文化创意为手段，充分挖掘巧克力文化内涵，拓展巧克力文化体验、养生游乐、休闲度假等功能，力求通过 5 年左右的开发和经营，将小镇建设成为亚洲最大、国内著名的巧克力特色小镇、巧克力文化创意基地、现代化巧克力生产基地、全国工业旅游示范基地、国家 5A 级旅游区。小镇不但引进了国外成熟的工业旅游模式，而且在此基础上还着力创新，将巧克力工业生产拓展为巧克力工业旅游、巧克力文化创意、巧克力社区生活，而且还积极将中国传统文化与国外风情文化相结合，在浓郁的可可香味中体验迷人的热带风情和西非文化。

（5）巧克力小镇为年轻人创业提供平台。特色小镇是新的时代条件下的产物，它的一个重要特征和意义，就是要成为年轻人创新创业的新平台，成为传承父辈事业的接力棒，这样才使小镇有活力、有前景。特色小镇应更多地适合年轻人成就事业的需要，使他们成为小镇建设的主人。只有巧借年轻人的力，为年轻人创新创业服务，我们的事业才能继往开来、生生不息。

（三）小镇建设布局

小镇规划今后 3 年投资 55 亿元，重点实施斯麦乐巧克力工业旅游示范区、歌斐颂巧克力主题园区、云澜湾休闲度假园区、十里水乡休闲配套区、巧克力产业配套园、天洋"梦东方"传奇世界六大类项目。

目前歌斐颂巧克力小镇二期建设正在筹备中，将打造瑞士小镇风情街、可可文化园、蓝莓观光园等项目。云澜湾休闲度假区正在对两朵莲花状的温泉场馆进行外立面装饰工作。度假区涵盖了艺术温泉主题公园、希尔顿五星酒店、运动休闲公园、温泉风情商业街、一站式蜜月基地、养生居所六大精品物业，可满足不同阶层人士的需求。巧克力产业配套方面，新引进港资企业精丽制罐，计划总投资 2000 万美元生产巧克力外包装。

（四）未来发展愿景

通过 3 年建设，把小镇建设成为国内著名的巧克力风情体验基地、婚庆蜜月度假基地和文化创意产业基地，打造休闲度假、文化创意和乡村风情有机结合的巧克力文化主题一站式体验小镇。

产业目标：到 2017 年，工业和商贸产值达到 42 亿元，税收收入 3.2 亿元以上，旅游人数达到 260 万人次以上，旅游收入 13 亿元以上。

（五）未来发展建议

一是集中力量打响一个品牌。现在，小镇名称既叫“巧克力小镇”“巧克力甜蜜小镇”，也叫“歌斐颂巧克力小镇”，还提出了打造“中国最甜蜜的地方”以及“甜蜜小镇·浪漫大云”等。从传播学角度讲，建议集中力量主打一个品牌、一个名号，多了反而传播效果差。同时，还应尽量用简洁明了、易记易传播并相对客观科学的名号为宜。

二是更加突出旅游在嘉善发展中的地位和作用。周边的上海、苏州、南京、杭州、宁波等城市是嘉善最大的优势和资源，运作得好，都是源源不断的宝贵财富。在现有的农业旅游、工业旅游的基础上，应进一步突出嘉善文化旅游的优势。西塘古镇旅游现在已闻名遐迩，可以借势发力，让世界各地的游客多来领略江南的风情；同时，更可以将江南小镇的情调和域外浪漫的巧克力文化结合起来，这有可能成为嘉善旅游的一大特色。

三是更加关注如何把特色小镇的建设与解决“三农”问题结合起来。嘉善已经提出了“农宅变花园，农业变景观”的思路，但还应多思考“农民变市民”问题。推进农村产权制度、现代农业经营体制，以及农村宅基地和农房置换制度改革，引导农民参与到新的发展实践中来，解决好农民的转产转业问题，使农民成为特色小镇的建设者、受益者，这是十分重要的。特色小镇建设也要体现、落实以人民为中心、共享发展理念。这个问题解决好了，可以作为典型经验推广。

四是小镇的建设要尽可能精致、有品位，注重细节部位和周边生态环境的打造。让周边环境与小镇建设形成浑然一体的独特韵味。

五是巧克力小镇从未来发展角度讲，应该有更宽广的视野和思路。现在围绕一个项目、一个产业、一个企业主体的文章，是做得比较深、比较好的，但还要考虑得更广更长远一些。比如，如何将产业与城镇、生产与生活、旅游与社区、流动人口与居住人口更好地结合起来。希望巧克力小镇真正成为融产业功能、旅游功能、文化功能和社区生活功能为一体的小镇。

六是进一步加大宣传力度，以提高巧克力小镇的知名度和社会影响力。可以运用有视听觉效果且传播力强的元素，例如歌曲、诗歌、动画等形式，让“甜蜜小镇”名副其实、口耳相传。如果能创作一首类似“小苹果”、“美丽的太阳岛”那样的“巧克力之歌”，传播开来，能吸引更多人来巧克力小镇旅游。

二十、五金小镇寿安镇

寿安镇是成都市历史文化名镇，因为是古蜀鱼凫王寿终安葬之地而得名“寿安”。寿安镇位于温江区西北部，江安河西岸，杨柳河、温彭路、成青快速通道南北纵贯全境。处于温郫都国家级生态示范区腹心地带，是川派盆景的发源地，素有“花木之乡”“休闲旅游之乡”的美誉。寿安镇是四川省旅游产业强镇，是国家级生态示范区的核心区域、成都市经济发达镇和小城市建设试点镇之一。目前，该园区内已集聚世界500强德国博世集团、美国丝涟床具等80余家国内外知名企业。中德（成都）AHK职业教育培训中心、库卡（KUKA）认证学院也先后落户寿安，具有德国生态模式的工业小镇已在寿安初具规模，其发展模式包括：

一是坚持“产城一体”绿色低碳发展理念制定规划，有效破解“城镇怎样建”的难题。寿安镇全面对接“全域成都”发展规划和蒲江县“三基地一新城”发展战略，确定打造“五金小镇”的发展目标，到2025年力争建成立足成都、服务西部、辐射全球的千亿元级“五金小镇”。同时，寿安镇围绕以“产”兴“城”、以“城”促“产”、强“工”兴“农”的“三化联动，产城一体”发展理念，制定了全域寿安发展总体规划，形成包括寿安新城“产城一体”规划区、北部现代农业种植区、临溪河滨水田园旅游带、长秋山乡村休闲旅游带在内的规划体系。

二是深化农村土地和房屋产权制度改革，解决增量土地的供给问题。先后引进10家企业实施农用地整理，整理土地79600亩，新增耕地9124亩，为城镇建设提供了耕地占补平衡指标；引进5家企业实施集体建设用地增减挂钩试点项目，对农户拆除旧房后的宅基地进行全面整理复垦还耕，节约建设用地指标1600余亩，并通过市场化调剂“拆旧建新”剩余建设用地指标实现投资收益，建设了松花新村、寨子山公寓等7个功能齐备、配套完善的集中居住小区。

三是坚持“三产联动”做强城镇产业支撑，有效破解“人往哪里去”的难题。2014年，在西部率先引进德国AHK职业资格认证，开展试点“双元制”职业教育培训，定向为德资企业培养和输送高技能人才。目前工业园区成功引进德国博世集团3个项目入驻，总投资近1亿美元；引进蒲东印务创业园、合联产业园两个“园中园”项目，以及德国凯佩斯、美国丝涟床具、联想佳沃、蜡笔小新、天龙油墨、大精机械等48家国内外知名企业，协议总投资约85亿元，目前年产值达30亿元。随着产业集群初步形成，现已创造了5000余个就业岗位，并吸引了近3000人返乡就业。

四是鼓励市场主体参与提供公共产品和服务，有效破解城镇“建成怎么管”难题。目前，寿安新城市政设施、园林绿化、环境卫生等非经营性设施的日常管护、城镇公共场所保洁等项目，均通过招标发包等方式，面向社会选择建设单位和管理单位，大大提高了公共服务质量。蒲江还就寿安的城乡环卫保洁、垃圾清运、农民集中居住小区管理、农贸市场管理等事项，通过公开招标等形式，由政府向作业单位或个人购买公共服务，既节约了管理成本，又提高了管理效益。

二十一、保利音乐小镇

保利音乐小镇的地理位置为广东省广州市榄核镇。

（一）榄核镇发展音乐特色小镇的基础分析

（1）区位与交通条件分析。南沙新区是唯一以粤港澳跨境区域统筹合作为核心定位的国家级新区，是第二批国家自贸区，是国家“一带一路”建设的重要枢纽，坐拥国际开放平台。榄核镇位于南沙新区西北角，占据珠三角平原中心区位，距深圳

90 公里，距珠海 80 公里，距广州 32 公里。榄核镇水陆交通便利，是贯通穗港澳的交通枢纽。容奇水道、沙湾水道环绕西北，相距南沙港（国家一级港口）、莲花山港仅 30 分钟车程，到顺德港则只需 5 分钟；广珠东线由镇前经过，公路直通深圳、珠海、广州；榄核镇距离广州白云机场 1 小时，可快速连通白云机场、深圳机场等交通门户。可以说，榄核镇站在广州南沙新区的“臂弯”里，挟“天时、地利、人和”之便，坐收“自贸区”之利。

（2）自然条件分析。榄核镇属南亚热带季风气候，阳光充足，雨量充沛，气候温暖，无霜期长；土层深厚，土地肥沃；具备生产农业发展得天独厚的自然条件。榄核镇地处珠江口，水是榄核镇的精灵，河塘密布、水系交织、农林阡陌，构成了榄核镇独特的水乡特色和空间属性，是未来城镇发展珍贵的生态基底。

（3）产业发展基础分析。

一是具备发展现代农业的条件。榄核镇气候温和，土地肥沃，素有“鱼米之乡”之称，是拓展农业集约化、基地化、商品化的理想之地。全镇耕地面积近 3 万亩，鱼塘面积 7000 多亩。农业生产以蔬菜、黑皮果蔗、优质稻种植业和水产养殖业为主，年花卉种植面积逐步扩大，牧渔结合、综合经营模式不断发展，尤其是黑蔗生产，实行连片规模种植，品质优良，产品销售得到了市场的认同，是榄核镇的农业拳头产品。优越的自然条件、完善的基础设施，使榄核镇具备发展现代农业的良好基础。

二是拥有开发休闲旅游产业的优势。粤港澳大湾区在加速形成发展，随着湾区产业和人口的快速集聚增长，使得粤港澳大湾区拥有庞大且不断增长的旅游客源市场。榄核镇水网密布的生态景观、独特的岭南水乡文化、众多的生态休闲基地以及完善的基础服务设施对于粤港澳大湾区城市紧张工作生活的居民无疑具有极大的吸引力。同时，榄核镇便利的交通将旅游客源市场和旅游资源有效连接在一起，使榄核镇具有发展休闲旅游的巨大优势。

三是具有发展音乐文化产业的潜力。榄核镇是中国近代著名作曲家、钢琴家冼星海的故乡。冼星海有“人民音乐家”之称，是我国民族新音乐事业的先锋，“冼星海”的音乐标签具有较强的文化品牌影响力。以星海音乐文化为核心，整合疍家文化、香云纱文化，打造以音乐为核心的文化产业，以国际音乐演艺和版权交易为突破口，构筑中国与国际文化交流合作的窗口与平台，未来榄核镇在音乐文化产业具有极大的发展潜力。

（二）发展定位

（1）总体定位：国家音乐产业对外交流合作示范区。

（2）目标定位：①国家音乐文化对外交流合作示范区。依托“一带一路”和自贸区国家开放战略，打造联合港澳、面向全球的以音乐为核心的国际文化交流、贸易合作示范区，打造以文化为特色的高水平对外开放门户枢纽。②粤港澳大湾区优质生活服务中心。依托南沙新区与粤港澳湾区各城市产业和人口的互联互通，以文化产业为特色，以生态低碳为基底，打造“最有生活品位的地方”，构筑粤港澳优质生活圈。③珠三角音乐休闲文化体验新高地。塑造“星海”音乐名片，导入港澳台和全球音乐演艺资源，打造珠三角具有国际水准和品质的多样化音乐休闲文化体验目的地。④南沙新区对外开放、链接全球的城市文化新名片。依托榄核生态资源和“星海”品牌资源，以音乐为媒介，整体提升南沙新区文化环境和宜居城市配套环境，为国内外高端产业和人才导入提供环境支撑。

（3）形象定位：星海故里·音乐水乡。

（4）功能定位：特色小镇将适应大休闲时代的发展趋势，按照提升榄核镇文化品质和资源品质、培育战略性支柱产业的内在要求，建设以音乐产业为主导、休闲生态农业为辅的产业功能体系。重点发挥三大功能：音乐文化创新与传承功能，生态农业、体育运动休闲及旅游度假功能，时尚创意产业培育功能。

（三）规划思路

发挥音乐产业资源优势，以星海品牌为核心，打造以音乐为核心的文化产业，以音乐产业为核心引领特色小镇发展。

以香云纱为核心的时尚创意产业，以游艇休闲及不同区域特色的农业休闲、生态休闲产业两大特色支撑特色小镇发展。

立足"一带一路"文化先行战略，以音乐文化为突破点和媒介，打造南沙与世界对话的"文化窗口"。

立足粤港澳大湾区，打造粤港澳区域更具生态品质和文化特色的宜居样板和优质生活服务中心。

联动南沙其他组团，借助音乐文化交流的高黏性和高活力，全面补齐南沙城市软环境短板，构筑南沙新区吸引、沉淀高端产业和人才的城市新名片。

（四）产业布局

产业体系布局——"1+2"产业体系。

（1）"1"为音乐产业。打造以音乐为核心的文化产业，以国际音乐演艺和版权交易为突破，构筑中国与国际文化交流合作的窗口与平台。依托自贸区争取设立以音乐为核心的文化保税区（音乐版权交易中心），通过打造"5 个 1"，构建南方音乐演艺文化源头端的领先优势。"5 个 1"包括：1 个精神标签：星海故居全球音乐博览馆；1 个版权中心：南沙文化保税区（中国音乐版权交易中心）；1 所国际音乐学院：保利 Wedo 音乐学院；1 个原创音乐基地：保利"音乐梦工厂"；1 个演艺舞台基础：南方云舞台。

以国际音乐版权交易和国际音乐演艺为特色，纳入广东国家音乐产业基地范畴，与广州、深圳市区其他园区遥相呼应，形成三足鼎立的格局，总体提升广东国家音乐基地的国际化水平和国内竞争力。

（2）"2"为"时尚创意产业＋生态休闲产业"。

时尚创意：打造香云纱国家非物质遗产展示传承基地，以音乐为媒介，导入时尚设计资源，推动香云纱走向国际时尚舞台。

一是文化源头、活化体验。通过泛主题公园概念，串联现有香云纱各个工艺环节和场地（如晒场），增加若干互动体验环节提升趣味性，打造香云纱活态博物馆。

二是传统工艺、标准化改进。联合相关院校，对香云纱生产工艺进行创新改进；引入大型纺织企业和生产系统，实现半工厂化生产，提高香云纱质量和效率。

三是后端设计、特色化定制。整合国内外知名服装设计院校和时尚设计师资源，打造香云纱原创设计中心和香云纱国际定制中心。

打造香云纱活态体验博览馆、香云纱纺织技术研究中心、香云纱国际定制中心、国际时尚设计街区、香云纱时尚 T 台展销中心 5 大核心项目，构建以香云纱为核心的榄核镇时尚创意产业链，整体挖掘、提升香云纱的文化价值和商业价值。

生态休闲：打造农业、游艇、体育三个特色休闲标签，为区域高端产业和人才构筑特色地域空间和服务平台。

一是打造"一村一品"升级版，发展各具特色的专业村。农业为基础、文旅为增值手段，依托区域市场打造具有南沙特色的田园综合体，实现各村共同发展，形成集循环农业、创意农业、农事体验于一体的田园综合体。

二是由于游艇旅游市场趋势向好，再基于榄核镇滨海资源优势，同时广州游艇旅游业产业链也日趋完善，发展游艇旅游，引入相关的经营企业，在基础建设方面，建设游艇码头以及相关的配套设施，逐步发展高端滨海旅游，丰富榄核镇旅游产品的多样性。

三是为满足群众日益高涨的运动休闲需求，促进基层全民健身事业发展，增加适应群众需求的运动休闲产品和服务供给，形成体育竞赛表演、体育健身休闲、体育场馆服务等产业形态，促进镇域运动休闲、旅游等现代服务业良性互动发展，推动产业集聚并形成辐射带动效应。

二十二、玉皇山南基金小镇

地理位置：杭州市上城区。

项目概况：总占地面积2000亩，规划面积3平方公里。

总体定位：建成中国的格林尼治基金小镇。

规划目标：玉皇山南基金小镇将建设成为中国一流的私募（对冲）基金聚集区、私募（对冲）基金研究交流中心和培育创新基地，成为我国私募基金集聚发展的典范。

项目规划：该项目集基金、文创和旅游三大功能为一体，初期整体布局划分为四个区块：八卦田公园片区（一期）、海月公园片区（二期）、三角地仓库片区（三期）、机务段片区（四期）。

打造要点：玉皇山南基金小镇将以打造高端产业为战略核心，重点引进和培育私募证券基金、私募商品（期货）基金、对冲基金、量化投资基金、私募股权基金五大类私募基金，形成鲜明的核心业态，并围绕核心业态打造出私募（对冲）基金生态圈和产业链；以引入、培养人才高素质专业化为基础手段，与合作单位共同推进“千里马计划”、“千人计划”等高端专业人才引进培育项目，成为“基金管理人的摇篮”。

二十三、余杭梦想小镇

地理位置：杭州市余杭区。

项目概况：梦想小镇位于全国四大未来科技城之一的杭州未来科技城，地处杭州市中心西侧，规划面积3平方公里。

总体定位：小镇定位信息产业，主攻互联网创新创业。

规划目标：努力成为全国众创空间的新榜样、信息经济的新增点。

项目规划：互联网村、天使村、创业集市三个区块共17万平方米建筑建成投用，一支以阿里系、浙大系、海归系、浙商系为代表的创业“新四军”快速集结，一大批创业服务机构相继落户，一个低成本、全要素、便利化、开放式的综合性创业服务社区初现雏形。

打造要点：为顺应“大众创业、万众创新”发展机遇，针对泛大学生群体专门搭建的互联网创业平台，致力于打造世界级的互联网创业高地，成为天下有创业梦想的年轻人起步的摇篮。

二十四、余杭艺尚小镇

地理位置：杭州市余杭区。

项目概况：艺尚小镇位于临平新城核心区，规划面积 3 平方公里。

总体定位：打造国际范儿的特色小镇，助推杭州成为中国的“米兰”。

规划目标：小镇聚集时尚服装、配饰及文化创意相关产业，着力培育设计研发、销售展示、旅游休闲以及教育与培训等时尚产业生态。

项目规划：艺尚小镇以精准的时尚产业定位，开辟出独特的“一中心三街区”规划空间，成为整合服装、时尚产业“互联网+”和国家行业力量的重要载体。“一心”是时尚文化艺术中心，形成小镇文化与艺术的融合空间，为产业可持续发展提供内生动力；“时尚文化街区”是小镇重要的自建部分，将会聚国际时尚产业研发精英，以中国时尚产业链为实战平台，引导时尚精英走向国际舞台；“时尚艺术街区”引进中国艺尚中心项目为核心引擎，发展世界级时尚产业总部集群；“时尚历史街区”则是以杭州丝绸制造文明为基因，从“互联网+”的全产业链角度解决时尚企业运营的痛点，再现杭州丝绸文脉的辉煌。

打造要点：打造国际化时尚社区，优化提升功能空间、建筑形态、生态绿化规划，以彰显文化内涵、打造宜居生态、创造旅游功能。

二十五、杭州云栖小镇

项目概况：小镇位于杭州市西湖区之江新城的中部，东北距离湖滨商圈直线距离约 15 公里，规划用地面积为 4.38 平方公里，研究范围东西两侧用地面积向外拓展至 9 平方公里。

总体定位：中国首个富有科技人文特色的云计算产业生态小镇。

规划目标：创业创新的圣地，创新人

才聚集的高地，科技人文的传承地，云计算大数据科技的发源地。

项目规划：项目总体布局为“一镇两谷八组团”。①一镇：云栖小镇。②两谷：溪西谷（功能定位为高新技术引擎、生态文化长廊、创新创意高地、山水宜居花园）和杭州云谷（以大数据、云计算产业为重点的“云谷”）。③八组团：创业孵化区、创业服务区、云存储云计算产业区、工程师社区、成功发展区、国际化生活区、生活配套区和创业创新拓展区。

打造要点：打造新兴产业型小镇，一是小镇位于经济发展程度较高的区域；二是小镇以科技智能等新兴产业为主，科技和互联网产业尤为突出；三是小镇有一定的新兴产业基础的积累，产业园区集聚效应突出。

二十六、西湖龙坞茶镇

地理位置：杭州市西湖区。

项目概况：地处杭州市西湖区西南隅的龙坞，规划面积3平方公里。

总体定位：打造成以5A级旅游景区为标准的中国第一茶镇。

规划目标：把龙坞茶镇建设成为全国“茶产业、茶文化、茶生活”的集聚创新平台，高端民宿、集团总部的集聚区，成为杭州继西湖、西溪湿地之后的又一金名片。

项目规划：计划总投资50亿元，拟建茶园风光观赏区、茶叶交易集散区、茶文化体验区等七个区域。

打造要点：以“龙井茶文化产业”为主导，集乡村旅游与民俗体验、文创产业及文化商业、运动休闲产业、养生健身产业于一体，努力打造成全国最大的西湖龙井茶集散地和最具茶文化竞争力的特色小镇。

二十七、天子岭静脉小镇

地理位置：杭州市拱墅区。

项目概况：天子岭静脉小镇总占地面积255.48万平方米。

总体定位：集产业、旅游、文化为一体的“全能小镇”。

规划目标：小镇将不仅是杭州的垃圾处理中心，还将拥有规模庞大的环保产业，

并成为旅游胜地。

项目规划：主要由环保装备研发制造区、再生资源加工区、生产配套区、生活配套区、物流配套区等八个片区组成。

打造要点：静脉小镇将实施资源循环利用产业、环保新技术与装备制造集成项目、循环经济教育示范基地及旅游文化建设项目、城市五废综合处置项目、基础设施建设五大类共 24 个项目，总投资 50.54 亿元。远期，静脉小镇将立足小镇拓展用地，重点建设建筑垃圾、大件垃圾资源化利用、中国固废博物馆、环保技术孵化村、环保梦想村等项目，计划投资 70 亿元。

二十八、文成森林氧吧小镇

地理位置：杭州市拱墅区。

项目概况：小镇位于文成县西坑畲族镇城乡接合部，规划总面积 5.2 平方公里，其中建设用地面积 1413 亩，山林、耕地面积 5627 亩，水域面积 760 亩。

总体定位：致力于打造成全国旅游养生度假示范基地。

规划目标：围绕“康体养生”“禅修养心”两大主题，将产业、文化、旅游“三位一体”和生产、生活、生态相融合。

项目规划：森林氧吧小镇分东西两大区块，位于天圣山的千年古刹安福寺和月老山附近的天鹅堡度假村都在小镇之内。东部围绕着天圣山一带，分别是天圣山文化园、菩提隐修谷、三文书院及中华健康养生城 4 个项目；西部则集中在天鹅堡度假村一带的 5 个项目，分别是天鹅堡小镇项目、绿水尖滑雪滑草项目、清心谷项目、猴王谷景区以及月老山景区。

打造要点：这两大区块的项目都各有特色，简言之，就是一“动”一“静”：西部 5 个项目主打“康体养生”主题，非常刺激的滑雪、滑草、素质拓展、亲子乐园全在西部区块；东部 4 个项目则以“修心养性”为主题，是围绕着中医药养生衍生而来的养生度假、中医药疗养、乡俗文化展览等。

二十九、平阳宠物小镇

地理位置：温州市平阳县。

项目概况：宠物小镇位于平阳西部水头镇区西南方的溪心半岛；规划范围北至原鳌江，与水头老城隔江相望，南至新鳌江泄洪流域，被鳌江水域包围，东南、西南侧部分用地跨江设置，规划总面积约 3.85 平方公里。

总体定位：国内知名宠物主题小镇。

规划目标：顺应全省特色小镇的发展趋势，平阳宠物小镇的发展应把握宠物产业和旅游休闲业快速发展的机遇，打造综合性的特色小镇，构建平阳特色产业发展的新高地。

项目规划：规划宠物小镇总体形成“一心、一基地、六板块”的布局结构，其中：①“一心”指公共服务与产业服务中心，位于上溪大道和溪心路交会处，主要布置游客接待中心、宠物文化博物馆、宠物产业总部经济园等公共服务功能，以及为宠物用品产业配套的技术研发中心、公共检测中心等产业服务功能，是展现宠物小镇整体风貌的“小镇客厅”。②“一基地”指宠物用品产业核心制造基地，位于溪心岛中部区域，整合现有企业、在建和申报中的浙江省重大产业项目等资源，布置宠物用品小微创业园、宠物用品生产示范园、宠物用品科创园等平台，打造“原材料处理—企业产品研发、设计—宠物用品生产—产品展销”等宠物用品全产业链化的核心生产制造基地。③“六板块”指6个与旅游、社区、产业相关联的功能板块，包括1个物流集散中心（产业配套）、1个商住配套生活区（社区配套）、2个旅游特色村（社区+旅游配套）和2个休闲旅游体验区（旅游配套）。

打造要点：宠物小镇规划了两大主导产业，通过打造“产业基地”、“时尚中心”、“旅游门户”、“新型板块”四方面功能，以大力发展宠物用品产业为核心，积极培育宠物用品产业与休闲旅游、低碳环保的生产生活理念融合发展，形成具有平阳特色的宠物休闲旅游业，旨在将宠物的经济价值向着更高效、绿色的方向升级。

第四部分　大事记

（1）2016年2月2日，《国务院关于深入推进新型城镇化建设的若干意见》（国发〔2016〕8号）提出加快特色小镇发展。因地制宜、突出特色、创新机制，充分发挥市场主体作用，推动小城镇发展与疏解大城市中心城区功能相结合、与特色产业发展相结合、与服务“三农”相结合。发展具有特色优势的休闲旅游、商贸物流、信息产业、先进制造、民俗文化传承、科技教育等魅力小镇，带动农业现代化和农民就近城镇化。提升边境口岸城镇功能，在人员往来、加工物流、旅游等方面实行差别化政策，提高投资贸易便利化水平和人流物流便利化程度。

（2）2016年2月25日，国家发展改革委举行新闻发布会，政研室副主任赵辰昕，规划司副司长陈亚军，浙江省发改委副主任翁建荣，贵州省发改委副主任张美钧，浙江杭州云栖小镇党委书记吕钢锋，贵州安顺西秀区旧州镇党委书记刘可立出席发布会，介绍新型城镇化和特色小镇建设有关情况，并就浙江、贵州两省推进特色小镇的做法，云栖小镇、旧州镇各自特色，统筹新型城镇化和新农村建设等问题，回答了与会记者的提问。

（3）2016年3月16日，浙江省人民政府办公厅发出《关于高质量加快推进特色小镇建设的通知》对浙江特色小镇规划建设提出七条要求。

（4）2016 年 3 月 17 日，两会授权发布《中华人民共和国国民经济和社会发展第十三个五年规划纲要》（以下简称《纲要》），《纲要》第三十三章第三节提出："因地制宜发展特色鲜明、产城融合、充满魅力的小城镇。"

（5）2016 年 3 月 18 日，贵州省 100 个示范小城镇建设工作联席会议办公室《关于打造贵州省特色小城镇升级版的实施意见》总结推广全省 100 个示范小城镇建设发展经验，全力打造贵州特色小城镇升级版。

（6）2016 年 5 月 8 日，西藏自治区人民政府办公厅印发《西藏自治区特色小城镇示范点建设工作实施方案》遴选出 20 个经济社会基础较好、特色产业优势明显的小城镇作为自治区级特色小城镇示范点。

（7）2016 年 6 月 3 日，福建省人民政府出台《关于开展特色小镇规划建设的指导意见》（闽政〔2016〕23 号）。

（8）2016 年 6 月 17 日，重庆市人民政府办公厅印发《关于培育发展特色小镇的指导意见》，力争在"十三五"期间建成 30 个左右在全国具有一定影响力的特色小镇示范点。

（9）2016 年 7 月 1 日，住房城乡建设部　国家发展改革委　财政部发出《关于开展特色小镇培育工作的通知》，明确指导思想、原则和目标，培育要求和支持政策。提出到 2020 年，培育 1000 个左右各具特色、富有活力的休闲旅游、商贸物流、现代制造、教育科技、传统文化、美丽宜居等特色小镇。

（10）2016 年 7 月 27 日，甘肃省人民政府办公厅印发《关于推进特色小镇建设的指导意见》。

（11）2016 年 8 月 3 日，住房和城乡建设部村镇建设司发出《关于做好 2016 年特色小镇推荐工作的通知》（建村建函〔2016〕71 号），明确各省推荐名额、推荐材料和推荐程序。

（12）2016 年 8 月 8 日，《安徽省住房城乡建设厅　安徽省发展改革委员会安徽省财政厅关于开展特色小镇培育工作的指导意见》提出到 2020 年，在各地自愿申报的基础上，选择 80 个左右产业基础较好、生态环境优良、文化积淀深厚的小城镇进行重点培育。

（13）2016 年 8 月 9 日，《辽宁省人民政府关于推进特色乡镇建设的指导意见》（辽政发〔2016〕53 号）规定辽宁省在"十三五"期间，力争规划建设 50 个产业特色鲜明、体制机制灵活、人文气息浓厚、生态环境优美、多种功能叠加的特色乡镇。

（14）2016 年 8 月 12 日，《中共河北省委河北省人民政府关于建设特色小镇的指导意见》提出力争通过 3~5 年的努力，培育建设 100 个产业特色鲜明、人文气息浓厚、生态环境优美、多功能叠加融合、体制机制灵活的特色小镇。

（15）2016 年 9 月 1 日，山东省人民政府办公厅印发《山东省创建特色小镇实施方案》，方案提出到 2020 年创建 100 个左右产业上"特而强"、机制上"新而活"、功能上"聚而合"、形态上"精而美"的特色小镇。

（16）2016 年 9 月 14 日，《内蒙古自治区人民政府办公厅关于特色小镇建设工作的指导意见》（内政办发〔2016〕128 号）每年选择 8~12 个示范镇，各旗县（市、区）至少选择 1 个示范镇，建设特色小镇。

（17）2016 年 10 月 8 日，国家发展改革委发出《关于加快美丽特色小（城）镇建设的指导意见》（发改规划〔2016〕2125号），从十个方面阐述美丽特色小（城）镇的总体和具体要求。

（18）2016年10月10日，住房和城乡建设部、中国农业发展银行联合发出《关于推进政策性金融支持小城镇建设的通知》（建村〔2016〕220号），就利用政策性金融支持特色小镇培育做出规定。

（19）2016年10月11日，住房城乡建设部公布第一批中国特色小镇名单，在各地推荐的基础上，经专家复核，会签国家发展改革委、财政部，认定北京市房山区长沟镇等127个镇为第一批中国特色小镇。

（20）2016年10月13日，中央财经领导小组办公室、国家发展改革委、住房和城乡建设部在浙江杭州召开特色小（城）镇建设经验交流会。推进新型城镇化工作部际联席会议成员有关司局负责人，各省、自治区、直辖市、计划单列市、新疆生产建设兵团发展改革、住房城乡建设部门负责同志参加会议。

（21）2016年10月20日，天津市特色小镇规划建设工作联席会议办公室印发《天津市特色小镇规划建设指导意见》，力争到2020年，创建10个实力小镇，20个市级特色小镇，上述30个小镇达到花园小镇建设标准，每个区因地制宜自主创建2~3个区级特色小镇。

（22）2016年10月21日，《陕西省人民政府关于深入推进新型城镇化建设的实施意见》提出持续推进35个重点示范镇和31个文化旅游名镇建设，打造县域副中心和宜居宜游特色镇。

（23）2016年12月12日，上海市发展和改革委员会、上海市规划和国土资源管理局下发《关于开展上海市特色小（城）镇培育与2017年申报工作的通知》（沪发改地区〔2016〕20号），市级特色小（城）镇工作小组建立“一镇一方案”的工作机制，各郊区县申报2017年市级特色小镇数量控制在2个以内。

（24）2016年12月20日，江西省人民政府《印发江西省特色小镇建设工作方案》，计划在全省分两批选择60个左右建设对象（含行政建制镇和不同于行政建制镇、产业园区的创新创业平台）建设特色小镇。

（25）2016年12月30日，湖北省人民政府出台《关于加快特色小（城）镇规划建设的指导意见》（鄂政发〔2016〕78号），力争通过3~5年的培育创建，在全省范围内规划建设50个产业特色鲜明、体制机制灵活、人文气息浓厚、生态环境优美、建筑风格雅致、卫生面貌整洁、多种功能叠加、示范效应明显、群众生产生活环境与健康协调发展的国家及省级层面的特色小（城）镇。

（26）2017年1月22日，国家开发银行与住房和城乡建设部举行高层联席会议，双方签署支持小城镇建设合作协议。根据协议，双方将建立部行合作推动机制，按照“优势互补、统筹规划、机制共建、信息共享”原则，协同推进小城镇提升建设和城乡协调发展，2017年力争打造一批具有示范带动意义的试点小城镇，到2020年在全国范围内支持培育1000个特色小镇。下一步，双方将以本次协议为契机，重点支持以提升小城镇公共服务水平和提高承载能力为目的的基础设施，公共服务设施、环境设施和促进小城镇产业发展的产业配套设施建设以及传统文化传承和保护。

（27）2017年3月23日，住房和城乡建设部总经济师赵晖在浙江德清召开的全国特色小镇培训会上表示，要坚持有重点发展，科学确定重点镇和特色小镇，合理控制数量，有序有效推进，避免一哄而上。要科学确定镇建设总体规模，防止工业、商业、旅游、文化等大型项目建设规模过大，强化依规建设，防止违法违规圈地搞开发。对此，住房和城乡建设部将建立全国小城镇建设监测信息系统，及时发现制止问题，住房和城乡建设部还将组织各省进行自查，并将于每年对特色小镇开展检查评估，包括小城镇规划、新增建设用地规模、产业落地情况等方面，对培育工作开展好的予以财政奖励，对问题多的进行通报批评、约谈，责成整改。

(28) 2017 年 3 月 29 日，浙江省小城镇环境综合整治规划设计工作现场会召开。浙江省整治办主任、省住房和城乡建设厅厅长项永丹强调此次会议的主题是围绕当前小城镇环境综合整治行动的工作重点，突出规划设计引领作用，进一步提升整治规划和项目设计的质量水平，为 1191 个小城镇描绘好蓝图。

(29) 2017 年 4 月 1 日，住房和城乡建设部和中国建设银行联合下发《关于推进商业金融支持小城镇建设的通知》(以下简称《通知》)。该《通知》提到，建设银行优先支持《住房城乡建设部关于公布第一批中国特色小镇名单的通知》(建村〔2016〕221 号) 确定的 127 个特色小镇和各省(区、市) 人民政府认定的特色小镇。支持内容包括：①支持改善小城镇功能、提升发展质量的基础设施建设。主要包括：道路、供水、电力、燃气、热力等基础设施建设；企业厂房、仓库、孵化基地等生产设施建设；学校、医院、体育场馆、公园、小镇客厅等公共设施建设；居民拆迁安置、园林绿化等居住环境改善设施建设；河湖水系治理、建筑节能改造、新能源利用、污水和垃圾处理等生态环境保护设施建设。②支持促进小城镇特色发展的工程建设。主要包括：街巷空间、建筑风貌等综合环境整治工程建设；传统街区保护和修缮、非物质遗产活化等传统文化保护工程建设；“双创”平台、展览展示、服务平台、人才交流等促进特色产业发展的配套工程建设。③支持小城镇运营管理融资。主要包括：基础设施改扩建、运营维护融资；运营管理企业的经营周转融资；优质企业生产投资、经营周转、并购重组等融资。

(30) 2017 年 4 月 28 日，北京市发展和改革委员会下发《关于进一步促进和规范功能性特色小城镇发展有关问题的通知》。为进一步促进新型城镇化建设和城乡一体化持续健康发展，不断提高本市小城镇承接承载能力，更好地吸引国企、科研企业、社会资本等参与功能性特色小城镇建设，全面提升北京市小城镇规划建设管理水平，需要做好强化功能管控、坚持镇域统筹规划、加强产业管控、节约集约利用城乡建设用地、科学安排建设时序、完善决策机制六个方面的工作。

(31) 2017 年 5 月 24 日，国务院办公厅颁布《关于县域创新驱动发展的若干意见》(以下简称《意见》)。《意见》提出：新形势下，支持县域开展以科技创新为核心的全面创新，推动大众创业、万众创新，加快实现创新驱动发展，是打造发展新引擎、培育发展新动能的重要举措，对于推动县域经济社会协调发展、确保如期实现全面建成小康社会奋斗目标具有重要意义。经过多年努力，我国县域科技创新取得了长足进步，对县域经济社会发展的支撑作用显著增强，但总体仍然比较薄弱，区域发展不平衡等现象突出。为贯彻落实全国科技创新大会精神，全面实施《国家创新驱动发展战略纲要》，推动实现县域创新驱动发展。

(32) 2017 年 6 月 6 日，国务院办公

厅关于印发《兴边富民行动“十三五”规划》的通知。本规划实施范围为我国陆地边境地区，包括内蒙古、辽宁、吉林、黑龙江、广西、云南、西藏、甘肃、新疆等9个省区的140个陆地边境县（市、区、旗）和新疆生产建设兵团的58个边境团场（以下统称边境县）。参照“十二五”期间做法，海南省6个民族自治县继续比照享受兴边富民行动相关政策。

（33）2017年6月7日，西藏自治区住房和城乡建设厅村镇处调研员付聪表示，西藏26个特色小城镇（以下简称特镇）示范点中，18个已进入实质性建设阶段，已开工建设项目共53项，投资11.4亿元人民币。2017年，西藏批准林芝市波密县通麦镇、拉萨市当雄县纳木湖乡、日喀则市定结县陈塘镇等6个乡镇列入新增的西藏特镇示范点建设名录，至此西藏列入特镇示范建设的城镇已达26个。西藏财政为特镇建设安排10亿元启动资金，现已下达启动资金4.3亿元。目前，18个特镇已进入实质性建设阶段，西藏各地积极争取中央预算内资金、整合行业资金、援藏资金等，已开工建设项目53项，投资11.4亿元。2017年第一季度，25个项目开复工，完成投资约2.3亿元。另外，林芝市鲁朗镇引进企业投资建设，运用企业经营管理模式，已全面建成并进入运行阶段，总投资达30余亿元。

（34）2017年6月26日，四川省住房和城乡建设厅表示，在前期各地推荐的基础上，经专家组评审和现场复核，成都市郫都区三道堰镇、德阳市罗江县金山镇等42个镇入选四川首批省级特色小镇，入选镇后续有望获得政策支持。四川首批省级特色小镇从2017年3月启动申报评选，除了2016年成都市郫都区德源镇等入选“中国特色小镇”名单的7个镇自动纳入外，全省在300个“百镇建设行动”试点镇中新增评选了35个镇。对于入选省级特色小镇，四川着重要求在宜居环境、产业形态两大方面要具备一定特色和优势。

（35）2017年7月1日，广东省发展改革委、省科技厅、省住建厅联合印发的《关于加快特色小（城）镇建设的指导意见》提出，到2020年，全省将建成100个左右产业“特而强”、功能“聚而合”、形态“精而美”、机制“活而新”的省级特色小镇，成为新的经济增长点。8月，全省首批36个特色小镇成为全省特色小镇创建示范点。

（36）2017年7月12日，住房城乡建设部发布《关于保持和彰显特色小镇特色若干问题的通知》，要求保持彰显特色小镇特色，要求各地保持和彰显特色小镇特色，尊重小镇现有格局、不盲目拆老街区，保持小镇宜居尺度、不盲目盖高楼，传承小镇传统文化、不盲目搬袭外来文化。《通知》指出，党中央、国务院作出了关于推进特色小镇建设的部署，对推进新发展理念、全面建成小康社会和促进国家可持续发展具有十分重要的战略意义。保持和彰显小镇特色，是落实新发展理念、加快推进绿色发展和生态文明建设的重要内容。目前，特色小镇培育尚处于起步阶段，部分地方存在不注重特色的问题。各地要坚持按照绿色发展要求，有序推进特色小镇的规划建设发展。根据《通知》，各地要尊重小镇现有格局、不盲目拆老街区。一要顺应地形地貌。小镇规划要与地形地貌有机结合，融入山水林田湖等自然要素，彰显优美的山水格局和高低错落的天际线。严禁挖山填湖、破坏水系、破坏生态环境。二要保持现状肌理。尊重小镇现有路网、空间格局和生产生活方式，在此基础上，下细致功夫解决老街区功能不完善、环境脏乱差等风貌特色缺乏问题。严禁盲目拉直道路，严禁对老街区进行大拆大建或简单粗暴地推倒重建，避免采取将现有居民整体迁出的开发模式。三要延续传统风貌。统筹小镇建筑布局、协调景观风貌、体现地域特征、民族特色和时代风貌。新建区域应延续老街区的肌理和文脉特征，形成有机的整体。新建建筑的风格、色彩、材质等应传承传统风貌，雕塑、小品等构筑物应体现优秀传统文化。严禁建设“大、洋、怪”的建筑。

（37）2017 年 8 月 8 日，浙江省特色小镇规划建设工作推进会在嘉善举行。此次会议还公布了省级特色小镇第三批创建名单和第二批培育名单。归谷智造小镇入选第三批创建名单，归谷智造小镇以聚焦信息经济和智能制造为特色，自 2011 年启动建设以来，累计引育国家“千人计划”专家 31 名、省“千人计划”专家 13 名，同时，集聚 132 家高科技企业，培育国家级高新技术企业 12 家、省科技型中小企业 32 家。

（38）2017 年 8 月 14 日，江苏省省发展改革委和国家开发行江苏分行、省国信集团签署战略合作，总规模 1000 亿元的江苏特色小镇发展基金落地。5 家商业银行与 22 个小镇签署了 556 亿元的融资项目。江苏每个特色小镇需要新增投资 30 亿至 50 亿元，其中产业投资占比不低于 70%，投融资需求很大。江苏特色小镇发展基金的设立，将为江苏省特色小镇提供持续、稳定和多元化的资金供给。

（39）2017 年 8 月 22 日，住房和城乡建设部发布《关于公布第二批全国特色小镇名单的通知》，在各地择优推荐的基础上，经组织现场答辩、专家评审和公示，认定北京市怀柔区雁栖镇等 276 个镇为第二批全国特色小镇。住房和城乡建设部强调，各省（区、市）住房和城乡建设部门要做好特色小镇建设工作的指导、支持和监督，进一步保持和彰显特色小镇特色，同时，督促检查第二批特色小镇按照专家评审意见予以整改，住房和城乡建设部将联合财政部等有关部门对已认定特色小镇工作推进情况进行检查。

（40）2017 年 10 月 8 日，从福建省经济和信息化委员会获悉，福建省将创建新能源汽车特色小镇。规划建设厦门湾智能电动汽车产业小镇项目，拟选址漳州招商局经济开发区，总规划 5 平方公里，打造全球首个无人驾驶汽车小镇。建立智能汽车产业集群，形成以无人驾驶社会应用测试为主的人工智能创新聚集区。

（41）2017 年 12 月 4 日，针对特色小镇不够“特”、假小镇真地产、政府大包大揽、只管前期申报不管后期发展等问题，国家发展改革委、国土资源部、环境保护部、住房和城乡建设部 12 月 4 日发布了《关于规范推进特色小镇和特色小城镇建设的若干意见》（以下简称《意见》）。《意见》明确提出，推进特色小镇建设，要坚持创新探索、因地制宜、产业建镇、以人为本、市场主导的原则，要严防政府债务风险，严控房地产化倾向，严格节约集约用地。

（42）2017 年 12 月 13 日，广东特色小镇发展联盟正式成立。该联盟由广东省内纳入各级培育创建名单的特色小镇，以及为特色小镇及其企业服务的投融资、招商、科技孵化、规划设计、工程咨询、法律服务和开发运营等各类机构组成。联盟下设智库联盟、科创联盟、投融资联盟、运营联盟等支撑性子联盟，将围绕产业链部署创新链、围绕创新链完善服务链、围绕服务链完善资金链，并强化政策链的统筹支撑，共同推动特色小镇创新创业生态圈的培育和生长。

(43) 2017年12月14日，"2017天津市特色小镇推介会"在天津举行，会上发布了2017年天津特色小镇建设进展情况，并推出第二批11个市级特色小镇。按照《天津市加快特色小镇规划建设指导意见》的要求，天津设立了市级特色小镇专项补助资金，将原示范小城镇市财政预算内补助资金每年的7000万元，全部纳入市级特色小镇专项补助资金，形成资金池。

(44) 2018年1月2日，由中共中央、国务院发布《中共中央国务院关于实施乡村振兴战略的意见》，自2018年1月2日起实施。此《意见》是为了实施乡村振兴战略而制定的法规。实施乡村振兴战略的目标任务是：到2020年，乡村振兴取得重要进展，制度框架和政策体系基本形成。农业综合生产能力稳步提升，农业供给体系质量明显提高，农村一、二、三产业融合发展水平进一步提升；农民增收渠道进一步拓宽，城乡居民生活水平差距持续缩小；现行标准下农村贫困人口实现脱贫，贫困县全部"摘帽"，解决区域性整体贫困；农村基础设施建设深入推进，农村人居环境明显改善，美丽宜居乡村建设扎实推进；城乡基本公共服务均等化水平进一步提高，城乡融合发展体制机制初步建立；农村对人才吸引力逐步增强；农村生态环境明显好转，农业生态服务能力进一步提高；以党组织为核心的农村基层组织建设进一步加强，乡村治理体系进一步完善；党的农村工作领导体制机制进一步健全；各地区各部门推进乡村振兴的思路举措得以确立。到2035年，乡村振兴取得决定性进展，农业农村现代化基本实现。农业结构得到根本性改善，农民就业质量显著提高，相对贫困进一步缓解，共同富裕迈出坚实步伐；城乡基本公共服务均等化基本实现，城乡融合发展体制机制更加完善；乡风文明达到新高度，乡村治理体系更加完善；农村生态环境根本好转，美丽宜居乡村基本实现。到2050年，乡村全面振兴，农业强、农村美、农民富全面实现。

(45) 2018年3月22日，国务院办公厅发布《关于促进全域旅游发展的指导意见》，《意见》提出：随着大众旅游时代到来，我国旅游有效供给不足、市场秩序不规范、体制机制不完善等问题日益凸显。发展全域旅游，将一定区域作为完整旅游目的地，以旅游业为优势产业，统一规划布局、优化公共服务、推进产业融合、加强综合管理、实施系统营销，有利于不断提升旅游业现代化、集约化、品质化、国际化水平，更好满足旅游消费需求。我国将统筹推进"五位一体"总体布局和协调推进"四个全面"战略布局，牢固树立和贯彻落实新发展理念，加快旅游供给侧结构性改革，着力推动旅游业从门票经济向产业经济转变，从粗放低效方式向精细高效方式转变，从封闭的旅游自循环向开放的"旅游+"转变，从企业单打独享向社会共建共享转变，从景区内部管理向全面依法治理转变，从部门行为向政府统筹推进转变，从单一景点景区建设向综合目的地服务转变。

(46) 2018年3月27日，内蒙古自治区发改委等4个部门日前联合发文，根据国家《关于规范推进特色小镇和特色小城镇建设的若干意见》提出5项落实要求，推进自治区特色小镇和特色小城镇建设。一要准确把握特色小镇和特色小城镇的内涵。特色小镇是在几平方公里的土地上集聚特色产业、生产生活生态空间相融合、不同于行政建制镇和产业园区的创新创业平台。特点是产业"特而强"、功能"聚而合"、形态"小而美"、机制"新而活"，空间类型分为"市郊镇"、"市中镇"、"园中镇"、

"镇中镇"等。特色小城镇是拥有几十平方公里以上土地和一定人口经济规模、特色产业鲜明的行政建制镇。二要有效推进特色小镇和特色小城镇建设。特色小镇和特色小城镇的建设要坚持因地制宜，以人为本；实事求是，量力而行；控制数量，提高质量；因势利导，形态多样。坚决防止盲目发展、一哄而上。要有高起点的规划、鲜明的主导产业、明确的建设主体、一定的投资规模，并有效推进"三生融合"。三要实行特色小镇创建达标制度，取消一次性命名制。研究建立自治区特色小镇评定规范和特色小镇统计指标体系。逐步整合全国重点镇、历史文化名镇等各级各类命名资源，集中优势创建特色小镇。四要严防各类建设风险。严防政府债务风险和房地产化倾向，旗县级政府综合债务率超过100%的风险预警地区，不得通过融资平台变相举债立项建设特色小镇。合理控制特色小镇四周范围，规划用地面积控制在3平方公里左右，其中建设用地面积控制在1平方公里左右，旅游、体育和农业类特色小镇可适当放宽。五要加强组织实施。加强部门协作，自治区发改委负责指导全区特色小镇的创建工作，自治区住房建设厅负责指导全区特色小城镇的建设工作，自治区国土资源厅、环境保护厅共同推进特色小镇和特色小城镇建设工作。压实盟市责任，各盟市政府要尽快摸清家底，完善统计监测，全力抓好组织实施。拓宽镇企合作模式，充分利用国家"千企千镇工程"等平台，加强社会资本与特色小镇、特色小城镇的沟通衔接。

(47) 2018年5月14日，陕西省省住建厅会同省发展改革委、省国土资源厅、省环保厅等部门联合印发《关于规范推进全省特色小镇和特色小城镇建设的意见》。《意见》突出了建设的重点任务。一是打造鲜明特色。各地要重点围绕产业特色突出、建筑风格显著、文化特色鲜明、市场特色灵活的目标，不断挖掘差异性，培育独特性，找准特色，定位特色，发展特色，放大特色，凸显特色。二是推进"三生"融合。各地要立足以人为本，科学规划特色小镇的生产生活生态空间，形成"一镇一风格"；要增强服务功能，注意保护小镇的历史文化遗迹遗产，留存原住居民生活空间，防止整体迁出；要注意保护特色景观资源，将美丽资源转化为"美丽经济"。三是拓宽资金渠道。各地要创新特色小镇建设投融资机制，坚持政府引导、企业主体、市场化运作的资金投入模式。四是整治人居环境。各地要率先在重点示范镇和文化旅游名镇推进全镇域的农村人居环境整治，着力打造"美丽乡镇""美丽乡村"，使特色小镇和特色小城镇成为各地农村人居环境整治的示范样板。五是加快机制创新。各地要切实将小城镇管理迫切需要且能够有效承接的行政审批、行政处罚及行政强制和监督检查权赋予镇级。

参考文献

[1] Bradbury I., R. Kirkby. Development and Environment: The Case of Rural Industrialization and Small-town in China[J]. Ambio, 1996 (3).

[2] Cheshire P., Carbonaro G., Hay D. Problems of Urban Decline and Growth in EEC Countries: Or Measuring Degrees of Elephantness [J]. Urban Studies, 1986 (2).

[3] Douglass M. From Global Intercity Competition to Cooperation for Livable Cities and Economic Resilience in Pacific Asia [J]. Environment and Urbanization, 2002 (1).

[4] Gorman -Murray A., Waitt G., Gibson C. Chilling Out in " Cosmopolitan Country" : Urban/rural Hybridity and the Construction of Daylesford as a "Lesbian and Gay Rural Idyll" [J]. Journal of Rural Studies, 2012 (1).

[5] Henderson J. V. Efficiency of Resource Usage and City Size [J]. Journal of Urban Economies, 1986 (19).

[6] Krugman P. Geography and Trade [M]. Leuven: Leuven University Press, 1991.

[7] Laestadius S. The Relevance of Science and Technology Indicators: The Case of Pulp and Paper [J]. Research Policy, 1998 (4).

[8] Lejeune F. Charter of the New Urbanism [J]. The New City, 1993 (3).

[9] Mayer H., P. Knox. Small -town Sustainability: Prospects in the Second Modernity. European Planning Studies, 2010 (10).

[10] Salmona P., Verardi D. The Marine Protected Area of Portofino, Italy: A Difficult Balance [J]. Ocean & Coastal Management, 2001 (1-2).

[11] Seaton A V. Book Towns as Tourism Developments in Peripheral Areas [J]. International Journal of Tourism Research, 1999 (5).

[12] Webster D., Muller L. Urban Competitiveness Assessment in Developing Country Urban Regions: The Road Ahead [EB/OL]. (2000-01-30). https: //www.researchgate.net/publication/237531957_.

[13] 白小虎. 产业分工网络与专业市场演化：以温州苍南再生腈纶市场为例 [J]. 浙江学刊，2010 (6).

[14] 本刊编辑部. 小城镇之路在何方？——新型城镇化背景下的小城镇发展学术笔谈会 [J]. 城市规划（学刊），2017 (2)：1-9.

[15] 蔡健，刘维超，张凌. 智能模具特色小镇规划编制探索 [J]. 规划师，2016 (7).

[16] 陈继军. 新时代特色小镇新发展方向 [N]. 中国社会科学报，2018-03-07.

[17] 陈建军，胡晨光. 产业集聚的集聚效应——以长江三角洲次区域为例的理论和实证分析 [J]. 管理世界，2008 (6).

[18] 陈建忠. 特色小镇建设重在打造特色产业生态 [J]. 浙江经济，2016 (13).

[19] 陈建忠. 特色小镇建设重在谋划特色产业 [J]. 浙江经济，2016 (13).

[20] 陈立旭. 论特色小镇建设的文化支撑 [J]. 中共浙江省委党校学报，2016 (5).

[21] 陈良汉，周桃霞. 浙江省特色小镇规划建设统计监测指标体系和工作机制设计 [J]. 统计科学与实践，2015 (11).

[22] 陈强. 美国小城镇的特点和启示 [J]. 学术界，2000 (2).

[23] 陈卫国，邵长奇. 互联网时代下的文旅小镇开发运营模式创新——基于“乌镇”的案例研究 [J]. 城市开发，2015 (3).

[24] 陈文锋，刘薇. 区域战略性新兴产业发展质量评价指标体系的构建 [J]. 统计与决策，2016 (2).

[25] 陈熙隆. 信息化助推经济区域城镇化协调发展的路径探析 [J]. 四川文理学院学报，2016 (7).

[26] 陈炎兵. 特色小镇建设与城乡发展一体化 [J]. 中国经贸导刊，2016 (19).

[27] 程晖. 七部门启动国家农村产业融合发展示范园创建 [N]. 中国经济导报，2017-08-23 (A01).

[28] 程兆君，徐飞. 打造特色小镇“扬州样本”特色小镇：为何建 在哪建 怎么建 [J]. 中国战略新兴产业，2018 (9).

[29] 楚爱丽. 加快新型城镇化发展进程的若干思考 [J]. 农业经济，2011 (8).

[30] 笪可宁，赵希男. 论小城镇核心竞争力的构建和提升[J]. 中国人口·资源与环境，2010 (2).

[31] 段昊书. 特色农产品优势区建设规划纲要印发 [N]. 中国气象报，2017-11-06 (1).

[32] 段学慧，侯为波. 不能照搬诺瑟姆曲线来研究中国的城镇化问题 [J]. 河北经贸大学学报，2012 (4).

[33] 方创琳. 中国城市发展格局优化的科学基础与框架体系 [J]. 经济地理，2013 (12).

[34] 费孝通. 论小城镇四记 [M]. 北京：新华出版社，1985.

[35] 辜胜阻，李睿. 以互联网创业引领新型城镇化 [J]. 中国软科学，2016 (1).

[36] 关于开发性金融支持特色小(城) 镇建设促进脱贫攻坚的意见 [J]. 砖瓦，2017 (3)：89-90.

[37] 郭金喜. 浙江特色小镇建设的区域经济学考察 [J]. 浙江经济，2016 (9).

[38] 郭舒然. 乡村振兴 中国增色 [N]. 人民日报，2017-10-22 (1).

[39] 国家发改委印发《关于加快美丽特色小 (城) 镇建设的指导意见》[J]. 城市规划通讯，2016 (22)：3-5.

[40] 国土资源部. 国土资源“十三五”规划纲要 [N]. 中国国土资源报，2016-04-15 (5).

[41] 国务院出台《关于积极发挥新消费引领作用加快培育形成新供给新动力的指导意见》[J]. 先锋，2015 (12)：1.

[42] 国务院印发《关于深入推进新型城镇化建设的若干意见》[J]. 小城镇建设，2016 (2)：6.

[43] 韩方明. 特色小镇的生命力在于文化 [N]. 人民政协报，2016-9-29.

[44] 韩金起. 从创新看浙江特色小镇建设 [J]. 知行铜仁，2016 (2).

[45] 何苗，丁辰. 全国 206 个 10 万人口“镇改市”数量：江苏第一 [N]. 21 世纪经济报道，2014 年 8 月 28 日.

[46] 洪银兴. 城市功能意义的城市化及其产业支持 [J]. 经济学家，2002 (3).

[47] 洪志生，洪丽明. 特色小镇众创平台运营创新研究 [J]. 福建农林大学学报

（哲学社会科学版），2016（5）.

［48］黄静晗，郑传芳，陈菲菲. 新型城镇化与福建省小城镇综合改革建设 基于对首批省级试点镇的评价［J］. 福建农林大学学报（哲学社会科学版），2013，16(2).

［49］记者　骆万丽　通讯员　莫曲. 我区启动首批特色小镇申报工作［N］. 广西日报，2017-11-11（4）.

［50］金兴华. 以区域营销方式推进浙江特色小镇建设[J]. 现代商业，2016（19）.

［51］金永亮. 关于浙江创建特色小镇的实践及借鉴［J］. 广东经济，2016（2）.

［52］兰建平. 建设工业特色小镇，加快转型升级发展［J］. 浙江经济，2015（19）.

［53］蓝枫. 建设特色小镇，推进城乡一体化进程［J］. 城乡建设，2016（10）.

［54］李强. 用改革创新精神推进特色小镇建设［J］. 今日浙江，2015（13）.

［55］连玉明. 中国城市化的理论创新——城市价值链理论的中国“城市学”［J］. 人民论坛，2010（3）.

［56］刘福根. 浙江特色小镇建设的经验及借鉴［N］. 中国社会科学报，2018-03-07.

［57］刘亭. 建设“特色小镇”要力戒行政化［J］. 浙江经济，2015（3）.

［58］刘易斯·芒福德. 城市文化［M］. 宋俊岭等译，北京：中国建筑工业出版社，2009.

［59］刘志迎，陈青祥，徐毅. 众创的概念模型及其理论解析［J］. 科学学与科学技术管理，2015（2）.

［60］卢跃东. 注重“三化”加快特色小镇建设［J］. 江南论坛，2016（8）.

［61］吕康娟，刘延岭. 小城镇建设评价指标体系的研究［J］. 城市发展研究，2001（5）.

［62］罗震东，何鹤鸣. 新自下而上进程 电子商务作用下的乡村城镇化［J］. 城市规划，2017（3）.

［63］马斌. 特色小镇：浙江经济转型升级的大战略［J］. 浙江社会科学，2016（3）.

［64］马斯洛（Maslow A.H.）. 动机与人格［M］. 北京：华夏出版社，1987.

［65］马新友. 探索走出特色鲜明产业发展绿色生态美丽宜居的特色小镇建设“绵阳路径”［N］. 绵阳日报，2017-03-10（1）.

［66］孟祥林. 小城镇发展的战略选择：实践证明与理论分析［J］. 人口学刊，2005年第2期.

［67］闵学勤. 精准治理视角下的特色小镇及其创建路径［J］. 同济大学学报（社会科学版），2016（5）.

［68］倪鹏飞. 中国城市竞争力理论研究与实证分析［M］. 北京：中国经济出版社，2001.

［69］倪鹏飞. 新型城镇化的基本模式具体路径与推进对策［J］. 江海学刊，2013（1）：87-94.

［70］牛少凤. 培育特色小镇的“六化”路径［J］. 中国国情国力，2016（2）.

［71］农业部　国家发展改革委　国家林业局印发关于组织开展“中国特色农产品优势区”申报认定工作的通知［J］. 中国农技推广，2017，33（8）：69.

［72］彭海静，郦丽，江敏. 基于“互联网+”的苏北农村地区新型城镇化建设研究［J］. 中国管理信息化，2016（1）.

［73］钱巧鲜. 特色小镇体育生态建设研究——以浙江诸暨大唐袜艺小镇为例［J］. 浙江体育科学，2016（3）.

［74］荣西武. 小城镇规划编制与实施评价体系研究［J］. 城市规划，2005（10）.

[75] 盛广耀. 新型城镇化理论初探 [J]. 学习与实践，2013 (2).

[76] 盛世豪，张伟明. 特色小镇：一种产业空间组织形式 [J]. 浙江社会科学，2016 (3).

[77] 施志军. 一号文件送“真经” [J]. 时事 (高中)，2015 (4)：14-15.

[78] 石忆邵. 德国均衡城镇化模式与中国小城镇发展的体制瓶颈[J]. 经济地理，2015 (11).

[79] 石忆邵. 中国新型城镇化与小城镇发展 [J]. 经济地理，2013 (7).

[80] 宋家宁，杨璇，叶剑平. 金融资本介入特色小镇运营路径分析 [J]. 住宅产业，2016 (11).

[81] 单彦名，马慧佳，宋文杰. 全国特色小镇创建培育认知与解读 [J]. 小城镇建设，2016 (11)：20-24.

[82] 苏斯彬，张旭亮. 浙江特色小镇在新型城镇化中的实践模式探析 [J]. 宏观经济管理，2016 (10).

[83] 苏彦. 文化才是特色小镇精神原色 [N]. 贵州民族报，2016.8.19 (A02).

[84] 谭荣华，杜坤伦. 特色小镇“产业+金融”发展模式研究 [J]. 西南金融，2018 (3).

[85] 王国华. 略论文化创意小镇的建设理念与方法 [J]. 北京联合大学学报 (人文社会科学版)，2016 (4).

[86] 王洪光，杨凯量，党晓荣，应晓煜. 优化土地要素配置，推进特色小镇建设 [J]. 浙江国土资源，2016 (7).

[87] 王景新，支晓娟. 中国乡村振兴及其地域空间重构——特色小镇与美丽乡村同建振兴乡村的案例、经验及未来 [J]. 南京农业大学学报 (社会科学版)，2018，18 (2).

[88] 王小章. 特色小镇的“特色”与“一般”[J]. 浙江社会科学，2016 (3).

[89] 王小章. 特色小镇的特色与一般 [J]. 浙江社会科学，2016 (3).

[90] 王晓雅. 从英国的田园风光到美国的特色小镇 [J]. 决策探索，2013 (2).

[91] 王新汉，金秀芳. 关于民营金融机构参与特色小镇建设发展的思考 [J]. 小城镇建设，2016 (11)：37-41.

[92] 王咏，陆林，杨兴柱. 国外旅游小城镇研究进展与启示 [J]. 自然资源学报，2014 (12).

[93] 王志章，孙晗霖. 西南地区新型特色小城镇建设的对策 [J]. 经济纵横，2016 (1).

[94] 卫龙宝，史新杰. 浙江特色小镇建设的若干思考与建议[J]. 浙江社会科学，2016 (3).

[95] 魏亚建. 从纳什均衡到最优选择——新常态背景下中国小城镇发展与投资决策思考 [A]. 中国城市规划学会、贵阳市人民政府. 新常态：传承与变革——2015 中国城市规划年会论文集 (15 小城镇规划) [C]. 中国城市规划学会、贵阳市人民政府：2015：6.

[96] 我国将培育 1000 个特色小镇 [J]. 乡村科技，2016 (22)：5.

[97] 吴娇娇. 文创产业助推特色小镇建设的探索与思考——以杭州市余杭区为例 [J]. 中国城市化，2016 (5).

[98] 吴琼，王如松，李宏卿等. 生态城市指标体系与评价方法 [J]. 生态学报，2005 (8).

[99] 吴一洲，陈前虎，郑晓虹. 特色小镇发展水平指标体系与评估方法 [J]. 规划师，2016 (7).

[100] 吴一洲，王琳. 我国城镇化的空间绩效：分析框架、现实困境与优化路径 [J]. 规划师，2012 (9).

［101］吴一洲，吴次芳，罗文斌．浙江省县级单元建成区用地绩效评价及其地域差异研究［J］．自然资源学报，2010（2）．

［102］习近平 2017 年 2 月 23-24 日在北京大运河森林公园等处视察时的讲话［N］．北京晚报，2017-10-16．

［103］谢文武，朱志刚．特色小镇创建的制度与政策创新——以玉皇山南基金小镇为例［J］．浙江金融，2016（9）．

［104］徐剑锋．特色小镇要聚集“创新”功能［J］．浙江社会科学，2016（3）．

［105］徐梦周，王祖强．创新生态系统视角下特色小镇的培育策略——基于梦想小镇的案例探索［J］．中共浙江省委党校学报，2016（5）．

［106］许烜，刘纯阳．湖南粮油加工农业产业集群竞争力研究——基于 GEM 模型的实证分析［J］．经济地理，2014（2）．

［107］杨宝琰．身份动机理论及其研究［J］．西北师大学报（社会科学版），2017，54（5）：119-126．

［108］姚尚建．城市的回归——乡村贫困治理中的特色小镇［J］．理论与改革，2018（2）．

［109］姚尚建．城乡一体中的治理合流基于特色小镇的政策议题［J］．社会科学研究，2017（1）．

［110］应焕红．加快产业集聚大力推进城市化进程　对浙江省温岭市城市化与产业集聚良性互动的案例分析［J］．中共杭州市委党校学报，2002（4）．

［111］于立，彭建东．中国小城镇发展和管理中的现存问题及对策探讨［J］．国际城市规划，2014（1）．

［112］于新东．以产业链思维运作特色小镇［J］．浙江经济，2015（11）．

［113］约翰克莱顿·托马斯．公共决策中的公民参与［M］．孙柏瑛等译．北京：中国人民大学出版社，2010．

［114］翟宝辉．城市发展的四化方向［J］．人民论坛，2017（5）．

［115］张海如．特色小镇规划建设中应避免的几个误区［J］．杭州（周刊），2016（7）．

［116］张鸿雁．论特色小镇建设的理论与实践创新［J］．中国名城，2017（1）．

［117］张京祥，赵丹，陈浩．增长主义的终结与中国城市规划的转型［J］．城市规划，2013（1）．

［118］张美亮，夏理杰，刘睿杰．发达地区小城镇规划评价机制研究［J］．规划师，2013（3）．

［119］张蔚文．政府与创建特色小镇：定位、到位与补位［J］．浙江社会科学，2016（3）．

［120］赵佩佩，丁元．浙江省特色小镇创建及其规划设计特点剖析［J］．规划师，2016（12）．

［121］赵欣浩．关于加快杭州市特色小镇建设和发展的建议［J］．杭州（周刊），2017（17）：34-35．

［122］赵燕菁．制度变迁小城镇发展中国城市化［J］．城市规划，2001（8）．

［123］浙江省人民政府．关于加快特色小镇规划建设的指导意见（浙政发〔2015〕8 号）［Z］．浙江省人民政府，2015．

［124］郑新立．走新型城镇化道路　实施“千企千镇”工程［J］．宏观经济管理，2017（3）：12-13．

［125］中共城阳区委党校课题组．新型城镇化进程中特色小镇建设分析——以青岛市城阳区为例［J］．中共青岛市委党校、青岛行政学院学报，2015（2）．

［126］中共中央、国务院印发《国家新型城镇化规划（2014~2020 年）》［N］．中国县域经济报，2014-03-20（1）．

［127］中华人民共和国国民经济和社会发展第十三个五年规划纲要［N］. 人民日报，2016-03-18（1）.

［128］周旭霞. 特色小镇的建构路径［J］. 浙江经济，2015（6）.

［129］朱建江. 特色小镇怎样才能宜居宜业宜游［J］. 智慧中国，2017（8）：89-91.

［130］住房和城乡建设部、国家发展改革委、财政部关于开展特色小镇培育工作的通知［J］. 建筑设计管理，2016，33（9）：29-30.

［131］住房和城乡建设部、中国建设银行联合发文　推进商业金融支持特色小镇建设［J］. 城市规划通讯，2017（9）：6.

［132］住房和城乡建设部办公厅公布第四批美丽宜居小镇、美丽宜居村庄示范名单［J］. 城市规划通讯，2017（2）：9.

［133］卓勇良. 政府公共政策供给的逻辑必然与创新 浙江特色小镇规划建设的理论思考［J］. 决策咨询，2016（2）.

［134］邹建锋. 浙江难题［M］. 北京：中国发展出版社，2014.

后　记

一部著作的完成需要很多人的默默奉献，闪耀着的是集体的智慧光芒，其中铭刻着许多艰辛的付出，凝结着许多辛勤的劳动和汗水，我们在此表示感谢。

首先，感谢中国社会科学院、国家发展和改革委员会、中国社会科学院雄安发展研究智库、中国区域经济学会、中国企业管理研究会、首都经济贸易大学、南京工业大学、山西财经大学等单位的专家学者支持，同时感谢众多的特色小镇研究机构、咨询等服务机构专家学者的参与。

其次，本《年鉴》在编写过程中引用了一些专家学者的学术成果，部分为全文引用。凡是被本《年鉴》选用的材料，我们都将按照国家版权局、国家发改委颁布的《使用文字作品支付报酬办法》向原作者支付稿酬。由于有些作者通信地址不详或者变更，我们尚未取得联系，敬请您看到本《年鉴》后及时和我们联系，我们会尽快办理相关事宜。

再次，本《年鉴》具体分工如下：代序部分由杨雪整理会议资料并编撰。第一篇"中国特色小镇政策汇编"由杨雪搜集资料并编撰。第二篇"中国特色小镇理论研究"由杨雪编撰。第三篇"中国特色小镇实践探索"的第一部分"中国特色小镇综述"由特约撰稿人文丹枫博士撰写；第二部分"中国特色小镇介绍"中的浙江、福建、重庆、河南、江西、天津、内蒙古、云南八省（市、自治区）由丁慧敏撰写，辽宁、吉林、黑龙江、湖北、贵州、西藏、青海、新疆八省（市、自治区）由杨雪撰写，上海、江苏、山东、四川、甘肃、宁夏六省（市、自治区）由赵喜勤撰写，广东、广西、海南、河北、湖南、陕西、安徽、北京、山西九省（市、自治区）由张莉琼撰写；第三部分"中国特色小镇典型案例"由文丹枫博士和"首届中国特色小镇发展论坛"部分参与单位提供，由杨雪和张莉琼整理编撰。大事记和参考文献、后记部分由杨雪提供。

最后，《年鉴》编辑部的全体成员感谢经济管理出版社的领导和同事在本年鉴编纂过程中给予的指导和帮助。

由于特色小镇属于新兴事物，而本《年鉴》的编写尚属首次尝试，受编写时间和编者水平等限制，书中难免有不足之处，很多地方尚待完善，恳请广大读者批评指正。

《中国特色小镇年鉴》编辑部